第八届（2017-2018年度）

中国房地产“广厦奖”

欢迎申报

“广厦奖”是经国务院批准的房地产行业综合性奖项。由中国房地产业协会、住房和城乡建设部科技与产业化发展中心（住房和城乡建设部住宅产业化促进中心）共同组织实施。

“广厦奖”旨在评选规划设计水平高、环境好、质量优、性能好、绿色低碳的老百姓满意的好房子。

“广厦奖”项目包括评选项目和候选项目。

“广厦奖”评选项目可随时申报，按年分批评审，每两年表彰一次。

“广厦奖”候选项目可随时申报，定期评审和颁牌。

自2007年正式启动“广厦奖”评选活动以来，已成功举办了七届。第八届（2017～2018）年度“广厦奖”推荐工作截止到2018年8月底，颁奖大会将于2018年11月底召开。

申报办法：

1、通过中房网www.fangchan.com“广厦奖”专区下载申报文件及资料，网上提交申报资料；

2、向项目所在地省级“广厦奖”评选机构递交申报资料。

“广厦奖”办公室联系方式

许　强：010-68352045、18618296677（即微信）

周贞玲：010-68176754

邮　箱：guangshajiang@126.com

地　址：北京西城区百万庄大街22号院1号楼310室

CHINA REAL ESTATE YEARBOOK

2018
中国房地产年鉴

中国房地产业协会◎编著

图书在版编目（CIP）数据

2018中国房地产年鉴／中国房地产业协会编著．—北京：企业管理出版社，2018.5

ISBN 978－7－5164－1717－1

Ⅰ.①2…　Ⅱ.①中…　Ⅲ.①房地产业—中国—2018—年鉴　Ⅳ.①F299.233－54

中国版本图书馆CIP数据核字（2018）第088358号

书　　名：2018中国房地产年鉴
作　　者：中国房地产业协会
责任编辑：刘一玲　崔立凯
书　　号：ISBN 978－7－5164－1717－1
出版发行：企业管理出版社
地　　址：北京市海淀区紫竹院南路17号　　邮编：100048
网　　址：http：//www.emph.cn
电　　话：编辑部010－68701322　发行部010－68414644
电子信箱：80147@sina.com　zbs@emph.cn
印　　刷：北京市青云兴业印刷有限公司
经　　销：新华书店
规　　格：889毫米×1194毫米　16开本　44.25印张　1260千字　彩插6印张
版　　次：2018年5月第1版　　2018年5月第1次印刷
定　　价：598.00元

编辑说明

为客观如实地反映2017年中国房地产的年度发展，更好地为政府决策服务，为行业平稳健康发展服务，为会员单位提供市场信息服务，中国房地产业协会在连续七年编撰房地产年鉴的基础上，结合行业最新发展态势，增加优秀研究成果的收录，编撰了《2018中国房地产年鉴》。

2018版《年鉴》包括政策、宏观、产业、市场、城市、企业、发展和大事记共八个篇章。其中，宏观、产业、城市和企业四个篇章以数据表格为主，其余篇章以文字叙述为主，基本延续了2017版《年鉴》的体例，部分篇章内容有扩充或调整。

《年鉴》强化以提供数据为核心的编辑思路。优化了各篇章之间的版面比例，尤其是大幅压缩“政策篇”内容。凡与房地产直接相关的政策，收录全文，否则只保留节选内容。为反映近期住房租赁市场的发展，“产业篇”新增“各地区房地产开发企业房屋出租面积”内容；“城市篇”新增“三十五重点城市房地产开发企业房屋出租面积”“三十五城市住房租赁价格指数”等。同时，今年还首次收录了中国房地产测评中心发布的“中房288城市一手房交易价格指数”和“中房六十城市二手房交易价格指数”，上述内容与国家统计局发布的“七十大中城市价格指数”合并组成“城市篇”的“城市交易价格”部分。

《年鉴》内容收录与行业发展保持同步。“发展篇”今年首次收录了建筑科技、房地产评估、特色小镇等方面的最新研究成果，反映了房地产业在新技术、新市场和新趋势方面的特征。另外，“企业篇”还新增了“第七届中国房地产‘广厦奖’获奖项目名单”，这是房地产行业的一件大事，让我们更加清醒认识到，行业的发展不仅要比规模，更要比品质。最后，《年鉴》通过彩页的形式展示了部分优秀房地产企业的形象，希望更多的房企能够脱颖而出，勇攀高峰。

《年鉴》内容涉及面广、专业性强，加上成书时间短和我们水平有限，难免还存在一定的局限和不足。我们愿意听取广大读者的意见，继续对《年鉴》进行改进和完善。

《年鉴》在编写过程中，得到住房和城乡建设部相关司局、中国物业管理协会、北京市住房和城乡建设委员会、上海市统计局、广东省房地产行业协会、重庆市房地产开发协会、中国民生银行地产金融事业部、中国建设科技集团、中国房地产测评中心、易居（中国）企业集团、亨瑞集团、上海信义房屋中介咨询有限公司、上海中估联信息技术有限公司等机构的大力协助，中国房地产业协会相关专业委员会及协会副会长单位在《年鉴》内容编辑和推广方面也给予了宝贵的支持，在此一并表示感谢！

《2018中国房地产年鉴》编委会

2018年5月

《2018 中国房地产年鉴》编辑委员会

目　录

Ⅰ. 政策篇

Ⅱ. 宏观篇

Ⅲ. 产业篇

Ⅳ. 市场篇

Ⅴ. 城市篇

Ⅵ. 企业篇

Ⅶ. 发展篇

Ⅷ. 大事记

Ⅰ.政策篇

导　读

为综合反映房地产调控政策脉络，本篇收录了2017年党中央和国务院召开的重要会议公报中与房地产相关的内容节选、与房地产直接相关的重要调控政策文件等，主要源自国务院和国务院办公厅、国家发展和改革委员会、住房和城乡建设部、国土资源部（国务院机构改革后，国土资源部合并到新组建的自然资源部）、财政部、国家税务总局、中国银监会等部委。中国房地产业协会的两篇会议报告也编入其中。

一、党中央和国务院重要会议

中国共产党第十九次全国代表大会报告（节选）

2017 年 10 月 18 日

中国共产党总书记习近平在中国共产党第十九次全国代表大会做报告。

一、过去五年的工作和历史性变革

我们的工作还存在许多不足，也面临不少困难和挑战。主要是：发展不平衡、不充分的一些突出问题尚未解决，发展质量和效益还不高，创新能力不够强，实体经济水平有待提高，生态环境保护任重道远；民生领域还有不少短板，脱贫攻坚任务艰巨，城乡区域发展和收入分配差距依然较大，群众在就业、教育、医疗、居住、养老等方面面临不少难题；社会文明水平尚需提高；社会矛盾和问题交织叠加，全面依法治国任务依然繁重，国家治理体系和治理能力有待加强；意识形态领域斗争依然复杂，国家安全面临新情况；一些改革部署和重大政策措施需要进一步落实；党的建设方面还存在不少薄弱环节。这些问题，必须着力加以解决。

五、贯彻新发展理念，建设现代化经济体系

实现“两个一百年”奋斗目标、实现中华民族伟大复兴的中国梦，不断提高人民生活水平，必须坚定不移把发展作为党执政兴国的第一要务，坚持解放和发展社会生产力，坚持社会主义市场经济改革方向，推动经济持续健康发展。

我国经济已由高速增长阶段转向高质量发展阶段，正处在转变发展方式、优化经济结构、转换增长动力的攻关期，建设现代化经济体系是跨越关口的迫切要求和我国发展的战略目标。必须坚持质量第一、效益优先，以供给侧结构性改革为主线，推动经济发展质量变革、效率变革、动力变革，提高全要素生产率，着力加快建设实体经济、科技创新、现代金融、人力资源协同发展的产业体系，着力构建市场机制有效、微观主体有活力、宏观调控有度的经济体制，不断增强我国经济创新力和竞争力。

（一）深化供给侧结构性改革。建设现代化经济体系，必须把发展经济的着力点放在实体经济上，把提高供给体系质量作为主攻方向，显著增强我国经济质量优势。加快建设制造强国，加快发展先进制造业，推动互联网、大数据、人工智能和实体经济深度融合，在中高端消费、创新引领、绿色低碳、共享经济、现代供应链、人力资本服务等领域培育新增长点、形成新动能。支持传统产业优化升级，加快发展现代服务业，瞄准国际标准提高水平。促进我国产业迈向全球价值链中高端，培育若干世界级先进制造业集群。加强水利、铁路、公路、水运、航空、管道、电网、信息、物流等基础设施网络建设。坚持去产能、去库存、去杠杆、降成本、补短板，优化存量资源配置，扩大优质增量供给，实现供需动态平衡。激发和保护企业家精神，鼓励更多社会主体投身创新创业。建设知识型、技能型、创新型劳动者大军，弘扬劳模精神和工匠精神，营造劳动光荣的社会风尚和精益求精的敬业风气。

（二）加快建设创新型国家。创新是引领发展的第一动力，是建设现代化经济体系的战略支撑。要瞄准世界科技前沿，强化基础研究，实现前瞻性基础研究、引领性原创成果重大突破。加强应用基础研究，拓展实施国家重大科技项目，突出关键共性技术、前沿引领技术、现代工程技术、颠覆性技术创新，为建设科技强国、质量强国、航天强国、网络强国、交通强国、数字中国、智慧社会提供有力支撑。加强国家创新体系建设，强化战略科技力量。深化科技体制改革，建立以企业为主体、市场为导向、产学研深度融合的技术创新体系，加强对中小企业创新的支持，促进科技成果转化。倡导创新文化，强化知识产权创造、保护、运用。培养造就一大批具有国际水平的战略科技人才、科技领军人才、青年科技人才和高水平创新团队。

（三）实施乡村振兴战略。农业农村农民问题是关系国计民生的根本性问题，必须始终把解决好“三农”问题作为全党工作重中之重。要坚持农业农村优先发展，按照产业兴旺、生态宜居、乡风文明、治理有效、生活富裕的总要求，建立健全城乡融合发展体制机制和政策体系，加快推进农业农村现代化。巩固和完善农村基本经营制度，深化农村土地制度改革，完善承包地“三权”分置制度。保持土地承包关系稳定并长久不变，第二轮土地承包到期后再延长三十年。深化农村集体产权制度改革，保障农民财产权益，壮大集体经济。确保国家粮食安全，把中国人的饭碗牢牢端在自己手中。构建现代农业产业体系、生产体系、经营体系，完善农业支持保护制度，发展多种形式适度规模经营，培育新型农业经营主体，健全农业社会化服务体系，实现小农户和现代农业发展有机衔接。促进农村一、二、三产业融合发展，支持和鼓励农民就业创业，拓宽增收渠道。加强农村基层基础工作，健全自治、法治、德治相结合的乡村治理体系。培养造就一支懂农业、爱农村、爱农民的“三农”工作队伍。

（四）实施区域协调发展战略。加大力度支持革命老区、民族地区、边疆地区、贫困地区加快发展，强化举措推进西部大开发形成新格局，深化改革加快东北等老工业基地振兴，发挥优势推动中部地区崛起，创新引领率先实现东部地区优化发展，建立更加有效的区域协调发展新机制。以城市群为主体构建大中小城市和小城镇协调发展的城镇格局，加快农业转移人口市民化。以疏解北京非首都功能为“牛鼻子”推动京津冀协同发展，高起点规划、高标准建设雄安新区。以共抓大保护、不搞大开发为导向推动长江经济带发展。支持资源型地区经济转型发展。加快边疆发展，确保边疆巩固、边境安全。坚持陆海统筹，加快建设海洋强国。

（五）加快完善社会主义市场经济体制。经济体制改革必须以完善产权制度和要素市场化配置为重点，实现产权有效激励、要素自由流动、价格反应灵活、竞争公平有序、企业优胜劣汰。要完善各类国有资产管理体制，改革国有资本授权经营体制，加快国有经济布局优化、结构调整、战略性重组，促进国有资产保值增值，推动国有资本做强做优做大，有效防止国有资产流失。深化国有企业改革，发展混合所有制经济，培育具有全球竞争力的世界一流企业。全面实施市场准入负面清单制度，清理废除妨碍统一市场和公平竞争的各种规定和做法，支持民营企业发展，激发各类市场主体活力。深化商事制度改革，打破行政性垄断，防止市场垄断，加快要素价格市场化改革，放宽服务业准入限制，完善市场监管体制。创新和完善宏观调控，发挥国家发展规划的战略导向作用，健全财政、货币、产业、区域等经济政策协调机制。完善促进消费的体制机制，增强消费对经济发展的基础性作用。深化投融资体制改革，发挥投资对优化供给结构的关键性作用。加快建立现代财政制度，建立权责清晰、财力协调、区域均衡的中央和地方财政关系。建立全面规范透明、标准科学、约束有力的预算制度，全面实施绩效管理。深化税收制度改革，健全地方税体系。深化金融体制改革，增强金融服务实体经济能力，提高直接融资比重，促进多层次资本市场健康发展。健全货币政策和宏观审慎政策双支柱调控框架，深化利率和汇率市场化改革。健全金融监管体系，守住不发生系统性金融风险的底线。

（六）推动形成全面开放新格局。开放带来进步，封闭必然落后。中国开放的大门不会关闭，只会越开越大。要以“一带一路”建设为重点，坚持引进来和走出去并重，遵循共商共建共享原则，加强创新能力开放合作，形成陆海内外联动、东西双向互济的开放格局。拓展对外贸易，培育贸易新业态新模式，推进贸易强国建设。实行高水平的贸易和投资自由化便利化政策，全面实行准入前国民待遇加负面清单管理制度，大幅度放宽市场准入，扩大服务业对外开放，保护外商投资合法权益。凡是在我国境内注册的企业，都要一视同仁、平等对待。优化区域开放布局，加大西部开放力度。赋予自由贸易试验区更大改革自主权，探索建设自由贸易港。创新对外投资方式，促进国际产能合作，形成面向全球的贸易、投融资、生产、服务网络，加快培育国际经济合作和竞争新优势。

八、提高保障和改善民生水平，加强和创新社会治理

（三）加强社会保障体系建设。按照兜底线、织密网、建机制的要求，全面建成覆盖全民、城乡统筹、权责清晰、保障适度、可持续的多层次社会保障体系。全面实施全民参保计划。完善城镇职工基本养老保险和城乡居民基本养老保险制度，尽快实现养老保险全国统筹。完善统一的城乡居民基本医疗保险制度和大病保险制度。完善失业、工伤保险制度。建立全国统一的社会保险公共服务平台。统筹城乡社会救助体系，完善最低生活保障制度。坚持男女平等基本国策，保障妇女儿童合法权益。完善社会救助、社会福利、慈善事业、优抚安置等制度，健全农村留守儿童和妇女、老年人关爱服务体系。发展残疾人事业，加强残疾康复服务。坚持房子是用来住的、不是用来炒的定位，加快建立多主体供给、多渠道保障、租购并举的住房制度，让全体人民住有所居。

2017年政府工作报告（节选）

2017年3月5日

国务院总理李克强在第十二届全国人民代表大会第五次会议做《政府工作报告》：

二、2017年工作总体部署

今年将召开中国共产党第十九次全国代表大会，是党和国家事业发展中具有重大意义的一年。做好政府工作，要在以习近平同志为核心的党中央领导下，高举中国特色社会主义伟大旗帜，全面贯彻党的十八大和十八届三中、四中、五中、六中全会精神，以邓小平理论、“三个代表”重要思想、科学发展观为指导，深入贯彻习近平总书记系列重要讲话精神和治国理政新理念、新思想、新战略，统筹推进“五位一体”总体布局和协调推进“四个全面”战略布局，坚持稳中求进工作总基调，牢固树立和贯彻落实新发展理念，适应把握引领经济发展新常态，坚持以提高发展质量和效益为中心，坚持宏观政策要稳、产业政策要准、微观政策要活、改革政策要实、社会政策要托底的政策思路，坚持以推进供给侧结构性改革为主线，适度扩大总需求，加强预期引导，深化创新驱动，全面做好稳增长、促改革、调结构、惠民生、防风险各项工作，保持经济平稳健康发展和社会和谐稳定，以优异成绩迎接党的十九大胜利召开。

综合分析国内外形势，我们要做好应对更加复杂严峻局面的充分准备。世界经济增长低迷态势仍在延续，“逆全球化”思潮和保护主义倾向抬头，主要经济体政策走向及外溢效应变数较大，不稳定不确定因素明显增

加。我国发展处在爬坡过坎的关键阶段，经济运行存在不少突出矛盾和问题。困难不容低估，信心不可动摇。我国物质基础雄厚、人力资源充裕、市场规模庞大、产业配套齐全、科技进步加快、基础设施比较完善，经济发展具有良好支撑条件，宏观调控还有不少创新手段和政策储备。我们坚信，有党的坚强领导，坚持党的基本路线，坚定不移走中国特色社会主义道路，依靠人民群众的无穷创造力，万众一心、奋力拼搏，我国发展一定能够创造新的辉煌。

今年发展的主要预期目标是：国内生产总值增长6.5%左右，在实际工作中争取更好结果；居民消费价格涨幅3%左右；城镇新增就业1100万人以上，城镇登记失业率4.5%以内；进出口回稳向好，国际收支基本平衡；居民收入和经济增长基本同步；单位国内生产总值能耗下降3.4%以上，主要污染物排放量继续下降。

今年的经济增长预期目标，符合经济规律和客观实际，有利于引导和稳定预期、调整结构，也同全面建成小康社会要求相衔接。稳增长的重要目的是为了保就业、惠民生。今年就业压力加大，要坚持就业优先战略，实施更加积极的就业政策。城镇新增就业预期目标比去年多100万人，突出了更加重视就业的导向。从经济基本面和就业吸纳能力看，这一目标通过努力是能够实现的。

今年要继续实施积极的财政政策和稳健的货币政策，在区间调控基础上加强定向调控、相机调控，提高预见性、精准性和有效性，注重消费、投资、区域、产业、环保等政策的协调配合，确保经济运行在合理区间。

财政政策要更加积极有效。今年赤字率拟按3%安排，财政赤字2.38万亿元，比去年增加2000亿元。其中，中央财政赤字1.55万亿元，地方财政赤字8300亿元。安排地方专项债券8000亿元，继续发行地方政府置换债券。今年赤字率保持不变，主要是为了进一步减税降费，全年再减少企业税负3500亿元左右、涉企收费约2000亿元，一定要让市场主体有切身感受。财政预算安排要突出重点、有保有压，加大力度补短板、惠民生。对地方一般性转移支付规模增长9.5%，重点增加均衡性转移支付和困难地区财力补助。压缩非重点支出，减少对绩效不高项目的预算安排。各级政府要坚持过紧日子，中央部门要带头，一律按不低于5%的幅度压减一般性支出，决不允许增加“三公”经费，挤出更多资金用于减税降费，坚守节用裕民的正道。

货币政策要保持稳健中性。今年广义货币M2和社会融资规模余额预期增长均为12%左右。要综合运用货币政策工具，维护流动性基本稳定，合理引导市场利率水平，疏通传导机制，促进金融资源更多流向实体经济，特别是支持“三农”和小微企业。坚持汇率市场化改革方向，保持人民币在全球货币体系中的稳定地位。

做好今年政府工作，要把握好以下几点。一是贯彻稳中求进工作总基调，保持战略定力。稳是大局，要着力稳增长、保就业、防风险，守住金融安全、民生保障、环境保护等方面的底线，确保经济社会大局稳定。在稳的前提下要勇于进取，深入推进改革，加快结构调整，敢于啃“硬骨头”，努力在关键领域取得新进展。二是坚持以推进供给侧结构性改革为主线。必须把改善供给侧结构作为主攻方向，通过简政减税、放宽准入、鼓励创新，持续激发微观主体活力，减少无效低效供给、扩大有效供给，更好适应和引导需求。这是一个化蛹成蝶的转型升级过程，既充满希望又伴随阵痛，既非常紧迫又艰巨复杂。要勇往直前，坚决闯过这个关口。三是适度扩大总需求并提高有效性。我国内需潜力巨大，扩内需既有必要也有可能，关键是找准发力点。要围绕改善民生来扩大消费，着眼补短板、增后劲来增加投资，使扩内需更加有效、更可持续，使供给侧改革和需求侧管理相辅相成、相得益彰。四是依靠创新推动新旧动能转换和结构优化升级。我国发展到现在这个阶段，不靠改革创新没有出路。我们拥有世界上数量最多、素质较高的劳动力，有最大规模的科技和专业技能人才队伍，蕴藏着巨大的创新潜能。要坚持以改革开放为动力、以人力人才资源为支撑，加快创新发展，培育壮大新动能，改造提升传统动能，提高全要素生产率，推动经济保持中高速增长、产业迈向中高端水平。五是着力解决人民群众普遍关心的突出问题。政府的一切工作都是为了人民，要践行以人民为中心的发展思想，把握好我国处于社会主义初级阶段的基本国情。对群众反映强烈、期待迫切的问题，有条件的要抓紧解决，把好事办好；一时难以解决的，要努力创造条件逐步加以解决。我们要咬定青山不放松，持之以恒为群众办实事、解难事，促进社会公平正义，把发展硬道理更多体现在增进人民福祉上。

三、2017 年重点工作任务

面对今年艰巨繁重的改革发展稳定任务，我们要通观全局、统筹兼顾，突出重点、把握关键，正确处理好各方面关系，着重抓好以下几个方面工作。

（一）用改革的办法深入推进“三去一降一补”。要在巩固成果基础上，针对新情况、新问题，完善政策措施，努力取得更大成效。

扎实有效去产能。今年要再压减钢铁产能5000 万吨左右，退出煤炭产能1.5 亿吨以上。同时，要淘汰、停建、缓建煤电产能5000 万千瓦以上，以防范化解煤电产能过剩风险，提高煤电行业效率，优化能源结构，为清洁能源发展腾空间。要严格执行环保、能耗、质量、安全等相关法律法规和标准，更多运用市场化法治化手段，有效处置“僵尸企业”，推动企业兼并重组、破产清算，坚决淘汰不达标的落后产能，严控过剩行业新上产能。去产能必须安置好职工，中央财政专项奖补资金要及时拨付，地方和企业要落实相关资金与措施，确保分流职工就业有出路、生活有保障。

因城施策去库存。目前三、四线城市房地产库存仍然较多，要支持居民自住和进城人员购房需求。坚持住房的居住属性，落实地方政府主体责任，加快建立和完善促进房地产市场平稳健康发展的长效机制，健全购租并举的住房制度，以市场为主满足多层次需求，以政府为主提供基本保障。加强房地产市场分类调控，房价上涨压力大的城市要合理增加住宅用地，规范开发、销售、中介等行为，遏制热点城市房价过快上涨。目前城镇还有几千万人居住在条件简陋的棚户区，要持续进行改造。今年再完成棚户区住房改造600 万套，继续发展公租房等保障性住房，因地制宜、多种方式提高货币化安置比例，加强配套设施建设和公共服务，让更多住房困难家庭告别棚户区，让广大人民群众在住有所居中创造新生活。

积极稳妥去杠杆。我国非金融企业杠杆率较高，这与储蓄率高、以信贷为主的融资结构有关。要在控制总杠杆率的前提下，把降低企业杠杆率作为重中之重。促进企业盘活存量资产，推进资产证券化，支持市场化法治化债转股，发展多层次资本市场，加大股权融资力度，强化企业特别是国有企业财务杠杆约束，逐步将企业负债降到合理水平。

多措并举降成本。扩大小微企业享受减半征收所得税优惠的范围，年应纳税所得额上限由 30 万元提高到 50 万元；科技型中小企业研发费用加计扣除比例由 50% 提高到 75%，千方百计使结构性减税力度和效应进一步显现。名目繁多的收费使许多企业不堪重负，要大幅降低非税负担。一是全面清理规范政府性基金，取消城市公用事业附加等基金，授权地方政府自主减免部分基金。二是取消或停征中央涉企行政事业性收费 35 项，收费项目再减少一半以上，保留的项目要尽可能降低收费标准。各地也要削减涉企行政事业性收费。三是减少政府定价的涉企经营性收费，清理取消行政审批中介服务违规收费，推动降低金融、铁路货运等领域涉企经营性收费，加强对市场调节类经营服务性收费的监管。四是继续适当降低“五险一金”有关缴费比例。五是通过深化改革、完善政策，降低企业制度性交易成本，降低用能、物流等成本。各有关部门和单位都要舍小利顾大义，使企业轻装上阵，创造条件形成我国竞争新优势。

精准加力补短板。要针对严重制约经济社会发展和民生改善的突出问题，结合实施“十三五”规划确定的重大项目，加大补短板力度，加快提升公共服务、基础设施、创新发展、资源环境等支撑能力。

贫困地区和贫困人口是全面建成小康社会最大的短板。要深入实施精准扶贫精准脱贫，今年再减少农村贫困人口1000万人以上，完成易地扶贫搬迁340万人。中央财政专项扶贫资金增长30%以上。加强集中连片特困地区、革命老区、边疆和民族地区开发，改善基础设施和公共服务，推动特色产业发展、劳务输出、教育和健康扶贫，做好因病等致贫返贫群众帮扶，实施贫困村整体提升工程，增强贫困地区和贫困群众自我发展能力。推进贫困县涉农资金整合，强化资金和项目监管。创新扶贫协作机制，支持和引导社会力量参与扶贫。切实落实脱贫攻坚责任制，实施最严格的评估考核，严肃查处假脱贫、"被脱贫"、数字脱贫，确保脱贫得到群众认可、经得起历史检验。

（二）深化重要领域和关键环节改革。要全面深化各领域改革，加快推进基础性、关键性改革，增强内生发展动力。

持续推进政府职能转变。使市场在资源配置中起决定性作用和更好发挥政府作用，必须深化简政放权、放管结合、优化服务改革。这是政府自身的一场深刻革命，要继续以壮士断腕的勇气，坚决披荆斩棘向前推进。全面实行清单管理制度，制定国务院部门权力和责任清单，加快扩大市场准入负面清单试点，减少政府的自由裁量权，增加市场的自主选择权。清理取消一批生产和服务许可证。深化商事制度改革，实行多证合一，扩大"证照分离"改革试点。完善事中事后监管制度，实现"双随机、一公开"监管全覆盖，推进综合行政执法。加快国务院部门和地方政府信息系统互联互通，形成全国统一政务服务平台。我们一定要让企业和群众更多感受到"放管服"改革成效，着力打通"最后一公里"，坚决除烦苛之弊、施公平之策、开便利之门。

继续推进财税体制改革。落实和完善全面推开营改增政策。简化增值税税率结构，今年由四档税率简并至三档，营造简洁透明、更加公平的税收环境，进一步减轻企业税收负担。加快推进中央与地方财政事权和支出责任划分改革，制定收入划分总体方案，健全地方税体系，规范地方政府举债行为。深入推进政府预决算公开，倒逼沉淀资金盘活，提高资金使用效率，每一笔钱都要花在明处、用出实效。

抓好金融体制改革。促进金融机构突出主业、下沉重心，增强服务实体经济能力，坚决防止脱实向虚。鼓励大中型商业银行设立普惠金融事业部，国有大型银行要率先做到，实行差别化考核评价办法和支持政策，有效缓解中小微企业融资难、融资贵问题。发挥好政策性开发性金融作用。推进农村信用社改革，强化服务"三农"功能。深化多层次资本市场改革，完善主板市场基础性制度，积极发展创业板、新三板，规范发展区域性股权市场。拓宽保险资金支持实体经济渠道。大力发展绿色金融。推动融资租赁业健康发展。当前系统性风险总体可控，但对不良资产、债券违约、影子银行、互联网金融等累积风险要高度警惕。积极稳妥推进金融监管体制改革，有序化解处置突出风险点，整顿规范金融秩序，筑牢金融风险"防火墙"。我国经济基本面好，商业银行资本充足率、拨备覆盖率比较高，可动用的工具和手段多。对守住不发生系统性金融风险的底线，我们有信心和底气、有能力和办法。

深入推进国企国资改革。要以提高核心竞争力和资源配置效率为目标，形成有效制衡的公司法人治理结构、灵活高效的市场化经营机制。今年要基本完成公司制改革。深化混合所有制改革，在电力、石油、天然气、铁路、民航、电信、军工等领域迈出实质性步伐。抓好电力和石油天然气体制改革，开放竞争性业务。持续推进国有企业瘦身健体、提质增效，抓紧剥离办社会职能，解决历史遗留问题。推进国有资本投资、运营公司改革试点。改善和加强国有资产监管，确保资产保值增值，把人民的共同财富切实守护好、发展好。

更好激发非公有制经济活力。深入落实支持非公有制经济发展的政策措施。积极构建新型政商关系。鼓励非公有制企业参与国有企业改革。坚持权利平等、机会平等、规则平等，进一步放宽非公有制经济市场准入。凡法律法规未明确禁入的行业和领域，都要允许各类市场主体平等进入；凡向外资开放的行业和领域，都要向民间资本开放；凡影响市场公平竞争的不合理行为，都要坚决制止。

加强产权保护制度建设。保护产权就是保护劳动、保护发明创造、保护和发展生产力。要加快完善产权保护制度，依法保障各种所有制经济组织和公民财产权，激励人们创业创新创富，激发和保护企业家精神，使企业家安心经营、放心投资。对于侵害企业和公民产权的行为，必须严肃查处、有错必纠。

大力推进社会体制改革。深化收入分配制度配套改革。稳步推动养老保险制度改革，划转部分国有资本充实社保基金。深化医疗、医保、医药联动改革。全面推开公立医院综合改革，全部取消药品加成，协调推进医疗价格、人事薪酬、药品流通、医保支付方式等改革。深入推进教育、文化和事业单位等改革，把社会领域的巨大发展潜力充分释放出来。

深化生态文明体制改革。完善主体功能区制度和生态补偿机制，建立资源环境监测预警机制，开展健全国家自然资源资产管理体制试点，出台国家公园体制总体方案，为生态文明建设提供有力制度保障。

（三）进一步释放国内需求潜力。推动供给结构和需求结构相适应、消费升级和有效投资相促进、区域城乡发展相协调，增强内需对经济增长的持久拉动作用。

促进消费稳定增长。适应消费需求变化，完善政策措施，改善消费环境。一要加快发展服务消费。开展新一轮服务业综合改革试点，支持社会力量提供教育、文化、养老、医疗等服务。推动服务业模式创新和跨界融合，发展医养结合、文化创意等新兴消费。落实带薪休假制度，完善旅游设施和服务，大力发展乡村、休闲、全域旅游。扩大数字家庭、在线教育等信息消费。促进电商、快递进社区进农村，推动实体店销售和网购融合发展。二要增加高品质产品消费。引导企业增品种、提品质、创品牌，扩大内外销产品“同线同标同质”实施范围，更好满足消费升级需求。三要整顿和规范市场秩序。严肃查处假冒伪劣、虚假广告、价格欺诈等行为，加强消费者权益保护，让群众花钱消费少烦心、多舒心。

积极扩大有效投资。引导资金更多投向补短板、调结构、促创新、惠民生的领域。今年要完成铁路建设投资 8000 亿元、公路水运投资 1.8 万亿元，再开工 15 项重大水利工程，继续加强轨道交通、民用和通用航空、电信基础设施等重大项目建设。中央预算内投资安排 5076 亿元。落实和完善促进民间投资的政策措施。深化政府和社会资本合作，完善相关价格、税费等优惠政策，政府要带头讲诚信，决不能随意改变约定，决不能“新官不理旧账”。

优化区域发展格局。统筹推进三大战略和“四大板块”发展，实施好相关规划，研究制定新举措。推动国家级新区、开发区、产业园区等创新发展。支持资源枯竭、生态严重退化等地区经济转型发展。优化空域资源配置。推进海洋经济示范区建设，加快建设海洋强国，坚决维护国家海洋权益。

扎实推进新型城镇化。深化户籍制度改革，今年实现进城落户 1300 万人以上，加快居住证制度全覆盖。支持中小城市和特色小城镇发展，推动一批具备条件的县和特大镇有序设市，发挥城市群辐射带动作用。促进“多规合一”，提升城市规划设计水平。推进建筑业改革发展，提高工程质量。统筹城市地上地下建设，加强城市地质调查，再开工建设城市地下综合管廊 2000 公里以上，启动消除城区重点易涝区段三年行动，推进海绵城市建设，有效治理交通拥堵等“城市病”，使城市既有“面子”、更有“里子”。

（四）以创新引领实体经济转型升级。实体经济从来都是我国发展的根基，当务之急是加快转型升级。要深入实施创新驱动发展战略，推动实体经济优化结构，不断提高质量、效益和竞争力。

提升科技创新能力。完善对基础研究和原创性研究的长期稳定支持机制，建设国家重大科技基础设施和技术创新中心，打造科技资源开放共享平台。推进全面创新改革试验。改革科技评价制度。切实落实高校和科研院所自主权，落实股权期权和分红等激励政策，落实科研经费和项目管理制度改革，让科研人员不再为杂事琐事分心劳神。开展知识产权综合管理改革试点，完善知识产权创造、保护和运用体系。深化人才发展体制改革，实施更加有效的人才引进政策，广聚天下英才，充分激发科研人员积极性，定能成就创新大业。

加快培育壮大新兴产业。全面实施战略性新兴产业发展规划，加快新材料、新能源、人工智能、集成电路、生物制药、第五代移动通信等技术研发和转化，做大做强产业集群。支持和引导分享经济发展，提高社会资源利用效率，便利人民群众生活。本着鼓励创新、包容审慎原则，制定新兴产业监管规则，引导和促进新兴产业健康发展。深化统计管理体制改革，健全新兴产业统计。在互联网时代，各领域发展都需要速度更快、成本更低、安全性更高的信息网络。今年网络提速降费要迈出更大步伐，年内全部取消手机国内长途和漫游费，大幅降低中小企业互联网专线接入资费，降低国际长途电话费，推动“互联网+”深入发展、促进数字经济加快成长，让企业广泛受益、群众普遍受惠。

大力改造提升传统产业。深入实施《中国制造 2025》，加快大数据、云计算、物联网应用，以新技术新业态新模式，推动传统产业生产、管理和营销模式变革。把发展智能制造作为主攻方向，推进国家智能制造示范区、制造业创新中心建设，深入实施工业强基、重大装备专项工程，大力发展先进制造业，推动中国制造向中高端迈进。完善制造强国建设政策体系，以多种方式支持技术改造，促进传统产业焕发新的蓬勃生机。

持续推进大众创业、万众创新。“双创”是以创业创新带动就业的有效方式，是推动新旧动能转换和经济结构升级的重要力量，是促进机会公平和社会纵向流动的现实渠道，要不断引向深入。新建一批“双创”示范基地，鼓励大企业和科研院所、高校设立专业化众创空间，加强对创新型中小微企业支持，打造面向大众的“双创”全程服务体系，使各类主体各展其长、线上线下良性互动，使小企业铺天盖地、大企业顶天立地，市场活力和社会创造力竞相迸发。

全面提升质量水平。广泛开展质量提升行动，加强全面质量管理，夯实质量技术基础，强化质量监督，健全优胜劣汰质量竞争机制。质量之魂，存于匠心。要大力弘扬工匠精神，厚植工匠文化，恪尽职业操守，崇尚精益求精，完善激励机制，培育众多“中国工匠”，打造更多享誉世界的“中国品牌”，推动中国经济发展进入质量时代。

（五）促进农业稳定发展和农民持续增收。深入推进农业供给侧结构性改革，完善强农惠农政策，拓展农民就业增收渠道，保障国家粮食安全，推动农业现代化与新型城镇化互促共进，加快培育农业农村发展新动能。

推进农业结构调整。引导农民根据市场需求发展生产，增加优质绿色农产品供给，扩大优质水稻、小麦生产，适度调减玉米种植面积，粮改饲试点面积扩大到1000 万亩以上。鼓励多渠道消化玉米库存。支持主产区发展农产品精深加工，发展观光农业、休闲农业，拓展产业链价值链，打造农村一、二、三产业融合发展新格局。

加强现代农业建设。加快推进农产品标准化生产、品牌创建和保护，打造粮食生产功能区、重要农产品生产保护区、特色农产品优势区和现代农业产业园。推进土地整治，大力改造中低产田，推广旱作技术，新增高效节水灌溉面积2000 万亩。加强耕地保护，改进占补平衡。发展多种形式适度规模经营，是中国特色农业现代化的必由之路，离不开农业保险有力保障。今年在 13 个粮食主产省选择部分县市，对适度规模经营农户实施大灾保险，调整部分财政救灾资金予以支持，提高保险覆盖面和理赔标准，完善农业再保险体系，以持续稳健的农业保险助力现代农业发展。

深化农村改革。稳步推进农村集体产权制度改革，深化农村土地制度改革试点，赋予农民更多财产权利。完善粮食等重要农产品价格形成机制和收储制度，推进农业水价综合改革。深化集体林权、国有林区林场、农垦、供销社等改革。加强农村基层组织建设。健全农村“双创”促进机制，培养更多新型职业农民，支持农民工返乡创业，进一步采取措施鼓励高校毕业生、退役军人、科技人员到农村施展才华。

加强农村公共设施建设。新建改建农村公路20万公里。实现农村稳定可靠供电服务和平原地区机井通电全覆盖。完成3万个行政村通光纤。提高农村饮水安全供水保证率。加大农村危房改造力度。深入推进农村人居环境整治，建设既有现代文明，又具田园风光的美丽乡村。

（六）积极主动扩大对外开放。面对国际环境新变化和国内发展新要求，要进一步完善对外开放战略布局，加快构建开放型经济新体制，推动更深层次更高水平的对外开放。

扎实推进“一带一路”建设。坚持共商共建共享，加快陆上经济走廊和海上合作支点建设，构建沿线大通关合作机制。深化国际产能合作，带动我国装备、技术、标准、服务走出去，实现优势互补。加强教育、科技、文化、卫生、旅游等人文交流合作。高质量办好“一带一路”国际合作高峰论坛，同奏合作共赢新乐章。

促进外贸继续回稳向好。落实和完善进出口政策，推动优进优出。扩大出口信用保险覆盖面，对成套设备出口融资应保尽保。推进服务贸易创新发展试点，设立服务贸易创新发展引导基金。支持市场采购贸易、外贸综合服务企业发展。加快外贸转型升级示范基地建设。促进加工贸易向产业链中高端延伸、向中西部地区梯度转移。推广国际贸易“单一窗口”，实现全国通关一体化。增加先进技术、设备和关键零部件进口，促进贸易平衡发展和国内产业加快升级。

大力优化外商投资环境。修订外商投资产业指导目录，进一步放宽服务业、制造业、采矿业外资准入。支持外商投资企业在国内上市、发债，允许参与国家科技计划项目。在资质许可、标准制定、政府采购、享受《中国制造2025》政策等方面，对内外资企业一视同仁。地方政府可在法定权限范围内，制定出台招商引资优惠政策。高标准高水平建设11个自贸试验区，全面推广成熟经验。引导对外投资健康规范发展，提升风险防范能力。中国开放的大门会越开越大，必将继续成为最富吸引力的外商投资目的地。

推进国际贸易和投资自由化便利化。经济全球化符合世界各国的根本利益。中国将坚定不移推动全球经济合作，维护多边贸易体制主渠道地位，积极参与多边贸易谈判。我们愿与有关国家一道，推动中国—东盟自贸区升级议定书全面生效实施，早日结束区域全面经济伙伴关系协定谈判，推进亚太自贸区建设。继续与有关国家和地区商谈投资贸易协定。中国是负责任的国家，作出的承诺一直认真履行，应有的权益将坚决捍卫。

（七）加大生态环境保护治理力度。加快改善生态环境特别是空气质量，是人民群众的迫切愿望，是可持续发展的内在要求。必须科学施策、标本兼治、铁腕治理，努力向人民群众交出合格答卷。

坚决打好蓝天保卫战。今年二氧化硫、氮氧化物排放量要分别下降3%，重点地区细颗粒物（PM2.5）浓度明显下降。一要加快解决燃煤污染问题。全面实施散煤综合治理，推进北方地区冬季清洁取暖，完成以电代煤、以气代煤300万户以上，全部淘汰地级以上城市建成区燃煤小锅炉。加大燃煤电厂超低排放和节能改造力度，东中部地区要分别于今明两年完成，西部地区于2020年完成。抓紧解决机制和技术问题，优先保障清洁能源发电上网，有效缓解弃水、弃风、弃光状况。安全高效发展核电。加快秸秆综合利用。二要全面推进污染源治理。开展重点行业污染治理专项行动。对所有重点工业污染源实行24小时在线监控，确保监控质量。明确排放不达标企业最后达标时限，到期不达标的坚决依法关停。三要强化机动车尾气治理。基本淘汰黄标车，加快淘汰老旧机动车，对高排放机动车进行专项整治，鼓励使用清洁能源汽车。提高燃油品质，在重点区域加快推广使用国六标准燃油。四要有效应对重污染天气。加强对大气污染的源解析和雾霾形成机理研究，提高应
6 对的科学性和精准性。扩大重点区域联防联控范围，强化预警和应急措施。五要严格环境执法和督查问责。对偷排、造假的，必须依法惩治；对执法不力、姑息纵容的，必须严肃追究；对空气质量恶化、应对不力的，

必须严格问责。治理雾霾人人有责，贵在行动、成在坚持。全社会不懈努力，蓝天必定会一年比一年多起来。

强化水、土壤污染防治。今年化学需氧量、氨氮排放量要分别下降 2%。抓好重点流域、区域、海域水污染和农业面源污染防治。开展土壤污染详查，分类制定实施治理措施。加强城乡环境综合整治，倡导绿色生活方式，普遍推行垃圾分类制度。培育壮大节能环保产业，发展绿色再制造和资源循环利用产业，使环境改善与经济发展实现双赢。

推进生态保护和建设。抓紧划定并严守生态保护红线。积极应对气候变化。启动森林质量提升、长江经济带重大生态修复、第二批山水林田湖生态保护工程试点，完成退耕还林还草 1200 万亩以上，加强荒漠化、石漠化治理，积累更多生态财富，构筑可持续发展的绿色长城。

（八）推进以保障和改善民生为重点的社会建设。民生是为政之要，必须时刻放在心头、扛在肩上。在当前国内外形势严峻复杂的情况下，更要优先保障和改善民生，该办能办的实事要竭力办好，基本民生的底线要坚决兜牢。

大力促进就业创业。完善就业政策，加大就业培训力度，加强对灵活就业、新就业形态的支持。今年高校毕业生 795 万人，再创历史新高，要实施好就业促进、创业引领、基层成长等计划，促进多渠道就业创业。落实和完善政策，切实做好退役军人安置工作。加大就业援助力度，扶持城镇困难人员、残疾人就业，确保零就业家庭至少有一人稳定就业。我们必须牢牢抓住就业这一民生之本，让人们在劳动中创造财富，在奋斗中实现人生价值。

办好公平优质教育。统一城乡义务教育学生“两免一补”政策，加快实现城镇义务教育公共服务常住人口全覆盖，持续改善薄弱学校办学条件，扩大优质教育资源覆盖面，不断缩小城乡、区域、校际办学差距。继续扩大重点高校面向贫困地区农村招生规模。提高博士研究生国家助学金补助标准。推进世界一流大学和一流学科建设。继续推动部分本科高校向应用型转变。深化高考综合改革试点。加快发展现代职业教育。加强民族教育，办好特殊教育、继续教育、学前教育和老年教育。支持和规范民办教育发展。加强教师队伍建设。制定实施《中国教育现代化 2030》。我们要发展人民满意的教育，以教育现代化支撑国家现代化，使更多孩子成就梦想、更多家庭实现希望。

推进健康中国建设。城乡居民医保财政补助由每人每年 420 元提高到 450 元，同步提高个人缴费标准，扩大用药保障范围。在全国推进医保信息联网，实现异地就医住院费用直接结算。完善大病保险制度，提高保障水平。全面启动多种形式的医疗联合体建设试点，三级公立医院要全部参与并发挥引领作用，建立促进优质医疗资源上下贯通的考核和激励机制，增强基层服务能力，方便群众就近就医。分级诊疗试点和家庭签约服务扩大到 85% 以上地市。做好健康促进，继续提高基本公共卫生服务经费补助标准，加强疾病预防体系和慢性病防控体系建设。及时公开透明有效应对公共卫生事件。保护和调动医务人员积极性。构建和谐医患关系。适应实施全面两孩政策，加强生育医疗保健服务。依法支持中医药事业发展。食品药品安全事关人民健康，必须管得严而又严。要完善监管体制机制，充实基层监管力量，夯实各方责任，坚持源头控制、产管并重、重典治乱，坚决把好人民群众饮食用药安全的每一道关口。

织密扎牢民生保障网。继续提高退休人员基本养老金，确保按时足额发放。稳步提高优抚、社会救助标准，实施好临时救助制度。调整完善自然灾害生活补助机制，全部完成去年洪涝灾害中倒损民房的恢复重建。加强农村留守儿童关爱保护和城乡困境儿童保障。关心帮助军烈属和孤寡老人。全面落实残疾人“两项补贴”制度。县级政府要建立基本生活保障协调机制，切实做好托底工作，使困难群众心里有温暖、生活有奔头。综合运用法律、行政、经济等手段，锲而不舍解决好农民工工资拖欠问题，决不允许他们的辛勤付出得不到应有回报。

发展文化事业和文化产业。加强社会主义精神文明建设，坚持用中国梦和社会主义核心价值观凝聚共识、汇聚力量，坚定文化自信。繁荣发展哲学社会科学和文学艺术创作，发展新闻出版、广播影视、档案等事业。建设中国特色新型智库。实施中华优秀传统文化传承发展工程，加强文物和非物质文化遗产保护利用。大力推动全民阅读，加强科学普及。提高基本公共文化服务均等化水平。加快培育文化产业，加强文化市场监管，净化网络环境。深化中外人文交流，推动中华文化走出去。做好冬奥会、冬残奥会筹办工作，统筹群众体育、竞技体育、体育产业发展，广泛开展全民健身，使更多人享受运动快乐、拥有健康体魄。人民身心健康、乐观向上，国家必将充满生机活力。

推动社会治理创新。健全基层群众自治制度，加强城乡社区治理。充分发挥工会、共青团、妇联等群团组织作用。改革完善社会组织管理制度，依法推进公益和慈善事业健康发展，促进专业社会工作、志愿服务发展。切实保障妇女、儿童、老人、残疾人合法权益。加快社会信用体系建设。加强法治宣传教育和法律服务。落实信访工作责任制，依法及时就地解决群众合理诉求。深化平安中国建设，健全立体化信息化社会治安防控体系，严厉打击暴力恐怖活动，依法惩治黑恶势力犯罪、毒品犯罪和盗窃、抢劫、电信网络诈骗、侵犯个人信息等多发性犯罪，维护国家安全和社会稳定。严格规范公正文明执法，大力整治社会治安突出问题，全方位提高人民群众安全感。

人命关天，安全至上。必须持之以恒抓好安全生产。加强安全基础设施建设，做好地震、气象、测绘、地质等工作。严格安全生产责任制，全面落实企业主体责任、地方属地管理责任、部门监管责任，坚决遏制重特大事故发生，切实保障人民群众生命财产安全。

（九）全面加强政府自身建设。要坚持党的领导，牢固树立“四个意识”，坚决维护以习近平同志为核心的党中央权威，自觉在思想上政治上行动上同党中央保持高度一致，加快转变政府职能、提高行政效能，更好为人民服务。

坚持依法全面履职。各级政府及其工作人员要深入贯彻全面依法治国要求，严格遵守宪法，尊崇法治、敬畏法律、依法行政，建设法治政府。加大政务公开力度。坚持科学决策、民主决策、依法决策，广泛听取各方面意见包括批评意见。各级政府要依法接受同级人大及其常委会的监督，自觉接受人民政协的民主监督，主动接受社会和舆论监督，认真听取人大代表、政协委员、民主党派、工商联、无党派人士和各人民团体的意见。作为人民政府，所有工作都要体现人民意愿、维护人民利益、接受人民监督。

始终保持廉洁本色。要认真落实全面从严治党要求，把党风廉政建设和反腐败工作不断引向深入。坚决贯彻落实党中央八项规定精神，一以贯之纠正“四风”。加强行政监察和审计监督。保持惩治腐败高压态势，聚焦重点领域，严肃查处侵害群众利益的不正之风和腐败问题。广大公务员要持廉守正，干干净净为人民做事。

勤勉尽责干事创业。中国改革发展的巨大成就是广大干部群众实干出来的，再创新业绩还得靠实干。各级政府及其工作人员要干字当头，真抓实干、埋头苦干、结合实际创造性地干，不能简单以会议贯彻会议、以文件落实文件，不能纸上谈兵、光说不练。要充分发挥中央和地方两个积极性，鼓励地方因地制宜、大胆探索，竞相推动科学发展。严格执行工作责任制，特别是对重点任务，要铆紧各方责任、层层传导压力，确保不折不扣落实到位。强化督查问责，严厉整肃庸政、懒政、怠政行为，坚决治理政务失信。健全激励机制和容错纠错机制，给干事者鼓劲，为担当者撑腰。广大干部要主动作为、动真碰硬，与人民群众同心协力，以实干推动发展，以实干赢得未来。

2018 年政府工作报告（节选）

2018 年 3 月 5 日

国务院总理李克强在第十三届全国人民代表大会第一次会议做《政府工作报告》：

一、过去五年工作回顾

第十二届全国人民代表大会第一次会议以来的五年，是我国发展进程中极不平凡的五年。面对极其错综复杂的国内外形势，以习近平同志为核心的党中央团结带领全国各族人民砥砺前行，统筹推进“五位一体”总体布局，协调推进“四个全面”战略布局，改革开放和社会主义现代化建设全面开创新局面。党的十九大确立了习近平新时代中国特色社会主义思想的历史地位，制定了决胜全面建成小康社会、夺取新时代中国特色社会主义伟大胜利的宏伟蓝图和行动纲领，具有重大现实意义和深远历史意义。各地区各部门不断增强政治意识、大局意识、核心意识、看齐意识，深入贯彻落实新发展理念，“十二五”规划圆满完成，“十三五”规划顺利实施，经济社会发展取得历史性成就、发生历史性变革。

五年来，经济实力跃上新台阶。国内生产总值从 54 万亿元增加到 82.7 万亿元，年均增长 7.1%，占世界经济比重从 11.4% 提高到 15% 左右，对世界经济增长贡献率超过 30%。财政收入从 11.7 万亿元增加到 17.3 万亿元。居民消费价格年均上涨 1.9%，保持较低水平。城镇新增就业 6600 万人以上，13 亿多人口的大国实现了比较充分就业。

五年来，经济结构出现重大变革。消费贡献率由 54.9% 提高到 58.8%，服务业比重从 45.3% 上升到 51.6%，成为经济增长主动力。高技术制造业年均增长 11.7%。粮食生产能力达到 1.2 万亿斤。城镇化率从 52.6% 提高到 58.5%，8000 多万农业转移人口成为城镇居民。

五年来，创新驱动发展成果丰硕。全社会研发投入年均增长 11%，规模跃居世界第二位。科技进步贡献率由 52.2% 提高到 57.5%。载人航天、深海探测、量子通信、大飞机等重大创新成果不断涌现。高铁网络、电子商务、移动支付、共享经济等引领世界潮流。“互联网 +”广泛融入各行各业。大众创业、万众创新蓬勃发展，日均新设企业由 0.5 万多户增加到 1.6 万多户。快速崛起的新动能，正在重塑经济增长格局、深刻改变生产生活方式，成为中国创新发展的新标志。

五年来，改革开放迈出重大步伐。改革全面发力、多点突破、纵深推进，重要领域和关键环节改革取得突破性进展。简政放权、放管结合、优化服务等改革推动政府职能发生深刻转变，市场活力和社会创造力明显增强。“一带一路”建设成效显著，对外贸易和利用外资结构优化、规模稳居世界前列。

五年来，人民生活持续改善。脱贫攻坚取得决定性进展，贫困人口减少 6800 多万人，易地扶贫搬迁 830 万人，贫困发生率由 10.2% 下降到 3.1%。居民收入年均增长 7.4%、超过经济增速，形成世界上人口最多的中等收入群体。出境旅游人次由 0.83 亿增加到 1.3 亿多。社会养老保险覆盖 9 亿多人，基本医疗保险覆盖 13.5 亿人，织就了世界上最大的社会保障网。人均预期寿命达到 76.7 岁。棚户区住房改造 2600 多万套，农村危房改造 1700 多万户，上亿人喜迁新居。

五年来，生态环境状况逐步好转。制定实施大气、水、土壤污染防治三个“十条”并取得扎实成效。单位国内生产总值能耗、水耗均下降20%以上，主要污染物排放量持续下降，重点城市重污染天数减少一半，森林面积增加1.63亿亩，沙化土地面积年均缩减近2000平方公里，绿色发展呈现可喜局面。

刚刚过去的2017年，经济社会发展主要目标任务全面完成并好于预期。国内生产总值增长6.9%，居民收入增长7.3%，增速均比上年有所加快；城镇新增就业1351万人，失业率为多年来最低；工业增速回升，企业利润增长21%；财政收入增长7.4%，扭转了增速放缓态势；进出口增长14.2%，实际使用外资1363亿美元、创历史新高。经济发展呈现出增长与质量、结构、效益相得益彰的良好局面。这是五年来一系列重大政策效应累积，各方面不懈努力、久久为功的结果。

过去五年取得的全方位、开创性成就，发生的深层次、根本性变革，再次令世界瞩目，全国各族人民倍感振奋和自豪。

五年来，我们认真贯彻以习近平同志为核心的党中央决策部署，主要做了以下工作。

（一）坚持稳中求进工作总基调，着力创新和完善宏观调控，经济运行保持在合理区间、实现稳中向好。这些年，世界经济复苏乏力，国际金融市场跌宕起伏，保护主义明显抬头。我国经济发展中结构性问题和深层次矛盾凸显，经济下行压力持续加大，遇到不少两难多难抉择。面对这种局面，我们保持战略定力，坚持不搞“大水漫灌”式强刺激，而是适应把握引领经济发展新常态，统筹稳增长、促改革、调结构、惠民生、防风险，不断创新和完善宏观调控，确立区间调控的思路和方式，加强定向调控、相机调控、精准调控。明确强调只要经济运行在合理区间，就业增加、收入增长、环境改善，就集中精力促改革、调结构、添动力。采取既利当前更惠长远的举措，着力推进供给侧结构性改革，适度扩大总需求，推动实现更高层次的供需动态平衡。经过艰辛努力，我们顶住了经济下行压力、避免了“硬着陆”，保持了经济中高速增长，促进了结构优化，经济长期向好的基本面不断巩固和发展。

坚持实施积极的财政政策和稳健的货币政策。在财政收支矛盾较大情况下，着眼“放水养鱼”、增强后劲，我国率先大幅减税降费。分步骤全面推开营改增，结束了66年的营业税征收历史，累计减税超过2万亿元，加上采取小微企业税收优惠、清理各种收费等措施，共减轻市场主体负担3万多亿元。加强地方政府债务管理，实施地方政府存量债务置换，降低利息负担1.2万亿元。调整财政支出结构，盘活沉淀资金，保障基本民生和重点项目。财政赤字率一直控制在3%以内。货币政策保持稳健中性，广义货币M2增速呈下降趋势，信贷和社会融资规模适度增长。采取定向降准、专项再贷款等差别化政策，加强对重点领域和薄弱环节支持，小微企业贷款增速高于各项贷款平均增速。改革完善汇率市场化形成机制，保持人民币汇率基本稳定，外汇储备转降为升。妥善应对“钱荒”等金融市场异常波动，规范金融市场秩序，防范化解重点领域风险，守住了不发生系统性风险的底线，维护了国家经济金融安全。

（二）坚持以供给侧结构性改革为主线，着力培育壮大新动能，经济结构加快优化升级。紧紧依靠改革破解经济发展和结构失衡难题，大力发展新兴产业，改造提升传统产业，提高供给体系质量和效率。

扎实推进“三去一降一补”。五年来，在淘汰水泥、平板玻璃等落后产能基础上，以钢铁、煤炭等行业为重点加大去产能力度，中央财政安排1000亿元专项奖补资金予以支持，用于分流职工安置。退出钢铁产能1.7亿吨以上、煤炭产能8亿吨，安置分流职工110多万人。因城施策分类指导，三、四线城市商品住宅去库存取得明显成效，热点城市房价涨势得到控制。积极稳妥去杠杆，控制债务规模，增加股权融资，工业企业资产负债率连续下降，宏观杠杆率涨幅明显收窄、总体趋于稳定。多措并举降成本，压减政府性基金项目30%，削减中央政府层面设立的涉企收费项目60%以上，阶段性降低“五险一金”缴费比例，推动降低用能、物流、电信等成本。突出重点加大补短板力度。

加快新旧发展动能接续转换。深入开展“互联网＋”行动，实行包容审慎监管，推动大数据、云计算、物联网广泛应用，新兴产业蓬勃发展，传统产业深刻重塑。实施“中国制造 2025”，推进工业强基、智能制造、绿色制造等重大工程，先进制造业加快发展。出台现代服务业改革发展举措，服务新业态新模式异军突起，促进了各行业融合升级。深化农业供给侧结构性改革，新型经营主体大批涌现，种植业适度规模经营比重从 30% 提升到 40% 以上。采取措施增加中低收入者收入，推动传统消费提档升级、新兴消费快速兴起，网上零售额年均增长 30% 以上，社会消费品零售总额年均增长 11.3%。优化投资结构，鼓励民间投资，发挥政府投资撬动作用，引导更多资金投向强基础、增后劲、惠民生领域。高速铁路运营里程从 0.9 万多公里增加到 2.5 万公里、占世界 2/3，高速公路里程从 9.6 万公里增加到 13.6 万公里，新建改建农村公路 127 万公里，新建民航机场 46 个，开工重大水利工程 122 项，完成新一轮农村电网改造，建成全球最大的移动宽带网。五年来，发展新动能迅速壮大，经济增长实现由主要依靠投资、出口拉动转向依靠消费、投资、出口协同拉动，由主要依靠第二产业带动转向依靠三次产业共同带动。这是我们多年想实现而没有实现的重大结构性变革。

推进供给侧结构性改革，必须破除要素市场化配置障碍，降低制度性交易成本。针对长期存在的重审批、轻监管、弱服务问题，我们持续深化“放管服”改革，加快转变政府职能，减少微观管理、直接干预，注重加强宏观调控、市场监管和公共服务。五年来，国务院部门行政审批事项削减 44%，非行政许可审批彻底终结，中央政府层面核准的企业投资项目减少 90%，行政审批中介服务事项压减 74%，职业资格许可和认定大幅减少。中央政府定价项目缩减 80%，地方政府定价项目缩减 50% 以上。全面改革工商登记、注册资本等商事制度，企业开办时间缩短 1/3 以上。创新和加强事中事后监管，实行“双随机、一公开”，随机抽取检查人员和检查对象、及时公开查处结果，提高了监管效能和公正性。推行“互联网＋政务服务”，实施一站式服务等举措。营商环境持续改善，市场活力明显增强，群众办事更加便利。

（三）坚持创新引领发展，着力激发社会创造力，整体创新能力和效率显著提高。实施创新驱动发展战略，优化创新生态，形成多主体协同、全方位推进的创新局面。扩大科研机构和高校科研自主权，改进科研项目和经费管理，深化科技成果权益管理改革。支持北京、上海建设科技创新中心，新设 14 个国家自主创新示范区，带动形成一批区域创新高地。以企业为主体加强技术创新体系建设，涌现一批具有国际竞争力的创新型企业和新型研发机构。深入开展大众创业、万众创新，实施普惠性支持政策，完善孵化体系。各类市场主体达到 9800 多万户，五年增加 70% 以上。国内有效发明专利拥有量增加两倍，技术交易额翻了一番。我国科技创新由跟跑为主转向更多领域并跑、领跑，成为全球瞩目的创新创业热土。

（四）坚持全面深化改革，着力破除体制机制弊端，发展动力不断增强。国企国资改革扎实推进，公司制改革基本完成，兼并重组、压减层级、提质增效取得积极进展。国有企业效益明显好转，去年利润增长 23.5%。深化能源、铁路、盐业等领域改革。放宽非公有制经济市场准入。建立不动产统一登记制度。完善产权保护制度。财税改革取得重大进展，全面推行财政预决算公开，构建以共享税为主的中央和地方收入分配格局，启动中央与地方财政事权和支出责任划分改革，中央对地方一般性转移支付规模大幅增加、专项转移支付项目减少 2/3。基本放开利率管制，建立存款保险制度，推动大中型商业银行设立普惠金融事业部，深化政策性、开发性金融机构改革，强化金融监管协调机制。完善城乡义务教育均衡发展促进机制，改革考试招生制度。建立统一的城乡居民基本养老、医疗保险制度，实现机关事业单位和企业养老保险制度并轨。出台划转部分国有资本充实社保基金方案。实施医疗、医保、医药联动改革，全面推开公立医院综合改革，取消长期实行的药品加成政策，药品医疗器械审批制度改革取得突破。推进农村承包地“三权”分置改革、确权面积超过 80%，改革重要农产品收储制度。完善主体功能区制度，建立生态文明绩效考评和责任追究制度，推行河长制、湖长制，开展省级以下环保机构垂直管理制度改革试点。各领域改革的深化，推动了经济社会持续健康发展。

（五）坚持对外开放的基本国策，着力实现合作共赢，开放型经济水平显著提升。倡导和推动共建“一带一路”，发起创办亚投行，设立丝路基金，一批重大互联互通、经贸合作项目落地。设立上海等11个自贸试验区，一批改革试点成果向全国推广。改革出口退税负担机制、退税增量全部由中央财政负担，设立13个跨境电商综合试验区，国际贸易“单一窗口”覆盖全国，货物通关时间平均缩短一半以上，进出口实现回稳向好。外商投资由审批制转向负面清单管理，限制性措施削减2/3。外商投资结构优化，高技术产业占比提高一倍。加大引智力度，来华工作的外国专家增加40%。引导对外投资健康发展。推进国际产能合作，高铁、核电等装备走向世界。新签和升级8个自由贸易协定。沪港通、深港通、债券通相继启动，人民币加入国际货币基金组织特别提款权货币篮子，人民币国际化迈出重要步伐。中国开放的扩大，有力促进了自身发展，给世界带来重大机遇。

（六）坚持实施区域协调发展和新型城镇化战略，着力推动平衡发展，新的增长极增长带加快成长。积极推进京津冀协同发展、长江经济带发展，编制实施相关规划，建设一批重点项目。出台一系列促进西部开发、东北振兴、中部崛起、东部率先发展的改革创新举措。加大对革命老区、民族地区、边疆地区、贫困地区扶持力度，加强援藏援疆援青工作。海洋保护和开发有序推进。实施重点城市群规划，促进大中小城市和小城镇协调发展。绝大多数城市放宽落户限制，居住证制度全面实施，城镇基本公共服务向常住人口覆盖。城乡区域发展协调性显著增强。

（七）坚持以人民为中心的发展思想，着力保障和改善民生，人民群众获得感不断增强。在财力紧张情况下，持续加大民生投入。全面推进精准扶贫、精准脱贫，健全中央统筹、省负总责、市县抓落实的工作机制，中央财政五年投入专项扶贫资金2800多亿元。实施积极的就业政策，重点群体就业得到较好保障。坚持教育优先发展，财政性教育经费占国内生产总值比例持续超过4%。改善农村义务教育薄弱学校办学条件，提高乡村教师待遇，营养改善计划惠及3600多万农村学生。启动世界一流大学和一流学科建设。重点高校专项招收农村和贫困地区学生人数由1万人增加到10万人。加大对各类学校家庭困难学生资助力度，4.3亿人次受益。劳动年龄人口平均受教育年限提高到10.5年。居民基本医保人均财政补助标准由240元提高到450元，大病保险制度基本建立、已有1700多万人次受益，异地就医住院费用实现直接结算，分级诊疗和医联体建设加快推进。持续合理提高退休人员基本养老金。提高低保、优抚等标准，完善社会救助制度，近6000万低保人员和特困群众基本生活得到保障。建立困难和重度残疾人“两项补贴”制度，惠及2100多万人。实施全面两孩政策。加快发展文化事业，文化产业年均增长13%以上。全民健身广泛开展，体育健儿勇创佳绩。

（八）坚持人与自然和谐发展，着力治理环境污染，生态文明建设取得明显成效。树立绿水青山就是金山银山理念，以前所未有的决心和力度加强生态环境保护。重拳整治大气污染，重点地区细颗粒物（PM2.5）平均浓度下降30%以上。加强散煤治理，推进重点行业节能减排，71%的煤电机组实现超低排放。优化能源结构，煤炭消费比重下降8.1个百分点，清洁能源消费比重提高6.3个百分点。提高燃油品质，淘汰黄标车和老旧车2000多万辆。加强重点流域海域水污染防治，化肥农药使用量实现零增长。推进重大生态保护和修复工程，扩大退耕还林还草还湿，加强荒漠化、石漠化、水土流失综合治理。开展中央环保督察，严肃查处违法案件。积极推动《巴黎协定》签署生效，我国在应对全球气候变化中发挥了重要作用。

（九）坚持依法全面履行政府职能，着力加强和创新社会治理，社会保持和谐稳定。提请全国人大常委会制定修订法律95部，制定修订行政法规195部，修改废止一大批部门规章。省、市、县政府部门制定公布权责清单。开展国务院大督查和专项督查，对积极作为、成效突出的给予表彰和政策激励，对不作为的严肃问责。创新城乡基层治理。完善信访工作制度。扩大法律援助范围。促进安全生产领域改革发展，事故总量和重特大事故数量持续下降。改革完善食品药品监管，强化风险全程管控。加强地震、特大洪灾等防灾减灾救灾工作，健全分级负责、相互协同的应急机制，最大程度降低了灾害损失。加强国家安全。健全社会治安防控体系，依法打击各类违法犯罪，有力维护了公共安全。

贯彻落实党中央全面从严治党部署，加强党风廉政建设和反腐败斗争。深入开展党的群众路线教育实践活动、“三严三实”专题教育、“两学一做”学习教育，认真落实党中央八项规定精神，持之以恒纠正“四风”，严格执行国务院“约法三章”。严控新建政府性楼堂馆所和财政供养人员总量，“三公”经费大幅压减。加强行政监察和审计监督。坚决查处和纠正违法违规行为，严厉惩处腐败分子，反腐败斗争压倒性态势已经形成并巩固发展。

重要会议要点汇总

会议名称	日期	主要内容
中央财经领导小组第十五次会议	2017 年 2 月 28 日	建立促进房地产市场平稳健康发展长效机制，要充分考虑到房地产市场特点，紧紧把握“房子是用来住的、不是用来炒的”定位，深入研究短期和长期相结合的长效机制和基础性制度安排。要完善一揽子政策组合，引导投资行为，合理引导预期，保持房地产市场稳定。要调整和优化中长期供给体系，实现房地产市场动态均衡。
政治局会议	2017 年 4 月 25 日	要保持宏观政策连续性和稳定性，继续实施积极的财政政策和稳健的货币政策，深化供给侧结构性改革，坚定不移推进“三去一降一补”，改造提升传统动能，大力培育发展新动能，振兴实体经济，实现转型升级。要营造良好市场环境，加强制度建设，扩大开放领域，改善投资者预期。要加快形成促进房地产市场稳定发展的长效机制。要高度重视防控金融风险，加强监管协调，加强金融服务实体经济，加大惩处违规违法行为工作力度。
	2017 年 7 月 24 日	要坚定不移深化供给侧结构性改革，深入推进“三去一降一补”，紧紧抓住处置“僵尸企业”这个牛鼻子，更多运用市场机制实现优胜劣汰。加大补短板力度，改善供给质量。要积极稳妥化解累积的地方政府债务风险，有效规范地方政府举债融资，坚决遏制隐性债务增量。要深入扎实整治金融乱象，加强金融监管协调，提高金融服务实体经济的效率和水平。要稳定房地产市场，坚持政策连续性稳定性，加快建立长效机制。要稳定外资和民间投资，稳定信心，加强产权保护，扩大外资市场准入，增强营商环境对投资者的吸引力。

续表

会议名称	日期	主要内容
国务院常务会议	2017 年 5 月 24 日	针对目前一些地方棚改推进难度加大、配套建设滞后、融资困难等问题，要落实各项支持政策和地方责任，加大督查力度，管好用好棚改专项资金，完善水电气热路和教育、医疗等配套设施，提高入住率，在商品住房库存量大、市场房源充足的市县，进一步提高货币化安置比例，确保完成今年再开工改造 600 万套的棚改任务。实施 2018 年到 2020 年 3 年棚改攻坚计划，再改造各类棚户区 1500 万套，加大中央财政补助和金融、用地等支持，以改革创新的举措、坚持不懈的韧劲啃下“硬骨头”，兑现改造约 1 亿人居住的城镇棚户区和城中村的承诺。
	2017 年 12 月 6 日	以保障性住房分配、政府采购、国有产权交易、国有土地使用权和矿业权出让、工程建设项目招投标等为重点，由各地各部门纳入主动公开目录清单。
中央经济工作会议	2017 年 12 月 18 日	打好防范化解重大风险攻坚战，重点是防控金融风险，要服务于供给侧结构性改革这条主线，促进形成金融和实体经济、金融和房地产、金融体系内部的良性循环，做好重点领域风险防范和处置，坚决打击违法违规金融活动，加强薄弱环节监管制度建设。 加快建立多主体供应、多渠道保障、租购并举的住房制度。要发展住房租赁市场特别是长期租赁，保护租赁利益相关方合法权益，支持专业化、机构化住房租赁企业发展。完善促进房地产市场平稳健康发展的长效机制，保持房地产市场调控政策连续性和稳定性，分清中央和地方事权，实行差别化调控。
中央农村工作会议	2017 年 12 月 28 日	落实农村土地承包关系稳定并长久不变政策，衔接落实好第二轮土地承包到期后再延长 30 年的政策，完善承包地“三权分置”制度，完善农民闲置宅基地和闲置农房政策，深入推进农村集体产权制度改革，深化农产品收储制度和价格形成机制改革。

二、中华人民共和国国务院

关于印发“十三五”市场监管规划的通知（节选）

国发〔2017〕6号　2017年1月23日

“十三五”市场监管规划

第三章　市场监管重点任务

三、营造安全放心的市场消费环境

（一）加强日常消费领域市场监管。

加强日常服务消费维权。对百姓住房等大宗消费，要结合去库存，促进房地产市场健康发展，规范购房市场和住房租赁及二手房市场，规范中介服务，加强家装建材质量监管，打击虚假信息、价格欺诈和不公平合同格式条款，保障业主权利，保护购房者和承租者的权益。加强供水、供电、供气、供暖、广播电视、通信、交通运输、银行业、医疗等公用事业领域消费监管，提高服务质量，维护消费者权益。

关于印发国家人口发展规划（2016—2030年）的通知（节选）

国发〔2016〕87号　2017年1月25日

国家人口发展规划（2016—2030年）

第一章　规划背景

第二节　发展态势

我国人口发展既符合世界一般性规律，又具有自身特点，今后15年人口变动的主要趋势是：

——人口总规模增长惯性减弱，2030年前后达到峰值。实施全面两孩政策后，“十三五”时期出生人口有所增多，“十四五”以后受育龄妇女数量减少及人口老龄化带来的死亡率上升影响，人口增长势能减弱。总人口将在2030年前后达到峰值，此后持续下降。

——劳动年龄人口波动下降，劳动力老化程度加重。劳动年龄人口在“十三五”后期出现短暂小幅回升后，2021—2030年间将以较快速度减少。劳动年龄人口趋于老化，到2030年，45～59岁大龄劳动力占比将达

到36%左右。

——老龄化程度不断加深，少儿比重呈下降趋势。“十三五”时期，60岁及以上老年人口平稳增长，2021—2030年增长速度将明显加快，到2030年占比将达到25%左右，其中80岁及以上高龄老年人口总量不断增加。0~14岁少儿人口占比下降，到2030年降至17%左右。

——人口流动仍然活跃，人口集聚进一步增强。预计2016—2030年，农村向城镇累计转移人口约2亿人，转移势头有所减弱，城镇化水平持续提高。以“瑷珲—腾冲线”为界的全国人口分布基本格局保持不变，但人口将持续向沿江、沿海、铁路沿线地区聚集，城市群人口集聚度加大。

——出生人口性别比逐渐回归正常，家庭呈现多样化趋势。伴随经济社会发展以及生育政策调整完善等，出生人口性别比呈稳步下降态势。核心家庭（由已婚夫妇及其未婚子女组成的家庭）和直系家庭（由父母同一个已婚子女及其配偶、子女组成的家庭）是主要的家庭形式，单人家庭、单亲家庭以及“丁克家庭”的比例将逐步提高。

——少数民族人口增加，地区间人口变化不平衡。2015年我国少数民族人口总量为1.17亿人，占比8.5%，少数民族生育率高于全国平均水平，人口比例还将进一步提高。在一些民族地区各民族人口发展不均衡，一些边境地区青壮年人口流失比较严重。

第二章　总体思路

第二节　主要目标

到2020年，全面两孩政策效应充分发挥，生育水平适度提高，人口素质不断改善，结构逐步优化，分布更加合理。到2030年，人口自身均衡发展的态势基本形成，人口与经济社会、资源环境的协调程度进一步提高。

——人口总量。总和生育率逐步提升并稳定在适度水平，2020年全国总人口达到14.2亿人左右，2030年达到14.5亿人左右。

——人口结构。出生人口性别比趋于正常，性别结构持续改善。劳动力资源保持有效供给，人口红利持续释放。

——人口素质。出生缺陷得到有效防控，人口健康水平和人均预期寿命持续提高，劳动年龄人口平均受教育年限进一步增加，人才队伍不断壮大。

——人口分布。常住人口城镇化率稳步提升，户籍人口城镇化率加快提高，主要城市群集聚人口能力增强。人口流动合理有序，人口分布与区域发展、主体功能布局、城市群发展、产业集聚的协调度达到更高水平。

——重点人群。民生保障体系更加健全，老年人、妇女、儿童、残疾人、贫困人口等群体的基本权益得到有效保障，生活水平持续提高，共建共享能力明显增强。

专栏1　预期发展目标

领　域	主要指标	单位	2015年	2020年	2030年
人口总量	全国总人口	亿人	13.8	14.2	14.5
	总和生育率	%	1.5~1.6	1.8	1.8
人口结构	出生人口性别比*		113.5	≤112	107

续表

专栏 1　预期发展目标					
领　域	主要指标	单位	2015 年	2020 年	2030 年
人口素质	人均预期寿命	岁	76.3	77.3	79.0
	劳动年龄人口平均受教育年限	年	10.2	10.8	11.8
人口分布	常住人口城镇化率	%	56.1	60.0	70.0

* 每出生百名女婴相对应的出生男婴数。联合国明确认定出生性别比的通常值域为 102～107 之间。

第五章　优化人口空间布局

第一节　持续推进人口城镇化

加快推进以人为核心的城镇化，引导人口流动的合理预期，畅通落户渠道，到 2020 年实现 1 亿左右农业转移人口和其他常住人口在城镇落户，全面提高城镇化质量。按照尊重意愿、自主选择、因地制宜、分步推进、存量优先、带动增量的原则，区分超大、特大和大中小城市以及建制镇，实施差别化落户政策，促进有能力在城镇稳定就业和生活的农业转移人口举家进城落户。将具备条件的县和特大镇有序设置为市，增加中小城市数量，优化大中城市市辖区规模和结构，拓展农业转移人口就近城镇化空间。

专栏 4　推动 1 亿非户籍人口在城市落户方案

2016—2020 年，户籍人口城镇化率年均提高 1 个百分点以上，年均转户 1300 万人以上。

进一步拓宽落户通道。除极少数超大城市外，全面放宽农业转移人口落户条件。调整完善超大城市和特大城市落户政策，区分城市的主城区、郊区、新区等区域，分类制定落户政策，重点解决符合条件的普通劳动者落户问题。调整完善大中城市落户政策，大中城市均不得采取购买房屋、投资纳税等方式设置落户限制。

制定实施配套政策。加大对农业转移人口市民化的财政支持力度并建立动态调整机制，建立财政性建设资金对吸纳农业转移人口较多城市基础设施投资的补助机制，建立城镇建设用地增加规模与吸纳农业转移人口落户数量挂钩机制。顺应农民保留土地承包权、流转土地经营权的意愿，实行所有权、承包权、经营权分置并行，探索建立进城落户农民土地承包权、宅基地使用权、集体收益分配权维护和自愿有偿退出机制。完善城镇基本公共服务政策，确保城市新老居民同城同待遇。

第二节　推动城市群人口集聚

以城市群为主体形态促进大中小城市和小城镇协调发展，优化提升东部地区城市群，培育发展中西部地区城市群，推动人口合理集聚。对京津冀、长三角、珠三角等城市群，要严格控制超大城市和特大城市人口规模，有序引导人口向中小城市集聚。对长江中游、成渝地区等城市群，要进一步做大做强中心城市，加强对周边欠发达地区的辐射带动作用，打造全国重要的人口集聚区。对山东半岛、海峡西岸、辽中南等东部地区城市群，要进一步加强区域内大中小城市联动发展，增强对中西部转移人口的吸引力。对哈长、中原、关中、北部湾、山西中部、呼包鄂榆、黔中、滇中、兰西、宁夏沿黄、天山北坡等城市群，要加快形成更多支撑区域发展的增长极，引导区域内人口就近集聚。力争今后 15 年上述 19 个城市群集聚的常住人口占全国比重稳步提升，特别是城镇人口总量占比增幅更高。

第四节　完善人口流动政策体系

深化户籍制度改革，切实保障进城落户农业转移人口与城镇居民享有同等权利和义务。全面实施居住证制度，推进居住证制度覆盖全部未落户城镇常住人口，保障居住证持有人享有国家规定的各项基本公共服务和办事便利。鼓励地方各级政府根据本地实际不断扩大对居住证持有人的公共服务范围并提高服务标准。以人口为基本要素，完善公共服务资源配置，使基本公共服务设施布局、供给规模与人口分布、环境交通相适应，增强基本公共服务对人口集聚和吸纳能力的支撑。深化财政制度改革，建立农业转移人口市民化成本分担机制。深化农村集体产权制度改革，探索建立进城落户农民土地承包权、宅基地使用权、集体收益分配权维护和自愿有偿退出机制。研究完善支撑东北地区等老工业基地全面振兴的人口发展政策，适应西部大开发要求鼓励人口向西部地区迁移。健全全国流动人口分布、生存发展状况的动态监测体系，完善流动人口服务管理体制机制。

关于印发全国国土规划纲要（2016—2030 年）的通知（节选）

国发〔2017〕3 号　2017 年 2 月 4 日

全国国土规划纲要（2016—2030 年）

第一章　基本形势

第二节　严峻挑战

国土空间开发格局亟需优化。一是经济布局与人口、资源分布不协调。改革开放以来，产业和就业人口不断向东部沿海地区集中，市场消费地与资源富集区空间错位，造成能源资源的长距离调运和产品、劳动力大规模跨地区流动，经济运行成本、社会稳定和生态环境风险加大。二是城镇、农业、生态空间结构性矛盾凸显。随着城乡建设用地不断扩张，农业和生态用地空间受到挤压，城镇、农业、生态空间矛盾加剧；优质耕地分布与城镇化地区高度重叠，耕地保护压力持续增大，空间开发政策面临艰难抉择。三是部分地区国土开发强度与资源环境承载能力不匹配。国土开发过度和开发不足现象并存，京津冀、长江三角洲、珠江三角洲等地区国土开发强度接近或超出资源环境承载能力，中西部一些自然禀赋较好的地区尚有较大潜力。四是陆海国土开发缺乏统筹。沿海局部地区开发布局与海洋资源环境条件不相适应，围填海规模增长较快、利用粗放，可供开发的海岸线和近岸海域资源日益匮乏，涉海行业用海矛盾突出，渔业资源和生态环境损害严重。

国土开发质量有待提升。一是城镇化重速度轻质量问题严重。改革开放以来，我国城镇化进程加快，常住人口城镇化率由 1978 年的 17.9% 提高到 2015 年的 56.1% 左右，但城镇化粗放扩张，产业支撑不足。2000—2015 年，全国城镇建成区面积增长了约 113%，远高于同期城镇人口 59% 的增幅。部分城市承载能力减弱，水土资源和能源不足，环境污染等问题凸显。二是产业低质同构现象比较普遍。产业发展总体上仍处在过度依赖规模扩张和能源资源要素驱动的阶段，产业协同性不高，核心竞争力缺乏，产品附加值低，在技术水平、盈利能力和市场影响力等方面与发达国家存在明显差距。同时，区域之间产业同质化严重，部分行业产能严重过剩。三是基础设施建设重复与不足问题并存。部分地区基础设施建设过于超前，闲置和浪费严重。中西部偏远地区基础设施建设相对滞后，卫生、医疗、环保等公共服务和应急保障基础设施缺失。四是城乡区域发展差距仍然较大。城乡居民收入比由20世纪80年代中期的1.86∶1扩大到2015年的2.73∶1，城乡基础设施和公共服务水平存在显著差异。2014年，东部地区人均国内生产总值分别为中部、西部和东北地区的1.75倍、1.79倍和1.28倍，东部地区国土经济密度分别为中部、西部和东北地区的2.81倍、18.80倍和5.34倍。革命老区、民族地区、边疆地区和贫困地区发展滞后问题较为突出，截至2015年年底全国仍有5630万农村建档立卡贫困人口。①

第二章 总体要求

第三节 主要目标

国土空间开发格局不断优化，整体竞争力和综合国力显著增强。到2020年，全国主体功能区布局基本形成，国土空间布局得到优化；到2030年，主体功能区布局进一步完善，以重点经济区、城市群、农产品主产区为支撑，重要轴带为主干的新型工业化、城镇化格局基本形成，人口集疏更加有序，城市文化更加繁荣，全方位对外开放格局逐步完善，国际竞争力显著增强，国土开发强度不超过4.62%，城镇空间控制在11.67万平方千米以内。

城乡区域协调发展取得实质进展，国土开发的协调性大幅提升。到2020年，区域协调发展新格局基本形成，区域之间、城乡之间居民收入差距缩小，基本公共服务均等化水平稳步提高，城镇化质量显著提升；到2030年，城乡一体化发展体制机制更加完善，城乡要素平等交换和公共资源均衡配置基本实现，新型工农、城乡关系进一步完善，基本公共服务均等化总体实现。

资源节约型、环境友好型社会基本建成，可持续发展能力显著增强。到2020年，人居环境逐步改善，生态系统稳定性不断增强，生物多样性得到切实保护；到2030年，集约、绿色、低碳、循环的资源利用体系基本建成，生态环境得到有效保护，资源节约集约利用水平显著提高，单位国内生产总值能耗和用水量大幅下降，国土综合整治全面推进，生产、生活和生态功能明显提升，耕地保有量保持在18.25亿亩以上，建成高标准农田12亿亩，新增治理水土流失面积94万平方千米以上。

基础设施体系趋于完善，资源保障能力和国土安全水平不断提升。到2020年，建设内通外联的运输通道网络，城镇生活污水、垃圾处理设施实现全覆盖，水利基础设施更加完善，防灾减灾体系更加健全；到2030年，综合交通和信息通信基础设施体系更加完善，城乡供水和防洪能力显著增强，水、土地、能源和矿产资源供给得到有效保障，防灾减灾体系基本完善，抵御自然灾害能力明显提升，公路与铁路网密度达到0.6千米/平方千米，用水总量控制在7000亿立方米以内。

海洋开发保护水平显著提高，建设海洋强国目标基本实现。到2020年，海洋经济发展空间不断拓展，海洋产业布局更为合理，对沿海地区经济的辐射带动能力进一步增强，海洋生产总值占国内生产总值比例达到9.5%；到2030年，海洋开发、控制、综合管理能力全面提升，海洋经济不断壮大，海洋生态环境质量持续改善，海上突发事件应急处置能力显著增强，国家海洋权益得到切实维护，海洋生产总值占国内生产总值比例力争达到14%。

国土空间开发保护制度全面建立，生态文明建设基础更加坚实。到2020年，空间规划体系不断完善，最

---

① 按照每人每年2300元（2010年不变价）的农村贫困标准计算。

严格的土地管理制度、水资源管理制度和环保制度得到落实，生态保护红线全面划定，国土空间开发、资源节约、生态环境保护的体制机制更加健全，资源环境承载能力监测预警水平得到提升；到2030年，国土空间开发保护制度更加完善，由空间规划、用途管制、差异化绩效考核构成的空间治理体系更加健全，基本实现国土空间治理能力现代化。

表1　　主要指标

指标名称	2015年	2020年	2030年	属　性
1. 耕地保有量（亿亩）	18.65	18.65	18.25	约束性
2. 用水总量（亿立方米）	6180.00	6700.00	7000.00	约束性
3. 森林覆盖率（%）	21.66	>23.00	>24.00	预期性
4. 草原综合植被盖度（%）	54.00	56.00	60.00	预期性
5. 湿地面积（亿亩）	8.00	8.00	8.30	预期性
6. 国土开发强度（%）	4.02	4.24	4.62	约束性
7. 城镇空间（万平方千米）	8.90	10.21	11.67	预期性
8. 公路与铁路网密度（千米/平方千米）	0.49	⩾0.50	⩾0.60	预期性
9. 全国七大重点流域水质优良比例（%）	67.50	>70.00	>75.00	约束性
10. 重要江河湖泊水功能区水质达标率（%）	70.80	>80.00	>95.00	约束性
11. 新增治理水土流失面积（万平方千米）	—	32.00	94.00	预期性

第四章　集聚开发

第一节　构建多中心网络型开发格局

推进建设国土开发集聚区。推动京津冀、长江三角洲、珠江三角洲等优化开发区域的协同发展，以优化人口分布、产业结构、城镇布局等为重点，转变国土空间开发利用方式，促进城镇集约紧凑发展，提高国土开发效率，广泛深入参与国际合作与竞争。加速提升长江中游地区和成渝等重点开发区域集聚发展水平和辐射带动能力，加大承接产业转移力度，适度扩大城市容量，密切城市群之间的联系，充分发挥对中部地区崛起和西部大开发战略实施的引领带动作用。加大哈长地区、辽中南地区、冀中南地区、山东半岛地区、东陇海地区、海峡西岸地区、北部湾地区、山西中部城市群、中原地区、江淮地区、黔中地区、滇中地区、呼包鄂榆地区、宁夏沿黄地区、关中—天水地区、兰州—西宁地区、天山北坡地区、藏中南地区等区域的建设力度，加强基础设施建设和环境保护，积极推进新型工业化，提高人口和产业集聚能力，建成具有重要影响力的区域性经济中心，带动周边地区加快发展。

积极培育国土开发轴带。依托主要交通干线和综合交通运输网络，重点推进丝绸之路经济带建设和长江经济带发展，以“两横三纵”开发轴带为主，促进国土集聚开发，引导生产要素向交通干线和连接通道有序自由流动和高效集聚，推动资源高效配置和市场深度融合。提升沿海轴带连接21世纪海上丝绸之路建设的排头兵和主力军功能，成为我国实施陆海统筹战略、全面深化改革和对外开放的重要经济轴带。进一步发挥京哈—京广轴带促进全国区域发展南北互动、东西交融的重要核心地带作用；建设京九轴带，打造成为促进中部崛起、产业梯度发展的重要经济带。促进包昆轴带发展，发挥我国西部地区最重要的南北向开发轴带作用，建设成为我国向西南开放、密切西部地区联系的重要战略通道。建设陇海—兰新轴带，形成我国向西开放、密切西北与东部地区联系的重要战略通道。将长江经济轴带打造成为具有全球影响力的内河经济带，全面发挥促进我国东中西互动合作和沿海沿江地区全面开放的重要作用；建设沪昆轴带，打造畅通东南与西南地区沟通联系的重要通道。发挥京兰轴带作为我国北方地区东西向重要开发轴带作用，进一步畅通华北和西北地区经济联系。根据不同开发轴带的基础条件和连接区域的经济社会发展水平，明确战略定位与发展重点，加强轴带上集聚区之间的经济联系和分工协作，促进人口和产业集聚，提升轴带集聚效益。重点培育东西向开发轴带，促进国土开发重点由沿海向内陆地区纵深推进，加快缩小地区差距。加快自贸试验区和口岸地区建设，形成“一带一路”建设的重要节点。到 2030 年，城市化战略格局进一步完善，重要轴带开发集聚能力大幅提升，多中心网络型国土空间开发新格局基本形成。

第二节　推进新型城镇化发展

促进各类城镇协调发展。以开发轴带和开发集聚区为依托，以城市群为主体形态，促进大中小城市和小城镇合理分工、功能互补、协同发展。鼓励城镇因地制宜合理布局，避免无序蔓延和占用高标准农田等优质耕地。发挥北京、上海、广州等超大城市和特大城市服务全国、面向世界的综合功能，提高国际影响力和竞争力，引领全国经济发展；提高大城市的经济社会活动组织能力，强化区域服务功能，带动周边地区发展；加快发展中小城市，强化产业功能、服务功能和居住功能，提升市政基础设施和公共服务设施建设水平，提高集聚人口和服务周边的能力；重点发展区位优越、潜力较大、充满魅力的小城镇，促进县域经济发展，发挥连接城乡的纽带作用，培育具有农产品加工、商贸物流等专业特色的小城镇。建立城镇建设用地增加规模与吸纳农业转移人口落户数量相挂钩机制，科学设定开发强度、划定城市开发边界。

分类引导城镇化发展。提升优化开发区域城镇化质量，将京津冀、长江三角洲、珠江三角洲等地区建设成为具有世界影响力的城市群，以盘活存量用地为主，严格控制新增建设用地，统筹地上地下空间，引导中心城市人口向周边区域有序转移。培育发展中西部地区城市群，发展壮大东北地区、中原地区、长江中游、成渝地区、关中平原城市群，适当扩大建设用地供给，提高存量建设用地利用强度，完善基础设施和公共服务，加快人口、产业集聚，打造推动国土空间均衡开发、引领区域经济发展的重要增长极。稳妥有序推进农产品主产区城镇化发展，统筹协调城镇扩展与重要农产品优势区布局，加强农用地特别是耕地保护，实行点状开发、面上保护，促进人口向城市和重点小城镇集中；完善县和乡镇公共服务设施配套，提升小城镇公共服务和居住功能，促进农业转移人口全面融入城镇。引导重点生态功能区城镇化发展，以现有城镇布局为基础，实施集约开发、集中建设，有步骤地引导生态移民向中小城市和重点小城镇集中。

优化城镇空间结构。按照促进生产空间集约高效、生活空间宜居适度、生态空间山清水秀的总体要求，调整优化城镇空间结构，努力打造和谐宜居、富有活力、各具特色的城市。控制生产空间，减少工业用地比例，提高工业用地投入产出效益；适当增加生活空间，合理保障常住城镇人口居住用地，提高城镇居民生活质量；严格保护并拓展城市开敞绿色空间，构建耕地、林草、水系、绿带等生态廊道，切实发挥耕地特别是基本农田在优化城镇、产业用地结构中的生态支撑作用，保护人文和自然文化遗产等用地，推进海绵城市建设，促进城镇生态环境改善，大力推进绿色城镇化。

促进城乡一体化发展。全面统筹城乡规划、基础设施建设、公共服务、产业发展、生态环境保护和社会管理，加快完善体制机制，促进城乡生产要素自由流动、城乡居民自由迁徙、城乡公共资源均衡配置。培育发展充满活力、特色化、专业化的县域经济，提升承接城市功能转移和辐射带动乡村发展能力。将农村产业融合发展与新型城镇化建设有机结合，引导农村二、三产业向县城、重点乡镇及产业园区等集中。深入推进新农村建设，着力推动农村一、二、三产业融合发展，鼓励规模经营，大力推进基础设施建设，全面加强农田水利和农村饮水安全工程建设，促进城乡基本公共服务均等化，在尊重农民意愿基础上适度迁村并点，优化农村居民点布局，加快推进农村危房改造和国有林区（场）、垦区、棚户区危房改造，实施游牧民定居工程。

第三节　优化现代产业发展布局

*积极培育战略性新兴产业集聚区。*加强前瞻布局，促进科技与产业深度融合，加快培育壮大节能环保、新一代信息通信技术、生物、高端装备制造、新能源、新材料、新能源汽车、数字创意等战略性新兴产业，逐步打造一批新兴主导产业。引导产业合理布局，实现区域错位互补发展，避免同质化。依托现有优势产业集聚区，培育形成一批创新能力强、集聚程度高的战略性新兴产业集聚区。

*培育现代服务业集聚发展区域。*充分发挥现代服务业对产业结构优化升级的拉动作用，推动生产性服务业向专业化和价值链高端延伸、生活性服务业向精细化和高品质转变。积极培育现代服务业中心、国内贸易中心，着力发展生态旅游产业等新型业态，不断提高服务业的发展水平和综合竞争力。推动信息技术与产业发展深度融合，带动生产模式和组织方式变革，形成网络化、智能化、服务化、协同化的产业发展新形态。

*加快现代服务业中心建设。*以京津冀、长江三角洲、珠江三角洲等地区为核心，建设服务全国、面向世界的现代服务业中心，大力发展金融、设计、文化创意、科技服务、咨询、软件信息服务、服务外包、商务会展、国际航运等高技术服务业和现代服务业。充分发挥长江中游、成渝、关中、辽中南、山东半岛、中原等地区的产业优势，形成区域性现代服务业中心。支撑生产性服务业和生活性服务业集聚区建设，加快健康养老、教育培训、文化娱乐、体育健身等产业发展，促进大中城市尽快形成以服务经济为主的产业结构。继续开展国家服务业综合改革试点，推动国家服务业发展示范区建设。

*推动物流贸易中心有序发展。*加快推进重点物流区域和联通国际国内的物流通道建设，重点打造面向中亚、南亚、西亚的战略物流枢纽及面向东盟的陆海联运、江海联运节点和重要航空港。建设京津冀、长江三角洲、珠江三角洲、长江中游、成渝、关中—天水、中原、哈长等重要商业功能区，优化流通节点城市布局。支持沿边地区建设国际商贸和物流中心，合理布局区域物流中心。规划建设服务贸易功能区，在有条件的地区开展服务贸易创新发展试点。依托现有各类开发区和自由贸易试验区规划建设一批特色服务出口基地。

*促进生态旅游产业健康发展。*充分利用国土空间的多种形态和功能，因地制宜、突出特色，发展生态旅游产业。内蒙古草原、东北林区、三江源、香格里拉、长江三峡、武夷山区、武陵山区、青藏铁路沿线、海南岛等区域，积极发挥特色资源优势，在保护自然生态的前提下，发展观光、度假、特种旅游等产业。鼓励利用废弃矿山、边远海岛等开发旅游项目。

第六章　综合整治

第二节　实施城市化地区综合整治

*推动低效建设用地再开发。*坚持统筹规划、明晰产权、利益共享、规范运作，以棚户区和城中村改造、城区老工业区搬迁改造为重点，积极稳妥推进低效建设用地再开发。坚持集中成片改造、局部改造、沿街改建相结合，推进城镇建设用地集约利用，保障人居环境安全，确保城区污染场地无害化再利用；依法处置闲置土地，鼓励盘活低效用地，推进工业用地改造升级和集约利用；以大中城市周边区域为重点，分类开展城中村改

造，改善生产生活条件，增加建设用地有效供给。严格保护具有历史文化和景观价值的传统建筑，保持城乡特色风貌。

加强城市环境综合治理。推进城市大气、水、土壤污染综合治理，完善城镇污水、垃圾处理等环保基础设施。强化重点区域大气污染防治联防联控，严格控制大气污染物排放总量，逐步消除重污染天气，切实改善大气环境质量。推进绿道网络建设，联接城乡绿色空间，形成有利于改善城市生态环境质量的生态缓冲地带。发展立体绿化，加快公园绿地建设，完善居住区绿化。强化城市山体、水体、湿地、废弃地等生态修复，构建城市现代化水网体系，建设生态景观廊道。加强地质灾害综合防治，以长江三角洲、华北平原、松嫩平原、汾渭盆地等地区为重点，实施城市地质安全防治工程，开展地面沉降、地面塌陷和地裂缝治理，修复城市地质环境，保障人民群众生命财产安全。

第七章　联动发展

第一节　推进区域一体化发展

以加快推进区域合作为重点促进区域一体化发展。依托国土开发轴带，进一步打破行政区划限制，鼓励和支持开发集聚区在国土开发保护、基础设施建设、市场体系构建等重点领域开展合作，促进产业承接转移，实现要素跨区域自由流动和优化组合，全面提升合作层次和水平。

充分发挥国土开发轴带的集聚和连通作用，加快构建综合运输通道，促进国土开发轴带沿线地区要素流动与产业协作，推进形成沿重点开发轴带的城镇、产业密集带。依托长江经济带和丝绸之路经济带，引导东部沿海地区产业向中西部地区有序转移，鼓励中西部地区运用企业协作、园区共建等形式，不断创新与东部地区进行全方位合作的途径与模式。

支持京津冀、长江三角洲、珠江三角洲、长江中游、成渝等开发集聚区加快一体化进程，加强在基础设施、产业发展、生态环境、公共服务、社会管理等方面的合作，构建互联互通的基础设施网络和资源要素市场体系，消除市场壁垒，促进生产要素跨区域自由流动。

健全区域协调发展机制，加强跨区域和全流域的协调协作。完善对口支援制度和措施，通过发展飞地经济、共建园区等合作平台，建立互利共赢、共同发展的互助机制。建立健全生态保护补偿、资源开发补偿等区际利益平衡机制。

发挥重点地区的引领带动作用。推进国家级新区、国家级综合配套改革试验区、重点开发开放试验区等各类重点功能平台建设，促进各类功能区有序发展。鼓励东部沿海地区主动融入经济全球化和区域一体化，全面参与国际分工与合作。加快推进上海、广东、天津、福建等自由贸易试验区建设。加强陆海统筹，着力培育一批新的海洋经济增长极，推动形成我国北部、东部、南部三个海洋经济圈。在中西部地区，培育长江中游、成渝等经济基础良好、资源环境承载力强、发展潜力较大的地区成为新的经济增长极。鼓励改革试验区创新发展，加快开发开放步伐，积累创新实践经验，为统筹城乡区域协调发展和优化国土空间开发格局提供经验示范。

第八章　支撑保障

第二节　保障合理建设用地需求

保障经济社会发展必要用地。充分发挥土地利用总体规划、用地计划的整体管控作用，合理安排建设用地规模、布局、结构和时序。优先保障易地扶贫搬迁等民生项目和战略性新兴产业、现代服务业项目用地，合理安排重点基础设施项目用地。支持新农村建设，保障农业生产、农民生活、农村发展必需的建设用地。保障沿边地区发展合理用地，促进外向型经济快速发展。

合理拓展建设用地新空间。在不破坏自然环境和确保地质、生态安全的前提下，引导工业、城镇建设优先开发低丘缓坡地及盐碱地、裸地等未利用地和废弃地，减少建设占用耕地，尽量不占耕地，确需占用耕地的要严格落实占补平衡制度。科学规划、合理开发利用地上地下空间。依据海洋生态环境承载能力，科学合理确定围填海规模。

全面提升土地节约集约利用水平。实施建设用地总量和强度双控行动，严格执行建设项目用地准入标准，创新节地模式，推广节地技术。严控新增建设用地，有效管控新城新区和开发区无序扩张。有序推进城镇低效用地再开发和低丘缓坡地开发利用，推进建设用地多功能开发、地上地下立体综合开发利用，促进空置楼宇、厂房等存量资源再利用。严控农村集体建设用地规模，探索建立收储制度，盘活农村闲置建设用地。加强土地利用监测监管，实行单位国内生产总值建设用地目标考核。“十三五”期间，单位国内生产总值建设用地使用面积下降20%。

控制国土开发强度。根据各区域资源环境承载能力、国土开发强度及在国土开发格局中的定位，合理配置建设用地指标，实行国土开发强度差别化调控。进一步优化环渤海地区、长江三角洲地区、珠江三角洲地区空间开发结构，严格控制开发强度和新增建设用地供给，积极盘活存量建设用地，降低工业用地比例。支持长江中游地区、成渝地区等重点开发区域加快产业发展与人口集聚，促进经济社会发展，适当提高国土开发强度，稳定建设用地供给。限制农产品主产区和重点生态功能区开发强度，鼓励整治修复农业和生态空间。到2030年，国土开发强度控制在4.62%以内。优化城乡建设用地结构和布局，到2030年城镇与农村建设用地面积之比调整为3.9:6.1左右。

关于深入推进农业供给侧结构性改革加快培育农业农村发展新动能的若干意见（节选）

2017年2月5日

六、加大农村改革力度，激活农业农村内生发展动力

30. 深化农村集体产权制度改革。落实农村土地集体所有权、农户承包权、土地经营权“三权分置”办法。加快推进农村承包地确权登记颁证，扩大整省试点范围。统筹协调推进农村土地征收、集体经营性建设用地入市、宅基地制度改革试点。全面加快“房地一体”的农村宅基地和集体建设用地确权登记颁证工作。认真总结农村宅基地制度改革试点经验，在充分保障农户宅基地用益物权、防止外部资本侵占控制的前提下，落实宅基地集体所有权，维护农户依法取得的宅基地占有和使用权，探索农村集体组织以出租、合作等方式盘活利用空闲农房及宅基地，增加农民财产性收入。允许地方多渠道筹集资金，按规定用于村集体对进城落户农民自愿退出承包地、宅基地的补偿。抓紧研究制定农村集体经济组织相关法律，赋予农村集体经济组织法人资格。全面开展农村集体资产清产核资。稳妥有序、由点及面推进农村集体经营性资产股份合作制改革，确认成员身

份，量化经营性资产，保障农民集体资产权利。从实际出发探索发展集体经济有效途径，鼓励地方开展资源变资产、资金变股金、农民变股东等改革，增强集体经济发展活力和实力。研究制定支持农村集体产权制度改革的税收政策。深化集体林权制度改革。加快水权水市场建设，推进水资源使用权确权和进场交易。加快农村产权交易市场建设。

31. 探索建立农业农村发展用地保障机制。优化城乡建设用地布局，合理安排农业农村各业用地。完善新增建设用地保障机制，将年度新增建设用地计划指标确定一定比例用于支持农村新产业新业态发展。加快编制村级土地利用规划。在控制农村建设用地总量、不占用永久基本农田前提下，加大盘活农村存量建设用地力度。允许通过村庄整治、宅基地整理等节约的建设用地采取入股、联营等方式，重点支持乡村休闲旅游养老等产业和农村三产融合发展，严禁违法违规开发房地产或建私人庄园会所。完善农业用地政策，积极支持农产品冷链、初加工、休闲采摘、仓储等设施建设。改进耕地占补平衡管理办法，严格落实耕地占补平衡责任，探索对资源匮乏省份补充耕地实行国家统筹。

关于促进开发区改革和创新发展的若干意见

国办发〔2017〕7 号　2017 年 2 月 6 日

各省、自治区、直辖市人民政府，国务院各部委、各直属机构：

开发区建设是我国改革开放的成功实践，对促进体制改革、改善投资环境、引导产业集聚、发展开放型经济发挥了不可替代的作用，开发区已成为推动我国工业化、城镇化快速发展和对外开放的重要平台。当前，全球经济和产业格局正在发生深刻变化，我国经济发展进入新常态，面对新形势，必须进一步发挥开发区作为改革开放排头兵的作用，形成新的集聚效应和增长动力，引领经济结构优化调整和发展方式转变。为深入贯彻落实《中共中央　国务院关于构建开放型经济新体制的若干意见》，经国务院同意，现就促进开发区改革和创新发展提出以下意见。

一、总体要求

（一）指导思想。全面贯彻党的十八大和十八届三中、四中、五中、六中全会精神，深入贯彻习近平总书记系列重要讲话精神和治国理政新理念、新思想、新战略，认真落实党中央、国务院决策部署，紧紧围绕统筹推进“五位一体”总体布局和协调推进“四个全面”战略布局，牢固树立创新、协调、绿色、开放、共享的发展理念，加强对各类开发区的统筹规划，加快开发区转型升级，促进开发区体制机制创新，完善开发区管理制度和政策体系，进一步增强开发区功能优势，把各类开发区建设成为新型工业化发展的引领区、高水平营商环境的示范区、大众创业万众创新的集聚区、开放型经济和体制创新的先行区，推进供给侧结构性改革，形成经济增长的新动力。

（二）基本原则。坚持改革创新。强化开发区精简高效的管理特色，创新开发区运营模式，以改革创新激发新时期开发区发展的动力和活力。坚持规划引领。完善开发区空间布局和数量规模，形成布局合理、错位发展、功能协调的全国开发区发展格局，切实提高经济发展质量和效益。坚持集聚集约。完善公共设施和服务体系，引导工业项目向开发区集中，促进产业集聚、资源集约、绿色发展，切实发挥开发区规模经济效应。坚持发展导向。构建促进开发区发展的长效机制，以规范促发展，正确把握发展和规范的关系，不断探索开发区发展新路径、新经验。

二、优化开发区形态和布局

（三）科学把握开发区功能定位。开发区要坚持以产业发展为主，成为本地区制造业、高新技术产业和生产性服务业集聚发展平台，成为实施制造强国战略和创新驱动发展战略的重要载体。开发区要科学规划功能布局，突出生产功能，统筹生活区、商务区、办公区等城市功能建设，促进新型城镇化发展。开发区要继续把优化营商环境作为首要任务，着力为企业投资经营提供优质高效的服务、配套完备的设施、共享便捷的资源，着力推进经济体制改革和政府职能转变。

（四）明确各类开发区发展方向。经济技术开发区、高新技术产业开发区、海关特殊监管区域等国家级开发区要发挥示范引领作用，突出先进制造业、战略性新兴产业、加工贸易等产业特色，主动对接国际通行规则，建设具有国际竞争力的高水平园区，打造具有国际影响力的园区品牌。经济开发区、工业园区、高新技术产业园区等省级开发区要依托区域资源优势，推动产业要素集聚，提升营商环境国际化水平，向主导产业明确、延伸产业链条、综合配套完备的方向发展，成为区域经济增长极，带动区域经济结构优化升级。

（五）推动各区域开发区协调发展。推进东部地区现有开发区转型升级，增强开发区发展的内生动力，培育有全球影响力的制造研发基地，提高我国产业在全球价值链中的地位。支持中西部地区、东北地区进一步完善开发区软硬件环境，加强开发区承接产业转移的能力建设，增强产业发展动力。鼓励东部地区开发区输出品牌、人才、技术、资金和管理经验，按照优势互补、产业联动、市场导向、利益共享的原则，与中西部地区、东北地区合作共建开发区。围绕“一带一路”建设、京津冀协同发展、长江经济带发展，推动沿海沿江沿线开发区良性互动发展，建设一批具有辐射带动效应的转型升级示范开发区，引导产业优化布局和分工协作。

三、加快开发区转型升级

（六）推进开发区创新驱动发展。开发区要贯彻落实创新驱动发展战略，促进科技创新、制度创新，吸引集聚创新资源，提高创新服务水平，推动由要素驱动向创新驱动转变。支持开发区内企业技术中心建设，在有条件的开发区优先布局工程（技术）研究中心、工程实验室、国家（部门）重点实验室、国家地方联合创新平台、制造业创新中心。鼓励开发区加快发展众创空间、大学科技园、科技企业孵化器等创业服务平台，构建公共技术服务平台，设立科技创新发展基金、创业投资基金、产业投资基金，完善融资、咨询、培训、场所等创新服务，培育创新创业生态，创新人才培养和引进机制，营造大众创业、万众创新良好氛围。支持有条件的国家高新技术产业开发区创建国家自主创新示范区，为在全国范围内完善科技创新政策提供可复制经验。

（七）加快开发区产业结构优化。开发区要适应新一轮产业变革趋势，加快实施“中国制造 2025”战略，通过优化园区功能、强化产业链条、扶持重大项目、支持科技研发、腾笼换鸟等措施，支持传统制造业通过技术改造向中高端迈进，促进信息技术与制造业结合；主动培育高端装备、机器人、新一代信息技术、生物技术、新能源、新材料、数字创意等战略性新兴产业；促进生产型制造向服务型制造转变，大力发展研发设计、科技咨询、第三方物流、知识产权服务、检验检测认证、融资租赁、人力资源服务等生产性服务业。以开发区为载体，努力形成一批战略性新兴产业集聚区、国家高（新）技术产业（化）基地、国家新型工业化产业示范基地，打造世界级产业集群。

（八）促进开发区开放型经济发展。开发区要不断提高对外开放水平，继续发挥开放型经济主力军作用。

支持开发区完善外贸综合服务体系和促进体系，鼓励开发区积极吸引外商投资和承接国际产业转移。支持开发区内符合条件的跨国企业集团开展跨境双向人民币资金池业务。允许符合条件的开发区内企业在全口径外债和资本流动审慎管理框架下，通过贷款、发行债券等形式从境外融入本外币资金。促进海关特殊监管区域整合优化，将符合条件的出口加工区、保税港区等类型的海关特殊监管区域逐步整合为综合保税区。

（九）推动开发区实现绿色发展。开发区要积极推行低碳化、循环化、集约化发展，推进产业耦合，推广合同能源管理模式，积极参加全国碳交易市场建设和运行。鼓励开发区推进绿色工厂建设，实现厂房集约化、原料无害化、生产洁净化、废物资源化、能源低碳化。推进园区循环化改造，按照循环经济“减量化、再利用、资源化”的理念，推动企业循环式生产、产业循环式组合，搭建资源共享、废物处理、服务高效的公共平台，促进废物交换利用、能量梯级利用、水的分类利用和循环使用，实现绿色循环低碳发展。

（十）提升开发区基础设施水平。开发区基础设施建设要整体规划，配套电力、燃气、供热、供水、通信、道路、消防、防汛、人防、治污等设施，并将为企业服务的公共信息、技术、物流等服务平台和必要的社会事业建设项目统一纳入整体规划。推进海绵型开发区建设，增强防涝能力。开发区新建道路要按规划同步建设地下综合管廊，加快实施既有路面城市电网、通信网络架空线入地工程。推进实施“互联网＋”行动，建设智慧、智能园区。积极利用专项建设基金，鼓励政策性、开发性、商业性金融机构创新金融产品和服务，支持开发区基础设施建设。

四、全面深化开发区体制改革

（十一）完善开发区管理体制。开发区管理机构作为所在地人民政府的派出机关，要按照精简高效的原则，进一步整合归并内设机构，集中精力抓好经济管理和投资服务，焕发体制机制活力。各地要加强对开发区与行政区的统筹协调，完善开发区财政预算管理和独立核算机制，充分依托所在地各级人民政府开展社会管理、公共服务和市场监管，减少向开发区派驻的部门，逐步理顺开发区与代管乡镇、街道的关系，依据行政区划管理有关规定确定开发区管理机构管辖范围。对于开发区管理机构与行政区人民政府合并的开发区，应完善政府职能设置，体现开发区精简高效的管理特点。对于区域合作共建的开发区，共建双方应理顺管理、投入、分配机制。各类开发区要积极推行政企分开、政资分开，实行管理机构与开发运营企业分离。各地要及时总结开发区发展经验，积极探索开发区法规规章建设。

（十二）促进开发区整合优化发展。各省（区、市）人民政府要积极探索建立开发区统一协调机制，避免开发区同质化和低水平恶性竞争，形成各具特色、差异化的开发区发展格局。鼓励以国家级开发区和发展水平高的省级开发区为主体，整合区位相邻、相近的开发区，对小而散的各类开发区进行清理、整合、撤销，建立统一的管理机构、实行统一管理。被整合的开发区的地区生产总值、财政收入等经济统计数据，可按属地原则进行分成。对于位于中心城区、工业比重低的开发区，积极推动向城市综合功能区转型。

（十三）提高开发区行政管理效能。各省（区、市）人民政府要加大简政放权力度，将能够下放的经济管理权限，依照法定程序下放给开发区。对于开发区内企业投资经营过程中需要由所在地人民政府有关部门逐级转报的审批事项，探索取消预审环节，简化申报程序，可由开发区管理机构直接向审批部门转报。对于具有公共属性的审批事项，探索由开发区内企业分别申报调整为以开发区为单位进行整体申报或转报。科学制定开发区权责清单，优化开发区行政管理流程，积极推进并联审批、网上办理等模式创新，提高审批效率。

（十四）做好开发区投资促进工作。开发区要把投资促进作为重要任务，推进相关体制机制创新，营造国际化营商环境。鼓励开发区设立综合服务平台，为投资者提供行政审批一站式服务。开发区要积极主动开展招商引资活动，创新招商引资方式，从政府主导向政府招商与市场化招商相结合转变，加强招商引资人员培训，提升招商引资工作专业化水平。开发区可结合产业发展方向，在政策允许和权限范围内制定相应的招商引资优惠政策。

（十五）推进开发区建设和运营模式创新。引导社会资本参与开发区建设，探索多元化的开发区运营模式。支持以各种所有制企业为主体，按照国家有关规定投资建设、运营开发区，或者托管现有的开发区，享受开发区相关政策。鼓励以政府和社会资本合作（PPP）模式进行开发区公共服务、基础设施类项目建设，鼓励社会资本在现有的开发区中投资建设、运营特色产业园，积极探索合作办园区的发展模式。支持符合条件的开发区开发运营企业在境内外上市、发行债券融资。充分发挥开发区相关协会组织作用，制定开发区服务规范，促进开发区自律发展。

五、完善开发区土地利用机制

（十六）优化开发区土地利用政策。对发展较好、用地集约的开发区，在安排年度新增建设用地指标时给予适度倾斜。适应开发区转型升级需要，加强开发区公共配套服务、基础设施建设等用地保障，提高生产性服务业用地比例，适当增加生活性服务业用地供给。利用存量工业房产发展生产性服务业以及兴办创客空间、创新工场等众创空间的，可在5年内继续按原用途和土地权利类型使用土地，5年期满或涉及转让需办理相关用地手续的，可按新用途、新权利类型、市场价，以协议方式办理。允许工业用地使用权人按照有关规定经批准后对土地进行再开发，涉及原划拨土地使用权转让需补办出让手续的，可采取规定方式办理并按照市场价缴纳土地出让价款。

（十七）严格开发区土地利用管理。各类开发区用地均须纳入所在市、县用地统一供应管理，并依据开发区用地和建设规划，合理确定用地结构。严格执行土地出让制度和用地标准、国家工业项目建设用地控制指标。推动开发区集约利用土地、提高土地利用效率，从建设用地开发强度、土地投资强度、人均用地指标的管控和综合效益等方面加强开发区土地集约利用评价。积极推行在开发区建设多层标准厂房，并充分利用地下空间。

六、完善开发区管理制度

（十八）加强开发区发展的规划指导。开发区建设应符合国民经济和社会发展规划、主体功能区规划、土地利用总体规划、城镇体系规划、城市总体规划和生态环境保护规划。提升开发区规划水平，增强规划的科学性和权威性，促进“多规合一”。为促进各类开发区合理有序良性发展，各省（区、市）人民政府要组织编制开发区总体发展规划，综合考虑本地区经济发展现状、资源和环境条件、产业基础和特点，科学确定开发区的区域布局，明确开发区的数量、产业定位、管理体制和未来发展方向。

（十九）规范开发区设立、扩区和升级管理。各省（区、市）人民政府要根据开发区总体发展规划和当地经济发展需要，稳步有序推进开发区设立、扩区和升级工作，原则上每个县（市、区）的开发区不超过1家。限制开发区域原则上不得建设开发区，禁止开发区域严禁建设开发区。对于按照核准面积和用途已基本建成的现有开发区，在达到依法、合理、集约用地标准后，方可申请扩区。发展较好的省级开发区可按规定程序升级为国家级开发区。

（二十）完善开发区审批程序和公告制度。国家级开发区的设立、扩区和省级开发区升级为国家级开发区，由省（区、市）人民政府向国务院提出申请，由科技部、商务部、海关总署等会同有关部门共同研究、通盘考虑，提出审核意见报国务院审批。省级开发区的设立、扩区、调区，由所在地人民政府提出申请，报省（区、市）人民政府审批，并报国务院备案。国家发展改革委会同国土资源部、住房城乡建设部等部门定期修订全国开发区审核公告目录，向社会公布符合条件的开发区名称、面积、主导产业等，接受社会监督。

（二十一）强化开发区环境、资源、安全监管。开发区布局和建设必须依法执行环境影响评价制度，在空间布局、总量管控、环境准入等方面运用环境影响评价成果，对入区企业或项目设定环境准入要求，积极推行环境污染第三方治理。落实最严格水资源管理制度，实行水资源消耗总量和强度双控，严格执行水资源论证制度，严格水土保持监督管理，防控废弃渣土水土流失危害，加强节约用水管理。推动现有开发区全面完成污水集中处理，新建开发区必须同步配套污水集中处理设施和污染在线监控系统。开发区规划、建设要加强安全管理，严格执行安全设施“三同时”制度，强化安全执法能力建设和安全监管责任体系建设。加强开发区各相关规划的衔接，严格落实安全生产和环境保护所需的防护距离，促进产业发展与人居环境相和谐。

（二十二）完善开发区评价考核制度。有关主管部门和各省（区、市）人民政府要建立健全开发区综合评价考核体系，统计部门要积极支持建立健全开发区统计体系，全面反映开发区的开发程度、产业集聚度、技术创新能力、创新创业环境、单位土地投资强度、产出率、带动就业能力、经济效益、环境保护、循环经济发展水平、能源利用效率、低碳发展、社会效益、债务风险等情况。

（二十三）建立开发区动态管理机制。开发区考核结果要与奖惩措施挂钩，对考核结果好的开发区优先考虑扩区、升级，加大政策支持力度；对考核结果不合格的开发区，要限制新增土地指标，提出警告，限期整改；对整改不力，特别是长期圈占土地、开发程度低的开发区，要核减面积或予以降级、撤销，不允许纳入全国开发区审核公告目录。

加强新形势下开发区的改革发展，是适应我国经济发展新常态、加快转变经济发展方式的重要举措，对于推进供给侧结构性改革、推动经济持续健康发展具有重要意义。各地区、各部门要高度重视，上下配合，按照职责分工，加强对开发区工作的指导和监督，营造有利的政策环境，共同开创开发区持续健康发展的新局面。

关于进一步激发社会领域投资活力的意见

国办发〔2017〕21 号　2017 年 3 月 16 日

各省、自治区、直辖市人民政府，国务院各部委、各直属机构：

党的十八大以来，我国社会领域新兴业态不断涌现，投资总量不断扩大，服务能力不断提升，但也仍然存在放宽准入不彻底、扶持政策不到位、监管体系不健全等问题。面对社会领域需求倒逼扩大有效供给的新形势，深化社会领域供给侧结构性改革，进一步激发医疗、养老、教育、文化、体育等社会领域投资活力，着力增加产品和服务供给，不断优化质量水平，对于提升人民群众获得感、挖掘社会领域投资潜力、保持投资稳定增长、培育经济发展新动能、促进经济转型升级、实现经济社会协调发展具有重要意义。要按照党中央、国务院决策部署，坚持稳中求进工作总基调，牢固树立和贯彻落实新发展理念，以供给侧结构性改革为主线，坚持社会效益和经济效益相统一，不断增进人民福祉；坚持营利和非营利分类管理，深化事业单位改革，在政府切实履行好基本公共服务职责的同时，把非基本公共服务更多地交给市场；坚持“放管服”改革方向，注重调动社会力量，降低制度性交易成本，吸引各类投资进入社会领域，更好满足多层次多样化需求。经国务院同意，现提出以下意见：

一、扎实有效放宽行业准入

1. 制定社会力量进入医疗、养老、教育、文化、体育等领域的具体方案，明确工作目标和评估办法，新增服务和产品鼓励社会力量提供。（教育部、民政部、文化部、国家卫生计生委、新闻出版广电总局、体育总局、国家文物局、国家中医药局按职责分工负责）在社会需求大、供给不足、群众呼声高的医疗、养老领域尽快有突破，重点解决医师多点执业难、纳入医保定点难、养老机构融资难等问题。（国家卫生计生委、人力资源社会保障部、民政部、银监会等部门按职责分工负责）

2. 分别制定医疗、养老、教育、文化、体育等机构设置的跨部门全流程综合审批指引，推进一站受理、窗口服务、并联审批，加强协作配合，并联范围内的审批事项不得互为前置。（教育部、民政部、文化部、国家卫生计生委、新闻出版广电总局、体育总局、国家文物局、国家中医药局分别牵头会同公安部、国土资源部、环境保护部、住房城乡建设部等部门负责）各地出台实施细则，进一步细化各项审批的条件、程序和时限，提高部门内各环节审批效率，推广网上并联审批，实现审批进程可查询。（各省级人民政府负责）

3. 完善医疗机构管理规定，优化和调整医疗机构类别、设置医疗机构的申请人、建筑设计审查、执业许可证制作等规定，推进电子证照制度。（国家卫生计生委、国家中医药局按职责分工负责）

4. 按照保障安全、方便合理的原则，修订完善养老设施相关设计规范、建筑设计防火规范等标准。（住房城乡建设部、公安部、民政部等部门按职责分工负责）

5. 制定整合改造闲置资源发展养老服务工作办法。推动公办养老机构改革试点，鼓励采取公建民营等方式，将产权归政府所有的养老服务设施委托企业或社会组织运营。（各省级人民政府负责）

6. 指导和鼓励文化文物单位与社会力量深度合作，推动文化创意产品开发，通过知识产权入股等方式投资设立企业，总结推广经验，适时扩大试点。制定准入意见，支持社会资本对文物保护单位和传统村落的保护利用。探索大遗址保护单位控制地带开发利用政策。（文化部、国家文物局按职责分工负责）

7. 总结图书制作与出版分开的改革试点经验，制定扩大试点地区的方案。推动取消电影制片单位设立、变更、终止审批等行政审批。（新闻出版广电总局牵头负责）

8. 制定体育赛事举办流程指引，明确体育赛事开展的基本条件、标准、规则、程序和各环节责任部门，打通赛事服务渠道，强化对口衔接，有关信息向社会公开。（体育总局牵头负责）

9. 规范体育比赛、演唱会等大型群众性活动的各项安保费用，提高安保公司和场馆的市场化运营服务水平。（公安部牵头会同文化部、新闻出版广电总局、体育总局负责）

10. 改革医师执业注册办法，实行医师按行政区划区域注册，促进医师有序流动和多点执业。建立医师电子注册制度，简化审批流程，缩短办理时限，方便医师注册。（国家卫生计生委、国家中医药局牵头负责）医疗、教育、文化等领域民办机构与公立机构专业技术人才在职称评审等方面享有平等待遇。（人力资源社会保障部牵头负责）

二、进一步扩大投融资渠道

11. 研究出台医疗、养老、教育、文化、体育等社会领域产业专项债券发行指引，结合其平均收益低、回报周期长等特点，制定有利于相关产业发展的鼓励条款。（国家发展改革委牵头负责）积极支持相关领域符合条件的企业发行公司债券、非金融企业债务融资工具和资产证券化产品，并探索发行股债结合型产品进行融资，满足日常运营资金需求。（证监会、人民银行按职责分工牵头负责）引导社会资本以政府和社会资本合作（PPP）模式参与医疗机构、养老服务机构、教育机构、文化设施、体育设施建设运营，开展 PPP 项目示范。（各省级人民政府负责）

12. 发挥政府资金引导作用，有条件的地方可结合实际情况设立以社会资本为主体、市场化运作的社会领域相关产业投资基金。（各省级人民政府负责）

13. 推进银行业金融机构在依法合规、风险可控、商业可持续的前提下，创新开发有利于社会领域企业发展的金融产品，合理确定还贷周期和贷款利率。（人民银行、银监会等部门按职责分工负责）

14. 出台实施商业银行押品管理指引，明确抵押品类别、管理、估值、抵质押率等政策。（银监会牵头负责）

15. 加强知识产权评估、价值分析以及质押登记服务，建立健全风险分担及补偿机制，探索推进投贷联动，加大对社会领域中小企业的服务力度。（国家知识产权局、财政部、人民银行、工商总局、银监会等部门按职责分工负责）有效利用既有平台，加强信息对接和数据共享，形成以互联网为基础、全国统一的商标权、专利权、版权等知识产权质押登记信息汇总公示系统，推动社会领域企业以知识产权为基础开展股权融资。（国家发展改革委、国家知识产权局牵头会同人民银行、工商总局、新闻出版广电总局等部门负责）

16. 支持社会领域企业用股权进行质押贷款，推动社会领域企业用收益权、应收账款以及法律和行政法规规定可以质押的其他财产权利进行质押贷款。鼓励各地通过设立行业风险补偿金等市场化增信机制，推动金融机构扩大社会领域相关产业信贷规模。（各省级人民政府负责）

17. 鼓励搭建社会领域相关产业融资、担保、信息综合服务平台，完善金融中介服务体系，利用财政性资金提供贴息、补助或奖励。（各省级人民政府负责）

18. 探索允许营利性的养老、教育等社会领域机构以有偿取得的土地、设施等财产进行抵押融资。（各省级人民政府负责）

19. 发挥行业协会、开发区、孵化器的沟通桥梁作用，加强与资本市场对接，引导企业有效利用主板、中小板、创业板、新三板、区域性股权交易市场等多层次资本市场。（科技部、民政部、文化部、国家卫生计生委、新闻出版广电总局、证监会、体育总局等部门以及各省级人民政府按职责分工负责）

三、认真落实土地税费政策

20. 将医疗、养老、教育、文化、体育等领域用地纳入土地利用总体规划、城乡规划和年度用地计划，农用地转用指标、新增用地指标分配要适当向上述领域倾斜，有序适度扩大用地供给。（国土资源部、住房城乡建设部以及各省级人民政府按职责分工负责）

21. 医疗、养老、教育、文化、体育等领域新供土地符合划拨用地目录的，依法可按划拨方式供应。对可以使用划拨用地的项目，在用地者自愿的前提下，鼓励以出让、租赁方式供应土地，支持市、县政府以国有建设用地使用权作价出资或者入股的方式提供土地，与社会资本共同投资建设。应有偿使用的，依法可以招拍挂或协议方式供应，土地出让价款可在规定期限内按合同约定分期缴纳。支持实行长期租赁、先租后让、租让结合的土地供应方式。（国土资源部牵头会同财政部等部门负责）

22. 市、县级人民政府应依据当地土地取得成本、市场供需、产业政策和其他用途基准地价等，制定公共服务项目基准地价，依法评估并合理确定医疗、养老、教育、文化、体育等领域公共服务项目的出让底价。（国土资源部牵头负责）

23. 企业将旧厂房、仓库改造成文化创意、健身休闲场所的，可实行在五年内继续按原用途和土地权利类

型使用土地的过渡期政策。（国土资源部牵头会同住房城乡建设部、环境保护部、文化部、体育总局等部门负责）

24. 制定闲置校园校舍综合利用方案，优先用于教育、养老、医疗、文化、体育等社会领域。（教育部牵头会同民政部、国家卫生计生委、文化部、体育总局等部门负责）

25. 落实医疗、养老、教育、文化、体育等领域税收政策，明确界定享受各类税收政策的条件。（税务总局牵头负责）

26. 加大监督检查力度，落实非公立医疗、教育等机构享有与公立医院、学校用水电气热等同价政策，落实民办的公共文化服务机构、文化创意和设计服务企业用水电气热与工业同价政策，落实大众健身休闲企业用水电气热价格不高于一般工业标准政策，落实社会领域各项收费优惠政策。（各省级人民政府负责）

四、大力促进融合创新发展

27. 各地根据资源条件和产业优势，科学规划建设社会领域相关产业创新发展试验区，在准入、人才、土地、金融等方面先行先试。积极鼓励各类投资投入社会领域相关产业，推动产业间合作，促进产业融合、全产业链发展。（各省级人民政府以及国家发展改革委、教育部、民政部、文化部、国家卫生计生委、新闻出版广电总局、体育总局、国家文物局、国家中医药局等部门按职责分工负责）

28. 制定医养结合管理和服务规范、城市马拉松办赛指南、汽车露营活动指南、户外徒步组织规范、文化自然遗产保护和利用指南。实施文化旅游精品示范工程、体育医疗康复产业发展行动计划。（国家卫生计生委、民政部、国家中医药局、体育总局、住房城乡建设部、文化部、国家文物局、国家旅游局等部门按职责分工负责）

29. 支持社会力量举办规范的中医养生保健机构，培育一批技术成熟、信誉良好的知名中医养生保健服务集团或连锁机构。鼓励中医医疗机构发挥自身技术人才等资源优势，为中医养生保健机构规范发展提供支持。开展中医特色健康管理。（国家中医药局牵头负责）

30. 推进“互联网＋”益民服务，完善行业管理规范，发展壮大在线教育、在线健身休闲等平台，加快推行面向养老机构的远程医疗服务试点，推广大数据应用，引导整合线上线下企业的资源要素，推动业态创新、模式变革和效能提高。（国家发展改革委牵头会同教育部、工业和信息化部、民政部、文化部、国家卫生计生委、体育总局等部门负责）

31. 鼓励各地扶持医疗器械、药品、康复辅助器具、体育运动装备、文化装备、教学装备等制造业发展，强化产需对接、加强产品研发、打造产业集群，更好支撑社会领域相关产业发展。（各省级人民政府负责）

五、加强监管优化服务

32. 完善协同监管机制，探索建立服务市场监管体系。相关行业部门要统筹事业产业发展，强化全行业监管服务，把引导社会力量进入本领域作为重要职能工作，着力加强事中事后监管，总结成功经验和案例，制定推广方案。（教育部、民政部、文化部、国家卫生计生委、新闻出版广电总局、体育总局按职责分工负责）工商、食品药品监管、质检、价格等相关监管部门要加强对社会领域服务市场监管，切实维护消费者权益，强化相关产品质量监督，严厉打击虚假广告、价格违法行为等。（工商总局、食品药品监管总局、质检总局、国家发展改革委按职责分工负责）

33. 建立医疗、养老、教育、文化、体育等机构及从业人员黑名单制度和退出机制，以违规违法行为、消防不良行为、信用状况、服务质量检查结果、顾客投诉处理结果等信息为重点，实施监管信息常态化披露，年内取得重点突破。（教育部、公安部、民政部、文化部、国家卫生计生委、工商总局、新闻出版广电总局、体育总局、国家文物局、国家中医药局按职责分工负责）

34. 将医疗、养老、教育、文化、体育等机构及从业人员信用记录纳入全国信用信息共享平台，其中涉及企业的相关记录同步纳入国家企业信用信息公示系统，对严重违规失信者依法采取限期行业禁入等惩戒措施，建立健全跨地区跨行业信用奖惩联动机制。（国家发展改革委、人民银行牵头会同教育部、民政部、文化部、国家卫生计生委、工商总局、新闻出版广电总局、体育总局、国家中医药局等相关部门负责）

35. 积极培育和发展医疗、养老、教育、文化、体育等领域的行业协会商会，鼓励行业协会商会主动完善和提升行业服务标准，发布高标准的服务信息指引，开展行业服务承诺活动，组织有资质的信用评级机构开展第三方服务信用评级。（教育部、民政部、文化部、国家卫生计生委、人民银行、工商总局、新闻出版广电总局、体育总局按职责分工负责）

36. 建立完善社会领域产业统计监测制度，在文化、体育、旅游及相关产业分类基础上，加强产业融合发展统计、核算和分析。（国家统计局牵头负责）

37. 充分利用广播电视、平面媒体及互联网等新兴媒体，积极宣传社会资本投入相关产业、履行社会责任的先进典型，提升社会认可度。（教育部、民政部、文化部、国家卫生计生委、新闻出版广电总局、体育总局、国家文物局、国家中医药局按职责分工负责）

各地区、各有关部门要充分认识进一步激发社会领域投资活力的重要意义，把思想认识和行动统一到党中央、国务院重要决策部署上来，切实加强组织领导，落实责任分工，强化监管服务，合理引导预期，着力营造良好市场环境。

决定设立河北雄安新区

2017 年 4 月 1 日

中共中央、国务院印发通知，决定设立河北雄安新区。这是以习近平同志为核心的党中央作出的一项重大的历史性战略选择，是继深圳经济特区和上海浦东新区之后又一具有全国意义的新区，是千年大计、国家大事。

雄安新区规划范围涉及河北省雄县、容城、安新 3 县及周边部分区域，地处北京、天津、保定腹地，区位优势明显、交通便捷通畅、生态环境优良、资源环境承载能力较强，现有开发程度较低，发展空间充裕，具备高起点、高标准开发建设的基本条件。雄安新区规划建设以特定区域为起步区先行开发，起步区面积约 100 平方公里，中期发展区面积约 200 平方公里，远期控制区面积约 2000 平方公里。

设立雄安新区，是以习近平同志为核心的党中央深入推进京津冀协同发展作出的一项重大决策部署，对于集中疏解北京非首都功能，探索人口经济密集地区优化开发新模式，调整优化京津冀城市布局和空间结构，培育创新驱动发展新引擎，具有重大现实意义和深远历史意义。

党的十八大以来，中共中央总书记、国家主席、中央军委主席习近平多次深入北京、天津、河北考察调研，多次主持召开中央政治局常委会会议、中央政治局会议，研究决定和部署实施京津冀协同发展战略。习近平明确指示，要重点打造北京非首都功能疏解集中承载地，在河北适合地段规划建设一座以新发展理念引领的现代新型城区。今年2月23日，习近平专程到河北省安新县进行实地考察，主持召开河北雄安新区规划建设工作座谈会。习近平强调，规划建设雄安新区，要在党中央领导下，坚持稳中求进工作总基调，牢固树立和贯彻落实新发展理念，适应把握引领经济发展新常态，以推进供给侧结构性改革为主线，坚持世界眼光、国际标准、中国特色、高点定位，坚持生态优先、绿色发展，坚持以人民为中心、注重保障和改善民生，坚持保护弘扬中华优秀传统文化、延续历史文脉，建设绿色生态宜居新城区、创新驱动发展引领区、协调发展示范区、开放发展先行区，努力打造贯彻落实新发展理念的创新发展示范区。

习近平指出，规划建设雄安新区要突出七个方面的重点任务：一是建设绿色智慧新城，建成国际一流、绿色、现代、智慧城市。二是打造优美生态环境，构建蓝绿交织、清新明亮、水城共融的生态城市。三是发展高端高新产业，积极吸纳和集聚创新要素资源，培育新动能。四是提供优质公共服务，建设优质公共设施，创建城市管理新样板。五是构建快捷高效交通网，打造绿色交通体系。六是推进体制机制改革，发挥市场在资源配置中的决定性作用和更好发挥政府作用，激发市场活力。七是扩大全方位对外开放，打造扩大开放新高地和对外合作新平台。

党中央、国务院通知要求，各地区各部门要认真落实习近平重要指示，按照党中央、国务院决策部署，统一思想、提高认识，切实增强“四个意识”，共同推进雄安新区规划建设发展各项工作。河北省要积极主动作为，加强组织领导，履行主体责任。坚持先谋后动、规划引领，用最先进的理念和国际一流的水准进行城市设计，建设标杆工程，打造城市建设的典范。要保持历史耐心，尊重城市建设规律，合理把握开发节奏。要加强对雄安新区与周边区域的统一规划管控，避免城市规模过度扩张，促进与周边城市融合发展。各有关方面要按照职能分工，密切合作，勇于创新，扎实工作，共同推进雄安新区规划建设，为实现“两个一百年”奋斗目标和中华民族伟大复兴的中国梦作出新的更大贡献。

关于加强和完善城乡社区治理的意见

2017年6月12日

城乡社区是社会治理的基本单元。城乡社区治理事关党和国家大政方针贯彻落实，事关居民群众切身利益，事关城乡基层和谐稳定。为实现党领导下的政府治理和社会调节、居民自治良性互动，全面提升城乡社区治理法治化、科学化、精细化水平和组织化程度，促进城乡社区治理体系和治理能力现代化，现就加强和完善城乡社区治理提出以下意见。

一、总体要求

（一）指导思想。全面贯彻党的十八大和十八届三中、四中、五中、六中全会精神，坚持以邓小平理论、“三个代表”重要思想、科学发展观为指导，深入贯彻习近平总书记系列重要讲话精神和治国理政新理念新思想新战略，紧紧围绕统筹推进“五位一体”总体布局和协调推进“四个全面”战略布局，坚持以基层党组织建设为关键、政府治理为主导、居民需求为导向、改革创新为动力，健全体系、整合资源、增强能力，完善城乡社区治理体制，努力把城乡社区建设成为和谐有序、绿色文明、创新包容、共建共享的幸福家园，为实现“两个一百年”奋斗目标和中华民族伟大复兴的中国梦提供可靠保证。

（二）基本原则

——坚持党的领导，固本强基。加强党对城乡社区治理工作的领导，推进城乡社区基层党组织建设，切实发挥基层党组织领导核心作用，带领群众坚定不移贯彻党的理论和路线方针政策，确保城乡社区治理始终保持正确政治方向。

——坚持以人为本，服务居民。坚持以人民为中心的发展思想，把服务居民、造福居民作为城乡社区治理的出发点和落脚点，坚持依靠居民、依法有序组织居民群众参与社区治理，实现人人参与、人人尽力、人人共享。

——坚持改革创新，依法治理。强化问题导向和底线思维，积极推进城乡社区治理理论创新、实践创新、制度创新。弘扬社会主义法治精神，坚持运用法治思维和法治方式推进改革，建立惩恶扬善长效机制，破解城乡社区治理难题。

——坚持城乡统筹，协调发展。适应城乡发展一体化和基本公共服务均等化要求，促进公共资源在城乡间均衡配置。统筹谋划城乡社区治理工作，注重以城带乡、以乡促城、优势互补、共同提高，促进城乡社区治理协调发展。

——坚持因地制宜，突出特色。推动各地立足自身资源禀赋、基础条件、人文特色等实际，确定加强和完善城乡社区治理的发展思路和推进策略，实现顶层设计和基层实践有机结合，加快形成既有共性又有特色的城乡社区治理模式。

（三）总体目标。到 2020 年，基本形成基层党组织领导、基层政府主导的多方参与、共同治理的城乡社区治理体系，城乡社区治理体制更加完善，城乡社区治理能力显著提升，城乡社区公共服务、公共管理、公共安全得到有效保障。再过 5 年到 10 年，城乡社区治理体制更加成熟定型，城乡社区治理能力更为精准全面，为夯实党的执政根基、巩固基层政权提供有力支撑，为推进国家治理体系和治理能力现代化奠定坚实基础。

二、健全完善城乡社区治理体系

（一）充分发挥基层党组织领导核心作用。把加强基层党的建设、巩固党的执政基础作为贯穿社会治理和基层建设的主线，以改革创新精神探索加强基层党的建设引领社会治理的路径。加强和改进街道（乡镇）、城乡社区党组织对社区各类组织和各项工作的领导，确保党的路线方针政策在城乡社区全面贯彻落实。推动管理和服务力量下沉，引导基层党组织强化政治功能，聚焦主业主责，推动街道（乡镇）党（工）委把工作重心转移到基层党组织建设上来，转移到做好公共服务、公共管理、公共安全工作上来，转移到为经济社会发展提供良好公共环境上来。加强社区服务型党组织建设，着力提升服务能力和水平，更好地服务改革、服务发展、服务民生、服务群众、服务党员。继续推进街道（乡镇）、城乡社区与驻社区单位共建互补，深入拓展区域化党建。扩大城市新兴领域党建工作覆盖，推进商务楼宇、各类园区、商圈市场、网络媒体等的党建覆盖。健全社区党组织领导基层群众性自治组织开展工作的相关制度，依法组织居民开展自治，及时帮助解决基层群众自治中存在的困难和问题。加强城乡社区党风廉政建设，推动全面从严治党向城乡社区延伸，切实解决居民群众身边的腐败问题。

（二）有效发挥基层政府主导作用。各省（自治区、直辖市）按照条块结合、以块为主的原则，制定区县职能部门、街道办事处（乡镇政府）在社区治理方面的权责清单；依法厘清街道办事处（乡镇政府）和基层群众性自治组织权责边界，明确基层群众性自治组织承担的社区工作事项清单以及协助政府的社区工作事项清单；上述社区工作事项之外的其他事项，街道办事处（乡镇政府）可通过向基层群众性自治组织等购买服务方式提供。建立街道办事处（乡镇政府）和基层群众性自治组织履职履约双向评价机制。基层政府要切实履行城乡社区治理主导职责，加强对城乡社区治理的政策支持、财力物力保障和能力建设指导，加强对基层群众性自治组织建设的指导规范，不断提高依法指导城乡社区治理的能力和水平。

（三）注重发挥基层群众性自治组织基础作用。进一步加强基层群众性自治组织规范化建设，合理确定其管辖范围和规模。促进基层群众自治与网格化服务管理有效衔接。加快工矿企业所在地、国有农（林）场、城市新建住宅区、流动人口聚居地的社区居民委员会组建工作。完善城乡社区民主选举制度，进一步规范民主选举程序，通过依法选举稳步提高城市社区居民委员会成员中本社区居民比例，切实保障外出务工农民民主选举权利。进一步增强基层群众性自治组织开展社区协商、服务社区居民的能力。建立健全居务监督委员会，推进居务公开和民主管理。充分发挥自治章程、村规民约、居民公约在城乡社区治理中的积极作用，弘扬公序良俗，促进法治、德治、自治有机融合。

（四）统筹发挥社会力量协同作用。制定完善孵化培育、人才引进、资金支持等扶持政策，落实税费优惠政策，大力发展在城乡社区开展纠纷调解、健康养老、教育培训、公益慈善、防灾减灾、文体娱乐、邻里互助、居民融入及农村生产技术服务等活动的社区社会组织和其他社会组织。推进社区、社会组织、社会工作“三社联动”，完善社区组织发现居民需求、统筹设计服务项目、支持社会组织承接、引导专业社会工作团队参与的工作体系。鼓励和支持建立社区老年协会，搭建老年人参与社区治理的平台。增强农村集体经济组织支持农村社区建设能力。积极引导驻社区机关企事业单位、其他社会力量和市场主体参与社区治理。

三、不断提升城乡社区治理水平

（一）增强社区居民参与能力。提高社区居民议事协商能力，凡涉及城乡社区公共利益的重大决策事项、关乎居民群众切身利益的实际困难问题和矛盾纠纷，原则上由社区党组织、基层群众性自治组织牵头，组织居民群众协商解决。支持和帮助居民群众养成协商意识、掌握协商方法、提高协商能力，推动形成既有民主又有集中、既尊重多数人意愿又保护少数人合法权益的城乡社区协商机制。探索将居民群众参与社区治理、维护公共利益情况纳入社会信用体系。推动学校普及社区知识，参与社区治理。拓展流动人口有序参与居住地社区治理渠道，丰富流动人口社区生活，促进流动人口社区融入。

（二）提高社区服务供给能力。加快城乡社区公共服务体系建设，健全城乡社区服务机构，编制城乡社区公共服务指导目录，做好与城乡社区居民利益密切相关的劳动就业、社会保障、卫生计生、教育事业、社会服务、住房保障、文化体育、公共安全、公共法律服务、调解仲裁等公共服务事项。着力增加农村社区公共服务供给，促进城乡社区服务项目、标准相衔接，逐步实现均等化。将城乡社区服务纳入政府购买服务指导性目录，完善政府购买服务政策措施，按照有关规定选择承接主体。创新城乡社区公共服务供给方式，推行首问负责、一窗受理、全程代办、服务承诺等制度。提升城乡社区医疗卫生服务能力和水平，更好满足居民群众基本医疗卫生服务需求。探索建立社区公共空间综合利用机制，合理规划建设文化、体育、商业、物流等自助服务设施。积极开展以生产互助、养老互助、救济互助等为主要形式的农村社区互助活动。鼓励和引导各类市场主体参与社区服务业，支持供销合作社经营服务网点向城乡社区延伸。

（三）强化社区文化引领能力。以培育和践行社会主义核心价值观为根本，大力弘扬中华优秀传统文化，培育心口相传的城乡社区精神，增强居民群众的社区认同感、归属感、责任感和荣誉感。将社会主义核心价值观融入居民公约、村规民约，内化为居民群众的道德情感，外化为服务社会的自觉行动。重视发挥道德教化作用，建立健全社区道德评议机制，发现和宣传社区道德模范、好人好事，大力褒奖善行义举，用身边事教育身边人，引导社区居民崇德向善。组织居民群众开展文明家庭创建活动，发展社区志愿服务，倡导移风易俗，形成与邻为善、以邻为伴、守望相助的良好社区氛围。不断加强民族团结，建立各民族相互嵌入式的社会结构和社区环境，创建民族团结进步示范社区。加强城乡社区公共文化服务体系建设，提升公共文化服务水平，因地制宜设置村史陈列、非物质文化遗产等特色文化展示设施，突出乡土特色、民族特色。积极发展社区教育，建立健全城乡一体的社区教育网络，推进学习型社区建设。

（四）增强社区依法办事能力。进一步加快城乡社区治理法治建设步伐，加快修订《中华人民共和国城市居民委员会组织法》，贯彻落实《中华人民共和国村民委员会组织法》，研究制定社区治理相关行政法规。有立法权的地方要结合当地实际，出台城乡社区治理地方性法规和地方政府规章。推进法治社区建设，发挥警官、法官、检察官、律师、公证员、基层法律服务工作者作用，深入开展法治宣传教育和法律进社区活动，推进覆盖城乡居民的公共法律服务体系建设。

（五）提升社区矛盾预防化解能力。完善利益表达机制，建立党代会代表、人大代表、政协委员联系社区制度，完善党员干部直接联系群众制度，引导群众理性合法表达利益诉求。完善心理疏导机制，依托社会工作服务机构等专业社会组织，加强对城乡社区社会救助对象、建档立卡贫困人口、困境儿童、精神障碍患者、社区服刑人员、刑满释放人员和留守儿童、妇女、老人等群体的人文关怀、精神慰藉和心理健康服务，重点加强老少边穷地区农村社区相关机制建设。完善矛盾纠纷调处机制，健全城乡社区人民调解组织网络，引导人民调解员、基层法律服务工作者、农村土地承包仲裁员、社会工作者、心理咨询师等专业队伍，在物业纠纷、农村土地承包经营纠纷、家事纠纷、邻里纠纷调解和信访化解等领域发挥积极作用。推进平安社区建设，依托社区综治中心，拓展网格化服务管理，加强城乡社区治安防控网建设，深化城乡社区警务战略，全面提高社区治安综合治理水平，防范打击黑恶势力扰乱基层治理。

（六）增强社区信息化应用能力。提高城乡社区信息基础设施和技术装备水平，加强一体化社区信息服务站、社区信息亭、社区信息服务自助终端等公益性信息服务设施建设。依托“互联网＋政务服务”相关重点工程，加快城乡社区公共服务综合信息平台建设，实现一号申请、一窗受理、一网通办，强化“一门式”服务模式的社区应用。实施“互联网＋社区”行动计划，加快互联网与社区治理和服务体系的深度融合，运用社区论坛、微博、微信、移动客户端等新媒体，引导社区居民密切日常交往、参与公共事务、开展协商活动、组织邻里互助，探索网络化社区治理和服务新模式。发展社区电子商务。按照分级分类推进新型智慧城市建设要求，务实推进智慧社区信息系统建设，积极开发智慧社区移动客户端，实现服务项目、资源和信息的多平台交互和多终端同步。加强农村社区信息化建设，结合信息进村入户和电子商务进农村综合示范，积极发展农产品销售等农民致富服务项目，积极实施“网络扶贫行动计划”，推动扶贫开发兜底政策落地。

四、着力补齐城乡社区治理短板

（一）改善社区人居环境。完善城乡社区基础设施，建立健全农村社区基础设施和公用设施的投资、建设、运行、管护和综合利用机制。加快城镇棚户区、城中村和危房改造。加强城乡社区环境综合治理，做好城市社区绿化美化净化、垃圾分类处理、噪声污染治理、水资源再生利用等工作，着力解决农村社区垃圾收集、污水排放、秸秆焚烧以及散埋乱葬等问题，广泛发动居民群众和驻社区机关企事业单位参与环保活动，建设资源节约型、环境友好型社区。推进健康城市和健康村镇建设。强化社区风险防范预案管理，加强社区应急避难场所建设，开展社区防灾减灾科普宣传教育，有序组织开展社区应对突发事件应急演练，提高对自然灾害、事故灾难、公共卫生事件、社会安全事件的预防和处置能力。加强消防宣传和消防治理，提高火灾事故防范和处置能力，推进消防安全社区建设。

（二）加快社区综合服务设施建设。将城乡社区综合服务设施建设纳入当地国民经济和社会发展规划、城乡规划、土地利用规划等，按照每百户居民拥有综合服务设施面积不低于30平方米的标准，以新建、改造、购买、项目配套和整合共享等形式，逐步实现城乡社区综合服务设施全覆盖。加快贫困地区农村社区综合服务设施建设，率先推动易地搬迁安置区综合服务设施建设全覆盖。落实不动产统一登记制度，做好政府投资建设的城乡社区综合服务设施不动产登记服务工作。除国家另有规定外，所有以社区居民为对象的公共服务、志愿服务、专业社会工作服务，原则上在城乡社区综合服务设施中提供。创新城乡社区综合服务设施运营机制，通过居民群众协商管理、委托社会组织运营等方式，提高城乡社区综合服务设施利用率。落实城乡社区综合服务设施供暖、水电、燃气价格优惠政策。

（三）优化社区资源配置。组织开展城乡社区规划编制试点，落实城市总体规划要求，加强与控制性详细规划、村庄规划衔接；发挥社区规划专业人才作用，广泛吸纳居民群众参与，科学确定社区发展项目、建设任务和资源需求。探索建立基层政府面向城乡社区的治理资源统筹机制，推动人财物和责权利对称下沉到城乡社区，增强城乡社区统筹使用人财物等资源的自主权。探索基层政府组织社区居民在社区资源配置公共政策决策和执行过程中，有序参与听证、开展民主评议的机制。建立机关企事业单位履行社区治理责任评价体系，推动机关企事业单位积极参与城乡社区服务、环境治理、社区治安综合治理等活动，面向城乡社区开放文化、教育、体育等活动设施。注重运用市场机制优化社区资源配置。

（四）推进社区减负增效。依据社区工作事项清单建立社区工作事项准入制度，应当由基层政府履行的法定职责，不得要求基层群众性自治组织承担，不得将基层群众性自治组织作为行政执法、拆迁拆违、环境整治、城市管理、招商引资等事项的责任主体；依法需要基层群众性自治组织协助的工作事项，应当为其提供经费和必要工作条件。进一步清理规范基层政府各职能部门在社区设立的工作机构和加挂的各种牌子，精简社区会议和工作台账，全面清理基层政府各职能部门要求基层群众性自治组织出具的各类证明。实行基层政府统一对社区工作进行综合考核评比，各职能部门不再单独组织考核评比活动，取消对社区工作的“一票否决”事项。

（五）改进社区物业服务管理。加强社区党组织、社区居民委员会对业主委员会和物业服务企业的指导和监督，建立健全社区党组织、社区居民委员会、业主委员会和物业服务企业议事协调机制。探索在社区居民委员会下设环境和物业管理委员会，督促业主委员会和物业服务企业履行职责。探索完善业主委员会的职能，依法保护业主的合法权益。探索符合条件的社区居民委员会成员通过法定程序兼任业主委员会成员。探索在无物业管理的老旧小区依托社区居民委员会实行自治管理。有条件的地方应规范农村社区物业管理，研究制定物业管理费管理办法；探索在农村社区选聘物业服务企业，提供社区物业服务。探索建立社区微型消防站或志愿消防队。

五、强化组织保障

（一）完善领导体制和工作机制。各级党委和政府要把城乡社区治理工作纳入重要议事日程，完善党委和政府统一领导，有关部门和群团组织密切配合，社会力量广泛参与的城乡社区治理工作格局。完善中央层面城乡社区治理工作协调机制，地方各级党委和政府要建立健全相应工作机制，抓好统筹指导、组织协调、资源整合和督促检查。各省（自治区、直辖市）党委和政府要建立研究决定城乡社区治理工作重大事项制度，定期研究城乡社区治理工作。市县党委书记要认真履行第一责任人职责，街道党工委书记、乡镇党委书记要履行好直接责任人职责。要把城乡社区治理工作纳入地方党政领导班子和领导干部政绩考核指标体系，纳入市县乡党委书记抓基层党建工作述职评议考核。逐步建立以社区居民满意度为主要衡量标准的社区治理评价体系和评价结果公开机制。

（二）加大资金投入力度。加大财政保障力度，统筹使用各级各部门投入城乡社区的符合条件的相关资金，提高资金使用效率，重点支持做好城乡社区治理各项工作。老少边穷地区应根据当地发展水平，统筹中央财政一般性转移支付等现有资金渠道，支持做好城乡社区建设工作。不断拓宽城乡社区治理资金筹集渠道，鼓励通过慈善捐赠、设立社区基金会等方式，引导社会资金投向城乡社区治理领域。创新城乡社区治理资金使用机制，有序引导居民群众参与确定资金使用方向和服务项目，全过程监督服务项目实施和资金使用。

（三）加强社区工作者队伍建设。将社区工作者队伍建设纳入国家和地方人才发展规划，地方要结合实际制定社区工作者队伍发展专项规划和社区工作者管理办法，把城乡社区党组织、基层群众性自治组织成员以及其他社区专职工作人员纳入社区工作者队伍统筹管理，建设一支素质优良的专业化社区工作者队伍。加强城乡社区党组织带头人队伍建设，选优配强社区党组织书记，加大从社区党组织书记中招录公务员和事业编制人员力度，注重把优秀社区党组织书记选拔到街道（乡镇）领导岗位，推动符合条件的社区党组织书记或班子成员通过依法选举担任基层群众性自治组织负责人或成员。社区专职工作人员由基层政府职能部门根据工作需要设岗招聘，街道办事处（乡镇政府）统一管理，社区组织统筹使用。加强对社区工作者的教育培训，提高其依法办事、执行政策和服务居民能力，支持其参加社会工作职业资格评价和学历教育等，对获得社会工作职业资格的给予职业津贴。加强社区工作者作风建设，建立群众满意度占主要权重的社区工作者评价机制，探索建立容错纠错机制和奖惩机制，调动社区工作者实干创业、改革创新热情。

（四）完善政策标准体系和激励宣传机制。加强城乡社区治理工作理论政策研究，做好城乡社区发展规划编制工作，制定“三社联动”机制建设、政府购买城乡社区服务等相关配套政策。加快建立城乡社区治理标准体系，研究制定城乡社区组织、社区服务、社区信息化建设等方面基础通用标准、管理服务标准和设施设备配置标准。及时总结推广城乡社区治理先进经验，积极开展城市和谐社区建设、农村幸福社区建设示范创建活动和城乡社区结对共建活动，大力表彰先进城乡社区组织和优秀城乡社区工作者。充分发挥报刊、广播、电视等新闻媒体和网络新媒体作用，广泛宣传城乡社区治理创新做法和突出成效，营造全社会关心、支持、参与城乡社区治理的良好氛围。

各省（自治区、直辖市）要按照本意见精神，结合实际制定加强城乡社区治理工作的具体实施意见。各有关部门要根据本意见要求和职责分工，制定贯彻落实的具体措施。

转发关于进一步引导和规范境外投资方向指导意见的通知

国办发〔2017〕74 号　2017 年 8 月 4 日

各省、自治区、直辖市人民政府，国务院各部委、各直属机构：

国家发展改革委、商务部、人民银行、外交部《关于进一步引导和规范境外投资方向的指导意见》已经国务院同意，现转发给你们，请认真贯彻执行。

国务院办公厅

关于进一步引导和规范境外投资方向的指导意见

国家发展改革委　商务部　人民银行　外交部

近年来，我国企业境外投资步伐明显加快，规模和效益显著提升，为带动相关产品、技术、服务“走出去”，促进国内经济转型升级，深化与相关国家互利合作，推进“一带一路”建设和开展国际产能合作发挥了重要作用。当前国际国内环境正在发生深刻变化，我国企业开展境外投资既存在较好机遇，也面临诸多风险和挑战。为加强对境外投资的宏观指导，进一步引导和规范境外投资方向，推动境外投资持续合理有序健康发展，有效防范各类风险，更好地适应国民经济与社会发展需要，现提出以下意见：

一、指导思想

全面贯彻党的十八大和十八届三中、四中、五中、六中全会精神，深入贯彻习近平总书记系列重要讲话精神和治国理政新理念新思想新战略，认真落实党中央、国务院决策部署，统筹推进“五位一体”总体布局和协调推进“四个全面”战略布局，坚持以人民为中心的发展思想，坚持稳中求进工作总基调，牢固树立和贯彻落实创新、协调、绿色、开放、共享的发展理念，坚定奉行互利共赢的开放战略，不断创造更全面、更深入、更多元的对外开放格局，以供给侧结构性改革为主线，以“一带一路”建设为统领，深化境外投资体制机制改革，进一步引导和规范企业境外投资方向，促进企业合理有序开展境外投资活动，防范和应对境外投资风险，推动境外投资持续健康发展，实现与投资目的国互利共赢、共同发展。

二、基本原则

——坚持企业主体。在境外投资领域充分发挥市场在资源配置中的决定性作用和更好发挥政府作用，以企业为主体、市场为导向，按照商业原则和国际惯例开展境外投资，企业在政府引导下自主决策、自负盈亏、自担风险。

——坚持深化改革。创新体制机制，提高境外投资便利化水平，深入推进简政放权、放管结合、优化服务改革，坚持以备案制为主的境外投资管理方式，在资本项下实行有管理的市场化运行机制，按“鼓励发展＋负面清单”模式引导和规范企业境外投资方向。

——坚持互利共赢。引导企业充分考虑投资目的国国情和实际需求，注重与当地政府和企业开展互利合作，创造良好的经济社会效益，促进互惠互利、合作共赢。

——坚持防范风险。坚持稳中求进工作总基调，统筹国家经济外交整体战略，坚持依法合规，合理把握境外投资重点和节奏，积极做好境外投资事前、事中、事后监管，切实防范各类风险。

三、鼓励开展的境外投资

支持境内有能力、有条件的企业积极稳妥开展境外投资活动，推进“一带一路”建设，深化国际产能合作，带动国内优势产能、优质装备、适用技术输出，提升我国技术研发和生产制造能力，弥补我国能源资源短缺，推动我国相关产业提质升级。

（一）重点推进有利于“一带一路”建设和周边基础设施互联互通的基础设施境外投资。

（二）稳步开展带动优势产能、优质装备和技术标准输出的境外投资。

（三）加强与境外高新技术和先进制造业企业的投资合作，鼓励在境外设立研发中心。

（四）在审慎评估经济效益的基础上稳妥参与境外油气、矿产等能源资源勘探和开发。

（五）着力扩大农业对外合作，开展农林牧副渔等领域互利共赢的投资合作。

（六）有序推进商贸、文化、物流等服务领域境外投资，支持符合条件的金融机构在境外建立分支机构和服务网络，依法合规开展业务。

四、限制开展的境外投资

限制境内企业开展与国家和平发展外交方针、互利共赢开放战略以及宏观调控政策不符的境外投资，包括：

（一）赴与我国未建交、发生战乱或者我国缔结的双多边条约或协议规定需要限制的敏感国家和地区开展境外投资。

（二）房地产、酒店、影城、娱乐业、体育俱乐部等境外投资。

（三）在境外设立无具体实业项目的股权投资基金或投资平台。

（四）使用不符合投资目的国技术标准要求的落后生产设备开展境外投资。

（五）不符合投资目的国环保、能耗、安全标准的境外投资。

其中，前三类须经境外投资主管部门核准。

五、禁止开展的境外投资

禁止境内企业参与危害或可能危害国家利益和国家安全等的境外投资，包括：

（一）涉及未经国家批准的军事工业核心技术和产品输出的境外投资。

（二）运用我国禁止出口的技术、工艺、产品的境外投资。

（三）赌博业、色情业等境外投资。

（四）我国缔结或参加的国际条约规定禁止的境外投资。

（五）其他危害或可能危害国家利益和国家安全的境外投资。

六、保障措施

（一）实施分类指导。对鼓励开展的境外投资，要在税收、外汇、保险、海关、信息等方面进一步提高服务水平，为企业创造更加良好的便利化条件。对限制开展的境外投资，要引导企业审慎参与，并结合实际情况给予必要的指导和提示。对禁止开展的境外投资，要采取切实有效的措施予以严格管控。

（二）完善管理机制。加强境外投资真实性、合规性审查，防范虚假投资行为。建立境外投资黑名单制度，对违规投资行为实施联合惩戒。建立部门间信息共享机制。指导境内企业加强对其控制的境外企业的监督和管理，建立健全境外投资决策、财务管理和违规责任追究制度。建立国有企业境外投资资本金制度。完善国有企业境外投资审计制度，维护境外国有资产安全。

（三）提高服务水平。制定境外投资经营行为规范，引导企业建立健全境外合规经营风险审查、管控和决策体系，深入了解境外投资合作政策法规和国际惯例，遵守当地法律法规，合法经营。加强与有关国家在投资保护、金融、人员往来等方面机制化合作，为企业开展境外投资创造良好外部环境。支持境内资产评估、法律服务、会计服务、税务服务、投资顾问、设计咨询、风险评估、认证、仲裁等相关中介机构发展，为企业境外投资提供市场化、社会化、国际化的商业咨询服务，降低企业境外投资经营风险。

（四）强化安全保障。定期发布《国别投资经营便利化状况报告》，加强对企业赴高风险国家和地区投资的指导和监督，及时警示和通报有关国家政治、经济和社会重大风险，提出应对预案和防范措施，切实维护我国企业境外合法权益。督促企业开展境外项目安全风险评估，做好项目安全风险预测应对，建立完善安保制度，加强安保培训，提升企业境外投资安全风险防范能力。

各地区、各部门要按照本意见要求，合理把握境外投资的方向和重点，切实加强组织领导和统筹协调，落实工作责任，抓紧制定出台配套政策措施，扎实推进相关工作，确保取得实效。

三、中华人民共和国国家发展和改革委员会

关于加强分类引导培育资源型城市转型发展新动能的指导意见

发改振兴〔2017〕52 号　2017 年 1 月 6 日

有关省（区、市）发展改革委：

资源型城市转型是一项复杂的系统工程。当前我国资源型城市长期积累的产业结构单一、发展活力不足、民生问题突出等矛盾和问题尚未根本解决。随着我国经济发展步入新常态，能源、原材料等行业产能过剩问题凸显，大宗资源性产品价格低位震荡，进一步加剧了转型的困难和压力。为引导资源型城市逐步摆脱传统发展模式依赖，培育发展新动能，根据国家“十三五”规划纲要和《全国资源型城市可持续发展规划（2013—2020 年）》，制定本意见。

一、总体思路

全面贯彻落实党的十八大和十八届三中、四中、五中、六中全会精神，深入学习贯彻习近平总书记系列重要讲话精神，坚持统筹推进“五位一体”总体布局和协调推进“四个全面”战略布局，牢固树立并切实贯彻创新、协调、绿色、开放、共享的新发展理念，着力优化发展环境，夯实转型基础，着力加快新旧动能转换，增强可持续发展活力，着力深化改革创新，健全可持续发展长效机制，坚持分类指导、特色发展，努力推动资源型城市在经济发展新常态下发展新经济、培育新动能，加快实现转型升级。

到 2020 年，成长型城市资源开发模式更加科学，城市发展和资源开发的协调机制初步建立；成熟型城市多元产业体系更加健全，内生发展动力显著增强；衰退型城市历史遗留问题得到基本解决，转型发展基础更加牢固；再生型城市新旧动能转换取得明显进展，经济社会发展步入良性轨道。

二、探索新模式，促进成长型城市有序发展

（一）强化绿色高效的资源开发方式

优化资源开发布局，选择开发利用条件好、环境容量较大的地区，推进大中型矿产地整装开发，实现资源的规模开发和集约利用。严格矿产开发准入条件，禁止不符合条件的企业进入资源开发领域。完善重要矿产资源开采回采率、选矿回收率、综合利用率等标准，大力推进绿色矿山建设，到 2020 年新建矿山全部达到绿色

矿山建设要求，生产矿山加快改造升级，逐步达到要求。加强重要优势资源勘探、储备与保护，探索建立不同类别矿种矿权重叠资源开发协调机制，选择部分资源富集地区，建设重点矿种矿产地储备体系，形成一批重要矿产资源战略接续基地。

（二）发展高水平的资源精深加工产业

加强资源就地转化能力建设，将资源优势转变为产业优势，鼓励有条件的地方，推进“探矿、采矿、选矿、冶炼、加工”五位一体化发展，延伸资源产业链条。按照技术更先进、产品更高端、生产更高效的原则，发展资源精深加工产业，推动石油炼化一体化、煤电化一体化发展，有序发展现代煤化工，提高钢铁、有色金属深加工水平。统筹考虑资源、环境、市场等条件，打造若干产业链完整、特色鲜明、主业突出的资源深加工产业基地。

（三）促进资源开发和城市发展相协调

统筹地下资源开发与地上城市发展，新建资源开发项目必须符合相关行业发展规划、矿产资源规划、土地利用总体规划和城市总体规划。将矿区生活区建设纳入城市规划，尽可能依托现有城市产业园区作为后勤保障和资源加工基地，避免形成新的孤立居民点和工矿区。引导已有资源开发项目逐步有序退出城区，及时实施环境修复和绿化。合理确定矿区周边安全距离，在城市规划区、交通干线沿线及基本农田保护区范围内，禁止露天开采矿产资源，严格控制地下开采。严格开展资源开发环境影响评价，最大限度减少对居民生活的影响和生态空间的占用。积极推动大型工矿企业与地方融合发展，不断提高产业结构优化效益、规模效益和区域协调发展效益，破除城矿二元模式。

三、激发新活力，推动成熟型城市跨越发展

（一）深化供给侧结构性改革

综合运用市场机制、经济手段和法治手段，因地制宜、分类施策，积极稳妥化解钢铁、煤炭等行业的过剩产能，依法依规全面淘汰落后产能。引导有实力的资源型企业参与“一带一路”建设产能合作，支持资源开采、深加工优势产能“走出去”。支持资源型城市综合运用兼并重组、债务重组和破产清算等方式，加快处置“僵尸企业”，实现市场出清。全面实施资源税从价计征改革，推进电价市场化改革。结合水资源税改革试点进展情况，逐步扩大试点范围。加快推进国有资源型企业分离办社会职能，减轻企业负担。鼓励资源型城市的民营企业参与中央和省属国有资源型企业混合所有制改革，探索混合所有制企业员工持股。

（二）构建多元化产业体系

促进传统动能改造提升，提高资源型产业技术和综合集成水平，做大做强资源深加工、矿山冶金大型成套装备、化工装备和工程机械等传统优势产业。加快发展战略性新兴产业，大力发展特种钢、高性能稀土材料等新材料产业，鼓励发展风电、光伏发电、生物质能等新能源产业，支持发展生物、节能环保等产业。优先发展现代物流等与当地资源型产业相关的生产性服务业，充分发掘本地自然山水和人文资源，培育壮大旅游、养老等特色服务业。打造若干特色优势明显、技术水平先进、具有较强竞争力的接续替代产业集群，选择符合条件的城市创建接续替代产业示范市。

（三）构建新型营商环境

加快转变政府职能，进一步简政放权、放管结合、优化服务。深化行政审批制度改革，推广网上并联审批、电子化登记等新模式。深化商事制度改革，进一步放宽企业准入，放开放活市场。大力推进投融资体制改革，积极推广政府和社会资本合作（PPP）模式。建立公开透明的探矿权、采矿权交易市场，严格执行竞争性

出让制度。破除部分资源类行业的行政垄断，引入行业外投资者，激发竞争活力。优化市场信用环境，对企业实施守信联合激励和失信联合惩戒措施，引导鼓励企业诚信经营。健全市场公平竞争保障机制，及时纠正政府滥用权力、限制竞争的行为，维护企业合法权益，建立以“亲”“清”为主要特征的新型政商关系。

四、拓展新路径，支持衰退型城市转型发展

（一）促进资源枯竭城市全面转型

紧紧围绕2020年全面建成小康社会的战略目标，全面解决制约城市发展的历史遗留问题，重塑发展新动能，打赢资源枯竭城市转型攻坚战。加快棚户区改造，基本完成现有棚户区改造任务，积极帮扶失业人员再就业，切实防范重点地区、重点企业大规模失业风险，完善社会保障和救助制度，采取有效措施消除贫困代际传递现象，坚决把民生底线兜住兜牢。加快推进厂办大集体改革，做好国有企业“三供一业”分离移交工作。深入开展重大矿山地质环境问题综合治理，切实保障人民群众生命财产安全。实施资源枯竭城市接续替代产业培育行动计划，扶持劳动密集型企业和中小微企业发展，培育和引进一批龙头骨干企业，打造一批特色鲜明的专业化产业园区和集聚区。支持资源枯竭城市承接发达地区产业转移，建立发达地区与资源枯竭城市的干部交流机制。健全转型绩效评价体系和评估机制，积极引导地方提高转型效能。对问题严重、困难突出的资源枯竭城市，“一城一策”研究制定针对性较强的扶持措施。

（二）大力实施独立工矿区改造搬迁

以改善矿区发展条件、保障矿区群众基本生活为核心，因地制宜探索切实有效的改造搬迁模式，集中力量突破制约独立工矿区转型发展的瓶颈。改造交通、供电、供水等基础设施，建设规模适宜的供热、垃圾和污水处理等公用设施。完善教育文化、医疗卫生等公共服务设施，提升矿区基本公共服务保障水平。综合考虑吸纳就业等因素，科学规划建设接续替代产业平台，促进特色产业集聚发展。对地处偏远、资源枯竭、已不适人居的矿区，可参照易地扶贫搬迁的做法，稳妥实施搬迁安置，引导人口向发展条件相对较好的地区转移，妥善解决搬迁居民后续就业问题，确保“搬得出、住得稳”。

（三）推动采煤沉陷区综合治理

强化政府引导和协调，发挥市场机制作用，创新治理模式和投入机制，严格防控新生沉陷，加快治理已有沉陷。按照“谁破坏、谁治理”的原则，严格落实企业沉陷治理责任，督促企业限期完成已有沉陷治理任务，力争不再发生新的重大沉陷问题。对责任主体无法确认或已灭失的历史遗留沉陷区，要统筹安排相关治理计划并组织实施。切实加强沉陷区基础设施、公共服务设施建设，加快推进重大地质灾害隐患区居民避险搬迁。全面落实就业促进、社会保障等政策，扶持一批带动就业能力强的产业平台，吸纳沉陷区居民和失地农民就业。积极推动损毁土地复垦利用，鼓励和支持市场主体投资沉陷区治理，提升土地治理收益。

五、聚集新要素，引导再生型城市创新发展

（一）推动经济提质增效

转变经济发展方式，优化经济结构，摆脱对资源的依赖，实现从主要依靠要素投入向更多依靠创新驱动转变，从能源资源粗放利用向绿色循环低碳发展转变。实施《中国制造2025》，推进信息化和工业化深度融合，改造提升传统产业，提升产品附加值，做优做强高新技术产业。支持企业充分运用云计算、大数据、物联网、移动互联网等新一代信息技术，加快发展智能制造、3D打印、网络化制造等新技术、新模式。大力发展具有资源型城市特色的工业设计、工程咨询、现代物流、电子商务、检验检测等生产性服务业，发展壮大居民和家

庭服务、健康养老服务等贴近群众生活、需求潜力大、带动力强的生活性服务业，加快服务业向质量效率型转变。加强品牌建设，培育一批能够展示资源型城市制造与服务优质形象的品牌与企业。

（二）鼓励创业创新

传承和发扬资源型城市艰苦创业、改革创新的精神，弘扬敢为人先、宽容失败的创业创新文化，激发全社会创业创新积极性，以创业带就业，以创新促发展。大力倡导企业家精神和工匠精神，培养优秀创业创新人才队伍。依托资源禀赋优势和产业技术基础，扎实开展创业培训工作，打造一批能够充分吸纳就业的大众创业平台，切实解决创业者面临的资金需求、市场信息、政策扶持、技术支撑、公共服务等瓶颈问题。健全创新服务支撑体系，强化企业创新主体地位，打通科技成果转化路径，放宽新技术、新产品、新模式、新产业、新业态的市场准入，加速创新成果向产业活动转化。以科技创新为引导带动政策创新和产业创新，依托技术进步带动资源型城市转型发展，立足资源型城市有基础、有优势、能突破的领域，打造若干有影响、有特色的创新中心。

（三）塑造良好人居环境

坚持普惠性、保基本、均等化、可持续的方向，加快完善教育文化、医疗卫生、就业服务、社会保障、环境保护等基本公共服务体系，提升公共服务质量和品质。科学规划城市布局，合理确定城市规模、开发边界、开发强度和保护性空间，构建布局合理、设施配套、功能完善、安全高效的现代城市基础设施体系。建设总量适宜、景观优美的城市绿地和景观系统，打造山水园林城市。强化污染治理和节能减排，提升生态环境质量，创建绿色低碳城市。做好资源型城市精神文化遗产和工业遗产挖掘、抢救和保护工作，合理利用工业遗存发展文化、旅游、设计、创意等产业，延续历史文脉，建设特色人文城市。

六、建立健全新机制

强化开发秩序约束机制，严格执行矿产资源勘查开发准入和分区管理制度，研究制定资源开发与城市可持续发展协调评价办法，以成长型和成熟型城市为重点，加强可持续发展预警与调控。健全资源性产品价格形成机制，研究完善矿业权使用费征收和分配政策，使资源性产品价格灵活反映市场供求关系、资源稀缺程度和环境损害成本。研究建立资源型企业可持续发展准备金制度，健全资源开发补偿机制和利益分配共享机制，监督资源开发主体承担资源补偿、生态建设和环境整治等方面的责任和义务，优化资源收益分配关系，促进资源开发收益向资源型城市倾斜，支持改善资源产地居民生产生活条件，共享资源开发成果。进一步落实接续替代产业扶持机制，加强政策引导，充分发挥市场机制作用，调动社会力量，推动接续替代产业发展。

七、组织实施

国家发展改革委会同有关部门协调落实有关政策措施，开展转型绩效考核工作，组织编制全国资源型城市可持续发展年度报告，选择具备条件的城市（地区）创建转型创新试验区和可持续发展示范市，总结可推广、可复制的转型经验和模式。各有关省级人民政府要切实负起主体责任，组织编制本省区资源型城市转型发展规划，研究出台配套政策措施，做好统筹协调工作。各资源型城市要强化具体落实责任，结合自身实际制定转型方案，明确转型目标和工作重点，切实抓好落实。完善社会监督机制，鼓励社会公众积极参与转型工作。加大宣传力度，采取多种形式、全方位地宣传资源型城市可持续发展的重要性，形成人人关心可持续发展、全社会支持转型工作的良好氛围。

关于开发性金融支持特色小（城）镇建设促进脱贫攻坚的意见

发改规划〔2017〕102 号　2017 年 1 月 13 日

各省、自治区、直辖市及计划单列市发展改革委、新疆生产建设兵团发展改革委，国家开发银行各分行：

建设特色小（城）镇是推进供给侧结构性改革的重要平台，是深入推进新型城镇化、辐射带动新农村建设的重要抓手。全力实施脱贫攻坚、坚决打赢脱贫攻坚战是“十三五”时期的重大战略任务。在贫困地区推进特色小（城）镇建设，有利于为特色产业脱贫搭建平台，为转移就业脱贫拓展空间，为易地扶贫搬迁脱贫提供载体。为深入推进特色小（城）镇建设与脱贫攻坚战略相结合，加快脱贫攻坚致富步伐，现就开发性金融支持贫困地区特色小（城）镇建设提出以下意见。

一、总体要求

全面贯彻党的十八大和十八届三中、四中、五中、六中全会精神，统筹推进“五位一体”总体布局和协调推进“四个全面”战略布局，牢固树立和贯彻落实新发展理念，按照扶贫开发与经济社会发展相结合的要求，充分发挥开发性金融作用，推动金融扶贫与产业扶贫紧密衔接，夯实城镇产业基础，完善城镇服务功能，推动城乡一体化发展，通过特色小（城）镇建设带动区域性脱贫，实现特色小（城）镇持续健康发展和农村贫困人口脱贫双重目标，坚决打赢脱贫攻坚战。

——坚持因地制宜、稳妥推进。从各地实际出发，遵循客观规律，加强统筹协调，科学规范引导特色小（城）镇开发建设与脱贫攻坚有机结合，防止盲目建设、浪费资源、破坏环境。

——坚持协同共进、一体发展。统筹谋划脱贫攻坚与特色小（城）镇建设，促进特色产业发展、农民转移就业、易地扶贫搬迁与特色小（城）镇建设相结合，确保群众就业有保障、生活有改善、发展有前景。

——坚持规划引领、金融支持。根据各地发展实际，精准定位、规划先行，科学布局特色小（城）镇生产、生活、生态空间。通过配套系统性融资规划，合理配置金融资源，为特色小（城）镇建设提供金融支持，着力增强贫困地区自我发展能力，推动区域持续健康发展。

——坚持主体多元、合力推进。发挥政府在脱贫攻坚战中的主导作用和在特色小（城）镇建设中的引导作用，充分利用开发性金融融资、融智优势，聚集各类资源，整合优势力量，激发市场主体活力，共同支持贫困地区特色小（城）镇建设。

——坚持改革创新、务求实效。用改革的办法和创新的精神推进特色小（城）镇建设，完善建设模式、管理方式和服务手段，加强金融组织创新、产品创新和服务创新，使金融资源切实服务小（城）镇发展，有效支持脱贫攻坚。

二、主要任务

（一）*加强规划引导*。加强对特色小（城）镇发展的指导，推动地方政府结合经济社会发展规划，编制特色小（城）镇发展专项规划，明确发展目标、建设任务和工作进度。开发银行各分行积极参与特色小（城）镇规划编制工作，统筹考虑财税、金融、市场资金等方面因素，做好系统性融资规划和融资顾问工作，明确支持重点、融资方案和融资渠道，推动规划落地实施。各级发展改革部门要加强与开发银行各分行、特色小（城）镇所在地方政府的沟通联系，积极支持系统性融资规划编制工作。

（二）支持发展特色产业。一是各级发展改革部门和开发银行各分行要加强协调配合，根据地方资源禀赋和产业优势，探索符合当地实际的农村产业融合发展道路，不断延伸农业产业链、提升价值链、拓展农业多种功能，推进多种形式的产城融合，实现农业现代化与新型城镇化协同发展。二是开发银行各分行要运用“四台一会”（管理平台、借款平台、担保平台、公示平台和信用协会）贷款模式，推动建立风险分担和补偿机制，以批发的方式融资支持龙头企业、中小微企业、农民合作组织以及返乡农民工等各类创业者发展特色优势产业，带动周边广大农户，特别是贫困户全面融入产业发展。三是在特色小（城）镇产业发展中积极推动开展土地、资金等多种形式的股份合作，在有条件的地区，探索将“三资”（农村集体资金、资产和资源）、承包土地经营权、农民住房财产权和集体收益分配权资本化，建立和完善利益联结机制，保障贫困人口在产业发展中获得合理、稳定的收益，并实现城乡劳动力、土地、资本和创新要素高效配置。

（三）补齐特色小（城）镇发展短板。一是支持基础设施、公共服务设施和生态环境建设，包括但不限于土地及房屋的征收、拆迁和补偿；安置房建设或货币化安置；水网、电网、路网、信息网、供气、供热、地下综合管廊等公共基础设施建设；污水处理、垃圾处理、园林绿化、水体生态系统与水环境治理等环境设施建设以及生态修复工程；科技馆、学校、文化馆、医院、体育馆等科教文卫设施建设；小型集贸市场、农产品交易市场、生活超市等便民商业设施建设；其他基础设施、公共服务设施以及环境设施建设。二是支持各类产业发展的配套设施建设，包括但不限于标准厂房、孵化园、众创空间等生产平台；旅游休闲、商贸物流、人才公寓等服务平台建设；其他促进特色产业发展的配套基础设施建设。

（四）积极开展试点示范。结合贫困地区发展实际，因地制宜开展特色小（城）镇助力脱贫攻坚建设试点。对试点单位优先编制融资规划，优先安排贷款规模，优先给予政策、资金等方面的支持，鼓励各地先行先试，着力打造一批资源禀赋丰富、区位环境良好、历史文化浓厚、产业集聚发达、脱贫攻坚效果好的特色小（城）镇，为其他地区提供经验借鉴。

（五）加大金融支持力度。开发银行加大对特许经营、政府购买服务等模式的信贷支持力度，特别是通过探索多种类型的 PPP 模式，引入大型企业参与投资，引导社会资本广泛参与。发挥开发银行“投资、贷款、债券、租赁、证券、基金”综合服务功能和作用，在设立基金、发行债券、资产证券化等方面提供财务顾问服务。发挥资本市场在脱贫攻坚中的积极作用，盘活贫困地区特色资产资源，为特色小（城）镇建设提供多元化金融支持。各级发展改革部门和开发银行各分行要共同推动地方政府完善担保体系，建立风险补偿机制，改善当地金融生态环境。

（六）强化人才支撑。加大对贫困地区特色小（城）镇建设的智力支持力度，开发银行扶贫金融专员要把特色小（城）镇作为金融服务的重要内容，帮助派驻地（市、州）以及对口贫困县区域内的特色小（城）镇引智、引商、引技、引资，着力解决缺人才、缺技术、缺资金等突出问题。以“开发性金融支持脱贫攻坚地方干部培训班”为平台，为贫困地区干部开展特色小（城）镇专题培训，帮助正确把握政策内涵，增强运用开发性金融手段推动特色小（城）镇建设、促进脱贫攻坚的能力。

（七）建立长效合作机制。国家发展改革委和开发银行围绕特色小（城）镇建设进一步深化合作，建立定期会商机制，加大工作推动力度。各级发展改革部门和开发银行各分行要密切沟通，共同研究制定当地特色小（城）镇建设工作方案，确定重点支持领域，设计融资模式；建立特色小（城）镇重点项目批量开发推荐机制，形成项目储备库；协调解决特色小（城）镇建设过程中的困难和问题，将合作落到实处。

各级发展改革部门和开发银行各分行要支持贫困地区特色小（城）镇建设促进脱贫攻坚，加强合作机制创新、工作制度创新和发展模式创新，积极探索、勇于实践，确保特色小（城）镇建设取得新成效，打赢脱贫攻坚战。

国家发展改革委
国家开发银行

关于在企业债券领域进一步防范风险加强监管和服务实体经济有关工作的通知

发改办财金〔2017〕1358号　2017年8月7日

各省、自治区、直辖市及计划单列市、新疆生产建设兵团发展改革委：

为贯彻落实7月24日中央政治局会议、全国金融工作会议和7月28日国务院常务会议精神，现就在企业债券领域进一步防范风险、加强监管和服务实体经济有关工作通知如下。

一、积极防范企业债券领域地方政府债务风险

（一）做好存量企业债券涉及的地方政府债务风险的排查化解。如企业已发行的企业债券涉及政府性债务，省级发展改革部门应主动配合相关部门，指导发债企业和中介机构依法依规做好地方政府债务风险的排查化解。

（二）在企业债券申报中严格防范地方政府债务风险。企业新申报发行企业债券时，应明确发债企业和政府之间的权利责任关系，实现发债企业与政府信用严格隔离，严禁地方政府及部门为企业发行债券提供不规范的政府和社会资本合作、政府购买服务、财政补贴等情况。对不符合以上规定的，省级发展改革部门应不予转报。

二、加强事中事后监管，防范企业债券违约风险

（一）省级发展改革部门应主动加强与有关部门和单位的沟通协调，对企业债券发行后资金使用情况进行跟踪检查，对违规行为进行及时纠正，涉嫌犯罪的移送司法机关依法处理，充分保障债券投资者的合法权益。

（二）对出现偿债风险的存量债券，省级发展改革部门应提前介入，充分运用市场化、法治化手段，指导企业和中介机构制定完备的偿债方案，牢牢守住不发生系统性金融风险的底线。

三、提高企业债券服务实体经济的效率和水平

（一）对“一带一路”建设、京津冀协同发展、长江经济带发展三大战略涉及的重点领域、重点项目，省级发展改革部门应加大债券支持力度，创新债券支持方式，在债券申报程序、发行条件上给予优先支持。

（二）对雄安新区及国家级新区等重点地区项目建设加大支持力度，鼓励符合条件的主体发行企业债券融资，推进重点项目建设，省级发展改革部门可主动探索，协调有关部门在降低债券发行成本等方面进行支持。

（三）近期，省级发展改革部门可积极组织符合条件的企业申报市场化银行债权转股权专项债券，加大对国有企业“去杠杆”和处置僵尸企业等重点工作的融资支持力度，同时，按照住房城乡建设部等九部委《关

于在人口净流入的大中城市加快发展住房租赁市场的通知》（建房〔2017〕153 号）文件要求，积极组织符合条件的企业发行企业债券，专门用于发展住房租赁业务。

关于开展商品房销售价格行为联合检查的通知

发改办价监〔2017〕1687 号　2017 年 10 月 16 日

各省、自治区、直辖市发展改革委、物价局，住房城乡建设厅、建委、房地局：

为贯彻落实党中央、国务院关于促进房地产市场平稳健康发展的决策部署，2016 年 11 月，国家发展改革委会同住房城乡建设部开展商品房销售明码标价专项检查，严厉查处未明码标价、未按规定“一套一标”等价格违法行为，并于今年 5 月公开曝光了一批典型案例，社会反响较好。为巩固专项检查成果，探索形成长效监管机制，维护消费者合法权益，经研究，决定部署开展全国商品房销售价格行为联合检查。现将有关事项通知如下。

一、检查工作部署

专项检查的时间为 10 月 30 日至 11 月 30 日。检查对象为房地产开发企业和房地产中介机构，对房地产开发企业在售楼盘和房地产中介机构门店商品房销售价格行为进行检查。

专项检查由国家发展改革委、住房城乡建设部统一部署，各省级价格主管部门、住房城乡建设部门组织开展。各省级价格主管部门会同住房城乡建设部门根据 2016 年商品房明码标价专项检查查处情况、12358 价格监管平台房地产价格举报分析情况等，确定检查范围及检查数量。国家发展改革委、住房城乡建设部将选择部分省（区、市）开展交叉检查。

各省级价格主管部门、住房城乡建设部门可采取抽查方式开展检查，也可以对部分区域在售楼盘、门店摸底、暗访，对发现违法线索的单位进行检查。采取抽查方式的，要严格遵守“双随机”的要求，及时向社会公布抽查情况及查处结果。采取摸底、暗访方式的，应当对所有单位摸底、暗访情况进行记录以备查，并及时向社会公布查处结果。

二、检查重点内容

专项检查重点查处以下行为：

（一）销售商品房未明码标价、未在交易场所醒目位置明码标价；

（二）未按规定实行“一套一标”；

（三）标示信息不全，没有按照规定内容明码标价；未标明房源销售状态，已售房源所标示价格不是实际成交价；

（四）商品房交易及产权转移等代收代办的收费未标明由消费者自愿选择；

（五）通过虚假价格承诺、虚假价格促销等手段，诱骗消费者进行交易；

（六）以捆绑或者附加条件等限定方式，强制提供商品或服务并捆绑收费；

（七）捂盘惜售，炒卖房号，操纵市场价格；

（八）为交易当事人规避房屋交易税费等非法目的，就同一房屋签订不同交易价款的合同提供便利；

（九）其他违反《商品房销售明码标价规定》《商品房销售管理办法》《房地产经纪管理办法》的行为。

三、检查工作要求

各省级价格主管部门、住房城乡建设部门要高度重视创新方式，切实规范本区域商品房销售市场价格行为，着力提升监管效能，营造公开、透明的房地产市场价格秩序。

（一）制定工作方案。各省级价格主管部门、住房城乡建设部门要认真研究分析本地商品房销售市场价格行为监管工作现状，通过分析举报热点、舆论热点等，确定检查范围及数量，结合本地实际制定具体检查方案，并将工作方案于 11 月 10 日前分别报国家发展改革委（价监局，传真 010－68502576，邮箱 anhui@ndrc. gov. cn）、住房城乡建设部（房地产市场监管司，传真 010－58933190，邮箱 shichang@ mail. cin. gov. cn）。

（二）严格依法行政。商品房销售明码标价实行“一套一标”，每套商品房的标价行为均是独立的价格行为。各省级价格主管部门要严格按照法律法规和《商品房销售明码标价规定》，按照《规范价格行政处罚权的若干规定》（发改价监〔2014〕1223 号）和“过罚相当”的原则，依法严处价格违法行为。各省级住房城乡建设部门要严格依照《商品房销售管理办法》《房地产经纪管理办法》等法律法规，严厉打击各类违法违规行为。

（三）严守廉政纪律。各省级价格主管部门、住房城乡建设部门要严格遵守党中央、国务院关于廉洁从政的各项规定，要把廉洁执法放到首要位置，严格执行纪律，杜绝“关系案”“人情案”，把每个案件办成经得起时间考验的铁案。

（四）推进联合惩戒。各省级价格主管部门、住房城乡建设部门要充分发挥信用建设在市场监管中的积极作用，健全事前事中事后信用监管体系。加强与金融、税务、国土、工商等部门协调配合，推进建立联合惩戒机制，将违法行为纳入诚信不良信用记录，设立严重失信者“黑名单”，提高经营者违法成本，增强企业守法意识，维护良好市场秩序。

（五）提出政策建议。请各省级价格主管部门、住房城乡建设部门深入分析商品房销售不规范价格行为发生的原因，梳理本地加强商品房销售价格行为监管的经验，在完善制度、机制等方面提出有针对性的政策建议，提升检查工作成效。

国家发展和改革委员会办公厅
中华人民共和国住房和城乡建设部办公厅

关于规范推进特色小镇和特色小城镇建设的若干意见

2017 年 12 月 04 日

各省、自治区、直辖市人民政府，新疆生产建设兵团：

特色小镇是在几平方公里土地上集聚特色产业、生产生活生态空间相融合、不同于行政建制镇和产业园区的创新创业平台。特色小城镇是拥有几十平方公里以上土地和一定人口经济规模、特色产业鲜明的行政建制镇。近年来，各地区各有关部门认真贯彻落实党中央国务院决策部署，积极稳妥推进特色小镇和小城镇建设，取得了一些进展，积累了一些经验，涌现出一批产业特色鲜明、要素集聚、宜居宜业、富有活力的特色小镇。但在推进过程中，也出现了概念不清、定位不准、急于求成、盲目发展以及市场化不足等问题，有些地区甚至存在政府债务风险加剧和房地产化的苗头。为深入贯彻落实党中央国务院领导同志重要批示指示精神，现就规范推进各地区特色小镇和小城镇建设提出以下意见。

一、总体要求

（一）指导思想。深入学习贯彻党的十九大精神，以习近平新时代中国特色社会主义思想为指导，坚持以人民为中心，坚持贯彻新发展理念，把特色小镇和小城镇建设作为供给侧结构性改革的重要平台，因地制宜、改革创新，发展产业特色鲜明、服务便捷高效、文化浓郁深厚、环境美丽宜人、体制机制灵活的特色小镇和小城镇，促进新型城镇化建设和经济转型升级。

（二）基本原则。

坚持创新探索。创新工作思路、方法和机制，着力培育供给侧小镇经济，努力走出一条特色鲜明、产城融合、惠及群众的新路子，防止“新瓶装旧酒”“穿新鞋走老路”。

坚持因地制宜。从各地区实际出发，遵循客观规律，实事求是、量力而行、控制数量、提高质量，体现区域差异性，提倡形态多样性，不搞区域平衡、产业平衡、数量要求和政绩考核，防止盲目发展、一哄而上。

坚持产业建镇。立足各地区要素禀赋和比较优势，挖掘最有基础、最具潜力、最能成长的特色产业，做精做强主导特色产业，打造具有核心竞争力和可持续发展特征的独特产业生态，防止千镇一面和房地产化。

坚持以人为本。围绕人的城镇化，统筹生产生活生态空间布局，提升服务功能、环境质量、文化内涵和发展品质，打造宜居宜业环境，提高人民获得感和幸福感，防止政绩工程和形象工程。

坚持市场主导。按照政府引导、企业主体、市场化运作的要求，创新建设模式、管理方式和服务手段，推动多元化主体同心同向、共建共享，发挥政府制定规划政策、搭建发展平台等作用，防止政府大包大揽和加剧债务风险。

二、重点任务

（三）准确把握特色小镇内涵。各地区要准确理解特色小镇内涵特质，立足产业“特而强”、功能“聚而合”、形态“小而美”、机制“新而活”，推动创新性供给与个性化需求有效对接，打造创新创业发展平台和新型城镇化有效载体。不能把特色小镇当成筐、什么都往里装，不能盲目把产业园区、旅游景区、体育基地、美丽乡村、田园综合体以及行政建制镇戴上特色小镇“帽子”。各地区可结合产业空间布局优化和产城融合，循序渐进发展“市郊镇”“市中镇”“园中镇”“镇中镇”等不同类型特色小镇；依托大城市周边的重点镇培育发展卫星城，依托有特色资源的重点镇培育发展专业特色小城镇。

（四）遵循城镇化发展规律。浙江特色小镇是经济发展到一定阶段的产物，具备相应的要素和产业基础。各地区发展很不平衡，要按规律办事，树立正确政绩观和功成不必在我的理念，科学把握浙江经验的可复制和不可复制内容，合理借鉴其理念方法、精神实质和创新精神，追求慢工出细活出精品，避免脱离实际照搬照抄。特别是中西部地区要从实际出发，科学推进特色小镇和小城镇建设布局，走少而特、少而精、少而专的发展之路，避免盲目发展、过度追求数量目标和投资规模。

（五）注重打造鲜明特色。各地区在推进特色小镇和小城镇建设过程中，要立足区位条件、资源禀赋、产业积淀和地域特征，以特色产业为核心，兼顾特色文化、特色功能和特色建筑，找准特色、凸显特色、放大特色，防止内容重复、形态雷同、特色不鲜明和同质化竞争。聚焦高端产业和产业高端方向，着力发展优势主导特色产业，延伸产业链、提升价值链、创新供应链，吸引人才、技术、资金等高端要素集聚，打造特色产业集群。

（六）有效推进“三生融合”。各地区要立足以人为本，科学规划特色小镇的生产、生活、生态空间，促进产城人文融合发展，营造宜居宜业环境，提高集聚人口能力和人民群众获得感。留存原住居民生活空间，防止将原住居民整体迁出。增强生活服务功能，构建便捷“生活圈”、完善“服务圈”和繁荣“商业圈”。提炼文化经典元素和标志性符号，合理应用于建设运营及公共空间。保护特色景观资源，将美丽资源转化为“美丽经济”。

（七）厘清政府与市场边界。各地区要以企业为特色小镇和小城镇建设主力军，引导企业有效投资、对标一流、扩大高端供给，激发企业家创造力和人民消费需求。鼓励大中型企业独立或牵头打造特色小镇，培育特色小镇投资运营商，避免项目简单堆砌和碎片化开发。发挥政府强化规划引导、营造制度环境、提供设施服务等作用，顺势而为、因势利导，不要过度干预。鼓励利用财政资金联合社会资本，共同发起特色小镇建设基金。

（八）实行创建达标制度。各地区要控制特色小镇和小城镇建设数量，避免分解指标、层层加码。统一实行宽进严定、动态淘汰的创建达标制度，取消一次性命名制，避免各地区只管前期申报、不管后期发展。

（九）严防政府债务风险。各地区要注重引入央企、国企和大中型民企等作为特色小镇主要投资运营商，尽可能避免政府举债建设进而加重债务包袱。县级政府综合债务率超过100%的风险预警地区，不得通过融资平台公司变相举债立项建设。统筹考虑综合债务率、现有财力、资金筹措和还款来源，稳妥把握配套设施建设节奏。

（十）严控房地产化倾向。各地区要综合考虑特色小镇和小城镇吸纳就业和常住人口规模，从严控制房地产开发，合理确定住宅用地比例，并结合所在市县商品住房库存消化周期确定供应时序。适度提高产业及商业用地比例，鼓励优先发展产业。科学论证企业创建特色小镇规划，对产业内容、盈利模式和后期运营方案进行重点把关，防范“假小镇真地产”项目。

（十一）严格节约集约用地。各地区要落实最严格的耕地保护制度和最严格的节约用地制度，在符合土地利用总体规划和城乡规划的前提下，划定特色小镇和小城镇发展边界，避免另起炉灶、大拆大建。鼓励盘活存量和低效建设用地，严控新增建设用地规模，全面实行建设用地增减挂钩政策，不得占用永久基本农田。合理控制特色小镇四至范围，规划用地面积控制在3平方公里左右，其中建设用地面积控制在1平方公里左右，旅游、体育和农业类特色小镇可适当放宽。

（十二）严守生态保护红线。各地区要按照《关于划定并严守生态保护红线的若干意见》要求，依据应划尽划、应保尽保原则完成生态保护红线划定工作。严禁以特色小镇和小城镇建设名义破坏生态，严格保护自然保护区、文化自然遗产、风景名胜区、森林公园和地质公园等区域，严禁挖山填湖、破坏山水田园。严把特色小镇和小城镇产业准入关，防止引入高污染高耗能产业，加强环境治理设施建设。

三、组织实施

（十三）提高思想认识。各地区要深刻认识特色小镇和小城镇建设的重要意义，将其作为深入推进供给侧结构性改革的重要平台，以及推进经济转型升级和新型城镇化建设的重要抓手，切实抓好组织实施。

（十四）压实省级责任。各省级人民政府要强化主体责任意识，按照本意见要求，整合各方力量，及时规范纠偏，调整优化实施方案、创建数量和配套政策，加强统计监测。

（十五）加强部门统筹。充分发挥推进新型城镇化工作部际联席会议机制的作用，由国家发展改革委牵头，会同国土资源、环境保护、住房城乡建设等有关部门，共同推进特色小镇和小城镇建设工作，加强对各地区的监督检查评估。国务院有关部门对已公布的两批403个全国特色小城镇、96个全国运动休闲特色小镇等，开展定期测评和优胜劣汰。

（十六）做好宣传引导。发挥主流媒体舆论宣传作用，持续跟踪报道建设进展，发现新短板新问题，总结好样板好案例，形成全社会关注关心的良好氛围。

国家发展改革委
国土资源部
环境保护部
住房城乡建设部

四、中华人民共和国住房和城乡建设部

关于加强近期住房及用地供应管理和调控有关工作的通知

建房〔2017〕80号　2017年4月1日

各省、自治区、直辖市住房城乡建设厅（建委、房地局、规划局）、国土资源主管部门：

为贯彻落实党中央、国务院关于房地产工作的决策部署，坚持“房子是用来住的、不是用来炒的”这一定位，加强和改进住房及用地供应管理，改善住房供求关系，稳定市场预期，促进房地产市场平稳健康发展，现就有关事项通知如下：

一、合理安排住宅用地供应

（一）强化住宅用地供应“五类”调控目标管理。住房供求矛盾突出、房价上涨压力大的城市要合理增加住宅用地特别是普通商品住房用地供应规模，去库存任务重的城市要减少以至暂停住宅用地供应。各省级国土资源主管部门要按照“五类”（显著增加、增加、持平、适当减少、减少直至暂停）调控目标，加强对本地区市县住宅用地年度供应计划编制和实施工作的监督指导，并将地级以上城市、地州盟所在地和百万人口以上县（县级市）的计划实施情况每半年汇总一次报国土资源部。

（二）尽快编制公布住宅用地供应三年滚动计划和中期规划。各地要结合国民经济和社会发展五年规划、城市总体规划、土地利用总体规划等，依据住房现状调查、需求预测以及在建、在售住房规模等，立足当地经济社会发展和资源、环境、人口等约束条件，尽快编制住房发展规划和年度计划，统筹安排中期（五年）和近三年的住房建设所需用地。2017年6月底前，地级以上城市、地州盟所在地和百万人口以上的县（县级市）应编制完成住宅用地供应中期（2017—2021年）规划和三年（2017—2019年）滚动计划，并向社会公布。

（三）保证住宅用地供应平稳有序。各地要根据商品住房库存消化周期，适时调整住宅用地供应规模、结构和时序，对消化周期在36个月以上的，应停止供地；36～18个月的，要减少供地；12～6个月的，要增加供地；6个月以下的，不仅要显著增加供地，还要加快供地节奏。各地要建立购地资金审查制度，确保房地产

开发企业使用合规自有资金购地。经国土资源部门和有关金融部门审查资金来源不符合要求的，取消土地竞买资格，并在一定时间内禁止参加土地招拍挂。要结合本地实际和出让土地的具体情况，灵活确定竞价方式，包括“限房价、竞地价”“限地价、竞房价”、超过溢价率一定比例后现房销售或竞自持面积等，坚决防止出现区域性总价、土地或楼面单价新高等情况，严防高价地扰乱市场预期。

二、科学把握住房建设和上市节奏

（四）加快在建商品住房项目建设进度。住房供求矛盾突出、房价上涨压力大的城市，要建立商品住房建设项目行政审批快速通道，提高办事效率，严格落实开竣工申报制度。要严格执行土地利用动态巡查制度，督促房地产开发企业及时足额缴纳土地出让价款，并严格按照合同约定及时开工、竣工，加快商品住房项目建设和上市节奏，尽快形成市场有效供应。

（五）加强商品住房项目预售管理。住房供求矛盾突出、房价上涨压力大的城市，对具备预售条件拖延上市、变相捂盘的项目，要严肃查处。落实房地产成交价格申报制度，严格执行明码标价、一房一价制度。加强商品住房项目预售价格管理，督促房地产开发企业合理定价。

（六）增加租赁住房有效供应。建立健全购租并举的住房制度，培育和发展住房租赁市场。将新建租赁住房纳入住房发展规划，采用多种方式增加租赁住房用地有效供应。鼓励房地产开发企业参与工业厂房改造，完善配套设施后改造成租赁住房，按年缴纳土地收益。在租赁住房供需矛盾突出的超大和特大城市，开展集体建设用地上建设租赁住房试点。鼓励个人依法出租自有住房，盘活存量住房资源。

三、加大住房保障力度

（七）扎实推进棚户区改造。各地要落实好土地、财税、金融等支持政策，加快棚户区改造项目建设，加强配套设施建设和公共服务，确保完成2017年600万套棚户区改造任务。统筹做好2018～2020年棚户区改造三年计划。商品住房库存量大、市场房源充足的三、四线城市，棚户区改造要以货币化安置为主，避免重复建设。

（八）继续发展公租房、共有产权房。各地要转变公租房保障方式，实行实物保障与租赁补贴并举，推进公租房货币化。超大、特大城市和其他住房供求矛盾突出的热点城市，要增加公租房、共有产权房供应，扩大公租房保障范围，多渠道解决中低收入家庭、新就业职工和稳定就业的外来务工人员的住房问题。做好保障性住房分配管理，加强信息公开，确保公平分配。

四、强化地方主体责任

（九）落实房地产工作责任制。省级住房城乡建设、国土资源主管部门要按照省级人民政府负总责、市县人民政府抓落实的房地产工作责任制要求，加强对本地区各市县主管部门的分类指导，加强监督检查。市县主管部门要贯彻落实好中央及省级的各项政策措施，明确本地区优化住房及用地供应的目标、路径、步骤和责任人，确保如期实现工作目标。鼓励各地在中央政策框架内积极探索、出台有力的政策措施。

（十）强化约谈问责。对工作不力、市场出现较大波动、未实现调控目标的地方，住房城乡建设部、国土资源部将对有关地方主管部门和责任人约谈问责。对虚假编造、采用技术性手段调整相关统计数据的，严格追究有关人员的责任；情节严重的，依法依规严肃处理。

中华人民共和国住房和城乡建设部

中华人民共和国国土资源部

关于推进商业金融支持小城镇建设的通知

建村〔2017〕81 号　2017 年 4 月 1 日

各省、自治区、直辖市住房城乡建设厅（建委），北京市农委、规划和国土资源管理委，上海市规划和国土资源管理局，新疆生产建设兵团建设局，中国建设银行各省、自治区、直辖市分行，总行直属分行，苏州分行：

为贯彻落实党中央、国务院关于推进小城镇建设的工作部署，大力推进商业金融支持小城镇建设，现就有关工作通知如下。

一、充分认识商业金融支持小城镇建设的重要意义

小城镇是经济转型升级、新型城镇化建设的重要载体，在推进供给侧结构性改革、生态文明建设、城乡协调发展等方面发挥着重要作用。小城镇建设任务重、项目多、资金缺口大，迫切需要发挥市场主体作用，加大商业金融的支持力度，积极引导社会资本进入小城镇。各级住房城乡建设部门、建设银行各分行要充分认识商业金融支持小城镇建设的重要意义，坚持用新发展理念统筹指导小城镇建设，加强组织协作，创新投融资体制，加大金融支持力度，确保项目资金落地，全面提升小城镇建设水平和发展质量。

二、支持范围和内容

（一）支持范围。

落实《住房城乡建设部国家发展改革委财政部关于开展特色小镇培育工作的通知》（建村〔2016〕147 号）、《住房城乡建设部等部门关于公布全国重点镇名单的通知》（建村〔2014〕107 号）等文件要求，支持特色小镇、重点镇和一般镇建设。优先支持《住房城乡建设部关于公布第一批中国特色小镇名单的通知》（建村〔2016〕221 号）确定的 127 个特色小镇和各省（区、市）人民政府认定的特色小镇。

（二）支持内容。

1. 支持改善小城镇功能、提升发展质量的基础设施建设。主要包括：道路、供水、电力、燃气、热力等基础设施建设；企业厂房、仓库、孵化基地等生产设施建设；学校、医院、体育场馆、公园、小镇客厅等公共设施建设；居民拆迁安置、园林绿化等居住环境改善设施建设；河湖水系治理、建筑节能改造、新能源利用、污水和垃圾处理等生态环境保护设施建设。

2. 支持促进小城镇特色发展的工程建设。主要包括：街巷空间、建筑风貌等综合环境整治工程建设；传统街区保护和修缮、非物质遗产活化等传统文化保护工程建设；双创平台、展览展示、服务平台、人才交流等促进特色产业发展的配套工程建设。

3. 支持小城镇运营管理融资。主要包括：基础设施改扩建、运营维护融资；运营管理企业的经营周转融资；优质企业生产投资、经营周转、并购重组等融资。

三、实施项目储备制度

（一）建立项目储备库。

各县（市、区）住房城乡建设（规划）部门要加快推进本地区小城镇总体规划编制或修编，制定近期建设项目库和年度建设计划，统筹建设项目，确定融资方式和融资规模，完成有关审批手续。

（二）推荐备选项目。

各县（市、区）住房城乡建设（规划）部门要组织做好本地区建设项目与中国建设银行地市级分行的对接和推荐，填写小城镇建设项目储备表（详见附件），并报送至省级住房城乡建设部门。省级住房城乡建设部门要联合中国建设银行省级分行对本地区上报项目进行审核，并于 2017 年 5 月底前将通过审核的项目信息录入全国小城镇建设项目储备库（http：//www. charmingtown. cn）。住房城乡建设部将会同中国建设银行总行对纳入全国小城镇建设项目储备库的项目进行评估，确定优先推荐项目。

四、发挥中国建设银行综合金融服务优势

（一）加大信贷支持力度。

中国建设银行将统筹安排年度信贷投放总量，加大对小城镇建设的信贷支持力度。对纳入全国小城镇建设项目储备库的推荐项目，予以优先受理、优先评审和优先投放贷款。

（二）做好综合融资服务。

充分发挥中国建设银行集团全牌照优势，帮助小城镇所在县（市）人民政府、参与建设的企业做好融资规划，提供小城镇专项贷款产品。根据小城镇建设投资主体和项目特点，因地制宜提供债券融资、股权投资、基金、信托、融资租赁、保险资金等综合融资服务。

（三）创新金融服务模式。

中国建设银行将在现有政策法规内积极开展金融创新。探索开展特许经营权、景区门票收费权、知识产权、碳排放权质押等新型贷款抵质押方式。探索与创业投资基金、股权基金等开展投贷联动，支持创业型企业发展。

五、建立工作保障机制

住房城乡建设部与中国建设银行总行签署《共同推进小城镇建设战略合作框架协议》，建立部行工作会商制度。省级住房城乡建设部门、中国建设银行省级分行要参照部行合作模式尽快建立定期沟通机制和工作协作机制，及时共享小城镇建设信息，共同协调解决项目融资、建设中存在的问题，做好风险防控，为小城镇建设创造良好的政策环境和融资环境。执行过程中如有问题和建议，请及时与住房城乡建设部和中国建设银行总行联系。

中华人民共和国住房和城乡建设部

中国建设银行股份有限公司

关于保持和彰显特色小镇特色若干问题的通知

建村〔2017〕144 号　2017 年 7 月 7 日

各省、自治区住房城乡建设厅，北京市住房城乡建设委、规划国土委、农委，天津市建委、规划局，上海市住房城乡建设管委、规划国土局，重庆市城乡建设委：

党中央、国务院作出了关于推进特色小镇建设的部署，对推进新发展理念、全面建成小康社会和促进国家可持续发展具有十分重要的战略意义。保持和彰显小镇特色是落实新发展理念，加快推进绿色发展和生态文明建设的重要内容。目前，特色小镇培育尚处于起步阶段，部分地方存在不注重特色的问题。各地要坚持按照绿色发展的要求，有序推进特色小镇的规划建设发展。现就有关事项通知如下。

一、尊重小镇现有格局、不盲目拆老街区

（一）顺应地形地貌。小镇规划要与地形地貌有机结合，融入山水林田湖等自然要素，彰显优美的山水格局和高低错落的天际线。严禁挖山填湖、破坏水系、破坏生态环境。

（二）保持现状肌理。尊重小镇现有路网、空间格局和生产生活方式，在此基础上，下细致功夫解决老街区功能不完善、环境脏乱差等风貌特色缺乏问题。严禁盲目拉直道路，严禁对老街区进行大拆大建或简单粗暴地推倒重建，避免采取将现有居民整体迁出的开发模式。

（三）延续传统风貌。统筹小镇建筑布局、协调景观风貌、体现地域特征、民族特色和时代风貌。新建区域应延续老街区的肌理和文脉特征，形成有机的整体。新建建筑的风格、色彩、材质等应传承传统风貌，雕塑、小品等构筑物应体现优秀传统文化。严禁建设“大、洋、怪”的建筑。

二、保持小镇宜居尺度、不盲目盖高楼

（一）建设小尺度开放式街坊住区。应以开放式街坊住区为主，尺度宜为 100 米～150 米，延续小镇居民原有的邻里关系，避免照搬城市居住小区模式。

（二）营造宜人街巷空间。保持和修复传统街区的街巷空间，新建生活型道路的高宽比宜为 1∶1 至 2∶1，绿地以建设贴近生活、贴近工作的街头绿地为主，充分营造小镇居民易于交往的空间。严禁建设不便民、造价高、图形象的宽马路、大广场、大公园。

（三）适宜的建筑高度和体量。新建住宅应为低层、多层，建筑高度一般不宜超过 20 米，单体建筑面宽不宜超过 40 米，避免建设与整体环境不协调的高层或大体量建筑。

三、传承小镇传统文化、不盲目搬袭外来文化

（一）保护历史文化遗产。保护小镇传统格局、历史风貌，保护不可移动文物，及时修缮历史建筑。不要拆除老房子、砍伐老树以及破坏具有历史印记的地物。

（二）活化非物质文化遗产。充分挖掘利用非物质文化遗产价值，建设一批生产、传承和展示场所，培养一批文化传承人和工匠，避免将非物质文化遗产低俗化、过度商业化。

（三）体现文化与内涵。保护与传承本地优秀传统文化，培育独特文化标识和小镇精神，增加文化自信，避免盲目崇洋媚外，严禁乱起洋名。

各地要按照本通知要求，加强特色小镇规划建设的指导和检查。我部已将是否保持和体现特色作为特色小镇重要认定标准，将定期对已认定特色小镇有关情况进行检查。

关于在人口净流入的大中城市加快发展住房租赁市场的通知

建房〔2017〕153号　2017年7月18日

各省、自治区、直辖市住房城乡建设厅（建委、房地局）、发展改革委、公安厅（局）、国土资源主管部门、工商局（市场监督管理部门）、证监局，中国人民银行上海总部、各分行、营业管理部、省会（首府）城市中心支行、副省级城市中心支行，各省、自治区、直辖市、计划单列市财政厅（局）、国家税务局、地方税务局：

当前人口净流入的大中城市住房租赁市场需求旺盛、发展潜力大，但租赁房源总量不足、市场秩序不规范、政策支持体系不完善，租赁住房解决城镇居民特别是新市民住房问题的作用没有充分发挥。为进一步贯彻落实《国务院办公厅关于加快培育和发展住房租赁市场的若干意见》（国办发〔2016〕39号），加快推进租赁住房建设，培育和发展住房租赁市场，现就有关事项通知如下。

一、充分认识加快发展住房租赁市场的重要意义

党中央、国务院高度重视培育和发展住房租赁市场，近年来作出了一系列决策部署。各地区有关部门要将思想和行动统一到党中央、国务院的决策部署上来，充分认识到加快推进租赁住房建设、培育和发展住房租赁市场，是贯彻落实“房子是用来住的、不是用来炒的”这一定位的重要举措，是加快房地产市场供给侧结构性改革和建立购租并举住房制度的重要内容，是解决新市民住房问题、加快推进新型城镇化的重要方式，是实现全面建成小康社会住有所居目标的重大民生工程。

二、多措并举，加快发展住房租赁市场

（一）培育机构化、规模化住房租赁企业。

鼓励国有、民营的机构化、规模化住房租赁企业发展，鼓励房地产开发企业、经纪机构、物业服务企业设立子公司拓展住房租赁业务。人口净流入的大中城市要充分发挥国有企业的引领和带动作用，支持相关国有企业转型为住房租赁企业。住房租赁企业申请工商登记时，经营范围统一规范为住房租赁经营。公安部门要比照酒店业管理方式，将住房租赁企业登记的非本地户籍租住人员信息接入暂住人口管理信息系统，实现对租客信息的有效对接。加大对住房租赁企业的金融支持力度，拓宽直接融资渠道，支持发行企业债券、公司债券、非金融企业债务融资工具等公司信用类债券及资产支持证券，专门用于发展住房租赁业务。鼓励地方政府出台优惠政策，积极支持并推动发展房地产投资信托基金（REITs）。

（二）建设政府住房租赁交易服务平台。

城市住房城乡建设主管部门要会同有关部门共同搭建政府住房租赁交易服务平台，提供便捷的租赁信息发布服务，推行统一的住房租赁合同示范文本，实现住房租赁合同网上备案；建立住房租赁信息发布标准，确保

信息真实准确，规范住房租赁交易流程，保障租赁双方特别是承租人的权益；建立健全住房租赁企业和房地产经纪机构备案制度，强化住房租赁信用管理，建立多部门守信联合激励和失信联合惩戒机制；加强住房租赁市场监测，为政府决策提供数据基础。

（三）增加租赁住房有效供应。

鼓励各地通过新增用地建设租赁住房，在新建商品住房项目中配建租赁住房等方式，多渠道增加新建租赁住房供应，优先面向公租房保障对象和新市民供应。按照国土资源部、住房城乡建设部的统一工作部署，超大城市、特大城市可开展利用集体建设用地建设租赁住房试点工作。鼓励开发性金融等银行业金融机构在风险可控、商业可持续的前提下，加大对租赁住房项目的信贷支持力度，通过合理测算未来租赁收入现金流，向住房租赁企业提供分期还本等符合经营特点的长期贷款和金融解决方案。支持金融机构创新针对住房租赁项目的金融产品和服务。鼓励住房租赁企业和金融机构运用利率衍生工具对冲利率风险。

积极盘活存量房屋用于租赁。鼓励住房租赁国有企业将闲置和低效利用的国有厂房、商业办公用房等，按规定改建为租赁住房；改建后的租赁住房，水电气执行民用价格，并应具备消防安全条件。探索采取购买服务模式，将公租房、人才公寓等政府或国有企业的房源，委托给住房租赁企业运营管理。

要落实“放管服”改革的总体要求，梳理新建、改建租赁住房项目立项、规划、建设、竣工验收、运营管理等规范性程序，建立快速审批通道，探索实施并联审批。

（四）创新住房租赁管理和服务体制。

各地要建立部门相互协作配合的工作机制，明确住房城乡建设、发展改革、公安、财政、国土资源、金融、税务、工商等部门在规范发展住房租赁市场工作中的职责分工，整顿规范市场秩序，严厉打击住房租赁违法违规行为。推进部门间信息共享，承租人可按照国家有关规定凭登记备案的住房租赁合同等有关证明材料申领居住证，享受相关公共服务。充分发挥街道、乡镇，尤其是居民委员会和村民委员会等基层组织的作用，将住房租赁管理和服务的重心下移，实行住房租赁的网格化管理；建立纠纷调处机制，及时化解租赁矛盾纠纷。

三、工作要求

（一）加强组织领导。各地区有关部门要切实加强组织领导，健全工作机制，做好宣传引导，营造良好环境。要结合当地实际研究制定具体实施办法，落实工作责任，确保各项工作有序推进。

（二）积极开展试点。选取部分人口净流入的大中城市开展试点工作。试点期间，各城市应于每年 1、4、7、10 月的 15 日前，定期报送上一季度试点工作进展情况，由省级住房城乡建设部门汇总后报送住房城乡建设部、国家发展改革委、财政部和国土资源部。住房城乡建设部会同有关部门及时总结试点工作取得的经验，形成一批可复制、可推广的试点成果，向全国进行推广。

（三）加强督促指导。各地区有关部门要按照职责分工，加强对人口净流入的大中城市发展住房租赁市场工作的督促指导。要注意分类指导，尊重基层首创精神，健全激励和容错纠错机制，允许进行差别化探索，发现问题及时纠偏。住房城乡建设部、国家发展改革委、财政部和国土资源部会同有关部门，跟踪指导各地工作开展情况，总结经验，不断完善政策。

住房城乡建设部　国家发展改革委

公安部　财政部　国土资源部　人民银行

税务总局　工商总局　证监会

关于支持北京市、上海市开展共有产权住房试点的意见

建保〔2017〕210 号 2017 年 9 月 14 日

北京市住房城乡建设委、上海市住房城乡建设管理委：

习近平总书记指出，加快推进住房保障和供应体系建设，是满足群众基本住房需求、实现全体人民住有所居目标的重要任务，是促进社会公平正义、保证人民群众共享改革发展成果的必然要求。发展共有产权住房，是加快推进住房保障和供应体系建设的重要内容。目前，北京市、上海市积极发展共有产权住房，取得了阶段性成效。北京市制定《共有产权住房管理暂行办法》，明确了未来五年供应 25 万套共有产权住房的目标，着力满足城镇户籍无房家庭及符合条件新市民的基本住房需求。上海市截至 2016 年年底已供应共有产权保障住房 8.9 万套，并明确了下一步发展目标，着力改善城镇中低收入住房困难家庭居住条件。经研究，决定在北京市、上海市开展共有产权住房试点。为支持两市开展共有产权住房试点工作，现提出以下意见：

一、总体要求。认真贯彻落实党中央、国务院决策部署，坚持“房子是用来住的、不是用来炒的”定位，以满足新市民住房需求为主要出发点，以建立购租并举的住房制度为主要方向，以市场为主满足多层次需求，以政府为主提供基本保障，通过推进住房供给侧结构性改革，加快解决住房困难家庭的基本住房问题。

二、基本原则。坚持政府引导、政策支持，充分发挥市场机制的推动作用；坚持因地制宜、分类施策，满足基本住房需求。

三、供应对象。面向符合规定条件的住房困难群体供应，优先供应无房家庭，具体供应对象范围由两市人民政府确定。

四、管理制度。要制定共有产权住房具体管理办法，核心是建立完善的共有产权住房管理机制，包括配售定价、产权划分、使用管理、产权转让等规则，确保共有产权住房是用来住的，不是用来炒的。同时，要明确相关主体在共有产权住房使用、维护等方面的权利和义务。

五、运营管理主体。要明确由国有机构代表政府持有共有产权住房政府份额，并承担与承购人签订配售合同、日常使用管理、回购及再上市交易等事项。

六、政策支持。要确保共有产权住房用地供应，并落实好现有的财政、金融、税费等优惠政策。

七、规划建设。共有产权住房应以中小套型为主，要优化规划布局、设施配套和户型设计，抓好工程质量。

八、组织实施。要高度重视开展共有产权住房试点工作，在市委、市政府的统一部署和领导下，按照已经确定的工作目标和重点任务，扎实有序推进发展共有产权住房工作。同时，要以制度创新为核心，在建设模式、产权划分、使用管理、产权转让等方面进行大胆探索，力争形成可复制、可推广的试点经验。对共有产权住房试点工作中遇到的问题，请及时总结并报我部。

关于维护住房公积金缴存职工购房贷款权益的通知

建金〔2017〕246 号　2017 年 12 月 13 日

各省、自治区、直辖市住房城乡建设厅（建委）、财政厅（局）、国土资源厅（局），新疆生产建设兵团建设局、财务局、国土资源局，中国人民银行上海总部、各分行、营业管理部、省会（首府）城市中心支行、副省级城市中心支行，直辖市、新疆生产建设兵团住房公积金管理委员会、住房公积金管理中心：

2014 年，住房城乡建设部、财政部、中国人民银行印发《关于发展住房公积金个人住房贷款业务的通知》（建金〔2014〕148 号），明确要求房地产开发企业不得拒绝缴存职工使用住房公积金贷款购房，取得了一定成效。但部分房地产开发企业仍然拒绝或变相拒绝购房人使用住房公积金贷款，引发缴存职工不满。为维护住房公积金缴存职工合法权益，有效发挥住房公积金制度作用，规范房地产市场秩序，净化房地产市场环境，现就有关事项通知如下：

一、压缩贷款审批时限。住房公积金管理中心和受托银行要规范贷款业务流程，减少审批环节，压缩审批时限。自受理贷款申请之日起 10 个工作日内完成审批工作。准予贷款的，通知受托银行办理贷款手续；不准予贷款的，应当说明理由。

二、严格委贷业务考核。住房公积金管理中心和受托银行应在委托贷款协议中明确约定职责分工和办理时限。受托银行要按照协议约定，及时受理职工住房公积金贷款申请和办理相关委托贷款手续。住房公积金管理中心要加强对受托银行的考核，对不履行委贷协议约定事项的，应扣减贷款手续费；情节严重的，可暂停或取消住房公积金业务办理资格。

三、加强销售行为管理。住房城乡建设主管部门要加强市场监管，要求房地产开发企业在销售商品房时，提供不拒绝购房人使用住房公积金贷款的书面承诺，并在楼盘销售现场予以公示。房地产开发企业要认真履行承诺，不得以提高住房销售价格、减少价格折扣等方式限制、阻挠、拒绝购房人使用住房公积金贷款，不得要求或变相要求购房人签署自愿放弃住房公积金贷款权利的书面文件。

四、提高抵押登记效率。不动产登记机构应当严格按照有关规定，及时受理住房公积金贷款抵押登记申请，在 10 个工作日内完成抵押登记手续，要应用信息化等技术手段进一步提升住房公积金贷款抵押登记效率。

五、公开业务办理流程。各地要通过电视、报刊、广播、网络等新闻媒体，公开住房公积金贷款业务流程、审批要件、办理地点、办理部门和办结时限，并在业务办理网点显著位置设立宣传牌、公告栏予以明示。

六、促进部门信息共享。各地住房城乡建设、不动产登记、人民银行等部门要切实落实国务院“互联网 + 政务服务”要求，建立住房公积金贷款业务办理信息共享机制，让数据多跑路，职工不跑路或少跑路。

七、加大联合惩戒力度。各地住房城乡建设部门和住房公积金管理中心要及时查处损害职工住房公积金贷款权益的问题。对限制、阻挠、拒绝职工使用住房公积金贷款购房的房地产开发企业和销售中介机构，要责令整改。对违规情节严重、拒不整改的，要公开曝光，同时纳入企业征信系统，依法严肃处理。

八、畅通投诉举报渠道。住房公积金缴存职工可通过 12345 市民热线、12329 住房公积金服务热线等渠道，投诉举报房地产开发企业和房屋销售中介机构拒绝住房公积金贷款问题。根据投诉举报线索，住房城乡建设部门和住房公积金管理中心要快速响应，及时查处。

九、集中开展专项整治。各地住房城乡建设部门和住房公积金管理中心要联合开展拒绝职工使用住房公积金贷款购房问题专项整治行动，严厉打击房地产开发企业和房屋销售中介机构违规行为。

十、切实加强监督检查。各城市住房城乡建设部门和住房公积金管理中心要根据本通知要求，结合当地实际，制定实施意见，并报省（区）住房城乡建设厅备案，直辖市、新疆生产建设兵团报住房城乡建设部备案。各省、自治区住房城乡建设厅要按照本通知要求，加强监督检查，2018 年 3 月底前，将贯彻落实情况报住房城乡建设部。

中华人民共和国住房和城乡建设部
中华人民共和国财政部
中国人民银行
中华人民共和国国土资源部

五、中华人民共和国国土资源部

印发《关于完善建设用地使用权转让、出租、抵押二级市场的试点方案》的通知

国土资发〔2017〕12 号　2017 年 1 月 22 日

各省、自治区、直辖市人民政府，国务院有关部委、直属机构：

经党中央、国务院同意，现将《关于完善建设用地使用权转让、出租、抵押二级市场的试点方案》印发你们，请认真贯彻执行。

关于完善建设用地使用权转让、出租、抵押二级市场的试点方案

土地二级市场是我国城乡统一建设用地市场的重要组成部分。实行土地有偿使用制度近 30 年来，土地二级市场对促进土地资源的优化配置和节约集约利用、加快工业化和城镇化进程发挥了积极作用。随着经济社会发展和改革深入，土地二级市场运行发展中的一些问题也逐步凸显，交易规则不健全，政府的服务和监管不完善，交易信息不对称、交易平台不规范等问题比较突出，制约了存量土地资源的盘活利用，难以满足新型城镇化和经济转型发展需要。按照党的十八届三中全会关于完善土地二级市场的决策部署和中央全面深化改革工作要求，制定本试点方案。

一、总体要求

（一）指导思想。

全面贯彻党的十八大和十八届三中、四中、五中、六中全会精神，深入学习贯彻习近平总书记系列重要讲话精神，紧紧围绕统筹推进“五位一体”总体布局和协调推进“四个全面”战略布局，牢固树立创新、协调、

绿色、开放、共享的发展理念，按照党中央、国务院决策部署，根据使市场在资源配置中起决定性作用和更好发挥政府作用的要求，坚持问题导向，以建立城乡统一的建设用地市场为方向，以促进土地要素流通顺畅为核心，以提高存量土地资源配置效率为目的，以不动产登记为基础，与城乡规划、土地利用总体规划及相关产业规划相衔接，着力构建完善土地二级市场规则，健全服务和监管体系，提高节约集约用地水平，为经济社会持续健康发展，全面建成小康社会提供用地保障。

（二）基本原则。

把握正确方向。坚持市场经济改革方向，突出市场配置资源的决定性作用，落实“放管服”总体要求，强化监管责任，不断健全和发展城乡统一建设用地市场。

规范市场运行。完善交易规则，维护市场秩序，保证市场主体能在公开、公平、公正的市场环境下进行交易，保障市场依法依规运行、健康有序发展，促进要素流通，提高资源配置效率。

维护合法权益。充分尊重权利人意愿，保障市场主体合法权益。切实维护土地所有权人权益。

提高服务效能。强化服务意识，优化交易流程，降低交易成本，提升服务水平，提高办事效率，方便群众办事。

注重改革协同。注重与不动产统一登记、集体经营性建设用地入市等改革协同，加强部门协作，形成改革合力。

（三）试点目标。

通过改革试点，到 2018 年年底，在相关地区建立符合城乡统一建设用地市场要求，产权明晰、市场定价、信息集聚、交易安全的土地二级市场，市场规则基本完善，土地资源配置效率显著提高，形成一批可复制、可推广的改革成果，为构建城乡统一的建设用地市场、形成竞争有序的土地市场体系、修改完善相关法律法规提供支撑。

（四）试点范围和地区。

试点的范围是建设用地使用权的转让、出租和抵押，重点针对土地交易，以及土地连同地上建筑物、其他附着物一并交易的情况。

试点地区选择转让、出租、抵押等交易量较大且不动产登记工作基础较好的大、中城市，共 34 个市县（详见附件）。其中 6 个已开展集体经营性建设用地入市试点的县（区）同时开展国有和集体土地二级市场试点。

二、试点政策措施

（一）完善交易机制。

1. 完善建设用地使用权转让机制。明确建设用地使用权转让形式。将各类导致建设用地使用权转移的行为都视为建设用地使用权转让，包括买卖、交换、赠与、出资等，以及司法处置、资产处置、法人或其他组织合并或分立等形式涉及的建设用地使用权转移。建设用地使用权转移的，地上建筑物、其他附着物所有权应一并转移。

明晰不同权能建设用地使用权转让的必要条件。明确以划拨、出让、作价出资（入股）和授权经营等方式供应的建设用地在转让前应满足的条件。以划拨方式取得的建设用地使用权转让，土地用途符合《划拨用地目录》的，可不补缴出让收入，直接办理不动产登记手续；不符合《划拨用地目录》的，由受让方依法依规足额补缴土地出让收入。以出让方式取得的建设用地使用权转让的，在符合法律法规规定和出让合同约定的前提下，应保障其交易自由；原出让合同对转让条件另有约定的，从其约定。以作价出资（入股）和授权经营方式取得的建设用地使用权转让，可以参照以出让方式取得的建设用地使用权转让规定。

完善土地分割转让政策。探索土地分割转让措施，明确分割条件，规范分割流程，促进存量土地盘活利用。

实施差别化的税费政策。各地可根据本地实际，在地方权限内探索差别化的税费政策。充分发挥城镇土地使用税在节约集约用地中的作用。对于闲置土地，从严征收土地闲置费。

2. 完善建设用地使用权出租机制。以出让方式取得的建设用地使用权出租或以租赁方式取得建设用地使用权转租的，不得违反法律法规和出让合同或租赁合同的相关约定。以划拨方式取得的建设用地使用权出租的，应经依法批准，并按照有关规定上缴应缴的土地出让收入。研究建立划拨建设用地使用权出租的巡查发现、举报和查处机制，严格加强监管。国土资源、财政、税务、工商等部门应加强协作，在不动产登记、税务、工商等方面加强联动，加大土地出让收入征收管理力度，防止国有资产流失。

3. 完善建设用地使用权抵押机制。放宽对抵押权人的限制。按照债权平等原则，明确自然人、企业均可作为抵押权人依法申请以建设用地使用权及其地上房屋等建筑物、构筑物所有权办理不动产抵押登记。合理确定划拨建设用地使用权抵押价值。以划拨方式取得的建设用地使用权依法抵押，其抵押价值应根据划拨建设用地使用权权益价格设定。

（二）创新运行模式。

1. 建立交易平台。在现有市（县、区）国土资源部门的土地交易机构或平台基础上搭建统一的二级市场交易平台，提供服务场所，办理交易事务，建立统一的信息系统，提供信息发布、归集和查询服务，主动接受社会监督。

2. 规范交易流程。明确土地二级市场各交易环节和流程的基本规则，建立“信息发布—达成交易—签订合同—交易监管”的交易流程。以划拨方式取得的建设用地使用权交易的，土地交易管理部门应对划拨决定书的履约情况以及交易的合法合规性等进行审核；以出让方式取得的建设用地使用权交易的，土地交易管理部门应切实加强事中事后监管。交易合同包括建设用地使用权转让合同、建设用地使用权出租合同、建设用地使用权抵押合同等。试点地区要研究制定土地二级市场交易合同示范文本。

3. 加强交易管理与不动产登记的有序衔接。各地要建立健全土地交易平台和不动产登记信息平台的互通共享机制。土地交易管理部门要将土地转让、出租、抵押交易监管信息等原始资料提供给不动产登记机构。

（三）健全服务体系。

1. 培育和规范中介组织。发挥社会中介组织在市场交易活动中的桥梁作用，发展相关机构，为交易提供咨询、估价、经纪等服务。各地要加强指导和监管，引导其诚信经营，对失信的要建立惩戒和退出机制。

2. 做好咨询和调解服务。发挥土地交易机构或平台的专业优势，提供法律、政策咨询服务，协调矛盾，化解纠纷，营造良好的交易环境。

3. 提高办事效率。在土地交易机构或平台内汇集税务、金融等相关部门或机构的办事窗口，为交易各方提供一站式服务，提高办事效率和服务水平。

（四）加强监测监管。

1. 强化监测分析。各地要健全土地二级市场动态监测监管制度，完善监测监管信息系统，掌握土地转让、出租、抵押的数量、结构、价款、时序等信息，研判分析市场形势。

2. 完善市场调控。强化一、二级土地市场联动，加强土地投放总量、结构、时序等的衔接，适时运用财税、金融等手段，加强对土地市场的整体调控。

3. 强化价格监管。完善公示地价体系，定期发布基准地价或标定地价。完善土地二级市场的价格形成、监测、指导、监督机制，防止交易价格异常波动，维护市场平稳运行。交易主体应当如实申报交易价格，不得瞒报或者作不实申报。申报价格低于基准地价或标定地价一定比例的，政府可行使优先购买权；高于基准地价或标定地价一定比例的，政府可依法依规实施交易管制。

4. 加强合同履约监管。土地转让后，出让合同和登记文件中所载明的权利、义务随之转移，受让人应依法履行。国土资源、住房城乡建设等部门要加强合同履约监管，并将相关情况纳入诚信体系进行信用考评。

5. 严格责任追究。要强化监督问责，减少寻租空间，对违反土地二级市场相关规定的地方政府和有关部门、单位以及责任人员严格实行责任追究，坚决打击各种腐败行为。

（五）强化部门协作。

各级国土资源、住房城乡建设（房产、规划）、财税、国有资产管理、工商、金融监管等部门要建立联动机制，落实相关责任，强化沟通衔接。加强涉地司法处置的衔接，对于司法处置涉及建设用地使用权转移的案件，国土资源部门应加强与地方人民法院的沟通，主动提供所涉不动产的权利状况。加强涉地资产处置的衔接，国有资产等管理部门进行国有资产处置时涉及建设用地使用权转移的，在处置前应取得规划、国土资源部门出具的意见，并如实告知当事人。

三、组织实施

（一）加强组织保障。

各地区各有关部门要加强协调配合，稳妥有序推进试点。国土资源部会同财政部、住房城乡建设部、农业部、人民银行、税务总局、工商总局、银监会等单位或部门，建立共同推进试点的工作机制，统筹协调和指导支持试点各项工作。试点地区所在省、市、县（区）各级政府及有关部门要采取有力措施，保障试点运行。

（二）推进试点实施。

1. 编制实施方案。有关地区省级国土资源部门要会同相关部门根据本方案组织试点地区编制实施方案，经省级政府同意后，由省级国土资源部门报国土资源部批复。

2. 部署启动试点。有关地区省级国土资源部门要会同相关部门，指导试点地区根据批复的方案，尽快完成各项基础性准备工作，完善工作机制，明确责任分工，部署开展试点。2017 年 3 月底前就试点工作启动、机构设立、规章制度建设、部署实施等情况，形成汇总报告报国土资源部。

3. 试点实施、跟踪及总结。国土资源部和有关地区省级政府加强对试点工作的指导，及时研究解决试点中存在的问题。按照边试点、边研究、边总结、边提炼的要求推进试点工作，2017 年 11 月底前，试点地区就试点做法与成效等形成年度进展报告，经省级政府同意后报国土资源部。国土资源部会同有关部门开展试点中期评估，形成评估报告按程序上报。2018 年 8 月底前，试点地区形成试点总结报告，总结政策实施效果、提出相关法律法规的修改建议，经省级政府同意后报国土资源部。2018 年 12 月底前，国土资源部会同相关部门全面总结试点经验，形成全国试点工作总结报告，按程序报送党中央、国务院。

（三）强化指导监督。

各地区各有关部门要按照职责分工，加强对试点工作的指导监督，依法规范运行。要注意分类指导，尊重基层首创精神，健全激励和容错纠错机制，允许进行差别化探索，切实做到封闭运行、风险可控，发现问题及时纠偏。

（四）完善制度建设。

国土资源部会同相关部门，密切跟踪试点地区工作进展，主动适应改革和经济社会发展的需要，完善配套制度，并及时提出制定和修改相关法律、法规、政策的建议。

（五）做好宣传引导。

试点地区要加强对试点工作的监督管理，密切关注舆情动态，妥善回应社会关切，重大问题及时报告。

附件：试点地区名单

开展国有土地二级市场试点的28个试点地区名单

北京市房山区、天津市武清区、河北省石家庄市、山西省太原市、内蒙古自治区二连浩特市、辽宁省抚顺市、吉林省长春市、黑龙江省牡丹江市、江苏省南京市、浙江省宁波市、安徽省宿州市、福建省厦门市、江西省南昌市、山东省临沂市、河南省许昌市、湖北省武汉市、湖南省长沙市、广东省东莞市、广西壮族自治区南宁市、海南省三亚市、重庆市主城九区、四川省泸州市、云南省昆明市、陕西省西安市、甘肃省天水市、青海省西宁市、宁夏回族自治区石嘴山市、新疆维吾尔自治区库尔勒市。

同时开展国有和集体土地二级市场试点的6个地区名单

上海市松江区、浙江省湖州市德清县、广东省佛山市南海区、四川省成都市郫县、贵州省遵义市湄潭县、甘肃省定西市陇西县。

印发《全国土地整治规划（2016—2020年）》的通知（节选）

国土资发〔2017〕2号　2017年1月10日

各省、自治区、直辖市人民政府，新疆生产建设兵团，国务院有关部委、直属机构：

《全国土地整治规划（2016—2020年）》（以下简称《规划》）已经国务院批复。现将《国务院关于全国土地整治规划（2016—2020年）的批复》（国函〔2016〕209号）和《规划》印发给你们，请认真贯彻落实。

国土资源部　国家发展和改革委员会

《全国土地整治规划（2016—2020年）》

第一章　土地整治面临的形势

第二节　“十三五”时期面临的形势

“十三五”时期是全面建成小康社会的决胜阶段，经济长期向好基本面没有改变，但土地资源的基本国情没有根本改变，资源约束趋紧趋势未得到根本扭转。党中央、国务院明确要求坚持最严格的耕地保护制度，坚守耕地红线，实施藏粮于地战略；坚持最严格的节约用地制度，调整优化建设用地结构布局，推动城乡区域协调发展；坚持保护环境的基本国策，划定并严守生态保护红线，筑牢生态安全屏障，促进人与自然和谐共生。面对新形势新要求，必须用新的发展理念全面推进土地整治，切实发挥土地整治的综合效益。

——推进农业现代化，要求加强耕地数量保护和质量建设。耕地是保障国家粮食安全的资源基础。随着“五化”同步加快推进，“十三五”期间因生态退耕、农业结构调整、建设占用等预计耕地面积将减少7000多万亩。同时，我国耕地后备资源总面积约8000万亩，其中集中连片的耕地后备资源仅2800多万亩，中低等耕地比例达 70%，有灌溉条件的耕地只占 51.5%，耕地数量质量现状与推进农业现代化的要求存在较大差距。因此，必须大力推进土地整治，努力补充优质耕地，加强基本农田建设，全面提升耕地质量，提高粮食产能，切实落实藏粮于地战略。

——推进新型城镇化，要求提高土地利用效率和优化用地结构布局。城镇化是现代化必由之路，十八届五中全会明确提出要推进以人为核心的新型城镇化。到 2020 年我国户籍人口城镇化率将达到 45% 左右，每年将有 1600 多万人进城落户，同时协同推进四大板块、实施三大战略，需要提供建设用地保障，预计“十三五”期间全国新增建设用地需求达到 3200 多万亩；为了确保国家粮食安全、筑牢生态安全屏障，需要划定农业空间和生态保护红线，土地供需矛盾将进一步凸显，传统粗放利用土地资源的方式不可持续。适应新型城镇化和经济社会发展新特点，亟须加大盘活存量建设用地，节约集约用地，以较少的土地资源消耗支撑经济社会可持续发展。

——推进新农村建设，要求加大农村人居环境整治和改善农村生产生活条件。当前我国农村居民点布局散、乱、空现象比较普遍，农田细碎化比较严重，全国农村居民点 270 万个，占地面积为 2.87 亿亩，农村人口人均居民点用地达到 317 平方米，农村地区教育、医疗、卫生等公共服务设施和基础设施十分薄弱。十八届五中全会提出要开展农村人居环境整治，加强农村基础设施建设，促进城乡公共资源均衡配置；到 2020 年，我国现行标准下农村贫困人口实现脱贫。必须适应新农村建设要求，大力推进农村土地综合整治，着力改善农业生产条件和农村人居环境，促进美丽宜居乡村建设；按照精准扶贫、精准脱贫的要求，采取超常规政策措施，全力助推脱贫攻坚。

——推进生态文明建设，要求加强土地生态保护和修复。我国生态文明建设水平总体上仍滞后于经济社会发展，自然生态系统脆弱，土地退化和污染严重，资源环境承载能力面临巨大压力。全国水土流失面积和荒漠化土地面积约占陆地国土面积 31% 和 30%，耕地退化面积占耕地总量 40% 以上，据研究，每年因自然灾害和生产建设活动损毁土地约 400 万亩。要按照生态文明建设要求，开展山水林田湖综合整治，推进荒漠化、石漠化、水土流失综合治理，开展损毁土地复垦，加强土地生态建设和保护，不得造成森林、草原损害和生态破坏，推动形成绿色发展方式和绿色生活方式。

——推进依法治国，要求加强土地整治法治建设。中央明确提出要坚持依法治国，建设社会主义法治国家。目前，土地整治法律、法规建设总体滞后于发展需要，影响了土地整治事业健康发展。必须按照“科学立法、严格执法、公正司法、全民守法”的要求，加快推进土地整治法制化建设，尽快推动制定土地整治条例等法律、法规，建立完善土地整治规章制度，保障土地整治工作依法、依规开展。

第二章　指导思想与主要目标

第四节　规划目标

根据《国民经济和社会发展第十三个五年规划纲要》《全国主体功能区规划（2011—2020 年）》《全国土地利用总体规划纲要（2006—2020 年）》《国家新型城镇化规划（2014—2020 年）》《全国高标准农田建设总体规划（2011—2020 年）》和《国土资源“十三五”规划纲要》等，提出规划期土地整治的主要目标：

——高标准农田建设加快推进。落实藏粮于地战略，积极推进高标准农田建设，确保“高标准建设、高标准管护、高标准利用”。在“十二五”期间建成 4 亿亩高标准农田的基础上，“十三五”时期全国共同确保建成 4 亿亩、力争建成 6 亿亩高标准农田，其中通过土地整治建成 2.3 亿 ~ 3.1 亿亩，经整治的基本农田质量平均提高 1 个等级，国家粮食安全基础更加巩固。

——耕地数量质量保护全面提升。落实最严格的耕地保护制度，努力补充优质耕地，加强耕地质量建设。通过土地整治补充耕地2000万亩，其中农用地整理补充耕地900万亩，损毁土地复垦补充耕地360万亩，宜耕未利用地开发补充耕地510万亩，农村建设用地整理补充耕地230万亩；通过农用地整理改造中低等耕地2亿亩左右，开展农田基础设施建设，建成排灌渠道900万公里，建成田间道路600万公里，耕地保护基础更加牢固。

——城乡建设用地整理取得积极成效。落实最严格的节约用地制度，稳妥规范推进城乡建设用地整理。有序开展城乡建设用地增减挂钩，整理农村建设用地600万亩，城乡土地利用格局不断优化，土地利用效率明显提高；稳步推进城镇建设用地整理，改造开发600万亩城镇低效用地，促进单位国内生产总值的建设用地使用面积降低20%，节约集约用地水平进一步提高。

——土地复垦和土地生态整治力度加大。落实生态文明建设要求，切实加强土地修复和土地生态建设。按照宜耕则耕、宜林则林、宜草则草的原则，生产建设活动新损毁土地全面复垦，自然灾害损毁土地及时复垦，大力推进历史遗留损毁土地复垦，复垦率达到45%以上，努力做到“快还旧账、不欠新账”；积极开展土地生态整治，加强农田生态建设，土地资源得到合理利用，生态环境得到明显改善。

——土地整治制度和能力建设进一步加强。落实全面依法治国战略，大力加强土地整治法律制度和基础能力建设。推动制定土地整治条例，完善土地整治规章制度，土地整治制度机制更加健全；加强技术规范标准和人才队伍建设，技术标准体系和人才队伍结构更加完善合理，基础能力明显增强，支撑作用更加有力。

专栏1　“十三五”全国土地整治规划控制指标

指　标	2020年
高标准农田建设规模*	4亿~6亿亩
经整治的耕地质量提高程度	1个等级
补充耕地总量	2000万亩
农用地整理补充耕地	900万亩
土地复垦补充耕地	360万亩
宜耕未利用地开发补充耕地	510万亩
农村建设用地整理补充耕地	230万亩
农村建设用地整理规模	600万亩
城镇低效用地再开发规模	600万亩

*以土地整治为平台，各有关部门共同投入、共同建设。

第四章　围绕美丽乡村建设　规范开展农村建设用地整理

第九节　优化农村建设用地布局

统筹乡村土地利用。以新农村建设和城乡发展一体化为目标，以经济社会发展规划和土地利用总体规划为依据，按照生产发展、生活宽裕、乡风文明、村容整洁、管理民主的要求，探索编制乡村土地利用规划，并做好与村镇建设规划等相关规划协调衔接。乡村土地利用规划要坚持维护农民权益，以充分尊重农民意愿为前提，以改善农民生产生活条件为目标，做到农民愿意、农民参与、农民受益、农民满意；坚持城乡统筹发展，合理安排生产、生活、生态用地，促进农村地区全面发展；坚持节约集约用地，引导农民适当集中居住，盘活利用农村闲置、低效建设用地；坚持公共服务均等化，合理配置公共服务设施和基础设施，推动城乡一体化发展；坚持乡村风貌保护，加强村庄风貌设计，加强人文历史景观、地质遗存等保护，实现自然环境和人文环境的和谐。

优化农村居民点布局。要按照发展中心村、保护特色村、整治空心村的要求，建设规模适度、设施完善、生活便利、产业发展、生态环保、管理有序的新型农村社区，合理引导农民居住向集镇、中心村集中，优化用地结构布局，提高节约集约用地水平。在规划城镇建设范围内，鼓励农民有偿腾退宅基地，实施农村居民点社区化建设，稳妥推进城乡发展一体化。通过村庄建设用地调整优化，形成功能结构协调有序、空间布局合理的农村居民点体系，全面改善农村整体面貌。

第十节　推进农村闲置低效土地整理

优先开展“空心村”等土地整理。按照节约用地、改善民生、因地制宜的要求，以“空心村”和“危旧房”整治改造为重点，推进农村建设用地整理。村内有空闲地或宅基地总面积已超出标准的，原则上不增加宅基地规模，依法引导农村闲置宅基地在本集体经济组织成员之间合理流转，提高宅基地利用效率。结合高标准农田建设，尽可能与周边耕地集中连片，推进村庄内废弃、闲置建设用地治理，增加有效耕地面积、提高耕地质量。同时加强基础设施建设，完善农村道路、水电及生活垃圾和污水处理、休闲绿地、防护林带等基础设施，改善农村人居环境，改变农村脏、乱、差面貌。

专栏4　城乡统筹区域农村建设用地整治示范工程

城乡统筹区域农村建设用地整治示范工程：主要围绕工业化、城镇化水平比较高的区域，开展农村建设用地整理，并与周边农用地整理相结合，改善农村生活环境质量、推进城乡发展一体化，促进农业规模化、机械化经营，涉及28个省（区、市）549个县（市、区），建设总规模1170万亩，新增耕地90万亩，预计建成高标准农田504万亩，投资总额316亿元。

加强缩并村庄土地整理。依据规划安排，科学划定农村居民点扩展边界，加强中心村建设，逐步缩并分散、零星居民点，防止农村建设用地盲目扩张。同时按照尊重农民意愿、充分考虑农民实际承受能力的要求，鼓励农民搬迁腾退出原有宅基地，并优先复垦为耕地，腾出的建设用地优先用于农民新居、农村基础和公益设施建设，并支持发展农村非农产业，为农民创业和就近就业提供空间。

专栏5　全国村庄基本情况

2015年年底，全国共有行政村58万个，自然村270万个，村庄建设用地面积2.87亿亩，平均每个村庄建设用地面积106亩。村庄内道路长度234万公里，其中硬化路72万公里。村庄内排水管道沟渠长度54.2万公里。全国62.5%的行政村有集中供水，9.98%的行政村对生活污水进行了处理，63.98%的行政村有生活垃圾收集点，48.18%的行政村对生活垃圾进行了处理。

加强乡村特色景观保护。开展农村土地整治，要注重保留当地传统农耕文化和民俗文化的特色，保护自然环境和人文景观，促进自然环境与人文环境相和谐。遵循历史传承，对具有历史、艺术、科学价值的传统村落，少数民族特色村寨、民居等进行建设性保护。按照尊重自然、顺应自然、保护自然的理念，依托当地山水脉络、气象条件，整治利用土地，减少对自然的干扰和破坏。实施传统村落保护性整治工程，农村新居建设要保持当地农村特色和风貌。

专栏6　传统村落保护性整治工程

入选中国传统村落名录的2555个村落，对历史文化底蕴深厚、保护状况较好、有较大旅游开发潜力的传统村落，开展保护性整治工作。

第十一节　稳妥推进城乡建设用地增减挂钩

全面实行城乡建设用地增减挂钩政策，推进农村土地综合整治。开展城乡建设用地增减挂钩，要以促进新农村建设和城乡统筹发展为导向，以改善农村人居环境和农业生产条件为根本出发点，按照严格保护耕地和节约集约用地的要求，以增减挂钩为抓手，因地制宜、循序渐进，统筹推进田水路林村综合整治，加强高标准农田建设，优化城乡建设用地结构布局，促进美丽乡村建设和新型城镇化发展。

坚持规划统筹引导，调整优化城乡建设用地布局。依据新型城镇化规划、土地利用总体规划和城乡规划等，根据新型城镇化发展和农村人口转移实际，统筹安排增减挂钩的规模、布局和时序，推动城乡土地要素合理配置和平等交换，促进土地城镇化与人口城镇化相协调。

切实维护农民权益，确保农民共享发展成果。在增减挂钩选点布局、住房建设、补偿安置、收益分配等方面，充分保障农民的知情权、参与权、受益权、监督权；加强整治土地的权属管理，做好权属调查，依法确权登记颁证，保障农民土地权益；加强收益管理，增减挂钩取得的收益，按规定用于改善农民生产生活条件；统筹安排农村和城镇用地，留足农村发展空间，保证农民共享工业化、城镇化发展成果。

拓展增减挂钩范围，支持脱贫攻坚和易地扶贫搬迁。按照精准扶贫、精准脱贫的要求，增减挂钩指标安排向贫困地区、革命老区，以及灾后重建等重点地区倾斜，支持当地运用增减挂钩政策推动扶贫开发和易地扶贫搬迁等工作。对集中连片特困地区、国家扶贫开发重点县、开展易地扶贫搬迁的贫困老区，可将增减挂钩节余指标在省域范围内流转使用，其他因灾后重建、生态移民等需要，经国务院同意，在保障农民安置和农村发展用地的前提下，可适当扩大增减挂钩节余指标挂钩使用范围，充分显化土地增值收益，促进贫困地区脱贫致富，推动生态移民灾后恢复重建工作。

加强监督管理，确保增减挂钩规范有序开展。开展增减挂钩要严格加强管理，确保及时拆旧复垦还耕，保证增减挂钩实施后建设用地面积不扩大，耕地面积有增加、质量有提高；加强预算资金使用监管，确保增减挂钩取得的收益按规定用于农村，规范安排使用，接受社会监督；加强乡村风貌保护，防止对具有人文传承价值村落的破坏。

第五章　落实节约优先战略　有序推进城镇工矿建设用地整理

第十二节　积极推进城镇低效用地再开发

合理确定再开发范围。坚持以人为本，按照有利于提高节约集约用地和提升城镇发展质量的要求，围绕城市产业结构调整、功能提升和人居环境改善，合理确定城镇低效用地再开发范围。重点对老城区、城中村、棚户区、旧工厂、老工业区进行改造开发，加大对国家产业政策规定的禁止类、淘汰类产业用地，不符合安全生产和环保要求的用地，“退二优二”“退二进三”产业用地整治利用。加强对历史文化遗产的保护。

加强规划统筹引导。要充分利用土地调查成果，开展城镇存量建设用地调查，摸清城镇低效用地的现状和再开发潜力，查清土地权属关系，了解土地权利人意愿。在此基础上，依据城市、镇规划和土地利用总体规划，编制城镇低效用地再开发专项规划，明确改造利用的目标任务、性质用途、规模布局和时序安排，优先安排基础设施、公益设施等用地，统筹城市功能再造、产业结构调整、生态环境保护、历史人文传承等，确保再开发健康有序推进。

完善城镇低效用地再开发激励机制。按照统筹兼顾、多方共赢的要求，协调好参与改造开发各方的利益，建立完善激励机制。在符合规划的前提下，鼓励原国有土地使用权人通过自主、联合、转让等多种方式对其使用的国有建设用地进行改造开发。充分尊重土地权利人意愿，鼓励采取自主开发、联合开发、收购开发等模式，分类推动“城中村”等集体建设用地改造开发。鼓励和引导社会资本参与，调动市场主体参与改造开发的积极性。

专栏7　城镇低效用地再开发工程

实施城镇低效用地再开发工程，要围绕促进新型城镇化发展，提高城镇综合承载能力，提升土地对经济社会发展的持续保障能力；优化土地利用结构，促进产业转型升级，增强经济发展动力；改善城镇人居环境，提高城镇发展质量。

到2020年，完成600万亩城镇低效建设用地再开发，重点开展3类20个高度城市化地区的城镇低效建设用地再开发，包括1类：长江三角洲城市群、珠江三角洲城市群、长江中游城市群、京津冀城市群、成渝城市群；2类：哈长城市群、山东半岛城市群、辽中南城市群、海峡西岸城市群、关中城市群、中原城市群、江淮城市群、北部湾城市群、天山北坡城市群；3类：呼包鄂榆城市群、晋中城市群、宁夏沿黄城市群、兰西城市群、滇中城市群、黔中城市群。

第十三节　积极推进旧工矿用地的改造

充分挖掘利用旧工矿用地。条件适宜地区，积极实施工矿用地功能置换，在调查评价和治理修复的基础上，结合周边环境将低效工矿用地转型改造利用，提高土地利用效率和综合效益。改善工矿区配套设施以及环境景观，盘活土地资产，提高工业用地经济密度，实现从粗放型向集约型转变。加强工业用地使用监管，严格落实闲置土地处置办法，防止土地闲置、低效和不合理利用。

优化工矿用地结构和布局。完善工矿用地投资评价机制，促进淘汰效益低、占地多、污染高的落后产业。根据产业链发展需要，建立协调推动机制，科学配置不同类型、不同规模的企业用地，促进产业整体协同发展，提升产业用地综合效益。

加强工矿用地生态修复和景观建设。对土壤、水体污染严重的区域，采取工程技术、生物修复等措施进行专项治理，防止污染扩散。探索污染土壤分类修复改良，提升土壤功能。加强腾退土地有机物污染治理，鼓励采用先进适用技术，引入社会资本参与污染土地治理。鼓励修复和合理开发利用废弃工矿用地，可因地制宜建设公园、绿地、科普基地等。

第十四节　强化节地建设和生态建设

改进城镇建设用地整理方式。按照“区域－单元－项目”多层次，依据城市规划，科学划定整治单元，合理安排开发时序，有序推进土地整治，优化用地结构布局，并着力完善市政基础设施和公共服务设施，加强绿化和市容卫生建设，创造舒适宜人的城镇环境，提升城镇发展质量。

积极探索推行节地技术。总结各类节约集约用地技术和模式，建立健全节约用地激励机制和政策，鼓励充分利用地上地下空间，立体开发综合利用，推广标准厂房等节地技术和模式，降低工业项目占地规模，推动城市内涵发展，提高城镇土地综合承载能力。

提升城镇土地景观生态功能。优化城镇用地结构，提高生态用地比例，扩大城市生态空间，并加强绿心、绿道、绿网等建设，提升城市系统自我循环和净化能力；控制生产用地规模，减少碳排放，推进循环发展、绿色发展、低碳发展；保障生活用地，按照功能分区，合理配套建设居住用房、生活设施、公共服务设施等，创造宜居环境，提高城市生活质量。

加强城镇历史文化保护。城镇建设用地整理，要加强历史文化名城名镇、历史文化街区、民族风情小镇文化资源整体保护，防止大拆大建破坏城镇历史风貌；在新城新区建设中，注重挖掘文化内涵，融入传统文化元素，延续历史文脉，保存地域人文魅力空间。

第七章　突出区域特色　分区分类开展土地整治

第十八节　实施差别化土地整治

——不同区位土地整治对策。

城镇空间：对城镇空间内的土地，纳入城市整体开发和管理，与中心城区进行整体规划和整治，加强城中村改造开发，鼓励建设新型居住社区；开展城乡结合部土地整治，优化用地结构布局，加强基础设施建设，改善人居环境，促进同城化、实现市民化。

农业空间：对农业空间内的土地，按照方便生产生活的原则，以促进农业现代化为目标，大力推进农用地整理；按照新农村建设的要求，切实搞好乡村规划，合理引导农民住宅相对集中建设，促进自然村落适度撤并，开展旧村庄整理复垦，提高土地利用效率。

生态空间：在生态空间范围内，开展土地整治活动应着重加强土地生态修复和建设，对依法划定的生态保护红线范围内的土地，实行严格保护，确保生态功能不降低、面积不减少、性质不改变；对生态退化严重的区域，可按照自然恢复为主的原则开展土地整治和保护工程，提高退化土地生态系统的自我修复能力，遏制土地生态环境恶化趋势。

关于印发《利用集体建设用地建设租赁住房试点方案》的通知

国土资发〔2017〕100号　2017年8月21日

北京、辽宁、上海、江苏、浙江、安徽、福建、河南、湖北、广东、四川省（市）国土资源主管部门、住房城乡建设主管部门：

为增加租赁住房供应，缓解住房供需矛盾，构建购租并举的住房体系，建立健全房地产平稳健康发展长效机制，国土资源部会同住房城乡建设部根据地方自愿，确定第一批在北京、上海、沈阳、南京、杭州、合肥、厦门、郑州、武汉、广州、佛山、肇庆、成都等13个城市开展利用集体建设用地建设租赁住房试点，制定了《利用集体建设用地建设租赁住房试点方案》，现印发给你们，请指导、督促各有关城市认真执行。

国土资源部

住房城乡建设部

利用集体建设用地建设租赁住房试点方案

利用集体建设用地建设租赁住房，可以增加租赁住房供应，缓解住房供需矛盾，有助于构建购租并举的住房体系，建立健全房地产平稳健康发展长效机制；有助于拓展集体土地用途，拓宽集体经济组织和农民增收渠道；有助于丰富农村土地管理实践，促进集体土地优化配置和节约集约利用，加快城镇化进程。按照中央有关精神，结合当前管理工作实际，制定本试点方案。

一、总体要求

（一）指导思想。

全面贯彻党的十八大和十八届三中、四中、五中、六中全会精神，深入学习贯彻习近平总书记系列重要讲话精神，紧紧围绕统筹推进“五位一体”总体布局和协调推进“四个全面”战略布局，牢固树立创新、协调、绿色、开放、共享的发展理念，按照党中央、国务院决策部署，牢牢把握“房子是用来住的，不是用来炒的”定位，以构建购租并举的住房体系为方向，着力构建城乡统一的建设用地市场，推进集体土地不动产登记，完善利用集体建设用地建设租赁住房规则，健全服务和监管体系，提高存量土地节约集约利用水平，为全面建成小康社会提供用地保障，促进建立房地产平稳健康发展长效机制。

（二）基本原则。

把握正确方向。坚持市场经济改革方向，发挥市场配置资源的决定性作用，注重与不动产统一登记、培育和发展住房租赁市场、集体经营性建设用地入市等改革协同，加强部门协作，形成改革合力。

保证有序可控。政府主导，审慎稳妥推进试点。项目用地应当符合城乡规划、土地利用总体规划及村土地利用规划，以存量土地为主，不得占用耕地，增加住房有效供给。以满足新市民合理住房需求为主，强化监管责任，保障依法依规建设、平稳有序运营，做到供需匹配。

坚持自主运作。尊重农民集体意愿，统筹考虑农民集体经济实力，以具体项目为抓手，合理确定项目运作模式，维护权利人合法权益，确保集体经济组织自愿实施、自主运作。

提高服务效能。落实“放管服”要求，强化服务意识，优化审批流程，降低交易成本，提升服务水平，提高办事效率，方便群众办事。

（三）试点目标。

通过改革试点，在试点城市成功运营一批集体租赁住房项目，完善利用集体建设用地建设租赁住房规则，形成一批可复制、可推广的改革成果，为构建城乡统一的建设用地市场提供支撑。

（四）试点范围。

按照地方自愿原则，在超大、特大城市和国务院有关部委批准的发展住房租赁市场试点城市中，确定租赁住房需求较大，村镇集体经济组织有建设意愿、有资金来源，政府监管和服务能力较强的城市（第一批包括北京市、上海市、辽宁沈阳市、江苏南京市、浙江杭州市、安徽合肥市、福建厦门市、河南郑州市、湖北武汉市、广东广州市、佛山市、肇庆市，四川成都市），开展利用集体建设用地建设租赁住房试点。

除北京、上海外，由省级国土资源主管部门和住房城乡建设主管部门汇总本辖区计划开展试点城市的试点实施方案，报国土资源部和住房城乡建设部批复后启动试点。

二、试点内容

（一）完善试点项目审批程序。

试点城市应当梳理项目报批（包括预审、立项、规划、占地、施工）、项目竣工验收、项目运营管理等规范性程序，建立快速审批通道。健全集体建设用地规划许可制度，推进统一规划、统筹布局、统一管理、统一相关建设标准。试点项目区域基础设施完备，医疗、教育等公共设施配套齐全，符合城镇住房规划设计有关规范。

（二）完善集体租赁住房建设和运营机制。

村镇集体经济组织可以自行开发运营，也可以通过联营、入股等方式建设运营集体租赁住房。兼顾政府、农民集体、企业和个人利益，理清权利、义务关系，平衡项目收益与征地成本关系。完善合同履约监管机制，土地所有权人和建设用地使用权人、出租人和承租人依法履行合同和登记文件中所载明的权利和义务。

（三）探索租赁住房监测监管机制。

集体租赁住房出租，应遵守相关法律法规和租赁合同约定，不得以租代售。承租的集体租赁住房，不得转租。探索建立租金形成、监测、指导、监督机制，防止租金异常波动，维护市场平稳运行。国土资源部、住房城乡建设部应与相关部门加强协作、各负其责，在建设用地使用权登记、房屋所有权登记、租赁备案、税务、工商等方面加强联动，构建规范有序的租赁市场秩序。

（四）探索保障承租人获得基本公共服务的权利。

承租人可按照国家有关规定凭登记备案的住房租赁合同依法申领居住证，享受规定的基本公共服务。有条件的城市，要进一步建立健全对非本地户籍承租人的社会保障机制。

三、组织实施

（一）加强组织保障。

国土资源部和住房城乡建设部共同部署试点。省级国土资源主管部门和住房城乡建设主管部门负责试点工作的督促、检查和指导。城市政府全面负责试点组织领导工作，制定试点工作规则和组织实施方案，建立试点协调决策机构。各地区各有关部门要加强协调配合，稳妥有序推进试点。

（二）推进试点实施。

1. 编制实施方案。试点城市根据本方案编制实施方案，经省级国土资源主管部门和住房城乡建设主管部门汇总后，2017 年 11 月底前报国土资源部和住房城乡建设部批复。

2. 试点实施、跟踪及总结。省级国土资源主管部门和住房城乡建设主管部门负责试点工作的督促、检查和指导，及时研究解决试点中存在的问题。

2019 年 11 月，省级国土资源主管部门和住房城乡建设主管部门组织开展试点中期评估，形成评估报告报国土资源部和住房城乡建设部。

2020 年年底前，省级国土资源主管部门和住房城乡建设主管部门总结试点工作，总结报告报国土资源部和住房城乡建设部。

（三）强化指导监督。

各地区各有关部门要按照职责分工，加强对试点工作的指导监督，依法规范运行。要加强分类指导，尊重基层首创精神，健全激励和容错纠错机制，允许进行差别化探索，切实做到封闭运行、风险可控，发现问题及时纠偏。

（四）做好宣传引导。

试点地区要加强对试点工作的监督管理，密切关注舆情动态，妥善回应社会关切，重大问题及时报告。

关于房屋交易与不动产登记衔接有关问题的通知

国土资发〔2017〕108 号　2017 年 9 月 11 日

各省、自治区、直辖市国土资源主管部门、住房城乡建设厅（建委、房地局）：

为全面落实国务院领导批示精神，加强部门衔接，解决不动产登记“中梗阻”问题，切实做到便民利民，根据《不动产登记暂行条例》及其实施细则、《中央编办关于整合不动产登记职责的通知》（中央编办发〔2013〕134 号）、《国土资源部住房城乡建设部关于做好不动产统一登记与房屋交易管理衔接的指导意见》（国土资发〔2015〕90 号）等法规、规章政策，现就房屋交易与不动产登记衔接有关问题通知如下。

一、关于资料移交共享

（一）不动产统一登记制度实施前已经形成的房屋登记纸质资料要移交至不动产登记机构，确实难以拆分移交的，应复制移交，复制移交的资料应与原件一致，并于年底前全面复制移交到位。

（二）为避免重复建设，保证房屋交易与不动产登记使用电子数据的一致性，房屋登记的电子数据应完整地拷贝给不动产登记机构，并于 9 月底前全面完成。

二、关于交易登记业务衔接

对于房屋交易与不动产登记机构分设的地方，要按照“进一个门、跑一次路”的原则，实现房屋交易与不动产登记的有效衔接，切实做到便民利民。

（一）一个窗口受理。两部门进驻同一个服务大厅，设置同一个受理窗口，将房屋交易和不动产登记所需的法定材料编制形成统一的申请材料目录向社会公布。

（二）部门并行办理。收件后，相关资料分送两部门并行业务办理，不动产登记机构依法办理不动产登记业务。涉及交易需办理事项，一般交易业务要在 3 个工作日内办结，较为复杂的应当在 5 个工作日内办结，交易的结果通过内部网络向不动产登记机构反馈。

（三）方便群众办事。凡是能够通过网上办理的房屋交易和不动产登记事项，不得要求当事人到现场办理。

三、关于历史遗留问题

（一）针对目前各地不动产统一登记后出现的历史遗留问题，不动产登记机构和房屋交易管理部门要加强配合，共同协商推动地方政府依法合规分类妥善处理，及时解决问题。

（二）防止小产权房通过不动产登记合法化。

四、切实做好房地产市场调控和监测分析工作

不动产登记机构和房屋交易管理部门要充分认识做好房地产市场监测工作的重要性，将二手房与新建商品

房纳入统一的房地产市场管理，加强监测、监管和调控。不动产统一登记制度实施后，房屋交易和不动产登记信息要通过网络实时共享。

中华人民共和国国土资源部
中华人民共和国住房和城乡建设部

关于深入推进农业供给侧结构性改革　做好农村产业融合发展用地保障的通知

国土资规〔2017〕12 号　2017 年 12 月 7 日

各省、自治区、直辖市和新疆生产建设兵团国土资源主管部门、发展改革委，各派驻地方的国家土地督察局：

党的十九大作出实施乡村振兴战略的决策部署，是新时期做好“三农”工作的重要遵循。各级国土资源、发展改革部门要积极行动起来，主动作为，综合施策，坚持农业农村优先发展的原则，落实最严格的耕地保护制度和节约用地制度，完善农村土地用途管制，加快推进农业农村现代化。为全面贯彻落实党的十九大和中央有关要求，深入推进农业供给侧结构性改革，做好农村一、二、三产业融合发展的用地保障，现就有关事项通知如下：

一、发挥土地利用总体规划的引领作用。各地区在编制和实施土地利用总体规划中，要适应现代农业和农村产业融合发展需要，优先安排农村基础设施和公共服务用地，乡（镇）土地利用总体规划可以预留少量（不超过 5%）规划建设用地指标，用于零星分散的单独选址农业设施、乡村旅游设施等建设。做好农业产业园、科技园、创业园用地安排，在确保农地农用的前提下，引导农村二、三产业向县城、重点乡镇及产业园区等集中集聚，合理保障农业产业园区建设用地需求，严防变相搞房地产开发。省级国土资源主管部门制定用地控制标准，加强实施监管。

二、因地制宜编制村土地利用规划。在不占用永久基本农田、不突破建设用地规模、不破坏生态环境和人文风貌的前提下，统筹农业农村各项土地利用活动，优化耕地保护、村庄建设、产业发展、生态保护等用地布局，细化土地用途管制规则，加大土地利用综合整治力度，引导农田集中连片、建设用地集约紧凑，推进农业农村绿色发展。

三、加强建设用地计划指标支持。安排一定比例年度土地利用计划，专项支持农村新产业新业态和产业融合发展。对利用存量建设用地进行农产品加工、农产品冷链、物流仓储、产地批发市场等项目建设或用于小微创业园、休闲农业、乡村旅游、农村电商等农村二、三产业的市、县，可给予新增建设用地计划指标奖励。

四、规范设施农用地类型。对于农业生产过程中所需各类生产设施和附属设施用地，以及由于农业规模经营必须兴建的配套设施，包括蔬菜种植、烟草种植和茶园、橡胶园等农作物种植园的看护类管理房用地（单层、占地小于 15 平方米），临时性烤烟、炒茶、果蔬预冷、葡萄晾干等农产品晾晒、临时存储、分拣包装等初加工设施用地（原则上占地不得超过 400 平方米），在不占用永久基本农田的前提下，纳入设施农用地管理，实行县级备案。

五、改进设施农用地监督管理。省级国土资源主管部门明确不同类型设施农用地的规划安排、选址要求、使用周期，以及结束使用后恢复原状的保障措施。县级国土资源主管部门设立标示牌，标明设施农用地用途、面积、责任人和备案序号，接受公众监督。设施农用地的管理信息纳入国土资源综合信息监管平台，加强土地执法监察和土地督察，防止擅自将设施农用地“非农化”。

六、鼓励土地复合利用。围绕农业增效和农民增收，因地制宜保护耕地，允许在不破坏耕作层的前提下，对农业生产结构进行优化调整，仍按耕地管理。鼓励农业生产和村庄建设等用地复合利用，发展休闲农业、乡村旅游、农业教育、农业科普、农事体验等产业，拓展土地使用功能，提高土地节约集约利用水平。在充分保障农民宅基地用益物权、防止外部资本侵占控制的前提下，探索农村集体经济组织以出租、合作等方式盘活利用空闲农房及宅基地，按照规划要求和用地标准，改造建设民宿民俗、创意办公、休闲农业、乡村旅游等农业农村体验活动场所。

七、夯实基础工作。开展耕地质量等别调查评价与监测工作，定期更新耕地等农用地土地等别数据库，稳步推进农用地基准地价制定和发布工作，为农户土地入股或流转提供参考依据。加快“房地一体”的农村宅基地和集体建设用地确权登记颁证工作，为农村新产业新业态发展提供产权保障和融资条件。

八、强化部门协同配合。各级国土资源主管部门要加强与发展改革、农业、城乡规划、建设、环境保护、林业、旅游、消防等相关部门的协同联动，共同开展本地区农村产业融合发展用地现状和需求的调查分析，确定各业各类用地标准和用地保障方式，健全政策体系，联合执法监管，做好风险防控，合力推动新时期农业农村发展。

本文件自下发之日起执行，有效期五年。

国土资源部

国家发展改革委

六、中华人民共和国财政部　国家税务总局

关于承租集体土地城镇土地使用税有关政策的通知

财税〔2017〕29 号　2017 年 3 月 31 日

各省、自治区、直辖市、计划单列市财政厅（局）、地方税务局，西藏、宁夏自治区国家税务局，新疆生产建设兵团财务局：

经研究，现将承租集体土地城镇土地使用税有关政策通知如下：

在城镇土地使用税征税范围内，承租集体所有建设用地的，由直接从集体经济组织承租土地的单位和个人，缴纳城镇土地使用税。

财政部　税务总局

关于继续实施物流企业大宗商品仓储设施用地城镇土地使用税优惠政策的通知

财税〔2017〕33 号　2017 年 4 月 26 日

各省、自治区、直辖市、计划单列市财政厅（局）、地方税务局，西藏、宁夏自治区国家税务局，新疆生产建

设兵团财务局：

为进一步促进物流业健康发展，现就物流企业大宗商品仓储设施用地城镇土地使用税政策通知如下：

一、自 2017 年 1 月 1 日起至 2019 年 12 月 31 日止，对物流企业自有的（包括自用和出租）大宗商品仓储设施用地，减按所属土地等级适用税额标准的 50% 计征城镇土地使用税。

二、本通知所称物流企业，是指至少从事仓储或运输一种经营业务，为工农业生产、流通、进出口和居民生活提供仓储、配送等第三方物流服务，实行独立核算、独立承担民事责任，并在工商部门注册登记为物流、仓储或运输的专业物流企业。

三、本通知所称大宗商品仓储设施，是指同一仓储设施占地面积在 6000 平方米及以上，且主要储存粮食、棉花、油料、糖料、蔬菜、水果、肉类、水产品、化肥、农药、种子、饲料等农产品和农业生产资料，煤炭、焦炭、矿砂、非金属矿产品、原油、成品油、化工原料、木材、橡胶、纸浆及纸制品、钢材、水泥、有色金属、建材、塑料、纺织原料等矿产品和工业原材料的仓储设施。

仓储设施用地，包括仓库库区内的各类仓房（含配送中心）、油罐（池）、货场、晒场（堆场）、罩棚等储存设施和铁路专用线、码头、道路、装卸搬运区域等物流作业配套设施的用地。

四、物流企业的办公、生活区用地及其他非直接从事大宗商品仓储的用地，不属于本通知规定的优惠范围，应按规定征收城镇土地使用税。

五、非物流企业的内部仓库，不属于本通知规定的优惠范围，应按规定征收城镇土地使用税。

六、本通知印发之日前已征的应予减免的税款，在纳税人以后应缴税款中抵减或者予以退还。

七、符合上述减税条件的物流企业需持相关材料向主管税务机关办理备案手续。

七、中国银监会

中国银监会关于银行业风险防控工作的指导意见

银监发〔2017〕6 号　2017 年 4 月 10 日

各银监局，机关各部门，各政策性银行、大型银行、股份制银行，邮储银行，外资银行，金融资产管理公司，其他会管金融机构：

为贯彻落实中央经济工作会议“把防控金融风险放到更加重要的位置”总体要求，银行业应坚持底线思维、分类施策、稳妥推进、标本兼治，切实防范化解突出风险，严守不发生系统性风险底线。现就银行业风险防控工作提出以下指导意见。

一、加强信用风险管控，维护资产质量总体稳定

（一）摸清风险底数。银行业金融机构要严格落实信贷及类信贷资产的分类标准和操作流程，真实、准确和动态地反映资产风险状况；建立健全信用风险预警体系，密切监测分析重点领域信用风险的生成和迁徙变化情况，定期开展信用风险压力测试。各级监管机构要重点关注逾期 90 天以上贷款与不良贷款比例超过 100%、

关注类贷款占比较高或增长较快、类信贷及表外资产增长过快的银行业金融机构，重点治理资产风险分类不准确、通过各种手段隐匿或转移不良贷款的行为。

（二）严控增量风险。银行业金融机构要加强统一授信、统一管理，严格不同层级的审批权限；加强授信风险审查，有效甄别高风险客户，防范多头授信、过度授信、给“僵尸企业”授信、给“空壳企业”授信、财务欺诈等风险。各级监管机构要重点治理放松授信条件、放松风险管理、贷款“三查”不到位等问题，对辖内银行业金融机构新发生的大额不良贷款暴露，要及时进行跟踪调查。

（三）处置存量风险。银行业金融机构要综合运用重组、转让、追偿、核销等手段加快处置存量不良资产，通过追加担保、债务重组、资产置换等措施缓释潜在风险；通过解包还原、置换担保、救助核心企业、联合授信管理等方式，妥善化解担保圈风险；利用债权人委员会机制，按照“一企一策”原则制定风险处置计划；加强债权维护，切实遏制逃废债行为。

（四）提升风险缓释能力。银行业金融机构要加强资产质量迁徙趋势分析，增加利润留存，及时足额计提资产减值准备，增强风险缓释能力。各级监管机构要对银行业金融机构采取风险缓释措施有效性进行跟踪评估，对风险抵补能力不足的机构，应督促其限期整改；要引导银行业金融机构通过上市融资、增资扩股、发行新型资本工具等措施，提高损失吸收能力。

二、完善流动性风险治理体系，提升流动性风险管控能力

（五）加强风险监测。银行业金融机构要完善流动性风险治理架构，将同业业务、投资业务、托管业务、理财业务等纳入流动性风险监测范围，制定合理的流动性限额和管理方案；提高对重点分支机构、币种和业务领域的关注强度，采取有效措施降低对同业存单等同业融资的依赖度。

（六）加强重点机构管控。各级监管机构要锁定资金来源与运用明显错配、批发性融资占比高的银行业金融机构，实行“一对一”贴身盯防。督促同业存单增速较快、同业存单占同业负债比例较高的银行，合理控制同业存单等同业融资规模。

（七）创新风险防控手段。探索试点城商行、农商行流动性互助机制，发挥好信托业保障基金作用，构筑中小银行业金融机构流动性安全网。

（八）提升应急管理能力。银行业金融机构要加强负债稳定性管理，确保负债总量适度、来源稳定、结构多元、期限匹配；完善流动性风险应对预案，定期开展流动性风险压力测试；加强向央行的报告沟通，运用“临时流动性便利”等工具，满足流动性需求。

三、加强债券投资业务管理，密切关注债券市场波动

（九）健全债券交易内控制度。银行业金融机构要建立贯穿债券交易各环节、覆盖全流程的内控体系，加强债券交易的合规性审查和风险控制。坚持“穿透管理”和“实质重于形式”的原则，将债券投资纳入统一授信。

（十）强化业务集中管理。银行业金融机构应将直接债券投资以及通过特殊目的载体（SPV）、表外理财等方式开展的债券投资纳入统一监测范围，全面掌握资金真实投向和底层债券资产的基本信息、风险状况、交易变动等情况，实现准入集中、数据集中和退出集中管理。

（十一）严格控制投资杠杆。银行业金融机构要审慎开展委外投资业务，严格委外机构审查和名单管理，明确委外投资限额、单一受托人受托资产比例等要求，规范开展债券回购和质押融资，严格控制交易杠杆比

率，不得违规放大投资杠杆。

（十二）加强风险监测防控。银行业金融机构要严格债券信用评级准入标准，做好债券投资久期管理。高度关注债券集中到期的企业、出现债券违约的企业，防控债券违约风险向信贷业务传导。各级监管机构要督促风险管理能力薄弱、债券投资占比高的银行合理控制持债余额。

四、整治同业业务，加强交叉金融业务管控

（十三）控制业务增量。银行业金融机构要完善同业业务内部管理架构，确保业务复杂程度与风险管理能力相匹配，审慎开展交叉金融业务。同业业务应由银行业金融机构总部统一管理、集中审批。制定统一的合作机构名单、产品投资目录，严禁与不在名单范围内的机构开展合作，严禁开展投资目录之外的业务。

（十四）做实穿透管理。银行业金融机构要建立交叉金融业务监测台账，准确掌握业务规模、业务品种、基础资产性质、风险状况、资本和拨备等相关信息。新开展的同业投资业务不得进行多层嵌套，要根据基础资产性质，准确计量风险，足额计提资本和拨备。

（十五）消化存量风险。银行业金融机构应全面排查存量同业业务，对多层架构、复杂程度高的业务要制定整改计划。对风险高的同业投资业务，要制定应对策略和退出时间表。

（十六）严查违规行为。各级监管机构要重点检查同业业务多层嵌套、特定目的载体投资未严格穿透至基础资产、未将最终债务人纳入统一授信和集中度风险管控、资本拨备计提不足等问题。

五、规范银行理财和代销业务，加强金融消费者保护

（十七）加强银行理财业务风险管控。银行业金融机构应当确保每只理财产品与所投资资产相对应，做到单独管理、单独建账、单独核算；不得开展滚动发售、混合运作、期限错配、分离定价的资金池理财业务；确保自营业务与代客业务相分离；不得在理财产品之间、理财产品客户之间或理财产品客户与其他主体之间进行利益输送。

（十八）规范银行理财产品设计。银行业金融机构应当按照“简单、透明、可控”的原则设计和运作理财产品，在资金来源、运用、杠杆率、流动性、信息披露等方面严格遵守监管要求；严控嵌套投资，强化穿透管理，切实履行自身投资管理职责，不得简单将理财业务作为各类资管产品的资金募集通道；严格控制杠杆，防范资金在金融体系内自我循环，不得使用自有资金购买本行发行的理财产品。

（十九）加强金融消费者保护。银行业金融机构应当按照风险匹配原则，严格区分公募与私募、批发与零售、自营与代客等不同产品类型，充分披露产品信息和揭示风险，将投资者分层管理落到实处。只有面向高资产净值、私人银行和机构客户发行的银行理财产品，可投资于境内二级市场股票、未上市企业股权等权益类资产。理财产品宣传及销售人员产品营销推介时，应真实、全面介绍产品的性质和特征，明确告知是本机构产品还是其他机构产品、是保本产品还是非保本产品、是有固定收益的产品还是没有固定收益的产品。不得误导客户购买与其风险承受能力不相匹配的理财产品，严格落实“双录”要求，做到“卖者尽责”基础上的“买者自负”，切实保护投资者合法权益。

（二十）审慎开展代销业务。银行业金融机构应当对代销业务实施严格谨慎管理。根据自身风险管理能力、合作机构风险评估情况、代销产品风险等级，合理确定代销业务品种和限额；银行业金融机构总部应对代销业务实行集中统一管理，对合作机构实行名单制管理，对拟代销产品应开展尽职调查，不得仅依据合作机构的产品审批资料作为产品审批依据；银行业金融机构应明示代销产品的代销属性，不得将代销产品与存款或自身发

行的理财产品混淆销售。

六、坚持分类调控、因城施策，防范房地产领域风险

（二十一）分类实施房地产信贷调控。认真落实中央经济工作会议精神，明确住房居住属性。坚持分类调控、因城施策，严厉打击“首付贷”等行为，切实抑制热点城市房地产泡沫，建立促进房地产健康发展的长效机制。

（二十二）强化房地产风险管控。银行业金融机构要建立全口径房地产风险监测机制。将房地产企业贷款、个人按揭贷款、以房地产为抵押的贷款、房地产企业债券，以及其他形式的房地产融资纳入监测范围，定期开展房地产压力测试。加强房地产业务合规性管理，严禁资金违规流入房地产领域。各级监管机构要重点关注房地产融资占比高、贷款质量波动大的银行业金融机构，以及房地产信托业务增量较大、占比较高的信托公司。

（二十三）加强房地产押品管理。银行业金融机构要完善押品准入管理机制，建立健全房地产押品动态监测机制，及时发布内部预警信息，采取有效应对措施。

七、加强地方政府债务风险管控，切实防范地方政府债务风险

（二十四）严格落实《预算法》。银行业金融机构要认真落实《预算法》和《国务院关于加强地方政府性债务管理的意见》（国发〔2014〕43 号）要求，不得违规新增地方政府融资平台贷款，严禁接受地方政府担保兜底。

（二十五）规范新型业务模式。银行业金融机构要依法合规开展专项建设基金、政府与社会资本合作、政府购买服务等新型业务模式，明确各方权利义务关系，不得通过各种方式异化形成违规政府性债务。

（二十六）强化融资平台风险管控。各级监管机构要会同有关部门强化地方政府债务全口径监测，指导银行业金融机构配合推进融资平台转型，明晰债权债务关系，防范债权悬空风险。银行业金融机构要紧盯列入预警范围的潜在高风险地区，推动制定中长期债务风险化解规划，有效应对局部风险。

八、稳妥推进互联网金融风险治理，促进合规稳健发展

（二十七）持续推进网络借贷平台（P2P）风险专项整治。严格执行《网络借贷信息中介机构业务活动管理暂行办法》和备案登记、资金存管等配套制度，按照专项整治工作实施方案要求，稳妥推进分类处置工作，督促网络借贷信息中介机构加强整改，适时采取关、停、并、转等措施。

（二十八）重点做好校园网贷的清理整顿工作。网络借贷信息中介机构不得将不具备还款能力的借款人纳入营销范围，禁止向未满 18 岁的在校大学生提供网贷服务，不得进行虚假欺诈宣传和销售，不得通过各种方式变相发放高利贷。

（二十九）做好“现金贷”业务活动的清理整顿工作。网络借贷信息中介机构应依法合规开展业务，确保出借人资金来源合法，禁止欺诈、虚假宣传。严格执行最高人民法院关于民间借贷利率的有关规定，不得违法高利放贷及暴力催收。

九、加强外部冲击风险监测，防止民间金融风险向银行业传递

（三十）防范跨境业务风险。银行业金融机构要严格遵守外汇管理相关政策，加强跨境资金流动监测预警。提高跨境并表风险管理能力，加快健全环境与社会风险管理体系，确保国别风险准备金计提充足。加强境外合

规管理，及时排查反洗钱和重点领域合规风险。提高银行及其客户科学分析外汇收支、币种结构、汇率波动走势和规律的能力，避免简单跟风变动可能带来的风险和损失。

（三十一）防范社会金融风险。各级监管机构应配合地方金融监管部门规范融资担保和小贷公司行业。落实国务院清理整顿各类交易场所要求，督促银行业金融机构开展专项排查，不得为违规交易所提供开户、托管、资金划转、代理买卖、支付清算、投资咨询等服务。

（三十二）严处非法集资风险。各级监管机构要加大对未经批准设立银行业金融机构的查处力度，严肃查处非法使用“银行”名称、违法吸收公众存款、违法发放贷款的行为。银行业金融机构严禁为非法集资提供任何金融服务，严禁内部员工违规参与各类集资活动，积极协助相关部门加强账户、信息监测，及时发现和报告异常交易，劝阻客户受骗参与非法集资。

十、维护银行业经营稳定，防止出现重大案件和群体事件

（三十三）加强案件风险防控。银行业金融机构要加强员工管理，有效防范内外勾结、利益输送等案件；加强重点环节管理，对授权卡、业务印章、空白凭证等物品管理全流程控制有效性进行评估；落实票据业务相关规定，规范业务操作，严禁与非法票据中介等机构开展业务合作；加大案件查处问责力度，切实做到发现一起、处理一起，做到“一案三问”“上追两级”，遏制案件多发频发态势；强化安全管理，加强安全防范设施建设，及时消除各类安全隐患。

（三十四）加强信息科技风险防控。银行业金融机构要全面强化网络信息安全管理，提高身份认证机制安全性；加大对新兴电子渠道风险的管理力度，完善灾备体系，制定完善应对预案；完善外包管理体系，降低外包风险，不得将信息科技管理责任外包。对发生严重信息科技风险事件的银行业金融机构，各级监管机构要及时采取必要的强制性监管措施。

（三十五）加强预期管理。银行业金融机构要主动发声，强化主动服务意识和沟通意识，提高信息披露频率和透明度。正确引导各方预期，提升各界对银行业的信心。积极研判社会舆情走势，重点关注可能导致声誉风险的各类隐患，提前准备应对预案，提升应对能力。

各级监管机构、各银行业金融机构要稳妥有序开展风险防控工作，把握好节奏平衡，防止在化解风险过程中产生新的风险。各银行业金融机构要履行风险防控主体责任，实行“一把手”负责制，制定可行性、针对性强的实施方案，细化责任分工，层层压实责任，把责任落实到具体的机构、部门和人员，对于重大违规和案件风险，要一查到底，对相关机构、违规人员和领导人员严格问责。各级监管机构要做到守土有责，及时开展工作督查，对自查整改不到位、存在违法违规问题的机构，要严肃问责。

各法人银行业金融机构应分别于2017年7月20日和2018年1月20日前，向监管机构报告本机构上半年和全年相关工作进展。各银监局应分别于2017年7月31日和2018年1月31日前，向银监会报告上半年和全年辖内银行业风险防控及督查工作情况。

关于扩大农村集体经营性建设用地使用权抵押贷款工作试点范围的通知

2017年11月23日

为进一步推动农村集体经营性建设用地入市改革工作，经中央全面深化改革领导小组批准，国土资源部决

定将农村集体经营性建设用地入市试点地区由原有15个县（市、区）扩大为33个县（市、区）。为持续推进农村集体经营性建设用地使用权抵押贷款工作，现将有关事项通知如下：

一、《农村集体经营性建设用地使用权抵押贷款管理暂行办法》（银监发〔2016〕26号，以下简称《暂行办法》）确定的15个试点县（市、区）扩大为33个试点县（市、区），试点名单附后。

二、试点地区银行业金融机构要按照《暂行办法》要求开展农村集体经营性建设用地使用权抵押贷款业务。

三、试点地区银行业监督管理机构应当会同国土资源行政主管部门进一步加强对试点地区农村集体经营性建设用地使用权抵押贷款的监管与评估工作。

四、试点地区银行业监督管理机构及国土资源行政主管部门要将农村集体经营性建设用地使用权抵押贷款工作情况按季度分别报送银监会和国土资源部。《暂行办法》执行中遇到的问题请及时向银监会和国土资源部报告。

中国银监会办公厅　国土资源部办公厅

附件：农村集体经营性建设用地使用权抵押贷款试点县（市、区）名单

序号	省份	试点县（市、区）
1	北京市	大兴区
2	天津市	蓟　县
3	河北省	保定市定州市
4	山西省	晋城市泽州县
5	内蒙古自治区	呼和浩特市和林格尔县
6	辽宁省	鞍山市海城市
7	吉林省	长春市九台区
8	黑龙江省	绥化市安达市
9	上海市	松江区
10	江苏省	常州市武进区
11	浙江省	金华市义乌市、湖州市德清县
12	安徽省	六安市金寨县
13	福建省	泉州市晋江市
14	江西省	鹰潭市余江县
15	山东省	德州市禹城市
16	河南省	新乡市长垣县
17	湖北省	襄阳市宜城市
18	湖南省	长沙市浏阳市
19	广东省	佛山市南海区
20	广西壮族自治区	玉林市北流市
21	海南省	文昌市
22	重庆市	大足区

续表

序号	省份	试点县（市、区）
23	四川省	成都市郫县、泸州市泸县
24	贵州省	遵义市湄潭县
25	云南省	大理州大理市
26	西藏自治区	拉萨市曲水县
27	陕西省	西安市高陵区
28	甘肃省	定西市陇西县
29	青海省	西宁市湟源县
30	宁夏回族自治区	石嘴山市平罗县
31	新疆维吾尔自治区	伊犁州伊宁市

八、中国证券投资基金业协会

证券期货经营机构私募资产管理计划备案管理规范第4号——私募资产管理计划投资房地产开发企业、项目

2017年2月14日

证券期货经营机构设立私募资产管理计划投资房地产开发企业、项目，应符合国家相关产业政策要求，严格遵守《证券期货经营机构私募资产管理业务运作管理暂行规定》有关规定，并符合以下规范性要求：

一、证券期货经营机构设立私募资产管理计划，投资于房地产价格上涨过快热点城市[1]普通住宅地产项目[2]的，暂不予备案，包括但不限于以下方式：

（一）委托贷款；

（二）嵌套投资信托计划及其他金融产品；

（三）受让信托受益权及其他资产收（受）益权；

（四）以名股实债的方式[3]受让房地产开发企业股权；

（五）中国证券投资基金业协会根据审慎监管原则认定的其他债权投资方式。

二、资产管理人应当依据勤勉尽责的受托义务要求，履行向下穿透审查义务，即向底层资产进行穿透审查，以确定受托资金的最终投资方向符合本规范要求。

三、私募资产管理计划不得通过银行委托贷款、信托计划、受让资产收（受）益权等方式向房地产开发企业[4]提供融资，用于支付土地出让价款或补充流动资金；不得直接或间接为各类机构发放首付贷等违法违规行为提供便利。

四、私募资产管理计划投资房地产开发企业、项目且不存在本规范第一、二、三条禁止情形的，资产管理

人应当向投资者充分披露融资方、项目情况、担保措施等信息。

五、私募资产管理计划投资房地产开发企业、项目且不存在本规范第一、二、三条禁止情形的，资产管理人应当完善资金账户管理、支付管理流程，加强资金流向持续监控，防范资金被挪用于支付合同约定资金用途之外的其他款项。

［1］目前包括北京、上海、广州、深圳、厦门、合肥、南京、苏州、无锡、杭州、天津、福州、武汉、郑州、济南、成都等 16 个城市，将根据住房和城乡建设部相关规定适时调整范围。

［2］根据深交所《关于试行房地产行业划分标准操作指引的通知》，房地产划分为普通住宅地产、保障性住宅地产、商业地产、工业地产和其他房地产。项目中同时包含多种类型住房的，计划募集资金不得用于项目中普通住宅地产建设。

［3］本规范所称名股实债，是指投资回报不与被投资企业的经营业绩挂钩，不是根据企业的投资收益或亏损进行分配，而是向投资者提供保本保收益承诺，根据约定定期向投资者支付固定收益，并在满足特定条件后由被投资企业赎回股权或者偿还本息的投资方式，常见形式包括回购、第三方收购、对赌、定期分红等。

［4］上市公司，原则上按照上市公司所属中国证监会行业分类结果作为判断依据。非上市公司，参照《上市公司行业分类》执行，即：当公司最近一年经审计的房地产业务收入比重大于或等于 50%，则将其划入房地产行业；当公司没有一类业务的营业收入比重大于或等于 50%，但房地产业务的收入和利润均在所有业务中最高，而且均占到公司营业收入和利润的 30% 以上（包含本数），则该公司归属于房地产行业。其中，房地产业务收入包括从事普通住宅地产、商业地产、工业地产、保障性住宅地产和其他房地产所取得的收入。

九、中国房地产业协会

促进房地产供给侧结构性改革见实效

中国房地产业协会会长　刘志峰

2015 年年底，中央经济工作会议提出，要推进供给侧结构性改革，2016 年底又提出要深化供给侧结构性改革。

何谓供给侧结构性改革？2016 年 1 月，习近平总书记在省部级主要领导干部研讨班上，对供给侧结构性改革进行了全面阐述。总书记认为，当前中国经济，结构性问题最突出，矛盾的主要方面来自供给侧。供给侧结构性怎么改？一要用“创新、协调、绿色、开放、共享”五大发展理念引领；二要在具体工作中落实好“去产能、去库存、去杠杆、降成本、补短板”五大任务。

为响应党中央号召，中国房地产业协会在去年 6 月召开的七届三次理事会上提出，在全行业深入贯彻供给侧结构性改革，同时完成好房地产的“三去一降一补”任务。一年多来，房地产企业从提高供给质量、优化产业结构、满足有效需求、加快资源整合和兼并重组、补足各类短板、去库存等方面入手，在供需两端同时发力，既有像万科、恒大、绿地、保利、首开等大企业在提高供给质量方面的实践，也有像蓝城、途家等创新型企业在满足需求方面的创新。通过供给侧结构性改革，房地产供给质量有所提高，房地产产品创新有所拓展，房地产服务内涵有所提升，房地产跨界合作有了成果，房地产在城市更新、特色小镇、老年住区、旅游休闲地产等方面，都有了新的进展。

但也要看到，在深化供给侧结构性改革方面，我们的主动性不够，实质性进展也较少。问题主要表现在：一是在住房总供给方面，区域和城市分化严重，东部一、二线城市房地产“热”与中西部三、四线城市房地产“冷”的矛盾，未能得到解决，给调控和稳房价带来困难。二是在产品供给方面，与优质公共服务资源配套的适销适用住宅还不够，难以满足高品质、多层次、差异化需求，消费者不放心、不满意的情况仍然存在。三是在供应结构方面，商业地产、城市综合体过剩严重，形成了一些无效供给和资源浪费，甚至在特色小镇等一些新业态发展中，也存在简单模仿、形式单一、同质化严重等问题。四是在供给手段方面，虽然加强了销售管理和市场秩序的整顿规范，但投机炒作和其生存的土壤还在。五是土地供给方面，仍然存在错配矛盾。住房需求量大的城市供地短缺；住房需求量少甚至库存的城市却盲目供地。六是房地产供给侧改革与金融供给侧改革不配套，杠杆率高，利用房地产套利风险增加。

这些问题，都与供需结构老化、供需资源错配、供需管理水平不高和不平衡有关，表明光在房地产领域进行供给侧结构性改革还不够，还需要在全行业同时推动“三去一降一补”取得实效。就房地产而言，去产能，主要是加大兼并重组的力度，整合优势资源，淘汰落后技术和旧的发展方式，发展先进适用技术，提高产品有效供应。去库存，不能简单靠刺激需求，要从源头提供有效供应。去杠杆，大企业要少用杠杆工具，中小企业要降低融资成本，分清金融杠杆与金融创新的功能。降成本，既要降土地、材料、人工成本，也要提高企业效率，节约企业管理成本。补短板，既要补设计产品短板，也要补服务短板；既要补技术短板，也要补配套短板。

下一步，房地产供给侧结构性改革的主攻方向是提高供给质量，根本途径是深化改革，最终目的是满足需求，同时在改革中要坚持，越是在市场低迷或政策调整时，越要加强供给侧结构性改革，其中主要是把握好两个方面：一是结构性改革。所谓结构性改革，就是要坚持问题为导向，抓住供需的主要矛盾，解决企业发展的疑难问题；二是供给侧结构性改革要早见、快见成效，任何一项改革，不见成效难以说明成功。怎么早见、快见成效？主要是做好以下几个方面：

第一，要强化住房居住功能属性，把供给侧结构性改革与建立长效机制结合起来，引导企业调整供应结构，提高房屋供给质量和配套服务，满足舒适型、高品质住房需求，多为老百姓建长寿命、好性能、绿色低碳、性价比高的“好房子”。

第二，要促进供需两侧相辅相成，既要提高供给质量，实现供需平衡，也要管住需求侧，特别要加强需求侧的科学引导，发挥租售并举的作用，通过盘活存量，释放租赁房源，鼓励长租公寓、青年公寓的发展，推动《《住房租赁和销售管理条例》修改完善、早日出台，让房屋租赁成为房地产的新供给、新需求。

第三，要注重供给侧结构性改革的实际效果，一方面，加快房地产新旧动力转换，支持传统产业向优质产业升级换代；另一方面，通过先进的生产方式带动房地产创新发展，使传统的房地产焕发生机、新型的房地产业态蓬勃发展。

第四，要围绕城镇化和城市群、都市圈建设，打破依托和围绕行政区划发展房地产的老观念，引导城市副中心、卫星城房地产协调发展。1－4月，京津冀、长三角、粤港澳大湾区三大城市群的13个重点城市开发投资7417亿元，占40个重点城市总投资的48.9%，占全国房地产总投资的26.7%。新房销售额9069亿元，占全国销售额的27.3%，要通过大城市辐射带动中小城市，一手为新市民提供住房，一手盘活房地产库存。

第五，要整合优势资源，提高行业集中度，为供给侧改革的有效推进提供组织、模式、人才等保障服务。不是房地产企业越多，供给就越好，房地产的供给质量，取决于专，取决于精，取决于优，要通过兼并重组加快经营困难的中小房企的整合和退出。

第六，要在强调供给的同时，培育正确的消费观念。房地产企业既要在供给端关注“住”的质量，也要在需求端关注“人”的需求，推动产业、人口、公共资源形成协调的供给关系，既让人有房住，也让房有人住，避免空置造成浪费。同时要重视对二手房的研究和利用，在老百姓中形成先小后大、先旧后新的消费模式。未来在一些大城市，住房供给更多要看二手房的发展趋势，同时要加快跨界合作。单靠房地产一家推动供给侧改革不够，要用好互联网、信息技术，打造智能健康、融合共享的居住环境，拓展供给空间。

第七，要弘扬企业家在供给侧改革的首创精神。供给侧改革要想取得实质性进展，必须让企业家特别是优秀企业家带头干，做出标杆示范的改革项目，促成更多供给侧结构性改革成果落地。

把握新趋势，适应新变化，满足新需求

中国房地产业协会会长　刘志峰

一、把握新趋势

城镇住房制度改革以来，尤其是党的十八大以来，我国住房发展取得了举世瞩目的成就，实现了从“忧房阶段”到“有房阶段”再到“优房阶段”的转变。当前，我国经济保持相对平稳，经济结构调整加快，消费对经济增长驱动增强，城镇化水平不断提高，老百姓收入和生活品质进一步提升。随着住房制度改革深化和调控政策的贯彻落实，房地产出现了以下新的趋势：

（一）住房短缺状况得到根本改变

过去五年，我国城镇居民人均住房建筑面积由 2012 年的 32.9 平方米提高到 2016 年的 36.6 平方米，去年 1—11 月，全国商品房销售面积 14.7 亿平方米，同比增长 7.9%。国家统计局数据还没出来，但预计全年销售面积将超过 16 亿平方米，成交额将超过 13 万亿元左右，有望再创历史新高。随着老百姓居住条件的改善，城镇住房短缺的状况得到根本改变，住房消费仍将是居民消费的主要方面。从现在看，房地产已经从解决总量不足的矛盾，转向解决区域、城市、不同家庭间的结构性、系统性矛盾。我的看法是，今年房地产的成交量肯定要比去年有所减少，房地产企业在制定目标和完成任务时要保持头脑冷静、实事求是、量力而行，把发展质量和效益优先放在首位，不追求那些不切实际的目标。

（二）“居住为主”导向得到确立

在“房子是用来住的、不是用来炒的”定位下，房地产调控成果持续显现。2017 年，热点城市提高首付比例和贷款利率，100 多个城市采取了限购政策。其中包括新购住房 3—5 年内限售，土地出让限房价、竞地价，热点城市加大土地供应政策等，一线和热点二线城市房价涨幅回落，三、四线城市房价趋稳，房价过快上涨而且轮涨的势头得到了抑制，市场逐步回归理性。房地产去库存取得积极成效，截至去年 11 月底，全国商品房待售面积 5.96 亿平方米，同比下降 13.7%，大多数城市商品房去化周期已回到合理区间。以居住为主的政策得到了社会肯定。今年，因城因地施策的调控不会放松。

（三）“租购并举”获得前所未有重视

2016 年，我国租房人口基础约 2 亿人，到 2020 年将增至 2.2 亿人。一方面，国家在 12 个人口净流入试点城市加快住房租赁试点，探索发展共有产权住房，建立以政府为主导的服务平台，培育专业化、机构化住房租赁机构；另一方面，房地产企业将闲置厂房、商业用房、自持物业改建为租赁住房，竞拍自建自持型租赁住房用地，参与集体建设用地建设租赁住房试点。目前，政府正在研究制定《住房租赁条例》，保护个人住房租赁和承租人、出租人的合法权益，支持专业机构整合租赁房源投放市场。新市民、新就业大学生、各类人才的住房需求得到分流和缓解。

（四）改善住房供求关系得到重视

房地产行业深化供给侧结构性改革，改善供求关系。主要有以下四方面措施：一是引导人口和住房需求合理分布，在广东、江苏制定以“互联互通、加快农业人口市民化”为主的区域住房协调机制，推进大中小城市住房协调发展。二是改善租购比例不平衡的状况，争取用3—5年时间，将租赁住房占新增住房供应量比例提高到50%左右。三是降低公租房的准入门槛，优先保障公交、环卫等住房困难群体，将符合条件的青年教师、青年医生纳入保障范围。四是对热点城市继续执行严格的调控政策，对潜在热点城市比照热点城市管理，防止对受热点城市辐射的三、四线城市投机炒作。随着住房针对性供应和有效供应的增强。住房供求关系将有所改善，逐步达到均衡。

（五）行业面临风险加大

中央经济工作会议将防范风险作为今年经济工作的主要任务之一。未来，房企的资金压力大，融资成本上升。尤其是实施差别化信贷政策、加强资金管控、防止资金违规流入房地产等政策的实施，使房地产企业的成本和债务压力加大，房地产企业资金供给的不确定性增加。在国内融资渠道收窄的情况下，海外融资难度也有所增加。因此，今年是房企自2013年以来资金压力最大的一年。房地产企业要在去杠杆、降负债、增利润方面有充分的心理准备。

（六）房地产围绕城市竞争力布局趋势更为明显

两年前我曾提出一个观点：高铁、城市轨道交通的线路长度和客运量，快递业的日均处理量和服务人次，教育医疗资源的配置和拥有量，将决定房地产投资在一个城市的活跃度。未来这种情况将愈加明显。①在国家邮政局公布的2017年全年快递情况统计中，快递业务量最大的广东、江苏、浙江、福建，都与房地产销售排位成正比，其中快递收入最高的上海、天津、广州、深圳、厦门、青岛等城市也说明了这个问题。快递量最大的地级市（包括县级改革市）义乌、东莞、泉州、台州、嘉兴，与房价上涨的逻辑同样吻合。②2012年到2016年，我国新增轨道交通0.16多万公里、城市道路5.54万公里，主要分布在京津冀、长三角、珠三角，而这些城市群和由其辐射的中小城市，房地产交易活跃、集中度较高。③教育医疗资源排名前列的北京、上海、杭州、南京、成都，都充分表明了房地产正在围绕城市竞争力展开布局。这些变化一定要引起我们的关注。

（七）行业集中度进一步提高

随着房地产行业资源整合、兼并重组、项目优化、跨界合作步伐的加快。去年，500强房企中的前十强销售额占整个市场的24%；前五十强销售额占整个市场的45.9%。房地产市场的竞争更加激烈、分化进一步扩大。代建制、品牌输出、联合体总承包、城市运营服务等模式将对行业发展方式的转变产生越来越重要的影响。

这些新趋势，有些是宏观调控政策作用所致，有些是房地产投资增长速度趋缓的结果，有些是房地产自身结构调整和转型升级的需要，但也带来了新变化。

二、适应新变化

党的十九大提出，我国社会主要矛盾已经转化为人民日益增长的美好生活需要和不平衡不充分的发展之间的矛盾。房地产的主要矛盾，已经从数量需求转向品质需求，从高速增长转向高质量发展，从满足普通居住转向满足美好生活和精神享受。其中，有“五个变化”值得我们关注并且尽快适应：

（一）住房发展理念和政策思路变化

主要体现在：一是党的十九大以人民为中心，把老百姓对美好生活的追求作为设计住房基本政策、推进住房制度改革的主要依据，强化了对房地产的决策和指导管理。二是按照住房发展不平衡不充分的结构性、系统性矛盾，提出深化住房制度改革，加快建立多主体供给、多渠道保障、租购并举的住房基本政策，将“租”置于“购”之前，在12个城市先行试点，通过加快发展住房租赁改善供应结构。三是注重在改革中保持政府、行业、企业和各方面的协作，形成针对性、整体性的工作推进和具体措施。如万科今年提出的发展目标是促进租购并举、推动高质量发展、瞄准消费升级，帮助群众实现美好生活，这些都与新时代房地产发展目标任务相吻合。未来，行业上下要认识到这些变化，在发展理念和思路上与中央保持一致，促进房地产行业转变发展观念，丰富发展内涵，提高发展质量。

（二）群众对住房品质要求变化

经济社会发展到一个更高的层次，就会从追求简单的“衣食住行”转向丰富的品质和精神享受。房地产品质既包括规划设计、项目施工、后期管理、公共设施配套等硬件的投资建设，也包括绿色环保、人居环境、科技创新、时尚艺术、社区服务、住区健康等软性积累的内在之美。就城镇化而言，我国城镇化率从2012年的52.6%提高到2016年的57.4%，城市数量达到657个，城市建成面积从4.56万平方公里增加到5.43万平方公里。数量上达到一定的峰值，促使城市白领、产业工人、新市民对住房品质的需求进一步提高，打造住房品质的愿望增强、步伐加快。就房地产而言，我国2016年城镇居民人均住房建筑面积比1998年增长了118.65%，这个“量变”，同样促使群众对住房“质变”的需求。因此，房地产在品质提升方面有着迫切的需求。未来，围绕住房品质提升，住宅的适用性能、安全性能、经济性能、环境性能和耐久性能的要求更高，而现在房地产一些粗放发展方式，已经很难保证建设配套齐全、环境优美、舒适宜居、智能安全的高品质住宅。

（三）群众对绿色健康需求不断增长

从住房消费升级的趋势看，群众希望购买的不仅仅是简单的房子，而是绿色的生活方式和舒适健康的宜居体验。住宅不仅是物质空间需求，更是高层次、多样化的精神生活享受，这也是经济社会高质量发展的要求。绿色低碳、生态环保、健康智能已成为群众对美好生活追求的一部分。从市场反馈情况看，以绿色生态为特征、代表高品质住房水准的绿色建筑、健康住宅、百年住宅溢价明显高于普通住宅，尤其是健康住宅需求不断增长。截至去年10月份，全国共建设63个健康住宅试点工程，面积超过2000万平方米。远洋、绿地等大型房地产企业纷纷进入健康住宅领域，通过设计创新、技术创新、标准创新，丰富健康住宅内涵；山东菏泽丹阳房地产开发有限公司运用科技手段，建造“恒温、恒湿、恒氧”住宅，室温24℃左右，湿度55%～60%，负氧离子达到3000～5000个/立方厘米，满足了老百姓对室内环境的健康需求。健康住宅消费需求的增长，既满足了居民对室内环境的健康需求，也促进了城市居住环境健康、空气质量健康、饮用水健康，对人居健康和提升住房品质，都有好处。

（四）群众对人居环境意识进一步增强

当前，老百姓的居住观念正在转变。部分消费者从“买地段转向买生态”，从“买面积转向买环境”。随着更多城市把好山好水好风光融入城市保护和有效利用，城市发展开始由外延扩张向内涵提升转变；房地产开发也由粗放向精细、集约转变。一方面，群众对围绕生态环境发展的养老养生、健康医疗、乡村民宿等产品的购买和消费意愿增强；对利用自然和村落等原生态资源，挖掘历史文化、体现地域和民族特色的旅游休闲、景观项目产生了兴趣。另一方面，一些城市从过往只强调基础设施建设，向环境改善和城市美化提升。2012 年到 2016 年，我国新增城市绿地 41.8 万公顷，城市生活垃圾无害化处理率和污水处理率分别提高了 7.2 和 11.8 个百分点，进一步增强了城市的宜居性。一些城市之所以有口碑、有品牌、有影响力，良好的人居环境起到了很大作用。群众追求绿色和环境意识的增强，不仅要求城市尤其是大城市要尽快治理人口拥挤、交通拥堵、城市内涝、垃圾围城、空气环境污染等"城市病"，还要不断满足群众对水更绿、山更青、天更蓝、地更净、亲近自然的需求，使城市的硬软环境都要有相应的提升。

（五）群众对共享融合运用和期待更多

以互联网 + 为代表的共享经济已经融入每个人的生活当中，催生出摩拜单车、电动车充电桩、智能停车场等共享新理念新模式。在房地产领域，共享经济也十分活跃。一是以互联网 + 、大数据为特征的共享方式，丰富了住房交易手段，优化了住房供需结构，加深了房地产与交通、商业、金融、教育、旅游、娱乐、大健康的融合。二是盘活闲置资源和存量资产为特征的共享方式，如共享办公场地、长租公寓，既盘活了房地产存量市场，化解了库存，也推动租购并举和带动了创业就业。三是以产业化、集成化为特征的共享方式，如装配式建筑、BM 技术、家装家居一体化等，既提高了住宅建设的工业化水平、优化了住宅的适用功能，也引导了绿色低碳消费。四是以产业协同和跨界合作为特征的共享方式，促进了房地产与规划设计、施工建造、运营管理、现代服务业的紧密对接，并且与建材和部品部件采购等方面，实现了产业链上的共享发展。共享经济不仅改变了老百姓的居住方式，也让房地产跳出了传统思维，增加了满足老百姓对美好生活需求的方式和手段，让我们有了更多新的认知和期待。

如何适应这些变化？我认为，要继续深化供给侧结构性改革，逐步在行业建立高品质住房体系，在房地产领域补短板、强弱项，满足群众对美好居住生活的需求，这也是我们的市场机遇和高质量发展的出路。

三、满足新需求

新时代为群众提供的美好居住生活，就是要在满足居住空间的同时，提供精神方面的享受，这既是我国从"有房住"向"住好房"的主要标志，也是通过提升住房品质解决住房发展不平衡不充分矛盾的关键所在。怎么提升住房品质和高层次、多样化的需求，有很多方面，我今天主要讲这么几个方面：

——满足基本需求和改善需求。提高住房品质首先要保证基本需求。满足群众住房基本需求是实现"住有所居"的主要内容，也是我国消费驱动的主要方面；满足改善需求是住房品质提升的时代要求，也是满足群众不断增长的美好生活的重要方面。这两方面的需求无法满足，谈不上住房的民生作用，也不符合"房子是用来住"的要求，更谈不上提升住房品质。

当前，一些城市的城乡结合部和大量的"城中村"，人居环境差、卫生条件落后、市政排污设施简陋、用电用水未纳入城市管理、火灾、治安等事故频发。如能将这些数量大、条件差的出租屋和个人住房，经维修改造后成为条件具备的租赁住房、集体宿舍，再投放市场，不仅能快速地发挥其作用，也能满足新移民、新就业员工的基本住房需求。目前万科正在对深圳部分"城中村"进行运营整治，探索"统租运营 + 物业管理 + 综合整治"模式，升级改造"城中村"的出租房，其他有条件的房地产企业也可以借鉴。当前，最紧迫的是，要以满足基本需求为导向，向一些住房紧张的城市提供中小户型、中低价位的租赁住房，确保基本需求得到满足。

——加快发展长租公寓。2016 年，我国公寓市场规模 1.38 万亿元，预计到 2020 年，市场规模将接近 2 万亿元。其中，长租公寓在整个租赁市场中作用较大，是住房租赁发展的重点。原因是：①长租公寓主要集中在

一、二线城市，尤其是十二个试点城市，这些城市流动人口多、租房需求旺、房源供给充足，比较容易形成稳定的租赁关系。②长租公寓租户收入较为稳定，具有一定支付能力，有提高住房品质的需求，比较容易形成稳定的租金租期。③大型房地产企业在转型中，对自持资产、闲置资产、存量物业进行升级改造，有一部分用于租赁和公寓业务后，能较快形成品牌影响力。④部分中介企业占有一定的信息和客户资源，比较容易在长租公寓建立和拓展自己的客户群。

下一步，要加快整合房源，建立由政府主导、各方参与，集信息发布、合同网签、登记备案、资金监管、信用评价为一体的住房租赁交易服务平台，把好房源的真实关、交易的透明关，租房使用的评价关。同时要设计改造和建成更多优秀的品牌长租公寓，找出依靠租金盈利的办法，用产品和服务占领市场，赢得租户信任。

——大力发展健康住宅。党的十九大提出为人民群众提供全方位、全周期的健康服务。人在住宅停留的时间占生命的50%以上，老人和儿童停留的时间更长，没有全方位、全周期的住宅健康环境和服务，是狭隘的健康、发展不充分的健康，谈不上住房品质，更谈不上“健康中国”。

全方位、全周期健康服务具体到住宅领域应该有两个方面：全方位的健康服务，应该包括居住环境的健康，空气质量的健康，饮用水方面的健康和疾病预防、食品安全、无障碍设施等，而不仅仅是室内环境的健康；全周期的健康服务，应该包括与建筑寿命有关的住宅全生命周期、家庭不同生命阶段和不同代际关系的健康需求，是一种健康需求更广，健康追求更高，健康诉求更人性化、多样化、可持续的大健康服务。如室内灯光，老年人和儿童都要有保护性照明，长期在光污染下生活，大家可能不太注意，老年人白内障发病率将提高40%左右，儿童近视率将提高50%左右。再如，厨房抽油烟机的风道、风速、风量等设计标准和管理等缺陷，也会影响老百姓的居住质量。

当前发展符合标准的健康住宅，是满足老百姓对美好居住生活的重要方面。不久前，我去远洋集团参加健康建筑品牌发布会，他们按美国 WELL 健康建筑标准，也是国际第一部专注于居住者卫生与健康的标准，从空气、水、营养、光、健身、舒适、精神等七个方面，对健康住宅项目的设计建设、运营维护进行严格规范，既注重住宅的舒适、安全、健康、环境和好的空气质量以及安全的饮用水，也注重周边学校、医院、文化娱乐、体育健身和公共交通等配套服务，还让居民参与社区设计，充实居民的精神生活。这类健康住宅，具有时代感、先进性，值得借鉴肯定。

——推广示范百年住宅。党中央、国务院去年发布了《开展质量提升行动的指导意见》，明确提出要建设“百年工程”。房地产行业要按“百年工程”的要求打造百年住宅。为什么要在我国提倡建百年住宅？一是百年住宅能让老百姓满足更高的舒适程度、更高的功能配置、更高的技术集成、更高的性能标准、更高的质量保障和更长的使用年限，符合高品质住房体系的要求。二是符合老百姓对美好居住生活的需求，尤其对改善型需求和消费提升具有吸引力。目前，我国人均 GDP 超过 8600 美元，经济发达的城市已普遍超过 1 万美元，一线城市达到 1.6 万美元以上的水平。随着国力的增强和老百姓收入的提高，老百姓对住房品质的要求越来越高，各地政府对住宅产业化的配套要求也越来越高，为百年住宅发展创造了有利条件，因此，在满足老百姓对美好居住生活方面，百年住宅大有发展前景和市场空间。今年，我们将制定《百年住宅设计建设标准》，扩大示范推广。

——创建培育绿色社区。一个绿色城市是由绿色住区、绿色机关、绿色校园组成的。绿色住区承载着向居住者普及推广绿色生活方式的重要功能。作为国际认可的可持续发展居住区，它既有居住功能，又有绿色循环低碳生活的体验。从实践看，有些房企如当代置业多年从事绿色社区开发运营，它们在绿色社区开发的节能舒适型建筑，室内 PM2.5 净化率在95%以上，全年室温控制在20℃到26℃之间，室内噪声低于国家标准5分贝；

有些房企和物业公司在绿色社区推广垃圾分类、污水处理、节水节能等技术，增强社区居民对维护居住环境的自觉性，促进居住、生活、生态三方面融合，既有益于人的身心健康，又与城市的整个经济社会、环境保护协调发展。当前，绿色社区还有必要与城市更新、旧区改造结合。同时要加快发展绿色金融。今年年底，我国城镇绿色建筑占新建建筑比例将力争达到40%。这么大的比例，必须拓展发展绿色建筑和建筑节能的融资新通道，促成绿色项目获得绿色信贷，扩大个人和社会的绿色消费。让绿色金融为我所知、为我所用!

——推进城市更新和旧房改造。近两年，我国住房供应结构发生变化，存量住宅总量接近2.5亿套，二手房交易总量和比重逐步增大，已成为居民住宅消费的重要组成部分。2017年年底，全国有17座城市的二手房交易量超过新房，其中8座城市是2017年新增的，预计2018年有近30座城市的二手房将超过新房交易量。很多城市的住宅已由增量发展进入存量更新。因此，依托城市功能提升、城市空间修补、城市生态修复带来的城市更新和旧房改造，成为城市的新兴产业，这也是发展品质城市漏不过去的一部分。目前看，通过城市更新对既有建筑、老旧街区和旧民居以及“城中村””的提升改造，空间很大。部分房企正在由普通住宅的开发，转向城市更新和存量资产的专业化运营，这方面，我们可做的事情还很多。

Ⅱ.宏观篇

导　读

宏观经济与房地产市场密不可分，是房地产发展的基础条件和外部环境。本篇收录了 2017 年（部分指标为 2016 年）主要经济发展指标、货币金融、财政收支、住房信贷、市政建设、人口和用地等多方面的数据。数据来源是国家统计局以及各省市统计局公报、人民银行、财政部等。

一、国民经济主要数据

表 2－1　　2017 年全国宏观经济月度数据

类　别	1 月	2 月	3 月	4 月	5 月	6 月	7 月	8 月	9 月	10 月	11 月	12 月
工业增加值同比增幅（%）	—	—	7.6	6.5	6.5	7.6	6.4	6.0	6.6	6.2	6.1	6.2
固定资产投资额（亿元）	—	41378	52399	50550	59391	76887	56805	56741	64328	59340	57239	56627
同比增幅（%）	—	8.9	9.5	8.1	7.8	8.8	6.5	3.8	6.2	3.2	5.8	－2.3
进口总额（亿美元）	1314	1292	1567	1420	1502	1538	1469	1574	1696	1508	1772	1771
同比增幅（%）	16.7	38.1	20.3	11.9	14.8	17.2	11	13.3	18.7	17.2	17.7	4.5
出口总额（亿美元）	1828	1201	1806	1800	1910	1966	1936	1993	1982	1890	2174	2318
同比增幅（%）	7.9	－1.3	16.4	8.0	8.7	11.3	7.2	5.5	8.1	6.9	12.3	10.9
社会消费品零售总额（亿元）	—	57960	27864	27279	29459	29808	29610	30330	30870	34241	34108	34734
同比增幅（%）	—	9.5	10.9	10.7	10.7	11.0	10.4	10.1	10.3	10.0	10.2	9.4
PPI 同比增幅（%）	6.9	7.8	7.6	6.4	5.5	5.5	5.5	6.3	6.9	6.9	5.8	4.9
CPI 同比增幅（%）	2.5	0.8	0.9	1.2	1.5	1.5	1.4	1.8	1.6	1.9	1.7	1.8
PMI（%）	51.3	51.6	51.8	51.2	51.2	51.7	51.4	51.7	52.4	51.6	51.8	51.6

注：2 月固定资产投资总额、社会消费品零售总额为 1－2 月份累计值。
数据来源：国家统计局。

表 2－2　　2017 年全国宏观经济月度累计数据

类　别	1—2 月	1—3 月	1—4 月	1—5 月	1—6 月	1—7 月	1—8 月	1—9 月	1—10 月	1—11 月	1—12 月
工业增加值累计增幅（%）	6.3	6.8	6.7	6.7	6.9	6.8	6.7	6.7	6.7	6.6	6.6
固定资产投资额（亿元）	41378	93777	144327	203718	280605	337409	394150	458478	517818	575057	631684
同比增幅（%）	8.9	9.2	8.9	8.6	8.6	8.3	7.8	7.5	7.3	7.2	7.2
进口总额累计（亿美元）	2607	4172	5594	7096	8623	10088	11651	13363	14862	16636	18410
同比增幅（%）	26.4	24	20.8	19.5	18.9	17.6	16.9	17.3	17.2	17.3	15.9
出口总额累计（亿美元）	3028	4828	6627	8533	10473	12405	14366	16324	18210	20396	22635
同比增幅（%）	4.0	8.2	8.1	8.2	8.5	8.3	7.6	7.5	7.4	8	7.9
社会消费品零售总额（亿元）	57960	85823	113102	142561	172369	201979	232308	263178	297419	331528	366262
同比增幅（%）	9.5	10.0	10.2	10.3	10.4	10.4	10.4	10.4	10.3	10.3	10.2

数据来源：国家统计局。

表 2－3　　2017 年国内生产总值及同比增幅各季度数据

类　别	绝对值（亿元）				增长幅度（%）			
	一季度	二季度	三季度	四季度	一季度	二季度	三季度	四季度
国内生产总值	180385	200559	211596	234582	6.9	6.9	6.8	6.8
第一产业	8654	13333	19242	24239	3.0	3.8	3.9	4.4
第二产业	70084	83129	85233	96177	6.4	6.5	6.0	5.7
第三产业	101647	104097	107121	114167	7.7	7.7	8.1	8.3
农林牧渔业	9041	13888	19925	25154	3.2	3.9	4.0	4.5
工业	61929	69371	70492	78205	6.5	6.6	6.3	6.2
建筑业	8391	14017	14993	18288	5.3	5.4	4.0	3.1
批发和零售业	17842	18633	19478	21791	7.4	7.1	7.1	6.9
交通运输、仓储和邮政业	7995	9261	9575	9972	8.7	9.6	9.1	8.6
住宿和餐饮业	3429	3335	3721	4109	7.4	7.0	7.1	7.0
金融业	16908	16011	16528	16302	4.4	3.4	6.1	4.0
房地产业	12403	13283	13305	14860	7.8	6.2	3.9	4.8
其他行业	42447	42760	43580	45900	9.2	9.9	10.8	11.8

数据来源：国家统计局。

表 2－4　　2017 年国内生产总值及同比增幅季度累计数据

类　别	绝对值（亿元）				增长幅度（%）			
	一季度	上半年	前三季度	全年	一季度	上半年	前三季度	全年
国内生产总值	180385	380944	592540	827122	6.9	6.9	6.9	6.9
第一产业	8654	21987	41229	65468	3.0	3.5	3.7	3.9
第二产业	70084	153213	238446	334623	6.4	6.4	6.3	6.1
第三产业	101647	205744	312865	427032	7.7	7.7	7.8	8.0
农林牧渔业	9041	22929	42854	68009	3.2	3.6	3.8	4.1
工业	61929	131300	201792	279997	6.5	6.5	6.5	6.4
建筑业	8391	22408	37401	55689	5.3	5.3	4.8	4.3
批发和零售业	17842	36475	55953	77744	7.4	7.3	7.2	7.1
交通运输、仓储和邮政业	7995	17256	26830	36803	8.7	9.2	9.2	9.0
住宿和餐饮业	3429	6764	10485	14594	7.4	7.2	7.2	7.1
金融业	16908	32919	49447	65749	4.4	3.9	4.6	4.5
房地产业	12403	25686	38991	53851	7.8	7.0	5.9	5.6
其他行业	42447	85207	128787	174687	9.2	9.6	10.0	10.4

数据来源：国家统计局。

表 2 -5　　2013—2017 年全国各地区生产总值

单位：亿元

地　区	2013 年	2014 年	2015 年	2016 年	2017 年
全　国	588019. 00	635910. 00	676708. 00	744127. 00	827122. 00
北　京	19800. 81	21330. 83	23014. 59	25669. 13	28000. 40
天　津	14442. 01	15726. 93	16538. 19	17885. 39	18595. 38
河　北	28442. 95	29421. 15	29806. 11	32070. 45	35964. 00
辽　宁	27213. 22	28626. 58	28669. 02	22246. 90	23942. 00
上　海	21818. 15	23567. 70	25123. 45	28178. 65	30133. 86
江　苏	59753. 37	65088. 32	70116. 38	77388. 28	85900. 90
浙　江	37756. 59	40173. 03	42886. 49	47251. 36	51768. 00
福　建	21868. 49	24055. 76	25979. 82	28810. 58	32298. 28
山　东	55230. 32	59426. 59	63002. 33	68024. 49	72678. 20
广　东	62474. 79	67809. 85	72812. 55	80854. 91	89879. 23
海　南	3177. 56	3500. 72	3702. 76	4053. 20	4462. 54
山　西	12665. 25	12761. 49	12766. 49	13050. 41	14973. 50
吉　林	13046. 40	13803. 14	14063. 13	14776. 80	15288. 94
黑龙江	14454. 91	15039. 38	15083. 67	15386. 09	16199. 90
安　徽	19229. 34	20848. 75	22005. 63	24407. 62	27518. 70
江　西	14410. 19	15714. 63	16723. 78	18499. 00	20818. 50
河　南	32191. 30	34938. 24	37002. 16	40471. 79	44988. 16
湖　北	24791. 83	27379. 22	29550. 19	32665. 38	36522. 95
湖　南	24621. 67	27037. 32	28902. 21	31551. 37	34590. 60
内蒙古	16916. 50	17770. 19	17831. 51	18128. 10	16103. 20
广　西	14449. 90	15672. 89	16803. 12	18317. 64	20396. 25
重　庆	12783. 26	14262. 60	15717. 27	17740. 59	19500. 27
四　川	26392. 07	28536. 66	30053. 10	32934. 54	36980. 20
贵　州	8086. 86	9266. 39	10502. 56	11776. 73	13540. 83
云　南	11832. 31	12814. 59	13619. 17	14788. 42	16531. 34
西　藏	815. 67	920. 83	1026. 39	1151. 41	1310. 63
陕　西	16205. 45	17689. 94	18021. 86	19399. 59	21898. 81
甘　肃	6330. 69	6836. 82	6790. 32	7200. 37	7677. 00
青　海	2122. 06	2303. 32	2417. 05	2572. 49	2642. 80
宁　夏	2577. 57	2752. 10	2911. 77	3168. 59	3453. 93
新　疆	8443. 84	9273. 46	9324. 80	9649. 70	10920. 09

数据来源：国家及各地统计局。

表 2－6　　2013—2017 年全国各地区城镇居民家庭人均可支配收入

单位：元

地　区	2013 年	2014 年	2015 年	2016 年	2017 年
全　国	26955	28844	31195	33616	36396
北　京	44564	48532	52859	57275	62406
天　津	28980	31506	34101	37110	37022
河　北	22227	24141	26152	28249	30548
辽　宁	26697	29082	31126	32876	34993
上　海	44878	48841	52962	57692	62596
江　苏	31585	34346	37173	40152	43622
浙　江	37080	40393	43714	47237	51261
福　建	28174	30722	33275	36014	39001
山　东	26882	29222	31545	34012	36789
广　东	29537	32148	34757	37684	40975
海　南	22411	24487	26356	28453	30817
山　西	22258	24069	25828	27352	29132
吉　林	21331	23218	24901	26530	28319
黑龙江	20848	22609	24203	25736	27446
安　徽	22789	24839	26936	29156	31640
江　西	22120	24309	26500	28673	31198
河　南	21741	23672	25576	27233	29558
湖　北	22668	24852	27051	29386	31889
湖　南	24352	26570	28838	31284	33948
内蒙古	26004	28350	30594	32975	35670
广　西	22689	24669	26416	28324	30502
重　庆	23058	25147	27239	29610	32193
四　川	22228	24234	26205	28335	30727
贵　州	20565	22548	24580	26743	29080
云　南	22460	24299	26373	28611	30996
西　藏	20394	22016	25457	27802	30671
陕　西	22346	24366	26420	28440	30810
甘　肃	19873	21804	23767	25693	27763
青　海	20352	22307	24542	26757	29169
宁　夏	21476	23285	25186	27153	29472
新　疆	21091	23214	26275	28463	30775

数据来源：国家及各地统计局。

注：天津从 2016 年起，人均可支配收入口径为全市居民。

二、金融数据

表 2－7　　**2017 年新增贷款**

单位：亿元

类　别	各项贷款	境内贷款	住户贷款	短期贷款	消费贷款	经营贷款	中长期贷款	消费贷款	经营贷款
1 月	20327	20337	7610	1276	1146	130	6334	5446	889
2 月	11657	11643	3002	－802	－602	－200	3804	3650	154
3 月	10232	10251	7947	3443	2925	518	4504	3810	694
4 月	10978	10937	5710	1269	1584	－315	4441	4023	418
5 月	11119	11142	6106	1780	1857	－77	4326	3765	561
6 月	15368	15279	7463	2608	2314	294	4855	4069	786
7 月	8255	8300	5616	1071	1352	－281	4544	3982	562
8 月	10920	10953	6635	2165	2088	78	4470	3813	657
9 月	12722	12774	7322	2556	2271	286	4765	4014	751
10 月	6632	6638	4501	791	1261	－470	3710	3345	364
11 月	11227	11262	6205	2028	1979	49	4178	3502	675
12 月	5844	5717	3313	186	553	－367	3128	2574	554

数据来源：中国人民银行。

表 2－8　　**2017 年货币供应量**

单位：亿元

类　别	货币和准货币（M2）	货币（M1）	流通中货币（M0）
1 月	1575946	472526	86599
2 月	1582913	476528	71728
3 月	1599610	488770	68605
4 月	1596332	490180	68393
5 月	1601360	496390	67333
6 月	1631283	510228	66978
7 月	1628997	510485	67129
8 月	1645157	518114	67551
9 月	1655662	517863	69749
10 月	1653434	525977	68231
11 月	1670013	535565	68623
12 月	1676769	543790	70646

数据来源：中国人民银行。

表 2－9　　**2017 年社会融资规模增量**

单位：亿元

类　别	社会融资规模增量	其　中						
		人民币贷款	外币贷款（折合人民币）	委托贷款	信托贷款	未贴现银行承兑汇票	企业债券	非金融企业境内股票融资
1 月	36970	23133	126	3136	3175	6130	－510	1225
2 月	10908	10317	368	1172	1062	－1719	－1125	570
3 月	21186	11586	288	2039	3113	2390	129	800
4 月	13880	10806	－283	－48	1473	345	501	769
5 月	10631	11780	－99	－278	1812	－1245	－2488	458
6 月	17718	14474	73	－32	2481	－230	－169	487
7 月	11956	9152	－213	163	1232	－2037	2621	536
8 月	14895	11466	－332	－82	1143	242	1137	653
9 月	18335	11885	－232	775	2368	784	1654	519
10 月	10357	6635	－44	43	1019	12	1482	601
11 月	16196	11428	198	280	1434	15	920	1324
12 月	11398	5769	169	601	2245	676	343	792

数据来源：中国人民银行。

表 2－10　　**2017 年各地区季度累计社会融资规模增量**

单位：亿元

类　别	一季度	上半年	前三季度	全　年
北　京	2338	3505	5923	8255
天　津	1229	2165	2509	2790
河　北	2666	4532	6417	8346
辽　宁	1881	2414	2965	3936
上　海	5089	7452	9038	11748
江　苏	7235	10467	13588	15244
浙　江	3857	6836	10285	13331
福　建	1875	3433	4507	5263
山　东	4029	5997	7405	8498
广　东	6538	10067	16447	22091
海　南	286	260	422	856
山　西	1558	2201	2818	3203
吉　林	570	1117	1460	1568
黑龙江	847	1406	1836	2394
安　徽	2422	3988	5496	7038
江　西	1707	2928	4235	5347
河　南	2956	4453	5809	6802
湖　北	2740	4529	6296	7281
湖　南	2388	3927	5645	6430
内蒙古	967	1489	1870	2104
广　西	1281	2189	3019	3421
重　庆	1251	1886	2834	3719
四　川	2098	3625	5912	7391
贵　州	1545	1937	3003	4046
云　南	989	2035	2561	3151

续表

类　别	一季度	上半年	前三季度	全　年
西　藏	338	588	830	1019
陕　西	1759	3206	4223	5926
甘　肃	1009	1710	2172	2894
青　海	367	802	1132	1208
宁　夏	252	412	720	865
新　疆	1028	2048	2820	3039

数据来源：中国人民银行。

表 2－11　　2017 年官方储备资产

类　别	单　位	外汇储备	基金组织储备头寸	特别提款权	黄金	其他储备资产
1 月	亿美元	29982.04	97.00	97.67	712.92	5.95
	亿 SDR	22064.63	71.39	71.87	524.66	4.38
2 月	亿美元	30051.24	96.65	97.41	743.76	6.23
	亿 SDR	22196.18	71.39	71.95	549.35	4.60
3 月	亿美元	30090.88	96.25	97.62	737.39	5.50
	亿 SDR	22177.04	70.94	71.95	543.46	4.05
4 月	亿美元	30295.33	96.94	98.64	750.19	4.62
	亿 SDR	22096.87	70.71	71.95	547.17	3.37
5 月	亿美元	30535.67	97.88	99.66	750.04	0.75
	亿 SDR	22058.24	70.71	71.99	541.81	0.54
6 月	亿美元	30567.89	94.79	100.27	735.85	5.03
	亿 SDR	21969.36	68.13	72.07	528.86	3.62
7 月	亿美元	30807.20	88.42	101.49	750.84	4.48
	亿 SDR	21884.02	62.81	72.10	533.36	3.18
8 月	亿美元	30915.27	90.91	102.07	777.02	－0.10
	亿 SDR	21873.14	64.32	72.21	549.76	－0.07
9 月	亿美元	31085.10	90.91	102.07	760.05	5.67
	亿 SDR	21994.76	64.32	72.22	537.79	4.01
10 月	亿美元	31092.13	88.44	101.48	752.38	5.43
	亿 SDR	22134.58	62.96	72.24	535.62	3.86
11 月	亿美元	31192.77	84.97	102.32	758.33	6.49
	亿 SDR	22037.85	60.03	72.29	535.77	4.59
12 月	亿美元	31399.49	79.47	109.81	764.73	5.45
	亿 SDR	22048.12	55.80	77.11	536.98	3.83

数据来源：中国人民银行。
注：SDR 即国际货币基金组织特别提款权。

表 2－12　　2017 年主要外币兑人民币汇率（期末值）

类　别	1 月	2 月	3 月	4 月	5 月	6 月	7 月	8 月	9 月	10	11 月	12 月
一特别提款权单位折合人民币元	9.3480	9.3002	9.3501	9.4569	9.4534	9.4364	9.4693	9.3223	9.3958	9.3110	9.3521	9.2734

续表

类别	1月	2月	3月	4月	5月	6月	7月	8月	9月	10月	11月	12月
一美元折合人民币	6.8588	6.8750	6.8993	6.8931	6.8633	6.7744	6.7283	6.6010	6.6369	6.6397	6.6034	6.5342
一欧元折合人民币	7.3821	7.2774	7.3721	7.4945	7.6760	7.7496	7.9059	7.8525	7.8233	7.7333	7.8252	7.8023
一英镑折合人民币	8.6756	8.5467	8.6119	8.8961	8.7985	8.8144	8.8429	8.5277	8.9250	8.7682	8.8567	8.7792
一百日元折合人民币	6.0596	6.0986	6.1766	6.2023	6.1995	6.0485	6.0879	5.9780	5.9089	5.8700	5.8945	5.7883
一澳元折合人民币	5.2023	5.2758	5.2790	5.1534	5.1260	5.2099	5.3672	5.2207	5.2114	5.1077	4.9981	5.0928
一加元折合人民币	5.2544	5.2124	5.1762	5.0628	5.1013	5.2144	5.4023	5.2297	5.3419	5.1754	5.1326	5.2009

数据来源：中国人民银行。

三、财政数据

表 2－13　2013—2017 年全国财政收入情况

单位：亿元

类别	2013年	2014年	2015年	2016年	2017年
全国一般公共财政收入	129210	140370	152269	159552	172567
中央一般公共财政收入	60198	64493	69267	72357	81119
地方一般公共财政收入（本级）	69011	75877	83002	87195	91448
税收收入	110531	119175	124922	130354	144360
#房地产营业税	5411	5627	6104	—	—
#房地产企业所得税	2850	2961	2871	3641	—
#房产税	1582	1852	2051	2221	2604
#契税	3844	4001	3899	4300	4910
#土地增值税	3294	3915	3832	4212	4911
#耕地占用税	1808	2059	2097	2029	1652
#城镇土地使用税	1719	1993	2142	2256	2360
全国政府性基金收入	52269	54114	42338	46619	61462
中央政府性基金收入	4238	4169	4118	4178	3825
地方政府性基金收入（本级）	48030	50006	38220	42441	57637
国有土地使用权出让收入	41266	42606	32546	37457	52059

数据来源：财政部。

表 2－14　2013—2017 年全国财政支出情况

单位：亿元

类别	2013年	2014年	2015年	2016年	2017年
全国一般公共财政支出	140212	151786	175878	187755	203330
中央一般公共财政支出	68492	74161	80640	86805	95077
地方一般公共财政支出	119740	129215	150336	160351	173471
全国政府性基金支出	50501	51464	42347	46878	60700
中央政府性基金支出	4179	4319	4363	4000	3669
地方政府性基金支出	47742	48500	39323	43988	58016
国有土地使用权出让收入相关支出	40878	41228	32858	38518	51780

数据来源：财政部。

表 2－15　　2013—2017 年全国各地区公共财政收入情况

单位：亿元

类　别	2013 年	2014 年	2015 年	2016 年	2017 年
地方合计	**69011. 16**	**75876. 58**	**82976. 18**	**87239. 02**	**91446. 84**
北　京	3661. 11	4027. 16	4723. 90	5081. 30	5430. 80
天　津	2079. 07	2390. 35	2666. 99	2723. 46	2310. 11
河　北	2295. 62	2446. 62	2648. 50	2850. 80	3233. 30
辽　宁	3343. 81	3192. 78	2125. 60	2199. 30	2390. 20
上　海	4109. 51	4585. 55	5519. 50	6406. 13	6642. 26
江　苏	6568. 46	7233. 14	8028. 59	8121. 20	8171. 50
浙　江	3796. 92	4122. 02	4809. 53	5302. 00	5803. 00
福　建	2119. 45	2362. 21	2544. 08	2654. 78	2808. 70
山　东	4559. 95	5026. 83	5529. 26	5860. 20	6098. 50
广　东	7081. 47	8065. 08	9364. 76	10390. 33	11315. 21
海　南	481. 01	555. 31	627. 70	637. 50	674. 08
山　西	1701. 62	1820. 64	1642. 21	1557. 00	1866. 80
吉　林	1156. 96	1203. 38	1229. 30	1263. 80	1210. 82
黑龙江	1277. 40	1301. 31	1165. 20	1148. 40	1243. 20
安　徽	2075. 08	2218. 44	2454. 20	2673. 00	2812. 00
江　西	1621. 24	1881. 83	2165. 50	2151. 40	2246. 90
河　南	2415. 45	2739. 26	3009. 60	3153. 45	3396. 97
湖　北	2191. 22	2566. 90	3021. 70	3102. 02	3248. 44
湖　南	2030. 88	2262. 79	2513. 10	2697. 90	2756. 70
内蒙古	1720. 98	1843. 67	1963. 50	2016. 50	1703. 40
广　西	1317. 60	1422. 28	1515. 08	1556. 24	1615. 03
重　庆	1693. 24	1922. 02	2155. 10	2227. 90	2252. 40
四　川	2784. 10	3061. 07	3329. 10	3389. 40	3579. 80
贵　州	1206. 41	1366. 67	1503. 35	1561. 33	1613. 64
云　南	1611. 30	1698. 06	1808. 10	1812. 26	1886. 16
西　藏	95. 02	124. 27	137. 13	155. 60	185. 83
陕　西	1748. 33	1890. 40	2059. 90	1833. 93	2006. 39
甘　肃	607. 27	672. 67	743. 90	786. 81	815. 60
青　海	223. 86	251. 68	267. 10	238. 43	246. 14
宁　夏	308. 34	339. 86	373. 70	387. 65	417. 46
新　疆	1128. 49	1282. 34	1331. 00	1299. 00	1465. 50

数据来源：财政部及地方财政厅/局。

表 2－16　　2012—2016 年全国各地区房产税收入情况

单位：亿元

类　别	2012 年	2013 年	2014 年	2015 年	2016 年
地方合计	**1372.49**	**1581.50**	**1851.64**	**2050.90**	**2220.91**
北　京	110.72	122.54	140.22	152.06	198.22
天　津	40.02	48.53	65.86	71.81	72.18
河　北	35.67	41.32	47.18	51.34	54.63
辽　宁	64.17	72.35	82.20	82.37	84.10
上　海	92.56	93.05	99.95	123.81	170.96
江　苏	160.88	192.84	228.73	248.01	256.60
浙　江	126.94	134.11	158.43	179.98	184.30
福　建	38.83	65.65	61.91	63.23	63.74
山　东	100.83	111.75	122.49	133.86	143.36
广　东	175.42	198.63	233.89	241.00	243.97
海　南	8.90	10.34	12.52	15.87	15.62
山　西	19.98	25.86	34.29	35.20	33.31
吉　林	19.97	22.89	23.96	27.61	27.31
黑龙江	21.50	24.07	27.62	31.38	31.92
安　徽	29.85	31.54	38.64	46.15	51.58
江　西	15.86	21.49	27.71	34.29	34.37
河　南	33.96	38.78	45.91	52.52	53.78
湖　北	29.28	34.70	43.83	53.14	59.70
湖　南	29.85	33.34	40.08	44.02	46.07
内蒙古	26.61	31.87	38.39	42.87	49.20
广　西	17.35	21.18	23.56	27.52	30.71
重　庆	27.43	31.40	40.37	52.46	56.88
四　川	45.28	52.95	65.80	73.91	79.79
贵　州	11.60	17.13	23.43	29.48	30.51
云　南	24.66	28.86	34.53	35.90	37.92
西　藏	—	—	—	—	—
陕　西	27.00	30.34	37.61	41.59	42.84
甘　肃	11.17	13.00	14.28	17.71	19.54
青　海	3.20	3.79	5.37	5.52	5.67
宁　夏	4.19	6.64	8.30	9.69	10.02
新　疆	18.82	20.56	24.57	26.62	32.11

数据来源：财政部。

表 2－17　　2012—2016 年全国各地区契税收入情况

单位：亿元

类　别	2012 年	2013 年	2014 年	2015 年	2016 年
地方合计	**2874. 01**	**3844. 02**	**4000. 70**	**3898. 55**	**4300. 00**
北　京	126. 58	177. 49	192. 52	210. 23	254. 29
天　津	79. 54	100. 21	96. 40	92. 59	171. 10
河　北	88. 11	111. 92	114. 84	109. 20	136. 74
辽　宁	217. 47	235. 55	163. 84	105. 05	100. 25
上　海	145. 96	215. 07	214. 33	270. 99	345. 83
江　苏	332. 84	383. 75	401. 69	370. 11	335. 41
浙　江	192. 72	254. 20	267. 09	243. 37	304. 79
福　建	77. 58	118. 19	126. 66	123. 90	136. 32
山　东	191. 37	265. 60	273. 67	247. 76	267. 63
广　东	271. 83	372. 50	419. 91	427. 24	513. 67
海　南	41. 45	33. 95	37. 42	31. 88	27. 30
山　西	18. 58	39. 55	46. 82	30. 10	30. 06
吉　林	62. 59	80. 81	78. 00	66. 35	65. 36
黑龙江	42. 42	55. 17	55. 05	45. 13	46. 67
安　徽	117. 09	187. 89	195. 66	172. 52	185. 40
江　西	95. 07	124. 56	130. 62	136. 33	140. 29
河　南	120. 21	185. 29	142. 01	138. 75	186. 95
湖　北	85. 00	125. 70	145. 89	153. 50	149. 64
湖　南	89. 34	119. 61	148. 46	184. 76	178. 58
内蒙古	34. 98	50. 55	45. 85	36. 60	48. 44
广　西	54. 07	73. 12	75. 24	77. 15	88. 03
重　庆	84. 95	112. 40	128. 96	134. 48	129. 84
四　川	118. 04	174. 97	211. 83	213. 10	184. 14
贵　州	33. 00	41. 42	66. 93	73. 40	91. 92
云　南	59. 19	69. 16	60. 96	56. 16	52. 35
西　藏	—	—	—	—	—
陕　西	42. 43	62. 71	80. 27	68. 53	50. 81
甘　肃	9. 76	14. 62	19. 06	16. 85	23. 47
青　海	3. 10	4. 26	7. 66	6. 07	3. 68
宁　夏	12. 51	15. 88	16. 03	14. 53	12. 84
新　疆	26. 22	37. 91	37. 04	41. 93	38. 20

数据来源：财政部。

表 2－18　　2012—2016 年全国各地区土地增值税收入情况

单位：亿元

类　别	2012 年	2013 年	2014 年	2015 年	2016 年
地方合计	**2719.06**	**3293.91**	**3914.68**	**3832.18**	**4212.19**
北　京	132.07	187.24	214.33	174.86	177.34
天　津	58.79	81.89	117.04	139.99	120.41
河　北	69.72	100.38	116.09	118.58	138.74
辽　宁	190.38	190.21	177.57	46.14	60.08
上　海	233.10	197.37	266.18	253.31	334.25
江　苏	317.17	405.79	444.89	437.01	480.58
浙　江	149.73	186.53	205.72	210.16	234.55
福　建	136.00	182.28	213.37	196.43	215.87
山　东	145.21	205.91	257.74	259.51	293.15
广　东	408.01	417.51	505.90	576.75	681.58
海　南	41.84	56.01	75.22	75.55	90.29
山　西	15.33	24.74	30.92	29.57	31.62
吉　林	35.88	40.41	48.47	36.15	34.15
黑龙江	41.53	49.37	65.40	63.46	53.31
安　徽	70.06	91.15	96.67	90.42	104.83
江　西	52.28	80.25	113.84	128.84	118.75
河　南	70.35	97.03	132.51	139.43	144.83
湖　北	92.66	137.39	174.07	187.76	201.55
湖　南	58.71	74.39	76.75	84.20	96.48
内蒙古	35.00	49.04	51.29	39.89	40.06
广　西	59.30	65.16	68.30	57.09	62.58
重　庆	79.06	80.73	96.22	94.36	102.77
四　川	96.78	127.40	150.53	149.14	143.98
贵　州	19.07	29.41	64.64	86.57	95.01
云　南	43.80	46.10	43.86	56.34	42.63
西　藏	0.34	0.64	1.06	1.08	1.62
陕　西	37.03	46.01	50.07	40.86	34.89
甘　肃	6.76	10.16	14.35	16.97	23.58
青　海	1.43	1.72	3.14	3.53	3.26
宁　夏	5.91	5.85	6.15	6.61	7.76
新　疆	15.77	25.86	32.40	31.60	41.69

数据来源：财政部。

表 2－19　　2012—2016 年全国各地区耕地占用税收入情况

单位：亿元

类　别	2012 年	2013 年	2014 年	2015 年	2016 年
地方合计	1620.71	1808.23	2059.05	2097.21	2028.89
北　京	10.27	9.00	4.69	4.54	3.34
天　津	15.55	16.20	11.51	10.41	8.02
河　北	48.25	42.03	49.12	49.37	67.24
辽　宁	225.20	239.92	203.89	15.07	14.97
上　海	12.04	12.13	14.48	7.26	4.62
江　苏	57.96	42.91	34.74	31.76	26.63
浙　江	64.73	58.70	63.24	62.51	82.65
福　建	30.90	28.57	33.67	28.13	16.43
山　东	153.59	205.07	255.42	251.52	217.30
广　东	69.67	80.43	86.35	95.38	76.67
海　南	14.55	14.59	13.68	12.74	12.23
山　西	8.95	13.82	20.30	11.43	11.75
吉　林	59.63	66.13	56.98	63.21	61.11
黑龙江	17.91	20.64	22.74	18.57	21.50
安　徽	50.61	38.98	35.76	45.12	68.38
江　西	71.76	69.82	76.83	86.30	86.04
河　南	78.15	102.62	125.31	184.74	184.34
湖　北	69.29	80.39	107.32	116.42	115.60
湖　南	64.72	78.19	75.72	59.83	63.36
内蒙古	65.83	89.48	201.21	282.44	262.01
广　西	90.68	91.79	104.18	128.25	122.07
重　庆	52.86	36.93	38.26	48.80	48.67
四　川	80.84	87.42	107.95	121.96	118.36
贵　州	71.38	97.94	122.03	146.26	146.15
云　南	67.01	76.03	55.35	67.06	61.28
西　藏	0.15	0.29	0.34	1.32	1.72
陕　西	44.25	63.58	78.72	71.55	54.75
甘　肃	2.33	4.11	4.88	5.46	5.52
青　海	0.93	3.54	4.52	9.24	5.64
宁　夏	3.13	3.39	3.71	10.93	7.33
新　疆	17.58	33.61	46.16	49.62	53.21

数据来源：财政部。

表 2－20　　2012—2016 年全国各地区城镇土地使用税收入情况

单位：亿元

类　别	2012 年	2013 年	2014 年	2015 年	2016 年
地方合计	1541.71	1718.77	1992.62	2142.04	2255.74
北　京	16.26	16.34	17.76	17.88	19.18
天　津	17.21	22.75	25.19	25.07	23.47
河　北	58.12	62.42	104.04	106.84	101.65
辽　宁	221.92	246.28	248.05	125.41	125.21
上　海	31.81	30.77	34.69	37.44	42.97
江　苏	149.25	163.44	176.06	180.06	185.12
浙　江	105.40	102.45	121.04	132.86	134.13
福　建	21.69	45.01	38.34	37.59	36.13
山　东	211.69	229.16	264.69	358.75	393.74
广　东	110.07	129.30	151.00	143.69	133.60
海　南	12.94	11.81	20.71	30.97	21.52
山　西	27.47	33.84	40.40	36.02	34.18
吉　林	31.61	27.64	33.07	30.60	28.69
黑龙江	47.42	47.65	49.65	61.41	57.94
安　徽	66.75	71.22	100.38	133.05	141.87
江　西	25.17	31.95	40.62	44.12	46.26
河　南	75.61	80.25	95.90	102.81	104.77
湖　北	30.65	36.25	44.92	50.33	52.53
湖　南	26.39	31.99	35.17	53.59	58.89
内蒙古	67.47	85.52	86.74	93.20	122.03
广　西	12.89	16.00	23.45	26.05	26.14
重　庆	30.77	44.21	63.36	121.31	139.14
四　川	50.75	54.05	61.11	64.64	65.10
贵　州	14.38	16.18	18.44	27.91	30.12
云　南	19.28	21.28	23.98	25.04	30.39
西　藏	0.58	0.25	0.16	0.17	0.20
陕　西	22.66	22.55	28.07	28.34	27.69
甘　肃	13.68	14.46	16.06	18.84	19.20
青　海	2.41	2.89	3.75	4.19	5.70
宁　夏	7.70	8.62	10.00	9.01	8.68
新　疆	11.73	12.25	15.83	14.85	39.50

数据来源：财政部。

表 2－21

2013—2017 年中国地方财政收入和土地出让金比较

单位：亿元,%

类　别	地方财政收入	增　幅	土地出让金	增　幅	出让金收入占地方财政收入比重
2013 年	69011	13. 0	41266	44. 7	59. 8
2014 年	75877	9. 9	42606	3. 2	56. 2
2015 年	83002	9. 4	32546	－23. 6	39. 2
2016 年	87239	5. 1	37479	15. 2	43. 0
2017 年	91448	4. 8	52059	38. 9	56. 9

数据来源：财政部。

四、人口和建设用地数据

表 2－22

2012—2016 年中国建设用地供应情况

单位：万公顷，万亿

类　别	2012 年	2013 年	2014 年	2015 年	2016 年
国有建设用地供应面积	71. 1	73. 1	61. 0	53. 36	51. 80
#住宅用地	11. 5	13. 8	10. 2	8. 26	7. 29
#商服用地	5. 1	6. 5	4. 9	3. 71	3. 46
#工矿仓储用地	20. 7	21. 0	14. 7	12. 48	12. 08
#其他用地	33. 9	31. 7	31. 1	28. 91	28. 97
国有建设用地出让面积	32. 3	36. 7	27. 2	22. 14	20. 82
国有建设用地合同价款	2. 7	4. 2	3. 3	2. 98	3. 56

数据来源：国土资源部。

表 2－23

2012—2016 年全国城市数量及人口、面积情况

单位：万人，平方公里

年　份	城市个数	地级	县级	城区人口	城区暂住人口	城区面积	建成区面积	城市建设用地面积
2012	657	285	368	36989. 7	5237. 1	183039. 4	45565. 8	45750. 7
2013	658	286	368	37697. 1	5621. 1	183416. 1	47855. 3	47108. 5
2014	653	288	361	38576. 5	5951. 5	184098. 6	49772. 6	49982. 7
2015	656	291	361	39437. 8	6561. 5	191775. 5	52102. 3	51584. 1
2016	657	293	360	40299. 2	7414. 0	198178. 6	54331. 5	52761. 3

数据来源：住房和城乡建设部。

表 2－24　　2012—2016 年全国县城数量及人口、面积情况

单位：万人，平方公里

年　份	县个数	县城人口	县城暂住人口	县城面积	建成区面积	城市建设用地面积
2012	1624	13406	1514	94834	18740	17437
2013	1613	13701	1566	86225	19503	17935
2014	1596	14038	1615	79946	20111	18694
2015	1568	14017	1598	75204	20043	18718
2016	1537	13858	1583	72591	19467	18242

数据来源：住房和城乡建设部。

表 2－25　　2016 年全国各省、市、自治区城市人口和城市面积

单位：万人，平方公里

地区名称	市区面积	市区人口	市区暂住人口	城区面积	城区人口	城区暂住人口	建成区面积
全　国	**2154880**	**75481. 6**	**11042. 3**	**198178. 59**	**40299. 17**	**7414. 01**	**54331. 47**
北　京	16410	2172. 9	—	16410. 00	1879. 60	—	1419. 66
天　津	11760	1044. 4	316. 0	2583. 28	719. 20	220. 89	1007. 91
河　北	41695	3279. 3	223. 0	6613. 44	1628. 57	129. 71	2056. 45
辽　宁	68582	3066. 4	213. 1	15148. 08	2076. 05	174. 13	2798. 20
上　海	6341	2419. 7	—	6340. 50	2419. 70	—	998. 75
江　苏	67019	5650. 1	875. 8	15277. 57	2802. 05	340. 41	4299. 26
浙　江	54573	3395. 2	1480. 0	11311. 75	1578. 27	750. 63	2673. 33
福　建	46501	2113. 8	754. 4	4440. 87	903. 96	321. 03	1469. 16
山　东	90263	5852. 2	533. 1	22424. 21	2974. 35	393. 84	4795. 47
广　东	96641	7920. 3	2199. 7	17086. 28	3831. 21	1624. 17	5808. 12
海　南	17397	599. 3	99. 3	1428. 18	209. 14	83. 61	320. 98
山　西	28748	1652. 3	172. 5	2893. 26	1019. 40	111. 41	1157. 63
吉　林	106595	1961. 3	129. 5	5111. 52	1029. 35	110. 95	1425. 83
黑龙江	199227	2242. 5	133. 8	2735. 61	1325. 69	108. 84	1810. 17
安　徽	39427	2501. 4	389. 4	6100. 40	1179. 35	337. 77	2001. 68
江　西	39811	1963. 4	163. 6	2369. 32	972. 69	120. 28	1370. 95
河　南	46235	4215. 8	513. 2	4822. 78	2013. 39	425. 01	2544. 27
湖　北	87016	4079. 8	412. 2	8334. 17	1745. 76	317. 35	2248. 94
湖　南	48746	2663. 8	210. 2	4373. 14	1408. 30	132. 31	1625. 64
内蒙古	147096	982. 3	224. 1	4871. 72	685. 28	202. 14	1241. 59
广　西	66001	2324. 4	234. 1	5752. 04	875. 30	212. 31	1333. 80
重　庆	43263	2478. 5	428. 9	7438. 45	1102. 70	350. 30	1350. 66
四　川	81942	3943. 4	491. 2	7872. 65	1951. 39	332. 66	2615. 59
贵　州	29523	1224. 6	133. 5	3104. 81	577. 89	99. 62	844. 56
云　南	84279	1629. 9	130. 6	3127. 68	846. 56	90. 26	1131. 34
西　藏	31334	128. 5	88. 2	449. 83	69. 43	48. 62	145. 18
陕　西	40082	1594. 1	89. 5	2334. 76	924. 93	65. 03	1127. 35
甘　肃	87362	893. 4	147. 6	1580. 08	533. 29	110. 76	870. 42
青　海	166332	224. 0	23. 2	688. 15	168. 07	18. 39	197. 41

续表

地区名称	市区面积	市区人口	市区暂住人口	城区面积	城区人口	城区暂住人口	建成区面积
宁　夏	22931	342.9	61.4	2119.18	229.76	54.85	441.80
新　疆	241749	921.6	171.5	3034.88	618.54	126.73	1199.37

数据来源：住房和城乡建设部。

表 2－26　　2016 年全国各省、市、自治区城市建设用地面积

单位：万人，平方公里

地区名称	城市建设用地面积									本年征用土地面积	
	小计	居住用地	公共管理与公共服务用地	商业服务业设施用地	工业用地	物流仓储用地	道路交通设施用地	公用设施用地	绿地与广场用地		耕地
全　国	**52761.30**	**16373.91**	**4975.48**	**3775.90**	**10525.24**	**1617.31**	**7785.66**	**1998.63**	**5709.17**	**1713.62**	**775.76**
北　京	1463.79	420.91	174.88	135.13	263.32	51.51	270.85	31.71	115.48	15.72	8.67
天　津	961.65	258.55	78.40	69.30	231.21	66.01	138.03	26.47	93.68	20.32	8.79
河　北	1944.93	690.64	170.95	135.03	314.34	64.06	283.17	70.54	216.20	50.37	14.70
辽　宁	2718.20	839.15	182.60	195.17	711.73	71.90	379.62	64.65	273.38	28.18	16.66
上　海	1913.30	545.51	151.11	116.09	555.75	58.55	133.71	212.86	139.72	24.46	14.65
江　苏	4367.41	1307.34	369.14	347.68	1009.40	116.00	599.21	132.50	486.14	155.56	76.38
浙　江	2573.37	750.66	223.85	218.66	565.74	61.80	405.95	77.82	268.89	100.01	50.18
福　建	1365.57	457.22	142.40	102.62	237.21	34.77	205.31	51.45	134.59	90.14	23.33
山　东	4539.96	1373.97	482.62	312.51	997.09	143.46	578.22	151.35	500.74	114.08	48.18
广　东	5266.61	1573.23	425.66	341.20	1375.75	140.45	815.27	153.43	441.62	126.90	48.16
海　南	302.05	110.46	41.15	24.64	22.25	6.26	54.07	13.61	29.61	3.55	1.26
山　西	1129.04	343.65	129.37	71.76	174.67	38.92	173.59	81.89	115.19	19.47	13.83
吉　林	1379.46	494.67	105.48	89.82	274.71	45.85	201.39	57.93	109.61	68.10	34.34
黑龙江	1821.81	642.40	175.14	87.57	357.51	72.41	269.64	63.04	154.10	17.71	5.46
安　徽	1959.72	619.23	152.85	176.09	357.01	54.15	307.75	60.61	232.03	130.18	67.20
江　西	1279.29	381.88	140.41	98.37	240.05	28.81	197.06	46.48	146.23	60.56	26.05
河　南	2424.64	726.83	271.26	130.34	378.44	78.02	388.32	99.10	352.33	28.18	13.01
湖　北	2111.75	655.36	205.27	139.79	460.41	61.00	322.22	78.87	188.83	90.55	50.70
湖　南	1511.06	535.29	182.11	104.71	201.98	44.86	190.15	87.87	164.09	61.67	12.95
内蒙古	1146.87	333.86	100.15	93.63	165.33	39.91	221.25	37.70	155.04	28.38	11.93
广　西	1292.58	388.37	137.48	78.49	204.10	50.23	234.60	53.49	145.82	117.99	49.83
重　庆	1179.57	370.90	106.80	74.82	246.83	29.08	213.71	33.10	104.33	91.29	42.56
四　川	2468.48	769.88	240.80	189.68	441.83	64.41	383.90	74.43	303.55	79.32	40.49
贵　州	776.85	255.23	77.61	62.03	122.86	25.36	110.39	25.28	98.09	33.82	14.84
云　南	1027.24	377.72	112.21	90.66	111.20	29.99	136.25	33.06	136.15	34.65	15.15
西　藏	186.83	60.02	32.16	22.00	19.70	4.88	28.61	12.25	7.21	5.05	2.50
陕　西	1096.26	266.18	109.50	86.40	132.41	24.64	182.00	39.12	256.01	44.17	22.59
甘　肃	805.97	216.87	82.21	59.95	129.70	28.66	118.55	41.37	128.66	37.24	27.98
青　海	175.97	76.99	14.94	8.93	13.18	19.21	17.47	6.75	18.50	3.31	0.20
宁　夏	384.07	125.51	50.20	17.91	41.08	13.87	64.83	14.52	56.15	9.51	6.68
新　疆	1187.00	405.43	106.77	94.92	168.45	48.28	160.57	65.38	137.20	23.18	6.51

数据来源：住房和城乡建设部。

表 2－27

2016 年全国按城市分城市人口和面积

单位：万人、平方公里

城市名称	市区面积	市区人口	市区暂住人口	城区面积	城区人口	城区暂住人口	建成区面积
全　国	**2154880**	**75481.6**	**11042.3**	**198178.59**	**40299.17**	**7414.01**	**54331.47**
北　京	**16410**	**2172.9**	**—**	**16410.00**	**1879.60**	**—**	**1419.66**
天　津	**11760**	**1044.4**	**316.0**	**2583.28**	**719.20**	**220.89**	**1007.91**
河　北	**41695**	**3279.3**	**223.0**	**6613.44**	**1628.57**	**129.71**	**2056.45**
石家庄	2194	407.6	65.2	518.81	264.10	19.54	283.72
晋　州	619	56.2	0.8	90.78	13.26	0.22	14.83
新　乐	525	51.4	0.5	49.52	8.92	0.23	13.87
唐　山	3874	305.1	4.0	1230.20	193.98	4.00	249.00
遵　化	1523	80.0	3.2	85.80	21.62	2.68	26.00
迁　安	1227	77.0	3.7	128.10	24.60	1.90	43.50
秦皇岛	2132	146.2	23.2	170.75	97.66	13.51	131.45
邯　郸	2648	339.6	16.1	556.00	171.69	13.55	172.27
武　安	1806	83.9	1.8	95.00	24.01	0.71	34.50
邢　台	132	89.0	6.4	114.80	89.03	6.36	93.54
南　宫	863	50.6	1.7	53.50	14.12	0.70	15.73
沙　河	999	44.8	0.3	37.00	9.31	0.16	17.15
保　定	2565	284.6	19.2	344.93	142.67	18.42	187.44
涿　州	752	69.2	0.6	52.20	28.32	0.49	33.61
安　国	485	41.7	0.5	81.00	10.45	0.43	13.12
高碑店	620	57.3	1.1	36.80	12.78	0.95	20.58
白沟新城	54	5.8	3.2	54.35	5.39	3.19	17.90
张家口	4315	124.7	8.8	433.77	95.64	4.46	99.80
承　德	1253	59.9	4.1	718.34	53.36	4.01	117.36
沧　州	183	65.2	6.3	183.00	54.52	4.81	73.16
泊　头	1007	63.6	0.1	22.00	16.90	0.10	20.03
任　丘	1012	89.3	8.3	74.40	35.13	3.22	47.25
黄　骅	2202	59.1	5.4	200.00	14.65	5.25	36.50
河　间	1322	86.5	2.7	69.40	15.82	1.68	20.90
廊　坊	960	86.4	16.4	292.00	47.60	8.60	67.76
霸　州	784	65.0	2.2	79.00	14.16	1.22	17.60
三　河	643	65.2	5.0	169.00	19.60	2.10	19.31
衡　水	1510	78.3	5.3	401.40	55.78	4.07	75.59
深　州	1252	57.5	3.2	83.19	18.40	0.10	20.00

续表

城市名称	市区面积	市区人口	市区暂住人口	城区面积	城区人口	城区暂住人口	建成区面积
辛　集	951	63.8	2.5	137.10	16.20	1.75	30.18
定　州	1284	124.9	1.4	51.30	38.90	1.30	42.80
山　西	**28748**	**1652.3**	**172.5**	**2893.26**	**1019.40**	**111.41**	**1157.63**
太　原	1500	325.0	62.0	1000.00	310.00	58.00	340.00
古　交	1512	21.9	2.5	22.47	15.50	1.70	16.66
大　同	2080	158.8	6.6	130.20	120.87	4.90	125.20
阳　泉	652	71.5	1.5	55.97	55.53	1.49	55.97
长　治	334	74.0	5.9	76.20	70.43	5.63	59.30
潞　城	630	22.7	0.1	132.00	9.14	0.04	10.50
晋　城	2164	233.0	7.5	152.00	49.00	—	57.00
高　平	946	48.3	1.3	63.00	12.01	0.70	17.80
朔　州	4107	67.4	7.0	176.00	37.60	5.50	49.70
晋　中	1311	62.1	12.2	76.75	39.72	11.66	76.75
介　休	744	43.2	1.6	42.00	17.80	0.80	20.50
运　城	640	65.0	42.0	88.90	39.00	4.00	66.00
永　济	1221	45.0	0.2	214.34	16.90	0.20	23.04
河　津	593	38.8	1.3	107.80	20.70	1.30	28.82
忻　州	1982	54.8	2.8	183.00	27.45	2.55	36.00
原　平	2571	50.0	2.3	148.00	15.93	2.23	15.10
临　汾	1316	91.0	7.9	60.00	58.15	5.40	54.69
侯　马	220	25.1	0.6	20.43	15.89	0.57	20.43
霍　州	765	32.1	2.6	19.50	13.37	1.63	15.40
吕　梁	1339	33.1	3.2	50.20	25.46	1.69	25.80
孝　义	946	47.8	0.3	54.50	31.06	0.28	26.80
汾　阳	1175	41.8	1.1	20.00	17.89	1.14	16.17
内蒙古	**147096**	**982.3**	**224.1**	**4871.72**	**685.28**	**202.14**	**1241.59**
呼和浩特	2054	131.6	62.9	265.05	131.63	62.90	260.00
包　头	2965	223.7	61.5	885.00	136.30	53.06	201.35
乌　海	1754	51.2	14.0	67.17	44.46	10.54	62.30
赤　峰	7076	138.7	13.8	560.00	87.86	12.03	106.07
通　辽	3212	84.3	2.5	75.63	43.10	2.10	61.20
霍林郭勒	585	7.4	5.3	36.04	7.41	5.34	17.00
鄂尔多斯	2884	32.1	26.0	199.42	30.05	24.03	116.42
呼伦贝尔	1519	30.4	5.5	252.00	29.71	5.42	59.46

续表

城市名称	市区面积	市区人口	市区暂住人口	城区面积	城区人口	城区暂住人口	建成区面积
满洲里	732	17.2	4.0	732.44	17.21	4.01	27.06
牙克石	27590	33.6	0.0	39.00	13.26	—	27.70
扎兰屯	16800	42.6	1.7	385.00	13.12	0.28	19.20
额尔古纳	28000	8.1	0.2	303.00	3.66	0.02	10.38
根　河	19659	6.6	0.2	350.00	6.55	0.20	17.50
巴彦淖尔	2354	52.1	6.6	80.51	33.89	5.09	51.00
乌兰察布	420	31.7	4.4	60.00	25.67	4.12	60.00
丰　镇	2704	32.2	0.5	25.00	13.21	0.45	25.00
乌兰浩特	772	32.2	3.2	86.10	25.59	2.00	38.50
阿尔山	7409	4.8	1.9	15.40	3.33	1.45	11.40
二连浩特	4015	3.2	4.4	45.96	3.03	4.32	27.00
锡林浩特	14592	18.7	5.6	409.00	16.24	4.78	43.05
辽　宁	**68582**	**3066.4**	**213.1**	**15148.08**	**2076.05**	**174.13**	**2798.20**
沈　阳	4928	580.6	69.1	3572.28	470.84	65.37	588.26
新　民	3318	68.1	1.1	225.20	19.90	0.36	26.11
大　连	5463	380.7	32.1	1512.00	326.74	25.46	433.30
瓦房店	3794	93.6	8.3	167.50	28.79	4.50	35.80
庄　河	4086	84.8	3.0	239.00	32.15	2.19	42.80
鞍　山	792	149.8	5.8	625.60	131.30	5.80	172.05
海　城	2581	107.9	6.3	104.00	21.28	2.15	36.40
抚　顺	1410	140.5	2.4	605.50	129.12	1.60	139.34
本　溪	1518	92.5	4.0	1518.00	87.80	3.60	109.00
丹　东	874	78.0	6.9	226.11	60.81	5.12	77.14
东　港	2445	60.5	2.3	126.00	13.94	1.70	22.00
凤　城	5513	56.7	2.2	329.33	17.60	2.20	21.00
锦　州	728	94.3	10.4	436.00	83.90	10.40	88.30
凌　海	2586	51.4	1.1	136.74	12.28	0.77	21.03
北　镇	1782	52.6	1.6	78.80	14.76	1.37	14.90
营　口	702	96.9	3.7	529.49	85.72	2.98	188.80
盖　州	2930	69.8	0.6	150.00	22.82	0.29	29.45
大石桥	1610	69.8	4.7	150.00	28.93	1.13	43.16
阜　新	490	76.4	0.8	448.00	76.40	0.80	76.50
辽　阳	1111	87.0	5.7	728.19	74.17	4.32	105.27
灯　塔	1166	44.4	2.0	127.00	10.90	1.24	13.87

续表

城市名称	市区面积	市区人口	市区暂住人口	城区面积	城区人口	城区暂住人口	建成区面积
盘　锦	1668	84.5	19.0	664.02	82.02	11.67	192.34
铁　岭	675	54.1	5.2	216.15	40.00	5.13	56.81
调兵山	263	23.1	0.3	23.97	20.09	0.30	18.95
开　原	2828	57.9	3.7	150.46	18.20	3.59	27.91
朝　阳	1171	65.5	5.7	570.00	57.80	5.70	57.08
北　票	4469	57.4	0.3	183.00	18.30	0.20	18.40
凌　源	3263	63.4	1.5	462.24	21.41	1.29	24.93
葫芦岛	2301	70.1	1.8	575.00	49.74	1.80	87.30
兴　城	2118	54.1	1.5	268.50	18.34	1.10	30.00
吉　林	**106595**	**1961.3**	**129.5**	**5111.52**	**1029.35**	**110.95**	**1425.83**
长　春	8164	427.9	51.3	1855.00	307.63	48.69	519.04
榆　树	4724	135.5	8.4	109.00	23.95	5.70	23.41
德　惠	3435	93.5	3.1	124.83	25.00	2.00	31.00
吉　林	1995	181.9	2.2	498.75	126.14	1.46	189.04
蛟　河	6429	47.5	1.4	27.50	14.60	—	19.91
桦　甸	6626	44.8	3.0	192.00	15.50	0.69	19.50
舒　兰	4557	67.2	3.1	180.00	11.21	2.11	25.00
磐　石	3960	55.8	0.6	25.00	12.90	0.60	23.80
四　平	1112	58.1	8.4	118.11	58.00	8.36	58.94
双　辽	3121	40.6	1.5	149.20	12.60	1.50	21.50
辽　源	442	46.6	2.2	46.30	46.62	2.15	46.30
通　化	745	44.1	2.2	64.75	44.09	2.22	54.81
集　安	3341	21.9	0.3	44.89	8.02	0.25	8.71
白　山	2736	56.4	3.4	388.11	37.20	2.84	47.35
临　江	2989	16.0	0.5	176.73	9.53	0.35	10.05
松　原	1327	59.8	3.2	81.80	46.32	3.21	50.80
扶　余	4673	78.9	2.5	17.20	10.08	2.50	13.57
白　城	2569	49.3	2.0	67.50	27.22	1.00	43.18
洮　南	5154	53.0	1.3	54.00	15.80	0.50	23.00
大　安	4879	43.0	0.9	200.00	15.18	0.70	19.19
延　吉	1748	54.5	9.0	40.66	46.65	7.71	35.50
图　们	1143	11.6	0.6	15.00	7.98	0.19	11.01
敦　化	11957	48.4	1.4	116.00	23.14	0.96	30.80
珲　春	5145	22.8	2.9	125.39	17.64	2.46	17.89

续表

城市名称	市区面积	市区人口	市区暂住人口	城区面积	城区人口	城区暂住人口	建成区面积
龙　井	2208	18.0	0.3	31.05	12.00	0.30	12.00
和　龙	5069	18.0	0.5	145.00	10.00	0.27	12.55
公主岭	4173	105.7	3.4	137.75	26.04	2.06	32.58
梅河口	2174	60.5	10.2	80.00	18.31	10.17	25.40
黑龙江	**199227**	**2242.5**	**133.8**	**2735.61**	**1325.69**	**108.84**	**1810.17**
哈尔滨	10198	551.1	69.1	460.68	421.95	57.91	435.28
尚　志	8825	64.1	1.0	152.00	13.19	0.26	18.30
五　常	7512	91.7	0.2	100.55	13.75	0.05	26.50
齐齐哈尔	4377	135.9	2.1	140.81	108.00	0.40	140.81
讷　河	6651	69.9	0.4	20.00	9.62	0.41	11.17
鸡　西	2300	83.2	1.9	80.61	70.28	1.88	80.61
虎　林	9334	15.4	0.2	148.90	7.07	0.10	10.78
密　山	7731	34.1	0.2	87.38	12.01	0.10	19.36
鹤　岗	4551	64.9	0.9	85.00	54.18	0.82	53.22
双鸭山	1760	48.0	0.6	118.00	47.20	0.60	58.00
大　庆	5107	136.8	32.2	321.14	114.54	31.31	246.48
伊　春	19459	81.0	1.8	182.78	75.76	0.92	156.95
铁　力	6440	37.0	0.2	21.40	12.05	0.10	16.50
佳木斯	1074	77.5	0.5	96.98	59.40	0.50	96.98
同　江	6300	17.7	4.2	15.00	5.64	1.55	10.30
富　锦	8227	42.2	0.3	17.90	12.10	0.25	16.20
抚　远	6262	11.4	0.4	12.60	4.20	0.05	6.43
七台河	3646	57.4	4.7	191.80	37.64	3.40	67.60
牡丹江	2675	87.8	0.7	92.68	73.00	0.70	82.24
海　林	8711	28.0	0.2	24.25	10.00	0.04	17.34
宁　安	7924	43.5	1.0	13.50	7.20	0.28	11.22
穆　棱	6187	28.5	0.4	10.44	7.62	0.26	10.44
绥芬河	421	7.1	3.1	27.59	6.42	2.42	27.35
东　宁	7139	23.5	0.3	19.29	8.12	0.09	14.70
黑　河	14446	19.9	1.7	27.88	13.74	0.80	20.00
北　安	7194	44.3	0.3	57.31	13.17	0.09	23.13
五大连池	9874	34.2	0.4	10.00	3.98	0.35	5.62
绥　化	2743	83.1	3.0	92.77	35.20	1.50	45.00
安　达	3586	53.0	0.5	25.10	22.89	0.40	25.10

续表

城市名称	市区面积	市区人口	市区暂住人口	城区面积	城区人口	城区暂住人口	建成区面积
肇　东	3905	92.5	0.5	48.77	31.00	0.50	36.00
海　伦	4667	78.2	0.8	32.50	14.77	0.80	20.56
上　海	**6341**	**2419.7**	**—**	**6340.50**	**2419.70**	**—**	**998.75**
江　苏	**67019**	**5650.1**	**875.8**	**15277.57**	**2802.05**	**340.41**	**4299.26**
南　京	6589	662.8	40.3	4226.41	590.60	36.60	773.79
无　锡	1644	253.3	43.8	1261.26	215.98	35.07	332.01
江　阴	988	124.7	43.2	198.00	34.33	3.14	125.00
宜　兴	1997	108.3	28.5	542.78	47.96	2.95	80.87
徐　州	3040	316.2	12.5	604.78	176.82	6.07	261.01
新　沂	1571	114.2	4.9	120.00	32.14	3.20	36.09
邳　州	2088	193.9	3.2	124.00	36.48	1.67	46.47
常　州	2838	294.9	57.0	772.51	154.75	32.93	261.17
溧　阳	1535	80.0	8.3	113.19	21.45	0.41	29.00
苏　州	2827	349.1	101.8	1523.88	263.06	49.17	461.65
常　熟	1264	106.9	88.2	349.40	41.16	0.75	98.00
张家港	998	92.7	53.3	172.52	36.78	1.27	51.20
昆　山	928	82.4	88.5	148.30	42.51	2.63	72.00
太　仓	810	48.3	8.6	147.97	20.32	3.52	50.54
南　通	1706	213.7	62.7	398.00	114.71	49.58	215.62
启　东	1208	112.0	16.8	50.00	22.30	1.80	30.00
如　皋	1477	143.2	3.0	108.16	31.45	1.32	39.16
海　门	1149	100.1	13.9	60.00	28.56	3.75	27.68
连云港	2602	231.7	15.0	718.50	100.00	5.16	214.00
淮　安	4531	335.7	31.9	309.69	131.51	30.33	178.50
盐　城	5131	243.3	24.9	608.76	121.43	14.31	147.91
东　台	3221	112.9	8.7	128.50	30.00	3.10	36.40
扬　州	2358	232.5	20.8	415.34	104.71	11.92	148.96
仪　征	853	59.6	2.7	67.70	21.01	0.20	39.27
高　邮	1922	81.5	1.9	135.00	21.44	0.78	27.00
镇　江	1082	103.4	19.7	555.43	79.52	9.51	139.30
丹　阳	1047	81.2	26.9	154.22	30.81	5.45	33.76
扬　中	332	28.2	3.5	94.75	14.24	2.16	14.33
句　容	1387	59.2	1.2	92.80	15.73	1.14	27.01
泰　州	1567	164.0	17.6	441.44	83.88	10.41	114.60

续表

城市名称	市区面积	市区人口	市区暂住人口	城区面积	城区人口	城区暂住人口	建成区面积
兴　化	2393	158.3	3.7	64.00	20.20	1.80	38.60
靖　江	656	66.7	10.2	143.00	21.07	3.16	33.62
泰　兴	1174	119.3	4.6	74.64	25.54	1.70	28.70
宿　迁	2108	176.1	4.2	352.64	69.60	3.45	86.04
浙　江	**54573**	**3395.2**	**1480.0**	**11311.75**	**1578.27**	**750.63**	**2673.33**
杭　州	4876	529.5	370.5	1484.96	339.82	223.09	541.38
建　德	2364	51.0	5.0	85.00	11.76	1.93	10.60
临　安	3124	53.2	16.5	242.00	17.41	12.61	19.60
宁　波	3732	284.2	184.6	1097.00	178.85	105.72	330.75
余　姚	1527	83.8	11.0	355.00	39.03	6.04	50.54
慈　溪	1361	104.9	40.0	270.48	41.86	10.19	45.60
温　州	1311	168.1	56.9	828.03	149.95	55.07	241.40
瑞　安	1350	123.5	45.2	111.40	21.23	7.83	22.60
乐　清	1385	129.6	58.7	287.73	33.79	17.50	22.61
嘉　兴	1043	94.0	86.2	228.72	46.60	47.51	118.90
海　宁	863	68.2	28.5	149.90	17.28	4.40	50.50
平　湖	537	49.4	27.5	152.12	19.40	15.03	38.60
桐　乡	727	69.3	47.4	189.50	22.70	3.10	48.50
湖　州	1572	112.9	53.8	640.69	53.50	38.00	106.00
绍　兴	2942	219.8	118.3	497.04	98.52	51.74	203.90
诸　暨	2311	108.2	34.0	346.62	23.62	12.17	43.90
嵊　州	1790	73.0	9.8	214.70	23.37	8.05	41.40
金　华	2049	96.8	59.8	386.11	56.03	22.99	97.91
兰　溪	1311	66.5	6.1	206.30	18.51	3.03	36.15
义　乌	1105	78.2	50.5	419.44	45.67	36.09	103.00
东　阳	1739	84.0	47.8	373.00	31.61	9.84	40.02
永　康	1049	60.2	26.9	134.80	17.19	7.05	37.52
衢　州	2354	85.1	12.9	200.10	29.76	6.14	71.30
江　山	2019	61.4	2.3	141.25	13.40	2.00	17.50
舟　山	1028	71.1	12.3	579.99	50.60	12.28	63.12
台　州	1536	158.4	20.9	749.98	98.39	5.06	139.80
温　岭	836	121.7	8.8	121.90	25.26	3.98	35.21
临　海	2171	120.0	16.1	360.00	29.30	2.10	44.82
丽　水	1502	40.6	20.3	266.13	16.21	18.99	35.40

续表

城市名称	市区面积	市区人口	市区暂住人口	城区面积	城区人口	城区暂住人口	建成区面积
龙　泉	3059	29.1	1.5	191.86	7.65	1.10	14.80
安　徽	**39427**	**2501.4**	**389.4**	**6100.40**	**1179.35**	**337.77**	**2001.68**
合　肥	1312	259.8	195.7	1126.61	211.04	189.27	460.00
巢　湖	2031	88.9	3.0	48.00	32.10	1.20	48.00
芜　湖	1395	147.8	32.8	721.70	104.06	31.75	172.00
蚌　埠	957	115.0	17.2	365.48	80.69	15.00	145.00
淮　南	1736	185.9	1.2	486.96	108.46	0.96	110.09
马鞍山	704	82.5	19.2	175.84	58.83	15.11	95.20
淮　北	754	105.3	7.0	210.00	67.97	6.58	85.20
铜　陵	1201	73.8	8.6	205.60	44.12	7.54	81.32
安　庆	821	74.1	18.1	311.50	65.88	5.05	89.86
桐　城	1571	75.6	0.8	91.56	16.49	0.58	26.70
黄　山	2377	51.4	5.2	461.80	34.33	4.24	67.43
滁　州	1404	54.1	9.1	282.60	38.16	6.70	85.34
天　长	1770	64.3	7.1	33.00	14.51	5.81	29.80
明　光	2335	64.5	1.5	40.00	14.83	1.38	25.40
阜　阳	1924	226.4	3.8	338.87	76.41	3.34	123.78
界　首	667	81.7	0.5	77.95	18.23	0.34	20.79
宿　州	2868	190.5	10.6	164.51	49.11	8.20	79.00
六　安	3834	202.0	25.6	166.12	43.80	16.50	76.20
亳　州	2226	166.0	3.5	86.90	31.00	3.20	62.24
池　州	2432	66.8	3.2	252.93	27.25	3.20	36.93
宣　城	2621	86.4	12.5	131.77	26.45	9.26	55.00
宁　国	2487	38.5	3.2	320.70	15.63	2.56	26.40
福　建	**46501**	**2113.8**	**754.4**	**4440.87**	**903.96**	**321.03**	**1469.16**
福　州	1786	203.1	72.3	1043.00	194.69	54.56	265.33
福　清	2030	134.8	27.9	224.50	31.80	2.73	50.00
长　乐	658	72.6	1.2	176.37	22.38	0.70	23.10
厦　门	1699	220.6	299.5	351.32	186.68	138.93	334.64
莆　田	2284	229.8	44.5	244.00	53.30	12.30	89.88
三　明	1178	28.4	1.1	220.00	21.18	1.03	38.70
永　安	2942	33.0	9.0	300.00	13.50	3.70	24.62
泉　州	892	243.5	57.5	539.00	101.70	32.70	214.00
石　狮	160	33.2	39.0	48.00	14.32	20.70	37.50

续表

城市名称	市区面积	市区人口	市区暂住人口	城区面积	城区人口	城区暂住人口	建成区面积
晋　江	649	113.2	117.0	60.00	21.65	11.85	38.00
南　安	2036	161.3	36.5	130.00	22.40	6.10	34.81
漳　州	401	60.4	12.5	95.24	41.86	9.65	67.25
龙　海	1128	83.4	5.3	27.00	19.62	1.11	22.85
南　平	6045	84.9	8.2	199.51	29.41	5.91	41.24
邵　武	2837	30.9	2.8	95.00	9.61	1.86	19.50
武夷山	2798	23.3	0.7	135.10	8.78	0.53	10.00
建　瓯	4233	55.5	3.5	35.00	10.50	3.30	15.00
龙　岩	4901	100.6	0.8	200.00	41.30	0.62	61.65
漳　平	2958	29.7	2.0	45.00	12.48	1.41	15.00
宁　德	1537	44.6	7.5	107.50	18.55	7.15	32.10
福　安	1880	67.1	4.0	41.33	13.10	2.83	14.79
福　鼎	1470	59.9	1.5	124.00	15.15	1.36	19.20
江　西	**39811**	**1963.4**	**163.6**	**2369.32**	**972.69**	**120.28**	**1370.95**
南　昌	3095	303.0	34.0	358.90	243.74	30.42	317.30
景德镇	580	47.5	4.5	198.50	40.99	4.49	86.00
乐　平	1974	90.0	0.3	49.21	16.98	0.21	24.88
萍　乡	1065	91.0	3.2	85.70	43.15	3.20	50.87
九　江	699	71.0	6.5	109.95	65.19	3.10	106.75
瑞　昌	1423	48.3	0.7	23.67	19.13	0.63	20.00
共青城	181	15.6	7.8	15.00	5.34	1.24	15.00
庐　山	780	29.1	1.5	12.00	6.70	1.20	10.80
新　余	1789	90.4	1.9	230.00	45.67	1.86	78.44
鹰　潭	138	23.9	1.0	74.00	22.26	0.63	39.00
贵　溪	2480	64.0	1.7	90.00	12.03	0.90	31.56
赣　州	5366	228.1	55.8	328.24	111.58	40.00	166.10
瑞　金	2449	70.4	1.3	108.00	35.60	1.31	28.32
吉　安	1382	62.2	6.6	230.00	39.33	6.51	56.43
井冈山	1298	17.0	3.3	8.90	2.90	1.70	8.90
宜　春	2532	111.8	13.2	88.00	44.24	13.16	70.00
丰　城	2845	147.4	0.4	62.60	37.02	0.09	51.30
樟　树	1291	61.1	0.2	46.34	25.19	0.15	28.50
高　安	2439	88.7	5.1	52.00	24.50	1.21	31.94
抚　州	2153	122.3	3.3	85.30	58.04	3.30	60.10

续表

城市名称	市区面积	市区人口	市区暂住人口	城区面积	城区人口	城区暂住人口	建成区面积
上　饶	1770	146. 9	11. 3	92. 01	66. 44	4. 94	77. 76
德　兴	2082	33. 7	0. 2	21. 00	6. 67	0. 03	11. 00
山　东	**90263**	**5852. 2**	**533. 1**	**22424. 21**	**2974. 35**	**393. 84**	**4795. 47**
济　南	5112	473. 3	8. 2	1575. 87	329. 24	5. 97	447. 69
青　岛	3231	378. 6	147. 2	2294. 09	298. 94	142. 68	599. 32
胶　州	1324	83. 8	—	504. 10	42. 28	—	56. 09
即　墨	1780	115. 8	5. 9	612. 89	55. 28	1. 48	59. 69
平　度	3167	139. 0	6. 2	719. 90	46. 44	1. 27	61. 60
莱　西	1568	74. 2	2. 8	448. 09	29. 99	2. 76	34. 29
淄　博	2989	288. 0	20. 3	678. 69	165. 80	7. 82	270. 63
枣　庄	3076	241. 8	6. 2	349. 46	95. 26	4. 32	151. 20
滕　州	1496	171. 5	3. 0	107. 50	36. 43	2. 36	57. 06
东　营	5525	109. 9	23. 5	1388. 20	71. 80	14. 15	151. 15
烟　台	2722	187. 8	33. 0	912. 31	151. 33	31. 02	330. 12
龙　口	901	63. 7	4. 2	104. 00	26. 92	1. 80	43. 00
莱　阳	1732	86. 9	0. 5	265. 49	36. 26	0. 50	42. 15
莱　州	1878	85. 0	5. 0	368. 20	33. 00	5. 00	45. 00
蓬　莱	1129	44. 9	3. 4	158. 60	15. 95	1. 73	25. 53
招　远	1433	56. 6	1. 8	138. 00	19. 26	1. 04	32. 50
栖　霞	2016	61. 0	6. 7	32. 00	13. 75	4. 00	17. 10
海　阳	1887	65. 4	1. 5	262. 00	24. 30	1. 50	34. 44
潍　坊	2006	189. 8	4. 4	1186. 54	126. 54	3. 58	179. 34
青　州	1569	94. 4	4. 6	300. 00	31. 75	1. 30	51. 50
诸　城	2151	111. 0	13. 1	501. 40	46. 05	2. 63	50. 40
寿　光	1990	108. 5	12. 2	328. 30	32. 79	2. 46	39. 80
安　丘	1712	96. 2	3. 2	362. 00	34. 82	1. 86	60. 96
高　密	1527	89. 3	3. 9	198. 00	27. 15	2. 95	52. 75
昌　邑	1628	58. 6	1. 9	120. 00	14. 76	0. 74	25. 00
济　宁	1648	184. 8	20. 2	883. 87	139. 53	15. 21	198. 75
曲　阜	815	64. 8	4. 5	66. 00	18. 80	2. 60	27. 00
邹　城	1616	119. 6	3. 1	97. 86	31. 00	2. 10	48. 00
泰　安	2087	162. 4	21. 8	587. 63	80. 39	20. 60	154. 60
新　泰	1933	142. 8	1. 1	496. 47	52. 00	1. 00	69. 50
肥　城	1277	99. 2	0. 2	137. 10	26. 50	0. 20	39. 84

续表

城市名称	市区面积	市区人口	市区暂住人口	城区面积	城区人口	城区暂住人口	建成区面积
威　海	2607	133.6	36.4	630.73	79.34	15.22	192.77
荣　成	1526	66.7	15.4	491.70	35.05	3.80	53.10
乳　山	1665	55.6	10.3	140.60	16.04	3.35	33.74
日　照	2043	135.6	17.6	403.70	65.01	15.15	103.70
莱　芜	2246	129.1	5.8	614.14	59.90	2.90	120.00
临　沂	2657	287.4	32.4	1277.63	175.52	31.61	219.70
德　州	1752	123.6	8.5	602.00	79.64	8.49	154.13
乐　陵	1168	71.5	0.6	100.00	25.15	0.50	33.00
禹　城	990	53.8	0.4	60.00	18.10	0.26	36.00
聊　城	1710	125.3	13.3	412.69	74.01	12.35	101.26
临　清	950	82.1	0.4	262.00	31.98	0.26	28.60
滨　州	3763	108.4	17.1	799.90	76.49	12.72	138.82
菏　泽	2261	231.2	1.4	444.56	83.81	0.60	124.65
河　南	**46235**	**4215.8**	**513.2**	**4822.78**	**2013.39**	**425.01**	**2544.27**
郑　州	1010	496.8	251.5	423.84	344.93	251.52	422.35
巩　义	1041	84.1	3.1	36.00	31.40	1.27	31.50
荥　阳	908	69.6	6.0	25.35	14.35	1.34	23.45
新　密	1001	89.3	—	78.22	16.10	—	25.60
新　郑	887	79.8	29.3	34.30	20.10	5.90	33.20
登　封	1219	72.9	5.8	58.79	15.80	4.67	23.50
开　封	1837	116.6	6.5	192.25	98.65	6.50	129.93
洛　阳	594	215.4	45.2	331.42	203.13	33.80	216.37
偃　师	948	89.6	2.0	21.00	17.40	1.18	19.50
平顶山	443	112.4	2.5	260.03	93.12	1.90	73.40
舞　钢	635	32.7	0.4	68.03	12.09	0.20	16.41
汝　州	1573	116.0	1.3	136.50	31.30	1.20	36.83
安　阳	544	117.9	2.0	153.00	72.58	0.52	82.00
林　州	2046	114.3	3.0	38.00	18.90	1.83	23.58
鹤　壁	679	64.6	2.7	130.42	45.41	1.80	64.12
新　乡	346	115.6	0.3	140.00	76.96	0.14	118.29
卫　辉	862	54.8	0.0	45.00	14.81	0.04	21.49
辉　县	2007	90.5	3.5	116.50	20.23	1.88	21.91
焦　作	544	95.6	4.6	140.00	78.40	—	113.30
沁　阳	624	54.2	0.7	34.00	13.94	0.47	19.60

续表

城市名称	市区面积	市区人口	市区暂住人口	城区面积	城区人口	城区暂住人口	建成区面积
孟　州	542	38.4	0.4	113.37	14.87	0.40	16.00
濮　阳	263	73.2	3.3	153.56	54.40	2.64	59.00
许　昌	1099	118.0	17.9	97.00	42.28	12.63	95.00
禹　州	1461	130.4	16.4	52.26	28.74	14.50	45.61
长　葛	650	77.2	0.5	75.55	19.15	0.35	26.00
漯　河	1020	137.4	1.7	106.82	58.00	0.65	67.00
三门峡	1948	57.5	7.5	73.00	45.40	5.28	56.00
义　马	112	16.9	0.8	112.00	16.94	0.75	17.72
灵　宝	3011	75.7	3.1	29.00	17.54	1.03	23.00
南　阳	2145	212.5	48.7	640.77	125.61	39.81	150.14
邓　州	2294	182.2	9.6	40.00	31.98	4.85	33.00
商　丘	1697	155.5	3.6	103.00	96.33	0.10	63.00
永　城	1994	155.0	3.8	81.29	39.97	3.10	43.80
信　阳	3604	155.0	2.8	259.51	54.00	2.60	94.00
周　口	269	56.1	5.4	100.00	34.96	4.22	70.20
项　城	1083	135.0	0.6	60.00	30.16	—	33.00
驻马店	1365	85.6	4.2	185.00	44.00	3.40	80.40
济　源	1931	72.0	12.5	78.00	19.46	12.54	55.07
湖　北	**87016**	**4079.8**	**412.2**	**8334.17**	**1745.76**	**317.35**	**2248.94**
武　汉	8569	833.8	287.8	1452.00	473.48	232.27	585.61
黄　石	234	85.1	2.1	233.80	85.10	2.08	79.09
大　冶	1566	98.1	3.0	276.68	27.66	2.15	32.45
十　堰	5053	118.7	13.5	587.32	69.00	12.03	107.11
丹江口	3129	46.3	1.0	299.00	19.73	1.00	28.43
宜　昌	4234	126.8	1.1	541.00	90.26	1.11	167.31
宜　都	1353	40.0	1.0	221.50	16.99	0.96	24.70
当　阳	2150	48.6	1.2	220.30	17.18	1.15	23.12
枝　江	1374	47.9	8.7	100.00	16.60	3.80	23.10
襄　阳	3673	209.9	9.9	374.30	113.31	9.42	170.33
老河口	1032	53.3	0.7	208.00	24.90	0.70	27.00
枣　阳	3277	114.1	3.0	437.80	30.00	2.10	49.30
宜　城	2115	56.5	0.9	48.00	18.20	0.71	27.03
鄂　州	1596	111.2	2.8	247.00	41.83	1.17	64.40
荆　门	2252	73.7	9.5	248.70	44.82	8.00	63.48

续表

城市名称	市区面积	市区人口	市区暂住人口	城区面积	城区人口	城区暂住人口	建成区面积
钟　祥	4403	107.0	1.0	175.00	26.00	0.55	26.00
孝　感	1018	95.8	2.7	110.32	52.39	2.26	53.47
应　城	1096	66.6	0.4	183.78	17.50	0.33	17.04
安　陆	1353	66.3	1.2	89.95	19.10	0.56	19.85
汉　川	1632	114.8	1.4	84.60	36.92	1.06	26.50
荆　州	1576	108.6	4.8	86.17	79.72	4.38	86.17
石　首	1427	62.2	5.0	22.56	14.56	0.10	22.56
洪　湖	2519	93.2	0.2	41.40	31.34	0.24	24.00
松　滋	2177	84.1	0.8	96.00	12.53	0.32	16.95
黄　冈	362	38.9	3.7	52.22	29.82	2.30	52.22
麻　城	3604	117.0	2.7	251.27	24.40	1.61	36.38
武　穴	1242	81.7	4.1	31.00	25.10	4.10	30.00
咸　宁	1503	62.7	4.9	165.00	36.55	4.64	65.80
赤　壁	1718	49.0	1.0	51.20	24.30	0.58	27.00
随　州	1425	172.5	13.2	266.00	46.58	2.80	53.00
广　水	2646	95.0	1.2	71.65	30.65	0.92	32.08
恩　施	3967	83.3	2.4	52.00	23.57	2.40	36.00
利　川	4606	90.9	6.8	133.00	18.70	3.60	19.00
仙　桃	2519	156.5	3.6	240.00	37.80	2.30	51.37
潜　江	2004	102.3	1.8	311.25	42.04	0.60	50.30
天　门	2612	168.0	3.1	324.40	27.13	3.05	30.79
湖　南	**48746**	**2663.8**	**210.2**	**4373.14**	**1408.30**	**132.31**	**1625.64**
长　沙	1200	351.5	—	1199.84	351.51	—	322.73
浏　阳	5008	144.0	12.5	27.90	24.00	7.20	27.90
株　洲	883	124.4	—	862.69	109.38	—	142.19
醴　陵	2158	105.9	6.4	113.80	21.68	3.42	29.50
湘　潭	658	88.2	3.2	169.02	78.83	2.91	80.04
湘　乡	1967	92.9	1.8	26.00	22.50	1.00	21.40
韶　山	247	12.5	0.6	32.00	4.51	0.36	4.95
衡　阳	578	95.6	26.1	124.93	95.55	12.89	115.95
耒　阳	2678	155.9	19.3	49.65	38.60	16.40	44.80
常　宁	2660	97.0	2.0	38.40	22.00	2.00	15.00
邵　阳	436	72.0	9.0	82.00	60.31	9.00	72.00
武　冈	1539	76.7	6.2	40.00	20.50	6.00	19.85

续表

城市名称	市区面积	市区人口	市区暂住人口	城区面积	城区人口	城区暂住人口	建成区面积
岳　阳	1291	103.0	3.6	159.00	70.90	2.10	100.00
汨　罗	1484	68.0	4.0	20.20	12.70	2.18	17.00
临　湘	1720	56.0	3.0	25.00	15.00	1.65	15.50
常　德	2527	145.0	27.6	176.94	68.28	22.48	93.01
津	556	24.0	1.2	71.19	10.69	0.78	17.02
张家界	2571	55.6	1.9	54.08	20.14	1.13	32.99
益　阳	1851	137.3	8.7	109.00	57.34	8.64	76.10
沅　江	1797	75.8	5.7	18.20	16.38	1.80	17.30
郴　州	2246	76.3	10.1	580.00	56.26	7.52	77.50
资　兴	2747	37.8	1.6	24.63	14.01	1.52	21.16
永　州	3193	117.4	9.0	100.00	46.65	7.57	64.30
怀　化	723	62.1	23.2	64.00	62.00	0.05	64.00
洪　江	2174	43.6	2.8	14.71	5.02	1.50	6.60
娄　底	428	56.4	8.5	62.20	44.30	5.72	49.80
冷水江	439	37.2	3.1	48.66	18.57	1.19	24.15
涟　源	1895	118.2	3.7	25.00	15.40	2.10	15.00
吉　首	1093	33.5	5.6	54.10	25.29	3.20	37.90
广　东	**96641**	**7920.3**	**2199.7**	**17086.28**	**3831.21**	**1624.17**	**5808.12**
广　州	7434	870.5	889.0	2099.20	626.60	707.54	1249.11
韶　关	2874	74.1	1.4	1395.28	61.83	1.00	102.41
乐　昌	2451	53.0	0.2	38.00	11.83	0.06	18.37
南　雄	2361	48.2	0.1	23.80	9.46	0.12	12.54
深　圳	1997	1190.8	—	1997.27	1190.84	—	923.25
珠　海	1656	114.8	110.2	790.19	72.73	110.23	141.31
汕　头	1956	552.0	30.0	607.88	241.00	19.00	257.66
佛　山	2894	394.0	260.2	763.16	129.18	81.10	158.91
江　门	1786	141.5	45.7	566.00	93.71	40.47	152.00
台　山	3286	98.2	1.6	33.00	17.43	1.03	30.50
开　平	1657	68.7	12.2	152.00	23.63	4.03	33.46
鹤　山	1083	37.2	5.2	81.40	11.70	3.56	26.92
恩　平	1697	49.5	2.1	88.00	17.80	0.35	38.41
湛　江	1703	181.7	—	115.50	90.78	—	110.69
廉　江	2835	173.3	4.4	46.44	29.65	4.35	46.44
雷　州	3459	176.3	11.0	39.30	20.10	9.00	28.53

续表

城市名称	市区面积	市区人口	市区暂住人口	城区面积	城区人口	城区暂住人口	建成区面积
吴　川	859	119.8	0.7	36.90	26.31	0.74	25.60
茂　名	2716	283.6	5.1	156.69	67.80	4.04	128.32
高　州	3276	182.1	7.7	165.00	28.52	6.50	33.12
化　州	2357	174.8	0.2	60.00	29.59	0.03	34.80
信　宜	3081	146.8	5.8	64.40	25.90	4.40	26.50
肇　庆	2960	138.9	27.5	532.45	59.60	13.30	119.84
四　会	1163	42.7	9.5	50.00	17.60	6.65	28.02
惠　州	2666	150.5	112.7	1181.65	105.38	88.48	262.67
梅　州	3053	96.8	3.3	376.00	43.40	3.09	58.32
兴　宁	2105	119.4	0.2	121.00	25.43	0.10	27.97
汕　尾	392	50.3	0.6	283.16	21.89	0.49	21.60
陆　丰	1684	170.7	9.3	56.00	20.90	1.70	20.55
河　源	362	31.8	7.7	362.00	26.31	6.55	38.04
阳　江	2269	121.7	7.7	409.93	43.76	5.34	64.12
阳　春	4065	118.0	0.8	330.00	20.90	0.20	25.00
清　远	3687	145.2	28.1	325.14	55.30	23.73	85.75
英　德	5634	115.5	1.1	168.47	26.30	0.16	34.46
连　州	2668	54.5	0.4	80.00	14.25	0.29	16.90
东　莞	2465	201.0	427.7	2465.00	200.95	427.70	958.86
中　山	1800	161.3	135.0	257.78	43.65	30.50	139.21
潮　州	1368	155.4	14.0	241.02	86.23	6.63	77.85
揭　阳	1031	209.6	11.7	210.27	80.94	8.21	131.00
普　宁	1620	248.0	5.0	114.00	56.12	0.60	65.44
云　浮	1900	328.2	3.4	133.00	23.95	1.78	28.41
罗　定	330	130.1	1.4	70.00	31.96	1.12	25.26
广　西	**66001**	**2324.4**	**234.1**	**5752.04**	**875.30**	**212.31**	**1333.80**
南　宁	9947	441.7	98.1	865.08	224.70	89.91	310.47
柳　州	1016	122.1	52.8	464.39	114.91	51.38	188.49
桂　林	2767	129.9	9.3	612.63	86.35	9.08	101.66
梧　州	1850	79.4	13.7	485.01	48.18	13.67	57.19
岑　溪	2783	95.5	0.8	30.00	17.01	0.61	21.88
北　海	957	66.1	7.7	957.00	36.96	7.74	75.80
防城港	2816	60.4	4.1	238.33	16.60	3.52	40.54
东　兴	549	14.7	2.4	130.40	7.07	2.01	11.90

续表

城市名称	市区面积	市区人口	市区暂住人口	城区面积	城区人口	城区暂住人口	建成区面积
钦 州	4767	147. 7	4. 2	354. 38	32. 92	3. 31	90. 50
贵 港	3533	199. 6	3. 4	301. 50	41. 73	2. 61	73. 23
桂 平	4074	201. 7	0. 5	73. 50	19. 82	0. 12	35. 50
玉 林	1251	110. 4	17. 4	302. 04	55. 38	15. 08	69. 60
北 流	2457	149. 5	2. 6	135. 40	20. 58	1. 70	25. 02
百 色	3702	36. 1	5. 7	362. 60	20. 55	5. 45	49. 08
靖 西	3331	65. 4	2. 2	35. 78	14. 74	1. 37	17. 60
贺 州	5677	119. 5	1. 9	78. 00	22. 55	1. 48	31. 43
河 池	2340	42. 9	3. 8	80. 00	20. 04	0. 62	23. 85
宜 州	3869	66. 6	0. 3	44. 00	15. 54	0. 28	17. 13
来 宾	4363	112. 6	0. 4	92. 00	29. 71	0. 43	43. 10
合 山	350	13. 8	0. 1	20. 00	5. 78	0. 04	7. 47
崇 左	2951	37. 5	0. 7	50. 00	17. 50	0. 42	30. 00
凭 祥	650	11. 4	1. 9	40. 00	6. 68	1. 48	12. 36
海 南	**17397**	**599. 3**	**99. 3**	**1428. 18**	**209. 14**	**83. 61**	**320. 98**
海 口	2510	214. 2	48. 0	562. 40	110. 00	42. 35	140. 59
三 亚	1921	58. 2	34. 3	188. 00	26. 10	28. 90	55. 79
三 沙	16	0. 1	0. 1	2. 45	0. 13	0. 07	0. 32
儋 州	3400	97. 0	1. 3	194. 05	20. 80	1. 30	35. 39
五指山	1127	11. 5	1. 5	60. 00	5. 00	—	5. 89
琼 海	1710	51. 3	7. 6	40. 20	14. 06	6. 85	27. 20
文 昌	2459	59. 7	4. 5	84. 00	12. 80	2. 86	15. 80
万 宁	1885	62. 6	1. 0	260. 00	7. 00	0. 50	12. 00
东 方	2369	44. 7	1. 0	37. 08	13. 25	0. 78	28. 00
重 庆	**43263**	**2478. 5**	**428. 9**	**7438. 45**	**1102. 70**	**350. 30**	**1350. 66**
四 川	**81942**	**3943. 4**	**491. 2**	**7872. 65**	**1951. 39**	**332. 66**	**2615. 59**
成 都	4242	773. 7	166. 9	1194. 43	617. 35	73. 00	837. 27
都江堰	1208	62. 3	14. 3	103. 66	20. 40	9. 94	37. 90
彭 州	1420	80. 5	3. 5	133. 80	25. 24	3. 48	23. 33
邛 崃	1377	65. 7	4. 4	114. 28	16. 59	2. 35	24. 53
崇 州	1090	67. 0	8. 2	63. 42	13. 07	3. 81	31. 07
简 阳	2213	148. 6	4. 0	112. 00	34. 20	1. 60	33. 00
自 贡	1438	150. 4	13. 0	778. 32	105. 71	12. 71	116. 18
攀枝花	2048	70. 9	11. 3	373. 13	58. 77	11. 32	76. 00

续表

城市名称	市区面积	市区人口	市区暂住人口	城区面积	城区人口	城区暂住人口	建成区面积
泸 州	2132	157. 0	30. 8	411. 38	104. 91	30. 71	135. 60
德 阳	648	69. 7	16. 3	179. 70	46. 00	15. 29	75. 10
广 汉	551	61. 1	7. 2	60. 50	29. 13	1. 25	52. 98
什 邡	820	43. 6	2. 9	21. 00	13. 22	0. 30	16. 30
绵 竹	1245	50. 6	3. 4	15. 00	9. 60	3. 33	12. 50
绵 阳	2751	174. 8	39. 9	479. 70	93. 46	39. 34	139. 10
江 油	2720	88. 6	1. 8	199. 41	33. 58	1. 78	35. 00
广 元	4535	93. 7	9. 0	216. 70	41. 43	7. 90	59. 54
遂 宁	1876	150. 0	8. 0	316. 00	61. 94	7. 74	79. 00
内 江	1569	141. 3	9. 8	278. 93	62. 69	1. 55	76. 20
乐 山	2514	116. 7	20. 3	368. 42	58. 14	20. 19	75. 75
峨眉山	1168	43. 3	1. 1	90. 20	15. 02	1. 14	21. 20
南 充	2527	195. 4	26. 5	420. 00	96. 00	24. 00	120. 30
阆 中	1877	85. 9	5. 5	150. 00	26. 00	5. 00	34. 00
眉 山	1796	121. 7	5. 9	253. 56	45. 89	4. 96	63. 74
宜 宾	1987	140. 9	24. 9	139. 75	80. 55	15. 77	94. 17
广 安	1536	113. 8	2. 8	141. 81	32. 10	0. 86	52. 60
华 蓥	466	37. 0	0. 7	92. 40	11. 20	0. 51	14. 34
达 州	3462	182. 8	6. 5	159. 00	50. 85	6. 18	76. 71
万 源	4065	63. 0	2. 0	18. 27	11. 20	1. 45	14. 80
雅 安	1681	62. 2	1. 3	196. 89	25. 59	1. 12	33. 80
巴 中	2566	136. 0	12. 7	160. 29	40. 13	3. 80	53. 00
资 阳	1633	110. 6	5. 5	186. 87	28. 20	5. 30	49. 20
马尔康	6639	5. 6	0. 9	37. 12	2. 54	0. 25	5. 06
康 定	11486	13. 1	2. 2	5. 99	4. 90	1. 50	3. 80
西 昌	2655	66. 3	17. 7	400. 72	35. 79	13. 23	42. 52
贵 州	**29523**	**1224. 6**	**133. 5**	**3104. 81**	**577. 89**	**99. 62**	**844. 56**
贵 阳	2526	239. 0	80. 0	1230. 00	202. 00	65. 00	299. 00
清 镇	1387	52. 0	3. 5	51. 60	15. 20	2. 07	20. 96
六盘水	476	50. 9	3. 7	235. 37	33. 54	3. 35	72. 50
遵 义	5339	221. 2	7. 2	531. 51	99. 52	2. 20	100. 78
赤 水	1852	31. 8	3. 2	75. 40	11. 55	2. 85	17. 00
仁 怀	1790	69. 3	1. 2	89. 00	14. 47	0. 56	23. 31
安 顺	2703	118. 7	7. 0	145. 88	41. 93	4. 56	67. 66

续表

城市名称	市区面积	市区人口	市区暂住人口	城区面积	城区人口	城区暂住人口	建成区面积
铜　仁	1854	49. 8	3. 8	53. 30	32. 78	1. 30	37. 55
兴　义	2915	86. 6	8. 5	73. 40	32. 50	5. 95	44. 00
毕　节	3412	159. 2	1. 5	166. 09	25. 10	1. 50	43. 00
凯　里	1306	54. 1	10. 0	130. 26	37. 25	7. 15	67. 00
都　匀	2274	53. 7	2. 1	300. 00	23. 00	1. 93	32. 00
福　泉	1690	38. 3	1. 8	23. 00	9. 05	1. 20	19. 80
云　南	**84279**	**1629. 9**	**130. 6**	**3127. 68**	**846. 56**	**90. 26**	**1131. 34**
昆　明	5179	437. 3	6. 1	1782. 60	391. 92	1. 66	435. 81
安　宁	1302	35. 5	7. 9	240. 76	22. 00	5. 14	35. 39
曲　靖	4354	114. 8	5. 6	89. 17	67. 94	4. 11	88. 97
宣　威	6054	154. 6	7. 3	50. 00	25. 69	3. 01	36. 97
玉　溪	1867	78. 6	12. 7	99. 70	34. 82	6. 30	38. 42
保　山	5011	93. 2	2. 2	68. 00	31. 26	1. 41	34. 58
腾　冲	5845	68. 4	3. 0	47. 40	17. 60	0. 05	26. 46
昭　通	2240	90. 8	5. 0	61. 00	25. 98	4. 70	41. 95
丽　江	1255	15. 5	6. 8	26. 00	10. 49	6. 51	24. 00
普　洱	3928	31. 5	3. 9	50. 00	19. 25	3. 43	26. 50
临　沧	2557	33. 5	3. 5	35. 18	17. 89	0. 56	22. 04
楚　雄	4433	52. 6	8. 1	51. 22	24. 49	5. 57	43. 35
个　旧	1587	41. 7	3. 0	34. 60	20. 10	2. 13	13. 16
开　远	1950	28. 6	3. 2	45. 00	17. 92	3. 07	21. 40
蒙　自	2228	41. 6	10. 2	38. 85	17. 80	9. 50	31. 77
弥　勒	4004	56. 2	1. 4	22. 43	15. 40	1. 17	21. 98
文　山	2887	50. 7	2. 7	38. 00	18. 20	2. 56	34. 70
景　洪	6959	42. 2	15. 5	83. 63	10. 16	8. 95	27. 40
大　理	1815	66. 3	4. 0	87. 20	27. 11	3. 65	42. 51
瑞　丽	1020	24. 4	12. 4	55. 00	6. 62	11. 88	26. 00
芒　市	2987	38. 9	2. 6	50. 00	12. 43	2. 23	19. 19
泸　水	3204	18. 0	0. 6	11. 94	5. 49	0. 37	8. 79
香格里拉	11613	14. 9	3. 0	60. 00	6. 00	2. 30	30. 00
西　藏	**31334**	**128. 5**	**88. 2**	**449. 83**	**69. 43**	**48. 62**	**145. 18**
拉　萨	4202	91. 6	67. 6	362. 47	48. 71	38. 18	82. 82
昌　都	10809	9. 5	4. 5	18. 20	6. 50	4. 30	6. 70
山　南	2211	10. 9	10. 9	14. 66	3. 00	1. 50	14. 66

续表

城市名称	市区面积	市区人口	市区暂住人口	城区面积	城区人口	城区暂住人口	建成区面积
日喀则	3875	12.0	5.0	42.00	6.92	4.42	28.50
林　芝	10237	4.5	0.2	12.50	4.30	0.22	12.50
陕　西	**40082**	**1594.1**	**89.5**	**2334.76**	**924.93**	**65.03**	**1127.35**
西　安	3874	629.2	—	542.00	436.03	—	517.74
铜　川	2373	74.3	1.0	55.00	39.36	0.99	48.85
宝　鸡	3625	142.1	6.6	156.30	82.26	3.12	90.08
咸　阳	528	93.6	12.4	528.20	93.22	12.43	90.65
兴　平	509	61.4	0.9	67.30	18.70	0.90	22.89
渭　南	2390	130.3	4.8	267.00	52.13	2.79	65.86
韩　城	1596	40.2	2.0	77.20	16.05	0.99	18.21
华　阴	675	25.5	0.6	65.00	11.00	0.55	18.00
延　安	6489	67.6	13.9	62.06	29.69	9.83	41.00
汉　中	546	57.1	11.3	100.42	41.82	2.38	42.50
榆　林	11096	96.4	31.0	179.00	35.76	27.23	78.38
安　康	3644	100.8	1.9	160.00	32.26	1.74	45.00
商　洛	2645	56.6	0.3	40.00	23.65	0.30	26.00
杨陵区	93	19.1	2.8	35.28	13.00	1.78	22.19
甘　肃	**87362**	**893.4**	**147.6**	**1580.08**	**533.29**	**110.76**	**870.42**
兰　州	1632	206.1	62.7	340.58	188.78	62.48	321.75
嘉峪关	1350	20.5	5.8	120.00	20.53	1.60	70.40
金　昌	3019	21.3	4.1	52.30	15.91	3.40	43.05
白　银	3478	51.7	11.8	99.50	38.68	5.28	63.00
天　水	5861	126.3	9.3	60.00	64.55	5.02	56.00
威	5081	104.8	2.4	32.45	32.63	0.90	32.45
张　掖	4240	50.8	0.9	200.00	24.19	0.39	64.20
平　凉	1936	57.0	3.5	255.00	31.84	2.12	42.00
酒　泉	3386	43.3	12.6	235.00	25.96	12.57	53.30
玉　门	13500	13.8	0.5	15.00	7.12	0.39	10.68
敦　煌	31200	20.0	2.4	19.86	9.31	2.37	15.01
庆　阳	996	39.8	12.4	25.44	19.21	0.85	24.58
定　西	4226	46.7	1.6	35.89	18.57	1.50	25.20
陇　南	4683	56.6	2.4	40.00	14.46	2.06	13.80
临　夏	89	26.2	14.6	33.46	16.33	9.03	24.00
合　作	2686	8.4	0.9	15.60	5.22	0.80	11.00

续表

城市名称	市区面积	市区人口	市区暂住人口	城区面积	城区人口	城区暂住人口	建成区面积
青　海	**166332**	**224. 0**	**23. 2**	**688. 15**	**168. 07**	**18. 39**	**197. 41**
西　宁	510	136. 9	10. 1	380. 00	122. 45	8. 34	92. 00
海　东	3571	42. 4	2. 5	147. 00	23. 06	2. 40	33. 78
玉　树	15413	13. 9	3. 1	15. 50	7. 10	2. 24	14. 00
格尔木	119138	23. 4	3. 7	72. 75	10. 65	3. 01	35. 63
德令哈	27700	7. 4	3. 8	72. 90	4. 81	2. 40	22. 00
宁　夏	**22931**	**342. 9**	**61. 4**	**2119. 18**	**229. 76**	**54. 85**	**441. 80**
银　川	2311	110. 6	41. 2	1773. 50	110. 62	41. 19	170. 70
灵　武	4009	24. 7	5. 0	18. 00	6. 50	0. 15	15. 40
石嘴山	2381	50. 8	2. 4	118. 20	45. 40	2. 35	102. 80
吴　忠	1415	40. 6	0. 8	60. 00	22. 61	0. 02	53. 50
青铜峡	2438	29. 2	0. 5	32. 45	13. 80	0. 31	32. 41
固　原	3501	46. 0	10. 3	52. 33	14. 73	10. 27	34. 99
中　卫	6877	40. 9	1. 3	64. 70	16. 10	0. 56	32. 00
新　疆	**241749**	**921. 6**	**171. 5**	**3034. 88**	**618. 54**	**126. 73**	**1199. 37**
乌鲁木齐	13788	262. 1	50. 2	1528. 80	262. 14	50. 20	436. 00
克拉玛依	7735	30. 3	10. 8	77. 92	29. 07	9. 73	75. 05
吐鲁番	15729	28. 9	9. 0	18. 53	7. 31	0. 79	18. 53
哈　密	85035	43. 3	4. 1	71. 17	21. 11	—	41. 39
昌　吉	8215	37. 7	12. 8	96. 95	24. 29	10. 24	62. 06
阜　康	11726	18. 3	3. 0	21. 77	7. 78	2. 20	21. 60
博　乐	7956	27. 0	4. 6	31. 58	16. 60	3. 58	21. 40
阿拉山口	1204	1. 2	1. 0	27. 00	1. 20	1. 00	10. 85
库尔勒	7267	48. 7	8. 3	115. 00	33. 46	8. 30	75. 90
阿克苏	18265	51. 3	17. 3	175. 78	31. 40	8. 30	46. 50
阿图什	16151	26. 9	3. 2	20. 00	9. 29	2. 29	15. 00
喀　什	1057	62. 8	10. 5	70. 00	24. 80	7. 50	69. 66
和　田	510	39. 0	3. 8	80. 00	21. 43	2. 15	34. 08
伊　宁	644	54. 8	3. 5	55. 45	33. 76	2. 67	36. 95
奎　屯	1110	14. 0	3. 8	45. 00	13. 83	3. 66	24. 56
霍尔果斯	1909	5. 2	1. 0	20. 00	2. 00	1. 00	18. 30
乌　苏	14290	22. 2	6. 2	24. 95	7. 92	2. 14	23. 35
塔　城	4356	17. 1	0. 4	22. 06	8. 70	0. 10	13. 80
阿勒泰	10826	18. 7	1. 1	110. 50	6. 75	0. 41	16. 00

续表

城市名称	市区面积	市区人口	市区暂住人口	城区面积	城区人口	城区暂住人口	建成区面积
石河子	460	35.8	2.2	150.00	30.86	2.15	48.49
阿拉尔	6939	32.0	3.0	24.18	5.60	1.20	11.21
图木舒克	1927	15.2	3.0	92.70	2.56	1.06	12.50
五家渠	740	9.4	2.9	37.50	7.27	1.85	17.36
北　屯	911	6.0	2.2	46.64	4.31	2.11	23.97
铁门关	590	1.7	0.5	18.90	1.70	0.50	5.03
双　河	742	6.0	3.0	22.50	2.00	1.40	13.60
可克达拉	980	—	—	—	—	—	—
昆　玉	687	5.9	0.2	30.00	1.40	0.20	6.23

数据来源：住房和城乡建设部。

表 2－28　　2016 年全国按城市分城市建设用地面积

单位：万人，平方公里

城市名称	城市建设用地面积									本年征用土地面积	
	小计	居住用地	公共管理与公共服务用地	商业服务业设施用地	工业用地	物流仓储用地	道路交通设施用地	公用设施用地	绿地与广场用地		耕地
全　国	**52761.30**	**16373.91**	**4975.48**	**3775.90**	**10525.24**	**1617.31**	**7785.66**	**1998.63**	**5709.17**	**1713.62**	**775.76**
北　京	**1463.79**	**420.91**	**174.88**	**135.13**	**263.32**	**51.51**	**270.85**	**31.71**	**115.48**	**15.72**	**8.67**
天　津	**961.65**	**258.55**	**78.40**	**69.30**	**231.21**	**66.01**	**138.03**	**26.47**	**93.68**	**20.32**	**8.79**
河　北	**1944.93**	**690.64**	**170.95**	**135.03**	**314.34**	**64.06**	**283.17**	**70.54**	**216.20**	**50.37**	**14.70**
石家庄	265.55	96.43	26.89	18.28	16.14	5.87	41.24	14.77	45.93	0.27	0.14
晋　州	14.83	4.20	1.17	1.00	2.30	0.86	3.30	0.50	1.50	—	—
新　乐	13.69	2.65	1.22	1.38	2.23	0.74	2.37	2.37	0.73	—	—
唐　山	223.00	82.17	17.07	11.15	38.31	4.36	31.83	6.58	31.53	—	—
遵　化	25.61	12.91	4.10	0.28	3.20	0.40	0.51	2.50	1.71	0.38	—
迁　安	41.75	11.85	3.84	4.34	7.19	0.22	5.49	0.28	8.54	—	—
秦皇岛	131.43	38.78	9.96	16.24	27.15	4.62	21.68	4.74	8.26	1.52	0.75
邯　郸	171.40	68.65	21.79	14.21	19.69	12.07	13.09	6.90	15.00	21.20	1.20
武　安	34.50	10.46	2.45	1.41	8.05	2.13	5.85	1.04	3.11	0.74	0.44
邢　台	93.54	35.77	7.07	6.15	16.84	2.01	15.77	2.06	7.87	—	—
南　宫	15.73	4.83	1.44	1.75	2.92	0.16	2.77	0.21	1.65	0.62	—
沙　河	16.70	6.07	1.96	1.33	3.78	0.44	0.43	1.19	1.50	—	—
保　定	180.18	61.78	15.51	9.29	46.26	4.58	23.50	5.90	13.36	3.98	2.75
涿　州	33.61	14.94	3.21	2.35	7.73	0.31	3.63	0.65	0.79	0.36	0.12

续表

城市名称	城市建设用地面积									本年征用土地面积	
	小计	居住用地	公共管理与公共服务用地	商业服务业设施用地	工业用地	物流仓储用地	道路交通设施用地	公用设施用地	绿地与广场用地		耕地
安　国	12.80	7.28	0.71	1.55	1.27	0.20	1.28	0.09	0.42	1.13	0.99
高碑店	20.58	6.16	2.35	1.95	3.02	0.30	2.80	1.40	2.60	1.32	—
白沟新城	16.47	6.39	0.58	2.94	3.42	0.26	2.40	0.22	0.26	0.78	0.72
张家口	100.44	26.22	7.67	7.37	18.98	7.39	18.09	2.46	12.26	0.56	0.21
承　德	66.77	21.54	7.67	4.42	12.48	1.86	9.18	1.44	8.18	1.28	0.48
沧　州	73.16	27.28	5.01	3.68	11.65	2.56	16.21	1.82	4.95	2.62	1.39
泊　头	20.03	7.33	1.30	0.95	5.25	0.18	2.63	0.24	2.15	—	—
任　丘	47.24	17.33	4.65	3.43	5.52	1.67	6.54	2.20	5.90	1.39	0.74
黄　骅	35.90	11.50	3.65	1.67	5.10	0.91	6.70	0.57	5.80	2.00	—
河　间	19.52	7.01	1.00	0.87	1.93	0.87	3.40	2.29	2.15	0.84	—
廊　坊	67.76	23.16	3.67	3.01	7.17	2.87	11.73	3.13	13.02	3.35	0.84
霸　州	17.51	8.40	0.79	1.18	1.62	0.30	2.33	0.80	2.09	2.46	1.67
三　河	19.11	2.47	3.70	2.65	0.93	0.97	4.69	0.70	3.00	0.92	0.49
衡　水	75.37	28.25	4.64	4.38	16.75	2.05	11.22	1.80	6.28	0.12	0.07
深　州	19.93	4.91	2.45	2.80	3.50	1.40	1.55	0.42	2.90	—	—
辛　集	28.02	12.48	1.53	1.79	6.10	0.39	4.24	0.43	1.06	0.69	0.53
定　州	42.80	21.44	1.90	1.23	7.86	1.11	6.72	0.84	1.70	1.84	1.17
山　西	**1129.04**	**343.65**	**129.37**	**71.76**	**174.67**	**38.92**	**173.59**	**81.89**	**115.19**	**19.47**	**13.83**
太　原	360.00	68.00	44.00	26.00	81.00	12.00	50.00	44.00	35.00	13.00	12.00
古　交	16.85	5.18	3.41	0.49	4.89	—	2.70	0.08	0.10	—	—
大　同	125.20	44.22	13.30	10.10	14.45	5.20	21.73	1.50	14.70	—	—
阳　泉	44.80	16.10	1.91	0.82	10.36	1.31	9.05	1.22	4.03	—	—
长　治	58.88	16.70	12.94	0.54	12.97	2.59	8.84	3.05	1.25	—	—
潞　城	8.21	3.79	0.79	0.55	0.90	0.07	0.95	0.13	1.03	—	—
晋　城	56.77	31.00	12.00	3.20	3.60	—	5.97	1.00	—	—	—
高　平	16.91	7.00	1.30	1.80	0.85	1.31	2.30	0.40	1.95	1.30	—
朔　州	46.87	12.40	4.00	5.35	0.98	1.85	7.68	2.14	12.47	0.63	—
晋　中	72.78	24.31	5.72	6.03	8.98	3.92	10.95	11.55	1.32	—	—
介　休	22.50	7.84	1.96	2.20	4.85	0.65	2.90	0.20	1.90	—	—
运　城	41.75	17.50	1.52	1.34	4.89	2.00	7.62	3.30	3.58	—	—
永　济	22.33	3.23	2.30	0.33	3.06	0.36	2.85	2.30	7.90	—	—
河　津	28.80	5.53	1.48	1.55	3.05	1.17	5.36	1.08	9.58	—	—

续表

城市名称	城市建设用地面积									本年征用土地面积	耕地
	小计	居住用地	公共管理与公共服务用地	商业服务业设施用地	工业用地	物流仓储用地	道路交通设施用地	公用设施用地	绿地与广场用地		
忻　州	35.50	14.30	3.49	1.44	4.20	0.31	7.89	0.21	3.66	—	—
原　平	15.10	5.80	1.08	0.92	3.14	1.91	1.76	0.39	0.10	—	—
临　汾	53.59	21.98	4.71	4.12	1.30	1.53	6.70	2.73	10.52	2.15	1.31
侯　马	20.43	8.03	1.97	1.59	2.23	0.87	3.96	0.31	1.47	0.40	0.40
霍　州	14.46	6.40	1.83	0.70	2.00	0.43	2.07	0.33	0.70	—	—
吕　梁	24.47	8.12	3.56	1.18	4.00	0.70	3.86	1.99	1.06	1.85	
孝　义	26.73	9.38	4.30	0.91	2.05	0.62	6.40	1.47	1.60	0.14	0.12
汾　阳	16.11	6.84	1.80	0.60	0.92	0.12	2.05	2.51	1.27	—	—
内蒙古	**1146.87**	**333.86**	**100.15**	**93.63**	**165.33**	**39.91**	**221.25**	**37.70**	**155.04**	**28.38**	**11.93**
呼和浩特	232.95	75.75	23.50	25.70	18.80	8.46	42.92	4.64	33.18	6.10	2.69
包　头	195.79	58.60	15.82	9.83	52.50	7.50	24.40	3.49	23.65	—	—
乌　海	41.60	10.30	4.08	2.24	1.56	1.02	16.63	0.82	4.95	—	—
赤　峰	53.84	9.78	2.64	0.71	14.74	1.38	9.70	5.00	9.89	—	—
通　辽	61.20	14.39	7.34	3.64	8.16	5.29	10.98	3.35	8.05	—	—
霍林郭勒	16.81	3.00	2.00	1.80	1.20	1.65	4.00	1.70	1.46	1.23	—
鄂尔多斯	116.42	26.65	9.30	15.45	3.57	0.05	32.86	0.95	27.59	—	—
呼伦贝尔	59.46	21.69	3.75	3.19	10.61	1.13	9.51	2.24	7.34	—	—
满洲里	27.00	8.00	3.00	1.00	2.00	1.00	8.00	2.00	2.00	—	—
牙克石	25.21	6.53	1.61	1.57	3.44	1.12	5.27	0.25	5.42	8.70	—
扎兰屯	18.25	6.27	3.00	1.85	1.00	0.30	4.20	0.38	1.25	1.02	—
额尔古纳	10.38	6.99	0.65	0.23	0.05	0.06	1.04	0.32	1.04	—	—
根　河	12.83	6.39	0.96	0.03	1.83	0.85	1.09	0.76	0.92	—	—
巴彦淖尔	61.09	20.81	4.70	4.21	10.57	1.44	11.31	2.44	5.61	—	—
乌兰察布	52.18	17.80	4.11	2.56	6.10	1.10	9.37	1.70	9.44	4.81	3.26
丰　镇	23.70	8.05	1.75	3.96	5.38	0.98	0.89	0.38	2.31	—	—
乌兰浩特	37.75	15.00	3.77	4.57	4.10	0.61	3.80	2.00	3.90	0.98	0.98
阿尔山	11.40	4.30	0.43	0.90	0.27	0.34	1.50	1.94	1.72	—	—
二连浩特	45.96	3.10	2.57	6.28	13.38	2.43	15.82	1.38	1.00	—	—
锡林浩特	43.05	10.46	5.17	3.91	6.07	3.20	7.96	1.96	4.32	5.54	5.00
辽　宁	**2718.20**	**839.15**	**182.60**	**195.17**	**711.73**	**71.90**	**379.62**	**64.65**	**273.38**	**28.18**	**16.66**
沈　阳	583.59	177.09	45.48	28.82	150.14	13.91	72.21	12.73	83.21	5.18	3.23
新　民	25.11	13.85	0.11	0.33	7.00	1.01	2.53	0.13	0.15	0.84	0.49

续表

城市名称	城市建设用地面积									本年征用土地面积	
	小计	居住用地	公共管理与公共服务用地	商业服务业设施用地	工业用地	物流仓储用地	道路交通设施用地	公用设施用地	绿地与广场用地		耕地
大　连	421.10	121.39	32.54	23.49	116.36	10.97	56.81	11.69	47.85	2.31	0.31
瓦房店	35.20	12.50	3.00	4.80	8.60	0.90	0.60	0.70	4.10	—	—
庄　河	41.49	16.97	1.34	6.65	4.71	1.42	5.19	1.34	3.87	0.98	—
鞍　山	172.05	58.62	7.69	8.90	53.57	3.92	27.07	3.72	8.56	2.10	1.38
海　城	36.40	18.33	3.25	2.48	4.68	1.15	4.29	0.48	1.74	2.64	1.59
抚　顺	139.34	34.73	9.82	7.21	47.22	4.91	8.01	5.59	21.85	1.31	1.31
本　溪	92.40	27.96	6.80	12.72	21.90	0.93	13.76	1.88	6.45	1.65	1.09
丹　东	77.14	29.22	5.33	3.85	19.05	1.83	10.74	1.22	5.90	1.81	1.29
东　港	20.34	7.31	1.72	0.81	4.81	0.12	4.78	0.38	0.41	0.50	0.36
凤　城	21.00	11.66	1.24	0.44	3.15	0.61	3.42	0.25	0.23	0.47	0.37
锦　州	88.27	24.00	6.65	6.52	24.23	4.70	9.10	1.69	11.38	—	—
凌　海	19.57	9.62	1.31	4.49	0.57	0.36	2.50	0.30	0.42	—	—
北　镇	14.79	5.60	2.09	1.56	1.81	0.02	1.40	0.38	1.93	0.02	0.02
营　口	166.70	18.02	11.99	8.88	69.61	7.38	34.99	2.81	13.02	0.08	0.03
盖　州	29.45	9.10	1.02	2.35	6.96	0.40	5.38	0.38	3.86	—	—
大石桥	43.16	12.63	2.85	4.74	12.80	0.44	4.50	0.45	4.75	—	—
阜　新	76.50	20.73	3.90	6.42	18.97	3.20	12.47	0.69	10.12	—	—
辽　阳	105.27	37.88	3.40	8.14	26.98	7.05	14.74	2.54	4.54	7.49	5.06
灯　塔	13.25	4.82	1.38	0.08	3.35	0.31	2.27	0.33	0.71	0.21	—
盘　锦	184.55	51.73	9.19	29.99	37.27	2.33	43.56	2.87	7.61	—	—
铁　岭	49.81	19.72	2.09	3.60	10.06	—	4.68	4.93	4.73	0.04	0.04
调兵山	18.95	8.51	1.56	3.06	0.12	0.31	1.64	0.43	3.32	—	—
开　原	27.13	6.82	1.16	1.32	8.09	0.36	2.99	0.46	5.93	0.15	—
朝　阳	56.55	16.90	4.70	3.08	17.30	0.58	8.70	1.42	3.87	—	—
北　票	18.40	8.50	1.20	3.30	0.80	0.90	1.50	0.20	2.00	—	—
凌　源	24.93	12.84	0.29	0.33	6.22	0.43	1.81	2.91	0.10	—	—
葫芦岛	86.62	28.00	4.70	3.91	22.90	0.81	17.10	1.45	7.75	0.40	0.09
兴　城	29.14	14.10	4.80	2.90	2.50	0.64	0.88	0.30	3.02	—	—
吉　林	**1379.46**	**494.67**	**105.48**	**89.82**	**274.71**	**45.85**	**201.39**	**57.93**	**109.61**	**68.10**	**34.34**
长　春	508.48	151.73	47.57	27.46	119.58	16.83	79.59	30.09	35.63	18.66	13.49
榆　树	20.25	10.27	1.24	1.46	1.51	0.92	2.56	0.40	1.89	—	—
德　惠	30.97	19.40	0.55	2.00	0.46	1.80	2.56	0.90	3.30	1.55	1.43

续表

城市名称	城市建设用地面积									本年征用土地面积	
	小计	居住用地	公共管理与公共服务用地	商业服务业设施用地	工业用地	物流仓储用地	道路交通设施用地	公用设施用地	绿地与广场用地		耕地
吉 林	189.04	58.58	10.87	12.22	55.61	5.34	26.24	3.12	17.06	—	—
蛟 河	19.91	8.95	1.68	4.26	1.66	0.70	1.58	0.47	0.61	10.17	—
桦 甸	19.50	9.34	1.22	0.81	3.00	0.32	2.97	1.17	0.67	—	—
舒 兰	24.51	16.20	1.20	1.00	2.30	0.10	1.21	1.00	1.50	4.40	—
磐 石	18.60	6.93	0.85	1.59	2.20	0.30	2.65	0.57	3.51	13.09	12.07
四 平	60.67	23.31	4.39	7.60	10.94		6.95	3.20	4.28	0.78	0.73
双 辽	21.08	9.00	1.27	1.34	5.98	0.68	2.06	0.37	0.38	—	—
辽 源	46.30	27.60	1.86	0.79	8.81	0.84	3.40	1.40	1.60	—	—
通 化	54.25	18.03	4.43	10.50	6.27	1.90	6.29	1.73	5.10	0.25	0.17
集 安	7.20	2.82	0.64	0.30	0.93	0.12	0.85	0.26	1.28	—	—
白 山	41.52	20.03	2.48	1.54	6.31	1.07	5.23	0.99	3.87	—	—
临 江	9.66	4.56	0.49	0.10	1.59	0.25	1.22	0.15	1.30	—	—
松 原	50.69	15.77	3.66	1.60	6.80	1.22	9.66	1.21	10.77	0.41	0.25
扶 余	13.57	5.79	1.33	0.88	1.77	1.34	1.80	0.40	0.26	0.31	0.29
白 城	42.92	11.84	3.14	2.84	11.66	3.51	7.91	0.71	1.31	0.29	0.15
洮 南	22.00	9.11	1.15	1.78	1.79	1.23	3.19	0.75	3.00	—	—
大 安	19.19	7.27	1.39	0.37	2.87	0.81	2.38	2.42	1.68	0.19	0.06
延 吉	33.91	11.60	4.65	1.39	4.08	0.63	7.93	0.50	3.13	3.97	2.70
图 们	9.29	3.65	0.58	0.30	1.66	0.39	2.24	0.32	0.15	11.40	1.06
敦 化	27.65	8.51	2.29	3.46	5.73	1.02	3.45	1.31	1.88	0.78	0.34
珲 春	15.89	4.30	1.50	1.85	0.10	1.32	3.30	0.40	3.12	0.07	—
龙 井	10.88	4.11	1.41	0.32	1.99	0.50	1.10	0.95	0.50	—	—
和 龙	10.88	5.72	0.38	0.21	1.66	0.45	2.12	0.21	0.13	—	—
公主岭	32.07	9.65	2.76	1.50	6.97	1.81	5.85	2.68	0.85	1.78	1.60
梅河口	18.58	10.60	0.50	0.35	0.48	0.45	5.10	0.25	0.85	—	—
黑龙江	**1821.81**	**642.40**	**175.14**	**87.57**	**357.51**	**72.41**	**269.64**	**63.04**	**154.10**	**17.71**	**5.46**
哈尔滨	423.42	133.81	52.72	25.49	94.74	11.10	54.54	10.84	40.18	3.27	0.38
尚 志	18.30	5.10	1.40	0.50	7.60	0.60	2.26	0.74	0.10	0.74	0.28
五 常	20.38	7.96	1.38	1.29	1.42	0.68	4.69	0.32	2.64	0.04	—
齐齐哈尔	140.81	40.18	17.05	4.50	30.85	5.60	19.18	14.25	9.20	1.74	—
讷 河	11.16	3.45	0.74	0.64	1.68	0.57	2.11	0.33	1.64	0.03	—
鸡 西	78.85	47.75	2.07	2.61	9.94	1.93	8.82	1.44	4.29	0.60	0.35

续表

城市名称	城市建设用地面积									本年征用土地面积	
	小计	居住用地	公共管理与公共服务用地	商业服务业设施用地	工业用地	物流仓储用地	道路交通设施用地	公用设施用地	绿地与广场用地		耕地
虎　林	10.78	4.14	0.78	0.48	1.66	0.96	2.12	0.16	0.48	—	—
密　山	17.44	8.95	0.62	0.47	2.34	1.42	1.89	0.29	1.46	0.17	0.03
鹤　岗	53.21	19.28	1.93	3.76	11.27	1.02	9.22	1.37	5.36	—	—
双鸭山	58.00	16.05	3.35	4.13	12.35	1.95	9.15	1.95	9.07	—	—
大　庆	321.14	77.35	33.73	13.35	74.99	21.02	68.20	10.67	21.83	2.79	—
伊　春	156.25	68.63	14.54	8.53	18.80	4.58	15.42	7.07	18.68	—	—
铁　力	15.68	8.56	0.20	0.02	1.67	0.92	1.99	0.02	2.30	—	—
佳木斯	83.40	27.40	15.04	4.88	17.67	3.48	8.87	2.28	3.78	—	—
同　江	10.30	3.12	1.02	0.82	1.12	0.68	2.12	0.17	1.25	—	—
富　锦	16.18	8.03	0.94	0.52	1.72	0.65	3.57	0.25	0.50	—	—
抚　远	6.44	2.98	1.05	0.46	0.28	0.01	1.33	0.19	0.14	—	—
七台河	67.60	40.70	1.60	1.00	9.23	0.97	10.70	0.70	2.70	0.98	0.25
牡丹江	82.24	32.68	7.05	1.18	17.38	3.24	11.41	1.80	7.50	2.53	2.12
海　林	17.70	5.80	0.25	2.06	0.80	0.87	2.82	0.60	4.50	0.35	0.30
宁　安	11.22	4.90	0.63	0.18	2.45	0.32	0.69	1.74	0.31	—	—
穆　棱	10.44	3.78	0.91	0.87	0.92	0.35	1.57	0.16	1.88	0.05	0.05
绥芬河	19.75	4.85	1.57	0.99	5.09	0.82	3.57	0.96	1.90	0.80	0.46
东　宁	13.85	6.88	1.03	0.84	2.61	0.23	1.70	0.11	0.45	0.01	0.01
黑　河	20.00	5.50	3.94	1.36	2.13	1.15	2.12	0.89	2.91	—	—
北　安	22.61	4.77	1.17	1.54	6.03	2.73	3.99	0.42	1.96	0.52	—
五大连池	5.62	1.36	0.30	0.39	1.04	0.68	0.95	0.15	0.75	—	—
绥　化	37.10	11.58	2.97	1.16	11.82	1.37	6.45	0.45	1.30	2.85	1.08
安　达	21.82	10.45	1.57	0.75	5.13	1.35	1.83	0.39	0.35	—	—
肇　东	35.60	20.00	2.00	1.04	2.00	1.10	3.10	2.16	4.20	0.06	—
海　伦	14.52	6.41	1.59	1.76	0.78	0.06	3.26	0.17	0.49	0.18	0.15
上　海	**1913.30**	**545.51**	**151.11**	**116.09**	**555.75**	**58.55**	**133.71**	**212.86**	**139.72**	**24.46**	**14.65**
江　苏	**4367.41**	**1307.34**	**369.14**	**347.68**	**1009.40**	**116.00**	**599.21**	**132.50**	**486.14**	**155.56**	**76.38**
南　京	769.95	214.37	90.64	55.55	158.86	18.33	113.38	22.58	96.24	31.71	13.27
无　锡	286.59	86.64	20.00	26.17	69.15	5.89	42.42	3.71	32.61	10.87	5.42
江　阴	117.90	44.05	2.72	7.67	24.52	2.86	15.82	5.64	14.62	2.82	1.38
宜　兴	80.87	24.93	4.45	5.79	24.36	0.74	11.22	1.55	7.83	0.91	0.54
徐　州	244.13	60.46	30.43	7.76	28.50	21.87	14.34	22.01	58.76	6.49	3.77

续表

城市名称	城市建设用地面积									本年征用土地面积	
	小计	居住用地	公共管理与公共服务用地	商业服务业设施用地	工业用地	物流仓储用地	道路交通设施用地	公用设施用地	绿地与广场用地		耕地
新沂	36.09	14.40	5.00	1.31	7.21	0.76	2.29	3.00	2.12	—	—
邳州	46.46	19.10	4.11	1.57	8.88	0.32	5.70	1.55	5.23	—	—
常州	261.01	67.16	15.63	16.01	77.30	6.38	35.17	7.65	35.71	21.37	9.60
溧阳	27.88	8.78	2.68	2.26	7.18	0.66	2.97	1.11	2.24	—	—
苏州	458.06	130.97	30.25	29.70	128.62	7.72	64.59	9.70	56.51	16.29	4.63
常熟	84.18	34.95	3.15	13.60	15.50	1.13	8.25	1.70	5.90	—	—
张家港	42.02	16.49	3.82	3.25	2.00	0.17	2.73	0.48	13.08	0.26	0.06
昆山	67.64	21.61	5.00	2.24	16.27	1.83	7.79	4.10	8.80	—	—
太仓	50.54	13.89	1.52	3.51	12.81	1.40	6.09	1.41	9.91	1.74	0.81
南通	245.79	76.91	26.74	61.17	21.27	4.97	38.65	4.37	11.71	3.69	1.65
启东	28.80	7.20	2.73	3.64	6.34	0.75	1.46	1.22	5.46	1.00	1.00
如皋	37.14	14.25	2.56	2.99	7.31	0.16	4.35	0.55	4.97	3.33	1.96
海门	27.68	10.82	1.40	1.98	4.72	0.35	0.48	3.72	4.21	2.87	1.39
连云港	240.62	93.07	15.19	20.83	54.17	13.66	29.02	5.96	8.72	5.91	3.44
淮安	244.71	72.68	19.10	13.42	67.78	2.82	51.30	1.59	16.02	9.91	5.85
盐城	147.90	42.01	14.14	7.61	50.17	3.75	21.37	3.83	5.02	4.29	3.40
东台	36.02	8.83	3.16	6.07	1.78	2.10	5.88	0.82	7.38	—	—
扬州	147.98	43.58	11.86	11.87	36.74	1.80	25.60	2.46	14.07	0.93	0.32
仪征	39.01	9.66	2.20	1.29	13.85	0.94	7.27	1.57	2.23	2.74	1.65
高邮	23.76	6.35	2.35	1.46	5.31	1.19	4.30	1.53	1.27	3.64	2.42
镇江	139.30	39.90	9.10	7.00	38.10	5.40	18.40	5.40	16.00	4.02	1.94
丹阳	33.76	7.01	5.65	7.16	7.26	0.80	0.81	4.19	0.88	2.82	1.24
扬中	13.91	3.72	0.92	0.88	2.73	0.43	2.42	0.62	2.19	0.66	0.35
句容	26.84	10.49	1.25	1.61	5.41	0.25	4.17	0.48	3.18	2.38	1.19
泰州	162.62	47.60	16.07	12.47	47.77	4.02	22.05	5.64	7.00	—	—
兴化	37.73	13.95	2.47	1.92	11.60	0.28	4.42	0.51	2.58	—	—
靖江	31.14	7.63	1.16	0.74	4.05	0.19	4.23	0.22	12.92	1.84	0.78
泰兴	43.55	12.48	2.79	1.88	17.34	0.60	6.15	0.34	1.97	5.91	3.87
宿迁	85.83	21.40	8.90	5.30	24.54	1.48	14.12	1.29	8.80	7.16	4.45
浙江	**2573.37**	**750.66**	**223.85**	**218.66**	**565.74**	**61.80**	**405.95**	**77.82**	**268.89**	**100.01**	**50.18**
杭州	506.44	139.45	70.74	49.67	83.22	9.33	87.80	12.33	53.90	11.97	6.15
建德	10.30	3.65	1.12	1.26	0.08	0.06	0.47	0.21	3.45	2.51	0.96

续表

城市名称	城市建设用地面积									本年征用土地面积	
	小计	居住用地	公共管理与公共服务用地	商业服务业设施用地	工业用地	物流仓储用地	道路交通设施用地	公用设施用地	绿地与广场用地		耕地
临　安	19.60	6.35	1.03	1.97	4.21	0.37	0.65	2.35	2.67	2.70	—
宁　波	341.23	85.95	24.47	18.69	115.93	15.99	56.83	4.51	18.86	8.89	6.67
余　姚	48.01	14.56	3.21	3.53	11.50	0.44	11.20	0.74	2.83	0.65	0.41
慈　溪	43.17	20.23	2.80	2.57	9.18	0.12	4.71	0.43	3.13	2.25	1.20
温　州	180.27	45.77	14.26	36.58	5.62	7.48	35.38	10.29	24.89	12.46	3.16
瑞　安	19.22	9.11	1.92	1.87	0.12	0.51	3.66	0.17	1.86	3.18	1.85
乐　清	36.49	11.39	1.91	4.08	0.13	0.74	9.28	0.21	8.75	2.34	1.24
嘉　兴	118.90	33.82	6.45	18.73	20.50	2.06	21.70	2.44	13.20	1.80	1.44
海　宁	50.50	15.20	5.99	6.78	11.93	0.13	1.07	1.50	7.90	3.80	2.25
平　湖	32.51	7.91	2.27	5.01	6.71	0.43	5.12	1.02	4.04	1.90	1.41
桐　乡	46.58	13.28	2.64	2.63	11.17	2.07	8.71	1.42	4.66	1.72	0.80
湖　州	105.00	31.94	8.53	8.79	29.57	1.22	8.36	2.10	14.49	0.35	0.23
绍　兴	214.04	72.73	12.28	16.67	59.58	3.68	24.28	8.10	16.72	10.75	7.02
诸　暨	39.29	13.04	5.05	1.71	4.93	0.82	3.89	5.83	4.02	3.48	1.90
嵊　州	37.60	10.21	2.42	2.11	12.93	0.32	5.29	0.96	3.36	3.88	2.53
金　华	97.91	30.36	9.80	5.26	23.30	1.26	17.87	1.42	8.64	5.46	1.57
兰　溪	34.21	10.82	2.08	1.29	13.24	0.18	3.65	0.37	2.58	1.52	0.86
义　乌	102.89	32.71	6.98	8.05	15.08	7.09	21.85	0.89	10.24	3.79	1.82
东　阳	39.70	10.89	1.29	0.62	12.78	0.58	5.43	1.12	6.99	0.46	0.35
永　康	37.52	9.17	2.62	0.58	15.08	0.74	6.32	1.55	1.46	1.12	0.21
衢　州	71.95	15.80	4.82	2.92	24.96	2.03	12.63	1.94	6.85	0.98	0.28
江　山	17.11	4.93	1.43	1.80	2.51	0.72	2.82	0.65	2.25	0.88	0.56
舟　山	58.84	20.86	7.31	2.72	7.63	0.56	10.06	1.66	8.04	2.79	0.99
台　州	129.89	41.58	9.14	5.14	33.49	0.79	18.14	2.34	19.27	5.74	3.18
温　岭	35.21	13.80	1.39	2.62	7.55	0.36	5.23	1.42	2.84	0.43	0.20
临　海	41.64	9.52	2.90	1.54	14.82	1.10	6.00	1.57	4.19	0.47	—
丽　水	38.63	11.87	6.16	2.45	4.36	0.35	3.97	5.15	4.32	0.61	0.07
龙　泉	18.72	3.76	0.84	1.02	3.63	0.27	3.58	3.13	2.49	1.13	0.87
安　徽	**1959.72**	**619.23**	**152.85**	**176.09**	**357.01**	**54.15**	**307.75**	**60.61**	**232.03**	**130.18**	**67.20**
合　肥	436.00	124.16	42.40	33.05	79.05	5.15	68.63	6.40	77.16	16.43	8.75
巢　湖	47.60	16.20	5.40	9.20	2.40	1.60	2.60	3.00	7.20	6.60	4.00
芜　湖	167.01	37.00	6.00	15.01	14.00	4.00	37.00	12.00	42.00	7.11	4.06

续表

城市名称	城市建设用地面积									本年征用土地面积	耕地
	小计	居住用地	公共管理与公共服务用地	商业服务业设施用地	工业用地	物流仓储用地	道路交通设施用地	公用设施用地	绿地与广场用地		
蚌　埠	142.55	48.45	10.56	5.97	25.21	9.95	22.40	10.84	9.17	5.30	3.10
淮　南	110.07	48.01	10.61	8.26	20.65	1.00	16.89	1.42	3.23	5.40	3.95
马鞍山	90.50	22.13	6.79	3.98	32.35	2.13	14.70	1.07	7.35	3.92	2.64
淮　北	91.49	32.63	6.57	8.80	18.75	2.94	11.10	1.58	9.12	8.75	5.11
铜　陵	80.40	21.72	6.84	6.75	13.00	5.77	13.59	3.91	8.82	9.62	—
安　庆	99.53	32.57	9.26	26.08	9.11	4.00	9.23	2.72	6.56	5.07	3.41
桐　城	26.19	5.78	2.34	4.44	9.41	0.40	0.71	1.06	2.05	—	—
黄　山	49.70	16.89	4.70	3.00	8.92	0.72	7.74	1.11	6.62	2.27	1.35
滁　州	85.34	25.80	5.87	3.61	22.96	1.67	16.34	3.37	5.72	13.89	8.55
天　长	29.25	8.85	1.91	7.91	1.21	0.34	4.81	0.62	3.60	0.51	—
明　光	24.92	9.46	2.50	0.91	4.95	0.59	3.86	0.45	2.20	0.15	0.10
阜　阳	118.83	56.50	6.10	6.80	19.90	4.30	17.33	2.12	5.78	12.48	6.72
界　首	20.77	8.30	3.15	2.80	0.96	0.69	3.11	0.41	1.35	5.00	1.65
宿　州	77.61	26.00	2.20	10.20	15.60	2.81	11.25	1.90	7.65	6.35	3.51
六　安	76.20	24.55	5.19	4.82	13.47	1.67	11.55	2.57	12.38	9.17	5.00
亳　州	68.73	19.15	5.72	7.97	13.95	2.28	13.14	1.65	4.87	7.09	4.16
池　州	37.18	13.98	3.33	2.17	4.55	1.35	7.63	0.79	3.38	0.56	0.26
宣　城	53.53	13.19	4.09	2.95	16.25	0.62	10.39	1.06	4.98	2.20	—
宁　国	26.32	7.91	1.32	1.41	10.36	0.17	3.75	0.56	0.84	2.31	0.88
福　建	**1365.57**	**457.22**	**142.40**	**102.62**	**237.21**	**34.77**	**205.31**	**51.45**	**134.59**	**90.14**	**23.33**
福　州	243.33	102.80	31.23	12.90	35.00	1.60	32.80	5.00	22.00	5.21	1.33
福　清	46.49	16.10	5.00	8.10	4.20	5.85	4.40	1.04	1.80	6.00	2.00
长　乐	18.92	7.05	2.30	1.34	4.47	0.33	2.01	0.65	0.77	2.46	1.39
厦　门	351.32	93.22	29.70	24.19	84.20	7.80	61.03	13.87	37.31	28.45	—
莆　田	87.21	46.12	7.94	3.16	15.23	1.65	11.23	0.81	1.07	2.80	2.00
三　明	33.80	10.62	2.65	1.12	11.00	1.90	4.60	0.90	1.01	1.45	0.21
永　安	24.61	8.31	1.74	0.96	5.41	0.91	3.46	0.42	3.40	0.56	0.16
泉　州	156.20	53.00	20.69	27.50	6.10	5.50	21.06	3.35	19.00	—	—
石　狮	30.68	6.55	4.89	2.39	4.28	0.94	6.21	2.19	3.23	0.65	0.13
晋　江	37.15	11.00	3.45	2.00	9.00	0.70	2.75	6.20	2.05	2.00	0.50
南　安	33.01	9.94	1.26	3.42	2.76	0.70	4.45	5.50	4.98	2.80	2.25
漳　州	66.95	18.60	8.56	0.87	14.96	0.83	14.67	3.78	4.68	1.93	0.06

续表

城市名称	城市建设用地面积									本年征用土地面积	
	小计	居住用地	公共管理与公共服务用地	商业服务业设施用地	工业用地	物流仓储用地	道路交通设施用地	公用设施用地	绿地与广场用地		耕地
龙　海	19.63	5.80	1.46	1.86	0.53	0.51	3.05	1.33	5.09	4.80	2.96
南　平	37.98	9.70	5.44	1.78	8.30	1.65	4.96	0.51	5.64	5.13	1.04
邵　武	19.42	6.32	1.45	0.42	6.56	0.89	2.06	0.66	1.06	0.75	0.19
武夷山	9.75	2.99	0.76	0.66	0.89	0.10	1.92	0.53	1.90	1.25	0.42
建　瓯	13.63	5.80	0.95	0.51	3.06	0.16	1.85	0.10	1.20	0.50	—
龙　岩	58.75	16.99	6.66	4.32	7.05	0.88	11.69	1.65	9.51	4.09	0.40
漳　平	12.73	3.27	0.75	0.94	4.06	0.38	1.61	0.65	1.07	1.32	0.33
宁　德	30.02	12.01	3.06	1.71	4.91	0.38	4.54	0.30	3.11	16.76	7.40
福　安	14.79	3.82	1.01	0.96	2.41	0.68	2.01	0.88	3.02	—	—
福　鼎	19.20	7.21	1.45	1.51	2.83	0.43	2.95	1.13	1.69	1.23	0.56
江　西	**1279.29**	**381.88**	**140.41**	**98.37**	**240.05**	**28.81**	**197.06**	**46.48**	**146.23**	**60.56**	**26.05**
南　昌	275.07	87.23	41.57	20.06	41.48	3.68	44.18	6.30	30.57	19.22	9.87
景德镇	76.33	20.44	5.72	7.09	20.80	1.70	10.72	1.16	8.70	0.96	0.60
乐　平	24.85	6.27	3.05	3.27	5.56	0.97	1.99	0.91	2.83	—	—
萍　乡	50.55	15.60	4.52	0.57	8.68	1.18	7.59	5.32	7.09	5.93	2.38
九　江	104.56	33.09	7.34	6.75	24.78	1.93	15.20	2.92	12.55	—	—
瑞　昌	20.00	8.74	2.18	0.87	3.25	0.59	1.61	1.29	1.47	—	—
共青城	9.31	3.02	1.08	1.24	0.40	0.26	1.50	0.12	1.69	3.02	—
庐　山	11.71	4.21	0.77	0.66	2.18	0.17	2.33	0.12	1.27	—	—
新　余	71.00	26.02	7.32	1.39	22.10	0.84	7.81	1.27	4.25	0.23	—
鹰　潭	34.04	9.69	2.93	1.98	6.87	1.41	6.36	1.06	3.74	—	—
贵　溪	31.55	7.82	2.17	1.77	10.98	0.56	4.52	1.22	2.51	1.64	0.55
赣　州	158.56	44.94	19.40	11.21	30.16	3.81	25.10	6.68	17.26	23.32	10.25
瑞　金	28.31	8.58	2.38	4.46	1.66	1.32	5.91	2.09	1.91	0.50	0.10
吉　安	52.12	11.02	7.93	11.73	4.56	1.71	6.81	2.95	5.41	—	—
井冈山	8.53	2.16	1.05	1.80	0.90	0.18	1.30	0.10	1.04	—	—
宜　春	70.00	15.80	5.24	6.90	10.17	3.89	12.02	3.95	12.03	—	—
丰　城	50.40	9.98	3.47	3.30	19.11	1.25	6.87	1.79	4.63	—	—
樟　树	26.00	7.86	3.59	4.41	1.24	0.75	4.54	0.70	2.91	—	—
高　安	31.09	7.14	5.02	1.45	7.65	0.73	4.82	1.07	3.21	—	—
抚　州	60.10	18.87	5.65	3.58	12.08	1.24	9.56	1.12	8.00	5.60	2.27
上　饶	74.25	29.20	6.83	3.08	4.39	0.38	15.16	4.03	11.18	—	—

续表

城市名称	城市建设用地面积									本年征用土地面积	
	小计	居住用地	公共管理与公共服务用地	商业服务业设施用地	工业用地	物流仓储用地	道路交通设施用地	公用设施用地	绿地与广场用地		耕地
德　兴	10.96	4.20	1.20	0.80	1.05	0.26	1.16	0.31	1.98	0.14	0.03
山　东	**4539.96**	**1373.97**	**482.62**	**312.51**	**997.09**	**143.46**	**578.22**	**151.35**	**500.74**	**114.08**	**48.18**
济　南	446.20	118.58	73.91	28.94	86.61	9.97	72.69	14.90	40.60	29.84	17.88
青　岛	493.42	147.77	36.68	27.02	124.20	25.08	66.31	8.76	57.60	16.24	8.16
胶　州	56.09	13.95	4.92	2.51	18.95	2.79	6.18	2.35	4.44	—	—
即　墨	56.13	23.37	2.48	3.50	14.12	0.47	8.76	0.56	2.87	—	—
平　度	61.60	24.96	4.62	2.25	18.57	0.33	6.70	0.47	3.70	2.13	1.15
莱　西	34.10	12.07	3.61	1.02	7.52	2.21	3.70	0.72	3.25	—	—
淄　博	268.59	93.50	19.42	16.24	75.86	6.88	32.71	5.71	18.27	5.31	3.09
枣　庄	138.94	54.51	12.34	11.51	23.42	4.74	13.29	5.74	13.39	2.22	0.84
滕　州	53.94	26.32	5.33	4.57	11.24		1.26	3.61	1.61	1.24	0.83
东　营	143.30	49.01	18.25	13.68	27.19	3.23	9.70	11.19	11.05	5.31	2.14
烟　台	282.56	64.19	35.31	20.53	66.59	15.57	29.55	11.68	39.14	6.04	1.56
龙　口	43.00	11.04	5.12	5.75	2.21	2.34	6.80	2.13	7.61	—	—
莱　阳	42.15	18.90	7.17	7.47	1.64	0.38	2.50	1.24	2.85	0.15	—
莱　州	45.00	14.75	12.88	0.04	10.87	1.26	0.45	0.35	4.40	—	—
蓬　莱	24.45	7.52	4.00	4.51	0.68	1.89	3.32	0.43	2.10	2.86	1.14
招　远	32.50	9.80	3.93	3.92	8.41	0.69	0.67	0.29	4.79	—	—
栖　霞	16.58	4.36	1.34	1.98	3.74	0.60	2.46	0.24	1.86	—	—
海　阳	28.95	7.79	2.80	1.75	4.70	0.57	1.88	1.87	7.59	0.30	0.08
潍　坊	176.69	61.32	12.91	12.02	33.10	5.67	25.25	6.00	20.42	—	—
青　州	49.70	13.60	4.00	4.20	6.40	0.40	10.30	1.40	9.40	—	—
诸　城	49.83	15.46	4.53	3.68	9.45	3.41	5.00	1.54	6.76	4.34	3.77
寿　光	39.80	9.38	5.51	4.43	7.23	0.44	2.71	3.80	6.30	—	—
安　丘	60.96	15.25	4.68	2.86	18.23	1.53	9.02	2.97	6.42	—	—
高　密	49.80	16.63	6.20	0.13	12.48	2.92	0.56	5.28	5.60	—	—
昌　邑	25.00	8.15	1.90	1.24	6.41	0.60	3.90	1.30	1.50	—	—
济　宁	189.72	52.66	6.72	16.52	53.13	4.48	31.13	3.73	21.35	—	—
曲　阜	27.00	9.00	3.00	2.00	4.90	0.60	1.50	3.00	3.00	—	—
邹　城	47.48	17.00	7.17	2.30	7.20	1.55	6.86	1.30	4.10	—	—
泰　安	154.60	50.01	15.68	14.54	39.42	1.69	21.51	2.19	9.56	0.84	0.46
新　泰	69.50	16.20	4.75	12.16	1.57	2.61	7.77	4.44	20.00	—	—

续表

城市名称	城市建设用地面积									本年征用土地面积	
	小计	居住用地	公共管理与公共服务用地	商业服务业设施用地	工业用地	物流仓储用地	道路交通设施用地	公用设施用地	绿地与广场用地		耕地
肥　城	39.84	18.03	1.94	2.59	4.86	0.53	5.56	1.02	5.31	—	—
威　海	188.61	48.51	13.36	19.94	54.63	3.39	27.58	5.27	15.93	2.86	0.28
荣　成	53.10	14.48	3.30	5.10	9.04	2.07	2.60	1.21	15.30	1.95	—
乳　山	33.74	7.61	4.56	2.18	5.66	1.11	2.52	4.36	5.74	—	—
日　照	103.70	32.00	6.92	7.22	20.86	1.63	24.91	0.89	9.27	17.33	—
莱　芜	105.83	37.70	17.10	6.39	23.10	3.80	3.92	1.02	12.80	1.20	0.60
临　沂	209.36	58.67	24.40	11.58	37.66	7.93	24.53	12.39	32.20	3.10	1.56
德　州	152.35	40.72	25.96	1.04	40.69	2.90	22.72	2.47	15.85	1.36	0.65
乐　陵	32.50	5.00	6.50	2.00	3.80	2.10	5.30	4.10	3.70	—	—
禹　城	30.45	6.07	4.39	1.80	5.73	1.00	5.86	2.50	3.10	1.41	0.75
聊　城	95.56	29.83	9.61	6.99	19.93	2.68	19.82	0.53	6.17	—	—
临　清	28.60	9.32	4.05	0.90	5.19	1.15	3.87	0.62	3.50	—	—
滨　州	136.38	36.60	15.54	5.67	31.74	2.82	20.24	3.51	20.26	0.21	—
菏　泽	122.36	42.38	13.83	5.84	28.16	5.45	14.35	2.27	10.08	7.84	3.24
河　南	**2424.64**	**726.83**	**271.26**	**130.34**	**378.44**	**78.02**	**388.32**	**99.10**	**352.33**	**28.18**	**13.01**
郑　州	410.34	105.07	59.94	15.15	36.68	16.46	75.80	16.48	84.76	8.36	—
巩　义	29.13	10.36	2.32	1.08	3.10	0.66	5.70	0.51	5.40	0.68	0.62
荥　阳	23.73	7.53	2.51	0.50	6.22	0.61	3.57	0.55	2.24	—	—
新　密	24.06	6.00	0.96	1.96	3.25	1.15	3.34	4.64	2.76	—	—
新　郑	30.67	9.37	4.25	3.53	4.07	0.83	4.40	0.73	3.49	2.89	1.75
登　封	21.20	5.51	0.28	0.69	1.21	0.09	3.80	3.72	5.90	—	—
开　封	125.12	40.56	15.66	7.01	25.67	2.69	17.60	4.93	11.00	4.76	3.34
洛　阳	215.22	70.23	25.09	9.24	36.78	11.35	30.97	4.79	26.77	—	—
偃　师	19.14	5.50	1.20	2.10	3.40	0.70	2.80	1.10	2.34	0.60	0.40
平顶山	73.40	28.50	4.89	4.00	15.54	3.27	10.93	1.35	4.92	—	—
舞　钢	16.29	3.31	1.78	0.17	3.75	0.10	2.45	0.92	3.81	—	—
汝　州	36.08	11.28	2.13	1.58	9.98	1.14	6.13	0.35	3.49	1.86	1.45
安　阳	81.80	25.72	10.12	2.83	12.81	3.20	15.36	3.12	8.64	0.45	—
林　州	23.58	10.54	2.45	0.85	1.98	0.35	3.73	0.23	3.45	—	—
鹤　壁	64.07	15.09	6.17	4.17	16.41	1.03	9.69	1.96	9.55	—	—
新　乡	110.86	40.43	9.82	6.54	26.24	1.93	12.27	2.78	10.85	—	—
卫　辉	21.49	7.24	1.57	1.52	3.83	0.50	2.54	1.01	3.28	1.40	1.10

续表

城市名称	城市建设用地面积									本年征用土地面积	
	小计	居住用地	公共管理与公共服务用地	商业服务业设施用地	工业用地	物流仓储用地	道路交通设施用地	公用设施用地	绿地与广场用地		耕地
辉　县	21.36	10.54	1.43	0.41	2.91	0.60	2.91	0.42	2.14	—	—
焦　作	113.29	40.67	13.39	5.65	27.32	1.81	14.19	1.56	8.70	—	—
沁　阳	19.40	6.23	1.40	1.35	0.50	1.21	3.90	1.44	3.37	—	—
孟　州	15.82	5.24	0.83	0.94	1.49	0.36	3.82	0.69	2.45	0.17	0.10
濮　阳	58.55	22.06	3.50	5.30	5.70	1.60	7.22	2.20	10.97	—	—
许　昌	80.00	22.00	7.00	5.00	12.00	2.00	14.00	7.00	11.00	—	—
禹　州	45.38	12.60	5.01	2.30	10.75	2.17	6.05	0.70	5.80	—	—
长　葛	25.24	4.50	2.70	0.95	4.00	0.90	5.45	0.24	6.50	—	—
漯　河	64.49	16.30	4.20	2.10	5.60	2.20	11.78	7.50	14.81	—	—
三门峡	55.90	17.28	8.77	6.61	2.85	1.57	7.44	1.30	10.08	—	—
义　马	17.71	3.99	2.05	0.81	3.09	0.60	2.93	0.52	3.72	0.37	0.11
灵　宝	21.86	5.19	3.38	0.84	4.94	0.55	2.39	1.18	3.39	—	—
南　阳	148.25	45.31	20.51	7.84	30.16	4.23	25.37	5.68	9.15	1.12	0.80
邓　州	30.27	8.00	0.50	3.20	5.80	1.20	5.49	0.70	5.38	—	—
商　丘	63.00	11.19	6.20	1.82	1.39	0.70	9.72	3.13	28.85	—	—
永　城	41.25	11.60	4.90	4.50	3.50	0.60	6.85	2.00	7.30	4.40	3.34
信　阳	79.84	25.00	11.59	2.80	15.18	2.80	14.55	0.93	6.99	—	—
周　口	51.96	14.74	5.50	4.62	4.75	2.54	9.42	3.53	6.86	—	—
项　城	29.79	9.68	3.80	1.40	1.98	1.98	4.61	1.70	4.64	—	—
驻马店	70.97	17.24	10.07	6.67	14.78	1.22	12.13	5.63	3.23	—	—
济　源	44.13	15.23	3.39	2.31	8.83	1.12	7.02	1.88	4.35	1.12	—
湖　北	**2111.75**	**655.36**	**205.27**	**139.79**	**460.41**	**61.00**	**322.22**	**78.87**	**188.83**	**90.55**	**50.70**
武　汉	481.22	168.39	67.21	27.74	102.49	13.02	66.25	9.57	26.55	32.80	18.01
黄　石	76.25	21.20	5.57	2.13	20.31	0.52	17.45	1.26	7.81	—	—
大　冶	32.45	8.42	2.51	1.39	5.07		5.31	1.25	8.50	—	—
十　堰	107.11	32.34	12.23	4.14	32.50	3.50	9.58	3.71	9.11	—	—
丹江口	28.29	7.56	1.91	2.56	6.98	1.52	2.87	2.63	2.26	0.75	0.43
宜　昌	167.31	46.74	12.16	9.61	36.76	7.91	27.80	11.72	14.61	—	—
宜　都	24.67	5.60	3.05	2.10	3.19	0.75	4.35	4.85	0.78	—	—
当　阳	21.09	4.19	0.42	0.52	7.54	0.47	3.57	1.24	3.14	1.00	—
枝　江	23.10	6.62	1.03	1.96	6.15	0.51	3.59	0.92	2.32	0.98	0.37
襄　阳	170.30	49.02	15.24	8.89	47.38	2.61	26.66	8.30	12.20	27.12	18.88

续表

城市名称	城市建设用地面积									本年征用土地面积	
	小计	居住用地	公共管理与公共服务用地	商业服务业设施用地	工业用地	物流仓储用地	道路交通设施用地	公用设施用地	绿地与广场用地		耕地
老河口	26.90	9.00	1.20	2.10	4.10	0.99	4.83	3.00	1.68	—	—
枣　阳	48.94	13.69	3.56	4.72	17.11	1.07	7.29	0.50	1.00	1.73	1.05
宜　城	27.03	8.73	1.89	1.30	5.21	0.67	4.73	0.57	3.93	2.61	1.78
鄂　州	64.40	17.93	5.08	3.09	15.50	2.28	5.21	3.18	12.13	0.15	—
荆　门	63.48	13.51	5.66	4.35	12.37	1.51	11.99	4.31	9.78	—	—
钟　祥	26.00	6.33	1.52	0.78	4.95	1.87	5.43	0.35	4.77	—	—
孝　感	53.46	15.62	3.56	4.18	13.74	1.88	10.17	0.50	3.81	6.37	4.36
应　城	16.34	5.83	2.10	1.43	2.50	0.71	2.50	0.37	0.90	—	—
安　陆	19.28	7.90	0.56	0.65	2.73	0.75	4.70	0.39	1.60	0.95	0.08
汉　川	28.55	8.61	3.98	6.85	2.71	1.46	3.89	0.51	0.54	0.51	—
荆　州	86.17	20.97	9.23	4.64	22.04	2.14	13.35	2.65	11.15	—	—
石　首	19.30	6.01	1.01	5.01	1.50	0.80	2.94	0.50	1.53	0.35	—
洪　湖	24.00	6.20	0.42	2.74	6.01	0.32	4.46	2.83	1.02	2.35	—
松　滋	16.70	6.05	2.15	1.21	3.90	0.13	2.15	0.18	0.93	2.04	1.05
黄　冈	52.22	15.73	5.38	4.99	8.66	1.08	10.01	0.56	5.81	—	—
麻　城	35.86	8.65	2.91	3.65	6.50	1.08	7.12	0.45	5.50	1.51	0.64
武　穴	29.97	9.20	3.95	1.20	2.00	1.60	6.02	2.10	3.90	—	—
咸　宁	50.50	23.95	2.28	1.59	11.35	0.23	5.90	0.15	5.05	—	—
赤　壁	26.99	10.15	1.02	1.45	5.60	1.15	4.15	1.49	1.98	—	—
随　州	45.62	14.50	4.90	4.65	10.00	1.63	5.20	1.24	3.50	—	—
广　水	31.69	13.39	3.18	2.65	4.36	0.69	6.57	0.62	0.23	0.80	0.44
恩　施	36.00	10.50	6.20	3.80	5.60	1.70	2.80	1.50	3.90	3.83	—
利　川	18.90	5.20	1.20	1.40	2.10	1.20	1.90	1.80	4.10	1.13	1.01
仙　桃	51.37	20.97	3.53	2.15	10.79	1.18	8.92	1.78	2.05	—	—
潜　江	49.50	15.94	4.82	6.12	7.71	1.88	6.85	1.32	4.86	—	—
天　门	30.79	10.72	2.65	2.05	3.00	0.19	5.71	0.57	5.90	3.57	2.60
湖　南	**1511.06**	**535.29**	**182.11**	**104.71**	**201.98**	**44.86**	**190.15**	**87.87**	**164.09**	**61.67**	**12.95**
长　沙	296.06	112.28	38.83	18.23	27.28	7.18	53.50	4.20	34.56	—	—
浏　阳	26.80	8.10	2.40	1.90	2.10	0.70	1.10	1.30	9.20	—	—
株　洲	118.59	47.03	11.42	5.17	27.42	2.95	13.67	2.33	8.60	17.18	—
醴　陵	29.45	11.92	5.11	2.31	5.91	1.06	1.90	0.03	1.21	—	—
湘　潭	79.94	27.11	8.45	5.23	12.88	4.27	12.35	4.35	5.30	4.28	2.12

续表

城市名称	城市建设用地面积									本年征用土地面积	
	小计	居住用地	公共管理与公共服务用地	商业服务业设施用地	工业用地	物流仓储用地	道路交通设施用地	公用设施用地	绿地与广场用地		耕地
湘　乡	20.43	7.92	1.66	1.65	4.49	0.41	3.21	0.25	0.84	3.10	1.20
韶　山	4.63	1.14	0.50	0.75	0.70	—	0.60	0.22	0.72	0.18	0.13
衡　阳	110.75	35.68	13.01	4.20	27.38	2.66	18.74	2.97	6.11	7.77	2.72
耒　阳	35.80	12.90	6.75	1.43	5.20	1.52	2.43	1.32	4.25	1.94	0.85
常　宁	15.00	4.50	2.00	1.00	2.00	—	2.00	1.00	2.50	3.00	—
邵　阳	66.44	24.56	8.20	4.43	3.73	2.31	5.80	4.20	13.21	2.00	0.45
武　冈	19.05	6.50	3.00	2.60	0.90	0.75	1.80	1.50	2.00	0.90	0.25
岳　阳	92.70	25.00	10.00	6.50	18.10	4.00	4.10	12.00	13.00	0.50	—
汨　罗	17.00	5.27	0.93	1.30	4.03	0.62	3.42	0.47	0.96	0.25	0.04
临　湘	15.20	3.55	2.11	2.54	1.31	0.92	1.41	0.65	2.71	—	—
常　德	91.98	24.11	10.62	5.69	18.34	4.08	15.61	4.35	9.18	3.43	1.69
津　市	16.22	5.21	1.44	0.42	4.60	0.74	1.88	0.57	1.36	0.38	0.23
张家界	31.74	10.53	6.11	1.42	1.51	—	5.00	4.96	2.21	0.70	
益　阳	70.10	28.30	10.20	3.00	5.00	—	2.00	16.00	5.60	2.25	0.71
沅　江	15.32	8.80	1.20	0.20	0.50	—	0.38	2.39	1.85	—	—
郴　州	73.10	25.60	6.53	4.83	6.56	2.03	12.00	1.55	14.00	4.30	1.87
资　兴	21.11	7.90	2.70	2.56	0.90	1.00	2.68	2.62	0.75	0.70	0.30
永　州	64.40	16.29	5.31	6.36	7.80	2.76	9.32	8.13	8.43	2.26	0.26
怀　化	53.51	24.62	5.90	8.63	2.20	2.02	6.20	0.57	3.37	—	—
洪　江	6.60	1.57	0.50	0.08	0.91	0.12	0.60	0.47	2.35	0.31	0.13
娄　底	49.80	16.50	8.10	8.85	2.53	1.36	1.80	6.14	4.52	—	—
冷水江	23.76	7.50	0.93	1.23	4.50	0.30	3.90	1.82	3.58	0.24	—
涟　源	14.78	4.90	2.70	1.90	2.20	0.40	1.25	0.61	0.82	6.00	—
吉　首	30.80	20.00	5.50	0.30	1.00	0.70	1.50	0.90	0.90	—	—
广　东	**5266.61**	**1573.23**	**425.66**	**341.20**	**1375.75**	**140.45**	**815.27**	**153.43**	**441.62**	**126.90**	**48.16**
广　州	667.64	212.75	76.88	60.24	186.37	19.79	77.86	7.05	26.70	16.66	4.63
韶　关	103.41	34.84	10.77	5.70	23.49	4.02	11.74	3.94	8.91	—	—
乐　昌	13.67	6.44	1.32	0.65	3.90	0.21	0.78	0.25	0.12	—	—
南　雄	12.38	5.04	0.12	0.28	3.12	0.14	0.85	0.18	2.65	0.20	0.10
深　圳	921.45	208.61	59.65	35.73	273.42	20.32	229.92	23.11	70.69	—	—
珠　海	249.40	56.68	29.33	18.21	80.94	6.11	43.74	5.45	8.94	—	—
汕　头	253.66	99.11	24.70	33.70	27.13	14.28	35.18	7.96	11.60	—	—

续表

城市名称	城市建设用地面积									本年征用土地面积	
	小计	居住用地	公共管理与公共服务用地	商业服务业设施用地	工业用地	物流仓储用地	道路交通设施用地	公用设施用地	绿地与广场用地		耕地
佛　山	218. 85	81. 93	21. 67	16. 03	37. 18	18. 72	10. 37	17. 23	15. 72	6. 04	0. 72
江　门	39. 45	9. 53	2. 67	1. 79	12. 71	0. 82	7. 96	0. 52	3. 45	—	—
台　山	29. 49	6. 93	4. 00	1. 02	5. 22	0. 30	4. 27	3. 55	4. 20	—	—
开　平	30. 13	13. 05	1. 44	1. 86	9. 49	0. 10	2. 18	0. 27	1. 74	0. 43	0. 32
鹤　山	26. 92	9. 41	3. 73	0. 20	4. 12	0. 53	4. 77	0. 62	3. 54	—	—
恩　平	38. 21	8. 74	4. 56	1. 76	6. 08	0. 62	2. 41	1. 34	12. 70	—	—
湛　江	72. 06	25. 97	6. 67	7. 13	14. 23	3. 65	7. 43	1. 04	5. 94	5. 05	1. 47
廉　江	46. 44	17. 22	3. 94	2. 37	5. 87	1. 42	11. 02	0. 33	4. 27	5. 75	—
雷　州	28. 53	9. 36	2. 91	6. 60	0. 66	0. 75	2. 18	3. 34	2. 73	0. 60	—
吴　川	26. 20	10. 35	1. 75	2. 05	1. 95	0. 85	2. 07	1. 35	5. 83	—	—
茂　名	125. 89	62. 36	13. 26	7. 33	13. 79	2. 74	13. 22	5. 24	7. 95	22. 35	7. 02
高　州	43. 50	13. 15	5. 06	2. 15	4. 19	5. 00	3. 25	6. 00	4. 70	1. 40	0. 70
化　州	32. 20	5. 25	5. 90	1. 41	5. 48	0. 83	4. 01	0. 87	8. 45	3. 77	1. 63
信　宜	26. 50	9. 80	0. 80	1. 70	2. 30	0. 40	1. 30	3. 30	6. 90	0. 35	—
肇　庆	113. 40	37. 32	10. 94	5. 81	31. 93	2. 17	16. 56	1. 03	7. 64	3. 82	1. 02
四　会	27. 58	8. 00	2. 03	4. 39	3. 10	0. 86	4. 30	1. 35	3. 55	—	—
惠　州	253. 92	79. 18	16. 40	17. 32	65. 15	6. 10	30. 92	8. 46	30. 39	4. 78	1. 05
梅　州	51. 00	21. 70	5. 66	4. 38	4. 64	0. 31	7. 85	0. 51	5. 95	4. 86	0. 90
兴　宁	27. 97	13. 30	2. 63	2. 10	0. 60	1. 35	4. 09	3. 30	0. 60	2. 58	1. 60
汕　尾	18. 51	7. 59	1. 53	1. 25	3. 22	0. 25	2. 81	0. 66	1. 20	2. 32	1. 58
陆　丰	20. 53	4. 13	2. 62	1. 92	2. 13	0. 45	2. 30	1. 52	5. 46	0. 75	—
河　源	33. 60	10. 00	2. 20	1. 00	6. 50	1. 00	5. 30	3. 60	4. 00	4. 92	1. 06
阳　江	81. 02	23. 72	7. 94	4. 51	21. 58	0. 88	13. 04	0. 93	8. 42	—	—
阳　春	18. 92	0. 10	1. 00	2. 00	11. 00	1. 40	0. 90	0. 21	2. 31	15. 00	15. 00
清　远	60. 97	18. 72	7. 03	4. 61	10. 24	2. 00	7. 05	2. 67	8. 65	5. 59	3. 23
英　德	34. 46	7. 93	6. 08	1. 83	6. 41	0. 53	4. 15	2. 75	4. 78	7. 53	2. 45
连　州	15. 91	5. 79	0. 05	0. 02	0. 81	—	4. 75	0. 39	4. 10	0. 50	0. 13
东　莞	1063. 15	277. 17	48. 20	57. 38	367. 94	15. 83	174. 89	26. 61	95. 13	7. 32	1. 24
中　山	116. 57	39. 26	9. 36	5. 54	32. 78	1. 46	20. 33	1. 05	6. 79	2. 40	0. 86
潮　州	57. 85	20. 60	2. 08	2. 96	8. 89	0. 66	9. 02	0. 69	12. 95	0. 12	0. 07
揭　阳	147. 69	40. 71	10. 13	7. 21	59. 30	1. 20	16. 30	1. 03	11. 81	0. 16	—
普　宁	65. 44	35. 38	2. 88	3. 86	7. 47	0. 51	7. 82	0. 85	6. 67	—	—

续表

城市名称	城市建设用地面积									本年征用土地面积	
	小计	居住用地	公共管理与公共服务用地	商业服务业设施用地	工业用地	物流仓储用地	道路交通设施用地	公用设施用地	绿地与广场用地		耕地
云　浮	26.88	4.61	3.75	3.71	5.56	1.78	2.58	2.74	2.15	0.58	0.38
罗　定	25.26	11.50	2.02	1.49	4.86	0.11	3.80	0.14	1.34	1.07	1.00
广　西	**1292.58**	**388.37**	**137.48**	**78.49**	**204.10**	**50.23**	**234.60**	**53.49**	**145.82**	**117.99**	**49.83**
南　宁	305.59	90.07	42.91	20.75	33.51	7.54	57.66	9.14	44.01	39.43	30.29
柳　州	188.49	48.83	17.45	12.54	43.74	8.38	33.72	3.84	19.99	6.87	1.12
桂　林	101.16	29.91	11.83	2.46	18.14	3.13	14.09	6.24	15.36	2.84	0.76
梧　州	55.71	19.01	5.46	2.82	8.51	2.30	10.82	2.98	3.81	2.88	0.44
岑　溪	19.33	9.12	1.22	1.01	1.42	0.65	4.54	1.02	0.35	1.20	—
北　海	75.60	27.00	9.80	4.40	5.20	2.00	16.00	2.70	8.50	3.23	—
防城港	38.40	7.02	2.70	3.46	8.60	3.96	7.51	1.11	4.04	1.06	0.19
东　兴	11.84	2.30	1.44	1.30	1.15	0.38	3.13	0.59	1.55	0.90	0.38
钦　州	89.98	22.79	7.45	5.78	21.68	8.35	14.22	1.79	7.92	6.38	—
贵　港	70.13	23.10	6.67	2.97	16.31	2.52	12.71	2.85	3.00	2.91	0.50
桂　平	29.48	7.21	2.55	2.09	6.55	1.06	6.22	0.37	3.43	0.42	—
玉　林	69.22	26.28	9.56	9.51	2.18	2.19	10.93	2.39	6.18	1.04	0.56
北　流	24.75	6.56	0.33	0.68	2.69	0.28	5.66	0.83	7.72	0.85	0.48
百　色	45.97	15.27	4.32	1.21	7.14	2.21	6.51	1.98	7.33	14.97	—
靖　西	16.21	7.50	0.65	0.20	3.40	0.10	3.17	0.35	0.84	6.19	6.19
贺　州	30.41	9.67	4.62	2.47	4.81	0.50	4.53	3.76	0.05	7.70	6.54
河　池	23.85	7.06	2.81	0.65	5.03	0.69	2.85	2.72	2.04	0.27	0.27
宜　州	16.85	4.81	0.75	0.45	3.99	0.48	5.23	0.38	0.76	0.85	0.85
来　宾	43.10	11.43	1.67	1.51	6.22	1.83	9.31	6.11	5.02	7.33	—
合　山	7.27	4.25	0.11	0.06	0.98	0.01	0.91	0.18	0.77	0.02	—
崇　左	19.21	6.40	2.02	0.44	2.43	0.60	3.26	1.53	2.53	9.33	—
凭　祥	10.03	2.78	1.16	1.73	0.42	1.07	1.62	0.63	0.62	1.32	1.26
海　南	**302.05**	**110.46**	**41.15**	**24.64**	**22.25**	**6.26**	**54.07**	**13.61**	**29.61**	**3.55**	**1.26**
海　口	140.31	54.15	22.01	13.37	12.31	2.85	26.50	2.47	6.65	—	—
三　亚	55.05	18.56	9.12	5.47	3.00	1.42	8.00	2.68	6.80	0.68	0.16
三　沙	0.32	0.02	0.06	0.01	—	—	0.20	0.01	0.02	—	—
儋　州	30.77	12.85	3.31	1.37	2.45	0.48	4.06	0.90	5.35	—	—
五指山	5.85	2.40	0.32	0.23	0.10	—	1.45	0.35	1.00	—	—
琼　海	27.20	9.01	0.78	0.23	1.34	0.52	3.77	4.42	7.13	1.84	1.10

续表

城市名称	城市建设用地面积									本年征用土地面积	
	小计	居住用地	公共管理与公共服务用地	商业服务业设施用地	工业用地	物流仓储用地	道路交通设施用地	公用设施用地	绿地与广场用地		耕地
文　昌	14.41	2.98	2.91	1.65	1.58	0.23	3.95	0.36	0.75	—	—
万　宁	10.73	4.70	1.10	0.60	0.75	0.04	1.91	0.18	1.45	—	—
东　方	17.41	5.79	1.54	1.71	0.72	0.72	4.23	2.24	0.46	1.03	—
重　庆	**1179.57**	**370.90**	**106.80**	**74.82**	**246.83**	**29.08**	**213.71**	**33.10**	**104.33**	**91.29**	**42.56**
四　川	**2468.48**	**769.88**	**240.80**	**189.68**	**441.83**	**64.41**	**383.90**	**74.43**	**303.55**	**79.32**	**40.49**
成　都	770.78	257.34	83.36	72.44	114.70	17.81	127.28	16.57	81.28	8.40	4.14
都江堰	36.85	18.93	2.48	4.08	0.40	0.20	7.27	0.25	3.24	1.15	0.86
彭　州	23.33	6.96	2.24	6.34	1.95	0.90	2.70	1.19	1.05	—	—
邛　崃	24.53	6.78	1.32	0.80	9.09	0.11	3.94	0.36	2.13	0.10	0.08
崇　州	29.45	5.49	1.29	1.37	16.91	0.07	2.94	0.25	1.13	—	—
简　阳	33.60	8.20	5.30	3.10	2.40	2.60	3.20	2.80	6.00	4.20	—
自　贡	116.18	37.81	6.50	5.77	28.72	1.82	13.33	2.68	19.55	6.96	6.96
攀枝花	74.85	21.04	4.06	3.59	24.67	3.82	6.38	3.49	7.80	1.07	0.13
泸　州	126.73	33.09	8.69	6.09	19.65	1.52	26.21	2.45	29.03	7.76	4.70
德　阳	75.10	21.42	6.17	3.15	21.31	0.78	16.50	1.11	4.66	10.96	4.93
广　汉	47.93	10.69	3.29	3.36	13.18	2.06	7.55	2.61	5.19	1.89	1.25
什　邡	16.21	4.23	0.58	1.29	2.78	0.50	2.88	2.30	1.65	—	—
绵　竹	12.31	3.63	0.25	0.29	0.70	0.10	2.33	0.30	4.71	—	—
绵　阳	138.94	39.72	20.96	8.63	31.90	2.11	20.50	3.82	11.30	—	—
江　油	33.56	9.80	3.86	1.42	7.80	0.60	4.84	0.52	4.72	3.10	1.10
广　元	56.32	13.84	6.52	3.30	10.93	1.50	9.58	2.93	7.72	0.66	0.20
遂　宁	76.80	24.14	3.72	5.69	14.73	2.58	16.37	1.48	8.09	—	—
内　江	76.20	28.35	7.40	4.45	14.24	2.08	13.48	1.65	4.55	7.71	5.50
乐　山	69.39	22.58	8.57	8.00	9.71	1.35	8.00	1.68	9.50	—	—
峨眉山	20.96	9.20	2.99	2.80	1.49	0.07	1.86	0.26	2.29	—	—
南　充	120.30	45.20	12.15	8.30	17.90	6.20	18.10	4.72	7.73	4.96	1.00
阆　中	34.00	10.40	3.05	2.70	5.86	1.55	4.30	1.11	5.03	5.00	1.00
眉　山	60.86	23.63	4.87	8.43	6.76	1.47	8.51	3.62	3.57	2.29	1.13
宜　宾	86.94	19.10	5.73	5.58	9.45	3.65	13.91	2.12	27.40	4.46	3.49
广　安	50.16	17.87	7.61	2.77	4.54	1.66	7.48	2.76	5.47	—	—
华　蓥	14.34	4.13	1.23	0.43	2.61	0.09	0.94	1.58	3.33	—	—
达　州	86.56	24.92	7.07	7.04	15.34	3.80	14.30	3.34	10.75	4.56	2.17

续表

城市名称	城市建设用地面积									本年征用土地面积	耕地
	小计	居住用地	公共管理与公共服务用地	商业服务业设施用地	工业用地	物流仓储用地	道路交通设施用地	公用设施用地	绿地与广场用地		
万　源	15.35	8.64	0.93	1.18	0.52	0.54	1.08	0.65	1.81	—	—
雅　安	31.58	8.07	3.70	2.39	7.05	0.42	6.60	0.99	2.36	1.59	1.27
巴　中	15.62	1.04	0.38	0.80	1.20	0.66	0.77	0.77	10.00	—	—
资　阳	44.78	10.86	3.50	2.45	11.67	0.65	5.60	1.35	8.70	2.50	0.58
马尔康	4.38	1.71	0.82	0.23	0.09	0.02	0.73	0.07	0.71	—	—
康　定	5.01	1.55	0.92	0.82	0.06	0.16	0.90	0.25	0.35	—	—
西　昌	38.58	9.52	9.29	0.60	11.52	0.96	3.54	2.40	0.75	—	—
贵　州	**776.85**	**255.23**	**77.61**	**62.03**	**122.86**	**25.36**	**110.39**	**25.28**	**98.09**	**33.82**	**14.84**
贵　阳	296.62	81.37	34.87	25.04	46.09	9.24	52.12	4.74	43.15	—	—
清　镇	19.31	7.45	2.00	3.01	3.00	0.03	3.16	0.49	0.17	4.10	1.70
六盘水	61.25	26.22	4.08	4.63	9.83	0.82	8.80	4.86	2.01	4.64	—
遵　义	91.51	32.54	8.38	7.20	16.01	2.42	14.86	2.53	7.57	10.47	6.35
赤　水	11.09	3.35	1.53	1.06	3.14	0.07	1.22	0.18	0.54	—	—
仁　怀	16.88	5.09	2.34	0.69	2.80	1.80	1.60	1.20	1.36	2.40	0.70
安　顺	60.30	18.77	4.35	4.28	11.35	2.05	8.60	2.90	8.00	3.06	2.16
铜　仁	35.97	16.11	2.55	1.31	4.38	2.21	2.98	1.77	4.66	4.27	2.75
兴　义	42.10	15.00	3.83	5.76	6.95	3.01	3.62	1.73	2.20	0.36	0.16
毕　节	40.36	12.00	4.00	4.20	8.25	2.98	1.93	2.00	5.00	2.30	1.02
凯　里	63.42	28.70	1.35	2.54	4.15	—	4.20	1.48	21.00	1.09	—
都　匀	19.94	2.63	5.23	1.61	4.01	0.37	3.60	0.61	1.88	—	—
福　泉	18.10	6.00	3.10	0.70	2.90	0.36	3.70	0.79	0.55	1.13	—
云　南	**1027.24**	**377.72**	**112.21**	**90.66**	**111.20**	**29.99**	**136.25**	**33.06**	**136.15**	**34.65**	**15.15**
昆　明	429.97	180.88	44.82	36.54	52.81	12.09	45.13	8.18	49.52	12.21	8.78
安　宁	19.76	6.13	1.20	0.58	4.87	0.18	3.10	0.20	3.50	—	—
曲　靖	79.50	30.90	5.72	9.08	8.55	1.54	12.20	0.37	11.14	2.66	1.15
宣　威	36.95	10.28	5.23	1.50	4.50	1.77	4.56	4.58	4.53	0.47	0.13
玉　溪	35.13	8.64	1.39	1.53	3.82	0.02	8.32	1.63	9.78	—	—
保　山	24.76	7.40	1.10	0.63	1.00	0.80	4.80	0.70	8.33	8.10	—
腾　冲	18.24	9.27	2.12	3.48	0.35	0.09	2.19	0.11	0.63	1.46	0.49
昭　通	29.82	8.50	3.40	2.10	4.94	1.00	5.83	0.63	3.42	1.10	1.10
丽　江	20.88	4.25	2.33	2.10	2.00	2.08	2.52	1.58	4.02	0.82	0.28
普　洱	24.25	5.30	8.02	2.58	0.49	2.30	2.40	0.51	2.65	—	—

续表

城市名称	城市建设用地面积									本年征用土地面积	
	小计	居住用地	公共管理与公共服务用地	商业服务业设施用地	工业用地	物流仓储用地	道路交通设施用地	公用设施用地	绿地与广场用地		耕地
临　沧	21.77	8.00	1.00	3.10	1.70	0.45	4.07	1.15	2.30	0.55	—
楚　雄	39.61	16.78	4.39	1.53	4.69	0.90	7.35	1.36	2.61	0.90	0.49
个　旧	12.51	3.53	1.93	0.59	2.49	0.40	1.90	0.35	1.32	—	—
开　远	21.26	5.60	2.60	2.08	3.34	2.09	1.20	2.55	1.80	0.64	0.48
蒙　自	21.53	6.49	1.17	2.52	2.27	0.19	5.45	2.68	0.76	0.55	—
弥　勒	19.27	5.00	2.70	0.29	0.97	0.49	2.12	2.66	5.04	0.19	—
文　山	34.34	9.15	5.19	5.34	3.85	1.60	4.43	0.47	4.31	3.38	2.03
景　洪	27.40	8.02	2.00	0.70	0.01	0.19	4.20	1.00	11.28	—	—
大　理	39.99	14.43	7.07	3.21	4.65	1.02	5.46	1.16	2.99	0.62	0.12
瑞　丽	26.00	8.10	1.50	4.97	1.80	0.30	5.30	0.13	3.90	—	—
芒　市	19.19	8.07	2.98	2.76	1.80	0.47	1.59	0.66	0.86	—	—
泸　水	8.11	3.50	1.85	0.25	0.20	0.02	1.13	0.20	0.96	0.30	—
香格里拉	17.00	9.50	2.50	3.20	0.10	—	1.00	0.20	0.50	0.70	0.10
西　藏	**186.83**	**60.02**	**32.16**	**22.00**	**19.70**	**4.88**	**28.61**	**12.25**	**7.21**	**5.05**	**2.50**
拉　萨	124.69	38.92	18.36	14.13	15.71	2.83	21.34	8.86	4.54	0.05	—
昌　都	7.49	0.50	5.20	0.40	0.60	0.05	0.52	0.10	0.12	—	—
山　南	14.20	9.60	1.00	1.57	0.49	0.20	1.00	0.09	0.25	—	—
日喀则	27.95	7.50	6.50	3.30	2.50	1.50	2.75	1.70	2.20	—	—
林　芝	12.50	3.50	1.10	2.60	0.40	0.30	3.00	1.50	0.10	5.00	2.50
陕　西	**1096.26**	**266.18**	**109.50**	**86.40**	**132.41**	**24.64**	**182.00**	**39.12**	**256.01**	**44.17**	**22.59**
西　安	513.30	125.53	65.01	41.91	62.50	10.35	88.76	17.99	101.25	35.82	17.78
铜　川	44.11	9.26	2.70	0.72	8.53	0.28	7.82	1.82	12.98	2.84	1.46
宝　鸡	89.15	10.44	7.78	10.80	15.98	2.91	13.86	4.33	23.05	—	—
咸　阳	90.38	18.65	9.20	0.78	17.40	2.52	21.33	2.90	17.60	0.50	—
兴　平	22.89	6.59	1.10	0.50	4.28	0.16	3.42	0.20	6.64	0.19	—
渭　南	63.18	23.49	5.60	2.92	4.84	1.51	8.54	1.53	14.75	2.10	1.80
韩　城	18.21	6.58	0.75	1.10	0.85	0.80	3.15	0.80	4.18	—	—
华　阴	16.84	5.00	1.42	1.96	2.25	0.43	1.68	0.75	3.35	—	—
延　安	40.97	13.80	2.33	2.37	2.13	0.24	6.01	0.90	13.19	—	—
汉　中	41.55	9.80	2.95	5.60	4.80	1.45	4.35	2.55	10.05	—	—
榆　林	69.52	17.21	3.29	10.10	6.59	0.91	11.71	1.15	18.56	—	—
安　康	45.00	13.20	1.65	1.17	0.79	0.15	5.75	2.60	19.69	1.70	0.65

续表

城市名称	城市建设用地面积									本年征用土地面积	
	小计	居住用地	公共管理与公共服务用地	商业服务业设施用地	工业用地	物流仓储用地	道路交通设施用地	公用设施用地	绿地与广场用地		耕地
商　洛	19.00	3.10	2.30	2.60	0.60	2.00	2.80	0.60	5.00	—	—
杨陵区	22.16	3.53	3.42	3.87	0.87	0.93	2.82	1.00	5.72	1.02	0.90
甘　肃	**805.97**	**216.87**	**82.21**	**59.95**	**129.70**	**28.66**	**118.55**	**41.37**	**128.66**	**37.24**	**27.98**
兰　州	308.43	70.05	33.51	21.27	49.40	7.89	65.90	10.01	50.40	24.33	18.93
嘉峪关	72.11	14.58	6.61	7.81	9.32	2.86	4.93	0.88	25.12	—	—
金　昌	43.05	7.82	2.84	1.63	17.47	1.46	5.38	1.44	5.01	1.76	0.40
白　银	62.03	17.61	5.60	3.09	21.78	1.36	6.24	2.65	3.70	1.25	—
天　水	50.82	11.00	3.24	4.00	10.33	5.79	7.50	4.17	4.79	3.30	3.30
武　威	31.95	20.30	2.20	3.01	0.54	—	4.20	0.50	1.20	—	—
张　掖	39.81	17.14	3.14	3.15	1.96	2.56	2.55	4.21	5.10	2.63	2.43
平　凉	38.33	13.85	4.90	3.34	3.48	1.87	6.69	1.05	3.15	0.52	0.52
酒　泉	42.83	10.50	4.10	5.06	2.82	1.00	4.64	1.09	13.62	—	—
玉　门	9.88	1.71	0.70	0.55	1.58	0.33	1.64	0.22	3.15	0.01	—
敦　煌	14.97	2.20	0.80	2.10	0.80	0.20	2.36	0.35	6.16	0.60	0.60
庆　阳	24.12	7.69	5.16	0.03	3.90	0.60	0.80	3.70	2.24	1.20	1.20
定　西	23.76	5.50	2.84	0.03	3.78	1.52	0.84	5.25	4.00	1.32	0.28
陇　南	9.68	6.64	0.86	0.40	0.16	0.02	0.70	0.70	0.20	—	—
临　夏	23.77	7.28	4.41	3.38	0.17	0.19	3.08	4.65	0.61	0.32	0.32
合　作	10.43	3.00	1.30	1.10	2.21	1.01	1.10	0.50	0.21	—	—
青　海	**175.97**	**76.99**	**14.94**	**8.93**	**13.18**	**19.21**	**17.47**	**6.75**	**18.50**	**3.31**	**0.20**
西　宁	87.16	45.03	5.42	2.37	4.23	14.24	6.57	3.86	5.44	—	—
海　东	18.77	7.41	1.96	1.28	0.99	1.61	0.84	1.15	3.53	0.87	0.20
玉　树	13.89	5.16	1.83	0.51	0.45	0.52	1.00	0.66	3.76	—	—
格尔木	35.63	15.23	2.23	2.24	4.39	1.92	6.52	0.67	2.43	—	—
德令哈	20.52	4.16	3.50	2.53	3.12	0.92	2.54	0.41	3.34	2.44	—
宁　夏	**384.07**	**125.51**	**50.20**	**17.91**	**41.08**	**13.87**	**64.83**	**14.52**	**56.15**	**9.51**	**6.68**
银　川	170.70	52.16	28.65	2.93	16.65	7.43	27.36	9.33	26.19	—	—
灵　武	15.40	5.60	0.51	1.31	3.05	0.03	1.98	0.29	2.63	1.46	0.37
石嘴山	53.47	21.86	2.25	3.74	9.14	0.20	12.06	0.99	3.23	—	—
吴　忠	53.29	17.85	6.66	3.26	7.26	0.43	8.13	1.95	7.75	2.68	1.68
青铜峡	29.86	9.78	5.60	2.30	2.70	2.37	3.08	0.83	3.20	0.68	0.35
固　原	33.59	9.60	4.20	2.20	1.51	2.81	6.26	0.52	6.49	3.07	2.66

续表

城市名称	城市建设用地面积									本年征用土地面积	
	小计	居住用地	公共管理与公共服务用地	商业服务业设施用地	工业用地	物流仓储用地	道路交通设施用地	公用设施用地	绿地与广场用地		耕地
中　卫	27.76	8.66	2.33	2.17	0.77	0.60	5.96	0.61	6.66	1.62	1.62
新　疆	**1187.00**	**405.43**	**106.77**	**94.92**	**168.45**	**48.28**	**160.57**	**65.38**	**137.20**	**23.18**	**6.51**
乌鲁木齐	436.00	148.80	29.40	26.70	80.20	17.60	68.60	21.90	42.80	12.38	4.29
克拉玛依	70.59	24.21	10.71	6.44	4.25	0.67	10.59	3.18	10.54	5.40	—
吐鲁番	18.53	8.89	1.29	1.32	1.41	0.45	2.53	1.17	1.47	—	—
哈　密	41.39	16.96	4.65	3.28	6.45	0.96	5.42	1.00	2.67	—	—
昌　吉	59.00	20.41	4.32	5.82	10.10	1.12	10.48	0.77	5.98	—	—
阜　康	21.50	4.64	1.25	1.10	0.26	1.01	2.91	1.11	9.22	0.17	0.17
博　乐	21.00	8.57	1.60	2.24	3.49	1.21	1.17	0.55	2.17	—	—
阿拉山口	6.53	0.50	0.50	0.43	2.14	0.93	0.82	1.01	0.20	—	—
库尔勒	75.90	21.65	6.80	4.00	15.85	3.21	3.50	11.40	9.49	0.23	—
阿克苏	46.21	21.38	5.07	4.06	3.90	0.92	4.95	1.96	3.97	0.90	—
阿图什	14.69	4.53	4.30	2.58	0.40	0.26	0.50	0.53	1.59	0.30	—
喀　什	69.66	26.37	4.86	8.23	4.55	7.60	7.62	3.00	7.43	0.30	0.25
和　田	34.08	12.06	4.51	2.62	5.39	1.73	3.40	1.96	2.41	1.17	—
伊　宁	36.95	16.00	3.90	3.30	3.22	0.55	6.50	2.32	1.16	—	—
奎　屯	24.06	4.04	2.74	4.00	1.01	0.15	3.26	3.36	5.50	—	—
霍尔果斯	17.70	4.04	1.66	1.90	5.76	1.68	2.16	0.35	0.15	—	—
乌　苏	23.35	8.50	1.90	1.46	3.51	1.20	1.54	0.70	4.54	—	—
塔　城	14.76	5.26	1.17	1.70	1.40	0.24	0.98	1.73	2.28	—	—
阿勒泰	16.00	4.53	2.00	2.20	0.10	0.21	3.10	0.36	3.50	—	—
石河子	48.49	15.79	5.77	2.30	5.09	1.77	7.83	3.35	6.59	—	—
阿拉尔	11.21	2.26	1.76	1.15	1.45	0.57	0.06	1.79	2.17	—	—
图木舒克	12.50	3.89	0.82	1.31	0.16	0.02	1.98	0.20	4.12	—	—
五家渠	21.63	9.06	2.32	2.37	1.37	0.92	3.74	0.32	1.53	—	—
北　屯	22.69	8.76	1.33	2.60	2.61	2.73	2.64	1.14	0.88	—	—
铁门关	2.75	0.81	0.59	0.13	0.22	0.05	0.53	0.02	0.40	0.18	—
双　河	13.60	2.20	1.00	1.40	2.30	0.20	2.70	0.10	3.70	2.00	1.80
昆　玉	6.23	1.32	0.55	0.28	1.86	0.32	1.06	0.10	0.74	0.15	—

数据来源：住房和城乡建设部。

五、市政公用设施投资及建设数据

表 2－29　　2012—2016 年全国城市市政公用设施建设固定资产投资

单位：亿元，%

年　份	投资完成额	环比增长率	占同期全社会固定资产投资比重	占同期国内生产总值的比重
2012	15296. 4	9. 78	4. 08	2. 95
2013	16349. 8	6. 89	3. 66	2. 87
2014	16245. 0	－0. 63	3. 17	2. 55
2015	16204. 4	－0. 25	2. 88	2. 39
2016	17460. 0	7. 75	2. 88	2. 35

数据来源：住房和城乡建设部。

表 2－30　　2016 年全国城市市政公用设施建设固定资产投资（1）

单位：万元

地区名称	本年完成投资	供　水	燃　气	集中供热	轨道交通	道路桥梁	园林绿化
全　国	**174599734**	**5458498**	**4089062**	**4818675**	**40794785**	**75643268**	**16701452**
北　京	12010583	267709	201160	354824	2728037	2495652	1533299
天　津	2927208	8834	12834	42449	1526261	933712	243369
河　北	3607251	159073	107030	640138	542296	1268116	404283
辽　宁	2724690	99076	58514	394082	877804	636112	352034
上　海	5538842	338037	152172	—	2872092	1438768	144300
江　苏	14627229	583393	661849	1145	3221844	6379826	1825643
浙　江	11040682	332774	173643	—	2809488	5135535	1459554
福　建	6261545	123451	44356	—	1669656	3433823	256728
山　东	10060204	332467	241359	874471	2229388	3469677	1034175
广　东	7828858	182619	116849	—	4071694	2328169	200669
海　南	1228866	4009	10361	—	—	908655	141681
山　西	4744357	63882	94991	196100	32000	3613988	490217
吉　林	3486458	122457	66746	215432	742517	599148	125424
黑龙江	2274993	81738	90568	504787	481049	656891	100001
安　徽	7417525	283582	187576	46548	791297	4188478	1144171
江　西	4052364	131803	43437	—	500561	2270926	562062
河　南	5313308	164687	83415	214890	1196446	2373259	734343

续表

地区名称	本年完成投资	供　水	燃　气	集中供热	轨道交通	道路桥梁	园林绿化
湖　北	12298694	150719	989356	—	3557428	5275133	748762
湖　南	7543709	294984	42132	29749	900918	4013792	362413
内蒙古	4774236	285536	108486	592177	564786	1332945	929130
广　西	6030884	136308	66433	—	1171528	3362547	672628
重　庆	7315367	226840	85177	—	2503057	3600390	616945
四　川	10975335	227127	64809	6000	2816708	5395016	982705
贵　州	3427637	39931	—	—	123555	2631582	300506
云　南	4083331	47836	33160	—	1236629	1517437	119905
西　藏	261333	4925	—	—	—	161957	11180
陕　西	4459883	116204	73716	82302	1019046	2126911	710188
甘　肃	3455914	349892	36686	150431	608700	1538445	130596
青　海	825079	6414	12664	—	—	668454	7244
宁　夏	409678	12543	11942	96059	—	65682	54881
新　疆	3593692	279648	217641	377091	—	1822242	302416

数据来源：住房和城乡建设部。

表 2－31　　2016 年全国城市市政公用设施建设固定资产投资（2）

单位：万元

地区名称	排　水				市容环境卫生		地下综合管廊	其　他	本年新增固定资产
		污水处理	污泥处置	再生水利用		垃圾处理			
全　国	**12225062**	**4088663**	**185327**	**810312**	**4452116**	**1180877**	**2947106**	**7469710**	**106211811**
北　京	2802488	903909	27599	625659	1613451	181528	12963	1000	3455933
天　津	67110	18342	—	2853	18518	—	1000	73121	347085
河　北	348204	69440	2300	5964	37254	3952	1632	99225	2736588
山　西	91965	11960	—	—	70792	43560	62072	82239	1646059
内蒙古	219363	35172	5777	—	65828	65828	26169	282113	1591880
辽　宁	1370344	397608	29882	25739	309026	23571	64550	209609	9650628
吉　林	698714	400543	35312	990	130461	84022	40135	260378	9856234
黑龙江	313970	58843	402	—	87892	2300	56418	275251	2587911
上　海	803192	191738	855	63601	279392	178760	190797	605286	5954745
江　苏	392110	330254	200	—	263960	79482	60866	211922	2763129
浙　江	86687	71700	—	5805	2287	1350	63067	12119	221322
安　徽	124172	43776	500	—	52686	290	13157	63164	4437885
福　建	75106	31120	6330	—	45098	22665	376515	1118015	1028985
江　西	131325	54839	2000	2300	47346	16832	178529	2759	1497972

续表

地区名称	排水				市容环境卫生		地下综合管廊	其他	本年新增固定资产
		污水处理	污泥处置	再生水利用		垃圾处理			
山　东	387047	91580	—	1391	231760	84512	47975	109091	5820475
河　南	325463	38309	22099	—	58820	40746	42585	116707	2464463
湖　北	346845	67345	2220	3369	86281	6278	111873	1269	3656270
湖　南	1190260	231876	—	1500	178334	20054	147248	61454	12157018
广　东	404501	260819	8100	—	87810	52278	126398	1281012	3090855
广　西	301177	199247	13282	4625	205772	10780	167127	287100	4135308
海　南	447080	14821	4109	—	102905	66102	70727	728	6502404
重　庆	91019	50553	—	465	55194	1212	1560	135185	4139750
四　川	429878	279090	—	—	64074	51164	36274	952744	4319673
贵　州	26156	5013	2410	10388	60826	33104	236850	8231	1681916
云　南	165620	16900	—	124	12606	6	327528	622610	2417370
西　藏	39069	37360	—	—	13060	—	—	31142	70371
陕　西	187401	93690	6950	9423	95939	14350	48176	—	2010933
甘　肃	75806	25513	15000	—	63646	44465	203060	298652	1499190
青　海	16513	8583	—	—	23803	—	85560	4427	786227
宁　夏	24242	7523	—	—	620	—	135017	8692	208338
新　疆	242235	41197	—	46116	86675	51686	11279	254465	3474894

数据来源：住房和城乡建设部。

表 2－32　　2012—2016 年全国城市轨道交通情况

年份	建成轨道交通的城市个数（个）	建成轨道交通线路长度（公里）	正在建设轨道交通的城市个数（个）	正在建设轨道交通线路长度（公里）
2012	16	2005. 53	29	2060. 43
2013	16	2213. 28	35	2760. 38
2014	22	2714. 79	36	3004. 37
2015	24	3069. 23	38	3994. 15
2016	30	3586. 34	39	4870. 18

数据来源：住房和城乡建设部。

表 2－33　　2016 年城市轨道交通（建成）（1）

城市名称	线路长度（公里）								
	合计	按轨道类型					按敷设方式		
		地铁	轻轨	单轨	有轨	磁浮	地面线	地下线	高架线
全　国	**3586. 34**	**3038. 03**	**350. 04**	**79. 54**	**70. 29**	**48. 44**	**356. 42**	**2304. 12**	**925. 80**
北　京	**574. 00**	**574. 00**	**—**	**—**	**—**	**—**	**50. 00**	**408. 00**	**116. 00**
天　津	**174. 12**	**120. 91**	**45. 41**	**—**	**7. 80**	**—**	**16. 77**	**95. 41**	**61. 94**

续表

城市名称	线路长度（公里）								
	合计	按轨道类型					按敷设方式		
		地铁	轻轨	单轨	有轨	磁浮	地面线	地下线	高架线
辽　宁	**142. 15**	**55. 38**	**86. 77**	**—**	**—**	**—**	**109. 89**	**—**	**32. 26**
沈　阳	55. 38	55. 38	—	—	—	—	55. 38	—	—
大　连	86. 77	—	86. 77	—	—	—	54. 51	—	32. 26
吉　林	**47. 17**	**—**	**47. 17**				**19. 63**	**4. 60**	**22. 94**
长　春	47. 17	—	47. 17	—	—	—	19. 63	4. 60	22. 94
黑龙江	**17. 73**	**17. 73**	**—**	**—**	**—**	**—**	**—**	**17. 73**	**—**
哈尔滨	17. 73	17. 73	—	—	—	—	—	17. 73	—
上　海	**614. 23**	**584. 33**	**—**	**—**	**—**	**29. 90**	**18. 20**	**368. 69**	**227. 34**
江　苏	**350. 29**	**238. 18**	**66. 09**		**46. 02**		**49. 39**	**185. 26**	**115. 64**
南　京	184. 22	176. 46			7. 76		11. 36	84. 90	87. 96
无　锡	55. 72	55. 72	—	—	—	—	0. 10	41. 73	13. 89
苏　州	84. 28	—	66. 09		18. 19		17. 86	58. 63	7. 79
昆　山	6. 00	6. 00	—	—	—	—	—	—	6. 00
淮　安	20. 07	—	—	—	20. 07	—	20. 07	—	—
浙　江	**156. 54**	**156. 54**	**—**	**—**	**—**	**—**	**0. 20**	**110. 06**	**46. 28**
杭　州	82. 01	82. 01	—	—	—	—	0. 20	71. 21	10. 60
宁　波	74. 53	74. 53	—	—	—	—	—	38. 85	35. 68
安　徽	**24. 47**	**24. 47**	**—**	**—**	**—**	**—**	**—**	**24. 47**	**—**
合　肥	24. 47	24. 47	—	—	—	—	—	24. 47	—
福　建	**24. 89**	**24. 89**						**24. 89**	**—**
福　州	24. 89	24. 89	—	—	—	—	—	24. 89	
山　东	**33. 55**	**24. 78**	**—**	**—**	**8. 77**		**8. 77**	**24. 78**	**—**
青　岛	33. 55	24. 78	—	—	8. 77		8. 77	24. 78	—
河　南	**46. 85**	**46. 85**	**—**	**—**	**—**	**—**	**—**	**46. 85**	**—**
郑　州	46. 85	46. 85	—	—	—	—	—	46. 85	
湖　北	**181. 16**	**146. 88**	**34. 28**	**—**	**—**	**—**	**1. 02**	**137. 67**	**42. 47**
武　汉	181. 16	146. 88	34. 28	—	—	—	1. 02	137. 67	42. 47
湖　南	**68. 88**	**50. 34**	**—**	**—**	**—**	**18. 54**	**18. 54**	**49. 34**	**1. 00**
长　沙	68. 88	50. 34	—	—	—	18. 54	18. 54	49. 34	1. 00
广　东	677. 67	619. 37	50. 60		7. 70		56. 98	518. 14	102. 55
广　州	281. 66	273. 96	—	—	7. 70		47. 74	231. 42	2. 50
深　圳	286. 15	286. 15	—	—	—	—	5. 68	229. 24	51. 23

续表

城市名称	线路长度（公里）								
	合计	按轨道类型					按敷设方式		
		地铁	轻轨	单轨	有轨	磁浮	地面线	地下线	高架线
佛　山	21.48	21.48	—	—	—	—	—	21.48	—
肇　庆	50.60	—	50.60				3.15	2.27	45.18
东　莞	37.78	37.78	—	—	—	—	0.41	33.73	3.64
广　西	**32.10**	**32.10**	**—**	**—**	**—**	**—**	**—**	**32.10**	**—**
南　宁	32.10	32.10	—	—	—	—	—	32.10	—
重　庆	**212.86**	**113.60**	**19.72**	**79.54**	**—**	**—**	**4.31**	**90.57**	**117.98**
四　川	**108.46**	**108.46**	**—**	**—**	**—**	**—**		**100.36**	**8.10**
成　都	**108.46**	**108.46**	**—**	**—**	**—**	**—**		**100.36**	**8.10**
云　南	**60.07**	**60.07**	**—**	**—**	**—**	**—**	**2.27**	**38.07**	**19.73**
昆　明	60.07	60.07					2.27	38.07	19.73
陕　西	**39.15**	**39.15**	**—**	**—**	**—**	**—**	**0.45**	**27.13**	**11.57**
西　安	39.15	39.15	—	—	—	—	0.45	27.13	11.57

数据来源：住房和城乡建设部。

表 2－34　　2016 年城市轨道交通（建成）（2）

城市名称	车站数（个）				换乘站数（个）	配置车辆数（辆）					
	合计	地面站	地下站	高架站		合计	地铁	轻轨	单轨	有轨	磁浮
全　国	**2383**	**253**	**1592**	**538**	**541**	**19284**	**17820**	**886**	**492**	**67**	**19**
北　京	**345**	**21**	**275**	**49**	**54**	**5204**	**5204**	**—**	**—**	**—**	**—**
天　津	**125**	**19**	**77**	**29**	**31**	**720**	**560**	**152**	**—**	**8**	**—**
辽　宁	**110**	**45**	**44**	**21**	**2**	**446**	**336**	**110**	**—**	**—**	**—**
沈　阳	44	—	44	—	2	336	336		—	—	
大　连	66	45		21	—	110	—	110		—	—
吉　林	49	19	6	24	2	68	—	68	—		—
长　春	49	19	6	24	2	68	—	68	—	—	—
黑龙江	**18**	**—**	**18**	**—**	**3**	**102**	**102**	**—**	**—**	**—**	
哈尔滨	18	—	18	—	3	102	102	—		—	—
上　海	**358**	**37**	**136**	**185**	**134**	**4141**	**4127**	**—**	**—**		**14**
江　苏	**235**	**46**	**141**	**48**	**35**	**1304**	**956**	**296**	**—**	**52**	**—**
南　京	96	13	52	31	13	682	674	—	—	8	—
无　锡	46		37	9	9	276	276	—	—	—	—
苏　州	67	10	52	5	13	314	—	296		18	
昆　山	3	—	—	3	—	6	6	—	—	—	—

续表

城市名称	车站数（个）				换乘站数（个）	配置车辆数（辆）					
	合计	地面站	地下站	高架站		合计	地铁	轻轨	单轨	有轨	磁浮
淮　安	23	23	—	—	—	26	—	—	—	26	
浙　江	**113**	**—**	**90**	**23**	**12**	**366**	**366**	**—**	**—**	**—**	**—**
杭　州	62	—	56	6	—	—	—	—	—	—	—
宁　波	51	—	34	17	12	366	366	—	—	—	—
安　徽	**23**	**—**	**23**	**—**	**—**	**156**	**156**	**—**	**—**	**—**	**—**
合　肥	23	—	23	—	—	156	156	—	—	—	—
福　建	**21**	**—**	**21**	**—**	**4**	**168**	**168**	**—**	**—**	**—**	**—**
福　州	21	—	21	—	4	168	168	—	—	—	—
山　东	**44**	**22**	**22**	**—**	**6**	**151**	**144**	**—**	**—**	**7**	**—**
青　岛	44	22	22	—	6	151	144	—	—	7	—
河　南	**36**	**—**	**36**	**—**	**11**	**36**	**36**	**—**	**—**	**—**	**—**
郑　州	36	—	36	—	11	36	36	—	—	—	—
湖　北	**136**	**—**	**104**	**32**	**48**	**1118**	**966**	**152**	**—**	**—**	**—**
武　汉	136	—	104	32	48	1118	966	152	—	—	—
湖　南	**48**	**5**	**42**	**1**	**10**	**335**	**330**	**—**	**—**	**—**	**5**
长　沙	48	5	42	1	10	335	330	—	—	—	5
广　东	**422**	**33**	**353**	**36**	**102**	**2758**	**2750**	**8**	**—**	**—**	**—**
广　州	185	31	154		41	367	367	—	—	—	—
深　圳	198	1	167	30	55	2230	2230	—	—	—	—
佛　山	18	—	18	—	—	33	33	—	—	—	—
肇　庆	6	1	—	5	2	8	—	8	—	—	—
东　莞	15	—	14	1	4	120	120	—	—	—	—
广　西	**25**	**—**	**25**	**—**	**6**	**180**	**180**	**—**	**—**	**—**	**—**
南　宁	25	—	25	—	6	180	180	—	—	—	—
重　庆	**128**	**4**	**56**	**68**	**37**	**1150**	**558**	**100**	**492**	**—**	**—**
四　川	**86**	**—**	**78**	**8**	**22**	**792**	**792**	**—**	**—**	**—**	**—**
成　都	86	—	78	8	22	792	792	—	—	—	—
云　南	**35**	**2**	**26**	**7**	**16**	**53**	**53**	**—**	**—**	**—**	**—**
昆　明	35	2	26	7	16	53	53	—	—	—	—
陕　西	**26**	**—**	**19**	**7**	**6**	**36**	**36**	**—**	**—**	**—**	**—**
西　安	26	—	19	7	6	36	36	—	—	—	—

数据来源：住房和城乡建设部。

表 2－35　　2016 年城市轨道交通（在建）（1）

城市名称	线路长度（公里）								
	合计	按轨道类型					按敷设方式		
		地铁	轻轨	单轨	有轨	磁浮	地面线	地下线	高架线
全　国	**4870.18**	**4355.73**	**236.97**	**65.34**	**212.14**	**—**	**203.09**	**3861.97**	**805.12**
北　京	**376.35**	**367.31**	**—**	**—**	**9.04**	**—**	**0.75**	**291.30**	**84.30**
天　津	**156.12**	**156.12**	**—**	**—**	**—**	**—**	**0.62**	**155.50**	**—**
河　北	**59.40**	**59.40**	**—**	**—**	**—**	**—**	**—**	**59.40**	**—**
石家庄	59.40	59.40	—	—	—	—	—	59.40	—
山　西	23.65	23.65	—	—	—	—	—	23.65	—
太　原	23.65	23.65	—	—	—	—	—	23.65	—
内蒙古	**49.27**	**49.27**	**—**	**—**	**—**	**—**	**0.30**	**45.72**	**3.25**
呼和浩特	49.27	49.27	—	—	—	—	0.30	45.72	3.25
辽　宁	**239.55**	**156.01**	**83.54**	**—**	**—**	**—**	**25.48**	**164.23**	**49.84**
沈　阳	90.21	90.21	—	—	—	—	—	90.21	—
大　连	149.34	65.80	83.54	—	—	—	25.48	74.02	49.84
吉　林	**54.39**	**40.99**	**13.40**	**—**	**—**	**—**	**—**	**40.99**	**13.40**
长　春	54.39	40.99	13.40	—	—	—	—	40.99	13.40
黑龙江	**75.18**	**75.18**	**—**	**—**	**—**	**—**	**—**	**75.18**	**—**
哈尔滨	75.18	75.18	—	—	—	—	—	75.18	—
上　海	**230.07**	**230.07**	**—**	**—**	**—**	**—**	**—**	**184.39**	**45.68**
江　苏	**499.87**	**331.39**	**140.03**		**28.45**		**27.43**	**397.73**	**74.71**
南　京	199.23	199.23	—	—	—	—	6.70	126.42	66.11
无　锡	33.69	33.69	—	—	—	—	—	33.69	—
徐　州	64.27	64.27	—	—	—	—	0.09	63.62	0.56
常　州	34.20	34.20	—	—	—	—	0.40	31.60	2.20
苏　州	168.48	—	140.03	—	28.45	—	20.24	142.40	5.84
浙　江	**424.21**	**307.08**	**—**		**117.13**	**—**	**3.02**	**283.40**	**137.79**
杭　州	196.35	196.35	—	—	—	—	—	196.35	—
宁　波	110.73	110.73	—	—	—	—	—	75.68	35.05
温　州	117.13	—	—	—	117.13	—	3.02	11.37	102.74
安　徽	**80.75**	**64.96**	**—**	**15.79**	**—**	**—**	**—**	**62.14**	**18.61**
合　肥	64.96	64.96	—	—	—	—	—	60.73	4.23
芜　湖	15.79	—	—	15.79	—	—	—	1.41	14.38
福　建	**274.92**	**274.92**	**—**	**—**	**—**	**—**	**2.92**	**233.22**	**38.78**

续表

城市名称	线路长度（公里）								
	合计	按轨道类型					按敷设方式		
		地铁	轻轨	单轨	有轨	磁浮	地面线	地下线	高架线
福　州	76.12	76.12	—	—	—	—	0.67	68.69	6.76
厦　门	198.80	198.80	—	—	—	—	2.25	164.53	32.02
江　西	**60.18**	**60.18**	**—**	**—**	**—**	**—**	**—**	**60.18**	**—**
南　昌	60.18	60.18	—	—	—	—	—	60.18	—
山　东	**261.13**	**261.13**	**—**	**—**	**—**	**—**	**1.86**	**145.87**	**113.40**
济　南	47.69	47.69	—	—	—	—	0.20	31.29	16.20
青　岛	213.44	213.44	—	—	—	—	1.66	114.58	97.20
河　南	**87.50**	**87.50**	**—**	**—**	**—**	**—**	**—**	**71.80**	**15.70**
郑　州	87.50	87.50	—	—	—	—	—	71.80	15.70
湖　北	**203.17**	**203.17**	**—**	**—**	**—**	**—**	**0.28**	**162.16**	**40.73**
武　汉	203.17	203.17	—	—	—	—	0.28	162.16	40.73
湖　南	**140.60**	**140.60**	**—**	**—**	**—**	**—**	**—**	**140.60**	**—**
长　沙	140.60	140.60	—	—	—	—	—	140.60	—
广　东	**488.32**	**420.55**		**49.55**	**18.22**		**97.56**	**350.22**	**40.54**
广　州	333.81	284.26		49.55	—	—	78.15	249.66	6.00
深　圳	134.37	122.65	—	—	11.72	—	12.91	86.92	34.54
佛　山	20.14	13.64	—	—	6.50	—	6.50	13.64	—
广　西	**73.56**	**73.56**	**—**	**—**	**—**	**—**	**—**	**73.56**	**—**
南　宁	73.56	73.56	—	—	—	—	—	73.56	—
重　庆	**238.26**	**238.26**	**—**	**—**	**—**	**—**	**3.50**	**174.53**	**60.23**
四　川	**370.85**	**331.55**	**—**	**—**	**39.30**	**—**	**37.87**	**302.03**	**30.95**
成　都	370.85	331.55	—	—	39.30	—	37.87	302.03	30.95
贵　州	**62.70**	**62.70**	**—**	**—**	**—**	**—**	**—**	**56.60**	**6.10**
贵　阳	62.70	62.70	—	—	—	—	—	56.60	6.10
云　南	**136.38**	**136.38**	**—**	**—**	**—**	**—**	**0.30**	**116.57**	**19.51**
昆　明	136.38	136.38	—	—	—	—	0.30	116.57	19.51
陕　西	**119.81**	**119.81**	**—**	**—**	**—**	**—**	**1.20**	**107.01**	**11.60**
西　安	119.81	119.81	—	—	—	—	1.20	107.01	11.60
甘　肃	**34.97**	**34.97**	**—**	**—**	**—**	**—**	**—**	**34.97**	**—**
兰　州	34.97	34.97	—	—	—	—	—	34.97	—
新　疆	**49.02**	**49.02**	**—**	**—**	**—**	**—**	**—**	**49.02**	**—**
乌鲁木齐	49.02	49.02	—	—	—	—	—	49.02	—

数据来源：住房和城乡建设部。

表 2 - 36　　2016 年城市轨道交通（在建）（2）

城市名称	车站数（个）				换乘站数（个）	配置车辆数（辆）					
	合计	地面站	地下站	高架站		合计	地铁	轻轨	单轨	有轨	磁浮
全　国	**3080**	**86**	**2673**	**321**	**827**	**24073**	**22935**	**860**	**72**	**206**	**—**
北　京	**173**	**8**	**139**	**26**	**75**	**3517**	**3486**	**—**	**—**	**31**	**—**
天　津	**131**	**1**	**130**	**—**	**39**	**714**	**714**	**—**	**—**	**—**	**—**
河　北	**52**	**—**	**52**	**—**	**16**	**378**	**378**	**—**	**—**	**—**	**—**
石家庄	52	—	52	—	16	378	378	—	—	—	—
山　西	**23**	**—**	**23**	**—**	**7**	**144**	**144**	**—**	**—**		**—**
太　原	23	—	23	—	7	144	144	—	—	—	—
内蒙古	**43**	**—**	**40**	**3**	**10**	**12**	**12**	**—**	**—**	**—**	**—**
呼和浩特	43	—	40	3	10	12	12	—	—	—	—
辽　宁	**137**	**5**	**118**	**14**	**11**	**68**	**48**	**20**	**—**	**—**	**—**
沈　阳	67		67	—	—	—	—	—	—	—	—
大　连	70	5	51	14	11	68	48	20	—	—	—
吉　林	**47**	**—**	**34**	**13**	**13**	**44**	**44**	**—**	**—**	**—**	**—**
长　春	47	—	34	13	13	44	44	—	—	—	—
黑龙江	**59**	**—**	**59**	**—**	**16**	**690**	**690**	**—**	**—**	**—**	**—**
哈尔滨	59	—	59	—	16	690	690	—	—	—	—
上　海	**147**	**—**	**126**	**21**	**41**	**1910**	**1910**	**—**	**—**	**—**	**—**
江　苏	**339**	**30**	**292**	**17**	**93**	**2482**	**1615**	**840**	**—**	**27**	**—**
南　京	92	1	80	11	34	800	800	—	—	—	—
无　锡	24	—	24	—	3	99	99	—	—	—	—
徐　州	54	—	53	1	15	500	500	—	—	—	—
常　州	29	—	27	2	8	216	216	—	—	—	—
苏　州	140	29	108	3	33	867	—	840		27	—
浙　江	**229**	**2**	**176**	**51**	**23**	**788**	**660**	**—**	**—**	**128**	**—**
杭　州	113	—	113	—	—	—	—	—	—	—	—
宁　波	76	—	59	17	23	660	660	—	—	—	—
温　州	40	2	4	34		128	—	—	—	128	—
安　徽	**68**	**—**	**54**	**14**	**3**	**240**	**168**	**—**	**72**	**—**	**—**
合　肥	57	—	53	4		168	168	—	—	—	—
芜　湖	11	—	1	10	3	72		—	72	—	—
福　建	**169**	**—**	**160**	**9**	**51**	**1848**	**1848**	**—**	**—**	**—**	**—**
福　州	45	—	44	1	13	558	558	—	—	—	—

续表

城市名称	车站数（个）				换乘站数（个）	配置车辆数（辆）					
	合计	地面站	地下站	高架站		合计	地铁	轻轨	单轨	有轨	磁浮
厦　门	124	—	116	8	38	1290	1290	—	—	—	—
江　西	**50**	**—**	**50**	**—**	**12**	**396**	**396**	**—**	**—**	**—**	**—**
南　昌	50	—	50	—	12	396	396	—	—	—	—
山　东	**135**	**—**	**92**	**43**	**40**	**1164**	**1164**	**—**	**—**	**—**	**—**
济　南	24	—	17	7	9	204	204	—	—	—	—
青　岛	111	—	75	36	31	960	960	—	—	—	—
河　南	**56**	**—**	**49**	**7**	**15**	**85**	**85**	**—**	**—**	**—**	**—**
郑　州	56	—	49	7	15	85	85	—	—	—	—
湖　北	**127**	**—**	**106**	**21**	**42**	**1360**	**1360**	**—**	**—**	**—**	**—**
武　汉	127	—	106	21	42	1360	1360	—	—	—	—
湖　南	**101**	**—**	**101**	**—**	**18**	**726**	**726**	**—**	**—**	**—**	**—**
长　沙	101	—	101	—	18	726	726	—	—	—	—
广　东	**239**	**36**	**178**	**25**	**51**	**2099**	**2079**	**—**	**—**	**20**	**—**
广　州	116	6	110	—	21	27	27	—	—	—	—
深　圳	106	20	61	25	27	2061	2046	—	—	15	—
佛　山	17	10	7	—	3	11	6	—	—	5	—
广　西	**60**	**—**	**60**	**—**	**17**	**410**	**410**	**—**	**—**	**—**	**—**
南　宁	60	—	60	—	17	410	410	—	—	—	—
重　庆	**131**	**2**	**106**	**23**	**58**	**1344**	**1344**	**—**	**—**	**—**	**—**
四　川	**261**	**—**	**246**	**15**	**86**	**2754**	**2754**	**—**	**—**	**—**	**—**
成　都	261	—	246	15	86	2754	2754	—	—	—	—
贵　州	**49**	**2**	**44**	**3**	**9**	**372**	**372**	**—**	**—**	**—**	**—**
贵　阳	49	2	44	3	9	372	372	—	—	—	—
云　南	**97**	**—**	**90**	**7**	**34**	**312**	**312**	**—**	**—**	**—**	**—**
昆　明	97	—	90	7	34	312	312	—	—	—	—
陕　西	**91**	**—**	**82**	**9**	**37**	**—**	**—**	**—**	**—**	**—**	**—**
西　安	91	—	82	9	37	—	—	—	—	—	—
甘　肃	**29**	**—**	**29**	**—**	**10**	**216**	**216**	**—**	**—**	**—**	**—**
兰　州	29	—	29	—	10	216	216	—	—	—	—
新　疆	**37**	**—**	**37**	**—**	**—**	**—**	**—**	**—**	**—**	**—**	**—**
乌鲁木齐	37	—	37	—	—	—	—	—	—	—	—

数据来源：住房和城乡建设部。

六、农村住户固定资产投资和建房数据

表 2－37　　2012—2016 年全国农村住户固定资产投资和建房情况

年份	投资总额（亿元）	竣工房屋投资	住宅	房屋施工面积（万平方米）	房屋竣工面积（万平方米）	住宅	竣工房屋造价（元/平方米）	住宅
2012	9840.6	6395.3	6051.6	105516.6	94187.8	87775.9	679.0	689.4
2013	10546.7	7249.6	6735.9	109242.0	92661.7	85953.0	782.4	783.7
2014	10755.8	7387.5	6843.0	103672.9	90287.4	83769.6	818.2	816.9
2015	10409.8	7157.1	6709.6	98376.7	85316.8	79380.2	838.9	845.2
2016	9964.9	6812.6	6331.3	92039.7	79649.1	73051.4	855.3	866.7

数据来源：住房和城乡建设部。

表 2－38　　2016 年按省分全国农村住户固定资产投资和建房情况

年份	投资总额（亿元）	竣工房屋投资	住宅	房屋施工面积（万平方米）	房屋竣工面积（万平方米）	住宅	竣工房屋造价（元/平方米）	住宅
全　国	9964.9	6812.6	6331.3	92039.7	79649.1	73051.4	855.3	866.7
北　京	55.2	50.0	48.9	443.5	417.3	403.7	1198.6	1210.6
天　津	23.0	9.5	8.7	104.2	80.2	72.1	1191.1	1211.7
河　北	409.9	323.4	281.0	4362.9	3751.9	3279.6	861.9	856.9
辽　宁	255.9	121.4	105.7	1403.4	1309.5	925.6	927.3	1141.7
上　海	4.2	3.4	3.3	35.0	25.9	25.1	1322.9	1325.1
江　苏	292.4	174.4	168.2	2215.0	1990.1	1874.0	876.1	897.3
浙　江	705.1	440.8	432.9	4332.3	3111.8	3022.3	1416.6	1432.3
福　建	309.4	174.0	166.5	2299.6	1521.7	1494.2	1143.7	1114.5
山　东	958.4	541.4	455.6	10810.0	10461.0	9198.0	517.5	495.3
广　东	356.3	303.7	297.1	3073.2	2453.2	2405.2	1237.9	1235.3
海　南	143.4	110.4	104.4	1272.3	861.4	783.7	1282.1	1332.3
山　西	338.6	209.0	205.5	3007.9	2851.7	2685.8	732.9	765.2
吉　林	150.0	42.4	40.7	478.9	463.9	434.0	914.2	938.0
黑龙江	215.8	40.0	35.5	497.6	455.4	365.0	878.5	971.8
安　徽	456.0	276.6	257.3	4959.6	3907.5	3596.8	707.8	715.3

续表

年份	投资总额(亿元)	竣工房屋投资	住宅	房屋施工面积(万平方米)	房屋竣工面积(万平方米)	住宅	竣工房屋造价(元/平方米)	住宅
江西	315.5	237.0	227.9	3721.6	3230.1	2932.4	733.6	777.3
河南	661.2	526.2	494.0	6686.4	6017.9	5570.1	874.4	886.8
湖北	507.8	372.0	349.9	4305.5	3799.3	3556.2	979.3	984.0
湖南	664.9	534.8	503.6	5406.9	4749.6	4434.7	1126.0	1135.6
内蒙古	186.1	104.2	94.8	1096.0	1103.0	959.4	945.1	988.4
广西	583.8	359.9	353.3	6552.5	5977.5	5769.3	602.1	612.3
重庆	116.3	87.1	83.6	1139.1	957.3	872.0	910.2	959.3
四川	582.2	461.5	397.0	5255.6	4569.3	4133.7	1009.9	960.4
贵州	274.8	182.0	177.3	2414.9	2235.8	2164.9	813.9	819.0
云南	456.9	492.7	450.7	7322.6	5777.3	5195.4	852.9	867.4
西藏	—	—	—	—	—	—	—	—
陕西	350.4	261.2	244.5	3039.1	2588.1	2448.5	1009.2	998.5
甘肃	129.9	76.0	67.9	1349.0	1270.0	1123.0	598.5	604.2
青海	72.5	60.3	58.5	717.1	663.9	635.9	908.1	919.9
宁夏	85.2	34.5	26.5	456.0	456.0	399.0	756.2	663.4
新疆	303.7	202.7	190.5	3281.8	2591.6	2291.7	782.2	831.5

数据来源：住房和城乡建设部。

表 2-39　　2012—2016 年全国建制镇及住宅基本情况

年份	建制镇统计个数(万个)	建成区面积(万公顷)	建成区户籍人口(亿人)	建成区暂住人口(亿人)	本年住宅竣工建筑面积(亿平方米)	年末实有住宅建筑面积(亿平方米)	人均住宅建筑面积(平方米)
2012	1.72	371.4	1.48	0.28	1.97	49.6	33.6
2013	1.74	369.0	1.52	0.30	2.65	52.0	34.1
2014	1.77	379.5	1.56	0.31	2.66	54.0	34.6
2015	1.78	390.8	1.60	0.31	2.53	55.4	34.6
2016	1.81	397.0	1.62	0.32	2.32	56.7	34.9

数据来源：住房和城乡建设部。

表 2 -40　　2012—2016 年全国乡及住宅基本情况

年　份	乡统计个数（万个）	建成区面积（万公顷）	建成区户籍人口（亿人）	建成区暂住人口（亿人）	本年住宅竣工建筑面积（亿平方米）	年末实有住宅建筑面积（亿平方米）	人均住宅建筑面积（平方米）
2012	1. 27	79. 6	0. 31	0. 02	0. 36	9. 6	30. 5
2013	1. 23	73. 7	0. 31	0. 02	0. 39	9. 6	31. 2
2014	1. 19	72. 2	0. 30	0. 02	0. 36	9. 3	31. 2
2015	1. 15	70. 0	0. 29	0. 02	0. 32	9. 0	31. 2
2016	1. 09	67. 30	0. 28	0. 02	0. 29	8. 7	31. 2

数据来源：住房和城乡建设部。

Ⅲ.产 业 篇

导 读

房地产业基础数据是国家制定房地产调控政策的基本依据，也是房地产市场参与主体经营决策的重要参考。本篇收录了 2013—2017 年全国各省、直辖市、自治区房地产开发投资、企业到位资金、土地、建设、商品房销售、待售等行业数据。另外，还有港澳台地区房地产业的数据。数据主要来源于国家统计局及各地统计局公报；部分数据来源于市场机构。

一、房地产业数据概览

表3－1　2017年全国房地产开发投资情况

主要指标	绝对量（亿元）		比上年增长（%）	比重（%）	
	自年初累计	上年		自年初累计	上年
完成投资	**109798.53**	**102580.61**	**7.0**	**100.0**	**100.0**
一、按工程用途分：					
住宅	75147.88	68703.87	9.4	68.4	67.0
其中：90平方米及以下住房	22367.28	24772.18	－9.7	20.4	24.1
144平方米以上住房	13949.10	12540.40	11.2	12.7	12.2
其中：别墅、高档公寓	4015.44	3478.74	15.4	3.7	3.4
办公楼	6761.36	6532.60	3.5	6.2	6.4
商业营业用房	15639.90	15837.53	－1.2	14.2	15.4
其他	12249.39	11506.61	6.5	11.2	11.2
二、按构成分：					
建筑工程	68890.56	66793.39	3.1	62.7	65.1
安装工程	9687.13	9508.80	1.9	8.8	9.3
设备工器具购置	1550.70	1461.55	6.1	1.4	1.4
其他费用	29670.13	24816.87	19.6	27.0	24.2
其中：土地购置费	23169.47	18778.68	23.4	21.1	18.3
计划总投资	656617.38	587857.24	11.7		
新增固定资产	39258.77	41079.58	－4.4		

数据来源：国家统计局。

表3－2　2017年全国房地产开发企业投资实际到位资金情况

来源种类	绝对量（亿元）		比上年增长（%）	比重（%）	
	自年初累计	上年		自年初累计	上年
一、本年实际到位资金合计	**208973.13**	**183203.17**	**14.1**		
1. 上年末结余资金	**52920.51**	**38989.11**	**35.7**		
2. 本年实际到位资金	**156052.62**	**144214.05**	**8.2**	**100.0**	**100.0**
（1）国内贷款	25241.76	21512.40	17.3	16.2	14.9
其中：银行贷款	20485.29	18158.24	12.8	13.1	12.6
非银行金融机构贷款	4756.47	3354.16	41.8	3.0	2.3
（2）利用外资	168.19	140.44	19.8	0.1	0.1
（3）自筹资金	50872.22	49132.85	3.5	32.6	34.1
（4）其他资金来源	79770.46	73428.37	8.6	51.1	50.9

续表

来源种类	绝对量（亿元）		比上年增长（%）	比重（%）	
	自年初累计	上年		自年初累计	上年
其中：定金及预收款	48693.57	41952.14	16.1	31.2	29.1
个人按揭贷款	23906.31	24402.94	-2.0	15.3	16.9
二、本年各项应付款合计	**33654.88**	**30916.20**	**8.9**	**100.0**	**100.0**
其中：工程款	17966.79	17059.43	5.3	53.4	55.2

数据来源：国家统计局。

表 3-3　　2017 年全国房地产土地购置与销售情况

主要指标	绝对量		比上年增减	
	自年初累计	上年	绝对数	（%）
一、土地购置与待开发情况				
1. 土地购置面积（万平方米）	25508.29	22025.25	3483.0	15.8
2. 土地成交价款（亿元）	13643.39	9129.31	4514.1	49.4
3. 待开发土地面积（万平方米）	35747.29	35121.01	626.3	1.8
二、房屋建筑、销售面积				
1. 施工面积（万平方米）	781483.73	758974.80	22508.90	3.0
其中：新开工面积	178653.77	166928.13	11725.60	7.0
2. 竣工面积（万平方米）	101486.41	106127.71	-4641.3	-4.4
其中：不可销售面积	6516.87	6657.40	-140.5	-2.1
3. 商品房销售面积（万平方米）	169407.82	157348.53	12059.3	7.7
其中：期房销售面积	129413.05	118026.39	11386.7	9.6
三、房屋竣工价值（亿元）	31512.46	32252.13	-739.7	-2.3
四、商品房销售额（亿元）	133701.31	117627.05	16074.3	13.7
其中：期房销售额	107415.39	92472.62	14942.8	16.2

数据来源：国家统计局。

表 3-4　　2017 年全国房地产月度数据

单位：亿元，万平方米

类　别	1—2 月	3 月	4 月	5 月	6 月	7 月	8 月	9 月	10 月	11 月	12 月
房地产开发投资额	9854	9438	8440	9863	13015	9151	9733	11151	9900	9842	9412
住宅开发投资额	6571	6410	5690	6752	8895	6365	6757	7669	6762	6799	6477
房屋新开工面积	17238	14322	16680	16939	20541	14651	14625	16037	14094	16552	16975
住宅新开工面积	12410	10341	12049	12103	14496	10347	10386	11981	10013	11964	12009
房屋竣工面积	16141	6890	5143	5737	7613	5497	5276	5398	7918	10633	25241
住宅竣工面积	11674	4826	3609	4123	5528	3783	3870	3847	5299	7500	17756
全国商品房销售面积	14054	14981	12620	13165	19842	11689	12188	17467	14248	16314	22840

续表

类　别	1—2 月	3 月	4 月	5 月	6 月	7 月	8 月	9 月	10 月	11 月	12 月
住宅销售面积	12439	13046	11040	11432	16834	10085	10571	14683	12113	13793	18752
全国商品房销售额	10806	12377	10040	10409	15520	9309	9634	13808	11087	12490	18221
住宅销售额	9121	10278	8552	8705	12642	7789	8068	11287	9090	10230	14477
国房景气指数（当月）	100.77	101.13	101.23	101.17	101.37	101.42	101.42	101.45	101.49	101.63	101.72

数据来源：根据国家统计局整理。

表 3－5　　2017 年全国房地产月度累计数据

单位：亿元，万平方米，%

类　别	1—2 月	1—3 月	1—4 月	1—5 月	1—6 月	1—7 月	1—8 月	1—9 月	1—10 月	1—11 月	1—12 月
房地产开发投资额	9854	19292	27732	37595	50610	59761	69494	80644	90544	100387	109799
同比增幅	8.9	9.1	9.3	8.8	8.5	7.9	7.9	8.1	7.8	7.5	7.0
住宅开发投资额	6571	12981	18671	25423	34318	40683	47440	55109	61871	68670	75148
同比增幅	9.0	11.2	10.6	10.0	10.2	10.0	10.1	10.4	9.9	9.7	9.4
房屋施工面积	622950	636977	654054	671438	692326	707313	721781	738065	752334	768443	781484
同比增幅	3.2	3.1	3.1	3.1	3.4	3.2	3.1	3.1	2.9	3.1	3.0
住宅施工面积	423185	433241	445657	458116	472722	483145	493275	505330	515387	527019	536444
同比增幅	2.1	2.2	2.5	2.6	2.9	2.8	2.8	2.9	2.8	3.1	2.9
房屋新开工面积	17238	31560	48240	65179	85720	100371	114996	131033	145127	161679	178654
同比增幅	10.4	11.6	11.1	9.5	10.6	8.0	7.6	6.8	5.6	6.9	7.0
住宅新开工面积	12410	22751	34800	46903	61399	71746	82131	94113	104125	116089	128098
同比增幅	14.8	18.1	17.5	15.1	14.9	11.9	11.6	11.1	9.6	10.8	10.5
房屋竣工面积	16141	23031	28174	33911	41524	47021	52296	57694	65612	76245	101486
同比增幅	15.8	15.1	10.6	5.9	5.0	2.4	3.4	1.0	0.6	－1.0	－4.4
住宅竣工面积	11674	16500	20109	24232	29760	33543	37413	41260	46559	54059	71815
同比增幅	15.3	13.7	8.0	3.4	2.5	－0.7	0.5	－1.9	－2.7	－4.1	－7.0
全国商品房销售面积	14054	29035	41655	54821	74662	86351	98539	116006	130254	146568	169408
同比增幅	25.1	19.5	15.7	14.3	16.1	14.0	12.7	10.3	8.2	7.9	7.7
住宅销售面积	12439	25484	36525	47957	64791	74876	85448	100131	112244	126037	144789
同比增幅	23.7	16.9	13.0	11.9	13.5	11.5	10.3	7.6	5.6	5.4	5.3
全国商品房销售额	10806	23182	33223	43632	59152	68461	78096	91904	102990	115481	133701
同比增幅	26.0	25.1	20.1	18.6	21.5	18.9	17.2	14.6	12.6	12.7	13.7
住宅销售额	9121	19399	27951	36656	49298	57087	65156	76442	85532	95762	110240
同比增幅	22.7	20.2	16.1	15.3	17.9	15.9	14.2	11.4	9.6	9.9	11.3

数据来源：国家统计局。

二、各地区房地产开发投资数据

表 3－6　　2013—2017 年全国各地区房地产开发投资

单位：亿元

类　别	2013 年	2014 年	2015 年	2016 年	2017 年
总　计	**86013.38**	**95035.61**	**95978.85**	**102580.61**	**109798.53**
一、东部地区	**47971.53**	**52940.55**	**53231.29**	**56233.43**	**60312.21**
北　京	3483.40	3715.33	4177.05	4000.57	3692.54
天　津	1480.82	1699.65	1871.55	2300.01	2233.39
河　北	3445.42	4059.72	4285.27	4695.63	4823.91
辽　宁	6450.75	5301.31	3558.64	2094.85	2289.67
上　海	2819.59	3206.48	3468.94	3709.03	3856.53
江　苏	7241.45	8240.22	8153.68	8956.37	9629.11
浙　江	6216.25	7262.38	7111.93	7469.37	8226.78
福　建	3702.97	4567.40	4469.61	4588.83	4794.23
山　东	5444.53	5817.95	5892.16	6323.38	6637.25
广　东	6489.59	7638.45	8538.47	10307.80	12075.69
海　南	1196.76	1431.65	1704.00	1787.60	2053.11
二、中部地区	**19044.80**	**20662.29**	**21038.12**	**23286.01**	**25609.74**
山　西	1308.63	1403.55	1494.87	1597.35	1166.28
吉　林	1252.43	1030.13	924.24	1016.76	910.14
黑龙江	1604.83	1324.09	992.15	864.84	815.60
安　徽	3946.23	4338.96	4424.86	4603.56	5612.47
江　西	1174.58	1322.49	1520.10	1770.94	2013.98
河　南	3843.76	4375.71	4818.93	6179.13	7090.25
湖　北	3286.02	3983.79	4249.23	4296.38	4574.89
湖　南	2628.32	2883.57	2613.75	2957.04	3426.13
三、西部地区	**18997.05**	**21432.78**	**21709.43**	**23061.17**	**23876.57**
内蒙古	1479.01	1370.88	1081.05	1133.48	889.72
广　西	1614.63	1838.49	1909.09	2397.99	2683.48
重　庆	3012.78	3630.23	3751.28	3725.95	3980.08
四　川	3853.00	4380.09	4813.03	5282.64	5149.89
贵　州	1942.54	2187.67	2205.09	2148.96	2201.00
云　南	2488.33	2846.65	2669.01	2688.34	2786.25
西　藏	9.68	52.91	50.02	48.54	40.36
陕　西	2240.17	2426.49	2494.29	2736.75	3101.97
甘　肃	724.65	721.47	768.06	850.03	944.52
青　海	247.61	308.27	336.00	396.92	408.59
宁　夏	558.97	654.80	633.64	728.16	652.84
新　疆	825.69	1014.81	998.88	923.40	1037.86

数据来源：国家统计局。

表 3－7　2017 年全国各地区月度累计房地产开发投资

单位：亿元

类别	1—2 月	1—3 月	1—4 月	1—5 月	1—6 月	1－7 月	1—8 月	1—9 月	1—10 月	1—11 月	1—12 月
总　计	**9854.34**	**19291.92**	**27731.58**	**37594.68**	**50610.22**	**59761.08**	**69493.88**	**80644.45**	**90544.36**	**100386.55**	**109798.53**
东部地区	**5965.54**	**11372.75**	**16037.37**	**21495.71**	**28433.33**	**33487.93**	**38780.16**	**44824.59**	**50088.71**	**55141.36**	**60312.21**
北　京	288.78	607.14	857.87	1169.59	1528.90	1855.39	2201.78	2600.71	2920.07	3218.50	3692.54
天　津	185.95	421.90	593.31	822.64	1192.85	1424.55	1660.29	1899.12	2013.76	2121.29	2233.39
河　北	220.49	717.94	1167.02	1657.59	2239.79	2702.71	3202.03	3757.59	4228.54	4580.23	4823.91
辽　宁	143.47	393.43	600.61	837.19	1181.81	1418.83	1681.09	1955.70	2152.56	2261.15	2289.67
上　海	550.01	869.62	1135.52	1434.97	1753.81	2057.67	2364.85	2709.62	3054.15	3412.34	3856.53
江　苏	1277.40	2176.34	2952.29	3884.43	4847.89	5658.05	6446.31	7333.46	8112.45	8877.99	9629.11
浙　江	862.04	1590.98	2210.81	2926.82	3861.39	4505.42	5197.42	6043.05	6798.75	7569.48	8226.78
福　建	548.97	1076.52	1423.98	1797.84	2365.93	2714.79	3098.12	3539.09	3989.10	4385.97	4794.23
山　东	573.15	1159.60	1751.40	2385.71	3197.55	3789.44	4347.29	4985.28	5570.35	6122.99	6637.25
广　东	1112.53	2004.11	2856.84	3919.70	5370.26	6308.90	7329.01	8586.35	9680.48	10842.74	12075.69
海　南	202.74	355.17	487.72	659.23	893.15	1052.18	1251.97	1414.62	1568.50	1748.68	2053.11
中部地区	**1906.82**	**3914.01**	**5900.61**	**8181.26**	**11185.70**	**13372.16**	**15747.48**	**18409.42**	**20843.59**	**23248.62**	**25609.74**
山　西	41.53	142.13	251.77	379.49	568.07	711.02	807.82	918.58	1005.83	1087.17	1166.28
吉　林	10.12	33.05	87.30	193.65	321.28	433.80	549.78	676.66	787.66	868.30	910.14
黑龙江	2.57	16.91	58.77	134.72	233.63	326.26	424.58	564.22	677.21	770.54	815.60
安　徽	535.17	997.49	1464.29	1966.51	2503.80	2955.72	3495.25	4085.37	4594.42	5075.51	5612.47
江　西	217.04	386.59	530.78	706.41	906.41	1083.58	1265.73	1479.97	1660.02	1839.79	2013.98
河　南	451.76	1005.97	1573.97	2180.86	2965.95	3560.02	4197.71	4868.25	5603.92	6315.64	7090.25
湖　北	367.12	806.53	1162.96	1547.73	2220.14	2567.73	2975.05	3448.34	3813.01	4231.61	4574.89
湖　南	281.51	525.34	770.77	1071.89	1466.42	1734.03	2031.56	2368.03	2701.52	3060.06	3426.13
西部地区	**1981.97**	**4005.16**	**5793.59**	**7917.70**	**10991.20**	**12901.00**	**14966.25**	**17410.44**	**19612.09**	**21996.57**	**23876.57**
内蒙古	7.59	40.38	107.49	216.13	373.14	496.21	616.22	757.22	863.43	905.98	889.72
广　西	215.59	464.05	676.53	882.68	1217.67	1373.39	1564.81	1761.92	2038.68	2365.29	2683.48
重　庆	392.87	740.66	1015.95	1333.59	1789.24	2085.12	2427.33	2880.42	3193.17	3575.30	3980.08
四　川	662.38	1179.46	1629.36	2137.94	2691.98	3094.62	3517.77	3977.28	4371.46	4779.90	5149.89
贵　州	233.83	489.83	652.93	827.86	1119.16	1268.30	1375.95	1557.18	1741.23	2016.42	2201.00
云　南	242.92	502.78	705.44	911.42	1224.33	1430.24	1644.10	1935.99	2234.30	2552.29	2786.25
西　藏	0.44	3.39	5.97	10.83	17.72	19.30	21.27	28.81	34.30	38.87	40.36
陕　西	184.05	406.47	611.00	870.78	1363.00	1581.60	1855.42	2196.83	2459.68	2814.84	3101.97
甘　肃	21.82	73.07	140.58	260.33	415.90	520.54	625.96	719.20	818.51	894.73	944.52
青　海	3.07	14.94	47.87	82.04	142.61	196.20	251.69	302.61	359.87	407.49	408.59
宁　夏	6.50	48.68	96.99	161.71	254.31	314.79	400.42	479.55	548.40	620.38	652.84
新　疆	10.92	41.44	103.47	222.41	382.13	520.71	665.33	813.43	949.04	1025.09	1037.86

数据来源：国家统计局。

表 3 -8　　2013—2017 年全国各地区住宅开发投资

单位：亿元

类　别	2013 年	2014 年	2015 年	2016 年	2017 年
总　计	**58950. 76**	**64352. 15**	**64595. 24**	**68703. 87**	**75147. 88**
一、东部地区	**32696. 81**	**35477. 24**	**35652. 86**	**37890. 87**	**41443. 42**
北　京	1724. 56	1846. 08	1889. 54	1925. 86	1694. 67
天　津	986. 28	1122. 26	1251. 53	1598. 27	1559. 70
河　北	2539. 29	3010. 35	3162. 55	3475. 48	3656. 98
辽　宁	4666. 03	3844. 26	2603. 32	1505. 42	1673. 91
上　海	1615. 51	1724. 65	1813. 32	1965. 43	2152. 40
江　苏	5171. 50	5924. 51	6080. 21	6628. 87	7315. 28
浙　江	4089. 22	4594. 17	4450. 73	4806. 64	5645. 98
福　建	2402. 08	2917. 17	2864. 95	2999. 29	3236. 51
山　东	3976. 63	4184. 33	4399. 44	4690. 22	4929. 53
广　东	4530. 63	5187. 32	5890. 51	6977. 66	8100. 93
海　南	995. 09	1122. 14	1246. 78	1317. 73	1477. 53
二、中部地区	**13264. 72**	**14551. 87**	**14743. 20**	**16208. 39**	**18194. 05**
山　西	958. 85	1010. 69	1098. 32	1141. 08	846. 38
吉　林	911. 45	732. 47	648. 81	710. 69	633. 55
黑龙江	1124. 72	946. 03	681. 15	597. 96	554. 70
安　徽	2549. 88	2847. 63	2849. 19	3069. 36	4007. 00
江　西	795. 38	971. 92	1113. 09	1247. 58	1391. 79
河　南	2827. 09	3289. 20	3529. 15	4558. 07	5330. 80
湖　北	2251. 56	2755. 42	3020. 54	3012. 35	3235. 42
湖　南	1845. 81	1998. 51	1802. 94	1871. 30	2194. 41
三、西部地区	**12989. 23**	**14323. 04**	**14199. 19**	**14604. 61**	**15510. 41**
内蒙古	1003. 57	936. 76	758. 51	793. 70	645. 85
广　西	1166. 61	1292. 63	1407. 75	1725. 29	1983. 52
重　庆	2044. 24	2451. 37	2390. 49	2319. 97	2632. 88
四　川	2537. 89	2847. 82	3048. 72	3185. 64	3182. 34
贵　州	1224. 23	1350. 34	1327. 77	1243. 60	1365. 33
云　南	1642. 40	1830. 07	1670. 27	1635. 38	1743. 91
西　藏	5. 87	29. 44	39. 60	39. 14	20. 10
陕　西	1768. 95	1869. 69	1827. 80	1916. 13	2145. 56
甘　肃	539. 85	496. 37	526. 56	563. 75	601. 25
青　海	159. 72	190. 67	201. 38	227. 78	213. 66
宁　夏	340. 27	411. 58	396. 68	435. 41	387. 75
新　疆	555. 62	616. 30	603. 66	518. 83	588. 25

数据来源：国家统计局。

表 3 -9 **2017 年全国各地区月度累计住宅开发投资**

单位：亿元

类别	1—2 月	1—3 月	1—4 月	1—5 月	1—6 月	1 -7 月	1—8 月	1—9 月	1—10 月	1—11 月	1—12 月
总计	**6571.07**	**12981.02**	**18671.32**	**25422.94**	**34318.26**	**40683.03**	**47440.04**	**55109.28**	**61871.23**	**68670.48**	**75147.88**
东部地区	**3977.93**	**7708.80**	**10864.81**	**14627.34**	**19419.54**	**22966.89**	**26697.72**	**30835.25**	**34415.54**	**37917.10**	**41443.42**
北京	144.14	309.26	411.54	562.47	722.95	866.67	1048.88	1221.84	1342.31	1470.89	1694.67
天津	122.98	268.46	389.72	546.57	794.46	957.33	1161.70	1323.46	1406.07	1486.20	1559.70
河北	152.91	516.42	864.65	1248.05	1686.30	2047.74	2427.31	2848.51	3206.03	3475.45	3656.98
辽宁	102.95	285.39	430.78	603.91	856.92	1033.03	1228.32	1420.27	1562.42	1645.63	1673.91
上海	276.17	430.43	580.89	765.90	957.99	1146.54	1324.40	1524.57	1704.47	1917.13	2152.40
江苏	950.42	1629.04	2202.50	2907.76	3646.71	4269.01	4876.23	5548.33	6147.74	6729.45	7315.28
浙江	582.76	1089.34	1511.66	1998.47	2611.66	3078.16	3568.56	4158.72	4692.81	5208.47	5645.98
福建	356.79	697.89	916.77	1136.81	1557.69	1806.35	2089.25	2390.76	2683.36	2957.02	3236.51
山东	424.92	847.31	1269.74	1737.77	2343.28	2790.44	3205.01	3683.20	4112.25	4538.70	4929.53
广东	712.50	1360.75	1908.20	2619.81	3590.15	4211.24	4881.77	5715.25	6437.40	7231.18	8100.93
海南	151.39	274.51	378.36	499.82	651.43	760.38	886.29	1000.33	1120.68	1256.98	1477.53
中部地区	**1340.63**	**2723.05**	**4102.87**	**5699.00**	**7821.48**	**9395.79**	**11081.35**	**13012.07**	**14768.74**	**16517.06**	**18194.05**
山西	30.57	103.01	180.47	273.56	407.98	510.25	585.43	670.16	737.02	799.56	846.38
吉林	7.33	23.35	59.70	134.57	225.63	305.51	388.42	474.52	553.04	608.12	633.55
黑龙江	1.72	10.99	39.74	91.40	165.06	230.64	297.72	388.47	460.58	527.50	554.70
安徽	364.58	684.03	999.19	1359.15	1754.42	2092.38	2479.92	2927.48	3293.20	3627.71	4007.00
江西	148.92	270.21	365.13	485.28	619.04	736.94	863.10	1016.62	1145.19	1271.35	1391.79
河南	335.95	735.89	1154.23	1602.08	2192.82	2639.13	3134.19	3646.87	4209.94	4746.56	5330.80
湖北	264.90	550.55	816.92	1086.42	1553.76	1798.72	2083.61	2420.27	2675.74	2994.54	3235.42
湖南	186.67	345.02	487.49	666.54	902.77	1082.22	1248.96	1467.66	1694.03	1941.72	2194.41
西部地区	**1252.51**	**2549.18**	**3703.64**	**5096.59**	**7077.26**	**8320.36**	**9660.95**	**11261.97**	**12686.95**	**14236.33**	**15510.41**
内蒙古	5.46	27.70	78.53	161.99	277.76	366.55	453.00	556.06	634.27	665.28	645.85
广西	157.11	335.25	502.12	649.17	885.82	1000.64	1144.32	1293.69	1494.42	1744.54	1983.52
重庆	242.00	474.62	645.30	872.34	1167.52	1359.64	1603.43	1894.67	2106.48	2355.00	2632.88
四川	416.22	728.41	999.81	1306.14	1637.91	1894.56	2155.40	2438.53	2685.81	2943.00	3182.34
贵州	142.11	304.95	403.84	513.10	692.14	790.48	859.98	973.74	1086.71	1256.82	1365.33
云南	139.12	292.29	414.34	541.33	737.63	867.70	994.11	1188.29	1371.48	1577.17	1743.91
西藏	0.24	1.95	3.13	6.26	9.62	10.92	12.02	16.85	17.70	19.53	20.10
陕西	125.79	283.47	433.94	619.76	962.86	1115.23	1301.39	1536.46	1714.95	1942.68	2145.56
甘肃	13.83	46.80	90.63	168.59	264.93	336.05	402.76	462.16	524.47	570.41	601.25
青海	2.08	7.41	26.47	45.53	79.07	105.17	133.88	159.20	188.81	215.01	213.66
宁夏	2.99	25.36	52.29	91.71	146.17	181.83	230.15	281.14	323.61	368.41	387.75
新疆	5.55	20.98	53.23	120.64	215.84	291.58	370.52	461.18	538.23	578.49	588.25

数据来源：国家统计局。

表 3－10　　2013—2017 年全国各地区土地购置费

单位：亿元

类　别	2013 年	2014 年	2015 年	2016 年	2017 年
总　计	**13501.73**	**17458.53**	**17675.44**	**18778.68**	**23169.47**
一、东部地区	**8829.05**	**11844.02**	**12271.72**	**13335.73**	**16101.13**
北　京	1159.47	1378.94	2052.92	1921.89	1711.49
天　津	107.25	281.37	319.02	579.75	759.71
河　北	297.68	511.39	405.93	337.84	373.02
辽　宁	569.55	535.15	308.16	258.10	304.34
上　海	588.84	873.61	1004.41	1208.28	1523.05
江　苏	1262.70	1745.93	1505.17	1835.03	2586.99
浙　江	2121.73	2680.59	2510.48	2634.37	3353.67
福　建	856.91	1170.49	1072.93	1107.32	1404.15
山　东	757.97	889.55	1035.67	937.66	959.71
广　东	981.77	1591.35	1711.53	2243.98	2898.45
海　南	125.19	185.63	345.50	271.50	226.55
二、中部地区	**2318.75**	**2695.96**	**2537.05**	**2779.77**	**4016.45**
山　西	107.99	160.50	163.27	169.57	189.85
吉　林	173.57	155.20	150.29	139.52	119.30
黑龙江	125.33	167.14	99.50	83.27	87.51
安　徽	651.48	832.88	641.99	622.08	1120.37
江　西	147.61	179.64	210.54	200.74	224.17
河　南	391.70	352.80	362.68	681.51	951.90
湖　北	441.01	509.28	665.36	570.12	944.77
湖　南	280.07	338.51	243.42	312.97	378.58
三、西部地区	**2353.92**	**2918.55**	**2866.67**	**2663.18**	**3051.90**
内蒙古	177.27	154.48	87.62	77.89	68.55
广　西	189.01	255.37	282.07	398.75	438.18
重　庆	519.65	649.64	733.81	562.48	709.96
四　川	609.05	823.54	846.96	832.27	787.73
贵　州	177.10	140.33	118.20	82.03	107.64
云　南	374.73	508.46	323.51	301.11	302.92
西　藏	—	7.96	0.36	1.98	4.87
陕　西	116.97	185.31	226.76	177.96	344.79
甘　肃	63.07	39.63	53.95	56.49	85.91
青　海	20.85	27.02	50.64	49.83	33.03
宁　夏	46.70	39.88	54.58	62.61	62.11
新　疆	59.53	86.93	88.21	59.76	106.21

数据来源：国家统计局。

表 3 - 11　　2017 年全国各地区月度累计土地购置费

单位：亿元

类　别	1—2 月	1—3 月	1—4 月	1—5 月	1—6 月	1 - 7 月	1—8 月	1—9 月	1—10 月	1—11 月	1—12 月
总　计	**1463.63**	**3113.62**	**4807.41**	**6733.42**	**9308.60**	**11232.45**	**13555.33**	**16123.63**	**18427.93**	**20927.69**	**23169.47**
东部地区	**1123.22**	**2335.78**	**3601.30**	**5001.67**	**6723.01**	**8138.56**	**9693.80**	**11439.44**	**12999.32**	**14608.87**	**16101.13**
北　京	93.09	218.82	342.95	503.02	641.39	821.98	1007.95	1192.20	1346.71	1494.67	1711.49
天　津	40.37	106.33	158.02	223.85	349.91	445.49	553.14	642.09	686.39	724.42	759.71
河　北	6.54	32.65	65.69	92.91	144.05	183.83	227.86	276.74	306.97	347.30	373.02
辽　宁	13.41	45.98	69.15	90.25	131.96	168.22	206.48	250.39	276.58	293.19	304.34
上　海	141.34	304.71	426.50	537.80	658.38	774.98	873.14	1030.88	1202.73	1353.33	1523.05
江　苏	229.68	470.15	704.09	972.11	1283.12	1511.03	1734.26	2002.22	2201.97	2398.44	2586.99
浙　江	296.01	565.85	827.51	1096.49	1393.99	1646.85	1972.27	2333.63	2702.73	3062.49	3353.67
福　建	101.45	202.78	300.70	374.51	575.79	696.09	831.92	965.92	1144.18	1297.59	1404.15
山　东	45.00	131.86	234.84	337.77	457.19	562.61	652.38	755.27	821.37	915.50	959.71
广　东	148.96	227.66	433.51	711.07	997.01	1216.02	1495.59	1830.88	2137.49	2526.15	2898.45
海　南	7.37	28.99	38.34	61.89	90.22	111.46	138.81	159.21	172.20	195.79	226.55
中部地区	**154.60**	**400.65**	**624.47**	**947.35**	**1427.44**	**1740.40**	**2214.34**	**2681.79**	**3105.39**	**3568.90**	**4016.45**
山　西	2.88	15.38	26.00	49.86	89.84	121.98	137.50	151.74	161.65	177.59	189.85
吉　林	0.02	0.22	8.73	25.38	34.15	50.28	71.11	90.54	109.03	116.93	119.30
黑龙江	—	0.27	3.36	9.14	17.04	29.47	38.45	55.26	66.75	80.72	87.51
安　徽	69.40	132.69	189.18	284.08	396.36	487.46	635.23	774.40	896.75	1005.86	1120.37
江　西	15.85	32.80	46.13	64.33	84.50	102.39	123.98	148.66	169.79	196.53	224.17
河　南	28.64	78.69	126.26	180.06	278.26	335.43	423.68	503.53	604.29	746.91	951.90
湖　北	18.93	91.99	143.29	214.00	354.01	422.54	556.70	687.32	781.38	898.80	944.77
湖　南	18.88	48.61	81.52	120.50	173.28	190.85	227.69	270.34	315.75	345.56	378.58
西部地区	**185.82**	**377.21**	**581.64**	**784.38**	**1158.17**	**1353.52**	**1647.20**	**2002.40**	**2323.22**	**2749.92**	**3051.90**
内蒙古	0.02	2.20	5.88	11.18	25.02	36.26	43.66	57.27	63.50	68.51	68.55
广　西	12.84	43.65	87.16	110.64	164.35	186.30	209.89	229.94	292.85	389.60	438.18
重　庆	60.20	97.21	123.44	134.88	189.75	223.68	311.95	436.84	509.83	602.42	709.96
四　川	75.63	145.01	221.49	309.47	392.22	458.50	532.09	605.84	678.24	734.85	787.73
贵　州	4.65	10.12	11.49	14.95	18.98	19.23	21.88	32.76	43.45	89.49	107.64
云　南	22.84	49.19	69.98	88.60	127.59	146.13	171.24	204.11	242.82	281.25	302.92
西　藏	0.11	0.17	0.17	0.17	2.17	2.17	2.17	2.45	3.64	4.44	4.87
陕　西	6.02	13.17	30.87	54.59	135.60	150.44	188.35	225.10	240.91	307.12	344.79
甘　肃	3.03	7.07	12.37	21.85	32.72	42.05	51.19	59.78	67.42	76.36	85.91
青　海	—	2.15	4.77	7.44	11.13	13.60	18.39	22.54	29.85	32.54	33.03
宁　夏	0.40	4.31	6.47	12.74	25.62	30.48	39.03	50.19	55.97	60.51	62.11
新　疆	0.07	2.96	7.55	17.87	33.03	44.68	57.36	75.56	94.74	102.84	106.21

数据来源：国家统计局。

三、各地区房地产开发企业到位资金数据

表 3－12　　2013—2017 年全国各地区房地产开发企业到位资金

单位：亿元

类　别	2013 年	2014 年	2015 年	2016 年	2017 年
总　计	**122122.47**	**121991.48**	**125203.06**	**144214.05**	**156052.62**
一、东部地区	**73755.00**	**72076.11**	**74922.71**	**88110.51**	**93106.00**
北　京	7300.18	6622.01	7282.11	8051.29	6988.28
天　津	2761.47	2823.48	3208.66	4397.22	4366.66
河　北	4123.54	4438.48	4666.67	5102.36	5184.96
辽　宁	7448.99	5890.97	4231.78	3080.81	3285.12
上　海	5092.67	5269.90	5531.86	6408.78	5384.65
江　苏	12682.03	12100.16	12039.99	15501.08	16563.47
浙　江	8858.25	8956.31	8675.58	10859.57	13034.21
福　建	5767.04	5726.13	5639.33	6067.78	6426.29
山　东	7371.32	6991.18	7342.90	8596.12	9472.45
广　东	10472.94	11326.60	14164.30	17666.05	19155.68
海　南	1876.56	1930.87	2139.51	2379.45	3244.23
二、中部地区	**23930.84**	**23785.53**	**24511.31**	**29051.36**	**32819.72**
山　西	1377.16	1393.49	1442.67	1588.02	1677.54
吉　林	1516.78	1229.42	1211.74	1254.99	1090.05
黑龙江	1833.64	1408.40	1220.96	1061.64	1199.12
安　徽	5077.16	5231.17	4990.78	6209.27	7636.98
江　西	1906.64	1945.85	2101.33	2517.95	2923.34
河　南	4402.70	4688.97	5076.92	6558.25	7090.57
湖　北	4224.48	4322.24	4880.42	5696.35	6438.19
湖　南	3592.27	3565.99	3586.49	4164.90	4763.93
三、西部地区	**24436.63**	**26129.84**	**25769.04**	**27052.17**	**30126.89**
内蒙古	1638.04	1439.17	1196.07	1173.88	1021.53
广　西	2155.24	2410.75	2339.29	3159.72	3518.04
重　庆	4614.06	5344.98	5024.58	5006.57	5755.97
四　川	5324.53	5863.11	6079.00	6635.69	7430.97
贵　州	2145.72	2336.62	2248.27	2179.27	2296.50
云　南	2924.36	2917.43	2850.09	2590.37	2808.18
西　藏	12.56	47.90	43.93	53.80	53.58
陕　西	2592.39	2684.78	2815.01	3071.81	3886.58
甘　肃	963.35	854.65	939.65	1011.47	1158.01
青　海	259.09	351.07	361.04	423.25	412.02
宁　夏	694.15	742.91	737.39	678.74	678.50
新　疆	1113.15	1136.48	1134.72	1067.61	1107.01

数据来源：国家统计局。

表 3－13　　2017 年全国各地区月度累计房地产开发企业到位资金

单位：亿元

类　别	1—2 月	1—3 月	1—4 月	1—5 月	1—6 月	1－7 月	1—8 月	1—9 月	1—10 月	1—11 月	1—12 月
总　计	**22880.06**	**35666.33**	**47221.34**	**58988.54**	**75764.55**	**87664.14**	**99804.29**	**113095.45**	**125940.92**	**139488.78**	**156052.62**
东部地区	**14279.89**	**22404.57**	**29453.37**	**36443.15**	**46008.42**	**53020.84**	**59825.40**	**67414.64**	**74915.97**	**82648.36**	**93106.00**
北　京	1067.80	1587.91	2091.39	2523.11	3205.27	3653.53	4123.29	4712.31	5146.75	5691.22	6988.28
天　津	730.94	1262.56	1545.35	1733.45	2306.08	2638.88	2965.23	3334.60	3604.06	3816.58	4366.66
河　北	489.83	1011.57	1552.44	1993.09	2581.88	3014.40	3480.76	4047.57	4429.83	4839.26	5184.96
辽　宁	379.93	692.04	951.17	1262.45	1639.48	1937.76	2263.76	2599.91	2875.47	3087.11	3285.12
上　海	906.17	1317.92	1772.59	2121.95	2624.86	2905.10	3348.52	3798.87	4286.74	4777.58	5384.65
江　苏	2774.45	4159.85	5569.29	6820.81	8370.96	9609.07	10692.28	11740.41	13102.68	14510.71	16563.47
浙　江	1577.89	2688.29	3481.63	4538.23	5841.92	7009.93	8021.28	9198.98	10392.15	11630.07	13034.21
福　建	1008.82	1645.74	2143.19	2617.93	3323.43	3761.64	4193.85	4719.57	5266.78	5788.38	6426.29
山　东	1325.64	2087.83	2738.70	3630.35	4597.58	5461.54	6194.15	7002.54	7790.52	8625.54	9472.45
广　东	3317.90	4896.70	6266.10	7638.36	9634.06	10928.88	12195.49	13675.39	15325.06	16962.81	19155.68
海　南	700.52	1054.16	1341.52	1563.42	1882.90	2100.11	2346.79	2584.49	2695.93	2919.10	3244.23
中部地区	**4239.37**	**6702.79**	**9060.16**	**11557.46**	**15336.08**	**17930.33**	**20764.14**	**23730.22**	**26486.19**	**29328.01**	**32819.72**
山　西	128.10	255.00	380.21	512.70	739.64	939.94	1073.84	1229.27	1372.84	1520.36	1677.54
吉　林	52.67	112.42	202.65	308.64	462.66	575.28	698.88	835.08	930.62	1036.21	1090.05
黑龙江	30.17	85.09	162.49	256.12	389.91	515.59	641.31	808.17	945.17	1084.25	1199.12
安　徽	1122.99	1775.64	2318.69	2911.66	3710.35	4225.74	4884.93	5598.33	6214.89	6806.58	7636.98
江　西	443.74	675.49	858.55	1071.74	1427.36	1682.06	1886.28	2179.97	2377.70	2599.99	2923.34
河　南	784.98	1246.52	1771.93	2304.27	3066.44	3650.87	4253.43	4897.78	5598.02	6305.82	7090.57
湖　北	878.80	1442.50	1946.69	2440.21	3334.57	3769.80	4340.21	4829.51	5257.40	5775.35	6438.19
湖　南	797.92	1110.13	1418.95	1752.12	2205.15	2571.05	2985.26	3352.09	3789.55	4199.45	4763.93
西部地区	**4360.80**	**6558.98**	**8707.84**	**10987.93**	**14420.04**	**16712.96**	**19214.72**	**21950.60**	**24538.76**	**27512.42**	**30126.89**
内蒙古	68.58	111.85	183.46	297.74	441.36	567.28	683.96	820.99	933.51	1015.35	1021.53
广　西	492.35	715.67	969.72	1230.01	1665.81	1940.56	2205.07	2478.04	2843.23	3156.43	3518.04
重　庆	931.39	1334.50	1760.89	2192.73	2810.26	3133.18	3637.72	4182.90	4645.37	5187.63	5755.97
四　川	1256.76	1853.31	2450.84	3024.24	3752.37	4324.18	4929.72	5560.32	6109.25	6804.76	7430.97
贵　州	311.15	490.90	649.22	820.00	1057.58	1280.32	1432.41	1613.28	1779.90	2090.11	2296.50
云　南	438.65	661.39	792.80	947.34	1255.68	1447.70	1676.21	1952.20	2246.76	2543.55	2808.18
西　藏	1.38	4.21	6.82	16.77	26.86	29.76	31.94	35.27	40.45	45.65	53.58
陕　西	478.49	788.55	1082.71	1349.76	1852.95	2113.19	2410.46	2763.78	3061.52	3506.58	3886.58
甘　肃	162.47	243.07	311.06	433.91	583.85	701.24	799.26	892.67	971.29	1063.19	1158.01
青　海	46.27	82.70	111.81	141.20	199.10	235.63	279.14	316.53	370.69	408.36	412.02
宁　夏	63.23	109.73	166.74	211.97	295.06	352.71	413.16	489.47	551.31	627.74	678.50
新　疆	110.10	163.10	221.77	322.24	479.16	587.21	715.68	845.15	985.47	1063.08	1107.01

数据来源：国家统计局。

表 3－14　　2013—2017 年房地产开发企业到位资金中国内贷款

单位：亿元

类　别	2013 年	2014 年	2015 年	2016 年	2017 年
总　计	**19672.66**	**21242.61**	**20214.38**	**21512.40**	**25241.76**
一、东部地区	**13257.14**	**14281.63**	**13319.28**	**14193.38**	**17011.90**
北　京	1836.95	2158.03	1970.97	2148.48	1947.08
天　津	765.22	817.16	954.00	1066.99	1186.03
河　北	336.40	312.47	456.70	456.10	532.68
辽　宁	847.64	720.70	551.43	451.39	381.33
上　海	1292.36	1638.84	1516.59	1446.18	1393.78
江　苏	2373.97	2249.68	1877.93	2299.18	3029.54
浙　江	1590.65	1817.77	1274.79	1541.37	2052.03
福　建	747.66	752.62	846.73	808.76	780.62
山　东	995.41	995.83	952.50	1012.41	1186.09
广　东	2143.59	2432.61	2577.81	2559.13	4083.46
海　南	327.30	385.91	339.83	403.36	439.26
二、中部地区	**2742.90**	**3020.39**	**2946.55**	**3533.23**	**4248.95**
山　西	65.79	123.63	108.82	98.33	150.38
吉　林	126.57	126.19	180.82	141.45	105.55
黑龙江	130.19	97.82	126.46	90.54	103.77
安　徽	466.87	567.93	564.23	657.62	965.77
江　西	236.63	255.97	230.82	291.73	419.81
河　南	387.13	527.01	475.69	698.56	897.12
湖　北	796.57	737.54	777.89	1031.66	976.97
湖　南	533.15	584.28	481.83	523.34	629.58
三、西部地区	**3672.62**	**3940.59**	**3948.55**	**3785.79**	**3980.91**
内蒙古	113.27	145.62	97.51	74.80	78.28
广　西	324.35	340.03	332.04	468.38	486.62
重　庆	1112.29	1190.77	1033.07	1012.91	917.21
四　川	725.45	817.88	916.21	751.74	890.39
贵　州	226.82	242.62	220.30	201.46	149.60
云　南	418.80	414.90	528.40	453.50	487.01
西　藏	—	0.80	1.20	1.00	16.11
陕　西	326.10	391.28	372.82	379.56	495.42
甘　肃	168.75	120.51	153.02	179.05	227.04
青　海	44.43	51.56	72.94	71.58	70.09
宁　夏	105.74	120.04	96.59	96.80	70.10
新　疆	106.60	104.58	124.46	95.00	93.03

数据来源：国家统计局。

表 3 – 15　　2017 年全国各地区月度累计房地产开发企业国内贷款

单位：亿元

类　别	1—2 月	1—3 月	1—4 月	1—5 月	1—6 月	1 –7 月	1—8 月	1—9 月	1—10 月	1—11 月	1—12 月
总　计	**4984. 77**	**6892. 04**	**8773. 83**	**10496. 69**	**13352. 05**	**15094. 00**	**16903. 85**	**19002. 68**	**20798. 04**	**22649. 24**	**25241. 76**
东部地区	**3355. 45**	**4720. 30**	**6033. 85**	**7241. 10**	**9027. 52**	**10156. 53**	**11300. 91**	**12721. 78**	**13866. 85**	**15158. 08**	**17011. 90**
北　京	392. 92	510. 90	649. 35	769. 22	911. 21	1023. 84	1102. 85	1232. 57	1328. 64	1473. 96	1947. 08
天　津	255. 02	378. 86	443. 24	502. 80	705. 19	785. 14	849. 46	911. 22	960. 98	1008. 96	1186. 03
河　北	54. 33	95. 43	142. 60	200. 36	267. 95	299. 64	364. 22	425. 51	470. 10	487. 18	532. 68
辽　宁	79. 68	149. 83	167. 22	192. 25	236. 95	256. 35	291. 22	334. 81	357. 58	374. 14	381. 33
上　海	238. 33	344. 70	477. 69	534. 16	691. 85	700. 05	853. 25	978. 06	1118. 50	1251. 35	1393. 78
江　苏	642. 43	894. 82	1137. 65	1355. 17	1687. 24	1889. 24	2006. 37	2244. 89	2483. 83	2705. 69	3029. 54
浙　江	302. 93	469. 91	609. 42	809. 86	1021. 71	1264. 26	1376. 47	1586. 44	1716. 04	1936. 64	2052. 03
福　建	144. 96	221. 24	302. 54	342. 10	467. 06	492. 31	541. 10	612. 77	663. 64	722. 39	780. 62
山　东	234. 38	320. 23	368. 25	499. 26	635. 93	781. 72	880. 26	959. 91	1023. 12	1120. 39	1186. 09
广　东	911. 35	1177. 03	1544. 32	1800. 47	2107. 68	2350. 89	2680. 35	3056. 41	3337. 77	3673. 13	4083. 46
海　南	99. 11	157. 35	191. 57	235. 45	294. 75	313. 09	355. 36	379. 19	406. 65	404. 25	439. 26
中部地区	**757. 57**	**1043. 80**	**1379. 12**	**1627. 24**	**2141. 19**	**2478. 38**	**2779. 57**	**3129. 05**	**3464. 72**	**3751. 73**	**4248. 95**
山　西	12. 79	27. 68	33. 06	44. 41	65. 95	109. 76	116. 22	135. 34	136. 48	141. 79	150. 38
吉　林	6. 56	17. 30	34. 63	39. 14	58. 73	64. 23	76. 78	87. 95	97. 42	98. 03	105. 55
黑龙江	1. 47	9. 68	15. 51	17. 37	32. 15	45. 22	68. 71	72. 56	84. 55	92. 69	103. 77
安　徽	156. 22	213. 29	310. 83	368. 44	478. 17	558. 45	638. 81	714. 74	794. 22	852. 16	965. 77
江　西	75. 45	101. 65	123. 68	159. 35	230. 53	259. 50	267. 97	314. 66	325. 70	349. 28	419. 81
河　南	147. 47	193. 18	249. 90	308. 63	421. 10	487. 20	553. 93	634. 39	740. 73	812. 53	897. 12
湖　北	199. 78	292. 92	377. 24	428. 58	514. 00	560. 10	596. 06	662. 03	716. 89	823. 31	976. 97
湖　南	157. 82	188. 10	234. 27	261. 32	340. 56	393. 92	461. 09	507. 37	568. 73	581. 94	629. 58
西部地区	**871. 75**	**1127. 95**	**1360. 84**	**1628. 37**	**2183. 32**	**2459. 09**	**2823. 36**	**3151. 86**	**3466. 47**	**3739. 44**	**3980. 91**
内蒙古	10. 66	14. 07	20. 21	34. 22	42. 53	51. 46	57. 97	66. 63	72. 48	76. 06	78. 28
广　西	98. 54	105. 02	126. 97	150. 50	262. 04	296. 67	347. 93	376. 51	423. 08	443. 90	486. 62
重　庆	246. 46	282. 70	332. 03	396. 77	525. 19	562. 74	677. 93	759. 25	843. 41	893. 58	917. 21
四　川	211. 41	278. 68	373. 14	425. 32	528. 27	602. 69	668. 13	737. 08	783. 89	846. 66	890. 39
贵　州	33. 06	39. 77	48. 94	55. 86	73. 30	87. 75	109. 55	121. 05	125. 45	140. 05	149. 60
云　南	93. 64	156. 50	168. 30	206. 76	263. 98	290. 00	316. 39	372. 72	417. 18	453. 11	487. 01
西　藏	0. 29	0. 29	0. 29	6. 84	11. 09	11. 39	11. 43	11. 43	11. 58	11. 58	16. 11
陕　西	101. 17	130. 70	150. 22	167. 62	223. 67	261. 60	295. 81	341. 54	381. 50	444. 34	495. 42
甘　肃	40. 02	59. 85	65. 05	100. 18	133. 97	155. 47	177. 04	183. 03	192. 93	202. 46	227. 04
青　海	13. 73	28. 27	32. 74	35. 45	43. 41	50. 28	53. 93	58. 18	66. 22	70. 04	70. 09
宁　夏	14. 86	18. 26	26. 83	26. 55	35. 24	41. 52	45. 85	54. 26	62. 97	68. 69	70. 10
新　疆	7. 91	13. 84	16. 10	22. 31	40. 64	47. 53	61. 40	70. 18	85. 79	88. 97	93. 03

数据来源：国家统计局。

表 3－16　　2013—2017 年房地产开发企业到位资金中利用外资

单位：亿元

类　别	2013 年	2014 年	2015 年	2016 年	2017 年
总　计	**534. 17**	**639. 26**	**296. 53**	**140. 44**	**168. 19**
一、东部地区	**385. 79**	**435. 72**	**197. 91**	**92. 43**	**150. 20**
北　京	11. 60	7. 78	5. 75	1. 00	18. 48
天　津	16. 22	7. 19	6. 54	2. 05	0. 02
河　北	9. 98	26. 34	2. 31	1. 71	2. 01
辽　宁	61. 92	70. 63	37. 61	2. 71	4. 02
上　海	38. 14	69. 61	33. 92	2. 31	5. 22
江　苏	109. 41	80. 79	44. 91	8. 29	29. 07
浙　江	47. 03	71. 68	15. 65	32. 33	13. 15
福　建	21. 58	23. 32	7. 98	1. 57	18. 28
山　东	33. 51	14. 13	15. 25	10. 22	5. 05
广　东	36. 29	63. 65	26. 65	30. 23	52. 66
海　南	0. 10	0. 62	1. 35	—	2. 24
二、中部地区	**51. 53**	**31. 45**	**13. 34**	**17. 87**	**3. 50**
山　西	—	—	—	—	—
吉　林	5. 15	0. 50	0. 02	0. 02	—
黑龙江	—	2. 70	1. 32	0. 90	—
安　徽	1. 00	2. 78	1. 02	13. 69	1. 36
江　西	0. 82	0. 39	6. 14	0. 70	—
河　南	5. 40	0. 67	3. 22	1. 76	0. 99
湖　北	—	19. 63	0. 90	0. 80	1. 15
湖　南	39. 15	4. 78	0. 71	0. 01	—
三、西部地区	**96. 85**	**172. 09**	**85. 29**	**30. 14**	**14. 50**
内蒙古	—	—	—	—	—
广　西	0. 62	0. 21	1. 57	—	0. 34
重　庆	44. 18	113. 13	65. 90	29. 06	9. 32
四　川	32. 33	39. 34	0. 97	0. 88	0. 55
贵　州	—	3. 41	0. 85	—	—
云　南	12. 29	16. 00	9. 67	0. 19	4. 08
西　藏	—	—	—	—	—
陕　西	7. 44	—	6. 32	—	0. 22
甘　肃	—	—	—	—	—
青　海	—	—	—	—	—
宁　夏	—	—	—	—	—
新　疆	—	—	—	—	—

数据来源：国家统计局。

表 3－17　　**2017 年全国各地区月度累计房地产开发企业利用外资**

单位：亿元

类　别	1—2 月	1—3 月	1—4 月	1—5 月	1—6 月	1－7 月	1—8 月	1—9 月	1—10 月	1—11 月	1—12 月
总　计	**48.41**	**74.03**	**74.31**	**89.80**	**104.32**	**111.89**	**111.74**	**113.49**	**124.99**	**147.04**	**168.19**
东部地区	**36.96**	**58.60**	**61.27**	**76.31**	**85.14**	**98.40**	**98.71**	**97.63**	**105.99**	**128.99**	**150.20**
北　京	5.94	5.94	6.00	10.00	10.00	13.89	13.89	13.89	18.38	18.48	18.48
天　津	0.68	0.52	0.52	0.52	1.52	0.52	0.52	0.52	0.52	0.52	0.02
河　北	0.13	0.25	0.41	1.36	0.52	0.72	0.80	1.24	1.35	2.01	2.01
辽　宁	1.90	2.30	3.60	3.60	3.60	3.60	3.61	3.96	4.02	4.02	4.02
上　海	4.28	4.29	4.29	4.73	4.73	4.41	4.34	4.77	4.78	4.79	5.22
江　苏	10.97	25.86	25.82	30.31	35.30	36.30	37.70	22.06	20.47	25.76	29.07
浙　江	0.41	1.70	2.40	2.86	3.80	4.14	4.64	4.94	4.97	5.16	13.15
福　建	0.59	0.50	0.51	2.08	2.00	1.65	1.67	6.98	6.99	18.15	18.28
山　东	1.38	2.91	2.90	2.90	2.90	6.00	3.59	3.72	3.72	3.72	5.05
广　东	10.68	14.33	14.82	17.95	20.77	27.17	26.33	35.53	40.79	46.38	52.66
海　南	—	—	—	—	—	—	—	—	—	—	2.24
中部地区	**3.21**	**7.87**	**4.40**	**4.78**	**8.96**	**3.19**	**2.62**	**5.07**	**5.80**	**3.42**	**3.50**
山　西	—	—	—	—	—	—	—	—	—	—	—
吉　林	—	—	—	—	—	—	—	—	—	—	—
黑龙江	—	—	—	—	—	—	—	—	—	—	—
安　徽	1.42	5.51	1.16	1.20	5.38	1.10	0.53	2.98	3.71	1.33	1.36
江　西	—	—	—	—	—	—	—	—	—	—	—
河　南	0.18	0.52	0.78	0.99	0.99	0.99	0.99	0.99	0.99	0.99	0.99
湖　北	1.10	1.10	1.10	1.10	1.10	1.10	1.10	1.10	1.10	1.10	1.15
湖　南	0.51	0.74	1.36	1.49	1.49	—	—	—	—	—	—
西部地区	**8.25**	**7.55**	**8.64**	**8.71**	**10.20**	**10.30**	**10.42**	**10.79**	**13.19**	**14.63**	**14.50**
内蒙古	—	—	—	—	—	—	—	—	—	—	—
广　西	2.41	0.09	0.04	0.04	0.04	0.04	0.04	0.05	0.04	1.33	0.34
重　庆	2.56	4.18	5.32	5.33	6.86	6.95	7.08	7.44	9.19	9.32	9.32
四　川	—	—	—	—	—	—	—	—	0.55	0.55	0.55
贵　州	—	—	—	—	—	—	—	—	—	—	—
云　南	3.28	3.28	3.28	3.31	3.28	3.28	3.28	3.28	3.28	3.28	4.08
西　藏	—	—	—	—	—	—	—	—	—	—	—
陕　西	—	—	—	0.02	0.02	0.02	0.02	0.02	0.14	0.16	0.22
甘　肃	—	—	—	—	—	—	—	—	—	—	—
青　海	—	—	—	—	—	—	—	—	—	—	—
宁　夏	—	—	—	—	—	—	—	—	—	—	—
新　疆	—	—	—	—	—	—	—	—	—	—	—

数据来源：国家统计局。

表 3－18　　2013—2017 年房地产开发企业到位资金中自筹资金

单位：亿元

类　别	2013 年	2014 年	2015 年	2016 年	2017 年
总　计	**47424.95**	**50419.80**	**49037.56**	**49132.85**	**50872.22**
一、东部地区	**26485.44**	**27973.09**	**26745.17**	**26382.99**	**27191.98**
北　京	2138.23	1815.41	2277.20	1978.50	1732.12
天　津	892.08	875.23	932.39	899.63	783.86
河　北	2394.67	2819.53	3099.11	3224.49	3133.32
辽　宁	4090.17	3368.50	2269.32	1351.14	1116.37
上　海	1569.91	1560.83	1519.99	1490.78	1549.20
江　苏	3932.97	4154.86	3416.80	3172.21	3278.81
浙　江	2765.07	3202.31	2659.44	2672.05	3485.93
福　建	2016.51	2479.19	2300.58	2263.99	2321.35
山　东	3149.08	3105.00	3328.96	3451.65	3431.76
广　东	2798.34	3705.57	3933.40	4844.00	5341.58
海　南	738.42	886.66	1007.98	1034.56	1017.68
二、中部地区	**10815.07**	**11046.13**	**11248.52**	**11719.70**	**12854.95**
山　西	758.31	743.32	809.31	811.06	652.23
吉　林	804.59	658.92	557.72	583.16	445.14
黑龙江	1102.62	909.94	730.67	552.19	585.37
安　徽	2143.66	2203.85	1860.13	1906.23	2686.50
江　西	582.49	606.50	730.78	790.71	760.26
河　南	2472.67	2601.55	2956.20	3671.81	4171.17
湖　北	1735.33	1971.63	2357.67	2175.22	2257.39
湖　南	1215.39	1350.42	1246.05	1229.32	1296.89
三、西部地区	**10124.44**	**11400.58**	**11043.87**	**11030.16**	**10825.28**
内蒙古	1118.00	1022.39	838.47	815.14	579.06
广　西	815.69	901.60	823.72	1115.04	1065.01
重　庆	1263.70	1824.41	1666.53	1488.38	1482.81
四　川	2150.87	2513.68	2645.83	2679.98	2779.07
贵　州	877.20	964.86	898.35	834.77	779.40
云　南	1541.76	1549.46	1337.54	1157.71	1172.89
西　藏	5.10	35.03	28.70	36.85	17.51
陕　西	1143.18	1274.57	1405.06	1550.64	1631.29
甘　肃	431.08	411.45	429.93	456.50	436.04
青　海	117.97	139.36	153.80	197.17	199.13
宁　夏	247.69	275.47	323.68	260.03	241.57
新　疆	412.18	488.30	492.26	437.97	441.52

数据来源：国家统计局。

表 3－19　　2017 年全国各地区月度累计房地产开发企业自筹资金

单位：亿元

类　别	1—2 月	1—3 月	1—4 月	1—5 月	1—6 月	1－7 月	1—8 月	1—9 月	1—10 月	1—11 月	1—12 月
总　计	**6896. 66**	**10894. 21**	**14217. 04**	**18008. 16**	**23273. 26**	**27340. 23**	**31439. 32**	**36450. 87**	**41086. 32**	**45996. 78**	**50872. 22**
东部地区	**3889. 02**	**6144. 62**	**7857. 91**	**9914. 38**	**12613. 57**	**14828. 37**	**16809. 35**	**19441. 42**	**21924. 83**	**24377. 78**	**27191. 98**
北　京	177. 66	254. 64	367. 73	450. 86	598. 34	777. 05	924. 68	1149. 59	1265. 04	1422. 57	1732. 12
天　津	112. 01	226. 31	264. 18	307. 49	417. 63	444. 06	538. 72	614. 62	691. 24	720. 17	783. 86
河　北	269. 26	601. 31	938. 52	1191. 62	1554. 84	1836. 40	2141. 34	2442. 08	2711. 97	2964. 65	3133. 32
辽　宁	149. 45	241. 68	325. 97	441. 36	591. 75	703. 28	834. 54	949. 95	1015. 38	1070. 55	1116. 37
上　海	262. 39	369. 35	493. 03	590. 44	693. 91	770. 85	907. 50	1029. 51	1202. 54	1376. 65	1549. 20
江　苏	575. 49	869. 58	1059. 38	1331. 47	1548. 99	1890. 57	2057. 86	2290. 65	2553. 07	2816. 15	3278. 81
浙　江	398. 60	603. 34	788. 37	1008. 62	1337. 77	1652. 80	1842. 36	2228. 62	2760. 30	3145. 83	3485. 93
福　建	378. 98	578. 56	712. 91	865. 87	1097. 06	1270. 68	1481. 76	1692. 16	1907. 80	2090. 30	2321. 35
山　东	508. 70	806. 01	1034. 82	1378. 31	1739. 53	2033. 16	2268. 80	2547. 58	2858. 51	3173. 76	3431. 76
广　东	798. 09	1263. 73	1491. 09	1922. 14	2531. 59	2903. 19	3178. 63	3704. 30	4155. 26	4719. 16	5341. 58
海　南	258. 38	330. 11	381. 91	426. 20	502. 16	546. 33	633. 16	792. 38	803. 72	877. 99	1017. 68
中部地区	**1495. 71**	**2454. 83**	**3351. 99**	**4356. 63**	**5662. 41**	**6748. 71**	**7928. 75**	**9225. 30**	**10387. 58**	**11636. 90**	**12854. 95**
山　西	48. 53	98. 05	147. 56	208. 37	319. 18	391. 97	435. 42	495. 12	559. 77	606. 18	652. 23
吉　林	14. 92	31. 37	56. 28	99. 66	151. 80	208. 71	260. 58	321. 29	366. 32	436. 55	445. 14
黑龙江	5. 95	23. 17	54. 25	103. 39	162. 29	214. 63	274. 35	362. 21	453. 41	529. 96	585. 37
安　徽	347. 01	557. 73	710. 40	917. 54	1128. 57	1294. 37	1564. 58	1861. 14	2126. 75	2379. 91	2686. 50
江　西	130. 80	193. 88	233. 50	287. 48	354. 54	428. 98	501. 48	584. 11	637. 48	704. 91	760. 26
河　南	398. 89	662. 82	972. 84	1286. 74	1743. 87	2087. 36	2460. 53	2845. 94	3256. 54	3690. 72	4171. 17
河　北	303. 01	571. 10	782. 98	951. 42	1170. 38	1384. 22	1602. 78	1806. 51	1954. 28	2107. 46	2257. 39
湖　南	246. 60	316. 71	394. 18	502. 03	631. 78	738. 47	829. 03	948. 99	1033. 03	1181. 21	1296. 89
西部地区	**1511. 94**	**2294. 75**	**3007. 13**	**3737. 15**	**4997. 28**	**5763. 13**	**6701. 20**	**7784. 14**	**8773. 91**	**9982. 11**	**10825. 28**
内蒙古	27. 76	51. 08	91. 72	158. 99	257. 01	339. 03	416. 16	507. 15	576. 92	597. 04	579. 06
广　西	139. 03	224. 49	297. 77	368. 01	505. 81	605. 60	676. 78	742. 49	864. 92	970. 81	1065. 01
重　庆	224. 63	302. 96	394. 13	459. 75	559. 40	618. 51	745. 65	958. 22	1109. 93	1304. 10	1482. 81
四　川	497. 89	750. 81	924. 54	1110. 67	1388. 39	1545. 23	1800. 48	2042. 06	2263. 08	2558. 73	2779. 07
贵　州	128. 05	195. 57	254. 45	302. 86	379. 29	445. 75	474. 13	528. 51	582. 05	705. 37	779. 40
云　南	153. 01	238. 68	302. 24	368. 97	503. 98	577. 60	674. 44	798. 17	917. 07	1072. 41	1172. 89
西　藏	0. 21	1. 13	2. 23	4. 68	8. 14	8. 40	8. 60	9. 50	13. 98	16. 88	17. 51
陕　西	203. 39	333. 42	453. 16	554. 40	799. 77	899. 17	1027. 63	1172. 20	1284. 86	1498. 97	1631. 29
甘　肃	73. 08	92. 50	119. 73	163. 60	220. 97	268. 64	303. 53	344. 18	372. 83	401. 58	436. 04
青　海	9. 43	14. 74	29. 04	46. 76	81. 13	95. 59	128. 67	151. 35	179. 20	197. 03	199. 13
宁　夏	14. 30	32. 69	57. 02	73. 80	103. 43	124. 71	150. 65	182. 37	200. 88	228. 14	241. 57
新　疆	41. 16	56. 69	81. 09	124. 65	189. 96	234. 90	294. 49	347. 95	408. 19	431. 05	441. 52

数据来源：国家统计局。

表 3 - 20　　2013—2017 年房地产开发企业到位资金中其他资金

单位：亿元

类　别	2013 年	2014 年	2015 年	2016 年	2017 年
总　计	**54490. 70**	**49689. 81**	**55654. 60**	**73428. 37**	**79770. 46**
一、东部地区	**33626. 62**	**29385. 67**	**34660. 35**	**47441. 72**	**48751. 93**
北　京	3313. 40	2640. 80	3028. 19	3923. 32	3290. 60
天　津	1087. 95	1123. 91	1315. 72	2428. 54	2396. 75
河　北	1382. 50	1280. 14	1108. 55	1420. 07	1516. 96
辽　宁	2449. 26	1731. 14	1373. 42	1275. 57	1783. 41
上　海	2192. 26	2000. 62	2461. 37	3469. 51	2436. 45
江　苏	6265. 69	5614. 83	6700. 36	10021. 40	10226. 04
浙　江	4455. 49	3864. 55	4725. 70	6613. 82	7483. 09
福　建	2981. 29	2471. 00	2484. 05	2993. 45	3306. 04
山　东	3193. 32	2876. 22	3046. 20	4121. 84	4849. 55
广　东	5494. 72	5124. 77	7626. 44	10232. 68	9677. 98
海　南	810. 73	657. 69	790. 36	941. 53	1785. 06
二、中部地区	**10321. 35**	**9687. 56**	**10302. 90**	**13780. 57**	**15712. 33**
山　西	553. 06	526. 54	524. 53	678. 64	874. 94
吉　林	580. 47	443. 81	473. 19	530. 37	539. 36
黑龙江	600. 83	397. 94	362. 51	418. 00	509. 98
安　徽	2465. 62	2456. 60	2565. 40	3631. 73	3983. 35
江　西	1086. 70	1082. 99	1133. 59	1434. 81	1743. 27
河　南	1537. 51	1559. 74	1641. 82	2186. 12	2021. 29
河　北	1692. 58	1593. 44	1743. 96	2488. 67	3202. 68
湖　南	1804. 57	1626. 51	1857. 90	2412. 23	2837. 46
三、西部地区	**10542. 73**	**10616. 58**	**10691. 34**	**12206. 08**	**15306. 20**
内蒙古	406. 76	271. 16	260. 09	283. 94	364. 19
广　西	1014. 58	1168. 91	1181. 96	1576. 30	1966. 06
重　庆	2193. 89	2216. 67	2259. 07	2476. 21	3346. 63
四　川	2415. 89	2492. 22	2515. 99	3203. 09	3760. 96
贵　州	1041. 70	1125. 72	1128. 77	1143. 04	1367. 50
云　南	951. 51	937. 07	974. 48	978. 96	1144. 21
西　藏	7. 45	12. 07	14. 03	15. 95	19. 96
陕　西	1115. 67	1018. 94	1030. 81	1141. 62	1759. 64
甘　肃	363. 52	322. 68	356. 70	375. 92	494. 93
青　海	96. 68	160. 15	134. 30	154. 50	142. 81
宁　夏	340. 72	347. 39	317. 12	321. 91	366. 83
新　疆	594. 36	543. 60	518. 00	534. 63	572. 47

数据来源：国家统计局。

表 3－21　　2017 年全国各地区月度累计房地产开发企业其他资金

单位：亿元

类　别	1—2 月	1—3 月	1—4 月	1—5 月	1—6 月	1－7 月	1—8 月	1—9 月	1—10 月	1—11 月	1—12 月
总　计	**10950.22**	**17806.06**	**24156.16**	**30393.88**	**39034.93**	**45118.02**	**51349.39**	**57528.42**	**63931.57**	**70695.72**	**79770.46**
东部地区	**6998.47**	**11481.06**	**15500.30**	**19211.39**	**24282.18**	**27937.54**	**31616.47**	**35153.82**	**39018.29**	**42983.52**	**48751.93**
北　京	491.29	816.44	1068.31	1293.04	1685.72	1838.75	2081.87	2316.27	2534.69	2776.21	3290.60
天　津	363.23	656.88	837.41	922.65	1181.73	1409.17	1576.54	1808.24	1951.32	2086.94	2396.75
河　北	166.11	314.57	470.90	599.75	758.57	877.64	974.41	1178.73	1246.41	1385.42	1516.96
辽　宁	148.90	298.23	454.37	625.24	807.18	974.53	1134.39	1311.20	1498.49	1638.40	1783.41
上　海	401.16	599.58	797.57	992.62	1234.36	1429.79	1583.44	1786.53	1960.91	2144.79	2436.45
江　苏	1545.56	2369.58	3346.43	4103.87	5099.43	5792.96	6590.35	7182.81	8045.30	8963.10	10226.04
浙　江	875.94	1613.33	2081.44	2716.89	3478.64	4088.73	4797.80	5378.98	5910.84	6542.44	7483.09
福　建	484.29	845.45	1127.23	1407.88	1757.30	1996.99	2169.32	2407.65	2688.36	2957.54	3306.04
山　东	581.18	958.69	1332.73	1749.88	2219.23	2640.66	3041.50	3491.32	3905.17	4327.67	4849.55
广　东	1597.78	2441.61	3215.88	3897.80	4974.02	5647.63	6310.19	6879.15	7791.23	8524.15	9677.98
海　南	343.03	566.70	768.03	901.77	1086.00	1240.69	1356.66	1412.93	1485.57	1636.86	1785.06
中部地区	**1982.88**	**3196.28**	**4324.62**	**5568.81**	**7523.52**	**8700.06**	**10053.19**	**11370.80**	**12628.09**	**13935.97**	**15712.33**
山　西	66.78	129.26	199.58	259.92	354.51	438.22	522.21	598.81	676.59	772.39	874.94
吉　林	31.19	63.75	111.74	169.84	252.12	302.33	361.52	425.85	466.87	501.63	539.36
黑龙江	22.74	52.24	92.73	135.36	195.48	255.75	298.25	373.41	407.22	461.60	509.98
安　徽	618.35	999.11	1296.30	1624.48	2098.23	2371.82	2681.01	3019.48	3290.22	3573.19	3983.35
江　西	237.48	379.96	501.36	624.91	842.29	993.58	1116.82	1281.20	1414.52	1545.81	1743.27
河　南	238.44	390.00	548.41	707.91	900.49	1075.32	1237.98	1416.47	1599.76	1801.57	2021.29
河　北	374.91	577.38	785.37	1059.11	1649.08	1824.37	2140.26	2359.86	2585.13	2843.48	3202.68
湖　南	392.99	604.58	789.13	987.28	1231.32	1438.67	1695.14	1895.72	2187.78	2436.30	2837.46
西部地区	**1968.86**	**3128.73**	**4331.24**	**5613.69**	**7229.23**	**8480.44**	**9679.74**	**11003.80**	**12285.19**	**13776.23**	**15306.20**
内蒙古	30.16	46.70	71.54	104.54	141.82	176.79	209.83	247.21	284.11	342.24	364.19
广　西	252.37	386.07	544.93	711.46	897.92	1038.25	1180.32	1358.99	1555.19	1740.40	1966.06
重　庆	457.74	744.66	1029.41	1330.88	1718.81	1944.98	2207.06	2457.99	2682.84	2980.64	3346.63
四　川	547.45	823.82	1153.16	1488.25	1835.70	2176.26	2461.11	2781.18	3061.73	3398.81	3760.96
贵　州	150.04	255.56	345.83	461.28	604.99	746.82	848.73	963.71	1072.40	1244.69	1367.50
云　南	188.72	262.93	318.98	368.30	484.45	576.83	682.10	778.04	909.22	1014.74	1144.21
西　藏	0.88	2.78	4.29	5.25	7.64	9.97	11.91	14.34	14.89	17.19	19.96
陕　西	173.93	324.43	479.34	627.71	829.48	952.39	1087.00	1250.02	1395.03	1563.11	1759.64
甘　肃	49.37	90.72	126.28	170.13	228.91	277.13	318.69	365.47	405.54	459.15	494.93
青　海	23.11	39.68	50.02	58.99	74.57	89.76	96.54	107.01	125.27	141.29	142.81
宁　夏	34.06	58.78	82.88	111.62	156.38	186.48	216.67	252.84	287.47	330.91	366.83
新　疆	61.03	92.58	124.59	175.28	248.56	304.79	359.78	427.02	491.49	543.06	572.47

数据来源：国家统计局。

四、各地区土地成交数据

表 3 - 22　　2013—2017 年全国各地区土地成交价款

单位：亿元

类　别	2013 年	2014 年	2015 年	2016 年	2017 年
总　计	**9918. 29**	**10019. 88**	**7621. 61**	**9129. 31**	**13643. 39**
一、东部地区	**5860. 25**	**5898. 69**	**4515. 04**	**5763. 04**	**8394. 71**
北　京	784. 04	763. 67	811. 13	470. 12	815. 90
天　津	82. 16	121. 09	74. 20	239. 88	177. 72
河　北	251. 95	232. 92	168. 45	190. 15	260. 05
辽　宁	566. 83	411. 23	246. 07	127. 52	117. 10
上　海	279. 12	395. 63	179. 98	375. 12	384. 53
江　苏	1084. 21	1094. 55	530. 42	845. 47	1645. 77
浙　江	1006. 73	964. 49	574. 93	967. 78	2102. 79
福　建	532. 16	476. 05	490. 12	601. 17	758. 88
山　东	552. 85	524. 73	473. 45	483. 35	503. 17
广　东	681. 50	856. 58	890. 97	1399. 39	1575. 51
海　南	38. 71	57. 75	75. 32	63. 08	53. 29
二、中部地区	**2207. 47**	**2023. 22**	**1571. 07**	**1938. 27**	**3314. 90**
山　西	144. 41	65. 46	84. 84	127. 99	95. 55
吉　林	205. 72	188. 75	191. 72	157. 90	176. 33
黑龙江	88. 23	68. 89	54. 11	37. 34	50. 32
安　徽	641. 63	711. 02	479. 32	660. 36	1664. 38
江　西	227. 37	208. 87	147. 48	121. 20	186. 52
河　南	262. 44	233. 94	198. 21	453. 46	534. 87
湖　北	391. 80	334. 87	238. 74	214. 93	364. 06
湖　南	245. 87	211. 43	176. 66	165. 09	242. 87
三、西部地区	**1850. 56**	**2097. 96**	**1535. 51**	**1428. 00**	**1933. 78**
内蒙古	129. 22	87. 19	52. 62	32. 52	44. 34
广　西	113. 78	160. 94	108. 45	206. 53	217. 18
重　庆	448. 79	679. 99	539. 12	429. 73	568. 45
四　川	337. 25	475. 97	332. 42	381. 60	322. 53
贵　州	160. 58	111. 05	83. 75	41. 54	130. 49
云　南	356. 16	214. 58	146. 38	146. 21	279. 01
西　藏	—	6. 98	0. 95	0. 66	3. 40
陕　西	110. 09	157. 31	134. 79	77. 89	227. 01
甘　肃	67. 22	58. 48	28. 71	33. 53	17. 28
青　海	10. 23	13. 38	11. 14	8. 49	16. 23
宁　夏	31. 41	35. 00	25. 70	24. 63	20. 04
新　疆	85. 83	97. 11	71. 49	44. 68	87. 83

数据来源：国家统计局。

表 3－23　　2017 年全国各地区月度累计土地成交价款

单位：亿元

类　别	1—2 月	1—3 月	1—4 月	1—5 月	1—6 月	1－7 月	1—8 月	1—9 月	1—10 月	1—11 月	1—12 月
总　计	**794.29**	**1358.62**	**2104.50**	**3035.59**	**4376.11**	**5427.69**	**6609.41**	**8148.81**	**9694.77**	**11435.74**	**13643.39**
东部地区	**486.08**	**833.42**	**1227.95**	**1829.42**	**2623.33**	**3271.09**	**3855.11**	**4873.51**	**5841.40**	**6827.75**	**8394.71**
北　京	22.88	36.49	49.07	49.12	78.34	94.62	224.35	280.36	496.44	595.25	815.90
天　津	1.27	9.97	52.04	71.25	90.42	93.40	83.49	108.81	127.02	139.41	177.72
河　北	11.17	27.99	46.69	59.11	89.61	102.91	118.03	160.55	192.06	215.50	260.05
辽　宁	21.58	31.62	40.46	43.22	60.04	71.77	83.53	96.89	105.12	113.59	117.10
上　海	4.89	15.17	30.40	131.87	166.25	196.68	238.24	295.06	333.51	378.54	384.53
江　苏	49.70	116.68	208.28	334.11	440.39	549.61	612.02	840.13	1000.92	1232.92	1645.77
浙　江	133.30	186.84	256.16	361.21	565.15	654.91	837.60	1112.30	1392.07	1719.07	2102.79
福　建	18.41	49.92	112.08	182.03	296.86	384.66	410.27	487.41	572.88	628.24	758.88
山　东	49.33	87.21	107.97	184.58	243.90	301.11	342.06	374.16	408.72	437.65	503.17
广　东	166.76	257.32	304.49	392.51	566.27	794.78	865.13	1076.44	1171.25	1321.12	1575.51
海　南	6.79	14.21	20.31	20.41	26.10	26.64	40.39	41.41	41.41	46.46	53.29
中部地区	**181.31**	**332.35**	**525.12**	**779.36**	**1144.29**	**1443.92**	**1871.61**	**2195.82**	**2521.77**	**2891.44**	**3314.90**
山　西	1.56	3.88	7.87	30.64	59.17	60.29	69.23	71.08	76.18	83.16	95.55
吉　林	0.20	8.96	46.99	67.80	84.30	111.92	127.62	146.97	155.46	168.34	176.33
黑龙江	0.74	0.84	5.59	6.51	14.49	16.52	26.69	31.20	32.20	39.93	50.32
安　徽	58.79	117.43	253.81	387.75	594.79	796.06	986.95	1183.41	1351.17	1519.65	1664.38
江　西	10.89	15.21	19.67	40.54	64.47	80.65	83.77	113.13	137.28	147.75	186.52
河　南	49.64	93.42	118.95	129.30	182.68	206.32	225.53	249.88	306.02	409.43	534.87
河　北	38.66	56.73	34.61	46.91	53.90	61.23	230.82	265.78	305.81	345.94	364.06
湖　南	20.82	35.88	37.63	69.91	90.49	110.93	121.00	134.36	157.65	177.24	242.87
西部地区	**126.90**	**192.86**	**351.45**	**426.81**	**608.51**	**712.68**	**882.70**	**1079.48**	**1331.60**	**1716.55**	**1933.78**
内蒙古	2.90	4.12	6.35	8.19	20.40	20.04	24.96	34.71	36.98	42.00	44.34
广　西	11.92	16.54	30.44	35.73	83.85	121.05	130.64	143.19	156.27	184.16	217.18
重　庆	61.75	75.12	122.12	125.36	159.22	158.84	178.50	252.07	412.70	504.04	568.45
四　川	17.14	26.08	70.22	78.59	96.42	120.35	145.23	184.50	201.50	279.15	322.53
贵　州	3.32	3.87	5.67	11.52	14.68	18.54	26.37	32.32	41.34	121.99	130.49
云　南	16.35	18.31	45.27	62.69	77.61	96.47	180.81	208.16	220.98	263.50	279.01
西　藏	—	—	—	0.18	1.05	1.05	1.05	1.05	2.71	2.97	3.40
陕　西	5.58	37.49	53.83	77.07	114.52	125.41	132.29	148.78	154.76	209.01	227.01
甘　肃	0.55	0.45	0.65	3.31	6.98	8.89	10.34	10.92	11.85	12.42	17.28
青　海	—	—	1.90	1.90	1.90	3.91	6.41	6.41	16.11	16.54	16.23
宁　夏	3.10	4.58	4.82	5.07	6.32	7.87	9.26	14.87	15.51	17.07	20.04
新　疆	4.29	6.29	10.18	17.20	25.56	30.25	36.84	42.50	60.87	63.70	87.83

数据来源：国家统计局。

表 3－24　　2013—2017 年全国各地区土地购置面积

单位：万平方米

类　别	2013 年	2014 年	2015 年	2016 年	2017 年
总　计	**38814. 38**	**33383. 03**	**22810. 79**	**22025. 25**	**25508. 29**
一、东部地区	**17900. 66**	**14876. 56**	**9824. 33**	**10591. 59**	**11747. 51**
北　京	906. 17	580. 76	390. 96	268. 50	413. 30
天　津	210. 64	122. 74	173. 98	476. 91	225. 99
河　北	1127. 34	1081. 72	756. 86	929. 93	1033. 84
辽　宁	2502. 27	1670. 85	957. 02	654. 52	510. 61
上　海	421. 74	313. 18	263. 39	229. 11	179. 73
江　苏	4207. 74	3454. 27	1693. 35	1736. 90	2160. 65
浙　江	1760. 73	1887. 92	1012. 58	1302. 96	2248. 87
福　建	1591. 13	1294. 16	1056. 72	969. 81	916. 44
山　东	2615. 07	2225. 50	1787. 97	2093. 90	2090. 36
广　东	2250. 96	1956. 99	1478. 80	1750. 32	1841. 19
海　南	306. 85	288. 47	252. 70	178. 72	126. 53
二、中部地区	**11001. 40**	**9197. 60**	**6386. 35**	**6366. 45**	**8261. 75**
山　西	875. 90	431. 71	431. 66	351. 74	269. 39
吉　林	1143. 95	928. 40	793. 19	699. 59	668. 12
黑龙江	655. 67	416. 58	270. 40	161. 20	246. 23
安　徽	2760. 18	3029. 58	1805. 94	2142. 70	3776. 54
江　西	841. 82	918. 20	542. 89	443. 13	576. 17
河　南	1501. 56	1116. 16	951. 41	1108. 04	1015. 47
湖　北	1894. 68	1244. 99	729. 91	648. 64	676. 44
湖　南	1327. 64	1111. 98	860. 96	811. 40	1033. 39
三、西部地区	**9912. 32**	**9308. 87**	**6600. 11**	**5067. 21**	**5499. 06**
内蒙古	837. 63	534. 48	316. 27	230. 28	283. 98
广　西	431. 96	610. 01	415. 94	639. 10	675. 19
重　庆	1896. 65	1864. 59	1626. 77	959. 00	1112. 22
四　川	1142. 76	1535. 43	1061. 98	1304. 72	800. 76
贵　州	1209. 52	936. 36	601. 20	317. 06	438. 87
云　南	1974. 01	1218. 23	826. 89	518. 81	822. 61
西　藏	—	58. 10	30. 82	2. 94	26. 57
陕　西	503. 45	487. 52	447. 59	357. 28	560. 14
甘　肃	421. 71	567. 49	239. 72	131. 94	111. 04
青　海	80. 13	99. 87	48. 35	18. 52	44. 86
宁　夏	438. 26	332. 77	230. 51	158. 97	164. 66
新　疆	976. 24	1064. 02	754. 07	428. 60	458. 16

数据来源：国家统计局。

表 3－25

2017 年全国各地区月度累计土地购置面积

单位：万平方米

类 别	1—2 月	1—3 月	1—4 月	1—5 月	1—6 月	1－7 月	1—8 月	1—9 月	1—10 月	1—11 月	1—12 月
总 计	**2373.74**	**3782.04**	**5527.58**	**7580.04**	**10340.52**	**12409.60**	**14229.24**	**16733.09**	**19047.81**	**22158.24**	**25508.29**
东部地区	**1118.13**	**1816.43**	**2492.21**	**3418.33**	**4724.13**	**5574.62**	**6270.75**	**7406.18**	**8416.89**	**10104.73**	**11747.51**
北 京	46.07	66.09	116.27	116.27	130.87	174.83	204.92	220.58	323.14	364.54	413.30
天 津	4.65	29.01	36.23	86.57	181.46	187.73	136.60	163.69	190.47	204.07	225.99
河 北	72.89	136.18	209.21	287.93	425.22	486.33	556.29	700.76	777.07	885.64	1033.84
辽 宁	81.44	120.60	185.31	187.26	247.72	278.78	320.95	406.17	435.10	473.30	510.61
上 海	34.45	26.95	30.13	57.57	87.77	100.98	104.18	122.09	145.99	166.41	179.73
江 苏	178.35	290.71	428.93	658.34	801.21	940.53	968.40	1131.47	1273.51	1753.71	2160.65
浙 江	173.11	241.17	362.69	492.16	707.39	886.30	1064.75	1343.74	1551.17	1940.46	2248.87
福 建	83.35	168.73	230.18	350.86	416.80	471.75	535.66	616.07	729.71	800.22	916.44
山 东	247.40	429.49	509.46	635.92	966.60	1146.43	1315.06	1459.27	1607.94	1802.99	2090.36
广 东	186.62	274.00	327.52	488.67	667.09	824.52	971.92	1149.14	1289.59	1608.60	1841.19
海 南	9.80	33.50	56.28	56.78	92.00	76.44	92.02	93.20	93.20	104.79	126.53
中部地区	**701.90**	**1210.02**	**1885.43**	**2659.82**	**3521.76**	**4252.32**	**4925.83**	**5721.84**	**6447.05**	**7151.18**	**8261.75**
山 西	7.48	26.24	41.31	74.19	114.13	138.00	162.85	181.92	211.35	232.36	269.39
吉 林	3.97	54.06	140.77	257.33	299.21	377.58	444.59	514.62	585.58	627.13	668.12
黑龙江	12.30	2.33	14.55	25.51	38.36	56.23	119.24	132.73	137.92	166.62	246.23
安 徽	256.21	488.32	915.74	1256.87	1661.77	2023.85	2339.84	2736.85	3045.81	3341.52	3776.54
江 西	37.08	56.95	73.32	127.56	204.28	291.20	304.21	375.42	454.90	495.97	576.17
河 南	126.54	210.16	273.13	312.19	407.90	463.23	537.94	609.42	701.80	845.96	1015.47
河 北	95.32	153.11	175.12	236.09	305.00	326.55	398.13	481.29	535.36	597.00	676.44
湖 南	162.98	218.85	251.49	370.08	491.11	575.68	619.03	689.60	774.33	844.62	1033.39
西部地区	**553.71**	**755.60**	**1149.94**	**1501.90**	**2094.62**	**2582.63**	**3032.66**	**3605.07**	**4183.88**	**4902.34**	**5499.06**
内蒙古	12.18	30.00	48.40	57.97	116.09	151.72	179.24	216.52	230.85	273.85	283.98
广 西	55.64	40.98	97.09	126.41	217.61	314.95	385.08	434.77	500.04	556.74	675.19
重 庆	200.94	245.86	323.31	401.90	512.58	528.95	580.61	690.66	896.26	983.50	1112.22
四 川	117.58	161.94	245.99	278.20	314.82	390.70	433.49	512.95	558.68	685.02	800.76
贵 州	19.01	28.31	41.00	76.31	95.53	107.12	159.34	201.64	250.02	417.29	438.87
云 南	79.72	98.73	129.04	182.19	250.74	384.66	503.69	602.62	662.76	753.84	822.61
西 藏	—	—	—	2.02	17.79	17.79	17.79	17.79	23.72	26.57	26.57
陕 西	21.22	73.92	147.53	181.49	281.41	297.78	319.86	379.24	400.10	498.75	560.14
甘 肃	6.01	4.89	6.59	23.77	56.58	78.64	83.59	87.87	93.22	98.11	111.04
青 海	—	—	6.97	6.97	6.97	9.16	25.49	25.49	44.14	46.44	44.86
宁 夏	6.33	27.68	34.86	37.19	52.69	70.44	85.02	118.44	129.65	149.66	164.66
新 疆	35.08	43.28	69.15	127.50	171.80	230.72	259.45	317.07	394.42	412.57	458.16

数据来源：国家统计局。

五、各地区房地产建设数据

表 3－26

2013—2017 年全国各地区房屋施工面积

单位：万平方米

类　别	2013 年	2014 年	2015 年	2016 年	2017 年
总　计	**665571. 89**	**726482. 34**	**735693. 37**	**758974. 80**	**781483. 73**
一、东部地区	**329581. 67**	**355052. 79**	**352198. 76**	**358841. 18**	**371058. 77**
北　京	13886. 87	13588. 08	12993. 08	12976. 00	12412. 74
天　津	10892. 17	10652. 37	10230. 22	9349. 76	8795. 82
河　北	29949. 12	31628. 39	30434. 76	30476. 78	30318. 32
辽　宁	41625. 60	38616. 88	29283. 18	26364. 11	25906. 89
上　海	13516. 58	14690. 18	15095. 33	15111. 24	15362. 25
江　苏	52574. 17	57637. 72	58118. 44	58761. 73	59464. 23
浙　江	37647. 24	42144. 35	41687. 33	41609. 78	41236. 24
福　建	26287. 28	30051. 77	30891. 14	31064. 14	31939. 55
山　东	50549. 17	54508. 45	57206. 44	59957. 07	63563. 24
广　东	46480. 47	53977. 47	57941. 86	64233. 80	72492. 10
海　南	6173. 00	7557. 15	8316. 98	8936. 78	9567. 39
二、中部地区	**165264. 80**	**181702. 50**	**186862. 40**	**199183. 82**	**208809. 19**
山　西	14040. 05	15476. 89	15734. 48	17069. 25	16473. 40
吉　林	12181. 28	12268. 44	11566. 47	11797. 33	11887. 33
黑龙江	13567. 37	14218. 09	12410. 35	10865. 75	10328. 47
安　徽	30235. 20	33479. 11	34244. 67	35645. 44	39169. 24
江　西	11995. 67	13332. 64	15293. 60	16427. 25	18806. 79
河　南	35979. 33	38857. 60	40994. 40	47359. 55	49942. 29
河　北	21865. 81	26321. 99	28296. 28	29879. 88	30510. 48
湖　南	25400. 09	27747. 75	28322. 13	30139. 38	31691. 19
三、西部地区	**170725. 42**	**189727. 04**	**196632. 21**	**200949. 79**	**201615. 78**
内蒙古	18624. 32	18474. 17	17641. 28	16906. 28	15815. 41
广　西	16040. 17	17472. 15	18608. 36	21134. 65	22689. 62
重　庆	26251. 89	28623. 93	28985. 67	27363. 39	25960. 99
四　川	32164. 98	36499. 35	38981. 36	41532. 14	41294. 89
贵　州	17356. 96	20369. 36	20877. 67	20352. 24	20385. 43
云　南	18260. 72	20034. 58	20722. 20	20593. 19	21085. 35
西　藏	57. 70	273. 17	380. 62	348. 77	229. 85
陕　西	17240. 86	19466. 10	20752. 16	22297. 53	23630. 10
甘　肃	6848. 40	7660. 30	8586. 18	8933. 24	9153. 46
青　海	2376. 64	2545. 90	2585. 59	2847. 71	2936. 71
宁　夏	6043. 23	7019. 37	7045. 68	7110. 06	6836. 71
新　疆	9459. 55	11288. 65	11465. 44	11530. 59	11597. 26

数据来源：国家统计局。

表 3－27　**2017 年全国各地区月度累计施工面积**

单位：万平方米

类　别	1—2 月	1—3 月	1—4 月	1—5 月	1—6 月	1－7 月	1—8 月	1—9 月	1—10 月	1—11 月	1—12 月
总　计	**622950.29**	**636977.01**	**654053.57**	**671438.23**	**692325.94**	**707312.81**	**721780.60**	**738064.53**	**752333.69**	**768442.69**	**781483.73**
东部地区	**295766.58**	**302342.74**	**311214.43**	**319818.83**	**329081.70**	**336276.25**	**343315.89**	**350655.99**	**357006.48**	**364213.20**	**371058.77**
北　京	10117.97	10312.24	10539.05	10536.52	10951.98	11108.40	11233.02	11318.13	11533.25	12032.04	12412.74
天　津	6216.99	6709.20	6873.66	7190.01	7576.67	7748.06	7892.64	8119.09	8237.65	8400.14	8795.82
河　北	22484.44	23126.99	24163.25	25210.78	26365.78	27224.97	27974.30	28761.17	29425.79	29883.87	30318.32
辽　宁	22058.75	22408.26	22834.30	23193.05	23794.18	24200.36	24665.30	25258.47	25543.46	25909.90	25906.89
上　海	12384.39	12862.42	13234.94	13441.34	13659.24	13921.50	14201.22	14402.26	14726.22	15002.63	15362.25
江　苏	47858.54	48665.19	49946.02	51482.27	52570.65	53837.21	54834.74	56125.89	57172.45	58552.96	59464.23
浙　江	32269.37	33029.87	33964.91	35152.48	36357.61	37048.33	37941.68	38998.89	39776.37	40742.92	41236.24
福　建	26810.13	27135.52	27791.35	28204.65	28760.12	29118.79	29728.53	30179.87	30724.08	31140.98	31939.55
山　东	50945.67	52215.23	53861.59	55309.84	56873.84	58212.65	59446.54	60474.02	61401.35	62528.30	63563.24
广　东	57113.44	58196.18	59987.73	61829.36	63721.96	65238.57	66497.53	67951.57	69240.00	70629.59	72492.10
海　南	7506.90	7681.64	8017.63	8268.53	8449.67	8617.41	8900.39	9066.62	9225.86	9389.87	9567.39
中部地区	**161548.69**	**165534.65**	**170129.63**	**174973.65**	**180980.64**	**185589.26**	**190026.72**	**195140.45**	**199452.84**	**204313.28**	**208809.19**
山　西	13387.12	13583.98	13855.36	14258.03	14826.34	15236.88	15540.54	15891.00	16107.28	16322.80	16473.40
吉　林	10004.62	10167.59	10355.85	10704.41	10937.58	11117.90	11308.51	11545.12	11701.23	11801.05	11887.33
黑龙江	8190.42	8232.28	8394.11	8622.59	8878.38	9029.87	9290.38	9620.92	9895.34	10237.79	10328.47
安　徽	29340.01	29919.71	31040.74	32243.41	33297.94	34328.66	35268.31	36357.51	37141.62	38068.69	39169.24
江　西	14344.30	14898.79	15207.45	15622.26	16248.34	16752.70	17218.61	17766.58	18209.19	18526.95	18806.79
河　南	37615.31	38915.83	39846.77	40973.42	42662.45	43626.52	44645.22	45877.65	47084.50	48425.69	49942.29
河　北	24022.30	24583.84	25393.91	26070.73	27025.18	27600.33	28151.37	28702.26	29205.08	29907.97	30510.48
湖　南	24644.62	25232.63	26035.44	26478.80	27104.43	27896.40	28603.78	29379.41	30108.60	31022.34	31691.19
西部地区	**165635.02**	**169099.63**	**172709.51**	**176645.76**	**182263.60**	**185447.30**	**188437.98**	**192268.09**	**195874.37**	**199916.22**	**201615.78**
内蒙古	14162.36	14264.05	14414.15	14725.25	15172.05	15589.74	15797.01	16180.99	16433.25	16572.10	15815.41
广　西	18727.69	18988.60	19394.07	19847.32	20587.51	20956.90	21212.79	21350.51	21967.07	22343.95	22689.62
重　庆	21563.16	21860.66	22164.13	22489.23	23127.92	23566.98	24289.43	24857.81	25199.13	25772.72	25960.99
四　川	31954.19	33315.61	34420.17	35306.50	36598.44	37139.47	37504.14	38426.84	39248.97	40336.01	41294.89
贵　州	17736.03	18028.77	18296.12	18593.04	18831.09	18999.30	19101.49	19474.15	19731.46	20264.05	20385.43
云　南	17655.89	17895.37	18284.52	18591.58	19114.14	19283.28	19535.50	19944.82	20255.52	20562.41	21085.35
西　藏	174.17	179.40	183.22	187.69	200.19	200.94	201.98	216.82	217.06	224.85	229.85
陕　西	19658.78	19878.44	20456.52	20729.63	21300.11	21576.50	21973.94	22333.76	22646.78	23211.97	23630.10
甘　肃	6690.10	7013.51	7106.89	7517.18	7910.75	8232.32	8449.95	8658.55	8813.27	9070.28	9153.46
青　海	2244.52	2370.90	2369.10	2477.25	2589.21	2685.65	2797.93	2820.76	2906.74	2923.64	2936.71
宁　夏	5824.96	5893.62	6027.18	6244.93	6426.59	6533.94	6613.85	6729.29	6782.41	6884.26	6836.71
新　疆	9243.16	9410.70	9593.43	9936.16	10405.60	10682.29	10959.97	11273.79	11672.72	11749.99	11597.26

数据来源：国家统计局。

表 3-28

2013—2017 年全国各地区住宅施工面积

单位：万平方米

类　别	2013 年	2014 年	2015 年	2016 年	2017 年
总　计	**486347. 33**	**515096. 45**	**511569. 52**	**521310. 22**	**536443. 96**
一、东部地区	**235926. 39**	**247809. 50**	**242803. 68**	**244919. 01**	**253167. 86**
北　京	7406. 88	6977. 99	6261. 21	5857. 61	5390. 89
天　津	7562. 48	7204. 46	6968. 75	6311. 70	5911. 03
河　北	23558. 26	24456. 15	23674. 38	23407. 19	23200. 01
辽　宁	31416. 51	28524. 54	21406. 76	19104. 64	18784. 00
上　海	8125. 74	8525. 85	8372. 12	8073. 94	8013. 80
江　苏	38756. 78	41579. 79	42315. 98	43002. 93	43554. 54
浙　江	23828. 31	25874. 49	25117. 15	24709. 37	24760. 01
福　建	17835. 42	19718. 43	19558. 92	19436. 54	20378. 76
山　东	38571. 84	40648. 82	42276. 51	44158. 11	46742. 06
广　东	33690. 67	38290. 06	40388. 82	44171. 00	49450. 82
海　南	5173. 49	6008. 91	6463. 07	6685. 96	6981. 94
二、中部地区	**125212. 26**	**134141. 70**	**135833. 84**	**143389. 14**	**150884. 77**
山　西	10754. 95	11471. 77	11449. 97	12222. 32	11817. 12
吉　林	9317. 77	9067. 10	8282. 66	8305. 99	8349. 19
黑龙江	10241. 40	10424. 11	8784. 98	7746. 05	7432. 11
安　徽	21531. 23	23193. 68	23233. 38	24115. 13	26858. 99
江　西	9018. 79	9975. 73	11157. 74	12000. 47	13659. 14
河　南	28113. 59	29831. 26	31210. 56	35579. 02	37518. 01
河　北	16640. 27	19610. 09	20906. 65	21803. 01	22479. 79
湖　南	19594. 27	20567. 96	20807. 90	21617. 17	22770. 42
三、西部地区	**125208. 68**	**133145. 24**	**132932. 00**	**133002. 07**	**132391. 33**
内蒙古	12634. 11	12386. 94	11554. 23	11141. 41	10394. 39
广　西	12419. 68	13065. 65	13750. 52	15339. 29	16453. 90
重　庆	19248. 95	20294. 49	19390. 32	17932. 69	16747. 92
四　川	23208. 91	24732. 35	25300. 45	26425. 45	26272. 05
贵　州	12316. 36	13792. 94	13592. 65	12847. 14	12789. 65
云　南	12969. 39	13607. 78	13867. 01	13324. 64	13534. 43
西　藏	39. 15	177. 79	259. 94	232. 59	132. 51
陕　西	14225. 86	15475. 10	15558. 06	16164. 28	16958. 61
甘　肃	5324. 49	5644. 35	6087. 70	6191. 65	6087. 85
青　海	1748. 26	1711. 99	1650. 31	1753. 44	1735. 76
宁　夏	4090. 83	4622. 94	4550. 38	4555. 28	4346. 91
新　疆	6982. 70	7632. 93	7370. 42	7094. 22	6937. 35

数据来源：国家统计局。

表 3－29　　2017 年全国各地区月度累计住宅施工面积

单位：万平方米

类　别	1—2 月	1—3 月	1—4 月	1—5 月	1—6 月	1－7 月	1—8 月	1—9 月	1—10 月	1—11 月	1—12 月
总　计	**423184.76**	**433241.41**	**445657.17**	**458115.71**	**472721.95**	**483144.63**	**493274.72**	**505329.71**	**515386.53**	**527019.29**	**536443.96**
东部地区	**199889.97**	**204508.37**	**210846.82**	**217014.10**	**223483.07**	**228436.54**	**233468.02**	**238902.77**	**243261.34**	**248406.74**	**253167.86**
北　京	4320.43	4403.09	4492.52	4480.76	4697.59	4720.07	4782.14	4803.49	4923.31	5222.91	5390.89
天　津	3905.22	4283.09	4404.42	4667.78	4957.12	5107.88	5230.24	5414.03	5500.46	5634.37	5911.03
河　北	17075.45	17597.80	18478.78	19170.26	20098.75	20775.27	21355.40	21979.05	22484.92	22873.23	23200.01
辽　宁	15825.37	16118.93	16423.11	16700.73	17178.01	17500.91	17845.97	18276.55	18504.97	18788.88	18784.00
上　海	6498.88	6730.15	6930.18	7033.98	7173.53	7300.29	7393.96	7514.82	7678.34	7825.67	8013.80
江　苏	34960.62	35507.97	36460.96	37660.67	38393.72	39293.91	40084.75	41064.06	41784.98	42849.88	43554.54
浙　江	18761.33	19301.97	19933.31	20703.12	21534.29	21931.01	22530.21	23248.33	23778.92	24380.31	24760.01
福　建	16789.14	17054.32	17476.92	17788.62	18195.38	18412.92	18834.30	19131.48	19509.81	19855.54	20378.76
山　东	37189.87	38153.85	39391.77	40453.47	41630.97	42585.15	43567.49	44384.14	45086.07	45925.03	46742.06
广　东	39137.87	39807.72	41036.98	42359.74	43494.72	44577.82	45394.29	46508.17	47301.18	48210.55	49450.82
海　南	5425.79	5549.48	5817.87	5994.97	6128.99	6231.31	6449.27	6578.65	6708.38	6840.37	6981.94
中部地区	**114977.26**	**118030.10**	**121450.48**	**125091.06**	**129639.55**	**133103.33**	**136385.47**	**140372.44**	**143673.54**	**147384.04**	**150884.77**
山　西	9542.48	9698.84	9895.71	10185.87	10589.80	10876.29	11106.28	11377.73	11531.35	11698.97	11817.12
吉　林	6934.57	7063.23	7186.67	7464.42	7649.20	7780.36	7935.19	8116.65	8221.70	8305.47	8349.19
黑龙江	5783.09	5851.90	5956.05	6157.40	6370.26	6481.01	6666.19	6890.90	7084.96	7359.82	7432.11
安　徽	19414.66	19893.14	20692.64	21571.99	22409.41	23157.28	23842.95	24746.27	25367.67	26040.57	26858.99
江　西	10360.85	10779.41	11015.28	11327.51	11767.27	12117.51	12483.44	12897.67	13222.46	13431.31	13659.14
河　南	28001.82	28994.60	29668.40	30474.09	31772.39	32578.75	33349.10	34336.75	35300.91	36310.96	37518.01
河　北	17394.16	17781.49	18456.80	19010.77	19753.68	20209.33	20593.90	21036.24	21427.98	22002.11	22479.79
湖　南	17545.64	17967.49	18578.93	18899.01	19327.54	19902.80	20408.42	20970.24	21516.51	22234.83	22770.42
西部地区	**108317.52**	**110702.96**	**113359.84**	**116010.55**	**119599.34**	**121604.76**	**123421.24**	**126054.50**	**128451.63**	**131228.52**	**132391.33**
内蒙古	9120.14	9191.94	9394.32	9631.76	9974.99	10257.79	10394.13	10670.77	10855.84	10957.72	10394.39
广　西	13472.78	13729.49	14036.92	14370.74	14920.45	15188.82	15342.87	15454.48	15915.42	16201.73	16453.90
重　庆	13977.43	14154.17	14341.29	14524.02	14894.71	15172.15	15644.93	16029.70	16232.19	16569.01	16747.92
四　川	20030.23	20934.62	21701.01	22286.32	23086.65	23438.23	23656.89	24227.04	24842.36	25641.25	26272.05
贵　州	11051.36	11241.81	11434.45	11630.00	11765.12	11866.72	11925.20	12180.25	12334.89	12706.83	12789.65
云　南	11356.58	11490.91	11790.23	12066.19	12383.84	12418.52	12563.15	12867.56	13039.42	13216.25	13534.43
西　藏	103.91	108.69	112.11	111.02	119.06	119.57	120.61	130.32	130.56	132.51	132.51
陕　西	14091.41	14286.97	14735.84	14916.74	15301.22	15507.44	15736.47	16028.26	16248.52	16675.52	16958.61
甘　肃	4583.45	4829.12	4888.27	5113.40	5338.72	5514.98	5635.01	5776.60	5854.60	6030.90	6087.85
青　海	1366.21	1441.09	1424.58	1483.72	1531.51	1563.41	1629.32	1646.15	1713.02	1726.01	1735.76
宁　夏	3641.98	3670.60	3764.78	3923.99	4044.64	4121.31	4164.54	4257.50	4300.01	4363.61	4346.91
新　疆	5522.04	5623.55	5736.04	5952.66	6238.41	6435.80	6608.11	6785.88	6984.79	7007.18	6937.35

数据来源：国家统计局。

表 3－30　　2013—2017 年全国各地区办公楼施工面积

单位：万平方米

类　别	2013 年	2014 年	2015 年	2016 年	2017 年
总　计	**24577.41**	**29927.54**	**33044.37**	**35029.37**	**36014.62**
一、东部地区	**14954.89**	**17684.98**	**19141.34**	**20211.87**	**21110.19**
北　京	2114.13	2253.98	2409.63	2447.26	2428.40
天　津	841.00	864.64	872.41	723.32	693.83
河　北	659.34	676.79	641.45	858.69	829.75
辽　宁	796.46	816.08	648.78	595.51	535.05
上　海	1431.73	1779.04	1978.49	2180.50	2282.08
江　苏	1989.66	2310.53	2342.87	2281.90	2503.74
浙　江	2477.02	2925.46	2963.96	3016.91	2845.86
福　建	1363.45	1810.02	2150.88	2262.87	2203.83
山　东	1553.26	1978.01	2364.71	2434.79	2574.61
广　东	1675.71	2137.02	2607.81	3206.43	3965.06
海　南	53.11	133.40	160.35	203.69	247.98
二、中部地区	**4760.97**	**5598.09**	**6128.36**	**6703.22**	**6955.81**
山　西	327.11	462.29	502.20	607.47	548.93
吉　林	302.72	349.78	423.26	473.76	497.41
黑龙江	199.33	250.54	249.14	236.71	238.39
安　徽	1034.03	1084.97	1184.59	1205.03	1330.35
江　西	423.91	471.78	533.71	574.30	616.15
河　南	1297.06	1489.02	1568.02	1698.99	1699.76
河　北	596.11	786.87	921.05	1048.39	1157.25
湖　南	580.70	702.83	746.39	858.57	867.57
三、西部地区	**4861.54**	**6644.47**	**7774.68**	**8114.28**	**7948.62**
内蒙古	692.90	641.90	624.55	565.76	556.87
广　西	321.91	445.65	536.45	743.68	735.52
重　庆	781.98	1072.22	1145.29	1020.20	907.70
四　川	922.54	1300.71	1489.51	1584.66	1487.57
贵　州	502.13	722.15	850.35	812.79	752.50
云　南	557.95	735.83	770.80	763.01	840.36
西　藏	1.56	17.51	20.81	15.85	9.17
陕　西	501.13	705.15	1033.44	1171.05	1224.76
甘　肃	107.80	178.95	241.60	276.95	298.59
青　海	75.14	122.47	151.72	164.12	167.68
宁　夏	171.20	248.16	333.83	368.59	357.92
新　疆	225.32	453.78	576.32	627.61	609.97

数据来源：国家统计局。

表 3－31　　2017 年全国各地区月度累计办公楼施工面积

单位：万平方米

类　别	1—2 月	1—3 月	1—4 月	1—5 月	1—6 月	1－7 月	1—8 月	1—9 月	1—10 月	1—11 月	1—12 月
总　计	**30217.97**	**30771.26**	**31372.92**	**32016.46**	**32709.17**	**33325.06**	**33848.04**	**34365.79**	**34912.80**	**35436.23**	**36014.62**
东部地区	**17260.60**	**17676.56**	**18128.72**	**18514.74**	**18903.53**	**19292.27**	**19670.43**	**19983.09**	**20385.93**	**20739.41**	**21110.19**
北　京	2072.52	2090.82	2153.30	2151.29	2213.11	2288.05	2297.35	2325.11	2328.88	2348.90	2428.40
天　津	568.29	599.13	606.01	604.63	621.83	627.88	628.08	628.08	648.80	647.51	693.83
河　北	703.19	713.43	728.24	773.83	774.91	779.63	783.69	808.06	823.32	832.00	829.75
辽　宁	474.10	476.95	495.37	503.05	506.20	510.21	510.51	534.58	535.33	538.76	535.05
上　海	1813.59	1873.41	1944.93	1997.75	2026.37	2055.76	2140.26	2154.68	2200.62	2233.38	2282.08
江　苏	1941.90	1997.37	2035.57	2096.67	2182.61	2244.03	2283.37	2310.31	2395.67	2457.00	2503.74
浙　江	2455.57	2499.05	2530.29	2556.38	2583.24	2629.77	2680.17	2732.52	2762.19	2832.57	2845.86
福　建	1987.77	1992.07	2031.10	2047.08	2058.86	2081.86	2131.59	2147.34	2177.59	2168.55	2203.83
山　东	2084.95	2152.69	2201.54	2285.04	2336.21	2386.12	2428.82	2453.07	2477.87	2534.85	2574.61
广　东	2931.24	3054.92	3160.84	3255.31	3356.33	3443.44	3541.10	3643.74	3789.38	3899.61	3965.06
海　南	227.48	226.72	241.53	243.71	243.86	245.52	245.49	245.60	246.28	246.28	247.98
中部地区	**5801.13**	**5871.83**	**5989.08**	**6131.08**	**6267.30**	**6385.74**	**6497.44**	**6606.19**	**6693.74**	**6781.86**	**6955.81**
山　西	490.17	493.64	500.01	507.26	531.22	536.32	542.90	555.04	558.25	542.51	548.93
吉　林	462.85	462.97	463.72	476.15	477.21	484.99	487.21	489.26	489.27	489.62	497.41
黑龙江	195.87	195.88	196.03	196.47	196.92	205.16	207.93	208.98	223.34	226.49	238.39
安　徽	1055.45	1052.19	1091.97	1132.23	1157.70	1186.82	1214.65	1228.09	1240.38	1275.68	1330.35
江　西	511.63	519.53	525.99	531.92	538.12	552.91	558.42	577.91	588.79	590.51	616.15
河　南	1390.01	1427.82	1439.61	1473.14	1505.35	1541.32	1579.73	1604.52	1637.43	1673.25	1699.76
河　北	944.29	956.34	995.22	1018.82	1041.68	1058.78	1077.77	1090.52	1100.22	1118.57	1157.25
湖　南	750.87	763.46	776.53	795.09	819.10	819.44	828.83	851.86	856.06	865.23	867.57
西部地区	**7156.25**	**7222.86**	**7255.11**	**7370.65**	**7538.35**	**7647.06**	**7680.17**	**7776.51**	**7833.11**	**7914.97**	**7948.62**
内蒙古	525.68	528.51	532.04	537.92	544.54	555.71	556.25	567.32	565.81	565.90	556.87
广　西	704.63	704.32	716.54	721.67	688.56	699.27	712.68	713.51	723.60	735.27	735.52
重　庆	839.80	850.20	841.41	851.59	863.84	869.60	877.23	896.38	902.12	910.31	907.70
四　川	1296.71	1345.20	1353.12	1377.61	1427.98	1450.96	1397.34	1420.52	1428.11	1455.65	1487.57
贵　州	693.38	694.80	695.62	704.16	707.01	708.20	714.05	729.84	737.88	748.77	752.50
云　南	733.93	753.87	741.93	746.98	770.09	793.73	798.64	803.48	809.03	815.48	840.36
西　藏	9.10	9.12	9.12	9.12	9.15	9.15	9.15	9.17	9.17	9.17	9.17
陕　西	1118.98	1083.70	1091.64	1108.66	1155.01	1161.22	1190.09	1196.09	1200.12	1209.43	1224.76
甘　肃	228.65	229.24	235.78	259.24	284.04	292.38	296.52	297.53	297.46	298.63	298.59
青　海	124.82	125.92	130.79	133.77	148.12	163.94	164.21	164.29	168.34	169.16	167.68
宁　夏	342.27	347.02	349.32	351.79	356.98	358.52	361.07	361.11	363.15	364.09	357.92
新　疆	538.31	550.95	557.79	568.13	583.03	584.38	602.95	617.27	628.31	633.10	609.97

数据来源：国家统计局。

表 3 - 32　　2013—2017 年全国各地区商业营业用房施工面积

单位：万平方米

类　别	2013 年	2014 年	2015 年	2016 年	2017 年
总　计	**80626.76**	**94320.05**	**100111.38**	**104571.86**	**105232.50**
一、东部地区	**38272.75**	**43315.01**	**43140.20**	**43828.12**	**43681.60**
北　京	1233.37	1278.52	1326.24	1354.82	1246.34
天　津	1158.61	1217.15	1163.11	1162.28	994.93
河　北	3091.02	3422.20	3183.02	3238.84	3229.34
辽　宁	6230.28	6095.79	4767.07	4445.32	4319.76
上　海	1500.72	1751.99	1944.02	1990.81	2016.16
江　苏	6904.71	7929.02	7569.39	7392.75	7067.92
浙　江	4226.99	5073.43	5198.93	5264.16	5014.84
福　建	3002.82	3622.17	3875.01	3764.97	3534.90
山　东	6160.95	6810.56	7121.65	7239.74	7492.12
广　东	4323.84	5441.59	6208.54	7006.00	7599.47
海　南	439.44	672.58	783.22	968.43	1165.82
二、中部地区	**20327.73**	**24208.75**	**26420.13**	**28377.04**	**28802.40**
山　西	1647.81	1871.53	1915.07	2150.13	1979.85
吉　林	1627.53	1759.35	1754.17	1840.53	1813.98
黑龙江	1877.86	2086.29	2113.14	1713.00	1569.10
安　徽	4787.71	5963.25	6364.11	6696.89	6694.49
江　西	1515.36	1707.34	2193.82	2368.53	2775.35
河　南	3709.10	4220.45	4831.74	5630.64	5926.85
河　北	2584.29	3347.13	3747.75	3873.15	3761.84
湖　南	2578.07	3253.43	3500.32	4104.19	4280.94
三、西部地区	**22026.27**	**26796.29**	**30551.05**	**32366.70**	**32748.52**
内蒙古	3496.14	3478.37	3522.03	3295.88	3074.62
广　西	1534.40	1913.63	2112.66	2454.80	2601.65
重　庆	2965.72	3316.67	4111.50	4193.65	3988.08
四　川	3784.84	4880.91	5664.03	6223.91	6186.89
贵　州	2419.76	3123.45	3644.04	3755.27	3908.58
云　南	2546.09	3006.23	3208.14	3320.12	3447.33
西　藏	13.19	44.35	58.15	59.39	49.00
陕　西	1447.76	1935.20	2556.18	3010.38	3109.85
甘　肃	819.59	1114.76	1395.17	1476.47	1605.00
青　海	311.75	434.78	472.65	565.63	640.18
宁　夏	1141.59	1344.36	1289.90	1314.02	1290.28
新　疆	1545.45	2203.59	2516.62	2697.18	2847.06

数据来源：国家统计局。

表 3－33　　**2017 年全国各地区月度累计商业营业用房施工面积**

单位：万平方米

类　别	1—2 月	1—3 月	1—4 月	1—5 月	1—6 月	1－7 月	1—8 月	1—9 月	1—10 月	1—11 月	1—12 月
总　计	**87926.84**	**89494.45**	**91288.99**	**93276.95**	**95666.20**	**97646.90**	**99361.58**	**101164.41**	**102835.31**	**104319.58**	**105232.50**
东部地区	**37071.11**	**37755.72**	**38596.82**	**39434.27**	**40211.83**	**40953.39**	**41604.12**	**42236.00**	**42792.01**	**43248.47**	**43681.60**
北　京	1051.66	1103.70	1126.13	1118.67	1138.08	1138.63	1172.52	1183.30	1188.10	1199.84	1246.34
天　津	852.55	891.69	878.09	907.28	929.27	931.34	933.74	945.19	915.26	928.24	994.93
河　北	2497.76	2567.31	2650.27	2813.44	2879.35	2983.72	3074.03	3127.76	3165.98	3183.05	3229.34
辽　宁	3825.41	3856.02	3926.90	3979.72	4043.44	4084.77	4151.17	4233.26	4264.40	4308.18	4319.76
上　海	1758.27	1850.67	1852.02	1850.87	1829.96	1857.90	1890.45	1910.97	1956.10	1976.27	2016.16
江　苏	6026.49	6119.31	6257.35	6390.21	6497.82	6657.24	6723.45	6821.11	6942.82	7033.40	7067.92
浙　江	4318.75	4376.16	4475.57	4612.53	4729.31	4796.88	4863.01	4941.03	4995.91	5071.51	5014.84
福　建	3179.22	3191.70	3242.35	3269.92	3323.86	3366.30	3396.46	3434.04	3469.56	3458.69	3534.90
山　东	6430.26	6533.29	6683.47	6805.24	6980.65	7143.60	7226.11	7319.76	7410.94	7488.37	7492.12
广　东	6267.54	6370.15	6547.57	6680.65	6826.80	6930.50	7069.48	7196.36	7347.41	7452.42	7599.47
海　南	863.20	895.72	957.10	1005.74	1033.29	1062.51	1103.70	1123.22	1135.53	1148.50	1165.82
中部地区	**23481.81**	**23876.18**	**24453.61**	**24983.60**	**25705.31**	**26347.69**	**26899.44**	**27461.58**	**27960.97**	**28466.67**	**28802.40**
山　西	1690.86	1710.24	1743.43	1791.05	1838.44	1890.59	1918.12	1935.11	1966.55	2004.74	1979.85
吉　林	1560.93	1586.51	1626.29	1646.91	1672.94	1691.40	1709.27	1743.26	1779.85	1789.34	1813.98
黑龙江	1298.17	1279.18	1333.98	1348.06	1372.74	1391.76	1429.78	1498.24	1534.27	1568.25	1569.10
安　徽	5675.97	5693.70	5830.83	5959.67	6074.64	6227.27	6356.64	6441.13	6519.85	6599.82	6694.49
江　西	2150.24	2221.04	2256.96	2305.53	2424.98	2540.77	2594.70	2657.27	2719.08	2772.02	2775.35
河　南	4580.07	4706.54	4844.24	4975.27	5172.60	5292.71	5376.25	5527.18	5617.56	5756.76	5926.85
河　北	3065.70	3159.85	3208.00	3285.51	3404.33	3475.50	3556.88	3620.34	3680.12	3724.83	3761.84
湖　南	3459.88	3519.12	3609.88	3671.60	3744.64	3837.69	3957.80	4039.04	4143.69	4250.91	4280.94
西部地区	**27373.92**	**27862.55**	**28238.58**	**28859.07**	**29749.06**	**30345.80**	**30858.02**	**31466.84**	**32082.33**	**32604.44**	**32748.52**
内蒙古	2923.08	2944.10	2865.83	2903.64	2952.11	3023.74	3070.34	3120.92	3167.78	3192.54	3074.62
广　西	2160.25	2162.43	2202.82	2249.37	2358.46	2404.52	2449.02	2462.66	2520.77	2568.14	2601.65
重　庆	3382.64	3454.59	3511.51	3567.37	3664.00	3752.49	3812.71	3897.94	3944.80	4033.42	3988.08
四　川	4944.97	5134.65	5250.47	5377.42	5560.27	5619.05	5685.05	5883.83	5959.90	6040.68	6186.89
贵　州	3405.61	3466.57	3503.05	3547.84	3617.94	3656.69	3694.33	3745.62	3805.96	3878.63	3908.58
云　南	2873.38	2887.55	2956.01	2989.51	3068.24	3132.28	3168.83	3223.27	3296.59	3348.48	3447.33
西　藏	39.59	40.28	40.39	45.38	47.90	48.14	48.14	48.71	48.71	49.00	49.00
陕　西	2671.36	2682.40	2743.75	2780.51	2838.10	2884.30	2937.44	2957.24	3001.99	3060.53	3109.85
甘　肃	1102.76	1131.20	1142.40	1237.60	1319.47	1391.98	1454.99	1492.13	1553.89	1589.72	1605.00
青　海	471.02	500.78	507.95	538.05	570.07	592.57	617.93	621.62	631.97	634.28	640.18
宁　夏	1135.48	1156.58	1168.51	1203.29	1229.39	1255.88	1273.70	1289.51	1293.26	1316.70	1290.28
新　疆	2263.78	2301.41	2345.90	2419.09	2523.10	2584.17	2645.53	2723.39	2856.71	2892.31	2847.06

数据来源：国家统计局。

表 3 - 34　　2013—2017 年全国各地区房屋新开工面积

单位：万平方米

类　别	2013 年	2014 年	2015 年	2016 年	2017 年
总　计	**201207.84**	**179592.49**	**154453.68**	**166928.13**	**178653.77**
一、东部地区	**93591.45**	**83424.48**	**69734.44**	**75988.19**	**82233.84**
北　京	3577.52	2449.39	2706.91	2795.57	2361.51
天　津	2672.93	2815.27	2817.19	2511.47	2334.62
河　北	6932.65	8239.03	7219.81	8161.30	8417.21
辽　宁	13444.45	8192.17	4699.42	3733.61	3806.88
上　海	2705.95	2782.02	2605.08	2840.95	2618.00
江　苏	16358.18	14220.35	11542.56	13670.83	13739.10
浙　江	9315.10	9676.14	6533.77	7282.02	10117.49
福　建	7193.01	6754.06	5244.85	4875.06	5528.75
山　东	15390.76	13328.07	12043.38	13293.69	14424.99
广　东	14265.48	13384.34	12676.74	14847.51	16775.55
海　南	1735.42	1583.64	1644.72	1976.16	2109.74
二、中部地区	**55227.62**	**48763.96**	**43513.68**	**49430.84**	**53422.99**
山　西	3673.34	3887.51	3700.64	3854.78	3305.84
吉　林	3746.24	3257.60	2063.66	2115.99	1907.88
黑龙江	4030.44	3281.38	2181.79	2006.31	2219.72
安　徽	10077.71	8736.77	7759.35	8586.37	11398.66
江　西	4138.96	3348.42	3704.87	3875.01	4954.33
河　南	12465.09	10586.54	10974.12	14669.72	13628.78
湖　北	8226.71	7598.69	6734.67	6850.10	7771.87
湖　南	8869.13	8067.05	6394.58	7472.56	8235.91
三、西部地区	**52388.77**	**47404.06**	**41205.56**	**41509.10**	**42996.95**
内蒙古	5042.81	3114.00	2341.67	2563.70	2359.70
广　西	3715.67	4138.43	3850.07	4984.18	4912.21
重　庆	7641.63	6254.04	5810.85	4875.16	5680.04
四　川	10163.57	11328.04	9587.21	10825.16	11521.59
贵　州	5628.24	4616.49	4206.12	3467.55	3310.77
云　南	6481.80	5458.43	3841.29	3453.98	4017.34
西　藏	27.76	191.49	119.87	57.01	61.07
陕　西	4483.35	3943.16	3964.44	4483.64	4279.08
甘　肃	2451.19	2050.36	2312.66	2331.71	2374.63
青　海	859.76	694.77	785.52	870.10	714.37
宁　夏	2163.12	2053.77	1391.12	1391.34	1187.61
新　疆	3729.87	3561.09	2994.75	2205.57	2578.54

数据来源：国家统计局。

表 3－35　　　　2017 年全国各地区月度累计新开工面积

单位：万平方米

类　别	1—2 月	1—3 月	1—4 月	1—5 月	1—6 月	1－7 月	1—8 月	1—9 月	1—10 月	1—11 月	1—12 月
总　计	**17238.39**	**31559.70**	**48239.92**	**65178.73**	**85719.61**	**100370.80**	**114996.20**	**131032.74**	**145127.07**	**161678.65**	**178653.77**
东部地区	**7817.84**	**14096.94**	**22695.25**	**30959.02**	**39792.13**	**46702.80**	**53751.99**	**60935.29**	**67191.56**	**74394.14**	**82233.84**
北　京	167.90	310.38	573.47	628.57	938.59	1086.72	1225.88	1336.39	1547.35	2035.05	2361.51
天　津	222.71	607.95	792.55	1076.86	1452.52	1618.85	1763.43	1980.84	2098.71	2226.48	2334.62
河　北	393.75	1118.74	2155.00	3202.53	4345.18	5194.48	5943.81	6730.68	7395.30	7868.44	8417.21
辽　宁	77.98	400.91	803.77	1124.47	1659.77	2066.57	2498.44	3083.20	3338.77	3682.91	3806.88
上　海	334.50	528.68	786.59	1035.53	1206.82	1386.75	1641.91	1807.54	2089.96	2350.50	2618.00
江　苏	1702.58	2579.07	3881.32	5352.64	6449.35	7682.81	8692.04	10026.54	11062.25	12444.60	13739.10
浙　江	812.11	1661.85	2615.79	3692.35	4849.75	5526.83	6425.95	7478.87	8247.89	9167.91	10117.49
福　建	423.41	712.01	1327.99	1758.46	2297.00	2651.71	3299.77	3749.00	4293.45	4922.46	5528.75
山　东	1630.88	2900.41	4539.42	5984.35	7567.51	8905.58	10124.37	11154.07	12081.39	13213.96	14424.99
广　东	1781.68	2839.94	4586.02	6271.12	8012.36	9400.82	10693.05	11978.58	13279.01	14557.68	16775.55
海　南	270.35	437.00	633.33	832.14	1013.28	1181.68	1443.34	1609.57	1757.48	1924.15	2109.74
中部地区	**5169.59**	**9399.54**	**13968.87**	**18747.67**	**24758.30**	**29181.30**	**33570.65**	**38611.09**	**42889.92**	**47996.17**	**53422.99**
山　西	95.74	292.74	520.76	902.40	1447.20	1858.67	2173.05	2514.46	2716.74	2933.61	3305.84
吉　林	14.34	114.06	308.02	656.57	889.75	1070.07	1260.68	1497.29	1653.40	1765.95	1907.88
黑龙江	0.38	58.46	289.85	506.66	762.45	911.32	1169.33	1499.87	1770.66	2113.12	2219.72
安　徽	1463.48	2174.52	3239.97	4432.19	5487.11	6524.32	7456.38	8536.00	9320.00	10306.08	11398.66
江　西	444.20	1022.37	1349.32	1764.13	2346.79	2662.03	3110.55	3620.87	4059.32	4538.53	4954.33
河　南	1468.35	2771.22	3684.89	4813.46	6487.47	7445.44	8448.63	9679.55	10875.10	12203.53	13628.78
河　北	984.74	1572.89	2371.74	3035.49	4084.47	4655.01	5201.21	5749.46	6251.93	6951.41	7771.87
湖　南	698.37	1393.28	2204.32	2636.77	3253.06	4054.44	4750.82	5513.58	6242.77	7183.94	8235.91
西部地区	**4250.96**	**8063.20**	**11575.81**	**15472.05**	**21169.19**	**24486.71**	**27673.55**	**31486.37**	**35045.58**	**39288.34**	**42996.95**
内蒙古	26.59	87.71	321.22	632.32	1085.12	1474.34	1654.02	1993.21	2231.98	2373.69	2359.70
广　西	653.06	1078.54	1428.98	1878.50	2596.66	2958.00	3208.94	3346.65	3946.92	4378.85	4912.21
重　庆	579.67	975.26	1335.00	1687.62	2448.04	2887.98	3581.80	4150.17	4507.78	5168.77	5680.04
四　川	1587.66	3010.03	4132.01	5014.33	6325.77	6958.13	7603.93	8528.82	9344.66	10408.45	11521.59
贵　州	467.45	779.46	1046.81	1343.73	1548.04	1745.32	1914.54	2287.30	2537.44	3084.91	3310.77
云　南	320.87	629.47	983.32	1325.86	1854.10	2108.74	2348.23	2815.69	3144.61	3482.34	4017.34
西　藏	—	5.23	9.05	16.52	29.02	29.77	30.81	45.65	45.89	56.07	61.07
陕　西	483.35	847.51	1268.01	1520.79	2092.49	2335.87	2642.82	2993.26	3280.13	3810.97	4279.08
甘　肃	43.90	210.15	312.83	723.12	1110.40	1431.97	1649.60	1847.72	2002.43	2259.44	2374.63
青　海	—	126.37	120.75	228.90	340.86	437.30	549.58	572.42	658.39	675.29	714.37
宁　夏	73.45	165.28	295.86	483.79	653.38	758.77	838.09	953.45	1008.03	1109.12	1187.61
新　疆	14.95	148.19	321.96	616.56	1085.32	1360.53	1651.21	1952.03	2337.31	2480.43	2578.54

数据来源：国家统计局。

表 3 -36　　2013—2017 年全国各地区住宅新开工面积

单位：万平方米

类　别	2013 年	2014 年	2015 年	2016 年	2017 年
总　计	**145844.80**	**124877.00**	**106651.30**	**115910.60**	**128097.78**
一、东部地区	**66591.24**	**57685.92**	**48532.38**	**53084.94**	**58901.80**
北　京	1736.54	1282.28	1158.17	1199.43	1159.64
天　津	1744.85	1986.56	1966.85	1943.39	1822.72
河　北	5445.77	6361.42	5542.98	6190.29	6568.03
辽　宁	10141.66	6137.69	3604.71	2800.75	2942.01
上　海	1643.09	1547.29	1560.28	1436.13	1402.91
江　苏	12211.81	10377.91	8819.98	10534.34	10263.87
浙　江	5787.98	5602.77	3746.31	4516.71	6653.70
福　建	4795.83	4193.81	3185.57	3168.77	3826.31
山　东	11497.27	9821.37	8984.21	9747.12	10918.39
广　东	10114.75	9174.08	8681.76	10165.64	11694.46
海　南	1471.69	1200.74	1281.55	1382.36	1649.76
二、中部地区	**41856.38**	**35473.16**	**31659.30**	**35725.03**	**40306.57**
山　西	2723.39	2739.99	2624.64	2654.28	2411.22
吉　林	2858.01	2283.82	1457.98	1493.55	1412.47
黑龙江	2920.48	2327.27	1475.92	1541.95	1677.77
安　徽	7143.99	5929.47	5254.68	6007.40	8601.75
江　西	3050.83	2559.77	2603.26	2855.03	3712.08
河　南	10055.31	8079.35	8375.26	10954.03	10439.82
湖　北	6250.23	5817.89	5120.37	4946.70	5961.79
湖　南	6854.15	5735.60	4747.20	5272.08	6089.67
三、西部地区	**37397.18**	**31717.93**	**26459.61**	**27100.63**	**28889.42**
内蒙古	3633.33	2151.45	1683.29	1742.40	1734.67
广　西	2901.93	2958.26	2793.57	3577.13	3662.39
重　庆	5387.60	4275.96	3668.92	2998.92	3759.63
四　川	7008.71	7335.98	6026.32	6941.73	7604.00
贵　州	3974.16	2829.30	2381.20	2172.14	2208.59
云　南	4529.09	3654.29	2517.28	2201.34	2632.02
西　藏	22.37	118.43	80.88	35.53	31.58
陕　西	3488.16	2933.94	2526.73	3106.22	3102.33
甘　肃	1917.05	1486.88	1547.13	1587.23	1442.96
青　海	599.85	406.66	493.51	524.82	381.29
宁　夏	1435.77	1396.24	863.70	875.41	815.15
新　疆	2499.16	2170.53	1877.08	1337.76	1514.81

数据来源：国家统计局。

表 3－37　　2017 年全国各地区月度累计住宅新开工面积

单位：万平方米

类　别	1—2 月	1—3 月	1—4 月	1—5 月	1—6 月	1－7 月	1—8 月	1—9 月	1—10 月	1—11 月	1—12 月
总　计	**12410.23**	**22750.71**	**34799.86**	**46902.97**	**61398.81**	**71745.69**	**82131.21**	**94112.69**	**104125.41**	**116089.40**	**128097.78**
东部地区	**5674.53**	**10229.86**	**16427.74**	**22359.28**	**28655.74**	**33555.63**	**38639.77**	**44052.69**	**48408.76**	**53513.72**	**58901.80**
北　京	88.82	150.04	247.38	282.50	439.76	483.98	555.75	590.77	709.14	1009.10	1159.64
天　津	150.45	430.82	562.06	809.96	1096.50	1244.01	1365.07	1542.39	1627.12	1735.47	1822.72
河　北	311.03	881.88	1764.49	2456.65	3380.47	4054.84	4635.81	5260.52	5774.61	6165.93	6568.03
辽　宁	60.46	326.03	631.39	876.80	1302.86	1626.69	1952.88	2376.85	2580.93	2848.86	2942.01
上　海	139.60	290.90	444.03	590.99	690.15	796.45	884.76	972.82	1127.91	1266.80	1402.91
江　苏	1336.59	1950.37	2905.78	4043.48	4808.60	5690.28	6494.54	7506.12	8232.32	9305.04	10263.87
浙　江	510.98	1115.44	1759.13	2459.43	3242.50	3654.04	4262.22	4981.07	5503.90	6093.84	6653.70
福　建	296.02	519.63	912.79	1224.95	1621.93	1836.48	2278.84	2576.69	2954.73	3404.44	3826.31
山　东	1294.41	2276.37	3510.66	4560.03	5755.12	6711.12	7682.74	8497.42	9198.46	10045.49	10918.39
广　东	1271.57	1958.11	3169.46	4378.60	5499.52	6536.43	7406.43	8497.93	9328.14	10134.78	11694.46
海　南	214.60	330.27	520.57	675.89	818.33	921.31	1120.73	1250.12	1371.50	1503.97	1649.76
中部地区	**3774.36**	**6961.90**	**10384.06**	**13966.81**	**18502.25**	**21813.62**	**25052.28**	**28981.33**	**32267.30**	**36187.37**	**40306.57**
山　西	77.24	230.64	400.22	670.79	1055.99	1346.71	1584.60	1845.75	1987.11	2157.21	2411.22
吉　林	8.34	87.76	212.95	481.78	666.56	797.72	952.55	1134.01	1239.00	1330.85	1412.47
黑龙江	0.38	52.31	209.07	399.62	613.60	720.94	904.18	1128.93	1318.18	1592.80	1677.77
安　徽	1071.45	1632.61	2400.52	3271.73	4101.54	4860.28	5539.49	6436.79	7057.40	7779.87	8601.75
江　西	349.91	798.32	1046.80	1358.99	1768.13	1990.18	2334.90	2723.13	3043.62	3387.90	3712.08
河　南	1077.03	2057.00	2723.38	3531.54	4817.14	5600.86	6361.57	7349.21	8306.77	9308.01	10439.82
河　北	682.31	1090.19	1759.72	2301.09	3103.40	3547.48	3922.19	4361.43	4752.33	5325.78	5961.79
湖　南	507.71	1013.07	1631.40	1951.27	2375.89	2949.45	3452.80	4002.08	4562.89	5304.95	6089.67
西部地区	**2961.35**	**5558.97**	**7988.04**	**10576.88**	**14240.83**	**16376.42**	**18439.15**	**21078.67**	**23449.34**	**26388.32**	**28889.42**
内蒙古	15.04	57.42	248.38	481.22	824.17	1084.20	1209.03	1469.10	1639.18	1745.35	1734.67
广　西	494.30	841.97	1095.86	1437.62	1949.09	2212.90	2365.44	2476.24	2932.17	3277.98	3662.39
重　庆	420.40	682.45	907.67	1116.38	1616.18	1889.26	2365.10	2768.29	2984.13	3401.84	3759.63
四　川	1015.96	1945.58	2707.13	3291.13	4102.41	4492.76	4927.25	5496.00	6100.64	6892.06	7604.00
贵　州	325.94	531.85	727.29	922.53	1035.30	1161.88	1270.08	1525.88	1677.38	2051.38	2208.59
云　南	220.24	439.85	681.28	924.93	1234.53	1400.11	1559.18	1899.24	2082.85	2284.78	2632.02
西　藏	—	4.76	8.18	10.08	18.13	18.63	19.67	29.38	29.62	31.58	31.58
陕　西	384.11	649.10	962.84	1131.61	1535.35	1710.57	1899.85	2182.72	2384.74	2781.24	3102.33
甘　肃	24.18	148.46	210.36	443.38	662.74	839.00	959.52	1092.27	1186.44	1360.72	1442.96
青　海	—	74.88	56.15	115.29	163.08	194.99	260.90	277.72	344.59	357.13	381.29
宁　夏	53.23	98.84	193.10	335.19	447.19	521.94	568.64	661.60	700.27	762.76	815.15
新　疆	7.93	83.81	189.81	367.53	652.67	850.19	1034.48	1200.25	1387.32	1441.52	1514.81

数据来源：国家统计局。

表 3－38　2013—2017 年全国各地区办公楼新开工面积

单位：万平方米

类　别	2013 年	2014 年	2015 年	2016 年	2017 年
总　计	**6887.24**	**7349.10**	**6569.12**	**6415.29**	**6139.66**
一、东部地区	**4129.36**	**4110.01**	**3611.90**	**3605.95**	**3746.83**
北　京	671.40	421.37	585.56	464.41	364.61
天　津	173.84	132.38	210.63	41.48	67.49
河　北	172.02	160.41	186.40	342.23	142.51
辽　宁	196.80	154.16	55.03	57.01	66.37
上　海	264.06	365.25	304.87	384.49	368.84
江　苏	547.94	502.95	398.71	385.10	626.70
浙　江	576.71	776.59	449.02	370.04	467.18
福　建	381.57	495.20	345.68	272.90	241.34
山　东	567.24	456.55	496.60	439.26	502.61
广　东	563.20	636.11	566.83	795.96	883.58
海　南	14.59	9.02	12.58	53.08	15.60
二、中部地区	**1301.55**	**1308.36**	**1272.07**	**1423.93**	**1297.33**
山　西	76.47	169.59	94.04	157.73	73.93
吉　林	96.21	79.06	81.40	87.27	36.11
黑龙江	34.72	70.04	64.00	24.12	32.20
安　徽	246.09	198.49	285.39	238.51	270.11
江　西	167.13	76.83	98.89	139.22	110.73
河　南	329.90	342.33	329.73	331.61	360.93
湖　北	201.33	178.85	178.93	230.77	267.58
湖　南	149.71	193.17	139.70	214.68	145.74
三、西部地区	**1456.33**	**1930.73**	**1685.15**	**1385.41**	**1095.50**
内蒙古	99.50	72.47	29.85	20.14	37.03
广　西	72.74	151.06	141.37	239.56	67.49
重　庆	241.15	264.17	157.43	160.79	94.86
四　川	264.42	452.51	337.88	278.00	315.09
贵　州	171.33	187.80	206.77	81.06	76.19
云　南	171.33	183.86	86.45	144.40	104.38
西　藏	—	10.09	4.81	1.66	0.05
陕　西	179.21	208.88	375.61	225.09	161.32
甘　肃	30.13	51.86	88.76	40.42	71.85
青　海	43.75	53.11	47.29	47.97	45.31
宁　夏	59.86	78.37	84.24	72.11	21.85
新　疆	122.90	216.54	124.69	74.20	100.08

数据来源：国家统计局。

表 3－39 **2017 年全国各地区月度累计办公楼新开工面积**

单位：万平方米

类　别	1—2 月	1—3 月	1—4 月	1—5 月	1—6 月	1－7 月	1—8 月	1—9 月	1—10 月	1—11 月	1—12 月
总　计	**626.80**	**1131.32**	**1709.15**	**2272.42**	**2955.50**	**3476.36**	**4047.63**	**4478.06**	**4943.41**	**5473.57**	**6139.66**
东部地区	**346.07**	**641.04**	**1044.58**	**1384.14**	**1728.52**	**2034.25**	**2406.44**	**2660.64**	**2987.26**	**3335.05**	**3746.83**
北　京	35.84	43.04	119.68	125.94	167.86	227.76	237.86	265.51	272.54	288.47	364.61
天　津	16.79	38.60	46.51	34.95	49.15	54.85	55.05	55.05	55.05	55.05	67.49
河　北	6.46	18.45	33.25	85.60	77.77	81.57	85.64	110.01	117.17	124.58	142.51
辽　宁	1.78	4.62	22.36	30.62	33.77	37.67	40.40	63.68	64.19	67.22	66.37
上　海	62.25	65.19	85.11	124.34	147.23	165.10	252.08	278.96	299.30	326.20	368.84
江　苏	48.15	89.45	138.77	201.97	286.52	346.08	378.89	405.52	493.25	551.78	626.70
浙　江	55.30	96.25	127.85	158.02	184.26	217.04	267.77	321.98	349.34	405.12	467.18
福　建	13.54	24.84	62.99	85.52	93.38	114.60	171.51	187.26	217.76	229.46	241.34
山　东	34.44	87.99	136.70	207.73	256.28	306.24	348.94	373.19	398.00	452.04	502.61
广　东	65.49	166.57	262.19	318.10	420.80	470.21	555.19	586.26	706.77	821.24	883.58
海　南	6.04	6.04	9.17	11.35	11.50	13.13	13.11	13.22	13.89	13.89	15.60
中部地区	**181.62**	**263.13**	**371.94**	**498.57**	**641.97**	**762.90**	**876.08**	**965.47**	**1052.91**	**1151.99**	**1297.33**
山　西	0.15	3.50	9.62	16.58	38.91	44.01	51.52	58.11	60.90	55.97	73.93
吉　林	—	0.60	1.38	10.16	11.21	18.99	21.21	23.26	23.28	23.63	36.11
黑龙江	—	—	0.03	0.47	0.92	9.16	11.93	12.98	28.44	31.59	32.20
安　徽	43.35	47.82	86.93	127.12	149.21	176.56	204.57	214.96	225.87	261.26	270.11
江　西	3.08	10.92	17.44	23.37	29.52	41.89	47.38	66.18	78.61	83.70	110.73
河　南	69.69	107.53	114.12	147.65	179.86	215.83	254.24	268.97	301.88	337.70	360.93
河　北	54.90	66.74	102.35	116.47	151.57	168.66	188.95	201.69	211.57	226.61	267.58
湖　南	10.45	26.02	40.07	56.75	80.77	87.80	96.28	119.31	122.36	131.53	145.74
西部地区	**99.11**	**227.16**	**292.60**	**389.71**	**585.03**	**679.21**	**765.09**	**851.95**	**903.26**	**986.52**	**1095.50**
内蒙古	0.05	2.88	6.55	13.43	14.49	25.70	26.23	35.43	35.58	35.86	37.03
广　西	9.72	14.59	26.74	27.98	28.82	39.54	52.95	53.77	61.44	65.65	67.49
重　庆	2.73	23.02	30.92	40.64	61.64	71.11	78.74	87.60	87.11	93.25	94.86
四　川	43.16	98.10	115.75	140.24	192.32	217.35	221.18	244.44	254.08	282.04	315.09
贵　州	15.68	21.36	22.17	26.03	28.87	30.36	36.72	52.51	60.56	72.99	76.19
云　南	6.33	25.05	27.09	27.94	53.54	57.29	57.52	64.98	70.39	79.66	104.38
西　藏	—	—	0.00	0.00	0.03	0.03	0.03	0.05	0.05	0.05	0.05
陕　西	16.02	18.07	21.71	32.16	63.84	70.05	98.92	104.92	108.95	119.32	161.32
甘　肃	0.01	0.62	7.16	30.62	55.42	63.76	67.90	68.92	70.67	71.85	71.85
青　海	—	1.10	5.97	8.95	23.31	39.12	39.39	39.47	43.53	44.35	45.31
宁　夏	2.09	7.47	7.77	10.23	16.38	17.18	19.73	19.77	20.48	21.42	21.85
新　疆	6.97	14.89	20.77	31.49	46.37	47.72	65.76	80.08	90.43	100.08	100.08

数据来源：国家统计局。

表 3－40　2013—2017 年全国各地区商业营业用房新开工面积

单位：万平方米

类　别	2013 年	2014 年	2015 年	2016 年	2017 年
总　计	**25902.00**	**25047.73**	**22530.29**	**22316.63**	**20483.93**
一、东部地区	**11320.28**	**10490.54**	**8455.35**	**8279.05**	**7582.15**
北　京	351.01	208.17	343.62	278.50	156.30
天　津	370.11	275.08	292.38	228.70	166.68
河　北	704.82	959.84	764.65	849.33	810.22
辽　宁	1965.50	1267.55	693.15	554.09	457.38
上　海	274.96	388.03	307.57	401.78	297.68
江　苏	2047.90	1873.32	1278.80	1422.47	1283.04
浙　江	1123.97	1359.26	1004.46	838.03	893.53
福　建	888.85	863.93	684.68	433.30	432.02
山　东	1976.83	1661.38	1357.86	1437.37	1367.65
广　东	1481.58	1400.00	1573.31	1596.87	1481.36
海　南	134.74	233.98	154.87	238.61	236.29
二、中部地区	**6994.89**	**7110.63**	**6653.64**	**6971.40**	**6380.94**
山　西	472.80	483.97	484.91	494.28	329.29
吉　林	505.73	533.80	349.38	341.48	270.81
黑龙江	733.93	523.78	461.97	264.28	306.45
安　徽	1624.77	1738.20	1457.58	1459.81	1302.52
江　西	529.57	438.48	663.27	576.39	704.69
河　南	1185.51	1291.23	1452.39	1791.85	1568.69
湖　北	1022.16	958.80	892.37	872.28	903.24
湖　南	920.42	1142.37	891.77	1171.02	995.25
三、西部地区	**7586.83**	**7446.56**	**7421.30**	**7066.18**	**6520.85**
内蒙古	879.30	483.48	359.09	525.00	333.75
广　西	331.09	580.15	455.30	556.47	574.18
重　庆	1001.32	774.73	1037.72	899.94	768.10
四　川	1402.18	1743.46	1537.60	1649.58	1631.17
贵　州	806.39	849.88	1020.76	732.19	583.36
云　南	1003.08	826.61	758.45	529.77	593.19
西　藏	1.59	35.51	16.18	13.46	11.12
陕　西	474.83	482.79	685.97	683.84	497.32
甘　肃	300.68	362.70	443.25	454.64	492.58
青　海	123.41	149.39	130.33	191.01	174.24
宁　夏	424.44	315.77	254.25	276.92	203.41
新　疆	838.51	842.10	722.41	553.37	658.44

数据来源：国家统计局。

表 3 – 41　　2017 年全国各地区月度累计商业营业用房新开工面积

单位：万平方米

类　别	1—2 月	1—3 月	1—4 月	1—5 月	1—6 月	1 –7 月	1—8 月	1—9 月	1—10 月	1—11 月	1—12 月
总　计	**2163.26**	**3852.10**	**5672.58**	**7666.63**	**10058.43**	**11944.60**	**13628.78**	**15340.10**	**17015.88**	**18641.02**	**20483.93**
东部地区	**768.93**	**1436.69**	**2219.45**	**3050.57**	**3832.85**	**4530.84**	**5156.36**	**5730.68**	**6311.85**	**6866.29**	**7582.15**
北　京	3.92	45.14	66.48	67.43	72.46	73.38	107.06	120.38	124.98	136.35	156.30
天　津	28.72	67.68	73.05	101.58	120.07	121.77	124.51	134.86	141.72	147.77	166.68
河　北	50.14	125.98	210.23	366.44	437.19	541.41	629.57	679.75	717.45	747.18	810.22
辽　宁	5.17	36.38	89.80	136.82	192.44	233.29	283.67	364.64	392.04	433.18	457.38
上　海	54.29	63.04	80.78	91.97	112.47	126.12	158.38	176.37	220.49	259.67	297.68
江　苏	149.25	258.91	397.28	533.41	642.67	790.66	855.62	953.92	1067.49	1164.04	1283.04
浙　江	84.52	150.40	256.31	368.73	481.03	536.43	599.41	673.18	728.12	808.33	893.53
福　建	39.19	62.61	110.68	139.42	190.82	232.83	265.74	303.50	339.52	380.76	432.02
山　东	141.92	284.53	430.52	560.98	753.09	913.92	994.77	1089.28	1181.40	1258.06	1367.65
广　东	192.19	292.08	446.45	600.62	728.34	829.92	965.04	1042.69	1194.70	1313.75	1481.36
海　南	19.63	49.94	57.87	83.17	102.27	131.11	172.59	192.12	203.94	217.20	236.29
中部地区	**743.16**	**1213.91**	**1781.65**	**2337.17**	**3047.99**	**3651.11**	**4215.76**	**4783.76**	**5272.87**	**5793.78**	**6380.94**
山　西	4.44	24.94	50.35	97.55	146.79	195.54	222.64	247.44	279.01	306.73	329.29
吉　林	5.58	15.09	57.64	90.84	116.87	135.34	153.20	187.19	223.78	237.88	270.81
黑龙江	—	3.93	61.34	76.15	100.28	118.23	156.09	224.55	259.29	293.26	306.45
安　徽	189.69	237.57	367.35	514.91	634.94	789.47	918.36	1004.58	1083.40	1174.73	1302.52
江　西	60.58	139.67	177.48	226.03	340.43	420.25	481.68	541.75	602.76	663.84	704.69
河　南	233.21	369.61	506.36	636.84	833.22	949.27	1031.95	1182.38	1268.08	1406.31	1568.69
河　北	177.90	276.78	324.67	396.22	504.18	576.48	662.24	722.10	784.21	830.94	903.24
湖　南	71.76	146.32	236.46	298.63	371.28	466.53	589.60	673.76	772.34	880.09	995.25
西部地区	**651.18**	**1201.50**	**1671.45**	**2278.87**	**3177.58**	**3762.64**	**4256.68**	**4825.66**	**5431.15**	**5980.96**	**6520.85**
内蒙古	6.21	16.44	36.48	74.28	133.91	201.99	236.33	271.30	317.47	336.94	333.75
广　西	85.67	128.75	163.57	209.64	317.68	360.26	400.99	414.62	467.41	509.96	574.18
重　庆	89.26	143.17	198.33	256.94	352.56	423.72	478.66	542.61	599.29	696.44	768.10
四　川	273.85	473.57	602.92	730.33	917.13	1008.98	1092.94	1292.01	1376.71	1447.48	1631.17
贵　州	72.46	131.68	169.31	216.31	277.81	318.44	354.31	405.02	461.71	544.67	583.36
云　南	45.51	70.12	137.55	168.99	253.31	297.07	333.33	387.03	459.37	515.42	593.19
西　藏	—	—	0.11	5.11	7.62	7.86	7.86	8.43	8.43	11.12	11.12
陕　西	53.58	98.75	146.56	186.47	244.82	289.02	332.04	351.83	395.02	451.25	497.32
甘　肃	8.54	32.69	47.96	141.44	222.65	295.16	357.17	392.90	437.62	475.48	492.58
青　海	—	29.77	35.33	65.42	97.44	119.95	145.31	149.00	159.35	162.11	174.24
宁　夏	12.43	39.70	51.16	73.19	97.22	123.71	139.54	155.30	163.03	186.55	203.41
新　疆	3.65	36.86	82.18	150.76	255.42	316.49	378.20	455.61	585.75	643.54	658.44

数据来源：国家统计局。

表 3－42　　2013—2017 年全国各地区房屋竣工面积

单位：万平方米

类　别	2013 年	2014 年	2015 年	2016 年	2017 年
总　计	**101434.99**	**107459.05**	**100039.10**	**106127.71**	**101486.41**
一、东部地区	**50480.07**	**54390.16**	**50476.19**	**53018.39**	**51707.08**
北　京	2666.35	3054.12	2631.45	2369.95	1466.67
天　津	2805.37	2924.82	2903.57	2914.25	2023.41
河　北	4437.02	4037.56	4039.31	4287.78	3416.00
辽　宁	6151.97	6146.96	3237.53	2709.29	2788.28
上　海	2254.44	2313.29	2647.18	2550.64	3387.56
江　苏	9711.60	9620.47	10296.96	10073.96	9581.73
浙　江	4692.34	6390.17	5892.86	7925.40	6884.18
福　建	3369.76	3583.57	3436.56	3665.25	4266.69
山　东	7508.52	7787.31	8277.76	8253.50	8429.06
广　东	6273.30	7327.99	6044.43	6593.75	8196.34
海　南	609.40	1203.90	1068.59	1674.61	1267.16
二、中部地区	**28042.25**	**28603.80**	**25917.17**	**27390.08**	**25207.53**
山　西	2284.82	2182.48	2114.49	2683.59	1969.92
吉　林	2253.65	1573.86	1287.40	1351.65	1478.85
黑龙江	2932.70	3000.90	2924.21	2375.61	1651.17
安　徽	5180.35	5196.37	5537.74	5382.95	4747.71
江　西	1790.26	1871.79	1907.89	1635.61	1854.40
河　南	5965.87	7324.34	5390.32	6299.44	6201.71
湖　北	3040.84	3431.18	2785.17	3127.49	3219.72
湖　南	4593.76	4022.89	3969.96	4533.74	4084.05
三、西部地区	**22912.67**	**24465.08**	**23645.74**	**25719.23**	**24571.80**
内蒙古	2638.24	2012.08	1697.16	1664.02	1714.24
广　西	1712.68	1865.98	1675.18	1735.05	1856.24
重　庆	3804.36	3717.78	4630.29	4421.30	5055.73
四　川	5108.86	5334.45	4545.71	7050.24	5620.73
贵　州	1764.78	2842.32	2582.68	1901.45	1171.70
云　南	2019.20	1788.62	2546.74	2115.08	2419.63
西　藏	18.09	52.47	92.27	31.53	43.57
陕　西	1511.67	2188.91	1681.50	2431.70	2392.05
甘　肃	915.56	813.22	962.24	991.73	847.91
青　海	592.62	559.49	454.41	386.67	440.90
宁　夏	1104.45	1203.68	1168.98	1294.55	1328.62
新　疆	1722.16	2086.08	1608.58	1695.91	1680.48

数据来源：国家统计局。

表 3-43　　2017 年全国各地区月度累计竣工面积

单位：万平方米

类　别	1—2 月	1—3 月	1—4 月	1—5 月	1—6 月	1-7 月	1—8 月	1—9 月	1—10 月	1—11 月	1—12 月
总　计	**16140.77**	**23030.73**	**28173.58**	**33911.06**	**41524.01**	**47020.60**	**52296.30**	**57693.83**	**65612.28**	**76245.01**	**101486.41**
东部地区	**8747.72**	**12141.96**	**14724.20**	**17815.74**	**21535.29**	**24008.41**	**26487.25**	**29230.08**	**32866.73**	**37616.16**	**51707.08**
北　京	150.18	270.19	319.46	406.29	487.26	568.30	599.67	626.70	749.79	829.24	1466.67
天　津	65.78	82.15	122.48	150.16	174.21	214.42	256.80	304.45	473.25	553.03	2023.41
河　北	384.89	575.91	798.93	906.29	1162.64	1296.30	1373.61	1668.35	1925.50	2423.29	3416.00
辽　宁	191.27	374.06	574.64	848.15	1117.53	1289.93	1527.92	1845.37	2116.68	2498.03	2788.28
上　海	964.83	1198.05	1268.33	1384.21	1707.06	1936.56	2052.04	2178.69	2372.38	2616.85	3387.56
江　苏	2036.09	2811.00	3226.43	3875.40	4678.23	5196.58	5530.94	5935.67	6648.49	7642.07	9581.73
浙　江	1227.00	1619.61	1982.81	2461.80	3035.13	3429.16	3814.05	4255.48	4605.34	5135.32	6884.18
福　建	602.51	901.46	1064.43	1474.22	1738.86	1915.18	2165.64	2400.57	2837.18	3094.43	4266.69
山　东	1169.04	1585.97	2050.86	2575.38	3026.63	3411.13	4014.66	4551.41	5093.92	5760.89	8429.06
广　东	1612.75	2273.15	2664.87	3054.00	3634.18	3957.89	4230.92	4492.13	5012.49	5967.82	8196.34
海　南	343.38	450.41	650.96	679.84	773.56	792.96	921.00	971.26	1031.71	1095.19	1267.16
中部地区	**3900.14**	**5452.74**	**6676.44**	**8096.82**	**10309.79**	**11926.52**	**13336.75**	**14708.01**	**16698.17**	**19100.54**	**25207.53**
山　西	172.27	213.30	320.67	376.55	490.96	673.52	764.87	899.60	1129.37	1302.48	1969.92
吉　林	155.96	252.24	351.40	438.17	574.84	709.73	833.09	894.92	1036.15	1210.64	1478.85
黑龙江	32.41	49.93	129.32	271.35	291.95	342.00	422.82	551.47	821.99	1119.95	1651.17
安　徽	1384.25	1673.88	1840.06	2101.46	2537.85	2746.17	3010.01	3170.42	3438.52	3725.88	4747.71
江　西	370.30	464.58	521.30	608.98	792.10	923.60	1047.41	1178.20	1295.03	1553.78	1854.40
河　南	554.83	1002.00	1300.77	1614.95	2122.67	2464.84	2715.08	3111.79	3572.62	4122.10	6201.71
河　北	574.27	820.92	1007.05	1186.55	1708.77	1994.56	2146.52	2307.01	2517.71	2754.77	3219.72
湖　南	655.84	975.89	1205.87	1498.81	1790.65	2072.10	2396.95	2594.59	2886.78	3310.94	4084.05
西部地区	**3492.92**	**5436.05**	**6772.95**	**7998.48**	**9678.89**	**11085.68**	**12472.32**	**13755.74**	**16047.38**	**19528.29**	**24571.80**
内蒙古	76.68	162.92	237.44	316.95	548.24	679.90	868.55	1012.07	1270.88	1537.14	1714.24
广　西	428.07	564.36	695.21	751.84	882.89	985.79	1060.41	1134.97	1235.36	1446.62	1856.24
重　庆	515.58	926.02	1120.37	1369.80	1921.11	2111.45	2297.97	2576.09	2895.88	4190.46	5055.73
四　川	1106.65	1642.03	1952.21	2185.72	2431.13	2759.94	3062.73	3329.36	3556.93	3991.02	5620.73
贵　州	238.21	307.26	349.98	402.38	437.35	514.82	586.50	692.27	804.74	925.26	1171.70
云　南	308.98	584.91	730.75	895.79	1020.98	1302.44	1447.91	1475.15	1817.24	2122.51	2419.63
西　藏	—	4.73	7.26	7.26	17.51	17.51	17.51	20.51	21.75	43.57	43.57
陕　西	462.98	645.32	812.07	954.37	1058.93	1145.69	1359.09	1461.53	1827.90	2025.22	2392.05
甘　肃	83.23	123.04	216.11	270.87	299.21	349.00	375.58	394.71	499.11	668.22	847.91
青　海	—	73.69	59.44	66.58	74.47	77.27	78.16	112.64	140.19	158.36	440.90
宁　夏	167.03	220.35	282.66	353.63	443.10	488.03	540.98	568.08	772.78	1004.37	1328.62
新　疆	105.52	181.44	309.45	423.27	543.97	653.83	776.94	978.37	1204.63	1415.55	1680.48

数据来源：国家统计局。

表 3 -44　　2013—2017 年全国各地区住宅竣工面积

单位：万平方米

类　别	2013 年	2014 年	2015 年	2016 年	2017 年
总　计	**78740.62**	**80868.26**	**73777.36**	**77185.19**	**71815.12**
一、东部地区	**38209.67**	**40176.30**	**36713.42**	**38242.59**	**36308.83**
北　京	1692.04	1804.34	1378.22	1267.06	604.04
天　津	2117.66	2130.25	2182.99	2189.14	1433.24
河　北	3517.80	3195.11	3226.91	3352.61	2730.13
辽　宁	5025.69	4940.48	2529.29	2210.06	2214.31
上　海	1417.41	1535.55	1588.95	1532.88	1862.74
江　苏	7584.17	7259.11	7930.21	7602.69	7089.80
浙　江	3187.62	4158.30	3938.03	5091.95	4338.91
福　建	2338.06	2568.02	2398.99	2420.45	2891.33
山　东	6063.35	6090.74	6185.56	6358.16	6406.46
广　东	4748.25	5442.49	4435.40	4773.04	5784.01
海　南	517.62	1051.90	918.87	1444.53	953.86
二、中部地区	**22537.29**	**22403.87**	**19851.60**	**20893.82**	**18646.60**
山　西	1847.99	1701.64	1574.68	2042.22	1413.83
吉　林	1769.95	1309.26	1000.75	1008.37	1030.46
黑龙江	2344.41	2295.70	2126.82	1757.09	1205.94
安　徽	3919.00	3829.60	4099.21	4047.73	3424.98
江　西	1427.53	1511.27	1531.36	1316.26	1365.86
河　南	4916.31	5767.18	4237.92	5015.23	4701.53
湖　北	2547.39	2812.35	2193.44	2348.38	2433.72
湖　南	3764.71	3176.87	3087.42	3358.54	3070.28
三、西部地区	**17993.66**	**18288.10**	**17212.34**	**18048.78**	**16859.68**
内蒙古	2001.21	1496.66	1281.45	1203.26	1265.15
广　西	1385.37	1441.84	1310.52	1373.27	1478.96
重　庆	2867.45	2771.55	3185.90	3084.00	3316.37
四　川	4028.88	3871.28	3149.25	4677.37	3675.76
贵　州	1352.29	2046.43	1927.37	1283.25	785.00
云　南	1576.13	1255.20	1896.56	1433.86	1554.70
西　藏	10.65	29.45	70.54	25.20	26.65
陕　西	1272.77	1863.01	1351.57	1922.84	1873.42
甘　肃	769.07	652.04	765.12	730.25	619.44
青　海	474.39	447.50	320.84	231.21	229.45
宁　夏	861.37	818.86	746.78	931.25	883.54
新　疆	1394.08	1594.27	1206.44	1153.02	1151.25

数据来源：国家统计局。

表 3 – 45

2017 年全国各地区月度累计住宅竣工面积

单位：万平方米

类别	1—2 月	1—3 月	1—4 月	1—5 月	1—6 月	1 -7 月	1—8 月	1—9 月	1—10 月	1—11 月	1—12 月
总　计	**11674. 18**	**16499. 92**	**20108. 91**	**24231. 51**	**29760. 38**	**33543. 19**	**37413. 45**	**41260. 09**	**46558. 69**	**54058. 80**	**71815. 12**
东部地区	**6159. 19**	**8452. 93**	**10214. 69**	**12432. 03**	**14979. 31**	**16638. 87**	**18440. 82**	**20487. 08**	**22944. 25**	**26393. 32**	**36308. 83**
北　京	65. 33	96. 34	135. 31	169. 25	209. 90	237. 90	257. 56	278. 39	319. 24	350. 74	604. 04
天　津	47. 15	43. 80	76. 64	94. 91	109. 96	140. 73	173. 69	182. 02	267. 70	317. 40	1433. 24
河　北	319. 29	483. 23	655. 80	750. 48	969. 17	1069. 78	1135. 87	1398. 25	1600. 43	1988. 22	2730. 13
辽　宁	167. 32	318. 83	483. 64	690. 13	905. 59	1043. 33	1246. 30	1500. 78	1724. 68	1990. 46	2214. 31
上　海	562. 36	699. 84	730. 61	790. 66	928. 42	1062. 43	1106. 66	1190. 74	1275. 84	1467. 42	1862. 74
江　苏	1501. 39	2112. 87	2394. 97	2913. 31	3509. 53	3797. 50	4048. 11	4343. 56	4825. 60	5587. 69	7089. 80
浙　江	795. 41	1054. 49	1306. 29	1584. 12	1945. 97	2227. 97	2475. 71	2753. 62	2929. 82	3251. 57	4338. 91
福　建	409. 26	589. 55	677. 92	983. 15	1139. 81	1260. 99	1449. 48	1619. 87	1897. 07	2094. 81	2891. 33
山　东	833. 57	1161. 24	1473. 70	1882. 09	2226. 46	2519. 83	2997. 70	3437. 49	3875. 40	4352. 96	6406. 46
广　东	1189. 98	1571. 32	1829. 42	2096. 09	2471. 44	2698. 49	2894. 59	3087. 15	3475. 82	4180. 36	5784. 01
海　南	268. 14	321. 42	450. 39	477. 84	563. 06	579. 92	655. 15	695. 23	752. 65	811. 69	953. 86
中部地区	**2942. 61**	**4077. 27**	**5019. 20**	**6074. 25**	**7798. 84**	**8972. 94**	**10078. 23**	**11045. 28**	**12453. 85**	**14207. 92**	**18646. 60**
山　西	161. 90	189. 76	279. 05	330. 19	409. 34	545. 29	601. 43	694. 24	834. 28	946. 18	1413. 83
吉　林	92. 51	173. 23	242. 57	300. 85	395. 13	491. 69	560. 74	607. 29	719. 47	836. 50	1030. 46
黑龙江	22. 96	38. 36	96. 06	198. 79	216. 47	259. 17	323. 99	408. 60	574. 40	816. 14	1205. 94
安　徽	1066. 09	1259. 68	1367. 25	1549. 88	1904. 88	2020. 06	2240. 45	2344. 07	2536. 74	2745. 84	3424. 98
江　西	294. 09	365. 69	414. 29	488. 72	615. 68	715. 10	816. 42	888. 43	988. 78	1169. 07	1365. 86
河　南	414. 46	755. 96	987. 15	1218. 17	1626. 84	1907. 07	2115. 21	2402. 40	2729. 19	3136. 70	4701. 53
河　北	408. 48	591. 57	746. 77	895. 03	1296. 43	1501. 85	1629. 65	1759. 33	1929. 28	2070. 37	2433. 72
湖　南	482. 12	703. 02	886. 06	1092. 62	1334. 07	1532. 71	1790. 34	1940. 92	2141. 71	2487. 12	3070. 28
西部地区	**2572. 38**	**3969. 73**	**4875. 04**	**5725. 23**	**6982. 21**	**7931. 39**	**8894. 41**	**9727. 73**	**11160. 59**	**13457. 54**	**16859. 68**
内蒙古	49. 16	127. 18	188. 64	257. 46	422. 10	524. 97	674. 41	758. 82	922. 63	1115. 98	1265. 15
广　西	367. 11	473. 36	581. 66	619. 16	725. 00	795. 03	849. 22	916. 54	989. 46	1144. 05	1478. 96
重　庆	361. 84	661. 58	789. 47	951. 43	1364. 30	1481. 07	1600. 30	1755. 66	1924. 66	2760. 88	3316. 37
四　川	794. 33	1153. 54	1353. 25	1492. 11	1677. 78	1874. 83	2087. 09	2221. 39	2365. 51	2654. 42	3675. 76
贵　州	170. 75	217. 82	241. 61	270. 97	299. 72	350. 42	389. 30	461. 95	515. 71	595. 60	785. 00
云　南	218. 09	386. 81	474. 40	602. 23	687. 45	870. 59	969. 32	985. 51	1165. 65	1366. 49	1554. 70
西　藏	—	1. 10	3. 64	3. 64	8. 51	8. 51	8. 51	11. 51	12. 75	26. 65	26. 65
陕　西	355. 18	513. 01	626. 89	748. 84	833. 19	903. 50	1061. 06	1146. 36	1420. 45	1567. 97	1873. 42
甘　肃	64. 95	93. 23	162. 99	202. 47	228. 96	262. 16	280. 96	293. 01	382. 78	494. 97	619. 44
青　海	—	59. 94	45. 68	52. 83	58. 37	60. 96	60. 36	84. 69	101. 48	113. 47	229. 45
宁　夏	121. 99	150. 28	190. 37	237. 39	299. 15	334. 64	371. 23	389. 03	505. 40	643. 84	883. 54
新　疆	68. 97	131. 88	216. 43	286. 70	377. 67	464. 72	542. 67	703. 26	854. 11	973. 23	1151. 25

数据来源：国家统计局。

表 3-46　　2013—2017 年全国各地区办公楼竣工面积

单位：万平方米

类　别	2013 年	2014 年	2015 年	2016 年	2017 年
总　计	2789.40	3144.18	3419.49	3629.27	4006.54
一、东部地区	1932.41	1993.36	2255.84	2380.02	2486.54
北　京	273.05	387.45	385.38	343.74	321.18
天　津	188.59	117.15	171.18	143.22	138.64
河　北	158.24	63.13	90.00	101.67	84.41
辽　宁	66.24	74.11	22.44	26.71	35.91
上　海	176.01	165.03	219.23	279.31	444.83
江　苏	332.43	269.53	324.46	280.30	340.64
浙　江	246.44	370.71	295.95	473.59	391.97
福　建	98.33	145.51	142.78	182.15	144.64
山　东	127.17	182.93	355.49	293.08	279.91
广　东	264.58	211.26	237.18	252.67	258.62
海　南	1.31	6.54	11.74	3.57	45.79
二、中部地区	459.23	577.22	539.21	601.13	775.57
山　西	30.75	29.97	52.16	42.04	84.57
吉　林	25.61	11.27	34.57	18.19	58.76
黑龙江	32.07	53.49	26.21	40.85	38.99
安　徽	131.92	120.97	155.24	121.04	235.08
江　西	24.55	25.45	28.39	37.96	56.69
河　南	121.80	228.49	143.35	163.38	166.97
湖　北	43.07	36.12	27.16	67.27	61.78
湖　南	49.47	71.48	72.14	110.40	72.73
三、西部地区	397.76	573.60	624.44	648.12	744.42
内蒙古	41.66	34.02	33.44	23.80	39.18
广　西	18.13	40.78	32.61	29.86	31.32
重　庆	75.76	115.03	195.72	100.97	142.01
四　川	101.33	144.31	109.05	194.08	171.18
贵　州	30.00	73.69	81.86	113.75	29.77
云　南	41.24	37.30	47.71	23.04	58.57
西　藏	—	6.78	4.06	6.05	2.34
陕　西	42.68	22.95	35.98	48.01	84.12
甘　肃	3.34	11.50	14.49	10.21	26.17
青　海	8.74	14.10	21.56	34.39	51.42
宁　夏	9.86	28.35	26.53	28.67	64.07
新　疆	25.03	44.79	21.45	35.30	44.28

数据来源：国家统计局。

表 3 –47　　　　2017 年全国各地区月度累计办公楼竣工面积

单位：万平方米

类　别	1—2 月	1—3 月	1—4 月	1—5 月	1—6 月	1 -7 月	1—8 月	1—9 月	1—10 月	1—11 月	1—12 月
总　计	**673. 05**	**942. 46**	**1116. 87**	**1287. 79**	**1590. 13**	**1857. 80**	**2022. 47**	**2243. 57**	**2663. 98**	**2999. 19**	**4006. 54**
东部地区	**476. 57**	**658. 11**	**749. 02**	**856. 98**	**1076. 90**	**1237. 83**	**1354. 32**	**1490. 60**	**1720. 57**	**1885. 83**	**2486. 54**
北　京	33. 43	74. 36	74. 36	98. 40	110. 11	133. 42	139. 41	141. 77	182. 00	206. 53	321. 18
天　津	—	2. 49	2. 49	2. 49	2. 49	2. 49	2. 49	36. 98	55. 83	66. 31	138. 64
河　北	0. 42	3. 87	6. 82	7. 46	9. 01	10. 55	10. 57	17. 77	28. 51	39. 52	84. 41
辽　宁	0. 80	1. 20	1. 90	1. 93	3. 01	6. 85	7. 45	25. 32	25. 44	32. 33	35. 91
上　海	165. 47	201. 61	205. 01	216. 98	290. 16	306. 27	323. 33	346. 30	375. 03	387. 53	444. 83
江　苏	79. 92	105. 02	114. 57	123. 56	150. 31	227. 44	238. 38	250. 99	303. 98	320. 13	340. 64
浙　江	62. 16	91. 11	95. 59	125. 93	181. 58	190. 31	223. 09	239. 23	268. 34	297. 06	391. 97
福　建	41. 92	55. 23	59. 04	59. 45	71. 75	77. 64	79. 94	81. 32	104. 47	107. 88	144. 64
山　东	41. 89	53. 42	70. 09	78. 68	87. 59	108. 95	130. 35	138. 66	150. 72	192. 18	279. 91
广　东	47. 97	66. 95	76. 18	99. 13	127. 92	130. 94	153. 93	166. 87	180. 87	190. 98	258. 62
海　南	2. 60	2. 85	42. 97	42. 97	42. 97	42. 97	45. 38	45. 38	45. 38	45. 38	45. 79
中部地区	**113. 78**	**155. 64**	**180. 45**	**211. 16**	**274. 10**	**328. 45**	**362. 11**	**399. 88**	**511. 03**	**568. 57**	**775. 57**
山　西	1. 42	8. 79	8. 91	8. 91	15. 46	17. 02	24. 08	25. 54	64. 02	78. 35	84. 57
吉　林	15. 74	15. 74	15. 74	22. 56	25. 89	26. 39	39. 84	39. 84	44. 02	44. 02	58. 76
黑龙江	—	0. 08	0. 10	2. 33	2. 33	2. 33	2. 33	6. 75	22. 59	27. 52	38. 99
安　徽	37. 32	48. 97	50. 11	67. 81	90. 78	114. 60	119. 78	129. 92	137. 44	153. 98	235. 08
江　西	5. 45	8. 92	10. 44	17. 02	27. 86	37. 89	38. 20	44. 26	46. 65	51. 68	56. 69
河　南	7. 03	17. 08	32. 27	40. 04	40. 18	54. 98	55. 37	62. 29	103. 85	109. 86	166. 97
河　北	35. 99	41. 04	45. 61	21. 61	37. 67	40. 95	46. 38	46. 38	46. 39	56. 23	61. 78
湖　南	10. 84	15. 02	17. 27	30. 88	33. 93	34. 29	36. 13	44. 91	46. 07	46. 93	72. 73
西部地区	**82. 70**	**128. 72**	**187. 38**	**219. 66**	**239. 12**	**291. 51**	**306. 03**	**353. 08**	**432. 36**	**544. 81**	**744. 42**
内蒙古	10. 66	13. 05	13. 41	14. 38	23. 52	24. 87	27. 02	28. 95	36. 29	42. 50	39. 18
广　西	6. 20	5. 26	5. 35	7. 34	7. 34	22. 89	22. 89	22. 89	22. 89	30. 97	31. 32
重　庆	8. 58	12. 97	24. 14	31. 69	31. 76	43. 75	43. 47	55. 71	76. 62	114. 00	142. 01
四　川	22. 39	40. 10	41. 20	51. 21	53. 96	54. 05	54. 10	76. 66	82. 71	100. 28	171. 18
贵　州	2. 33	2. 94	6. 73	9. 43	9. 69	15. 37	18. 26	15. 56	24. 41	29. 71	29. 77
云　南	2. 36	11. 15	30. 83	31. 63	34. 08	46. 96	46. 27	52. 52	55. 22	57. 05	58. 57
西　藏	—	—	—	—	—	—	—	—	—	2. 34	2. 34
陕　西	21. 12	29. 63	46. 01	46. 01	46. 21	50. 71	58. 30	58. 46	64. 47	70. 65	84. 12
甘　肃	0. 02	2. 12	2. 65	3. 89	3. 89	3. 99	4. 13	4. 13	8. 24	15. 00	26. 17
青　海	—	—	—	—	0. 73	0. 73	0. 80	3. 27	4. 13	4. 13	51. 42
宁　夏	2. 09	4. 54	4. 54	7. 01	10. 88	11. 04	11. 04	15. 15	29. 11	48. 03	64. 07
新　疆	6. 97	6. 97	12. 53	17. 06	17. 06	17. 15	19. 77	19. 77	28. 26	30. 15	44. 28

数据来源：国家统计局。

表 3－48　　2013—2017 年全国各地区商业营业用房竣工面积

单位：万平方米

类　别	2013 年	2014 年	2015 年	2016 年	2017 年
总　计	10852.42	12084.08	12026.67	12518.08	12670.26
一、东部地区	5038.37	5688.79	5263.55	5407.32	5641.82
北　京	178.36	216.24	259.92	171.61	166.94
天　津	187.80	267.75	247.78	293.59	209.21
河　北	501.77	439.14	360.64	395.32	293.26
辽　宁	716.08	741.14	483.39	307.37	327.72
上　海	253.45	208.36	306.45	266.06	387.73
江　苏	995.59	1213.10	1141.39	1172.03	1085.87
浙　江	471.99	708.44	566.27	780.45	739.72
福　建	404.85	308.55	341.16	457.34	390.35
山　东	816.47	837.67	981.21	816.36	1028.10
广　东	469.15	684.38	504.54	641.07	858.66
海　南	42.87	64.02	70.79	106.11	154.26
二、中部地区	3242.12	3353.05	3509.39	3472.52	3439.95
山　西	272.98	257.71	242.30	298.42	228.03
吉　林	307.50	172.54	153.09	213.22	243.86
黑龙江	339.84	360.79	532.74	345.43	257.00
安　徽	698.82	834.63	856.80	719.53	638.96
江　西	260.16	249.47	239.70	165.80	287.88
河　南	620.81	652.77	688.87	748.05	824.27
湖　北	328.68	389.91	387.07	466.52	474.61
湖　南	413.33	435.23	408.82	515.54	485.34
三、西部地区	2571.93	3042.23	3253.73	3638.24	3588.50
内蒙古	391.43	311.13	254.27	259.68	252.54
广　西	175.44	204.63	145.16	189.14	150.96
重　庆	456.08	340.59	606.07	634.46	724.40
四　川	482.70	653.93	646.92	923.43	816.43
贵　州	218.58	364.03	409.69	250.17	195.67
云　南	220.86	283.25	317.64	313.08	380.08
西　藏	7.44	5.83	10.94	0.23	11.75
陕　西	114.92	183.55	158.91	307.98	298.58
甘　肃	97.62	100.23	131.51	162.11	134.54
青　海	52.78	66.17	70.10	65.94	87.78
宁　夏	133.69	214.56	230.67	170.51	235.19
新　疆	220.39	314.32	271.86	361.51	300.58

数据来源：国家统计局。

表 3－49　　2017 年全国各地区月度累计商业营业用房竣工面积

单位：万平方米

类　别	1—2 月	1—3 月	1—4 月	1—5 月	1—6 月	1－7 月	1—8 月	1—9 月	1—10 月	1—11 月	1—12 月
总　计	**1860.62**	**2881.96**	**3625.06**	**4317.68**	**5170.43**	**5916.37**	**6550.95**	**7322.41**	**8405.70**	**9835.54**	**12670.26**
东部地区	**930.89**	**1421.59**	**1807.62**	**2125.06**	**2499.50**	**2785.31**	**3020.74**	**3289.29**	**3735.59**	**4188.34**	**5641.82**
北　京	10.89	24.42	29.24	30.23	40.46	55.62	57.02	60.21	69.62	78.48	166.94
天　津	6.24	20.11	20.11	27.17	33.32	36.80	39.21	43.86	68.84	78.04	209.21
河　北	40.97	57.09	74.20	80.86	100.39	113.68	118.57	128.78	161.63	191.17	293.26
辽　宁	14.33	35.16	54.81	102.91	125.00	143.11	166.62	199.30	231.72	287.32	327.72
上　海	65.35	81.25	87.88	94.49	127.67	178.07	194.18	198.18	239.36	249.86	387.73
江　苏	248.76	336.50	411.98	479.40	541.75	615.10	651.11	706.19	812.86	912.90	1085.87
浙　江	123.20	157.04	196.71	255.85	310.04	342.44	357.90	418.74	476.10	535.72	739.72
福　建	56.92	105.09	154.66	176.30	197.23	206.18	218.25	237.61	276.27	287.56	390.35
山　东	170.08	223.61	305.71	359.35	416.98	456.98	536.71	587.08	653.77	725.44	1028.10
广　东	156.54	303.32	376.30	421.54	505.13	533.46	549.55	571.97	606.98	701.62	858.66
海　南	37.63	78.00	96.02	96.96	101.53	103.87	131.62	137.37	138.44	140.23	154.26
中部地区	**475.25**	**712.46**	**880.07**	**1086.07**	**1343.25**	**1603.92**	**1781.68**	**2013.09**	**2295.62**	**2707.20**	**3439.95**
山　西	5.02	7.45	13.86	17.71	33.49	65.39	78.52	103.24	129.92	162.01	228.03
吉　林	28.43	37.47	62.84	82.96	108.08	134.80	161.82	170.57	185.09	222.56	243.86
黑龙江	3.52	4.59	14.18	34.05	36.73	39.47	50.44	68.82	142.74	177.66	257.00
安　徽	155.34	221.94	272.94	313.98	332.62	381.42	407.94	439.54	475.75	503.30	638.96
江　西	41.06	54.75	58.93	62.53	90.00	102.82	120.85	164.30	172.41	227.60	287.88
河　南	85.55	146.63	175.33	210.82	295.45	317.50	340.43	411.04	456.23	579.33	824.27
河　北	73.33	120.81	141.24	178.42	239.98	295.10	313.36	330.69	362.39	416.29	474.61
湖　南	82.99	118.82	140.75	185.60	206.90	267.42	308.32	324.89	371.09	418.45	485.34
西部地区	**454.47**	**747.90**	**937.39**	**1106.57**	**1327.70**	**1527.13**	**1748.55**	**2020.03**	**2374.47**	**2940.00**	**3588.50**
内蒙古	11.51	16.46	25.02	29.01	62.75	80.47	99.85	144.22	201.93	235.78	252.54
广　西	26.89	35.59	46.90	55.78	71.72	77.48	88.89	92.73	104.82	122.45	150.96
重　庆	68.73	146.08	169.19	193.26	255.00	278.37	305.01	372.51	416.76	605.67	724.40
四　川	142.61	209.61	254.38	296.05	318.11	399.43	441.46	509.93	538.19	605.44	816.43
贵　州	38.79	57.87	69.61	88.38	92.05	99.93	114.07	134.32	155.46	174.98	195.67
云　南	39.59	104.11	125.69	140.32	166.49	190.54	220.40	227.39	249.14	320.58	380.08
西　藏	—	3.63	3.63	3.63	9.00	9.00	9.00	9.00	9.00	11.75	11.75
陕　西	63.71	73.61	91.56	101.33	113.21	122.46	160.30	172.84	252.46	271.79	298.58
甘　肃	7.20	13.15	22.18	32.62	34.41	45.09	50.41	56.96	63.96	104.63	134.54
青　海	—	7.76	9.95	9.95	11.18	11.40	10.96	16.20	22.19	27.58	87.78
宁　夏	38.66	51.72	72.44	83.40	100.01	105.54	115.30	119.67	152.73	194.96	235.19
新　疆	16.78	28.33	46.85	72.85	93.76	107.43	132.90	164.26	207.83	264.38	300.58

数据来源：国家统计局。

六、各地区房地产销售数据

（一）各地区房地产销售面积

表 3－50　　2013—2017 年全国各地区商品房销售面积

单位：万平方米

类　别	2013 年	2014 年	2015 年	2016 年	2017 年
总　计	**130550.59**	**120648.54**	**128494.97**	**157348.53**	**169407.82**
一、东部地区	**63476.04**	**54755.84**	**59424.97**	**72894.13**	**75347.47**
北　京	1903.11	1454.19	1554.25	1658.93	869.95
天　津	1847.11	1612.98	1771.07	2711.08	1482.12
河　北	5675.95	5706.19	5854.65	6682.29	6425.91
辽　宁	9292.33	5754.81	3916.19	3711.90	4148.45
上　海	2382.20	2084.66	2431.36	2705.69	1691.60
江　苏	11454.77	9846.84	11414.05	13962.09	14211.12
浙　江	4886.99	4676.83	5985.30	8636.79	9599.67
福　建	4676.16	4119.48	4037.76	4915.35	5854.05
山　东	10329.80	9180.12	9727.04	11789.88	12813.18
广　东	9836.39	9315.76	11681.01	14611.60	15958.81
海　南	1191.23	1003.97	1052.28	1508.53	2292.61
二、中部地区	**35191.28**	**33824.25**	**35897.24**	**46107.92**	**51600.93**
山　西	1642.82	1576.27	1592.55	2061.06	2415.92
吉　林	2214.96	1581.72	1491.85	1919.30	1885.21
黑龙江	3339.95	2475.74	1996.61	2117.29	2255.81
安　徽	6265.35	6202.18	6174.09	8499.65	9200.71
江　西	3167.06	3067.16	3478.23	4691.84	5841.93
河　南	7310.21	7879.67	8556.34	11306.27	13313.89
湖　北	5298.54	5601.98	6244.55	7427.16	8155.21
湖　南	5952.38	5439.53	6363.01	8085.36	8532.25
三、西部地区	**31883.27**	**32068.46**	**33172.76**	**38346.48**	**42459.41**
内蒙古	2737.70	2457.18	2369.37	2527.85	2067.60
广　西	2995.58	3156.55	3523.41	4215.39	5170.99
重　庆	4817.56	5100.39	5381.37	6257.15	6711.00
四　川	7312.78	7142.44	7671.20	9300.47	10869.07
贵　州	2972.32	3178.12	3559.81	4156.93	4696.90
云　南	3309.30	3194.19	3145.13	3639.75	4327.18
西　藏	25.40	59.33	51.27	74.61	53.25
陕　西	3045.70	3093.64	2978.94	3262.70	3890.40
甘　肃	1220.02	1325.51	1434.96	1679.49	1559.51
青　海	381.56	415.77	392.96	437.85	494.04
宁　夏	1048.31	1129.46	839.16	966.07	1021.36
新　疆	2017.03	1815.88	1825.18	1828.22	1598.11

数据来源：国家统计局。

表3－51　　2017年全国各地区月度累计商品房销售面积

单位：万平方米

类　别	1—2月	1—3月	1—4月	1—5月	1—6月	1－7月	1—8月	1—9月	1—10月	1—11月	1—12月
总　计	**14054.34**	**29034.85**	**41655.15**	**54820.50**	**74661.70**	**86350.89**	**98539.02**	**116006.16**	**130253.90**	**146568.32**	**169407.82**
东部地区	**6594.65**	**13967.54**	**20184.18**	**26426.25**	**35365.97**	**40609.39**	**46166.71**	**53906.08**	**59855.78**	**66308.64**	**75347.47**
北　京	132.81	228.83	287.33	356.40	423.02	476.17	522.48	560.41	602.78	662.16	869.95
天　津	142.88	455.91	528.49	655.16	800.56	935.17	1071.63	1191.48	1286.25	1376.35	1482.12
河　北	277.75	858.86	1344.41	1786.90	2648.83	3046.42	3428.15	4283.91	4860.69	5391.49	6425.91
辽　宁	223.36	498.43	925.68	1380.75	1964.89	2285.79	2795.69	3250.23	3661.90	3969.33	4148.45
上　海	190.06	337.99	436.84	508.35	712.51	918.49	1139.81	1306.25	1389.65	1501.24	1691.60
江　苏	1614.46	3015.24	4275.67	5594.73	7204.59	8189.62	9193.34	10458.26	11517.40	12752.58	14211.12
浙　江	834.01	1846.96	2638.84	3439.69	4653.09	5262.80	5904.90	6923.29	7573.66	8320.20	9599.67
福　建	617.09	1172.62	1706.67	2235.98	2893.11	3256.54	3633.87	4140.26	4627.37	5120.80	5854.05
山　东	762.77	1848.71	2838.60	3898.39	5338.57	6326.27	7329.67	8851.66	9919.25	11154.52	12813.18
广　东	1443.82	3011.06	4291.18	5482.42	7466.17	8473.23	9544.70	11198.10	12536.35	14001.17	15958.81
海　南	355.63	692.93	910.47	1087.48	1260.63	1438.89	1602.47	1742.22	1880.48	2058.80	2292.61
中部地区	**3680.20**	**7591.61**	**10857.72**	**14549.72**	**20549.81**	**24073.95**	**27706.23**	**33131.95**	**37762.57**	**42971.57**	**51600.93**
山　西	126.08	270.80	419.21	571.42	830.57	1027.90	1203.56	1443.73	1743.66	2013.47	2415.92
吉　林	88.53	230.41	355.39	515.02	737.20	909.09	1089.64	1280.36	1452.39	1638.86	1885.21
黑龙江	48.94	153.00	284.16	444.59	672.50	868.40	1059.48	1331.01	1613.46	1874.20	2255.81
安　徽	1024.82	1786.28	2471.36	3236.40	4158.24	4839.29	5482.08	6398.64	7137.46	7983.87	9200.71
江　西	410.29	866.47	1226.23	1630.05	2243.60	2595.37	2956.90	3607.41	4123.61	4717.91	5841.93
河　南	664.37	1611.28	2349.82	3119.57	4609.46	5530.61	6561.09	8142.74	9366.30	10696.59	13313.89
河　北	657.87	1332.02	1864.28	2538.46	3740.27	4196.34	4715.64	5554.57	6264.56	6928.33	8155.21
湖　南	659.30	1341.35	1887.27	2494.21	3557.97	4106.95	4637.84	5373.50	6061.13	7118.34	8532.25
西部地区	**3779.49**	**7475.72**	**10613.24**	**13844.52**	**18745.93**	**21667.56**	**24666.09**	**28968.13**	**32635.54**	**37288.10**	**42459.41**
内蒙古	18.46	135.68	233.53	395.04	720.85	869.90	1023.04	1357.23	1612.37	1881.60	2067.60
广　西	458.48	803.11	1171.40	1572.80	2095.27	2433.62	2827.76	3226.47	3742.48	4346.81	5170.99
重　庆	841.44	1595.51	2174.29	2705.15	3477.21	3868.84	4325.98	4894.97	5376.04	5989.50	6711.00
四　川	1164.03	2122.28	2911.95	3716.91	4863.41	5654.29	6405.84	7492.57	8366.85	9565.37	10869.07
贵　州	417.18	913.10	1218.50	1588.48	2223.52	2517.41	2792.12	3289.76	3647.73	4301.11	4696.90
云　南	329.06	719.20	1020.79	1283.43	1842.78	2123.67	2432.84	2976.24	3324.74	3728.43	4327.18
西　藏	1.49	8.32	16.92	21.80	27.90	39.21	41.42	43.29	45.49	50.89	53.25
陕　西	267.09	551.24	898.26	1153.42	1648.21	1902.44	2147.95	2570.58	2868.16	3247.14	3890.40
甘　肃	97.52	228.70	347.19	496.60	663.79	808.98	950.79	1097.06	1228.64	1411.42	1559.51
青　海	19.78	34.14	60.75	108.98	153.02	187.24	222.45	298.19	382.87	436.81	494.04
宁　夏	64.59	151.26	225.34	316.79	412.25	489.24	576.97	657.01	755.73	901.90	1021.36
新　疆	100.37	213.18	334.34	485.10	617.73	772.72	918.94	1064.77	1284.44	1427.13	1598.11

数据来源：国家统计局。

表 3－52　　2013—2017 年全国各地区商品房现房销售面积

单位：万平方米

类　别	2013 年	2014 年	2015 年	2016 年	2017 年
总　计	**31001.35**	**28869.57**	**31702.61**	**39322.14**	**39994.77**
一、东部地区	**14148.46**	**12842.42**	**14628.27**	**18333.28**	**18426.45**
北　京	666.10	488.20	510.04	661.84	358.12
天　津	704.01	571.39	577.72	871.49	312.54
河　北	1420.31	1454.71	1632.73	1637.58	1767.78
辽　宁	2365.16	1787.22	1326.55	1345.24	1442.43
上　海	988.06	767.80	944.63	1162.71	812.54
江　苏	2227.29	2205.28	2620.43	3329.64	3629.91
浙　江	720.59	819.18	1245.96	2302.96	2191.74
福　建	393.89	428.61	560.41	718.26	993.41
山　东	2171.36	1945.69	2297.39	2621.10	2819.20
广　东	2211.51	2161.51	2627.49	3256.49	3293.12
海　南	280.19	212.82	284.93	425.98	805.66
二、中部地区	**10052.98**	**9593.51**	**9978.34**	**12079.89**	**12547.81**
山　西	651.02	549.67	477.98	796.95	820.21
吉　林	792.80	664.88	424.60	798.32	655.77
黑龙江	1153.08	802.11	904.20	1073.23	1169.06
安　徽	939.89	979.56	1178.15	1459.15	1495.47
江　西	550.01	478.17	690.79	1006.92	1138.71
河　南	2547.91	2890.93	2811.98	3235.83	3468.27
湖　北	1710.64	1636.06	1724.62	1603.21	1876.49
湖　南	1707.64	1592.11	1766.03	2106.27	1923.83
三、西部地区	**6799.91**	**6433.65**	**7096.00**	**8908.97**	**9020.50**
内蒙古	1208.38	1002.17	959.51	1048.08	1005.12
广　西	668.24	616.64	535.53	602.61	760.72
重　庆	685.69	838.32	1015.77	1476.70	1301.50
四　川	1398.62	1201.08	1350.73	1795.48	1881.65
贵　州	333.43	475.95	561.28	796.37	778.23
云　南	814.16	653.71	824.85	1144.20	1116.28
西　藏	15.22	7.82	23.99	22.53	20.78
陕　西	318.43	375.59	486.12	511.34	607.02
甘　肃	463.69	386.12	496.03	527.34	459.39
青　海	73.53	135.14	79.27	106.21	131.89
宁　夏	340.25	302.63	277.40	379.13	397.88
新　疆	480.27	438.47	485.52	498.98	560.04

数据来源：国家统计局。

表 3－53　2017 年全国各地区月度累计商品房现房销售面积

单位：万平方米

类别	1—2 月	1—3 月	1—4 月	1—5 月	1—6 月	1－7 月	1—8 月	1—9 月	1—10 月	1—11 月	1—12 月
总计	**3301.35**	**6930.60**	**9840.69**	**12986.59**	**17919.29**	**20660.20**	**23388.71**	**27469.00**	**30789.18**	**34548.29**	**39994.77**
东部地区	**1726.75**	**3624.40**	**5143.74**	**6723.57**	**9091.79**	**10341.03**	**11622.10**	**13386.65**	**14693.27**	**16208.20**	**18426.45**
北京	45.87	84.45	112.37	136.68	162.53	179.66	200.02	218.99	232.41	255.15	358.12
天津	28.52	148.11	132.62	162.28	193.53	222.58	237.56	250.04	264.79	287.56	312.54
河北	77.32	256.64	370.92	475.06	732.34	796.90	876.43	1129.36	1263.30	1412.81	1767.78
辽宁	80.95	170.63	308.82	478.00	699.44	795.34	947.19	1096.69	1255.55	1354.41	1442.43
上海	112.51	172.63	222.48	246.79	340.85	433.93	536.88	599.54	647.68	708.71	812.54
江苏	435.22	806.98	1089.01	1451.34	1909.47	2157.20	2399.10	2750.71	2988.78	3297.72	3629.91
浙江	216.51	478.16	705.13	895.72	1181.97	1329.97	1473.04	1680.82	1806.14	1947.83	2191.74
福建	118.18	198.83	284.88	399.36	520.26	605.92	675.35	745.17	813.57	877.14	993.41
山东	192.06	442.86	685.18	928.94	1278.57	1496.68	1706.78	1977.96	2194.78	2440.36	2819.20
广东	297.05	626.85	911.38	1162.69	1624.41	1821.66	2028.73	2365.48	2618.25	2935.06	3293.12
海南	122.57	238.26	320.95	386.71	448.42	501.19	541.02	571.89	608.02	691.45	805.66
中部地区	**833.81**	**1779.95**	**2558.35**	**3446.18**	**4954.60**	**5804.77**	**6651.62**	**7968.15**	**9171.13**	**10427.48**	**12547.81**
山西	37.52	77.92	123.64	174.95	271.72	337.83	396.53	478.88	576.78	658.29	820.21
吉林	28.51	93.22	149.42	189.39	254.36	316.30	366.99	436.06	498.91	561.85	655.77
黑龙江	22.58	72.74	133.92	203.74	345.27	434.28	519.37	661.51	779.09	907.55	1169.06
安徽	162.15	298.49	406.88	552.35	674.07	762.25	860.37	991.15	1175.32	1301.69	1495.47
江西	85.63	165.66	232.69	316.27	436.19	495.88	564.51	691.11	807.82	917.69	1138.71
河南	166.90	411.11	597.03	799.77	1202.07	1469.62	1746.93	2150.41	2492.37	2868.65	3468.27
河北	186.53	360.03	487.57	632.16	939.31	1053.46	1156.01	1326.78	1470.36	1599.87	1876.49
湖南	143.98	300.78	427.20	577.55	831.61	935.15	1040.91	1232.24	1370.48	1611.89	1923.83
西部地区	**740.78**	**1526.26**	**2138.62**	**2816.81**	**3872.90**	**4514.38**	**5115.00**	**6114.20**	**6924.80**	**7912.63**	**9020.50**
内蒙古	6.61	49.78	79.55	138.57	279.07	356.06	419.99	593.05	746.17	886.37	1005.12
广西	60.68	106.83	159.54	214.94	300.74	357.71	404.24	464.42	533.72	614.92	760.72
重庆	148.98	292.81	399.30	503.60	693.25	751.78	813.83	943.09	1029.81	1161.89	1301.50
四川	215.70	393.01	518.96	659.86	844.50	964.04	1077.92	1271.95	1418.21	1627.64	1881.65
贵州	75.53	175.24	238.66	296.00	413.77	463.44	516.60	605.00	658.44	737.97	778.23
云南	95.56	199.58	278.47	352.75	479.48	569.51	647.89	787.54	859.56	937.86	1116.28
西藏	0.21	3.52	5.05	6.51	9.20	12.83	13.86	14.39	15.23	19.32	20.78
陕西	41.78	102.18	141.69	181.08	248.79	281.05	331.78	403.46	460.05	522.85	607.02
甘肃	32.61	66.67	105.62	148.86	197.72	242.40	287.49	325.01	360.97	412.61	459.39
青海	3.93	8.69	16.88	23.78	32.54	44.26	52.48	76.08	97.77	116.84	131.89
宁夏	32.71	65.10	97.29	138.53	176.59	209.04	237.78	265.23	301.54	368.48	397.88
新疆	26.48	62.84	97.61	152.35	197.26	262.25	311.13	364.98	443.34	505.90	560.04

数据来源：国家统计局。

表 3 - 54　　2013—2017 年全国各地区商品房期房销售面积

单位：万平方米

类　别	2013 年	2014 年	2015 年	2016 年	2017 年
总　计	**99549.24**	**91778.97**	**96792.36**	**118026.39**	**129413.05**
一、东部地区	**49327.58**	**41913.42**	**44796.70**	**54560.85**	**56921.02**
北　京	1237.02	965.99	1044.21	997.10	511.83
天　津	1143.10	1041.59	1193.35	1839.59	1169.59
河　北	4255.64	4251.48	4221.92	5044.71	4658.13
辽　宁	6927.17	3967.60	2589.64	2366.66	2706.02
上　海	1394.15	1316.87	1486.73	1542.98	879.06
江　苏	9227.49	7641.56	8793.62	10632.45	10581.21
浙　江	4166.40	3857.65	4739.35	6333.83	7407.93
福　建	4282.27	3690.86	3477.35	4197.09	4860.63
山　东	8158.44	7234.43	7429.66	9168.78	9993.98
广　东	7624.87	7154.25	9053.52	11355.12	12665.69
海　南	911.04	791.15	767.35	1082.56	1486.95
二、中部地区	**25138.30**	**24230.74**	**25918.89**	**34028.04**	**39053.11**
山　西	991.81	1026.59	1114.57	1264.10	1595.71
吉　林	1422.17	916.84	1067.25	1120.97	1229.44
黑龙江	2186.87	1673.63	1092.41	1044.06	1086.75
安　徽	5325.46	5222.62	4995.94	7040.50	7705.24
江　西	2617.04	2588.99	2787.44	3684.92	4703.22
河　南	4762.30	4988.73	5744.37	8070.44	9845.61
湖　北	3587.90	3965.92	4519.93	5823.95	6278.72
湖　南	4244.74	3847.42	4596.98	5979.09	6608.42
三、西部地区	**25083.37**	**25634.81**	**26076.76**	**29437.50**	**33438.92**
内蒙古	1529.32	1455.01	1409.86	1479.77	1062.48
广　西	2327.34	2539.90	2987.87	3612.78	4410.27
重　庆	4131.87	4262.07	4365.60	4780.44	5409.51
四　川	5914.17	5941.36	6320.47	7504.99	8987.41
贵　州	2638.88	2702.17	2998.53	3360.56	3918.67
云　南	2495.14	2540.47	2320.28	2495.54	3210.91
西　藏	10.18	51.51	27.28	52.08	32.47
陕　西	2727.28	2718.05	2492.82	2751.36	3283.38
甘　肃	756.33	939.39	938.93	1152.15	1100.12
青　海	308.03	280.63	313.70	331.64	362.15
宁　夏	708.06	826.84	561.76	586.94	623.48
新　疆	1536.76	1377.42	1339.66	1329.24	1038.07

数据来源：国家统计局。

表 3－55　　2017 年全国各地区月度累计商品房期房销售面积

单位：万平方米

类　别	1—2 月	1—3 月	1—4 月	1—5 月	1—6 月	1－7 月	1—8 月	1—9 月	1—10 月	1—11 月	1—12 月
总　计	**10752. 99**	**22104. 24**	**31814. 46**	**41833. 91**	**56742. 41**	**65690. 69**	**75150. 32**	**88537. 16**	**99464. 71**	**112020. 03**	**129413. 05**
东部地区	**4867. 90**	**10343. 15**	**15040. 46**	**19702. 67**	**26274. 16**	**30268. 33**	**34544. 60**	**40519. 43**	**45162. 52**	**50100. 50**	**56921. 02**
北　京	86. 94	144. 37	174. 97	219. 71	260. 48	296. 50	322. 46	341. 42	370. 37	407. 02	511. 83
天　津	114. 37	307. 81	395. 87	492. 88	607. 03	712. 59	834. 07	941. 44	1021. 46	1088. 80	1169. 59
河　北	200. 44	602. 22	973. 50	1311. 84	1916. 49	2249. 52	2551. 72	3154. 55	3597. 39	3978. 68	4658. 13
辽　宁	142. 41	327. 81	616. 86	902. 75	1265. 45	1490. 45	1848. 50	2153. 54	2406. 35	2614. 93	2706. 02
上　海	77. 55	165. 36	214. 36	261. 56	371. 66	484. 56	602. 93	706. 71	741. 97	792. 53	879. 06
江　苏	1179. 24	2208. 26	3186. 66	4143. 38	5295. 11	6032. 42	6794. 24	7707. 55	8528. 62	9454. 87	10581. 21
浙　江	617. 50	1368. 80	1933. 71	2543. 97	3471. 12	3932. 82	4431. 86	5242. 47	5767. 52	6372. 38	7407. 93
福　建	498. 91	973. 79	1421. 79	1836. 62	2372. 84	2650. 62	2958. 52	3395. 10	3813. 80	4243. 66	4860. 63
山　东	570. 72	1405. 85	2153. 42	2969. 45	4060. 00	4829. 59	5622. 89	6873. 70	7724. 47	8714. 16	9993. 98
广　东	1146. 77	2384. 21	3379. 80	4319. 73	5841. 76	6651. 56	7515. 97	8832. 62	9918. 10	11066. 12	12665. 69
海　南	233. 06	454. 67	589. 52	700. 78	812. 22	937. 70	1061. 44	1170. 33	1272. 47	1367. 35	1486. 95
中部地区	**2846. 39**	**5811. 64**	**8299. 37**	**11103. 53**	**15595. 19**	**18269. 18**	**21054. 61**	**25163. 80**	**28591. 46**	**32544. 08**	**39053. 11**
山　西	88. 56	192. 88	295. 57	396. 47	558. 85	690. 08	807. 02	964. 84	1166. 88	1355. 18	1595. 71
吉　林	60. 02	137. 19	205. 97	325. 63	482. 84	592. 79	722. 66	844. 30	953. 48	1077. 01	1229. 44
黑龙江	26. 36	80. 26	150. 24	240. 85	327. 23	434. 12	540. 11	669. 50	834. 37	966. 64	1086. 75
安　徽	862. 67	1487. 79	2064. 48	2684. 04	3484. 17	4077. 04	4621. 70	5407. 49	5962. 15	6682. 17	7705. 24
江　西	324. 65	700. 81	993. 54	1313. 78	1807. 40	2099. 49	2392. 39	2916. 29	3315. 80	3800. 22	4703. 22
河　南	497. 47	1200. 17	1752. 79	2319. 80	3407. 39	4060. 98	4814. 16	5992. 33	6873. 93	7827. 95	9845. 61
河　北	471. 34	971. 98	1376. 71	1906. 30	2800. 95	3142. 88	3559. 63	4227. 79	4794. 20	5328. 46	6278. 72
湖　南	515. 32	1040. 56	1460. 07	1916. 66	2726. 36	3171. 80	3596. 94	4141. 25	4690. 65	5506. 45	6608. 42
西部地区	**3038. 71**	**5949. 46**	**8474. 62**	**11027. 71**	**14873. 03**	**17153. 18**	**19551. 10**	**22853. 94**	**25710. 74**	**29375. 47**	**33438. 92**
内蒙古	11. 84	85. 89	153. 98	256. 48	441. 78	513. 84	603. 05	764. 18	866. 21	995. 23	1062. 48
广　西	397. 80	696. 28	1011. 86	1357. 87	1794. 53	2075. 91	2423. 52	2762. 05	3208. 76	3731. 89	4410. 27
重　庆	692. 46	1302. 70	1774. 98	2201. 56	2783. 96	3117. 06	3512. 15	3951. 88	4346. 23	4827. 61	5409. 51
四　川	948. 33	1729. 26	2392. 98	3057. 05	4018. 91	4690. 25	5327. 92	6220. 62	6948. 64	7937. 73	8987. 41
贵　州	341. 65	737. 86	979. 84	1292. 48	1809. 76	2053. 97	2275. 52	2684. 76	2989. 28	3563. 14	3918. 67
云　南	233. 50	519. 62	742. 32	930. 68	1363. 30	1554. 16	1784. 95	2188. 70	2465. 18	2790. 57	3210. 91
西　藏	1. 29	4. 81	11. 87	15. 29	18. 70	26. 38	27. 56	28. 90	30. 26	31. 57	32. 47
陕　西	225. 31	449. 06	756. 58	972. 34	1399. 42	1621. 39	1816. 17	2167. 12	2408. 11	2724. 29	3283. 38
甘　肃	64. 91	162. 03	241. 57	347. 74	466. 07	566. 58	663. 31	772. 05	867. 67	998. 80	1100. 12
青　海	15. 84	25. 45	43. 87	85. 20	120. 48	142. 97	169. 97	222. 10	285. 10	319. 96	362. 15
宁　夏	31. 87	86. 15	128. 04	178. 27	235. 66	280. 20	339. 19	391. 78	454. 20	533. 43	623. 48
新　疆	73. 90	150. 34	236. 74	332. 75	420. 46	510. 47	607. 80	699. 80	841. 10	921. 23	1038. 07

数据来源：国家统计局。

表 3－56　　2013—2017 年全国各地区住宅销售面积

单位：万平方米

类　别	2013 年	2014 年	2015 年	2016 年	2017 年
总　计	**115722.69**	**105181.79**	**112405.68**	**137539.93**	**144788.77**
一、东部地区	**55667.45**	**47487.61**	**52175.87**	**63869.79**	**64246.47**
北　京	1363.67	1136.53	1126.84	981.37	608.78
天　津	1720.34	1477.63	1668.18	2521.87	1342.87
河　北	5020.13	5015.06	5161.65	5899.72	5576.99
辽　宁	8014.80	4932.08	3477.26	3383.08	3797.05
上　海	2015.81	1780.91	2009.17	2019.80	1341.62
江　苏	10191.52	8800.93	10275.95	12657.66	12486.66
浙　江	4097.63	3941.49	5131.88	7234.19	7669.70
福　建	3957.46	3324.10	3315.69	4134.46	4526.13
山　东	9300.29	7972.49	8526.85	10598.58	11201.04
广　东	8830.95	8163.56	10497.62	13021.97	13522.51
海　南	1154.86	942.84	984.79	1417.09	2173.12
二、中部地区	**31572.70**	**29957.40**	**31963.96**	**41073.66**	**45069.93**
山　西	1484.37	1433.91	1481.14	1881.51	2246.28
吉　林	1985.95	1387.87	1304.82	1630.72	1602.06
黑龙江	2944.23	2131.46	1710.60	1797.02	1868.14
安　徽	5573.53	5364.94	5356.81	7506.87	7949.28
江　西	2846.04	2775.22	3145.83	4140.55	4964.97
河　南	6561.41	7009.09	7645.84	10137.13	11707.26
湖　北	4765.68	5002.60	5647.72	6789.21	7363.67
湖　南	5411.48	4852.32	5671.19	7190.66	7368.27
三、西部地区	**28482.54**	**27736.77**	**28265.85**	**32596.48**	**35472.36**
内蒙古	2263.65	1995.68	1944.92	2073.36	1726.16
广　西	2765.15	2869.32	3181.51	3864.01	4687.41
重　庆	4359.19	4423.68	4477.71	5105.46	5452.65
四　川	6505.32	6176.51	6495.43	7884.09	8786.61
贵　州	2646.98	2707.09	2943.37	3426.96	3897.65
云　南	2855.52	2618.02	2576.80	2933.10	3484.49
西　藏	22.78	53.64	46.32	71.16	44.96
陕　西	2831.22	2836.69	2717.98	3012.61	3419.84
甘　肃	1134.81	1212.60	1307.48	1478.81	1386.04
青　海	369.70	362.92	329.71	373.03	399.57
宁　夏	928.26	939.37	708.12	830.22	870.28
新　疆	1799.95	1541.25	1536.49	1543.66	1316.70

数据来源：国家统计局。

表 3－57

2017 年全国各地区月度累计住宅销售面积

单位：万平方米

类别	1—2 月	1—3 月	1—4 月	1—5 月	1—6 月	1-7 月	1—8 月	1—9 月	1—10 月	1—11 月	1—12 月
总计	**12438.57**	**25484.30**	**36524.51**	**47956.77**	**64790.71**	**74876.20**	**85447.61**	**100131.05**	**112244.16**	**126037.20**	**144788.77**
东部地区	**5783.62**	**12189.95**	**17630.91**	**23023.79**	**30539.65**	**35099.71**	**39921.90**	**46372.73**	**51413.79**	**56907.66**	**64246.47**
北京	85.55	131.28	177.80	226.67	270.52	309.80	340.96	367.08	399.18	449.66	608.78
天津	126.39	397.90	452.92	564.17	696.43	824.40	957.00	1065.05	1152.06	1236.44	1342.87
河北	255.60	787.89	1228.69	1599.18	2327.22	2686.58	3032.75	3757.60	4256.39	4715.73	5576.99
辽宁	205.51	460.59	856.14	1277.68	1806.62	2104.24	2581.24	2993.80	3356.94	3639.39	3797.05
上海	142.78	266.38	350.14	403.67	547.25	731.87	925.76	1044.34	1106.42	1200.13	1341.62
江苏	1458.19	2706.84	3836.21	5013.56	6436.21	7319.04	8190.15	9275.66	10183.19	11278.54	12486.66
浙江	693.72	1532.31	2178.04	2842.36	3809.53	4288.84	4804.42	5548.18	6074.23	6678.17	7669.70
福建	504.48	992.24	1413.21	1801.23	2268.42	2552.07	2841.52	3244.43	3609.93	4001.42	4526.13
山东	683.86	1663.28	2539.54	3472.29	4734.09	5592.89	6486.00	7812.61	8740.30	9822.45	11201.04
广东	1286.40	2583.14	3721.89	4778.25	6438.54	7318.45	8236.39	9613.51	10753.89	11934.99	13522.51
海南	341.15	668.10	876.33	1044.73	1204.82	1371.53	1525.71	1650.46	1781.26	1950.74	2173.12
中部地区	**3339.00**	**6820.56**	**9704.25**	**12941.45**	**18178.83**	**21261.89**	**24456.10**	**29167.51**	**33238.94**	**37734.96**	**45069.93**
山西	116.31	251.16	392.48	534.05	769.48	950.65	1116.61	1338.18	1618.63	1871.96	2246.28
吉林	74.86	201.11	307.58	442.44	632.10	781.70	940.21	1086.91	1236.33	1396.69	1602.06
黑龙江	45.00	134.08	244.79	385.09	584.19	747.01	905.24	1114.73	1345.86	1570.95	1868.14
安徽	928.73	1604.59	2211.29	2876.42	3693.20	4291.30	4840.75	5604.70	6256.35	6974.60	7949.28
江西	364.85	763.67	1067.11	1415.09	1937.74	2234.65	2548.52	3097.55	3547.28	4035.70	4964.97
河南	598.87	1443.84	2097.74	2773.11	4087.34	4906.19	5818.51	7221.56	8280.20	9426.90	11707.26
河北	613.78	1220.85	1704.00	2307.92	3365.16	3767.85	4245.33	5009.78	5665.37	6270.11	7363.67
湖南	596.60	1201.26	1679.26	2207.33	3109.62	3582.54	4040.93	4694.10	5288.92	6188.05	7368.27
西部地区	**3315.95**	**6473.79**	**9189.36**	**11991.53**	**16072.26**	**18514.59**	**21069.60**	**24590.81**	**27591.45**	**31394.60**	**35472.36**
内蒙古	15.91	110.42	199.58	340.76	629.82	754.10	889.48	1148.75	1356.65	1578.51	1726.16
广西	425.66	741.16	1082.85	1451.36	1930.15	2236.66	2586.06	2949.03	3419.32	3966.24	4687.41
重庆	724.13	1334.05	1829.16	2273.93	2856.34	3174.98	3557.06	4016.68	4391.96	4891.99	5452.65
四川	1025.28	1842.06	2500.12	3181.21	4132.35	4789.44	5412.76	6263.85	6945.37	7851.13	8786.61
贵州	361.29	786.18	1035.52	1355.73	1882.30	2115.76	2347.40	2749.28	3042.84	3580.64	3897.65
云南	264.64	586.10	848.73	1079.11	1523.67	1736.42	1990.94	2428.76	2705.16	3035.82	3484.49
西藏	1.36	6.11	13.56	17.09	22.44	32.23	34.04	35.66	37.81	42.75	44.96
陕西	245.49	510.21	829.14	1061.99	1491.57	1716.95	1931.45	2301.48	2556.10	2878.65	3419.84
甘肃	89.33	206.66	313.04	442.89	593.64	726.38	854.84	982.72	1097.28	1258.86	1386.04
青海	18.17	31.95	56.34	98.28	133.05	161.07	189.66	248.17	314.56	361.69	399.57
宁夏	57.88	136.28	200.75	278.89	361.89	429.47	507.95	578.50	661.07	778.48	870.28
新疆	86.80	182.62	280.58	410.29	515.05	641.15	767.96	887.93	1063.33	1169.84	1316.70

数据来源：国家统计局。

表 3－58　　2013—2017 年全国各地区住宅现房销售面积

单位：万平方米

类　别	2013 年	2014 年	2015 年	2016 年	2017 年
总　计	25788.94	23711.99	25901.93	31931.31	31243.64
一、东部地区	11512.26	10417.98	11992.82	14867.65	14361.71
北　京	473.77	339.91	331.17	360.26	227.75
天　津	634.63	519.27	520.00	780.05	231.43
河　北	1202.20	1220.97	1361.53	1332.63	1466.81
辽　宁	1926.83	1460.97	1115.78	1191.43	1292.08
上　海	796.66	620.42	722.43	809.79	579.39
江　苏	1823.88	1888.65	2197.61	2813.43	2962.73
浙　江	503.57	598.73	964.79	1724.10	1520.15
福　建	240.42	292.31	416.00	530.02	656.32
山　东	1889.70	1591.39	1895.06	2237.81	2237.07
广　东	1753.88	1679.92	2196.49	2684.59	2413.46
海　南	266.73	205.45	271.95	403.55	774.52
二、中部地区	8650.67	8156.49	8402.15	10184.83	10188.25
山　西	547.91	466.67	407.31	704.69	737.60
吉　林	658.25	548.65	348.54	682.76	527.08
黑龙江	996.70	671.19	745.24	861.67	906.24
安　徽	745.28	800.01	960.59	1203.46	1058.16
江　西	481.40	421.79	596.69	865.44	921.95
河　南	2223.33	2528.53	2385.34	2717.89	2930.66
湖　北	1496.51	1339.85	1429.15	1365.67	1577.76
湖　南	1501.31	1379.79	1529.27	1783.25	1528.80
三、西部地区	5626.01	5137.52	5506.97	6878.84	6693.69
内蒙古	964.47	780.07	781.80	843.24	785.23
广　西	586.09	550.21	472.04	535.77	674.22
重　庆	513.52	580.09	655.08	995.37	817.20
四　川	1151.01	930.39	999.13	1301.38	1214.10
贵　州	273.43	384.21	418.43	591.95	575.00
云　南	675.97	514.55	604.53	897.91	844.78
西　藏	12.77	6.24	20.59	22.53	17.07
陕　西	285.26	343.18	421.70	466.89	492.31
甘　肃	426.74	356.09	431.27	456.05	403.35
青　海	68.38	124.55	72.18	91.90	112.18
宁　夏	271.90	232.23	219.88	292.44	314.86
新　疆	396.47	335.73	410.35	383.42	443.39

数据来源：国家统计局。

表 3－59　2017 年全国各地区月度累计住宅现房销售面积

单位：万平方米

类别	1—2 月	1—3 月	1—4 月	1—5 月	1—6 月	1－7 月	1—8 月	1—9 月	1—10 月	1—11 月	1—12 月
总计	**2717.69**	**5708.43**	**8067.28**	**10592.19**	**14423.99**	**16595.34**	**18773.99**	**21875.35**	**24456.17**	**27285.09**	**31243.64**
东部地区	**1401.81**	**2990.22**	**4229.47**	**5487.52**	**7283.78**	**8295.71**	**9308.63**	**10621.37**	**11627.67**	**12770.74**	**14361.71**
北京	28.60	45.10	68.93	85.08	95.92	104.02	116.38	127.19	135.47	153.41	227.75
天津	22.37	116.95	95.36	116.46	137.61	162.67	176.14	184.61	197.96	217.14	231.43
河北	63.68	236.11	335.57	412.64	620.64	689.25	759.60	944.10	1060.87	1178.93	1466.81
辽宁	72.71	154.83	282.47	436.46	630.26	717.84	858.59	991.78	1126.28	1215.32	1292.08
上海	78.63	122.23	160.95	174.82	230.34	306.09	388.07	423.55	459.77	505.73	579.39
江苏	367.05	686.95	923.26	1233.67	1618.12	1826.75	2023.57	2304.64	2477.96	2720.97	2962.73
浙江	160.95	359.01	524.82	659.45	851.71	957.31	1048.21	1187.97	1276.87	1374.95	1520.15
福建	79.58	146.40	213.10	288.96	363.49	431.40	478.57	524.15	566.70	601.80	656.32
山东	163.86	381.56	579.82	770.13	1041.55	1208.60	1378.86	1593.52	1767.98	1957.56	2237.07
广东	245.64	508.99	731.85	931.85	1258.80	1407.31	1558.17	1791.80	1975.70	2183.03	2413.46
海南	118.74	232.09	313.34	378.00	435.34	484.47	522.47	548.05	582.11	661.90	774.52
中部地区	**710.88**	**1510.24**	**2157.73**	**2887.13**	**4128.53**	**4807.15**	**5516.41**	**6578.11**	**7569.10**	**8568.16**	**10188.25**
山西	33.13	71.53	113.49	160.33	244.86	303.24	357.36	432.10	521.27	593.86	737.60
吉林	21.18	77.66	122.96	155.83	213.06	264.09	305.84	354.90	407.69	457.16	527.08
黑龙江	20.27	61.20	113.16	170.39	291.83	360.48	424.73	522.29	604.48	709.93	906.24
安徽	125.64	239.82	321.15	434.20	525.95	581.81	643.76	728.98	883.97	966.95	1058.16
江西	74.69	138.53	189.34	257.66	356.34	404.98	465.62	567.08	664.36	747.27	921.95
河南	145.00	355.10	512.92	683.30	1021.25	1255.89	1503.61	1848.34	2138.18	2450.13	2930.66
河北	167.77	320.38	434.69	552.37	801.64	881.80	970.88	1117.19	1238.24	1351.66	1577.76
湖南	123.21	246.02	350.02	473.05	673.60	754.86	844.61	1007.25	1110.91	1291.20	1528.80
西部地区	**604.99**	**1207.98**	**1680.09**	**2217.55**	**3011.68**	**3492.49**	**3948.95**	**4675.87**	**5259.37**	**5946.20**	**6693.69**
内蒙古	5.35	32.95	59.46	107.51	231.80	294.33	348.53	469.06	590.78	701.11	785.23
广西	54.30	95.70	143.91	196.16	270.01	321.40	362.03	417.49	481.37	551.80	674.22
重庆	111.39	201.43	268.15	338.00	448.45	478.61	513.79	606.57	650.69	741.43	817.20
四川	170.92	300.63	387.65	484.84	601.42	681.79	752.43	876.89	969.01	1074.48	1214.10
贵州	63.10	144.69	189.02	236.18	327.73	359.13	400.99	457.37	495.25	552.10	575.00
云南	80.71	166.54	230.87	298.20	397.38	462.79	522.08	625.48	670.13	725.10	844.78
西藏	0.21	1.78	3.19	4.24	6.78	9.51	10.53	11.01	11.85	15.60	17.07
陕西	36.94	89.69	124.82	160.43	217.04	244.88	285.21	345.73	386.84	429.89	492.31
甘肃	29.15	58.77	94.32	129.33	173.57	213.22	253.37	286.91	317.75	361.89	403.35
青海	3.69	8.29	16.07	22.69	31.24	42.66	50.73	68.79	84.44	101.96	112.18
宁夏	28.00	56.10	81.04	112.88	144.57	171.43	195.54	216.17	245.23	293.83	314.86
新疆	21.23	51.41	81.59	127.05	161.68	212.73	253.73	294.41	356.04	397.00	443.39

数据来源：国家统计局。

表 3－60　　2013—2017 年全国各地区住宅期房销售面积

单位：万平方米

类　别	2013 年	2014 年	2015 年	2016 年	2017 年
总　计	**89933.75**	**81469.80**	**86503.75**	**105608.62**	**113545.13**
一、东部地区	**44155.20**	**37069.63**	**40183.06**	**49002.14**	**49884.77**
北　京	889.90	796.61	795.67	621.11	381.03
天　津	1085.71	958.37	1148.19	1741.83	1111.44
河　北	3817.93	3794.08	3800.12	4567.09	4110.18
辽　宁	6087.97	3471.11	2361.48	2191.65	2504.97
上　海	1219.14	1160.49	1286.74	1210.01	762.23
江　苏	8367.64	6912.29	8078.33	9844.23	9523.93
浙　江	3594.06	3342.76	4167.09	5510.09	6149.55
福　建	3717.04	3031.79	2899.68	3604.44	3869.81
山　东	7410.59	6381.10	6631.79	8360.77	8963.97
广　东	7077.08	6483.64	8301.13	10337.38	11109.05
海　南	888.13	737.39	712.84	1013.55	1398.61
二、中部地区	**22922.02**	**21800.92**	**23561.81**	**30888.83**	**34881.67**
山　西	936.46	967.24	1073.82	1176.81	1508.68
吉　林	1327.70	839.22	956.29	947.95	1074.98
黑龙江	1947.53	1460.27	965.36	935.35	961.90
安　徽	4828.26	4564.93	4396.21	6303.42	6891.12
江　西	2364.64	2353.43	2549.14	3275.11	4043.02
河　南	4338.08	4480.56	5260.50	7419.24	8776.59
湖　北	3269.18	3662.75	4218.57	5423.54	5785.91
湖　南	3910.18	3472.53	4141.92	5407.41	5839.47
三、西部地区	**22856.53**	**22599.25**	**22758.88**	**25717.64**	**28778.67**
内蒙古	1299.18	1215.61	1163.13	1230.12	940.94
广　西	2179.06	2319.11	2709.48	3328.24	4013.19
重　庆	3845.68	3843.58	3822.63	4110.09	4635.45
四　川	5354.31	5246.12	5496.30	6582.71	7572.50
贵　州	2373.55	2322.88	2524.94	2835.01	3322.65
云　南	2179.55	2103.48	1972.27	2035.19	2639.71
西　藏	10.01	47.40	25.73	48.63	27.89
陕　西	2545.96	2493.52	2296.29	2545.73	2927.53
甘　肃	708.08	856.51	876.21	1022.76	982.69
青　海	301.31	238.37	257.53	281.14	287.39
宁　夏	656.36	707.14	488.24	537.79	555.42
新　疆	1403.48	1205.53	1126.15	1160.23	873.31

数据来源：国家统计局。

表 3-61

2017 年全国各地区月度累计住宅期房销售面积

单位：万平方米

类别	1—2 月	1—3 月	1—4 月	1—5 月	1—6 月	1-7 月	1—8 月	1—9 月	1—10 月	1—11 月	1—12 月
总计	**9720.88**	**19775.87**	**28457.24**	**37364.57**	**50366.72**	**58280.86**	**66673.62**	**78255.69**	**87787.99**	**98752.12**	**113545.13**
东部地区	**4381.81**	**9199.75**	**13401.47**	**17536.28**	**23255.84**	**26804.00**	**30613.29**	**35751.36**	**39786.09**	**44136.93**	**49884.77**
北京	56.95	86.19	108.87	141.59	174.60	205.77	224.58	239.89	263.71	296.25	381.03
天津	104.02	280.95	357.57	447.71	558.81	661.73	780.86	880.44	954.10	1019.31	1111.44
河北	191.91	551.78	893.11	1186.55	1706.58	1997.33	2273.16	2813.49	3195.51	3536.80	4110.18
辽宁	132.80	305.76	573.68	841.22	1176.36	1386.40	1722.65	2002.02	2230.67	2424.08	2504.97
上海	64.16	144.15	189.19	228.86	316.91	425.78	537.70	620.79	646.65	694.40	762.23
江苏	1091.13	2019.89	2912.96	3779.89	4818.08	5492.29	6166.58	6971.02	7705.23	8557.57	9523.93
浙江	532.77	1173.31	1653.22	2182.90	2957.82	3331.53	3756.21	4360.20	4797.35	5303.22	6149.55
福建	424.90	845.84	1200.11	1512.27	1904.93	2120.67	2362.95	2720.28	3043.22	3399.62	3869.81
山东	520.00	1281.72	1959.72	2702.16	3692.54	4384.29	5107.14	6219.09	6972.31	7864.89	8963.97
广东	1040.76	2074.15	2990.04	3846.40	5179.73	5911.14	6678.22	7821.72	8778.19	9751.95	11109.05
海南	222.41	436.01	563.00	666.73	769.48	887.07	1003.24	1102.42	1199.15	1288.84	1398.61
中部地区	**2628.12**	**5310.31**	**7546.49**	**10054.33**	**14050.30**	**16454.76**	**18939.70**	**22589.39**	**25669.82**	**29166.81**	**34881.67**
山西	83.18	179.63	278.99	373.73	524.62	647.42	759.25	906.08	1097.36	1278.10	1508.68
吉林	53.69	123.44	184.61	286.61	419.05	517.61	634.38	732.01	828.64	939.53	1074.98
黑龙江	24.73	72.88	131.63	214.70	292.35	386.53	480.51	592.45	741.38	861.02	961.90
安徽	803.09	1364.76	1890.14	2442.23	3167.25	3709.49	4196.99	4875.72	5372.38	6007.65	6891.12
江西	290.16	625.15	877.77	1157.43	1581.40	1829.67	2082.90	2530.47	2882.92	3288.43	4043.02
河南	453.87	1088.74	1584.81	2089.80	3066.09	3650.30	4314.90	5373.22	6142.01	6976.78	8776.59
河北	446.01	900.47	1269.31	1755.55	2563.52	2886.06	3274.45	3892.59	4427.13	4918.45	5785.91
湖南	473.39	955.24	1329.23	1734.28	2436.02	2827.68	3196.32	3686.85	4178.00	4896.85	5839.47
西部地区	**2710.95**	**5265.82**	**7509.27**	**9773.98**	**13060.58**	**15022.10**	**17120.66**	**19914.94**	**22332.07**	**25448.40**	**28778.67**
内蒙古	10.55	77.47	140.12	233.25	398.02	459.76	540.95	679.69	765.88	877.39	940.94
广西	371.36	645.46	938.94	1255.20	1660.13	1915.26	2224.03	2531.54	2937.95	3414.44	4013.19
重庆	612.74	1132.62	1561.00	1935.94	2407.89	2696.37	3043.28	3410.11	3741.27	4150.56	4635.45
四川	854.36	1541.43	2112.47	2696.37	3530.93	4107.65	4660.34	5386.96	5976.36	6776.66	7572.50
贵州	298.19	641.50	846.50	1119.54	1554.57	1756.62	1946.41	2291.91	2547.59	3028.54	3322.65
云南	183.92	419.56	617.87	780.86	1126.29	1273.62	1468.86	1803.28	2035.03	2310.73	2639.71
西藏	1.15	4.33	10.37	12.85	15.66	22.72	23.51	24.65	25.95	27.15	27.89
陕西	208.55	420.52	704.32	901.56	1274.53	1472.07	1646.25	1955.75	2169.26	2448.75	2927.53
甘肃	60.19	147.89	218.72	313.56	420.08	513.16	601.47	695.81	779.53	896.97	982.69
青海	14.49	23.66	40.26	75.59	101.81	118.41	138.92	179.38	230.12	259.73	287.39
宁夏	29.88	80.18	119.71	166.01	217.32	258.04	312.41	362.34	415.84	484.65	555.42
新疆	65.57	131.21	198.99	283.24	353.37	428.42	514.23	593.52	707.29	772.84	873.31

数据来源：国家统计局。

表 3 - 62　　2013—2017 年全国各地区办公楼销售面积

单位：万平方米

类　别	2013 年	2014 年	2015 年	2016 年	2017 年
总　计	**2883.35**	**2497.87**	**2912.26**	**3826.22**	**4756.21**
一、东部地区	**1798.99**	**1415.71**	**1802.92**	**2374.48**	**2640.94**
北　京	317.93	136.80	243.02	413.86	108.34
天　津	23.49	13.53	15.93	31.06	43.28
河　北	78.00	75.54	90.10	126.59	144.11
辽　宁	53.61	71.20	37.48	34.64	36.55
上　海	161.22	120.28	197.41	306.40	124.10
江　苏	286.81	210.69	238.30	265.68	385.97
浙　江	218.29	185.22	205.05	410.07	493.48
福　建	211.42	181.01	155.42	181.16	354.25
山　东	189.29	185.53	300.04	196.41	273.36
广　东	256.86	230.45	311.12	399.15	659.40
海　南	2.08	5.48	9.05	9.47	18.10
二、中部地区	**589.76**	**501.96**	**488.91**	**752.76**	**1020.81**
山　西	15.30	23.89	21.49	38.62	42.60
吉　林	21.25	11.83	17.87	37.87	51.15
黑龙江	24.84	15.34	18.20	26.35	45.58
安　徽	94.98	111.10	109.40	185.35	179.47
江　西	56.46	42.75	50.61	87.53	140.69
河　南	205.44	181.67	149.50	173.35	236.90
湖　北	92.76	65.91	61.42	103.73	176.65
湖　南	78.72	49.47	60.41	99.96	147.77
三、西部地区	**494.59**	**580.20**	**620.44**	**698.97**	**1094.44**
内蒙古	53.31	42.50	43.25	18.30	48.63
广　西	32.06	29.91	38.83	50.27	81.57
重　庆	68.67	98.15	115.84	106.99	168.47
四　川	114.22	141.03	123.72	150.58	299.29
贵　州	100.02	84.08	78.42	86.08	113.00
云　南	51.33	66.50	59.32	108.92	110.58
西　藏	0.77	1.59	2.79	1.07	2.14
陕　西	44.83	47.48	60.50	70.72	153.11
甘　肃	5.90	13.00	13.24	44.75	29.25
青　海	0.69	8.10	23.74	19.13	26.98
宁　夏	5.74	8.83	13.05	7.15	16.29
新　疆	17.04	39.01	47.74	35.01	45.14

数据来源：国家统计局。

表3－63　2017年全国各地区月度累计办公楼销售面积

单位：万平方米

类别	1—2月	1—3月	1—4月	1—5月	1—6月	1－7月	1—8月	1—9月	1—10月	1—11月	1—12月
总　计	**340.28**	**775.94**	**1127.57**	**1476.25**	**2075.78**	**2399.36**	**2722.07**	**3250.86**	**3634.14**	**4054.30**	**4756.21**
东部地区	**204.12**	**478.77**	**679.56**	**867.09**	**1204.79**	**1369.31**	**1552.46**	**1854.28**	**2064.35**	**2271.27**	**2640.94**
北　京	16.97	45.28	52.35	60.20	64.39	70.28	80.77	83.10	86.58	89.49	108.34
天　津	6.43	16.73	18.59	25.60	27.92	30.70	31.30	32.37	33.13	33.78	43.28
河　北	3.87	4.93	6.40	22.57	41.90	43.95	45.49	88.73	98.51	117.29	144.11
辽　宁	0.70	2.05	6.81	8.21	12.08	14.28	18.65	23.85	28.33	30.85	36.55
上　海	21.35	31.31	37.70	41.89	62.03	67.55	75.58	94.81	105.29	110.20	124.10
江　苏	39.70	80.50	119.41	149.46	193.05	214.88	251.64	302.58	340.73	355.82	385.97
浙　江	31.94	79.25	124.75	167.22	231.68	269.68	310.94	361.54	393.57	425.49	493.48
福　建	35.64	55.77	77.98	108.61	183.23	209.89	226.46	246.98	269.45	297.96	354.25
山　东	8.67	22.39	42.55	69.20	94.97	118.69	136.65	167.51	192.73	225.83	273.36
广　东	37.22	138.01	189.59	210.02	286.23	319.05	363.84	437.39	500.31	567.60	659.40
海　南	1.62	2.55	3.43	4.11	7.31	10.36	11.14	15.43	15.72	16.96	18.10
中部地区	**66.75**	**144.74**	**228.31**	**315.10**	**442.43**	**513.22**	**583.85**	**701.38**	**772.82**	**856.43**	**1020.81**
山　西	3.68	6.85	10.02	14.44	20.72	25.16	27.58	30.65	36.18	38.96	42.60
吉　林	5.04	7.57	9.82	16.09	22.12	26.04	28.44	41.23	42.46	46.13	51.15
黑龙江	0.61	3.82	8.48	11.79	14.77	19.67	21.80	30.51	35.59	39.59	45.58
安　徽	17.08	33.20	47.27	64.81	78.53	93.46	108.34	132.54	140.88	153.28	179.47
江　西	7.87	20.58	34.36	45.29	68.09	76.41	80.95	92.59	104.10	114.27	140.69
河　南	12.82	24.79	40.41	53.88	79.23	94.05	121.30	154.04	177.59	201.62	236.90
河　北	8.42	23.09	39.56	58.95	92.79	99.34	109.23	126.86	137.12	150.51	176.65
湖　南	11.24	24.84	38.39	49.85	66.18	79.09	86.21	92.97	98.90	112.07	147.77
西部地区	**69.41**	**152.43**	**219.70**	**294.07**	**428.56**	**516.83**	**585.76**	**695.20**	**796.98**	**926.59**	**1094.44**
内蒙古	0.39	2.27	3.34	4.82	8.96	15.39	19.19	29.86	39.47	49.25	48.63
广　西	3.43	9.32	14.05	19.76	27.76	35.48	43.55	50.57	58.06	69.19	81.57
重　庆	11.16	28.03	40.01	58.55	82.88	95.62	109.31	122.41	133.95	146.31	168.47
四　川	17.59	39.19	61.04	80.28	107.47	130.19	148.02	179.69	206.37	243.54	299.29
贵　州	6.74	14.05	25.91	33.63	45.36	57.61	66.06	74.48	81.97	105.28	113.00
云　南	14.23	32.42	32.25	36.75	60.66	66.79	68.79	79.88	86.64	92.75	110.58
西　藏	—	—	0.56	1.29	1.49	1.64	1.89	1.93	1.97	2.03	2.14
陕　西	9.86	16.23	26.60	34.28	58.57	65.98	74.29	87.91	103.83	125.50	153.11
甘　肃	2.34	4.68	6.57	10.11	11.33	13.02	16.12	21.99	23.33	25.64	29.25
青　海	0.57	0.57	1.55	2.43	6.79	11.97	12.20	17.07	21.09	21.58	26.98
宁　夏	0.36	0.58	0.91	1.87	2.25	2.90	4.02	4.61	5.83	9.01	16.29
新　疆	2.74	5.09	6.91	10.31	15.04	20.25	22.33	24.81	34.48	36.51	45.14

数据来源：国家统计局。

表 3-64　　2013—2017 年全国各地区办公楼现房销售面积

单位：万平方米

类　别	2013 年	2014 年	2015 年	2016 年	2017 年
总　计	**764.30**	**634.68**	**844.79**	**1108.64**	**1469.68**
一、东部地区	**530.98**	**388.46**	**557.32**	**725.96**	**917.00**
北　京	51.13	31.26	78.14	156.59	44.68
天　津	15.14	6.80	9.04	11.47	31.99
河　北	37.57	42.62	51.22	63.47	73.62
辽　宁	9.42	12.47	19.58	19.35	11.30
上　海	61.17	36.43	76.13	95.96	70.52
江　苏	121.63	60.53	88.51	95.79	143.29
浙　江	53.54	59.42	80.06	143.13	202.73
福　建	34.34	14.33	20.86	17.33	66.80
山　东	42.94	54.43	63.61	65.02	109.68
广　东	104.00	69.97	69.59	56.82	151.14
海　南	0.10	0.20	0.57	1.02	11.25
二、中部地区	**152.53**	**119.01**	**143.91**	**184.72**	**297.09**
山　西	8.48	6.67	10.19	4.77	13.70
吉　林	8.18	5.32	7.25	6.86	8.24
黑龙江	8.00	5.32	8.71	10.40	16.60
安　徽	26.91	22.26	33.88	56.75	62.81
江　西	11.77	2.38	11.93	21.42	36.89
河　南	33.23	41.38	32.96	40.99	47.20
湖　北	48.80	24.16	23.16	12.57	60.21
湖　南	7.17	11.52	15.83	30.97	51.44
三、西部地区	**80.79**	**127.21**	**143.56**	**197.96**	**255.59**
内蒙古	18.00	8.58	15.60	6.85	12.79
广　西	4.82	1.82	7.57	9.16	11.57
重　庆	8.71	37.68	34.38	51.73	60.83
四　川	13.88	29.28	28.53	38.60	59.92
贵　州	1.10	5.52	17.14	26.71	32.54
云　南	12.86	22.48	14.11	42.48	21.14
西　藏	0.77	2.51	—	—	—
陕　西	8.37	1.66	7.51	3.07	30.35
甘　肃	3.03	1.88	4.37	5.72	5.21
青　海	0.27	1.32	1.39	4.25	5.17
宁　夏	2.62	2.23	3.23	3.55	3.39
新　疆	6.37	14.77	7.21	5.83	12.69

数据来源：国家统计局。

表 3－65

2017 年全国各地区月度累计办公楼现房销售面积

单位：万平方米

类别	1—2 月	1—3 月	1—4 月	1—5 月	1—6 月	1－7 月	1—8 月	1—9 月	1—10 月	1—11 月	1—12 月
总计	**111.52**	**216.55**	**316.38**	**434.24**	**603.57**	**728.22**	**838.48**	**998.77**	**1102.52**	**1236.18**	**1469.68**
东部地区	**73.92**	**139.15**	**202.53**	**264.39**	**372.23**	**436.09**	**510.25**	**629.76**	**689.34**	**771.90**	**917.00**
北京	5.41	19.61	20.51	22.32	23.94	28.51	32.82	33.66	34.58	35.30	44.68
天津	2.78	11.57	12.56	17.81	19.60	21.94	22.21	22.71	22.91	23.32	31.99
河北	3.75	3.90	3.95	5.06	11.18	11.68	11.76	46.55	46.79	62.28	73.62
辽宁	0.41	0.51	0.82	1.27	3.53	3.99	5.63	5.95	8.30	8.42	11.30
上海	15.08	22.21	23.48	25.75	34.34	39.77	47.22	59.11	62.49	67.00	70.52
江苏	18.54	29.58	40.65	48.17	60.52	71.58	82.80	97.56	115.61	125.97	143.29
浙江	13.24	26.39	42.74	62.27	84.11	95.93	120.86	140.48	150.45	163.93	202.73
福建	8.26	8.77	11.65	20.22	36.20	40.78	46.07	49.02	53.89	57.97	66.80
山东	2.21	4.62	12.72	26.66	37.25	50.48	57.02	66.56	74.86	89.89	109.68
广东	3.60	11.03	31.75	33.01	58.19	65.92	77.84	98.63	109.69	127.34	151.14
海南	0.66	0.96	1.70	1.85	3.37	5.51	6.02	9.54	9.77	10.48	11.25
中部地区	**27.41**	**52.46**	**74.61**	**107.84**	**140.50**	**170.50**	**189.33**	**209.36**	**228.61**	**247.65**	**297.09**
山西	0.75	0.86	1.75	3.24	5.28	7.02	7.70	8.89	10.59	11.09	13.70
吉林	3.04	4.11	5.19	5.64	5.65	5.70	6.80	7.10	7.36	7.99	8.24
黑龙江	0.47	2.16	2.79	4.04	4.64	7.41	8.24	9.62	11.49	12.22	16.60
安徽	6.36	9.74	14.16	21.46	25.38	33.74	41.30	45.78	49.83	53.97	62.81
江西	1.82	6.90	11.89	15.08	20.31	21.21	21.87	25.56	29.12	30.90	36.89
河南	4.34	7.25	11.23	15.59	20.86	24.92	28.60	31.08	35.89	41.62	47.20
河北	4.53	10.73	13.25	24.87	34.83	44.15	47.22	52.37	54.49	56.45	60.21
湖南	6.09	10.71	14.35	17.92	23.55	26.35	27.60	28.95	29.84	33.41	51.44
西部地区	**10.19**	**24.91**	**39.24**	**62.00**	**90.87**	**121.63**	**138.89**	**159.65**	**184.56**	**216.62**	**255.59**
内蒙古	0.03	0.79	0.93	1.27	2.28	5.96	7.06	9.13	12.35	13.86	12.79
广西	0.52	1.05	1.49	2.30	4.46	6.25	7.60	8.03	8.80	10.70	11.57
重庆	1.55	6.19	9.07	18.56	25.02	33.66	36.94	39.18	46.43	51.92	60.83
四川	2.86	4.71	7.94	14.73	19.50	20.53	22.31	27.64	33.01	42.94	59.92
贵州	1.00	3.89	8.88	10.86	14.56	20.13	24.01	29.88	30.89	30.90	32.54
云南	0.27	1.82	2.39	2.45	8.27	14.91	15.60	16.88	18.46	19.71	21.14
西藏	—	—	—	—	—	—	—	—	—	—	—
陕西	1.62	3.01	4.29	5.48	6.75	7.77	10.83	13.31	16.71	28.07	30.35
甘肃	0.71	1.21	1.36	1.55	2.05	2.70	4.48	4.76	4.86	5.07	5.21
青海	0.18	0.18	0.22	0.27	0.45	0.48	0.48	0.65	1.90	1.90	5.17
宁夏	0.01	0.13	0.36	0.89	1.02	1.10	1.27	1.52	1.81	2.54	3.39
新疆	1.45	1.94	2.33	3.65	6.50	8.15	8.29	8.66	9.34	9.04	12.69

数据来源：国家统计局。

表 3-66　　2013—2017 年全国各地区办公楼期房销售面积

单位：万平方米

类　别	2013 年	2014 年	2015 年	2016 年	2017 年
总　计	**2119.05**	**1863.19**	**2067.47**	**2717.58**	**3286.53**
一、东部地区	**1268.01**	**1027.26**	**1245.59**	**1648.52**	**1723.95**
北　京	266.81	105.54	164.88	257.27	63.66
天　津	8.35	6.73	6.88	19.59	11.29
河　北	40.42	32.92	38.87	63.12	70.49
辽　宁	44.19	58.73	17.90	15.29	25.25
上　海	100.05	83.85	121.28	210.44	53.59
江　苏	165.18	150.16	149.79	169.89	242.68
浙　江	164.74	125.80	124.99	266.94	290.75
福　建	177.08	166.68	134.56	163.83	287.45
山　东	146.35	131.10	236.43	131.39	163.68
广　东	152.86	160.48	241.53	342.33	508.26
海　南	1.98	5.28	8.48	8.45	6.85
二、中部地区	437.23	382.95	345.00	568.04	723.75
山　西	6.82	17.22	11.30	33.85	28.91
吉　林	13.07	6.51	10.62	31.01	42.91
黑龙江	16.84	10.02	9.48	15.95	28.99
安　徽	68.07	88.84	75.52	128.60	116.66
江　西	44.69	40.38	38.67	66.12	103.80
河　南	172.21	140.29	116.55	132.37	189.70
湖　北	43.96	41.75	38.26	91.16	116.44
湖　南	71.56	37.95	44.59	68.99	96.34
三、西部地区	**413.80**	**452.98**	**476.88**	**501.01**	**838.85**
内蒙古	35.32	33.92	27.65	11.45	35.84
广　西	27.24	28.09	31.26	41.11	70.00
重　庆	59.96	60.47	81.46	55.26	107.64
四　川	100.35	111.76	95.19	111.97	239.37
贵　州	98.92	78.57	61.28	59.37	80.46
云　南	38.47	44.02	45.20	66.43	89.44
西　藏	—	1.59	0.28	1.07	2.14
陕　西	36.46	45.82	52.99	67.65	122.76
甘　肃	2.87	11.13	8.87	39.03	24.03
青　海	0.42	6.78	22.36	14.88	21.81
宁　夏	3.12	6.60	9.82	3.60	12.90
新　疆	10.67	24.24	40.53	29.18	32.46

数据来源：国家统计局。

表 3－67　　2017 年全国各地区月度累计办公楼期房销售面积

单位：万平方米

类　别	1—2 月	1—3 月	1—4 月	1—5 月	1—6 月	1－7 月	1—8 月	1—9 月	1—10 月	1—11 月	1—12 月
总　计	**228.76**	**559.39**	**811.19**	**1042.01**	**1472.20**	**1671.14**	**1883.59**	**2252.09**	**2531.62**	**2818.11**	**3286.53**
东部地区	**130.20**	**339.58**	**477.05**	**602.70**	**832.59**	**933.22**	**1042.21**	**1224.52**	**1374.99**	**1499.37**	**1723.95**
北　京	11.57	25.67	31.84	37.88	40.46	41.77	47.95	49.44	52.00	54.19	63.66
天　津	3.65	5.16	6.03	7.79	8.32	8.76	9.09	9.66	10.21	10.45	11.29
河　北	0.13	1.03	2.45	17.50	30.72	32.26	33.73	42.18	51.72	55.02	70.49
辽　宁	0.30	1.53	6.00	6.94	8.56	10.30	13.03	17.90	20.03	22.43	25.25
上　海	6.27	9.10	14.22	16.14	27.70	27.78	28.36	35.70	42.81	43.21	53.59
江　苏	21.16	50.92	78.76	101.29	132.53	143.30	168.83	205.02	225.11	229.84	242.68
浙　江	18.70	52.85	82.02	104.95	147.57	173.75	190.08	221.06	243.11	261.56	290.75
福　建	27.38	46.99	66.33	88.39	147.03	169.11	180.39	197.96	215.56	239.99	287.45
山　东	6.46	17.77	29.83	42.54	57.72	68.21	79.63	100.94	117.87	135.94	163.68
广　东	33.62	126.97	157.84	177.02	228.04	253.12	286.00	338.76	390.62	440.26	508.26
海　南	0.96	1.59	1.73	2.26	3.94	4.86	5.12	5.90	5.95	6.48	6.85
中部地区	**39.35**	**92.31**	**153.68**	**207.24**	**301.94**	**342.71**	**394.51**	**492.02**	**544.22**	**608.79**	**723.75**
山　西	2.94	5.99	8.27	11.20	15.44	18.15	19.88	21.75	25.59	27.87	28.91
吉　林	2.00	3.46	4.63	10.45	16.47	20.34	21.64	34.13	35.10	38.14	42.91
黑龙江	0.14	1.66	5.68	7.74	10.13	12.26	13.56	20.88	24.10	27.37	28.99
安　徽	10.71	23.47	33.11	43.35	53.15	59.71	67.04	86.76	91.05	99.31	116.66
江　西	6.04	13.68	22.46	30.20	47.78	55.20	59.08	67.02	74.99	83.38	103.80
河　南	8.48	17.55	29.17	38.29	58.38	69.12	92.69	122.95	141.70	160.00	189.70
河　北	3.88	12.37	26.32	34.08	57.96	55.19	62.01	74.50	82.63	94.06	116.44
湖　南	5.15	14.13	24.04	31.93	42.63	52.74	58.61	64.02	69.06	78.66	96.34
西部地区	**59.21**	**127.52**	**180.46**	**232.06**	**337.69**	**395.20**	**446.88**	**535.55**	**612.42**	**709.96**	**838.85**
内蒙古	0.36	1.49	2.41	3.55	6.67	9.43	12.13	20.72	27.11	35.39	35.84
广　西	2.91	8.27	12.57	17.46	23.30	29.22	35.95	42.54	49.25	58.50	70.00
重　庆	9.61	21.85	30.94	39.99	57.86	61.97	72.37	83.22	87.51	94.39	107.64
四　川	14.73	34.48	53.10	65.56	87.97	109.67	125.71	152.05	173.36	200.61	239.37
贵　州	5.74	10.16	17.03	22.77	30.79	37.48	42.05	44.59	51.08	74.38	80.46
云　南	13.96	30.59	29.86	34.30	52.39	51.88	53.19	63.00	68.18	73.04	89.44
西　藏	—	—	0.56	1.29	1.49	1.64	1.89	1.93	1.97	2.03	2.14
陕　西	8.24	13.22	22.32	28.80	51.82	58.21	63.45	74.60	87.13	97.43	122.76
甘　肃	1.63	3.47	5.20	8.56	9.27	10.33	11.64	17.23	18.47	20.58	24.03
青　海	0.39	0.39	1.33	2.16	6.34	11.48	11.71	16.42	19.19	19.68	21.81
宁　夏	0.35	0.44	0.55	0.98	1.24	1.79	2.76	3.09	4.01	6.47	12.90
新　疆	1.29	3.15	4.58	6.66	8.54	12.10	14.03	16.15	25.14	27.48	32.46

数据来源：国家统计局。

表 3－68　　2013—2017 年全国各地区商业营业用房销售面积

单位：万平方米

类　别	2013 年	2014 年	2015 年	2016 年	2017 年
总　计	**8469.22**	**9074.88**	**9251.94**	**10811.96**	**12838.14**
一、东部地区	**3997.75**	**3737.41**	**3514.02**	**4148.83**	**4811.14**
北　京	102.52	79.50	84.81	125.85	74.63
天　津	51.60	65.56	56.34	97.03	77.42
河　北	404.93	444.33	385.34	448.71	496.13
辽　宁	859.00	522.80	311.61	216.69	227.25
上　海	116.47	102.86	113.70	205.87	79.33
江　苏	817.48	688.25	728.02	849.92	967.72
浙　江	344.41	333.88	384.57	529.68	698.37
福　建	242.53	286.94	296.25	305.47	412.26
山　东	600.12	674.69	635.92	635.69	823.87
广　东	433.61	491.06	479.21	677.93	885.74
海　南	25.08	47.53	38.24	55.99	68.42
二、中部地区	**2396.84**	**2703.90**	**2751.37**	**3294.03**	**4301.51**
山　西	116.00	81.11	59.85	98.69	80.73
吉　林	157.31	138.04	129.23	175.73	176.17
黑龙江	256.21	239.56	198.28	221.97	252.74
安　徽	506.29	647.96	627.40	670.96	872.00
江　西	214.03	196.09	220.43	361.29	573.67
河　南	444.99	554.60	639.18	816.65	1148.24
湖　北	358.38	423.25	408.07	393.74	483.27
湖　南	343.63	423.29	468.94	555.02	714.69
三、西部地区	**2074.64**	**2633.58**	**2986.56**	**3369.10**	**3725.48**
内蒙古	272.07	270.24	258.33	301.10	176.43
广　西	135.09	181.23	197.72	170.39	221.94
重　庆	244.04	348.49	463.05	622.18	634.37
四　川	468.64	561.42	672.00	728.11	1004.42
贵　州	198.99	337.76	452.43	542.01	573.22
云　南	285.65	328.99	354.33	382.39	418.08
西　藏	1.85	4.09	2.15	2.33	6.16
陕　西	119.22	137.43	149.02	132.40	225.31
甘　肃	63.72	80.93	96.95	133.98	106.84
青　海	10.27	40.18	32.27	34.97	58.28
宁　夏	102.66	132.44	102.20	104.82	103.77
新　疆	172.44	210.38	206.10	214.42	196.68

数据来源：国家统计局。

表 3 - 69

2017 年全国各地区月度累计商业营业用房销售面积

单位：万平方米

类别	1—2 月	1—3 月	1—4 月	1—5 月	1—6 月	1-7 月	1—8 月	1—9 月	1—10 月	1—11 月	1—12 月
总 计	**845.97**	**1844.98**	**2641.77**	**3572.59**	**5133.15**	**5967.19**	**6817.56**	**8197.77**	**9300.98**	**10665.24**	**12838.14**
东部地区	**350.27**	**771.97**	**1102.54**	**1492.90**	**2130.03**	**2422.37**	**2745.85**	**3247.40**	**3629.47**	**4055.90**	**4811.14**
北 京	20.57	35.38	38.83	43.89	54.36	55.78	57.73	59.52	61.45	62.75	74.63
天 津	5.38	21.21	27.81	32.82	39.50	42.21	44.61	54.60	57.86	61.80	77.42
河 北	10.25	48.67	74.87	119.13	213.09	232.50	256.83	309.36	356.05	384.37	496.13
辽 宁	8.71	21.83	42.10	66.38	105.64	120.23	141.84	167.07	200.40	217.16	227.25
上 海	8.60	15.94	21.23	28.82	44.86	52.01	57.47	61.17	63.37	67.57	79.33
江 苏	88.82	172.54	238.97	321.93	424.39	484.03	545.17	638.07	718.65	801.54	967.72
浙 江	54.84	129.22	182.38	235.72	325.31	371.62	419.75	496.56	541.59	594.94	698.37
福 建	33.16	56.95	89.83	127.05	183.44	205.86	241.57	278.26	314.56	348.08	412.26
山 东	41.21	102.67	162.61	224.02	315.98	381.70	444.32	545.67	617.13	688.02	823.87
广 东	71.03	157.27	205.41	267.70	390.52	437.46	492.31	585.96	642.70	770.43	885.74
海 南	7.70	10.29	18.50	25.44	32.94	38.97	44.25	51.16	55.71	59.24	68.42
中部地区	**221.70**	**503.11**	**731.64**	**1034.63**	**1537.23**	**1834.42**	**2122.43**	**2595.08**	**2973.04**	**3457.76**	**4301.51**
山 西	3.75	6.51	9.47	13.41	22.85	28.82	33.52	45.08	54.95	63.89	80.73
吉 林	6.88	16.22	29.79	45.17	65.58	78.10	92.20	116.08	134.03	149.92	176.17
黑龙江	3.08	12.99	23.85	37.34	58.99	81.25	102.21	141.58	176.90	199.09	252.74
安 徽	67.35	130.00	177.58	251.10	329.55	386.97	457.91	561.05	617.22	710.14	872.00
江 西	30.59	68.67	98.60	134.13	186.98	226.28	263.55	330.40	378.83	450.49	573.67
河 南	46.36	123.64	181.56	252.29	389.37	467.32	539.66	669.33	779.25	907.49	1148.24
河 北	27.70	66.65	93.49	133.07	219.76	257.62	282.23	325.52	363.36	401.88	483.27
湖 南	36.00	78.43	117.30	168.12	264.15	308.06	351.15	406.03	468.50	574.86	714.69
西部地区	**274.00**	**569.90**	**807.59**	**1045.09**	**1465.90**	**1710.39**	**1949.29**	**2355.29**	**2698.45**	**3151.59**	**3725.48**
内蒙古	1.26	13.51	17.48	27.86	48.79	60.49	70.06	100.91	123.42	145.82	176.43
广 西	14.73	27.32	40.20	52.25	68.99	83.13	104.41	116.24	139.68	167.17	221.94
重 庆	74.21	142.02	188.06	230.82	303.92	340.79	377.32	435.82	485.68	551.46	634.37
四 川	81.26	159.52	228.12	290.50	387.51	449.76	515.54	626.96	710.97	841.09	1004.42
贵 州	41.39	97.08	133.67	171.59	256.48	296.78	326.74	397.29	440.24	518.68	573.22
云 南	34.42	68.19	92.28	111.09	161.86	187.89	212.75	260.03	295.45	331.28	418.08
西 藏	0.13	2.22	2.80	3.41	3.96	5.34	5.49	5.70	5.71	6.11	6.16
陕 西	6.62	16.09	27.52	38.05	70.90	87.16	103.89	134.75	153.65	177.90	225.31
甘 肃	4.66	11.27	19.82	32.95	45.20	52.97	59.41	66.94	78.88	92.30	106.84
青 海	0.90	1.48	2.56	7.78	12.58	13.26	19.38	31.51	44.01	49.72	58.28
宁 夏	4.88	11.62	17.27	25.99	35.01	41.36	47.67	54.78	67.00	88.52	103.77
新 疆	9.52	19.58	37.80	52.80	70.69	91.46	106.63	124.36	153.75	181.54	196.68

数据来源：国家统计局。

表 3－70　　2013—2017 年全国各地区商业营业用房现房销售面积

单位：万平方米

类　别	2013 年	2014 年	2015 年	2016 年	2017 年
总　计	**2989. 25**	**2891. 99**	**3238. 94**	**3993. 28**	**4490. 25**
一、东部地区	**1264. 00**	**1184. 08**	**1256. 17**	**1587. 70**	**1740. 71**
北　京	56. 15	38. 15	40. 50	61. 10	31. 57
天　津	29. 64	24. 20	28. 47	44. 85	39. 90
河　北	128. 97	154. 24	141. 61	174. 40	148. 97
辽　宁	276. 17	206. 27	143. 25	97. 13	103. 36
上　海	51. 49	52. 03	59. 67	107. 86	56. 57
江　苏	216. 70	190. 62	253. 22	328. 96	366. 09
浙　江	95. 41	100. 14	128. 69	229. 23	274. 08
福　建	49. 28	45. 12	54. 27	82. 60	137. 03
山　东	182. 36	196. 70	255. 07	221. 71	299. 41
广　东	167. 57	172. 59	144. 69	226. 72	273. 36
海　南	10. 26	4. 02	6. 74	13. 15	10. 37
二、中部地区	**1000. 01**	**959. 41**	**1100. 10**	**1302. 37**	**1546. 44**
山　西	73. 59	51. 85	41. 93	59. 98	40. 87
吉　林	98. 57	87. 18	53. 17	76. 63	87. 13
黑龙江	104. 59	83. 97	114. 74	151. 21	180. 27
安　徽	144. 98	117. 82	156. 02	155. 90	303. 25
江　西	45. 95	44. 27	69. 53	95. 63	115. 12
河　南	247. 66	243. 32	332. 44	396. 83	410. 84
湖　北	137. 73	189. 75	185. 83	174. 57	195. 96
湖　南	146. 94	141. 26	146. 43	191. 63	213. 00
三、西部地区	**725. 23**	**748. 50**	**882. 67**	**1103. 21**	**1203. 09**
内蒙古	140. 85	161. 72	119. 81	137. 05	120. 05
广　西	55. 93	41. 47	33. 53	39. 12	47. 62
重　庆	84. 41	93. 92	138. 11	205. 49	180. 06
四　川	133. 81	127. 99	154. 91	206. 52	305. 67
贵　州	48. 78	61. 15	88. 45	140. 70	134. 89
云　南	87. 88	74. 69	145. 80	123. 52	148. 27
西　藏	1. 68	1. 58	0. 89	—	3. 71
陕　西	20. 57	23. 89	47. 07	28. 79	65. 57
甘　肃	28. 17	20. 86	51. 80	57. 08	39. 13
青　海	3. 97	7. 80	4. 92	6. 05	13. 32
宁　夏	57. 82	56. 90	46. 30	70. 25	61. 15
新　疆	61. 35	76. 53	51. 08	88. 63	83. 66

数据来源：国家统计局。

表 3－71　　2017 年全国各地区月度累计商业营业用房现房销售面积

单位：万平方米

类　别	1—2 月	1—3 月	1—4 月	1—5 月	1—6 月	1－7 月	1—8 月	1—9 月	1—10 月	1—11 月	1—12 月
总　计	**294.62**	**624.65**	**890.44**	**1211.86**	**1774.37**	**2042.20**	**2312.98**	**2797.98**	**3184.54**	**3684.06**	**4490.25**
东部地区	**138.41**	**277.98**	**399.00**	**554.62**	**822.34**	**903.90**	**1010.47**	**1180.00**	**1306.74**	**1467.15**	**1740.71**
北　京	5.76	7.47	8.12	9.39	18.34	19.02	20.15	21.18	22.44	23.28	31.57
天　津	2.30	12.32	15.08	17.38	22.63	23.51	24.29	27.27	27.86	30.02	39.90
河　北	5.13	9.60	15.06	38.97	74.06	61.36	67.39	84.28	97.57	104.60	148.97
辽　宁	5.39	10.01	17.35	27.14	45.82	51.08	57.81	71.84	90.01	98.22	103.36
上　海	6.60	11.53	15.73	18.04	27.65	33.37	37.77	42.11	43.77	46.52	56.57
江　苏	34.94	65.90	90.62	125.74	161.67	181.64	205.60	247.65	277.88	317.04	366.09
浙　江	27.09	58.82	85.07	108.80	146.89	162.20	179.50	201.91	216.60	237.60	274.08
福　建	12.37	19.65	30.74	43.76	65.17	73.45	82.15	92.95	102.87	114.00	137.03
山　东	16.03	36.88	59.77	85.42	127.52	150.18	173.26	198.14	218.56	247.43	299.41
广　东	20.13	43.70	59.04	76.96	127.28	141.63	155.59	184.58	200.28	238.65	273.36
海　南	2.67	2.10	2.42	3.02	5.31	6.46	6.96	8.08	8.90	9.79	10.37
中部地区	**78.24**	**171.24**	**246.91**	**345.97**	**518.17**	**626.47**	**718.13**	**896.28**	**1047.09**	**1224.07**	**1546.44**
山　西	2.39	3.41	4.75	6.35	10.33	13.57	16.12	20.25	25.30	30.30	40.87
吉　林	3.73	8.80	16.89	21.97	27.31	33.72	39.58	54.58	62.96	71.43	87.13
黑龙江	1.66	8.42	14.97	24.34	41.45	54.79	66.64	97.27	122.09	136.86	180.27
安　徽	26.98	44.21	55.63	77.33	100.05	121.72	147.55	181.56	201.23	235.73	303.25
江　西	6.92	15.92	21.23	28.71	37.23	44.36	49.99	66.69	80.03	94.67	115.12
河　南	14.98	42.11	62.75	86.45	140.21	164.96	188.37	235.85	274.52	321.04	410.84
河　北	11.05	21.97	31.99	43.09	82.18	102.32	110.44	125.10	144.76	155.24	195.96
湖　南	10.55	26.40	38.70	57.73	79.41	91.03	99.44	114.98	136.20	178.80	213.00
西部地区	**77.98**	**175.42**	**244.52**	**311.26**	**433.85**	**511.84**	**584.38**	**721.71**	**830.69**	**992.84**	**1203.09**
内蒙古	0.75	7.51	9.12	15.47	25.93	32.90	38.96	59.91	75.45	91.73	120.05
广　西	2.89	5.82	8.26	9.67	13.91	16.56	19.65	22.66	26.39	32.57	47.62
重　庆	18.20	38.88	54.52	63.30	85.73	94.52	104.36	120.77	125.60	147.34	180.06
四　川	26.25	51.02	69.02	84.60	118.32	135.80	158.03	187.63	211.69	254.09	305.67
贵　州	7.93	21.32	33.40	40.41	57.06	67.45	72.95	93.88	104.18	122.34	134.89
云　南	10.10	21.10	27.46	32.26	46.09	56.25	64.65	83.80	97.87	109.57	148.27
西　藏	—	1.74	1.85	2.26	2.41	3.32	3.34	3.38	3.38	3.71	3.71
陕　西	1.98	7.16	9.63	11.61	19.32	22.17	27.53	34.61	43.52	49.57	65.57
甘　肃	2.68	6.03	8.77	15.51	18.06	21.38	22.72	24.67	28.57	34.49	39.13
青　海	0.07	0.22	0.58	0.81	0.85	1.12	1.26	6.54	10.58	12.04	13.32
宁　夏	3.93	7.62	11.87	18.02	22.67	26.49	30.13	35.48	41.64	56.72	61.15
新　疆	3.20	7.01	10.05	17.34	23.50	33.87	40.81	48.38	61.82	78.66	83.66

数据来源：国家统计局。

表 3－72　　2013—2017 年全国各地区商业营业用房期房销售面积

单位：万平方米

类　别	2013 年	2014 年	2015 年	2016 年	2017 年
总　计	5479.98	6182.89	6013.00	6818.68	8347.89
一、东部地区	2733.74	2553.33	2257.85	2561.13	3070.44
北　京	46.38	41.35	44.30	64.75	43.06
天　津	21.97	41.37	27.88	52.19	37.52
河　北	275.96	290.10	243.74	274.31	347.16
辽　宁	582.82	316.53	168.36	119.56	123.89
上　海	64.98	50.83	54.03	98.01	22.76
江　苏	600.78	497.63	474.81	520.96	601.63
浙　江	249.00	233.73	255.88	300.45	424.30
福　建	193.24	241.82	241.98	222.86	275.22
山　东	417.76	477.99	380.85	413.99	524.46
广　东	266.04	318.47	334.52	451.21	612.39
海　南	14.82	43.51	31.51	42.84	58.05
二、中部地区	1396.83	1744.49	1651.27	1991.66	2755.07
山　西	42.41	29.26	17.92	38.71	39.87
吉　林	58.74	50.86	76.05	99.09	89.04
黑龙江	151.62	155.59	83.54	70.76	72.47
安　徽	361.31	530.14	471.38	515.05	568.75
江　西	168.08	151.82	150.91	265.66	458.54
河　南	197.33	311.28	306.74	419.82	737.40
湖　北	220.65	233.50	222.23	219.17	287.31
湖　南	196.69	282.04	322.51	363.39	501.69
三、西部地区	1349.40	1885.07	2103.88	2265.89	2522.39
内蒙古	131.21	108.51	138.52	164.04	56.38
广　西	79.15	139.77	164.20	131.28	174.32
重　庆	159.63	254.57	324.94	416.69	454.32
四　川	334.83	433.43	517.09	521.59	698.75
贵　州	150.21	276.61	363.98	401.31	438.33
云　南	197.78	254.30	208.53	258.87	269.81
西　藏	0.17	2.51	1.26	2.33	2.44
陕　西	98.66	113.53	101.95	103.61	159.74
甘　肃	35.55	60.07	45.14	76.90	67.70
青　海	6.29	32.38	27.35	28.92	44.96
宁　夏	44.83	75.54	55.90	34.57	42.62
新　疆	111.09	133.85	155.02	125.78	113.02

数据来源：国家统计局。

表 3－73　　2017 年全国各地区月度累计商业营业用房期房销售面积

单位：万平方米

类别	1—2 月	1—3 月	1—4 月	1—5 月	1—6 月	1－7 月	1—8 月	1—9 月	1—10 月	1—11 月	1—12 月
总　计	**551.35**	**1220.33**	**1751.33**	**2360.73**	**3358.78**	**3924.99**	**4504.58**	**5399.79**	**6116.44**	**6981.18**	**8347.89**
东部地区	**211.87**	**493.98**	**703.55**	**938.24**	**1307.69**	**1518.48**	**1735.39**	**2067.40**	**2322.72**	**2588.76**	**3070.44**
北　京	14.82	27.92	30.71	34.50	36.02	36.76	37.58	38.34	39.01	39.47	43.06
天　津	3.09	8.89	12.73	15.43	16.87	18.70	20.32	27.32	30.00	31.78	37.52
河　北	5.12	39.07	59.81	80.16	139.04	171.14	189.44	225.08	258.48	279.77	347.16
辽　宁	3.32	11.81	24.75	39.24	59.83	69.15	84.03	95.23	110.38	118.95	123.89
上　海	2.00	4.42	5.50	10.78	17.20	18.65	19.70	19.07	19.60	21.04	22.76
江　苏	53.88	106.63	148.36	196.19	262.72	302.39	339.57	390.42	440.77	484.51	601.63
浙　江	27.76	70.40	97.31	126.92	178.42	209.41	240.25	294.64	325.00	357.34	424.30
福　建	20.79	37.29	59.09	83.28	118.27	132.41	159.42	185.31	211.69	234.08	275.22
山　东	25.18	65.79	102.84	138.59	188.46	231.52	271.06	347.53	398.57	440.59	524.46
广　东	50.89	113.57	146.37	190.74	263.23	295.84	336.72	401.38	442.41	531.78	612.39
海　南	5.03	8.19	16.08	22.41	27.63	32.51	37.30	43.08	46.81	49.45	58.05
中部地区	**143.46**	**331.87**	**484.73**	**688.62**	**1019.05**	**1207.96**	**1404.26**	**1698.80**	**1925.97**	**2233.69**	**2755.07**
山　西	1.37	3.11	4.72	7.05	12.53	15.25	17.39	24.83	29.65	33.59	39.87
吉　林	3.15	7.42	12.90	23.20	38.27	44.38	52.61	61.50	71.07	78.49	89.04
黑龙江	1.42	4.56	8.88	13.00	17.54	26.46	35.57	44.32	54.81	62.23	72.47
安　徽	40.37	85.79	121.95	173.77	229.49	265.26	310.36	379.49	416.00	474.41	568.75
江　西	23.67	52.75	77.37	105.41	149.74	181.93	213.56	263.71	298.80	355.81	458.54
河　南	31.38	81.53	118.81	165.84	249.16	302.35	351.28	433.47	504.73	586.46	737.40
河　北	16.65	44.68	61.49	89.97	137.58	155.30	171.78	200.42	218.60	246.64	287.31
湖　南	25.45	52.03	78.61	110.38	184.74	217.03	251.71	291.05	332.31	396.06	501.69
西部地区	**196.02**	**394.48**	**563.07**	**733.84**	**1032.04**	**1198.55**	**1364.91**	**1633.59**	**1867.76**	**2158.75**	**2522.39**
内蒙古	0.52	6.01	8.37	12.39	22.86	27.59	31.10	41.00	47.97	54.09	56.38
广　西	11.85	21.50	31.95	42.58	55.08	66.57	84.76	93.58	113.28	134.60	174.32
重　庆	56.01	103.14	133.54	167.51	218.19	246.26	272.96	315.05	360.08	404.12	454.32
四　川	55.01	108.51	159.10	205.91	269.20	313.97	357.51	439.33	499.28	587.00	698.75
贵　州	33.46	75.77	100.28	131.17	199.42	229.33	253.79	303.41	336.06	396.34	438.33
云　南	24.32	47.09	64.83	78.83	115.76	131.64	148.10	176.23	197.58	221.71	269.81
西　藏	0.13	0.48	0.95	1.15	1.55	2.02	2.15	2.32	2.33	2.39	2.44
陕　西	4.65	8.92	17.88	26.44	51.58	64.98	76.35	100.14	110.14	128.33	159.74
甘　肃	1.97	5.24	11.05	17.44	27.14	31.59	36.69	42.27	50.32	57.81	67.70
青　海	0.83	1.26	1.98	6.96	11.73	12.14	18.13	24.98	33.43	37.68	44.96
宁　夏	0.95	4.00	5.40	7.97	12.34	14.87	17.55	19.30	25.36	31.79	42.62
新　疆	6.32	12.57	27.75	35.46	47.19	57.59	65.82	75.98	91.93	102.88	113.02

数据来源：国家统计局。

（二）各地区房地产销售金额

表 3－74　　2013—2017 年全国各地区商品房销售金额

单位：亿元

类　别	2013 年	2014 年	2015 年	2016 年	2017 年
总　计	**81428.28**	**76292.41**	**87280.84**	**117627.05**	**133701.31**
一、东部地区	**49327.40**	**43606.95**	**52142.80**	**72331.03**	**77210.54**
北　京	3530.82	2738.74	3517.65	4561.60	2796.03
天　津	1615.47	1486.94	1790.01	3478.22	2272.30
河　北	2779.69	2928.00	3371.59	4301.83	4628.37
辽　宁	4759.21	3092.10	2254.97	2256.91	2771.69
上　海	3911.57	3499.53	5093.55	6695.85	4026.67
江　苏	7913.70	6898.42	8396.20	12293.02	13066.85
浙　江	5396.03	4923.00	6299.46	9605.10	12339.99
福　建	4232.08	3763.52	3585.81	4530.79	5705.19
山　东	5215.12	4879.66	5408.01	6902.90	8096.97
广　东	8941.05	8461.84	11442.80	16214.61	18792.76
海　南	1032.65	935.21	982.75	1490.20	2713.72
二、中部地区	**16524.49**	**16558.22**	**18198.58**	**25250.50**	**31259.65**
山　西	728.26	746.14	775.64	1027.14	1357.48
吉　林	993.04	808.58	816.87	1029.58	1135.18
黑龙江	1582.34	1208.54	1027.14	1121.04	1459.72
安　徽	3182.87	3345.19	3369.42	5035.55	5865.77
江　西	1647.90	1621.76	1863.67	2678.37	3592.52
河　南	3074.14	3440.58	3945.55	5612.90	7129.40
湖　北	2790.32	3088.31	3661.37	4994.05	6258.92
湖　南	2525.64	2299.11	2738.92	3751.86	4460.66
三、西部地区	**15576.39**	**16127.24**	**16939.46**	**20045.52**	**25231.11**
内蒙古	1177.36	1064.82	1052.18	1149.08	956.81
广　西	1375.79	1532.05	1747.77	2207.47	3016.64
重　庆	2682.76	2814.99	2952.21	3432.00	4557.85
四　川	4020.27	3997.37	4199.84	5358.91	6757.11
贵　州	1276.69	1370.31	1571.68	1790.53	2240.77
云　南	1487.24	1596.37	1666.85	1917.76	2561.19
西　藏	10.60	34.25	21.08	38.14	35.28
陕　西	1608.11	1598.04	1597.44	1785.17	2661.08
甘　肃	474.07	602.34	704.93	873.46	890.31
青　海	158.84	211.27	206.00	236.44	296.50
宁　夏	443.70	464.96	370.30	409.71	464.13
新　疆	860.95	840.47	849.18	846.84	793.45

数据来源：国家统计局。

表 3－75　　2017 年全国各地区月度累计商品房销售金额

单位：亿元

类　别	1—2 月	1—3 月	1—4 月	1—5 月	1—6 月	1－7 月	1—8 月	1—9 月	1—10 月	1—11 月	1—12 月
总　计	**10805.54**	**23182.25**	**33222.61**	**43631.73**	**59151.83**	**68461.36**	**78095.59**	**91903.53**	**102990.34**	**115480.60**	**133701.31**
东部地区	**6645.23**	**14599.83**	**20733.81**	**26925.88**	**35966.91**	**41373.82**	**46981.68**	**54796.47**	**60908.39**	**67503.57**	**77210.54**
北　京	443.00	817.51	1018.40	1248.67	1467.53	1623.48	1762.02	1902.04	2065.77	2240.26	2796.03
天　津	228.23	704.52	864.18	1084.51	1300.37	1492.20	1678.24	1837.88	1972.21	2106.23	2272.30
河　北	164.56	558.69	874.61	1223.83	1892.00	2146.17	2406.12	3012.69	3470.37	3847.00	4628.37
辽　宁	154.11	348.46	611.64	892.55	1271.47	1482.90	1834.82	2134.27	2416.01	2623.11	2771.69
上　海	401.68	858.32	1172.89	1419.61	1989.44	2431.41	2776.95	3122.39	3304.53	3562.30	4026.67
江　苏	1257.16	2538.12	3741.42	4896.52	6397.00	7361.59	8310.36	9440.87	10449.94	11675.89	13066.85
浙　江	996.52	2197.27	3184.20	4211.03	5704.98	6557.71	7482.27	8757.41	9679.58	10677.06	12339.99
福　建	589.40	1180.25	1655.31	2120.15	2755.63	3109.97	3463.70	3947.09	4434.45	4925.61	5705.19
山　东	435.46	1092.98	1716.14	2381.94	3245.97	3864.20	4485.23	5515.21	6201.24	7009.21	8096.97
广　东	1545.98	3484.35	4805.25	6163.44	8455.17	9620.11	10916.30	13106.21	14709.82	16419.56	18792.76
海　南	429.13	819.36	1089.77	1283.63	1487.35	1684.08	1865.67	2020.41	2204.47	2417.34	2713.72
中部地区	**2072.81**	**4371.90**	**6369.17**	**8649.24**	**12255.21**	**14419.32**	**16653.26**	**20110.11**	**22905.91**	**26049.17**	**31259.65**
山　西	75.65	160.56	246.25	332.19	473.41	589.05	684.54	817.76	980.71	1147.97	1357.48
吉　林	47.94	124.12	194.56	299.47	430.51	535.41	652.98	772.71	874.03	992.69	1135.18
黑龙江	30.38	98.16	181.99	284.29	426.35	565.62	688.08	883.21	1082.13	1255.64	1459.72
安　徽	591.02	1086.26	1519.92	2004.30	2602.59	3038.01	3472.82	4065.26	4519.28	5069.68	5865.77
江　西	235.50	495.54	716.49	964.68	1343.62	1582.03	1823.15	2211.33	2528.81	2903.69	3592.52
河　南	361.69	851.22	1247.69	1674.87	2458.32	2956.39	3524.18	4425.66	5091.95	5790.50	7129.40
河　北	400.27	886.06	1302.50	1815.87	2726.37	3065.53	3449.66	4203.06	4732.50	5229.08	6258.92
湖　南	330.36	669.98	959.77	1273.57	1794.04	2087.28	2357.85	2731.12	3096.50	3659.92	4460.66
西部地区	**2087.50**	**4210.52**	**6119.63**	**8056.61**	**10929.70**	**12668.22**	**14460.65**	**16996.95**	**19176.02**	**21927.86**	**25231.11**
内蒙古	9.20	64.72	111.75	182.85	329.42	400.34	474.29	644.42	754.35	883.87	956.81
广　西	239.44	441.28	671.02	913.58	1202.02	1396.14	1627.95	1847.18	2142.75	2499.71	3016.64
重　庆	494.74	941.20	1334.81	1725.31	2240.06	2512.17	2854.17	3241.82	3591.19	3982.61	4557.85
四　川	673.24	1260.95	1745.28	2248.77	2980.79	3505.37	3985.87	4665.13	5206.30	5928.99	6757.11
贵　州	180.19	409.36	550.30	720.97	1011.22	1154.44	1291.45	1546.25	1715.23	2033.88	2240.77
云　南	182.35	425.03	622.65	780.71	1100.31	1258.42	1417.51	1724.75	1932.93	2196.02	2561.19
西　藏	0.88	7.81	13.04	15.71	19.32	26.43	27.85	28.76	29.81	34.52	35.28
陕　西	159.15	335.89	575.01	738.46	1081.12	1254.26	1412.79	1684.58	1901.75	2199.15	2661.08
甘　肃	57.74	137.44	207.39	299.66	398.78	475.18	553.67	634.91	708.83	806.63	890.31
青　海	11.12	18.89	33.66	63.72	90.18	109.43	127.68	182.31	231.29	263.05	296.50
宁　夏	28.90	66.90	97.11	138.43	182.93	216.83	257.06	295.10	342.12	410.15	464.13
新　疆	50.55	101.04	157.62	228.44	293.56	359.21	430.36	501.76	619.47	689.28	793.45

数据来源：国家统计局。

表 3 -76　　2013—2017 年全国各地区商品房现房销售金额

单位：亿元

类　别	2013 年	2014 年	2015 年	2016 年	2017 年
总　计	**16882.30**	**16082.15**	**19228.34**	**25154.43**	**26285.92**
一、东部地区	**10050.66**	**9072.11**	**11571.61**	**15517.98**	**15823.79**
北　京	1029.84	684.86	1025.56	1502.14	890.20
天　津	497.78	444.04	520.46	895.80	418.48
河　北	661.33	697.82	924.90	900.11	1144.15
辽　宁	1134.47	926.68	710.89	771.31	862.44
上　海	1271.39	948.88	1513.92	1692.69	1251.64
江　苏	1359.68	1268.17	1574.26	2351.98	2448.59
浙　江	647.05	807.58	1184.93	2136.96	2302.13
福　建	302.16	287.31	392.65	524.35	785.32
山　东	954.38	946.81	1133.37	1341.89	1525.27
广　东	1914.04	1847.88	2346.02	2998.30	3388.41
海　南	278.55	212.09	244.64	402.45	807.16
二、中部地区	**3966.72**	**4027.89**	**4283.26**	**5300.74**	**5982.34**
山　西	215.75	204.02	183.75	315.31	326.50
吉　林	298.37	284.83	189.36	319.90	293.26
黑龙江	513.98	369.53	417.45	534.20	624.24
安　徽	435.47	473.34	541.48	672.82	785.30
江　西	267.55	231.40	339.19	508.84	598.35
河　南	837.71	1072.06	1038.88	1232.67	1370.55
湖　北	795.58	825.29	886.21	840.64	1076.79
湖　南	602.31	567.42	686.95	876.35	907.35
三、西部地区	**2864.92**	**2982.14**	**3373.48**	**4335.71**	**4479.79**
内蒙古	476.66	436.10	393.35	463.67	430.57
广　西	249.04	244.13	225.39	279.93	360.75
重　庆	359.93	446.17	542.89	785.24	735.12
四　川	675.15	640.69	708.17	1016.85	1044.09
贵　州	129.43	190.62	227.36	317.76	316.66
云　南	339.53	345.37	471.70	607.33	577.19
西　藏	6.68	4.08	9.45	13.12	17.36
陕　西	121.98	156.68	240.80	214.77	333.76
甘　肃	168.22	142.27	211.18	225.90	203.38
青　海	29.00	61.63	33.59	47.73	73.69
宁　夏	135.73	126.48	119.31	159.05	167.26
新　疆	173.60	187.90	190.28	204.37	219.97

数据来源：国家统计局。

表 3 - 77　　2017 年全国各地区月度累计商品房现房销售金额

单位：亿元

类　别	1—2 月	1—3 月	1—4 月	1—5 月	1—6 月	1 - 7 月	1—8 月	1—9 月	1—10 月	1—11 月	1—12 月
总　计	**2278.89**	**4709.75**	**6654.00**	**8774.54**	**11954.58**	**13766.75**	**15614.64**	**18274.77**	**20287.98**	**22613.76**	**26285.92**
东部地区	**1508.27**	**3118.24**	**4373.34**	**5716.81**	**7659.57**	**8736.60**	**9890.87**	**11419.33**	**12513.24**	**13775.92**	**15823.79**
北　京	131.13	245.81	321.64	392.71	454.01	499.09	553.23	615.05	659.43	715.17	890.20
天　津	48.76	183.57	193.60	231.03	281.60	316.39	331.34	344.00	360.71	388.34	418.48
河　北	39.92	164.39	220.09	287.85	476.79	506.27	545.39	713.73	802.07	889.12	1144.15
辽　宁	51.67	107.99	185.65	279.21	419.79	478.35	573.29	653.12	743.73	801.97	862.44
上　海	134.48	225.13	307.02	353.08	502.79	642.45	799.91	909.54	969.65	1060.71	1251.64
江　苏	259.81	503.93	695.21	911.51	1223.12	1408.00	1590.56	1833.08	2005.12	2199.78	2448.59
浙　江	223.59	468.65	700.86	928.68	1211.04	1376.80	1545.04	1746.29	1885.49	2027.52	2302.13
福　建	98.59	150.12	208.84	293.52	375.10	450.76	508.43	558.87	622.52	687.24	785.32
山　东	98.85	224.21	350.29	490.39	671.54	791.81	900.68	1051.01	1177.71	1307.13	1525.27
广　东	294.89	611.51	868.22	1164.09	1597.31	1770.81	2008.00	2426.61	2680.22	3005.77	3388.41
海　南	126.58	232.93	321.92	384.74	446.48	495.87	535.00	568.04	606.59	693.17	807.16
中部地区	**399.95**	**834.68**	**1210.88**	**1654.22**	**2359.97**	**2784.52**	**3184.32**	**3816.70**	**4355.80**	**4943.72**	**5982.34**
山　西	15.31	31.40	49.92	72.96	107.23	132.56	154.23	189.14	231.36	265.28	326.50
吉　林	11.73	38.75	63.03	81.22	110.57	138.54	162.52	192.25	224.31	253.47	293.26
黑龙江	13.04	40.56	73.69	112.08	194.53	245.59	289.20	375.82	436.23	503.89	624.24
安　徽	79.03	141.15	194.04	261.91	322.12	367.24	415.52	493.34	570.80	634.35	785.30
江　西	45.68	88.61	123.03	167.73	226.66	257.09	294.92	350.43	411.08	479.68	598.35
河　南	66.53	158.91	229.97	316.28	465.40	568.56	688.17	843.91	983.79	1129.62	1370.55
河　北	97.44	188.31	268.02	364.93	539.93	622.68	682.01	788.15	863.38	923.08	1076.79
湖　南	71.20	146.99	209.18	277.11	393.53	452.26	497.75	583.68	634.85	754.35	907.35
西部地区	**370.66**	**756.84**	**1069.78**	**1403.50**	**1935.06**	**2245.63**	**2539.46**	**3038.74**	**3418.91**	**3894.11**	**4479.79**
内蒙古	2.85	20.03	32.11	56.29	116.50	151.94	180.95	263.80	320.47	383.01	430.57
广　西	25.27	48.64	73.99	98.29	139.06	164.50	187.33	215.56	244.11	286.53	360.75
重　庆	88.88	164.94	229.34	296.08	409.22	441.48	476.44	545.63	595.13	655.57	735.12
四　川	118.61	220.97	291.73	369.72	476.67	546.07	613.29	725.09	805.29	905.62	1044.09
贵　州	26.85	65.21	92.50	114.63	156.58	180.76	201.58	238.98	262.03	294.07	316.66
云　南	47.20	98.24	143.15	179.21	241.89	291.10	327.33	390.07	425.25	471.16	577.19
西　藏	0.12	5.04	6.11	7.20	9.12	11.59	12.15	12.45	12.87	16.99	17.36
陕　西	19.25	46.11	68.35	87.80	133.78	148.98	174.53	212.52	241.24	283.49	333.76
甘　肃	14.67	29.78	47.27	67.97	89.43	108.60	128.50	144.13	161.11	182.59	203.38
青　海	1.81	4.13	8.15	11.65	16.08	21.41	25.10	43.66	55.65	66.73	73.69
宁　夏	14.32	29.34	40.89	58.25	73.76	86.35	98.45	110.64	126.13	154.10	167.26
新　疆	10.82	24.42	36.21	56.41	72.96	92.86	113.81	136.23	169.63	194.24	219.97

数据来源：国家统计局。

表 3 - 78

2013—2017 年全国各地区商品房期房销售金额

单位：亿元

类 别	2013 年	2014 年	2015 年	2016 年	2017 年
总 计	**64545.98**	**60210.26**	**68052.50**	**92472.62**	**107415.39**
一、东部地区	**39276.74**	**34534.83**	**40571.20**	**56813.05**	**61386.76**
北 京	2500.98	2053.88	2492.09	3059.46	1905.82
天 津	1117.69	1042.89	1269.55	2582.43	1853.82
河 北	2118.36	2230.18	2446.69	3401.72	3484.22
辽 宁	3624.74	2165.42	1544.08	1485.60	1909.26
上 海	2640.18	2550.65	3579.62	5003.16	2775.03
江 苏	6554.02	5630.24	6821.94	9941.04	10618.27
浙 江	4748.99	4115.42	5114.52	7468.14	10037.86
福 建	3929.92	3476.21	3193.17	4006.44	4919.87
山 东	4260.74	3932.86	4274.63	5561.01	6571.70
广 东	7027.01	6613.95	9096.78	13216.31	15404.35
海 南	754.10	723.13	738.12	1087.75	1906.56
二、中部地区	**12557.78**	**12530.33**	**13915.32**	**19949.76**	**25277.31**
山 西	512.51	542.12	591.89	711.83	1030.98
吉 林	694.67	523.76	627.51	709.68	841.91
黑龙江	1068.36	839.02	609.69	586.84	835.49
安 徽	2747.39	2871.85	2827.95	4362.72	5080.47
江 西	1380.34	1390.37	1524.48	2169.53	2994.17
河 南	2236.43	2368.52	2906.67	4380.23	5758.85
湖 北	1994.74	2263.01	2775.16	4153.41	5182.13
湖 南	1923.34	1731.69	2051.97	2875.52	3553.31
三、西部地区	**12711.47**	**13145.10**	**13565.98**	**15709.81**	**20751.32**
内蒙古	700.71	628.71	658.83	685.41	526.24
广 西	1126.75	1287.92	1522.37	1927.54	2655.89
重 庆	2322.83	2368.82	2409.33	2646.76	3822.73
四 川	3345.13	3356.69	3491.68	4342.06	5713.02
贵 州	1147.27	1179.70	1344.31	1472.77	1924.11
云 南	1147.71	1251.00	1195.15	1310.44	1984.00
西 藏	3.92	30.17	11.63	25.03	17.93
陕 西	1486.14	1441.35	1356.63	1570.40	2327.32
甘 肃	305.85	460.07	493.75	647.56	686.93
青 海	129.84	149.64	172.40	188.72	222.81
宁 夏	307.97	338.48	250.98	250.65	296.87
新 疆	687.35	652.56	658.91	642.47	573.48

数据来源：国家统计局。

表 3－79　　2017 年全国各地区月度累计商品房期房销售金额

单位：亿元

类　别	1—2 月	1—3 月	1—4 月	1—5 月	1—6 月	1－7 月	1—8 月	1—9 月	1—10 月	1—11 月	1—12 月
总　计	**8526.65**	**18472.50**	**26568.61**	**34857.19**	**47197.25**	**54694.61**	**62480.95**	**73628.76**	**82702.37**	**92866.84**	**107415.39**
东部地区	**5136.95**	**11481.61**	**16360.45**	**21209.05**	**28307.36**	**32637.22**	**37090.82**	**43377.13**	**48395.14**	**53727.65**	**61386.76**
北　京	311.87	571.71	696.76	855.95	1013.52	1124.38	1208.79	1286.99	1406.33	1525.09	1905.82
天　津	179.46	520.95	670.58	853.48	1018.77	1175.80	1346.89	1493.88	1611.50	1717.90	1853.82
河　北	124.64	394.30	654.53	935.98	1415.21	1639.90	1860.73	2298.96	2668.30	2957.88	3484.22
辽　宁	102.44	240.47	425.98	613.33	851.68	1004.56	1261.54	1481.15	1672.28	1821.14	1909.26
上　海	267.20	633.19	865.86	1066.53	1486.65	1788.96	1977.04	2212.85	2334.87	2501.59	2775.03
江　苏	997.35	2034.19	3046.20	3985.01	5173.88	5953.59	6719.80	7607.79	8444.82	9476.11	10618.27
浙　江	772.93	1728.62	2483.34	3282.35	4493.95	5180.91	5937.23	7011.13	7794.09	8649.54	10037.86
福　建	490.81	1030.13	1446.47	1826.62	2380.53	2659.21	2955.28	3388.22	3811.93	4238.36	4919.87
山　东	336.60	868.78	1365.85	1891.56	2574.43	3072.39	3584.55	4464.20	5023.53	5702.08	6571.70
广　东	1251.09	2872.84	3937.02	4999.35	6857.87	7849.31	8908.30	10679.60	12029.61	13413.79	15404.35
海　南	302.55	586.43	767.86	898.89	1040.87	1188.21	1330.67	1452.37	1597.88	1724.17	1906.56
中部地区	**1672.86**	**3537.21**	**5158.31**	**6995.02**	**9895.24**	**11634.80**	**13468.95**	**16293.41**	**18550.11**	**21105.45**	**25277.31**
山　西	60.34	129.16	196.33	259.22	366.18	456.48	530.31	628.63	749.35	882.69	1030.98
吉　林	36.21	85.37	131.53	218.26	319.95	396.87	490.46	580.46	649.72	739.22	841.91
黑龙江	17.34	57.59	108.30	172.21	231.82	320.04	398.87	507.39	645.90	751.75	835.49
安　徽	511.99	945.12	1325.89	1742.39	2280.46	2670.78	3057.31	3571.93	3948.49	4435.33	5080.47
江　西	189.82	406.93	593.46	796.95	1116.96	1324.94	1528.23	1860.90	2117.73	2424.00	2994.17
河　南	295.16	692.31	1017.73	1358.59	1992.92	2387.82	2836.02	3581.76	4108.16	4660.89	5758.85
河　北	302.83	697.75	1034.48	1450.94	2186.44	2442.85	2767.65	3414.91	3869.12	4306.00	5182.13
湖　南	259.16	522.98	750.59	996.46	1400.51	1635.02	1860.10	2147.44	2461.64	2905.57	3553.31
西部地区	**1716.84**	**3453.67**	**5049.85**	**6653.11**	**8994.65**	**10422.59**	**11921.19**	**13958.21**	**15757.11**	**18033.75**	**20751.32**
内蒙古	6.36	44.70	79.64	126.57	212.91	248.40	293.35	380.61	433.88	500.86	526.24
广　西	214.17	392.64	597.03	815.29	1062.96	1231.64	1440.63	1631.62	1898.65	2213.18	2655.89
重　庆	405.86	776.27	1105.47	1429.23	1830.84	2070.69	2377.73	2696.19	2996.07	3327.04	3822.73
四　川	554.63	1039.98	1453.56	1879.05	2504.12	2959.30	3372.57	3940.03	4401.01	5023.37	5713.02
贵　州	153.35	344.15	457.81	606.34	854.64	973.68	1089.87	1307.27	1453.20	1739.81	1924.11
云　南	135.15	326.79	479.50	601.50	858.42	967.32	1090.18	1334.69	1507.67	1724.86	1984.00
西　藏	0.76	2.77	6.93	8.51	10.20	14.84	15.70	16.31	16.94	17.53	17.93
陕　西	139.90	289.78	506.66	650.65	947.34	1105.28	1238.26	1472.06	1660.51	1915.65	2327.32
甘　肃	43.07	107.66	160.12	231.69	309.35	366.58	425.17	490.78	547.72	624.04	686.93
青　海	9.31	14.76	25.50	52.07	74.10	88.03	102.57	138.65	175.65	196.31	222.81
宁　夏	14.58	37.57	56.22	80.18	109.16	130.48	158.61	184.46	215.98	256.05	296.87
新　疆	39.72	76.61	121.41	172.03	220.60	266.35	316.55	365.54	449.84	495.04	573.48

数据来源：国家统计局。

表 3－80　　2013—2017 年全国各地区住宅销售金额

单位：亿元

类　别	2013 年	2014 年	2015 年	2016 年	2017 年
总　计	**67694. 94**	**62395. 58**	**72753. 00**	**99064. 17**	**110239. 51**
一、东部地区	**41049. 38**	**36265. 45**	**44361. 66**	**61799. 35**	**64454. 53**
北　京	2434. 71	2102. 46	2512. 89	2795. 81	2077. 01
天　津	1443. 34	1294. 33	1646. 43	3245. 60	2032. 93
河　北	2329. 12	2501. 62	2854. 21	3710. 88	3925. 37
辽　宁	3941. 86	2518. 87	1907. 63	1988. 03	2452. 23
上　海	3264. 03	2923. 44	4319. 93	5233. 29	3336. 09
江　苏	6777. 70	5969. 60	7374. 87	11055. 36	11325. 84
浙　江	4513. 88	4172. 58	5519. 27	8280. 85	10300. 34
福　建	3410. 57	2939. 58	2839. 76	3793. 41	4202. 00
山　东	4461. 07	4009. 48	4510. 76	6070. 54	6891. 65
广　东	7476. 10	6960. 26	9967. 32	14240. 33	15437. 89
海　南	997. 00	873. 22	908. 60	1385. 26	2473. 18
二、中部地区	**13770. 16**	**13483. 47**	**15280. 46**	**21386. 16**	**25888. 19**
山　西	625. 14	639. 83	702. 29	900. 79	1225. 90
吉　林	839. 73	667. 62	680. 26	806. 49	920. 85
黑龙江	1305. 90	962. 69	824. 21	903. 66	1134. 47
安　徽	2662. 04	2691. 80	2714. 33	4231. 59	4878. 56
江　西	1396. 06	1379. 50	1606. 67	2207. 17	2879. 66
河　南	2516. 26	2739. 71	3300. 33	4839. 03	5897. 68
湖　北	2310. 04	2543. 76	3198. 53	4383. 81	5380. 31
湖　南	2114. 97	1858. 58	2253. 85	3113. 62	3570. 76
三、西部地区	**12875. 40**	**12646. 66**	**13110. 88**	**15878. 66**	**19896. 80**
内蒙古	874. 45	765. 04	766. 06	838. 08	731. 69
广　西	1166. 72	1274. 57	1459. 43	1948. 23	2635. 74
重　庆	2283. 57	2253. 28	2244. 43	2635. 64	3601. 56
四　川	3308. 58	3145. 02	3269. 52	4296. 27	5173. 60
贵　州	988. 77	1000. 01	1068. 14	1269. 43	1623. 37
云　南	1192. 55	1165. 39	1236. 81	1411. 38	1973. 72
西　藏	8. 85	28. 55	16. 70	34. 70	25. 19
陕　西	1413. 20	1368. 12	1381. 27	1585. 71	2215. 17
甘　肃	418. 08	513. 47	603. 08	712. 35	738. 22
青　海	146. 29	155. 83	139. 83	172. 06	211. 71
宁　夏	363. 60	352. 03	283. 98	325. 89	369. 30
新　疆	710. 74	625. 35	641. 62	648. 94	597. 52

数据来源：国家统计局。

表 3－81　　2017 年全国各地区月度累计住宅销售金额

单位：亿元

类　别	1—2 月	1—3 月	1—4 月	1—5 月	1—6 月	1－7 月	1—8 月	1—9 月	1—10 月	1—11 月	1—12 月
总　计	**9120.87**	**19398.99**	**27950.84**	**36655.76**	**49298.05**	**57087.49**	**65155.73**	**76442.27**	**85532.32**	**95762.08**	**110239.51**
东部地区	**5591.45**	**12201.83**	**17484.16**	**22716.73**	**30131.47**	**34772.59**	**39522.60**	**46005.25**	**51078.12**	**56627.78**	**64454.53**
北　京	270.41	473.63	626.09	797.73	974.40	1108.30	1218.26	1339.73	1480.56	1636.42	2077.01
天　津	200.03	616.37	753.19	938.29	1128.89	1309.64	1487.88	1629.06	1751.19	1876.71	2032.93
河　北	150.87	500.67	780.78	1068.11	1622.38	1849.22	2079.35	2576.62	2970.91	3288.17	3925.37
辽　宁	138.61	313.90	552.16	803.04	1126.51	1317.79	1640.13	1903.73	2143.69	2328.87	2452.23
上　海	312.71	708.85	990.52	1202.07	1635.86	2036.11	2335.08	2601.80	2742.97	2969.82	3336.09
江　苏	1118.34	2217.46	3287.73	4304.50	5615.18	6472.81	7272.63	8233.49	9090.49	10168.14	11325.84
浙　江	855.02	1874.35	2692.07	3538.27	4788.57	5494.10	6264.57	7297.04	8082.25	8929.52	10300.34
福　建	459.05	961.63	1320.15	1659.09	2052.15	2316.80	2571.34	2943.84	3284.72	3656.72	4202.00
山　东	382.04	964.37	1503.75	2074.17	2814.51	3335.54	3866.65	4743.10	5321.68	6020.24	6891.65
广　东	1309.38	2811.98	3972.40	5145.75	7005.49	7989.42	9080.27	10898.16	12205.49	13552.23	15437.89
海　南	394.99	758.62	1005.32	1185.71	1367.53	1542.86	1706.44	1838.70	2004.17	2200.94	2473.18
中部地区	**1778.63**	**3730.56**	**5414.96**	**7294.05**	**10257.51**	**12024.85**	**13892.05**	**16750.39**	**19105.98**	**21664.30**	**25888.19**
山　西	67.46	144.79	224.02	301.04	425.61	528.44	615.86	729.77	875.79	1031.22	1225.90
吉　林	38.61	103.05	160.80	244.50	351.59	437.44	535.94	623.77	706.77	806.01	920.85
黑龙江	26.52	79.91	145.88	229.71	348.62	447.14	543.98	678.95	839.64	988.32	1134.47
安　徽	514.85	937.12	1315.52	1718.73	2230.72	2606.58	2967.16	3441.30	3834.40	4292.43	4878.56
江　西	197.02	412.32	585.59	787.52	1083.49	1266.00	1467.21	1782.65	2049.25	2335.27	2879.66
河　南	307.77	725.10	1060.14	1412.29	2056.27	2469.59	2939.47	3706.09	4235.56	4787.26	5897.68
河　北	347.26	762.40	1117.00	1544.12	2301.90	2586.83	2921.67	3576.80	4046.20	4474.92	5380.31
湖　南	279.15	565.87	806.01	1056.14	1459.31	1682.83	1900.76	2211.06	2518.37	2948.87	3570.76
西部地区	**1750.79**	**3466.58**	**5051.72**	**6644.96**	**8909.07**	**10290.04**	**11741.07**	**13686.63**	**15348.22**	**17470.00**	**19896.80**
内蒙古	7.50	51.01	92.98	152.35	273.83	328.05	389.17	509.45	589.65	687.63	731.69
广　西	218.68	397.55	605.61	824.61	1081.50	1249.78	1446.81	1639.03	1897.94	2195.31	2635.74
重　庆	419.41	767.74	1100.17	1416.70	1799.34	2016.64	2292.62	2591.48	2856.11	3169.02	3601.56
四　川	562.08	1038.74	1417.87	1821.51	2401.33	2819.14	3200.14	3709.79	4103.57	4628.59	5173.60
贵　州	139.99	309.92	407.24	536.16	749.57	843.41	943.86	1129.64	1247.70	1481.89	1623.37
云　南	138.15	324.99	494.18	626.39	871.49	988.78	1116.67	1344.94	1501.47	1710.47	1973.72
西　藏	0.75	4.15	8.32	9.87	12.73	18.21	19.09	19.74	20.72	24.61	25.19
陕　西	139.55	299.29	514.04	656.64	935.37	1084.17	1216.33	1443.91	1617.03	1856.24	2215.17
甘　肃	50.15	119.22	177.77	252.89	335.86	403.25	471.38	533.34	592.87	674.24	738.22
青　海	9.71	16.69	29.06	52.50	71.43	85.45	100.22	135.57	168.32	192.89	211.71
宁　夏	25.01	57.94	83.18	117.19	154.25	182.98	217.07	248.84	284.86	333.92	369.30
新　疆	39.82	79.35	121.29	178.16	222.37	270.21	327.70	380.88	467.98	515.19	597.52

数据来源：国家统计局。

表 3－82　　2013—2017 年全国各地区住宅现房销售金额

单位：亿元

类　别	2013 年	2014 年	2015 年	2016 年	2017 年
总　计	**12877.85**	**12094.65**	**14677.42**	**19239.07**	**19088.25**
一、东部地区	**7631.48**	**6954.66**	**9061.53**	**12163.82**	**11764.83**
北　京	726.04	487.44	669.35	912.26	666.03
天　津	418.18	379.33	436.50	791.93	290.75
河　北	510.04	537.65	714.36	670.39	940.47
辽　宁	892.03	709.74	570.81	656.19	739.16
上　海	996.14	767.53	1182.10	1190.94	856.80
江　苏	1055.58	1030.66	1236.27	1926.45	1876.01
浙　江	446.02	620.03	944.69	1684.76	1614.74
福　建	180.71	192.61	269.63	375.91	454.60
山　东	772.50	723.75	877.68	1074.69	1129.30
广　东	1366.96	1300.55	1927.73	2496.41	2434.83
海　南	267.29	205.37	232.41	383.88	762.14
二、中部地区	**3100.40**	**3034.76**	**3296.08**	**4112.32**	**4308.94**
山　西	165.88	155.72	146.34	267.24	283.93
吉　林	218.83	217.54	145.44	255.30	218.79
黑龙江	425.48	277.36	315.61	402.80	441.33
安　徽	307.31	359.81	388.83	505.65	452.86
江　西	221.11	191.48	270.04	402.72	448.20
河　南	660.50	815.52	793.68	942.04	1048.96
湖　北	616.94	579.75	684.86	650.68	783.94
湖　南	484.35	437.59	551.29	685.89	630.93
三、西部地区	**2145.97**	**2105.23**	**2319.81**	**2962.94**	**3014.48**
内蒙古	335.29	300.05	292.57	311.00	294.26
广　西	193.99	199.74	182.28	229.64	303.36
重　庆	251.45	290.31	314.89	465.62	435.09
四　川	517.92	440.03	487.51	687.77	624.65
贵　州	86.89	124.03	130.20	192.15	181.28
云　南	262.69	243.22	291.47	423.16	422.84
西　藏	5.08	2.62	7.09	13.12	11.75
陕　西	98.58	125.49	187.23	177.24	243.45
甘　肃	145.73	123.54	170.17	178.17	168.91
青　海	25.11	52.37	28.12	37.91	55.02
宁　夏	98.29	85.68	84.96	110.81	120.41
新　疆	124.94	118.15	143.32	136.35	153.46

数据来源：国家统计局。

表 3－83　　**2017 年全国各地区月度累计住宅现房销售金额**

单位：亿元

类　别	1—2 月	1—3 月	1—4 月	1—5 月	1—6 月	1－7 月	1—8 月	1—9 月	1—10 月	1—11 月	1—12 月
总　计	**1757. 20**	**3650. 19**	**5176. 98**	**6748. 40**	**9023. 85**	**10345. 40**	**11707. 93**	**13569. 05**	**14995. 31**	**16625. 44**	**19088. 25**
东部地区	**1169. 54**	**2454. 08**	**3457. 31**	**4463. 12**	**5846. 73**	**6676. 96**	**7523. 65**	**8616. 93**	**9397. 27**	**10323. 37**	**11764. 83**
北　京	99. 41	158. 74	227. 93	286. 79	328. 45	362. 15	402. 31	453. 34	489. 92	537. 97	666. 03
天　津	34. 67	130. 27	132. 60	158. 30	190. 43	219. 62	232. 64	241. 14	255. 94	275. 01	290. 75
河　北	32. 43	153. 12	202. 42	253. 73	405. 48	438. 88	472. 83	587. 99	664. 56	732. 90	940. 47
辽　宁	44. 87	95. 00	165. 34	247. 47	361. 65	414. 35	501. 36	570. 72	642. 05	692. 54	739. 16
上　海	71. 70	128. 64	191. 07	223. 30	310. 81	416. 80	533. 50	597. 17	641. 07	709. 39	856. 80
江　苏	207. 30	406. 42	555. 46	731. 51	977. 24	1131. 13	1264. 54	1440. 09	1556. 14	1700. 82	1876. 01
浙　江	172. 16	362. 10	535. 82	682. 19	885. 71	1009. 94	1113. 65	1249. 01	1349. 65	1445. 63	1614. 74
福　建	59. 21	108. 47	150. 48	194. 27	231. 71	286. 47	311. 99	343. 49	368. 96	403. 49	454. 60
山　东	80. 59	185. 92	283. 72	384. 44	514. 71	598. 38	680. 73	795. 81	895. 40	989. 21	1129. 30
广　东	245. 85	500. 59	700. 91	929. 66	1214. 58	1330. 08	1504. 29	1805. 79	1965. 46	2185. 28	2434. 83
海　南	121. 36	224. 81	311. 56	371. 46	425. 96	469. 16	505. 81	532. 37	568. 12	651. 13	762. 14
中部地区	**304. 52**	**636. 38**	**932. 42**	**1253. 90**	**1778. 92**	**2058. 62**	**2368. 94**	**2812. 14**	**3218. 13**	**3625. 27**	**4308. 94**
山　西	12. 94	27. 83	44. 42	64. 73	94. 73	116. 70	135. 97	164. 15	199. 98	229. 69	283. 93
吉　林	7. 46	29. 38	48. 37	62. 49	86. 80	107. 70	125. 58	145. 40	171. 19	192. 07	218. 79
黑龙江	10. 89	32. 24	59. 15	88. 56	158. 65	192. 38	222. 06	271. 83	307. 47	363. 68	441. 33
安　徽	54. 53	100. 89	137. 30	184. 08	222. 99	247. 08	274. 26	314. 37	371. 64	405. 56	452. 86
江　西	35. 81	64. 82	89. 15	121. 87	165. 77	188. 54	221. 29	261. 61	310. 91	358. 47	448. 20
河　南	49. 98	123. 04	178. 91	244. 28	359. 77	445. 44	547. 17	669. 04	774. 76	877. 99	1048. 96
河　北	79. 31	149. 67	216. 99	282. 71	405. 28	445. 85	493. 06	572. 40	626. 69	671. 70	783. 94
湖　南	53. 60	108. 51	158. 13	205. 18	284. 93	314. 93	349. 55	413. 35	455. 49	526. 11	630. 93
西部地区	**283. 15**	**559. 75**	**787. 23**	**1031. 35**	**1398. 20**	**1609. 79**	**1815. 32**	**2139. 97**	**2379. 92**	**2676. 79**	**3014. 48**
内蒙古	2. 11	13. 18	23. 77	42. 47	92. 94	119. 47	141. 21	190. 44	229. 66	272. 75	294. 26
广　西	21. 59	41. 31	64. 37	86. 52	120. 58	141. 98	160. 81	184. 91	209. 42	244. 53	303. 36
重　庆	67. 15	114. 19	156. 20	200. 27	262. 10	277. 12	296. 94	340. 25	366. 63	397. 58	435. 09
四　川	84. 65	155. 15	200. 02	248. 41	312. 83	355. 43	393. 64	462. 40	507. 70	560. 04	624. 65
贵　州	19. 96	45. 91	59. 49	74. 42	102. 03	112. 48	126. 21	142. 63	154. 56	173. 38	181. 28
云　南	38. 16	79. 47	115. 69	147. 46	194. 95	230. 33	257. 11	301. 68	319. 05	350. 58	422. 84
西　藏	0. 12	1. 95	2. 89	3. 46	5. 24	6. 82	7. 33	7. 57	7. 99	11. 39	11. 75
陕　西	15. 80	37. 72	57. 39	74. 63	109. 32	123. 28	142. 55	172. 08	190. 93	214. 54	243. 45
甘　肃	12. 51	24. 93	40. 00	55. 04	73. 13	89. 44	106. 92	120. 06	133. 76	151. 44	168. 91
青　海	1. 63	3. 79	7. 35	10. 56	14. 76	19. 91	23. 45	35. 34	42. 74	52. 02	55. 02
宁　夏	11. 71	24. 04	32. 20	45. 39	57. 38	67. 19	76. 12	84. 09	95. 10	112. 40	120. 41
新　疆	7. 75	18. 09	27. 86	42. 71	52. 94	66. 32	83. 03	98. 51	122. 39	136. 13	153. 46

数据来源：国家统计局。

表 3 -84　　2013—2017 年全国各地区住宅期房销售金额

单位：亿元

类　别	2013 年	2014 年	2015 年	2016 年	2017 年
总　计	**54817.09**	**50300.94**	**58075.57**	**79825.10**	**91151.26**
一、东部地区	**33417.90**	**29310.79**	**35300.12**	**49635.53**	**52689.70**
北　京	1708.67	1615.02	1843.53	1883.55	1410.98
天　津	1025.16	915.00	1209.93	2453.67	1742.18
河　北	1819.08	1963.98	2139.85	3040.49	2984.90
辽　宁	3049.84	1809.13	1336.81	1331.83	1713.07
上　海	2267.89	2155.92	3137.83	4042.36	2479.29
江　苏	5722.12	4938.94	6138.59	9128.91	9449.83
浙　江	4067.87	3552.55	4574.58	6596.08	8685.60
福　建	3229.87	2746.97	2570.13	3417.49	3747.40
山　东	3688.57	3285.73	3633.08	4995.85	5762.35
广　东	6109.14	5659.71	8039.60	11743.91	13003.06
海　南	729.70	667.85	676.19	1001.38	1711.04
二、中部地区	**10669.76**	**10448.71**	**11984.38**	**17273.84**	**21579.25**
山　西	459.27	484.11	555.94	633.55	941.96
吉　林	620.90	450.08	534.82	551.19	702.06
黑龙江	880.43	685.34	508.61	500.87	693.14
安　徽	2354.73	2331.99	2325.50	3725.94	4425.70
江　西	1174.95	1188.02	1336.63	1804.45	2431.46
河　南	1855.75	1924.19	2506.65	3896.98	4848.73
湖　北	1693.10	1964.00	2513.67	3733.13	4596.37
湖　南	1630.63	1420.99	1702.56	2427.73	2939.83
三、西部地区	**10729.43**	**10541.43**	**10791.07**	**12915.72**	**16882.32**
内蒙古	539.16	464.99	473.49	527.08	437.43
广　西	972.73	1074.83	1277.15	1718.59	2332.38
重　庆	2032.11	1962.97	1929.54	2170.02	3166.48
四　川	2790.65	2704.99	2782.01	3608.50	4548.95
贵　州	901.88	875.98	937.94	1077.28	1442.09
云　南	929.86	922.16	945.34	988.22	1550.89
西　藏	3.77	25.93	9.61	21.58	13.44
陕　西	1314.62	1242.64	1194.04	1408.46	1971.72
甘　肃	272.35	389.92	432.91	534.18	569.31
青　海	121.19	103.46	111.71	134.15	156.69
宁　夏	265.31	266.35	199.02	215.08	248.88
新　疆	585.80	507.20	498.30	512.59	444.06

数据来源：国家统计局。

表 3 - 85　　2017 年全国各地区月度累计住宅期房销售金额

单位：亿元

类 别	1—2 月	1—3 月	1—4 月	1—5 月	1—6 月	1 - 7 月	1—8 月	1—9 月	1—10 月	1—11 月	1—12 月
总 计	**7303. 07**	**15748. 80**	**22773. 86**	**29907. 36**	**40274. 20**	**46742. 10**	**53447. 79**	**62873. 22**	**70537. 02**	**79136. 64**	**91151. 26**
东部地区	**4421. 92**	**9747. 76**	**14026. 84**	**18253. 62**	**24284. 75**	**28095. 61**	**31998. 95**	**37388. 32**	**41680. 88**	**46304. 40**	**52689. 70**
北 京	171. 00	314. 89	398. 16	510. 94	645. 95	746. 15	815. 95	886. 38	990. 65	1098. 45	1410. 98
天 津	165. 36	486. 10	620. 59	779. 99	938. 47	1090. 02	1255. 24	1387. 93	1495. 24	1601. 70	1742. 18
河 北	118. 44	347. 55	578. 36	814. 38	1216. 90	1410. 33	1606. 52	1988. 62	2306. 35	2555. 26	2984. 90
辽 宁	93. 75	218. 90	386. 82	555. 57	764. 86	903. 44	1138. 78	1333. 01	1501. 65	1636. 34	1713. 07
上 海	241. 01	580. 21	799. 45	978. 77	1325. 05	1619. 31	1801. 58	2004. 63	2101. 90	2260. 43	2479. 29
江 苏	911. 04	1811. 04	2732. 27	3572. 99	4637. 94	5341. 68	6008. 09	6793. 40	7534. 35	8467. 31	9449. 83
浙 江	682. 86	1512. 25	2156. 25	2856. 08	3902. 86	4484. 16	5150. 92	6048. 02	6732. 61	7483. 89	8685. 60
福 建	399. 84	853. 16	1169. 66	1464. 82	1820. 44	2030. 33	2259. 35	2600. 35	2915. 76	3253. 23	3747. 40
山 东	301. 46	778. 46	1220. 03	1689. 73	2299. 80	2737. 16	3185. 92	3947. 29	4426. 29	5031. 03	5762. 35
广 东	1063. 54	2311. 39	3271. 49	4216. 09	5790. 91	6659. 34	7575. 98	9092. 36	10240. 03	11366. 95	13003. 06
海 南	273. 64	533. 81	693. 76	814. 26	941. 57	1073. 69	1200. 62	1306. 32	1436. 05	1549. 81	1711. 04
中部地区	**1474. 11**	**3094. 17**	**4482. 52**	**6040. 14**	**8478. 58**	**9966. 23**	**11523. 10**	**13938. 24**	**15887. 85**	**18039. 03**	**21579. 25**
山 西	54. 52	116. 95	179. 59	236. 30	330. 88	411. 74	479. 89	565. 62	675. 81	801. 53	941. 96
吉 林	31. 15	73. 67	112. 43	182. 01	264. 78	329. 75	410. 36	478. 37	535. 58	613. 94	702. 06
黑龙江	15. 64	47. 67	86. 73	141. 15	189. 97	254. 76	321. 91	407. 12	532. 18	624. 64	693. 14
安 徽	460. 32	836. 23	1178. 22	1534. 65	2007. 72	2359. 50	2692. 90	3126. 93	3462. 76	3886. 87	4425. 70
江 西	161. 20	347. 51	496. 44	665. 65	917. 73	1077. 46	1245. 92	1521. 04	1738. 34	1976. 80	2431. 46
河 南	257. 79	602. 06	881. 23	1168. 01	1696. 50	2024. 14	2392. 30	3037. 05	3460. 80	3909. 27	4848. 73
河 北	267. 94	612. 72	900. 01	1261. 41	1896. 62	2140. 98	2428. 61	3004. 40	3419. 50	3803. 22	4596. 37
湖 南	225. 54	457. 36	647. 87	850. 96	1174. 38	1367. 90	1551. 21	1797. 71	2062. 88	2422. 76	2939. 83
西部地区	**1467. 64**	**2906. 84**	**4264. 49**	**5613. 61**	**7510. 86**	**8680. 25**	**9925. 75**	**11546. 65**	**12968. 30**	**14793. 22**	**16882. 32**
内蒙古	5. 39	37. 82	69. 22	109. 88	180. 89	208. 58	247. 96	319. 01	359. 99	414. 88	437. 43
广 西	197. 09	356. 24	541. 24	738. 09	960. 92	1107. 79	1286. 00	1454. 12	1688. 52	1950. 78	2332. 38
重 庆	352. 25	653. 56	943. 97	1216. 43	1537. 24	1739. 52	1995. 68	2251. 23	2489. 48	2771. 44	3166. 48
四 川	477. 43	883. 59	1217. 85	1573. 09	2088. 50	2463. 70	2806. 50	3247. 39	3595. 87	4068. 55	4548. 95
贵 州	120. 03	264. 01	347. 76	461. 74	647. 53	730. 93	817. 65	987. 00	1093. 15	1308. 51	1442. 09
云 南	99. 99	245. 51	378. 49	478. 92	676. 54	758. 45	859. 55	1043. 27	1182. 42	1359. 89	1550. 89
西 藏	0. 63	2. 19	5. 43	6. 41	7. 49	11. 39	11. 77	12. 17	12. 74	13. 22	13. 44
陕 西	123. 75	261. 57	456. 65	582. 02	826. 05	960. 89	1073. 79	1271. 83	1426. 10	1641. 70	1971. 72
甘 肃	37. 64	94. 29	137. 77	197. 85	262. 73	313. 80	364. 46	413. 28	459. 10	522. 80	569. 31
青 海	8. 08	12. 90	21. 71	41. 95	56. 68	65. 53	76. 77	100. 23	125. 58	140. 87	156. 69
宁 夏	13. 30	33. 90	50. 99	71. 80	96. 87	115. 79	140. 95	164. 75	189. 76	221. 52	248. 88
新 疆	32. 07	61. 25	93. 42	135. 44	169. 43	203. 89	244. 66	282. 37	345. 59	379. 06	444. 06

数据来源：国家统计局。

表 3－86　　2013—2017 年全国各地区办公楼销售金额

单位：亿元

类　别	2013 年	2014 年	2015 年	2016 年	2017 年
总　计	**3747.35**	**2944.22**	**3760.92**	**5483.81**	**6441.36**
一、东部地区	**2777.04**	**1980.97**	**2842.66**	**4260.27**	**4447.97**
北　京	744.78	359.32	702.74	1261.90	374.21
天　津	26.88	17.11	24.71	44.71	79.32
河　北	60.72	48.78	84.33	121.80	148.92
辽　宁	36.34	41.45	33.48	59.67	39.99
上　海	380.85	300.43	488.68	903.17	394.07
江　苏	218.46	185.36	222.47	255.37	421.61
浙　江	303.78	205.92	216.35	464.60	674.13
福　建	290.14	201.48	195.07	219.98	622.06
山　东	176.13	179.69	278.74	184.83	267.54
广　东	534.06	428.75	583.87	731.56	1394.74
海　南	4.88	12.66	12.23	12.66	31.38
二、中部地区	**518.09**	**448.82**	**381.61**	**645.95**	**1011.68**
山　西	14.64	31.58	19.42	33.48	37.53
吉　林	13.78	8.30	12.83	24.43	39.96
黑龙江	17.61	11.96	13.49	21.39	52.16
安　徽	69.11	75.84	80.29	145.68	144.77
江　西	51.28	38.84	34.33	66.82	120.74
河　南	187.16	164.40	123.18	141.16	226.34
湖　北	77.77	69.01	48.32	123.33	255.69
湖　南	86.74	48.88	49.74	89.64	134.49
三、西部地区	**452.23**	**514.43**	**536.66**	**577.59**	**981.70**
内蒙古	40.42	27.16	26.74	11.83	33.80
广　西	43.23	29.48	40.56	47.50	77.81
重　庆	78.08	109.41	118.02	98.86	162.13
四　川	111.75	109.51	88.73	120.53	270.61
贵　州	73.15	57.02	51.92	60.36	75.34
云　南	46.62	78.99	67.34	87.68	88.89
西　藏	0.40	2.18	1.48	0.74	1.24
陕　西	33.22	43.74	53.77	58.41	161.05
甘　肃	5.03	11.13	14.86	45.45	40.99
青　海	0.41	6.64	22.84	13.06	21.65
宁　夏	4.57	6.41	10.18	5.75	13.23
新　疆	15.35	32.77	40.23	27.41	34.96

数据来源：国家统计局。

表 3－87　　2017 年全国各地区月度累计办公楼销售金额

单位：亿元

类别	1—2 月	1—3 月	1—4 月	1—5 月	1—6 月	1－7 月	1—8 月	1—9 月	1—10 月	1—11 月	1—12 月
总计	**485.19**	**1202.33**	**1651.86**	**2118.74**	**2932.18**	**3340.00**	**3778.54**	**4447.90**	**4962.54**	**5485.00**	**6441.36**
东部地区	**366.41**	**934.37**	**1250.66**	**1566.90**	**2125.84**	**2390.67**	**2698.76**	**3146.30**	**3486.28**	**3810.18**	**4447.97**
北京	65.40	163.19	195.73	237.34	250.15	260.33	285.38	291.32	304.37	314.82	374.21
天津	10.90	35.31	38.95	54.73	58.60	62.32	63.28	65.14	66.42	67.55	79.32
河北	3.06	3.78	5.23	26.98	48.73	51.00	52.58	93.91	100.67	115.33	148.92
辽宁	0.62	1.62	5.28	6.95	12.46	14.69	19.43	25.34	29.49	31.83	39.99
上海	55.13	90.11	107.45	119.47	191.43	207.22	233.84	290.99	321.96	336.80	394.07
江苏	35.74	82.42	125.72	159.51	208.89	237.94	280.58	327.92	364.18	390.52	421.61
浙江	44.43	111.22	174.54	225.55	318.96	370.88	438.47	509.10	552.74	595.32	674.13
福建	57.59	98.15	147.92	191.88	312.15	360.94	392.85	426.78	471.38	530.56	622.06
山东	6.81	18.25	39.28	68.20	93.85	115.78	134.12	165.53	186.79	213.39	267.54
广东	83.91	326.23	404.95	468.92	617.11	690.60	777.82	924.97	1062.25	1185.84	1394.74
海南	2.81	4.09	5.61	7.37	13.51	18.97	20.41	25.29	26.03	28.22	31.38
中部地区	**62.44**	**133.91**	**211.22**	**299.23**	**433.42**	**502.90**	**568.71**	**693.71**	**764.93**	**856.37**	**1011.68**
山西	3.12	5.50	8.12	12.57	19.63	22.74	24.66	29.61	34.31	36.87	37.53
吉林	2.63	4.11	5.40	10.55	15.55	18.69	20.69	31.55	32.48	35.15	39.96
黑龙江	0.57	4.12	9.10	12.76	16.48	23.19	26.14	38.29	42.28	46.78	52.16
安徽	14.85	28.27	38.58	50.78	61.64	72.92	84.88	105.93	115.10	124.72	144.77
江西	6.11	15.80	24.91	33.88	59.72	68.10	71.85	80.72	89.95	99.22	120.74
河南	14.38	23.67	37.35	51.30	78.46	94.95	119.38	146.93	171.69	197.12	226.34
河北	9.16	28.76	53.99	84.37	125.27	131.00	143.41	176.39	192.07	216.17	255.69
湖南	11.61	23.68	33.77	43.02	56.67	71.31	77.70	84.29	87.05	100.34	134.49
西部地区	**56.35**	**134.06**	**190.00**	**252.59**	**372.90**	**446.43**	**511.07**	**607.89**	**711.30**	**818.46**	**981.70**
内蒙古	0.32	1.54	2.50	3.31	6.10	10.58	13.09	20.00	28.35	34.19	33.80
广西	3.03	8.60	13.87	18.27	25.28	32.21	39.60	45.99	53.53	65.11	77.81
重庆	9.64	23.81	33.71	47.13	74.76	84.82	101.44	112.53	127.16	138.05	162.13
四川	14.88	34.21	51.30	68.33	91.72	114.90	132.01	157.88	186.96	217.15	270.61
贵州	3.95	9.30	16.95	22.41	29.37	38.29	44.16	49.70	55.56	69.79	75.34
云南	8.56	29.28	30.42	35.92	52.41	54.76	56.11	64.97	70.03	74.97	88.89
西藏	—	—	0.28	0.62	0.73	0.81	1.03	1.05	1.10	1.12	1.24
陕西	10.00	16.65	25.81	32.77	60.26	67.30	74.32	89.02	107.79	130.12	161.05
甘肃	3.23	5.72	7.98	12.59	14.58	16.66	20.24	31.10	32.95	35.48	40.99
青海	0.40	0.40	1.09	1.84	4.53	8.79	8.94	13.07	16.25	16.44	21.65
宁夏	0.28	0.45	0.68	1.25	1.56	1.97	2.84	3.33	4.37	7.27	13.23
新疆	2.09	4.10	5.41	8.16	11.62	15.34	17.27	19.25	27.25	28.76	34.96

数据来源：国家统计局。

表 3 - 88　　2013—2017 年全国各地区办公楼现房销售金额

单位：亿元

类　别	2013 年	2014 年	2015 年	2016 年	2017 年
总　计	**890.67**	**691.90**	**1044.93**	**1479.06**	**1842.74**
一、东部地区	**741.36**	**480.98**	**825.75**	**1170.36**	**1368.62**
北　京	125.36	59.49	222.69	406.82	116.00
天　津	14.18	7.50	16.08	14.10	55.11
河　北	28.06	27.52	40.07	60.72	66.54
辽　宁	5.47	11.10	18.94	28.34	13.56
上　海	157.09	66.45	191.86	258.91	197.60
江　苏	69.53	51.26	73.57	86.29	123.05
浙　江	64.30	58.52	83.15	140.92	250.79
福　建	30.22	13.16	19.89	28.64	114.62
山　东	35.01	43.33	38.56	56.75	105.74
广　东	212.11	142.44	119.75	87.79	305.36
海　南	0.04	0.21	1.19	1.09	20.25
二、中部地区	**92.30**	**93.61**	**98.46**	**135.74**	**278.13**
山　西	4.17	8.10	6.45	3.14	8.55
吉　林	5.37	2.53	3.77	4.84	4.72
黑龙江	3.18	3.56	6.45	7.22	13.03
安　徽	18.31	17.02	20.45	36.64	44.44
江　西	10.81	2.00	8.14	19.09	28.57
河　南	13.50	27.51	21.88	29.93	41.70
湖　北	32.43	25.15	17.62	12.03	82.86
湖　南	4.55	7.74	13.71	22.86	54.26
三、西部地区	**57.00**	**117.31**	**120.72**	**172.96**	**195.98**
内蒙古	10.47	6.50	8.80	4.16	8.18
广　西	1.90	1.28	4.05	11.20	8.20
重　庆	10.57	42.73	32.60	54.10	60.90
四　川	10.24	24.20	25.62	31.65	43.67
贵　州	0.63	2.19	9.86	18.16	20.85
云　南	10.15	20.81	20.00	35.81	9.37
西　藏	0.40	—	1.33	—	—
陕　西	2.80	1.44	5.85	1.59	24.85
甘　肃	3.11	1.45	2.64	5.52	4.17
青　海	0.12	0.88	0.52	3.09	4.09
宁　夏	1.84	1.90	2.65	2.58	2.58
新　疆	4.78	13.92	6.80	5.09	9.12

数据来源：国家统计局。

表 3－89　2017 年全国各地区月度累计办公楼现房销售金额

单位：亿元

类　别	1—2 月	1—3 月	1—4 月	1—5 月	1—6 月	1－7 月	1—8 月	1—9 月	1—10 月	1—11 月	1—12 月
总　计	**152.25**	**311.35**	**405.72**	**557.71**	**766.06**	**910.47**	**1071.08**	**1264.49**	**1404.20**	**1565.17**	**1842.74**
东部地区	**118.24**	**239.99**	**310.13**	**410.55**	**572.25**	**665.68**	**800.32**	**956.81**	**1057.61**	**1172.04**	**1368.62**
北　京	15.20	61.28	64.57	68.52	69.08	76.27	85.35	88.22	90.31	92.29	116.00
天　津	6.15	27.44	28.93	36.86	39.61	42.49	42.80	43.60	43.84	44.56	55.11
河　北	2.95	3.09	3.18	5.04	10.81	11.25	11.30	42.76	42.90	53.55	66.54
辽　宁	0.27	0.40	0.73	1.23	4.02	4.42	5.85	6.14	8.38	8.51	13.56
上　海	36.57	59.76	63.56	69.44	91.56	105.30	130.54	161.31	171.28	184.67	197.60
江　苏	14.30	23.65	33.95	41.80	51.89	60.18	71.16	89.20	106.34	113.91	123.05
浙　江	16.47	32.38	52.46	72.39	99.69	113.20	153.15	174.84	188.60	206.25	250.79
福　建	17.24	10.55	13.13	27.39	51.44	62.87	77.82	79.91	96.15	107.05	114.62
山　东	1.61	3.29	12.24	30.07	40.01	50.67	57.41	66.37	73.12	82.09	105.74
广　东	6.46	16.47	34.36	54.55	107.88	128.26	153.09	188.51	220.08	261.16	305.36
海　南	1.02	1.68	3.02	3.26	6.26	10.77	11.85	15.96	16.61	18.00	20.25
中部地区	**25.84**	**51.32**	**65.30**	**98.80**	**124.56**	**155.99**	**170.65**	**193.68**	**209.02**	**230.42**	**278.13**
山　西	0.33	0.45	0.87	2.34	3.29	4.12	4.43	7.52	8.62	8.87	8.55
吉　林	1.52	2.08	2.43	2.84	2.85	2.90	3.94	4.14	4.29	4.50	4.72
黑龙江	0.41	2.12	2.74	3.68	4.21	6.80	7.55	8.86	9.92	10.50	13.03
安　徽	4.71	7.03	9.73	13.53	16.20	22.23	28.14	31.22	35.14	38.50	44.44
江　西	1.17	5.14	6.19	9.42	14.57	15.36	16.28	19.79	22.54	23.92	28.57
河　南	6.11	7.92	10.90	14.89	18.32	20.89	23.42	25.44	29.00	37.73	41.70
河　北	4.93	15.52	18.58	35.77	44.70	57.00	59.03	66.90	71.77	74.70	82.86
湖　南	6.68	11.06	13.86	16.33	20.42	26.69	27.86	29.81	27.74	31.70	54.26
西部地区	**8.16**	**20.03**	**30.31**	**48.37**	**69.26**	**88.78**	**100.10**	**114.00**	**137.57**	**162.69**	**195.98**
内蒙古	0.01	0.36	0.47	0.66	1.21	3.71	4.23	5.60	7.96	8.90	8.18
广　西	0.45	0.96	1.38	1.82	2.93	4.36	5.36	5.76	6.45	7.88	8.20
重　庆	1.17	5.16	7.63	14.66	24.05	30.36	33.15	35.50	46.15	51.72	60.90
四　川	2.63	4.56	6.84	13.00	15.72	16.51	18.05	20.60	24.65	29.50	43.67
贵　州	0.64	2.62	5.44	6.83	9.18	13.03	15.49	19.09	19.66	19.71	20.85
云　南	0.17	0.77	1.21	1.25	2.38	4.70	5.05	5.85	7.11	8.37	9.37
西　藏	—	—	—	—	—	—	—	—	—	—	—
陕　西	1.29	2.45	3.47	4.41	5.38	6.15	7.82	9.83	11.96	22.70	24.85
甘　肃	0.68	1.28	1.55	1.77	2.38	2.80	3.52	3.83	3.95	4.08	4.17
青　海	0.13	0.13	0.16	0.19	0.34	0.36	0.36	0.49	1.11	1.11	4.09
宁　夏	0.01	0.10	0.25	0.52	0.62	0.68	0.81	1.03	1.27	1.84	2.58
新　疆	0.99	1.63	1.91	3.25	5.06	6.11	6.25	6.42	7.29	6.87	9.12

数据来源：国家统计局。

表 3 -90　　2013—2017 年全国各地区办公楼期房销售金额

单位：亿元

类　别	2013 年	2014 年	2015 年	2016 年	2017 年
总　计	**2856. 68**	**2252. 32**	**2715. 99**	**4004. 75**	**4598. 61**
一、东部地区	**2035. 67**	**1499. 99**	**2016. 91**	**3089. 91**	**3079. 35**
北　京	619. 43	299. 84	480. 05	855. 08	258. 22
天　津	12. 70	9. 61	8. 63	30. 61	24. 22
河　北	32. 66	21. 26	44. 26	61. 08	82. 38
辽　宁	30. 87	30. 36	14. 53	31. 33	26. 43
上　海	223. 75	233. 98	296. 81	644. 26	196. 48
江　苏	148. 94	134. 10	148. 90	169. 08	298. 56
浙　江	239. 48	147. 40	133. 20	323. 68	423. 33
福　建	259. 92	188. 32	175. 18	191. 35	507. 43
山　东	141. 12	136. 36	240. 19	128. 08	161. 80
广　东	321. 96	286. 31	464. 12	643. 77	1089. 38
海　南	4. 85	12. 46	11. 04	11. 57	11. 12
二、中部地区	**425. 78**	**355. 20**	**283. 15**	**510. 21**	**733. 56**
山　西	10. 47	23. 48	12. 98	30. 34	28. 98
吉　林	8. 41	5. 77	9. 07	19. 60	35. 24
黑龙江	14. 43	8. 40	7. 04	14. 17	39. 13
安　徽	50. 80	58. 82	59. 84	109. 04	100. 33
江　西	40. 48	36. 85	26. 19	47. 73	92. 17
河　南	173. 66	136. 89	101. 30	111. 24	184. 65
湖　北	45. 34	43. 86	30. 69	111. 30	172. 83
湖　南	82. 20	41. 14	36. 03	66. 79	80. 23
三、西部地区	**395. 22**	**397. 13**	**415. 93**	**404. 63**	**785. 72**
内蒙古	29. 96	20. 66	17. 94	7. 67	25. 62
广　西	41. 33	28. 19	36. 52	36. 30	69. 62
重　庆	67. 51	66. 68	85. 42	44. 75	101. 22
四　川	101. 51	85. 32	63. 11	88. 88	226. 94
贵　州	72. 52	54. 83	42. 05	42. 20	54. 49
云　南	36. 47	58. 17	47. 34	51. 88	79. 52
西　藏	—	2. 18	0. 15	0. 74	1. 24
陕　西	30. 42	42. 30	47. 91	56. 82	136. 21
甘　肃	1. 92	9. 68	12. 22	39. 93	36. 82
青　海	0. 29	5. 77	22. 32	9. 97	17. 56
宁　夏	2. 73	4. 51	7. 53	3. 17	10. 65
新　疆	10. 57	18. 85	33. 43	22. 32	25. 84

数据来源：国家统计局。

表 3－91　　2017 年全国各地区月度累计办公楼期房销售金额

单位：亿元

类 别	1—2 月	1—3 月	1—4 月	1—5 月	1—6 月	1-7 月	1—8 月	1—9 月	1—10 月	1—11 月	1—12 月
总 计	**332.94**	**890.99**	**1246.14**	**1561.02**	**2166.11**	**2429.53**	**2707.46**	**3183.42**	**3558.34**	**3919.83**	**4598.61**
东部地区	**248.16**	**694.37**	**940.53**	**1156.39**	**1553.61**	**1724.98**	**1898.44**	**2189.49**	**2428.69**	**2638.11**	**3079.35**
北 京	50.20	101.90	131.16	168.83	181.08	184.06	200.03	203.10	214.05	222.52	258.22
天 津	4.75	7.87	10.02	17.87	18.99	19.83	20.48	21.53	22.59	22.99	24.22
河 北	0.11	0.69	2.05	21.94	37.92	39.75	41.28	51.15	57.77	61.78	82.38
辽 宁	0.35	1.22	4.55	5.73	8.44	10.27	13.58	19.20	21.11	23.31	26.43
上 海	18.56	30.35	43.89	50.04	99.86	101.92	103.30	129.68	150.68	152.12	196.48
江 苏	21.44	58.77	91.77	117.71	157.00	177.76	209.42	238.73	257.84	276.61	298.56
浙 江	27.97	78.84	122.08	153.16	219.27	257.68	285.32	334.27	364.14	389.07	423.33
福 建	40.35	87.60	134.80	164.49	260.71	298.07	315.03	346.87	375.24	423.51	507.43
山 东	5.19	14.96	27.04	38.14	53.84	65.11	76.71	99.16	113.68	131.30	161.80
广 东	77.45	309.76	370.58	414.37	509.24	562.34	624.73	736.46	842.17	924.68	1089.38
海 南	1.79	2.41	2.59	4.11	7.26	8.19	8.56	9.33	9.42	10.22	11.12
中部地区	**36.59**	**82.59**	**145.91**	**200.41**	**308.84**	**346.90**	**398.05**	**500.03**	**555.93**	**625.95**	**733.56**
山 西	2.79	5.05	7.25	10.23	16.33	18.61	20.23	22.09	25.70	28.00	28.98
吉 林	1.11	2.04	2.97	7.70	12.69	15.78	16.76	27.40	28.19	30.65	35.24
黑龙江	0.15	2.00	6.36	9.08	12.27	16.39	18.59	29.44	32.36	36.28	39.13
安 徽	10.15	21.25	28.84	37.25	45.44	50.69	56.74	74.71	79.97	86.22	100.33
江 西	4.94	10.66	18.73	24.45	45.15	52.75	55.56	60.93	67.41	75.30	92.17
河 南	8.28	15.75	26.44	36.41	60.14	74.06	95.95	121.49	142.69	159.39	184.65
河 北	4.24	13.23	35.41	48.60	80.57	74.00	84.37	109.49	120.30	141.47	172.83
湖 南	4.93	12.61	19.91	26.69	36.25	44.62	49.85	54.48	59.31	68.64	80.23
西部地区	**48.18**	**114.03**	**159.69**	**204.22**	**303.65**	**357.64**	**410.97**	**493.89**	**573.73**	**655.77**	**785.72**
内蒙古	0.31	1.18	2.03	2.65	4.89	6.88	8.86	14.41	20.39	25.30	25.62
广 西	2.58	7.64	12.49	16.45	22.35	27.85	34.24	40.22	47.08	57.23	69.62
重 庆	8.47	18.65	26.08	32.46	50.71	54.46	68.29	77.03	81.01	86.33	101.22
四 川	12.25	29.65	44.46	55.32	76.00	98.39	113.96	137.27	162.32	187.66	226.94
贵 州	3.30	6.68	11.51	15.58	20.19	25.25	28.67	30.61	35.90	50.07	54.49
云 南	8.39	28.51	29.21	34.67	50.03	50.06	51.06	59.13	62.92	66.59	79.52
西 藏	—	—	0.28	0.62	0.73	0.81	1.03	1.05	1.10	1.12	1.24
陕 西	8.71	14.21	22.34	28.36	54.88	61.15	66.50	79.19	95.83	107.41	136.21
甘 肃	2.54	4.44	6.43	10.82	12.20	13.86	16.71	27.27	29.00	31.40	36.82
青 海	0.26	0.26	0.93	1.65	4.19	8.43	8.58	12.58	15.14	15.33	17.56
宁 夏	0.27	0.34	0.42	0.73	0.94	1.29	2.03	2.30	3.09	5.43	10.65
新 疆	1.10	2.48	3.50	4.91	6.55	9.23	11.02	12.83	19.95	21.88	25.84

数据来源：国家统计局。

表 3－92　　2013—2017 年全国各地区商业营业用房销售金额

单位：亿元

类　别	2013 年	2014 年	2015 年	2016 年	2017 年
总　计	**8280.48**	**8905.90**	**8845.57**	**10580.80**	**13252.71**
一、东部地区	**4422.33**	**4117.47**	**3843.13**	**4915.57**	**6032.41**
北　京	270.71	202.03	231.62	376.65	271.42
天　津	85.40	101.23	73.91	140.06	133.87
河　北	311.39	319.13	324.03	394.35	452.22
辽　宁	636.55	417.32	265.64	174.94	222.42
上　海	224.71	226.44	227.89	470.49	208.23
江　苏	851.47	683.39	726.30	893.99	1125.80
浙　江	481.18	449.59	447.12	653.06	971.17
福　建	373.78	373.51	374.86	353.40	506.23
山　东	482.11	554.88	507.17	496.30	724.71
广　东	679.81	745.57	624.73	896.03	1286.90
海　南	25.21	44.36	39.86	66.31	129.44
二、中部地区	**1954.88**	**2290.19**	**2224.42**	**2728.05**	**3747.09**
山　西	80.91	61.23	45.75	79.83	74.37
吉　林	111.18	108.31	104.84	150.24	145.93
黑龙江	196.89	191.97	153.00	155.06	220.39
安　徽	420.27	551.63	539.29	606.60	765.69
江　西	174.90	176.43	191.39	347.94	505.30
河　南	334.53	437.64	457.80	552.52	879.31
湖　北	354.73	419.71	353.65	380.00	521.65
湖　南	281.48	343.28	378.70	455.86	634.45
三、西部地区	**1903.27**	**2498.24**	**2778.01**	**2937.18**	**3473.24**
内蒙古	196.30	195.50	194.74	232.12	137.49
广　西	139.47	183.47	184.59	159.27	212.17
重　庆	263.08	373.75	483.48	552.77	629.66
四　川	514.30	637.65	711.92	741.30	1029.81
贵　州	204.10	292.25	422.90	426.30	499.81
云　南	207.45	291.02	297.13	325.52	351.44
西　藏	1.36	3.52	2.89	2.69	8.85
陕　西	125.10	147.77	137.23	115.77	233.59
甘　肃	46.49	68.17	77.90	106.32	94.43
青　海	11.83	47.02	41.35	46.18	59.64
宁　夏	70.62	88.99	70.17	69.75	70.67
新　疆	123.17	169.12	153.70	159.18	145.68

数据来源：国家统计局。

表 3 -93　　2017 年全国各地区月度累计商业营业用房销售金额

单位：亿元

类　别	1—2 月	1—3 月	1—4 月	1—5 月	1—6 月	1 -7 月	1—8 月	1—9 月	1—10 月	1—11 月	1—12 月
总　计	**949. 26**	**2045. 39**	**2881. 95**	**3882. 61**	**5459. 62**	**6354. 74**	**7237. 91**	**8620. 25**	**9715. 09**	**11084. 29**	**13252. 71**
东部地区	**505. 72**	**1096. 64**	**1511. 83**	**2001. 07**	**2760. 64**	**3135. 65**	**3543. 08**	**4141. 83**	**4601. 15**	**5135. 93**	**6032. 41**
北　京	89. 01	156. 76	181. 78	191. 27	213. 59	220. 59	222. 07	227. 64	234. 88	238. 77	271. 42
天　津	12. 76	35. 52	47. 21	63. 22	75. 68	80. 62	86. 06	101. 55	106. 61	112. 26	133. 87
河　北	8. 55	48. 04	75. 50	110. 37	195. 31	213. 51	238. 35	289. 48	328. 58	356. 06	452. 22
辽　宁	9. 75	25. 23	42. 55	67. 54	106. 88	120. 78	140. 83	159. 82	191. 25	208. 11	222. 42
上　海	23. 88	42. 58	60. 11	80. 19	123. 05	151. 47	161. 18	165. 70	170. 97	181. 75	208. 23
江　苏	91. 05	206. 11	285. 30	379. 21	494. 74	564. 12	643. 20	751. 60	850. 01	949. 03	1125. 80
浙　江	70. 21	159. 83	236. 22	341. 89	445. 35	513. 56	582. 45	686. 33	750. 59	826. 66	971. 17
福　建	39. 51	70. 77	111. 93	152. 62	227. 15	250. 67	296. 22	345. 19	387. 85	427. 75	506. 23
山　东	33. 14	82. 62	132. 98	183. 44	253. 29	311. 88	371. 10	466. 37	534. 17	596. 58	724. 71
广　东	115. 75	250. 28	302. 51	386. 24	567. 85	640. 02	721. 67	854. 53	942. 66	1128. 40	1286. 90
海　南	12. 12	18. 90	35. 74	45. 08	57. 75	68. 43	79. 95	93. 62	103. 58	110. 56	129. 44
中部地区	**203. 45**	**441. 34**	**636. 57**	**914. 85**	**1352. 45**	**1644. 36**	**1897. 70**	**2303. 84**	**2614. 26**	**3045. 78**	**3747. 09**
山　西	3. 76	7. 10	9. 96	13. 24	21. 10	28. 25	32. 86	45. 36	55. 68	62. 97	74. 37
吉　林	5. 84	14. 38	24. 58	39. 02	54. 54	67. 07	80. 60	97. 96	113. 54	127. 11	145. 93
黑龙江	3. 16	12. 67	22. 45	35. 14	52. 80	81. 63	99. 31	137. 61	165. 44	182. 18	220. 39
安　徽	57. 22	113. 26	151. 17	216. 56	286. 62	331. 67	390. 34	480. 03	524. 45	600. 23	765. 69
江　西	26. 81	57. 94	88. 17	120. 16	168. 47	211. 77	245. 06	297. 28	335. 29	404. 16	505. 30
河　南	36. 49	93. 32	134. 62	190. 71	294. 81	357. 72	416. 51	511. 75	600. 60	705. 91	879. 31
河　北	36. 27	75. 28	105. 60	153. 09	246. 49	290. 43	320. 53	373. 38	412. 85	452. 27	521. 65
湖　南	33. 90	67. 39	100. 02	146. 93	227. 62	275. 82	312. 49	360. 47	406. 41	510. 95	634. 45
西部地区	**240. 08**	**507. 43**	**733. 55**	**966. 70**	**1346. 54**	**1574. 72**	**1797. 16**	**2174. 58**	**2499. 70**	**2902. 59**	**3473. 24**
内蒙古	0. 99	8. 83	11. 48	19. 02	35. 30	44. 46	52. 75	78. 53	93. 31	111. 37	137. 49
广　西	12. 30	24. 80	37. 36	49. 37	65. 08	79. 82	98. 73	111. 60	133. 24	159. 63	212. 17
重　庆	56. 49	121. 14	164. 51	215. 41	283. 41	321. 25	362. 93	427. 92	482. 44	537. 42	629. 66
四　川	84. 91	160. 39	234. 33	301. 78	404. 83	470. 87	537. 15	643. 93	730. 92	852. 81	1029. 81
贵　州	32. 78	83. 07	116. 31	150. 83	216. 47	253. 80	282. 80	339. 52	379. 98	445. 51	499. 81
云　南	29. 02	56. 43	76. 79	92. 54	132. 49	155. 14	172. 88	216. 03	249. 15	281. 63	351. 44
西　藏	0. 13	3. 67	4. 44	5. 23	5. 87	7. 42	7. 72	7. 97	7. 99	8. 79	8. 85
陕　西	7. 20	15. 33	28. 58	40. 34	72. 82	87. 93	104. 52	129. 77	150. 30	181. 04	233. 59
甘　肃	3. 85	8. 81	17. 05	28. 17	40. 79	46. 70	52. 08	58. 81	69. 80	81. 20	94. 43
青　海	0. 97	1. 75	3. 41	9. 22	14. 03	14. 89	18. 09	33. 20	45. 33	51. 98	59. 64
宁　夏	3. 18	7. 64	11. 35	16. 85	22. 92	26. 78	31. 42	36. 43	45. 53	60. 11	70. 67
新　疆	8. 27	15. 59	27. 96	37. 94	52. 53	65. 67	76. 10	90. 89	111. 71	131. 11	145. 68

数据来源：国家统计局。

表 3－94　　2013—2017 年全国各地区商业营业用房现房销售金额

单位：亿元

类　别	2013 年	2014 年	2015 年	2016 年	2017 年
总　计	**2431.77**	**2443.79**	**2713.98**	**3373.33**	**4034.69**
一、东部地区	**1237.19**	**1143.06**	**1222.30**	**1583.45**	**1893.56**
北　京	124.14	74.68	90.96	117.56	65.17
天　津	47.45	42.37	34.93	62.52	61.09
河　北	95.62	114.61	121.24	149.59	108.33
辽　宁	180.18	153.99	101.04	71.45	88.54
上　海	83.39	81.11	100.24	172.34	137.88
江　苏	208.61	166.14	231.82	301.89	375.56
浙　江	112.42	102.05	126.87	231.11	339.09
福　建	55.16	46.21	66.85	77.05	127.58
山　东	118.76	137.08	178.45	164.89	220.81
广　东	201.20	220.10	161.81	223.34	354.00
海　南	10.26	4.72	8.10	11.70	15.51
二、中部地区	**678.20**	**711.45**	**760.63**	**883.74**	**1182.76**
山　西	39.84	32.47	25.44	38.29	26.89
吉　林	58.87	55.11	33.28	47.91	54.60
黑龙江	65.37	70.47	77.90	93.93	131.76
安　徽	103.21	84.47	123.39	115.25	260.49
江　西	31.93	31.43	55.56	75.45	94.14
河　南	148.49	163.73	196.93	231.99	250.68
湖　北	135.31	177.81	149.35	146.93	186.82
湖　南	95.19	95.97	98.78	133.99	177.38
三、西部地区	**516.37**	**589.28**	**731.05**	**906.14**	**958.37**
内蒙古	90.75	105.34	74.14	115.24	89.42
广　西	44.02	32.72	27.38	31.01	35.31
重　庆	64.52	70.34	133.52	186.24	161.68
四　川	112.41	129.22	143.31	192.15	273.29
贵　州	37.99	53.84	75.71	95.03	103.09
云　南	55.75	67.10	131.97	116.71	105.75
西　藏	1.20	1.46	1.03	—	5.61
陕　西	18.12	23.83	43.19	29.10	56.05
甘　肃	17.36	12.91	32.11	37.70	25.45
青　海	3.46	7.84	4.62	5.06	14.04
宁　夏	32.68	34.30	29.24	42.02	37.68
新　疆	38.11	50.39	34.82	55.87	50.99

数据来源：国家统计局。

表 3－95　　2017 年全国各地区月度累计商业营业用房现房销售金额

单位：亿元

类　别	1—2 月	1—3 月	1—4 月	1—5 月	1—6 月	1－7 月	1—8 月	1—9 月	1—10 月	1—11 月	1—12 月
总　计	**280.78**	**565.96**	**807.18**	**1107.76**	**1613.50**	**1883.48**	**2118.43**	**2560.38**	**2872.26**	**3294.33**	**4034.69**
东部地区	**156.42**	**302.87**	**436.15**	**608.01**	**883.73**	**993.68**	**1109.03**	**1292.62**	**1422.43**	**1588.11**	**1893.56**
北　京	10.84	15.75	17.41	20.93	36.80	38.28	41.25	43.51	47.03	49.54	65.17
天　津	7.15	20.56	24.37	27.17	35.78	37.03	38.19	41.01	41.77	48.01	61.09
河　北	3.25	6.32	9.46	23.36	51.36	44.51	48.12	63.39	73.61	77.81	108.33
辽　宁	5.09	9.72	15.25	24.14	42.39	46.15	51.41	59.51	74.62	81.52	88.54
上　海	18.58	27.14	40.49	45.83	69.05	92.43	100.61	108.89	111.40	116.40	137.88
江　苏	32.09	64.35	92.52	122.69	159.96	180.29	207.95	252.62	282.83	319.95	375.56
浙　江	27.76	60.09	90.98	145.65	181.60	199.62	219.28	249.26	267.88	291.29	339.09
福　建	12.15	19.23	30.36	41.53	56.78	63.44	74.24	85.18	95.25	105.52	127.58
山　东	12.15	26.30	41.28	57.96	87.15	107.49	123.47	140.53	155.78	177.32	220.81
广　东	24.20	51.24	71.56	95.45	155.51	175.58	194.84	237.09	259.05	305.88	354.00
海　南	3.15	2.17	2.47	3.30	7.35	8.86	9.67	11.62	13.21	14.87	15.51
中部地区	**60.78**	**127.45**	**179.22**	**255.26**	**383.06**	**481.31**	**544.18**	**685.19**	**786.37**	**926.03**	**1182.76**
山　西	1.46	2.33	3.39	4.42	6.83	8.77	10.52	13.25	18.02	20.91	26.89
吉　林	2.53	6.12	10.25	13.36	17.11	21.68	25.41	33.00	38.55	44.83	54.60
黑龙江	1.63	5.76	10.28	16.97	27.88	38.59	47.54	74.24	92.69	100.91	131.76
安　徽	18.63	31.48	40.59	56.23	73.16	87.17	101.15	133.92	147.66	172.57	260.49
江　西	5.88	14.96	19.87	26.49	33.59	39.02	42.48	52.69	60.16	76.55	94.14
河　南	9.56	25.62	36.44	51.47	79.25	92.60	107.00	135.97	163.95	193.85	250.68
河　北	11.51	19.43	28.47	39.57	78.45	106.32	115.29	131.42	147.21	156.94	186.82
湖　南	9.57	21.75	29.93	46.75	66.79	87.16	94.79	110.69	118.13	159.47	177.38
西部地区	**63.57**	**135.64**	**191.83**	**244.48**	**346.71**	**408.49**	**465.23**	**582.57**	**663.45**	**780.22**	**958.37**
内蒙古	0.52	3.54	4.38	8.39	15.59	20.60	26.21	43.48	53.10	65.29	89.42
广　西	2.35	4.81	6.12	7.42	10.19	12.31	14.41	17.71	20.65	25.33	35.31
重　庆	15.19	30.95	44.75	54.06	75.49	83.43	91.75	110.01	113.64	133.71	161.68
四　川	26.29	47.53	65.46	81.21	112.59	131.39	150.71	178.28	197.98	224.54	273.29
贵　州	4.78	14.27	24.70	30.12	40.34	49.42	53.46	69.41	78.68	90.54	103.09
云　南	6.84	14.05	18.47	21.76	32.21	40.56	46.36	58.79	70.69	79.90	105.75
西　藏	—	3.08	3.21	3.74	3.88	4.77	4.82	4.88	4.88	5.61	5.61
陕　西	1.80	5.14	6.47	7.57	16.89	17.18	21.14	26.72	32.55	39.66	56.05
甘　肃	1.45	3.32	5.11	9.99	12.07	14.12	15.10	16.59	19.32	22.45	25.45
青　海	0.05	0.20	0.64	0.90	0.98	1.13	1.30	7.81	11.42	13.22	14.04
宁　夏	2.39	4.75	7.17	10.20	13.11	15.20	17.93	21.35	25.35	34.55	37.68
新　疆	1.92	4.00	5.34	9.14	13.37	18.37	22.03	27.54	35.20	45.43	50.99

数据来源：国家统计局。

表 3－96　　2013—2017 年全国各地区商业营业用房期房销售金额

单位：亿元

类　别	2013 年	2014 年	2015 年	2016 年	2017 年
总　计	**5848.71**	**6462.11**	**6131.59**	**7207.48**	**9218.02**
一、东部地区	**3185.14**	**2974.41**	**2620.83**	**3332.12**	**4138.81**
北　京	146.57	127.36	140.66	259.09	206.25
天　津	37.95	58.86	38.98	77.54	72.77
河　北	215.77	204.52	202.80	244.76	343.89
辽　宁	456.36	263.34	164.59	103.49	133.88
上　海	141.33	145.34	127.65	298.15	70.34
江　苏	642.87	517.24	494.48	592.11	750.24
浙　江	368.76	347.54	320.25	421.95	632.08
福　建	318.62	327.30	308.00	276.35	378.64
山　东	363.35	417.80	328.72	331.41	503.90
广　东	478.61	525.47	462.93	672.68	932.90
海　南	14.95	39.64	31.77	54.61	113.92
二、中部地区	**1276.67**	**1578.74**	**1463.79**	**1844.32**	**2564.33**
山　西	41.06	28.76	20.31	41.54	47.48
吉　林	52.31	53.20	71.56	102.33	91.33
黑龙江	131.52	121.49	75.10	61.14	88.64
安　徽	317.07	467.15	415.90	491.36	505.20
江　西	142.97	145.00	135.83	272.49	411.16
河　南	186.04	273.91	260.87	320.52	628.62
湖　北	219.42	241.90	204.30	233.07	334.82
湖　南	186.29	247.31	279.92	321.87	457.08
三、西部地区	**1386.90**	**1908.97**	**2046.97**	**2031.04**	**2514.87**
内蒙古	105.55	90.17	120.59	116.88	48.07
广　西	95.44	150.75	157.21	128.26	176.86
重　庆	198.57	303.41	349.96	366.52	467.98
四　川	401.90	508.43	568.61	549.14	756.52
贵　州	166.11	238.41	347.19	331.26	396.72
云　南	151.70	223.92	165.16	208.81	245.69
西　藏	0.16	2.06	1.87	2.69	3.25
陕　西	106.98	123.95	94.04	86.67	177.54
甘　肃	29.13	55.26	45.79	68.63	68.97
青　海	8.37	39.19	36.73	41.12	45.60
宁　夏	37.93	54.69	40.93	27.73	32.99
新　疆	85.06	118.73	118.88	103.32	94.68

数据来源：国家统计局。

表 3－97　　2017 年全国各地区月度累计商业营业用房期房销售金额

单位：亿元

类　别	1—2 月	1—3 月	1—4 月	1—5 月	1—6 月	1－7 月	1—8 月	1—9 月	1—10 月	1—11 月	1—12 月
总　计	**668.50**	**1479.44**	**2074.77**	**2774.85**	**3846.12**	**4471.26**	**5119.49**	**6059.87**	**6842.84**	**7789.96**	**9218.02**
东部地区	**349.31**	**793.76**	**1075.69**	**1393.07**	**1876.90**	**2141.96**	**2434.03**	**2849.21**	**3178.70**	**3547.82**	**4138.81**
北　京	78.17	141.01	164.37	170.34	176.79	182.31	180.82	184.13	187.85	189.23	206.25
天　津	5.61	14.96	22.84	36.05	39.90	43.59	47.86	60.54	64.84	64.25	72.77
河　北	5.30	41.72	66.04	87.01	143.95	169.00	190.22	226.09	254.97	278.25	343.89
辽　宁	4.67	15.51	27.30	43.40	64.49	74.62	89.42	100.31	116.63	126.59	133.88
上　海	5.31	15.43	19.62	34.35	54.00	59.04	60.57	56.81	59.57	65.35	70.34
江　苏	58.96	141.76	192.77	256.52	334.77	383.83	435.25	498.98	567.19	629.08	750.24
浙　江	42.45	99.74	145.25	196.24	263.75	313.94	363.17	437.07	482.70	535.37	632.08
福　建	27.36	51.54	81.57	111.09	170.37	187.23	221.97	260.01	292.60	322.23	378.64
山　东	20.99	56.32	91.70	125.49	166.14	204.39	247.63	325.84	378.39	419.26	503.90
广　东	91.55	199.04	230.96	290.80	412.34	464.44	526.83	617.44	683.60	822.52	932.90
海　南	8.96	16.73	33.27	41.78	50.40	59.57	70.29	81.99	90.36	95.69	113.92
中部地区	**142.67**	**313.89**	**457.35**	**659.57**	**969.38**	**1163.07**	**1353.53**	**1618.65**	**1827.87**	**2119.75**	**2564.33**
山　西	2.30	4.77	6.57	8.81	14.27	19.48	22.34	32.10	37.66	42.06	47.48
吉　林	3.31	8.26	14.33	25.66	37.44	45.40	55.19	64.96	74.99	82.28	91.33
黑龙江	1.53	6.91	12.17	18.17	24.92	43.04	51.78	63.37	72.74	81.28	88.64
安　徽	38.59	81.78	110.59	160.33	213.46	244.51	289.19	346.11	376.79	427.66	505.20
江　西	20.93	42.98	68.30	93.67	134.87	172.75	202.58	244.59	275.13	327.60	411.16
河　南	26.93	67.70	98.17	139.23	215.56	265.12	309.51	375.78	436.65	512.06	628.62
河　北	24.76	55.85	77.13	113.52	168.04	184.11	205.24	241.96	265.64	295.33	334.82
湖　南	24.33	45.64	70.09	100.18	160.82	188.66	217.70	249.78	288.27	351.48	457.08
西部地区	**176.51**	**371.79**	**541.72**	**722.21**	**999.83**	**1166.24**	**1331.93**	**1592.01**	**1836.25**	**2122.38**	**2514.87**
内蒙古	0.47	5.28	7.10	10.63	19.71	23.85	26.54	35.05	40.21	46.08	48.07
广　西	9.95	19.99	31.23	41.95	54.89	67.51	84.32	93.89	112.59	134.30	176.86
重　庆	41.30	90.19	119.77	161.35	207.92	237.82	271.18	317.91	368.79	403.71	467.98
四　川	58.62	112.86	168.86	220.57	292.23	339.48	386.44	465.65	532.95	628.27	756.52
贵　州	28.00	68.80	91.61	120.71	176.13	204.39	229.34	270.10	301.31	354.97	396.72
云　南	22.18	42.38	58.32	70.77	100.29	114.59	126.53	157.24	178.46	201.73	245.69
西　藏	0.13	0.58	1.22	1.49	1.99	2.65	2.89	3.09	3.11	3.18	3.25
陕　西	5.40	10.18	22.10	32.77	55.93	70.75	83.38	103.05	117.75	141.38	177.54
甘　肃	2.41	5.50	11.94	18.18	28.71	32.58	36.97	42.22	50.48	58.75	68.97
青　海	0.92	1.55	2.77	8.32	13.04	13.76	16.79	25.39	33.92	38.76	45.60
宁　夏	0.79	2.89	4.18	6.65	9.81	11.58	13.49	15.08	20.18	25.56	32.99
新　疆	6.35	11.59	22.61	28.81	39.16	47.29	54.07	63.35	76.51	85.69	94.68

数据来源：国家统计局。

七、各地区房地产待售数据

表 3－98　　**2013—2017 年全国商品房待售面积**

单位：万平方米

类　别	2013 年	2014 年	2015 年	2016 年	2017 年
商品房待售面积	**49295**	**62169**	**71853**	**69539**	**58923**
住　宅	32403	40684	45248	40257	30163
办公楼	1954	2627	3276	3631	3664
商业营业用房	9345	11773	14664	15838	15204

数据来源：国家统计局。

表 3－99　　**2017 年全国月度累计商品房待售面积**

单位：万平方米

类　别	1—2 月	1—3 月	1—4 月	1—5 月	1—6 月	1－7 月	1—8 月	1—9 月	1—10 月	1—11 月	1—12 月
商品房待售面积	**70555**	**68810**	**67469**	**66018**	**64577**	**63496**	**62352**	**61140**	**60258**	**59606**	**58923**
住　宅	40725	39082	37782	36475	35169	34181	33194	32256	31484	30833	30163
办公楼	3786	3788	3756	3706	3646	3647	3604	3537	3554	3546	3664
业营业用房	16098	16014	16010	15921	15793	15729	15643	15504	15417	15418	15204

数据来源：国家统计局。

表 3－100　　**2012—2016 年全国各地区商品房待售面积**

单位：万平方米

类　别	2012 年	2013 年	2014 年	2015 年	2016 年
总　计	**36460.06**	**49295.01**	**62169.39**	**71853.48**	**69539.30**
北　京	1911.79	1861.44	2064.59	2167.46	2143.91
天　津	498.94	941.03	1124.80	1055.91	880.55
河　北	1051.55	1590.09	2042.98	2180.05	1582.40
辽　宁	2347.66	3426.59	4811.55	4626.24	4127.14
上　海	1663.43	1809.15	2040.16	2054.74	1901.21
江　苏	3137.44	4327.16	5652.73	6908.99	6519.11
浙　江	1659.76	2387.29	3496.01	4244.88	4224.85
福　建	872.24	1045.84	1312.68	2010.43	2058.50
山　东	2203.00	2801.94	3398.39	4276.80	4178.11
广　东	3452.87	4469.53	5467.99	5637.94	5502.46
海　南	392.19	786.24	955.66	1316.47	1271.84

续表

类　别	2012 年	2013 年	2014 年	2015 年	2016 年
山　西	758.02	1057.52	1408.49	1816.06	1761.03
吉　林	923.21	1346.52	1504.36	1570.25	1671.96
黑龙江	1482.09	1777.37	2041.95	2500.98	2593.61
安　徽	944.84	1342.14	1636.74	2509.40	2401.44
江　西	640.57	928.38	1179.99	1496.06	1434.56
河　南	2540.45	2716.66	3694.06	3606.83	3395.26
湖　北	1472.07	2201.79	2746.05	2650.93	2373.46
湖　南	1563.39	2219.95	2950.87	3309.54	2901.46
内蒙古	722.68	1078.43	1063.81	1483.39	1384.99
广　西	926.02	1225.46	1507.45	1677.60	1772.74
重　庆	1036.32	1353.52	1815.32	2356.78	2308.47
四　川	1451.15	1971.50	2307.52	2819.13	3061.03
贵　州	457.31	868.85	1086.68	1526.79	1346.63
云　南	511.67	1167.77	1426.67	1948.59	1944.31
西　藏	69.87	29.50	70.67	62.37	61.92
陕　西	258.67	355.53	539.44	687.92	892.39
甘　肃	258.76	464.87	659.38	742.93	916.62
青　海	65.71	130.00	206.43	264.27	222.29
宁　夏	727.18	881.05	967.16	1207.15	1247.29
新　疆	459.23	731.88	988.81	1136.62	1457.76

数据来源：国家统计局。

表 3－101　　2012—2016 年全国各地区住宅待售面积

单位：万平方米

类　别	2012 年	2013 年	2014 年	2015 年	2016 年
总　计	**23618.87**	**32402.82**	**40684.13**	**45248.05**	**40257.07**
北　京	789.45	829.34	863.66	867.03	834.51
天　津	347.01	637.32	783.37	684.48	461.74
河　北	830.77	1236.72	1607.06	1681.52	1133.05
辽　宁	1724.97	2591.28	3583.98	3460.26	3038.52
上　海	766.32	807.02	958.48	903.83	675.13
江　苏	1941.08	2707.35	3592.81	4270.57	3774.76
浙　江	759.93	1220.80	2005.53	2357.22	2060.31

续表

类　别	2013 年	2014 年	2015 年	2016 年	2017 年
福　建	369. 20	459. 52	616. 15	1001. 31	854. 43
山　东	1668. 86	2078. 83	2383. 48	2912. 09	2738. 99
广　东	2138. 42	2844. 98	3545. 82	3493. 35	3085. 78
海　南	320. 92	673. 35	817. 54	1107. 78	1029. 57
山　西	575. 28	799. 47	1040. 36	1285. 72	1234. 27
吉　林	671. 25	973. 98	1071. 69	1062. 27	1081. 85
黑龙江	1054. 17	1263. 26	1444. 25	1696. 17	1695. 25
安　徽	620. 49	866. 58	983. 87	1483. 73	1202. 47
江　西	482. 54	651. 46	861. 15	1032. 13	938. 28
河　南	2030. 81	2106. 96	2875. 05	2768. 26	2530. 41
湖　北	1038. 01	1543. 12	1934. 28	1802. 80	1466. 32
湖　南	1103. 96	1563. 76	2018. 62	2180. 76	1684. 87
内蒙古	491. 15	721. 35	701. 79	973. 20	848. 89
广　西	643. 07	857. 94	1024. 32	1124. 51	1187. 21
重　庆	460. 66	558. 25	802. 28	1003. 88	874. 70
四　川	928. 86	1215. 33	1245. 98	1404. 38	1131. 58
贵　州	262. 34	570. 04	620. 37	816. 84	698. 17
云　南	332. 35	792. 50	918. 93	1220. 54	1142. 42
西　藏	62. 29	23. 29	60. 88	39. 64	33. 93
陕　西	200. 81	279. 57	403. 18	451. 19	536. 93
甘　肃	185. 54	367. 93	487. 50	538. 35	615. 31
青　海	50. 20	103. 49	160. 77	189. 36	149. 06
宁　夏	490. 47	585. 43	627. 00	733. 43	715. 57
新　疆	277. 70	472. 60	643. 98	701. 45	802. 81

数据来源：国家统计局。

表 3－102　　2012—2016 年全国各地区别墅、高档公寓待售面积

单位：万平方米

类　别	2012 年	2013 年	2014 年	2015 年	2016 年
总　计	**1915. 43**	**2577. 46**	**3086. 62**	**3407. 19**	**3010. 26**
北　京	196. 58	199. 83	213. 95	247. 26	224. 19
天　津	33. 48	73. 07	97. 14	94. 34	59. 64
河　北	29. 51	39. 48	61. 79	47. 76	39. 53

续表

类　别	2012 年	2013 年	2014 年	2015 年	2016 年
辽　宁	77.77	92.10	132.64	142.81	109.85
上　海	249.99	284.17	340.66	360.89	265.36
江　苏	269.11	384.59	485.71	568.53	495.36
浙　江	98.70	172.50	277.47	344.19	333.79
福　建	25.91	59.51	63.61	79.37	74.82
山　东	67.35	85.17	94.42	116.62	115.91
广　东	321.16	363.89	371.09	376.26	376.85
海　南	53.36	101.96	123.43	135.69	103.39
山　西	6.70	6.52	13.48	19.06	12.97
吉　林	16.54	19.77	20.94	31.70	27.35
黑龙江	18.10	11.63	11.81	18.41	32.27
安　徽	70.90	73.39	76.31	72.67	60.14
江　西	32.07	37.65	40.81	48.73	40.28
河　南	22.75	17.18	16.26	34.73	18.31
湖　北	65.63	95.17	70.94	56.17	44.30
湖　南	67.02	73.70	116.02	100.49	117.06
内蒙古	9.06	45.75	25.65	31.15	39.15
广　西	30.30	35.36	51.49	53.93	29.10
重　庆	29.06	34.45	79.03	63.61	57.37
四　川	47.17	56.69	61.18	74.75	66.69
贵　州	8.26	30.65	18.20	22.40	24.17
云　南	33.42	123.64	154.52	173.68	153.94
西　藏	3.35	5.98	3.55	7.73	0.74
陕　西	1.20	0.97	1.05	1.58	1.00
甘　肃	0.00	0.00	0.00	0.13	3.57
青　海	0.00	0.00	0.50	0.50	0.50
宁　夏	12.19	18.27	23.10	28.12	29.16
新　疆	18.78	34.44	39.87	53.96	53.49

数据来源：国家统计局。

表 3－103　　2012—2016 年全国各地区办公楼待售面积

单位：万平方米

类　别	2012 年	2013 年	2014 年	2015 年	2016 年
总　计	**1554.70**	**1954.45**	**2627.40**	**3276.09**	**3631.05**
北　京	198.21	180.09	307.16	332.48	320.61
天　津	64.09	106.37	118.08	94.07	98.21

续表

类别	2012 年	2013 年	2014 年	2015 年	2016 年
河北	24.34	42.35	37.51	37.16	44.10
辽宁	32.12	58.83	100.57	94.97	104.98
上海	223.00	238.19	262.27	285.59	326.13
江苏	168.80	229.53	317.56	463.13	458.17
浙江	150.38	222.58	302.17	407.74	484.80
福建	48.07	48.88	47.60	67.47	114.23
山东	51.31	48.95	92.35	180.09	212.53
广东	144.08	208.08	198.69	219.70	262.75
海南	7.77	8.42	11.82	17.75	9.97
山西	10.98	18.03	22.60	47.70	41.54
吉林	15.96	22.68	20.33	48.94	56.11
黑龙江	20.90	14.87	35.86	41.95	47.11
安徽	24.36	38.02	45.67	100.19	99.32
江西	7.78	12.10	15.20	32.21	38.53
河南	34.53	53.57	78.49	90.40	99.42
湖北	101.13	107.16	83.86	55.40	78.92
湖南	26.00	48.74	96.41	87.54	91.07
内蒙古	21.56	32.09	39.95	39.68	27.84
广西	8.43	4.67	19.54	40.17	29.88
重庆	30.90	32.23	90.41	125.65	154.29
四川	30.91	33.74	79.04	93.28	117.24
贵州	10.99	22.03	64.36	98.78	97.37
云南	32.42	46.45	62.36	74.53	54.87
西藏	1.08	0.30	1.04	0.84	8.10
陕西	3.46	6.72	5.45	12.79	20.44
甘肃	8.31	5.41	6.52	9.63	19.06
青海	1.78	2.41	3.94	11.18	15.81
宁夏	15.72	19.66	26.46	28.43	45.45
新疆	35.33	41.31	34.11	36.65	52.21

数据来源：国家统计局。

表 3－104　　2012—2016 年全国各地区商业营业用房待售面积

单位：万平方米

类　别	2012 年	2013 年	2014 年	2015 年	2016 年
总　计	**7130. 34**	**9345. 39**	**11773. 45**	**14664. 02**	**15838. 26**
北　京	442. 05	400. 01	434. 89	461. 28	431. 98
天　津	51. 96	86. 15	133. 82	133. 62	162. 72
河　北	125. 02	213. 16	272. 22	303. 45	260. 41
辽　宁	436. 94	575. 18	782. 95	783. 68	725. 30
上　海	316. 14	325. 16	372. 36	398. 12	374. 57
江　苏	796. 30	1055. 05	1317. 96	1659. 71	1762. 33
浙　江	509. 84	653. 55	788. 70	921. 23	1034. 21
福　建	220. 62	240. 53	293. 14	460. 19	536. 22
山　东	363. 10	519. 16	673. 69	861. 79	920. 59
广　东	602. 17	700. 12	818. 36	887. 91	984. 74
海　南	41. 44	56. 26	65. 26	102. 29	121. 21
山　西	126. 84	172. 60	240. 82	296. 07	309. 76
吉　林	181. 50	245. 43	300. 02	326. 31	379. 21
黑龙江	277. 37	338. 33	374. 36	496. 80	547. 78
安　徽	243. 62	357. 79	488. 03	770. 47	883. 22
江　西	116. 19	221. 41	253. 27	350. 40	360. 70
河　南	373. 88	425. 05	531. 12	563. 86	605. 31
湖　北	232. 11	387. 44	531. 55	557. 23	572. 33
湖　南	269. 93	385. 19	522. 28	671. 50	682. 75
内蒙古	170. 06	244. 69	239. 42	330. 49	355. 71
广　西	151. 56	200. 45	256. 22	287. 94	341. 80
重　庆	283. 83	368. 20	428. 18	571. 64	575. 70
四　川	221. 73	294. 03	436. 51	616. 66	748. 44
贵　州	120. 43	187. 44	250. 24	456. 94	408. 65
云　南	83. 00	188. 64	270. 15	410. 55	450. 60
西　藏	3. 09	5. 27	5. 54	14. 85	14. 45
陕　西	38. 83	52. 82	87. 78	152. 22	239. 97
甘　肃	53. 83	72. 02	126. 20	135. 16	207. 44
青　海	11. 30	19. 75	25. 79	51. 10	49. 14
宁　夏	172. 23	199. 10	231. 45	330. 98	346. 35
新　疆	93. 42	155. 41	221. 16	299. 58	444. 69

数据来源：国家统计局。

表 3－105

2012—2016 年全国各地区其他房屋待售面积

单位：万平方米

类别	2012 年	2013 年	2014 年	2015 年	2016 年
总计	**4156.15**	**5592.35**	**7084.42**	**8665.32**	**9812.92**
北京	482.08	452.00	458.87	506.67	556.81
天津	35.89	111.20	89.52	143.74	157.88
河北	71.41	97.86	126.19	157.92	144.84
辽宁	153.63	201.31	344.05	287.34	258.35
上海	357.97	438.77	447.05	467.20	525.38
江苏	231.26	335.23	424.41	515.58	523.86
浙江	239.60	290.35	399.60	558.69	645.53
福建	234.35	296.91	355.80	481.46	553.62
山东	119.73	155.00	248.86	322.83	306.01
广东	568.19	716.34	905.13	1036.98	1169.20
海南	22.06	48.20	61.03	88.65	111.08
山西	44.91	67.43	104.71	186.57	175.45
吉林	54.50	104.43	112.32	132.73	154.80
黑龙江	129.64	160.92	187.48	266.07	303.47
安徽	56.38	79.76	119.17	155.01	216.43
江西	34.06	43.41	50.37	81.31	97.05
河南	101.23	131.09	209.40	184.31	160.11
湖北	100.81	164.07	196.36	235.49	255.89
湖南	163.50	222.27	313.56	369.75	442.76
内蒙古	39.91	80.30	82.65	140.02	152.55
广西	122.95	162.40	207.37	224.98	213.84
重庆	260.93	394.83	494.45	655.60	703.78
四川	269.65	428.40	545.98	704.81	1063.76
贵州	63.55	89.35	151.72	154.23	142.45
云南	63.90	140.17	175.23	242.97	296.43
西藏	3.42	0.64	3.21	7.04	5.44
陕西	15.58	16.43	43.03	71.71	95.05
甘肃	11.08	19.51	39.16	59.78	74.80
青海	2.43	4.36	15.93	12.63	8.28
宁夏	48.76	76.86	82.25	114.30	139.93
新疆	52.78	62.56	89.56	98.93	158.05

数据来源：国家统计局。

八、各地区房地产开发企业房屋出租面积

表 3－106　　2012—2016 年全国各地区房地产开发企业房屋出租面积

单位：万平方米

类　别	2012 年	2013 年	2014 年	2015 年	2016 年
总　计	**4179.78**	**3762.59**	**3269.08**	**2975.46**	**3219.71**
北　京	893.21	834.94	561.38	480.61	380.28
天　津	15.24	27.28	12.05	108.16	7.91
河　北	31.10	9.85	30.52	17.54	15.38
辽　宁	12.77	1.27	5.18	7.77	39.28
上　海	13.34	1.90	2.95	0.76	12.49
江　苏	44.34	23.84	73.23	43.44	47.22
浙　江	30.48	48.74	30.90	34.09	36.77
福　建	5.08	9.81	24.50	3.20	3.51
山　东	1355.20	1206.37	1142.46	1202.42	1322.51
广　东	189.37	164.06	170.45	104.07	184.20
海　南	182.22	173.99	100.66	96.57	126.21
山　西	59.19	91.67	82.03	33.96	51.34
吉　林	151.26	171.24	119.50	101.67	118.18
黑龙江	28.89	27.37	13.66	5.96	7.23
安　徽	93.71	97.45	79.16	109.16	63.71
江　西	78.98	110.75	80.66	28.59	37.23
河　南	55.96	37.41	60.79	12.96	53.93
湖　北	37.24	27.98	34.46	24.70	20.79
湖　南	478.15	318.56	247.50	220.72	268.31
内蒙古	26.23	33.72	12.65	31.15	12.48
广　西	13.06	7.47	6.87	4.63	15.60
重　庆	121.04	125.41	147.05	96.77	45.32
四　川	80.90	52.08	58.02	21.71	81.67
贵　州	20.23	19.94	17.13	12.35	14.62
云　南	21.91	17.44	36.36	55.61	52.86
西　藏	1.87	1.45	—	—	—
陕　西	22.65	19.32	8.73	19.87	61.28
甘　肃	21.62	7.39	13.27	6.88	5.32
青　海	8.88	5.12	3.25	3.52	6.47
宁　夏	31.06	38.92	25.30	28.10	53.35
新　疆	54.60	49.86	68.43	58.54	74.28

数据来源：国家统计局。

表 3－107　　2012—2016 年全国各地区房地产开发企业住宅出租面积

单位：万平方米

类　别	2012 年	2013 年	2014 年	2015 年	2016 年
总　计	**263.53**	**200.53**	**239.58**	**257.81**	**241.46**
北　京	44.54	41.29	22.29	19.04	17.81
天　津	2.95	0.23	—	5.14	4.22
河　北	—	1.13	0.28	—	2.15
辽　宁	0.47	0.02	—	—	2.01
上　海	5.50	0.23	0.05	0.50	—
江　苏	12.68	2.54	21.08	7.58	1.89
浙　江	0.03	9.09	0.03	0.04	—
福　建	0.02	—	4.19	0.05	2.19
山　东	92.43	75.32	72.16	120.59	83.41
广　东	4.18	7.79	18.72	6.33	10.95
海　南	1.49	5.74	1.85	6.29	0.30
山　西	0.74	0.70	13.96	0.57	0.83
吉　林	4.99	3.56	8.13	8.64	9.29
黑龙江	8.58	1.29	5.05	—	—
安　徽	1.36	2.21	—	6.61	—
江　西	5.97	11.07	1.62	1.51	12.90
河　南	12.20	3.10	5.21	—	3.75
湖　北	5.48	3.83	8.16	1.51	2.68
湖　南	27.63	15.23	14.69	9.66	18.62
内蒙古	3.90	1.47	1.99	1.43	0.11
广　西	0.04	0.05	0.13	0.04	0.09
重　庆	2.02	2.58	12.79	0.84	0.78
四　川	10.92	0.17	—	1.01	3.34
贵　州	0.77	2.98	0.31	—	0.01
云　南	0.75	4.20	10.97	42.37	38.63
西　藏	0.22	—	—	—	—
陕　西	4.31	0.73	0.15	1.47	1.47
甘　肃	5.14	0.32	2.11	0.19	—
青　海	—	—	0.30	—	—
宁　夏	1.76	1.96	1.96	1.96	2.36
新　疆	2.44	1.70	11.40	14.43	21.71

数据来源：国家统计局。

表 3－108　　2012—2016 年全国各地区房地产开发企业别墅、高档公寓出租面积

单位：万平方米

类　别	2012 年	2013 年	2014 年	2015 年	2016 年
总　计	**94.36**	**82.44**	**76.04**	**84.16**	**78.91**
北　京	17.18	15.79	13.03	13.95	11.93
天　津	—	—	—	0.33	0.33
河　北	—	—	—	—	—
辽　宁	—	—	—	—	—
上　海	—	—	—	—	—
江　苏	—	—	—	1.20	1.66
浙　江	—	—	—	—	—
福　建	—	—	—	—	—
山　东	73.26	63.61	60.39	66.26	62.08
广　东	0.32	0.27	0.28	0.04	0.09
海　南	—	—	—	—	0.10
山　西	—	—	—	0.05	—
吉　林	—	—	—	—	—
黑龙江	0.12	—	—	—	—
安　徽	—	0.24	—	—	—
江　西	—	—	—	—	—
河　南	—	—	—	—	—
湖　北	—	—	—	—	—
湖　南	2.91	2.49	2.31	2.30	2.64
内蒙古	—	—	—	—	—
广　西	0.04	0.04	0.04	0.04	0.09
重　庆	—	—	—	—	—
四　川	0.51	—	—	—	—
贵　州	—	—	—	—	—
云　南	0.02	—	—	—	—
西　藏	—	—	—		
陕　西	—	—	—	—	—
甘　肃	—	—	—	—	—
青　海	—	—	—	—	—
宁　夏	—	—	—	—	—
新　疆	—	—	—	—	—

数据来源：国家统计局。

表 3－109　　2012—2016 年全国各地区房地产开发企业办公楼出租面积

单位：万平方米

类　别	2012 年	2013 年	2014 年	2015 年	2016 年
总　计	**1197.72**	**1028.17**	**859.05**	**956.10**	**876.36**
北　京	320.44	301.95	226.28	192.27	114.11
天　津	0.29	11.33	8.65	100.67	0.38
河　北	1.42	—	—	8.02	4.12
辽　宁	—	0.13	—	0.02	0.63
上　海	7.41	0.18	—	—	—
江　苏	0.26	1.19	—	3.46	1.00
浙　江	3.37	3.37	3.23	3.01	2.22
福　建	1.81	—	—	—	—
山　东	643.83	558.19	502.65	501.86	578.44
广　东	7.73	13.06	12.54	13.14	37.07
海　南	18.08	16.55	20.29	24.24	26.85
山　西	3.63	1.87	5.35	0.77	0.23
吉　林	15.30	3.78	8.97	3.13	5.57
黑龙江	0.86	0.86	—	0.49	—
安　徽	4.59	10.61	3.17	21.46	8.64
江　西	0.31	3.31	0.14	3.74	6.66
河　南	3.43	4.72	3.04	0.96	0.06
湖　北	1.36	3.33	5.67	2.39	3.36
湖　南	132.25	73.30	39.52	42.02	59.35
内蒙古	—	—	0.10	2.75	—
广　西	—	—	0.05	0.17	—
重　庆	4.39	2.72	5.89	18.01	7.05
四　川	9.36	8.14	5.80	5.69	3.59
贵　州	1.62	2.57	0.20	0.28	2.39
云　南	6.32	1.87	1.43	1.41	1.90
西　藏	—	—	—	—	—
陕　西	0.12	0.29	0.34	3.72	6.81
甘　肃	5.34	0.50	0.58	—	—
青　海	0.22	—	1.58	—	3.08
宁　夏	2.18	2.60	1.53	0.78	1.28
新　疆	1.80	1.73	2.02	1.63	1.60

数据来源：国家统计局。

表 3－110　　2012—2016 年全国各地区房地产开发企业商业营业用房出租面积

单位：万平方米

类　别	2012 年	2013 年	2014 年	2015 年	2016 年
总　计	**2180.69**	**2058.33**	**1681.06**	**1314.75**	**1593.48**
北　京	421.77	379.43	216.83	181.07	163.09
天　津	7.44	6.70	1.04	—	0.16
河　北	29.67	8.72	18.77	6.80	8.02
辽　宁	9.99	1.12	5.10	7.29	33.17
上　海	0.43	0.76	2.90	0.26	12.49
江　苏	31.41	20.11	37.01	28.98	44.34
浙　江	27.08	34.66	27.63	30.77	34.35
福　建	3.03	9.17	20.31	2.79	1.24
山　东	396.45	364.00	373.99	367.02	415.25
广　东	170.39	137.89	134.73	82.01	125.09
海　南	135.91	138.34	71.15	58.60	89.42
山　西	54.37	83.98	61.50	32.48	40.98
吉　林	116.55	133.73	81.36	70.62	89.77
黑龙江	19.45	25.22	8.53	5.48	6.05
安　徽	71.71	80.40	65.93	72.90	50.19
江　西	68.85	92.06	69.16	15.52	9.37
河　南	37.57	28.16	47.54	10.06	39.69
湖　北	29.45	19.68	14.84	13.13	7.57
湖　南	245.56	179.82	136.79	117.62	143.61
内蒙古	20.02	29.71	9.12	26.08	11.70
广　西	12.60	7.42	6.63	4.42	12.69
重　庆	80.03	106.35	106.41	60.33	23.74
四　川	52.70	40.96	40.41	13.53	61.16
贵　州	16.61	13.29	14.89	8.56	11.65
云　南	13.91	9.81	23.16	11.82	9.22
西　藏	1.65	1.45	—	—	—
陕　西	17.44	18.29	3.70	14.67	51.51
甘　肃	7.12	6.57	10.58	6.68	5.20
青　海	8.67	5.12	1.37	3.52	1.49
宁　夏	26.16	32.45	20.34	25.31	48.37
新　疆	46.69	42.95	49.37	36.44	42.92

数据来源：国家统计局。

表 3 - 111　　2012—2016 年全国各地区房地产开发企业其他房屋出租面积

单位：万平方米

类　别	2012 年	2013 年	2014 年	2015 年	2016 年
总　计	**537.84**	**475.55**	**489.39**	**446.80**	**508.40**
北　京	106.46	112.27	95.98	88.24	85.28
天　津	4.56	9.03	2.36	2.35	3.15
河　北	—	—	11.47	2.72	1.09
辽　宁	2.31	—	0.08	0.46	3.46
上　海	—	0.73	—	—	—
江　苏	—	—	15.13	3.42	—
浙　江	—	1.60	—	0.28	0.20
福　建	0.22	0.64	—	0.36	0.08
山　东	222.48	208.87	193.66	212.95	245.41
广　东	7.07	5.31	4.45	2.58	11.09
海　南	26.75	13.36	7.38	7.44	9.64
山　西	0.45	5.11	1.22	0.14	9.30
吉　林	14.41	30.17	21.04	19.27	13.55
黑龙江	—	—	0.08	—	1.18
安　徽	16.05	4.22	10.06	8.19	4.88
江　西	3.85	4.31	9.74	7.81	8.31
河　南	2.75	1.42	5.00	1.94	10.44
湖　北	0.95	1.13	5.78	7.66	7.19
湖　南	72.71	50.20	56.50	51.42	46.72
内蒙古	2.30	2.55	1.43	0.88	0.68
广　西	0.42	—	0.06	—	2.82
重　庆	34.59	13.76	21.97	17.59	13.75
四　川	7.93	2.81	11.82	1.47	13.57
贵　州	1.23	1.10	1.73	3.50	0.58
云　南	0.93	1.56	0.81	0.01	3.12
西　藏	—	—	—	—	—
陕　西	0.79	—	4.54	0.02	1.50
甘　肃	4.02	—	0.01	—	0.12
青　海	—	—	—	—	1.90
宁　夏	0.96	1.92	1.47	0.06	1.34
新　疆	3.66	3.48	5.64	6.04	8.05

数据来源：国家统计局。

九、港澳台地区房地产数据[①]

（一）香港

表 3－112　　2013—2017 年香港地区新落成私人楼宇

单位：个，千平方米

类别	住宅		商住两用			商业		工业	
	楼宇数目	实用楼面面积	楼宇数目	住宅实用楼面面积	非住宅实用楼面面积	楼宇数目	实用楼面面积	楼宇数目	实用楼面面积
2013 年	396	205.1	96	122.0	27.4	16	117.2	10	98.4
2014 年	181	422.7	51	206.8	32.2	19	132.2	17	172.2
2015 年	283	275.8	113	293.6	28.5	16	213.3	18	52.7
2016 年	262	330.4	67	283.5	68.1	21	193.4	13	91.4
2017 年	355	394.7	128	231.3	34.1	24	239.4	22	195.2

类别	其他			所有种类			
	楼宇数目	住宅实用楼面面积	非住宅实用楼面面积	楼宇数目	住宅实用楼面面积	非住宅实用楼面面积	统计
2013 年	160	21.1	240.2	678	348.2	483.2	831.4
2014 年	198	15.2	117.9	466	644.8	454.5	1099.3
2015 年	182	15.6	153.4	612	585.0	447.9	1032.9
2016 年	193	23.1	238.6	556	637.0	591.6	1228.6
2017 年	174	5.5	272.7	703	631.5	741.3	1372.9

数据来源：香港房屋署，香港房屋协会。

① 注：港澳台地区数据货币均为当地货币即港元、澳元、台币。

表 3－113　　2013—2017 年香港地区获批可动工兴建私人楼宇

单位：个，千平方米

类别	住宅				商住两用					
	楼宇数目		实用楼面面积		楼宇数目		住宅实用楼面面积		非住宅实用楼面面积	
	初次呈交图则	重大修改	初次呈交图则	重大修改	初次呈交图则	重大修改	初次呈交图则	重大修改	初次呈交图则	重大修改
2013 年	329	445	181.2	211.4	54	53	201.0	211.3	28.4	18.1
2014 年	254	200	240.2	96.3	41	5	220.2	60.5	62.0	27.3
2015 年	261	65	369.4	13.6	99	66	192.3	284.9	50.9	69.7
2016 年	262	110	317.3	187.8	53	36	96.2	40.3	53.1	12.7
2017 年	165	151	296.3	117.8	35	28	112.8	336.0	113.5	120.9

类别	商业				工业			
	楼宇数目		实用楼面面积		楼宇数目		实用楼面面积	
	初次呈交图则	重大修改	初次呈交图则	重大修改	初次呈交图则	重大修改	初次呈交图则	重大修改
2013 年	21	2	231.4	31.6	9	4	101.3	36.8
2014 年	16	1	169.0	32.0	6	1	103.8	2.1
2015 年	20	1	198.1	2.9	21	1	206.3	19.0
2016 年	9	6	187.4	59.2	12	3	63.3	12.8
2017 年	14	3	244.3	9.9	9	1	54.2	8.4

类别	其他					
	楼宇数目		住宅实用楼面面积		非住宅实用楼面面积	
	初次呈交图则	重大修改	初次呈交图则	重大修改	初次呈交图则	重大修改
2013 年	35	18	1.4	9.7	127.3	9.1
2014 年	45	12	27.7	2.2	142.1	75.1
2015 年	85	26	28.0	2.4	382.1	173.2
2016 年	47	8	4.2	0.0	163.5	71.5
2017 年	46	9	9.5	0.3	184.8	42.3

类别	所有统计							
	楼宇数目		住宅实用楼面面积		非住宅实用楼面面积		统计实用楼面面积	
	初次呈交图则	重大修改	初次呈交图则	重大修改	初次呈交图则	重大修改	初次呈交图则	重大修改
2012	266	114	630.5	165.9	647.7	62.0	1278.2	228.0
2013 年	448	522	383.6	432.4	488.4	95.6	872.0	258.0
2014 年	362	219	488.0	159.0	476.9	136.4	965.0	295.5
2015 年	486	159	589.7	300.9	837.5	264.8	1427.2	565.8
2016 年	383	163	417.7	228.1	467.4	156.3	885.1	384.4
2017 年	269	192	418.7	454.1	596.8	181.5	1015.5	635.6

数据来源：香港房屋署，香港房屋协会。

表 3－114　　2013—2017 年香港地区私人住宅楼宇平均售价

单位：元/平方米

类别	少于 40 平方米			40 ~ 69.9 平方米			70 ~ 99.9 平方米		
	香港	九龙	新界	香港	九龙	新界	香港	九龙	新界
2013 年	123304	94808	83132	126642	103401	75449	159480	138823	85640
2014 年	128912	104403	91436	129629	108820	81476	153720	138586	89607
2015 年	146511	118004	107843	148031	121028	94427	171958	148949	101382
2016 年	137682	112379	102576	140255	115795	91918	162918	149765	97902
2017 年	158351	130442	121707	160845	131409	106583	185957	164213	112757

类别	100 ~ 159.9 平方米			160 平方米或以上		
	香港	九龙	新界	香港	九龙	新界
2013 年	184830	157700	79818	255215	194285	78664
2014 年	183962	160259	85479	249984	235620	73677
2015 年	198331	166694	96851	238790	204001	89161
2016 年	197340	166525	94534	239322	226031	82810
2017 年	215980	179885	103319	252717	272474	91598

数据来源：香港房屋署，香港房屋协会。

表 3－115　　2013—2017 年香港地区私人住宅楼宇新订租约平均租金

单位：元/平方米，月

类别	少于 40 平方米			40 ~ 69.9 平方米			70 ~ 99.9 平方米		
	香港	九龙	新界	香港	九龙	新界	香港	九龙	新界
2013 年	377	293	240	347	278	205	383	306	225
2014 年	397	311	253	358	300	218	391	321	227
2015 年	433	346	273	392	325	239	420	357	250
2016 年	415	329	265	372	302	226	394	328	233
2017 年	452	353	296	403	327	251	431	357	259

类别	100 ~ 159.9 平方米			160 平方米或以上		
	香港	九龙	新界	香港	九龙	新界
2013 年	419	310	244	477	341	256
2014 年	412	322	250	466	329	247
2015 年	437	350	257	464	343	257
2016 年	420	326	247	431	352	235
2017 年	442	349	257	453	368	240

数据来源：香港房屋署，香港房屋协会。

表 3－116　　2013—2017 年香港政府土地拍卖/投标（市区）

单位：平方米，百万元

类别	住宅		商业		商业住宅	
	面积	已征收的地价	面积	已征收的地价	面积	已征收的地价
2013 年	48355	20197	15996	9760	0	0
2014 年	50763	17250	9240	9459	0	0
2015 年	31043	9410	10638	8899	0	0
2016 年	117952	48280	15924	9916	0	0
2017 年	57630	54344	41576	67731	0	0

类别	工业/货仓		其他用途		统计	
	面积	已征收的地价	面积	已征收的地价	面积	已征收的地价
2013 年	0	0	27500	1688	91851	31645
2014 年	0	0	2123	523	62126	27232
2015 年	0	0	0	0	41681	18309
2016 年	0	0	1512	369	135388	58565
2017 年	0	0	0	0	99206	122075

数据来源：香港房屋署，香港房屋协会。

表 3－117　　2013—2017 年香港政府土地拍卖/投标（新界）

单位：平方米，百万元

类别	住宅		商业		商业住宅	
	面积	已征收的地价	面积	已征收的地价	面积	已征收的地价
2013 年	243861	27918	15116	2990	0	0
2014 年	278610	18552	12902	1830	14160	3940
2015 年	149132	22636	13727	3053	0	0
2016 年	222549	23933	1775	1109	0	0
2017 年	27166	5216	0	0	0	0

类别	工业/货仓		其他用途		统计	
	面积	已征收的地价	面积	已征收的地价	面积	已征收的地价
2013 年	0	0	33237	2438	292214	33346
2014 年	0	0	1070	137	306742	24459
2015 年	1265	449	3426	435	167550	26573
2016 年	3707	834	2640	314	230671	26190
2017 年	1730	451	4361	691	33257	6358

数据来源：香港房屋署，香港房屋协会。

表 3－118 2013—2017 年香港政府土地批租（私人协约方式批地）

单位：平方米

类别	市区					新界				
	工业/仓库	住宅	公用事业/团体用途	其他用途	统计	工业/仓库	住宅	公用事业/团体用途	其他用途	统计
2013 年	0	0	14351	0	14351	0	10321	15087	0	25408
2014 年	0	2427	1749	0	4176	0	131735	2084	0	133819
2015 年	0	11629	19522	0	31151	0	166839	2835	0	169674
2016 年	0	14494	6430	68555	89479	0	35332	20375	682889	738596
2017 年	0	27799	11779	0	39578	0	51298	1451	0	52749

数据来源：香港房屋署，香港房屋协会。

（二）澳门

表 3－119 2013—2017 年澳门地区新动工及建成楼宇

类别	新动工楼宇			建成楼宇		
	楼宇数目	单位数目	建筑面积	楼宇数目	单位数目	建筑面积
2013 年	75	2241	2396055	39	1316	562022
2014 年	81	1900	2239079	49	3001	439809
2015 年	95	5405	1984202	98	4364	2577817
2016 年	81	5122	868422	60	498	192191
2017 年	47	3223	410902	69	4511	839517

数据来源：澳门统计暨普查局。

表 3－120 2013—2017 年澳门地区楼宇单位买卖数目

类别	总数	住宅（总数）	商业	办公室	工业	停车位	其他用途
2013 年	19237	12046	1430	542	267	4803	149
2014 年	13230	7625	1212	296	299	3662	136
2015 年	9771	5976	658	231	74	2752	80
2016 年	14108	10170	555	197	84	3013	89
2017 年	13985	10581	589	284	117	2284	130

数据来源：澳门统计暨普查局。

表 3－121 2013—2017 年澳门地区楼宇单位买卖价值

单位：百万元

类别	总数	住宅（总数）	商业	办公室	工业	停车位	其他用途
2013 年	96048	68195	14108	3070	2728	5075	2873
2014 年	83690	49795	16368	2808	4705	5949	4065
2015 年	51660	33449	9140	1885	1008	4687	1492
2016 年	74129	58755	7816	1320	1068	4194	975
2017 年	85228	69442	7340	2399	1543	3498	1006

数据来源：澳门统计暨普查局。

表 3－122　　2013—2017 年澳门地区楼宇单位买卖平均成交价

单位：元/平方米

类　别	住宅（全澳）	办公室	工　业
2013 年	81811	74525	33721
2014 年	99795	121112	54250
2015 年	86826	113444	50564
2016 年	86342	100057	47568
2017 年	100822	113198	54411

数据来源：澳门统计暨普查局。

（三）台湾

表 3－123　　2013—2017 年台湾地区建筑物所有权登记

单位：栋，千平方公尺

类　别	第一次登记		移转登记			
	栋　数	面　积	栋　数	面　积	买卖登记	
					栋　数	面　积
2013 年	111093	31817	503628	61435	371892	42554
2014 年	115865	33530	457911	57899	320598	37386
2015 年	126742	35471	438047	59189	292550	35483
2016 年	122307	32643	378661	47307	245396	27709
2017 年	110419	30290	405806	49399	266086	29102

数据来源：台湾“内政部”统计通报。

表 3－124　　2017 年台湾地区住宅交易指标

类　别	成交天数（中位数）	住宅屋龄（年）	住宅面积（坪①）
1 月	57. 0	18. 2	40. 6
2 月	62. 0	18. 1	40. 3
3 月	70. 0	18. 3	39. 8
4 月	71. 0	18. 5	39. 6
5 月	65. 0	18. 7	39. 9
6 月	58. 5	18. 8	40. 0
7 月	56. 0	18. 7	40. 0
8 月	57. 0	19. 0	39. 9
9 月	58. 0	18. 9	40. 1
10 月	59. 0	18. 8	40. 7
11 月	60. 0	18. 6	40. 7
12 月	61. 0	18. 9	40. 2

数据来源：信义不动产第四季度报告。

① 注：1 坪＝3. 305785123967 平方公尺（平方米）。

表 3－125　　2017 年台湾地区各类产品交易占比变化

单位:%

类　别	公　寓	大　楼	店　面	办公室	套　房	别墅＋透天
1 月	12.7	68.8	3.8	2.1	2.9	7.3
2 月	12.8	69.1	3.7	2.0	3.0	7.2
3 月	12.9	69.1	3.6	2.0	3.2	7.4
4 月	13.9	68.0	3.5	1.8	3.1	7.7
5 月	14.1	67.6	3.4	2.0	2.7	8.1
6 月	14.1	68.2	3.3	1.8	2.4	7.5
7 月	13.5	69.5	3.1	1.6	2.7	6.8
8 月	14.4	68.5	3.0	1.7	3.1	6.7
9 月	13.6	69.3	3.3	1.9	3.2	6.2
10 月	13.4	69.5	3.7	2.2	2.8	6.0
11 月	12.0	70.5	3.8	2.0	2.8	5.9
12 月	13.1	68.7	3.6	2.1	2.9	6.4

数据来源：信义不动产第四季度报告。

表 3－126　　2017 年台湾地区住宅产品总价分布变化

单位：万元,%

类　别	300 以下	300～500	500～700	700～1000	1000～1500	1500～2000	2000～2500	2500～3000	3000～5000	5000 以上
1 月	4.1	9.7	15.8	22.2	23.7	10.1	5.5	3.1	4.0	2.0
2 月	4.6	10.4	15.3	22.1	24.3	9.7	5.2	3.1	3.7	1.7
3 月	4.4	11.0	15.9	22.8	22.4	10.4	4.8	2.7	4.0	1.5
4 月	4.2	11.1	15.7	23.2	22.7	11.0	4.7	2.6	3.6	1.3
5 月	3.9	10.5	15.8	23.3	22.5	11.2	4.8	2.7	3.9	1.4
6 月	3.7	9.7	15.4	23.6	23.6	10.1	5.1	3.4	3.9	1.6
7 月	4.1	10.1	15.1	23.1	23.1	10.3	4.9	3.4	4.2	1.7
8 月	4.6	10.5	15.0	23.4	22.8	10.0	5.1	3.0	3.9	1.8
9 月	4.2	11.1	15.1	22.9	22.5	10.4	5.0	2.9	4.2	1.6
10 月	4.1	10.0	15.3	23.4	22.4	10.2	5.3	3.1	4.6	1.6
11 月	3.5	9.6	14.9	23.9	22.4	10.6	5.6	3.0	4.9	1.6
12 月	4.1	9.1	14.8	23.9	22.2	11.6	5.7	2.9	4.3	1.6

数据来源：信义不动产第四季度报告。

表 3 – 127　　2017 年台湾地区住宅产品面积分布变化

单位：%

类　别	15 坪以下	15～25 坪	25～35 坪	35～45 坪	45～55 坪	55 坪以上
1 月	6.6	12.9	25.3	23.0	14.5	17.7
2 月	6.1	13.8	24.9	22.2	15.4	17.7
3 月	6.3	13.7	25.8	21.9	15.9	16.5
4 月	6.2	14.9	25.1	21.7	16.5	15.7
5 月	6.0	14.2	25.1	22.3	16.3	16.1
6 月	6.0	15.4	24.2	21.8	16.5	16.2
7 月	6.9	14.3	24.3	22.0	15.9	16.6
8 月	7.5	14.1	25.1	21.8	15.2	16.4
9 月	7.6	12.9	24.7	22.5	15.0	17.3
10 月	6.9	13.5	24.3	21.6	15.9	17.9
11 月	6.7	14.0	23.1	21.7	16.2	18.3
12 月	6.8	14.2	24.4	21.4	15.7	17.5

数据来源：信义不动产第四季度报告。

表 3 – 128　　2017 年台北市住宅成交均价表现

类　别	成交天数（中位数）	住宅屋龄（年）	住宅面积（坪）	住宅总价（万元）	公寓单价（万元/坪）	大楼单价（万元/坪）	住宅单价（万元/坪）
1 月	64.5	24.5	40.6	2595	51.1	64.8	61.8
2 月	71.0	24.9	39.1	2420	49.1	62.9	59.6
3 月	79.0	24.2	38.3	2399	48.0	65.1	61.1
4 月	80.0	24.6	36.5	2250	49.4	63.6	59.9
5 月	74.0	24.7	36.8	2260	52.0	63.7	60.6
6 月	65.0	25.0	36.8	2281	52.4	64.1	61.2
7 月	70.0	24.6	37.0	2287	52.1	64.0	61.4
8 月	70.0	24.8	37.4	2393	49.4	64.4	61.4
9 月	70.0	25.2	37.6	2394	48.6	63.2	60.4
10 月	69.0	25.0	38.3	2419	49.2	63.0	60.4
11 月	72.0	24.7	37.9	2348	48.6	62.3	59.7
12 月	72.0	24.5	37.1	2281	50.2	62.4	59.9

数据来源：信义不动产第四季度报告。

十、房地产贷款

表 3－129　　2013—2017 年各季度末房地产贷款余额

单位：亿元,%

类 别	房地产开发贷款余额		地产开发贷款余额		房产开发贷款余额		购房贷款余额	
	绝对值	同比	绝对值	同比	绝对值	同比	绝对值	同比
2017Q4	83000	16.7	13000	－8.0	70000	21.7	219000	22.2
2017Q3	81000	15.1	14000	12.8	67000	22.7	211000	26.2
2017Q2	77600	9.8	13600	17.9	64000	18.3	201000	30.8
2017Q1	75400	7.4	14100	21.5	61300	17.3	190500	35.7
2016Q4	71100	8.4	14500	－4.9	56600	12.2	191400	35.0
2016Q3	70400	7.6	15700	0.9	54700	9.6	179300	33.4
2016Q2	70700	10.1	16600	7.5	54100	10.9	165500	30.9
2016Q1	70200	15.5	18000	22.8	52200	13.0	151800	25.5
2015Q4	65600	16.5	15200	12.8	50400	17.9	141800	23.2
2015Q3	65400	21.3	15500	28.2	49900	19.5	134500	20.9
2015Q2	64200	23.5	15400	32.8	48800	20.9	126400	17.8
2015Q1	60800	24.1	14600	30.6	46200	22.2	121000	17.6
2014Q4	56300	18.9	13500	25.7	42800	21.7	115200	17.5
2014Q3	53900	19.5	12100	12.7	41800	22.0	111200	17.5
2014Q2	52000	20.4	11600	9.7	40400	23.7	107400	18.4
2014Q1	49000	26.8	11200	7.6	37800	18.3	102900	20.1
2013Q4	45900	18.8	10700	9.8	35200	16.3	98000	21.0
2013Q3	45100	18.5	10800	13.1	34300	14.9	94700	21.2
2013Q2	43200	16.0	10600	17.2	32600	11.0	90700	21.1
2013Q1	38630	7.3	10400	21.4	32000	12.3	85700	17.4

数据来源：中国人民银行。

十一、中国房地产企业情况

表 3－130　　2012—2016 年房地产开发企业个数

单位：个

类　别	企业个数	内资企业	国有	集体	港、澳、台投资企业	外商投资企业
2012	89859	84695	3354	904	3451	1713
2013	91444	86379	1739	570	3391	1674
2014	94197	89218	1476	457	3414	1565
2015	93426	88773	1329	409	3235	1418
2016	94948	90408	1093	364	3232	1308

数据来源：国家统计局。

表 3－131　　2016 年全国各地区房地产开发企业个数

单位：个

类　别	企业个数	内资企业	国有	集体	港、澳、台投资企业	外商投资企业
北　京	2654	2431	53	17	129	94
天　津	1291	1190	49	5	58	43
河　北	3279	3228	7	—	32	19
辽　宁	3257	2935	14	3	223	99
上　海	2682	2286	39	13	279	117
江　苏	6626	6053	50	29	395	178
浙　江	6274	5935	40	9	232	107
福　建	3177	2817	62	15	273	87
山　东	6928	6705	89	55	159	64
广　东	7658	6792	92	136	677	189
海　南	1189	1126	19	2	49	14
山　西	2485	2465	63	7	13	7
吉　林	1791	1768	6	1	18	5
黑龙江	1956	1931	31	1	15	10
安　徽	3768	3688	36	5	54	26
江　西	2297	2214	36	2	67	16
河　南	6687	6598	58	4	62	27

续表

类 别	企业个数	内资企业			港、澳、台投资企业	外商投资企业
			国有	集体		
湖 北	4200	4095	63	12	82	23
湖 南	3769	3677	55	5	69	23
内蒙古	1989	1984	6	—	3	2
广 西	2474	2381	35	10	58	35
重 庆	2467	2332	14	2	102	33
四 川	4061	3934	32	6	76	51
贵 州	2638	2597	26	2	32	9
云 南	2618	2581	28	4	29	8
西 藏	49	49	1	—	—	—
陕 西	2177	2135	50	9	28	14
甘 肃	1664	1649	29	9	11	4
青 海	353	352	—	—	—	1
宁 夏	563	558	1	—	3	2
新 疆	1927	1922	9	1	4	1

数据来源：国家统计局。

表 3－132　　2012—2016 年房地产开发企业从业人员数

单位：人

类 别	平均从业	内资企业			港、澳、台投资企业	外商投资企业
			国有	集体		
2012	2386772	2199815	123593	20398	116849	70108
2013	2591814	2397762	66072	12976	121807	72245
2014	2760070	2561817	61512	11414	129287	68966
2015	2738454	2551484	57273	10771	124494	62476
2016	2752298	2576545	47085	9916	118495	57258

数据来源：国家统计局。

表 3－133　　2016 年全国各地区房地产开发企业从业人员数

单位：人

类 别	平均从业	内资企业			港、澳、台投资企业	外商投资企业
			国有	集体		
北 京	86737	75942	2361	331	6338	4457
天 津	35227	31329	1917	75	2550	1348

续表

类　别	平均从业	内资企业			港、澳、台投资企业	外商投资企业
			国有	集体		
河　北	111710	108422	341	—	1423	1865
辽　宁	68085	58315	252	89	6139	3631
上　海	63568	47974	824	288	10984	4610
江　苏	173430	154812	1570	796	12294	6324
浙　江	115720	107255	1636	99	5991	2474
福　建	93115	82371	2309	297	8671	2073
山　东	220624	212095	4223	3260	6163	2366
广　东	233716	199002	2386	2969	21383	13331
海　南	46996	41231	1281	27	3627	2138
山　西	56305	55578	2309	311	390	337
吉　林	46504	45185	4038	10	1070	249
黑龙江	39013	38450	726	151	426	137
安　徽	105257	101760	976	57	2610	887
江　西	72677	70402	1061	14	1814	461
河　南	206853	203632	2109	74	2117	1104
湖　北	130863	126736	2923	301	2922	1205
湖　南	120590	116915	2112	53	2602	1073
内蒙古	42219	42078	190	—	24	117
广　西	80703	75506	1163	168	3948	1249
重　庆	99265	92145	701	26	5501	1619
四　川	138485	131751	1133	109	4233	2501
贵　州	82812	81326	625	11	1217	269
云　南	80120	77889	855	48	1745	486
西　藏	2093	2093	127	—	—	—
陕　西	84311	81897	5255	224	1631	783
甘　肃	44756	44313	1242	124	346	97
青　海	10899	10872	—	—	—	27
宁　夏	17166	17017	46	—	121	28
新　疆	42479	42252	394	4	215	12

数据来源：国家统计局。

表 3－134　　2012—2016 年房地产开发企业经营状况

单位：亿元

类　别	主营业务收入	土地转让收入	商品房销售收入	房屋出租收入	其他收入	主营业务税金及附加	营业利润
2012	51028.41	819.39	47463.49	1151.55	1593.98	4610.87	6001.33
2013	70706.67	671.42	66697.99	1364.01	1973.25	6204.18	9562.67
2014	66463.80	571.95	62535.06	1464.10	1892.69	5968.43	6143.13
2015	70174.34	600.54	65861.30	1600.42	2112.08	6202.38	6165.54
2016	90091.51	666.32	85163.32	1786.97	2474.89	6651.62	8673.23

数据来源：国家统计局。

表 3－135　　2016 年全国各地区房地产开发企业经营状况

单位：亿元

类　别	主营业务收入	土地转让收入	商品房销售收入	房屋出租收入	其他收入	主营业务税金及附加	营业利润
北　京	4611.70	156.55	3672.43	366.40	416.31	421.91	794.31
天　津	1976.34	37.14	1811.24	36.89	91.07	125.53	145.39
河　北	2856.33	12.14	2799.20	14.40	30.59	204.63	353.46
辽　宁	2087.72	6.42	2002.59	33.48	45.23	125.60	-61.86
上　海	6505.93	46.75	5785.65	451.66	221.88	565.28	1461.04
江　苏	10837.62	59.99	10407.58	110.40	259.66	711.37	738.65
浙　江	7768.97	42.07	7513.86	60.86	152.18	495.81	289.22
福　建	3254.62	17.88	3081.11	30.54	125.09	327.98	543.26
山　东	6149.37	11.27	5941.70	49.51	146.90	381.68	347.23
广　东	11204.32	13.89	10752.46	265.88	172.10	1119.06	2032.07
海　南	968.27	3.48	868.41	8.01	88.36	88.65	41.47
山　西	866.08	9.57	800.37	6.45	49.70	54.36	30.48
吉　林	950.93	3.95	919.61	10.28	17.08	58.84	28.24
黑龙江	1217.42	2.74	1192.00	6.25	16.43	94.31	67.68
安　徽	3330.94	6.99	3198.80	21.23	103.92	213.29	238.53
江　西	2007.25	14.60	1965.90	5.06	21.69	131.72	202.03
河　南	3678.44	32.18	3546.81	37.44	62.02	248.41	349.50
湖　北	3278.53	30.59	3119.44	44.02	84.49	245.84	400.20
湖　南	2269.11	16.31	2184.94	19.43	48.44	131.80	64.05
内蒙古	815.47	0.76	793.43	4.84	16.44	53.91	10.07
广　西	1371.30	22.12	1312.42	18.52	18.24	101.92	124.74
重　庆	2498.85	91.62	2277.50	51.52	78.21	155.19	150.59

续表

类　别	主营业务收入					主营业务税金及附加	营业利润
		土地转让收入	商品房销售收入	房屋出租收入	其他收入		
四　川	3479.92	5.03	3384.05	39.89	50.95	228.26	154.98
贵　州	1182.03	3.64	1144.84	12.37	21.18	75.49	60.45
云　南	1014.35	6.56	932.07	31.70	44.01	62.29	-41.29
西　藏	20.23	0.01	19.62	0.22	0.38	1.35	2.10
陕　西	1758.52	6.81	1692.08	15.57	44.06	99.15	67.96
甘　肃	649.97	3.09	620.50	7.20	19.18	36.83	34.36
青　海	258.85	0.19	245.89	3.94	8.82	15.61	15.03
宁　夏	368.59	0.06	354.82	5.31	8.40	20.24	-5.71
新　疆	853.52	1.92	822.01	17.71	11.89	55.29	34.99

数据来源：国家统计局。

表 3-136　　2012—2016 年房地产开发企业资产负债

单位：亿元

类　别	实收资本合计	资产总计	累计折旧		负债合计	所有者权益	资产负债率（%）
				本年折旧			
2012	54735.36	351858.65	2360.92	525.35	264597.55	87261.10	75.2
2013	59984.76	425218.78	2871.35	626.73	323204.96	102013.83	76.0
2014	76566.04	498749.92	3099.89	616.67	384095.53	114654.40	77.0
2015	86171.57	551968.06	3265.20	596.61	428729.90	123238.16	77.7
2016	79278.30	625733.70	3658.29	640.50	489750.32	135983.38	78.3

数据来源：国家统计局。

表 3-137　　2016 年全国各地区房地产开发企业资产负债

单位：亿元

类　别	实收资本合计	资产总计	累计折旧		负债合计	所有者权益	资产负债率（%）
				本年折旧			
北　京	7089.01	55693.66	432.65	61.22	43438.16	12255.50	78.0
天　津	3643.13	25984.12	128.32	27.55	19694.03	6290.09	75.8
河　北	1437.68	15931.79	77.29	11.97	13342.35	2589.44	83.7
辽　宁	2818.96	18650.69	113.82	18.55	15142.82	3507.87	81.2
上　海	8330.31	48448.90	384.10	54.83	32646.44	15802.46	67.4
江　苏	8868.63	51534.57	279.84	51.51	39415.82	12118.75	76.5
浙　江	6543.08	40732.65	224.92	33.60	31964.39	8768.26	78.5
福　建	3274.74	26120.24	84.22	14.50	19516.00	6604.24	74.7

续表

类　别	实收资本合计	资产总计	累计折旧	本年折旧	负债合计	所有者权益	资产负债率（%）
山　东	4176.27	35920.41	225.02	38.55	29251.36	6669.05	81.4
广　东	6833.10	71826.39	351.11	67.35	58230.12	13596.27	81.1
海　南	1314.03	9503.54	80.75	16.30	7718.71	1784.83	81.2
山　西	774.22	8191.11	47.02	7.28	7260.55	930.56	88.6
吉　林	812.36	6361.18	34.96	5.77	5358.86	1002.31	84.2
黑龙江	1047.27	9033.69	64.34	6.97	6103.89	2929.80	67.6
安　徽	2471.67	19548.04	96.51	17.50	15442.31	4105.74	79.0
江　西	1109.53	10033.41	51.99	13.13	7592.53	2440.88	75.7
河　南	2290.02	22536.68	136.65	33.39	18440.36	4096.32	81.8
湖　北	2694.10	22124.94	106.77	17.34	17119.04	5005.91	77.4
湖　南	1492.51	13198.28	75.67	17.08	10525.96	2672.32	79.8
内蒙古	694.76	7359.26	31.65	5.98	6327.96	1031.30	86.0
广　西	1042.20	12122.65	56.87	10.78	9224.94	2897.71	76.1
重　庆	2477.95	21990.08	113.22	19.34	16182.36	5807.72	73.6
四　川	2917.78	23289.71	139.50	32.40	18495.83	4793.88	79.4
贵　州	992.14	9932.29	42.04	7.21	8092.20	1840.09	81.5
云　南	1386.75	14747.24	82.36	15.35	12502.94	2244.29	84.8
西　藏	17.64	344.48	1.04	0.03	237.25	107.23	68.9
陕　西	1279.82	10993.99	69.20	10.59	9180.97	1813.02	83.5
甘　肃	414.97	4348.87	34.47	6.28	3631.03	717.84	83.5
青　海	189.46	1549.50	9.83	1.77	1302.82	246.69	84.1
宁　夏	320.46	2898.92	32.49	6.52	2415.33	483.60	83.3
新　疆	523.76	4782.42	49.67	9.86	3953.00	829.42	82.7

数据来源：国家统计局。

表 3－138　　2017 年度中国房地产开发企业销售面积 TOP200

单位：万平方米

排名	企业名称	销售面积	排名	企业名称	销售面积
1	碧桂园	6016.2	7	中海地产	1475.4
2	中国恒大	5162.1	8	龙湖地产	1023.4
3	万科地产	3519.8	9	华夏幸福	988.0
4	绿地控股	2463.1	10	华润置地	968.1
5	保利地产	2287.7	11	新城控股	896.2
6	融创中国	2144.5	12	金科集团	887.3

续表

排名	企业名称	销售面积	排名	企业名称	销售面积
13	万达集团	864.0	51	红星地产	269.6
14	中南置地	855.3	52	正商地产	263.6
15	绿城中国	818.5	53	领地集团	255.6
16	金地集团	756.3	54	联发集团	250.9
17	雅居乐	718.4	55	电建地产	248.4
18	蓝光发展	713.1	56	光明地产	247.3
19	荣盛发展	690.5	57	禹洲集团	244.3
20	富力地产	676.1	58	首创置业	241.8
21	鲁能集团	662.7	59	合景泰富	239.2
22	阳光城	659.4	60	路劲基建	230.1
23	中梁地产	623.0	61	越秀地产	229.8
24	旭辉集团	621.8	62	东原地产	223.5
25	世茂房地产	604.9	63	建发房产	216.4
26	建业地产	590.9	64	隆基泰和	214.8
27	招商蛇口	554.6	65	北大资源	209.3
28	正荣集团	519.1	66	华宇集团	204.6
29	中国铁建	510.8	67	中冶置业	204.1
30	祥生地产	499.9	68	中骏集团	200.8
31	美的地产	476.2	69	敏捷地产	200.7
32	融信集团	449.4	70	滨江集团	195.1
33	中国奥园	448.8	71	当代置业	180.7
34	泰禾集团	443.2	72	新鸥鹏地产	179.9
35	远洋集团	401.7	73	中交地产	178.2
36	俊发地产	374.4	74	彰泰集团	175.2
37	金辉集团	370.1	75	中庚集团	174.6
38	融侨集团	366.1	76	协信控股	172.8
39	福晟集团	349.6	77	鑫苑中国	172.1
40	海伦堡地产	332.8	78	宝龙地产	165.2
41	中国中铁	318.9	79	德信地产	160.2
42	新力地产	317.8	80	和昌集团	159.8
43	中天金融	291.7	81	华鸿嘉信	150.2
44	时代地产	291.4	82	中航里城	147.9
45	复地集团	291.3	83	华发股份	147.8
46	佳兆业	290.1	84	花样年	144.1
47	首开股份	288.3	85	三盛集团	142.4
48	龙光集团	286.1	86	朗诗集团	140.7
49	中国金茂	283.7	87	金隅股份	140.1
50	保利置业	270.1	88	大唐地产	137.8

续表

排名	企业名称	销售面积	排名	企业名称	销售面积
89	卓越集团	137.1	127	深业集团	79.8
90	中粮集团	132.2	128	大华集团	78.5
91	鸿坤集团	131.4	129	华侨城	78.4
92	海尔地产	130.3	130	国贸地产	78.1
93	恒泰集团	129.1	131	明发集团	77.7
94	中迪禾邦	129.0	132	绿都地产	77.6
95	北辰实业	128.1	133	阳光 100	75.2
95	中建东孚	128.1	134	融汇集团	74.1
97	实地集团	127.4	135	大名城	73.9
98	邦泰集团	125.7	136	仁恒置地	73.5
99	九龙仓	120.2	137	荣和集团	70.6
100	鸿通集团	120.1	138	华强新城市	70.5
101	力高地产	117.3	139	华南城	69.9
102	文一地产	116.5	140	新华联	69.6
103	新希望地产	112.5	141	海亮地产	69.5
104	升龙集团	111.6	142	凯德置地	69.0
105	福星股份	110.1	143	宏立城	68.6
106	永威置业	109.4	144	合生创展	68.1
107	鲁商置业	108.2	145	中建信和	64.5
108	三盛宏业	107.5	146	华远地产	63.0
109	弘阳集团	107.2	147	安徽置地	62.4
110	新湖中宝	103.3	148	恒基兆业	62.1
111	金融街	101.3	149	星河湾	61.9
112	信达地产	97.7	150	保集集团	61.1
113	康桥地产	93.1	151	亿达中国	58.6
114	佳源国际	93.0	152	葛洲坝	56.4
115	中洲控股	90.9	153	上实城开	54.8
116	香港置地	90.7	154	苏州高新	53.9
117	五矿地产	90.3	155	云南城投	53.1
118	方圆地产	89.6	156	华地置业	52.5
119	景瑞地产	88.6	157	天房集团	51.1
120	国瑞置业	86.0	158	天津住宅集团	50.5
121	新世界中国	85.5	159	宝能集团	49.4
122	星河地产	84.5	160	众安房产	49.1
123	苏宁置业	83.1	160	青岛银盛泰	49.1
123	嘉和集团	83.1	162	中天房产	49.0
125	北京城建	81.1	163	天地源	48.1
126	长江实业	80.6	164	宋都房产	47.8

续表

排名	企业名称	销售面积	排名	企业名称	销售面积
165	湖北联投	45.7	183	重庆隆鑫	37.2
166	雨润地产	45.2	184	恒盛地产	36.5
167	南山控股	45.1	185	联泰地产	36.1
168	国购集团	45.0	186	光明置业	36.0
169	北科建集团	44.9	187	上海建工	34.7
170	珠江投资	44.6	188	中星集团	34.3
171	海信地产	44.0	189	上海城建	34.0
172	银亿股份	42.5	190	庙山投资	33.7
173	正弘置业	41.4	191	子元集团	33.3
174	海航地产	41.2	192	澳海控股	33.1
175	雅戈尔	41.1	193	泰达股份	32.5
176	永泰集团	40.7	194	光大地产	32.4
177	天誉置业	40.5	195	鑫江置业	32.2
178	大众置业	39.2	196	珠光集团	31.2
179	合能地产	38.8	197	嘉里建设	30.8
180	鸿荣源	37.7	198	翠屏国际	30.7
181	银丰投资	37.6	199	南益地产	30.5
182	新鸿基	37.4	200	大家房产	30.1

数据来源：中国房地产决策咨询系统（CRIC）。

表 3－139　　2017 年度中国房地产开发企业销售金额 TOP200

单位：亿元

排名	企业名称	销售金额	排名	企业名称	销售金额
1	碧桂园	5500.1	15	旭辉集团	1040.0
2	万科地产	5239.0	16	世茂房地产	1010.2
3	中国恒大	5131.6	17	泰禾集团	1007.2
4	融创中国	3620.0	18	中南置地	963.2
5	保利地产	3150.1	19	阳光城	915.3
6	绿地控股	3042.1	20	正荣集团	910.2
7	中海地产	2013.7	21	鲁能集团	893.7
8	龙湖地产	1560.3	22	万达集团	891.2
9	华夏幸福	1538.0	23	富力地产	883.0
10	华润置地	1512.0	24	雅居乐	866.1
11	绿城中国	1457.1	25	中梁地产	757.9
12	金地集团	1403.2	26	荣盛发展	730.2
13	新城控股	1260.1	27	远洋集团	723.0
14	招商蛇口	1126.3	28	融信集团	703.1

续表

排名	企业名称	销售金额	排名	企业名称	销售金额
29	中国金茂	693.0	67	光明地产	268.1
30	蓝光发展	689.1	68	北大资源	267.3
31	中国铁建	685.3	69	德信地产	265.1
32	金科集团	681.2	70	仁恒置地	264.8
33	首开股份	679.1	71	中冶置业	264.0
34	滨江集团	615.1	72	东原地产	262.6
35	祥生地产	567.6	73	金融街	260.5
36	融侨集团	562.1	74	中天金融	246.6
37	龙光集团	560.1	75	金隅股份	244.3
38	首创置业	558.0	76	鸿荣源	243.1
39	佳兆业	467.1	77	隆基泰和	235.1
40	中国奥园	455.9	78	鑫苑中国	233.1
41	美的地产	450.1	79	华鸿嘉信	232.9
42	金辉集团	445.1	80	北辰实业	226.4
43	新力地产	428.1	81	当代置业	221.9
44	时代地产	426.4	82	宝龙地产	220.2
45	保利置业	410.2	83	中交地产	217.2
46	合景泰富	409.0	84	华侨城	215.3
47	越秀地产	408.7	85	敏捷地产	211.6
48	福晟集团	396.2	86	鸿坤集团	208.8
49	中粮集团	386.0	87	三盛集团	203.3
50	俊发地产	381.3	88	中航里城	202.3
51	复地集团	379.1	89	实地集团	201.1
52	建业地产	370.8	90	海尔地产	198.1
53	路劲基建	368.2	91	和昌集团	198.0
54	卓越集团	367.1	92	中建东孚	197.6
55	电建地产	365.2	93	协信控股	195.5
56	禹洲集团	361.1	94	华宇集团	180.8
57	海伦堡地产	351.1	95	弘阳集团	178.1
58	华发股份	350.2	96	中庚集团	175.1
59	中骏集团	344.6	97	大华集团	172.1
60	联发集团	343.2	98	景瑞地产	171.2
61	建发房产	341.3	99	康桥地产	155.4
62	中国中铁	322.3	100	绿都地产	152.6
63	红星地产	318.0	100	新鸥鹏地产	152.6
64	朗诗集团	306.2	102	信达地产	151.9
65	正商地产	295.3	103	领地集团	151.6
66	九龙仓	276.4	104	深业集团	149.5

续表

排名	企业名称	销售金额	排名	企业名称	销售金额
105	升龙集团	149.3	141	上实城开	92.9
106	长江实业	149.1	142	华远地产	92.5
107	北京城建	148.1	143	福星股份	92.1
108	花样年	145.0	144	阳光 100	91.5
109	大唐地产	144.7	145	中华企业	91.4
110	文一地产	142.8	146	合生创展	88.1
111	新湖中宝	142.5	147	雅戈尔	87.3
112	新希望地产	141.5	148	鲁商置业	86.4
112	国瑞置业	141.5	149	邦泰集团	85.1
114	天房集团	140.1	150	大名城	82.6
115	永威置业	136.4	151	海航地产	81.2
116	苏宁置业	135.8	152	佳源国际	79.2
117	五矿地产	135.4	153	嘉里建设	77.4
118	三盛宏业	129.0	154	北京住总	76.6
119	彰泰集团	128.4	155	明发集团	74.6
120	新世界中国	127.3	156	中环投资	72.2
121	方圆地产	124.2	157	鸿通集团	72.1
122	星河地产	122.2	158	云南城投	71.1
123	香港置地	120.8	159	亿达中国	71.0
124	力高地产	120.3	160	大家房产	70.8
125	国贸地产	120.1	161	华南城	70.0
126	星河湾	118.7	162	宋都房产	69.9
127	荣和集团	118.5	163	恒基兆业	69.2
128	恒盛地产	117.8	164	嘉和集团	69.1
129	葛洲坝	117.4	165	众安房产	68.7
130	凯德置地	112.9	166	银亿股份	67.8
131	中洲控股	112.3	167	苏州高新	67.4
132	中迪禾邦	110.7	168	张江高科	66.8
133	新鸿基	107.8	169	宏立城	64.3
134	北科建集团	105.6	170	泰达股份	64.2
135	上海建工	104.2	171	青岛银盛泰	62.9
136	恒泰集团	102.1	172	安徽置地	62.7
137	中星集团	98.5	173	融汇集团	62.4
138	新华联	98.4	174	南山控股	62.3
139	瑞安房地产	96.3	175	海亮地产	62.1
140	保集集团	93.9	176	正弘置业	60.6

续表

排名	企业名称	销售金额	排名	企业名称	销售金额
177	翠屏国际	59.5	189	上坤置业	51.5
178	天恒置业	59.1	190	上实发展	51.4
179	荣安地产	58.5	191	祈福集团	51.3
180	湖北联投	58.2	192	天誉置业	50.9
181	华强新城市	57.2	193	天地源	49.2
182	中建信和	56.5	194	银城地产	49.0
183	华地置业	55.2	195	天津住宅集团	48.9
184	深圳地铁	53.1	196	上港集团	48.8
185	上海城投	52.5	197	珠光集团	48.4
186	珠江投资	52.1	198	光大地产	48.2
187	海信地产	51.7	199	南京金融城	47.6
188	吉宝置业	51.6	200	中天房产	45.8

数据来源：中国房地产决策咨询系统（CRIC）。

表 3－140　　2017 年度中国房地产开发企业销售权益金额 TOP200

单位：亿元

排名	企业名称	销售金额	排名	企业名称	销售金额
1	中国恒大	4880.2	21	富力地产	818.0
2	碧桂园	3961.1	22	正荣集团	746.4
3	万科地产	3772.1	23	中梁地产	739.2
4	绿地控股	2920.4	24	荣盛发展	692.8
5	融创中国	2595.3	25	旭辉集团	624.0
6	保利地产	2236.6	26	蓝光发展	600.9
7	中海地产	1881.7	27	祥生地产	567.6
8	华夏幸福	1538.0	28	龙光集团	554.7
9	华润置地	1300.3	29	融侨集团	546.4
10	龙湖地产	1092.2	30	绿城中国	540.2
11	金地集团	982.2	31	中国金茂	521.1
12	新城控股	942.1	32	远洋集团	506.1
13	鲁能集团	893.7	33	金科集团	504.8
14	万达集团	891.2	34	首开股份	501.4
15	世茂房地产	881.9	35	中国铁建	493.5
16	中南置地	864.1	36	融信集团	486.4
17	雅居乐	864.0	37	佳兆业	452.1
18	泰禾集团	857.2	38	美的地产	451.2
19	阳光城	842.1	39	时代地产	420.5
20	招商蛇口	819.9	40	新力地产	405.9

续表

排名	企业名称	销售金额	排名	企业名称	销售金额
41	首创置业	393.9	79	信达地产	220.3
42	卓越集团	390.1	80	东原地产	220.2
43	中国奥园	389.7	81	实地集团	218.8
44	中粮集团	386.0	82	北辰实业	218.0
45	金辉集团	378.3	83	当代置业	206.3
46	禹洲集团	375.7	84	中航里城	202.3
47	越秀地产	371.9	85	宝龙地产	200.8
48	保利置业	361.8	86	敏捷地产	200.4
49	俊发地产	354.3	87	华宇集团	197.5
50	海伦堡地产	351.1	88	协信控股	195.5
51	路劲基建	346.8	89	鸿坤集团	185.4
52	建发房产	341.3	90	华侨城	181.4
53	联发集团	338.9	91	仁恒置地	179.6
54	合景泰富	332.9	92	和昌集团	178.8
55	电建地产	330.6	93	中交地产	173.8
56	复地集团	323.4	94	中庚集团	172.8
57	中国中铁	313.9	95	五矿地产	172.0
58	华发股份	305.9	96	弘阳集团	163.6
59	中骏集团	301.2	97	新希望地产	162.6
60	正商地产	295.3	98	康桥地产	155.4
61	福晟集团	289.9	99	方圆地产	154.5
62	红星地产	285.9	100	领地集团	153.6
63	华鸿嘉信	260.1	101	绿都地产	152.6
64	滨江集团	260.0	102	长江实业	149.1
65	建业地产	258.0	103	升龙集团	147.8
66	九龙仓	257.0	104	花样年	145.0
67	中天金融	246.6	105	大唐地产	144.7
68	德信地产	245.6	106	国瑞置业	141.5
69	中冶置业	244.6	107	新鸥鹏地产	137.7
70	鸿荣源	243.1	108	苏宁置业	135.8
71	金融街	240.6	109	文一地产	135.4
72	金隅股份	236.5	110	大华集团	134.2
73	隆基泰和	235.1	111	三盛集团	134.1
74	鑫苑中国	233.1	112	永威置业	133.4
75	光明地产	230.9	113	新湖中宝	131.8
76	海尔地产	229.3	114	北京城建	131.3
77	中建东孚	226.7	115	景瑞地产	130.4
78	北大资源	225.0	116	三盛宏业	130.0

续表

排名	企业名称	销售金额	排名	企业名称	销售金额
117	彰泰集团	128.4	155	佳源国际	79.2
118	深业集团	122.6	156	嘉里建设	77.4
119	星河地产	122.2	157	众安房产	76.5
120	新世界中国	121.6	158	明发集团	74.6
121	天房集团	120.9	159	中环投资	72.2
122	香港置地	120.8	160	鸿通集团	72.1
123	力高地产	120.3	161	云南城投	71.1
124	国贸地产	120.1	162	华南城	70.0
125	星河湾	118.7	163	宋都房产	69.9
126	荣和集团	118.5	164	安徽置地	69.5
127	恒盛地产	117.8	165	恒基兆业	69.2
128	葛洲坝	117.4	166	嘉和集团	69.1
129	凯德置地	112.9	167	银亿股份	67.8
130	中洲控股	107.4	168	苏州高新	67.4
131	北科建集团	105.6	169	张江高科	66.8
132	上海建工	104.2	170	瑞安房地产	65.6
133	新鸿基	103.5	171	宏立城	64.3
134	恒泰集团	102.1	172	泰达股份	64.2
135	朗诗集团	101.1	173	青岛银盛泰	62.9
136	中迪禾邦	100.5	174	融汇集团	62.4
137	中星集团	98.5	175	南山控股	62.3
138	新华联	98.4	176	正弘置业	60.6
139	海亮地产	96.8	177	翠屏国际	59.5
140	保集集团	93.9	178	天恒置业	59.1
141	上实城开	92.9	179	荣安地产	58.5
142	华远地产	92.5	180	湖北联投	58.2
143	大名城	92.4	181	华强新城市	57.2
144	深圳地铁	92.3	182	大家房产	56.9
145	福星股份	92.1	183	中建信和	56.5
146	阳光100	91.5	184	亿达中国	56.4
147	中华企业	91.4	185	中天房产	55.6
148	合生创展	88.1	186	上海城投	52.5
149	雅戈尔	87.3	187	珠江投资	52.1
150	鲁商置业	86.4	188	吉宝置业	51.6
151	邦泰集团	85.1	189	上实发展	51.4
152	北京住总	81.6	190	祈福集团	51.3
153	华地置业	81.2	191	天誉置业	50.9
154	海航地产	81.1	192	天地源	49.2

续表

排名	企业名称	销售金额	排名	企业名称	销售金额
193	银城地产	49.0	197	光大地产	48.2
194	天津住宅集团	48.9	198	南京金融城	47.6
195	上港集团	48.8	199	宝能集团	45.2
196	珠光集团	48.4	200	上海证大	44.7

数据来源：中国房地产决策咨询系统（CRIC）。

表 3－141　　沪市房地产企业股价涨跌幅排行榜

单位：元

排名	证券代码	证券简称	2016 年收盘价	2017 年收盘价	涨跌幅（%）	最高价	最低价
1	601155	新城控股	11.45	29.30	156.57	29.63	11.36
2	600622	光大嘉宝	10.97	17.97	64.51	21.89	10.75
3	600048	保利地产	8.81	14.15	60.52	14.32	8.62
4	600239	云南城投	3.72	5.22	41.18	5.42	3.70
5	601588	北辰实业	4.11	5.79	40.88	6.69	3.95
6	600340	华夏幸福	23.24	31.39	35.07	47.64	23.03
7	600208	新湖中宝	4.20	5.22	25.48	5.86	4.13
8	601992	金隅股份	4.38	5.43	23.02	9.03	3.84
9	600848	上海临港	19.40	22.30	15.25	35.22	16.72
10	600641	万业企业	12.11	13.40	10.84	14.95	10.02
11	600325	华发股份	6.66	7.36	10.40	9.32	6.59
12	600383	金地集团	12.29	12.63	3.02	13.34	9.78
13	600515	海航基础	11.69	11.83	1.98	15.99	9.51
14	600708	光明地产	6.75	6.85	1.42	8.03	5.82
15	600322	天房发展	6.31	6.41	1.26	7.50	4.83
16	600007	中国国贸	16.99	17.14	1.00	21.10	16.40
17	600266	北京城建	13.07	13.14	0.69	19.22	12.71
18	600823	世茂股份	4.99	4.94	－0.35	5.92	4.66
19	600185	格力地产	5.81	5.68	－1.90	8.06	5.42
20	600773	西藏城投	11.94	11.68	－2.01	18.28	9.73
21	600466	蓝光发展	9.67	9.35	－2.30	10.83	7.40
22	600675	中华企业	6.41	6.20	－2.97	9.10	5.46
23	600177	雅戈尔	9.66	9.17	－4.76	11.10	8.88
24	600684	珠江实业	6.51	6.18	－5.04	8.96	5.80
25	600657	信达地产	5.98	5.58	－6.69	7.17	5.15
26	600067	冠城大通	7.06	6.52	－7.65	8.24	6.00

续表

排名	证券代码	证券简称	2016 年收盘价	2017 年收盘价	涨跌幅（%）	最高价	最低价
27	600639	浦东金桥	18.37	16.95	-7.83	19.38	16.48
28	600663	陆家嘴	21.76	19.03	-12.45	25.76	18.70
29	600533	栖霞建设	5.55	4.85	-12.61	7.46	4.71
30	600162	香江控股	3.87	3.37	-12.69	4.78	3.12
31	600064	南京高科	16.37	14.19	-13.21	17.52	13.88
32	600215	长春经开	13.34	10.66	-20.09	15.39	9.40
33	600606	绿地控股	8.45	7.30	-13.71	8.75	6.87
34	600658	电子城	13.01	11.10	-14.77	15.64	10.10
35	600791	京能置业	8.17	6.92	-15.46	12.38	6.39
36	600743	华远地产	4.34	3.66	-15.86	5.38	3.47
37	600638	新黄浦	17.69	14.61	-16.94	21.02	12.50
38	600665	天地源	5.23	4.27	-18.36	6.29	4.15
39	600895	张江高科	17.67	14.30	-18.61	18.73	13.98
40	600376	首开股份	11.50	9.29	-18.94	14.25	9.10
41	600393	粤泰股份	7.84	6.34	-19.03	10.18	6.02
42	600240	华业资本	10.58	8.58	-19.36	11.52	8.01
43	600503	华丽家族	8.26	6.55	-20.76	8.86	5.55
44	600094	大名城	8.81	6.99	-21.02	8.81	6.83
45	600748	上实发展	8.15	6.41	-21.37	8.98	5.83
46	600510	黑牡丹	8.50	6.62	-22.33	10.04	6.62
47	600225	*ST 松江	6.64	5.03	-24.25	6.97	4.71
48	600555	海航创新	6.25	4.68	-25.12	6.53	4.21
49	600716	凤凰股份	7.67	5.52	-27.08	8.20	4.65
50	600159	大龙地产	5.28	3.82	-27.92	6.69	3.58
51	600223	鲁商置业	5.44	3.87	-28.86	5.99	3.77
52	600604	市北新高	10.32	7.20	-30.27	11.23	6.06
53	600246	万通地产	5.79	3.99	-30.97	6.73	3.83
54	600736	苏州高新	8.89	5.91	-33.98	9.27	5.86
55	600683	京投发展	8.64	5.67	-34.45	10.16	5.46
56	600620	天宸股份	16.36	10.57	-34.59	16.55	10.35
57	600077	宋都股份	5.48	3.56	-34.80	5.64	3.50
58	600724	宁波富达	5.89	3.77	-36.64	6.45	3.65
59	600817	*ST 宏盛	20.70	12.85	-38.19	21.72	11.60
60	600730	中国高科	12.46	6.78	-45.28	12.76	6.53

续表

排名	证券代码	证券简称	2016 年收盘价	2017 年收盘价	涨跌幅（%）	最高价	最低价
61	600565	迪马股份	7.27	4.00	-45.36	7.55	3.89
62	600696	ST 匹凸	10.78	5.86	-45.69	12.92	5.25
63	600052	浙江广厦	7.01	3.79	-46.16	7.06	3.63
64	600053	九鼎投资	45.86	23.89	-47.64	46.85	22.60
65	600173	卧龙地产	11.48	5.80	-49.26	10.29	5.71
66	600158	中体产业	23.69	10.28	-56.34	24.83	10.00
67	600649	城投控股	20.34	8.80	-56.74	18.31	8.76

数据来源：上海证券交易所。

表 3-142　　深市房地产企业股价涨跌幅排行榜

单位：元

排名	证券代码	证券简称	2016 年收盘价	2017 年收盘价	涨跌幅（%）	最高价	最低价
1	000002	万科 A	19.76	31.06	57.19	33.83	17.53
2	002285	世联行	7.52	11.15	48.27	14.70	6.54
3	000886	海南高速	5.18	7.42	43.52	7.98	4.26
4	000671	阳光城	5.53	7.87	42.57	8.53	5.13
5	000537	广宇发展	9.02	12.77	41.57	15.85	7.10
6	002146	荣盛发展	7.48	9.53	27.92	15.15	7.12
7	000797	中国武夷	8.78	10.98	26.42	14.28	8.09
8	000069	华侨城 A	6.88	8.49	23.94	10.26	6.56
9	001979	招商蛇口	15.92	19.56	23.10	21.79	15.08
10	002016	世荣兆业	9.18	10.86	18.17	12.47	7.81
11	002244	滨江集团	6.89	7.95	15.02	8.10	6.23
12	000732	泰禾集团	17.59	20.02	13.81	21.48	15.33
13	000402	金融街	9.93	11.11	12.22	13.45	9.29
14	000036	华联控股	8.16	9.04	11.47	13.92	7.55
15	002377	国创新高	9.20	10.11	10.67	12.82	8.59
16	000006	深振业 A	9.32	9.85	6.26	10.27	7.43
17	000056	皇庭国际	12.73	13.28	3.83	14.79	10.71
18	000979	中弘股份	1.88	1.94	3.27	2.01	1.73
19	002147	新光圆城	13.32	12.94	-1.74	13.85	10.29
20	000656	金科股份	5.02	4.95	-1.79	6.80	4.38
21	000007	全新好	17.40	16.66	-2.50	17.86	12.85
22	000615	京汉股份	10.36	9.76	-5.70	26.90	8.53
23	000918	嘉凯城	7.56	7.00	-6.79	8.99	6.49
24	000011	深物业 A	18.48	16.79	-9.49	22.22	15.25

续表

排名	证券代码	证券简称	2016 年收盘价	2017 年收盘价	涨跌幅（%）	最高价	最低价
25	000031	中粮地产	8.91	8.00	-9.91	9.18	6.64
26	002305	南国置业	5.14	4.62	-10.12	7.64	4.10
27	000631	顺发恒业	4.83	4.31	-10.21	5.24	3.93
28	000981	银亿股份	9.91	8.83	-10.80	10.30	8.28
29	000926	福星股份	12.43	10.89	-12.81	13.28	10.89
30	000965	天保基建	6.68	5.72	-14.09	9.89	5.46
31	000534	万泽股份	16.23	13.80	-15.44	16.70	10.07
32	002314	南山控股	7.42	6.20	-16.36	9.25	5.56
33	002077	大港股份	17.88	14.93	-16.50	18.85	8.68
34	000667	美好置业	3.65	3.04	-17.05	3.89	2.98
35	000736	中交地产	19.63	16.00	-17.65	27.23	12.35
36	000046	泛海控股	9.15	7.46	-18.38	9.95	6.92
37	000042	中洲控股	18.42	16.23	-19.49	20.40	14.91
38	000043	中航地产	12.16	9.71	-20.34	13.11	8.26
39	000897	津滨发展	4.29	3.38	-21.03	7.00	3.28
40	000691	亚太实业	10.57	7.83	-26.48	10.84	5.92
41	000608	阳光股份	8.90	6.28	-29.99	9.09	6.11
42	000009	中国宝安	10.37	7.23	-30.08	10.72	7.03
43	000620	新华联	8.50	5.70	-31.96	8.78	5.47
44	000609	中迪投资	15.91	10.78	-31.99	20.78	10.16
45	000838	财信发展	9.27	5.84	-35.60	9.45	5.66
46	000517	荣安地产	5.26	3.38	-35.74	6.06	3.31
47	000616	海航投资	5.22	3.35	-35.82	6.12	3.25
48	000863	三湘印象	8.28	5.29	-36.19	9.09	5.13
49	000961	中南建设	10.42	6.41	-38.28	10.88	5.90
50	002133	广宇集团	7.63	4.64	-39.03	8.35	4.51
51	000668	荣丰控股	24.77	14.96	-40.14	25.97	14.00
52	002208	合肥城建	16.04	9.14	-42.84	18.75	9.00
53	000514	渝开发	11.45	6.12	-47.51	15.05	6.03
54	000502	绿景控股	21.39	11.03	-47.97	22.17	9.94
55	000014	沙河股份	20.86	10.78	-48.11	21.95	10.40
56	000718	苏宁环球	8.40	4.33	-48.64	8.49	4.24
57	000558	莱茵体育	8.85	4.95	-49.66	8.85	4.84
58	000573	粤宏远 A	10.67	4.72	-55.60	10.80	4.59

数据来源：深圳证券交易所。

注：2018 年 3 月 2 日，绵石投资更名为中迪投资。

表 3－143　　港市内地房地产企业股价涨跌幅排行榜

单位：港元

排名	证券代码	证券简称	2016 年收盘价	2017 年收盘价	涨跌幅（%）	最高价	最低价
1	03333	中国恒大	4.83	26.95	457.97	32.50	4.95
2	00059	天誉置业	0.80	4.09	411.25	4.20	0.81
3	01918	融创中国	6.44	32.35	401.55	43.55	6.44
4	02007	碧桂园	4.34	14.90	243.32	15.46	3.92
5	01030	新城发展控股	1.59	4.90	208.18	5.05	1.59
6	03383	雅居乐集团	3.96	11.86	200.25	12.92	3.96
7	03380	龙光地产	2.94	8.08	175.77	10.40	2.88
8	03883	中国奥园	1.76	4.29	141.01	5.40	1.71
9	01383	太阳世纪集团	0.20	0.46	125.49	0.86	0.20
10	00884	旭辉控股集团	2.08	4.71	125.36	5.33	2.07
11	00832	建业地产	1.69	3.66	116.57	3.82	1.54
12	02768	佳源国际控股	3.41	7.26	112.90	7.30	3.28
13	01098	路　劲	6.44	13.48	109.32	14.38	6.48
14	01813	合景泰富	4.37	9.13	107.50	9.88	4.32
15	00960	龙湖地产	9.90	19.58	98.98	22.85	9.86
16	02777	富力地产	9.37	17.62	87.85	21.65	9.20
17	02202	万科企业	17.76	31.20	76.27	31.65	17.64
18	00535	金地商置	0.48	0.81	70.53	1.11	0.47
19	00813	世茂房地产	10.14	17.00	67.65	18.92	10.12
20	00683	嘉里建设	20.90	35.15	66.98	35.90	20.90
21	01238	宝龙地产	2.28	3.79	66.23	4.49	2.23
22	00817	中国金茂	2.08	3.44	64.59	4.57	2.08
23	00337	绿地香港	1.93	3.11	61.14	3.98	1.63
24	03900	绿城中国	6.30	10.06	60.19	11.30	6.06
25	00119	保利置业集团	2.58	4.07	58.37	4.66	2.56
26	03377	远洋集团	3.49	5.39	55.33	5.88	3.31
27	03301	融信中国	5.65	8.70	54.53	10.26	5.43
28	01628	禹洲地产	2.72	4.17	54.44	5.26	2.48
29	01966	中骏置业	2.33	3.37	44.64	4.59	2.30
30	00672	众安房产	0.64	0.92	43.75	2.80	0.59
31	01113	长实集团	47.70	68.30	43.64	70.50	47.20
32	00017	新世界发展	8.22	11.74	43.17	12.78	8.21
33	02868	首创置业	2.91	4.06	39.48	4.97	2.91

续表

排名	证券代码	证券简称	2016 年收盘价	2017 年收盘价	涨跌幅（%）	最高价	最低价
34	00123	越秀地产	1.06	1.46	37.74	1.79	1.06
35	00127	华人置业	13.48	12.60	-6.53	15.48	10.58
36	00480	香港兴业国际	3.57	4.89	37.36	5.60	3.56
37	00016	新鸿基地产	98.05	130.40	33.06	136.90	97.75
38	02009	金隅集团	2.67	3.55	32.46	5.25	2.67
39	01109	华润置地	17.38	23.00	31.88	27.45	17.18
40	00272	瑞安房地产	1.68	2.16	29.34	2.25	1.57
41	00014	希慎兴业	32.40	41.45	29.33	42.95	32.15
42	00207	大悦城地产	0.98	1.26	28.57	1.61	0.98
43	00978	招商局置地	1.12	1.44	28.57	1.92	1.07
44	00258	汤臣集团	2.58	3.31	28.29	4.26	2.58
45	00012	恒基地产	41.25	51.50	24.85	56.00	41.00
46	00095	绿景中国	2.39	2.98	24.69	3.09	1.87
47	00688	中国海外发展	20.55	25.15	22.38	29.45	20.50
48	00028	天安中国	4.54	5.50	21.15	7.13	4.40
49	00588	北京北辰实业股份	2.38	2.85	19.75	3.41	2.38
50	00410	SOHO 中国	3.82	4.57	19.63	5.22	3.68
51	00083	信和置业	11.64	13.84	19.10	14.56	11.58
52	00173	嘉华国际	3.61	4.27	18.61	5.43	3.52
53	01972	太古地产	21.40	25.20	17.76	27.75	21.55
54	01168	百仕达控股	0.88	1.03	17.05	1.97	0.81
55	00101	恒隆地产	16.56	19.10	16.18	21.80	16.48
56	01663	汉港控股	0.54	0.62	14.81	1.08	0.38
57	01622	力高集团	3.15	3.56	13.02	4.24	2.80
58	00001	长　和	88.85	98.10	11.60	108.90	88.00
59	01387	人和商业	0.20	0.22	11.56	0.33	0.16
60	00754	合生创展集团	6.91	7.66	10.85	10.80	6.55
61	01777	花样年控股	0.99	1.07	8.08	1.37	0.94
62	00363	上海实业控股	21.00	22.40	6.67	25.80	20.25
63	00010	恒隆集团	26.75	28.75	6.48	35.90	26.10
64	00604	深圳控股	3.11	3.24	4.18	3.98	3.11
65	01207	上置集团	0.20	0.20	0.00	0.25	0.18
66	00563	上实城市开发	1.89	1.87	-1.06	2.15	1.60
67	01124	沿海家园	0.23	0.227	-1.30	0.33	0.21

续表

排名	证券代码	证券简称	2016 年收盘价	2017 年收盘价	涨跌幅（%）	最高价	最低价
68	00845	恒盛地产	0. 76	0. 75	－1. 32	1. 02	0. 66
69	02329	国瑞置业	2. 43	2. 33	－4. 12	2. 84	1. 92
70	01036	万科置业海外	5. 00	4. 73	－5. 40	5. 40	4. 63
71	01838	中国地产	1. 80	1. 69	－6. 11	2. 22	1. 54
72	00755	上海证大	0. 14	0. 12	－15. 71	0. 26	0. 11
73	01224	中渝置地	2. 26	1. 73	－23. 45	2. 44	1. 55
74	00004	九龙仓集团	52. 15	27. 00	－47. 62	80. 15	24. 05
75	00687	香港国际建投	5. 00	2. 08	－59. 14	5. 76	1. 91

数据来源：香港证券交易所。

表 3－144　　海外上市市内地房地产企业股价涨跌幅排行榜

单位：美元

排名	证券代码	证券简称	2015 年收盘价	2016 年收盘价	涨跌幅（%）	最高价	最低价
1	NYSE：XIN	鑫苑置业	4. 96	6. 81	37. 30	7. 25	4. 26
2	NASDAQ：HGSF	汉广厦房地产	1. 91	1. 23	－35. 71	2. 17	1. 18
3	NYSE：LEJU	乐　居	4. 80	1. 44	－70. 00	4. 71	1. 28

数据来源：新浪财经网。

Ⅳ.市场篇

导 读

本篇重点阐述了全国土地市场和新房市场的运行情况。本篇内容还包括北京、上海、广东（含广州市、深圳市）、重庆四省市的房地产市场运行特点及保障房建设情况等。

一、土地市场

（一）全国土地供求情况

1. 土地供应及出让面积

2017 年全年全国国有建设用地供应总量 60 万公顷，比上年增长 16.4%。其中，工矿仓储用地 12 万公顷，增长 1.6%；房地产用地 11.5 万公顷，增长 7.2%；基础设施等用地 36.5 万公顷，增长 26.1%。

2017 年国家在国有建设用地供应上实施差别化供地政策，工矿仓储用地、房地产用地和基础设施等其他用地分别占土地供应总量的 20.0%、19.2%和 60.8%，三类用地占比分别较上年下降 3.3 个、1.6 个和提升 4.9 个百分点。

2. 土地出让收入与支出情况

根据财政部数据，2017 年国有土地使用权出让收入 52059 亿元，同比增长 40.7%；国有土地使用权出让收入相关支出 51780 亿元，同比增长 37.1%。

（二）房地产开发企业土地购置情况

1. 土地购置面积及成交价款

2017 年，房地产开发企业土地购置面积[①] 25508 万平方米，同比上涨 15.8%，增速显著。

表 4－1　　2017 年全国各季度土地购置面积售及增长情况

单位：万平方米,%

类　别	Q1		Q2		Q3		Q4	
	数　额	同　比	数　额	同　比	数　额	同　比	数　额	同　比
土地购置面积	3782	5.7	6558	10.7	6393	18.1	8775	23.4

数据来源：国家统计局。

2017 年全国土地成交价款[②] 13643 亿元，增长 49.4%，较上年提高 29.6 个百分点。2017 年各季度土地成交价款总值呈现逐季上涨，同比涨幅在二季度大幅扩大后逐渐趋于平稳（见表 4－2）。

表 4－2　　2017 年全国各季度土地成交价款及增长情况

单位：亿元,%

类　别	Q1		Q2		Q3		Q4	
	数　额	同　比	数　额	同　比	数　额	同　比	数　额	同　比
土地成交价款	1359	16.7	3017	51.3	3773	56.6	5495	54.3

数据来源：国家统计局。

① 土地购置面积：指房地产开发企业在本年内通过各种方式获得土地使用权的土地面积。

② 土地成交价款：指房地产开发企业在本年内进行土地使用权交易活动的最终金额。在土地一级市场，是指土地最后的划拨款、“招拍挂”价格和出让价；在土地二级市场是指土地转让、出租、抵押等最后确定的合同价格。土地成交价款与土地购置面积同口径。

2017 年，全国 31 个省、直辖市、自治区中，土地购置面积同比下降的地区有 11 个，其中天津、四川、海南跌幅位居前三；20 个地区高于上年同期，其中西藏、青海、安徽涨幅位居前三，分别为 803.7%、142.3%、76.3%。土地成交价款同比下降的有 7 个，其中甘肃、天津、山西跌幅位居前三。同比上涨的有 24 个，其中西藏、贵州、陕西涨幅位居前三，分别为 415.4%、214.1%、191.5%（见表 4－3）。

全国 31 个省市中，上海土地成交均价最高，为 21395 元/平米，北京、浙江、广东、福建、天津紧随其后。

表 4－3　　2017 年各省、市、自治区土地购置面积及土地成交价款情况

单位：万平方米，亿元，%

区　域	购置面积	同　比	成交价款	同　比
一、东部地区	**11747.51**	**10.9**	**8394.71**	**45.7**
北　京	413.30	53.9	815.90	73.6
天　津	225.99	－52.6	177.72	－25.9
河　北	1033.84	11.2	260.05	36.8
辽　宁	510.61	－22.0	117.10	－8.2
上　海	179.73	－21.6	384.53	2.5
江　苏	2160.65	24.4	1645.77	94.7
浙　江	2248.87	72.6	2102.79	117.3
福　建	916.44	－5.5	758.88	26.2
山　东	2090.36	－0.2	503.17	4.1
广　东	1841.19	5.2	1575.51	12.6
海　南	126.53	－29.2	53.29	－15.5
二、中部地区	**8261.75**	**29.8**	**3314.90**	**71.0**
山　西	269.39	－23.4	95.55	－25.3
吉　林	668.12	－4.5	176.33	11.7
黑龙江	246.23	52.7	50.32	34.8
安　徽	3776.54	76.3	1664.38	152.0
江　西	576.17	30.0	186.52	53.9
河　南	1015.47	－8.4	534.87	18.0
湖　北	676.44	4.3	364.06	69.4
湖　南	1033.39	27.4	242.87	47.1
三、西部地区	**5499.06**	**8.5**	**1933.79**	**35.4**
内蒙古	283.98	23.3	44.34	36.3
广　西	675.19	5.6	217.18	5.2
重　庆	1112.22	16.0	568.45	32.3
四　川	800.76	－38.6	322.53	－15.5
贵　州	438.87	38.4	130.49	214.1

续表

区　域	购置面积	同　比	成交价款	同　比
云　南	822.61	58.6	279.01	90.8
西　藏	26.57	803.7	3.40	415.4
陕　西	560.14	56.8	227.01	191.5
甘　肃	111.04	-15.8	17.28	-48.5
青　海	44.86	142.3	16.23	91.1
宁　夏	164.66	3.6	20.04	-18.6
新　疆	458.16	6.9	87.83	96.6

数据来源：国家统计局。

2017 年，全国土地成交均价① 5349 元/平方米，较上年上涨 1204 元。年内土地成交均价呈现低开高走态势并逐季上涨，连续五年上升（见表 4-4，图 4-1）。

表 4-4　　2017 年全国各季度土地成交均价及增长情况

单位：元/平方米，%

类　别	Q1		Q2		Q3		Q4	
	数　额	同　比	数　额	同　比	数　额	同　比	数　额	同　比
土地成交均价	3593	10.4	4600	36.7	5902	32.6	6261	25.0

数据来源：国家统计局。

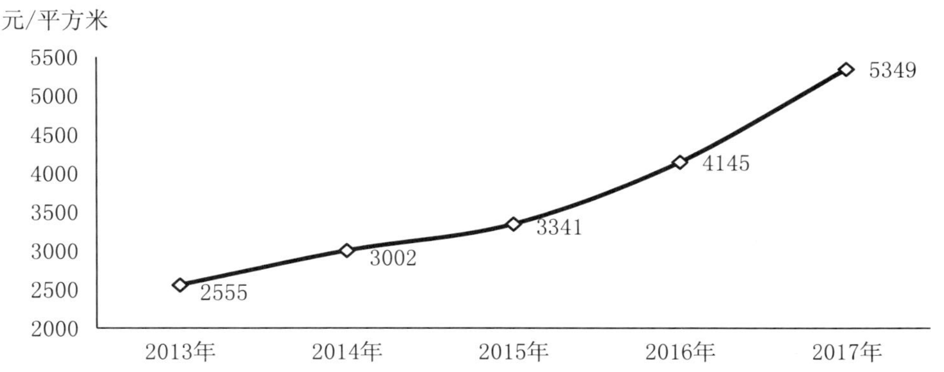

图 4-1　2013—2017 年全国土地成交均价变化情况

数据来源：根据国家统计局数据整理。

2017 年四季度末，全国 105 个主要监测城市综合地价总体水平为 4083 元/平方米，环比增速为 1.67%，较上年同期上涨 6.71%（见表 4-5）。

① 土地成交均价：由土地成交价款/土地购置面积计算而得。

表 4－5　　2017 年各季度 105 个监测城市地价水平变化情况

单位：元/平方米，%

类　别	Q1			Q2			Q3			Q4		
	数　额	环　比	同　比	数　额	环　比	同　比	数　额	环　比	同　比	数　额	环　比	同　比
105 个监测城市地价水平	3880	1.4	5.8	3946	1.7	6.2	4012	1.7	6.5	4083	1.7	6.7

数据来源：根据国土资源部数据整理。

2017 年全国 105 个主要监测城市商服、住宅、工业地价分别为 7251 元/平方米、6522 元/平方米和 806 元/平方米。商服、住宅、工业地价环比增速依次为 1.12%、2.47%、0.84%，其中，商服、工业地价变化平稳；商服、住宅、工业地价同比增速依次为 4.52%、10.21%、3.02%，其中，住宅地价快速增长，商服、工业地价平稳波动。

2. 土地成交结构

2017 年，东部地区土地购置面积共计 11748 万平方米，同比上涨 10.9%；中部地区共计 8262 万平方米，同比上涨 29.8%；西部地区共计 5499 万平方米，同比上涨 8.5%。

2017 年东部地区土地成交价款共计 8395 亿元，同比上涨 45.7%；中部地区共计 3315 亿元，同比上涨 71.0%；西部地区共计 1934 亿元，同比上涨 35.4%。具体看，东部地区成交价款绝对值远远高于中、西部地区，但中部地区成交价款同比涨势突出，且涨幅最大。

2017 年东、中、西部地区土地成交均价分别为 7146 元/平方米、4012 元/平方米、3517 元/平方米，每平米较上年分别上涨 1705 元、967 元、699 元。东部地区地价涨幅较大（见图 4－2）。

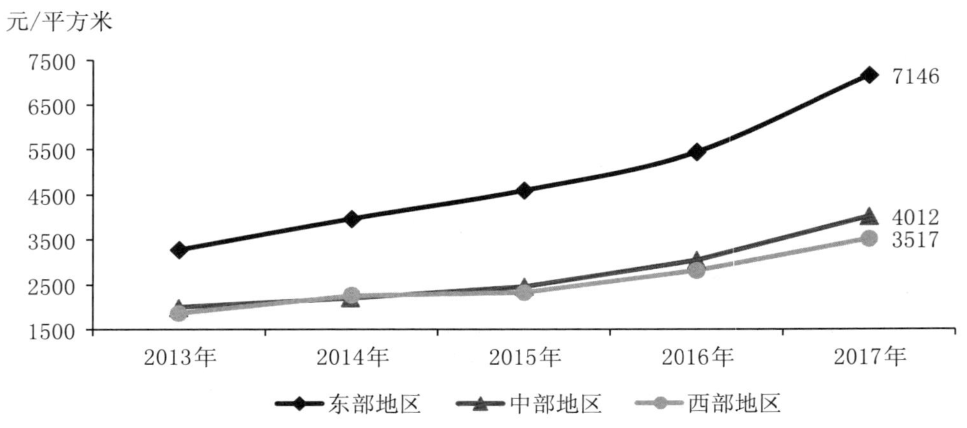

图 4－2　2013—2017 年三区域土地成交均价情况

数据来源：根据国家统计局数据整理。

根据国土部数据，2017 年四季度末，东部、中部、西部地区综合地价水平分别呈东高、西次、中低的布局。其中东部地区综合地价为 9794 元/平方米，同比增长 8.4%，环比增长 1.8%；中部地区综合地价为 2843 元/平方米，同比增长 6.5%，环比增长 1.3%；西部地区综合地价为 3580 元/平方米，同比增长 7.3%，环比增长 2.4%。具体来看，2017 年东部地区综合地价水平仍处于高位运行，高于全国总体水平，但增速呈现放缓趋势；中部综合地价增幅平稳波动；西部综合地价增幅处于温和上行态势（见图4－3）。

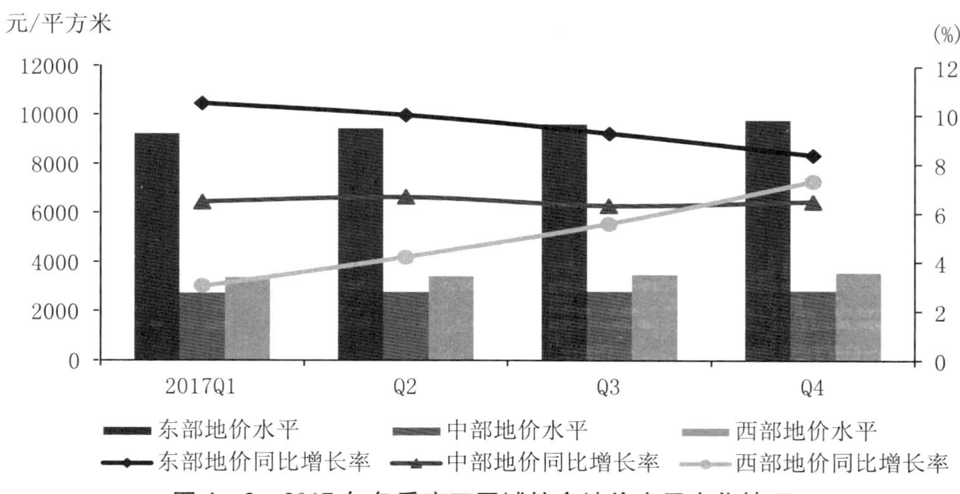

图4－3　2017年各季度三区域综合地价水平变化情况

数据来源：根据国土资源部数据整理。

二、新房市场

（一）全年市场分析

1. 房地产开发投资

2017年，全国房地产开发投资109799亿元，比上年名义增长7.0%，投资额绝对值再创历史新高，增速较上一年提高0.1个百分点。其中，住宅投资75148亿元，同比增长9.4%，住宅投资占房地产开发投资的比重为68.4%；办公楼投资6761亿元，同比增长3.5%，办公楼投资占房地产开发投资的比重为6.2%；商业营业用房投资15640亿元，同比下降1.2%，商业营业用房投资占房地产开发投资的比重为14.2%。

从全年同比增幅走势看，2017年房地产开发投资前三月累计增速高达9.1%，随后增幅逐季缓步回落，但下调幅度有限，最终投资增速定格在7.0%，与2016年的6.9%增幅基本持平，实现了稳步增长。投资数据的稳定表现得益于保障类住房投资的加大对冲了商品房投资的萎缩，也从宏观层面支持了经济增速的稳定。

从季度开发投资看，房地产投资同比增速呈逐季回落态势。从单季角度看，2017年四季度开发投资规模跌破三万亿元，环比略微有所下调，同比增长4.2%，增速加快回落。

分类市场看，住宅投资的走势相对其他物业投资更加稳健，增幅下跌幅度不大。各分类物业皆呈现不同程度的回落态势。商业营业用房同比跌幅持续扩大；办公楼同比增幅由正转负。投资比重来看，住宅占比68.7%，较上年同期扩大1.6个百分点，办公楼占比6.1%，商业营业用房占比13.5%（见表4－6）。

表 4－6　　2017 年各季度房地产开发投资情况

单位：亿元,%

类　别	Q1			Q2			Q3			Q4		
	数　额	环　比	同　比	数　额	环　比	同　比	数　额	环　比	同　比	数　额	环　比	同　比
房地产投资	19292	－31.1	9.1	31318	62.3	8.2	30034	－4.1	7.4	29155	－2.9	4.2
#住宅	12981	－30.9	11.2	21337	64.4	9.5	20791	－2.6	10.7	20039	－3.6	6.7
#办公楼	1194	－34.1	－3.8	1965	64.6	10.8	1819	－7.4	6.6	1783	－2.0	－1.5
#商业营业用房	2935	－31.7	8.2	4654	58.6	3	4121	－11.5	－4.5	3930	－4.6	－8.5

数据来源：国家统计局。

从全年角度看，全国开发投资同比增幅均高于 40 重点城市，北上广深同环比增幅低于 40 个重点城市和全国。从市场情况来看，城市及区域间发展节奏不同步，有递延性和互补性，最典型的表现是北上广深及热点二线城市投资受到压制，三、四线城市投资递补上来，导致在总体上投资额继续上升，全国增幅保持稳定并高于重点城市（见表 4－7）。

表 4－7　　2017 年及 2016 年房地产开发投资指标区域对比

单位：亿元,%

类　别	2016 年				2017 年			
		全国	北上广深	40 重点城市		全国	北上广深	40 重点城市
开发投资	金　额	102581	12007	56543	金额	109799	12383	60111
	同　比	6.9	8.2	8.1	同比	7.0	3.1	6.3
#住宅开发投资	金　额	68704	6530	35746	金额	75148	6626	38735
	同　比	6.4	10.1	7.5	同比	9.4	1.5	8.4

数据来源：根据国家统计局数据整理。

2. 商品房建设

2017 年，房屋新开工面积 178654 万平方米，增长 7.0%，增速提高 0.1 个百分点。其中，住宅新开工面积 128098 万平方米，增长 10.5%。从新开工面积全年累计增幅看，上半年增幅普遍较高，此后则增幅逐步回落并趋于平稳。后期新开工走势与开发投资走势保持吻合。新开工面积达到 17.8 亿平方米，略高于同期房地产销售面积，从总量上可以覆盖市场需求。

2017 年，房屋竣工面积 101486 万平方米，下降 4.4%，降幅扩大 3.4 个百分点。其中，住宅竣工面积 71815 万平方米，下降 7.0%。

2017 年，房地产开发企业房屋施工面积 781484 万平方米，比上年增长 3.0%。住宅施工面积 536444 万平方米，增长 2.9%（见表 4－8）。

表4-8　　2017年各季度全国房屋建设情况

单位：万平方米，%

类 别	Q1			Q2			Q3			Q4		
	数 额	环 比	同 比	数 额	环 比	同 比	数 额	环 比	同 比	数 额	环 比	同 比
房屋新开工面积	31560	-28.7	11.6	54160	71.6	10.0	45313	-16.3	0.4	47621	5.1	7.6
房屋竣工面积	23031	-53.0	15.1	18493	-19.7	-5.4	16170	-12.6	-7.9	43792	170.8	-10.7
房屋施工面积	636977	-16.1	3.1	692326	8.7	3.4	738065	6.6	3.1	781484	5.9	3.0

数据来源：国家统计局。

3. 新建商品房销售

2017年，新建商品房销售面积169408万平方米，比上年增长7.7%。其中，住宅销售面积增长5.3%、办公楼销售面积增长24.3%、商业营业用房销售面积增长18.7%。新建商品房销售额133701亿元，增长13.7%，增速提高1个百分点。其中，住宅销售额增长11.3%，办公楼销售额增长17.5%，商业营业用房销售额增长25.3%。全年新建商品房销售面积和销售金额再创历史新高，且分别以7.7%和13.7%比较大的增幅创新高。另外，2017年年底商品房待售面积58923万平方米，较2016年年底减少1.06亿平方米。

纵观2017全年，新建商品房销售面积、金额累计增速自年初以来逐月下滑，至年中受企业集中备案和业绩冲刺等因素，小幅拉升；而步入下半年以来，随着热门城市“四限”政策的持续加码，投资需求受到抑制，商品房成交规模也随之降低，直至第四季度销售额和销售面积环比增速纷纷由负转正并大幅回升，成交热度有了显著回升，显示市场形势的好转。从同比数据看，销售金额同比增速高于面积增速，反映了2017年房价依然处于高位（见表4-9）。

表4-9　　2017年各季度商品房销售及增长情况

单位：万平方米，亿元，%

类 别	Q1			Q2			Q3			Q4		
	面 积	环 比	同 比	面 积	环 比	同 比	面 积	环 比	同 比	面 积	环 比	同 比
全 国	29035	-44.3	19.5	45627	57.1	14.1	41344	-9.4	1.1	53402	29.2	2.4
#住宅	25484	-42.7	16.9	39307	54.2	11.4	35340	-10.1	-1.7	44658	26.4	0.4
	金 额	环 比	同 比	金 额	环 比	同 比	金 额	环 比	同 比	金 额	环 比	同 比
全 国	23182	-38	25.1	35970	55.2	19.3	32752	-8.9	3.9	41797	27.6	11.7
#住宅	19399	-36.3	20.2	29899	54.1	16.5	27144	-9.2	1.2	33798	24.5	11.0

数据来源：国家统计局。

从各月成交环比走势情况看，6月销售面积增速达到最高点，此后增速呈现“W”走势，同比增速走势平稳，直至年底显现小幅反弹趋势。从月度销售金额和面积的绝对值来看，2017年12月的商品房销售金额和面积分别达到1.8万亿元和2.2亿平方米（见图4-4）。

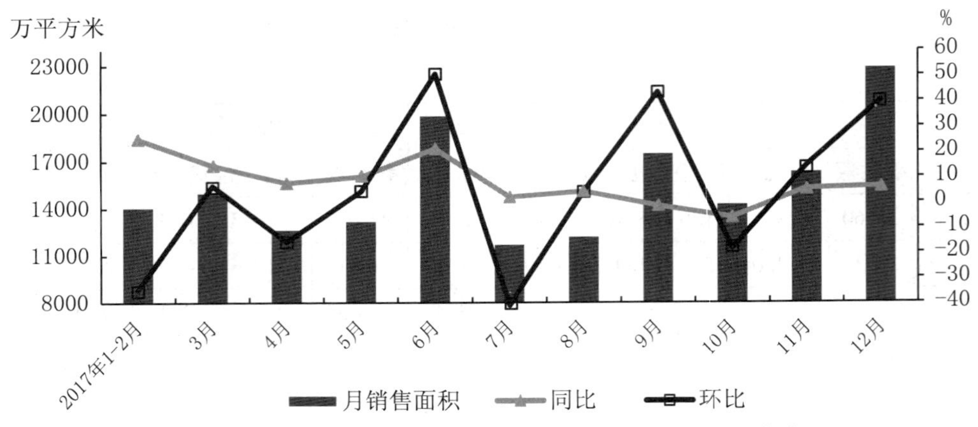

图 4－4　2017 年全国商品房月度销售面积及同比增速

数据来源：国家统计局。

2017 年 40 个重点城市商品房销售总面积 60441 万平方米，同比减少 2.0%；销售总金额 69073 亿元，同比上涨 3.1%。其中，商品住宅销售面积 49608 万平方米，同比减少 5.3%；商品住宅销售金额 55774 亿元，同比增加 0.1%。随着重点城市对商品住宅市场的调控不断加码，住宅销售面积持续负增长，跌幅在下半年明显扩大，但住宅销售金额经历了 9－11 月短期下滑后增幅回正，也反映出重点城市的房价韧性较强（见表 4－10）。

表 4－10　　2017 年各季度 40 个重点城市商品房销售及增长情况

单位：万平方米，亿元，%

类 别	Q1		Q2		Q3		Q4	
	数 额	同 比	数 额	同 比	数 额	同 比	数 额	同 比
销售面积	10855	6.3	16773	2.9	14741	－9.5	18073	－4.3
销售金额	12593	13.5	18860	7.1	16888	－7.5	20731	3.3
销售均价	11601	6.8	11245	4.2	11456	2.2	11471	8

数据来源：国家统计局。

从全年情况来看，商品房销售同比增幅表现为全国最高，40 重点城市次之，一线城市最低。具体来看，一线及重点城市均较上年下滑，一线城市跌幅近三成，全年销售增长点全部集中在三、四线城市，整体房价上涨，一线及重点城市涨幅低于三、四线城市（见表 4－11）。

具体来看，40 个重点城市中，有 23 城市销售面积上涨，29 城市销售金额上涨，从上涨的城市来看，北海、三亚同时占据销售面积和金额涨幅的前两位，且销售金额涨幅明显高于面积涨幅，除此之外，海口、石家庄、西安、哈尔滨、太原、重庆、贵阳等城市表现也如此，是 2017 年房价的主要增长点。17 城市销售面积下滑，北京以－47.6% 跌幅居首，天津、合肥、上海跌幅超过 30%，呼和浩特、苏州跌幅超过 20%，兰州、济南、长沙、杭州跌幅在 11%－16% 之间，同时，广州、深圳、南京等热点城市也表现为下滑，跌幅不超过 10%。11 城市销售金额下滑，上海以－39.9% 跌幅居首，北京、天津跌幅也超过三成，合肥、呼和浩特跌幅超过 20%，苏州、南京跌幅分别为－12.9%、－19.1%，深圳、广州、兰州、济南跌幅不超过 3%。这些下滑的城市中，仅南京销售金额跌幅明显高于销售面积，上海金额跌幅略高于销售面积，其他均表现为金额跌幅要小于面积，反应出热点城市价格仍保持平稳或小幅上涨。

表 4－11　　2017 年及 2016 年商品房销售数据区域对比

单位：万平方米，亿元，%

类　别		2016 全年			2017 全年			
		全国	北上广深	40 重点城市		全国	北上广深	40 重点城市
商品房交易	面积	157349	7050	61698	面积	169408	4990	60441
	同比	22.5	9.0	23.4	同比	7.7	－29.2	－2.0
	金额	117627	17774	67020	金额	133701	13139	69073
	同比	34.8	28.3	37.2	同比	13.7	－26.1	3.1
商品住宅交易	面积	137540	5285	52392	面积	144789	3839	49608
	同比	22.4	1.1	22.4	同比	5.3	－27.4	－5.3
	金额	99064	13687	55717	金额	110240	10365	55774
	同比	36.1	21.7	37.5	同比	11.3	－24.3	0.1

数据来源：根据国家统计局数据整理。

4. 新建商品房价格

2017 年全国新建商品房成交均价为 7892 元/平方米，同比增长 5.6%。其中：住宅成交均价 7614 元/平方米，同比增长 5.7%；商业营业用房成交均价增长 5.5%；办公楼成交均价下跌 5.5%。从房价增长趋势看，房价粘性较强，继续上涨，但涨幅有所收窄。

从国家统计局公布的 70 大中城市房价数据变化看，2017 年同比综合平均涨幅整体呈下滑态势，但在房地产调控政策的叠加效果下，年尾数月涨幅趋稳回调；环比综合平均涨幅在平稳区间内变动，房地产市场总体继续保持稳定（见图 4－5）。

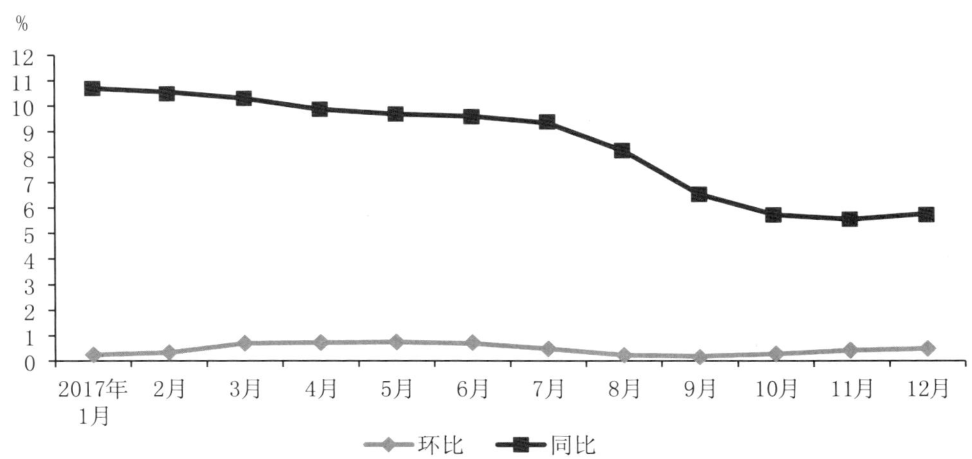

图 4－5　2017 年各月度 70 大中城市新建商品住房同比及环比价格指数平均涨幅情况

数据来源：国家统计局。

5. 房地产贷款

2017 年年底人民币房地产贷款余额 32.2 万亿元，同比增长 20.9%，增速比上年年底低 6.1 个百分点；全年增加 5.6 万亿元，同比少增 1087 亿元。

2017 年年底房产开发贷款余额 7 万亿元，同比增长 21.7%，增速比上年末高 9.5 个百分点，其中，保障性住房开发贷款余额 3.3 万亿元，同比增长 32.6%，比上年年底低 5.7 个百分点，全年增加 8203 亿元，增量占同期房产开发贷款的 61.8%，比上年占比低 51.7 个百分点（上年保障性住房开发贷款增量占同期房产开发贷款增量的 113.5%）；地产开发贷款余额 1.3 万亿元，同比下降 8%，降幅比上年年底扩大 3.1 个百分点。个人住房贷款余额 21.9 万亿元，同比增长 22.2%，增速比上年年底低 14.5 个百分点（见表 4－12）。

表 4－12　　2017 年各季度房地产贷款余额及增长情况

单位：万亿元,%

类别	Q1 末			Q2 末			Q3 末			Q4 末		
	数额	环比	同比	数额	环比	同比	数额	环比	同比	数额	环比	同比
房地产	28.39	6.4	26.2	29.72	4.7	24.2	31.1	4.6	22.8	32.2	3.5	20.9
房产开发	6.13	8.3	17.9	6.4	4.4	18.3	6.7	4.7	－4.8	7.0	4.5	21.7
个人购房	19.05	－0.5	25.5	20.1	5.5	30.8	21.1	5.0	17.7	21.9	3.8	22.2
保障性住房开发	2.75	9.1	47.8	2.97	8.0	36.2	3.2	7.7	39.1	3.3	3.1	32.6

数据来源：国家统计局。

（中房研协测评研究中心）

三、北京市房地产市场

2017 年，北京市认真贯彻落实党中央、国务院决策部署，始终坚持房子是用来住的、不是用来炒的定位，准确把握住房居住属性，持续加大房地产调控力度，住房供给侧改革和需求调控同步发力，坚决遏制房价上涨势头，取得显著成效，市场趋于平稳，价格基本稳定，预期明显好转。

（一）市场主要指标情况

1. 房地产开发投资和新开工面积有所回落

据统计局数据，2017 年，全市完成房地产开发投资 3745.9 亿元，同比下降 7.4%。商品房新开工面积 2475.7 万平方米，同比下降 12%，其中住房 1226.7 万平方米，同比增长 1.4%。截至 2017 年年底，商品房施工面积 12608.6 万平方米，同比下降 3.7%，其中住房 5506.6 万平方米，同比下降 7.1%。

2. 住房用地供应明显增加

2017 年，全市住房供地计划 1200 公顷，全年实际完成 1290 公顷。其中，商品住房和共有产权住房供应 721 公顷，约是 2016 年的 7 倍；保障性安居工程供地 366 公顷；创新供应 203 公顷集体建设用地专门用于建设租赁住房。

3. 住房供应量略有下降

2017 年，全市新建商品住房供应 4.18 万套，同比下降 9.5%。其中，纯商品住房 3.84 万套，同比增长 5.7%（见图 4－6）。截至 2017 年年底，可售新建商品住房 3.72 万套，其中纯商品住房 3.58 万套，去化周期约 15 个月。

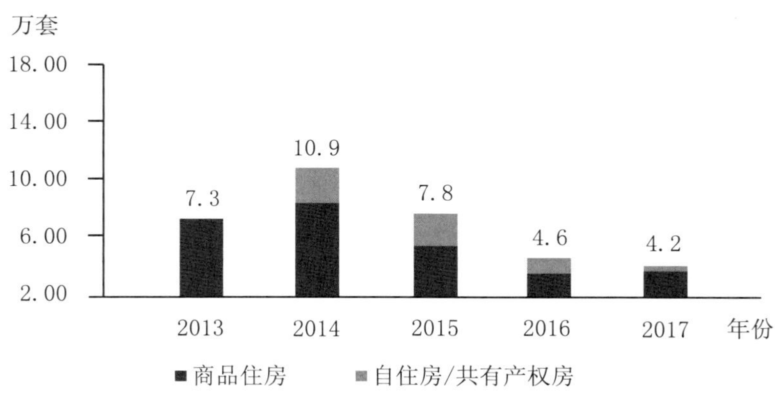

图 4－6　2013—2017 年北京市商品住房上市情况

4. 住房成交量大幅回落

2017 年，全市商品住房签约 17.7 万套，同比减少 45.6%。其中，新建商品住房签约 4.3 万套，同比减少 26.5%；二手住房签约 13.4 万套，同比减少 49.8%（见图 4－7）。从月度看，新建商品住房签约量自 2016 年“9·30”以来各月基本稳定在 3000～4000 套左右的水平，二手住房签约量自 2017 年“3·17”新政后出现明显下降，6 月份起各月基本稳定在 8000 套左右的水平。

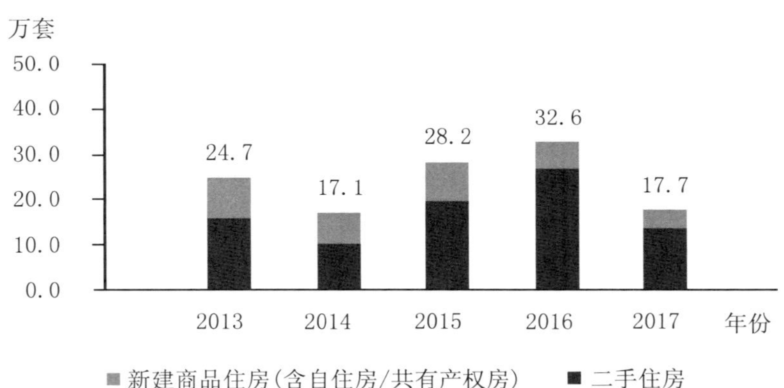

图 4－7　2013—2017 年北京市商品住房成交情况

5. 房价稳中有降

2017 年 12 月，新建商品住房网签均价 3.78 万元/平方米，连续 15 个月环比下降；5 家主要中介机构二手住房三方协议均价 5.91 万元/平方米，连续 9 个月环比下降。另据国家统计局 70 个大中城市住房销售价格指数，2017 年 12 月，新建商品住房价格指数环比持平，连续 8 个月不增长，同比下降 0.2%，连续 3 个月下降；二手住房环比下降 0.4%，连续 9 个月不增长，同比下降 1.6%，连续 3 个月下降（见图 4－8）。

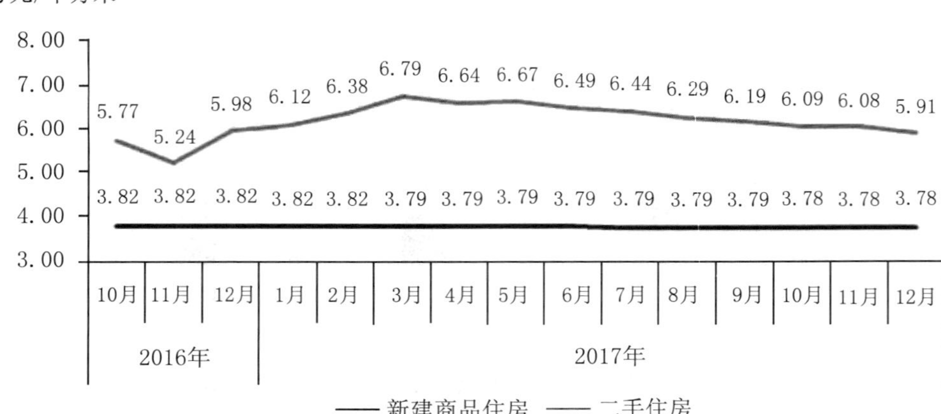

图 4-8　2006 年 10 月—2017 年 12 月北京市商品住房价格变动情况

6. 住房租赁交易量增价稳

据经纪机构数据，2017 年，全市住房租赁累计交易约 247 万套次，同比增长 22.3%，在国家提出建立“租购并举”的住房制度、鼓励租赁市场发展的背景下，租赁交易规模及增速均创近年来新高。全市住房租赁平均租金 75.6 元/平方米·月，较 2016 年上涨 2.4%，租金总体平稳。

7. 保障房建设任务全面完成

2017 年全年建设筹集保障房 6.55 万套、竣工 9.05 万套、棚改安置房开工 4.3 万套，均超额完成年初确定的 5 万套、6 万套和 4 万套的目标任务。

（二）市场走势判断

2018 年，北京市继续认真贯彻落实党的十九大和中央经济工作会议精神，深化住房制度改革，加快建立多主体供给、多渠道保障、租购并举的住房制度；坚持房子是用来住的、不是用来炒的定位，加快长效机制建设，坚持调控目标不动摇、力度不放松，保持政策的连续性和稳定性，继续严格执行各项调控措施，持续加大住房和用地供应，分类引导住房需求，坚决打击投机炒房。

基于此，初步判断，2018 年北京市房地产市场总体上将延续目前的平稳运行态势。住房供应量有所增加，2017 年出让的住房用地陆续开工建设，逐步形成有效供应。住房成交量在低位区间内合理波动，不会大起大落，新房和二手房月成交量基本稳定在 4000 套和 8000 套的水平上下。房价在目前水平上继续保持平稳或略有回落。

（北京住建委）

四、上海市房地产市场

2017 年，上海继续贯彻国家因城施策要求，始终坚持房子是用来住的、不是用来炒的定位，不断细化房地产调控措施，房地产市场运行总体平稳。

（一）2017 年上海房地产市场基本情况

在全国各地房地产市场调控趋严的背景下，上海实施了以“销售公证摇号”及“销售一价清”等精准聚焦式的细化调控措施。2017 年，上海房地产市场呈现投资增幅低位波动、在建规模基本稳定、新建住房供应大幅减少、楼市交易大幅萎缩。

1. 房地产开发投资增幅低位波动

2017 年，上海房地产开发投资 3856. 53 亿元，比上年增长 4. 0%，增幅较上年回落 2. 9 个百分点。上海房地产开发投资占全社会固定资产投资比重为 53. 2%，比上年下降 1. 7 个百分点。

2017 年，上海房地产开发投资呈现增速震荡回落、低位波动走势。1—2 月份 10. 0% 的增速为全年最高点，之后逐月回落，上半年降至 4. 1%，下半年在 3% ~5% 的区间低位波动（见图 4 -9）。

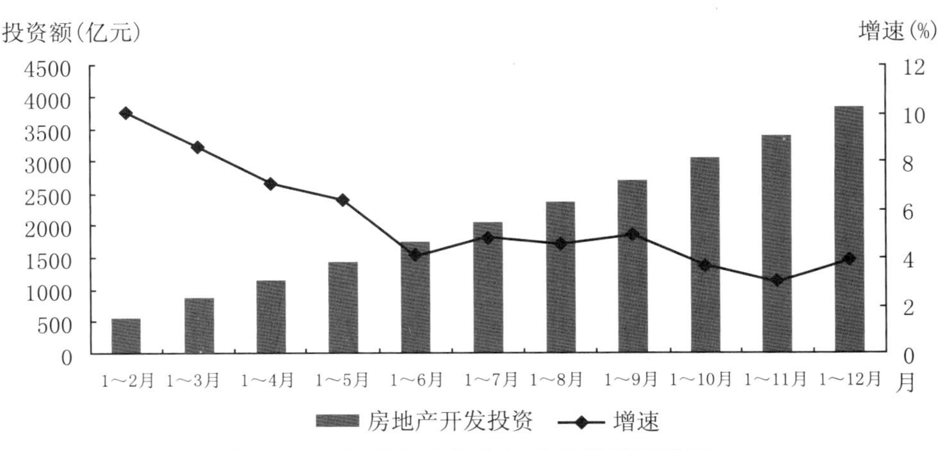

图 4 -9　2017 年上海房地产开发投资情况

上海坚持居住为主的房屋建设导向，同时不断规范“类住宅”开发建设，2017 年上海住宅投资增速加快，非住宅投资下降。2017 年，上海住宅投资 2152. 40 亿元，比上年增长 9. 5%，增速较上年加快 1. 1 个百分点，占房地产开发投资的 55. 8%，比上年提高 2. 8 个百分点；办公楼投资 642. 20 亿元，下降 7. 7%，占 16. 7%；商业用房投资 506. 71 亿元，下降 2. 4%，占 13. 1%。

随着近些年高楼板价的土地进入建设阶段，土地购置费呈现快速增长，占房地产开发投资的比重提高。2017 年，上海土地购置费 1523. 05 亿元，比上年增长 26. 1%，增幅较上年加快 5. 8 个百分点，占房地产开发投资的 39. 5%，占比提高 6. 9 个百分点。

2. 商品房建设规模基本稳定

上海商品房建设规模基本稳定，施工面积小幅增长。2017 年，上海商品房施工面积 15362. 25 万平方米，比上年增长 1. 7%。其中，住宅 8013. 80 万平方米，下降 0. 7%。

受土地供应减少影响，2017 年上海商品房新开工面积 2618. 00 万平方米，比上年下降 7. 8%。其中，住宅新开工面积 1402. 91 万平方米，下降 2. 3%。从结构分析，市场化住宅新开工面积 716. 07 万平方米，下降 10. 1%，占全部住宅新开工面积的 51. 0%，比上年回落 4. 4 个百分点；保障性住宅新开工面积 686. 84 万平方米，增长 7. 3%。

2017 年，上海商品房竣工面积 3387. 56 万平方米，比上年增长 32. 8%。其中，住宅竣工面积 1862. 74 万平方米，增长 21. 5%。从结构分析，市场化住宅竣工面积 1041. 95 万平方米，增长 43. 2%，占全部住宅竣工面积的 55. 9%；保障性住宅竣工面积 820. 79 万平方米，增长 1. 9%（见表 4 -13）。

表 4－13　　2017 年上海住宅新开工、竣工面积情况

指　标	新开工面积（万平方米）	比上年增长（%）	比重（%）	竣工面积（万平方米）	比上年增长（%）	比重（%）
住　宅	1402.91	－2.3	100.0	1862.74	21.5	100.0
市场化	716.07	－10.1	51.0	1041.95	43.2	55.9
保障性	686.84	7.3	49.0	820.79	1.9	44.1

3. 到位资金出现下降

2017 年，上海房地产开发项目本年到位资金 5384.65 亿元，比上年下降 16.0%。受房地产信贷额度控制影响，国内贷款下降 3.6%；受新建商品房销售面积减少影响，定金预付款及个人按揭贷款大幅下降 35.5%（见表 4－14）。

表 4－14　　2017 年上海房地产开发项目本年到位资金情况

指　标	资金（亿元）	比上年增长（%）	比重（%）
本年到位资金	5384.65	－16.0	100.0
#国内贷款	1393.78	－3.6	25.9
自筹资金	1549.20	3.9	28.8
其他资金	2436.45	－29.8	45.2
#定金预付款及个人按揭贷款	2080.91	－35.5	38.6

截至 2017 年年底，上海中外资银行本外币房地产贷款余额 19848.50 亿元，比上年增长 12.6%。其中，房地产开发贷款余额 5455.15 亿元，增长 11.1%；个人购房贷款余额 13546.65 亿元，增长 13.1%。截至 2017 年年底，上海公积金贷款余额 3531.01 亿元，增长 8.4%。

4. 楼市交易大幅萎缩

2016 年上海经历了三次房地产调控，四季度起楼市出现明显降温，2017 年全国房地产调控不断加码，上海行政监管措施持续高压、房地产调控政策不断细化。在此背景下，上海楼市交易表现低迷，成交量大幅萎缩。

（1）新建商品房销售面积大幅下降

2017 年，上海新建商品房销售面积 1691.60 万平方米，比上年下降 37.5%。其中，住宅销售面积 1341.62 万平方米，下降 33.6%（见图 4－10）。从结构分析，由于市场化新建住宅供应大幅减少，导致销售面积 575.04 万平方米，下降 51.9%，占全部新建住宅销售面积的 42.9%，比重回落 16.3 个百分点；保障性新建住宅销售面积 766.58 万平方米，下降 7.0%。

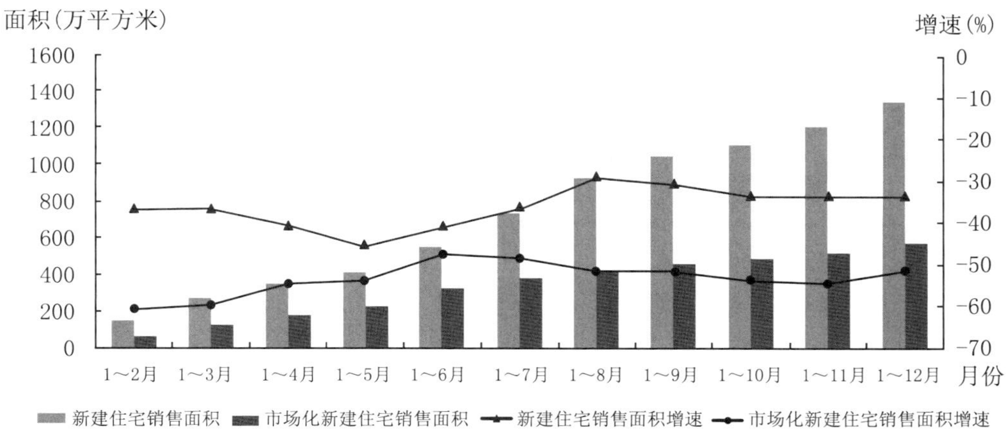

图 4－10　2017 年上海新建住宅及市场化新建住宅销售面积情况

2017 年，上海不断规范“类住宅”销售市场，与2016 年火爆的销售情况相比，商办楼销售形势急转直下。2017 年，上海办公楼销售面积 124. 10 万平方米，比上年下降 59. 5%，上年同期增长 55. 2%；商业营业用房销售面积 79. 33 万平方米，下降 61. 5%，上年同期增长 81. 1%。

（2）存量住宅销售低迷

2017 年，上海存量房网签面积 1509. 82 万平方米，比上年下降 57. 6%。其中，存量住宅网签面积 1179. 18 万平方米，下降 62. 7%。

从月度成交量看，1 月份、2 月份适逢春节假期，成交量均低于 80 万平方米；3 月份市场迎来“小阳春”，成交量反弹至年内最高的 153 万平方米；随着全国各地调控政策出台，上海楼市成交量出现萎缩，4 月份、5 月份分别为 121 万平方米和 114 万平方米；之后市场观望气氛更加浓厚，传统的“金九银十”行情并未出现，月度成交量持续在 90 万平方米左右的规模低位波动。

从 2015 年开始，上海改善型购房需求不断上升，“连环套”式的交易占比不断增加，存量住宅交易规模持续扩大，但 2017 年月均成交量只有 2016 年和 2015 年的 37. 3% 和 38. 9%（见图 4－11）。

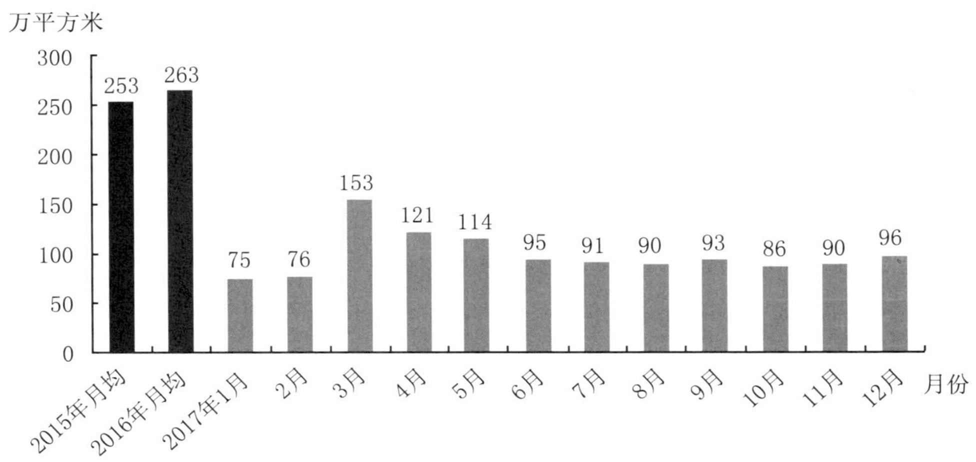

图 4－11　2015 年以来上海存量住宅月度网签成交量情况

（3）新建住房供应大幅减少

2016 年 10 月 8 日发布的“沪六条”（《关于进一步加强上海房地产市场监管促进房地产市场平稳健康发展

的意见》）政策中要求进一步加强新建商品住房预销售管理，全市新建商品住房销售方案备案实行市、区两级审核（包括预售许可和现房销售备案），对上市房源定价不合理的，坚决予以调整。受此行政调控措施影响，上海市场化新建住宅供应量大幅减少，2017 年上海市场化新建住宅供应 384.15 万平方米，比上年下降 52.5%（见图 4－12）。

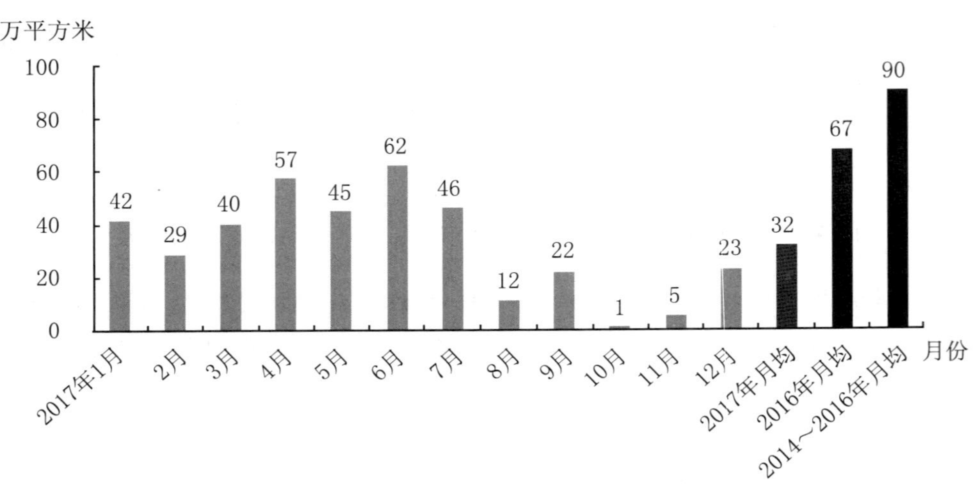

图 4－12　2017 年上海市场化新建住宅供应量情况

（4）市场化新建住宅可售面积下降

2017 年，上海房地产市场交易冷清，新建住宅交易量大幅萎缩，由于房地产调控继续从严，新增供应降幅更大，导致 2017 年年底上海市场化新建住宅网上可售面积 487 万平方米，去化周期约 10.1 个月（年末可售面积/当年月均成交量）。

（5）多因素导致交易量大幅萎缩

上海新建及存量住宅交易量大幅萎缩主要有三个方面的原因：①市场化新建住宅供应量减少，2017 年月均供应量仅 32.01 万平方米，只有 2016 年月均供应量的 47.5%，仅有 2014—2016 年月均供应量的 35.5%。②上海房地产调控措施不断细化，楼市调控持续进行且无放松迹象，导致交易量减少、成交周期拉长。③房地产开发企业经历了 2016 年的交易繁荣，在土地资源紧缺、市场化住宅供地不足、市场化新建住宅限价供应的背景下，房地产开发企业倾向于持有住宅存货。

5. 新建住宅每平方米销售均价 24866 元

2017 年，上海新建住宅平均销售价格 24866 元/平方米。从区域分布看，内环线以内 95502 元/平方米，内外环线之间 43733 元/平方米，外环线以外 18541 元/平方米。

剔除征收安置住房和共有产权保障住房等保障性住房后，市场化新建住宅平均销售价格分别为：内环线以内 103411 元/平方米，内外环线之间 72293 元/平方米，外环线以外 36003 元/平方米。

（二）2018 年上海房地产市场趋势判断

1. 房地产开发投资延续低位运行走势

2017 年，上海房地产开发投资增速呈现震荡回落、低位运行走势，预计 2018 年上海房地产开发投资将继续延续低位运行走势，主要基于四方面的考虑：一是在建规模小幅增长，2017 年上海新建商品房施工面积增长 1.7%；二是土地费用增长较快且占比提高，2017 年土地购置费增长 26.1%，占比提高 6.7 个百分点；三是建安投资价格指数上升，2017 年上海建筑安装工程投资价格指数达到 110. 9，同时建安投资占全部房地产开发投资的 54. 6%，且近些年房屋建设标准及装修房比例均呈现上升趋势；四是宏观经济稳定增长需要房地产开发投资保持一定的力度。

2. 楼市交易量略有回升

应勇市长明确表示上海严控高房价和高地价不是权宜之计，楼市调控政策将继续维持且不放松。因此，2018 年上海楼市不存在交易量大幅反弹的基础。考虑楼市交易规模继续大幅低于正常年份水平的可能性较小，加之受行政调控积压的供应量也不可能无限期延后，同时随着“类住宅”集中整治结束，商办类的供应量也趋于正常。综合判断，预计 2018 年上海楼市交易量会略有回升。

（三）上海房地产市场平稳发展的对策建议

房地产市场平稳发展，不仅有利于房地产市场本身可持续发展，同时也有利于宏观经济健康发展。目前，对于上海这样的特大型城市，应保持当前各项楼市调控政策不放松，同时加快建立多主体供应、多渠道保障、租购并举的住房制度。

1. 继续坚持调控政策不放松

自 2016 年以来，上海市政府多次出台房地产政策，从多方面对楼市进行调控，取得了较明显的效果，尤其是对新建商品住房销售方案备案实行市、区两级审核制度，直接决定了市场化新建住宅的定价，在很大程度上扭转了上海房价上涨的态势。因此，建议在短期内继续严格执行楼市调控政策不放松，确保上海房价保持平稳。

2. 加快租赁住房的建设及筹措

房价和地价轮番上涨、相互推高是近些年上海房地产市场的重要特征之一，十九大报告中明确提出：“坚持房子是用来住的、不是用来炒的定位，加快建立多主体供给、多渠道保障、租购并举的住房制度，让全体人民住有所居。”因此，下阶段需要按照租购并举的住房制度安排，加快租赁住房的建设及筹措。

（上海市统计局）

五、广东省房地产市场

2017 年，广东房地产市场需求持续旺盛，全省商品房销售量价均创历史新高。但受住房信贷政策普遍收紧和重点城市商品房销售价格实施政府指导价等政策影响，房企销售资金回笼不畅，行业资金状况日趋紧张。

（一）广东省新房市场运行情况

1. 需求旺盛销量再创新高，分类调控主导市场分化

2017 年，广东商品房销售量价再创历史新高，销售面积和销售金额分别达 1. 60 亿平方米和 1. 88 万亿元，同比分别增长 9. 2% 和 15. 9%；销售均价 11776 元/平方米，同比增长 6. 1%（见表 4 - 15）。

表 4 - 15　　2013—2017 年广东商品房销售情况

单位：万平方米，亿元，元/平方米

类　别	2013 年	2014 年	2015 年	2016 年	2017 年
销售面积	9836. 39	9315. 76	11681. 01	14611. 60	15958. 381
销售金额	8941. 05	8461. 84	11442. 80	16214. 61	18792. 76
销售均价	9090. 00	9083. 00	9796. 00	11097. 00	11776. 00

数据来源：广东省统计局。

按用途分，全省商品住宅销售面积 1.35 亿平方米，同比增长 3.8%；销售金额 1.54 万亿元，同比增长 8.4%；销售均价 11416 元/平方米，同比增长 4.4%。非商品住宅销售 2436.30 万平方米，同比增长 53.3%；销售金额 3354.87 亿元，同比增长 69.9%（见表 4－16）。数据显示，受调控政策的影响，商品住宅销售量、价的增速均明显低于非住宅商品房增速。

表 4－16　　2017 年广东各用途商品房销售情况

单位：万平方米，亿元，%

类　别	销售面积	同比	销售金额	同比
商品住宅	13522.51	3.8	15437.89	8.4
非住宅商品房	2436.30	53.3	3354.87	69.9
#办公楼	659.40	65.2	1394.74	90.7
#商业营业用房	885.74	30.7	1286.90	43.6
#其他用房	891.15	73.9	673.23	94.2

数据来源：广东省统计局。

从市场走势看，2017 年各月商品房销售面积均超过 1000 万平方米，总体上延续着 2016 年的畅旺态势；销售均价基本维持在 11000～12000 元/平方米之间，同比有一定涨幅，但总体保持平稳运行（见表 4－17）。

表 4－17　　2017 年广东商品房月度销售面积、销售均价情况

单位：万平方米，元/平方米

类　别	1－2	3	4	5	6	7	8	9	10	11	12
面　积	1443.82	1567.24	1280.12	1191.24	1810.84	1007.06	1071.47	1653.41	1338.24	1464.83	1957.64
均　价	10708	12368	10319	11401	11875	11568	12097	13245	11983	11672	12123

数据来源：广东省统计局。

从区域结构看，珠三角商品房销售面积为 10444.70 万平方米，同比下降 2.3%，占全省的 65.4%，市场占比较 2016 年降低 7.8 个百分点；粤东西北合计销售 5514.11 万平方米，同比增长 40.8%（见表 4－18，图 4－13）。数据显示，相比珠三角以抑制房价过快上涨的调控环境，粤东西北各地区在以去库存为主的政策导向下，市场活跃度明显高于珠三角地区，但珠三角仍然是商品房销售市场的核心（见表 4－19）。

表 4－18　　2017 年广东各地区商品房销售情况

单位：万平方米，亿元，%

区 域	全年销售面积			全年销售金额		
		同比	前三季度增速		同比	前三季度增速
珠三角	10444.70	－2.3	－3.9	15283.32	7.8	5.5
粤 东	1237.33	58.1	69.2	978.97	98.1	109.5
粤 西	1557.56	50.1	54.3	991.00	77.0	83.8
粤 北	2719.22	29.7	33.7	1539.47	56.5	57.4

数据来源：广东省统计局。

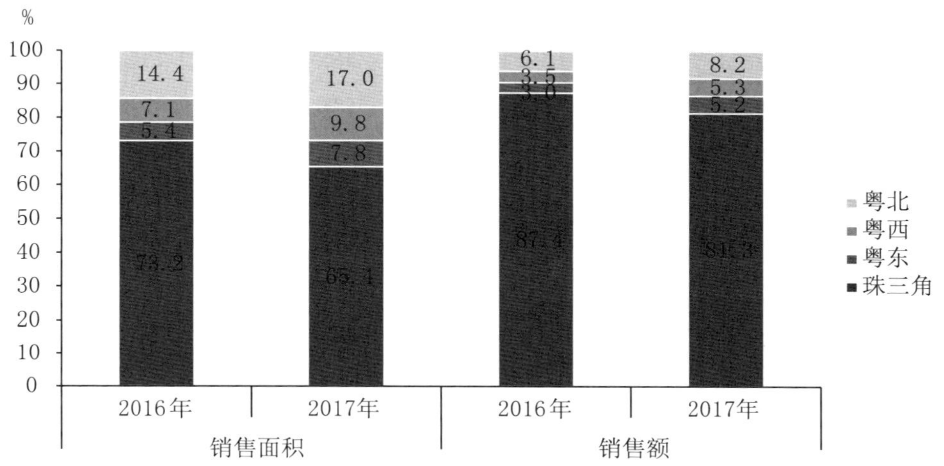

图 4－13　广东商品房销售量地区结构比较

数据来源：广东省统计局。

表 4－19　　2017 年广东各市、各地区新建商品房销售情况

单位：万平方米，亿元，%

城市/地区	商品房销售面积	#住宅	销售面积同比	#住宅	商品房销售额	#住宅	销售额同比	#住宅
广东省	15958.81	13522.51	9.2	3.8	18792.76	15437.89	15.9	8.4
广州市	1757.75	1367.48	－9.8	－15.8	3099.52	2418.36	－2.9	－8.9
深圳市	671.03	520.97	－8.9	－21.1	3216.65	2533.04	－3.2	－15.7
珠海市	509.65	420.28	－22.0	－29.6	1093.42	881.39	－10.1	－19.7
汕头市	639.58	594.16	81.0	84.1	629.73	554.65	125.4	127.4
佛山市	2800.17	2076.51	26.0	11.8	3073.04	2362.10	45.1	31.7
韶关市	449.09	426.72	21.8	28.0	235.44	215.15	41.6	57.7
河源市	536.15	507.09	56.3	55.7	269.19	251.52	77.3	78.8
梅州市	498.79	463.15	29.0	37.1	286.35	258.36	51.6	64.6

续表

城市/地区	商品房销售面积	#住宅	销售面积同比	#住宅	商品房销售额	#住宅	销售额同比	#住宅
惠州市	1645.65	1543.40	-7.1	-9.2	1628.81	1537.12	15.1	15.0
汕尾市	231.32	183.82	18.8	0.7	141.41	99.02	50.7	15.9
东莞市	799.46	588.81	-21.9	-33.6	1349.22	1016.96	-4.9	-16.8
中山市	874.81	650.07	-24.5	-36.0	884.65	705.45	4.7	-4.3
江门市	788.16	710.99	15.9	14.3	572.40	514.39	39.5	37.9
阳江市	452.07	424.75	45.3	41.3	247.91	223.67	71.5	64.7
湛江市	589.40	554.57	45.4	46.0	425.93	393.30	73.6	73.9
茂名市	516.08	500.86	60.6	65.2	317.17	302.97	86.8	94.3
肇庆市	598.01	542.08	19.6	22.1	365.61	322.75	52.8	57.3
清远市	900.58	808.74	16.9	10.2	585.11	517.47	56.0	47.5
潮州市	145.72	135.15	44.4	41.4	85.54	77.91	54.7	47.9
揭阳市	220.71	211.87	65.4	69.9	122.29	113.07	86.4	90.1
云浮市	334.62	291.04	46.3	65.1	163.38	139.26	61.4	93.6
按地区分								
珠三角	10444.70	8420.58	-2.3	-10.5	15283.32	12291.55	7.8	-1.1
粤　东	1237.33	1125.00	58.1	55.1	978.97	844.64	98.1	91.3
粤　西	1557.56	1480.18	50.1	50.5	991.00	919.94	77.0	77.6
粤　北	2719.22	2496.75	29.7	30.9	1539.47	1381.76	56.5	61.3

数据来源：广东省统计局。

2. 商品住宅库存去化显著，土地购置均价持续上涨

截至2017年年底，全省商品房待售面积4988.58万平方米，同比减少406.70万平方米。其中，商品住宅2414.75万平方米，同比减少21.7%，为2013年以来的最低水平；非住宅商品房2573.83万平方米，同比增长6.5%。数据反映，商品住宅库存量在持续减少，市场去库存成效显著；非住宅商品房库存量自2013年起不断增加，但自2017年下半年逐月小幅减少（见表4－20）。

表4－20　　2013—2017年广东商品房待售面积情况

单位：万平方米

时间		商品房合计	住　宅	办公楼	商业营业用房	其他房屋
2013年	6月底	4201.35	2684.20	188.59	657.70	670.86
	12月底	4469.53	2844.98	208.08	700.12	716.34
2014年	6月底	4931.41	3170.76	188.72	744.36	827.57
	12月底	5467.99	3545.82	198.69	818.36	905.13

续表

时间		商品房合计	住　宅	办公楼	商业营业用房	其他房屋
2015 年	6 月底	5948. 69	3841. 36	231. 81	865. 95	1009. 57
	12 月底	5637. 94	3493. 35	219. 70	887. 91	1036. 98
2016 年	6 月底	5664. 24	3335. 42	248. 50	968. 92	1111. 40
	12 月底	5502. 46	3085. 78	262. 75	984. 74	1169. 20
2017 年	6 月底	5395. 28	2778. 03	295. 58	1088. 33	1233. 34
	12 月底	4988. 58	2414. 75	272. 89	1073. 72	1227. 22

数据来源：广东省统计局。

分地区看，珠三角地区住宅待售面积大幅下降，市场呈现供不应求的局面，供应难以在较短的时间内满足需求，普遍进入补库存阶段；粤东西北城市去库存成效开始显现，商品房待售面积整体呈现回落的趋势（见表4－21）。

表 4－21　2017 年年底广东商品房待售及土地待开发情况

单位：万平方米，%

城市/地区	商品房待售面积	#住宅	待售面积同比	#住宅	待开发土地面积	待开发土地面积同比
广东省	4988. 58	2414. 75	－9. 3	－21. 7	3443. 86	－16. 0
广州市	774. 42	322. 89	－2. 4	－14. 2	466. 40	－1. 1
深圳市	261. 30	147. 20	－4. 3	5. 0	204. 88	22. 5
珠海市	167. 09	66. 77	4. 8	－8. 2	212. 48	24. 1
汕头市	296. 80	176. 74	－9. 1	－10. 9	6. 67	－33. 4
佛山市	496. 02	201. 54	－13. 9	－29. 2	228. 79	－43. 2
韶关市	144. 22	62. 36	－13. 7	－28. 2	57. 90	－63. 7
河源市	196. 12	130. 17	7. 3	－7. 1	81. 38	76. 0
梅州市	197. 54	89. 29	－3. 0	－19. 5	34. 55	－64. 0
惠州市	381. 58	182. 24	－10. 5	－20. 9	562. 37	－5. 7
汕尾市	32. 37	19. 56	－7. 3	－11. 6	33. 66	771. 6
东莞市	301. 67	152. 18	－13. 2	－15. 0	196. 88	－25. 6
中山市	327. 49	90. 02	8. 0	－24. 5	205. 80	5. 8
江门市	290. 24	133. 80	－11. 9	－30. 4	298. 68	－40. 6
阳江市	144. 92	101. 04	－39. 9	－45. 8	258. 63	17. 7
湛江市	121. 25	62. 20	－17. 4	－35. 2	66. 18	－47. 1
茂名市	67. 09	38. 83	－19. 7	－32. 0	101. 71	－49. 2
肇庆市	195. 97	85. 65	－10. 7	－20. 3	187. 14	48. 2
清远市	337. 94	153. 54	3. 4	－22. 6	161. 86	－28. 4

续表

城市/地区	商品房待售面积		待售面积同比		待开发土地面积	待开发土地面积同比
		#住宅		#住宅		
潮州市	99.91	90.52	1.1	8.1	4.57	-84.1
揭阳市	69.89	61.36	-46.2	-45.1	6.62	-70.9
云浮市	84.76	46.85	-36.2	-49.1	66.73	0.4
按地区分						
珠三角	3195.78	1382.30	-6.8	-18.8	2563.40	-11.5
粤　东	498.96	348.18	-15.5	-16.3	51.52	-21.2
粤　西	333.26	202.07	-29.3	-40.5	426.52	-21.8
粤　北	960.58	482.21	-5.2	-23.2	402.42	-32.3

数据来源：广东省统计局。

土地市场方面，2017 年广东房地产企业入库的土地购置面积 1841.19 万平方米，同比分别增长 5.2%；成交均价 8557 元/平方米，同比增长 7.0%。截至 2017 年年底，全省房地产企业待开发土地面积 3443.86 万平方米，同比下降 16.0%。随着土地资源日益稀缺，热点城市的土地市场受到追捧，土地成本明显上升，这不仅增加了房价调控的难度，同时也加大了房企的开发、经营风险（见表 4－22）。

表 4－22　　2013—2017 年广东房地产土地购置情况

单位：万平方米，亿元，元/平方米

类　别	2013 年	2014 年	2015 年	2016 年	2017 年
购置面积	2250.96	1956.99	1478.80	1750.32	1841.19
成交价款	681.50	856.58	890.97	1399.39	1575.51
购置均价	3028.00	4377.00	6025.00	7995.00	8557.00

数据来源：广东省统计局。

3. 调控政策影响销售回笼，行业资金状况日趋紧张

2017 年，广东房地产到位资金 1.92 万亿元，同比增长 8.4%。全年完成房地产投资额 12075.69 亿元，占固定资产投资的 32.2%；同比增长 17.2%，高于固定资产投资总体增速 3.7 个百分点。开发建设方面，总体保持平稳增长。截至 2017 年年底，广东商品房施工面积 72492.10 万平方米，同比增长 12.9%。其中，本年新开工面积 16775.55 万平方米，同比增长 13.0%；竣工面积 8196.34 万平方米，同比增长 24.3%（见表 4－23，表 4－24）。

表 4－23　　2017 年广东房地产开发投资、建设指标月度累计走势

单位：亿元,％，万平方米

指　标	1－2 月	1－3 月	1－4 月	1－5 月	1－6 月	1－7 月	1－8 月	1－9 月	1－10 月	1－11 月	1－12 月
投资额	1112.53	2004.11	2856.84	3919.70	5370.26	6308.90	7329.01	8586.35	9680.48	10842.74	12075.69
同比增速	12.2	14.7	15.5	16.7	19.0	18.8	18.2	18.9	17.8	18.1	17.2
施工面积	57113.4	58196.2	59987.7	61829.4	63722.0	65238.6	66497.5	67951.6	69240.0	70629.6	72492.1
同比增速	12.3	12.3	13.1	13.9	13.5	14.0	13.4	13.1	12.8	12.7	12.9
新开工面积	1781.7	2839.9	4586.0	6271.1	8012.4	9400.8	10693.1	11978.6	13279.0	14557.7	16775.6
同比增速	7.6	5.7	18.7	22.2	17.2	17.9	16.5	11.6	9.9	9.0	13.0
竣工面积	1612.7	2273.1	2664.9	3054.0	3634.2	3957.9	4230.9	4492.1	5012.5	5967.8	8196.3
同比增速	41.3	43.5	42.8	40.6	43.2	44.1	42.2	27.2	30.4	36.9	24.3

数据来源：广东省统计局。

表 4－24　　2017 年广东各市、各地区商品房施工、新开工情况

单位：万平方米,％

城市/地区	商品房施工面积		施工面积同比		商品房新开工面积		新开工面积同比	
		#住宅		#住宅		#住宅		#住宅
广东省	72492.10	49450.82	12.9	12.0	16775.55	11694.46	13.0	15.0
广州市	10658.49	6399.47	5.9	4.8	1853.88	1118.95	－13.1	－11.1
深圳市	5709.34	2989.42	10.3	－2.9	1001.53	446.31	2.7	－5.5
珠海市	3253.98	1908.85	23.1	10.6	1006.98	527.90	48.8	15.9
汕头市	2663.64	1738.70	9.5	5.2	637.84	379.46	－13.5	－22.7
佛山市	9102.96	5826.95	17.5	17.9	1944.23	1351.41	16.6	18.8
韶关市	1804.42	1381.62	14.3	14.4	420.95	343.02	50.1	41.2
河源市	1409.90	1134.77	19.5	25.5	621.48	510.79	26.8	32.5
梅州市	1730.15	1349.98	29.2	40.1	606.00	469.29	23.7	25.1
惠州市	7604.45	5884.61	11.2	13.3	1991.19	1611.02	9.5	17.3
汕尾市	606.03	468.56	27.3	26.7	162.52	124.04	－19.8	－19.7
东莞市	4553.68	3210.87	3.3	1.7	826.37	574.38	－10.9	－11.6
中山市	5331.97	3728.15	9.4	9.5	1083.34	748.35	－3.6	－1.3
江门市	3161.66	2211.99	9.7	8.6	770.08	538.18	12.0	2.7
阳江市	1788.38	1329.35	18.6	18.9	435.86	334.20	32.4	39.5
湛江市	2584.73	1864.36	23.6	27.1	698.17	513.00	45.8	56.1
茂名市	2002.00	1538.26	25.4	23.5	537.04	404.81	51.9	62.6
肇庆市	2483.61	1817.07	6.9	7.7	526.11	388.68	35.8	46.8
清远市	3595.95	2780.80	16.1	16.6	807.66	638.53	31.9	37.1
潮州市	699.90	543.03	57.5	59.3	300.34	254.27	248.5	260.4

续表

城市/地区	商品房施工面积	#住宅	施工面积同比	#住宅	商品房新开工面积	#住宅	新开工面积同比	#住宅
揭阳市	582.66	479.13	11.6	9.8	228.35	204.93	48.6	70.6
云浮市	1164.21	864.88	14.9	15.3	315.63	212.93	34.4	43.7
按地区分								
珠三角	51826.86	33952.62	10.4	8.4	10973.01	7281.31	5.5	5.6
粤　东	4585.50	3254.17	18.3	16.2	1359.74	986.57	15.2	18.0
粤　西	6375.11	4731.97	22.7	23.6	1671.06	1252.02	43.9	53.2
粤　北	9704.63	7512.06	18.2	20.9	2771.73	2174.56	31.5	34.5

（二）广州存量商品房市场运行情况

2017 年广州存量房市场的成交面积较为稳定，大部分月份成交都在 100 万平方米以上，全年成交 1370.54 万平方米，同比小幅增长 4.0%。其中，存量住宅、商业及写字楼的成交量同比分别增长 1.3%、41.7% 和 29.2%（见图 4－14，表 4－25）。

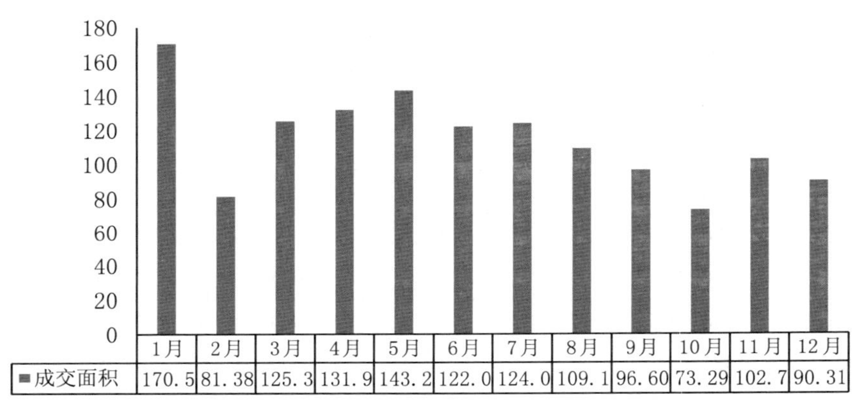

图 4－14　2017 年月度广州市存量商品房成交面积

表 4－25　2013—2017 年广州市存量商品房成交面积

单位：万平方米

年　份	存量房合计	住　宅	商　业	办　公	车　位	其　他
2013	896.81	724.96	28.91	18.78	6.75	117.41
2014	652.66	485.57	26.05	9.70	5.65	125.69
2015	834.60	696.72	32.02	16.33	6.25	83.28
2016	1317.39	1153.32	22.46	31.74	9.10	100.77
2017	1370.56	1168.02	31.83	41.01	11.02	118.68

数据来自：阳光家缘网，下同。

1. 存量住宅市场

2017 年广州市受楼市调控政策的影响，刚需人群分流到二手房市场，二手住宅的成交面积再创新高。全年全市存量住宅成交面积 1168.02 万平方米，成交 13.50 万套。从区域成交情况来看，主要受轨道交通发展及区域配套成熟的带动，外围区域异军突起，成交前三名分别为番禺区、增城区和花都区。其中，番禺区 2017 年存量住宅成交超 2.30 万套，遥遥领先；增城区和花都区二手住宅成交分别为 157 万套和 1.31 万套。中心区域，海珠区的存量住宅成交最多，约 1.25 万套；其次是天河区，成交约 1.09 万套。全市二手住宅成交均价，从 2017 年 1 月的 16760 元/平方米上升至年底的 19178 元/平方米，升幅达 14.0%（见图 4－15）。

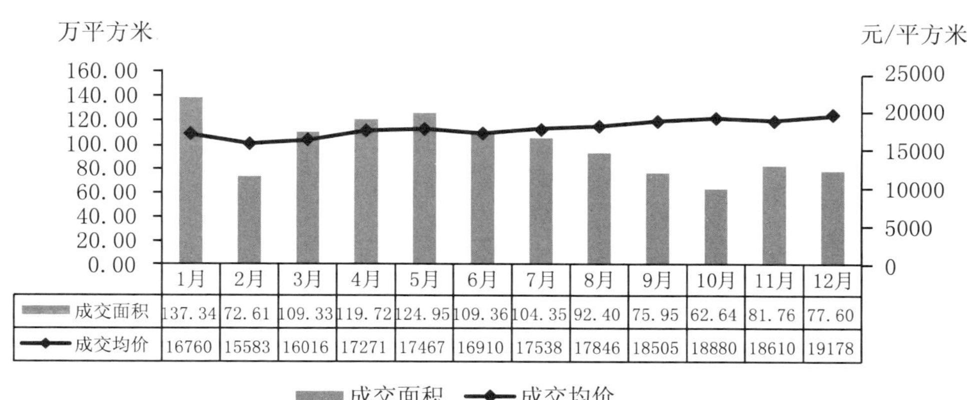

图 4－15　2017 年月度广州市存量住宅成交走势

2. 存量商业市场

2017 年，广州存量商业用房成交 3441 宗，同比增长 18.2%；总成交面积 31.83 万平方米，同比增长 41.7%。全市存量商业用房的成交均价为 14198 元/平方米，同比下跌 13.7%。

3. 存量办公市场

2017 年广州存量办公物业成交面积 41.01 万平方米，同比增长 29.2%；成交均价 17135 元/平方米，同比上涨 5.6%。数据显示，广州自用或投资的办公购置需求增，全市存量办公物业成交呈现量价小幅上升的态势（见图 4－16）。

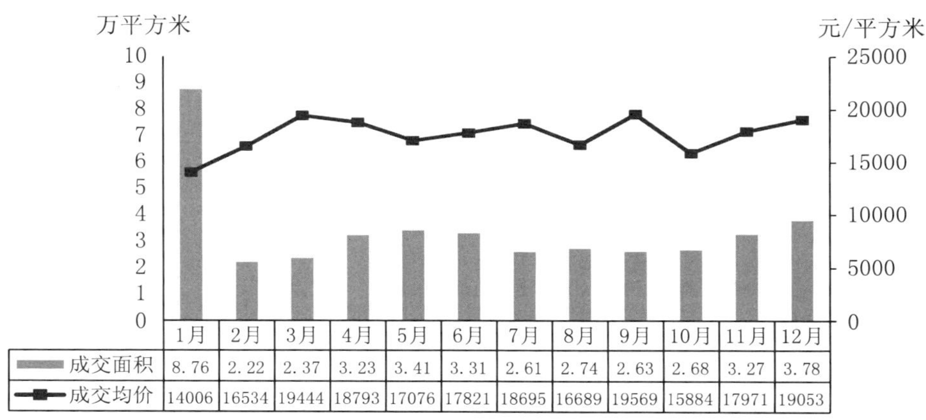

图 4－16　2017 年月度广州市存量办公物业成交走势

（三）深圳存量商品房市场运行情况

1. 存量住宅市场

2017 年深圳二手房市场受限购和去杠杆政策影响，市场整体呈现低位回暖后保持稳定的趋势。全年二手住宅共成交 6.36 万套，面积约 534.07 万平方米，同比分别下降 33.7% 和 29.9%；成交均价 54664 元/平方米，同比上升 4.3%（见图 4－17）。

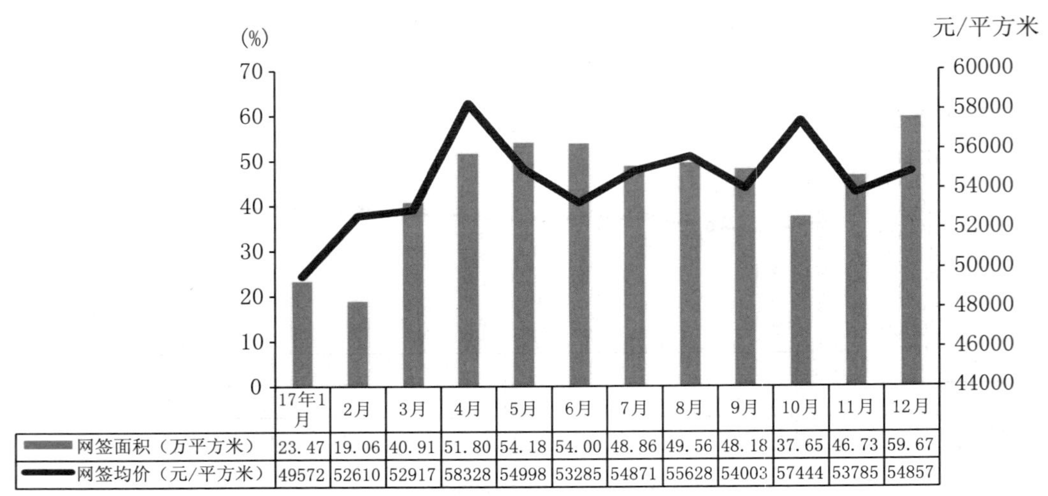

	17年1月	2月	3月	4月	5月	6月	7月	8月	9月	10月	11月	12月
网签面积（万平方米）	23.47	19.06	40.91	51.80	54.18	54.00	48.86	49.56	48.18	37.65	46.73	59.67
网签均价（元/平方米）	49572	52610	52917	58328	54998	53285	54871	55628	54003	57444	53785	54857

图 4－17　2017 年月度深圳市存量住宅成交走势

数据来源：深圳房地产信息网，下同。

2. 存量商业市场

2017 年深圳存量商业物业成交 7590 套，同比增长 9.2%；成交面积 44.18 万平方米，同比下降 18.9%。纵观各月成交情况，基本处于低位运行状态，仅 8 月份、9 月份成交有较大涨幅，一定程度上拉升全年的平均水平（见图 4－18）。

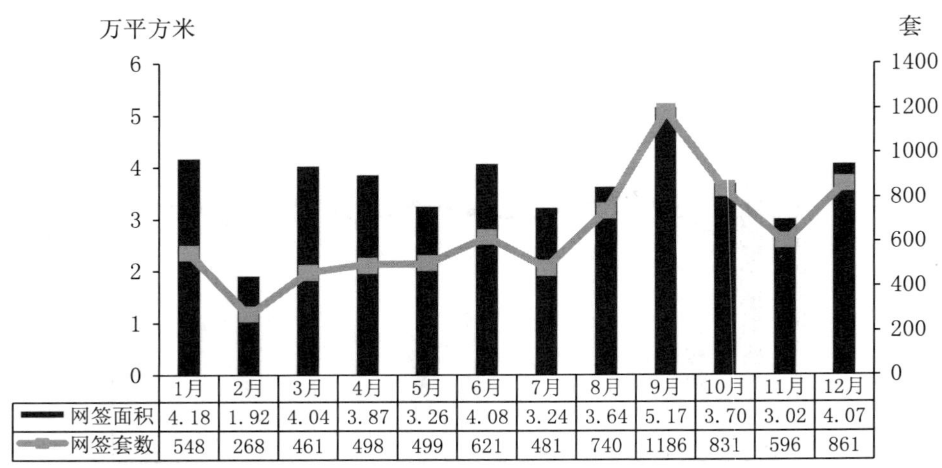

	1月	2月	3月	4月	5月	6月	7月	8月	9月	10月	11月	12月
网签面积	4.18	1.92	4.04	3.87	3.26	4.08	3.24	3.64	5.17	3.70	3.02	4.07
网签套数	548	268	461	498	499	621	481	740	1186	831	596	861

图 4－18　2017 年月度深圳市存量商业物业成交走势

3. 存量办公市场

2017 年全市存量办公物业总成交面积约 14. 3 万平方米，同比下降 33. 4%。从区域分布来看，传统商务强区福田和罗湖依然是二手办公楼需求最旺盛的区域，分别占比 42% 和 23%，而南山、宝安和龙岗三区上半年新入市办公物业相对较多，以消化新增的办公物业为主，因此二手市场大不如一手市场活跃，三区分别仅占 8%、10% 和 16%。

（广东省房地产行业协会）

六、重庆市房地产市场

（一）重庆市主城区土地市场情况

1. 房地产用地供应增多，渝北、巴南双桂联芳

2017 年重庆市主城区房地产类用地供应 142 宗，较 2016 年增加 39 宗；供应面积 1404. 82 万平方米，较 2016 年增长 40. 48%；供应最大可建面积 2971. 99 万平方米，较 2016 年增长 36. 66%（见表 4－26）。从 2017 年初开始，主城各区房地产市场不同程度出现了供不应求的状况，随后土地供应节奏大幅加快，土地供应有所增加。

表 4－26　　2016 年、2017 年主城各区房地产类土地供应分布情况

单位：万平方米

区　域	2016 年		2017 年	
	宗　数	面　积	宗　数	面　积
渝中区	3	12. 76	3	6. 19
渝北区	24	334. 91	40	494. 27
沙坪坝区	16	173. 52	17	193. 09
九龙坡区	9	17. 50	7	27. 54
南岸区	5	26. 63	13	119. 86
江北区	8	54. 80	2	2. 92
大渡口区	6	57. 52	14	139. 71
北碚区	12	148. 91	13	101. 89
巴南区	20	173. 50	33	319. 35
合　计	103	1000. 05	142	1404. 82

2017 年土地供应以渝北区和巴南区为主，渝北区是全市房地产开发最具发展潜力的区域，相对其他区域更具优势，倍受开发企业青睐，土地供应规模大；巴南区则由于自身土地储备丰富，加上周边区域土地供应不足，大大提升了其土地价值，2017 年土地供应显著增多；而位于传统核心区域的渝中区、江北区、九龙坡区则由于区内可供开发用地逐渐枯竭，供地节奏减缓。

2. 土地市场显著升温，土地溢价率不断走高

2017 年主城区房地产类用地成交 126 宗，较 2016 年增加 17 宗；成交面积 1246. 25 万平方米，较 2016 年增长 22. 42%；成交金额 1200. 09 亿元，较 2016 年增长 69. 27%；土地折算楼面地价 4645. 01 元/平方米，较 2016

年增长 47.55%（见表 4－27）。土地供应节奏加快，加上开发企业土地储备不足，拿地意愿较强，使得土地成交升温，地价大幅上涨，尤其在热点区域，频频出现楼面价每平米突破万元大关、土地拍卖溢价率超过 100% 等火爆现象。

表 4－27　　2016 年、2017 年主城区房地产类土地区域成交

单位：万平方米，亿元，元/平方米

区　域	2016 年					2017 年				
	宗　数	面　积	可建面积	金　额	楼面价格	宗　数	面　积	可建面积	金额	楼面价格
渝中区	3	12.76	63.95	43.72	6835.70	3	6.19	27.36	26.34	9626.00
渝北区	24	342.23	683.22	331.85	4857.14	38	459.22	878.04	438.10	4989.50
沙坪坝区	18	162.31	380.56	50.95	1338.89	15	194.82	306.64	111.75	3644.39
九龙坡区	11	24.60	63.53	17.01	2677.42	7	27.54	90.03	67.90	7541.63
南岸区	5	26.63	78.11	22.93	2935.41	11	92.92	180.97	92.46	5109.05
江北区	9	50.41	178.75	94.20	5270.07	2	2.92	15.54	13.06	8404.54
大渡口区	6	57.52	142.76	22.34	1564.55	13	136.80	347.67	148.56	4273.08
北碚区	12	149.24	244.56	45.42	1857.29	12	101.07	185.07	75.69	4089.68
巴南区	21	192.34	416.73	80.56	1933.23	25	224.77	552.28	226.23	4096.31
合　计	109	1018.04	2252.18	708.98	3147.99	126	1246.25	2583.61	1200.09	4645.01

（二）重庆市房地产开发企业情况

表 4－28　　2017 年 12 月底开发企业资质及新成立企业情况

区　域	企业总数	一　级	二　级	三　级	四　级	暂　定	2017 年新增
主城区	1290	36	423	217	7	607	169
渝西地区	894	10	206	252	21	405	71
渝东北	349	4	100	88	13	144	25
渝东南	161	1	31	53	1	77	20
合　计	2694	51	760	608	42	1233	288

（三）重庆市房地产新开工

1. 住宅新开工积极恢复，非住宅新开工持续低迷

全年新开工面积增长突出，主要是 2017 年一部分区域住宅供应出现短缺，开发企业开工建设积极性提高，住宅开工量明显增多。而办公楼和商业空置现象突出，销售去化难度加大，开发企业尽量避免该类物业的新开发建设；而其他（以车库为主）物业则由于重庆市房地产开发进入提质增效新阶段，新开发项目普遍定位于中高端改善型需求，企业比较注重解决停车难的通病以提升居住体验感，赢得改善型客户的认可，车位配比大幅提升（见表 4－29）。

表 4－29　　2016 年、2017 年重庆市各物业新开工量对比

单位：万平方米，%

物业类型	2017 年	2016 年	增　幅
合　计	5680.04	4875.16	16.51
住　宅	3759.63	2998.92	25.37
办公楼	94.86	160.79	－41.00
商　业	768.10	899.94	－14.65
其　他	1057.45	815.51	29.67

2. 核心区补库存进度提速，非核心区域开工略有衰退

全市 38 个区县，2017 年新开工有 22 个区域上涨，其中主城 9 区有 7 个上涨。主城区是 2017 年房地产新开工实现增长的主要动力源，主城区供应不足，开发企业补库存意愿较强；而非主城区大多数有库存积压的风险，开工意愿偏低，有一半左右的区县新开工比 2016 年更低。

（四）重庆市房地产竣工

1. 前期建设项目集中交房，竣工面积突破 5000 万平方米

重庆市前几年开发高峰期间的大型项目陆续竣工，使得 2017 年竣工面积继续走高，年度竣工面积首次突破 5000 万平方米。其中办公楼、其他等非住宅竣工增长较快，住宅竣工增幅相对较小（见表 4－30）。

表 4－30　　2016 年、2017 年重庆市竣工量对比情况

单位：万平方米，%

物业类型	2016 年	2017 年	增　幅
合　计	4421.30	5055.73	14.35
住　宅	3084.00	3316.37	7.53
办公楼	100.97	142.01	40.65
商　业	634.46	724.40	14.18
其　他	601.88	872.96	45.04

2. 非核心区房地产开发节奏放缓，与核心区域的差距不断拉大

2017 年全市 38 个区县有 24 个竣工面积上涨，出现下降的以渝东北、渝东南区县为主，由于这些区县房地产开发节奏较慢，项目从开工到竣工耗时更加冗长，竣工量表现低迷。而主城区房地产开发节奏较快，开发企业开发进度提速，除南岸区竣工有所下滑以外，其他区县竣工面积均明显上涨。

（五）重庆市房地产销售

1. 成交量稳步上升，房价涨幅明显

2017 年重庆市房地产销售显著升温，住宅销售持续顺畅，非住宅去库存取得一定成效，销售面积较 2016 年明显增长（见表 4－31）。

表 4－31　　2016 年、2017 年重庆市新建商品房面积销售量对比

单位：万平方米,%

物业类型	2017 年	2016 年	增　幅
合　计	6711.0	6257.1	7.3
住　宅	5452.6	5105.5	6.8
办公楼	168.5	107.0	57.5
商　业	634.4	622.2	2.0
其　他	455.5	422.5	7.8

2017 年重庆市房地产销售价格上涨明显，其中住宅上涨幅度较大，主要是由于部分区域住宅供应短缺，同时热点区域外来购房人员增多，投资性质购房有所恢复，重庆市新建住宅品质大幅提升，多方面的因素使得住宅房价出现较大涨幅。非住宅受困于高企的库存，开发企业广泛采取薄利多销的方式，因此其价格变动幅度较小（见表 4－32）。

表 4－32　　2016 年、2017 年重庆市各类新建商品房销售均价对比

单位：元/平方米,%

物业类型	2017 年	2016 年	增　幅
合　计	6791.6	5484.9	23.8
住　宅	6605.2	5162.4	27.9
办公楼	9623.3	9239.4	4.2
商　业	9925.6	8884.3	11.7
其　他	3611.5	3425.6	5.4

2. 市场需求趋于旺盛，超半数区县量价齐涨

表 4－33　　重庆市各区县新建商品房销售情况对比

单位：万平方米，元/平方米,%

区　域		销售面积			销售均价		
		2016 年	2017 年	同比增幅	2016 年	2017 年	同比增幅
主城区	渝中区	99.84	80.90	－18.97	12479.26	12871.30	3.14
	大渡口区	170.20	179.99	5.75	6255.37	7039.11	12.53
	江北区	278.87	298.76	7.13	8608.29	11635.54	35.17
	沙坪坝区	269.55	307.59	14.11	6385.90	7840.95	22.79
	九龙坡区	554.70	523.11	－5.70	6234.99	8164.05	30.94
	南岸区	315.98	334.29	5.79	7283.06	9971.10	36.91
	北碚区	208.47	235.08	12.77	4662.89	7056.76	51.34
	渝北区	710.73	987.10	38.89	7411.81	9918.08	33.81
	巴南区	270.15	460.60	70.50	5325.06	7027.57	31.97

续表

区 域		销售面积			销售均价		
		2016 年	2017 年	同比增幅	2016 年	2017 年	同比增幅
非主城区	涪陵区	158.75	171.72	8.17	4729.68	4916.47	3.95
	长寿区	212.69	162.73	-23.49	3346.45	3306.25	-1.20
	江津区	300.96	301.62	0.22	4463.51	4488.79	0.57
	合川区	270.96	271.57	0.22	3729.20	4547.14	21.93
	永川区	305.06	256.91	-15.78	4615.52	4787.63	3.73
	南川区	67.76	96.57	42.52	4372.01	4462.86	2.08
	綦江区	197.21	223.74	13.45	4607.37	4345.43	-5.69
	潼南区	134.64	125.12	-7.07	3387.00	3460.02	2.16
	铜梁区	157.73	167.82	6.40	4252.21	5086.69	19.62
	大足区	189.46	175.82	-7.20	4010.64	4068.99	1.45
	荣昌区	100.33	109.44	9.08	3808.02	4183.68	9.86
	璧山区	199.14	211.12	6.01	4398.36	5014.12	14.00
	万州区	170.78	185.59	8.68	5177.78	5311.95	2.59
	梁平区	72.23	76.61	6.07	4199.64	4878.40	16.16
	城口县	11.10	12.78	15.18	4001.39	4922.00	23.01
	丰都县	54.59	43.30	-20.67	3917.56	4343.30	10.87
	垫江县	71.57	60.95	-14.83	3772.68	4434.93	17.55
	忠 县	56.09	55.82	-0.49	3776.86	3990.16	5.65
	开州区	133.87	93.65	-30.05	4608.15	5480.33	18.93
	云阳县	104.11	90.85	-12.73	3976.14	4226.45	6.30
	奉节县	59.26	80.29	35.50	4890.45	4842.15	-0.99
	巫山县	29.19	36.48	25.00	5170.24	5620.93	8.72
	巫溪县	75.52	36.18	-52.09	3652.31	4278.49	17.14
	黔江区	53.87	56.63	5.12	5727.30	4982.23	-13.01
	石柱县	50.98	57.92	13.60	3718.42	3822.49	2.80
	秀山县	48.89	53.82	10.09	5471.53	5347.28	-2.27
	酉阳县	28.09	14.66	-47.82	4392.52	5133.90	16.88
	彭水县	36.39	40.13	10.29	4846.73	4353.70	-10.17
	武隆区	27.47	33.73	22.80	4916.34	5304.57	7.90

2017 年全市有 25 个区县销售面积出现上涨，而销售面积出现下降的区域大多是住宅存量较少，可售房源严重不足，房地产开发存在断档的风险，导致销售量出现下滑，而并非市场需求走弱。全市 38 个区县有 32 个区县房价上涨。

3. 住宅库存降至新低，车库空置现象较为突出

2017 年 12 月底，全市待售面积 2051.7 万平方米，较 2016 年年底下降 11.1%，其中主城区 1192.8 万平方米，较 2016 年年底下降 11.9%；住宅待售面积 578.1 万平方米，较 2016 年年底下降 33.9%；办公楼待售面积 130.2 万平方米，较 2016 年年底下降 15.6%；商业待售面积 562 万平方米，较 2016 年年底下降 2.4%；其他待售面积 781.4 万平方米，较 2016 年年底增长 11%。住宅库存降至新低，办公楼和商业库存积压基本得到控制，以车位为代表的其他物业库存继续攀升，主要是新竣工项目入住率不高，车位使用率偏低所致。

（重庆市房地产开发协会）

Ⅴ.城市篇

导　读

本篇从城市维度反映了房地产市场的投资、土地、建设、销售等数据运行情况。第一部分是 2017 年全国四十个重点城市的经济数据汇集。第二部分是城市层面的产业数据。第三部分是城市的价格指数。

一、重点城市经济数据

（一）四十重点城市经济数据

表 5－1　　2017 年四十重点城市经济数据

类　别	GDP（亿元）	同比（%）	进出口总额（亿元）	同比（%）	固定资产投资（亿元）	同比（%）	社会消费品零售总额（亿元）	同比（%）
北　京	28000.4	6.7	21923.9	17.5	8948.1	5.7	11575.4	5.2
天　津	18595.4	3.6	7646.9	12.8	11274.7	0.5	5729.7	1.7
石家庄	6460.9	7.3	862.2	12.3	6310.1	6.7	3296.0	10.8
太　原	3382.2	7.5	915.3	4.1	964.9	6.8	1767.8	6.1
呼和浩特	2743.7	5.0	16.0 *	22.2	1490.8	－19.4	1571.0	6.0
沈　阳	5865.0	3.5	867.6	15.9				
大　连	7363.9	7.1	4132.2	21.7	1652.8	15.1	3722.5	9.2
长　春	6530.0	8.0	952.5	1.9	5194.8	11.5	2922.8	10.3
哈尔滨	6355.0	6.7	33.5 *	－15.8	5395.5	7.1	4044.8	8.0
上　海	30133.9	6.9	32237.8	12.5	7246.6	7.3	11830.3	8.1
南　京	11715.1	8.1	611.9 *	21.7	6215.2	12.3	5604.7	10.2
无　锡	10511.8	7.4	812.5 *	16.4	4967.5	4.7	3458.0	10.9
苏　州	17319.5	7.1	21394.9	18.5	5629.6	－0.3	5442.8	10.3
杭　州	12556.0	8.0	5085.0	13.3	5857.0	1.4	5717.0	10.5
宁　波	9846.9	7.8	7600.1	21.3	5009.6	3.5	4047.8	10.4
温　州	5453.2	8.4	1327.1	11.2	4178.5	11.9	3324.3	10.6
合　肥	7213.5	8.5	249.6 *	33.6	6351.4	5.0	2728.5	11.6
福　州	7104.0	8.7	2336.0	12.0	5823.4	12.3	4193.9	11.4
厦　门	4351.2	7.6	5816.0	14.3	2381.5	10.3	1446.7	12.7
南　昌	5003.2	9.0	669.2	8.3	5115.2	12.7	2097.0	12.3
济　南	7202.0	8.0	708.1	10.5	4363.6	13.5	4146.1	10.1
青　岛	11037.3	7.5	5033.5	15.7	7777.1	7.4	4541.0	10.6
郑　州	9130.2	8.2	596.4 *	8.4	7573.4	8.2	4057.2	10.7
武　汉	13410.3	8.0	1936.2	23.2	7871.7	11.0	6196.3	10.4
长　沙	10535.5	9.0	938.0	29.0	7567.8	13.1	4547.7	10.5
广　州	21503.2	7.0	9714.4	13.7	5919.8	5.7	9402.6	8.0
深　圳	22438.4	8.8	28011.5	6.4	5147.3	23.8	6016.2	9.1
南　宁	4118.8	8.0	607.1	48.8	4308.0	12.6	2204.2	11.3
北　海	1229.8	10.2	230.9	12.5	1099.7	8.8	250.1	11.0
海　口	1390.5	7.5	210.2	－18.5	1415.5	11.3	726.1	11.0
三　亚	529.3	7.6	7.4 *	31.5	868.1	10.9	223.8	13.0
重　庆	19500.3	9.3	4508.3	8.9	17440.6	9.5	8067.7	11.0

续表

类　别	GDP（亿元）	同比（%）	进出口总额（亿元）	同比（%）	固定资产投资（亿元）	同比（%）	社会消费品零售总额（亿元）	同比（%）
成　都	13889.4	8.1	3941.8	45.4	9404.2	12.3	6403.5	11.5
贵　阳	3538.0	11.3	29.9	25.3	3850.6	18.1	1335.3	11.7
昆　明	4857.6	9.7	78.18 *	18.2	4217.9	7.6	2591.0	12.2
西　安	7469.9	7.7	2545.4	39.1	7556.5	12.9	4329.5	10.5
兰　州	2523.5	5.7	125.1	21.8	1315.4	-33.9	1358.7	7.6
西　宁	1284.9	9.5	32.9	-61.4	1600.0	14.3	560.8	9.3
银　川	1803.2	8.0	270.6	65.6	1719.1	1.4	562.3	9.4
乌鲁木齐	2743.8	8.1	460.3	45.2	2020.2	25.6	1317.1	6.5

数据来源：各地方统计局。

注：呼和浩特、哈尔滨、南京、无锡、合肥、郑州、三亚、昆明进出口总额单位为亿美元。

（二）四十重点城市公共财政收入数据

表 5-2　　2013—2017 年四十重点城市公共财政收入情况

单位：亿元

类　别	2013 年	2014 年	2015 年	2016 年	2017 年
北　京	3661.1	4027.2	4723.9	5081.3	5430.8
天　津	2078.3	2390.0	2667.0	2723.5	2310.1
石家庄	315.1	343.5	375.0	410.8	460.7
太　原	247.3	258.9	274.2	282.7	311.9
呼和浩特	182.0	211.5	247.4	269.7	201.6
沈　阳	801.0	785.5	606.2	620.9	656.2
大　连	850.0	780.8	579.9	611.9	657.7
长　春	381.8	397.3	388.2	415.5	450.1
哈尔滨	402.3	423.5	407.7	376.2	368.1
上　海	4109.5	4585.6	5519.5	6406.1	6642.3
南　京	831.3	903.5	1020.0	1142.6	1271.9
无　锡	710.9	768.0	830.0	875.0	930.0
苏　州	1331.0	1443.8	1560.8	1730.0	1908.1
杭　州	945.2	1027.3	1233.9	1402.4	1567.4
宁　波	792.8	860.6	1006.4	1114.5	1245.3
温　州	324.0	352.5	403.1	439.9	465.4
合　肥	438.6	500.3	571.5	614.9	655.9
福　州	454.0	510.9	560.5	598.9	634.2
厦　门	490.6	543.8	606.1	647.9	696.8
南　昌	291.9	342.2	389.2	402.2	417.1
济　南	482.1	543.1	614.3	641.2	677.2
青　岛	788.7	895.2	1006.3	1100.0	1157.1

续表

类别	2013 年	2014 年	2015 年	2016 年	2017 年
郑州	723.6	833.9	942.9	1011.2	1056.7
武汉	978.5	1101.0	1245.6	1322.1	1402.9
长沙	536.6	632.8	719.0	743.7	800.4
广州	1141.8	1241.5	1349.1	1393.9	1533.1
深圳	1731.3	2082.4	2727.1	3136.4	3332.1
南宁	256.3	274.9	297.1	312.8	332.2
北海	42.1	47.3	47.6	50.1	64.3
海口	86.7	100.1	111.5	115.5	125.4
三亚	67.5	77.8	88.9	89.6	93.0
重庆	1692.9	1921.9	2155.1	2227.9	2252.4
成都	898.5	1025.0	1154.4	1175.4	1275.5
贵阳	277.2	331.6	374.2	366.3	377.8
昆明	450.8	478.0	502.2	530.0	560.9
西安	502.0	583.8	651.0	641.1	654.5
兰州	124.5	152.3	185.2	215.5	234.2
西宁	67.1	83.9	97.8	75.2	79.2
银川	134.6	153.6	171.3	173.2	177.5
乌鲁木齐	301.9	340.6	368.7	369.7	400.8

资料来源：各地方财政局、统计局。

二、重点城市建设和交易数据

（一）四十重点城市房地产业数据概览

表 5－3　　四十重点城市房地产开发投资总体情况

主要指标		绝对量（亿元）		比上年增长（%）	比重（%）	
		自年初累计	上年		自年初累计	上年
完成投资		**60110.81**	**56543.43**	**6.3**	**100.0**	**100.0**
一、按工程用途分	住宅	38735.05	35746.35	8.4	64.4	63.2
	其中：90 平方米及以下住房	13132.25	14476.02	－9.3	21.8	25.6
	144 平方米以上住房	8088.48	7230.16	11.9	13.5	12.8
	其中：别墅、高档公寓	2595.17	2130.96	21.8	4.3	3.8
	办公楼	5374.98	5179.31	3.8	8.9	9.2
	商业营业用房	7921.06	7990.79	－0.9	13.2	14.1
	其他	8079.72	7626.98	5.9	13.4	13.5

续表

主要指标		绝对量（亿元）		比上年增长（%）	比重（%）	
		自年初累计	上年		自年初累计	上年
二、按构成分	建筑工程	33095.52	33023.96	0.2	55.1	58.4
	安装工程	4715.9	4685.89	0.6	7.8	8.3
	设备工器具购置	733.51	721.67	1.6	1.2	1.3
	其他费用	21565.88	18111.91	19.1	35.9	32.0
	其中：土地购置费	16887.5	13844	22	28.1	24.5
计划总投资		**369370.35**	**326714.58**	**13.1**	—	—
新增固定资产		**20121.08**	**21072.24**	**-4.5**	—	—

数据来源：国家统计局。

表 5-4　四十重点城市房地产开发投资实际到位资金总体情况

主要指标	绝对量（亿元）		比上年增长（%）	比重（%）	
	自年初累计	上年		自年初累计	上年
一、本年实际到位资金合计	**122710.65**	**110993.81**	**10.6**	—	—
1. 上年末结余资金	33681.51	25425.25	32.5	—	—
2. 本年实际到位资金	89029.14	85568.56	4.0	100.0	100.0
（1）国内贷款	17546.35	15741.68	11.5	19.7	18.4
其中：银行贷款	14065.81	13080.19	7.5	15.8	15.3
非银行金融机构贷款	3480.54	2661.49	30.8	3.9	3.1
（2）利用外资	97.83	101.30	-3.4	0.1	0.1
（3）自筹资金	26634.36	25698.11	3.6	29.9	30.0
（4）其他资金来源	44750.59	44027.48	1.6	50.3	51.5
其中：定金及预收款	28449.20	26176.85	8.7	32.0	30.6
个人按揭贷款	11957.00	13961.84	-14.4	13.4	16.3
二、本年各项应付款合计	**17001.08**	**16027.25**	**6.1**	**100.0**	**100.0**
其中：工程款	8432.31	8561.86	-1.5	49.6	53.4

数据来源：国家统计局。

表 5 –5　四十重点城市房地产开房地产土地购置与销售总体情况

主要指标	绝对量		比上年增减	
	自年初累计	上年	绝对数	(%)
一、土地购置与待开发情况				
1. 土地购置面积（万平方米）	8773.95	8572.01	201.9	2.4
2. 土地成交价款（亿元）	8471.99	5977.41	2494.6	41.7
3. 待开发土地面积（万平方米）	13337.81	12293.79	1044.0	8.5
二、房屋建筑、销售面积				
1. 施工面积（万平方米）	325560.58	320962.74	4597.8	1.4
其中：新开工面积	68059.23	67593.10	466.1	0.7
2. 竣工面积（万平方米）	42178.03	44916.57	–2738.5	–6.1
其中：不可销售面积	3593.45	3740.41	–147.0	–3.9
3. 商品房销售面积（万平方米）	60441.47	61698.84	–1257.4	–2.0
其中：期房销售面积	47615.68	48056.54	–440.9	–0.9
三、房屋竣工价值（亿元）	**15934.18**	**16368.19**	**–434.0**	**–2.7**
四、商品房销售额（亿元）	**69072.94**	**67020.35**	**2052.6**	**3.1**
其中：期房销售额	56562.34	53853.46	2708.9	5.0

数据来源：国家统计局。

（二）四十重点城市房地产开发投资数据

表 5－6　　2013—2017 年四十重点城市房地产开发投资额

单位：亿元

类　别	2013 年	2014 年	2015 年	2016 年	2017 年
合　计	**45565.82**	**50677.26**	**52315.74**	**56543.43**	**60110.81**
北　京	3483.40	3715.33	4177.05	4000.57	3692.54
天　津	1480.82	1699.65	1871.55	2300.01	2233.39
石家庄	928.15	1025.33	965.13	1015.77	1212.27
太　原	416.23	469.68	597.83	680.13	470.63
呼和浩特	581.68	563.13	509.05	520.52	238.40
沈　阳	2184.01	1975.82	1337.66	709.67	814.24
大　连	1710.36	1429.34	897.46	535.17	566.64
长　春	611.78	532.57	501.32	596.65	573.78
哈尔滨	857.94	686.66	593.98	526.13	498.59
上　海	2819.59	3206.48	3468.94	3709.03	3856.53
南　京	1037.71	1125.49	1429.02	1845.60	2170.21
无　锡	1126.40	1249.37	989.75	1027.58	1197.92
苏　州	1414.01	1764.44	1864.95	2163.24	2305.82
杭　州	1853.28	2301.98	2472.60	2606.63	2734.20
宁　波	1123.14	1328.14	1228.84	1270.33	1374.47
温　州	734.28	807.98	765.76	901.79	1023.96
合　肥	1105.81	1127.35	1259.14	1352.59	1557.41
福　州	1264.79	1455.07	1381.12	1679.44	1694.18
厦　门	531.80	704.06	774.07	765.80	879.86
南　昌	406.14	414.07	485.37	674.60	790.69
济　南	721.77	917.54	1014.40	1164.14	1232.63
青　岛	1048.52	1117.73	1122.35	1369.14	1330.54
郑　州	1445.33	1743.51	2000.20	2778.95	3358.84
武　汉	1905.60	2353.63	2581.79	2517.44	2686.34
长　沙	1157.63	1313.62	1006.84	1266.63	1493.44
广　州	1572.43	1816.15	2137.59	2540.85	2702.89
深　圳	876.90	1069.49	1331.03	1756.52	2130.86
南　宁	416.37	551.82	657.19	854.00	958.09
北　海	170.00	157.49	133.98	176.31	168.28
海　口	256.40	300.47	456.39	551.29	603.25
三　亚	302.72	380.02	466.65	410.04	549.76
重　庆	3012.78	3630.23	3751.28	3725.95	3980.08
成　都	2111.25	2215.53	2435.25	2641.14	2492.65
贵　阳	978.02	1010.38	1001.03	923.26	1024.09
昆　明	1291.71	1492.62	1451.31	1530.50	1683.33
西　安	1572.65	1742.28	1820.85	1949.50	2234.84
兰　州	257.44	317.08	320.56	370.39	418.26
西　宁	195.58	246.86	280.43	316.50	351.33
银　川	330.81	388.90	409.17	474.94	402.82
乌鲁木齐	270.59	329.98	366.87	344.71	422.74

数据来源：国家统计局。

表 5－7　　**2017 年四十重点城市月度累计房地产开发投资额**

单位：亿元

类别	1—3 月	1—4 月	1—5 月	1—6 月	1—7 月	1—8 月	1—9 月	1—10 月	1—11 月	1—12 月
合计	**10666.38**	**15178.61**	**20560.77**	**27773.58**	**32785.18**	**38199.82**	**44333.01**	**49780.40**	**55059.71**	**60110.81**
北京	607.14	857.87	1169.59	1528.90	1855.39	2201.78	2600.71	2920.07	3218.50	3692.54
天津	421.90	593.31	822.64	1192.85	1424.55	1660.29	1899.12	2013.76	2121.29	2233.39
石家庄	171.31	279.54	413.52	544.73	688.48	822.10	957.88	1081.99	1162.17	1212.27
太原	70.28	108.88	153.17	238.01	293.08	335.92	369.38	397.81	428.42	470.63
呼和浩特	13.73	36.88	74.19	123.83	154.91	188.72	222.27	252.74	266.58	238.40
沈阳	122.46	197.12	280.08	391.38	482.04	582.52	694.59	763.97	802.31	814.24
大连	122.61	170.67	214.52	278.55	335.25	403.71	470.42	529.00	558.42	566.64
长春	12.20	43.04	108.20	181.78	248.89	323.45	405.55	485.06	541.26	573.78
哈尔滨	13.35	39.84	87.55	146.01	200.36	251.41	328.28	402.65	469.88	498.59
上海	869.62	1135.52	1434.97	1753.81	2057.67	2364.85	2709.62	3054.15	3412.34	3856.53
南京	474.36	678.03	922.96	1128.23	1306.69	1492.40	1668.78	1869.54	2026.65	2170.21
无锡	204.87	294.04	410.18	545.60	667.38	766.14	928.76	1031.84	1133.86	1197.92
苏州	550.47	740.74	954.41	1231.39	1414.24	1596.91	1799.17	1965.97	2121.22	2305.82
杭州	453.48	656.49	874.07	1138.55	1341.53	1555.56	1813.87	2101.79	2412.26	2734.20
宁波	322.15	408.23	529.95	721.00	820.44	945.54	1102.43	1197.56	1270.78	1374.47
温州	167.37	241.16	359.54	460.68	568.23	667.49	752.23	857.56	965.32	1023.96
合肥	304.03	455.00	599.33	745.93	881.92	1059.77	1207.76	1343.16	1451.54	1557.41
福州	452.12	584.47	716.52	939.55	1030.62	1139.19	1289.26	1428.00	1547.74	1694.18
厦门	150.00	204.47	273.63	382.74	485.04	573.24	657.03	751.83	823.60	879.86
南昌	129.48	172.76	235.57	321.10	397.51	483.90	578.23	655.99	722.86	790.69
济南	283.68	397.07	518.06	680.50	772.33	869.39	974.89	1059.94	1153.30	1232.63
青岛	211.49	335.39	463.25	645.87	772.78	884.86	1031.31	1145.10	1233.84	1330.54
郑州	489.91	750.76	1019.60	1380.65	1639.99	1912.02	2222.57	2583.63	2945.17	3358.84
武汉	472.15	691.94	920.62	1341.20	1557.33	1831.21	2130.05	2339.46	2566.68	2686.34
长沙	246.13	370.75	543.25	737.78	848.45	994.60	1138.56	1278.09	1389.01	1493.44
广州	443.66	593.02	817.35	1102.04	1328.11	1571.05	1879.58	2173.23	2415.73	2702.89
深圳	298.24	483.71	688.68	945.19	1132.19	1332.48	1554.32	1760.38	1960.55	2130.86
南宁	150.12	212.04	275.54	410.46	468.27	535.92	610.54	730.58	859.32	958.09
北海	15.53	37.87	61.80	78.76	86.27	95.81	111.81	125.26	143.79	168.28
海口	76.08	102.83	145.66	227.67	281.71	345.68	395.50	449.30	510.24	603.25
三亚	129.52	162.91	209.46	261.64	302.23	369.10	416.95	453.01	496.96	549.76
重庆	740.66	1015.95	1333.59	1789.24	2085.12	2427.33	2880.42	3193.17	3575.30	3980.08
成都	575.92	802.00	1061.32	1357.76	1543.12	1754.88	1986.12	2181.62	2348.32	2492.65
贵阳	223.29	284.27	347.36	484.35	551.05	593.26	666.98	763.43	921.80	1024.09
昆明	295.90	418.22	546.59	740.98	859.80	981.79	1145.62	1322.29	1528.25	1683.33
西安	286.79	424.44	614.17	1010.46	1155.56	1352.08	1594.07	1768.50	2031.58	2234.84
兰州	36.28	65.03	120.25	192.01	232.69	272.06	313.53	356.33	393.31	418.26
西宁	12.33	42.33	71.06	124.72	170.93	216.28	261.89	310.30	350.99	351.33
银川	32.76	63.20	100.79	152.01	184.94	239.54	291.32	337.85	381.07	402.82
乌鲁木齐	12.99	26.81	67.75	115.70	158.10	205.57	271.68	344.47	397.50	422.74

数据来源：国家统计局。

表 5 -8　　2013—2017 年四十重点城市住宅开发投资额

单位：亿元

类　别	2013 年	2014 年	2015 年	2016 年	2017 年
合计	**29616. 37**	**32542. 18**	**33238. 71**	**35746. 35**	**38735. 05**
北　京	1724. 56	1846. 08	1889. 54	1925. 86	1694. 67
天　津	986. 28	1122. 26	1251. 53	1598. 27	1559. 70
石家庄	615. 70	685. 33	635. 89	663. 78	867. 67
太　原	300. 29	341. 08	437. 34	494. 58	329. 21
呼和浩特	392. 13	410. 07	356. 35	370. 69	179. 85
沈　阳	1574. 58	1416. 34	934. 97	490. 38	620. 45
大　连	1257. 97	1064. 70	682. 18	392. 47	404. 45
长　春	435. 52	359. 21	355. 03	401. 45	376. 60
哈尔滨	583. 86	493. 81	413. 31	361. 60	315. 08
上　海	1615. 51	1724. 65	1813. 32	1965. 43	2152. 40
南　京	729. 13	796. 27	1080. 97	1392. 76	1569. 52
无　锡	733. 87	844. 13	685. 76	678. 52	934. 96
苏　州	988. 62	1303. 50	1419. 09	1655. 24	1839. 59
杭　州	1169. 56	1337. 92	1442. 21	1560. 20	1713. 13
宁　波	642. 33	773. 25	747. 55	792. 68	932. 47
温　州	522. 16	550. 63	517. 98	671. 95	773. 98
合　肥	674. 35	715. 04	778. 73	861. 02	1095. 45
福　州	865. 41	926. 58	856. 65	1123. 59	1176. 99
厦　门	304. 19	384. 62	458. 70	427. 60	550. 36
南　昌	241. 24	304. 67	360. 56	471. 84	486. 38
济　南	514. 12	613. 86	725. 65	805. 76	822. 84
青　岛	668. 12	731. 11	756. 91	956. 18	925. 51
郑　州	910. 46	1176. 93	1338. 16	1916. 40	2418. 66
武　汉	1250. 78	1560. 55	1777. 93	1726. 79	1840. 31
长　沙	769. 46	858. 26	642. 21	693. 59	809. 32
广　州	950. 68	994. 90	1331. 03	1594. 44	1769. 49
深　圳	590. 48	730. 28	897. 13	1044. 54	1009. 65
南　宁	302. 38	368. 23	465. 04	583. 20	679. 13
北　海	119. 71	126. 32	105. 33	134. 12	133. 85
海　口	205. 73	207. 90	276. 14	342. 41	412. 59
三　亚	229. 19	272. 51	311. 42	260. 73	329. 52
重　庆	2044. 24	2451. 37	2390. 49	2319. 97	2632. 88
成　都	1290. 45	1349. 41	1472. 25	1417. 95	1300. 46
贵　阳	627. 94	627. 19	583. 02	490. 16	595. 06
昆　明	868. 95	934. 93	875. 87	931. 82	1058. 90
西　安	1226. 28	1321. 91	1304. 60	1337. 35	1505. 03
兰　州	171. 02	212. 53	211. 21	238. 01	264. 71
西　宁	124. 46	151. 67	159. 04	173. 38	171. 17
银　川	195. 68	239. 01	254. 10	278. 16	240. 25
乌鲁木齐	198. 98	213. 17	243. 52	201. 46	242. 82

数据来源：国家统计局。

表 5－9　　2017 年四十重点城市月度累计住宅开发投资额

单位：亿元

类　别	1—3 月	1—4 月	1—5 月	1—6 月	1—7 月	1—8 月	1—9 月	1—10 月	1—11 月	1—12 月
合　计	6740.42	9602.26	13106.55	17778.54	21102.45	24684.73	28653.76	32126.03	35511.32	38735.05
北　京	309.26	411.54	562.47	722.95	866.67	1048.88	1221.84	1342.31	1470.89	1694.67
天　津	268.46	389.72	546.57	794.46	957.33	1161.70	1323.46	1406.07	1486.20	1559.70
石家庄	116.02	193.00	294.49	387.27	496.85	595.95	688.66	777.77	834.62	867.67
太　原	48.78	75.56	106.61	166.57	205.56	239.47	264.66	286.82	309.97	329.21
呼和浩特	10.10	29.08	59.64	96.37	121.78	147.80	174.19	197.38	206.72	179.85
沈　阳	87.82	141.22	207.44	297.80	364.95	443.34	526.66	577.26	611.55	620.45
大　连	82.98	118.89	148.58	191.76	233.89	282.67	325.27	368.90	390.44	404.45
长　春	8.00	27.82	70.49	117.32	162.30	215.38	268.40	322.87	358.63	376.60
哈尔滨	8.70	25.00	55.18	97.08	131.68	162.50	210.37	252.46	299.90	315.08
上　海	430.43	580.89	765.90	957.99	1146.54	1324.40	1524.57	1704.47	1917.13	2152.40
南　京	360.71	510.63	688.49	836.88	967.64	1105.12	1220.46	1359.27	1462.85	1569.52
无　锡	142.96	210.91	303.03	407.21	510.74	586.22	723.84	812.08	886.67	934.96
苏　州	421.61	564.36	739.27	966.78	1113.81	1260.93	1422.33	1558.90	1686.27	1839.59
杭　州	282.27	407.27	541.93	689.38	837.08	980.11	1153.00	1343.99	1511.62	1713.13
宁　波	218.02	275.62	359.18	491.76	557.13	642.54	745.50	811.21	863.69	932.47
温　州	129.56	187.01	279.05	353.16	437.59	517.62	580.89	657.92	741.48	773.98
合　肥	199.11	301.11	407.64	517.15	618.76	747.25	857.69	953.84	1026.02	1095.45
福　州	311.49	398.14	481.63	633.79	699.98	784.60	886.48	985.71	1068.92	1176.99
厦　门	71.96	95.29	115.37	230.77	303.28	369.34	430.88	482.78	524.50	550.36
南　昌	87.96	113.02	150.49	198.71	244.02	296.29	357.25	408.27	449.82	486.38
济　南	181.74	252.76	338.18	455.40	520.90	583.38	654.62	706.36	767.45	822.84
青　岛	147.19	231.45	322.46	448.19	543.41	621.38	725.81	799.51	861.07	925.51
郑　州	332.38	510.43	697.19	952.94	1139.10	1343.80	1575.98	1846.04	2113.25	2418.66
武　汉	304.57	471.97	627.15	912.92	1059.97	1244.86	1449.36	1586.00	1760.44	1840.31
长　沙	149.52	207.36	293.85	389.17	461.88	522.33	600.88	689.23	749.61	809.32
广　州	282.96	386.01	536.61	707.89	850.58	1012.58	1214.85	1402.93	1563.33	1769.49
深　圳	148.29	217.71	315.39	444.76	529.75	623.79	720.34	810.70	915.86	1009.65
南　宁	102.42	150.77	194.85	281.10	323.92	371.39	430.17	512.68	610.88	679.13
北　海	12.17	29.09	48.33	62.24	68.20	75.87	88.49	98.94	114.51	133.85
海　口	56.49	77.07	103.94	148.60	185.31	226.17	263.08	307.79	349.89	412.59
三　亚	90.40	113.20	139.99	164.71	189.12	218.56	244.35	265.81	296.39	329.52
重　庆	474.62	645.30	872.34	1167.52	1359.64	1603.43	1894.67	2106.48	2355.00	2632.88
成　都	308.17	428.24	561.79	714.50	814.84	920.18	1037.46	1139.20	1217.78	1300.46
贵　阳	139.28	174.98	210.25	291.53	331.77	357.10	399.01	451.17	544.23	595.06
昆　明	169.24	242.51	321.77	443.18	517.66	589.14	703.22	812.18	945.80	1058.90
西　安	192.77	293.28	426.21	697.74	796.51	923.02	1084.20	1199.24	1362.30	1505.03
兰　州	22.79	42.05	79.70	124.37	151.63	177.29	202.92	229.99	250.20	264.71
西　宁	5.85	22.46	36.76	64.89	86.43	107.69	129.47	152.27	173.09	171.17
银　川	16.87	34.42	56.87	84.19	103.34	136.06	170.10	199.59	226.30	240.25
乌鲁木齐	6.53	15.14	39.49	67.55	90.88	114.61	158.35	199.63	226.07	242.82

数据来源：国家统计局。

表 5－10　　2013—2017 年四十重点城市土地购置费

单位：亿元

类　别	2013 年	2014 年	2015 年	2016 年	2017 年
合计	**8308.70**	**11162.86**	**12341.18**	**13844.00**	**16887.50**
北　京	1159.47	1378.94	2052.92	1921.89	1711.49
天　津	107.25	281.37	319.02	579.75	759.71
石家庄	76.93	173.13	118.22	86.17	82.01
太　原	31.47	87.83	89.95	100.89	105.04
呼和浩特	89.16	78.58	43.09	43.65	15.61
沈　阳	238.01	174.82	81.77	89.92	114.03
大　连	153.33	201.27	121.41	99.13	111.44
长　春	131.00	114.69	116.99	104.38	105.10
哈尔滨	83.20	126.92	88.06	67.61	73.14
上　海	588.84	873.61	1004.41	1208.28	1523.05
南　京	163.98	345.83	489.64	645.52	774.49
无　锡	201.82	269.39	117.43	171.61	391.71
苏　州	304.57	501.74	491.45	590.66	867.28
杭　州	802.07	1097.03	1213.53	1295.41	1385.23
宁　波	317.04	390.37	421.44	500.43	568.50
温　州	306.96	260.53	187.41	252.18	412.82
合　肥	215.94	285.91	267.17	323.16	568.88
福　州	292.48	335.33	349.20	471.77	492.94
厦　门	132.69	242.17	297.22	268.02	433.39
南　昌	33.38	46.07	67.65	84.84	106.89
济　南	113.41	235.68	254.58	224.16	168.32
青　岛	262.89	245.68	253.64	251.09	253.91
郑　州	150.26	152.50	122.51	498.79	811.89
武　汉	275.98	321.68	490.55	466.69	805.63
长　沙	132.43	184.18	91.82	187.07	210.17
广　州	258.89	461.67	505.00	815.27	871.27
深　圳	95.02	195.67	316.76	407.21	720.28
南　宁	70.06	99.72	171.87	200.50	239.83
北　海	29.57	23.08	14.68	11.69	9.86
海　口	12.66	44.50	70.68	104.12	96.85
三　亚	53.13	58.75	153.17	119.45	96.20
重　庆	519.65	649.64	733.81	562.48	709.96
成　都	405.83	565.18	585.84	548.05	491.46
贵　阳	102.64	54.70	55.48	48.17	82.43
昆　明	230.51	347.98	212.05	211.87	213.88
西　安	71.62	154.39	196.92	135.69	303.64
兰　州	31.91	20.60	29.06	32.37	54.97
西　宁	15.78	22.47	49.66	47.17	31.05
银　川	30.35	29.75	44.42	40.84	42.10
乌鲁木齐	16.52	29.51	50.73	26.03	71.08

数据来源：国家统计局。

表 5－11　　2017 年四十重点城市月度累计土地购置费

单位：亿元

类别	1—3 月	1—4 月	1—5 月	1—6 月	1—7 月	1—8 月	1—9 月	1—10 月	1—11 月	1—12 月
合　计	**2341.36**	**3566.29**	**4975.09**	**6804.73**	**8223.16**	**9995.03**	**11872.13**	**13602.66**	**15318.53**	**16887.50**
北　京	218.82	342.95	503.02	641.39	821.98	1007.95	1192.20	1346.71	1494.67	1711.49
天　津	106.33	158.02	223.85	349.91	445.49	553.14	642.09	686.39	724.42	759.71
石家庄	8.02	13.81	17.57	26.10	39.39	50.48	62.42	70.95	81.51	82.01
太　原	8.40	13.33	26.99	53.12	74.00	83.65	87.26	89.81	98.75	105.04
呼和浩特	—	1.32	2.62	5.49	7.02	9.25	11.65	14.21	16.11	15.61
沈　阳	20.85	31.62	38.77	51.80	63.31	77.97	98.20	107.36	111.93	114.03
大　连	14.40	20.97	27.85	39.21	52.05	69.00	85.57	96.03	103.39	111.44
长　春	0.00	7.10	20.64	26.65	41.20	61.30	78.75	96.45	103.45	105.10
哈尔滨	0.25	3.14	8.43	15.37	25.72	32.13	43.52	54.03	67.48	73.14
上　海	304.71	426.50	537.80	658.38	774.98	873.14	1030.88	1202.73	1353.33	1523.05
南　京	174.54	264.38	370.58	448.22	506.31	560.14	620.92	689.80	732.35	774.49
无　锡	16.14	42.66	81.88	128.47	186.90	216.97	286.75	321.36	366.38	391.71
苏　州	194.83	268.23	354.25	481.93	543.81	636.59	717.47	773.26	821.93	867.28
杭　州	178.48	286.28	373.73	491.71	585.04	698.79	846.06	1018.34	1194.64	1385.23
宁　波	134.78	178.92	245.26	301.11	344.51	410.20	472.96	517.50	537.40	568.50
温　州	66.48	99.55	154.11	166.75	212.69	268.23	292.55	345.91	400.05	412.82
合　肥	75.55	99.72	151.48	204.89	251.57	346.00	418.95	482.81	525.86	568.88
福　州	119.95	164.20	173.17	254.37	286.72	324.90	365.54	422.32	464.70	492.94
厦　门	41.34	64.73	95.96	153.04	215.80	273.90	324.04	380.97	422.58	433.39
南　昌	10.27	17.16	25.27	37.29	45.67	56.91	68.75	80.43	92.99	106.89
济　南	35.70	47.01	71.07	94.50	108.89	124.08	144.21	156.51	168.74	168.32
青　岛	33.26	70.11	91.92	128.21	156.60	185.50	219.59	229.87	246.27	253.91
郑　州	65.50	101.36	146.76	224.41	268.26	342.45	404.87	493.37	619.01	811.89
武　汉	80.25	126.66	184.35	306.59	368.23	493.71	605.07	686.17	776.35	805.63
长　沙	31.43	53.71	82.61	119.33	119.54	140.12	163.96	194.45	202.52	210.17
广　州	72.26	126.88	204.88	235.03	306.45	396.52	507.87	626.53	732.59	871.27
深　圳	24.55	89.50	154.39	250.38	308.72	385.47	475.76	555.25	652.13	720.28
南　宁	24.02	42.18	56.94	91.26	105.02	119.48	133.53	172.37	227.49	239.83
北　海	0.23	3.03	3.05	5.47	5.76	5.83	5.91	7.67	8.36	9.86
海　口	10.77	14.46	26.06	37.79	51.15	61.16	70.01	77.49	85.79	96.85
三　亚	14.03	15.62	24.71	37.68	43.75	58.87	69.68	72.54	81.83	96.20
重　庆	97.21	123.44	134.88	189.75	223.68	311.95	436.84	509.83	602.42	709.96
成　都	89.10	139.21	200.72	257.52	298.02	344.76	392.78	442.66	471.90	491.46
贵　阳	5.85	5.95	6.88	7.09	6.54	7.39	13.61	23.57	65.96	82.43
昆　明	41.04	58.96	71.08	99.93	115.09	132.98	145.21	172.56	201.12	213.88
西　安	10.67	24.32	45.27	121.83	134.72	170.48	202.07	216.74	275.22	303.64
兰　州	5.59	9.25	14.42	20.12	25.70	30.91	36.36	41.35	47.48	54.97
西　宁	1.52	4.00	6.26	9.96	12.39	16.59	20.71	28.01	30.70	31.05
银　川	2.40	4.05	9.11	17.63	19.30	26.73	34.23	38.21	41.21	42.10
乌鲁木齐	1.84	2.01	6.50	15.06	21.18	29.35	43.36	60.14	67.52	71.08

数据来源：国家统计局。

（三）四十重点城市房地产开发企业到位资金

表 5－12　　2013—2017 年四十重点城市房地产开发企业到位资金

单位：亿元

类　别	2013 年	2014 年	2015 年	2016 年	2017 年
合　计	**69231.09**	**69065.68**	**73068.40**	**85569.51**	**89029.14**
北　京	7300.18	6622.01	7282.11	8051.29	6988.28
天　津	2761.47	2823.48	3208.66	4397.22	4366.66
石家庄	1024.00	1080.41	1069.49	1100.33	1323.92
太　原	522.14	535.43	614.01	705.58	873.53
呼和浩特	588.41	531.58	511.84	520.50	277.90
沈　阳	2517.48	2136.88	1527.28	1055.86	1124.03
大　连	2092.16	1659.37	1190.99	840.57	1051.23
长　春	812.45	683.33	737.94	772.92	705.10
哈尔滨	1044.21	758.20	769.22	713.32	858.71
上　海	5092.67	5269.90	5531.86	6408.78	5384.65
南　京	2215.43	2150.05	2458.25	3781.41	3432.33
无　锡	1540.63	1477.78	1388.75	1428.90	1741.88
苏　州	2979.51	2975.04	3170.48	4669.80	4501.67
杭　州	2904.45	3112.14	3173.96	4154.25	4521.40
宁　波	1391.03	1472.25	1288.94	1588.91	2010.97
温　州	870.83	872.64	873.21	1112.48	1245.89
合　肥	1551.42	1585.99	1666.35	2211.58	2387.37
福　州	2082.26	1843.01	1799.00	2188.58	2176.90
厦　门	1180.77	1143.91	1247.21	1143.96	1124.95
南　昌	737.86	664.01	731.04	985.16	1209.52
济　南	964.79	1162.07	1467.13	1823.81	1838.87
青　岛	1672.18	1465.53	1703.78	2310.64	2272.76
郑　州	1673.33	1860.41	2121.70	2989.56	3280.93
武　汉	2428.86	2483.81	2924.08	3619.38	4101.02
长　沙	1658.60	1667.15	1584.91	1996.05	2140.00
广　州	2286.92	2434.80	2820.17	3511.84	3786.75
深　圳	1686.91	1631.90	2938.53	3400.48	3229.59
南　宁	687.01	852.53	864.35	1260.71	1423.03
北　海	184.09	171.10	149.88	174.39	213.34
海　口	494.34	522.86	700.44	731.47	857.28
三　亚	458.37	486.29	559.03	576.73	881.91
重　庆	4614.06	5344.98	5024.58	5006.57	5755.97
成　都	3093.59	3378.25	3538.56	3895.15	4414.32
贵　阳	1053.48	1042.38	964.27	889.03	951.85
昆　明	1661.58	1575.06	1669.15	1484.44	1670.14
西　安	1872.82	1973.34	2106.22	2325.03	2940.95
兰　州	428.25	416.63	467.56	522.83	645.41
西　宁	206.73	288.35	298.60	351.04	363.39
银　川	468.91	489.06	476.12	437.31	441.79
乌鲁木齐	426.91	421.75	448.73	431.65	512.94

数据来源：国家统计局。

表 5－13　　**2017 年四十重点城市月度累计房地产开发企业到位资金**

单位：亿元

类　别	1—3 月	1—4 月	1—5 月	1—6 月	1—7 月	1—8 月	1—9 月	1—10 月	1—11 月	1—12 月
合　计	19972.02	26575.23	33012.91	42756.15	49507.07	56602.59	64259.63	71444.26	79216.35	89029.14
北　京	1587.91	2091.39	2523.11	3205.27	3653.53	4123.29	4712.31	5146.75	5691.22	6988.28
天　津	1262.56	1545.35	1733.45	2306.08	2638.88	2965.23	3334.60	3604.06	3816.58	4366.66
石家庄	249.75	364.00	488.27	630.01	749.65	883.30	1087.25	1148.37	1271.24	1323.92
太　原	132.67	190.73	253.27	378.92	488.77	564.82	632.03	702.96	780.06	873.53
呼和浩特	39.81	61.42	96.21	139.32	168.03	198.71	234.67	273.87	305.12	277.90
沈　阳	225.64	323.04	428.28	558.15	664.49	794.09	889.74	991.44	1059.43	1124.03
大　连	231.55	295.96	378.89	473.91	547.25	649.45	792.24	877.00	959.20	1051.23
长　春	63.55	119.49	186.71	286.38	352.92	436.83	530.14	593.67	659.38	705.10
哈尔滨	74.39	137.38	206.83	288.02	374.88	451.15	558.88	653.76	762.79	858.71
上　海	1317.92	1772.59	2121.95	2624.86	2905.10	3348.52	3798.87	4286.74	4777.58	5384.65
南　京	880.64	1184.57	1347.16	1650.90	1844.67	2189.56	2303.46	2617.70	2886.84	3432.33
无　锡	354.47	470.38	619.59	792.88	1106.33	1171.08	1289.35	1432.59	1592.42	1741.88
苏　州	991.33	1416.22	1811.92	2318.31	2584.99	2858.29	3190.74	3571.58	3956.29	4501.67
杭　州	881.62	1073.29	1395.59	1825.44	2302.22	2625.38	3043.54	3377.14	3900.05	4521.40
宁　波	430.30	623.85	807.32	1052.27	1201.51	1369.03	1553.37	1717.58	1864.89	2010.97
温　州	236.64	255.65	399.56	520.83	660.19	784.61	911.84	1031.36	1159.49	1245.89
合　肥	400.65	649.59	820.91	1036.38	1202.36	1497.26	1698.68	1904.86	2067.49	2387.37
福　州	610.59	777.35	934.10	1208.59	1318.22	1451.82	1612.87	1805.23	1978.88	2176.90
厦　门	273.77	359.64	452.55	585.21	724.74	800.64	895.46	966.34	1045.51	1124.95
南　昌	238.96	304.21	392.25	536.97	651.47	755.11	895.67	966.23	1038.88	1209.52
济　南	446.39	575.22	756.97	952.50	1156.01	1302.14	1411.10	1597.50	1697.85	1838.87
青　岛	538.49	662.35	882.23	1107.14	1305.82	1459.75	1694.12	1852.32	2114.49	2272.76
郑　州	590.97	821.20	1038.46	1380.67	1624.54	1861.78	2146.59	2497.59	2861.43	3280.93
武　汉	875.11	1214.79	1536.36	2197.49	2470.92	2878.45	3161.64	3422.34	3724.43	4101.02
长　沙	535.97	680.98	838.99	1078.84	1241.21	1469.54	1617.50	1787.33	1946.68	2140.00
广　州	864.99	1145.35	1416.14	1805.25	2117.83	2372.25	2786.47	3071.67	3386.31	3786.75
深　圳	849.22	1145.27	1267.47	1567.57	1759.89	1961.62	2199.33	2493.99	2762.15	3229.59
南　宁	254.20	348.84	450.61	635.91	744.15	808.45	909.94	1112.44	1270.81	1423.03
北　海	36.09	59.47	86.13	105.68	121.43	130.69	153.23	171.86	193.87	213.34
海　口	269.06	329.89	381.40	465.45	514.91	590.88	643.26	731.13	761.64	857.28
三　亚	276.18	357.19	450.75	526.33	566.76	639.26	762.53	761.91	817.07	881.91
重　庆	1334.50	1760.89	2192.73	2810.26	3133.18	3637.72	4182.90	4645.37	5187.63	5755.97
成　都	1088.09	1453.92	1790.69	2239.99	2594.60	2961.95	3344.36	3686.79	4088.93	4414.32
贵　阳	163.05	228.14	296.76	396.02	487.39	550.50	610.99	677.64	843.98	951.85
昆　明	384.50	456.81	537.94	729.47	846.51	990.30	1146.04	1321.02	1502.74	1670.14
西　安	612.42	845.44	1052.54	1452.96	1628.16	1840.98	2096.78	2306.32	2657.80	2940.95
兰　州	156.18	185.96	258.02	343.82	401.69	448.35	495.52	529.68	580.64	645.41
西　宁	76.84	102.90	124.89	177.58	209.39	244.83	278.91	327.33	360.79	363.39
银　川	71.19	103.19	132.82	179.73	214.30	257.21	308.24	352.32	404.03	441.79
乌鲁木齐	63.89	81.34	123.07	184.82	228.13	277.78	344.49	428.48	479.76	512.94

数据来源：国家统计局。

表 5－14　　2013—2017 年四十重点城市房地产开发国内贷款

单位：亿元

类　别	2013 年	2014 年	2015 年	2016 年	2017 年
合　计	**13548. 12**	**14905. 15**	**14326. 91**	**15742. 30**	**17546. 35**
北　京	1836. 95	2158. 03	1970. 97	2148. 48	1947. 08
天　津	765. 22	817. 16	954. 00	1066. 99	1186. 03
石家庄	95. 82	96. 36	128. 31	77. 05	131. 87
太　原	33. 07	81. 22	71. 87	72. 69	128. 12
呼和浩特	46. 64	66. 47	43. 80	18. 08	10. 60
沈　阳	149. 39	119. 52	124. 09	152. 36	111. 76
大　连	436. 88	440. 73	247. 97	143. 38	153. 80
长　春	81. 31	85. 26	146. 94	110. 64	64. 58
哈尔滨	82. 36	70. 17	96. 91	59. 21	54. 55
上　海	1292. 36	1638. 84	1516. 59	1446. 18	1393. 78
南　京	536. 98	533. 01	455. 09	687. 75	832. 32
无　锡	347. 22	280. 09	252. 95	214. 79	347. 52
苏　州	645. 18	594. 82	497. 17	733. 88	1016. 24
杭　州	637. 29	793. 96	614. 53	698. 32	864. 26
宁　波	314. 88	355. 61	269. 03	242. 75	345. 26
温　州	111. 12	130. 67	59. 49	176. 39	152. 96
合　肥	152. 34	217. 83	258. 02	343. 16	506. 88
福　州	303. 09	265. 42	325. 63	315. 58	317. 23
厦　门	189. 73	161. 75	233. 90	220. 74	147. 77
南　昌	109. 58	105. 23	102. 12	177. 32	284. 51
济　南	134. 01	191. 69	248. 60	242. 73	220. 58
青　岛	445. 00	363. 23	339. 96	384. 74	497. 32
郑　州	141. 82	280. 09	200. 61	350. 74	566. 60
武　汉	548. 03	505. 15	511. 55	789. 15	697. 58
长　沙	314. 25	346. 58	258. 92	350. 26	383. 96
广　州	440. 98	501. 99	459. 76	548. 14	765. 93
深　圳	441. 09	538. 02	730. 79	812. 56	1196. 93
南　宁	126. 58	141. 14	116. 51	198. 34	225. 91
北　海	14. 09	8. 03	5. 69	10. 44	8. 36
海　口	72. 36	104. 67	89. 63	128. 57	144. 59
三　亚	124. 52	167. 82	136. 71	129. 83	115. 66
重　庆	1112. 29	1190. 77	1033. 07	1012. 91	917. 21
成　都	514. 55	571. 86	684. 23	585. 12	682. 76
贵　阳	124. 18	121. 15	131. 91	123. 19	69. 04
昆　明	304. 44	291. 32	401. 83	375. 84	412. 81
西　安	250. 48	315. 59	288. 42	279. 98	305. 19
兰　州	109. 21	72. 67	93. 90	116. 13	157. 47
西　宁	41. 87	45. 28	68. 12	68. 80	69. 01
银　川	71. 21	90. 15	76. 53	73. 43	60. 00
乌鲁木齐	49. 75	45. 80	80. 80	55. 64	52. 33

数据来源：国家统计局。

表 5 -15　　**2017 年四十重点城市月度累计房地产开发国内贷款**

单位：亿元

类　别	1—3 月	1—4 月	1—5 月	1—6 月	1—7 月	1—8 月	1—9 月	1—10 月	1—11 月	1—12 月
合　计	**4546.99**	**5933.99**	**7119.37**	**9120.25**	**10400.62**	**11746.99**	**13203.04**	**14427.78**	**15691.35**	**17546.35**
北　京	510.90	649.35	769.22	911.21	1023.84	1102.85	1232.57	1328.64	1473.96	1947.08
天　津	378.86	443.24	502.80	705.19	785.14	849.46	911.22	960.98	1008.96	1186.03
石家庄	19.23	33.77	49.66	67.40	74.48	96.23	115.53	121.30	125.58	131.87
太　原	18.28	23.32	33.15	52.35	95.01	101.00	115.78	116.06	120.15	128.12
呼和浩特	0.99	2.27	2.28	3.85	4.56	6.58	6.61	6.66	10.59	10.60
沈　阳	35.28	38.98	44.62	57.19	64.96	94.76	99.29	106.87	111.69	111.76
大　连	64.68	67.16	75.98	87.84	92.66	97.13	127.90	138.03	144.16	153.80
长　春	6.45	16.54	18.95	31.08	35.68	46.01	53.47	61.29	61.63	64.58
哈尔滨	9.00	13.55	13.55	14.71	24.48	35.90	37.74	42.06	45.11	54.55
上　海	344.70	477.69	534.16	691.85	700.05	853.25	978.06	1118.50	1251.35	1393.78
南　京	227.09	255.78	306.56	392.22	445.69	510.26	584.19	659.03	693.25	832.32
无　锡	99.07	132.58	167.40	218.21	282.32	259.87	279.36	284.56	322.28	347.52
苏　州	247.87	374.52	461.51	588.09	646.44	698.51	788.73	870.32	932.18	1016.24
杭　州	219.29	244.74	335.86	422.00	572.67	592.13	666.40	700.75	848.02	864.26
宁　波	72.97	117.07	159.99	197.19	221.33	242.80	287.17	305.81	332.20	345.26
温　州	12.70	33.14	53.31	63.24	87.73	110.03	124.57	133.96	140.83	152.96
合　肥	61.66	144.89	166.56	206.47	257.01	322.21	360.67	405.64	430.86	506.88
福　州	73.62	98.79	119.29	182.78	191.83	210.81	249.05	282.71	302.33	317.23
厦　门	62.70	82.10	87.60	113.51	117.61	129.03	136.57	136.30	139.50	147.77
南　昌	53.42	67.88	101.76	144.45	158.85	171.85	207.74	214.88	224.76	284.51
济　南	47.83	54.13	66.15	101.15	147.58	184.68	190.41	195.90	211.44	220.58
青　岛	130.05	154.26	224.97	283.62	354.60	386.36	426.78	448.16	489.16	497.32
郑　州	104.17	131.78	174.78	247.40	292.22	327.80	377.52	454.58	509.83	566.60
武　汉	190.28	266.13	308.05	377.58	397.26	414.54	472.27	517.65	604.08	697.58
长　沙	117.75	146.41	159.30	228.06	257.00	311.15	340.10	366.38	359.90	383.96
广　州	191.25	261.72	320.62	379.38	401.79	556.05	645.81	680.17	715.50	765.93
深　圳	300.14	444.86	476.43	556.58	650.58	733.93	829.90	938.67	1046.02	1196.93
南　宁	32.21	40.54	50.10	82.19	105.73	106.79	128.34	171.25	206.39	225.91
北　海	1.74	3.21	3.61	3.84	3.85	4.48	5.08	5.41	7.42	8.36
海　口	84.41	96.05	105.97	114.08	117.26	141.24	144.16	152.54	133.25	144.59
三　亚	17.45	32.92	55.54	76.16	82.42	92.73	96.31	104.42	111.90	115.66
重　庆	282.70	332.03	396.77	525.19	562.74	677.93	759.25	843.41	893.58	917.21
成　都	214.72	298.42	337.16	419.31	479.40	530.09	580.48	619.72	656.37	682.76
贵　阳	10.54	16.73	19.24	29.59	38.77	54.89	60.03	61.13	64.64	69.04
昆　明	117.93	124.55	162.16	208.99	233.53	256.67	304.37	342.38	374.51	412.81
西　安	97.13	111.71	118.50	149.22	179.24	194.22	218.68	239.26	277.01	305.19
兰　州	41.71	41.13	70.97	96.69	107.76	120.74	121.92	127.31	134.55	157.47
西　宁	28.17	32.53	35.23	43.10	49.90	53.03	57.20	65.22	69.00	69.01
银　川	15.36	23.54	23.16	28.52	34.04	38.31	46.40	53.43	58.93	60.00
乌鲁木齐	2.71	3.98	6.45	18.75	22.58	30.66	35.42	46.43	48.49	52.33

数据来源：国家统计局。

表 5－16　　2013—2017 年四十重点城市房地产开发利用外资

单位：亿元

类　别	2013 年	2014 年	2015 年	2016 年	2017 年
合计	**361.25**	**501.57**	**238.69**	**101.30**	**97.83**
北　京	11.60	7.78	5.75	1.00	18.48
天　津	16.22	7.19	6.54	2.05	0.02
石家庄	—	—	—	—	0.05
太　原	—	—	—	—	—
呼和浩特	—	—	—	—	—
沈　阳	45.41	35.46	9.95	—	2.10
大　连	1.77	17.28	16.21	0.01	0.61
长　春	5.15	—	—	—	—
哈尔滨	—	2.70	1.32	0.90	—
上　海	38.14	69.61	33.92	2.31	5.22
南　京	1.27	12.35	12.50	—	—
无　锡	28.25	24.47	13.46	6.02	8.51
苏　州	4.36	19.13	4.73	0.02	2.38
杭　州	10.79	56.74	0.71	23.82	9.82
宁　波	26.99	2.67	12.82	5.22	0.01
温　州	—	—	—	—	—
合　肥	1.00	0.78	—	—	—
福　州	1.68	0.55	0.80	—	0.29
厦　门	14.65	21.43	5.48	—	16.46
南　昌	0.03	—	6.14	0.70	—
济　南	15.93	0.21	12.45	7.72	—
青　岛	4.19	5.05	0.21	2.50	1.67
郑　州	4.43	—	1.30	—	0.99
武　汉	—	16.97	—	0.50	1.10
长　沙	33.21	3.20	—	—	—
广　州	12.11	6.91	10.57	18.84	9.05
深　圳	0.12	20.46	3.21	—	7.91
南　宁	—	—	1.55	—	—
北　海	—	—	—	—	—
海　口	—	—	0.79	—	—
三　亚	—	—	—	—	—
重　庆	44.18	113.13	65.90	29.06	9.32
成　都	32.33	39.34	0.97	0.63	0.55
贵　阳	—	3.05	—	—	—
昆　明	—	15.11	5.10	—	3.28
西　安	7.44	—	6.32	—	0.02
兰　州	—	—	—	—	—
西　宁	—	—	—	—	—
银　川	—	—	—	—	—
乌鲁木齐	—	—	—	—	—

数据来源：国家统计局。

表 5－17　　**2017 年四十重点城市月度累计房地产开发利用外资**

单位：亿元

类　别	1—3 月	1—4 月	1—5 月	1—6 月	1—7 月	1—8 月	1—9 月	1—10 月	1—11 月	1—12 月
合　计	**37.35**	**38.59**	**48.06**	**56.67**	**60.42**	**58.23**	**65.24**	**71.93**	**87.50**	**97.83**
北　京	5.94	6.00	10.00	10.00	13.89	13.89	13.89	18.38	18.48	18.48
天　津	0.52	0.52	0.52	1.52	0.52	0.52	0.52	0.52	0.52	0.02
石家庄	0.05	0.05	1.00	—	—	—	—	—	0.05	0.05
太　原	—	—	—	—	—	—	—	—	—	—
呼和浩特	—	—	—	—	—	—	—	—	—	—
沈　阳	2.10	2.10	2.10	2.10	2.10	2.10	2.10	2.10	2.10	2.10
大　连	0.20	0.20	0.20	0.20	0.20	0.21	0.55	0.61	0.61	0.61
长　春	—	—	—	—	—	—	—	—	—	—
哈尔滨	—	—	—	—	—	—	—	—	—	—
上　海	4.29	4.29	4.73	4.73	4.41	4.34	4.77	4.78	4.79	5.22
南　京	—	—	3.25	3.25	3.25	3.25	3.25			
无　锡	4.92	4.90	4.90	4.91	4.91	5.52	5.62	5.52	7.51	8.51
苏　州	—	—	0.01	2.11	2.11	2.11	2.11	2.38	2.38	2.38
杭　州	1.06	1.06	1.37	1.69	1.69	1.69	1.69	1.69	1.84	9.82
宁　波	—	—	—	0.01	0.01	0.01	0.01	0.01	0.01	0.01
温　州	—	—	—	—	—	—	—	—	—	—
合　肥	0.56	—	—	4.29	—	—	—	—	—	—
福　州	0.04	0.04	0.08	0.12	0.12	0.14	0.15	0.15	0.16	0.29
厦　门	—	—	—	—	—	—	5.30	5.30	16.46	16.46
南　昌	—	—	—	—	—	—	—	—	—	—
济　南	—	—	—	—	—	—	—	—	—	—
青　岛	1.54	1.53	1.53	1.53	1.53	1.53	1.67	1.67	1.67	1.67
郑　州	0.52	0.78	0.99	0.99	0.99	0.99	0.99	0.99	0.99	0.99
武　汉	1.10	1.10	1.10	1.10	1.10	1.10	1.10	1.10	1.10	1.10
长　沙	0.04	0.04	0.05	0.05	—	—	—	—	—	—
广　州	2.53	1.56	1.58	3.15	7.72	4.83	5.17	6.17	7.17	9.05
深　圳	4.48	5.82	6.01	4.76	5.61	5.61	5.62	7.51	7.51	7.91
南　宁	—	—	—	—	—	—	—	—	0.99	—
北　海	—	—	—	—	—	—	—	—	—	—
海　口	—	—	—	—	—	—	—	—	—	—
三　亚	—	—	—	—	—	—	—	—	—	—
重　庆	4.18	5.32	5.33	6.86	6.95	7.08	7.44	9.19	9.32	9.32
成　都	—	—	—	—	—	—	—	0.55	0.55	0.55
贵　阳	—	—	—	—	—	—	—	—	—	—
昆　明	3.28	3.28	3.28	3.28	3.28	3.28	3.28	3.28	3.28	3.28
西　安	—	—	0.02	0.02	0.02	0.02	0.02	0.02	0.02	0.02
兰　州	—	—	—	—	—	—	—	—	—	—
西　宁	—	—	—	—	—	—	—	—	—	—
银　川	—	—	—	—	—	—	—	—	—	—
乌鲁木齐	—	—	—	—	—	—	—	—	—	

数据来源：国家统计局。

表 5－18　　**2013—2017 年四十重点城市房地产开发自筹资金**

单位：亿元

类　别	2013 年	2014 年	2015 年	2016 年	2017 年
合　计	**23527.15**	**25241.75**	**25607.69**	**25700.09**	**26634.36**
北　京	2138.23	1815.41	2277.20	1978.50	1732.12
天　津	892.08	875.23	932.39	899.63	783.86
石家庄	680.37	778.87	839.18	896.08	973.21
太　原	227.76	213.70	313.96	295.59	221.48
呼和浩特	411.48	391.10	380.19	389.10	184.02
沈　阳	1475.57	1417.31	952.74	370.24	268.72
大　连	967.71	709.25	428.55	342.06	284.47
长　春	285.46	254.43	222.94	256.89	226.63
哈尔滨	525.76	418.29	390.68	311.02	369.42
上　海	1569.91	1560.83	1519.99	1490.78	1549.20
南　京	499.69	580.21	440.09	562.63	774.16
无　锡	516.50	618.59	483.37	390.22	495.27
苏　州	764.70	894.23	774.19	796.71	756.69
杭　州	622.39	885.86	772.65	720.33	952.32
宁　波	546.88	665.69	408.94	467.50	535.93
温　州	350.52	313.38	394.41	424.18	492.71
合　肥	475.69	419.89	386.10	438.67	853.02
福　州	781.07	864.11	662.66	808.31	753.34
厦　门	262.49	380.83	563.48	462.66	546.44
南　昌	154.03	137.51	202.52	280.94	278.58
济　南	297.37	435.65	532.65	575.79	671.01
青　岛	497.60	504.74	693.04	872.46	612.79
郑　州	802.93	837.40	1055.81	1411.34	1676.52
武　汉	879.28	1074.93	1399.41	1146.18	1386.15
长　沙	401.44	539.74	395.79	402.88	531.96
广　州	563.54	753.86	843.88	1172.28	1191.65
深　圳	456.97	545.65	783.13	1081.80	790.67
南　宁	179.21	241.83	260.89	345.90	385.30
北　海	111.90	92.37	88.36	89.16	83.50
海　口	181.86	170.05	182.57	340.98	227.33
三　亚	168.16	204.93	309.97	261.90	357.55
重　庆	1263.70	1824.41	1666.53	1488.38	1482.81
成　都	1110.66	1332.43	1506.55	1377.57	1504.94
贵　阳	251.94	241.54	199.59	204.39	233.08
昆　明	915.40	808.56	730.97	616.64	656.90
西　安	811.25	886.75	1028.95	1162.86	1195.20
兰　州	158.02	164.48	158.40	173.15	184.51
西　宁	81.50	104.05	114.26	149.18	166.10
银　川	145.78	144.23	180.37	132.30	119.56
乌鲁木齐	100.35	139.43	130.34	112.91	145.22

数据来源：国家统计局。

表 5－19 **2017 年四十重点城市月度累计房地产开发自筹资金**

单位：亿元

类 别	1—3 月	1—4 月	1—5 月	1—6 月	1—7 月	1—8 月	1—9 月	1—10 月	1—11 月	1—12 月
合 计	5688.07	7289.39	9071.33	11783.44	13923.97	16125.68	18812.34	21320.35	23922.67	26634.36
北 京	254.64	367.73	450.86	598.34	777.05	924.68	1149.59	1265.04	1422.57	1732.12
天 津	226.31	264.18	307.49	417.63	444.06	538.72	614.62	691.24	720.17	783.86
石家庄	188.84	279.20	364.65	466.90	555.10	653.88	753.46	847.28	946.66	973.21
太 原	35.69	45.09	61.46	108.07	130.94	143.27	156.38	187.59	205.93	221.48
呼和浩特	25.16	38.44	62.91	96.12	116.81	138.38	166.77	196.07	208.32	184.02
沈 阳	63.25	83.97	111.04	159.26	183.78	215.62	231.84	246.42	258.32	268.72
大 连	62.32	81.52	103.23	127.09	146.95	198.63	248.35	254.11	266.77	284.47
长 春	9.56	16.90	39.59	63.09	89.58	118.23	151.20	176.24	214.17	226.63
哈尔滨	17.65	38.70	71.10	101.47	126.03	158.39	199.70	263.36	322.38	369.42
上 海	369.35	493.03	590.44	693.91	770.85	907.50	1029.51	1202.54	1376.65	1549.20
南 京	185.37	231.74	296.13	311.80	341.15	372.50	442.27	540.44	595.82	774.16
无 锡	76.57	94.24	143.43	171.22	298.77	342.10	380.97	415.12	459.32	495.27
苏 州	197.09	264.80	339.26	414.22	494.37	509.36	532.59	567.34	610.16	756.69
杭 州	149.19	197.21	234.42	287.63	386.88	400.71	507.96	673.98	782.23	952.32
宁 波	94.54	130.35	159.20	230.30	261.44	314.04	380.64	461.31	502.16	535.93
温 州	76.70	73.17	131.30	172.47	227.02	268.91	347.88	404.87	472.44	492.71
合 肥	110.86	151.40	227.89	277.37	337.35	490.91	570.56	654.09	723.83	853.02
福 州	240.95	286.64	332.33	442.73	485.14	532.14	596.90	657.41	699.21	753.34
厦 门	106.60	127.75	164.46	208.14	281.22	365.72	414.12	469.34	506.00	546.44
南 昌	77.60	89.84	98.52	119.98	155.93	196.64	227.77	241.63	260.63	278.58
济 南	199.60	242.03	303.04	371.69	424.25	461.55	500.73	603.65	642.15	671.01
青 岛	145.30	172.80	249.66	302.78	351.27	387.79	440.39	478.84	570.36	612.79
郑 州	284.90	402.29	505.47	688.09	803.65	929.03	1071.32	1248.25	1437.10	1676.52
武 汉	363.13	504.58	605.10	732.99	899.38	1071.81	1203.15	1288.00	1339.82	1386.15
长 沙	119.59	155.84	217.89	278.48	326.77	379.63	426.94	453.68	514.97	531.96
广 州	245.44	256.72	335.50	513.85	687.43	672.40	849.29	965.60	1089.56	1191.65
深 圳	289.14	338.02	324.70	416.60	453.29	482.62	523.36	586.17	658.45	790.67
南 宁	77.31	106.51	125.55	198.92	222.79	222.97	226.98	293.95	331.55	385.30
北 海	13.78	21.20	28.61	34.85	39.12	43.77	50.84	61.62	69.96	83.50
海 口	88.16	101.41	104.14	119.72	134.99	152.10	174.03	192.56	209.24	227.33
三 亚	93.86	106.49	142.41	164.65	176.68	216.27	322.65	292.48	324.52	357.55
重 庆	302.96	394.13	459.75	559.40	618.51	745.65	958.22	1109.93	1304.10	1482.81
成 都	395.46	461.79	545.71	718.89	786.23	952.54	1092.35	1231.34	1396.85	1504.94
贵 阳	31.46	47.29	55.03	71.66	96.93	100.85	112.72	130.01	192.80	233.08
昆 明	120.81	152.48	184.19	261.88	303.23	370.90	438.78	505.17	601.00	656.90
西 安	259.35	349.77	425.72	624.36	676.45	768.17	862.95	934.82	1107.06	1195.20
兰 州	50.46	59.79	74.72	96.63	116.83	127.97	146.40	152.12	162.52	184.51
西 宁	11.80	24.44	35.76	66.80	79.94	104.13	124.89	149.18	164.48	166.10
银 川	15.12	22.13	31.84	48.20	57.80	73.90	88.48	100.17	112.79	119.56
乌鲁木齐	12.18	13.81	26.84	45.26	57.99	71.30	94.80	127.39	139.67	145.22

数据来源：国家统计局。

表 5－20　　2013—2017 年四十重点城市房地产开发其他资金

单位：亿元

类　别	2013 年	2014 年	2015 年	2016 年	2017 年
合　计	**31794.58**	**28417.19**	**32895.12**	**44025.83**	**44750.59**
北　京	3313.40	2640.80	3028.19	3923.32	3290.60
天　津	1087.95	1123.91	1315.72	2428.54	2396.75
石家庄	247.81	205.19	102.00	127.19	218.79
太　原	261.30	240.51	228.18	337.30	523.92
呼和浩特	130.28	74.01	87.85	113.31	83.28
沈　阳	847.11	564.58	440.50	533.26	741.46
大　连	685.80	492.11	498.27	355.12	612.35
长　春	440.53	343.64	368.07	405.38	413.89
哈尔滨	436.09	267.04	280.31	342.19	434.74
上　海	2192.26	2000.62	2461.37	3469.51	2436.45
南　京	1177.50	1024.48	1550.57	2531.04	1825.86
无　锡	648.65	554.63	638.98	817.87	890.58
苏　州	1565.26	1466.86	1894.40	3139.20	2726.36
杭　州	1633.98	1375.57	1786.06	2711.78	2695.01
宁　波	502.28	448.28	598.16	873.44	1129.76
温　州	409.19	428.59	419.31	511.91	600.23
合　肥	922.40	947.49	1022.23	1429.75	1027.46
福　州	996.42	712.92	809.91	1064.70	1106.04
厦　门	713.90	579.90	444.36	460.56	414.29
南　昌	474.22	421.28	420.26	526.20	646.43
济　南	517.47	534.52	673.44	997.57	947.27
青　岛	725.39	592.51	670.57	1050.93	1160.98
郑　州	724.16	742.92	863.98	1227.48	1036.82
武　汉	1001.55	886.75	1013.12	1683.56	2016.19
长　沙	909.71	777.63	930.20	1242.91	1224.08
广　州	1270.28	1172.05	1505.95	1772.58	1820.11
深　圳	788.73	527.77	1421.41	1506.11	1234.08
南　宁	381.22	469.56	485.40	716.47	811.82
北　海	58.10	70.70	55.82	74.80	121.48
海　口	240.12	248.14	427.45	261.92	485.36
三　亚	165.68	113.54	112.35	185.01	408.70
重　庆	2193.89	2216.67	2259.07	2476.21	3346.63
成　都	1436.06	1434.61	1346.82	1931.83	2226.08
贵　阳	677.36	676.63	632.77	561.45	649.73
昆　明	441.74	460.07	531.25	491.95	597.15
西　安	803.65	771.00	782.54	882.19	1440.54
兰　州	161.03	179.48	215.25	233.55	303.43
西　宁	83.36	139.02	116.23	133.06	128.28
银　川	251.93	254.69	219.21	231.58	262.23
乌鲁木齐	276.82	236.52	237.58	263.10	315.39

数据来源：国家统计局。

表 5－21　　**2017 年四十重点城市月度累计房地产开发其他资金**

单位：亿元

类　别	1—3 月	1—4 月	1—5 月	1—6 月	1—7 月	1—8 月	1—9 月	1—10 月	1—11 月	1—12 月
合　计	**9699.62**	**13313.25**	**16774.15**	**21795.78**	**25122.06**	**28671.70**	**32179.01**	**35624.20**	**39514.84**	**44750.59**
北　京	816.44	1068.31	1293.04	1685.72	1838.75	2081.87	2316.27	2534.69	2776.21	3290.60
天　津	656.88	837.41	922.65	1181.73	1409.17	1576.54	1808.24	1951.32	2086.94	2396.75
石家庄	41.63	50.99	72.96	95.72	120.07	133.19	218.26	179.79	198.94	218.79
太　原	78.69	122.32	158.65	218.51	262.82	320.54	359.87	399.31	453.98	523.92
呼和浩特	13.66	20.71	31.02	39.35	46.66	53.75	61.29	71.15	86.22	83.28
沈　阳	125.01	198.00	270.52	339.59	413.65	481.60	556.51	636.05	687.32	741.46
大　连	104.35	147.08	199.48	258.78	307.44	353.48	415.44	484.25	547.66	612.35
长　春	47.54	86.05	128.18	192.21	227.66	272.59	325.46	356.14	383.59	413.89
哈尔滨	47.74	85.13	122.17	171.84	224.38	256.86	321.44	348.34	395.29	434.74
上　海	599.58	797.57	992.62	1234.36	1429.79	1583.44	1786.53	1960.91	2144.79	2436.45
南　京	468.18	697.05	741.22	943.62	1054.57	1303.54	1273.75	1418.23	1597.76	1825.86
无　锡	173.91	238.65	303.86	398.54	520.33	563.58	623.40	727.39	803.31	890.58
苏　州	546.37	776.90	1011.14	1313.89	1442.07	1648.32	1867.31	2131.53	2411.56	2726.36
杭　州	512.07	630.27	823.94	1114.12	1340.98	1630.84	1867.48	2000.71	2267.96	2695.01
宁　波	262.79	376.42	488.13	624.77	718.73	812.19	885.54	950.45	1030.51	1129.76
温　州	147.24	149.34	214.95	285.12	345.44	405.66	439.39	492.54	546.22	600.23
合　肥	227.57	353.31	426.46	548.26	608.00	684.14	767.45	845.13	912.81	1027.46
福　州	295.99	391.88	482.40	582.96	641.13	708.74	766.77	864.97	977.17	1106.04
厦　门	104.47	149.79	200.50	263.56	325.91	305.88	339.47	355.40	383.56	414.29
南　昌	107.93	146.49	191.98	272.54	336.68	386.62	460.16	509.72	553.49	646.43
济　南	198.96	279.07	387.78	479.67	584.17	655.91	719.96	797.95	844.26	947.27
青　岛	261.59	333.76	406.06	519.21	598.42	684.07	825.29	923.65	1053.30	1160.98
郑　州	201.39	286.35	357.21	444.19	527.69	603.96	696.77	793.76	913.51	1036.82
武　汉	320.60	442.98	622.11	1085.82	1173.18	1390.99	1485.11	1615.59	1779.43	2016.19
长　沙	298.60	378.70	461.75	572.25	657.44	778.76	850.46	967.27	1071.81	1224.08
广　州	425.77	625.35	758.45	908.87	1020.89	1138.98	1286.20	1419.74	1574.08	1820.11
深　圳	255.46	356.57	460.32	589.64	650.41	739.45	840.45	961.65	1050.17	1234.08
南　宁	144.67	201.79	274.96	354.80	415.63	478.68	554.63	647.24	731.88	811.82
北　海	20.58	35.06	53.91	66.99	78.47	82.44	97.30	104.83	116.49	121.48
海　口	96.49	132.43	171.29	231.65	262.66	297.54	325.07	386.03	419.15	485.36
三　亚	164.88	217.78	252.81	285.51	307.66	330.26	343.57	365.01	380.65	408.70
重　庆	744.66	1029.41	1330.88	1718.81	1944.98	2207.06	2457.99	2682.84	2980.64	3346.63
成　都	477.91	693.72	907.82	1101.79	1328.97	1479.32	1671.52	1835.17	2035.16	2226.08
贵　阳	121.05	164.12	222.49	294.77	351.68	394.77	438.23	486.50	586.54	649.73
昆　明	142.48	176.51	188.32	255.33	306.48	359.45	399.61	470.20	523.95	597.15
西　安	255.94	383.96	508.30	679.35	772.45	878.56	1015.12	1132.22	1273.71	1440.54
兰　州	64.00	85.04	112.33	150.50	177.10	199.65	227.20	250.25	283.58	303.43
西　宁	36.87	45.93	53.91	67.67	79.55	87.66	96.82	112.92	127.30	128.28
银　川	40.70	57.52	77.82	103.00	122.46	145.00	173.36	198.72	232.32	262.23
乌鲁木齐	49.00	63.55	89.77	120.81	147.56	175.82	214.27	254.66	291.60	315.39

数据来源：国家统计局。

（四）四十重点城市土地购置情况

表 5 - 22　　2013—2017 年四十重点城市土地成交价款

单位：亿元

类　别	2013 年	2014 年	2015 年	2016 年	2017 年
合　计	**5462. 04**	**5516. 20**	**4649. 42**	**5977. 41**	**8471. 99**
北　京	784. 04	763. 67	811. 13	470. 12	815. 90
天　津	82. 16	121. 09	74. 20	239. 88	177. 72
石家庄	34. 70	26. 05	28. 10	27. 33	53. 27
太　原	48. 30	14. 49	57. 81	98. 63	60. 96
呼和浩特	28. 20	16. 13	9. 55	8. 64	4. 57
沈　阳	247. 78	95. 85	73. 08	36. 86	39. 43
大　连	121. 45	172. 86	73. 61	26. 69	26. 41
长　春	130. 16	146. 17	149. 94	119. 16	150. 19
哈尔滨	49. 38	41. 36	40. 50	25. 85	37. 72
上　海	279. 12	395. 63	179. 98	375. 12	384. 53
南　京	48. 03	59. 08	95. 21	242. 11	539. 27
无　锡	186. 05	231. 04	49. 58	41. 69	214. 61
苏　州	233. 69	308. 21	155. 01	366. 47	470. 25
杭　州	243. 01	217. 82	149. 75	288. 36	363. 87
宁　波	199. 91	77. 18	75. 67	133. 83	212. 02
温　州	101. 58	130. 13	100. 60	209. 06	439. 87
合　肥	264. 21	229. 97	225. 03	338. 30	824. 74
福　州	142. 46	94. 53	78. 79	148. 44	177. 21
厦　门	110. 37	82. 47	145. 96	198. 59	237. 34
南　昌	115. 71	70. 83	45. 25	61. 90	72. 74
济　南	93. 20	169. 99	132. 48	85. 43	69. 80
青　岛	148. 54	78. 66	105. 79	85. 85	97. 84
郑　州	119. 62	114. 91	75. 18	343. 84	412. 49
武　汉	195. 45	109. 71	135. 98	124. 70	255. 77
长　沙	120. 01	84. 31	40. 60	63. 08	72. 19
广　州	152. 49	205. 37	177. 61	283. 19	442. 87
深　圳	73. 67	95. 19	269. 19	530. 94	339. 40
南　宁	23. 83	88. 17	57. 90	101. 22	110. 38
北　海	18. 05	1. 29	0. 24	3. 52	4. 66
海　口	6. 50	28. 67	21. 07	44. 31	15. 64
三　亚	5. 20	12. 72	34. 48	6. 84	28. 97
重　庆	448. 79	679. 99	539. 12	429. 73	568. 45
成　都	129. 46	181. 98	179. 29	205. 84	154. 89
贵　阳	77. 73	22. 21	38. 28	7. 62	93. 35
昆　明	232. 32	107. 38	52. 96	107. 85	222. 49
西　安	81. 53	136. 46	110. 27	51. 29	190. 30
兰　州	29. 94	39. 05	11. 33	14. 49	9. 38
西　宁	5. 20	11. 87	8. 86	8. 23	14. 22
银　川	16. 85	25. 06	15. 68	6. 66	6. 71
乌鲁木齐	33. 36	28. 69	24. 41	15. 72	59. 56

数据来源：国家统计局。

表 5 -23　　2017 年四十重点城市月度累计土地成交价款

单位：亿元

类　别	1—3 月	1—4 月	1—5 月	1—6 月	1—7 月	1—8 月	1—9 月	1—10 月	1—11 月	1—12 月
合　计	**766.23**	**1246.83**	**1929.74**	**2704.78**	**3353.27**	**4131.08**	**5021.07**	**6068.69**	**7046.52**	**8471.99**
北　京	36.49	49.07	49.12	78.34	94.62	224.35	280.36	496.44	595.25	815.90
天　津	9.97	52.04	71.25	90.42	93.40	83.49	108.81	127.02	139.41	177.72
石家庄	5.11	5.64	7.41	12.53	13.46	18.87	25.53	28.78	31.45	53.27
太　原	—	2.18	25.74	49.01	44.47	49.95	49.95	49.95	53.23	60.96
呼和浩特	1.19	1.24	1.24	1.40	1.57	2.57	3.57	4.57	4.57	4.57
沈　阳	17.36	18.55	23.24	29.91	36.21	36.80	38.87	39.39	39.43	39.43
大　连	3.98	5.58	6.04	7.94	8.13	15.81	20.17	24.87	25.24	26.41
长　春	2.60	39.41	53.74	62.02	94.00	108.47	127.19	134.62	142.77	150.19
哈尔滨	0.84	5.49	5.76	12.57	12.57	20.47	24.61	25.49	33.04	37.72
上　海	15.17	30.40	131.87	166.25	196.68	238.24	295.06	333.51	378.54	384.53
南　京	18.86	96.08	114.05	135.16	161.51	166.43	276.75	400.21	431.91	539.27
无　锡	46.74	23.57	37.50	71.01	69.02	70.46	116.78	123.61	174.71	214.61
苏　州	15.68	29.86	106.44	132.49	182.86	204.59	237.44	246.82	286.52	470.25
杭　州	—	—	6.68	25.60	23.60	23.67	31.32	111.54	185.01	363.87
宁　波	42.90	77.16	73.32	85.91	96.25	137.04	169.57	167.79	180.23	212.02
温　州	62.28	65.28	108.40	160.86	194.97	254.62	319.33	366.88	408.67	439.87
合　肥	23.99	110.19	189.90	300.57	446.43	524.14	623.19	719.25	808.47	824.74
福　州	26.01	58.60	82.41	99.81	109.43	111.41	112.58	133.19	138.25	177.21
厦　门	0.31	1.44	28.02	86.62	135.71	143.94	198.46	199.65	199.93	237.34
南　昌	6.59	8.71	23.22	34.81	38.27	41.74	53.50	57.06	57.55	72.74
济　南	16.35	16.35	20.20	34.60	50.88	63.65	66.11	67.55	66.45	69.80
青　岛	10.39	11.22	68.25	67.29	73.75	76.29	84.68	89.13	90.05	97.84
郑　州	75.69	94.42	101.56	145.37	161.36	170.69	179.69	227.54	311.23	412.49
武　汉	41.65	16.94	18.72	14.13	15.45	176.72	194.63	224.63	244.58	255.77
长　沙	9.26	8.36	28.12	32.74	33.78	36.98	37.90	48.95	52.29	72.19
广　州	6.03	6.97	48.68	126.61	245.96	268.02	344.44	379.60	399.84	442.87
深　圳	105.06	136.38	172.61	180.43	193.13	190.47	201.48	217.33	231.29	339.40
南　宁	13.75	18.30	18.37	55.72	82.41	85.13	87.28	94.31	105.18	110.38
北　海	—	0.52	0.52	0.52	0.52	2.68	2.68	3.27	4.66	4.66
海　口	7.31	9.14	9.14	12.26	10.72	10.72	11.73	11.73	14.96	15.64
三　亚	6.60	7.86	7.96	10.44	12.32	26.07	26.07	26.07	26.63	28.97
重　庆	75.12	122.12	125.36	159.22	158.84	178.50	252.07	412.70	504.04	568.45
成　都	1.63	32.35	32.87	41.75	53.97	62.18	84.04	92.90	143.67	154.89
贵　阳	—	—	4.61	4.95	4.95	9.96	9.56	15.23	87.38	93.35
昆　明	10.60	36.47	48.98	58.56	72.58	154.11	172.04	180.77	213.39	222.49
西　安	32.81	43.21	65.69	98.87	109.79	115.03	122.50	126.70	173.78	190.30
兰　州	0.18	0.18	2.21	3.19	4.40	4.68	4.66	5.49	5.49	9.38
西　宁	—	1.90	1.90	1.90	1.90	4.39	4.39	14.10	14.53	14.22
银　川	0.02	0.02	0.14	0.88	1.24	2.16	4.19	4.83	6.02	6.71
乌鲁木齐	3.78	3.62	8.53	12.14	12.14	15.59	17.90	35.21	36.87	59.56

数据来源：国家统计局。

表 5－24　　2013—2017 年四十重点城市土地购置面积

单位：万平方米

类　别	2013 年	2014 年	2015 年	2016 年	2017 年
合　计	13832.19	11508.84	8568.81	8572.01	8773.95
北　京	906.17	580.76	390.96	268.50	413.30
天　津	210.64	122.74	173.98	476.91	225.99
石家庄	83.07	74.77	56.43	58.59	124.14
太　原	180.63	66.04	238.68	155.86	98.70
呼和浩特	76.69	49.82	22.70	27.86	16.03
沈　阳	860.04	305.24	223.00	105.88	113.20
大　连	336.26	342.53	170.81	137.25	61.68
长　春	456.29	532.10	487.19	436.70	480.98
哈尔滨	265.18	128.20	107.98	56.88	133.72
上　海	421.74	313.18	263.39	229.11	179.73
南　京	121.11	71.29	116.84	283.19	288.62
无　锡	487.15	612.84	180.31	146.09	220.53
苏　州	591.01	604.21	331.21	558.52	435.38
杭　州	227.65	128.17	138.75	219.28	147.17
宁　波	239.92	232.08	103.25	175.95	278.64
温　州	86.87	146.91	88.23	136.33	250.21
合　肥	658.62	631.87	417.23	501.64	684.87
福　州	390.44	212.40	207.74	164.35	158.69
厦　门	125.10	58.30	97.75	98.00	82.44
南　昌	257.13	254.51	89.70	134.26	148.46
济　南	217.71	273.89	274.45	170.34	144.77
青　岛	433.01	292.49	235.01	213.82	187.63
郑　州	461.97	398.57	222.45	473.70	442.47
武　汉	502.82	227.06	161.67	222.12	104.80
长　沙	458.99	279.50	106.68	204.77	205.85
广　州	182.18	318.69	134.85	246.91	162.77
深　圳	134.87	105.73	137.72	189.29	152.61
南　宁	80.22	245.72	149.75	192.76	165.95
北　海	55.54	6.19	2.87	27.87	24.74
海　口	14.23	113.89	65.06	76.15	33.68
三　亚	16.98	24.04	70.80	42.35	46.17
重　庆	1896.65	1864.59	1626.77	959.00	1112.22
成　都	271.93	365.47	387.47	531.16	162.28
贵　阳	424.59	110.35	202.17	33.29	221.71
昆　明	782.36	324.16	193.39	231.06	408.90
西　安	335.16	335.96	300.34	191.13	328.07
兰　州	169.53	386.23	84.69	39.53	58.71
西　宁	31.85	82.58	31.08	17.19	42.71
银　川	174.99	160.98	106.50	44.42	74.42
乌鲁木齐	204.90	124.79	168.95	94.00	151.00

数据来源：国家统计局

表 5－25　　2017 年四十重点城市月度累计土地购置面积

单位：万平方米

类　别	1—3 月	1—4 月	1—5 月	1—6 月	1—7 月	1—8 月	1—9 月	1—10 月	1—11 月	1—12 月
合　计	**1314.88**	**1815.06**	**2768.10**	**3664.98**	**4343.00**	**4945.33**	**5650.73**	**6716.27**	**7679.52**	**8773.95**
北　京	66.09	116.27	116.27	130.87	174.83	204.92	220.58	323.14	364.54	413.30
天　津	29.01	36.23	86.57	181.46	187.73	136.60	163.69	190.47	204.07	225.99
石家庄	6.40	7.40	13.36	37.40	41.47	50.05	76.18	82.28	92.82	124.14
太　原	—	9.09	40.79	59.29	63.99	79.06	79.06	79.06	84.73	98.70
呼和浩特	6.06	6.73	6.73	9.09	12.53	13.70	14.86	16.03	16.03	16.03
沈　阳	40.58	61.77	74.02	85.06	95.63	103.85	112.16	113.20	113.20	113.20
大　连	8.01	16.69	17.05	23.08	23.65	35.27	50.32	51.80	52.22	61.68
长　春	4.01	75.14	156.50	172.99	243.46	299.94	361.55	420.92	449.16	480.98
哈尔滨	2.33	13.04	14.62	19.46	19.46	62.36	73.06	77.13	104.33	133.72
上　海	26.95	30.13	57.57	87.77	100.98	104.18	122.09	145.99	166.41	179.73
南　京	37.50	81.99	97.51	92.71	105.01	106.83	162.07	196.88	230.06	288.62
无　锡	28.30	28.65	48.39	76.75	66.01	72.07	101.06	128.14	182.29	220.53
苏　州	61.90	93.81	205.25	231.33	287.08	240.32	251.19	279.48	332.77	435.38
杭　州	—	—	15.53	35.84	28.33	28.33	37.08	52.71	102.87	147.17
宁　波	58.33	92.89	91.20	113.87	125.17	172.68	196.25	203.36	224.76	278.64
温　州	17.95	27.00	67.26	81.43	107.67	114.66	171.04	197.58	226.87	250.21
合　肥	45.33	104.07	233.45	272.46	391.45	454.25	525.97	599.76	661.26	684.87
福　州	54.53	70.98	74.84	75.41	78.55	82.59	83.60	130.70	132.62	158.69
厦　门	2.23	4.73	29.40	41.10	47.56	58.71	67.58	70.00	70.90	82.44
南　昌	17.99	20.36	30.87	65.27	73.05	82.96	88.97	127.50	127.50	148.46
济　南	40.47	40.47	44.20	69.04	104.25	121.07	125.33	131.71	140.18	144.77
青　岛	37.08	41.48	94.68	103.61	111.17	123.84	145.99	158.35	163.81	187.63
郑　州	110.89	131.88	153.19	180.12	194.79	215.84	224.76	284.80	355.00	442.47
武　汉	45.22	47.66	47.66	41.00	44.15	72.17	77.28	90.28	93.31	104.80
长　沙	26.65	29.42	96.78	149.85	150.25	155.19	155.19	176.00	177.26	205.85
广　州	12.56	12.31	31.44	57.96	88.30	103.57	108.82	139.37	141.55	162.77
深　圳	96.52	24.65	49.31	64.33	85.39	89.62	96.53	103.47	124.58	152.61
南　宁	25.21	33.25	33.32	65.76	83.08	86.67	92.49	100.63	128.39	165.95
北　海	—	6.93	6.93	6.93	6.93	10.17	10.17	18.08	24.74	24.74
海　口	22.86	25.65	25.65	47.44	28.13	28.13	29.31	29.31	32.98	33.68
三　亚	7.29	13.60	14.10	25.95	26.45	42.04	42.04	42.04	42.82	46.17
重　庆	245.86	323.31	401.90	512.58	528.95	580.61	690.66	896.26	983.50	1112.22
成　都	4.42	33.33	33.87	48.21	77.19	86.55	98.33	112.65	150.11	162.28
贵　阳	—	—	25.66	27.42	27.42	62.28	60.34	85.51	213.19	221.71
昆　明	40.14	67.57	84.56	114.80	216.72	318.52	349.46	362.81	383.87	408.90
西　安	48.56	67.47	93.44	173.27	189.98	204.25	211.74	224.30	285.85	328.07
兰　州	2.89	2.21	17.34	30.68	46.80	48.77	48.69	54.04	54.04	58.71
西　宁	—	6.97	6.97	6.97	6.97	23.30	23.30	42.00	44.29	42.71
银　川	0.35	0.35	1.61	11.24	17.28	27.96	41.22	52.43	69.19	74.42
乌鲁木齐	12.69	9.60	28.30	35.17	35.17	41.44	60.74	126.15	131.44	151.00

数据来源：国家统计局。

（五）四十重点城市房地产建设数据

表 5－26　　2013—2017 年四十重点城市房屋施工面积

单位：万平方米

类别	2013 年	2014 年	2015 年	2016 年	2017 年
合计	283447.4	308748.45	311325.95	320962.74	325560.58
北京	13886.87	13588.08	12993.08	12976.00	12412.74
天津	10892.17	10652.37	10230.22	9349.76	8795.82
石家庄	5200.29	4967.87	4083.90	3963.23	4242.72
太原	4184.22	4636.18	4830.54	5716.47	5565.06
呼和浩特	5805.39	5860.47	5574.45	5133.32	4170.59
沈阳	11568.29	11495.78	8341.31	7058.07	6967.08
大连	6396.17	6279.66	4911.50	4655.07	4477.89
长春	5628.42	6058.49	6122.45	6522.22	6687.31
哈尔滨	5947.06	6086.31	5578.78	4842.49	4482.15
上海	13516.58	14690.18	15095.33	15111.24	15362.25
南京	6156.48	6540.23	7084.44	7691.41	8163.04
无锡	6342.78	6812.33	6574.41	5981.17	5726.74
苏州	9297.49	10908.95	11285.85	12124.10	11891.86
杭州	9327.52	10506.53	11145.90	11567.82	11527.37
宁波	6833.96	7422.16	6737.89	6565.28	6833.12
温州	4219.60	4670.44	4646.93	4718.89	4715.70
合肥	7015.32	6986.81	7199.30	7818.54	8283.56
福州	6871.04	7598.91	7800.01	7760.77	7947.59
厦门	3785.86	4219.86	4333.83	4312.20	4287.70
南昌	3992.51	4244.74	4458.93	4982.72	5948.81
济南	4815.08	5265.66	6633.99	7920.35	8014.94
青岛	7072.55	8170.67	8971.23	9100.73	9532.69
郑州	9721.23	10574.15	10818.24	14229.97	16394.83
武汉	8545.13	10238.43	11062.52	11803.10	11912.98
长沙	8696.54	9688.60	9304.76	9679.47	9814.09
广州	8159.31	9369.93	9345.57	10061.92	10658.49
深圳	4003.49	4492.18	4978.41	5173.99	5676.07
南宁	3812.35	4519.36	5174.93	6191.24	7171.62
北海	1432.71	1551.12	1577.04	1568.26	1328.19
海口	1805.89	2252.04	2571.66	3081.90	3336.61
三亚	1216.62	1491.69	1475.96	1479.81	1907.73
重庆	26251.89	28623.93	28985.67	27363.39	25960.99
成都	15239.30	17202.89	18334.84	19880.94	19396.65
贵阳	6467.52	6815.79	6847.81	6086.75	5790.77
昆明	7705.66	8772.72	9200.41	9518.45	10090.20
西安	10297.63	12332.19	13332.63	14686.85	15408.82
兰州	2622.13	3284.56	3800.49	4010.16	4140.20
西宁	1840.40	1808.27	1893.55	2146.77	2235.27
银川	3522.66	4208.92	4231.36	4272.83	4144.19
乌鲁木齐	3351.29	3859.00	3755.80	3855.08	4156.16

数据来源：国家统计局。

表 5－27　　2017 年四十重点城市月度累计房屋施工面积

单位：万平方米

类　别	1—3 月	1—4 月	1—5 月	1—6 月	1—7 月	1—8 月	1—9 月	1—10 月	1—11 月	1—12 月
合　计	**269686. 84**	**275759. 33**	**282594. 06**	**291084. 85**	**296752. 88**	**302533. 71**	**308203. 65**	**313900. 18**	**320314. 53**	**325560. 58**
北　京	10312. 24	10539. 05	10536. 52	10951. 98	11108. 40	11233. 02	11318. 13	11533. 25	12032. 04	12412. 74
天　津	6709. 20	6873. 66	7190. 01	7576. 67	7748. 06	7892. 64	8119. 09	8237. 65	8400. 14	8795. 82
石家庄	2909. 47	3013. 65	3304. 96	3563. 94	3921. 08	4120. 26	4034. 12	4117. 48	4190. 29	4242. 72
太　原	4626. 21	4690. 13	4844. 77	5078. 23	5165. 40	5284. 19	5306. 24	5368. 00	5405. 09	5565. 06
呼和浩特	4312. 69	4345. 41	4373. 83	4452. 20	4496. 61	4521. 28	4625. 14	4687. 69	4702. 97	4170. 59
沈　阳	5789. 32	5981. 70	6090. 58	6236. 92	6328. 01	6536. 49	6821. 02	6866. 47	6978. 87	6967. 08
大　连	4044. 59	4072. 52	4096. 95	4148. 75	4215. 82	4252. 84	4309. 61	4397. 06	4451. 33	4477. 89
长　春	5779. 82	5834. 90	6015. 96	6067. 20	6189. 43	6310. 92	6427. 47	6548. 15	6610. 27	6687. 31
哈尔滨	3420. 87	3478. 01	3629. 04	3795. 82	3832. 63	3903. 10	4020. 48	4185. 65	4409. 76	4482. 15
上　海	12862. 42	13234. 94	13441. 34	13659. 24	13921. 50	14201. 22	14402. 26	14726. 22	15002. 63	15362. 25
南　京	6607. 92	6826. 33	6977. 57	7064. 05	7223. 77	7311. 78	7674. 68	7790. 79	8025. 62	8163. 04
无　锡	4715. 97	4788. 11	4905. 44	5041. 04	5161. 33	5217. 07	5308. 58	5389. 06	5555. 35	5726. 74
苏　州	9791. 16	10140. 94	10557. 08	10860. 41	11091. 26	11268. 84	11446. 09	11538. 56	11677. 26	11891. 86
杭　州	9697. 22	9812. 24	10107. 51	10344. 10	10530. 14	10662. 12	10866. 26	11017. 64	11302. 41	11527. 37
宁　波	5402. 30	5600. 45	5803. 92	6041. 01	6166. 92	6371. 71	6624. 12	6768. 40	6845. 17	6833. 12
温　州	3662. 92	3771. 44	3927. 84	3970. 92	4106. 18	4196. 34	4312. 31	4445. 29	4627. 99	4715. 70
合　肥	6763. 62	7041. 05	7203. 77	7277. 52	7478. 26	7717. 16	7816. 45	7912. 36	8106. 63	8283. 56
福　州	6933. 03	7043. 34	7067. 70	7270. 08	7293. 34	7362. 05	7435. 34	7647. 08	7584. 45	7947. 59
厦　门	3730. 73	3768. 41	3848. 87	3938. 08	4055. 51	4164. 25	4182. 14	4229. 36	4235. 67	4287. 70
南　昌	4674. 45	4690. 01	4836. 95	5081. 55	5225. 27	5407. 37	5592. 02	5707. 68	5839. 88	5948. 81
济　南	6700. 28	6838. 29	7005. 72	7085. 44	7253. 17	7465. 85	7560. 85	7832. 68	7904. 63	8014. 94
青　岛	7847. 05	8015. 96	8244. 56	8433. 32	8689. 88	8885. 08	9050. 44	9169. 74	9338. 29	9532. 69
郑　州	11868. 02	12305. 38	12964. 66	13694. 95	13969. 82	14354. 21	14878. 08	15333. 36	15938. 74	16394. 83
武　汉	9453. 28	9802. 26	10157. 85	10558. 62	10740. 02	10946. 86	11071. 23	11214. 01	11571. 34	11912. 98
长　沙	8287. 22	8503. 36	8620. 15	8797. 12	8960. 83	9133. 37	9276. 27	9493. 23	9644. 30	9814. 09
广　州	9082. 00	9229. 19	9408. 80	9693. 19	9841. 09	9958. 86	10029. 23	10196. 93	10324. 10	10658. 49
深　圳	4497. 97	4635. 60	4769. 24	5037. 79	5152. 39	5216. 64	5427. 13	5519. 51	5589. 98	5676. 07
南　宁	5894. 79	6010. 56	6178. 26	6422. 17	6493. 29	6575. 01	6604. 83	6879. 57	7033. 00	7171. 62
北　海	1102. 84	1119. 51	1174. 43	1246. 27	1254. 86	1265. 10	1278. 48	1303. 60	1346. 20	1328. 19
海　口	2716. 96	2840. 64	2885. 43	2951. 80	3040. 94	3144. 63	3188. 58	3226. 79	3313. 74	3336. 61
三　亚	1673. 47	1693. 10	1726. 78	1756. 82	1790. 15	1825. 08	1860. 10	1886. 71	1889. 90	1907. 73
重　庆	21860. 66	22164. 13	22489. 23	23127. 92	23566. 98	24289. 43	24857. 81	25199. 13	25772. 72	25960. 99
成　都	16517. 30	16955. 35	17283. 31	17793. 59	18099. 00	18268. 01	18630. 31	18978. 52	19294. 53	19396. 65
贵　阳	5095. 09	5179. 49	5240. 35	5275. 82	5322. 18	5335. 47	5455. 15	5542. 68	5746. 15	5790. 77
昆　明	8853. 01	8966. 21	9120. 95	9391. 43	9455. 76	9496. 75	9517. 73	9666. 60	9774. 77	10090. 20
西　安	13391. 67	13712. 26	13826. 63	14223. 14	14394. 88	14678. 48	14854. 22	14977. 45	15307. 47	15408. 82
兰　州	3454. 22	3501. 09	3654. 70	3766. 42	3900. 86	3974. 05	4015. 54	4086. 20	4157. 50	4140. 20
西　宁	1807. 87	1793. 00	1890. 21	1994. 79	2070. 40	2146. 54	2151. 92	2228. 49	2233. 41	2235. 27
银　川	3572. 22	3665. 51	3799. 17	3878. 38	3890. 80	3947. 51	4013. 25	4039. 81	4076. 27	4144. 19
乌鲁木齐	3264. 77	3282. 15	3393. 03	3536. 15	3606. 66	3692. 13	3840. 95	4011. 36	4073. 68	4156. 16

数据来源：国家统计局。

表 5－28　　2013—2017 年四十重点城市住宅施工面积

单位：万平方米

类　别	2013 年	2014 年	2015 年	2016 年	2017 年
合　计	**194461.09**	**204860.46**	**201506.27**	**204196.08**	**205276.41**
北　京	7406.88	6977.99	6261.21	5857.61	5390.89
天　津	7562.48	7204.46	6968.75	6311.70	5911.03
石家庄	3999.75	3610.03	2984.68	2804.15	3058.82
太　原	3242.70	3481.25	3510.63	4085.60	3903.83
呼和浩特	4058.64	4054.42	3733.50	3490.50	2729.47
沈　阳	8482.49	8210.81	5868.45	4970.33	4920.09
大　连	4867.89	4640.67	3685.24	3414.12	3319.06
长　春	4054.96	4209.35	4136.75	4295.59	4395.42
哈尔滨	4314.21	4220.25	3702.37	3225.70	2994.68
上　海	8125.74	8525.85	8372.12	8073.94	8013.80
南　京	4131.71	4401.06	4774.96	5247.76	5395.02
无　锡	4406.83	4644.66	4605.92	4276.26	4173.36
苏　州	6729.22	7652.38	7938.57	8554.74	8400.80
杭　州	5509.11	5782.56	5928.77	6005.42	5944.15
宁　波	3627.94	3950.76	3637.52	3501.94	3758.08
温　州	2860.20	3099.65	3037.33	3103.36	3080.67
合　肥	4679.83	4485.64	4326.43	4680.41	4854.62
福　州	4961.57	5108.45	4992.32	4919.79	5070.58
厦　门	2201.66	2274.32	2137.30	1953.07	2017.81
南　昌	2762.71	2996.90	3084.00	3575.61	4202.43
济　南	3253.34	3507.45	4475.31	5254.90	5336.74
青　岛	4689.27	5333.51	5875.02	5905.53	6255.55
郑　州	6348.90	6988.92	7256.23	9603.74	11231.26
武　汉	6225.75	7305.43	7974.42	8334.84	8419.85
长　沙	6111.67	6562.78	6202.81	6215.82	6180.33
广　州	4990.72	5769.59	5759.97	6105.68	6399.47
深　圳	2608.29	2870.00	3156.99	3079.28	2964.67
南　宁	2767.50	3107.84	3502.95	4034.47	4704.22
北　海	1218.99	1263.34	1255.55	1247.81	1065.06
海　口	1430.03	1590.83	1765.50	1971.74	2083.62
三　亚	982.24	1181.04	1090.16	1060.33	1327.09
重　庆	19248.95	20294.49	19390.32	17932.69	16747.92
成　都	10106.90	10697.93	11058.81	11831.95	11261.57
贵　阳	4645.36	4732.79	4532.50	3838.08	3578.17
昆　明	5349.07	5525.42	5844.12	5867.14	6262.71
西　安	8332.44	9661.51	9737.48	10448.32	10846.77
兰　州	1995.31	2425.33	2692.86	2736.27	2720.47
西　宁	1332.66	1157.15	1134.27	1258.80	1240.83
银　川	2255.84	2652.50	2607.82	2650.21	2561.24
乌鲁木齐	2581.34	2701.15	2506.35	2470.86	2554.28

数据来源：国家统计局。

表 5－29　　2017 年四十重点城市月度累计住宅施工面积

单位：万平方米

类　别	1—3 月	1—4 月	1—5 月	1—6 月	1—7 月	1—8 月	1—9 月	1—10 月	1—11 月	1—12 月
合　计	168836. 15	172886. 01	177508. 80	182982. 10	186517. 42	190192. 98	193981. 12	197681. 17	202081. 96	205276. 41
北　京	4403. 09	4492. 52	4480. 76	4697. 59	4720. 07	4782. 14	4803. 49	4923. 31	5222. 91	5390. 89
天　津	4283. 09	4404. 42	4667. 78	4957. 12	5107. 88	5230. 24	5414. 03	5500. 46	5634. 37	5911. 03
石家庄	1991. 87	2079. 76	2294. 58	2533. 18	2821. 64	2975. 08	2907. 05	2972. 10	3035. 46	3058. 82
太　原	3292. 42	3343. 90	3440. 08	3612. 67	3661. 47	3748. 35	3767. 16	3792. 49	3824. 48	3903. 83
呼和浩特	2850. 50	2879. 95	2905. 53	2967. 67	2993. 87	3005. 83	3076. 46	3128. 74	3141. 15	2729. 47
沈　阳	3970. 50	4132. 02	4224. 17	4348. 73	4421. 81	4581. 06	4794. 12	4833. 48	4931. 60	4920. 09
大　连	2976. 64	2998. 61	3012. 47	3055. 87	3108. 99	3133. 06	3168. 19	3251. 64	3296. 56	3319. 06
长　春	3768. 58	3791. 90	3930. 21	3959. 46	4049. 81	4148. 99	4228. 31	4306. 98	4361. 50	4395. 42
哈尔滨	2191. 88	2210. 24	2351. 78	2496. 31	2522. 29	2556. 28	2640. 91	2756. 26	2939. 64	2994. 68
上　海	6730. 15	6930. 18	7033. 98	7173. 53	7300. 29	7393. 96	7514. 82	7678. 34	7825. 67	8013. 80
南　京	4426. 89	4543. 61	4626. 60	4637. 95	4761. 89	4806. 26	5036. 95	5079. 66	5266. 44	5395. 02
无　锡	3366. 31	3429. 05	3527. 03	3624. 88	3720. 15	3768. 50	3843. 49	3913. 61	4057. 69	4173. 36
苏　州	6766. 52	7055. 19	7419. 02	7617. 71	7761. 46	7918. 58	8055. 51	8122. 19	8223. 19	8400. 80
杭　州	4909. 21	4988. 29	5170. 18	5323. 88	5422. 81	5502. 41	5613. 26	5718. 59	5858. 51	5944. 15
宁　波	2810. 20	2939. 77	3083. 88	3256. 88	3307. 56	3441. 73	3598. 80	3677. 34	3741. 39	3758. 08
温　州	2381. 39	2452. 56	2584. 45	2620. 49	2675. 69	2720. 96	2800. 34	2898. 54	3020. 52	3080. 67
合　肥	3844. 80	4023. 67	4121. 55	4169. 27	4300. 29	4446. 78	4536. 12	4598. 54	4706. 80	4854. 62
福　州	4374. 06	4437. 07	4457. 74	4618. 45	4629. 19	4679. 69	4722. 43	4866. 52	4872. 29	5070. 58
厦　门	1704. 81	1728. 06	1771. 53	1833. 34	1907. 32	1936. 37	1946. 80	1974. 39	1974. 63	2017. 81
南　昌	3329. 95	3328. 94	3441. 63	3612. 44	3743. 31	3870. 72	3991. 23	4077. 34	4137. 75	4202. 43
济　南	4451. 52	4541. 00	4671. 46	4734. 62	4828. 16	4984. 94	5070. 25	5262. 50	5289. 47	5336. 74
青　岛	5082. 86	5210. 76	5367. 90	5523. 43	5682. 19	5824. 20	5949. 32	6011. 68	6115. 96	6255. 55
郑　州	7941. 32	8233. 40	8674. 61	9192. 27	9458. 83	9698. 21	10128. 22	10470. 73	10908. 65	11231. 26
武　汉	6570. 83	6842. 69	7129. 35	7410. 52	7546. 48	7680. 02	7774. 87	7889. 61	8175. 50	8419. 85
长　沙	5259. 59	5398. 74	5448. 05	5525. 90	5608. 46	5737. 17	5813. 25	5953. 02	6052. 67	6180. 33
广　州	5488. 35	5568. 10	5673. 74	5845. 94	5955. 50	6022. 15	6058. 72	6137. 85	6232. 88	6399. 47
深　圳	2568. 82	2623. 09	2656. 24	2730. 87	2783. 09	2813. 91	2892. 49	2922. 63	2935. 01	2964. 67
南　宁	3840. 05	3920. 82	4034. 91	4231. 37	4276. 72	4313. 12	4334. 91	4516. 26	4619. 99	4704. 22
北　海	863. 08	877. 16	925. 12	995. 11	1003. 15	1012. 51	1025. 70	1046. 67	1083. 26	1065. 06
海　口	1666. 85	1739. 25	1765. 03	1811. 66	1864. 63	1950. 65	1981. 28	2004. 86	2068. 68	2083. 62
三　亚	1161. 91	1178. 48	1184. 06	1210. 96	1236. 24	1265. 24	1291. 21	1308. 38	1309. 38	1327. 09
重　庆	14154. 17	14341. 29	14524. 02	14894. 71	15172. 15	15644. 93	16029. 70	16232. 19	16569. 01	16747. 92
成　都	9595. 25	9910. 27	10102. 15	10330. 72	10477. 67	10596. 21	10758. 69	11006. 74	11224. 34	11261. 57
贵　阳	3161. 69	3225. 73	3259. 12	3275. 32	3294. 63	3295. 81	3359. 39	3400. 52	3556. 61	3578. 17
昆　明	5578. 31	5693. 68	5786. 15	5918. 82	5906. 86	5898. 24	5933. 54	6026. 22	6096. 17	6262. 71
西　安	9463. 16	9708. 42	9788. 35	10037. 41	10163. 95	10306. 08	10445. 81	10526. 28	10788. 43	10846. 77
兰　州	2380. 24	2400. 05	2478. 09	2524. 63	2573. 64	2617. 77	2643. 47	2681. 07	2735. 72	2720. 47
西　宁	1048. 66	1022. 59	1074. 22	1116. 96	1129. 31	1174. 46	1177. 11	1236. 37	1239. 25	1240. 83
银　川	2165. 15	2227. 75	2323. 04	2374. 06	2383. 92	2421. 31	2470. 67	2494. 39	2508. 59	2561. 24
乌鲁木齐	2021. 48	2033. 02	2098. 22	2179. 40	2234. 08	2289. 08	2383. 10	2482. 67	2499. 85	2554. 28

数据来源：国家统计局。

表 5 - 30　　2013—2017 年四十重点城市办公楼施工面积

单位：万平方米

类　别	2013 年	2014 年	2015 年	2016 年	2017 年
合　计	**17115.50**	**20787.97**	**23133.42**	**24635.39**	**25539.71**
北　京	2114.13	2253.98	2409.63	2447.26	2428.40
天　津	841.00	864.64	872.41	723.32	693.83
石家庄	253.92	274.74	252.17	363.28	344.35
太　原	160.05	261.03	283.43	370.57	354.37
呼和浩特	224.22	205.69	213.34	179.82	168.64
沈　阳	339.67	393.19	300.61	259.39	225.29
大　连	170.27	194.25	157.84	161.54	139.45
长　春	263.18	316.01	382.16	429.30	447.92
哈尔滨	158.26	195.79	195.77	188.14	177.87
上　海	1431.73	1779.04	1978.49	2180.50	2282.08
南　京	369.79	390.45	479.96	470.82	628.63
无　锡	371.95	404.06	337.88	241.69	225.03
苏　州	352.05	461.36	521.74	566.63	646.63
杭　州	1006.58	1284.85	1410.34	1466.54	1473.81
宁　波	601.47	599.08	507.00	514.03	483.31
温　州	98.24	113.53	129.95	130.23	108.67
合　肥	446.75	421.27	527.05	587.13	707.15
福　州	393.09	490.87	545.89	551.41	563.76
厦　门	390.38	556.79	757.06	831.81	810.13
南　昌	315.94	337.92	351.37	381.09	423.84
济　南	373.42	440.52	612.74	715.26	752.91
青　岛	381.44	540.76	619.55	655.21	646.82
郑　州	866.41	920.71	916.87	974.41	1064.58
武　汉	396.06	550.19	681.52	792.25	910.65
长　沙	409.04	502.57	558.99	659.11	676.67
广　州	769.08	860.34	903.03	1075.97	1121.67
深　圳	261.51	337.32	467.48	562.84	911.54
南　宁	127.88	241.47	306.86	512.72	491.29
北　海	7.29	6.69	13.53	11.50	11.25
海　口	35.40	107.91	119.19	161.31	181.70
三　亚	6.83	14.49	32.68	29.85	53.23
重　庆	781.98	1072.22	1145.29	1020.20	907.70
成　都	791.57	1046.76	1155.63	1224.06	1192.11
贵　阳	358.20	463.79	546.62	524.44	480.04
昆　明	442.06	613.63	638.44	631.09	700.83
西　安	415.97	567.98	872.93	998.93	1051.88
兰　州	73.72	129.62	166.71	203.96	217.85
西　宁	68.35	112.52	146.01	150.97	155.39
银　川	142.00	209.39	272.68	304.06	298.29
乌鲁木齐	104.62	250.55	342.58	382.73	380.15

数据来源：国家统计局。

表 5-31　　2017 年四十重点城市月度累计办公楼施工面积

单位：万平方米

类　别	1—3 月	1—4 月	1—5 月	1—6 月	1—7 月	1—8 月	1—9 月	1—10 月	1—11 月	1—12 月
合　计	21969.43	22396.39	22802.65	23265.82	23689.30	24010.67	24381.79	24744.92	25062.80	25539.71
北　京	2090.82	2153.30	2151.29	2213.11	2288.05	2297.35	2325.11	2328.88	2348.90	2428.40
天　津	599.13	606.01	604.63	621.83	627.88	628.08	628.08	648.80	647.51	693.83
石家庄	313.10	313.40	345.62	323.03	325.80	326.16	327.60	335.97	338.24	344.35
太　原	312.32	312.43	317.23	329.54	330.69	334.44	334.44	339.01	337.30	354.37
呼和浩特	166.18	166.18	166.18	166.18	169.26	169.26	176.79	176.79	176.79	168.64
沈　阳	197.37	207.54	208.06	208.15	208.17	208.19	226.23	226.23	226.23	225.29
大　连	127.97	129.26	133.86	133.86	133.86	134.06	139.44	139.44	139.45	139.45
长　春	416.48	416.61	426.59	427.49	432.35	434.57	436.63	436.64	436.64	447.92
哈尔滨	162.23	162.36	162.50	162.84	163.82	166.59	167.49	175.01	177.16	177.87
上　海	1873.41	1944.93	1997.75	2026.37	2055.76	2140.26	2154.68	2200.62	2233.38	2282.08
南　京	471.86	506.82	538.77	552.66	561.65	570.11	582.78	631.11	637.62	628.63
无　锡	196.16	196.16	200.42	213.98	213.96	213.96	213.96	216.25	216.63	225.03
苏　州	533.89	534.42	538.53	579.87	602.08	604.98	605.65	614.07	634.34	646.63
杭　州	1282.09	1292.00	1303.33	1313.39	1332.17	1339.66	1378.26	1386.47	1436.10	1473.81
宁　波	437.95	446.65	448.58	448.58	472.62	481.97	491.13	499.71	503.68	483.31
温　州	98.66	103.74	105.23	105.26	106.14	106.14	110.09	110.19	110.19	108.67
合　肥	567.15	598.89	625.35	633.68	655.17	671.23	671.33	680.16	702.07	707.15
福　州	504.56	524.71	527.37	528.96	530.80	531.29	538.22	556.24	536.52	563.76
厦　门	725.20	731.16	737.44	737.58	751.33	799.57	799.57	803.40	803.75	810.13
南　昌	352.52	359.01	359.88	363.90	365.68	369.38	386.94	393.21	398.08	423.84
济　南	647.68	662.22	662.96	675.52	684.52	706.33	706.62	723.09	734.27	752.91
青　岛	557.69	560.38	584.64	592.09	600.38	604.32	612.77	618.44	631.01	646.82
郑　州	859.62	863.98	891.76	914.26	936.84	972.75	992.10	1012.52	1042.73	1064.58
武　汉	742.93	779.05	793.43	813.82	827.56	842.75	852.99	854.26	872.20	910.65
长　沙	602.14	611.26	629.11	651.87	647.64	647.85	667.58	669.12	677.27	676.67
广　州	975.92	1000.77	1005.06	1029.15	1041.50	1065.87	1070.35	1092.58	1095.99	1121.67
深　圳	553.67	586.02	637.84	668.84	713.80	728.14	802.60	857.44	891.43	911.54
南　宁	491.42	502.46	507.29	473.78	473.78	479.82	479.82	483.40	491.07	491.29
北　海	11.16	11.16	11.20	11.31	11.20	11.20	11.20	11.20	11.20	11.25
海　口	163.11	177.88	179.53	179.68	181.34	181.32	181.37	181.70	181.65	181.70
三　亚	52.72	52.72	53.22	53.22	53.22	53.22	53.22	53.23	53.23	53.23
重　庆	850.20	841.41	851.59	863.84	869.60	877.23	896.38	902.12	910.31	907.70
成　都	1099.03	1102.42	1116.91	1157.97	1181.77	1126.72	1147.55	1153.67	1171.40	1192.11
贵　阳	443.84	444.47	447.45	448.74	449.69	454.33	463.72	471.56	479.65	480.04
昆　明	629.08	615.60	620.56	643.63	665.44	670.67	672.28	676.21	679.93	700.83
西　安	950.93	955.67	965.93	1005.33	1008.82	1033.95	1039.18	1040.89	1047.98	1051.88
兰　州	173.96	179.96	192.12	209.27	215.77	218.25	218.36	217.75	217.85	217.85
西　宁	114.86	119.73	122.71	137.07	152.31	152.51	152.51	156.54	157.36	155.39
银　川	282.61	284.91	287.30	293.72	294.46	296.11	296.15	298.19	299.14	298.29
乌鲁木齐	337.82	338.78	343.42	352.44	352.44	360.08	370.64	372.81	376.54	380.15

数据来源：国家统计局。

表 5－32　　2013—2017 年四十重点城市商业营业用房施工面积

单位：万平方米

类　别	2013 年	2014 年	2015 年	2016 年	2017 年
合　计	**32255.90**	**37659.61**	**39878.65**	**41468.47**	**41532.44**
北　京	1233.37	1278.52	1326.24	1354.82	1246.34
天　津	1158.61	1217.15	1163.11	1162.28	994.93
石家庄	618.19	723.31	607.08	531.33	547.30
太　原	373.23	430.86	468.98	532.72	535.94
呼和浩特	1025.35	1032.33	1054.07	945.29	857.74
沈　阳	1922.00	1985.39	1469.14	1239.65	1183.53
大　连	755.47	792.85	600.06	624.36	600.31
长　春	739.81	852.47	872.80	1009.82	1010.89
哈尔滨	842.01	922.30	1013.03	790.90	714.74
上　海	1500.72	1751.99	1944.02	1990.81	2016.16
南　京	669.60	719.69	787.95	799.41	857.24
无　锡	1094.51	1224.93	1130.73	1000.37	839.63
苏　州	1128.17	1436.67	1459.46	1480.65	1329.52
杭　州	846.90	1107.99	1316.62	1423.98	1488.37
宁　波	912.34	1047.16	897.78	903.58	868.85
温　州	376.15	476.46	515.74	536.86	524.66
合　肥	1022.90	1141.76	1377.27	1455.73	1500.64
福　州	505.22	807.08	972.48	958.15	905.22
厦　门	347.88	375.78	404.03	409.10	364.60
南　昌	454.69	447.62	505.29	529.76	705.97
济　南	517.74	622.29	737.72	905.95	841.46
青　岛	915.11	1018.84	1090.20	1045.81	1085.80
郑　州	1079.14	1096.08	1119.62	1439.36	1613.06
武　汉	926.79	1188.48	1209.18	1214.09	1135.88
长　沙	870.97	1121.97	1070.80	1243.16	1320.88
广　州	961.25	1134.01	1117.17	1226.30	1259.11
深　圳	383.62	481.78	614.59	705.77	818.45
南　宁	330.00	402.96	457.91	550.01	620.82
北　海	86.15	144.07	161.39	174.37	136.34
海　口	89.36	189.16	230.29	360.32	469.51
三　亚	104.04	123.63	119.75	146.96	185.66
重　庆	2965.72	3316.67	4111.50	4193.65	3988.08
成　都	1775.55	2210.79	2453.13	2673.99	2819.03
贵　阳	631.76	657.55	826.27	746.27	798.01
昆　明	828.59	1195.87	1188.46	1250.42	1245.10
西　安	854.62	1196.41	1600.30	1876.13	1849.14
兰　州	247.00	355.20	450.74	515.87	559.32
西　宁	221.26	296.08	329.08	404.63	482.73
银　川	659.49	737.59	667.51	640.94	640.24
乌鲁木齐	280.62	397.87	437.16	474.90	571.27

数据来源：国家统计局。

表 5－33　　2017 年四十重点城市月度累计办公楼施工面积

单位：万平方米

类　别	1—3 月	1—4 月	1—5 月	1—6 月	1—7 月	1—8 月	1—9 月	1—10 月	1—11 月	1—12 月
合　计	**35765.34**	**36367.56**	**37074.32**	**37957.39**	**38720.90**	**39322.48**	**39969.12**	**40570.44**	**41080.91**	**41532.44**
北　京	1103.70	1126.13	1118.67	1138.08	1138.63	1172.52	1183.30	1188.10	1199.84	1246.34
天　津	891.69	878.09	907.28	929.27	931.34	933.74	945.19	915.26	928.24	994.93
石家庄	406.89	420.74	449.88	460.71	495.59	527.29	521.32	525.97	529.91	547.30
太　原	422.23	427.42	453.81	466.40	485.23	494.93	495.23	515.08	517.71	535.94
呼和浩特	853.17	854.26	856.31	866.79	885.81	894.26	914.59	923.04	932.33	857.74
沈　阳	1069.40	1078.02	1092.07	1102.33	1110.95	1134.86	1166.36	1170.62	1181.04	1183.53
大　连	555.95	558.92	561.48	566.77	571.11	571.75	587.61	590.64	592.85	600.31
长　春	888.43	901.05	904.70	914.19	922.36	935.07	957.78	986.14	991.16	1010.89
哈尔滨	584.73	629.16	634.05	643.66	650.74	665.65	673.38	690.27	704.95	714.74
上　海	1850.67	1852.02	1850.87	1829.96	1857.90	1890.45	1910.97	1956.10	1976.27	2016.16
南　京	709.50	746.78	759.37	792.63	801.33	817.55	838.64	849.48	861.69	857.24
无　锡	783.16	787.47	796.06	798.96	801.99	802.76	812.90	814.13	817.77	839.63
苏　州	1221.95	1234.64	1236.52	1257.98	1297.92	1295.75	1313.37	1319.08	1322.49	1329.52
杭　州	1277.17	1280.24	1328.98	1388.98	1411.42	1428.11	1436.07	1446.40	1466.87	1488.37
宁　波	796.66	820.77	834.09	836.95	855.52	858.92	873.87	894.84	895.65	868.85
温　州	429.68	445.22	452.06	453.74	462.29	480.30	495.57	505.50	527.68	524.66
合　肥	1372.38	1394.75	1387.88	1393.86	1416.61	1456.72	1456.96	1465.11	1498.06	1500.64
福　州	844.15	859.96	862.76	879.39	876.60	875.88	877.33	884.66	837.61	905.22
厦　门	356.30	358.14	366.38	369.01	371.28	374.57	374.02	378.70	380.34	364.60
南　昌	523.73	527.12	542.44	578.29	595.03	630.29	662.07	679.61	691.10	705.97
济　南	737.58	745.41	757.21	751.85	777.26	787.66	793.34	821.13	829.23	841.46
青　岛	905.65	925.16	943.73	951.51	995.55	1011.30	1024.91	1060.92	1074.55	1085.80
郑　州	1214.32	1271.25	1329.64	1424.72	1451.07	1469.51	1522.07	1534.09	1572.33	1613.06
武　汉	920.98	938.91	980.30	1049.29	1074.02	1092.49	1099.34	1111.67	1122.53	1135.88
长　沙	1093.00	1126.66	1160.27	1193.81	1219.02	1253.23	1260.03	1301.43	1325.96	1320.88
广　州	1093.37	1112.25	1137.74	1158.19	1177.59	1185.03	1199.63	1236.88	1239.61	1259.11
深　圳	660.14	680.24	721.51	736.89	747.81	753.96	788.04	793.49	808.73	818.45
南　宁	507.32	514.82	526.00	541.23	548.37	564.11	566.75	593.30	610.56	620.82
北　海	127.56	128.12	128.48	129.50	129.92	130.71	130.80	132.59	134.45	136.34
海　口	361.25	408.55	412.92	419.26	441.21	445.12	452.20	456.94	466.09	469.51
三　亚	146.08	148.72	173.35	173.83	177.33	179.74	181.41	185.88	187.58	185.66
重　庆	3454.59	3511.51	3567.37	3664.00	3752.49	3812.71	3897.94	3944.80	4033.42	3988.08
成　都	2367.91	2383.12	2441.53	2527.65	2588.35	2613.33	2733.46	2761.26	2788.40	2819.03
贵　阳	688.62	695.87	700.02	713.78	730.92	733.45	744.55	773.46	779.23	798.01
昆　明	1076.29	1083.17	1090.15	1128.58	1152.55	1157.80	1150.44	1165.70	1186.18	1245.10
西　安	1668.94	1697.68	1699.63	1733.57	1763.40	1801.02	1806.73	1822.70	1840.69	1849.14
兰　州	416.54	420.90	453.71	481.57	513.09	521.10	525.96	554.76	559.39	559.32
西　宁	366.48	371.50	399.38	430.00	451.78	466.95	468.35	477.41	478.27	482.73
银　川	572.02	577.95	598.70	608.90	611.38	615.69	627.10	624.62	635.87	640.24
乌鲁木齐	445.17	444.87	457.03	471.32	478.12	486.18	499.57	518.67	554.30	571.27

数据来源：国家统计局。

表 5－34　　2013—2017 年四十重点城市房屋新开工面积

单位：万平方米

类　别	2013 年	2014 年	2015 年	2016 年	2017 年
合　计	**76660.58**	**68723.24**	**60319.66**	**67593.10**	**68059.23**
北　京	3577.52	2449.39	2706.91	2795.57	2361.51
天　津	2672.93	2815.27	2817.19	2511.47	2334.62
石家庄	1030.26	1388.01	787.70	1089.64	1524.44
太　原	681.06	730.79	1061.08	1445.54	1011.67
呼和浩特	1753.62	708.44	713.56	550.62	364.98
沈　阳	3619.10	2316.55	1228.83	1043.56	1334.90
大　连	2004.34	1222.18	607.78	594.40	512.20
长　春	1409.27	1395.98	1000.01	1003.36	947.83
哈尔滨	1553.96	1069.43	1159.41	896.86	1194.27
上　海	2705.95	2782.02	2605.08	2840.95	2618.00
南　京	1745.07	1217.34	1609.58	2281.02	2026.37
无　锡	1556.18	1575.91	873.98	978.18	1105.74
苏　州	2815.79	3139.60	2153.41	2966.51	2565.14
杭　州	2039.06	2411.72	2030.82	2137.54	2176.52
宁　波	1837.20	1468.21	884.58	1052.10	1772.63
温　州	827.77	808.29	631.36	788.54	1104.39
合　肥	2211.02	2050.78	1977.96	2113.31	2041.56
福　州	1760.15	1746.33	1388.91	1409.65	1212.44
厦　门	689.50	739.58	592.47	548.46	605.41
南　昌	1118.55	636.93	854.55	1280.32	1639.14
济　南	1386.65	1294.94	1690.34	1944.94	1726.08
青　岛	1849.50	2044.24	1962.07	2085.39	2030.78
郑　州	2814.36	2749.32	2834.01	5287.21	5449.61
武　汉	2791.80	2318.66	2320.02	2629.89	3020.10
长　沙	2794.97	2603.32	1342.64	2201.03	2113.09
广　州	2144.76	2407.67	1741.28	2132.38	1853.88
深　圳	1366.40	932.68	1208.27	975.33	970.83
南　宁	721.05	1051.03	1124.33	1494.73	1486.21
北　海	331.57	360.66	271.00	261.03	337.01
海　口	276.34	359.14	485.32	811.61	569.81
三　亚	373.93	233.37	257.43	237.33	296.47
重　庆	7641.63	6254.04	5810.85	4875.16	5680.04
成　都	4051.46	4609.67	3796.82	4312.79	4239.29
贵　阳	1897.65	1149.62	1172.79	892.69	894.93
昆　明	2684.12	2064.74	1097.73	1472.27	1598.73
西　安	2524.92	2438.30	2509.70	2867.08	2490.33
兰　州	575.16	624.36	621.81	814.39	755.74
西　宁	646.85	461.21	630.75	642.29	551.57
银　川	1258.58	1206.23	841.82	721.43	614.13
乌鲁木齐	920.58	887.29	915.52	606.50	926.87

数据来源：国家统计局。

表 5－35　**2017 年四十重点城市月度累计房屋新开工面积**

单位：万平方米

类　别	1—3 月	1—4 月	1—5 月	1—6 月	1—7 月	1—8 月	1—9 月	1—10 月	1—11 月	1—12 月
合　计	12074.36	18095.13	24747.00	33093.65	38472.85	44254.68	49863.43	55406.11	61855.25	68059.23
北　京	310.38	573.47	628.57	938.59	1086.72	1225.88	1336.39	1547.35	2035.05	2361.51
天　津	607.95	792.55	1076.86	1452.52	1618.85	1763.43	1980.84	2098.71	2226.48	2334.62
石家庄	177.27	281.45	572.76	831.74	1188.88	1388.06	1301.92	1385.28	1458.09	1524.44
太　原	48.08	112.00	259.99	493.46	580.63	699.41	721.47	783.22	820.32	1011.67
呼和浩特	9.90	40.39	68.81	153.18	197.60	222.27	326.12	367.56	382.84	364.98
沈　阳	87.24	279.62	388.51	534.85	625.94	834.41	1118.94	1172.31	1281.24	1334.90
大　连	79.33	107.26	126.95	172.13	239.20	276.22	357.54	420.44	474.72	512.20
长　春	40.35	95.43	276.48	327.72	449.95	571.44	687.99	808.67	870.79	947.83
哈尔滨	58.45	190.14	341.16	507.94	544.75	615.22	732.60	897.77	1121.88	1194.27
上　海	528.68	786.59	1035.53	1206.82	1386.75	1641.91	1807.54	2089.96	2350.50	2618.00
南　京	430.35	645.95	797.19	899.15	1058.87	1143.47	1544.85	1658.07	1857.70	2026.37
无　锡	158.29	229.68	347.02	482.12	602.41	658.15	749.65	832.11	992.07	1105.74
苏　州	410.98	766.16	1200.55	1462.69	1660.83	1839.30	2016.56	2108.95	2267.32	2565.14
杭　州	371.63	490.58	735.75	959.81	1146.33	1290.62	1494.76	1639.59	1901.67	2176.52
宁　波	266.92	477.37	680.99	918.64	1011.43	1216.61	1464.78	1607.15	1683.94	1772.63
温　州	65.26	173.77	298.61	341.23	476.55	568.09	684.06	817.05	976.96	1104.39
合　肥	510.89	788.32	951.04	1024.79	1224.52	1463.42	1562.27	1658.19	1852.45	2041.56
福　州	156.33	266.65	310.64	513.02	536.29	633.08	706.37	918.11	1071.04	1212.44
厦　门	49.53	82.15	161.05	250.27	367.70	476.72	494.61	541.83	548.14	605.41
南　昌	346.40	388.23	535.18	779.78	915.60	1097.71	1282.35	1398.01	1530.21	1639.14
济　南	412.28	550.29	716.86	796.58	964.31	1176.99	1271.99	1543.82	1615.77	1726.08
青　岛	359.82	530.42	759.02	966.75	1223.32	1418.31	1583.68	1702.97	1851.63	2030.78
郑　州	977.72	1415.08	2074.36	2804.65	3079.52	3448.40	3972.27	4427.55	5020.17	5449.61
武　汉	508.46	842.96	1192.61	1687.91	1868.01	2074.86	2199.23	2341.66	2660.90	3020.10
长　沙	433.65	649.79	755.67	933.80	1106.92	1273.53	1416.43	1633.39	1784.47	2113.09
广　州	390.73	528.62	715.17	977.20	1125.50	1244.35	1314.72	1482.02	1556.18	1853.88
深　圳	230.69	368.32	468.73	606.70	656.34	717.58	772.50	832.49	886.95	970.83
南　宁	246.54	366.57	530.54	752.43	823.55	905.27	935.09	1196.81	1335.00	1486.21
北　海	74.74	86.48	141.41	213.24	221.83	232.07	245.45	270.57	313.18	337.01
海　口	149.93	133.97	151.84	218.21	307.35	389.73	433.68	460.56	550.17	569.81
三　亚	83.98	103.61	115.52	145.56	178.89	213.81	248.84	275.45	278.63	296.47
重　庆	975.26	1335.00	1687.62	2448.04	2887.98	3581.80	4150.17	4507.78	5168.77	5680.04
成　都	1139.20	1609.69	1937.77	2462.52	2748.45	3047.34	3411.63	3758.11	4066.25	4239.29
贵　阳	242.37	326.77	387.63	413.07	451.23	464.51	583.98	668.11	850.30	894.93
昆　明	323.98	492.98	592.56	866.91	897.47	934.01	1021.36	1170.22	1281.41	1598.73
西　安	519.54	764.81	879.19	1276.91	1448.64	1638.64	1814.38	1937.61	2261.49	2490.33
兰　州	41.78	88.65	242.26	353.98	488.42	561.61	603.10	673.76	745.07	755.74
西　宁	98.16	83.29	180.51	285.09	360.69	436.84	442.21	518.78	523.70	551.57
银　川	100.13	190.45	295.38	362.51	372.96	429.48	495.15	523.17	560.80	614.13
乌鲁木齐	51.18	59.59	128.71	271.15	341.65	440.13	575.94	730.92	841.00	926.87

数据来源：国家统计局。

表 5 -36　　2013—2017 年四十重点城市住宅新开工面积

单位：万平方米

类　别	2013 年	2014 年	2015 年	2016 年	2017 年
合　计	**52042.48**	**44265.59**	**38518.73**	**43365.93**	**45046.19**
北　京	1736.54	1282.28	1158.17	1199.43	1159.64
天　津	1744.85	1986.56	1966.85	1943.39	1822.72
石家庄	760.22	1077.67	555.80	730.69	1239.88
太　原	557.77	451.87	703.98	983.47	689.07
呼和浩特	1306.34	510.68	490.75	444.76	272.13
沈　阳	2720.60	1665.01	936.52	791.83	1079.73
大　连	1505.54	939.24	486.05	403.13	395.91
长　春	1014.49	886.94	679.73	604.86	645.04
哈尔滨	1059.55	708.43	743.51	664.98	909.99
上　海	1643.09	1547.29	1560.28	1436.13	1402.91
南　京	1287.07	906.42	1164.80	1684.30	1283.59
无　锡	1108.89	1075.53	648.71	729.95	896.36
苏　州	2055.71	2210.45	1592.38	2310.14	1948.17
杭　州	1143.75	1225.67	1000.27	1225.97	1243.82
宁　波	1003.10	795.74	518.55	619.21	1107.64
温　州	571.31	470.49	412.05	539.32	703.98
合　肥	1478.65	1231.06	1147.47	1370.22	1351.76
福　州	1257.24	1030.24	823.28	952.21	831.73
厦　门	382.73	304.26	280.39	189.73	333.87
南　昌	734.76	503.36	595.46	975.82	1188.93
济　南	838.74	918.30	1193.66	1218.81	1205.14
青　岛	1172.71	1333.69	1368.57	1379.21	1423.94
郑　州	1976.52	1954.73	1983.60	3596.27	3854.71
武　汉	2057.15	1678.98	1819.96	1848.90	2203.54
长　沙	1984.49	1651.89	882.53	1326.36	1292.47
广　州	1341.51	1466.33	1048.05	1258.57	1118.95
深　圳	910.13	549.50	777.32	472.09	422.43
南　宁	544.78	669.12	737.46	953.00	1021.72
北　海	254.38	267.95	195.30	216.27	295.44
海　口	189.64	208.83	345.38	461.19	393.08
三　亚	311.77	182.77	161.58	144.70	223.31
重　庆	5387.60	4275.96	3668.92	2998.92	3759.63
成　都	2551.35	2685.65	2226.86	2559.17	2373.76
贵　阳	1439.42	629.73	629.78	554.14	555.44
昆　明	1835.64	1233.11	666.61	907.55	987.16
西　安	1895.47	1794.35	1458.80	1933.83	1791.87
兰　州	424.19	470.78	379.20	532.04	403.83
西　宁	448.25	241.69	377.22	378.72	268.65
银　川	780.43	774.66	522.13	440.29	404.36
乌鲁木齐	626.11	468.38	610.77	386.37	539.91

数据来源：国家统计局。

表 5－37　　**2017 年四十重点城市月度累计住宅新开工面积**

单位：万平方米

类别	1—3 月	1—4 月	1—5 月	1—6 月	1—7 月	1—8 月	1—9 月	1—10 月	1—11 月	1—12 月
合计	**7911.17**	**11935.71**	**16541.68**	**22055.53**	**25519.74**	**29251.06**	**33090.39**	**36730.26**	**41150.73**	**45046.19**
北京	150.04	247.38	282.50	439.76	483.98	555.75	590.77	709.14	1009.10	1159.64
天津	430.82	562.06	809.96	1096.50	1244.01	1365.07	1542.39	1627.12	1735.47	1822.72
石家庄	148.53	236.42	451.24	689.84	978.30	1131.75	1064.46	1138.00	1202.60	1239.88
太原	43.04	97.54	188.49	361.09	409.89	496.77	515.58	540.91	574.03	689.07
呼和浩特	3.56	30.98	56.56	118.71	144.91	156.86	242.94	275.16	287.57	272.13
沈阳	71.51	233.03	325.32	449.87	522.96	682.21	895.26	940.00	1037.10	1079.73
大连	57.37	79.33	89.73	128.85	181.96	206.03	264.85	324.61	369.53	395.91
长春	27.11	50.44	179.83	209.07	299.43	398.61	477.93	556.60	611.11	645.04
哈尔滨	52.30	127.55	269.09	413.62	437.60	471.59	556.22	671.57	854.95	909.99
上海	290.90	444.03	590.99	690.15	796.45	884.76	972.82	1127.91	1266.80	1402.91
南京	284.53	397.24	483.98	519.27	643.21	682.98	946.76	990.10	1150.91	1283.59
无锡	126.19	188.19	285.34	385.55	480.55	528.90	603.80	673.76	811.62	896.36
苏州	270.95	558.28	934.83	1107.48	1232.65	1387.21	1523.76	1590.71	1711.32	1948.17
杭州	225.57	308.61	461.35	591.35	690.67	782.57	893.42	998.61	1139.37	1243.82
宁波	137.61	272.79	416.90	588.22	628.42	762.66	919.81	998.36	1062.42	1107.64
温州	29.24	100.41	200.70	236.61	290.97	340.00	419.38	517.58	623.24	703.98
合肥	333.95	512.83	610.71	658.43	791.03	937.52	1026.43	1088.06	1195.54	1351.76
福州	109.87	172.89	202.54	367.75	378.49	440.85	483.58	627.67	735.59	831.73
厦门	28.45	47.20	92.24	154.05	228.03	257.08	267.51	295.10	295.33	333.87
南昌	284.60	309.86	422.55	598.35	729.21	857.22	977.73	1063.84	1124.25	1188.93
济南	311.32	400.80	529.91	603.02	696.56	853.35	938.65	1130.91	1157.87	1205.14
青岛	263.67	393.27	550.37	712.31	872.08	1014.00	1137.81	1200.17	1292.17	1423.94
郑州	627.05	919.13	1360.34	1877.99	2123.95	2353.69	2783.70	3126.21	3555.32	3854.71
武汉	336.29	601.48	878.06	1217.41	1351.58	1480.21	1575.06	1689.64	1948.78	2203.54
长沙	270.64	409.79	457.09	537.66	620.22	746.22	822.64	973.64	1073.30	1292.47
广州	251.53	325.29	442.93	607.30	716.46	784.23	820.99	899.91	947.89	1118.95
深圳	87.75	144.59	180.70	255.84	287.41	324.59	364.02	386.95	393.06	422.43
南宁	176.74	260.17	382.37	540.95	587.66	624.06	645.04	821.38	925.85	1021.72
北海	63.13	73.06	121.02	191.01	199.05	208.40	221.60	242.55	279.14	295.44
海口	100.51	97.59	103.25	151.31	204.28	270.25	300.87	315.99	380.29	393.08
三亚	59.11	75.83	81.08	107.98	133.27	162.26	188.23	205.41	206.40	223.31
重庆	682.45	907.67	1116.38	1616.18	1889.26	2365.10	2768.29	2984.13	3401.84	3759.63
成都	613.92	937.34	1129.33	1365.95	1492.35	1677.96	1838.97	2086.31	2300.10	2373.76
贵阳	175.54	239.57	272.74	279.20	292.93	294.11	357.69	398.82	533.89	555.44
昆明	211.72	345.00	419.89	545.02	565.95	579.25	656.01	745.66	820.04	987.16
西安	410.02	602.01	685.75	954.07	1080.60	1179.84	1319.56	1400.03	1651.18	1791.87
兰州	33.19	53.00	138.93	185.37	234.38	278.51	304.21	341.81	396.46	403.83
西宁	61.06	36.00	87.63	130.36	142.71	187.86	190.51	249.77	252.65	268.65
银川	51.36	113.97	193.24	235.60	243.54	280.99	330.35	348.90	363.86	404.36
乌鲁木齐	18.04	23.09	55.85	136.51	192.81	259.80	340.82	427.26	472.79	539.91

数据来源：国家统计局。

表 5－38　　2013—2017 年四十重点城市办公楼新开工面积

单位：万平方米

类　别	2013 年	2014 年	2015 年	2016 年	2017 年
合　计	**4531.67**	**4945.58**	**4580.93**	**4507.14**	**4124.06**
北　京	671.40	421.37	585.56	464.41	364.61
天　津	173.84	132.38	210.63	41.48	67.49
石家庄	85.99	46.43	79.32	143.39	29.12
太　原	29.63	119.45	55.37	100.74	43.68
呼和浩特	32.26	18.91	17.32	1.65	8.73
沈　阳	69.97	69.14	9.08	18.39	31.22
大　连	66.99	26.96	8.36	15.24	12.09
长　春	74.61	73.63	67.65	78.33	27.79
哈尔滨	17.55	52.76	60.69	21.00	15.42
上　海	264.06	365.25	304.87	384.49	368.84
南　京	54.05	49.33	126.02	67.34	207.09
无　锡	82.96	55.28	38.56	16.40	21.03
苏　州	93.24	156.42	76.47	100.54	144.32
杭　州	246.97	356.08	235.66	148.48	248.01
宁　波	122.68	99.17	57.72	90.13	69.55
温　州	14.91	32.56	21.21	16.41	18.87
合　肥	81.42	89.70	191.07	157.57	152.96
福　州	80.20	150.01	89.28	95.33	75.58
厦　门	63.46	149.62	110.76	102.01	83.39
南　昌	120.14	32.98	47.77	88.99	77.93
济　南	193.30	75.22	153.67	143.10	114.62
青　岛	94.84	159.45	118.90	115.67	94.64
郑　州	208.69	178.08	167.29	202.83	276.77
武　汉	135.58	127.35	142.08	169.57	229.63
长　沙	105.93	157.25	83.25	171.09	106.81
广　州	221.39	214.83	162.85	261.63	163.44
深　圳	114.88	91.30	126.79	165.80	261.28
南　宁	13.25	116.95	78.61	200.04	26.88
北　海	4.12	0.34	7.56	0.01	0.10
海　口	13.20	2.48	5.79	48.71	12.76
三　亚	0.66	4.98	4.45	—	0.65
重　庆	241.15	264.17	157.43	160.79	94.86
成　都	178.57	335.34	244.90	207.05	255.98
贵　阳	119.42	128.80	128.34	39.52	50.32
昆　明	119.42	144.78	47.66	117.88	82.16
西　安	151.28	158.42	346.58	188.59	120.89
兰　州	16.78	34.86	49.39	24.14	45.94
西　宁	41.42	49.22	45.84	38.45	44.08
银　川	51.47	72.21	57.09	62.33	17.90
乌鲁木齐	59.99	132.12	59.08	37.61	56.65

数据来源：国家统计局。

表 5－39　　2017 年四十重点城市月度累计办公楼新开工面积

单位：万平方米

类　别	1—3 月	1—4 月	1—5 月	1—6 月	1—7 月	1—8 月	1—9 月	1—10 月	1—11 月	1—12 月
合　计	**853.96**	**1257.15**	**1597.87**	**2048.51**	**2375.82**	**2753.31**	**3050.82**	**3332.23**	**3645.35**	**4124.06**
北　京	43.04	119.68	125.94	167.86	227.76	237.86	265.51	272.54	288.47	364.61
天　津	38.60	46.51	34.95	49.15	54.85	55.05	55.05	55.05	55.05	67.49
石家庄	7.18	7.48	39.71	17.11	19.88	20.24	21.69	21.96	23.00	29.12
太　原	0.08	0.19	4.70	17.01	18.16	21.91	21.91	26.58	26.62	43.68
呼和浩特	—	—	—	—	3.08	3.08	8.73	8.73	8.73	8.73
沈　阳	2.36	12.53	13.05	13.15	13.17	13.18	31.22	31.22	31.22	31.22
大　连	0.31	1.59	6.50	6.50	6.50	6.70	12.08	12.08	12.09	12.09
长　春	—	0.13	6.45	7.35	12.22	14.44	16.49	16.51	16.51	27.79
哈尔滨	—	0.01	0.16	0.49	1.47	4.24	5.14	12.67	14.81	15.42
上　海	65.19	85.11	124.34	147.23	165.10	252.08	278.96	299.30	326.20	368.84
南　京	40.97	75.94	107.89	121.78	130.77	139.23	151.63	202.96	209.47	207.09
无　锡	2.65	2.65	6.91	18.12	18.10	18.10	18.10	20.39	20.78	21.03
苏　州	29.18	29.61	33.74	74.95	94.62	97.53	98.19	106.49	126.76	144.32
杭　州	58.25	65.93	92.07	102.05	119.22	127.06	165.66	171.13	206.17	248.01
宁　波	14.18	22.90	24.34	24.34	36.24	45.62	56.88	65.47	69.43	69.55
温　州	7.20	12.28	13.77	13.81	14.69	14.69	18.63	18.73	18.73	18.87
合　肥	16.20	47.94	74.40	79.34	100.83	116.89	116.99	125.82	147.73	152.96
福　州	6.44	26.58	29.95	31.53	33.37	39.86	46.79	64.81	67.58	75.58
厦　门	6.39	12.35	18.63	18.77	29.81	78.33	78.33	82.16	82.51	83.39
南　昌	7.60	14.09	14.96	18.93	19.78	23.48	41.04	47.31	52.18	77.93
济　南	20.64	35.17	35.91	37.24	46.23	68.05	68.33	84.80	95.99	114.62
青　岛	18.59	21.28	33.06	42.83	51.12	55.05	63.50	69.17	78.81	94.64
郑　州	81.87	86.23	114.01	136.52	159.09	195.00	204.29	224.71	254.92	276.77
武　汉	63.23	96.08	105.61	138.24	151.98	168.46	178.69	179.97	194.18	229.63
长　沙	18.27	27.21	43.19	65.95	68.41	68.62	88.35	88.73	96.88	106.81
广　州	35.38	56.76	58.32	78.77	91.12	115.49	119.97	142.20	148.34	163.44
深　圳	72.38	104.73	134.84	156.99	164.59	171.07	177.36	207.03	243.89	261.28
南　宁	4.43	15.46	16.40	16.86	16.86	22.90	22.90	26.47	26.65	26.88
北　海	—	—	0.04	0.15	0.04	0.04	0.04	0.05	0.05	0.10
海　口	5.87	8.97	10.62	10.77	12.40	12.37	12.42	12.76	12.71	12.76
三　亚	0.13	0.13	0.63	0.63	0.63	0.63	0.63	0.65	0.65	0.65
重　庆	23.02	30.92	40.64	61.64	71.11	78.74	87.60	87.11	93.25	94.86
成　都	86.25	99.37	113.86	156.63	180.43	182.82	203.69	211.64	229.37	255.98
贵　阳	17.00	17.63	18.63	19.92	20.87	25.51	34.89	42.74	49.93	50.32
昆　明	21.12	22.05	22.50	47.75	47.97	48.48	52.69	56.51	61.26	82.16
西　安	17.71	18.19	21.89	46.62	50.10	75.24	80.47	82.17	90.33	120.89
兰　州	0.21	6.21	18.37	35.52	42.02	44.50	44.61	45.83	45.94	45.94
西　宁	1.10	5.97	8.95	23.31	38.55	38.75	38.75	42.78	43.60	44.08
银　川	6.08	6.38	8.77	14.56	14.56	16.21	16.25	16.96	17.90	17.90
乌鲁木齐	14.89	14.89	19.14	28.14	28.14	35.79	46.35	48.05	56.65	56.65

数据来源：国家统计局。

表 5 - 40　　2013—2017 年四十重点城市商业营业用房新开工面积

单位：万平方米

类　别	2013 年	2014 年	2015 年	2016 年	2017 年
合　计	9220.50	8915.42	8043.95	8139.19	7388.15
北　京	351.01	208.17	343.62	278.50	156.30
天　津	370.11	275.08	292.38	228.70	166.68
石家庄	145.27	197.36	111.93	123.27	153.97
太　原	36.26	80.10	137.77	102.68	108.14
呼和浩特	289.98	73.56	116.21	53.17	64.04
沈　阳	552.42	418.45	210.36	142.51	125.17
大　连	205.02	120.31	56.41	100.02	54.98
长　春	163.53	246.23	141.33	195.31	143.14
哈尔滨	332.08	148.57	235.05	105.41	136.81
上　海	274.96	388.03	307.57	401.78	297.68
南　京	168.13	104.60	133.29	174.96	215.81
无　锡	247.71	313.77	144.82	160.58	65.96
苏　州	302.25	399.61	281.64	226.04	169.86
杭　州	224.46	315.18	338.96	244.72	234.41
宁　波	294.35	200.46	92.28	101.84	132.61
温　州	47.15	134.22	81.39	101.04	112.77
合　肥	348.90	442.99	401.83	291.57	219.36
福　州	133.46	232.69	202.27	113.73	74.15
厦　门	116.46	87.37	56.36	48.04	26.61
南　昌	99.94	53.31	112.54	136.63	206.20
济　南	152.30	125.37	128.01	260.70	140.14
青　岛	221.01	216.34	152.57	207.66	223.88
郑　州	267.47	243.20	285.20	514.22	512.84
武　汉	270.91	225.30	159.51	232.54	279.35
长　沙	275.55	361.56	180.34	358.36	295.27
广　州	243.05	290.48	240.16	268.10	207.33
深　圳	120.68	118.00	153.91	154.75	136.97
南　宁	54.25	107.74	89.47	118.31	118.36
北　海	31.59	53.08	36.79	28.99	15.54
海　口	20.41	106.89	46.09	93.16	77.47
三　亚	35.46	12.59	18.87	37.76	21.56
重　庆	1001.32	774.73	1037.72	899.94	768.10
成　都	561.41	641.48	522.59	533.16	681.29
贵　阳	131.45	124.83	217.00	147.82	138.43
昆　明	334.73	314.88	158.01	110.86	179.09
西　安	273.73	292.44	415.89	398.04	226.47
兰　州	68.55	69.41	88.60	144.91	142.36
西　宁	71.74	100.68	97.63	130.15	138.52
银　川	254.53	159.20	109.12	106.62	90.66
乌鲁木齐	126.91	137.16	108.44	62.64	129.87

数据来源：国家统计局。

表 5－41　　2017 年四十重点城市月度累计商业营业用房新开工面积

单位：万平方米

类　别	1—3 月	1—4 月	1—5 月	1—6 月	1—7 月	1—8 月	1—9 月	1—10 月	1—11 月	1—12 月
合　计	**1479.64**	**2083.42**	**2767.75**	**3679.91**	**4353.41**	**4959.06**	**5545.28**	**6178.18**	**6747.94**	**7388.15**
北　京	45.14	66.48	67.43	72.46	73.38	107.06	120.38	124.98	136.35	156.30
天　津	67.68	73.05	101.58	120.07	121.77	124.51	134.86	141.72	147.77	166.68
石家庄	13.74	27.60	56.73	67.57	102.44	134.13	128.40	132.65	136.57	153.97
太　原	1.91	7.10	32.44	45.03	63.86	73.56	73.86	93.87	95.31	108.14
呼和浩特	5.66	6.71	8.76	25.24	39.15	47.60	56.57	63.92	65.29	64.04
沈　阳	4.39	13.00	26.11	36.36	44.81	68.72	100.21	104.48	114.43	125.17
大　连	14.13	16.90	18.78	23.44	27.77	28.42	44.93	47.31	49.52	54.98
长　春	8.11	20.73	36.96	46.44	54.62	67.32	90.03	118.39	123.41	143.14
哈尔滨	3.93	51.45	56.34	66.46	73.05	87.95	95.69	112.58	127.26	136.81
上　海	63.04	80.78	91.97	112.47	126.12	158.38	176.37	220.49	259.67	297.68
南　京	50.65	87.92	99.30	132.03	143.18	159.27	181.15	188.99	200.70	215.81
无　锡	12.43	16.63	25.52	32.05	35.15	35.92	45.95	48.75	52.22	65.96
苏　州	59.82	78.04	85.49	106.14	127.54	125.37	142.93	148.86	152.55	169.86
杭　州	19.80	26.27	46.97	106.73	130.97	147.36	155.32	166.16	191.99	234.41
宁　波	36.25	63.31	79.82	82.35	94.56	97.94	108.79	129.88	130.68	132.61
温　州	8.78	24.32	31.16	32.83	41.39	59.40	74.67	84.59	106.75	112.77
合　肥	60.89	82.19	95.95	105.33	131.69	171.80	172.04	181.23	214.17	219.36
福　州	19.88	35.70	39.75	56.38	53.59	54.86	56.32	63.64	68.70	74.15
厦　门	2.64	4.47	10.14	12.77	15.04	18.33	19.35	24.03	25.67	26.61
南　昌	31.11	34.50	49.62	85.14	94.91	130.17	161.95	179.49	190.98	206.20
济　南	30.55	38.43	50.73	50.54	75.95	86.34	92.03	119.81	127.92	140.14
青　岛	34.50	54.01	72.58	91.97	135.71	151.24	165.58	201.60	213.17	223.88
郑　州	114.98	171.91	230.30	325.37	351.73	369.31	421.88	433.89	471.16	512.84
武　汉	73.92	89.21	129.84	188.73	213.91	236.86	243.72	256.21	263.18	279.35
长　沙	39.26	73.10	104.36	138.70	164.70	198.91	208.63	244.44	268.13	295.27
广　州	57.27	79.06	103.64	116.15	135.56	143.70	157.81	194.72	196.65	207.33
深　圳	42.44	62.59	86.88	95.75	104.74	109.93	112.15	117.60	126.45	136.97
南　宁	17.19	24.21	34.73	48.56	54.34	70.08	72.70	94.25	107.86	118.36
北　海	6.31	6.63	6.99	8.01	8.42	9.21	9.31	11.11	12.98	15.54
海　口	23.72	17.73	22.45	27.39	48.97	53.75	60.83	65.08	74.52	77.47
三　亚	3.36	5.85	9.03	9.51	13.01	15.43	17.10	21.56	23.26	21.56
重　庆	143.17	198.33	256.94	352.56	423.72	478.66	542.61	599.29	696.44	768.10
成　都	204.58	234.45	292.84	380.30	438.72	479.82	601.42	630.17	650.73	681.29
贵　阳	28.82	36.08	42.44	56.16	71.98	74.50	85.39	110.89	119.66	138.43
昆　明	22.82	37.98	42.44	85.38	87.01	90.30	84.80	99.22	120.57	179.09
西　安	48.39	63.95	72.74	107.43	137.27	164.81	170.52	186.49	209.38	226.47
兰　州	1.60	5.96	37.04	64.51	96.03	104.04	108.90	136.82	141.44	142.36
西　宁	17.05	21.06	48.95	79.56	101.31	116.52	117.91	126.98	127.84	138.52
银　川	30.51	35.96	43.97	53.69	56.18	60.35	71.70	74.53	85.93	90.66
乌鲁木齐	9.24	9.77	18.07	32.36	39.16	47.22	60.55	77.52	120.70	129.87

数据来源：国家统计局。

表 5－42　　2013—2017 年四十重点城市商品房竣工面积

单位：万平方米

类　别	2013 年	2014 年	2015 年	2016 年	2017 年
合　计	**39762.88**	**44252.00**	**42207.63**	**44916.57**	**42178.03**
北　京	2666.35	3054.12	2631.45	2369.95	1466.67
天　津	2805.37	2924.82	2903.57	2914.25	2023.41
石家庄	865.93	589.57	417.05	396.48	376.05
太　原	248.39	585.79	423.32	560.46	393.68
呼和浩特	400.05	461.87	301.29	333.36	379.83
沈　阳	1459.80	1225.87	1036.99	903.15	823.03
大　连	1046.57	726.32	289.32	191.92	294.10
长　春	1008.12	772.58	590.15	761.95	905.66
哈尔滨	1056.95	1369.83	1360.56	1518.21	678.24
上　海	2254.44	2313.29	2647.18	2550.64	3387.56
南　京	1039.39	967.40	1449.10	1241.33	1077.49
无　锡	1139.80	950.83	1171.01	1323.60	1129.90
苏　州	1692.51	1527.19	1653.14	1882.07	2145.62
杭　州	1172.24	1501.64	1665.23	1922.99	2085.61
宁　波	867.48	1271.09	1007.76	1097.22	1032.62
温　州	360.89	539.99	597.72	770.88	680.85
合　肥	1435.33	1055.13	1033.90	1180.33	1179.34
福　州	832.55	833.86	1064.05	823.82	1155.74
厦　门	343.79	585.48	446.65	453.55	426.36
南　昌	373.75	510.97	433.82	417.14	558.97
济　南	805.02	516.76	615.99	1134.12	631.29
青　岛	957.34	1135.74	1523.35	1425.79	1486.53
郑　州	1137.47	1889.36	1076.66	1455.24	1537.06
武　汉	679.31	765.42	804.58	813.17	776.30
长　沙	1401.84	1412.05	1349.29	1646.66	1159.87
广　州	1141.30	1919.46	1511.49	1202.24	1320.66
深　圳	353.55	425.31	360.21	490.03	285.06
南　宁	325.58	465.43	574.97	471.61	578.22
北　海	108.03	169.62	147.15	235.90	190.27
海　口	195.01	393.66	218.89	306.72	548.10
三　亚	50.28	318.08	190.29	234.98	117.71
重　庆	3804.36	3717.78	4630.29	4421.30	5055.73
成　都	1879.65	2119.26	1435.73	2734.24	1857.47
贵　阳	711.69	1073.69	1405.66	974.00	313.63
昆　明	602.68	630.54	721.96	468.97	680.33
西　安	795.35	1514.14	955.62	1545.43	1571.73
兰　州	158.49	118.52	194.51	260.52	192.98
西　宁	524.40	490.96	289.88	319.05	342.82
银　川	643.23	727.23	704.68	765.66	859.64
乌鲁木齐	418.60	681.35	373.19	397.61	471.90

数据来源：国家统计局。

表 5-43　　2017 年四十重点城市月度累计商品房竣工面积

单位：万平方米

类别	1—3 月	1—4 月	1—5 月	1—6 月	1—7 月	1—8 月	1—9 月	1—10 月	1—11 月	1—12 月
合计	8823.10	10760.85	12967.97	16061.48	18331.60	20198.74	22234.08	25705.26	30503.32	42178.03
北京	270.19	319.46	406.29	487.26	568.30	599.67	626.70	749.79	829.24	1466.67
天津	82.15	122.48	150.16	174.21	214.42	256.80	304.45	473.25	553.03	2023.41
石家庄	50.76	96.03	117.99	126.86	143.37	153.26	245.42	238.15	292.08	376.05
太原	43.99	53.97	56.25	56.25	56.25	59.03	75.11	159.93	209.03	393.68
呼和浩特	54.07	39.72	45.45	96.26	96.26	110.50	150.87	256.28	410.51	379.83
沈阳	161.18	174.87	236.61	270.66	308.38	425.78	603.55	709.65	795.29	823.03
大连	60.51	81.60	91.08	129.45	178.44	179.49	201.71	223.05	261.21	294.10
长春	117.71	155.76	231.02	341.14	440.60	543.02	570.34	641.00	719.69	905.66
哈尔滨	12.86	63.97	163.87	173.85	209.65	220.58	293.43	366.05	562.18	678.24
上海	1198.05	1268.33	1384.21	1707.06	1936.56	2052.04	2178.69	2372.38	2616.85	3387.56
南京	187.54	224.80	330.92	492.04	526.87	557.09	570.16	628.22	786.58	1077.49
无锡	307.83	375.06	407.77	461.11	489.38	505.96	528.70	592.23	812.30	1129.90
苏州	428.48	523.02	684.27	887.90	1066.59	1126.12	1201.35	1391.67	1643.10	2145.62
杭州	503.53	548.65	694.38	942.81	1099.26	1238.94	1347.15	1443.26	1607.69	2085.61
宁波	178.19	274.09	369.21	445.14	470.18	518.89	614.46	731.38	818.57	1032.62
温州	89.78	111.97	159.14	182.06	196.30	226.14	227.08	231.46	298.79	680.85
合肥	338.65	391.04	480.06	582.38	639.87	675.24	703.99	790.14	874.59	1179.34
福州	270.99	305.83	305.83	447.34	462.55	565.12	660.56	858.51	903.02	1155.74
厦门	60.62	72.57	107.67	129.87	178.06	191.55	220.36	270.49	267.69	426.36
南昌	87.09	100.05	109.41	150.52	195.33	245.51	304.73	325.67	448.77	558.97
济南	148.90	165.44	202.24	203.87	230.90	288.71	312.27	409.97	488.48	631.29
青岛	315.35	377.59	407.59	452.58	507.72	555.88	618.62	779.12	937.92	1486.53
郑州	129.96	189.15	241.47	279.94	343.98	406.16	436.51	519.64	600.04	1537.06
武汉	192.18	248.15	317.47	496.46	560.63	599.53	630.69	658.12	687.56	776.30
长沙	298.43	368.91	490.26	558.71	635.99	717.87	753.54	845.47	898.04	1159.87
广州	292.59	336.84	373.55	439.86	474.71	498.43	509.17	645.99	826.23	1320.66
深圳	111.59	140.48	158.74	205.12	219.25	231.11	231.47	236.58	277.02	285.06
南宁	28.22	47.35	47.35	112.71	174.84	174.84	204.31	246.95	366.54	578.22
北海	109.92	140.80	143.64	143.99	147.79	147.79	147.79	152.80	158.19	190.27
海口	217.02	332.65	334.84	352.40	365.32	470.52	491.90	508.78	512.80	548.10
三亚	71.39	82.92	82.92	108.19	108.70	108.70	112.18	113.91	115.66	117.71
重庆	926.02	1120.37	1369.80	1921.11	2111.45	2297.97	2576.09	2895.88	4190.46	5055.73
成都	572.18	707.79	800.22	872.60	1025.61	1068.41	1203.95	1269.16	1432.03	1857.47
贵阳	48.09	52.79	64.30	64.30	75.85	86.48	122.04	144.28	154.50	313.63
昆明	187.53	239.64	280.17	316.17	521.46	543.59	555.24	580.20	589.53	680.33
西安	464.01	589.94	698.29	742.36	778.80	942.68	980.26	1270.77	1365.75	1571.73
兰州	5.67	50.23	54.90	57.90	57.90	58.10	58.10	98.36	98.36	192.98
西宁	69.78	44.57	50.28	53.21	53.21	57.78	89.65	89.65	98.51	342.82
银川	95.09	127.16	179.46	244.36	271.02	310.70	336.04	504.70	662.20	859.64
乌鲁木齐	35.01	94.81	138.91	151.45	189.83	182.75	235.45	282.39	333.30	471.90

数据来源：国家统计局。

表 5 - 44

2013—2017 年四十重点城市住宅竣工面积

单位：万平方米

类　别	2013 年	2014 年	2015 年	2016 年	2017 年
合　计	**29028. 81**	**31275. 87**	**28954. 95**	**30847. 10**	**27581. 05**
北　京	1692. 04	1804. 34	1378. 22	1267. 06	604. 04
天　津	2117. 66	2130. 25	2182. 99	2189. 14	1433. 24
石家庄	631. 35	442. 38	259. 91	306. 19	319. 64
太　原	211. 17	491. 04	322. 01	458. 32	249. 13
呼和浩特	308. 77	345. 11	235. 10	235. 46	240. 14
沈　阳	1230. 34	993. 88	768. 76	802. 08	688. 26
大　连	850. 66	577. 18	233. 48	146. 62	236. 56
长　春	768. 85	634. 43	434. 66	538. 51	592. 77
哈尔滨	845. 72	1007. 90	964. 85	1145. 41	474. 68
上　海	1417. 41	1535. 55	1588. 95	1532. 88	1862. 74
南　京	754. 04	722. 29	1063. 87	911. 63	805. 85
无　锡	851. 02	622. 75	881. 07	969. 40	862. 31
苏　州	1227. 53	1129. 36	1274. 57	1402. 80	1472. 03
杭　州	845. 12	928. 01	1070. 27	1113. 35	1170. 81
宁　波	462. 51	712. 21	613. 39	651. 57	622. 09
温　州	249. 20	393. 85	431. 30	534. 04	457. 07
合　肥	1072. 32	700. 68	709. 50	860. 61	779. 88
福　州	605. 83	600. 12	745. 09	524. 62	765. 17
厦　门	214. 11	349. 68	274. 17	239. 57	228. 78
南　昌	305. 47	426. 81	346. 31	338. 63	389. 41
济　南	613. 53	384. 53	370. 55	802. 77	491. 10
青　岛	674. 86	809. 86	1047. 67	951. 51	968. 60
郑　州	760. 56	1122. 87	670. 50	1056. 28	1025. 56
武　汉	529. 70	645. 98	654. 63	600. 10	597. 82
长　沙	1067. 56	1042. 34	949. 47	1105. 99	805. 06
广　州	709. 60	1220. 51	981. 30	818. 43	831. 83
深　圳	196. 33	269. 26	202. 37	280. 64	183. 79
南　宁	234. 47	329. 78	423. 16	338. 10	440. 47
北　海	93. 11	139. 28	118. 88	206. 54	174. 94
海　口	147. 61	326. 11	172. 05	234. 29	316. 94
三　亚	34. 81	280. 05	155. 30	212. 46	96. 90
重　庆	2867. 45	2771. 55	3185. 90	3084. 00	3316. 37
成　都	1353. 09	1384. 25	858. 64	1738. 50	1075. 10
贵　阳	536. 47	795. 36	1080. 00	636. 96	201. 92
昆　明	499. 36	387. 78	482. 05	211. 05	394. 52
西　安	663. 20	1288. 67	747. 84	1251. 00	1231. 43
兰　州	128. 31	89. 88	164. 80	166. 03	135. 18
西　宁	421. 14	391. 04	195. 03	187. 11	177. 97
银　川	491. 52	502. 21	409. 04	517. 92	526. 89
乌鲁木齐	345. 01	546. 74	307. 30	279. 51	334. 08

数据来源：国家统计局。

表 5－45

2017 年四十重点城市月度累计住宅竣工面积

单位：万平方米

类别	1—3 月	1—4 月	1—5 月	1—6 月	1—7 月	1—8 月	1—9 月	1—10 月	1—11 月	1—12 月
合计	**5798.48**	**7049.96**	**8510.27**	**10588.45**	**12013.24**	**13301.46**	**14588.64**	**16665.73**	**19910.68**	**27581.05**
北京	96.34	135.31	169.25	209.90	237.90	257.56	278.39	319.24	350.74	604.04
天津	43.80	76.64	94.91	109.96	140.73	173.69	182.02	267.70	317.40	1433.24
石家庄	40.03	73.80	95.54	103.47	118.56	127.36	209.57	200.06	249.48	319.64
太原	42.54	51.79	54.07	54.07	54.07	56.84	70.88	98.72	118.84	249.13
呼和浩特	38.14	26.01	29.32	68.47	68.47	81.27	103.50	146.50	261.41	240.14
沈阳	145.62	158.18	201.72	229.12	260.71	363.04	503.34	591.35	662.18	688.26
大连	51.95	72.07	79.98	110.94	151.11	151.95	170.62	189.51	214.59	236.56
长春	69.23	90.60	138.81	215.38	283.60	345.88	364.23	415.85	469.25	592.77
哈尔滨	11.51	45.01	114.53	123.32	153.13	162.07	203.43	241.80	407.70	474.68
上海	699.84	730.61	790.66	928.42	1062.43	1106.66	1190.74	1275.84	1467.42	1862.74
南京	154.61	178.45	266.19	374.11	395.60	411.69	422.29	461.80	573.98	805.85
无锡	216.10	250.99	282.95	324.09	347.93	361.35	373.18	422.98	603.79	862.31
苏州	246.14	311.83	442.67	572.12	662.73	709.31	767.19	888.72	1068.92	1472.03
杭州	316.19	350.57	442.80	607.96	713.52	787.61	835.70	863.92	943.12	1170.81
宁波	89.42	152.11	205.12	260.07	279.60	316.59	369.87	435.59	489.63	622.09
温州	50.63	69.20	106.50	112.43	125.80	146.63	147.34	149.02	196.69	457.07
合肥	263.97	309.12	353.89	430.59	447.86	471.82	473.37	525.60	574.81	779.88
福州	202.77	202.77	202.77	278.40	290.54	367.67	443.67	569.84	606.05	765.17
厦门	28.16	32.01	54.59	68.39	96.07	105.73	125.03	135.50	136.25	228.78
南昌	74.78	84.09	84.83	104.13	142.58	187.30	205.98	222.65	321.62	389.41
济南	106.06	111.94	135.78	137.10	161.31	210.11	227.42	316.35	374.83	491.10
青岛	199.07	242.42	265.66	297.76	312.88	351.78	403.95	513.43	597.58	968.60
郑州	77.75	112.11	149.00	177.58	219.03	267.56	290.83	317.46	352.88	1025.56
武汉	126.80	174.75	242.14	392.49	427.11	457.54	485.91	510.96	522.20	597.82
长沙	214.02	269.36	333.96	387.93	446.57	508.67	531.21	596.09	633.15	805.06
广州	160.33	187.26	215.04	258.20	281.90	299.37	310.05	418.47	536.54	831.83
深圳	80.39	104.32	108.62	133.92	146.88	154.30	154.66	159.55	183.65	183.79
南宁	20.79	34.56	34.56	92.43	127.02	127.02	153.42	183.39	265.81	440.47
北海	101.64	127.61	129.79	130.14	133.94	133.94	133.94	138.33	142.97	174.94
海口	117.54	170.65	172.35	187.10	198.43	254.72	274.06	290.03	293.39	316.94
三亚	54.53	65.89	65.89	87.89	87.89	87.89	91.37	93.11	94.86	96.90
重庆	661.58	789.47	951.43	1364.30	1481.07	1600.30	1755.66	1924.66	2760.88	3316.37
成都	344.49	432.67	467.82	520.82	610.88	639.77	679.92	718.89	838.42	1075.10
贵阳	29.48	29.48	29.48	29.48	33.20	40.73	64.92	64.92	73.56	201.92
昆明	108.45	126.79	158.64	171.31	303.90	322.03	325.06	344.09	349.79	394.52
西安	371.51	460.16	553.65	586.35	607.90	732.01	763.62	979.30	1054.85	1231.43
兰州	4.36	30.91	34.47	37.47	37.47	37.67	37.67	74.38	74.38	135.18
西宁	59.94	40.43	46.14	48.08	48.08	49.38	71.53	71.53	79.63	177.97
银川	61.55	75.66	113.38	160.03	181.42	208.34	224.56	322.12	402.09	526.89
乌鲁木齐	16.43	62.37	91.34	102.72	133.42	126.33	168.56	206.49	245.34	334.08

数据来源：国家统计局。

表 5－46　　2013—2017 年四十重点城市办公楼竣工面积

单位：万平方米

类　别	2013 年	2014 年	2015 年	2016 年	2017 年
合　计	**1938.98**	**2243.34**	**2451.21**	**2456.44**	**2792.66**
北　京	273.05	387.45	385.38	343.74	321.18
天　津	188.59	117.15	171.18	143.22	138.64
石家庄	83.35	17.34	62.77	29.94	11.76
太　原	11.07	9.30	12.08	11.36	55.88
呼和浩特	7.73	18.61	6.77	2.68	20.64
沈　阳	8.54	20.89	11.73	11.25	17.82
大　连	23.44	2.47	0.18	5.19	1.63
长　春	15.23	7.08	31.18	17.65	57.13
哈尔滨	24.06	49.86	19.30	26.14	16.13
上　海	176.01	165.03	219.23	279.31	444.83
南　京	53.66	25.04	73.28	30.49	18.65
无　锡	89.27	88.61	43.29	44.54	20.75
苏　州	63.50	27.81	55.56	70.13	107.18
杭　州	68.31	109.76	116.29	208.47	241.84
宁　波	86.38	121.27	71.93	62.79	44.89
温　州	6.08	10.64	16.70	28.38	15.96
合　肥	60.42	57.08	50.21	32.81	92.55
福　州	20.02	45.65	58.85	54.54	19.98
厦　门	17.43	58.50	45.63	44.91	59.45
南　昌	16.46	20.75	16.73	14.53	36.92
济　南	25.08	10.42	62.03	50.17	50.00
青　岛	25.72	62.17	78.75	114.25	90.05
郑　州	85.08	162.11	115.02	89.92	119.20
武　汉	33.42	16.81	18.45	34.43	35.08
长　沙	35.62	53.25	62.06	83.53	46.44
广　州	147.36	135.59	124.40	112.85	64.19
深　圳	30.84	10.97	47.48	51.33	34.41
南　宁	9.67	22.88	22.36	22.22	25.08
北　海	0.14	0.65	0.39	—	0.03
海　口	—	1.24	5.01	2.68	45.09
三　亚	0.03	—	6.41	0.23	0.26
重　庆	75.76	115.03	195.72	100.97	142.01
成　都	86.70	124.80	80.23	115.30	123.81
贵　阳	19.00	47.06	56.06	96.40	17.57
昆　明	21.68	30.84	31.87	11.33	47.07
西　安	30.34	17.99	29.64	30.29	75.25
兰　州	0.95	6.41	1.50	6.87	10.85
西　宁	7.94	11.97	21.02	32.46	49.09
银　川	7.96	24.47	24.57	25.77	60.90
乌鲁木齐	3.09	28.39	—	13.39	12.49

数据来源：国家统计局。

表 5 – 47 **2017 年四十重点城市月度累计办公楼竣工面积**

单位：万平方米

类别	1—3 月	1—4 月	1—5 月	1—6 月	1—7 月	1—8 月	1—9 月	1—10 月	1—11 月	1—12 月
合计	**673.78**	**821.33**	**930.98**	**1109.59**	**1278.46**	**1367.37**	**1552.23**	**1863.26**	**2102.55**	**2792.66**
北京	74.36	74.36	98.40	110.11	133.42	139.41	141.77	182.00	206.53	321.18
天津	2.49	2.49	2.49	2.49	2.49	2.49	36.98	55.83	66.31	138.64
石家庄	2.99	2.99	2.99	2.99	2.99	2.99	9.99	10.12	10.15	11.76
太原	—	—	—	—	—	—	1.20	39.08	53.35	55.88
呼和浩特	10.79	10.61	10.64	10.64	10.64	10.99	12.87	18.07	24.04	20.64
沈阳	—	—	0.03	0.07	0.10	0.16	16.64	16.64	17.81	17.82
大连	0.80	0.80	0.80	1.63	1.63	1.63	1.63	1.63	1.63	1.63
长春	15.50	15.50	22.32	25.60	26.10	39.56	39.56	43.36	43.36	57.13
哈尔滨	0.08	0.10	2.33	2.33	2.33	2.33	6.75	11.67	16.13	16.13
上海	201.61	205.01	216.98	290.16	306.27	323.33	346.30	375.03	387.53	444.83
南京	8.01	8.36	8.87	8.87	12.36	14.04	14.04	18.21	19.91	18.65
无锡	8.77	19.56	19.56	20.20	20.20	20.20	20.20	20.30	20.41	20.75
苏州	23.04	25.72	29.09	42.48	58.69	58.69	65.58	94.88	100.20	107.18
杭州	52.42	52.42	60.99	96.18	100.00	125.37	136.19	155.40	177.24	241.84
宁波	21.48	24.69	31.57	32.37	33.43	33.51	41.77	43.00	45.54	44.89
温州	2.80	2.80	2.80	3.00	3.00	3.51	3.51	4.59	5.01	15.96
合肥	13.62	13.62	28.73	36.58	55.93	59.94	68.25	68.25	75.11	92.55
福州	8.65	8.65	8.65	8.65	8.65	8.65	8.70	10.19	13.31	19.98
厦门	12.52	16.33	16.33	21.33	24.37	24.37	24.37	42.74	40.34	59.45
南昌	4.16	5.81	12.07	22.88	23.03	23.33	28.67	28.77	33.59	36.92
济南	19.78	26.44	32.05	32.05	32.05	37.40	37.40	37.40	42.80	50.00
青岛	17.84	17.84	18.88	19.60	37.68	37.68	37.68	40.51	63.60	90.05
郑州	4.66	15.16	20.28	20.28	35.07	35.07	35.07	69.61	74.78	119.20
武汉	35.71	40.29	16.28	21.30	21.30	26.28	26.28	26.25	31.86	35.08
长沙	9.99	10.20	20.81	23.82	23.82	23.82	32.60	33.75	34.14	46.44
广州	11.62	20.17	20.17	20.17	20.40	20.40	20.40	23.25	23.31	64.19
深圳	13.65	13.65	17.13	17.13	17.13	17.13	17.13	17.13	26.51	34.41
南宁	2.46	2.46	2.46	2.46	17.01	17.01	17.01	17.01	25.02	25.08
北海	—	0.03	0.03	0.03	0.03	0.03	0.03	0.03	0.03	0.03
海口	2.56	42.67	42.67	42.67	42.67	45.09	45.09	45.09	45.09	45.09
三亚	0.26	0.26	0.26	0.26	0.26	0.26	0.26	0.26	0.26	0.26
重庆	12.97	24.14	31.69	31.76	43.75	43.47	55.71	76.62	114.00	142.01
成都	34.13	34.94	43.99	43.99	43.99	43.99	64.60	70.07	76.59	123.81
贵阳	—	3.73	3.73	3.73	8.72	8.72	8.72	17.57	17.57	17.57
昆明	5.92	24.22	24.22	25.65	38.29	38.29	44.36	46.33	46.64	47.07
西安	29.40	44.07	44.07	44.07	48.57	56.16	56.27	60.82	66.98	75.25
兰州	0.02	0.02	0.91	0.91	0.91	0.91	0.91	0.91	0.91	10.85
西宁	—	—	—	—	—	—	2.47	2.47	2.47	49.09
银川	2.45	2.45	4.18	9.64	9.64	9.64	13.75	25.98	44.89	60.90
乌鲁木齐	6.28	8.76	11.51	11.51	11.51	11.51	11.51	12.40	7.61	12.49

数据来源：国家统计局。

表 5 - 48　　2013—2017 年四十重点城市商业营业用房竣工面积

单位：万平方米

类　别	2013 年	2014 年	2015 年	2016 年	2017 年
合　计	**3782. 40**	**4204. 83**	**4729. 36**	**4786. 69**	**5022. 09**
北　京	178. 36	216. 24	259. 92	171. 61	166. 94
天　津	187. 80	267. 75	247. 78	293. 59	209. 21
石家庄	107. 60	93. 00	74. 58	48. 42	35. 13
太　原	14. 47	38. 37	29. 22	42. 51	42. 31
呼和浩特	51. 06	47. 29	32. 10	64. 04	79. 69
沈　阳	178. 60	156. 11	190. 50	66. 71	67. 08
大　连	96. 45	79. 57	26. 21	22. 17	33. 16
长　春	139. 11	85. 94	60. 09	123. 02	146. 25
哈尔滨	84. 45	147. 89	256. 77	191. 94	93. 00
上　海	253. 45	208. 36	306. 45	266. 06	387. 73
南　京	78. 92	63. 66	131. 10	96. 29	92. 42
无　锡	140. 01	159. 63	176. 13	198. 30	141. 66
苏　州	205. 82	179. 85	159. 24	198. 59	254. 87
杭　州	78. 67	114. 04	122. 77	153. 81	216. 81
宁　波	102. 55	138. 42	87. 52	111. 43	110. 27
温　州	36. 27	28. 02	42. 49	68. 41	77. 53
合　肥	128. 16	113. 81	146. 48	88. 38	135. 57
福　州	50. 81	35. 26	93. 16	115. 22	95. 01
厦　门	24. 20	37. 55	23. 93	45. 13	24. 68
南　昌	46. 75	34. 62	38. 52	29. 01	75. 67
济　南	46. 25	38. 82	88. 75	108. 69	48. 84
青　岛	117. 80	90. 44	169. 21	139. 22	227. 10
郑　州	135. 01	175. 46	144. 27	119. 73	162. 00
武　汉	63. 77	53. 09	60. 59	93. 00	82. 09
长　沙	114. 04	146. 02	132. 20	175. 03	124. 74
广　州	82. 71	258. 50	160. 44	129. 24	133. 72
深　圳	53. 35	39. 22	31. 69	39. 09	31. 96
南　宁	45. 95	50. 33	50. 99	43. 02	26. 59
北　海	8. 36	13. 40	11. 39	17. 01	7. 87
海　口	16. 73	15. 10	11. 12	22. 40	114. 25
三　亚	6. 89	21. 30	6. 06	6. 93	5. 95
重　庆	456. 08	340. 59	606. 07	634. 46	724. 40
成　都	153. 40	231. 86	201. 00	275. 96	263. 13
贵　阳	66. 88	59. 60	202. 32	80. 05	44. 06
昆　明	35. 48	100. 87	61. 02	74. 51	84. 19
西　安	45. 01	123. 17	72. 38	192. 88	183. 32
兰　州	16. 22	13. 04	17. 62	47. 50	23. 89
西　宁	41. 46	56. 55	36. 71	50. 45	52. 30
银　川	69. 26	96. 27	140. 19	89. 90	150. 90
乌鲁木齐	24. 24	35. 82	20. 43	52. 97	45. 78

数据来源：国家统计局。

表 5 - 49　2017 年四十重点城市月度累计商业营业用房竣工面积

单位：万平方米

类　别	1—3 月	1—4 月	1—5 月	1—6 月	1—7 月	1—8 月	1—9 月	1—10 月	1—11 月	1—12 月
合　计	1049.92	1273.71	1509.28	1801.32	2119.43	2301.07	2608.48	3122.67	3717.65	5022.09
北　京	24.42	29.24	30.23	40.46	55.62	57.02	60.21	69.62	78.48	166.94
天　津	20.11	20.11	27.17	33.32	36.80	39.21	43.86	68.84	78.04	209.21
石家庄	7.74	19.24	19.30	19.74	20.35	20.35	22.05	22.95	24.10	35.13
太　原	1.45	1.68	1.68	1.68	1.68	1.68	0.52	15.52	28.81	42.31
呼和浩特	4.27	2.06	3.16	5.60	5.60	5.93	17.85	61.12	83.98	79.69
沈　阳	8.33	8.76	18.92	20.60	23.65	32.49	49.61	60.21	66.27	67.08
大　连	3.59	4.30	5.27	8.35	12.18	12.18	14.28	14.53	24.42	33.16
长　春	18.72	33.12	52.12	73.44	93.91	107.39	112.93	119.50	129.04	146.25
哈尔滨	0.90	7.24	18.80	19.98	22.32	24.32	35.98	59.11	72.84	93.00
上　海	81.25	87.88	94.49	127.67	178.07	194.18	198.18	239.36	249.86	387.73
南　京	12.98	22.21	26.90	36.45	43.61	49.14	51.14	61.89	84.67	92.42
无　锡	53.74	67.22	67.97	71.82	74.92	76.22	85.57	96.18	109.97	141.66
苏　州	103.49	114.26	117.20	147.81	172.49	177.69	182.23	199.61	237.74	254.87
杭　州	35.05	39.86	48.09	56.61	70.11	76.41	108.87	129.70	147.16	216.81
宁　波	16.54	26.25	39.34	42.34	43.84	44.31	57.21	76.11	82.42	110.27
温　州	24.74	25.23	26.06	34.36	35.15	35.57	35.57	35.83	40.97	77.53
合　肥	22.33	24.28	41.50	44.84	57.14	61.93	73.88	85.75	98.82	135.57
福　州	10.52	33.78	33.78	39.60	39.86	42.34	43.43	70.87	65.86	95.01
厦　门	5.78	7.02	8.72	8.81	11.64	12.47	13.64	17.97	17.57	24.68
南　昌	3.89	4.91	5.43	6.43	12.12	15.13	47.67	51.67	64.14	75.67
济　南	14.96	17.15	19.74	20.00	20.65	23.88	26.60	33.14	33.61	48.84
青　岛	43.95	47.78	49.23	57.89	67.55	70.90	75.55	112.23	132.71	227.10
郑　州	27.82	29.61	31.98	36.14	37.35	40.78	40.78	45.81	80.99	162.00
武　汉	13.14	14.44	28.66	40.87	63.81	66.35	66.59	68.08	80.35	82.09
长　沙	23.72	29.23	54.76	54.70	69.23	77.25	75.91	85.17	90.36	124.74
广　州	55.07	56.42	57.87	68.49	71.39	72.78	72.78	76.36	100.14	133.72
深　圳	10.69	13.82	21.36	25.12	25.60	26.25	26.25	26.47	31.96	31.96
南　宁	1.29	2.72	2.72	3.94	7.43	7.43	8.50	13.07	17.14	26.59
北　海	3.20	6.39	6.93	6.93	6.93	6.93	6.93	7.55	7.87	7.87
海　口	68.26	81.22	81.22	83.19	84.77	109.92	110.12	110.23	110.23	114.25
三　亚	5.10	5.26	5.26	5.45	5.95	5.95	5.95	5.95	5.95	5.95
重　庆	146.08	169.19	193.26	255.00	278.37	305.01	372.51	416.76	605.67	724.40
成　都	70.29	75.60	95.66	101.51	143.54	145.71	189.63	194.80	211.67	263.13
贵　阳	10.89	11.86	23.37	23.37	24.80	24.97	26.27	31.88	32.62	44.06
昆　明	17.33	24.03	25.66	41.13	50.01	51.03	52.50	54.08	53.99	84.19
西　安	44.57	54.94	59.78	65.20	73.34	95.57	100.70	165.80	175.10	183.32
兰　州	1.22	6.47	6.63	6.63	6.63	6.63	6.63	8.65	8.65	23.89
西　宁	4.04	1.89	1.89	2.58	2.58	2.75	7.67	7.67	8.15	52.30
银　川	20.40	37.71	43.34	48.92	51.91	58.49	62.67	82.62	118.88	150.90
乌鲁木齐	8.04	9.34	13.82	14.34	16.54	16.54	19.27	20.03	26.47	45.78

数据来源：国家统计局。

（六）四十重点城市房地产销售数据

1. 四十重点城市房地产销售面积

表 5－50　2013—2017 年四十重点城市商品房销售面积

单位：万平方米

类　别	2013 年	2014 年	2015 年	2016 年	2017 年
合　计	**49089.62**	**45833.93**	**50006.05**	**61697.92**	**60441.47**
北　京	1903.11	1454.19	1554.25	1658.93	869.95
天　津	1847.11	1612.98	1771.07	2711.08	1482.12
石家庄	951.21	888.26	757.82	798.42	1027.34
太　原	423.31	419.21	448.28	609.84	786.41
呼和浩特	420.45	363.91	381.81	425.49	316.51
沈　阳	2262.33	1498.40	1065.06	1184.32	1300.24
大　连	1222.13	746.40	637.33	707.49	839.84
长　春	847.06	758.84	799.12	1017.75	1147.19
哈尔滨	1370.48	1041.05	895.98	1057.96	1269.54
上　海	2382.20	2084.66	2431.36	2705.69	1691.60
南　京	1222.01	1207.58	1543.16	1558.18	1429.61
无　锡	906.38	837.07	985.28	1272.72	1168.02
苏　州	1875.05	1599.16	2133.73	2494.05	1936.66
杭　州	1139.13	1122.91	1482.17	2327.86	2054.11
宁　波	730.09	726.44	1007.21	1336.95	1543.64
温　州	349.73	418.28	524.85	772.67	1069.91
合　肥	1628.09	1594.79	1589.21	2098.34	1283.40
福　州	1256.49	965.60	914.70	1221.33	1685.46
厦　门	786.71	790.21	570.83	528.86	527.88
南　昌	841.49	824.66	901.02	1244.65	1610.43
济　南	822.63	865.35	1192.12	1425.29	1216.27
青　岛	1160.16	1163.53	1418.58	1939.22	1900.74
郑　州	1621.89	1591.91	1898.67	2859.18	3097.81
武　汉	1995.36	2273.16	2627.19	3255.66	3532.61
长　沙	1861.56	1518.47	1907.91	2613.26	2260.79
广　州	1699.98	1540.02	1653.07	1949.10	1757.75
深　圳	588.58	532.57	831.46	736.19	671.03
南　宁	702.60	802.57	1000.73	1327.53	1544.13
北　海	178.44	207.65	195.78	222.57	376.61
海　口	338.19	337.66	373.40	432.71	549.59
三　亚	182.88	100.99	112.08	151.53	213.79
重　庆	4817.56	5100.39	5381.37	6257.15	6711.00
成　都	2950.13	2951.30	2997.43	3928.77	3925.91
贵　阳	1282.01	935.55	959.55	981.87	1068.67
昆　明	1211.20	1289.37	1305.03	1520.87	1827.25
西　安	1632.85	1696.39	1762.70	2036.18	2459.35
兰　州	253.46	480.36	628.12	828.79	697.93
西　宁	277.80	305.71	311.86	352.60	388.22
银　川	612.11	724.59	529.81	564.86	595.22
乌鲁木齐	535.67	461.79	524.96	582.00	606.94

数据来源：国家统计局。

表 5－51　　2017 年四十重点城市月度累计商品房销售面积

单位：万平方米

类　别	1—3 月	1—4 月	1—5 月	1—6 月	1—7 月	1—8 月	1—9 月	1—10 月	1—11 月	1—12 月
合　计	10854.99	15508.70	20388.53	27627.62	31788.09	36237.87	42368.53	47263.47	52868.17	60441.47
北　京	228.83	287.33	356.40	423.02	476.17	522.48	560.41	602.78	662.16	869.95
天　津	455.91	528.49	655.16	800.56	935.17	1071.63	1191.48	1286.25	1376.35	1482.12
石家庄	79.96	120.05	191.29	387.97	414.17	453.97	617.39	724.84	805.80	1027.34
太　原	111.31	171.34	223.79	307.16	371.30	425.58	479.80	576.13	671.51	786.41
呼和浩特	37.99	48.34	73.72	102.03	119.01	146.02	232.82	263.40	343.88	316.51
沈　阳	168.66	302.33	429.03	538.92	633.47	814.50	957.19	1121.40	1236.03	1300.24
大　连	118.02	187.80	262.13	429.42	489.48	585.62	682.23	741.76	787.54	839.84
长　春	138.05	209.99	328.02	460.42	572.08	698.68	796.20	880.92	1001.94	1147.19
哈尔滨	95.69	179.77	272.40	422.62	532.37	629.87	772.09	936.98	1087.62	1269.54
上　海	337.99	436.84	508.35	712.51	918.49	1139.81	1306.25	1389.65	1501.24	1691.60
南　京	234.87	367.76	548.86	770.32	877.26	1002.90	1085.95	1148.67	1266.64	1429.61
无　锡	191.77	270.71	354.67	537.40	623.09	700.87	827.95	919.01	1049.76	1168.02
苏　州	353.84	525.46	731.80	948.42	1096.21	1247.27	1414.99	1575.37	1736.14	1936.66
杭　州	418.75	597.47	768.61	1010.13	1187.06	1368.75	1521.90	1669.38	1810.96	2054.11
宁　波	323.72	448.60	591.97	779.04	867.28	954.40	1157.25	1272.06	1379.50	1543.64
温　州	173.40	220.58	276.15	471.29	527.63	576.17	737.44	785.56	854.81	1069.91
合　肥	284.46	414.31	556.51	678.64	782.28	882.94	1001.61	1093.00	1182.47	1283.40
福　州	339.88	466.47	559.89	738.19	797.85	902.59	1073.87	1231.54	1398.47	1685.46
厦　门	102.52	138.02	178.39	273.63	324.05	365.39	400.15	439.04	480.13	527.88
南　昌	191.65	287.11	390.19	603.09	702.06	820.46	1011.90	1176.47	1354.48	1610.43
济　南	228.28	341.85	478.66	603.83	700.70	770.37	903.30	1004.31	1080.79	1216.27
青　岛	259.84	396.59	555.69	738.70	887.85	1035.52	1310.88	1483.33	1684.37	1900.74
郑　州	400.63	574.31	774.68	1108.17	1329.79	1607.81	2070.58	2397.13	2702.49	3097.81
武　汉	526.27	803.12	1144.49	1706.23	1884.57	2111.86	2533.78	2823.30	3084.69	3532.61
长　沙	423.35	596.85	771.26	991.20	1130.21	1244.51	1348.44	1469.75	1773.45	2260.79
广　州	438.53	566.43	683.91	883.33	953.42	1034.24	1175.24	1357.18	1546.80	1757.75
深　圳	125.77	175.94	218.61	290.29	334.97	382.68	457.69	522.94	577.32	671.03
南　宁	238.57	361.84	483.82	650.88	745.06	863.65	1016.43	1160.41	1298.71	1544.13
北　海	63.83	98.87	145.15	168.05	194.82	222.28	235.11	257.08	316.15	376.61
海　口	94.39	130.10	172.36	217.27	282.47	332.98	372.88	424.90	479.89	549.59
三　亚	88.15	112.40	127.67	141.16	151.72	162.56	172.91	182.83	199.51	213.79
重　庆	1595.51	2174.29	2705.15	3477.21	3868.84	4325.98	4894.97	5376.04	5989.50	6711.00
成　都	825.86	1152.92	1470.06	1862.57	2182.97	2444.99	2865.18	3126.22	3509.23	3925.91
贵　阳	202.66	285.53	362.78	515.70	577.09	636.36	737.60	807.00	963.93	1068.67
昆　明	302.06	467.33	576.78	843.10	946.81	1049.22	1266.21	1408.12	1562.64	1827.25
西　安	347.15	601.33	765.71	1118.48	1271.45	1408.36	1657.06	1840.11	2094.77	2459.35
兰　州	126.99	177.65	251.61	336.93	399.86	467.04	532.03	577.88	650.36	697.93
西　宁	24.91	45.41	87.32	120.83	147.98	177.07	244.58	317.00	354.49	388.22
银　川	85.46	130.03	186.75	246.21	286.11	338.25	387.45	440.85	521.24	595.22
乌鲁木齐	69.52	107.15	168.74	212.72	264.89	312.28	357.38	452.90	490.42	606.94

数据来源：国家统计局。

表 5 -52　　2013—2017 年四十重点城市商品房现房销售面积

单位：万平方米

类　别	2013 年	2014 年	2015 年	2016 年	2017 年
合　计	**10071.44**	**9371.61**	**10720.04**	**13641.38**	**12825.79**
北　京	666.10	488.20	510.04	661.84	358.12
天　津	704.01	571.39	577.72	871.49	312.54
石家庄	363.88	332.60	311.12	204.89	357.76
太　原	61.83	34.31	65.61	117.21	79.19
呼和浩特	249.47	237.31	171.71	201.07	151.70
沈　阳	580.91	461.73	313.07	359.45	325.32
大　连	362.51	232.86	197.54	312.93	381.45
长　春	163.90	208.07	142.37	264.29	220.75
哈尔滨	613.78	362.90	357.18	534.33	561.76
上　海	988.06	767.80	944.63	1162.71	812.54
南　京	184.46	331.31	367.63	222.28	333.99
无　锡	195.88	196.14	256.26	383.04	382.26
苏　州	375.51	238.46	344.94	532.10	347.50
杭　州	163.35	189.04	309.53	557.02	489.02
宁　波	134.93	164.61	271.37	411.70	337.81
温　州	26.85	32.50	87.79	149.28	136.34
合　肥	136.60	88.00	117.63	167.58	142.52
福　州	26.63	97.64	96.08	134.97	285.47
厦　门	122.60	110.63	88.50	83.48	92.96
南　昌	77.54	44.18	143.23	168.97	218.48
济　南	72.04	76.40	125.70	121.30	132.19
青　岛	201.20	200.97	303.10	318.58	299.96
郑　州	248.52	250.64	211.98	256.77	593.21
武　汉	568.57	623.57	630.82	403.21	576.59
长　沙	326.95	240.90	368.17	591.89	437.92
广　州	272.52	290.84	401.65	396.08	379.59
深　圳	116.14	105.08	148.58	141.95	167.36
南　宁	76.68	125.32	96.65	92.31	155.38
北　海	42.93	58.88	61.04	78.14	132.89
海　口	54.55	47.00	62.70	87.25	156.78
三　亚	88.23	31.01	27.48	50.54	63.66
重　庆	685.69	838.32	1015.77	1476.70	1301.50
成　都	388.57	443.34	516.91	721.29	610.46
贵　阳	36.93	60.66	70.65	117.69	78.51
昆　明	236.59	260.53	372.25	537.23	520.73
西　安	94.36	148.38	242.17	294.38	335.51
兰　州	71.75	57.47	106.74	143.58	135.10
西　宁	30.24	89.42	50.29	68.15	81.67
银　川	168.58	145.31	143.87	165.89	198.12
乌鲁木齐	91.60	87.93	89.55	77.80	141.16

数据来源：国家统计局。

表 5－53　　2017 年四十重点城市月度累计商品房现房销售面积

单位：万平方米

类　别	1—3 月	1—4 月	1—5 月	1—6 月	1—7 月	1—8 月	1—9 月	1—10 月	1—11 月	1—12 月
合　计	2200.09	3106.83	4138.24	5675.52	6585.28	7539.87	8801.12	9753.31	10939.88	12825.79
北　京	84.45	112.37	136.68	162.53	179.66	200.02	218.99	232.41	255.15	358.12
天　津	148.11	132.62	162.28	193.53	222.58	237.56	250.04	264.79	287.56	312.54
石家庄	5.67	32.23	45.45	105.52	108.28	119.10	176.11	185.79	235.45	357.76
太　原	8.65	13.74	22.83	29.22	35.35	39.08	43.36	56.28	61.64	79.19
呼和浩特	8.72	10.01	13.98	24.85	35.35	48.53	82.55	102.20	150.18	151.70
沈　阳	38.53	65.09	100.51	126.25	142.74	186.80	219.55	277.29	307.11	325.32
大　连	50.68	84.42	116.73	198.33	227.12	260.35	296.25	318.28	339.29	381.45
长　春	33.16	57.78	78.79	99.65	127.42	149.72	163.93	175.32	193.29	220.75
哈尔滨	41.69	77.04	111.28	211.02	251.34	282.17	347.99	391.40	455.22	561.76
上　海	172.63	222.48	246.79	340.85	433.93	536.88	599.54	647.68	708.71	812.54
南　京	27.91	39.88	119.67	170.93	193.10	234.22	250.04	261.01	296.35	333.99
无　锡	67.12	91.61	127.95	173.41	203.54	226.72	264.44	295.68	345.10	382.26
苏　州	54.17	77.62	102.82	143.08	164.99	187.15	222.47	254.41	286.47	347.50
杭　州	108.74	156.72	201.15	262.50	299.76	337.25	369.75	396.16	429.70	489.02
宁　波	62.73	93.80	119.72	145.86	169.89	190.66	254.30	269.66	287.32	337.81
温　州	20.00	25.07	35.66	77.08	87.74	96.32	111.87	118.28	122.13	136.34
合　肥	21.75	40.19	59.98	69.93	84.36	94.95	102.49	111.81	121.83	142.52
福　州	56.50	74.85	97.75	120.08	139.65	170.79	192.88	201.44	234.21	285.47
厦　门	12.65	17.32	22.54	40.76	50.58	59.00	65.33	72.75	76.78	92.96
南　昌	22.35	33.87	45.75	68.50	81.20	100.21	137.62	160.62	185.15	218.48
济　南	27.90	41.47	51.60	61.01	77.54	87.57	108.75	117.82	124.05	132.19
青　岛	48.63	72.39	115.17	140.10	159.94	178.89	201.18	238.01	257.99	299.96
郑　州	34.49	50.18	78.77	125.86	172.91	251.29	338.68	425.18	523.44	593.21
武　汉	128.07	177.08	248.62	358.89	401.75	430.90	483.83	510.63	525.00	576.59
长　沙	89.12	126.21	157.44	198.09	220.27	237.27	256.99	279.13	325.69	437.92
广　州	92.39	120.82	150.50	184.46	199.31	218.77	244.33	284.01	332.53	379.59
深　圳	23.70	44.14	44.62	59.28	65.31	79.66	110.23	128.95	140.02	167.36
南　宁	15.62	24.12	29.40	49.62	62.96	74.22	94.78	101.92	114.23	155.38
北　海	22.84	34.75	50.90	57.24	69.91	79.49	85.51	96.92	107.74	132.89
海　口	23.68	32.39	39.51	48.98	66.99	85.60	99.64	111.48	123.08	156.78
三　亚	25.59	34.10	38.33	42.79	46.26	49.11	52.14	55.46	59.52	63.66
重　庆	292.81	399.30	503.60	693.25	751.78	813.83	943.09	1029.81	1161.89	1301.50
成　都	129.07	183.01	236.63	300.42	338.77	370.62	422.80	455.29	510.08	610.46
贵　阳	13.18	24.12	30.68	42.19	49.59	57.03	64.46	69.48	73.47	78.51
昆　明	67.20	103.90	140.94	196.93	239.93	273.09	340.56	384.43	410.00	520.73
西　安	48.06	70.85	95.08	143.13	159.01	186.35	218.53	246.44	284.88	335.51
兰　州	18.95	27.68	41.10	57.59	74.24	86.03	97.38	109.72	120.22	135.10
西　宁	5.56	9.81	14.65	20.85	28.52	34.32	53.25	69.53	80.40	81.67
银　川	32.34	48.70	69.99	88.80	100.72	114.84	129.42	145.31	179.02	198.12
乌鲁木齐	14.67	23.09	32.38	42.15	60.99	73.53	86.08	100.53	108.02	141.16

数据来源：国家统计局。

表 5 - 54　　2013—2017 年四十重点城市商品房期房销售面积

单位：万平方米

类　别	2013 年	2014 年	2015 年	2016 年	2017 年
合　计	**39018.19**	**36462.32**	**39286.01**	**48056.54**	**47615.68**
北　京	1237.02	965.99	1044.21	997.10	511.83
天　津	1143.10	1041.59	1193.35	1839.59	1169.59
石家庄	587.33	555.66	446.69	593.53	669.57
太　原	361.48	384.90	382.67	492.62	707.22
呼和浩特	170.98	126.59	210.10	224.43	164.81
沈　阳	1681.42	1036.67	751.99	824.87	974.91
大　连	859.61	513.55	439.80	394.56	458.39
长　春	683.16	550.77	656.75	753.46	926.44
哈尔滨	756.70	678.16	538.80	523.64	707.78
上　海	1394.15	1316.87	1486.73	1542.98	879.06
南　京	1037.56	876.27	1175.52	1335.90	1095.62
无　锡	710.50	640.94	729.02	889.67	785.75
苏　州	1499.54	1360.70	1788.79	1961.95	1589.16
杭　州	975.79	933.88	1172.64	1770.84	1565.10
宁　波	595.16	561.83	735.84	925.25	1205.83
温　州	322.88	385.79	437.07	623.39	933.57
合　肥	1491.49	1506.79	1471.58	1930.76	1140.88
福　州	1229.86	867.96	818.62	1086.36	1399.99
厦　门	664.11	679.58	482.34	445.38	434.92
南　昌	763.96	780.48	757.79	1075.68	1391.95
济　南	750.58	788.96	1066.42	1303.99	1084.08
青　岛	958.95	962.56	1115.49	1620.63	1600.78
郑　州	1373.38	1341.26	1686.68	2602.41	2504.60
武　汉	1426.79	1649.58	1996.37	2852.44	2956.02
长　沙	1534.61	1277.57	1539.75	2021.37	1822.87
广　州	1427.46	1249.18	1251.41	1553.02	1378.16
深　圳	472.44	427.48	682.88	594.24	503.67
南　宁	625.92	677.25	904.07	1235.22	1388.75
北　海	135.51	148.77	134.74	144.43	243.72
海　口	283.64	290.67	310.71	345.46	392.81
三　亚	94.65	69.99	84.60	101.00	150.13
重　庆	4131.87	4262.07	4365.60	4780.44	5409.51
成　都	2561.56	2507.96	2480.52	3207.48	3315.45
贵　阳	1245.08	874.88	888.90	864.18	990.16
昆　明	974.60	1028.84	932.78	983.64	1306.51
西　安	1538.49	1548.01	1520.53	1741.80	2123.84
兰　州	181.72	422.89	521.38	685.22	562.82
西　宁	247.56	216.29	261.57	284.45	306.55
银　川	443.53	579.28	385.94	398.97	397.10
乌鲁木齐	444.07	373.87	435.40	504.20	465.77

数据来源：国家统计局。

表 5－55 **2017 年四十重点城市月度累计商品房期房销售面积**

单位：万平方米

类 别	1—3 月	1—4 月	1—5 月	1—6 月	1—7 月	1—8 月	1—9 月	1—10 月	1—11 月	1—12 月
合 计	**8654.90**	**12401.87**	**16250.28**	**21952.09**	**25202.81**	**28698.00**	**33567.41**	**37510.17**	**41928.30**	**47615.68**
北 京	144.37	174.97	219.71	260.48	296.50	322.46	341.42	370.37	407.02	511.83
天 津	307.81	395.87	492.88	607.03	712.59	834.07	941.44	1021.46	1088.80	1169.59
石家庄	74.29	87.82	145.84	282.45	305.89	334.87	441.28	539.05	570.34	669.57
太 原	102.66	157.59	200.96	277.94	335.94	386.50	436.43	519.86	609.87	707.22
呼和浩特	29.27	38.32	59.74	77.18	83.66	97.49	150.27	161.20	193.70	164.81
沈 阳	130.13	237.24	328.51	412.68	490.73	627.70	737.65	844.11	928.92	974.91
大 连	67.34	103.38	145.40	231.08	262.35	325.27	385.98	423.48	448.26	458.39
长 春	104.90	152.21	249.23	360.77	444.66	548.96	632.27	705.60	808.65	926.44
哈尔滨	54.00	102.73	161.11	211.60	281.03	347.70	424.10	545.58	632.40	707.78
上 海	165.36	214.36	261.56	371.66	484.56	602.93	706.71	741.97	792.53	879.06
南 京	206.96	327.87	429.19	599.39	684.16	768.67	835.90	887.67	970.29	1095.62
无 锡	124.65	179.11	226.71	363.99	419.55	474.14	563.52	623.33	704.66	785.75
苏 州	299.67	447.84	628.98	805.33	931.21	1060.12	1192.52	1320.96	1449.67	1589.16
杭 州	310.01	440.75	567.46	747.63	887.30	1031.50	1152.15	1273.22	1381.27	1565.10
宁 波	260.98	354.80	472.25	633.18	697.39	763.74	902.95	1002.40	1092.18	1205.83
温 州	153.40	195.50	240.50	394.21	439.88	479.85	625.58	667.28	732.69	933.57
合 肥	262.71	374.12	496.52	608.71	697.93	787.99	899.12	981.19	1060.64	1140.88
福 州	283.38	391.62	462.13	618.10	658.21	731.80	881.00	1030.09	1164.26	1399.99
厦 门	89.86	120.69	155.85	232.88	273.47	306.40	334.82	366.28	403.35	434.92
南 昌	169.30	253.24	344.43	534.58	620.86	720.25	874.28	1015.84	1169.34	1391.95
济 南	200.38	300.38	427.06	542.82	623.16	682.80	794.55	886.49	956.74	1084.08
青 岛	211.20	324.20	440.53	598.60	727.91	856.63	1109.71	1245.32	1426.39	1600.78
郑 州	366.13	524.12	695.90	982.31	1156.88	1356.52	1731.90	1971.95	2179.05	2504.60
武 汉	398.19	626.04	895.87	1347.33	1482.82	1680.96	2049.95	2312.67	2559.69	2956.02
长 沙	334.24	470.65	613.82	793.11	909.98	1007.24	1091.45	1190.62	1447.77	1822.87
广 州	346.14	445.61	533.41	698.87	754.12	815.47	930.91	1073.17	1214.27	1378.16
深 圳	102.07	131.81	174.00	231.01	269.67	303.02	347.46	393.99	437.30	503.67
南 宁	222.96	337.73	454.43	601.26	682.10	789.43	921.65	1058.49	1184.47	1388.75
北 海	40.99	64.12	94.25	110.81	124.91	142.80	149.60	160.16	208.40	243.72
海 口	70.72	97.70	132.85	168.29	215.48	247.38	273.24	313.42	356.81	392.81
三 亚	62.56	78.30	89.33	98.37	105.46	113.45	120.76	127.37	139.99	150.13
重 庆	1302.70	1774.98	2201.56	2783.96	3117.06	3512.15	3951.88	4346.23	4827.61	5409.51
成 都	696.79	969.91	1233.43	1562.15	1844.20	2074.37	2442.38	2670.93	2999.14	3315.45
贵 阳	189.47	261.41	332.10	473.51	527.50	579.33	673.14	737.52	890.46	990.16
昆 明	234.86	363.43	435.84	646.17	706.88	776.13	925.64	1023.69	1152.64	1306.51
西 安	299.09	530.48	670.64	975.35	1112.44	1222.00	1438.53	1593.67	1809.89	2123.84
兰 州	108.04	149.97	210.51	279.34	325.62	381.01	434.65	468.16	530.14	562.82
西 宁	19.35	35.60	72.67	99.98	119.46	142.75	191.33	247.47	274.08	306.55
银 川	53.12	81.33	116.76	157.41	185.39	223.41	258.03	295.53	342.22	397.10
乌鲁木齐	54.85	84.06	136.37	170.57	203.90	238.75	271.30	352.37	382.40	465.77

数据来源：国家统计局。

表 5-56　　2013—2017 年四十重点城市住宅销售面积

单位：万平方米

类　别	2013 年	2014 年	2015 年	2016 年	2017 年
合　计	**42900.90**	**39299.59**	**42790.26**	**52391.84**	**49607.79**
北　京	1363.67	1136.53	1126.84	981.37	608.78
天　津	1720.34	1477.63	1668.18	2521.87	1342.87
石家庄	782.73	725.68	539.68	652.52	816.94
太　原	401.15	394.09	421.65	556.44	722.10
呼和浩特	339.96	306.92	321.44	344.80	249.97
沈　阳	2017.37	1342.38	949.88	1099.39	1191.25
大　连	1104.02	670.73	596.67	654.62	758.17
长　春	762.50	663.35	701.78	834.49	951.83
哈尔滨	1227.00	919.81	807.23	908.16	1089.16
上　海	2015.81	1780.91	2009.17	2019.80	1341.62
南　京	1143.15	1124.73	1429.18	1406.29	1208.98
无　锡	778.24	736.44	864.51	1164.75	1023.11
苏　州	1633.41	1446.07	1940.92	2258.60	1687.88
杭　州	968.78	952.51	1292.35	1888.28	1520.17
宁　波	581.95	595.20	846.92	1126.06	1283.72
温　州	317.41	381.58	456.23	641.63	802.27
合　肥	1451.69	1326.22	1285.90	1705.72	960.46
福　州	1105.48	816.65	748.99	1021.23	1276.80
厦　门	581.52	510.37	345.89	322.34	237.28
南　昌	751.87	751.48	815.99	1077.82	1289.79
济　南	705.31	723.92	924.43	1232.72	974.72
青　岛	1050.61	1022.28	1238.99	1752.08	1633.84
郑　州	1313.48	1293.28	1695.21	2571.44	2735.37
武　汉	1750.43	1978.96	2413.77	2931.06	3085.78
长　沙	1659.53	1331.36	1687.06	2308.24	1823.81
广　州	1398.47	1196.23	1344.86	1624.01	1367.48
深　圳	527.16	474.81	747.83	660.08	520.97
南　宁	633.14	720.95	878.87	1150.15	1307.68
北　海	175.69	199.98	188.85	215.27	360.63
海　口	319.04	297.58	330.28	394.33	487.37
三　亚	180.57	99.13	105.15	141.52	194.73
重　庆	4359.19	4423.68	4477.71	5105.46	5452.65
成　都	2555.81	2476.25	2447.13	3279.17	2976.47
贵　阳	1145.71	789.95	789.79	826.21	868.98
昆　明	1041.35	978.23	1008.25	1128.89	1387.77
西　安	1496.34	1514.15	1583.53	1866.50	2105.94
兰　州	237.35	439.43	578.62	713.92	609.40
西　宁	272.04	264.38	260.65	292.11	305.11
银　川	543.09	614.01	454.46	492.84	519.99
乌鲁木齐	488.54	401.75	465.41	519.66	525.97

数据来源：国家统计局。

表 5－57　　**2017 年四十重点城市月度累计住宅销售面积**

单位：万平方米

类　别	1—3 月	1—4 月	1—5 月	1—6 月	1—7 月	1—8 月	1—9 月	1—10 月	1—11 月	1—12 月
合　计	**9099.81**	**13024.06**	**17138.72**	**22988.92**	**26423.13**	**30164.76**	**35139.38**	**39111.52**	**43740.24**	**49607.79**
北　京	131.28	177.80	226.67	270.52	309.80	340.96	367.08	399.18	449.66	608.78
天　津	397.90	452.92	564.17	696.43	824.40	957.00	1065.05	1152.06	1236.44	1342.87
石家庄	53.01	90.72	141.06	301.95	321.63	353.88	489.07	582.26	649.26	816.94
太　原	101.76	157.14	204.27	278.28	336.51	386.17	435.84	522.15	612.75	722.10
呼和浩特	32.41	41.23	64.41	88.78	99.79	123.81	191.83	211.59	281.68	249.97
沈　阳	157.68	282.15	399.28	498.01	587.15	752.39	883.48	1024.03	1130.04	1191.25
大　连	108.68	173.38	241.76	384.72	441.18	532.47	618.53	674.84	717.53	758.17
长　春	115.18	175.90	272.58	376.76	471.05	581.06	655.66	728.58	832.82	951.83
哈尔滨	85.87	157.08	240.55	375.54	465.25	554.04	669.41	808.93	942.68	1089.16
上　海	266.38	350.14	403.67	547.25	731.87	925.76	1044.34	1106.42	1200.13	1341.62
南　京	209.45	327.81	496.06	696.13	787.75	885.66	943.25	983.94	1083.86	1208.98
无　锡	172.29	242.52	316.76	479.83	557.29	618.95	730.93	806.81	921.53	1023.11
苏　州	285.97	436.27	618.61	810.04	943.48	1075.12	1222.06	1363.88	1509.83	1687.88
杭　州	317.26	443.34	563.98	736.67	870.33	1008.88	1115.02	1222.99	1331.41	1520.17
宁　波	282.17	389.83	521.95	674.52	747.41	816.70	961.44	1060.20	1151.60	1283.72
温　州	151.07	192.94	241.79	404.16	443.59	481.91	570.83	605.10	658.77	802.27
合　肥	230.44	328.62	437.43	524.99	603.33	679.80	754.91	822.08	885.39	960.46
福　州	285.89	386.23	447.02	573.92	618.82	711.54	849.76	962.69	1097.06	1276.80
厦　门	63.26	79.79	101.30	127.83	155.83	170.99	191.81	202.68	223.26	237.28
南　昌	162.26	235.34	317.14	488.47	563.96	664.69	815.19	957.83	1096.88	1289.79
济　南	189.62	284.74	395.72	501.07	569.93	622.62	733.14	811.57	873.25	974.72
青　岛	230.27	347.97	482.25	643.53	771.41	902.26	1145.48	1287.25	1464.62	1633.84
郑　州	339.12	485.32	655.36	954.57	1149.99	1388.17	1812.53	2104.40	2381.42	2735.37
武　汉	465.53	708.53	1003.00	1479.16	1631.33	1832.14	2207.61	2470.62	2699.63	3085.78
长　沙	362.67	499.56	638.22	808.95	914.20	1001.63	1087.89	1183.52	1433.09	1823.81
广　州	336.12	439.92	540.26	694.34	751.83	817.92	928.03	1064.31	1205.30	1367.48
深　圳	90.79	125.90	172.58	219.51	254.10	294.94	361.67	415.14	455.44	520.97
南　宁	207.72	317.94	423.19	564.67	642.68	741.85	870.58	992.48	1105.20	1307.68
北　海	62.65	96.81	141.65	163.76	189.84	216.47	228.95	250.20	308.28	360.63
海　口	85.79	118.98	157.11	192.19	249.35	294.45	325.06	372.09	421.52	487.37
三　亚	79.04	102.09	116.65	128.68	138.32	148.23	157.59	166.46	181.80	194.73
重　庆	1334.05	1829.16	2273.93	2856.34	3174.98	3557.06	4016.68	4391.96	4891.99	5452.65
成　都	711.05	969.36	1228.33	1536.33	1791.40	1999.67	2311.89	2490.61	2746.85	2976.47
贵　阳	174.21	236.62	302.15	437.56	481.97	527.83	611.00	667.02	790.40	868.98
昆　明	225.74	373.37	468.32	667.16	734.90	812.78	975.12	1084.11	1206.38	1387.77
西　安	317.57	548.42	694.87	992.70	1125.58	1241.32	1458.19	1608.99	1818.37	2105.94
兰　州	114.74	160.99	222.93	297.76	355.58	415.16	468.35	506.72	570.88	609.40
西　宁	23.06	41.63	77.35	102.58	123.81	147.38	199.63	255.37	287.47	305.11
银　川	79.08	119.98	172.58	225.61	261.35	308.78	352.62	398.79	462.40	519.99
乌鲁木齐	60.81	95.63	151.81	187.66	230.15	272.30	311.86	391.66	423.37	525.97

数据来源：国家统计局。

表 5－58　　2013—2017 年四十重点城市住宅现房销售面积

单位：万平方米

类　别	2013 年	2014 年	2015 年	2016 年	2017 年
合　计	8056.95	7304.03	8213.28	10341.60	9377.88
北　京	473.77	339.91	331.17	360.26	227.75
天　津	634.63	519.27	520.00	780.05	231.43
石家庄	310.42	252.20	194.87	138.65	289.87
太　原	59.56	32.58	55.99	114.47	72.48
呼和浩特	200.20	190.75	143.66	145.07	119.56
沈　阳	511.21	389.88	259.93	321.12	292.57
大　连	316.40	201.72	178.85	281.73	340.56
长　春	131.94	161.77	110.85	214.93	154.57
哈尔滨	543.81	314.33	307.67	443.99	462.69
上　海	796.66	620.42	722.43	809.79	579.39
南　京	161.70	308.70	328.51	184.57	286.28
无　锡	162.91	162.16	198.10	321.31	289.53
苏　州	287.37	189.38	286.73	437.62	260.73
杭　州	123.15	143.63	255.01	435.61	297.00
宁　波	87.27	108.60	190.33	278.55	231.05
温　州	19.55	22.20	68.88	93.99	104.42
合　肥	88.79	51.07	67.33	85.28	51.41
福　州	17.28	90.91	68.97	103.00	204.82
厦　门	52.21	52.06	39.96	32.62	33.13
南　昌	59.91	34.60	110.69	135.15	151.96
济　南	47.09	64.45	87.60	88.15	72.51
青　岛	170.64	157.40	236.18	250.42	218.64
郑　州	184.72	194.43	176.68	203.98	551.36
武　汉	456.00	450.96	509.76	295.61	431.69
长　沙	263.65	181.67	294.26	488.18	296.93
广　州	152.09	168.36	303.56	330.07	266.16
深　圳	99.08	83.32	133.02	129.92	119.87
南　宁	62.69	109.97	79.64	73.35	125.60
北　海	41.17	56.50	56.64	74.29	124.13
海　口	43.14	42.48	55.56	77.61	138.29
三　亚	87.73	30.58	26.30	48.43	59.36
重　庆	513.52	580.09	655.08	995.37	817.20
成　都	294.66	308.90	333.99	488.40	350.13
贵　阳	27.66	47.99	49.46	68.82	38.29
昆　明	195.22	194.80	249.42	379.68	367.03
西　安	86.00	131.33	196.53	268.06	258.31
兰　州	66.94	53.79	89.50	115.88	114.94
西　宁	27.98	83.21	46.29	56.37	66.15
银　川	130.13	116.93	115.96	128.73	162.74
乌鲁木齐	68.10	60.71	77.89	62.52	117.34

数据来源：国家统计局。

表 5 -59 **2017 年四十重点城市月度累计住宅现房销售面积**

单位：万平方米

类　别	1—3 月	1—4 月	1—5 月	1—6 月	1—7 月	1—8 月	1—9 月	1—10 月	1—11 月	1—12 月
合　计	**1656.57**	**2320.76**	**3116.01**	**4203.58**	**4860.16**	**5578.28**	**6516.05**	**7202.95**	**8081.64**	**9377.88**
北　京	45.10	68.93	85.08	95.92	104.02	116.38	127.19	135.47	153.41	227.75
天　津	116.95	95.36	116.46	137.61	162.67	176.14	184.61	197.96	217.14	231.43
石家庄	1.48	27.94	40.32	87.66	89.85	97.07	136.10	144.78	187.08	289.87
太　原	8.34	12.91	21.73	27.95	33.68	36.90	40.43	51.10	56.28	72.48
呼和浩特	7.21	8.46	12.17	22.71	29.93	41.41	65.32	80.25	122.14	119.56
沈　阳	33.65	56.74	89.50	112.09	127.26	167.65	196.89	245.71	273.26	292.57
大　连	47.07	79.54	109.18	174.17	200.97	233.12	266.40	287.52	307.67	340.56
长　春	22.56	40.97	56.98	73.46	92.83	108.76	119.52	127.57	139.44	154.57
哈尔滨	37.27	68.57	98.46	188.75	220.06	246.02	296.00	326.21	379.81	462.69
上　海	122.23	160.95	174.82	230.34	306.09	388.07	423.55	459.77	505.73	579.39
南　京	23.64	33.85	112.81	162.12	183.83	214.75	224.64	229.89	261.68	286.28
无　锡	55.96	75.28	104.58	137.30	162.16	176.24	203.92	226.57	264.80	289.53
苏　州	35.78	50.11	68.15	100.21	117.23	134.83	165.12	187.72	213.41	260.73
杭　州	76.22	107.16	134.31	168.18	192.61	210.39	228.39	243.29	262.88	297.00
宁　波	49.81	72.40	90.18	105.59	123.75	137.67	177.41	187.42	198.40	231.05
温　州	15.24	19.36	29.35	59.59	69.71	77.45	89.53	93.51	96.30	104.42
合　肥	11.15	15.44	26.09	27.24	28.57	30.02	32.76	34.42	38.41	51.41
福　州	46.42	62.15	75.07	90.31	107.18	135.11	151.55	157.21	180.50	204.82
厦　门	2.84	4.77	5.90	15.44	23.10	23.80	28.60	29.39	31.45	33.13
南　昌	14.66	19.58	25.51	41.02	48.83	66.10	94.19	114.89	127.63	151.96
济　南	17.90	25.16	31.24	35.45	40.88	44.24	61.00	67.02	70.76	72.51
青　岛	40.35	60.24	88.58	109.76	121.79	136.32	153.98	181.31	195.29	218.64
郑　州	23.86	36.58	58.59	102.70	147.44	222.09	307.58	391.93	485.03	551.36
武　汉	108.79	150.99	205.94	286.07	307.67	330.32	368.58	389.44	398.16	431.69
长　沙	65.37	91.78	110.61	139.44	150.83	162.54	178.00	192.96	224.70	296.93
广　州	69.95	93.59	116.71	133.69	140.84	152.86	171.71	194.76	228.59	266.16
深　圳	22.00	25.30	35.19	40.42	44.38	56.58	82.08	93.85	101.15	119.87
南　宁	12.40	19.98	24.88	37.38	48.23	57.10	75.19	80.38	90.41	125.60
北　海	22.75	34.52	50.61	56.87	69.35	78.90	84.90	96.02	106.56	124.13
海　口	21.89	29.87	36.50	43.56	59.10	76.23	86.17	96.52	105.41	138.29
三　亚	24.12	32.50	36.45	40.06	43.31	45.89	48.55	51.80	55.63	59.36
重　庆	201.43	268.15	338.00	448.45	478.61	513.79	606.57	650.69	741.43	817.20
成　都	89.85	122.56	155.08	192.69	215.70	229.54	262.41	276.41	294.68	350.13
贵　阳	8.83	12.71	17.22	23.64	24.93	28.12	30.20	33.21	36.06	38.29
昆　明	51.50	80.46	114.62	153.67	179.98	203.02	251.79	284.38	296.44	367.03
西　安	39.80	59.71	82.08	121.38	135.59	156.18	181.48	200.67	222.71	258.31
兰　州	15.67	23.29	32.41	46.30	61.20	71.16	81.02	92.13	101.42	114.94
西　宁	5.38	9.44	14.06	20.04	27.67	33.37	48.18	59.02	68.51	66.15
银　川	29.14	43.38	62.62	78.80	88.89	100.88	111.59	124.66	149.83	162.74
乌鲁木齐	12.01	20.10	27.96	35.55	49.43	61.25	72.94	85.17	91.47	117.34

数据来源：国家统计局。

表 5－60　　2013—2017 年四十重点城市住宅期房销售面积

单位：万平方米

类　别	2013 年	2014 年	2015 年	2016 年	2017 年
合　计	**34843. 94**	**31995. 54**	**34576. 98**	**42050. 24**	**40229. 91**
北　京	889. 90	796. 61	795. 67	621. 11	381. 03
天　津	1085. 71	958. 37	1148. 19	1741. 83	1111. 44
石家庄	472. 31	473. 48	344. 81	513. 87	527. 07
太　原	341. 59	361. 51	365. 66	441. 97	649. 62
呼和浩特	139. 76	116. 17	177. 78	199. 73	130. 41
沈　阳	1506. 16	952. 50	689. 95	778. 27	898. 68
大　连	787. 62	469. 01	417. 82	372. 88	417. 61
长　春	630. 56	501. 58	590. 93	619. 56	797. 26
哈尔滨	683. 19	605. 48	499. 56	464. 16	626. 48
上　海	1219. 14	1160. 49	1286. 74	1210. 01	762. 23
南　京	981. 45	816. 03	1100. 67	1221. 72	922. 69
无　锡	615. 33	574. 28	666. 41	843. 44	733. 58
苏　州	1346. 04	1256. 68	1654. 19	1820. 99	1427. 15
杭　州	845. 63	808. 87	1037. 34	1452. 67	1223. 17
宁　波	494. 68	486. 60	656. 59	847. 51	1052. 66
温　州	297. 86	359. 38	387. 35	547. 63	697. 85
合　肥	1362. 90	1275. 14	1218. 57	1620. 44	909. 05
福　州	1088. 20	725. 74	680. 02	918. 23	1071. 98
厦　门	529. 32	458. 31	305. 94	289. 71	204. 14
南　昌	691. 96	716. 88	705. 30	942. 66	1137. 84
济　南	658. 22	659. 47	836. 83	1144. 56	902. 21
青　岛	879. 97	864. 88	1002. 81	1501. 66	1415. 20
郑　州	1128. 75	1098. 86	1518. 53	2367. 46	2184. 01
武　汉	1294. 43	1528. 00	1904. 01	2635. 44	2654. 09
长　沙	1395. 88	1149. 69	1392. 80	1820. 06	1526. 88
广　州	1246. 38	1027. 87	1041. 30	1293. 93	1101. 32
深　圳	428. 08	391. 49	614. 81	530. 16	401. 10
南　宁	570. 45	610. 98	799. 23	1076. 80	1182. 08
北　海	134. 52	143. 49	132. 21	140. 98	236. 50
海　口	275. 90	255. 11	274. 72	316. 73	349. 08
三　亚	92. 84	68. 55	78. 85	93. 09	135. 37
重　庆	3845. 68	3843. 58	3822. 63	4110. 09	4635. 45
成　都	2261. 15	2167. 35	2113. 14	2790. 78	2626. 34
贵　阳	1118. 05	741. 95	740. 34	757. 40	830. 69
昆　明	846. 13	783. 43	758. 82	749. 22	1020. 73
西　安	1410. 35	1382. 81	1387. 00	1598. 44	1847. 63
兰　州	170. 41	385. 64	489. 12	598. 05	494. 46
西　宁	244. 06	181. 16	214. 36	235. 74	238. 96
银　川	412. 96	497. 08	338. 50	364. 11	357. 25
乌鲁木齐	420. 44	341. 04	387. 52	457. 14	408. 63

数据来源：国家统计局。

表 5－61　　2017 年四十重点城市月度累计住宅期房销售面积

单位：万平方米

类　别	1—3 月	1—4 月	1—5 月	1—6 月	1—7 月	1—8 月	1—9 月	1—10 月	1—11 月	1—12 月
合　计	7443.25	10703.30	14022.71	18785.34	21562.97	24586.48	28623.33	31908.57	35658.60	40229.91
北　京	86.19	108.87	141.59	174.60	205.77	224.58	239.89	263.71	296.25	381.03
天　津	280.95	357.57	447.71	558.81	661.73	780.86	880.44	954.10	1019.31	1111.44
石家庄	51.53	62.78	100.74	214.29	231.79	256.81	352.97	437.48	462.19	527.07
太　原	93.42	144.23	182.54	250.33	302.83	349.27	395.41	471.05	556.47	649.62
呼和浩特	25.21	32.77	52.24	66.06	69.86	82.41	126.52	131.34	159.54	130.41
沈　阳	124.03	225.40	309.78	385.92	459.89	584.75	686.59	778.32	856.78	898.68
大　连	61.60	93.84	132.57	210.54	240.21	299.35	352.12	387.32	409.87	417.61
长　春	92.62	134.93	215.60	303.30	378.21	472.29	536.15	601.01	693.38	797.26
哈尔滨	48.60	88.51	142.09	186.80	245.19	308.02	373.42	482.72	562.87	626.48
上　海	144.15	189.19	228.86	316.91	425.78	537.70	620.79	646.65	694.40	762.23
南　京	185.81	293.96	383.25	534.01	603.91	670.91	718.61	754.04	822.18	922.69
无　锡	116.33	167.24	212.18	342.53	395.13	442.71	527.02	580.24	656.73	733.58
苏　州	250.19	386.16	550.46	709.83	826.25	940.29	1056.94	1176.16	1296.42	1427.15
杭　州	241.04	336.18	429.67	568.48	677.72	798.49	886.63	979.70	1068.53	1223.17
宁　波	232.36	317.43	431.77	568.94	623.66	679.03	784.04	872.79	953.20	1052.66
温　州	135.83	173.58	212.44	344.57	373.89	404.46	481.30	511.59	562.47	697.85
合　肥	219.29	313.18	411.34	497.76	574.76	649.78	722.14	787.66	846.98	909.05
福　州	239.47	324.07	371.95	483.62	511.64	576.43	698.21	805.49	916.55	1071.98
厦　门	60.42	75.02	95.39	112.38	132.74	147.18	163.21	173.29	191.81	204.14
南　昌	147.60	215.77	291.63	447.45	515.12	598.59	720.99	842.95	969.25	1137.84
济　南	171.72	259.57	364.48	465.62	529.05	578.39	672.14	744.55	802.49	902.21
青　岛	189.92	287.73	393.67	533.77	649.62	765.94	991.50	1105.94	1269.34	1415.20
郑　州	315.26	448.74	596.77	851.88	1002.55	1166.08	1504.95	1712.48	1896.40	2184.01
武　汉	356.75	557.54	797.06	1193.09	1323.67	1501.82	1839.03	2081.18	2301.47	2654.09
长　沙	297.30	407.79	527.61	669.50	763.37	839.08	909.89	990.57	1208.39	1526.88
广　州	266.17	346.34	423.55	560.65	610.98	665.05	756.32	869.56	976.71	1101.32
深　圳	68.79	100.60	137.39	179.09	209.73	238.36	279.59	321.29	354.29	401.10
南　宁	195.32	297.96	398.30	527.29	594.45	684.75	795.39	912.10	1014.79	1182.08
北　海	39.90	62.29	91.04	106.89	120.48	137.57	144.04	154.18	201.72	236.50
海　口	63.90	89.11	120.60	148.63	190.25	218.22	238.90	275.57	316.11	349.08
三　亚	54.92	69.59	80.20	88.62	95.01	102.34	109.04	114.66	126.17	135.37
重　庆	1132.62	1561.00	1935.94	2407.89	2696.37	3043.28	3410.11	3741.27	4150.56	4635.45
成　都	621.20	846.80	1073.25	1343.64	1575.70	1770.13	2049.48	2214.20	2452.17	2626.34
贵　阳	165.38	223.91	284.93	413.92	457.05	499.71	580.80	633.81	754.34	830.69
昆　明	174.24	292.91	353.70	513.49	554.91	609.77	723.33	799.73	909.95	1020.73
西　安	277.77	488.71	612.79	871.32	989.98	1085.14	1276.72	1408.32	1595.66	1847.63
兰　州	99.07	137.70	190.52	251.46	294.38	344.00	387.33	414.59	469.45	494.46
西　宁	17.68	32.18	63.29	82.53	96.14	114.00	151.45	196.35	218.96	238.96
银　川	49.94	76.61	109.96	146.82	172.46	207.90	241.03	274.13	312.56	357.25
乌鲁木齐	48.80	75.53	123.85	152.11	180.72	211.06	238.93	306.49	331.90	408.63

数据来源：国家统计局。

表 5 -62　　2013—2017 年四十重点城市办公楼销售面积

单位：万平方米

类　别	2013 年	2014 年	2015 年	2016 年	2017 年
合　计	**2074.88**	**1720.41**	**2130.03**	**2848.30**	**3284.37**
北　京	317.93	136.80	243.02	413.86	108.34
天　津	23.49	13.53	15.93	31.06	43.28
石家庄	36.95	30.94	63.76	61.26	74.96
太　原	8.00	14.15	11.24	30.45	30.38
呼和浩特	16.83	7.81	4.08	9.81	19.62
沈　阳	17.45	14.02	17.33	10.77	11.14
大　连	6.38	6.67	5.45	15.33	15.05
长　春	15.84	9.73	15.80	28.96	49.97
哈尔滨	19.57	12.42	14.73	20.27	40.05
上　海	161.22	120.28	197.41	306.40	124.10
南　京	24.53	24.68	31.84	53.28	76.92
无　锡	41.69	27.97	40.21	29.74	36.57
苏　州	52.42	28.25	54.81	57.93	86.08
杭　州	94.63	73.04	81.74	224.74	284.84
宁　波	49.59	50.90	41.44	60.13	64.88
温　州	7.67	2.45	21.12	16.01	7.14
合　肥	58.06	52.73	68.64	129.10	115.60
福　州	65.23	44.86	44.86	55.05	119.55
厦　门	67.14	87.15	64.17	64.62	124.12
南　昌	40.27	27.86	30.56	58.38	107.80
济　南	32.56	45.49	156.84	58.11	50.31
青　岛	46.43	42.57	56.57	55.53	97.88
郑　州	176.74	133.61	96.88	95.74	137.75
武　汉	71.44	57.83	35.21	92.11	156.57
长　沙	64.26	37.60	36.40	82.15	114.12
广　州	160.85	142.76	152.60	153.09	176.96
深　圳	21.31	23.17	56.54	50.57	98.56
南　宁	21.89	14.43	25.67	31.08	58.10
北　海	—	0.63	0.33	0.46	3.08
海　口	0.51	4.47	7.07	6.97	13.27
三　亚	1.33	0.21	1.98	1.69	3.04
重　庆	68.67	98.15	115.84	106.99	168.47
成　都	106.03	122.30	94.31	116.22	235.26
贵　阳	87.53	61.18	49.23	58.98	86.21
昆　明	40.74	58.31	53.95	104.49	97.96
西　安	33.36	45.83	50.30	64.04	145.19
兰　州	2.95	11.36	9.14	43.20	27.04
西　宁	0.32	7.87	23.35	18.96	26.61
银　川	5.00	7.15	12.70	6.79	15.86
乌鲁木齐	8.07	19.25	26.99	24.00	31.71

数据来源：国家统计局。

表 5 -63　　2017 年四十重点城市月度累计办公楼销售面积

单位：万平方米

类　别	1—3 月	1—4 月	1—5 月	1—6 月	1—7 月	1—8 月	1—9 月	1—10 月	1—11 月	1—12 月
合　计	**564.01**	**812.90**	**1063.39**	**1491.50**	**1730.44**	**1942.26**	**2282.60**	**2531.01**	**2810.04**	**3284.37**
北　京	45.28	52.35	60.20	64.39	70.28	80.77	83.10	86.58	89.49	108.34
天　津	16.73	18.59	25.60	27.92	30.70	31.30	32.37	33.13	33.78	43.28
石家庄	3.09	3.19	17.83	31.83	32.35	32.35	51.36	51.40	58.20	74.96
太　原	5.85	8.02	10.92	15.10	17.57	19.24	21.63	26.00	28.15	30.38
呼和浩特	1.45	2.05	2.27	2.78	6.53	7.71	10.05	17.54	20.96	19.62
沈　阳	0.86	1.57	2.09	3.29	4.03	4.90	6.42	9.29	9.94	11.14
大　连	0.18	1.28	1.78	4.46	4.92	6.66	9.16	9.62	11.11	15.05
长　春	7.17	9.42	15.69	21.71	25.64	28.04	40.83	41.90	44.99	49.97
哈尔滨	2.16	6.68	9.56	12.55	17.45	19.11	27.05	30.58	34.34	40.05
上　海	31.31	37.70	41.89	62.03	67.55	75.58	94.81	105.29	110.20	124.10
南　京	8.21	16.33	21.04	28.48	36.36	51.49	63.08	72.62	77.15	76.92
无　锡	5.74	6.93	7.87	14.78	16.34	18.31	20.76	23.40	29.28	36.57
苏　州	31.69	40.18	48.68	56.50	61.50	65.32	72.59	76.95	81.28	86.08
杭　州	53.61	85.31	110.74	145.86	167.71	191.75	217.09	237.53	254.74	284.84
宁　波	7.67	10.33	15.34	25.06	29.97	35.20	52.24	56.19	59.28	64.88
温　州	0.77	0.97	1.39	2.28	3.98	4.60	4.77	5.70	6.67	7.14
合　肥	20.71	27.68	38.85	49.11	59.89	69.68	89.36	93.60	99.63	115.60
福　州	20.55	29.16	41.59	55.97	59.70	61.92	69.56	75.57	88.93	119.55
厦　门	17.55	23.68	28.99	72.94	88.00	93.95	96.82	103.67	112.58	124.12
南　昌	14.78	26.91	35.24	56.59	63.49	66.61	75.51	82.71	90.11	107.80
济　南	4.15	9.40	15.72	21.05	31.90	37.80	40.56	43.62	45.20	50.31
青　岛	7.37	14.76	29.17	36.57	44.34	49.61	62.40	70.95	82.98	97.88
郑　州	15.24	23.35	31.22	45.32	53.64	72.37	92.46	106.43	120.37	137.75
武　汉	19.85	35.84	54.99	82.56	87.34	95.34	111.97	122.00	134.83	156.57
长　沙	20.01	30.31	39.79	51.35	62.38	68.55	73.96	79.09	88.62	114.12
广　州	46.98	60.96	66.13	86.77	90.50	94.25	110.84	130.08	148.67	176.96
深　圳	25.09	42.94	36.07	48.06	56.14	61.05	65.72	71.65	79.37	98.56
南　宁	6.95	9.96	12.83	19.26	25.76	30.96	35.98	40.34	49.04	58.10
北　海	0.37	0.80	1.77	2.11	2.28	2.58	2.76	3.07	3.07	3.08
海　口	1.31	2.09	2.63	4.98	7.66	8.29	11.58	11.77	12.55	13.27
三　亚	0.61	0.71	0.86	1.70	1.91	2.05	2.43	2.50	2.72	3.04
重　庆	28.03	40.01	58.55	82.88	95.62	109.31	122.41	133.95	146.31	168.47
成　都	28.17	45.58	62.57	82.43	103.10	118.88	142.22	165.79	194.49	235.26
贵　阳	11.00	21.60	28.16	35.37	43.21	50.53	55.80	60.96	80.42	86.21
昆　明	30.05	29.08	33.26	53.20	59.29	60.75	71.66	77.26	81.99	97.96
西　安	15.36	25.17	32.43	56.36	62.40	70.14	82.75	98.18	119.66	145.19
兰　州	3.73	5.08	8.60	9.82	11.47	14.56	20.42	21.76	23.69	27.04
西　宁	0.57	1.55	2.43	6.79	11.97	12.13	17.00	21.02	21.51	26.61
银　川	0.58	0.91	1.44	1.82	2.46	3.59	4.18	5.40	8.50	15.86
乌鲁木齐	3.21	4.48	7.21	9.46	13.09	15.02	16.93	25.94	25.23	31.71

数据来源：国家统计局。

表 5－64　　2013—2017 年四十重点城市办公楼现房销售面积

单位：万平方米

类　别	2013 年	2014 年	2015 年	2016 年	2017 年
合　计	**490.32**	**410.44**	**581.25**	**787.69**	**941.36**
北　京	51.13	31.26	78.14	156.59	44.68
天　津	15.14	6.80	9.04	11.47	31.99
石家庄	13.29	19.84	38.36	26.14	33.30
太　原	1.86	0.63	2.07	0.98	2.64
呼和浩特	8.94	5.53	1.05	3.90	5.49
沈　阳	1.58	7.04	13.69	6.00	4.04
大　连	0.69	0.90	1.21	12.85	4.33
长　春	3.69	3.22	5.84	3.97	7.29
哈尔滨	5.29	3.10	7.54	5.76	11.06
上　海	61.17	36.43	76.13	95.96	70.52
南　京	9.58	4.09	7.88	11.01	9.48
无　锡	10.93	11.51	20.02	21.32	27.35
苏　州	26.90	10.25	13.88	16.85	28.15
杭　州	16.86	17.58	23.19	48.40	101.34
宁　波	11.68	22.77	24.14	33.77	24.02
温　州	0.46	—	7.53	3.21	2.47
合　肥	17.59	10.05	16.35	32.41	42.04
福　州	0.50	0.14	6.86	3.68	14.78
厦　门	25.03	9.85	10.83	9.28	22.22
南　昌	9.31	1.79	10.72	14.99	25.00
济　南	11.61	3.24	8.85	13.10	26.41
青　岛	5.57	9.33	13.07	21.89	32.53
郑　州	22.11	11.19	9.05	11.39	17.06
武　汉	42.86	19.95	10.76	10.10	49.75
长　沙	3.55	5.42	10.10	25.02	40.33
广　州	66.53	47.46	43.89	12.63	16.29
深　圳	8.37	7.91	9.29	6.59	39.02
南　宁	0.09	0.53	2.09	6.42	8.10
北　海	—	—	0.33	—	—
海　口	—	—	0.12	0.62	7.71
三　亚	—	—	0.44	0.04	2.96
重　庆	8.71	37.68	34.38	51.73	60.83
成　都	13.32	27.77	25.73	32.38	39.19
贵　阳	1.05	0.87	10.01	19.46	24.02
昆　明	7.55	20.93	13.46	41.48	16.85
西　安	1.22	0.53	7.11	0.97	29.55
兰　州	2.79	1.00	1.04	4.98	3.54
西　宁	—	1.32	0.99	4.25	5.17
银　川	1.89	1.49	3.11	3.19	2.96
乌鲁木齐	1.47	11.05	2.95	2.92	6.91

数据来源：国家统计局。

表 5－65　　**2017 年四十重点城市月度累计办公楼现房销售面积**

单位：万平方米

类　别	1—3 月	1—4 月	1—5 月	1—6 月	1—7 月	1—8 月	1—9 月	1—10 月	1—11 月	1—12 月
合　计	**153.66**	**225.91**	**305.85**	**406.24**	**497.60**	**572.68**	**662.29**	**723.46**	**797.97**	**941.36**
北　京	19.61	20.51	22.32	23.94	28.51	32.82	33.66	34.58	35.30	44.68
天　津	11.57	12.56	17.81	19.60	21.94	22.21	22.71	22.91	23.32	31.99
石家庄	3.08	3.08	3.88	7.88	7.99	7.99	22.99	22.99	29.11	33.30
太　原	0.08	0.13	0.15	0.15	0.15	0.15	0.75	1.30	1.30	2.64
呼和浩特	0.36	0.36	0.39	0.39	3.50	4.05	4.07	6.56	6.83	5.49
沈　阳	0.28	0.51	0.89	1.55	1.55	1.69	1.73	3.73	3.84	4.04
大　连	0.01	0.08	0.15	1.63	1.83	1.90	1.95	2.06	2.06	4.33
长　春	3.95	5.03	5.48	5.48	5.53	6.64	6.93	7.04	7.09	7.29
哈尔滨	0.51	0.99	1.82	2.41	5.19	5.56	6.17	6.49	6.97	11.06
上　海	22.21	23.48	25.75	34.34	39.77	47.22	59.11	62.49	67.00	70.52
南　京	—	0.18	0.24	0.24	0.24	4.43	9.71	12.48	12.85	9.48
无　锡	4.96	5.58	5.86	10.18	10.88	12.32	13.68	15.35	20.59	27.35
苏　州	4.88	9.61	12.91	16.12	17.80	19.08	20.73	22.65	23.49	28.15
杭　州	15.56	24.42	33.67	43.79	49.69	64.08	71.37	76.67	84.94	101.34
宁　波	2.03	3.44	6.08	7.64	8.99	10.70	18.43	19.70	21.92	24.02
温　州	0.34	0.50	0.54	0.60	0.61	0.81	0.98	1.66	2.01	2.47
合　肥	6.31	7.98	13.38	16.37	23.39	29.71	33.04	35.92	38.10	42.04
福　州	1.93	2.68	7.62	8.51	8.98	9.95	10.31	10.77	11.75	14.78
厦　门	2.99	2.99	3.64	11.19	12.71	14.81	14.81	17.06	18.28	22.22
南　昌	5.08	9.65	12.27	16.89	17.44	17.77	20.96	21.50	22.53	25.00
济　南	0.65	4.68	5.22	8.00	17.21	21.87	22.16	22.97	23.44	26.41
青　岛	1.24	3.19	14.71	15.66	18.05	18.75	20.78	24.12	26.15	32.53
郑　州	3.73	5.55	7.33	8.72	9.60	11.49	12.64	13.00	15.94	17.06
武　汉	9.28	11.49	22.97	27.08	34.98	36.81	41.65	43.71	45.61	49.75
长　沙	9.23	12.13	14.45	16.82	19.28	20.34	21.30	22.09	24.90	40.33
广　州	2.37	2.51	3.05	6.72	9.16	10.84	12.24	12.81	13.12	16.29
深　圳	0.83	17.69	7.66	16.15	18.08	20.11	22.91	26.76	32.88	39.02
南　宁	0.83	1.01	1.02	3.16	4.59	5.93	6.26	6.62	7.29	8.10
北　海	—	—	—	—	—	—	—	—	—	—
海　口	0.35	1.01	1.01	1.69	3.45	3.82	6.71	6.88	7.24	7.71
三　亚	0.61	0.69	0.83	1.68	1.89	2.03	2.41	2.47	2.65	2.96
重　庆	6.19	9.07	18.56	25.02	33.66	36.94	39.18	46.43	51.92	60.83
成　都	3.72	6.80	13.48	14.18	15.06	16.80	18.57	23.63	29.44	39.19
贵　阳	2.91	7.88	9.47	12.60	16.01	19.46	23.03	23.56	23.38	24.02
昆　明	0.37	0.91	0.97	6.79	13.40	13.64	14.91	15.54	16.22	16.85
西　安	2.85	4.07	5.19	6.25	7.27	10.21	12.64	15.91	27.28	29.55
兰　州	1.21	1.36	1.55	2.05	2.70	2.99	3.27	3.37	3.44	3.54
西　宁	0.18	0.22	0.27	0.45	0.48	0.48	0.65	1.90	1.90	5.17
银　川	0.13	0.36	0.46	0.58	0.67	0.83	1.09	1.38	2.03	2.96
乌鲁木齐	1.25	1.53	2.78	3.73	5.36	5.45	5.80	6.40	3.86	6.91

数据来源：国家统计局。

表 5－66　　2013—2017 年四十重点城市办公楼期房销售面积

单位：万平方米

类　别	2013 年	2014 年	2015 年	2016 年	2017 年
合　计	**1584. 55**	**1309. 94**	**1548. 78**	**2060. 61**	**2343. 00**
北　京	266. 81	105. 54	164. 88	257. 27	63. 66
天　津	8. 35	6. 73	6. 88	19. 59	11. 29
石家庄	23. 66	11. 10	25. 40	35. 12	41. 66
太　原	6. 14	13. 52	9. 17	29. 47	27. 74
呼和浩特	7. 89	2. 28	3. 03	5. 91	14. 13
沈　阳	15. 88	6. 98	3. 64	4. 77	7. 10
大　连	5. 69	5. 77	4. 24	2. 47	10. 73
长　春	12. 15	6. 51	9. 96	24. 99	42. 67
哈尔滨	14. 28	9. 32	7. 18	14. 51	28. 99
上　海	100. 05	83. 85	121. 28	210. 44	53. 59
南　京	14. 95	20. 59	23. 96	42. 27	67. 44
无　锡	30. 76	16. 45	20. 18	8. 42	9. 22
苏　州	25. 51	17. 99	40. 93	41. 08	57. 94
杭　州	77. 77	55. 46	58. 55	176. 34	183. 50
宁　波	37. 91	28. 13	17. 30	26. 35	40. 86
温　州	7. 21	2. 45	13. 59	12. 80	4. 66
合　肥	40. 47	42. 67	52. 29	96. 69	73. 56
福　州	64. 73	44. 72	38. 00	51. 37	104. 78
厦　门	42. 11	77. 30	53. 34	55. 34	101. 90
南　昌	30. 96	26. 07	19. 84	43. 39	82. 80
济　南	20. 95	42. 25	147. 99	45. 02	23. 91
青　岛	40. 85	33. 24	43. 50	33. 64	65. 36
郑　州	154. 63	122. 42	87. 83	84. 35	120. 70
武　汉	28. 58	37. 88	24. 45	82. 02	106. 82
长　沙	60. 71	32. 17	26. 31	57. 13	73. 79
广　州	94. 31	95. 30	108. 72	140. 46	160. 67
深　圳	12. 95	15. 26	47. 25	43. 99	59. 54
南　宁	21. 79	13. 90	23. 58	24. 66	50. 00
北　海	—	0. 63	—	0. 46	3. 08
海　口	0. 51	4. 47	6. 94	6. 34	5. 57
三　亚	1. 33	0. 21	1. 54	1. 65	0. 08
重　庆	59. 96	60. 47	81. 46	55. 26	107. 64
成　都	92. 71	94. 53	68. 58	83. 83	196. 07
贵　阳	86. 48	60. 31	39. 22	39. 52	62. 18
昆　明	33. 19	37. 39	40. 49	63. 01	81. 11
西　安	32. 14	45. 30	43. 19	63. 07	115. 64
兰　州	0. 15	10. 36	8. 10	38. 22	23. 51
西　宁	0. 32	6. 55	22. 36	14. 71	21. 44
银　川	3. 12	5. 67	9. 58	3. 60	12. 90
乌鲁木齐	6. 60	8. 19	24. 03	21. 09	24. 80

数据来源：国家统计局。

表 5－67　　2017 年四十重点城市月度累计办公楼期房销售面积

单位：万平方米

类　别	1—3 月	1—4 月	1—5 月	1—6 月	1—7 月	1—8 月	1—9 月	1—10 月	1—11 月	1—12 月
合　计	**410. 35**	**586. 99**	**757. 54**	**1085. 26**	**1232. 84**	**1369. 58**	**1620. 32**	**1807. 55**	**2012. 07**	**2343. 00**
北　京	25. 67	31. 84	37. 88	40. 46	41. 77	47. 95	49. 44	52. 00	54. 19	63. 66
天　津	5. 16	6. 03	7. 79	8. 32	8. 76	9. 09	9. 66	10. 21	10. 45	11. 29
石家庄	0. 01	0. 11	13. 95	23. 95	24. 36	24. 36	28. 36	28. 41	29. 09	41. 66
太　原	5. 77	7. 89	10. 77	14. 95	17. 42	19. 09	20. 88	24. 69	26. 84	27. 74
呼和浩特	1. 09	1. 69	1. 88	2. 38	3. 03	3. 66	5. 98	10. 98	14. 13	14. 13
沈　阳	0. 59	1. 06	1. 20	1. 74	2. 48	3. 21	4. 69	5. 56	6. 10	7. 10
大　连	0. 17	1. 20	1. 63	2. 82	3. 10	4. 76	7. 21	7. 56	9. 05	10. 73
长　春	3. 22	4. 40	10. 21	16. 23	20. 10	21. 40	33. 90	34. 86	37. 90	42. 67
哈尔滨	1. 66	5. 68	7. 74	10. 13	12. 26	13. 56	20. 88	24. 10	27. 37	28. 99
上　海	9. 10	14. 22	16. 14	27. 70	27. 78	28. 36	35. 70	42. 81	43. 21	53. 59
南　京	8. 21	16. 14	20. 81	28. 24	36. 12	47. 06	53. 38	60. 14	64. 30	67. 44
无　锡	0. 77	1. 35	2. 01	4. 60	5. 46	6. 00	7. 07	8. 06	8. 69	9. 22
苏　州	26. 81	30. 57	35. 77	40. 37	43. 70	46. 24	51. 86	54. 30	57. 79	57. 94
杭　州	38. 05	60. 90	77. 07	102. 07	118. 02	127. 67	145. 72	160. 86	169. 80	183. 50
宁　波	5. 65	6. 88	9. 26	17. 42	20. 98	24. 50	33. 81	36. 49	37. 36	40. 86
温　州	0. 42	0. 47	0. 85	1. 68	3. 37	3. 79	3. 80	4. 04	4. 66	4. 66
合　肥	14. 40	19. 70	25. 47	32. 74	36. 50	39. 97	56. 33	57. 68	61. 53	73. 56
福　州	18. 62	26. 48	33. 97	47. 46	50. 72	51. 97	59. 24	64. 81	77. 19	104. 78
厦　门	14. 56	20. 69	25. 35	61. 76	75. 28	79. 15	82. 02	86. 61	94. 30	101. 90
南　昌	9. 70	17. 26	22. 97	39. 71	46. 04	48. 84	54. 54	61. 21	67. 58	82. 80
济　南	3. 50	4. 73	10. 50	13. 05	14. 69	15. 93	18. 39	20. 65	21. 76	23. 91
青　岛	6. 13	11. 56	14. 46	20. 91	26. 29	30. 86	41. 62	46. 83	56. 84	65. 36
郑　州	11. 51	17. 81	23. 89	36. 60	44. 04	60. 88	79. 82	93. 43	104. 42	120. 70
武　汉	10. 58	24. 34	32. 02	55. 48	52. 36	58. 53	70. 32	78. 29	89. 22	106. 82
长　沙	10. 78	18. 18	25. 34	34. 53	43. 11	48. 21	52. 67	57. 00	63. 72	73. 79
广　州	44. 61	58. 45	63. 07	80. 05	81. 34	83. 42	98. 60	117. 27	135. 55	160. 67
深　圳	24. 26	25. 25	28. 41	31. 91	38. 06	40. 94	42. 81	44. 88	46. 49	59. 54
南　宁	6. 12	8. 95	11. 81	16. 09	21. 17	25. 03	29. 73	33. 71	41. 74	50. 00
北　海	0. 37	0. 80	1. 77	2. 11	2. 28	2. 58	2. 76	3. 07	3. 07	3. 08
海　口	0. 96	1. 08	1. 61	3. 30	4. 21	4. 48	4. 88	4. 89	5. 30	5. 57
三　亚	—	0. 02	0. 02	0. 02	0. 02	0. 02	0. 02	0. 02	0. 07	0. 08
重　庆	21. 85	30. 94	39. 99	57. 86	61. 97	72. 37	83. 22	87. 51	94. 39	107. 64
成　都	24. 46	38. 78	49. 09	68. 25	88. 05	102. 07	123. 65	142. 15	165. 05	196. 07
贵　阳	8. 09	13. 73	18. 69	22. 77	27. 20	31. 07	32. 77	37. 40	57. 04	62. 18
昆　明	29. 68	28. 17	32. 29	46. 40	45. 89	47. 11	56. 75	61. 72	65. 77	81. 11
西　安	12. 51	21. 10	27. 25	50. 10	55. 13	59. 93	70. 12	82. 27	92. 39	115. 64
兰　州	2. 52	3. 72	7. 05	7. 77	8. 77	11. 56	17. 15	18. 40	20. 24	23. 51
西　宁	0. 39	1. 33	2. 16	6. 34	11. 48	11. 64	16. 35	19. 12	19. 61	21. 44
银　川	0. 44	0. 55	0. 98	1. 24	1. 79	2. 76	3. 09	4. 01	6. 47	12. 90
乌鲁木齐	1. 96	2. 95	4. 42	5. 73	7. 73	9. 57	11. 13	19. 54	21. 38	24. 80

数据来源：国家统计局。

表 5-68　　2013—2017 年四十重点城市商业营业用房销售面积

单位：万平方米

类　别	2013 年	2014 年	2015 年	2016 年	2017 年
合　计	**2633.29**	**3078.42**	**3159.65**	**3883.28**	**4306.02**
北　京	102.52	79.50	84.81	125.85	74.63
天　津	51.60	65.56	56.34	97.03	77.42
石家庄	78.12	102.36	117.61	80.36	112.12
太　原	14.13	8.04	11.79	16.84	20.94
呼和浩特	40.61	29.75	28.40	59.49	36.00
沈　阳	201.96	122.98	85.48	51.10	71.17
大　连	88.76	49.48	20.78	24.94	41.29
长　春	43.95	57.26	53.97	105.03	106.58
哈尔滨	83.83	90.57	54.55	102.89	97.31
上　海	116.47	102.86	113.70	205.87	79.33
南　京	43.68	42.35	64.49	80.50	106.60
无　锡	80.11	69.65	78.18	74.26	89.10
苏　州	165.25	100.41	114.95	146.02	115.90
杭　州	52.92	55.78	57.78	127.94	165.03
宁　波	55.71	50.56	79.78	85.81	76.24
温　州	22.45	28.12	38.40	58.30	92.93
合　肥	82.72	187.59	197.23	189.14	138.01
福　州	39.56	57.19	70.93	72.95	112.26
厦　门	21.42	30.33	28.78	36.67	34.99
南　昌	40.61	38.19	48.12	91.58	163.70
济　南	26.40	39.79	42.57	40.38	80.85
青　岛	42.01	72.29	94.40	82.74	130.21
郑　州	88.27	126.73	79.95	153.15	177.66
武　汉	124.00	162.26	103.24	131.82	188.18
长　沙	92.75	120.93	118.06	117.58	214.71
广　州	95.80	133.25	96.80	119.66	93.09
深　圳	19.05	23.59	19.84	23.49	27.22
南　宁	23.72	26.51	29.47	52.54	47.05
北　海	2.17	5.14	4.20	5.18	8.52
海　口	12.50	30.03	24.87	16.45	29.87
三　亚	0.92	0.67	0.41	4.09	4.61
重　庆	244.04	348.49	463.05	622.18	634.37
成　都	174.16	210.21	232.77	234.92	342.56
贵　阳	39.33	69.86	99.15	77.73	87.73
昆　明	70.48	117.07	129.08	124.53	140.13
西　安	61.43	82.61	86.77	72.46	129.05
兰　州	12.82	25.81	34.47	62.85	42.54
西　宁	5.17	29.45	21.60	31.09	48.24
银　川	54.78	59.96	51.23	48.43	35.97
乌鲁木齐	17.11	25.24	21.69	29.47	31.93

数据来源：国家统计局。

表 5－69　　2017 年四十重点城市月度累计商业营业用房销售面积

单位：万平方米

类　别	1—3 月	1—4 月	1—5 月	1—6 月	1—7 月	1—8 月	1—9 月	1—10 月	1—11 月	1—12 月
合　计	722.38	1013.89	1339.54	1888.99	2171.09	2458.72	2876.61	3227.07	3623.60	4306.02
北　京	35.38	38.83	43.89	54.36	55.78	57.73	59.52	61.45	62.75	74.63
天　津	21.21	27.81	32.82	39.50	42.21	44.61	54.60	57.86	61.80	77.42
石家庄	23.81	26.08	31.30	51.73	57.42	64.48	71.35	76.65	79.78	112.12
太　原	1.69	2.98	4.63	8.88	11.15	13.13	14.53	18.01	19.53	20.94
呼和浩特	3.65	4.57	6.57	8.71	10.42	12.23	21.19	23.15	28.60	36.00
沈　阳	6.56	13.97	22.00	29.40	32.65	43.70	51.00	65.72	71.08	71.17
大　连	5.29	7.55	11.55	27.17	28.57	30.16	34.18	35.65	36.71	41.29
长　春	11.29	18.72	31.44	49.05	57.69	67.01	74.22	82.77	91.48	106.58
哈尔滨	7.01	12.32	17.30	27.29	38.11	43.52	54.03	68.94	78.17	97.31
上　海	15.94	21.23	28.82	44.86	52.01	57.47	61.17	63.37	67.57	79.33
南　京	14.62	20.20	26.33	39.87	47.04	53.43	62.86	72.43	81.01	106.60
无　锡	10.96	16.92	24.74	36.28	42.03	51.20	61.54	70.61	78.94	89.10
苏　州	29.91	38.60	47.06	61.26	69.27	77.27	83.36	93.68	100.81	115.90
杭　州	34.02	46.01	62.35	78.47	90.51	106.35	121.37	133.16	144.81	165.03
宁　波	14.86	22.00	27.04	36.08	40.55	48.01	57.67	61.72	66.26	76.24
温　州	16.33	20.88	24.30	48.06	54.77	57.20	67.78	71.89	75.44	92.93
合　肥	23.54	37.32	56.06	76.73	88.17	99.67	118.72	124.19	130.83	138.01
福　州	13.31	21.81	30.48	43.93	47.62	50.68	59.21	70.92	76.82	112.26
厦　门	3.86	9.33	10.40	15.88	16.19	25.15	28.37	31.37	33.61	34.99
南　昌	13.15	21.48	31.81	49.62	63.20	76.04	99.77	112.49	132.82	163.70
济　南	14.63	18.92	25.47	31.19	39.76	45.74	55.61	62.40	69.07	80.85
青　岛	15.49	25.88	34.90	44.23	54.40	64.45	78.13	98.40	107.41	130.21
郑　州	40.61	54.76	75.05	90.10	105.20	119.49	139.84	152.17	164.53	177.66
武　汉	23.52	36.35	55.14	97.64	112.44	124.95	142.82	153.76	168.14	188.18
长　沙	24.00	42.16	63.28	91.09	104.63	118.18	126.95	142.16	172.28	214.71
广　州	30.22	37.17	43.15	49.44	53.31	59.18	66.56	76.00	84.63	93.09
深　圳	7.89	5.07	7.17	10.50	11.44	12.30	14.90	15.32	22.21	27.22
南　宁	4.01	8.17	10.94	14.40	16.66	20.87	24.96	31.96	37.50	47.05
北　海	0.66	1.00	1.29	1.68	2.17	2.54	2.71	3.11	3.96	8.52
海　口	3.20	5.88	8.89	14.30	17.83	19.97	22.53	25.83	27.57	29.87
三　亚	2.03	2.22	2.38	2.70	2.85	3.00	3.43	3.51	3.78	4.61
重　庆	142.02	188.06	230.82	303.92	340.79	377.32	435.82	485.68	551.46	634.37
成　都	50.00	75.49	95.81	127.03	146.86	163.45	201.41	224.99	277.54	342.56
贵　阳	14.63	21.30	25.67	33.93	41.67	46.93	56.34	60.95	72.24	87.73
昆　明	22.35	28.34	31.65	50.28	57.37	62.95	77.26	90.21	101.38	140.13
西　安	9.16	17.57	24.83	48.56	58.19	66.31	78.67	88.22	102.13	129.05
兰　州	4.11	6.24	13.47	21.25	23.14	25.65	29.22	33.63	38.21	42.54
西　宁	1.14	1.95	7.10	10.95	11.36	16.62	26.99	37.97	42.35	48.24
银　川	3.37	4.49	5.99	9.52	11.42	13.64	16.72	20.61	30.94	35.97
乌鲁木齐	2.96	4.24	5.66	9.11	14.24	16.13	19.30	24.18	27.46	31.93

数据来源：国家统计局。

表 5－70　　2013—2017 年四十重点城市商业营业用房现房销售面积

单位：万平方米

类　别	2013 年	2014 年	2015 年	2016 年	2017 年
合　计	**872.98**	**879.89**	**1058.38**	**1344.41**	**1307.62**
北　京	56.15	38.15	40.50	61.10	31.57
天　津	29.64	24.20	28.47	44.85	39.90
石家庄	19.95	50.36	56.18	39.05	31.59
太　原	0.41	0.65	6.83	1.76	3.95
呼和浩特	21.08	25.75	17.91	40.87	17.70
沈　阳	65.47	58.08	36.62	22.37	24.29
大　连	36.88	20.27	11.81	12.11	23.39
长　春	15.86	27.67	14.99	32.85	39.71
哈尔滨	43.16	33.26	30.39	65.10	57.36
上　海	51.49	52.03	59.67	107.86	56.57
南　京	8.06	7.43	17.67	19.45	23.47
无　锡	19.14	21.24	37.28	37.22	57.69
苏　州	47.74	31.63	37.98	64.04	46.21
杭　州	17.45	14.85	16.85	37.70	56.68
宁　波	14.29	19.00	39.26	57.45	29.93
温　州	5.11	6.16	6.26	18.11	19.17
合　肥	21.40	11.70	20.84	22.66	24.47
福　州	4.96	3.00	10.34	15.21	22.32
厦　门	4.67	5.21	4.87	13.04	8.70
南　昌	8.30	7.27	20.25	16.44	18.84
济　南	4.26	4.48	20.26	8.19	15.46
青　岛	13.77	23.48	41.28	34.32	39.42
郑　州	28.37	23.08	20.40	32.79	19.59
武　汉	57.13	87.71	54.55	57.27	62.85
长　沙	40.79	39.64	32.65	38.70	54.90
广　州	20.84	27.03	19.71	17.29	25.95
深　圳	4.06	9.47	4.64	4.65	7.18
南　宁	8.24	5.36	5.18	3.06	6.45
北　海	1.20	1.42	2.28	2.84	5.20
海　口	8.57	1.98	3.70	4.44	4.60
三　亚	0.43	0.35	0.40	0.09	0.19
重　庆	84.41	93.92	138.11	205.49	180.06
成　都	33.23	33.84	50.03	50.82	86.11
贵　阳	4.69	3.99	5.06	24.30	10.55
昆　明	23.77	22.05	72.95	54.35	69.46
西　安	4.86	10.57	31.55	17.33	33.61
兰　州	1.77	2.07	14.19	20.18	12.48
西　宁	1.99	3.96	2.99	3.66	9.59
银　川	30.25	19.86	19.34	27.48	20.54
乌鲁木齐	9.14	7.73	4.15	7.91	9.94

数据来源：国家统计局。

表 5－71　2017 年四十重点城市月度累计商业营业用房现房销售面积

单位：万平方米

类　别	1—3 月	1—4 月	1—5 月	1—6 月	1—7 月	1—8 月	1—9 月	1—10 月	1—11 月	1—12 月
合　计	203.50	288.77	368.11	547.86	637.08	720.01	837.21	923.63	1044.23	1307.62
北　京	7.47	8.12	9.39	18.34	19.02	20.15	21.18	22.44	23.28	31.57
天　津	12.32	15.08	17.38	22.63	23.51	24.29	27.27	27.86	30.02	39.90
石家庄	1.06	1.16	1.20	9.20	9.36	12.96	15.53	15.74	16.48	31.59
太　原	0.23	0.70	0.94	1.11	1.52	2.03	2.18	3.54	3.72	3.95
呼和浩特	0.68	0.71	0.94	1.26	1.44	2.60	5.21	6.09	10.53	17.70
沈　阳	3.79	6.83	9.05	11.10	12.23	14.43	18.19	23.82	25.80	24.29
大　连	1.34	1.57	3.40	14.99	15.68	16.03	17.87	18.32	18.93	23.39
长　春	5.04	9.49	12.80	15.92	20.73	24.59	26.94	29.41	32.41	39.71
哈尔滨	3.87	6.59	9.10	16.51	19.56	22.46	29.49	36.41	43.20	57.36
上　海	11.53	15.73	18.04	27.65	33.37	37.77	42.11	43.77	46.52	56.57
南　京	3.23	4.23	4.64	6.52	6.94	8.61	9.24	10.21	11.43	23.47
无　锡	5.07	9.49	15.97	23.77	28.02	35.61	44.23	48.42	53.29	57.69
苏　州	11.39	14.16	17.45	21.61	24.52	26.59	29.21	35.46	39.50	46.21
杭　州	11.54	17.34	22.74	28.54	32.35	35.72	40.63	44.62	48.91	56.68
宁　波	5.24	8.87	11.17	13.60	15.04	17.87	23.11	24.12	25.78	29.93
温　州	4.03	4.71	5.17	16.21	16.28	16.56	17.24	17.98	18.52	19.17
合　肥	2.61	4.71	6.23	10.53	15.57	17.54	18.11	20.45	22.44	24.47
福　州	2.02	3.10	4.40	5.83	6.93	7.39	8.49	9.16	10.87	22.32
厦　门	1.77	3.29	3.41	3.60	3.80	7.03	7.08	7.24	7.35	8.70
南　昌	2.00	2.72	4.53	6.28	9.64	10.30	13.74	14.73	17.81	18.84
济　南	3.99	5.18	7.19	8.46	9.38	10.59	11.29	12.36	13.41	15.46
青　岛	5.32	6.88	9.06	11.16	16.00	19.22	21.05	25.98	28.69	39.42
郑　州	6.29	7.15	10.41	11.44	12.63	14.21	14.85	16.44	17.69	19.59
武　汉	3.71	7.88	10.55	29.81	40.03	42.81	48.45	51.92	53.21	62.85
长　沙	8.09	13.59	21.63	26.23	29.53	31.17	32.63	36.04	44.86	54.90
广　州	4.22	5.93	7.79	11.15	13.61	16.42	18.30	21.08	23.87	25.95
深　圳	0.67	0.91	1.00	1.93	2.06	2.17	4.45	4.55	5.18	7.18
南　宁	0.56	0.63	0.74	1.11	1.27	1.58	2.80	3.87	4.20	6.45
北　海	0.08	0.19	0.25	0.33	0.52	0.52	0.54	0.83	1.09	5.20
海　口	0.53	0.54	0.80	1.98	2.37	2.79	3.48	3.98	4.45	4.60
三　亚	—	—	0.03	0.03	0.03	0.03	0.03	0.03	0.09	0.19
重　庆	38.88	54.52	63.30	85.73	94.52	104.36	120.77	125.60	147.34	180.06
成　都	15.94	22.06	25.70	35.67	40.00	45.13	52.98	56.70	70.17	86.11
贵　阳	0.88	2.36	2.79	3.73	6.01	6.70	7.97	8.67	9.46	10.55
昆　明	9.57	11.18	12.49	17.68	22.45	25.94	33.80	38.63	44.09	69.46
西　安	4.57	5.97	6.57	12.25	12.57	14.63	18.04	20.65	23.80	33.61
兰　州	1.60	2.11	5.77	7.37	7.93	8.80	9.43	10.40	11.39	12.48
西　宁	—	0.14	0.32	0.36	0.37	0.46	4.42	7.86	9.25	9.59
银　川	2.02	2.52	3.27	4.72	5.56	7.05	9.56	11.55	17.22	20.54
乌鲁木齐	0.37	0.40	0.49	1.53	4.73	4.91	5.32	6.72	7.97	9.94

数据来源：国家统计局。

表 5 - 72　　2013—2017 年四十重点城市商业营业用房期房销售面积

单位：万平方米

类　别	2013 年	2014 年	2015 年	2016 年	2017 年
合　计	**1760.28**	**2198.52**	**2101.27**	**2538.87**	**2998.41**
北　京	46.38	41.35	44.30	64.75	43.06
天　津	21.97	41.37	27.88	52.19	37.52
石家庄	58.17	52.00	61.43	41.31	80.53
太　原	13.73	7.39	4.96	15.07	16.99
呼和浩特	19.52	3.99	10.49	18.62	18.30
沈　阳	136.49	64.90	48.85	28.73	46.89
大　连	51.88	29.20	8.97	12.83	17.90
长　春	28.09	29.59	38.97	72.17	66.88
哈尔滨	40.68	57.31	24.15	37.79	39.95
上　海	64.98	50.83	54.03	98.01	22.76
南　京	35.62	34.91	46.81	61.05	83.13
无　锡	60.97	48.42	40.90	37.04	31.41
苏　州	117.51	68.78	76.98	81.97	69.69
杭　州	35.47	40.94	40.94	90.24	108.35
宁　波	41.42	31.55	40.52	28.36	46.30
温　州	17.34	21.96	32.14	40.19	73.76
合　肥	61.31	175.89	176.39	166.48	113.53
福　州	34.60	54.20	60.59	57.74	89.94
厦　门	16.75	25.12	23.92	23.63	26.29
南　昌	32.30	30.92	27.87	75.13	144.86
济　南	22.13	35.31	22.30	32.19	65.39
青　岛	28.24	48.81	53.12	48.42	90.79
郑　州	59.90	103.66	59.54	120.36	158.06
武　汉	66.87	74.55	48.69	74.55	125.33
长　沙	51.96	81.29	85.41	78.88	159.81
广　州	74.96	106.22	77.09	102.38	67.13
深　圳	14.98	14.12	15.20	18.84	20.05
南　宁	15.48	21.15	24.28	49.48	40.60
北　海	0.97	3.72	1.92	2.33	3.33
海　口	3.93	28.05	21.17	12.01	25.26
三　亚	0.49	0.32	0.01	4.00	4.42
重　庆	159.63	254.57	324.94	416.69	454.32
成　都	140.93	176.37	182.74	184.09	256.45
贵　阳	34.64	65.87	94.09	53.43	77.18
昆　明	46.70	95.02	56.12	70.18	70.67
西　安	56.57	72.04	55.22	55.13	95.45
兰　州	11.05	23.73	20.28	42.68	30.07
西　宁	3.18	25.49	18.60	27.43	38.65
银　川	24.53	40.09	31.88	20.95	15.43
乌鲁木齐	7.97	17.52	17.55	21.56	21.99

数据来源：国家统计局。

表 5－73　　2017 年四十重点城市月度累计商业营业用房期房销售面积

单位：万平方米

类　别	1—3 月	1—4 月	1—5 月	1—6 月	1—7 月	1—8 月	1—9 月	1—10 月	1—11 月	1—12 月
合　计	518. 88	725. 12	971. 43	1341. 13	1534. 02	1738. 71	2039. 40	2303. 44	2579. 38	2998. 41
北　京	27. 92	30. 71	34. 50	36. 02	36. 76	37. 58	38. 34	39. 01	39. 47	43. 06
天　津	8. 89	12. 73	15. 43	16. 87	18. 70	20. 32	27. 32	30. 00	31. 78	37. 52
石家庄	22. 75	24. 92	30. 09	42. 52	48. 06	51. 52	55. 82	60. 91	63. 30	80. 53
太　原	1. 46	2. 27	3. 69	7. 77	9. 63	11. 10	12. 35	14. 47	15. 81	16. 99
呼和浩特	2. 97	3. 86	5. 63	7. 45	8. 98	9. 63	15. 99	17. 05	18. 06	18. 30
沈　阳	2. 77	7. 14	12. 94	18. 30	20. 42	29. 27	32. 81	41. 90	45. 28	46. 89
大　连	3. 95	5. 98	8. 15	12. 18	12. 89	14. 14	16. 31	17. 33	17. 78	17. 90
长　春	6. 25	9. 23	18. 64	33. 14	36. 97	42. 42	47. 28	53. 36	59. 08	66. 88
哈尔滨	3. 15	5. 73	8. 21	10. 79	18. 54	21. 06	24. 54	32. 53	34. 96	39. 95
上　海	4. 42	5. 50	10. 78	17. 20	18. 65	19. 70	19. 07	19. 60	21. 04	22. 76
南　京	11. 39	15. 97	21. 69	33. 35	40. 10	44. 82	53. 62	62. 22	69. 58	83. 13
无　锡	5. 89	7. 43	8. 77	12. 52	14. 01	15. 59	17. 31	22. 19	25. 65	31. 41
苏　州	18. 53	24. 43	29. 61	39. 65	44. 75	50. 68	54. 16	58. 22	61. 31	69. 69
杭　州	22. 48	28. 67	39. 61	49. 93	58. 16	70. 63	80. 75	88. 54	95. 90	108. 35
宁　波	9. 63	13. 13	15. 87	22. 48	25. 51	30. 14	34. 56	37. 60	40. 48	46. 30
温　州	12. 30	16. 16	19. 13	31. 85	38. 48	40. 64	50. 54	53. 91	56. 93	73. 76
合　肥	20. 93	32. 61	49. 83	66. 20	72. 60	82. 13	100. 61	103. 74	108. 39	113. 53
福　州	11. 29	18. 71	26. 08	38. 10	40. 69	43. 28	50. 72	61. 76	65. 95	89. 94
厦　门	2. 09	6. 04	6. 99	12. 28	12. 39	18. 11	21. 29	24. 13	26. 26	26. 29
南　昌	11. 15	18. 76	27. 29	43. 34	53. 56	65. 74	86. 02	97. 76	115. 01	144. 86
济　南	10. 64	13. 74	18. 27	22. 73	30. 38	35. 15	44. 32	50. 04	55. 66	65. 39
青　岛	10. 17	19. 00	25. 83	33. 07	38. 40	45. 23	57. 07	72. 42	78. 72	90. 79
郑　州	34. 32	47. 61	64. 64	78. 67	92. 57	105. 28	124. 99	135. 73	146. 84	158. 06
武　汉	19. 81	28. 47	44. 59	67. 83	72. 41	82. 15	94. 37	101. 85	114. 92	125. 33
长　沙	15. 90	28. 56	41. 65	64. 86	75. 10	87. 01	94. 32	106. 12	127. 42	159. 81
广　州	26. 00	31. 24	35. 37	38. 29	39. 70	42. 76	48. 27	54. 92	60. 76	67. 13
深　圳	7. 21	4. 16	6. 17	8. 58	9. 38	10. 12	10. 45	10. 77	17. 02	20. 05
南　宁	3. 45	7. 54	10. 21	13. 29	15. 40	19. 30	22. 16	28. 09	33. 30	40. 60
北　海	0. 58	0. 81	1. 04	1. 35	1. 66	2. 02	2. 17	2. 28	2. 87	3. 33
海　口	2. 66	5. 34	8. 09	12. 33	15. 45	17. 18	19. 05	21. 85	23. 12	25. 26
三　亚	2. 03	2. 22	2. 35	2. 67	2. 82	2. 97	3. 40	3. 48	3. 69	4. 42
重　庆	103. 14	133. 54	167. 51	218. 19	246. 26	272. 96	315. 05	360. 08	404. 12	454. 32
成　都	34. 06	53. 43	70. 10	91. 37	106. 85	118. 31	148. 43	168. 29	207. 37	256. 45
贵　阳	13. 74	18. 94	22. 88	30. 21	35. 66	40. 24	48. 37	52. 28	62. 78	77. 18
昆　明	12. 78	17. 16	19. 16	32. 60	34. 92	37. 02	43. 45	51. 58	57. 28	70. 67
西　安	4. 59	11. 61	18. 26	36. 31	45. 62	51. 68	60. 63	67. 58	78. 34	95. 45
兰　州	2. 52	4. 14	7. 70	13. 88	15. 21	16. 86	19. 78	23. 23	26. 83	30. 07
西　宁	1. 14	1. 81	6. 78	10. 59	10. 99	16. 16	22. 57	30. 11	33. 10	38. 65
银　川	1. 35	1. 96	2. 73	4. 80	5. 86	6. 59	7. 16	9. 06	13. 71	15. 43
乌鲁木齐	2. 58	3. 85	5. 18	7. 58	9. 51	11. 22	13. 98	17. 46	19. 49	21. 99

数据来源：国家统计局。

2. 四十重点城市房地产销售金额

表 5－74　　2013—2017 年四十重点城市商品房销售金额

单位：亿元

类　别	2013 年	2014 年	2015 年	2016 年	2017 年
合　计	**43751.71**	**40713.97**	**48841.11**	**67019.51**	**69072.94**
北　京	3530.82	2738.74	3517.65	4561.60	2796.03
天　津	1615.47	1486.94	1790.01	3478.22	2272.30
石家庄	523.48	509.59	651.80	661.20	1044.85
太　原	303.01	320.75	336.55	467.57	709.09
呼和浩特	220.01	199.19	198.29	273.36	206.05
沈　阳	1436.05	931.58	730.70	844.16	1048.30
大　连	1009.87	687.87	569.10	661.78	866.29
长　春	510.43	475.11	530.12	667.37	805.01
哈尔滨	848.84	643.55	575.17	706.72	1058.66
上　海	3911.57	3499.53	5093.55	6695.85	4026.67
南　京	1404.75	1352.20	1772.89	2766.35	2237.74
无　锡	713.82	640.63	775.37	1106.02	1247.26
苏　州	1803.86	1547.01	2200.00	3322.54	2893.63
杭　州	1711.20	1560.35	2137.59	3666.98	4180.99
宁　波	810.40	780.54	1078.55	1501.14	2056.77
温　州	575.93	587.86	660.59	1010.29	1316.42
合　肥	1023.01	1141.36	1222.90	1966.04	1379.75
福　州	1411.79	1035.01	1065.93	1354.29	1863.55
厦　门	1071.85	1215.19	920.29	1058.82	1192.98
南　昌	597.50	543.34	642.03	1022.91	1373.16
济　南	588.38	637.64	916.25	1175.49	1172.91
青　岛	978.62	970.90	1262.86	1789.95	1999.20
郑　州	1161.65	1205.17	1430.99	2333.89	2673.82
武　汉	1539.90	1807.46	2247.76	3271.20	4148.65
长　沙	1171.35	928.68	1117.22	1675.06	1738.73
广　州	2606.00	2420.70	2415.52	3193.33	3099.52
深　圳	1436.25	1316.69	2822.17	3323.64	3216.65
南　宁	488.97	531.87	665.08	914.24	1200.77
北　海	80.69	94.18	91.62	106.13	212.92
海　口	251.04	266.87	296.77	391.31	658.86
三　亚	264.70	197.07	203.61	280.22	551.46
重　庆	2682.76	2814.99	2952.21	3432.00	4557.85
成　都	2123.12	2075.28	2060.87	2948.07	3428.37
贵　阳	644.18	524.69	578.55	584.93	776.84
昆　明	701.94	823.16	964.83	1069.17	1463.59
西　安	1096.63	1096.65	1146.01	1344.20	2093.73
兰　州	148.73	310.31	407.93	547.07	532.81
西　宁	128.57	175.89	179.58	208.38	257.85
银　川	297.24	322.52	262.09	270.57	308.16
乌鲁木齐	327.33	296.91	350.12	367.48	404.72

数据来源：国家统计局。

表 5－75　　**2017 年四十重点城市月度累计商品房销售金额**

单位：亿元

类　别	1—3 月	1—4 月	1—5 月	1—6 月	1—7 月	1—8 月	1—9 月	1—10 月	1—11 月	1—12 月
合　计	**12593. 39**	**17847. 43**	**23326. 82**	**31453. 63**	**36390. 33**	**41410. 53**	**48341. 48**	**53870. 59**	**59992. 94**	**69072. 94**
北　京	817. 51	1018. 40	1248. 67	1467. 53	1623. 48	1762. 02	1902. 04	2065. 77	2240. 26	2796. 03
天　津	704. 52	864. 18	1084. 51	1300. 37	1492. 20	1678. 24	1837. 88	1972. 21	2106. 23	2272. 30
石家庄	60. 81	83. 95	141. 46	348. 32	366. 77	395. 71	549. 20	711. 89	779. 48	1044. 85
太　原	98. 58	150. 22	197. 44	273. 04	335. 70	385. 60	441. 25	520. 93	614. 40	709. 09
呼和浩特	20. 93	27. 54	38. 06	53. 65	65. 23	84. 27	144. 91	165. 48	217. 35	206. 05
沈　阳	130. 99	234. 25	333. 82	417. 36	491. 58	645. 39	760. 68	886. 18	981. 61	1048. 30
大　连	126. 25	187. 78	260. 99	428. 49	493. 57	595. 24	692. 88	765. 18	812. 05	866. 29
长　春	87. 56	134. 85	219. 85	311. 73	390. 86	483. 85	560. 40	618. 13	708. 29	805. 01
哈尔滨	74. 16	138. 17	211. 32	320. 86	426. 91	509. 64	645. 74	796. 41	928. 42	1058. 66
上　海	858. 32	1172. 89	1419. 61	1989. 44	2431. 41	2776. 95	3122. 39	3304. 53	3562. 30	4026. 67
南　京	396. 50	651. 07	848. 36	1138. 15	1335. 35	1508. 14	1644. 13	1757. 20	1990. 58	2237. 74
无　锡	194. 99	273. 79	358. 35	572. 46	666. 69	753. 40	903. 49	996. 30	1119. 00	1247. 26
苏　州	556. 65	808. 33	1108. 26	1433. 48	1654. 31	1869. 85	2115. 76	2363. 14	2597. 55	2893. 63
杭　州	743. 46	1058. 65	1357. 60	1834. 31	2206. 13	2639. 64	2991. 83	3345. 87	3671. 26	4180. 99
宁　波	415. 28	607. 72	814. 66	1084. 57	1206. 73	1314. 11	1568. 29	1711. 78	1860. 31	2056. 77
温　州	220. 12	289. 82	374. 19	594. 79	668. 20	740. 68	916. 40	970. 13	1048. 92	1316. 42
合　肥	311. 02	441. 00	584. 97	720. 18	820. 65	938. 30	1072. 45	1180. 27	1276. 40	1379. 75
福　州	368. 89	508. 43	627. 02	811. 74	867. 48	951. 46	1140. 74	1313. 70	1497. 83	1863. 55
厦　门	270. 12	347. 06	429. 91	607. 74	727. 80	829. 02	912. 12	1011. 33	1103. 04	1192. 98
南　昌	147. 29	224. 62	316. 22	492. 91	598. 34	709. 68	873. 43	1001. 86	1149. 95	1373. 16
济　南	198. 39	300. 56	431. 09	545. 51	625. 57	691. 29	820. 71	919. 22	1015. 72	1172. 91
青　岛	237. 32	391. 89	548. 91	733. 29	893. 26	1044. 47	1356. 70	1530. 21	1746. 88	1999. 20
郑　州	359. 45	517. 41	696. 15	978. 32	1174. 18	1428. 72	1834. 17	2094. 74	2324. 15	2673. 82
武　汉	531. 88	842. 03	1200. 12	1829. 69	2043. 96	2294. 99	2843. 43	3181. 64	3490. 80	4148. 65
长　沙	308. 09	433. 78	567. 05	732. 69	855. 39	945. 64	1030. 13	1121. 98	1360. 77	1738. 73
广　州	814. 38	1062. 20	1243. 35	1569. 75	1708. 57	1860. 51	2149. 93	2437. 31	2712. 97	3099. 52
深　圳	577. 42	737. 14	1013. 06	1354. 83	1578. 64	1786. 77	2144. 57	2434. 47	2753. 31	3216. 65
南　宁	174. 65	278. 66	380. 84	506. 47	581. 57	677. 56	782. 49	898. 69	1019. 18	1200. 77
北　海	34. 30	57. 39	85. 95	98. 30	114. 73	130. 74	138. 23	150. 21	176. 75	212. 92
海　口	101. 06	146. 45	203. 04	260. 25	337. 98	396. 85	442. 96	514. 60	575. 26	658. 86
三　亚	217. 25	272. 13	305. 55	342. 03	368. 19	397. 23	422. 19	450. 17	497. 42	551. 46
重　庆	941. 20	1334. 81	1725. 31	2240. 06	2512. 17	2854. 17	3241. 82	3591. 19	3982. 61	4557. 85
成　都	661. 72	925. 24	1192. 72	1562. 67	1859. 98	2104. 51	2475. 45	2716. 56	3047. 44	3428. 37
贵　阳	131. 16	188. 92	247. 14	351. 15	400. 58	445. 75	544. 71	592. 57	699. 25	776. 84
昆　明	241. 89	377. 55	469. 05	666. 40	742. 05	816. 89	989. 50	1103. 83	1254. 69	1463. 59
西　安	260. 92	464. 92	594. 16	881. 50	1015. 09	1128. 65	1333. 96	1505. 55	1749. 58	2093. 73
兰　州	96. 92	136. 11	197. 10	264. 09	306. 71	355. 75	406. 49	441. 47	495. 20	532. 81
西　宁	15. 36	27. 74	55. 91	77. 87	94. 70	110. 91	162. 73	206. 90	232. 65	257. 85
银　川	42. 04	63. 16	91. 89	122. 61	143. 86	172. 86	198. 69	227. 02	271. 02	308. 16
乌鲁木齐	44. 04	66. 63	103. 16	135. 07	163. 76	195. 09	226. 62	293. 93	322. 08	404. 72

数据来源：国家统计局。

表 5－76　　2013—2017 年四十重点城市商品房现房销售金额

单位：亿元

类 别	2013 年	2014 年	2015 年	2016 年	2017 年
合 计	**8489.52**	**7742.60**	**10087.28**	**13166.05**	**12510.59**
北 京	1029.84	684.86	1025.56	1502.14	890.20
天 津	497.78	444.04	520.46	895.80	418.48
石家庄	199.18	208.57	325.39	183.49	321.15
太 原	24.36	23.20	37.07	65.03	52.08
呼和浩特	110.53	125.17	83.99	142.22	98.05
沈 阳	332.94	281.00	203.81	235.64	217.97
大 连	274.68	208.94	180.79	274.87	344.25
长 春	85.39	109.77	85.51	122.24	113.95
哈尔滨	330.02	203.14	204.38	331.64	386.71
上 海	1271.39	948.88	1513.92	1692.69	1251.64
南 京	174.40	223.26	196.62	239.46	200.12
无 锡	130.95	134.22	198.26	313.06	348.91
苏 州	367.01	240.03	357.08	613.33	430.91
杭 州	196.17	231.88	381.33	739.69	853.65
宁 波	118.17	160.33	243.61	386.76	316.86
温 州	28.98	30.99	104.43	132.95	142.71
合 肥	87.66	57.07	79.31	114.30	104.93
福 州	32.00	74.23	113.68	115.61	219.71
厦 门	125.99	94.63	87.81	119.67	192.41
南 昌	54.01	27.46	102.33	131.76	139.84
济 南	54.66	53.82	84.03	77.28	103.48
青 岛	153.75	162.52	236.61	268.78	291.41
郑 州	119.78	178.95	120.11	153.69	279.60
武 汉	425.88	476.17	498.42	386.30	536.98
长 沙	190.25	149.38	226.94	354.81	331.89
广 州	489.36	500.43	590.83	647.80	604.49
深 圳	327.76	267.70	484.54	468.83	695.36
南 宁	46.37	65.99	59.33	67.76	106.87
北 海	20.36	26.34	25.69	31.36	64.73
海 口	51.59	36.12	55.83	82.70	168.46
三 亚	122.13	63.40	51.52	95.81	141.21
重 庆	359.93	446.17	542.89	785.24	735.12
成 都	280.62	312.57	349.08	554.03	484.92
贵 阳	17.45	30.84	42.86	75.51	63.45
昆 明	130.43	165.48	288.10	357.13	317.75
西 安	51.47	87.29	161.84	146.07	234.34
兰 州	32.47	29.59	69.09	89.61	80.19
西 宁	17.23	48.78	24.69	35.04	55.64
银 川	78.67	70.76	74.63	84.16	98.65
乌鲁木齐	47.91	58.61	54.91	51.80	71.51

数据来源：国家统计局。

表 5 - 77　　**2017 年四十重点城市月度累计商品房现房销售金额**

单位：亿元

类　别	1—3 月	1—4 月	1—5 月	1—6 月	1—7 月	1—8 月	1—9 月	1—10 月	1—11 月	1—12 月
合　计	**2272.59**	**3175.44**	**4190.26**	**5603.72**	**6534.05**	**7510.44**	**8749.05**	**9607.58**	**10637.30**	**12510.59**
北　京	245.81	321.64	392.71	454.01	499.09	553.23	615.05	659.43	715.17	890.20
天　津	183.57	193.60	231.03	281.60	316.39	331.34	344.00	360.71	388.34	418.48
石家庄	4.22	12.39	24.03	78.67	79.96	84.97	135.60	143.01	174.78	321.15
太　原	5.77	9.54	15.76	19.37	24.44	27.18	32.23	40.50	43.70	52.08
呼和浩特	3.27	3.77	5.39	10.99	17.91	27.89	52.69	63.62	91.96	98.05
沈　阳	28.10	45.87	69.93	86.98	98.45	129.63	148.31	185.38	205.12	217.97
大　连	46.32	72.49	100.57	178.09	204.68	239.19	270.21	288.35	306.75	344.25
长　春	17.11	29.71	39.95	50.86	65.73	78.31	85.75	91.54	102.96	113.95
哈尔滨	27.48	50.69	76.28	143.19	174.20	196.57	246.04	276.09	322.17	386.71
上　海	225.13	307.02	353.08	502.79	642.45	799.91	909.54	969.65	1060.71	1251.64
南　京	21.48	31.57	52.01	74.98	94.83	132.18	152.10	164.52	183.87	200.12
无　锡	55.93	81.62	114.59	155.55	183.83	208.81	252.59	280.60	314.92	348.91
苏　州	68.74	98.17	128.28	176.98	205.80	235.94	276.85	311.73	349.66	430.91
杭　州	161.33	239.47	308.69	412.83	483.41	559.60	619.90	671.59	729.76	853.65
宁　波	67.45	100.09	129.59	154.83	177.27	197.11	248.00	264.50	280.35	316.86
温　州	21.76	27.31	39.51	78.55	90.83	101.50	117.38	124.95	129.36	142.71
合　肥	15.87	26.97	40.50	47.91	57.93	66.72	73.28	83.07	90.81	104.93
福　州	41.98	56.03	87.69	104.33	114.56	129.40	145.09	152.12	178.93	219.71
厦　门	23.43	34.35	42.60	64.67	95.58	118.77	127.69	154.97	170.74	192.41
南　昌	17.40	22.83	34.42	47.88	55.93	70.04	86.35	97.67	118.13	139.84
济　南	17.66	27.69	34.64	43.54	57.14	66.52	80.93	88.53	93.23	103.48
青　岛	42.51	64.61	108.10	131.29	152.44	170.39	192.62	226.17	243.26	291.41
郑　州	25.29	34.60	56.45	75.70	98.67	145.11	178.41	215.23	251.80	279.60
武　汉	97.50	147.10	212.31	304.20	357.26	385.78	440.48	467.00	478.58	536.98
长　沙	66.72	92.40	118.13	150.00	180.58	192.78	208.38	211.34	253.90	331.89
广　州	161.67	215.08	260.90	306.51	331.23	369.53	418.97	470.89	535.19	604.49
深　圳	84.54	124.67	207.92	256.61	285.09	338.38	476.87	538.40	593.18	695.36
南　宁	11.76	19.56	23.20	36.36	45.84	53.47	64.97	69.36	79.92	106.87
北　海	9.75	15.42	22.53	25.42	31.48	36.20	39.38	43.86	48.60	64.73
海　口	23.90	34.96	42.45	53.75	73.65	92.26	106.61	120.66	131.35	168.46
三　亚	58.43	73.48	84.77	94.57	101.06	107.30	113.84	121.48	130.99	141.21
重　庆	164.94	229.34	296.08	409.22	441.18	476.44	545.63	595.13	655.57	735.12
成　都	104.91	142.78	181.90	233.22	266.75	296.97	346.82	376.31	413.98	484.92
贵　阳	10.16	19.61	24.65	32.77	39.69	44.75	52.49	56.47	58.92	63.45
昆　明	43.55	67.17	86.48	115.02	143.70	161.88	196.39	224.70	247.18	317.75
西　安	28.66	44.82	59.41	98.28	107.38	122.93	147.18	163.99	195.29	234.34
兰　州	12.09	17.83	26.73	36.83	45.48	52.98	59.29	66.16	72.24	80.19
西　宁	2.84	5.21	7.96	11.51	15.54	18.54	35.63	45.22	53.27	55.64
银　川	16.09	23.48	34.05	43.16	49.48	56.67	64.61	72.36	88.59	98.65
乌鲁木齐	7.46	10.50	15.02	20.70	27.13	33.27	40.89	50.33	54.08	71.51

数据来源：国家统计局。

表 5 - 78　　2013—2017 年四十重点城市商品房期房销售金额

单位：亿元

类 别	2013 年	2014 年	2015 年	2016 年	2017 年
合 计	**35262. 19**	**32971. 33**	**38753. 83**	**53853. 46**	**56562. 34**
北 京	2500. 98	2053. 88	2492. 09	3059. 46	1905. 82
天 津	1117. 69	1042. 89	1269. 55	2582. 43	1853. 82
石家庄	324. 30	301. 02	326. 41	477. 70	723. 70
太 原	278. 65	297. 55	299. 48	402. 54	657. 01
呼和浩特	109. 48	74. 02	114. 30	131. 14	108. 00
沈 阳	1103. 11	650. 57	526. 89	608. 52	830. 34
大 连	735. 19	478. 92	388. 32	386. 91	522. 04
长 春	425. 04	365. 35	444. 61	545. 13	691. 06
哈尔滨	518. 82	440. 41	370. 79	375. 08	671. 96
上 海	2640. 18	2550. 65	3579. 62	5003. 16	2775. 03
南 京	1230. 35	1128. 93	1576. 27	2526. 89	2037. 62
无 锡	582. 87	506. 41	577. 12	792. 96	898. 35
苏 州	1436. 85	1306. 99	1842. 92	2709. 21	2462. 73
杭 州	1515. 03	1328. 47	1756. 25	2927. 29	3327. 33
宁 波	692. 23	620. 21	834. 94	1114. 38	1739. 91
温 州	546. 94	556. 87	556. 16	877. 33	1173. 70
合 肥	935. 35	1084. 29	1143. 59	1851. 74	1274. 82
福 州	1379. 78	960. 77	952. 25	1238. 69	1643. 84
厦 门	945. 86	1120. 56	832. 48	939. 15	1000. 57
南 昌	543. 49	515. 87	539. 71	891. 14	1233. 32
济 南	533. 72	583. 82	832. 21	1098. 21	1069. 43
青 岛	824. 87	808. 38	1026. 25	1521. 18	1707. 79
郑 州	1041. 86	1026. 22	1310. 88	2180. 20	2394. 22
武 汉	1114. 02	1331. 29	1749. 33	2884. 89	3611. 67
长 沙	981. 10	779. 30	890. 28	1320. 25	1406. 85
广 州	2116. 64	1920. 28	1824. 68	2545. 53	2495. 03
深 圳	1108. 50	1048. 99	2337. 63	2854. 81	2521. 29
南 宁	442. 59	465. 87	605. 75	846. 48	1093. 91
北 海	60. 33	67. 84	65. 93	74. 77	148. 19
海 口	199. 45	230. 75	240. 94	308. 60	490. 39
三 亚	142. 58	133. 67	152. 09	184. 42	410. 24
重 庆	2322. 83	2368. 82	2409. 33	2646. 76	3822. 73
成 都	1842. 50	1762. 71	1711. 78	2394. 03	2943. 45
贵 阳	626. 73	493. 84	535. 69	509. 42	713. 39
昆 明	571. 52	657. 69	676. 72	712. 04	1145. 84
西 安	1045. 16	1009. 36	984. 17	1198. 14	1859. 39
兰 州	116. 26	280. 71	338. 85	457. 45	452. 62
西 宁	111. 34	127. 10	154. 89	173. 34	202. 21
银 川	218. 57	251. 76	187. 46	186. 41	209. 50
乌鲁木齐	279. 41	238. 29	295. 21	315. 68	333. 22

数据来源：国家统计局。

表 5－79　　**2017 年四十重点城市月度累计商品房期房销售金额**

单位：亿元

类别	1—3 月	1—4 月	1—5 月	1—6 月	1—7 月	1—8 月	1—9 月	1—10 月	1—11 月	1—12 月
合　计	**10320.80**	**14671.99**	**19136.56**	**25849.92**	**29856.28**	**33900.10**	**39592.43**	**44263.01**	**49355.64**	**56562.34**
北　京	571.71	696.76	855.95	1013.52	1124.38	1208.79	1286.99	1406.33	1525.09	1905.82
天　津	520.95	670.58	853.48	1018.77	1175.80	1346.89	1493.88	1611.50	1717.90	1853.82
石家庄	56.59	71.55	117.43	269.65	286.81	310.73	413.60	568.89	604.70	723.70
太　原	92.81	140.68	181.69	253.67	311.26	358.42	409.02	480.43	570.70	657.01
呼和浩特	17.66	23.77	32.67	42.65	47.32	56.39	92.22	101.86	125.39	108.00
沈　阳	102.89	188.38	263.89	330.38	393.13	515.76	612.37	700.80	776.49	830.34
大　连	79.92	115.29	160.42	250.39	288.89	356.05	422.66	476.83	505.30	522.04
长　春	70.46	105.14	179.90	260.87	325.13	405.54	474.65	526.59	605.33	691.06
哈尔滨	46.68	87.48	135.04	177.67	252.71	313.07	399.70	520.33	606.24	671.96
上　海	633.19	865.86	1066.53	1486.65	1788.96	1977.04	2212.85	2334.87	2501.59	2775.03
南　京	375.02	619.50	796.35	1063.17	1240.51	1375.95	1492.03	1592.69	1806.70	2037.62
无　锡	139.06	192.17	243.76	416.91	482.86	544.60	650.90	715.71	804.08	898.35
苏　州	487.91	710.16	979.99	1256.51	1448.51	1633.91	1838.91	2051.41	2247.89	2462.73
杭　州	582.12	819.18	1048.91	1421.48	1722.72	2080.04	2371.93	2674.29	2941.49	3327.33
宁　波	347.83	507.64	685.07	929.74	1029.46	1117.00	1320.30	1447.28	1579.95	1739.91
温　州	198.36	262.51	334.67	516.23	577.37	639.18	799.02	845.18	919.55	1173.70
合　肥	295.14	414.03	544.47	672.27	762.71	871.57	999.17	1097.20	1185.59	1274.82
福　州	326.91	452.40	539.33	707.41	752.92	822.06	995.65	1161.58	1318.90	1643.84
厦　门	246.69	312.71	387.31	543.07	632.22	710.25	784.42	856.36	932.31	1000.57
南　昌	129.90	201.79	281.80	445.03	542.40	639.63	787.08	904.19	1031.81	1233.32
济　南	180.73	272.86	396.45	501.97	568.43	624.77	739.78	830.70	922.49	1069.43
青　岛	194.81	327.28	440.82	602.00	740.82	874.08	1164.08	1304.04	1503.62	1707.79
郑　州	334.16	482.81	639.70	902.62	1075.50	1283.61	1655.75	1879.52	2072.35	2394.22
武　汉	434.39	694.93	987.81	1525.49	1686.70	1909.21	2402.95	2714.64	3012.23	3611.67
长　沙	241.37	341.38	448.92	582.69	674.81	752.86	821.75	910.63	1106.87	1406.85
广　州	652.71	847.12	982.45	1263.24	1377.34	1490.98	1730.95	1966.43	2177.78	2495.03
深　圳	492.88	612.47	805.15	1098.22	1293.55	1448.39	1667.69	1896.07	2160.13	2521.29
南　宁	162.89	259.10	357.65	470.11	535.74	624.09	717.52	829.33	939.26	1093.91
北　海	24.54	41.96	63.42	72.88	83.25	94.54	98.85	106.35	128.15	148.19
海　口	77.15	111.50	160.59	206.50	264.33	304.60	336.35	393.93	443.91	490.39
三　亚	158.82	198.65	220.78	247.45	267.14	289.93	308.35	328.69	366.43	410.24
重　庆	776.27	1105.47	1429.23	1830.84	2070.69	2377.73	2696.19	2996.07	3327.04	3822.73
成　都	556.81	782.46	1010.82	1329.45	1593.24	1807.54	2128.63	2340.25	2633.46	2943.45
贵　阳	121.00	169.31	222.49	318.38	360.89	401.00	492.22	536.10	640.33	713.39
昆　明	198.35	310.38	382.57	551.38	598.34	655.01	793.11	879.13	1007.51	1145.84
西　安	232.26	420.10	534.76	783.22	907.71	1005.72	1186.78	1341.56	1554.30	1859.39
兰　州	84.83	118.28	170.36	227.25	261.27	302.78	347.20	375.31	422.95	452.62
西　宁	12.52	22.53	47.95	66.35	79.16	92.37	127.11	161.69	179.38	202.21
银　川	25.94	39.68	57.84	79.44	94.68	116.19	134.08	154.67	182.43	209.50
乌鲁木齐	36.58	56.14	88.14	114.37	136.63	161.82	185.73	243.60	268.00	333.22

数据来源：国家统计局。

表 5－80　　2013—2017 年四十重点城市住宅销售金额

单位：亿元

类　别	2013 年	2014 年	2015 年	2016 年	2017 年
合　计	**35953.57**	**33120.91**	**40495.80**	**55717.21**	**55773.60**
北　京	2434.71	2102.46	2512.89	2795.81	2077.01
天　津	1443.34	1294.33	1646.43	3245.60	2032.93
石家庄	386.88	403.65	420.83	479.87	795.51
太　原	267.48	281.97	307.93	408.85	637.42
呼和浩特	157.45	158.15	158.97	179.15	141.52
沈　阳	1225.29	787.33	609.45	751.74	946.36
大　连	867.67	598.37	519.75	596.93	759.61
长　春	436.81	387.84	447.34	502.17	648.26
哈尔滨	721.97	528.96	494.38	575.55	856.18
上　海	3264.03	2923.44	4319.93	5233.29	3336.09
南　京	1266.41	1233.20	1609.31	2514.99	1844.73
无　锡	579.88	537.86	655.11	998.36	1082.43
苏　州	1548.36	1393.93	2005.89	3070.74	2601.81
杭　州	1422.03	1336.87	1905.95	3061.11	3226.63
宁　波	663.74	648.15	933.46	1321.80	1815.78
温　州	506.03	528.82	576.35	908.01	1121.62
合　肥	883.18	917.39	965.95	1588.35	1098.95
福　州	1122.66	825.25	848.81	1129.28	1346.66
厦　门	846.18	907.32	654.71	813.93	665.62
南　昌	499.19	467.76	567.55	830.65	1045.56
济　南	494.65	518.15	695.81	1036.06	946.63
青　岛	839.09	803.02	1045.28	1576.31	1642.28
郑　州	865.17	850.87	1224.37	2081.13	2276.69
武　汉	1266.95	1464.16	2028.43	2878.15	3534.29
长　沙	955.66	726.61	935.26	1421.97	1328.92
广　州	1951.45	1763.07	1894.01	2654.56	2418.36
深　圳	1235.00	1141.45	2517.30	3003.22	2533.04
南　宁	389.67	440.03	547.49	778.35	1006.96
北　海	78.47	88.70	86.24	101.37	198.90
海　口	234.23	222.38	252.20	349.69	569.94
三　亚	258.19	194.05	189.24	256.52	455.87
重　庆	2283.57	2253.28	2244.43	2635.64	3601.56
成　都	1714.32	1618.47	1611.21	2419.10	2558.33
贵　阳	514.17	387.39	392.27	445.52	569.32
昆　明	584.73	593.51	723.70	773.39	1137.59
西　安	962.89	924.39	985.04	1191.74	1719.72
兰　州	131.03	257.50	352.32	439.93	434.95
西　宁	119.16	127.07	119.96	146.25	179.71
银　川	245.67	252.44	204.42	219.23	254.39
乌鲁木齐	286.21	231.32	285.84	302.90	325.46

数据来源：国家统计局。

表 5－81　　2017 年四十重点城市月度累计住宅销售金额

单位：亿元

类　别	1—3 月	1—4 月	1—5 月	1—6 月	1—7 月	1—8 月	1—9 月	1—10 月	1—11 月	1—12 月
合　计	10148.22	14531.27	19040.82	25498.45	29550.21	33693.43	39288.61	43726.06	48724.04	55773.60
北　京	473.63	626.09	797.73	974.40	1108.30	1218.26	1339.73	1480.56	1636.42	2077.01
天　津	616.37	753.19	938.29	1128.89	1309.64	1487.88	1629.06	1751.19	1876.71	2032.93
石家庄	30.41	47.97	80.32	247.23	258.86	280.82	400.24	542.20	591.52	795.51
太　原	88.77	135.53	177.04	241.18	296.26	340.79	388.52	458.24	546.00	637.42
呼和浩特	17.16	22.32	30.91	43.55	50.26	64.68	108.62	119.45	161.50	141.52
沈　阳	121.40	215.86	305.14	378.56	447.88	587.88	693.90	799.85	886.29	946.36
大　连	112.88	169.09	236.24	371.91	433.37	528.20	609.99	676.68	719.83	759.61
长　春	71.34	110.89	177.18	247.78	311.26	389.44	445.73	492.37	568.94	648.26
哈尔滨	61.42	111.94	172.87	266.82	340.83	411.34	513.13	642.87	760.01	856.18
上　海	708.85	990.52	1202.07	1635.86	2036.11	2335.08	2601.80	2742.97	2969.82	3336.09
南　京	338.68	566.41	741.09	990.68	1158.93	1279.70	1369.80	1444.60	1645.92	1844.73
无　锡	176.33	242.94	318.30	510.17	593.95	657.22	789.57	864.54	971.12	1082.43
苏　州	462.00	690.25	965.54	1260.59	1463.87	1661.22	1886.51	2114.11	2331.58	2601.81
杭　州	581.79	802.86	1018.61	1378.15	1676.83	2020.58	2281.28	2571.07	2830.46	3226.63
宁　波	373.55	547.57	742.10	983.24	1090.92	1182.85	1389.15	1516.35	1650.54	1815.78
温　州	198.48	261.37	338.65	530.24	588.15	653.38	792.03	834.39	904.94	1121.62
合　肥	252.95	363.43	478.96	578.43	659.33	754.44	848.30	937.71	1017.82	1098.95
福　州	293.18	396.07	467.98	596.41	637.82	710.14	849.33	977.64	1119.43	1346.66
厦　门	197.60	233.03	294.26	338.86	415.56	466.21	528.61	565.64	619.32	665.62
南　昌	119.22	177.32	249.61	380.21	450.53	543.25	669.57	775.67	883.82	1045.56
济　南	168.98	256.39	366.15	462.40	517.00	562.04	666.90	746.02	826.11	946.63
青　岛	203.59	330.21	453.63	609.88	740.74	869.49	1132.98	1269.89	1457.58	1642.28
郑　州	297.24	428.48	575.09	814.49	978.21	1189.44	1554.33	1775.83	1971.33	2276.69
武　汉	449.33	710.34	1001.69	1520.68	1699.83	1914.24	2389.84	2687.48	2950.00	3534.29
长　沙	251.08	347.09	444.29	563.53	644.04	710.65	778.23	856.82	1037.65	1328.92
广　州	624.29	814.12	966.56	1234.10	1346.32	1466.95	1691.29	1908.21	2125.05	2418.36
深　圳	401.80	563.32	796.43	1051.74	1235.04	1416.28	1730.83	1959.85	2195.31	2533.04
南　宁	153.37	244.93	335.62	443.51	505.79	583.41	671.20	768.65	852.92	1006.96
北　海	33.06	55.31	82.75	94.50	110.16	125.32	132.52	143.99	169.73	198.90
海　口	89.67	130.39	180.21	223.84	289.09	341.29	376.03	439.23	493.36	569.94
三　亚	175.38	222.41	252.68	282.31	301.76	326.24	347.46	368.16	407.64	455.87
重　庆	767.74	1100.17	1416.70	1799.34	2016.64	2292.62	2591.48	2856.11	3169.02	3601.56
成　都	550.16	753.25	965.69	1257.40	1492.88	1686.10	1961.79	2123.69	2347.69	2558.33
贵　阳	99.92	137.19	182.62	267.47	296.29	327.42	405.11	436.91	516.23	569.32
昆　明	183.98	304.98	382.03	535.84	590.18	649.26	775.57	862.31	985.47	1137.59
西　安	230.97	413.13	523.90	753.66	868.05	962.93	1136.51	1269.97	1464.11	1719.72
兰　州	84.55	118.88	166.84	221.14	258.71	300.91	335.94	363.93	408.04	434.95
西　宁	13.51	23.78	45.40	60.82	72.53	85.74	118.98	148.04	167.34	179.71
银　川	37.52	56.51	82.63	109.25	127.64	153.06	174.83	198.25	229.97	254.39
乌鲁木齐	36.05	55.75	87.03	109.39	130.66	156.68	181.89	234.63	257.48	325.46

数据来源：国家统计局。

表 5－82　　2013—2017 年四十重点城市住宅现房销售金额

单位：亿元

类　别	2013 年	2014 年	2015 年	2016 年	2017 年
合　计	**6364.53**	**5670.87**	**7523.81**	**9758.75**	**8728.11**
北　京	726.04	487.44	669.35	912.26	666.03
天　津	418.18	379.33	436.50	791.93	290.75
石家庄	159.32	144.94	199.93	91.27	255.09
太　原	22.70	21.94	30.00	61.66	44.72
呼和浩特	81.08	94.76	67.36	71.07	63.70
沈　阳	281.09	209.80	156.32	206.18	189.76
大　连	231.09	176.63	161.82	234.24	300.55
长　春	59.73	76.65	65.65	92.67	75.58
哈尔滨	284.83	156.67	163.22	258.60	298.32
上　海	996.14	767.53	1182.10	1190.94	856.80
南　京	136.18	198.47	139.47	169.93	142.23
无　锡	99.90	103.90	151.94	262.91	249.55
苏　州	290.25	200.85	307.71	530.61	338.35
杭　州	133.89	184.70	318.07	595.98	530.48
宁　波	82.13	111.49	174.65	286.91	232.94
温　州	21.47	23.47	82.53	100.54	116.86
合　肥	51.48	30.93	41.68	57.03	38.36
福　州	20.83	66.59	73.42	90.01	147.94
厦　门	67.61	57.06	48.52	56.23	76.38
南　昌	36.99	21.42	72.79	94.85	85.97
济　南	33.36	44.36	56.55	56.54	52.42
青　岛	122.22	119.97	179.51	198.19	184.95
郑　州	81.22	97.50	90.99	112.83	231.03
武　汉	308.71	296.26	390.74	276.95	350.68
长　沙	146.26	100.41	178.76	283.65	201.06
广　州	249.40	258.73	436.28	557.53	432.19
深　圳	259.15	208.98	429.87	425.76	486.53
南　宁	30.58	55.06	47.95	51.05	86.91
北　海	19.37	24.76	22.79	29.58	57.63
海　口	42.61	32.70	49.00	75.56	142.03
三　亚	121.14	62.46	49.70	92.85	130.21
重　庆	251.45	290.31	314.89	465.62	435.09
成　都	208.88	210.65	243.44	388.53	290.02
贵　阳	11.22	22.75	24.28	40.35	18.54
昆　明	104.99	111.64	172.83	239.53	232.15
西　安	43.83	67.14	120.78	118.40	164.93
兰　州	28.01	26.25	54.69	67.36	65.35
西　宁	14.51	41.69	20.75	26.49	39.32
银　川	55.20	51.24	53.18	59.04	74.67
乌鲁木齐	31.50	33.43	43.81	37.11	52.01

数据来源：国家统计局。

表 5－83　　**2017 年四十重点城市月度累计住宅现房销售金额**

单位：亿元

类　别	1—3 月	1—4 月	1—5 月	1—6 月	1—7 月	1—8 月	1—9 月	1—10 月	1—11 月	1—12 月
合　计	**1646.09**	**2317.42**	**3047.83**	**3987.07**	**4622.38**	**5304.88**	**6183.47**	**6760.31**	**7479.87**	**8728.11**
北　京	158.74	227.93	286.79	328.45	362.15	402.31	453.34	489.92	537.97	666.03
天　津	130.27	132.60	158.30	190.43	219.62	232.64	241.14	255.94	275.01	290.75
石家庄	1.15	9.19	19.17	59.16	59.92	63.13	97.38	103.89	130.00	255.09
太　原	5.44	8.64	14.58	18.01	22.47	24.66	26.72	32.77	35.76	44.72
呼和浩特	2.94	3.39	4.89	10.32	14.92	21.64	36.61	44.44	66.25	63.70
沈　阳	23.39	38.66	59.92	73.87	84.50	113.08	130.13	159.98	177.40	189.76
大　连	43.19	68.63	94.03	154.21	179.32	212.87	240.17	257.15	274.76	300.55
长　春	11.26	20.99	28.67	36.62	45.77	53.51	58.68	62.45	69.76	75.58
哈尔滨	23.45	43.14	63.76	123.84	145.05	161.76	195.93	216.06	256.30	298.32
上　海	128.64	191.07	223.30	310.81	416.80	533.50	597.17	641.07	709.39	856.80
南　京	15.54	22.95	42.12	61.85	80.87	100.26	108.32	111.93	128.14	142.23
无　锡	45.55	62.52	89.38	118.43	140.39	153.35	185.25	203.00	227.43	249.55
苏　州	47.82	67.28	88.33	128.91	152.66	178.66	215.53	242.34	275.00	338.35
杭　州	113.61	162.61	205.65	273.29	323.32	358.14	392.69	425.67	460.44	530.48
宁　波	56.66	82.58	103.76	120.75	139.14	153.81	186.87	198.77	209.41	232.94
温　州	16.58	21.18	32.91	63.87	75.74	85.54	98.49	103.13	106.62	116.86
合　肥	7.29	10.52	18.36	19.65	20.66	21.84	25.06	27.51	30.01	38.36
福　州	34.02	45.61	58.54	69.88	78.16	90.63	101.85	107.20	125.96	147.94
厦　门	11.55	17.68	22.91	27.07	48.38	50.42	58.45	62.43	68.61	76.38
南　昌	9.87	13.12	18.33	24.66	29.04	41.46	50.88	60.61	70.43	85.97
济　南	11.92	16.56	21.39	24.04	28.46	30.91	42.63	47.30	50.31	52.42
青　岛	33.40	49.37	73.42	91.86	101.71	115.53	131.22	155.90	166.74	184.95
郑　州	11.53	18.14	33.32	49.89	70.73	113.35	144.75	178.92	206.34	231.03
武　汉	72.62	113.52	155.72	214.77	233.48	254.80	291.03	307.12	312.03	350.68
长　沙	45.49	64.37	77.53	97.94	106.50	114.83	125.89	136.42	160.22	201.06
广　州	130.89	173.58	208.84	233.35	241.52	263.73	300.67	331.47	379.36	432.19
深　圳	77.88	102.83	167.74	186.30	205.38	248.10	358.23	384.25	419.34	486.53
南　宁	9.62	16.76	20.20	29.22	36.97	42.45	52.07	54.85	63.50	86.91
北　海	9.69	15.29	22.34	25.16	31.10	35.79	38.95	43.19	47.66	57.63
海　口	21.90	31.69	38.56	45.20	60.15	77.08	86.28	98.21	106.55	142.03
三　亚	55.40	70.11	79.34	87.46	93.57	99.06	104.75	112.12	120.98	130.21
重　庆	114.19	156.20	200.27	262.10	277.12	296.94	340.25	366.63	397.58	435.09
成　都	71.36	94.77	117.91	152.42	173.19	188.99	223.58	238.53	257.67	290.02
贵　阳	5.06	6.77	9.03	12.40	12.99	14.33	15.21	16.30	17.53	18.54
昆　明	34.17	52.63	70.32	91.38	111.26	124.24	149.86	169.86	184.88	232.15
西　安	22.33	36.76	49.94	79.06	88.54	100.04	118.48	128.83	144.68	164.93
兰　州	9.78	14.61	19.99	28.17	35.79	42.35	47.49	53.47	58.54	65.35
西　宁	2.71	4.85	7.35	10.67	14.63	17.51	28.33	34.18	40.49	39.32
银　川	13.82	20.17	29.66	37.09	42.05	47.76	52.71	58.47	69.19	74.67
乌鲁木齐	5.37	8.17	11.24	14.49	18.40	23.88	30.44	38.04	41.62	52.01

数据来源：国家统计局。

表 5 -84　　2013—2017 年四十重点城市住宅期房销售金额

单位：亿元

类　别	2013 年	2014 年	2015 年	2016 年	2017 年
合　计	**29589. 02**	**27450. 07**	**32971. 99**	**45958. 46**	**47045. 49**
北　京	1708. 67	1615. 02	1843. 53	1883. 55	1410. 98
天　津	1025. 16	915. 00	1209. 93	2453. 67	1742. 18
石家庄	227. 57	258. 71	220. 89	388. 60	540. 42
太　原	244. 77	260. 04	277. 94	347. 20	592. 70
呼和浩特	76. 37	63. 39	91. 61	108. 08	77. 82
沈　阳	944. 19	577. 53	453. 13	545. 56	756. 59
大　连	636. 58	421. 73	357. 93	362. 70	459. 07
长　春	377. 08	311. 20	381. 70	409. 50	572. 68
哈尔滨	437. 14	372. 29	331. 16	316. 95	557. 86
上　海	2267. 89	2155. 92	3137. 83	4042. 36	2479. 29
南　京	1130. 23	1034. 73	1469. 84	2345. 06	1702. 50
无　锡	479. 99	433. 97	503. 18	735. 45	832. 88
苏　州	1258. 11	1193. 07	1698. 18	2540. 13	2263. 45
杭　州	1288. 14	1152. 17	1587. 88	2465. 13	2696. 14
宁　波	581. 61	536. 66	758. 82	1034. 89	1582. 84
温　州	484. 56	505. 35	493. 81	807. 47	1004. 76
合　肥	831. 70	886. 46	924. 27	1531. 32	1060. 59
福　州	1101. 83	758. 66	775. 39	1039. 27	1198. 72
厦　门	778. 58	850. 25	606. 20	757. 70	589. 24
南　昌	462. 20	446. 34	494. 76	735. 80	959. 59
济　南	461. 29	473. 79	639. 26	979. 52	894. 20
青　岛	716. 87	683. 05	865. 77	1378. 13	1457. 33
郑　州	783. 95	753. 36	1133. 38	1968. 30	2045. 66
武　汉	958. 23	1167. 90	1637. 69	2601. 19	3183. 61
长　沙	809. 40	626. 19	756. 50	1138. 32	1127. 86
广　州	1702. 05	1504. 34	1457. 73	2097. 03	1986. 17
深　圳	975. 85	932. 48	2087. 43	2577. 46	2046. 51
南　宁	359. 09	384. 97	499. 53	727. 29	920. 05
北　海	59. 10	63. 93	63. 44	71. 79	141. 27
海　口	191. 63	189. 68	203. 20	274. 13	427. 92
三　亚	137. 05	131. 59	139. 54	163. 66	325. 66
重　庆	2032. 11	1962. 97	1929. 54	2170. 02	3166. 48
成　都	1505. 44	1407. 83	1367. 78	2030. 57	2268. 31
贵　阳	502. 94	364. 64	367. 99	405. 17	550. 78
昆　明	479. 74	481. 87	550. 88	533. 86	905. 44
西　安	919. 05	857. 25	864. 26	1073. 34	1554. 78
兰　州	103. 02	231. 25	297. 63	372. 56	369. 60
西　宁	104. 65	85. 38	99. 21	119. 75	140. 39
银　川	190. 47	201. 20	151. 24	160. 19	179. 72
乌鲁木齐	254. 71	197. 89	242. 03	265. 79	273. 44

数据来源：国家统计局。

表 5－85　　2017 年四十重点城市月度累计住宅期房销售金额

单位：亿元

类别	1—3 月	1—4 月	1—5 月	1—6 月	1—7 月	1—8 月	1—9 月	1—10 月	1—11 月	1—12 月
合计	**8502.13**	**12213.84**	**15992.99**	**21511.39**	**24927.83**	**28388.55**	**33105.14**	**36965.75**	**41244.17**	**47045.49**
北京	314.89	398.16	510.94	645.95	746.15	815.95	886.38	990.65	1098.45	1410.98
天津	486.10	620.59	779.99	938.47	1090.02	1255.24	1387.93	1495.24	1601.70	1742.18
石家庄	29.26	38.78	61.15	188.07	198.95	217.70	302.86	438.30	461.51	540.42
太原	83.33	126.89	162.46	223.17	273.79	316.13	361.80	425.46	510.24	592.70
呼和浩特	14.23	18.92	26.03	33.23	35.34	43.04	72.01	75.02	95.25	77.82
沈阳	98.00	177.20	245.21	304.68	363.37	474.80	563.78	639.87	708.89	756.59
大连	69.69	100.46	142.21	217.70	254.05	315.33	369.82	419.54	445.08	459.07
长春	60.09	89.89	148.51	211.17	265.49	335.93	387.06	429.92	499.18	572.68
哈尔滨	37.97	68.80	109.11	142.98	195.78	249.58	317.20	426.81	503.71	557.86
上海	580.21	799.45	978.77	1325.05	1619.31	1801.58	2004.63	2101.90	2260.43	2479.29
南京	323.14	543.46	698.97	928.83	1078.06	1179.44	1261.48	1332.67	1517.78	1702.50
无锡	130.78	180.42	228.92	391.73	453.57	503.87	604.32	661.54	743.70	832.88
苏州	414.18	622.97	877.21	1131.68	1311.21	1482.56	1670.99	1871.77	2056.58	2263.45
杭州	468.19	640.25	812.96	1104.86	1353.52	1662.43	1888.59	2145.40	2370.02	2696.14
宁波	316.89	465.00	638.34	862.49	951.79	1029.03	1202.28	1317.58	1441.13	1582.84
温州	181.90	240.18	305.73	466.37	512.41	567.84	693.54	731.26	798.32	1004.76
合肥	245.66	352.91	460.60	558.78	638.67	732.60	823.24	910.19	987.81	1060.59
福州	259.16	350.45	409.44	526.54	559.66	619.51	747.48	870.44	993.47	1198.72
厦门	186.05	215.34	271.35	311.79	367.19	415.79	470.16	503.21	550.71	589.24
南昌	109.35	164.21	231.27	355.55	421.49	501.79	618.69	715.06	813.39	959.59
济南	157.06	239.83	344.76	438.36	488.54	531.13	624.27	698.72	775.80	894.20
青岛	170.19	280.85	380.21	518.01	639.04	753.97	1001.76	1113.99	1290.83	1457.33
郑州	285.71	410.33	541.77	764.60	907.48	1076.10	1409.58	1596.90	1764.99	2045.66
武汉	376.70	596.82	845.97	1305.90	1466.36	1659.44	2098.81	2380.36	2637.97	3183.61
长沙	205.59	282.73	366.76	465.59	537.54	595.82	652.35	720.40	877.44	1127.86
广州	493.40	640.54	757.72	1000.75	1104.80	1203.23	1390.62	1576.74	1745.69	1986.17
深圳	323.92	460.50	628.69	865.44	1029.65	1168.18	1372.60	1575.60	1775.97	2046.51
南宁	143.75	228.17	315.42	414.28	468.82	540.96	619.13	713.80	789.42	920.05
北海	23.36	40.03	60.41	69.33	79.07	89.53	93.58	100.80	122.07	141.27
海口	67.77	98.71	141.65	178.64	228.94	264.21	289.75	341.02	386.82	427.92
三亚	119.98	152.30	173.33	194.85	208.19	227.17	242.70	256.03	286.67	325.66
重庆	653.56	943.97	1216.43	1537.24	1739.52	1995.68	2251.23	2489.48	2771.44	3166.48
成都	478.80	658.48	847.78	1104.98	1319.69	1497.11	1738.21	1885.17	2090.02	2268.31
贵阳	94.85	130.42	173.59	255.07	283.30	313.09	389.90	420.62	498.70	550.78
昆明	149.81	252.35	311.71	444.45	478.91	525.03	625.71	692.46	800.59	905.44
西安	208.64	376.37	473.96	674.60	779.51	862.88	1018.03	1141.14	1319.42	1554.78
兰州	74.77	104.27	146.85	192.97	222.92	258.56	288.45	310.46	349.50	369.60
西宁	10.80	18.94	38.04	50.15	57.90	68.23	90.65	113.85	126.85	140.39
银川	23.70	36.34	52.97	72.16	85.59	105.29	122.12	139.78	160.78	179.72
乌鲁木齐	30.68	47.59	75.79	94.91	112.26	132.81	151.45	196.59	215.86	273.44

数据来源：国家统计局。

表 5－86　2013—2017 年四十重点城市办公楼销售金额

单位：亿元

类　别	2013 年	2014 年	2015 年	2016 年	2017 年
合　计	3203.40	2422.06	3250.84	4752.72	5137.39
北　京	744.78	359.32	702.74	1261.90	374.21
天　津	26.88	17.11	24.71	44.71	79.32
石家庄	32.87	20.36	65.68	78.16	95.20
太　原	11.01	21.04	12.68	29.08	30.82
呼和浩特	13.79	8.15	3.69	7.14	15.37
沈　阳	18.62	19.89	19.56	29.42	11.23
大　连	4.14	5.81	6.96	24.91	24.21
长　春	10.82	7.24	11.97	22.41	39.54
哈尔滨	15.45	10.38	11.98	18.46	48.15
上　海	380.85	300.43	488.68	903.17	394.07
南　京	44.00	37.40	52.43	87.16	151.39
无　锡	39.08	25.73	42.14	22.45	31.22
苏　州	46.57	25.83	50.92	57.32	103.76
杭　州	182.93	111.06	116.63	320.10	512.07
宁　波	48.35	45.33	36.90	54.26	55.76
温　州	16.51	3.15	23.03	13.94	8.85
合　肥	47.13	43.10	60.68	116.89	106.86
福　州	129.36	68.62	61.62	84.21	226.91
厦　门	97.96	92.68	99.45	91.07	303.40
南　昌	40.11	26.76	21.45	49.59	99.92
济　南	33.65	40.75	145.80	55.94	49.64
青　岛	68.56	65.12	82.09	69.81	139.96
郑　州	172.26	141.02	94.22	98.30	170.18
武　汉	66.95	65.78	36.72	116.33	242.78
长　沙	78.06	42.48	34.55	79.59	117.22
广　州	368.56	296.92	262.47	266.23	345.56
深　圳	83.41	74.28	219.71	229.15	466.80
南　宁	36.50	18.70	32.90	35.06	61.42
北　海	—	0.38	0.24	0.28	2.11
海　口	0.77	11.59	8.99	9.69	23.50
三　亚	3.99	0.58	3.24	2.43	6.51
重　庆	78.08	109.41	118.02	98.86	162.13
成　都	107.04	96.54	72.65	101.36	234.85
贵　阳	66.45	46.97	38.30	48.24	62.05
昆　明	40.94	75.91	64.91	85.54	80.95
西　安	29.90	42.84	49.04	54.99	156.28
兰　州	3.21	10.60	13.00	44.75	40.11
西　宁	0.26	6.55	22.72	12.99	21.53
银　川	4.00	5.40	10.03	5.44	13.04
乌鲁木齐	9.60	20.85	27.36	21.41	28.52

数据来源：国家统计局。

表 5 - 87　　**2017 年四十重点城市月度累计办公楼销售金额**

单位：亿元

类　别	1—3 月	1—4 月	1—5 月	1—6 月	1—7 月	1—8 月	1—9 月	1—10 月	1—11 月	1—12 月
合　计	**999.98**	**1364.39**	**1752.28**	**2409.90**	**2745.00**	**3077.71**	**3581.32**	**3963.57**	**4358.77**	**5137.39**
北　京	163.19	195.73	237.34	250.15	260.33	285.38	291.32	304.37	314.82	374.21
天　津	35.31	38.95	54.73	58.60	62.32	63.28	65.14	66.42	67.55	79.32
石家庄	2.37	2.52	23.09	39.89	40.64	40.64	60.45	60.51	67.48	95.20
太　原	5.07	7.21	10.20	16.26	18.38	19.96	24.56	28.66	30.86	30.82
呼和浩特	1.03	1.52	1.71	2.16	4.94	5.73	7.02	14.45	16.25	15.37
沈　阳	0.65	1.49	1.95	3.40	4.36	4.98	6.66	9.31	9.89	11.23
大　连	0.34	2.36	3.34	7.41	8.20	11.28	15.00	15.99	17.58	24.21
长　春	3.96	5.25	10.40	15.40	18.54	20.54	31.40	32.26	34.77	39.54
哈尔滨	2.45	7.26	10.80	14.52	21.23	23.83	35.22	38.46	42.89	48.15
上　海	90.11	107.45	119.47	191.43	207.22	233.84	290.99	321.96	336.80	394.07
南　京	16.00	30.37	39.66	55.55	72.60	99.19	122.53	137.81	146.46	151.39
无　锡	4.46	5.42	6.17	12.66	14.04	15.66	18.19	20.36	24.82	31.22
苏　州	35.93	45.14	56.16	65.87	72.31	76.42	84.97	90.52	97.30	103.76
杭　州	91.95	144.50	182.16	248.86	286.66	341.73	393.45	427.69	460.46	512.07
宁　波	6.51	9.51	13.95	23.65	28.17	32.66	45.38	48.25	50.57	55.76
温　州	0.89	1.08	1.50	2.93	5.16	6.24	6.53	7.53	8.21	8.85
合　肥	21.37	27.34	35.79	44.74	53.82	62.86	81.46	87.92	93.08	106.86
福　州	41.65	60.29	82.12	103.90	108.90	112.30	132.29	144.66	170.78	226.91
厦　门	41.82	66.80	77.43	161.99	199.66	221.16	228.44	252.99	280.83	303.40
南　昌	11.86	19.98	27.25	52.23	59.18	62.11	69.58	75.47	82.76	99.92
济　南	3.32	9.04	14.54	20.71	29.77	36.28	38.76	42.24	43.59	49.64
青　岛	8.14	19.08	38.65	50.08	60.05	67.52	87.20	96.05	111.15	139.96
郑　州	17.92	26.92	37.28	57.93	70.47	90.53	110.59	128.90	148.02	170.18
武　汉	26.16	51.13	81.39	116.94	121.97	133.64	166.08	181.66	205.51	242.78
长　沙	21.76	30.28	38.63	49.51	62.85	68.71	74.51	76.88	88.16	117.22
广　州	94.28	127.79	137.29	170.45	180.12	189.69	232.49	262.51	287.26	345.56
深　圳	127.55	144.58	175.22	226.35	259.27	277.83	301.16	340.30	379.00	466.80
南　宁	7.05	11.13	13.67	19.56	25.50	31.38	36.44	41.58	51.51	61.42
北　海	0.25	0.56	1.21	1.38	1.60	1.82	1.93	2.10	2.10	2.11
海　口	2.29	3.64	5.16	9.61	14.59	15.73	19.52	19.92	21.47	23.50
三　亚	1.17	1.35	1.59	3.28	3.65	3.96	4.80	5.07	5.59	6.51
重　庆	23.81	33.71	47.13	74.76	84.82	101.44	112.53	127.16	138.05	162.13
成　都	27.71	42.44	57.46	77.12	98.83	114.88	136.55	163.94	189.37	234.85
贵　阳	8.01	15.06	19.89	25.23	31.26	36.64	40.50	45.31	57.54	62.05
昆　明	28.31	29.30	34.74	47.37	49.70	50.90	59.52	64.03	68.16	80.95
西　安	16.18	25.11	31.84	59.15	65.26	71.90	86.05	104.56	126.76	156.28
兰　州	5.34	7.39	11.99	13.98	16.03	19.60	30.47	32.32	34.69	40.11
西　宁	0.40	1.09	1.84	4.53	8.79	8.91	13.04	16.22	16.41	21.53
银　川	0.45	0.68	1.06	1.37	1.78	2.65	3.14	4.17	7.06	13.04
乌鲁木齐	2.98	3.97	6.50	9.03	12.04	13.90	15.47	23.08	23.22	28.52

数据来源：国家统计局。

表 5－88　　2013—2017 年四十重点城市办公楼现房销售金额

单位：亿元

类　别	2013 年	2014 年	2015 年	2016 年	2017 年
合　计	**748. 08**	**551. 08**	**895. 34**	**1262. 07**	**1467. 76**
北　京	125. 36	59. 49	222. 69	406. 82	116. 00
天　津	14. 18	7. 50	16. 08	14. 10	55. 11
石家庄	11. 56	15. 87	31. 51	34. 84	35. 71
太　原	0. 97	0. 38	0. 95	0. 92	2. 60
呼和浩特	5. 98	5. 09	0. 97	2. 86	3. 67
沈　阳	1. 48	7. 97	15. 77	6. 26	4. 22
大　连	0. 68	0. 30	1. 05	21. 73	7. 58
长　春	2. 80	1. 48	3. 08	3. 44	4. 37
哈尔滨	2. 23	2. 44	5. 94	4. 94	9. 02
上　海	157. 09	66. 45	191. 86	258. 91	197. 60
南　京	21. 02	6. 24	15. 30	23. 51	14. 64
无　锡	9. 56	9. 97	12. 27	14. 15	21. 24
苏　州	22. 88	8. 86	13. 72	16. 65	34. 21
杭　州	33. 06	24. 13	34. 35	65. 03	180. 46
宁　波	12. 78	18. 21	23. 37	30. 22	18. 42
温　州	0. 48		10. 06	4. 84	2. 75
合　肥	14. 04	10. 21	13. 14	26. 12	33. 43
福　州	0. 82	0. 33	8. 24	5. 15	19. 47
厦　门	23. 00	9. 49	10. 06	20. 32	71. 00
南　昌	9. 38	1. 60	7. 68	15. 56	20. 69
济　南	10. 36	3. 30	5. 61	10. 34	27. 22
青　岛	8. 82	11. 22	10. 16	25. 65	48. 56
郑　州	9. 38	16. 06	9. 88	13. 13	23. 99
武　汉	29. 75	23. 97	13. 59	11. 14	74. 84
长　沙	3. 02	4. 72	10. 52	19. 64	47. 95
广　州	146. 03	108. 15	70. 99	22. 57	36. 27
深　圳	35. 08	23. 41	36. 99	25. 58	169. 51
南　宁	0. 13	0. 63	1. 00	9. 39	6. 21
北　海	—	—	0. 24	—	—
海　口	—	—	0. 15	0. 87	13. 61
三　亚	—	—	1. 04	0. 12	6. 32
重　庆	10. 57	42. 73	32. 60	54. 10	60. 90
成　都	9. 99	23. 53	23. 99	27. 97	35. 42
贵　阳	0. 61	0. 66	7. 44	15. 17	16. 35
昆　明	7. 52	20. 54	19. 74	35. 35	7. 53
西　安	0. 92	0. 92	5. 23	0. 62	24. 42
兰　州	3. 04	1. 17	0. 86	5. 11	3. 52
西　宁		0. 88	0. 41	3. 09	4. 09
银　川	1. 27	1. 33	2. 55	2. 27	2. 39
乌鲁木齐	2. 27	11. 87	4. 22	3. 58	6. 47

数据来源：国家统计局。

表 5－89　　2017 年四十重点城市月度累计办公楼现房销售金额

单位：亿元

类　别	1—3 月	1—4 月	1—5 月	1—6 月	1—7 月	1—8 月	1—9 月	1—10 月	1—11 月	1—12 月
合　计	**265.12**	**340.29**	**469.88**	**625.67**	**746.27**	**881.02**	**1017.97**	**1127.47**	**1250.06**	**1467.76**
北　京	61.28	64.57	68.52	69.08	76.27	85.35	88.22	90.31	92.29	116.00
天　津	27.44	28.93	36.86	39.61	42.49	42.80	43.60	43.84	44.56	55.11
石家庄	2.35	2.35	3.95	8.35	8.45	8.45	21.87	21.87	26.96	35.71
太　原	0.09	0.15	0.18	0.18	0.18	0.18	2.98	3.49	3.49	2.60
呼和浩特	0.08	0.08	0.13	0.13	2.32	2.52	2.53	4.38	4.55	3.67
沈　阳	0.28	0.46	0.81	1.67	1.67	1.85	1.89	3.75	3.89	4.22
大　连	0.02	0.16	0.32	2.19	2.43	2.61	2.73	2.99	2.99	7.58
长　春	2.00	2.35	2.77	2.77	2.82	3.86	4.06	4.14	4.18	4.37
哈尔滨	0.45	0.90	1.72	2.25	4.83	5.24	5.78	6.11	6.61	9.02
上　海	59.76	63.56	69.44	91.56	105.30	130.54	161.31	171.28	184.67	197.60
南　京	—	0.34	0.44	0.44	0.44	5.55	16.20	23.06	23.46	14.64
无　锡	3.85	4.30	4.46	7.99	8.49	9.59	10.82	11.71	15.48	21.24
苏　州	4.89	10.38	15.17	18.87	20.85	22.52	23.77	26.07	27.11	34.21
杭　州	24.23	38.96	51.91	70.89	79.96	113.44	127.51	137.40	151.43	180.46
宁　波	1.96	3.25	5.39	6.90	7.91	9.22	13.41	14.63	16.06	18.42
温　州	0.46	0.61	0.65	0.73	0.74	1.01	1.29	1.88	2.11	2.75
合　肥	5.38	6.72	9.66	11.86	17.31	22.72	25.12	28.17	30.20	33.43
福　州	1.32	2.16	12.56	13.43	13.84	14.65	14.98	15.42	16.23	19.47
厦　门	6.11	6.11	7.29	24.07	32.94	45.31	45.31	59.25	68.18	71.00
南　昌	3.98	4.76	7.66	12.52	13.02	13.73	16.95	17.34	18.23	20.69
济　南	0.68	4.93	5.30	8.98	16.47	21.60	21.82	22.98	23.37	27.22
青　岛	1.20	4.65	20.79	22.48	24.67	25.44	29.34	32.25	35.11	48.56
郑　州	5.83	7.63	9.97	11.46	12.22	13.93	15.27	15.63	22.75	23.99
武　汉	13.82	16.73	33.86	37.66	49.47	51.10	58.84	63.68	66.59	74.84
长　沙	10.42	12.88	14.87	17.24	23.30	24.40	26.11	24.02	27.56	47.95
广　州	4.65	5.32	5.66	12.18	19.52	24.63	29.61	31.09	31.92	36.27
深　圳	3.36	16.66	32.14	61.93	70.60	80.18	94.02	117.44	145.04	169.51
南　宁	0.84	1.09	1.08	2.18	3.47	4.47	4.82	5.25	5.92	6.21
北　海	—	—	—	—	—	—	—	—	—	—
海　口	0.51	1.72	1.72	3.03	7.08	7.84	11.01	11.40	12.24	13.61
三　亚	1.17	1.29	1.54	3.23	3.60	3.90	4.75	5.02	5.44	6.32
重　庆	5.16	7.63	14.66	24.05	30.36	33.15	35.50	46.15	51.72	60.90
成　都	3.73	5.92	12.00	13.25	13.96	15.48	16.60	20.47	24.14	35.42
贵　阳	2.32	5.14	6.29	8.45	10.58	12.91	15.48	15.91	15.81	16.35
昆　明	0.30	0.72	0.77	1.90	4.20	4.43	5.21	6.01	6.83	7.53
西　安	2.35	3.34	4.24	5.15	5.91	7.47	9.44	11.53	22.28	24.42
兰　州	1.28	1.55	1.77	2.38	2.80	2.93	3.24	3.35	3.44	3.52
西　宁	0.13	0.16	0.19	0.34	0.36	0.36	0.49	1.11	1.11	4.09
银　川	0.10	0.25	0.33	0.43	0.49	0.62	0.84	1.08	1.62	2.39
乌鲁木齐	1.34	1.56	2.87	3.90	4.94	5.05	5.22	6.01	4.48	6.47

数据来源：国家统计局。

表 5－90　　2013—2017 年四十重点城市办公楼期房销售金额

单位：亿元

类　别	2013 年	2014 年	2015 年	2016 年	2017 年
合　计	2455. 32	1870. 97	2355. 51	3490. 66	3669. 63
北　京	619. 43	299. 84	480. 05	855. 08	258. 22
天　津	12. 70	9. 61	8. 63	30. 61	24. 22
石家庄	21. 31	4. 49	34. 17	43. 32	59. 49
太　原	10. 04	20. 65	11. 73	28. 16	28. 22
呼和浩特	7. 81	3. 06	2. 72	4. 27	11. 71
沈　阳	17. 15	11. 92	3. 78	23. 15	7. 01
大　连	3. 46	5. 51	5. 91	3. 18	16. 63
长　春	8. 02	5. 77	8. 88	18. 97	35. 17
哈尔滨	13. 22	7. 93	6. 04	13. 52	39. 13
上　海	223. 75	233. 98	296. 81	644. 26	196. 48
南　京	22. 99	31. 16	37. 13	63. 65	136. 75
无　锡	29. 52	15. 76	29. 87	8. 30	9. 98
苏　州	23. 69	16. 98	37. 19	40. 67	69. 56
杭　州	149. 87	86. 93	82. 28	255. 07	331. 61
宁　波	35. 57	27. 12	13. 53	24. 04	37. 33
温　州	16. 03	3. 15	12. 97	9. 10	6. 10
合　肥	33. 09	32. 89	47. 54	90. 77	73. 44
福　州	128. 54	68. 29	53. 38	79. 06	207. 44
厦　门	74. 96	83. 19	89. 39	70. 75	232. 40
南　昌	30. 73	25. 15	13. 76	34. 03	79. 23
济　南	23. 29	37. 45	140. 19	45. 60	22. 42
青　岛	59. 74	53. 90	71. 93	44. 16	91. 40
郑　州	162. 89	124. 96	84. 34	85. 18	146. 19
武　汉	37. 20	41. 81	23. 13	105. 20	167. 94
长　沙	75. 04	37. 76	24. 02	59. 95	69. 27
广　州	222. 54	188. 77	191. 48	243. 66	309. 29
深　圳	48. 32	50. 87	182. 72	203. 57	297. 29
南　宁	36. 37	18. 08	31. 90	25. 67	55. 21
北　海		0. 38		0. 28	2. 11
海　口	0. 77	11. 59	8. 84	8. 82	9. 89
三　亚	3. 99	0. 58	2. 20	2. 31	0. 18
重　庆	67. 51	66. 68	85. 42	44. 75	101. 22
成　都	97. 05	73. 01	48. 65	73. 39	199. 43
贵　阳	65. 84	46. 32	30. 86	33. 07	45. 70
昆　明	33. 41	55. 36	45. 17	50. 19	73. 42
西　安	28. 99	41. 92	43. 81	54. 36	131. 86
兰　州	0. 18	9. 43	12. 14	39. 64	36. 59
西　宁	0. 26	5. 68	22. 32	9. 90	17. 43
银　川	2. 73	4. 07	7. 48	3. 17	10. 65
乌鲁木齐	7. 33	8. 98	23. 14	17. 83	22. 05

数据来源：国家统计局。

表 5－91　　2017 年四十重点城市月度累计办公楼期房销售金额

单位：亿元

类　别	1—3 月	1—4 月	1—5 月	1—6 月	1—7 月	1—8 月	1—9 月	1—10 月	1—11 月	1—12 月
合　计	**734.86**	**1024.10**	**1282.40**	**1784.22**	**1998.73**	**2196.69**	**2563.34**	**2836.10**	**3108.71**	**3669.63**
北　京	101.90	131.16	168.83	181.08	184.06	200.03	203.10	214.05	222.52	258.22
天　津	7.87	10.02	17.87	18.99	19.83	20.48	21.53	22.59	22.99	24.22
石家庄	0.02	0.17	19.14	31.54	32.19	32.19	38.58	38.64	40.52	59.49
太　原	4.98	7.06	10.02	16.08	18.20	19.78	21.58	25.17	27.37	28.22
呼和浩特	0.95	1.43	1.58	2.03	2.61	3.21	4.48	10.07	11.71	11.71
沈　阳	0.37	1.02	1.14	1.73	2.69	3.13	4.76	5.55	6.01	7.01
大　连	0.31	2.19	3.03	5.22	5.77	8.68	12.27	13.00	14.59	16.63
长　春	1.97	2.89	7.63	12.62	15.71	16.69	27.33	28.12	30.58	35.17
哈尔滨	2.00	6.36	9.08	12.27	16.39	18.59	29.44	32.36	36.28	39.13
上　海	30.35	43.89	50.04	99.86	101.92	103.30	129.68	150.68	152.12	196.48
南　京	16.00	30.03	39.22	55.11	72.17	93.64	106.33	114.75	122.99	136.75
无　锡	0.61	1.12	1.71	4.67	5.55	6.07	7.37	8.65	9.34	9.98
苏　州	31.04	34.76	40.98	47.01	51.47	53.91	61.20	64.45	70.19	69.56
杭　州	67.72	105.53	130.25	177.97	206.69	228.29	265.94	290.29	309.03	331.61
宁　波	4.55	6.25	8.56	16.75	20.26	23.44	31.97	33.62	34.51	37.33
温　州	0.43	0.47	0.86	2.20	4.42	5.24	5.24	5.65	6.10	6.10
合　肥	15.99	20.61	26.13	32.87	36.51	40.13	56.34	59.75	62.89	73.44
福　州	40.33	58.13	69.56	90.47	95.06	97.65	117.31	129.24	154.55	207.44
厦　门	35.71	60.69	70.15	137.92	166.73	175.84	183.13	193.74	212.64	232.40
南　昌	7.88	15.22	19.60	39.71	46.16	48.38	52.63	58.12	64.53	79.23
济　南	2.65	4.11	9.24	11.73	13.30	14.68	16.94	19.26	20.21	22.42
青　岛	6.94	14.43	17.86	27.60	35.38	42.08	57.86	63.81	76.04	91.40
郑　州	12.10	19.29	27.31	46.48	58.26	76.60	95.32	113.27	125.27	146.19
武　汉	12.34	34.40	47.53	79.27	72.51	82.54	107.24	117.98	138.92	167.94
长　沙	11.33	17.40	23.76	32.27	39.55	44.31	48.40	52.85	60.60	69.27
广　州	89.63	122.47	131.63	158.27	160.60	165.06	202.88	231.42	255.34	309.29
深　圳	124.19	127.93	143.08	164.43	188.66	197.65	207.15	222.86	233.96	297.29
南　宁	6.21	10.03	12.60	17.37	22.03	26.91	31.62	36.32	45.59	55.21
北　海	0.25	0.56	1.21	1.38	1.60	1.82	1.93	2.10	2.10	2.11
海　口	1.79	1.92	3.43	6.58	7.52	7.89	8.51	8.52	9.23	9.89
三　亚	—	0.05	0.05	0.05	0.05	0.05	0.05	0.05	0.15	0.18
重　庆	18.65	26.08	32.46	50.71	54.46	68.29	77.03	81.01	86.33	101.22
成　都	23.98	36.53	45.46	63.87	84.87	99.40	119.95	143.47	165.22	199.43
贵　阳	5.69	9.92	13.60	16.78	20.67	23.73	25.02	29.40	41.72	45.70
昆　明	28.01	28.58	33.97	45.47	45.49	46.47	54.31	58.01	61.33	73.42
西　安	13.83	21.77	27.60	54.00	59.34	64.43	76.60	93.03	104.49	131.86
兰　州	4.06	5.84	10.22	11.60	13.23	16.67	27.23	28.96	31.25	36.59
西　宁	0.26	0.93	1.65	4.19	8.43	8.55	12.55	15.11	15.30	17.43
银　川	0.34	0.42	0.73	0.94	1.29	2.03	2.30	3.09	5.43	10.65
乌鲁木齐	1.64	2.41	3.64	5.12	7.10	8.85	10.25	17.07	18.75	22.05

数据来源：国家统计局。

表 5 －92　　2013—2017 年四十重点城市商业营业用房销售金额

单位：亿元

类　别	2013 年	2014 年	2015 年	2016 年	2017 年
合　计	**3698.10**	**4063.18**	**4025.23**	**5151.39**	**6095.79**
北　京	270.71	202.03	231.62	376.65	271.42
天　津	85.40	101.23	73.91	140.06	133.87
石家庄	67.93	72.33	128.52	99.83	129.09
太　原	24.50	14.34	15.04	24.95	30.72
呼和浩特	38.37	24.21	19.89	72.98	44.66
沈　阳	176.00	116.15	96.51	50.51	79.23
大　连	123.53	68.31	25.30	33.28	56.62
长　春	44.23	61.12	56.46	104.59	96.93
哈尔滨	84.04	94.18	56.47	90.42	122.06
上　海	224.71	226.44	227.89	470.49	208.23
南　京	86.10	71.20	96.90	144.26	201.66
无　锡	91.91	74.88	76.38	83.38	114.32
苏　州	199.14	115.57	129.46	176.27	160.17
杭　州	92.67	96.18	87.79	230.31	344.19
宁　波	76.49	65.64	85.61	87.93	109.08
温　州	52.65	52.93	54.34	71.92	117.20
合　肥	83.07	171.19	180.90	234.63	148.43
福　州	122.61	102.17	120.47	96.69	164.36
厦　门	56.95	66.24	68.53	91.34	92.68
南　昌	50.06	42.98	48.15	128.56	196.84
济　南	33.15	52.28	46.18	44.06	118.91
青　岛	58.82	84.68	115.71	113.86	194.43
郑　州	105.86	150.61	87.93	130.65	193.47
武　汉	172.40	233.82	146.53	193.25	285.75
长　沙	118.96	142.49	123.87	131.40	244.33
广　州	225.85	272.43	183.37	207.30	213.73
深　圳	66.06	63.67	65.11	83.24	133.36
南　宁	53.36	51.97	54.62	67.08	72.96
北　海	2.01	4.30	3.89	3.68	7.50
海　口	13.12	30.44	27.95	23.16	50.34
三　亚	2.39	1.44	0.74	11.65	26.82
重　庆	263.08	373.75	483.48	552.77	629.66
成　都	257.43	302.70	301.65	300.72	483.53
贵　阳	58.47	83.38	139.41	84.82	134.80
昆　明	55.87	106.83	125.53	135.94	138.15
西　安	71.75	102.93	90.64	78.35	171.56
兰　州	14.35	39.20	37.98	57.46	47.59
西　宁	9.02	40.63	35.25	44.07	53.40
银　川	43.25	48.94	43.29	38.93	31.76
乌鲁木齐	21.83	37.37	31.99	39.95	41.97

数据来源：国家统计局。

表 5－93　　**2017 年四十重点城市月度累计商业营业用房销售金额**

单位：亿元

类　别	1—3 月	1—4 月	1—5 月	1—6 月	1—7 月	1—8 月	1—9 月	1—10 月	1—11 月	1—12 月
合　计	1112.50	1519.71	1983.19	2716.24	3150.55	3557.56	4149.11	4625.84	5174.85	6095.79
北　京	156.76	181.78	191.27	213.59	220.59	222.07	227.64	234.88	238.77	271.42
天　津	35.52	47.21	63.22	75.68	80.62	86.06	101.55	106.61	112.26	133.87
石家庄	27.97	33.39	37.73	59.65	65.42	72.24	82.89	92.51	97.73	129.09
太　原	3.26	4.94	6.97	11.56	16.12	19.02	21.65	26.11	28.79	30.72
呼和浩特	2.66	3.62	5.36	7.04	8.69	12.51	25.68	26.98	33.42	44.66
沈　阳	7.66	15.22	24.66	32.38	35.81	47.06	53.54	67.07	74.57	79.23
大　连	10.34	12.59	16.87	37.23	38.96	40.89	45.18	48.58	50.51	56.62
长　春	10.26	16.02	28.46	41.88	51.52	61.03	68.66	77.64	86.35	96.93
哈尔滨	9.52	16.12	23.77	34.76	55.59	63.71	79.70	92.76	102.00	122.06
上　海	42.58	60.11	80.19	123.05	151.47	161.18	165.70	170.97	181.75	208.23
南　京	38.89	50.45	61.84	85.58	97.09	112.36	133.42	154.87	172.01	201.66
无　锡	12.35	22.59	30.44	45.57	53.79	67.27	80.78	91.93	102.39	114.32
苏　州	48.08	60.00	71.57	91.04	101.28	112.47	120.69	133.11	142.08	160.17
杭　州	58.80	89.38	125.33	157.05	181.22	211.66	242.60	267.73	294.60	344.19
宁　波	20.50	29.95	38.59	50.81	57.61	65.68	79.43	86.58	93.27	109.08
温　州	18.29	24.59	29.72	52.79	63.38	67.74	81.53	87.61	92.37	117.20
合　肥	32.35	42.54	61.22	86.16	95.60	107.29	127.10	134.22	140.90	148.43
福　州	21.74	33.80	48.09	66.61	71.78	76.54	93.74	105.68	117.34	164.36
厦　门	8.18	20.00	23.23	47.90	48.62	69.05	76.97	85.56	89.86	92.68
南　昌	14.77	24.73	34.93	54.04	79.89	94.61	120.15	135.47	162.78	196.84
济　南	14.71	20.07	28.81	35.79	47.01	58.45	75.38	85.35	96.67	118.91
青　岛	21.11	37.29	50.14	62.83	79.79	93.91	118.57	145.07	157.75	194.43
郑　州	40.03	53.93	74.32	92.25	109.09	128.46	150.42	164.08	177.60	193.47
武　汉	39.28	57.62	86.81	148.58	174.92	193.62	223.38	243.95	263.26	285.75
长　沙	28.44	45.10	70.58	102.01	127.14	141.45	150.83	159.13	197.45	244.33
广　州	70.25	87.68	98.65	111.61	121.86	137.05	150.58	174.96	189.72	213.73
深　圳	41.09	22.09	31.36	41.58	45.04	49.12	65.20	67.21	113.32	133.36
南　宁	6.51	12.41	17.02	21.83	26.23	33.80	39.06	48.36	58.02	72.96
北　海	0.74	1.08	1.37	1.75	2.28	2.77	2.95	3.29	4.00	7.50
海　口	5.69	9.08	13.92	21.27	27.35	31.13	35.67	42.74	46.00	50.34
三　亚	7.99	10.60	11.57	15.40	17.93	18.91	20.99	21.20	23.33	26.82
重　庆	121.14	164.51	215.41	283.41	321.25	362.93	427.92	482.44	537.42	629.66
成　都	70.32	107.28	139.03	184.49	214.83	240.83	293.85	330.14	391.35	483.53
贵　阳	21.88	33.97	41.60	54.33	68.17	76.50	92.58	102.86	116.82	134.80
昆　明	19.33	26.46	31.39	48.94	56.64	62.64	77.99	92.90	105.97	138.15
西　安	10.86	22.22	32.05	58.80	69.97	79.52	93.23	108.42	131.22	171.56
兰　州	4.00	6.18	13.57	23.29	25.76	28.33	32.40	36.78	42.74	47.59
西　宁	1.41	2.77	8.52	12.34	13.09	15.93	30.39	41.41	47.33	53.40
银　川	3.33	4.58	6.00	8.82	10.64	12.78	15.60	18.79	26.88	31.76
乌鲁木齐	3.93	5.74	7.65	12.55	16.53	19.00	23.55	29.89	34.27	41.97

数据来源：国家统计局。

表 5－94　　2013—2017 年四十重点城市商业营业用房现房销售金额

单位：亿元

类　别	2013 年	2014 年	2015 年	2016 年	2017 年
合　计	**1013.08**	**1026.47**	**1206.97**	**1552.52**	**1654.21**
北　京	124.14	74.68	90.96	117.56	65.17
天　津	47.45	42.37	34.93	62.52	61.09
石家庄	12.73	39.20	63.58	55.88	27.53
太　原	0.69	0.80	5.88	2.45	4.66
呼和浩特	14.41	17.50	10.54	54.31	27.53
沈　阳	48.46	59.53	30.46	18.16	21.67
大　连	38.42	24.51	13.27	15.83	26.51
长　春	12.84	24.73	11.70	21.54	25.23
哈尔滨	32.51	37.77	27.72	50.26	55.96
上　海	83.39	81.11	100.24	172.34	137.88
南　京	13.82	13.30	31.94	41.06	28.98
无　锡	20.31	19.75	33.75	34.83	73.14
苏　州	48.79	27.83	31.72	62.00	52.04
杭　州	25.75	18.06	22.67	62.19	112.49
宁　波	14.68	20.19	35.19	46.45	34.13
温　州	6.37	6.42	8.38	18.55	17.39
合　肥	19.51	11.00	20.20	22.66	22.53
福　州	8.37	4.98	26.77	13.55	24.25
厦　门	12.43	7.21	9.85	28.06	17.83
南　昌	7.64	4.15	20.31	19.12	24.53
济　南	5.63	4.18	16.90	6.82	16.05
青　岛	16.66	24.50	39.76	38.03	50.97
郑　州	23.29	18.96	13.47	23.08	21.49
武　汉	81.46	118.44	73.95	72.48	92.11
长　沙	34.19	34.35	28.13	38.90	66.52
广　州	54.12	65.78	38.81	29.66	60.20
深　圳	17.56	20.44	14.16	14.12	33.37
南　宁	13.55	6.95	6.99	4.52	7.09
北　海	0.80	1.20	1.68	1.21	3.55
海　口	8.19	2.71	5.50	4.63	10.06
三　亚	0.86	0.78	0.70	0.10	0.40
重　庆	64.52	70.34	133.52	186.24	161.68
成　都	43.75	47.98	50.37	67.03	108.15
贵　阳	3.94	3.94	9.08	18.38	26.15
昆　明	14.15	25.67	75.34	58.01	50.84
西　安	4.70	13.70	32.19	21.52	36.82
兰　州	1.34	1.62	10.81	14.80	9.21
西　宁	2.60	5.81	3.51	3.84	11.82
银　川	19.72	15.13	17.28	20.35	16.71
乌鲁木齐	9.37	8.93	4.76	9.47	10.48

数据来源：国家统计局。

表 5－95　　2017 年四十重点城市月度累计商业营业用房现房销售金额

单位：亿元

类　别	1—3 月	1—4 月	1—5 月	1—6 月	1—7 月	1—8 月	1—9 月	1—10 月	1—11 月	1—12 月
合　计	257.97	372.24	475.37	697.97	839.99	948.05	1103.99	1195.60	1335.02	1654.21
北　京	15.75	17.41	20.93	36.80	38.28	41.25	43.51	47.03	49.54	65.17
天　津	20.56	24.37	27.17	35.78	37.03	38.19	41.01	41.77	48.01	61.09
石家庄	0.66	0.79	0.85	10.01	10.13	11.93	14.48	14.78	15.20	27.53
太　原	0.24	0.75	0.99	1.18	1.80	2.34	2.53	4.14	4.35	4.66
呼和浩特	0.17	0.21	0.30	0.47	0.58	3.64	11.22	11.49	16.32	27.53
沈　阳	4.07	6.31	8.72	10.65	11.40	13.30	14.89	19.50	21.62	21.67
大　连	1.53	1.81	3.85	16.10	16.85	17.33	19.40	20.14	20.89	26.51
长　春	3.13	5.30	7.05	9.12	12.76	15.44	16.98	18.64	21.54	25.23
哈尔滨	3.55	6.15	9.46	15.25	18.92	22.70	30.74	36.26	40.76	55.96
上　海	27.14	40.49	45.83	69.05	92.43	100.61	108.89	111.40	116.40	137.88
南　京	4.61	6.44	7.33	10.52	11.32	15.47	16.66	18.42	20.71	28.98
无　锡	5.99	14.23	20.13	28.38	34.13	45.02	55.67	61.52	67.33	73.14
苏　州	13.59	16.90	20.76	24.95	27.94	30.19	32.80	38.29	42.17	52.04
杭　州	19.47	31.92	42.76	51.76	59.37	65.71	75.44	83.27	91.30	112.49
宁　波	5.77	9.18	12.90	16.28	17.69	20.16	26.33	27.68	29.59	34.13
温　州	4.50	5.23	5.60	13.55	13.68	14.18	14.86	16.05	16.67	17.39
合　肥	2.71	4.90	6.63	9.60	12.72	14.47	15.05	18.09	20.55	22.53
福　州	3.17	4.62	7.37	9.24	10.28	11.11	12.29	12.94	14.56	24.25
厦　门	2.89	6.46	6.77	7.33	7.71	13.88	13.99	14.56	14.71	17.83
南　昌	3.28	4.13	6.74	8.64	11.38	12.02	14.94	15.82	22.95	24.53
济　南	2.20	3.01	4.35	6.54	7.72	9.23	10.00	11.41	12.31	16.05
青　岛	6.54	8.92	11.42	13.82	22.51	25.60	27.52	32.70	35.35	50.97
郑　州	7.56	8.28	11.68	12.62	13.90	15.92	16.43	18.64	20.12	21.49
武　汉	7.58	13.15	16.77	42.18	63.08	67.73	75.81	81.23	83.47	92.11
长　沙	8.54	12.20	22.14	29.56	44.20	46.05	48.20	41.27	55.13	66.52
广　州	10.11	14.39	18.62	26.01	31.95	38.28	40.34	46.90	51.86	60.20
深　圳	2.31	4.05	4.90	5.14	5.83	6.83	21.36	21.95	25.53	33.37
南　宁	0.72	0.88	1.04	1.42	1.54	2.09	3.38	4.35	4.93	7.09
北　海	0.05	0.12	0.18	0.24	0.36	0.37	0.39	0.62	0.85	3.55
海　口	0.70	0.71	1.24	4.39	5.16	5.91	7.51	8.80	9.86	10.06
三　亚	—	—	0.06	0.06	0.06	0.06	0.06	0.06	0.30	0.40
重　庆	30.95	44.75	54.06	75.49	83.43	91.75	110.01	113.64	133.71	161.68
成　都	22.07	30.72	36.55	48.06	56.24	63.35	73.83	79.02	85.96	108.15
贵　阳	2.59	7.26	8.89	11.05	15.07	16.42	20.49	22.60	23.66	26.15
昆　明	6.57	7.90	8.81	12.71	17.20	19.97	24.48	29.66	33.77	50.84
西　安	3.57	4.19	4.65	12.54	11.27	13.16	16.27	18.80	22.85	36.82
兰　州	0.82	1.12	4.03	5.12	5.53	6.11	6.73	7.42	8.28	9.21
西　宁	—	0.21	0.42	0.51	0.55	0.68	6.81	9.56	11.30	11.82
银　川	1.82	2.24	2.77	3.94	4.57	5.96	8.18	9.74	13.86	16.71
乌鲁木齐	0.50	0.52	0.64	1.94	3.39	3.66	4.50	5.46	6.76	10.48

数据来源：国家统计局。

表 5－96　　2013—2017 年四十重点城市商业营业用房期房销售金额

单位：亿元

类　别	2013 年	2014 年	2015 年	2016 年	2017 年
合　计	**2685.02**	**3036.68**	**2818.27**	**3598.87**	**4441.58**
北　京	146.57	127.36	140.66	259.09	206.25
天　津	37.95	58.86	38.98	77.54	72.77
石家庄	55.20	33.13	64.93	43.95	101.56
太　原	23.81	13.53	9.16	22.51	26.06
呼和浩特	23.96	6.71	9.34	18.67	17.14
沈　阳	127.54	56.62	66.06	32.35	57.66
大　连	85.10	43.80	12.03	17.45	30.11
长　春	31.39	36.39	44.76	83.05	71.69
哈尔滨	51.53	56.41	28.74	40.16	66.11
上　海	141.33	145.34	127.65	298.15	70.34
南　京	72.29	57.89	64.96	103.20	172.68
无　锡	71.60	55.13	42.63	48.55	41.18
苏　州	150.35	87.74	97.74	114.27	108.13
杭　州	66.92	78.12	65.12	168.12	231.70
宁　波	61.82	45.44	50.42	41.48	74.95
温　州	46.29	46.51	45.96	53.37	99.80
合　肥	63.56	160.18	160.70	211.98	125.90
福　州	114.24	97.20	93.70	83.13	140.11
厦　门	44.53	59.03	58.67	63.28	74.85
南　昌	42.42	38.83	27.84	109.44	172.31
济　南	27.51	48.10	29.28	37.24	102.86
青　岛	42.16	60.18	75.95	75.84	143.47
郑　州	82.58	131.65	74.46	107.56	171.98
武　汉	90.94	115.38	72.58	120.77	193.65
长　沙	84.78	108.14	95.74	92.49	177.81
广　州	171.73	206.66	144.56	177.64	153.53
深　圳	48.50	43.22	50.95	69.12	100.00
南　宁	39.81	45.02	47.64	62.56	65.87
北　海	1.21	3.10	2.20	2.47	3.95
海　口	4.93	27.73	22.45	18.53	40.28
三　亚	1.53	0.66	0.04	11.55	26.41
重　庆	198.57	303.41	349.96	366.52	467.98
成　都	213.67	254.72	251.28	233.68	375.38
贵　阳	54.53	79.44	130.33	66.44	108.65
昆　明	41.72	81.16	50.19	77.93	87.32
西　安	67.05	89.23	58.44	56.84	134.74
兰　州	13.01	37.58	27.17	42.66	38.38
西　宁	6.42	34.83	31.74	40.23	41.58
银　川	23.53	33.81	26.01	18.58	15.05
乌鲁木齐	12.46	28.44	27.23	30.48	31.49

数据来源：国家统计局。

表 5－97　　2017 年四十重点城市月度累计商业营业用房期房销售金额

单位：亿元

类　别	1—3 月	1—4 月	1—5 月	1—6 月	1—7 月	1—8 月	1—9 月	1—10 月	1—11 月	1—12 月
合　计	854.53	1147.47	1507.82	2018.26	2310.56	2609.50	3045.13	3430.23	3839.83	4441.58
北　京	141.01	164.37	170.34	176.79	182.31	180.82	184.13	187.85	189.23	206.25
天　津	14.96	22.84	36.05	39.90	43.59	47.86	60.54	64.84	64.25	72.77
石家庄	27.31	32.60	36.88	49.65	55.29	60.31	68.41	77.73	82.53	101.56
太　原	3.02	4.19	5.97	10.38	14.32	16.68	19.12	21.97	24.44	26.06
呼和浩特	2.48	3.41	5.06	6.58	8.10	8.87	14.47	15.49	17.10	17.14
沈　阳	3.59	8.91	15.95	21.73	24.41	33.76	38.65	47.56	52.95	57.66
大　连	8.81	10.78	13.02	21.13	22.10	23.56	25.78	28.43	29.62	30.11
长　春	7.13	10.73	21.42	32.75	38.75	45.59	51.67	59.01	64.80	71.69
哈尔滨	5.98	9.96	14.30	19.52	36.68	41.01	48.96	56.49	61.24	66.11
上　海	15.43	19.62	34.35	54.00	59.04	60.57	56.81	59.57	65.35	70.34
南　京	34.28	44.01	54.51	75.06	85.76	96.89	116.76	136.45	151.30	172.68
无　锡	6.35	8.36	10.31	17.19	19.66	22.24	25.11	30.41	35.06	41.18
苏　州	34.49	43.10	50.81	66.09	73.34	82.28	87.89	94.82	99.91	108.13
杭　州	39.33	57.46	82.56	105.28	121.85	145.95	167.16	184.46	203.30	231.70
宁　波	14.73	20.77	25.70	34.53	39.91	45.53	53.09	58.91	63.68	74.95
温　州	13.79	19.36	24.12	39.23	49.70	53.57	66.67	71.56	75.71	99.80
合　肥	29.64	37.64	54.58	76.57	82.88	92.82	112.05	116.13	120.34	125.90
福　州	18.57	29.18	40.71	57.38	61.50	65.44	81.45	92.74	102.78	140.11
厦　门	5.29	13.54	16.45	40.57	40.91	55.17	62.98	71.00	75.14	74.85
南　昌	11.49	20.60	28.18	45.41	68.51	82.60	105.21	119.65	139.84	172.31
济　南	12.51	17.07	24.46	29.24	39.30	49.22	65.38	73.95	84.36	102.86
青　岛	14.57	28.37	38.72	49.01	57.28	68.31	91.05	112.38	122.41	143.47
郑　州	32.46	45.65	62.64	79.62	95.18	112.55	133.99	145.44	157.48	171.98
武　汉	31.71	44.46	70.04	106.40	111.84	125.88	147.57	162.71	179.78	193.65
长　沙	19.89	32.90	48.44	72.45	82.94	95.40	102.63	117.86	142.31	177.81
广　州	60.14	73.28	80.03	85.60	89.91	98.77	110.25	128.05	137.86	153.53
深　圳	38.78	18.04	26.46	36.44	39.20	42.29	43.84	45.26	87.79	100.00
南　宁	5.79	11.53	15.98	20.41	24.69	31.70	35.68	44.02	53.09	65.87
北　海	0.68	0.96	1.19	1.51	1.92	2.40	2.56	2.67	3.15	3.95
海　口	4.99	8.37	12.68	16.89	22.19	25.21	28.16	33.94	36.13	40.28
三　亚	7.99	10.60	11.51	15.34	17.87	18.85	20.94	21.14	23.04	26.41
重　庆	90.19	119.77	161.35	207.92	237.82	271.18	317.91	368.79	403.71	467.98
成　都	48.25	76.56	102.47	136.44	158.59	177.48	220.02	251.12	305.39	375.38
贵　阳	19.29	26.71	32.71	43.28	53.11	60.08	72.08	80.26	93.16	108.65
昆　明	12.76	18.56	22.58	36.23	39.44	42.68	53.50	63.25	72.20	87.32
西　安	7.29	18.03	27.40	46.26	58.70	66.36	76.96	89.62	108.37	134.74
兰　州	3.17	5.06	9.54	18.16	20.23	22.22	25.68	29.36	34.46	38.38
西　宁	1.41	2.57	8.11	11.84	12.54	15.26	23.58	31.85	36.03	41.58
银　川	1.51	2.35	3.23	4.88	6.07	6.82	7.42	9.05	13.01	15.05
乌鲁木齐	3.43	5.22	7.01	10.61	13.14	15.34	19.05	24.43	27.51	31.49

数据来源：国家统计局。

（七）四十重点城市商品房销售均价

表 5－98　　2013—2017 年四十重点城市商品房销售均价

单位：元/平方米

类　别	2013 年	2014 年	2015 年	2016 年	2017 年
合　计	**8913**	**8883**	**9767**	**10863**	**11428**
北　京	18553	18833	22633	27497	32140
天　津	8746	9219	10107	12830	15331
石家庄	5503	5737	8601	8281	10170
太　原	7158	7651	7508	7667	9017
呼和浩特	5233	5474	5193	6425	6510
沈　阳	6348	6217	6861	7128	8062
大　连	8263	9216	8929	9354	10315
长　春	6026	6261	6634	6557	7017
哈尔滨	6194	6182	6419	6680	8339
上　海	16420	16787	20949	24747	23804
南　京	11495	11198	11489	17754	15653
无　锡	7875	7653	7870	8690	10678
苏　州	9620	9674	10311	13322	14941
杭　州	15022	13896	14422	15753	20354
宁　波	11100	10745	10708	11228	13324
温　州	16468	14054	12586	13075	12304
合　肥	6283	7157	7695	9369	10751
福　州	11236	10719	11653	11089	11057
厦　门	13625	15378	16122	20021	22599
南　昌	7101	6589	7126	8218	8527
济　南	7152	7369	7686	8247	9644
青　岛	8435	8344	8902	9230	10518
郑　州	7162	7571	7537	8163	8631
武　汉	7717	7951	8556	10048	11744
长　沙	6292	6116	5856	6410	7691
广　州	15330	15719	14612	16384	17633
深　圳	24402	24723	33942	45146	47936
南　宁	6959	6627	6646	6887	7776
北　海	4522	4536	4680	4768	5654
海　口	7423	7903	7948	9043	11988
三　亚	14474	19513	18166	18493	25794
重　庆	5569	5519	5486	5485	6792
成　都	7197	7032	6875	7504	8733
贵　阳	5025	5608	6029	5957	7269
昆　明	5795	6384	7393	7030	8010
西　安	6716	6465	6501	6602	8513
兰　州	5868	6460	6495	6601	7634
西　宁	4628	5753	5758	5910	6642
银　川	4856	4451	4947	4790	5177
乌鲁木齐	6111	6429	6669	6314	6668

数据来源：根据国家统计局数据整理。

表 5 -99　**2017 年四十重点城市月度累计商品房销售均价**

单位：元/平方米

类别	1—3 月	1—4 月	1—5 月	1—6 月	1—7 月	1—8 月	1—9 月	1—10 月	1—11 月	1—12 月
合计	11601	11508	11441	11385	11448	11427	11410	11398	11348	11428
北京	35726	35444	35036	34692	34095	33724	33940	34271	33833	32140
天津	15453	16352	16553	16243	15956	15661	15425	15333	15303	15331
石家庄	7605	6993	7395	8978	8856	8717	8895	9821	9673	10170
太原	8856	8767	8823	8889	9041	9061	9197	9042	9150	9017
呼和浩特	5509	5697	5163	5258	5481	5771	6224	6282	6321	6510
沈阳	7767	7748	7781	7744	7760	7924	7947	7902	7942	8062
大连	10697	9999	9957	9978	10084	10164	10156	10316	10311	10315
长春	6343	6422	6702	6771	6832	6925	7039	7017	7069	7017
哈尔滨	7750	7686	7758	7592	8019	8091	8363	8500	8536	8339
上海	25395	26849	27926	27922	26472	24363	23903	23780	23729	23804
南京	16882	17704	15457	14775	15222	15038	15140	15298	15715	15653
无锡	10168	10114	10104	10652	10700	10749	10912	10841	10660	10678
苏州	15732	15383	15144	15114	15091	14992	14952	15001	14962	14941
杭州	17754	17719	17663	18159	18585	19285	19659	20043	20272	20354
宁波	12828	13547	13762	13922	13914	13769	13552	13457	13485	13324
温州	12694	13139	13550	12620	12664	12855	12427	12350	12271	12304
合肥	10934	10644	10511	10612	10490	10627	10707	10798	10794	10751
福州	10854	10900	11199	10996	10873	10541	10623	10667	10710	11057
厦门	26348	25146	24099	22210	22459	22689	22794	23035	22974	22599
南昌	7685	7823	8104	8173	8523	8650	8632	8516	8490	8527
济南	8691	8792	9006	9034	8928	8973	9086	9153	9398	9644
青岛	9133	9881	9878	9927	10061	10086	10350	10316	10371	10518
郑州	8972	9009	8986	8828	8830	8886	8858	8739	8600	8631
武汉	10107	10484	10486	10724	10846	10867	11222	11269	11317	11744
长沙	7277	7268	7352	7392	7568	7598	7639	7634	7673	7691
广州	18571	18753	18180	17771	17920	17989	18294	17959	17539	17633
深圳	45911	41897	46341	46672	47128	46691	46857	46554	47691	47936
南宁	7321	7701	7872	7781	7806	7845	7698	7745	7848	7776
北海	5374	5805	5921	5849	5889	5882	5879	5843	5591	5654
海口	10707	11257	11780	11978	11965	11918	11879	12111	11987	11988
三亚	24645	24211	23933	24230	24268	24436	24417	24622	24932	25794
重庆	5899	6139	6378	6442	6493	6598	6623	6680	6649	6792
成都	8012	8025	8113	8390	8520	8607	8640	8690	8684	8733
贵阳	6472	6616	6812	6809	6941	7005	7385	7343	7254	7269
昆明	8008	8079	8132	7904	7837	7786	7815	7839	8029	8010
西安	7516	7732	7760	7881	7984	8014	8050	8182	8352	8513
兰州	7632	7662	7834	7838	7670	7617	7640	7639	7614	7634
西宁	6166	6109	6403	6445	6400	6264	6654	6527	6563	6642
银川	4919	4857	4920	4980	5028	5110	5128	5150	5200	5177
乌鲁木齐	6335	6218	6114	6350	6182	6247	6341	6490	6567	6668

数据来源：根据国家统计局数据整理。

表 5－100　　2013—2017 年四十重点城市住宅销售均价

单位：元/平方米

类　别	2013 年	2014 年	2015 年	2016 年	2017 年
合　计	**8381**	**8428**	**9464**	**10635**	**11243**
北　京	17854	18499	22300	28489	34118
天　津	8390	8760	9870	12870	15139
石家庄	4943	5562	7798	7354	9738
太　原	6668	7155	7303	7348	8827
呼和浩特	4631	5153	4946	5196	5661
沈　阳	6074	5865	6416	6838	7944
大　连	7859	8921	8711	9119	10019
长　春	5729	5847	6374	6018	6811
哈尔滨	5884	5751	6124	6338	7861
上　海	16192	16415	21501	25910	24866
南　京	11078	10964	11260	17884	15259
无　锡	7451	7304	7578	8571	10580
苏　州	9479	9639	10335	13596	15415
杭　州	14679	14035	14748	16211	21225
宁　波	11405	10890	11022	11738	14145
温　州	15943	13859	12633	14152	13981
合　肥	6084	6917	7512	9312	11442
福　州	10155	10105	11333	11058	10547
厦　门	14551	17778	18928	25251	28052
南　昌	6639	6225	6955	7707	8106
济　南	7013	7158	7527	8405	9712
青　岛	7987	7855	8437	8997	10052
郑　州	6587	6579	7223	8093	8323
武　汉	7238	7399	8404	9819	11453
长　沙	5759	5458	5544	6160	7287
广　州	13954	14739	14083	16346	17685
深　圳	23427	24040	33661	45498	48622
南　宁	6155	6103	6229	6767	7700
北　海	4467	4435	4566	4709	5515
海　口	7342	7473	7636	8868	11694
三　亚	14299	19576	17997	18125	23410
重　庆	5239	5094	5012	5162	6605
成　都	6708	6536	6584	7377	8595
贵　阳	4488	4904	4967	5392	6552
昆　明	5615	6067	7178	6851	8197
西　安	6435	6105	6221	6385	8166
兰　州	5520	5860	6089	6162	7137
西　宁	4380	4807	4602	5007	5890
银　川	4524	4111	4498	4448	4892
乌鲁木齐	5858	5758	6142	5829	6188

数据来源：根据国家统计局数据整理。

表 5－101　　**2017 年四十重点城市月度累计住宅销售均价**

单位：元/平方米

类别	1—3 月	1—4 月	1—5 月	1—6 月	1—7 月	1—8 月	1—9 月	1—10 月	1—11 月	1—12 月
合计	**11152**	**11157**	**11110**	**11092**	**11183**	**11170**	**11181**	**11180**	**11139**	**11243**
北京	36078	35213	35193	36020	35775	35730	36496	37090	36392	34118
天津	15491	16630	16631	16210	15886	15547	15296	15201	15178	15139
石家庄	5737	5288	5694	8188	8048	7935	8184	9312	9111	9738
太原	8723	8625	8667	8667	8804	8825	8914	8776	8911	8827
呼和浩特	5295	5414	4799	4905	5037	5224	5662	5645	5733	5661
沈阳	7699	7651	7642	7601	7628	7814	7854	7811	7843	7944
大连	10386	9753	9772	9667	9823	9920	9862	10027	10032	10019
长春	6194	6304	6500	6577	6608	6702	6798	6758	6831	6811
哈尔滨	7153	7126	7186	7105	7326	7424	7665	7947	8062	7861
上海	26610	28289	29779	29892	27821	25223	24913	24791	24746	24866
南京	16170	17279	14940	14231	14712	14449	14522	14682	15186	15259
无锡	10234	10017	10049	10632	10658	10618	10802	10716	10538	10580
苏州	16156	15822	15608	15562	15516	15451	15437	15501	15443	15415
杭州	18338	18109	18061	18708	19267	20028	20460	21023	21259	21225
宁波	13238	14046	14218	14577	14596	14483	14449	14302	14333	14145
温州	13138	13547	14006	13120	13259	13558	13875	13789	13737	13981
合肥	10977	11059	10949	11018	10928	11098	11237	11407	11496	11442
福州	10255	10255	10469	10392	10307	9980	9995	10155	10204	10547
厦门	31236	29205	29048	26509	26668	27265	27560	27908	27740	28052
南昌	7347	7535	7871	7784	7989	8173	8214	8098	8058	8106
济南	8912	9004	9253	9228	9071	9027	9097	9192	9460	9712
青岛	8841	9490	9407	9477	9602	9637	9891	9865	9952	10052
郑州	8765	8829	8775	8533	8506	8568	8575	8439	8278	8323
武汉	9652	10026	9987	10281	10420	10448	10825	10878	10927	11453
长沙	6923	6948	6961	6966	7045	7095	7154	7240	7241	7287
广州	18573	18506	17891	17774	17907	17935	18224	17929	17631	17685
深圳	44256	44743	46148	47913	48604	48019	47856	47209	48202	48622
南宁	7383	7704	7931	7854	7870	7864	7710	7745	7717	7700
北海	5277	5713	5842	5771	5803	5789	5788	5755	5506	5515
海口	10452	10959	11470	11647	11594	11591	11568	11804	11704	11694
三亚	22189	21786	21661	21939	21816	22009	22049	22117	22422	23410
重庆	5755	6015	6230	6299	6352	6445	6452	6503	6478	6605
成都	7737	7771	7862	8184	8334	8432	8486	8527	8547	8595
贵阳	5736	5798	6044	6113	6147	6203	6630	6550	6531	6552
昆明	8150	8168	8157	8032	8031	7988	7954	7954	8169	8197
西安	7273	7533	7540	7592	7712	7757	7794	7893	8052	8166
兰州	7369	7384	7484	7427	7276	7248	7173	7182	7148	7137
西宁	5859	5712	5869	5929	5858	5818	5960	5797	5821	5890
银川	4745	4710	4788	4842	4884	4957	4958	4971	4973	4892
乌鲁木齐	5928	5830	5733	5829	5677	5754	5832	5991	6082	6188

数据来源：根据国家统计局数据整理。

表 5－102　　2013—2017 年四十重点城市办公楼销售均价

单位：元/平方米

类　别	2013 年	2014 年	2015 年	2016 年	2017 年
合　计	**15439**	**14078**	**15262**	**16686**	**15642**
北　京	23426	26266	28917	30491	34540
天　津	11441	12650	15514	14396	18327
石家庄	8896	6582	10301	12759	12700
太　原	13758	14866	11285	9550	10145
呼和浩特	8193	10441	9042	7272	7834
沈　阳	10671	14190	11286	27310	10081
大　连	6489	8713	12770	16254	16086
长　春	6831	7441	7573	7740	7913
哈尔滨	7895	8352	8137	9106	12022
上　海	23623	24978	24754	29477	31754
南　京	17939	15156	16468	16359	19681
无　锡	9373	9199	10481	7547	8537
苏　州	8884	9144	9291	9895	12054
杭　州	19331	15206	14268	14243	17977
宁　波	9751	8906	8904	9025	8594
温　州	21526	12869	10904	8702	12395
合　肥	8117	8175	8840	9054	9244
福　州	19832	15296	13735	15298	18980
厦　门	14590	10635	15498	14094	24444
南　昌	9960	9603	7018	8494	9269
济　南	10335	8959	9296	9627	9867
青　岛	14767	15295	14511	12572	14299
郑　州	9747	10554	9726	10268	12354
武　汉	9372	11374	10429	12630	15506
长　沙	12148	11300	9489	9689	10272
广　州	22914	20798	17199	17391	19528
深　圳	39132	32055	38862	45313	47362
南　宁	16677	12960	12818	11281	10571
北　海	—	6000	7407	5967	6851
海　口	15278	25924	12723	13908	17709
三　亚	30084	27637	16338	14357	21414
重　庆	11370	11147	10188	9239	9624
成　都	10095	7894	7703	8721	9983
贵　阳	7591	7678	7779	8179	7198
昆　明	10049	13017	12031	8186	8264
西　安	8964	9347	9749	8586	10764
兰　州	10896	9333	14225	10358	14834
西　宁	8168	8323	9730	6853	8091
银　川	7992	7547	7900	8013	8222
乌鲁木齐	11891	10835	10139	8919	8994

数据来源：根据国家统计局数据整理。

表 5－103　　**2017 年四十重点城市月度累计办公楼销售均价**

单位：元/平方米

类　别	1—3 月	1—4 月	1—5 月	1—6 月	1—7 月	1—8 月	1—9 月	1—10 月	1—11 月	1—12 月
合　计	**17730**	**16784**	**16478**	**16158**	**15863**	**15846**	**15690**	**15660**	**15511**	**15642**
北　京	36040	37389	39425	38849	37042	35332	35058	35155	35179	34540
天　津	21106	20952	21379	20989	20300	20217	20122	20048	19997	18327
石家庄	7670	7900	12950	12532	12563	12563	11771	11772	11595	12700
太　原	8667	8990	9341	10768	10461	10374	11353	11023	10963	10145
呼和浩特	7103	7415	7533	7770	7565	7432	6981	8238	7753	7834
沈　阳	7558	9490	9330	10334	10819	10163	10368	10022	9950	10081
大　连	18889	18438	18764	16614	16667	16937	16374	16622	15824	16086
长　春	5523	5573	6628	7094	7231	7325	7690	7699	7728	7913
哈尔滨	11343	10868	11297	11570	12166	12470	13019	12577	12490	12022
上　海	28780	28501	28520	30861	30677	30939	30692	30578	30563	31754
南　京	19488	18598	18850	19505	19967	19264	19425	18977	18984	19681
无　锡	7770	7821	7840	8566	8592	8553	8762	8701	8477	8537
苏　州	11338	11234	11537	11658	11758	11699	11705	11763	11971	12054
杭　州	17152	16938	16449	17062	17093	17822	18123	18006	18076	17977
宁　波	8488	9206	9094	9437	9399	9278	8686	8587	8531	8594
温　州	11558	11134	10791	12851	12965	13565	13682	13211	12309	12395
合　肥	10319	9877	9212	9110	8986	9021	9116	9393	9343	9244
福　州	20268	20676	19745	18564	18241	18136	19019	19143	19204	18980
厦　门	23829	28209	26709	22209	22689	23540	23595	24403	24945	24444
南　昌	8024	7425	7733	9230	9321	9324	9215	9125	9184	9269
济　南	8000	9617	9249	9838	9332	9598	9557	9684	9644	9867
青　岛	11045	12927	13250	13694	13543	13610	13974	13538	13395	14299
郑　州	11759	11529	11941	12782	13138	12509	11961	12111	12297	12354
武　汉	13179	14266	14801	14164	13965	14017	14833	14890	15242	15506
长　沙	10875	9990	9708	9642	10075	10023	10074	9721	9948	10272
广　州	20068	20963	20761	19644	19903	20126	20975	20181	19322	19528
深　圳	50837	33670	48578	47097	46183	45509	45825	47495	47751	47362
南　宁	10144	11175	10655	10156	9899	10136	10127	10307	10504	10571
北　海	6757	7000	6836	6540	7018	7054	6988	6840	6840	6851
海　口	17481	17416	19620	19297	19047	18975	16849	16924	17108	17709
三　亚	19180	19014	18488	19294	19110	19317	19756	20280	20551	21414
重　庆	8494	8425	8050	9020	8871	9280	9193	9493	9435	9624
成　都	9837	9311	9183	9356	9586	9664	9601	9888	9737	9983
贵　阳	7282	6972	7063	7133	7234	7251	7258	7433	7155	7198
昆　明	9421	10076	10445	8904	8383	8379	8305	8288	8313	8264
西　安	10534	9976	9818	10495	10458	10251	10398	10650	10593	10764
兰　州	14316	14547	13942	14236	13976	13462	14918	14853	14643	14834
西　宁	7018	7032	7572	6672	7343	7345	7667	7716	7629	8091
银　川	7759	7473	7361	7527	7236	7382	7519	7722	8306	8222
乌鲁木齐	9283	8862	9015	9545	9198	9254	9135	8897	9203	8994

数据来源：根据国家统计局数据整理。

表 5－104　　2013—2017 年四十重点城市商业营业用房销售均价

单位：元/平方米

类　别	2013 年	2014 年	2015 年	2016 年	2017 年
合　计	14044	13199	12739	13266	14156
北　京	26405	25414	27312	29929	36369
天　津	16550	15440	13118	14434	17291
石家庄	8695	7067	10928	12423	11514
太　原	17336	17828	12752	14823	14670
呼和浩特	9449	8139	7002	12269	12406
沈　阳	8715	9444	11291	9885	11132
大　连	13917	13805	12176	13345	13713
长　春	10064	10673	10461	9958	9095
哈尔滨	10024	10398	10351	8788	12543
上　海	19294	22014	20043	22854	26249
南　京	19714	16813	15027	17920	18917
无　锡	11473	10750	9770	11228	12831
苏　州	12051	11509	11262	12072	13820
杭　州	17511	17242	15192	18002	20856
宁　波	13732	12982	10731	10247	14307
温　州	23451	18822	14153	12337	12612
合　肥	10043	9125	9172	12405	10755
福　州	30992	17865	16984	13255	14641
厦　门	26589	21841	23808	24912	26488
南　昌	12328	11256	10006	14038	12024
济　南	12557	13139	10848	10911	14707
青　岛	14000	11714	12258	13762	14932
郑　州	11994	11885	10998	8531	10890
武　汉	13903	14410	14193	14660	15185
长　沙	12826	11783	10492	11175	11380
广　州	23575	20445	18944	17323	22960
深　圳	34686	26992	32822	35437	48993
南　宁	22496	19603	18535	12767	15507
北　海	9272	8373	9257	7113	8803
海　口	10496	10137	11239	14076	16853
三　亚	26043	21483	17909	28472	58178
重　庆	10780	10725	10441	8884	9926
成　都	14781	14400	12959	12801	14115
贵　阳	14867	11936	14061	10912	15365
昆　明	7927	9126	9725	10916	9859
西　安	11679	12459	10446	10814	13294
兰　州	11190	15189	11020	9142	11187
西　宁	17451	13798	16321	14173	11070
银　川	7895	8162	8450	8038	8830
乌鲁木齐	12763	14802	14746	13557	13144

数据来源：根据国家统计局数据整理。

表 5－105　　2017 年四十重点城市月度累计商业营业用房销售均价

单位：元/平方米

类　别	1—3 月	1—4 月	1—5 月	1—6 月	1—7 月	1—8 月	1—9 月	1—10 月	1—11 月	1—12 月
合　计	15400	14989	14805	14379	14511	14469	14424	14334	14281	14156
北　京	44308	46814	43579	39292	39546	38467	38247	38223	38051	36369
天　津	16747	16976	19263	19159	19100	19292	18600	18426	18165	17291
石家庄	11747	12803	12054	11531	11393	11203	11617	12069	12250	11514
太　原	19290	16577	15054	13018	14457	14486	14898	14498	14741	14670
呼和浩特	7288	7921	8158	8083	8340	10229	12118	11654	11685	12406
沈　阳	11677	10895	11209	11014	10968	10769	10498	10205	10491	11132
大　连	19546	16675	14606	13703	13637	13558	13216	13627	13759	13713
长　春	9088	8558	9052	8538	8930	9108	9251	9380	9439	9095
哈尔滨	13581	13084	13740	12737	14587	14639	14752	13455	13048	12543
上　海	26713	28314	27824	27430	29123	28046	27087	26980	26898	26249
南　京	26601	24975	23487	21465	20640	21029	21224	21382	21233	18917
无　锡	11268	13351	12304	12561	12798	13139	13126	13019	12971	12831
苏　州	16075	15544	15208	14861	14621	14555	14477	14209	14094	13820
杭　州	17284	19426	20101	20014	20022	19902	19988	20106	20344	20856
宁　波	13795	13614	14271	14083	14207	13680	13773	14028	14076	14307
温　州	11200	11777	12230	10984	11572	11843	12028	12187	12244	12612
合　肥	13743	11399	10920	11229	10843	10765	10706	10808	10770	10755
福　州	16334	15497	15778	15163	15073	15103	15830	14901	15275	14641
厦　门	21192	21436	22337	30164	30031	27455	27127	27274	26736	26488
南　昌	11232	11513	10981	10891	12641	12442	12044	12043	12256	12024
济　南	10055	10608	11311	11475	11823	12779	13556	13678	13996	14707
青　岛	13628	14409	14367	14205	14667	14571	15177	14743	14687	14932
郑　州	9857	9848	9903	10239	10370	10751	10757	10783	10794	10890
武　汉	16701	15851	15744	15217	15557	15496	15640	15866	15657	15185
长　沙	11850	10697	11154	11199	12151	11969	11881	11194	11461	11380
广　州	23246	23589	22862	22575	22859	23158	22622	23021	22418	22960
深　圳	52079	43570	43738	39600	39371	39935	43760	43871	51022	48993
南　宁	16234	15190	15558	15160	15744	16195	15646	15131	15472	15507
北　海	11212	10800	10620	10417	10507	10906	10886	10579	10101	8803
海　口	17781	15442	15658	14874	15339	15588	15836	16547	16685	16853
三　亚	39360	47748	48613	57037	62912	63033	61170	60399	61720	58178
重　庆	8530	8748	9332	9325	9427	9619	9819	9933	9745	9926
成　都	14064	14211	14511	14523	14628	14734	14590	14674	14101	14115
贵　阳	14956	15948	16206	16012	16359	16301	16431	16876	16171	15365
昆　明	8649	9337	9918	9733	9873	9951	10095	10298	10453	9859
西　安	11856	12647	12908	12109	12024	11992	11851	12290	12848	13294
兰　州	9732	9904	10074	10960	11132	11045	11089	10937	11186	11187
西　宁	12368	14205	12000	11269	11523	9585	11261	10906	11176	11070
银　川	9881	10200	10017	9265	9317	9370	9331	9117	8688	8830
乌鲁木齐	13277	13538	13516	13776	11608	11779	12203	12361	12480	13144

数据来源：根据国家统计局数据整理。

（八）三十五重点城市商品房待售数据

表 5－106　　2012—2016 年三十五重点城市商品房待售面积

单位：万平方米

类　别	2012 年	2013 年	2014 年	2015 年	2016 年
总　计	**14598.36**	**18351.36**	**22451.00**	**24808.44**	**23485.12**
北　京	1911.79	1861.44	2064.59	2167.46	2143.91
天　津	498.94	941.03	1124.80	1055.91	880.55
石家庄	198.47	274.07	343.42	219.57	118.85
太　原	47.14	46.46	154.10	137.88	171.47
呼和浩特	184.74	218.33	219.69	316.05	205.99
沈　阳	701.93	1022.00	1221.59	1171.04	957.02
大　连	481.08	765.87	1299.70	1151.52	1038.36
长　春	320.31	497.36	523.11	570.13	711.51
哈尔滨	750.69	930.65	1009.26	1238.60	1477.26
上　海	1663.43	1809.15	2040.16	2054.74	1901.21
南　京	619.78	671.70	489.01	517.96	436.23
杭　州	406.35	555.09	861.52	989.27	900.95
宁　波	239.92	491.45	663.91	784.32	721.69
合　肥	190.68	220.18	207.02	259.93	199.73
福　州	129.56	132.11	222.79	460.64	405.64
厦　门	248.96	259.37	263.02	264.09	291.82
南　昌	76.31	103.92	112.46	198.25	266.77
济　南	76.09	101.44	117.35	169.46	172.02
青　岛	365.20	399.48	504.97	673.39	638.09
郑　州	298.02	320.56	461.72	477.61	348.98
武　汉	464.13	687.91	780.88	626.15	445.93
长　沙	650.53	823.37	1095.14	1188.99	1030.77
广　州	611.45	704.98	781.93	865.60	793.59
深　圳	310.05	351.66	319.85	336.51	272.98
南　宁	213.86	252.45	391.62	455.30	329.82
海　口	69.59	149.20	188.88	242.70	261.75
重　庆	1036.32	1353.52	1815.32	2356.78	2308.47
成　都	556.38	698.96	1100.51	1255.13	1308.25
贵　阳	173.56	246.96	250.02	384.39	259.99
昆　明	276.42	518.14	586.90	735.97	723.07
西　安	103.06	75.07	186.36	284.82	359.14
兰　州	72.13	106.88	144.68	161.63	207.60
西　宁	50.24	80.47	156.13	139.32	123.93
银　川	449.64	511.33	525.37	657.59	723.08
乌鲁木齐	151.60	168.79	223.25	239.75	348.72

数据来源：国家统计局。

表 5-107　　**2012—2016 年三十五重点城市住宅待售面积**

单位：万平方米

类　别	2012 年	2013 年	2014 年	2015 年	2016 年
总　计	**8388.96**	**10684.34**	**13061.96**	**13783.44**	**11714.37**
北　京	789.45	829.34	863.66	867.03	834.51
天　津	347.01	637.32	783.37	684.48	461.74
石家庄	152.73	220.16	284.72	179.46	91.18
太　原	39.82	37.79	130.58	101.22	118.38
呼和浩特	122.46	134.96	140.19	201.12	126.43
沈　阳	533.69	796.79	889.54	838.50	725.44
大　连	353.91	557.33	966.48	870.49	767.46
长　春	215.93	320.84	336.92	336.68	397.91
哈尔滨	552.86	690.21	716.83	863.57	978.73
上　海	766.32	807.02	958.48	903.83	675.13
南　京	506.14	509.04	324.44	335.45	282.30
杭　州	239.22	333.22	555.23	597.24	415.49
宁　波	77.47	225.17	329.70	419.00	362.20
合　肥	112.00	118.17	83.22	94.48	41.36
福　州	66.20	72.77	143.53	274.14	218.84
厦　门	72.31	92.12	88.94	95.48	76.28
南　昌	51.15	49.47	58.50	130.78	178.69
济　南	48.33	61.49	60.73	86.49	93.14
青　岛	229.18	261.83	330.89	418.51	359.91
郑　州	210.30	216.40	306.34	315.28	199.31
武　汉	294.39	459.11	511.14	396.50	239.79
长　沙	443.81	528.24	694.84	697.52	486.07
广　州	273.36	299.97	364.05	418.52	376.18
深　圳	188.94	203.06	191.95	231.66	140.17
南　宁	104.98	121.29	212.56	246.89	157.35
海　口	37.45	99.75	127.84	154.33	157.73
重　庆	460.66	558.25	802.28	1003.88	874.70
成　都	293.54	323.41	526.09	533.94	369.78
贵　阳	101.39	158.89	122.95	188.73	133.96
昆　明	177.06	338.84	353.07	401.40	374.01
西　安	84.26	61.72	142.61	176.34	204.76
兰　州	45.95	75.16	94.42	107.36	128.37
西　宁	39.04	65.64	119.27	98.86	82.90
银　川	298.48	350.97	340.77	386.21	404.81
乌鲁木齐	59.17	68.60	105.83	128.07	179.35

数据来源：国家统计局。

表 5－108　　2012—2016 年三十五重点城市别墅、高档公寓待售面积

单位：万平方米

类　别	2012 年	2013 年	2014 年	2015 年	2016 年
总　计	**925.75**	**1158.44**	**1426.25**	**1542.80**	**1280.60**
北　京	196.58	199.83	213.95	247.26	224.19
天　津	33.48	73.07	97.14	94.34	59.64
石家庄	0.92	1.83	11.74	11.97	0.00
太　原	0.00	0.27	4.80	3.72	4.16
呼和浩特	0.46	18.88	9.60	8.94	10.35
沈　阳	54.11	48.31	57.75	45.65	28.09
大　连	12.59	14.70	33.00	41.95	29.32
长　春	14.84	17.74	18.76	20.70	17.63
哈尔滨	8.18	7.86	6.19	13.17	27.72
上　海	249.99	284.17	340.66	360.89	265.36
南　京	23.55	20.20	36.77	20.67	20.55
杭　州	19.25	25.60	49.42	64.62	47.94
宁　波	6.04	42.90	57.88	52.86	45.27
合　肥	7.64	8.22	5.59	9.94	6.16
福　州	8.44	12.45	13.75	23.46	20.07
厦　门	1.74	18.59	14.43	14.34	12.89
南　昌	10.03	7.80	8.28	19.17	14.71
济　南	3.11	5.53	6.15	13.30	15.40
青　岛	13.56	14.41	19.12	34.96	33.08
郑　州	5.42	1.70	2.50	12.78	5.04
武　汉	37.13	68.75	44.67	32.16	22.45
长　沙	51.53	43.96	69.84	60.94	62.68
广　州	39.93	40.55	48.99	64.48	52.85
深　圳	17.60	12.53	12.57	15.96	21.22
南　宁	4.91	7.83	20.15	18.74	3.94
海　口	12.46	22.64	34.60	24.12	19.06
重　庆	29.06	34.45	79.03	63.61	57.37
成　都	36.72	37.04	53.16	71.43	53.54
贵　阳	5.00	27.71	8.09	7.42	9.10
昆　明	5.69	21.28	34.72	45.89	58.67
西　安	0.74	0.68	0.63	0.53	0.00
兰　州	—	—	—	—	3.45
西　宁	—	—	—	—	0.00
银　川	6.94	11.04	10.02	18.25	17.79
乌鲁木齐	8.07	5.92	2.30	4.61	10.91

数据来源：国家统计局。

表 5－109　　2012—2016 年三十五重点城市办公楼待售面积

单位：万平方米

类　别	2012 年	2013 年	2014 年	2015 年	2016 年
总　计	**1025.56**	**1242.30**	**1694.55**	**1987.21**	**2151.73**
北　京	198.21	180.09	307.16	332.48	320.61
天　津	64.09	106.37	118.08	94.07	98.21
石家庄	3.81	8.06	6.16	6.47	9.35
太　原	2.38	3.72	3.06	9.15	8.83
呼和浩特	8.13	7.91	11.28	7.59	3.91
沈　阳	13.45	30.38	39.64	39.69	37.40
大　连	3.47	18.52	47.69	41.58	47.04
长　春	10.39	13.69	13.25	41.49	48.61
哈尔滨	4.95	5.30	30.12	37.33	38.12
上　海	223.00	238.19	262.27	285.59	326.13
南　京	15.55	16.74	16.21	30.59	32.94
杭　州	42.93	72.82	88.03	121.07	163.99
宁　波	31.36	56.76	78.64	92.11	91.90
合　肥	8.05	13.01	15.99	44.39	25.39
福　州	4.46	5.00	4.29	17.30	11.64
厦　门	30.43	19.91	17.47	13.42	41.68
南　昌	3.56	7.23	9.09	21.85	23.65
济　南	2.87	5.23	4.69	15.79	8.03
青　岛	27.81	18.79	31.02	56.80	90.95
郑　州	8.43	25.99	32.97	51.17	51.99
武　汉	77.92	72.33	52.55	37.55	55.21
长　沙	11.42	33.31	74.45	69.32	63.75
广　州	72.74	107.38	89.29	80.27	57.20
深　圳	16.89	14.08	16.09	14.72	29.86
南　宁	2.37	1.30	8.54	30.44	16.99
海　口	4.65	4.13	4.27	2.86	5.40
重　庆	30.90	32.23	90.41	125.65	154.29
成　都	17.53	27.40	69.40	80.59	89.42
贵　阳	7.45	8.68	42.41	56.17	47.53
昆　明	30.94	40.07	51.28	59.92	44.51
西　安	2.42	1.77	0.23	3.96	7.23
兰　州	7.62	4.84	6.18	6.85	16.38
西　宁	0.19	0.54	3.39	10.51	14.51
银　川	14.35	18.91	24.96	25.39	37.86
乌鲁木齐	20.85	21.60	23.98	23.07	31.20

数据来源：国家统计局。

表 5－110　　2012—2016 年三十五重点城市商业营业用房待售面积

单位：万平方米

类　别	2012 年	2013 年	2014 年	2015 年	2016 年
总　计	**2770. 69**	**3294. 26**	**4007. 97**	**4667. 66**	**4796. 40**
北　京	442. 05	400. 01	434. 89	461. 28	431. 98
天　津	51. 96	86. 15	133. 82	133. 62	162. 72
石家庄	22. 22	25. 62	23. 14	12. 28	12. 06
太　原	4. 31	4. 84	17. 54	25. 26	42. 69
呼和浩特	44. 96	60. 55	56. 81	89. 14	64. 55
沈　阳	129. 31	156. 77	240. 69	240. 76	155. 87
大　连	73. 34	120. 05	172. 08	147. 23	142. 69
长　春	65. 72	105. 30	115. 80	132. 43	178. 49
哈尔滨	118. 96	150. 15	164. 88	204. 22	267. 37
上　海	316. 14	325. 16	372. 36	398. 12	374. 57
南　京	59. 32	74. 33	81. 56	89. 76	66. 19
杭　州	92. 28	106. 98	142. 72	153. 66	183. 83
宁　波	73. 37	134. 17	144. 23	131. 94	135. 40
合　肥	39. 90	52. 66	66. 88	76. 71	59. 95
福　州	39. 47	16. 12	17. 38	58. 40	58. 07
厦　门	39. 62	37. 81	46. 86	52. 09	65. 16
南　昌	16. 61	40. 96	36. 61	36. 53	50. 48
济　南	13. 34	13. 69	26. 58	38. 22	36. 73
青　岛	70. 60	81. 00	97. 93	130. 71	147. 70
郑　州	61. 33	50. 89	75. 65	76. 51	69. 72
武　汉	58. 49	80. 98	150. 13	109. 04	95. 15
长　沙	97. 62	131. 06	156. 38	227. 37	237. 99
广　州	127. 29	133. 62	122. 10	138. 25	131. 14
深　圳	80. 14	103. 06	96. 27	65. 57	77. 44
南　宁	47. 50	59. 31	67. 18	68. 21	70. 36
海　口	8. 55	16. 00	20. 54	34. 16	40. 92
重　庆	283. 83	368. 20	428. 18	571. 64	575. 70
成　都	71. 49	97. 41	164. 36	227. 30	266. 26
贵　阳	33. 61	42. 75	36. 95	93. 08	54. 07
昆　明	28. 76	56. 47	78. 47	128. 51	136. 87
西　安	10. 19	7. 98	23. 94	65. 75	102. 04
兰　州	15. 25	23. 41	37. 66	24. 58	38. 68
西　宁	8. 58	10. 78	18. 62	18. 51	19. 94
银　川	97. 01	87. 37	99. 99	167. 84	184. 33
乌鲁木齐	27. 59	32. 69	38. 78	38. 98	59. 32

数据来源：国家统计局。

表 5-111　　2012—2016 年三十五重点城市其他房屋待售面积

单位：万平方米

类　别	2012 年	2013 年	2014 年	2015 年	2016 年
总　计	**2413. 15**	**3130. 46**	**3686. 52**	**4370. 13**	**4822. 62**
北　京	482. 08	452. 00	458. 87	506. 67	556. 81
天　津	35. 89	111. 20	89. 52	143. 74	157. 88
石家庄	19. 71	20. 23	29. 40	21. 36	6. 27
太　原	0. 62	0. 11	2. 92	2. 24	1. 56
呼和浩特	9. 19	14. 91	11. 42	18. 21	11. 09
沈　阳	25. 48	38. 07	51. 73	52. 09	38. 31
大　连	50. 35	69. 96	113. 46	92. 22	81. 17
长　春	28. 28	57. 54	57. 13	59. 53	86. 50
哈尔滨	73. 93	84. 99	97. 43	133. 48	193. 04
上　海	357. 97	438. 77	447. 05	467. 20	525. 38
南　京	38. 77	71. 59	66. 81	62. 17	54. 80
杭　州	31. 91	42. 06	75. 54	117. 30	137. 64
宁　波	57. 72	75. 36	111. 33	141. 28	132. 18
合　肥	30. 73	36. 35	40. 93	44. 36	73. 02
福　州	19. 44	38. 22	57. 59	110. 80	117. 08
厦　门	106. 61	109. 54	109. 75	103. 09	108. 69
南　昌	4. 99	6. 27	8. 26	9. 08	13. 95
济　南	11. 55	21. 03	25. 34	28. 95	34. 12
青　岛	37. 61	37. 86	45. 12	67. 37	39. 54
郑　州	17. 95	27. 28	46. 76	34. 65	27. 95
武　汉	33. 33	75. 48	67. 06	83. 07	55. 78
长　沙	97. 69	130. 77	169. 48	194. 78	242. 96
广　州	138. 06	164. 02	206. 48	228. 55	229. 06
深　圳	24. 09	31. 47	15. 54	24. 57	25. 52
南　宁	59. 01	70. 55	103. 33	109. 77	85. 12
海　口	18. 94	29. 32	36. 23	51. 34	57. 71
重　庆	260. 93	394. 83	494. 45	655. 60	703. 78
成　都	173. 83	250. 73	340. 65	413. 31	582. 78
贵　阳	31. 11	36. 64	47. 70	46. 40	24. 43
昆　明	39. 66	82. 76	104. 09	146. 14	167. 68
西　安	6. 19	3. 61	19. 57	38. 76	45. 12
兰　州	3. 32	3. 46	6. 41	22. 84	24. 17
西　宁	2. 43	3. 51	14. 85	11. 43	6. 58
银　川	39. 80	54. 08	59. 65	78. 14	96. 09
乌鲁木齐	44. 00	45. 90	54. 67	49. 64	78. 85

数据来源：国家统计局。

（九）三十五重点城市房地产开发企业房屋出租面积

表 5－112　　2012—2016 年三十五重点城市房地产开发企业房屋出租面积

单位：万平方米

类　别	2012 年	2013 年	2014 年	2015 年	2016 年
总　计	**3295.81**	**2922.71**	**2498.96**	**2392.65**	**2356.36**
北　京	893.21	834.94	561.38	480.61	380.28
天　津	15.24	27.28	12.05	108.16	7.91
石家庄	—	—	—	15.95	—
太　原	0.33	0.33	1.60	2.20	0.35
呼和浩特	7.41	0.43	0.61	—	3.10
沈　阳	—	4.15	—	20.35	1.70
大　连	17.09	19.47	53.19	21.25	38.73
长　春	30.48	30.91	30.90	28.32	36.19
哈尔滨	3.64	9.42	12.17	1.57	3.51
上　海	1355.20	1206.37	1142.46	1202.42	1322.51
南　京	19.78	17.15	6.88	4.99	1.63
杭　州	24.84	19.64	8.35	20.31	17.73
宁　波	64.54	61.62	31.67	18.01	34.89
合　肥	24.91	30.89	31.71	13.87	5.72
福　州	14.29	11.30	1.67	—	12.18
厦　门	49.81	34.77	29.42	18.19	13.25
南　昌	7.78	10.98	6.10	1.35	3.33
济　南	16.45	13.78	6.13	22.94	18.21
青　岛	29.69	32.42	32.37	39.15	20.83
郑　州	40.03	38.26	58.18	1.50	14.66
武　汉	27.08	13.17	15.74	1.36	24.08
长　沙	10.78	9.89	5.01	13.78	7.57
广　州	274.79	176.98	146.93	101.94	89.88
深　圳	79.37	41.54	35.88	43.22	68.83
南　宁	6.66	10.58	1.88	2.30	5.99
海　口	7.80	3.13	6.14	4.50	13.71
重　庆	121.04	125.41	147.05	96.77	45.32
成　都	34.53	33.25	19.28	11.79	23.23
贵　阳	7.38	6.94	2.93	2.53	6.26
昆　明	10.30	5.36	13.30	10.50	8.51
西　安	15.16	15.57	7.15	19.64	48.67
兰　州	9.34	3.19	7.25	0.55	2.65
西　宁	8.88	5.12	0.49	2.50	5.98
银　川	29.96	29.90	16.50	22.43	22.63
乌鲁木齐	38.01	38.56	46.63	37.69	46.36

数据来源：国家统计局。

表 5 - 113　　2012—2016 年三十五重点城市房地产开发企业住宅出租面积

单位：万平方米

类　别	2012 年	2013 年	2014 年	2015 年	2016 年
总　计	**180.46**	**140.59**	**154.61**	**188.55**	**163.64**
北　京	44.54	41.29	22.29	19.04	17.81
天　津	2.95	0.23	—	5.14	4.22
石家庄	—	—	—	—	—
太　原	—	—	—	—	—
呼和浩特	—	—	—	—	—
沈　阳	—	2.15	—	2.83	1.66
大　连	0.03	0.39	18.01	4.03	0.08
长　春	0.03	0.03	0.03	—	—
哈尔滨	0.02	—	3.67	—	2.19
上　海	92.43	75.32	72.16	120.59	83.41
南　京	0.85	0.96	1.87	3.35	0.04
杭　州	—	0.97	1.16	3.51	—
宁　波	0.31	0.31	—	—	0.10
合　肥	—	—	—	—	0.34
福　州	—	—	—	—	3.24
厦　门	0.33	—	0.04	—	—
南　昌	—	0.30	—	—	—
济　南	—	—	—	6.32	—
青　岛	—	0.08	—	0.29	—
郑　州	0.43	0.42	0.37	—	12.88
武　汉	6.67	—	0.15	—	—
长　沙	—	—	—	—	0.05
广　州	12.99	10.70	7.89	4.34	7.68
深　圳	2.12	0.55	0.56	1.21	5.45
南　宁	—	0.86	—	—	—
海　口	—	—	—	—	—
重　庆	2.02	2.58	12.79	0.84	0.78
成　都	7.48	—	—	—	—
贵　阳	0.27	—	—	—	0.01
昆　明	0.27	0.05	—	—	7.07
西　安	4.03	0.73	0.07	1.47	1.47
兰　州	—	—	0.22	0.19	—
西　宁	—	—	—	—	—
银　川	1.76	1.96	1.96	1.96	1.98
乌鲁木齐	0.93	0.72	11.36	13.46	13.21

数据来源：国家统计局。

表 5－114　　2012—2016 年三十五重点城市房地产开发企业别墅、高档公寓出租面积

单位：万平方米

类　别	2012 年	2013 年	2014 年	2015 年	2016 年
总　计	**93.88**	**81.90**	**75.70**	**84.04**	**78.73**
北　京	17.18	15.79	13.03	13.95	11.93
天　津	—	—	—	0.33	0.33
石家庄	—	—	—	—	—
太　原	—	—	—	—	—
呼和浩特	—	—	—	—	—
沈　阳	—	—	—	1.20	1.66
大　连	—	—	—	—	—
长　春	—	—	—	—	—
哈尔滨	—	—	—	—	—
上　海	73.26	63.61	60.39	66.26	62.08
南　京	—	—	—	—	—
杭　州	—	—	—	—	—
宁　波	—	—	—	—	0.10
合　肥	—	—	—	—	—
福　州	—	—	—	—	—
厦　门	—	—	—	—	—
南　昌	—	—	—	—	—
济　南	—	—	—	—	—
青　岛	—	—	—	—	—
郑　州	—	—	—	—	—
武　汉	—	—	—	—	—
长　沙	—	—	—	—	—
广　州	2.91	2.49	2.29	2.30	2.64
深　圳	—	—	—	—	—
南　宁	—	—	—	—	—
海　口	—	—	—	—	—
重　庆	—	—	—	—	—
成　都	0.51	—	—	—	—
贵　阳	—	—	—	—	—
昆　明	0.02	—	—	—	—
西　安	—	—	—	—	—
兰　州	—	—	—	—	—
西　宁	—	—	—	—	—
银　川	—	—	—	—	—
乌鲁木齐	—	—	—	—	—

数据来源：国家统计局。

表 5－115　　2012—2016 年三十五重点城市房地产开发企业办公楼出租面积

单位：万平方米

类　别	2012 年	2013 年	2014 年	2015 年	2016 年
总　计	**1157.23**	**983.34**	**820.16**	**898.68**	**798.97**
北　京	320.44	301.95	226.28	192.27	114.11
天　津	0.29	11.33	8.65	100.67	0.38
石家庄	—	—	—	8.00	—
太　原	—	—	—	—	—
呼和浩特	6.98	0.18	—	—	—
沈　阳	—	—	—	3.46	—
大　连	0.26	1.19	—	—	1.00
长　春	3.37	3.37	3.23	2.83	2.22
哈尔滨	1.81	—	—	—	—
上　海	643.83	558.19	502.65	501.86	578.44
南　京	—	0.30	0.20	—	—
杭　州	3.96	2.16	3.47	8.61	4.75
宁　波	8.59	7.53	7.92	7.62	15.13
合　肥	3.47	—	2.20	0.38	—
福　州	0.92	—	—	—	—
厦　门	11.77	1.60	7.65	1.60	3.10
南　昌	0.86	0.86	—	—	—
济　南	—	—	—	—	—
青　岛	3.43	6.94	2.59	4.08	7.22
郑　州	—	0.02	0.06	—	0.63
武　汉	2.19	4.72	2.64	—	—
长　沙	1.35	3.02	1.79	2.28	1.69
广　州	78.36	40.52	29.34	9.75	11.49
深　圳	40.32	21.58	6.76	25.80	33.54
南　宁	—	—	0.10	0.30	—
海　口	—	—	0.05	0.17	—
重　庆	4.39	2.72	5.89	18.01	7.05
成　都	6.38	6.46	4.13	3.76	3.51
贵　阳	0.54	2.57	0.01	—	1.40
昆　明	4.57	1.41	0.28	1.41	0.89
西　安	0.03	0.20	0.14	3.72	6.74
兰　州	5.21	0.50	0.58	—	—
西　宁	0.22	—	—	—	3.08
银　川	2.18	2.60	1.53	0.78	1.28
乌鲁木齐	1.51	1.41	2.02	1.32	1.32

数据来源：国家统计局。

表 5-116　　2012—2016 年三十五重点城市房地产开发企业商业营业用房出租面积

单位：万平方米

类　别	2012 年	2013 年	2014 年	2015 年	2016 年
总　计	**1501.36**	**1390.73**	**1144.89**	**933.79**	**979.55**
北　京	421.77	379.43	216.83	181.07	163.09
天　津	7.44	6.70	1.04	—	0.16
石家庄	—	—	—	5.23	—
太　原	0.33	0.33	1.60	2.09	0.02
呼和浩特	0.43	0.25	0.61	—	3.10
沈　阳	—	2.00	—	10.78	0.04
大　连	16.80	17.89	35.18	17.08	37.65
长　春	27.08	27.50	27.63	25.49	33.77
哈尔滨	1.64	9.16	8.50	1.21	1.24
上　海	396.45	364.00	373.99	367.02	415.25
南　京	18.80	11.14	4.79	1.64	0.33
杭　州	15.72	16.13	3.71	8.20	12.97
宁　波	54.37	52.96	20.35	9.71	17.16
合　肥	21.45	26.96	29.29	13.49	5.35
福　州	13.00	11.30	1.67	—	6.58
厦　门	31.66	29.29	19.87	14.17	9.44
南　昌	6.92	9.82	6.10	1.35	3.33
济　南	16.45	13.78	6.13	16.12	18.21
青　岛	18.73	23.32	29.05	32.51	11.34
郑　州	39.60	37.82	49.98	1.50	0.91
武　汉	18.06	8.45	11.75	1.36	19.27
长　沙	9.41	6.88	2.83	6.50	3.10
广　州	125.64	85.20	72.96	63.64	39.38
深　圳	36.18	19.34	27.16	14.81	27.81
南　宁	6.52	8.11	0.51	2.00	5.99
海　口	7.38	3.13	6.09	4.32	12.20
重　庆	80.03	106.35	106.41	60.33	23.74
成　都	17.56	26.50	14.75	6.55	16.09
贵　阳	5.93	3.27	2.50	2.53	4.51
昆　明	5.30	3.91	13.01	9.09	0.13
西　安	10.41	14.64	2.40	14.44	38.96
兰　州	4.13	2.69	6.46	0.36	2.65
西　宁	8.67	5.12	0.49	2.50	1.00
银　川	25.13	23.43	11.55	19.64	19.31
乌鲁木齐	32.40	33.95	29.73	17.04	25.47

数据来源：国家统计局。

表 5 - 117　　2012—2016 年三十五重点城市房地产开发企业其他房屋出租面积

单位：万平方米

类　别	2012 年	2013 年	2014 年	2015 年	2016 年
总　计	**456.76**	**408.06**	**379.31**	**371.64**	**414.19**
北　京	106.46	112.27	95.98	88.24	85.28
天　津	4.56	9.03	2.36	2.35	3.15
石家庄	—	—	—	2.72	—
太　原	—	—	—	0.11	0.33
呼和浩特	—	—	—	—	—
沈　阳	—	—	—	3.28	—
大　连	—	—	—	0.15	—
长　春	—	—	—	—	0.20
哈尔滨	0.17	0.26	—	0.36	0.08
上　海	222.48	208.87	193.66	212.95	245.41
南　京	0.13	4.76	0.01	—	1.26
杭　州	5.17	0.38	—	—	—
宁　波	1.28	0.81	3.40	0.68	2.50
合　肥	—	3.93	0.23	—	0.03
福　州	0.38	—	—	—	2.36
厦　门	6.04	3.88	1.86	2.42	0.70
南　昌	—	—	—	—	—
济　南	—	—	—	0.50	—
青　岛	7.53	2.09	0.73	2.27	2.27
郑　州	—	—	7.76	—	0.23
武　汉	0.17	—	1.20	—	4.81
长　沙	0.02	—	0.40	5.00	2.72
广　州	57.80	40.55	36.74	24.21	31.33
深　圳	0.75	0.07	1.40	1.40	2.04
南　宁	0.14	1.61	1.27	—	—
海　口	0.42	—	—	—	1.51
重　庆	34.59	13.76	21.97	17.59	13.75
成　都	3.12	0.29	0.40	1.47	3.64
贵　阳	0.64	1.10	0.42	—	0.35
昆　明	0.15	—	—	—	0.42
西　安	0.70	—	4.54	0.02	1.50
兰　州	—	—	—	—	—
西　宁	—	—	—	—	1.90
银　川	0.89	1.92	1.47	0.06	0.06
乌鲁木齐	3.17	2.48	3.52	5.87	6.36

数据来源：国家统计局。

（十）六十城市存量商品房交易面积

表 5－118　　2017 年六十城市存量商品房交易面积

单位：万平方米

类　别城市	存量房	存量住宅	城市	存量房	存量住宅
北　京	2723.4	2417.8	昆　明	382.6	332.4
天　津	1793.2	1650.3	西　安	411.0	382.4
石家庄	387.3	381.1	兰　州	147.9	139.3
太　原	282.7	267.1	西　宁	65.7	64.2
呼和浩特	160.1	154.6	银　川	148.3	122.5
沈　阳	1026.7	911.3	乌鲁木齐	451.0	427.5
大　连	579.4	528.8	唐　山	90.7	87.6
长　春	581.9	533.3	秦鱼岛	137.0	122.6
哈尔滨	622.5	511.6	包　头	306.2	191.7
上　海	3331.7	2964.5	锦　州	112.7	107.6
南　京	1430.2	1365.9	吉　林	235.0	190.9
苏　州	1484.9	1104.6	牡丹江	54.1	48.6
杭　州	1399.6	1267.2	无　锡	654.4	562.0
宁　波	791.5	625.0	杨　州	253.2	210.4
合　肥	652.7	615.0	徐　州	318.2	295.0
福　州	447.5	403.7	温　州	729.4	557.2
厦　门	683.1	577.0	金　华	192.5	140.1
南　昌	302.7	270.4	蚌　埠	113.6	77.5
济　南	550.3	500.3	泉　州	272.5	212.8
青　岛	870.2	787.4	九　江	73.6	66.3
郑　州	889.8	875.3	赣　州	79.6	66.8
武　汉	844.7	800.0	烟　台	160.6	123.0
长　沙	621.9	582.4	洛　阳	160.5	152.2
广　州	1291.6	1130.7	宜　昌	108.9	103.5
深　圳	887.0	772.6	岳　阳	84.7	75.4
南　宁	301.4	286.9	惠　州	456.6	409.2
海　口	167.8	162.1	韶　关	72.5	60.4
重　庆	1366.7	1308.8	桂　林	105.1	97.4
成　都	2092.5	1860.0	北　海	90.0	86.7
贵　阳	229.9	218.2	三　亚	46.1	43.3

数据来源：克而瑞研究中心收集整理。

三、城市价格指数

（一）三十五城市住房租赁价格指数

表 5－119　　2017 年三十五城市住房租赁价格指数

类　别	1月	2月	3月	4月	5月	6月	7月	8月	9月	10月	11月	12月
北　京	1110.7	1130.7	1132.8	1130.2	1127.2	1131.1	1132.5	1131.6	1128.4	1123.6	1136.9	1134.5
天　津	1051.1	1048.2	1046.3	1057.5	1064.0	1066.1	1086.2	1079.3	1069.2	1058.5	1049.3	1040.0
石家庄	1017.0	1022.5	1026.0	1028.7	1035.2	1029.6	1026.9	1026.8	1025.0	1023.3	1021.0	1018.9
太　原	1015.2	1016.0	1019.7	1020.7	1014.8	1017.5	1018.7	1019.0	1018.4	1017.7	1016.2	1013.5
呼和浩特	1009.9	1012.5	1015.7	1017.6	1015.2	1016.5	1017.2	1017.2	1015.5	1014.0	1013.1	1013.9
沈　阳	1005.9	1008.1	1003.6	1009.2	1011.3	1014.0	1015.2	1016.8	1015.6	1012.6	1009.8	1006.1
大　连	1040.0	1036.8	1034.0	1037.0	1041.8	1043.7	1046.1	1046.0	1043.5	1038.9	1037.2	1032.3
长　春	1014.3	1017.1	1012.4	1011.6	1008.8	1011.5	1015.3	1015.6	1014.4	1013.9	1012.8	1011.8
哈尔滨	1009.7	1016.3	1012.6	1010.2	1009.1	1012.0	1014.3	1014.2	1013.0	1012.5	1011.5	1010.4
上　海	1087.6	1076.6	1080.6	1084.4	1088.9	1090.6	1115.5	1112.8	1107.9	1101.6	1092.5	1087.3
南　京	1016.8	1016.3	1017.4	1018.9	1021.2	1028.8	1030.1	1028.5	1026.0	1021.5	1025.6	1019.9
杭　州	1041.5	1047.6	1047.4	1059.2	1075.0	1089.4	1093.5	1092.1	1089.3	1082.4	1076.5	1071.3
宁　波	1016.4	1025.3	1023.9	1027.9	1032.6	1037.1	1040.5	1040.5	1039.5	1038.6	1037.8	1036.6
合　肥	1028.9	1031.2	1033.0	1022.0	1025.7	1034.7	1046.2	1046.9	1044.4	1041.1	1037.0	1032.1
福　州	1021.0	1015.3	1019.2	1024.0	1025.5	1028.2	1032.2	1032.8	1032.7	1031.7	1031.0	1029.9
厦　门	1048.0	1049.8	1041.1	1043.4	1046.9	1050.4	1056.4	1053.5	1047.7	1042.7	1038.2	1033.0
南　昌	1018.4	1022.3	1024.1	1021.5	1023.8	1025.7	1028.0	1028.8	1027.8	1026.5	1025.2	1023.3
济　南	1033.1	1027.5	1029.1	1040.2	1043.1	1039.1	1048.9	1045.5	1040.7	1034.0	1025.0	1015.3
青　岛	1014.7	1022.7	1027.4	1020.4	1029.4	1036.3	1034.7	1033.1	1029.2	1023.1	999.5	992.1
郑　州	1014.3	1012.5	1008.1	1011.8	1014.9	1011.7	1017.9	1017.5	1015.9	1014.9	1012.7	1010.7
武　汉	1011.0	1005.2	1012.0	1020.1	1025.8	1033.2	1042.2	1041.9	1039.0	1034.8	1028.8	1025.2
长　沙	1021.3	1023.8	1020.1	1024.9	1028.8	1031.0	1034.0	1035.5	1033.5	1031.0	1026.0	1023.7
广　州	1081.1	1084.8	1082.5	1088.5	1095.8	1102.0	1100.0	1098.3	1094.4	1089.8	1086.5	1082.2
深　圳	1017.3	1020.3	1026.6	1027.8	1030.4	1031.3	1047.2	1044.5	1041.3	1037.4	1055.7	1051.0
南　宁	1019.6	1015.3	1020.6	1027.1	1024.6	1024.1	1025.4	1025.4	1024.8	1023.6	1020.9	1020.2
海　口	1022.0	1018.6	1023.8	1024.6	1026.2	1030.0	1030.9	1030.9	1032.4	1032.5	1032.7	1032.0
重　庆	999.0	1002.4	1004.3	1017.6	1021.8	1030.2	1054.8	1055.3	1051.9	1047.1	1039.1	1036.3
成　都	1033.5	1036.6	1037.0	1039.3	1043.6	1047.7	1049.0	1046.1	1042.9	1038.2	1045.6	1041.9
贵　阳	995.7	1002.8	1008.0	1004.5	1001.7	998.6	1005.0	1004.7	1002.0	999.3	997.4	994.6
昆　明	1018.3	1025.1	1029.5	1027.2	1025.8	1022.4	1027.7	1028.2	1027.3	1026.3	1025.3	1023.6
西　安	1010.1	1006.2	1011.0	1014.1	1015.0	1013.8	1011.5	1011.7	1009.7	1007.0	1005.9	1005.0
兰　州	1009.1	1012.0	1012.1	1013.8	1009.0	1012.3	1013.6	1013.6	1010.6	1008.7	1006.1	1006.1
西　宁	1011.5	1013.9	1015.3	1011.4	1011.4	1012.7	1013.9	1019.0	1019.1	1018.4	1017.0	1016.1
银　川	1000.9	1000.9	999.1	998.5	997.2	999.9	1005.7	1010.5	1010.8	1010.2	1008.4	1008.0
乌鲁木齐	1013.2	1011.7	1011.0	1012.3	1011.9	1010.7	1013.7	1019.9	1020.0	1020.1	1021.3	1021.1

数据来源：中国房地产测评中心。

（二）七十大中城市价格指数

表 5－120　　2017 年七十大中城市新建住宅价格定基指数

类　别	1 月	2 月	3 月	4 月	5 月	6 月	7 月	8 月	9 月	10 月	11 月	12 月
北　京	132.1	132.0	132.6	132.8	132.8	132.3	132.2	132.2	132.1	131.8	131.8	131.8
天　津	126.6	127.1	127.3	127.2	127.4	127.4	127.2	127.1	127.1	127.2	126.9	127.2
石家庄	120.0	120.3	121.3	121.4	121.4	121.9	122.3	122.4	122.8	123.0	123.3	123.3
太　原	104.0	104.5	105.0	106.4	107.3	108.5	109.0	109.2	109.7	110.5	110.9	111.5
呼和浩特	100.3	100.6	100.8	101.4	101.8	102.1	103.0	104.0	104.4	105.2	106.4	107.3
沈　阳	103.1	103.7	105.0	106.9	108.9	110.6	111.6	112.2	112.9	113.6	114.5	114.9
大　连	101.9	102.4	103.0	104.1	105.1	105.7	106.6	107.1	107.7	108.4	109.6	110.4
长　春	103.5	103.9	104.7	105.7	106.8	107.8	108.6	109.0	109.8	110.4	111.2	112.4
哈尔滨	102.5	103.4	104.1	104.6	106.7	108.4	109.0	109.4	110.3	112.1	112.5	113.6
上　海	137.4	137.7	137.6	137.4	137.4	137.2	137.2	137.2	137.2	137.5	137.5	137.8
南　京	145.6	145.4	145.2	144.9	144.6	144.6	144.5	144.2	144.3	144.1	143.8	143.9
杭　州	133.7	133.3	133.6	133.6	133.2	133.5	133.4	133.2	132.9	132.9	132.8	132.8
宁　波	114.4	114.7	115.6	116.7	118.1	119.1	119.5	119.8	119.6	119.8	120.1	120.5
合　肥	148.5	148.2	148.4	148.4	148.1	148.2	148.6	148.4	148.2	148.2	148.4	148.4
福　州	129.7	129.7	129.5	129.2	129.2	129.1	128.8	128.5	127.9	128.0	128.2	128.0
厦　门	147.6	147.4	150.2	150.2	150.6	151.3	151.6	151.6	151.4	151.1	151.5	151.2
南　昌	116.4	117.1	118.6	119.4	120.5	120.7	121.2	122.2	122.6	122.9	123.7	123.6
济　南	120.5	120.5	121.2	121.7	122.3	122.5	122.7	122.3	121.6	121.4	121.2	121.6
青　岛	113.0	113.2	114.3	114.6	115.0	115.4	115.8	116.1	116.3	116.7	117.2	117.4
郑　州	130.3	129.9	130.3	130.4	130.2	130.2	130.1	129.7	129.5	129.4	129.3	129.6
武　汉	127.5	127.2	127.2	127.7	127.9	128.3	128.6	128.4	128.2	128.1	128.1	128.4
长　沙	119.0	119.9	121.1	122.1	123.2	123.5	124.3	124.6	124.7	125.1	125.1	125.3
广　州	131.2	132.4	135.7	137.7	138.9	139.5	140.1	139.1	138.4	138.1	137.9	137.5
深　圳	148.8	147.9	147.5	147.4	146.5	146.5	146.2	145.6	145.7	145.6	145.3	145.1
南　宁	112.3	112.7	113.9	115.1	116.3	117.3	118.7	119.4	119.6	119.9	120.5	120.9
海　口	106.8	107.7	110.4	110.0	109.4	110.7	111.5	110.4	110.4	110.5	110.2	112.6
重　庆	108.9	110.0	111.2	112.7	113.6	115.3	116.3	116.6	116.9	117.1	117.8	118.2
成　都	106.7	106.2	105.5	105.5	105.4	105.1	105.0	104.7	104.7	105.4	105.5	106.0
贵　阳	105.3	105.7	107.0	108.6	109.6	110.3	111.2	112.0	112.8	113.2	114.2	115.5
昆　明	103.5	103.8	104.6	106.2	106.9	107.7	108.3	108.8	109.0	109.4	110.7	113.5
西　安	108.2	109.3	110.3	111.9	113.7	115.5	116.6	117.0	117.5	118.3	118.8	119.5
兰　州	103.5	103.9	104.4	104.8	105.6	106.4	106.7	106.8	106.9	107.2	107.9	108.8
西　宁	101.1	101.4	101.6	101.9	102.4	102.7	103.0	103.3	104.0	104.0	105.3	106.4
银　川	100.9	100.7	100.8	101.1	101.5	102.0	102.4	102.9	103.2	103.3	104.4	104.9
乌鲁木齐	98.0	98.1	98.4	98.8	99.3	99.7	99.9	100.6	101.1	101.6	103.4	104.3

类　别	1月	2月	3月	4月	5月	6月	7月	8月	9月	10月	11月	12月
唐　山	102.3	102.5	103.4	105.6	106.1	106.9	107.1	107.4	107.0	106.9	107.5	108.1
秦皇岛	105.9	106.2	106.9	108.0	109.0	109.1	109.9	110.5	110.1	110.6	111.5	111.7
包　头	99.0	99.1	99.3	99.9	100.4	100.7	101.0	101.6	102.0	102.3	103.2	104.3
丹　东	97.9	98.1	98.0	98.1	98.1	98.4	99.0	99.3	99.6	99.6	100.6	101.7
锦　州	96.1	95.6	96.0	96.2	96.3	96.6	96.8	96.7	97.0	97.2	97.5	97.6
吉　林	101.4	101.7	102.6	103.3	104.3	104.9	105.9	106.6	107.2	107.8	108.1	108.5
牡丹江	98.4	98.5	99.1	99.8	100.4	100.5	101.0	101.8	101.9	102.3	103.0	104.1
无　锡	134.4	134.2	134.7	134.9	135.2	134.8	134.8	134.4	134.1	133.7	133.4	133.6
杨　州	110.9	111.9	113.5	115.5	117.2	118.3	118.7	119.1	119.2	119.8	119.5	119.9
徐　州	109.6	110.4	111.0	112.3	114.1	116.1	116.6	117.0	117.4	118.0	118.7	118.8
温　州	106.3	106.5	107.1	108.5	110.1	111.1	112.2	112.0	112.1	112.4	112.9	113.5
金　华	108.6	108.8	110.2	112.0	113.5	114.7	116.1	116.5	116.9	117.5	118.0	118.6
蚌　埠	108.0	108.8	109.1	111.4	115.2	117.6	119.0	118.4	118.2	117.5	117.5	117.2
安　庆	107.4	107.8	109.3	110.5	110.7	111.0	110.7	110.8	111.8	112.1	112.1	112.7
泉　州	109.8	110.4	110.9	110.5	110.3	111.1	110.8	110.7	109.8	110.2	109.8	110.5
九　江	111.8	112.8	114.3	115.5	117.5	118.4	119.2	119.7	119.5	119.7	119.8	119.9
赣　州	113.8	114.3	114.6	115.0	115.2	115.7	116.0	116.5	116.8	116.5	116.4	116.1
烟　台	105.5	106.0	106.7	107.4	108.6	109.8	110.7	111.3	111.8	112.5	113.3	113.8
济　宁	100.4	100.8	101.7	102.7	104.4	105.8	106.6	107.3	108.1	108.6	108.7	109.2
洛　阳	104.1	104.3	105.7	106.6	107.9	110.4	111.1	111.8	112.0	112.4	112.8	112.9
平顶山	103.9	104.0	104.6	105.9	106.5	107.4	108.0	108.3	108.9	109.4	110.1	110.7
宜　昌	105.5	106.2	107.2	109.4	111.2	112.7	112.8	112.7	112.7	112.5	113.1	113.5
襄　阳	101.5	101.8	102.2	103.1	103.9	105.9	106.6	106.9	107.4	107.2	107.5	107.5
岳　阳	104.2	104.7	105.5	106.2	107.2	108.5	109.4	110.2	110.8	111.6	112.0	112.8
常　德	102.1	102.5	103.8	104.1	105.6	107.3	108.4	109.2	109.6	110.1	110.3	110.9
惠　州	125.8	125.9	127.2	128.0	129.0	129.6	129.6	129.7	129.9	130.1	130.5	130.8
湛　江	107.3	107.9	108.2	109.2	112.0	112.7	113.7	114.2	114.2	114.4	116.2	116.5
韶　关	107.5	108.4	110.4	112.1	113.4	113.8	115.4	115.3	115.8	115.9	115.9	116.5
桂　林	102.7	103.1	104.0	105.3	106.2	107.2	108.5	109.7	110.0	110.4	111.9	112.2
北　海	104.3	104.9	105.6	107.6	111.0	113.3	115.0	116.0	116.6	117.4	117.7	117.4
三　亚	106.4	107.8	110.3	109.0	108.8	107.9	108.1	108.3	108.1	108.4	109.3	109.9
泸　州	103.4	103.6	104.0	104.4	104.6	105.6	105.9	105.6	105.6	106.3	107.2	109.2
南　充	100.6	101.2	102.5	103.5	104.2	105.6	106.0	106.7	107.5	108.4	109.1	109.7
遵　义	101.2	101.4	101.8	102.5	102.6	103.3	104.3	105.2	105.8	106.5	106.9	107.9
大　理	102.3	102.6	102.5	103.1	103.5	104.1	104.3	104.8	105.4	105.7	106.4	107.9

数据来源：国家统计局。
注：定基指数以2015年价格为100。

表 5－121　　2017 年七十大中城市新建商品住宅价格定基指数

类　别	1 月	2 月	3 月	4 月	5 月	6 月	7 月	8 月	9 月	10 月	11 月	12 月
北　京	135.2	135.2	135.7	136.0	136.0	135.4	135.3	135.4	135.2	134.9	134.9	134.9
天　津	128.1	128.6	128.8	128.7	128.9	128.9	128.7	128.6	128.5	128.6	128.3	128.6
石家庄	120.4	120.7	121.8	121.9	121.8	122.4	122.7	122.9	123.2	123.5	123.8	123.8
太　原	104.2	104.6	105.2	106.6	107.5	108.8	109.3	109.5	110.1	110.8	111.2	111.9
呼和浩特	100.3	100.6	100.8	101.4	101.8	102.2	103.0	104.1	104.4	105.3	106.5	107.4
沈　阳	103.1	103.8	105.0	106.9	109.0	110.7	111.6	112.2	112.9	113.6	114.5	114.9
大　连	101.9	102.4	103.0	104.1	105.1	105.7	106.6	107.1	107.7	108.4	109.6	110.4
长　春	103.6	103.9	104.7	105.7	106.9	107.9	108.7	109.1	110.0	110.6	111.3	112.6
哈尔滨	102.5	103.4	104.1	104.7	106.7	108.4	109.1	109.4	110.3	112.1	112.5	113.6
上　海	145.4	145.7	145.6	145.4	145.4	145.1	145.1	145.1	145.0	145.4	145.4	145.8
南　京	148.3	148.1	147.9	147.5	147.2	147.2	147.1	146.8	146.8	146.7	146.4	146.5
杭　州	133.9	133.6	133.8	133.8	133.5	133.7	133.7	133.5	133.1	133.1	133.0	133.0
宁　波	114.6	114.8	115.8	116.9	118.2	119.3	119.7	119.9	119.8	120.0	120.3	120.7
合　肥	148.7	148.5	148.7	148.6	148.3	148.4	148.8	148.6	148.4	148.4	148.6	148.6
福　州	130.0	129.9	129.8	129.5	129.5	129.3	129.1	128.8	128.2	128.2	128.5	128.2
厦　门	148.1	147.9	150.7	150.7	151.2	151.8	152.2	152.2	152.0	151.6	152.0	151.8
南　昌	116.6	117.3	118.9	119.7	120.9	121.0	121.5	122.6	123.0	123.3	124.0	124.0
济　南	120.5	120.5	121.2	121.7	122.3	122.5	122.7	122.3	121.6	121.4	121.2	121.6
青　岛	113.2	113.5	114.6	114.9	115.3	115.7	116.1	116.5	116.6	117.0	117.6	117.8
郑　州	130.7	130.4	130.7	130.9	130.7	130.7	130.6	130.1	130.0	129.8	129.8	130.1
武　汉	129.0	128.7	128.6	129.2	129.4	129.8	130.1	129.9	129.7	129.6	129.6	129.9
长　沙	119.5	120.4	121.7	122.7	123.8	124.1	124.9	125.2	125.3	125.8	125.8	126.0
广　州	131.4	132.6	136.0	138.0	139.2	139.8	140.4	139.4	138.7	138.4	138.2	137.8
深　圳	149.4	148.5	148.1	148.1	147.1	147.1	146.8	146.2	146.3	146.2	145.9	145.7
南　宁	113.6	114.0	115.4	116.7	118.1	119.2	120.8	121.4	121.7	122.1	122.7	123.1
海　口	106.8	107.7	110.5	110.1	109.5	110.8	111.6	110.4	110.5	110.5	110.3	112.7
重　庆	109.0	110.0	111.3	112.8	113.7	115.4	116.4	116.8	117.0	117.2	117.9	118.4
成　都	106.9	106.4	105.7	105.7	105.5	105.3	105.2	104.8	104.8	105.5	105.6	106.2
贵　阳	105.3	105.8	107.1	108.8	109.7	110.4	111.4	112.2	112.9	113.4	114.4	115.7
昆　明	103.5	103.8	104.6	106.3	107.0	107.7	108.4	108.9	109.1	109.5	110.8	113.7
西　安	109.0	110.2	111.2	113.0	115.0	116.9	118.2	118.5	119.2	120.0	120.6	121.3
兰　州	103.7	104.0	104.5	105.0	105.7	106.6	106.9	107.0	107.1	107.5	108.2	109.1
西　宁	101.2	101.5	101.7	102.0	102.6	102.9	103.2	103.6	104.2	104.3	105.6	106.8
银　川	100.9	100.7	100.8	101.1	101.5	102.0	102.4	102.9	103.2	103.4	104.4	104.9
乌鲁木齐	97.9	98.0	98.2	98.7	99.2	99.6	99.9	100.6	101.2	101.8	103.7	104.7

备注：本表所列北京市"新建商品住宅价格指数"与北京市有关部门发布的"新建普通住房价格"在统计口径、统计标准等方面均有不同。

类 别	1月	2月	3月	4月	5月	6月	7月	8月	9月	10月	11月	12月
唐 山	102.4	102.6	103.6	105.9	106.3	107.3	107.5	107.7	107.3	107.2	107.8	108.5
秦皇岛	106.2	106.5	107.3	108.4	109.5	109.7	110.5	111.1	110.6	111.2	112.2	112.3
包 头	98.9	99.0	99.3	99.9	100.4	100.7	101.1	101.7	102.0	102.4	103.3	104.4
丹 东	97.9	98.1	98.0	98.1	98.1	98.4	99.0	99.3	99.6	99.6	100.6	101.7
锦 州	96.1	95.6	96.0	96.2	96.3	96.6	96.8	96.7	97.0	97.2	97.5	97.6
吉 林	101.4	101.8	102.6	103.4	104.3	104.9	105.9	106.6	107.2	107.8	108.2	108.5
牡丹江	98.2	98.3	98.9	99.7	100.4	100.5	101.1	101.9	102.0	102.5	103.1	104.4
无 锡	134.6	134.4	134.9	135.1	135.4	135.0	135.0	134.6	134.3	133.9	133.6	133.8
杨 州	110.9	111.9	113.6	115.5	117.2	118.3	118.7	119.1	119.3	119.8	119.5	120.0
徐 州	110.2	111.0	111.6	113.1	114.9	117.0	117.6	118.0	118.4	119.0	119.8	119.9
温 州	106.3	106.6	107.2	108.6	110.2	111.2	112.4	112.1	112.2	112.6	113.0	113.7
金 华	108.6	108.9	110.2	112.1	113.6	114.7	116.2	116.6	117.0	117.5	118.0	118.6
蚌 埠	108.0	108.8	109.1	111.5	115.2	117.6	119.0	118.4	118.3	117.6	117.6	117.3
安 庆	107.4	107.9	109.4	110.6	110.8	111.1	110.7	110.9	111.8	112.1	112.1	112.7
泉 州	110.0	110.6	111.1	110.7	110.5	111.3	111.0	110.9	110.0	110.4	110.0	110.7
九 江	111.9	112.9	114.4	115.7	117.6	118.6	119.4	119.9	119.7	119.9	119.9	120.1
赣 州	113.9	114.4	114.6	115.1	115.3	115.8	116.1	116.5	116.9	116.6	116.5	116.2
烟 台	105.5	106.0	106.7	107.4	108.6	109.8	110.7	111.3	111.8	112.5	113.3	113.8
济 宁	100.4	100.8	101.7	102.7	104.4	105.8	106.7	107.4	108.2	108.7	108.8	109.3
洛 阳	104.3	104.5	106.0	106.9	108.3	110.9	111.7	112.4	112.6	113.0	113.4	113.5
平顶山	104.0	104.1	104.7	106.0	106.6	107.6	108.1	108.5	109.1	109.6	110.3	110.9
宜 昌	105.6	106.3	107.3	109.6	111.4	113.0	113.0	112.9	112.9	112.7	113.3	113.7
襄 阳	101.5	101.8	102.2	103.1	104.0	106.0	106.6	107.0	107.4	107.2	107.6	107.6
岳 阳	104.5	105.0	105.9	106.6	107.7	109.1	110.1	110.9	111.6	112.4	112.8	113.7
常 德	102.1	102.6	103.8	104.2	105.7	107.4	108.6	109.4	109.7	110.3	110.4	111.1
惠 州	125.9	125.9	127.3	128.0	129.1	129.7	129.7	129.8	129.9	130.1	130.6	130.9
湛 江	107.3	107.9	108.2	109.2	112.0	112.7	113.7	114.2	114.2	114.4	116.2	116.5
韶 关	107.5	108.4	110.4	112.1	113.4	113.8	115.4	115.3	115.9	115.9	115.9	116.5
桂 林	102.7	103.1	104.0	105.3	106.2	107.2	108.5	109.7	110.0	110.4	111.9	112.2
北 海	104.3	104.9	105.7	107.7	111.1	113.5	115.2	116.2	116.7	117.5	117.9	117.6
三 亚	106.5	107.8	110.3	109.0	108.8	107.9	108.2	108.3	108.2	108.4	109.3	109.9
泸 州	103.5	103.7	104.1	104.5	104.7	105.7	106.0	105.7	105.7	106.5	107.3	109.4
南 充	100.6	101.2	102.5	103.5	104.3	105.7	106.1	106.8	107.6	108.6	109.4	109.9
遵 义	101.3	101.5	101.8	102.6	102.7	103.5	104.5	105.4	106.1	106.8	107.3	108.4
大 理	102.3	102.7	102.5	103.1	103.5	104.1	104.3	104.9	105.5	105.8	106.4	108.0

数据来源：国家统计局。

注：定基指数以2015年价格为100。

表 5－122　　2017 年七十大中城市二手住宅价格定基指数

类　别	1 月	2 月	3 月	4 月	5 月	6 月	7 月	8 月	9 月	10 月	11 月	12 月
北　京	151.5	153.5	156.8	156.8	155.5	153.7	152.6	151.2	150.2	149.5	148.7	148.1
天　津	127.3	127.9	130.1	131.4	130.8	129.7	128.8	127.8	127.4	126.9	126.7	126.7
石家庄	118.5	119.1	119.6	120.0	119.8	119.6	119.0	119.0	119.0	119.5	119.5	119.2
太　原	106.1	106.6	107.0	108.0	108.7	109.5	110.0	110.4	110.7	111.3	112.1	113.3
呼和浩特	99.0	99.0	99.1	99.1	99.1	99.4	99.8	99.9	100.1	100.5	101.2	101.8
沈　阳	101.6	101.9	102.6	103.7	104.7	105.9	107.0	107.6	108.0	108.1	108.6	109.1
大　连	101.2	101.4	101.8	102.5	103.4	104.0	104.3	104.8	105.0	105.6	106.1	106.6
长　春	100.9	101.2	101.9	102.5	103.0	103.7	104.0	104.2	104.8	105.1	105.8	106.4
哈尔滨	101.9	101.9	102.1	102.4	103.3	104.7	105.2	106.3	106.9	107.9	108.2	108.9
上　海	140.4	140.6	141.6	142.7	142.7	142.6	141.9	141.6	141.4	141.9	141.5	141.4
南　京	138.5	138.6	138.3	138.0	137.9	138.7	138.5	138.4	137.9	137.8	137.1	136.9
杭　州	125.7	126.4	127.6	128.5	129.5	130.5	131.6	132.5	133.2	133.8	134.1	134.1
宁　波	110.4	110.8	111.6	112.5	113.8	115.1	115.9	116.5	116.9	117.3	117.6	118.0
合　肥	152.4	151.2	151.2	151.0	150.8	150.2	150.9	151.5	151.5	151.1	151.0	151.4
福　州	119.7	120.7	122.6	123.7	124.5	125.5	125.7	125.9	126.2	126.1	126.1	125.8
厦　门	137.6	140.4	147.3	146.3	145.8	145.2	144.8	144.2	143.7	143.2	142.7	141.8
南　昌	114.7	115.1	115.5	116.4	117.1	117.9	118.3	118.9	118.7	118.4	118.5	118.3
济　南	116.7	117.3	118.8	120.1	120.7	121.7	121.4	120.6	120.4	120.2	119.9	119.8
青　岛	110.9	111.7	113.6	115.1	116.2	117.2	118.1	118.7	119.0	119.6	119.9	120.1
郑　州	130.7	131.5	132.1	132.8	133.0	133.5	133.5	132.9	132.5	131.9	131.4	131.1
武　汉	125.7	126.6	127.9	129.3	130.6	132.2	133.7	134.7	135.3	135.9	136.0	136.3
长　沙	114.1	115.4	117.4	122.5	123.5	124.0	123.9	124.7	125.2	125.7	125.9	126.0
广　州	135.6	139.2	143.7	145.2	145.9	147.2	147.3	147.3	147.6	147.1	147.2	146.6
深　圳	141.6	140.5	141.0	142.1	142.5	142.1	143.0	142.8	142.6	143.3	143.4	144.0
南　宁	108.1	108.6	109.2	110.1	111.1	112.9	114.6	115.1	115.3	115.9	116.4	116.5
海　口	103.0	103.7	104.7	104.7	104.8	105.2	105.0	104.6	104.0	103.5	103.0	103.2
重　庆	107.1	107.6	108.5	109.6	110.6	112.0	113.2	114.1	114.6	115.0	115.2	115.6
成　都	106.5	107.2	108.1	108.7	108.8	108.9	109.3	109.5	109.9	110.6	110.5	110.8
贵　阳	102.8	103.2	103.6	104.5	105.1	105.5	105.6	105.9	106.4	106.6	107.2	107.9
昆　明	102.3	102.1	103.0	103.8	104.5	105.0	105.3	105.8	106.3	106.6	107.5	108.9
西　安	96.5	96.9	98.0	99.3	100.7	102.3	103.1	104.0	103.9	104.1	104.6	105.1
兰　州	101.1	100.9	101.1	101.6	102.2	102.6	103.1	103.4	103.5	103.5	103.9	104.7
西　宁	99.2	99.3	99.4	99.6	99.6	99.9	100.0	100.1	100.5	100.6	101.4	102.1
银　川	99.3	99.1	99.1	99.2	99.4	99.5	99.5	99.6	99.7	99.6	100.2	100.5
乌鲁木齐	98.5	98.7	98.5	98.9	99.7	100.3	101.7	102.7	103.5	104.6	106.5	107.3

类　别	1月	2月	3月	4月	5月	6月	7月	8月	9月	10月	11月	12月
唐　山	102.0	102.4	102.9	104.0	104.1	104.8	105.0	105.0	105.1	105.6	105.8	105.8
秦皇岛	102.9	104.0	105.5	106.9	106.6	106.5	106.8	107.8	108.8	108.6	108.6	108.7
包　头	97.7	97.4	98.4	98.9	99.1	99.5	99.6	100.0	100.2	100.1	100.6	101.2
丹　东	98.0	98.1	98.4	98.6	98.8	98.9	99.2	99.3	99.5	99.8	100.1	100.6
锦　州	93.5	93.3	93.4	93.3	93.4	93.6	93.6	93.6	93.5	93.5	93.5	93.6
吉　林	101.6	101.8	102.3	102.7	103.2	103.5	103.7	104.1	104.5	104.8	105.2	105.4
牡丹江	100.6	100.4	100.6	101.1	101.4	101.9	102.4	102.5	102.9	103.2	103.4	104.1
无　锡	119.0	119.9	122.1	124.6	126.4	128.2	128.8	130.3	130.3	129.8	129.7	129.8
扬　州	106.4	107.2	108.4	109.7	110.7	111.3	111.9	112.3	112.1	112.4	112.0	112.4
徐　州	105.3	105.7	106.0	106.8	107.9	109.3	109.6	109.7	109.8	110.1	110.5	110.7
温　州	104.8	105.1	105.6	106.7	108.0	109.8	110.5	110.9	111.4	111.7	111.8	111.6
金　华	105.5	105.7	106.4	107.8	108.8	109.5	110.0	110.7	111.6	112.3	112.8	113.5
蚌　埠	104.9	105.5	106.1	107.3	109.2	111.3	112.0	112.2	112.4	112.4	112.4	112.2
安　庆	106.9	107.6	108.5	110.1	111.1	111.6	112.6	113.1	113.4	113.3	113.1	113.4
泉　州	106.1	107.2	108.4	109.7	110.6	111.3	111.3	111.3	111.7	111.8	112.0	112.4
九　江	109.9	110.1	110.7	111.1	111.8	112.7	113.4	113.8	114.0	113.9	114.1	114.2
赣　州	110.8	111.6	112.0	112.0	112.4	112.8	113.3	113.5	113.4	113.2	113.2	113.2
烟　台	102.5	102.8	103.3	104.2	105.2	106.1	106.9	107.5	107.8	108.3	108.6	109.1
济　宁	101.2	101.3	102.1	102.8	103.6	104.7	105.7	106.4	106.9	107.2	107.8	108.5
洛　阳	102.3	102.3	102.6	103.2	103.9	104.9	105.1	105.4	105.6	105.8	106.3	106.4
平顶山	100.3	100.2	100.4	101.2	101.8	102.3	103.3	104.2	104.7	105.0	105.4	105.3
宜　昌	104.5	104.7	105.5	106.9	108.3	109.5	109.5	109.3	109.2	109.0	109.7	110.3
襄　阳	100.7	101.2	101.7	102.4	102.9	103.7	104.1	104.2	104.5	104.5	105.1	105.4
岳　阳	102.5	102.6	103.0	103.5	104.1	104.8	105.3	105.6	105.8	106.2	106.7	107.0
常　德	102.4	102.4	103.1	103.4	104.1	105.0	105.6	105.7	106.2	106.3	106.6	106.8
惠　州	115.9	116.3	118.1	119.6	120.8	121.5	121.9	122.1	122.1	122.2	122.3	122.5
湛　江	101.9	102.3	102.7	103.8	105.3	106.1	106.8	107.7	108.2	108.6	108.9	109.1
韶　关	101.8	102.3	103.9	105.1	105.6	106.3	107.1	106.8	107.2	107.1	107.1	107.3
桂　林	97.2	97.1	97.1	97.4	97.7	98.4	98.8	99.7	99.8	99.9	100.4	100.3
北　海	103.8	104.0	104.4	106.0	108.4	110.2	111.1	111.8	112.1	112.4	112.4	112.3
三　亚	103.7	104.5	105.9	105.7	105.2	104.5	104.3	104.6	104.6	104.8	105.5	105.8
泸　州	104.4	104.7	105.1	105.2	105.6	106.1	106.3	106.6	107.1	107.5	108.5	109.2
南　充	103.0	103.4	104.0	104.4	105.1	105.9	106.4	107.0	107.7	108.5	109.3	109.9
遵　义	101.1	101.1	101.7	102.0	102.5	102.7	103.2	103.9	104.4	104.8	105.4	106.4
大　理	98.7	98.7	98.7	98.9	99.0	99.4	99.4	99.6	100.0	100.3	100.8	101.8

数据来源：国家统计局。
注：定基指数以2015年价格为100。

表 5－123　　2017 年七十大中城市新建住宅价格环比指数

类别	1月	2月	3月	4月	5月	6月	7月	8月	9月	10月	11月	12月
北京	100.0	100.0	100.4	100.2	100.0	99.6	99.9	100.0	99.9	99.8	100.0	100.0
天津	99.7	100.4	100.2	99.9	100.1	100.0	99.8	99.9	100.0	100.1	99.8	100.2
石家庄	100.1	100.2	100.9	100.1	100.0	100.5	100.3	100.1	100.3	100.2	100.2	100.0
太原	100.4	100.4	100.5	101.3	100.9	101.1	100.4	100.2	100.5	100.7	100.4	100.6
呼和浩特	99.8	100.3	100.2	100.5	100.4	100.3	100.9	101.0	100.3	100.9	101.1	100.8
沈阳	100.1	100.6	101.2	101.8	101.9	101.6	100.8	100.5	100.6	100.6	100.8	100.4
大连	100.0	100.5	100.6	101.1	101.0	100.5	100.9	100.5	100.6	100.7	101.0	100.8
长春	100.2	100.4	100.8	100.9	101.1	100.9	100.8	100.4	100.8	100.5	100.7	101.1
哈尔滨	99.9	100.8	100.7	100.5	102.0	101.6	100.6	100.3	100.8	101.7	100.4	101.0
上海	99.9	100.2	99.9	99.9	100.0	99.8	100.0	100.0	100.0	100.2	100.0	100.2
南京	99.8	99.9	99.9	99.7	99.8	100.0	99.9	99.8	100.0	99.9	99.8	100.1
杭州	100.0	99.8	100.2	100.0	99.7	100.2	100.0	99.8	99.7	100.0	99.9	100.0
宁波	99.7	100.2	100.8	100.9	101.2	100.9	100.3	100.2	99.9	100.2	100.3	100.3
合肥	99.9	99.8	100.1	100.0	99.8	100.1	100.3	99.9	99.9	100.0	100.1	100.0
福州	99.7	100.0	99.9	99.8	100.0	99.9	99.8	99.7	99.6	100.0	100.2	99.8
厦门	99.8	99.9	101.8	100.0	100.3	100.4	100.2	100.0	99.9	99.8	100.2	99.9
南昌	100.0	100.6	101.3	100.7	101.0	100.1	100.4	100.9	100.3	100.2	100.6	100.0
济南	99.9	100.0	100.6	100.4	100.5	100.2	100.1	99.7	99.4	99.8	99.9	100.3
青岛	100.1	100.2	100.9	100.3	100.4	100.3	100.3	100.3	100.1	100.3	100.5	100.2
郑州	99.8	99.7	100.3	100.1	99.9	100.0	99.9	99.7	99.9	99.9	100.0	100.3
武汉	99.9	99.8	99.9	100.4	100.2	100.3	100.2	99.8	99.9	99.9	100.0	100.3
长沙	100.5	100.8	101.0	100.8	100.9	100.2	100.7	100.2	100.1	100.3	100.0	100.2
广州	100.6	100.9	102.5	101.4	100.9	100.5	100.4	99.3	99.5	99.8	99.9	99.7
深圳	99.5	99.4	99.7	100.0	99.4	100.0	99.8	99.6	100.0	99.9	99.8	99.8
南宁	100.6	100.3	101.1	101.0	101.1	100.9	101.2	100.5	100.2	100.3	100.4	100.4
海口	100.4	100.9	102.6	99.6	99.4	101.2	100.7	99.0	100.0	100.0	99.8	102.2
重庆	101.3	101.0	101.1	101.4	100.8	101.5	100.9	100.3	100.2	100.2	100.6	100.4
成都	100.0	99.6	99.4	100.0	99.9	99.8	99.9	99.6	100.0	100.6	100.1	100.5
贵阳	100.5	100.4	101.2	101.5	100.9	100.6	100.8	100.7	100.6	100.4	100.8	101.2
昆明	100.4	100.3	100.7	101.6	100.6	100.7	100.6	100.5	100.1	100.4	101.2	102.5
西安	100.7	101.0	100.8	101.5	101.7	101.5	101.0	100.3	100.5	100.7	100.4	100.6
兰州	100.3	100.4	100.5	100.4	100.7	100.8	100.3	100.0	100.1	100.3	100.6	100.8
西宁	100.2	100.3	100.2	100.3	100.5	100.3	100.2	100.3	100.6	100.0	101.2	101.1
银川	99.9	99.8	100.1	100.2	100.4	100.5	100.4	100.5	100.3	100.1	101.0	100.5
乌鲁木齐	99.7	100.1	100.2	100.4	100.5	100.4	100.3	100.6	100.6	100.5	101.8	100.9

类别	1月	2月	3月	4月	5月	6月	7月	8月	9月	10月	11月	12月
唐山	100.2	100.2	100.9	102.2	100.4	100.8	100.2	100.2	99.7	99.9	100.6	100.5
秦皇岛	100.4	100.3	100.7	101.0	100.9	100.1	100.7	100.5	99.6	100.5	100.9	100.1
包头	100.2	100.1	100.3	100.6	100.5	100.2	100.4	100.6	100.3	100.3	100.9	101.0
丹东	100.3	100.2	99.9	100.1	100.0	100.3	100.5	100.4	100.3	100.0	101.0	101.2
锦州	100.1	99.5	100.4	100.3	100.1	100.4	100.1	100.0	100.3	100.1	100.3	100.1
吉林	99.9	100.4	100.8	100.7	100.9	100.6	100.9	100.7	100.6	100.5	100.3	100.3
牡丹江	100.2	100.1	100.6	100.7	100.6	100.1	100.5	100.8	100.0	100.5	100.6	101.1
无锡	99.5	99.9	100.3	100.1	100.2	99.7	100.0	99.7	99.8	99.7	99.8	100.2
扬州	100.8	100.9	101.4	101.7	101.5	100.9	100.4	100.3	100.1	100.5	99.7	100.3
徐州	100.4	100.7	100.5	101.2	101.6	101.7	100.5	100.4	100.3	100.5	100.6	100.1
温州	99.8	100.2	100.5	101.3	101.4	100.9	101.0	99.8	100.1	100.3	100.4	100.6
金华	100.4	100.3	101.2	101.7	101.3	101.0	101.3	100.4	100.3	100.5	100.4	100.5
蚌埠	100.3	100.7	100.3	102.2	103.4	102.0	101.2	99.5	99.9	99.4	100.0	99.7
安庆	100.2	100.4	101.4	101.1	100.2	100.3	99.7	100.1	100.9	100.3	100.0	100.5
泉州	100.7	100.5	100.5	99.6	99.8	100.7	99.8	99.9	99.2	100.4	99.6	100.6
九江	101.1	100.8	101.3	101.1	101.6	100.8	100.7	100.4	99.9	100.2	100.0	100.1
赣州	100.8	100.4	100.2	100.4	100.2	100.4	100.3	100.4	100.3	99.7	100.0	99.7
烟台	100.3	100.5	100.6	100.7	101.2	101.1	100.9	100.5	100.4	100.6	100.7	100.4
济宁	100.2	100.3	100.9	101.0	101.7	101.3	100.8	100.7	100.8	100.4	100.2	100.4
洛阳	100.4	100.2	101.3	100.8	101.3	102.3	100.7	100.6	100.2	100.3	100.3	100.1
平顶山	99.9	100.1	100.6	101.2	100.6	100.9	100.5	100.3	100.5	100.5	100.6	100.5
宜昌	100.8	100.7	101.0	102.1	101.6	101.4	100.0	99.9	100.0	99.8	100.5	100.3
襄阳	100.5	100.3	100.4	100.9	100.8	101.9	100.6	100.3	100.4	99.8	100.3	100.0
岳阳	100.8	100.5	100.8	100.6	101.0	101.2	100.9	100.7	100.6	100.7	100.4	100.7
常德	100.3	100.4	101.2	100.4	101.4	101.6	101.1	100.7	100.3	100.5	100.1	100.6
惠州	100.5	100.1	101.1	100.6	100.8	100.5	100.0	100.1	100.1	100.2	100.4	100.2
湛江	100.7	100.6	100.2	101.0	102.6	100.6	100.9	100.4	100.0	100.2	101.5	100.3
韶关	100.5	100.9	101.8	101.6	101.1	100.4	101.3	100.0	100.5	100.1	100.0	100.4
桂林	100.3	100.5	100.8	101.3	100.8	101.0	101.2	101.1	100.2	100.4	101.3	100.3
北海	100.4	100.6	100.7	101.9	103.2	102.1	101.5	100.9	100.5	100.7	100.3	99.7
三亚	101.7	101.3	102.3	98.8	99.8	99.2	100.3	100.1	99.8	100.2	100.8	100.5
泸州	99.8	100.1	100.5	100.4	100.2	100.9	100.3	99.7	100.1	100.7	100.8	101.9
南充	100.2	100.7	101.3	100.9	100.7	101.4	100.4	100.6	100.7	100.9	100.7	100.5
遵义	100.3	100.2	100.3	100.7	100.1	100.7	101.0	100.8	100.6	100.6	100.4	100.9
大理	100.2	100.3	99.8	100.6	100.3	100.6	100.2	100.5	100.6	100.3	100.6	101.5

数据来源：国家统计局。

注：环比以上月价格为100。

表 5 -124　　　　2017 年七十大中城市新建商品住宅价格环比指数

类　别	1月	2月	3月	4月	5月	6月	7月	8月	9月	10月	11月	12月
北　京	100.0	99.9	100.4	100.2	100.0	99.6	99.9	100.0	99.8	99.8	100.0	100.0
天　津	99.7	100.4	100.2	99.9	100.1	100.0	99.8	99.9	100.0	100.1	99.7	100.2
石家庄	100.1	100.2	100.9	100.1	100.0	100.5	100.3	100.1	100.3	100.2	100.2	100.0
太　原	100.5	100.4	100.5	101.3	100.9	101.2	100.4	100.2	100.5	100.7	100.4	100.6
呼和浩特	99.8	100.3	100.2	100.5	100.4	100.3	100.9	101.0	100.3	100.9	101.1	100.8
沈　阳	100.1	100.6	101.2	101.8	101.9	101.6	100.8	100.5	100.7	100.6	100.8	100.4
大　连	100.0	100.5	100.6	101.1	101.0	100.5	100.9	100.5	100.6	100.7	101.0	100.8
长　春	100.2	100.4	100.8	101.0	101.1	100.9	100.8	100.4	100.8	100.5	100.7	101.2
哈尔滨	99.9	100.8	100.7	100.5	102.0	101.6	100.6	100.3	100.8	101.7	100.4	101.0
上　海	99.9	100.2	99.9	99.8	100.0	99.8	100.0	100.0	99.9	100.3	100.0	100.3
南　京	99.8	99.9	99.8	99.7	99.8	100.0	99.9	99.8	100.0	99.9	99.8	100.1
杭　州	100.0	99.8	100.2	100.0	99.7	100.2	100.0	99.8	99.7	100.0	99.9	100.0
宁　波	99.7	100.2	100.8	100.9	101.2	100.9	100.3	100.2	99.9	100.2	100.3	100.3
合　肥	99.9	99.8	100.1	99.9	99.8	100.1	100.3	99.9	99.9	100.0	100.1	100.0
福　州	99.7	100.0	99.9	99.8	100.0	99.9	99.8	99.7	99.6	100.0	100.2	99.8
厦　门	99.8	99.9	101.9	100.0	100.3	100.4	100.2	100.0	99.9	99.8	100.2	99.8
南　昌	100.0	100.6	101.3	100.7	101.0	100.1	100.4	100.9	100.3	100.2	100.6	100.0
济　南	99.9	100.0	100.6	100.4	100.5	100.2	100.1	99.7	99.4	99.8	99.9	100.3
青　岛	100.1	100.2	100.9	100.3	100.4	100.3	100.4	100.3	100.1	100.3	100.5	100.2
郑　州	99.8	99.7	100.3	100.1	99.9	100.0	99.9	99.7	99.9	99.9	100.0	100.3
武　汉	99.9	99.8	99.9	100.4	100.2	100.3	100.2	99.8	99.9	99.9	100.0	100.3
长　沙	100.6	100.8	101.1	100.8	100.9	100.2	100.7	100.2	100.1	100.3	100.0	100.2
广　州	100.6	100.9	102.5	101.4	100.9	100.5	100.4	99.3	99.5	99.8	99.9	99.7
深　圳	99.5	99.4	99.7	100.0	99.4	100.0	99.8	99.6	100.0	99.9	99.8	99.8
南　宁	100.7	100.4	101.2	101.1	101.2	101.0	101.3	100.6	100.2	100.3	100.5	100.4
海　口	100.4	100.9	102.6	99.6	99.4	101.2	100.7	99.0	100.0	100.0	99.8	102.2
重　庆	101.3	101.0	101.1	101.4	100.8	101.6	100.9	100.3	100.2	100.2	100.6	100.4
成　都	100.0	99.6	99.3	100.0	99.9	99.8	99.9	99.6	100.0	100.7	100.1	100.5
贵　阳	100.5	100.4	101.3	101.5	100.9	100.6	100.9	100.7	100.6	100.4	100.9	101.2
昆　明	100.4	100.3	100.7	101.6	100.6	100.7	100.6	100.5	100.1	100.4	101.2	102.6
西　安	100.8	101.1	100.9	101.6	101.8	101.7	101.1	100.3	100.5	100.7	100.5	100.6
兰　州	100.3	100.4	100.5	100.4	100.7	100.8	100.3	100.0	100.1	100.3	100.7	100.8
西　宁	100.2	100.3	100.2	100.3	100.5	100.4	100.2	100.4	100.7	100.0	101.3	101.1
银　川	99.9	99.8	100.1	100.2	100.4	100.5	100.4	100.5	100.3	100.1	101.0	100.5
乌鲁木齐	99.7	100.1	100.3	100.5	100.6	100.4	100.3	100.7	100.6	100.5	101.9	101.0

备注：本表所列北京市“新建商品住宅价格指数”与北京市有关部门发布的“新建普通住房价格”在统计口径、统计标准等方面均有不同。

类　别	1月	2月	3月	4月	5月	6月	7月	8月	9月	10月	11月	12月
唐　山	100.2	100.2	100.9	102.3	100.4	100.9	100.2	100.2	99.7	99.9	100.6	100.6
秦皇岛	100.4	100.3	100.7	101.1	101.0	100.2	100.8	100.5	99.6	100.5	100.9	100.1
包　头	100.2	100.1	100.3	100.6	100.5	100.3	100.4	100.6	100.4	100.3	100.9	101.1
丹　东	100.3	100.2	99.9	100.1	100.0	100.3	100.5	100.4	100.3	100.0	101.0	101.2
锦　州	100.1	99.5	100.4	100.3	100.1	100.4	100.1	100.0	100.3	100.1	100.3	100.1
吉　林	99.9	100.4	100.8	100.7	100.9	100.6	100.9	100.7	100.6	100.5	100.4	100.3
牡丹江	100.2	100.1	100.6	100.8	100.6	100.2	100.5	100.9	100.0	100.5	100.7	101.2
无　锡	99.5	99.9	100.3	100.1	100.2	99.7	100.0	99.7	99.8	99.7	99.8	100.2
杨　州	100.8	100.9	101.4	101.7	101.5	100.9	100.4	100.3	100.1	100.5	99.7	100.3
徐　州	100.4	100.7	100.6	101.3	101.6	101.8	100.5	100.4	100.3	100.5	100.6	100.2
温　州	99.8	100.2	100.5	101.4	101.5	100.9	101.0	99.8	100.1	100.3	100.4	100.6
金　华	100.4	100.3	101.2	101.7	101.3	101.0	101.3	100.4	100.3	100.5	100.4	100.5
蚌　埠	100.3	100.7	100.3	102.2	103.4	102.1	101.2	99.5	99.9	99.4	100.0	99.7
安　庆	100.2	100.4	101.4	101.1	100.2	100.3	99.7	100.1	100.9	100.3	100.0	100.5
泉　州	100.7	100.6	100.5	99.6	99.8	100.7	99.8	99.9	99.2	100.4	99.6	100.6
九　江	101.1	100.8	101.3	101.1	101.7	100.8	100.7	100.4	99.9	100.2	100.0	100.1
赣　州	100.8	100.4	100.2	100.4	100.2	100.5	100.3	100.4	100.3	99.7	100.0	99.7
烟　台	100.3	100.5	100.6	100.7	101.2	101.1	100.9	100.5	100.4	100.6	100.7	100.4
济　宁	100.2	100.3	100.9	101.0	101.7	101.3	100.8	100.7	100.8	100.4	100.2	100.4
洛　阳	100.4	100.2	101.4	100.9	101.3	102.4	100.7	100.6	100.2	100.4	100.3	100.1
平顶山	99.9	100.1	100.6	101.3	100.6	100.9	100.5	100.3	100.5	100.5	100.6	100.5
宜　昌	100.8	100.7	101.0	102.1	101.7	101.4	100.0	99.9	100.0	99.8	100.5	100.4
襄　阳	100.5	100.3	100.4	100.9	100.8	102.0	100.6	100.3	100.4	99.8	100.3	100.0
岳　阳	100.8	100.5	100.8	100.7	101.1	101.3	100.9	100.8	100.6	100.8	100.4	100.7
常　德	100.3	100.4	101.2	100.4	101.5	101.6	101.1	100.7	100.3	100.5	100.1	100.6
惠　州	100.5	100.1	101.1	100.6	100.8	100.5	100.0	100.1	100.1	100.2	100.4	100.2
湛　江	100.7	100.6	100.2	101.0	102.6	100.6	100.9	100.4	100.0	100.2	101.5	100.3
韶　关	100.5	100.9	101.8	101.6	101.1	100.4	101.3	100.0	100.5	100.1	100.0	100.4
桂　林	100.3	100.5	100.8	101.3	100.8	101.0	101.2	101.1	100.2	100.4	101.3	100.3
北　海	100.4	100.6	100.7	101.9	103.2	102.1	101.5	100.9	100.5	100.7	100.3	99.7
三　亚	101.7	101.3	102.3	98.8	99.8	99.2	100.3	100.1	99.8	100.2	100.8	100.5
泸　州	99.8	100.1	100.5	100.4	100.2	100.9	100.3	99.7	100.1	100.7	100.8	102.0
南　充	100.2	100.7	101.3	101.0	100.7	101.4	100.4	100.6	100.8	100.9	100.7	100.5
遵　义	100.4	100.2	100.3	100.7	100.2	100.7	101.0	100.8	100.6	100.7	100.5	101.0
大　理	100.2	100.3	99.8	100.6	100.3	100.6	100.2	100.5	100.6	100.3	100.6	101.5

数据来源：国家统计局。
注：环比以上月价格为100。

表 5－125　　2017 年七十大中城市二手住宅价格环比指数

类　别	1 月	2 月	3 月	4 月	5 月	6 月	7 月	8 月	9 月	10 月	11 月	12 月
北　京	100.8	101.3	102.2	100.0	99.1	98.9	99.2	99.1	99.4	99.5	99.5	99.6
天　津	100.2	100.5	101.6	101.0	99.6	99.1	99.4	99.2	99.7	99.7	99.8	100.0
石家庄	100.3	100.4	100.5	100.3	99.9	99.8	99.5	100.0	100.0	100.4	100.0	99.8
太　原	100.9	100.5	100.4	100.9	100.6	100.8	100.5	100.4	100.2	100.6	100.7	101.1
呼和浩特	99.9	100.0	100.1	100.0	100.1	100.2	100.4	100.2	100.2	100.4	100.7	100.6
沈　阳	100.0	100.3	100.6	101.1	101.0	101.1	101.0	100.6	100.4	100.1	100.4	100.5
大　连	100.3	100.2	100.4	100.7	100.9	100.6	100.3	100.4	100.2	100.5	100.6	100.5
长　春	100.2	100.3	100.7	100.6	100.4	100.7	100.3	100.2	100.5	100.4	100.7	100.6
哈尔滨	100.4	100.1	100.2	100.3	100.8	101.4	100.4	101.1	100.6	100.9	100.3	100.7
上　海	99.6	100.2	100.7	100.8	100.0	99.9	99.6	99.8	99.9	100.3	99.7	99.9
南　京	99.9	100.1	99.7	99.8	100.0	100.6	99.8	99.9	99.7	99.9	99.5	99.8
杭　州	100.5	100.6	100.9	100.7	100.8	100.7	100.8	100.7	100.6	100.4	100.2	100.0
宁　波	99.8	100.4	100.7	100.8	101.1	101.2	100.6	100.5	100.3	100.4	100.2	100.3
合　肥	99.9	99.2	100.0	99.8	99.9	99.6	100.5	100.4	100.0	99.8	100.0	100.2
福　州	100.8	100.9	101.6	100.9	100.7	100.8	100.2	100.1	100.3	99.9	100.0	99.8
厦　门	100.2	102.0	104.9	99.3	99.7	99.6	99.7	99.6	99.7	99.6	99.7	99.3
南　昌	100.6	100.4	100.3	100.8	100.6	100.7	100.3	100.5	99.8	99.7	100.1	99.8
济　南	99.8	100.5	101.3	101.0	100.6	100.8	99.8	99.4	99.8	99.9	99.8	99.9
青　岛	100.6	100.8	101.7	101.3	101.0	100.9	100.8	100.5	100.3	100.4	100.3	100.2
郑　州	100.7	100.6	100.5	100.6	100.2	100.3	100.0	99.5	99.7	99.5	99.7	99.8
武　汉	100.4	100.7	101.0	101.1	101.0	101.3	101.1	100.8	100.4	100.4	100.1	100.2
长　沙	100.8	101.2	101.8	104.3	100.8	100.4	100.0	100.6	100.4	100.4	100.2	100.0
广　州	101.6	102.7	103.3	101.0	100.5	100.8	100.1	100.0	100.2	99.7	100.1	99.6
深　圳	99.9	99.3	100.3	100.8	100.3	99.7	100.6	99.8	99.9	100.4	100.1	100.4
南　宁	100.9	100.5	100.6	100.8	100.9	101.7	101.4	100.5	100.1	100.5	100.4	100.1
海　口	100.5	100.6	101.0	100.0	100.1	100.4	99.8	99.6	99.5	99.5	99.6	100.1
重　庆	100.9	100.5	100.8	101.0	100.9	101.3	101.1	100.8	100.5	100.3	100.2	100.3
成　都	100.6	100.7	100.9	100.5	100.1	100.0	100.4	100.2	100.4	100.6	100.0	100.2
贵　阳	100.4	100.3	100.4	100.9	100.5	100.4	100.2	100.3	100.5	100.2	100.6	100.7
昆　明	100.3	99.9	100.9	100.8	100.7	100.5	100.3	100.4	100.5	100.3	100.8	101.3
西　安	99.9	100.4	101.1	101.3	101.4	101.6	100.8	100.9	100.0	100.2	100.5	100.5
兰　州	100.1	99.8	100.2	100.5	100.6	100.4	100.5	100.3	100.1	100.0	100.5	100.8
西　宁	100.0	100.1	100.1	100.2	100.0	100.3	100.1	100.0	100.5	100.1	100.8	100.7
银　川	99.8	99.7	100.0	100.1	100.2	100.1	100.0	100.2	100.0	99.9	100.6	100.3
乌鲁木齐	100.6	100.2	99.9	100.4	100.8	100.6	101.3	101.0	100.8	101.0	101.8	100.8

类　别	1月	2月	3月	4月	5月	6月	7月	8月	9月	10月	11月	12月
唐　山	100.7	100.4	100.5	101.1	100.1	100.7	100.2	100.0	100.1	100.5	100.2	100.0
秦鱼岛	100.5	101.0	101.5	101.3	99.8	99.9	100.3	100.9	100.9	99.9	99.9	100.1
包　头	100.4	99.7	101.0	100.5	100.2	100.4	100.1	100.4	100.3	99.8	100.5	100.6
丹　东	100.2	100.1	100.3	100.2	100.3	100.1	100.3	100.1	100.2	100.3	100.3	100.5
锦　州	99.8	99.9	100.1	99.9	100.1	100.2	99.9	100.0	100.0	99.9	100.1	100.0
吉　林	100.1	100.2	100.5	100.4	100.5	100.3	100.1	100.4	100.4	100.2	100.4	100.3
牡丹江	100.3	99.8	100.2	100.5	100.3	100.6	100.4	100.1	100.3	100.3	100.2	100.7
无　锡	99.9	100.8	101.8	102.1	101.4	101.5	100.5	101.2	100.0	99.6	100.0	100.0
杨　州	100.5	100.7	101.2	101.2	100.9	100.5	100.6	100.4	99.8	100.3	99.6	100.4
徐　州	100.3	100.4	100.2	100.8	101.1	101.3	100.2	100.1	100.2	100.3	100.4	100.2
温　州	99.9	100.3	100.4	101.0	101.2	101.6	100.6	100.4	100.4	100.2	100.2	99.8
金　华	100.2	100.1	100.7	101.4	100.9	100.7	100.4	100.6	100.8	100.7	100.5	100.6
蚌　埠	100.6	100.5	100.6	101.2	101.8	101.9	100.6	100.2	100.1	100.1	100.0	99.8
安　庆	100.7	100.6	100.8	101.5	100.9	100.4	100.9	100.4	100.3	99.9	99.9	100.3
泉　州	100.5	101.0	101.1	101.2	100.8	100.6	100.0	100.1	100.4	100.1	100.2	100.3
九　江	100.8	100.2	100.6	100.4	100.6	100.9	100.6	100.3	100.2	100.0	100.2	100.0
赣　州	100.6	100.7	100.3	100.0	100.3	100.4	100.4	100.2	99.9	99.8	100.1	100.0
烟　台	100.4	100.3	100.4	100.9	101.0	100.8	100.8	100.5	100.3	100.4	100.3	100.5
济　宁	100.5	100.1	100.8	100.7	100.8	101.0	100.9	100.7	100.5	100.3	100.6	100.7
洛　阳	100.3	100.0	100.3	100.6	100.7	100.9	100.2	100.3	100.2	100.1	100.5	100.1
平顶山	100.0	99.8	100.2	100.8	100.6	100.5	100.9	100.9	100.4	100.3	100.4	99.9
宜　昌	100.5	100.3	100.7	101.3	101.4	101.1	99.9	99.8	99.9	99.8	100.7	100.5
襄　阳	100.3	100.4	100.5	100.7	100.5	100.8	100.4	100.1	100.3	100.0	100.5	100.3
岳　阳	100.6	100.1	100.4	100.5	100.6	100.7	100.5	100.2	100.2	100.3	100.5	100.3
常　德	99.8	100.0	100.6	100.3	100.7	100.9	100.6	100.1	100.4	100.1	100.3	100.2
惠　州	100.7	100.3	101.6	101.2	101.0	100.6	100.3	100.2	100.0	100.1	100.1	100.2
湛　江	101.1	100.4	100.3	101.1	101.4	100.8	100.7	100.8	100.5	100.4	100.3	100.2
韶　关	100.4	100.5	101.6	101.1	100.5	100.6	100.8	99.8	100.4	99.9	100.0	100.2
桂　林	99.8	99.9	100.0	100.4	100.3	100.7	100.5	100.9	100.1	100.1	100.5	99.9
北　海	100.3	100.2	100.4	101.5	102.3	101.6	100.9	100.6	100.3	100.3	100.0	99.9
三　亚	100.8	100.7	101.3	99.9	99.5	99.3	99.9	100.2	100.0	100.2	100.6	100.3
泸　州	100.2	100.3	100.4	100.2	100.3	100.5	100.2	100.3	100.4	100.4	100.9	100.6
南　充	99.9	100.4	100.6	100.4	100.6	100.8	100.5	100.5	100.7	100.7	100.8	100.6
遵　义	100.8	100.0	100.5	100.3	100.5	100.3	100.4	100.7	100.5	100.4	100.6	100.9
大　理	99.8	99.9	100.0	100.2	100.1	100.4	100.0	100.2	100.4	100.3	100.5	101.0

数据来源：国家统计局。
注：环比以上月价格为100。

表 5－126　　2017 年七十大中城市新建住宅价格同比指数

类　别	1月	2月	3月	4月	5月	6月	7月	8月	9月	10月	11月	12月
北　京	124.7	122.1	119.0	116.0	113.5	110.7	108.9	105.2	100.5	99.8	99.8	99.8
天　津	123.2	122.7	120.5	117.3	114.7	112.3	109.7	105.9	101.8	100.6	99.9	100.2
石家庄	118.5	118.2	118.6	117.6	116.4	115.8	113.1	109.3	105.0	103.5	103.0	102.8
太　原	102.9	103.2	103.4	104.9	105.8	106.4	106.9	106.9	106.9	107.2	107.3	107.6
呼和浩特	101.0	101.1	101.0	101.4	101.7	101.9	102.8	103.7	104.2	104.8	106.1	106.8
沈　阳	103.2	104.1	105.1	106.1	107.6	109.0	109.8	110.3	110.7	111.0	111.7	111.5
大　连	102.5	103.4	103.8	104.1	104.6	104.8	106.4	106.6	107.1	107.1	107.6	108.4
长　春	104.3	104.4	104.6	105.4	106.1	106.9	107.6	107.7	107.9	107.7	108.0	108.8
哈尔滨	102.1	103.0	103.1	103.8	105.5	106.7	107.5	107.7	108.5	109.9	110.5	110.7
上　海	123.8	121.1	116.8	113.2	111.0	108.6	107.3	102.8	100.0	99.8	99.8	100.2
南　京	135.4	131.8	127.4	122.1	117.3	113.0	109.2	104.8	101.3	99.0	98.5	98.7
杭　州	127.4	125.4	122.8	119.3	116.2	114.5	111.8	108.1	102.2	99.1	99.4	99.4
宁　波	111.1	110.7	109.9	109.7	109.6	109.9	109.4	108.4	106.3	105.0	104.6	105.0
合　肥	144.0	140.5	134.5	127.2	120.9	115.4	111.0	105.8	101.0	99.4	99.7	99.8
福　州	125.5	123.7	121.1	117.4	115.5	114.0	111.9	107.1	101.5	98.9	98.2	98.4
厦　门	138.4	136.5	132.0	125.5	119.4	114.5	109.8	105.7	102.6	101.8	102.3	102.2
南　昌	114.3	113.6	113.4	112.5	112.0	110.8	109.4	108.6	106.5	105.6	105.9	106.3
济　南	119.0	118.3	118.1	117.3	116.7	115.9	115.1	111.2	105.1	101.5	100.3	100.9
青　岛	113.0	113.1	112.9	111.9	111.4	111.2	110.9	109.1	104.4	103.4	103.7	104.1
郑　州	127.3	126.5	125.0	123.6	121.8	119.9	117.5	111.0	103.1	99.5	99.0	99.3
武　汉	123.0	121.7	120.2	118.3	116.0	114.2	112.1	108.6	104.6	101.6	100.1	100.6
长　沙	117.9	118.4	119.1	118.2	118.4	118.1	117.9	116.5	111.8	107.5	105.9	105.9
广　州	124.0	123.1	122.7	121.6	119.4	117.8	116.7	113.2	109.4	107.7	106.6	105.5
深　圳	118.2	113.5	109.1	106.6	105.4	102.7	100.5	98.1	96.3	96.7	96.9	97.1
南　宁	110.2	110.1	110.6	110.4	110.8	111.2	111.8	111.4	109.5	108.3	108.7	108.4
海　口	106.5	107.1	109.6	108.7	107.4	108.5	108.4	106.7	105.9	105.0	104.2	105.9
重　庆	107.7	108.3	108.9	109.9	110.2	112.0	112.8	112.8	111.9	111.4	110.7	110.0
成　都	105.3	104.9	103.9	103.3	102.9	102.0	101.0	99.7	97.3	98.7	98.8	99.4
贵　阳	105.3	105.4	106.3	107.2	107.7	108.4	108.7	109.1	109.0	108.8	109.5	110.3
昆　明	104.2	104.6	105.5	106.3	106.5	107.3	107.7	108.0	107.8	107.1	107.8	110.1
西　安	107.6	108.7	109.5	110.7	111.9	113.1	113.8	113.4	113.6	112.6	111.3	111.2
兰　州	103.2	103.5	103.6	103.6	103.9	104.4	104.4	103.5	103.2	103.6	104.3	105.4
西　宁	102.3	102.8	102.8	102.6	102.8	103.1	103.3	103.2	103.5	103.1	104.3	105.4
银　川	102.4	102.2	102.2	101.7	101.5	102.1	102.3	102.7	102.8	102.9	103.7	104.0
乌鲁木齐	99.1	99.7	99.9	100.2	100.2	100.8	101.1	102.1	102.9	103.7	105.5	106.1

类 别	1月	2月	3月	4月	5月	6月	7月	8月	9月	10月	11月	12月
唐 山	103.2	103.2	104.2	106.6	106.6	107.9	107.6	107.5	106.8	106.1	105.6	105.9
秦鱼岛	107.0	107.1	107.6	108.4	109.3	109.0	109.7	109.6	108.6	106.8	106.1	105.9
包 头	100.2	100.6	100.7	101.0	101.5	102.0	102.8	103.3	103.3	103.8	104.3	105.5
丹 东	99.8	100.8	100.9	100.7	100.3	100.5	101.4	101.9	102.4	102.2	102.7	104.2
锦 州	97.7	97.5	98.2	98.9	99.4	100.2	101.0	101.2	101.6	101.5	101.6	101.7
吉 林	102.6	102.7	103.4	103.4	104.4	104.6	105.6	106.1	106.4	106.5	107.0	106.9
牡丹江	99.3	99.7	100.5	101.1	102.2	102.6	103.7	103.8	103.4	104.4	105.2	106.0
无 锡	134.4	133.8	131.6	128.2	126.4	122.8	119.6	113.7	104.9	99.7	98.7	98.9
杨 州	110.3	111.2	112.3	113.7	114.8	115.5	114.9	114.5	113.3	112.0	109.6	109.0
徐 州	109.6	110.0	109.9	110.2	111.2	112.8	112.6	112.5	111.5	110.2	109.3	108.9
温 州	104.4	104.6	104.6	105.6	106.9	107.7	108.5	107.9	106.4	106.1	106.5	106.6
金 华	106.8	107.1	108.0	109.4	110.5	111.6	113.0	112.5	110.8	110.3	109.3	109.6
蚌 埠	109.8	110.8	110.2	111.7	114.7	116.7	117.0	115.2	113.2	111.1	109.7	108.8
安 庆	107.7	108.6	109.2	109.8	109.6	109.4	108.1	107.0	107.1	106.8	105.4	105.2
泉 州	109.8	110.1	109.9	108.5	108.4	109.4	108.6	107.1	104.6	103.9	101.5	101.4
九 江	112.2	112.9	113.6	113.7	114.6	114.8	114.4	113.5	111.7	109.8	109.0	108.4
赣 州	114.0	114.3	113.6	112.6	112.3	112.6	112.0	110.9	108.1	104.6	103.5	102.8
烟 台	105.5	105.9	106.0	106.3	107.0	107.6	108.1	108.1	108.0	107.9	108.1	108.2
济 宁	102.0	102.1	102.8	103.7	105.4	106.7	108.0	108.5	109.0	108.9	108.8	108.9
洛 阳	105.0	105.4	106.5	106.8	107.9	110.2	110.7	111.0	110.7	110.7	109.4	108.9
平顶山	103.5	103.6	103.9	105.1	105.6	106.3	106.9	106.9	106.3	106.2	106.4	106.4
宜 昌	105.9	106.3	107.2	109.1	110.5	111.5	111.3	110.6	109.8	108.8	108.6	108.4
襄 阳	103.2	103.3	103.5	104.4	104.7	106.8	107.3	107.1	107.2	106.9	106.7	106.4
岳 阳	105.8	106.2	106.6	106.8	107.9	109.0	109.5	110.0	109.2	108.6	108.7	109.1
常 德	103.3	103.4	104.7	105.0	106.7	108.3	109.3	109.9	108.5	108.5	108.1	108.9
惠 州	124.7	123.9	123.9	120.6	117.8	115.5	113.6	112.2	108.1	105.9	104.7	104.5
湛 江	109.3	109.9	109.9	110.6	112.6	111.7	111.7	112.2	110.8	109.6	110.0	109.4
韶 关	108.7	108.7	109.5	110.5	111.2	111.6	114.4	114.7	112.6	111.4	109.4	108.9
桂 林	103.8	104.4	105.1	105.9	106.8	107.5	108.9	109.6	108.2	107.6	109.2	109.6
北 海	104.5	104.7	105.0	106.6	110.0	112.5	114.0	114.7	114.1	114.4	113.9	113.1
三 亚	106.3	107.6	110.2	109.0	108.3	107.7	108.3	107.6	106.2	105.5	105.6	104.9
泸 州	103.0	103.8	104.0	103.9	103.6	104.2	104.2	103.6	102.6	103.5	103.8	105.4
南 充	102.0	102.9	103.5	103.9	104.2	105.2	106.0	105.9	106.9	108.2	108.7	109.3
遵 义	102.0	102.1	102.2	102.8	102.7	103.4	104.6	104.5	105.5	106.0	106.2	107.0
大 理	102.6	103.0	103.6	104.0	103.7	103.6	103.6	104.1	104.4	104.4	104.5	105.7

数据来源：国家统计局。

注：环比以上年同月价格为100。

表 5－127　　2017 年七十大中城市新建商品住宅价格同比指数

类　别	1月	2月	3月	4月	5月	6月	7月	8月	9月	10月	11月	12月
北　京	127.0	124.1	120.6	117.4	114.6	111.5	109.6	105.6	100.5	99.8	99.7	99.8
天　津	124.4	123.9	121.5	118.1	115.5	112.9	110.1	106.2	101.8	100.6	99.8	100.1
石家庄	118.9	118.5	119.0	118.0	116.8	116.1	113.4	109.5	105.1	103.5	103.1	102.9
太　原	103.0	103.4	103.5	105.0	106.0	106.6	107.2	107.1	107.1	107.4	107.6	107.9
呼和浩特	101.0	101.1	101.0	101.4	101.7	101.9	102.8	103.7	104.2	104.8	106.1	106.9
沈　阳	103.2	104.2	105.1	106.1	107.6	109.0	109.8	110.3	110.8	111.0	111.8	111.5
大　连	102.5	103.4	103.8	104.1	104.6	104.8	106.4	106.6	107.1	107.1	107.6	108.4
长　春	104.4	104.4	104.6	105.4	106.2	107.0	107.7	107.8	108.0	107.8	108.1	109.0
哈尔滨	102.1	103.0	103.1	103.8	105.5	106.7	107.5	107.7	108.5	109.9	110.5	110.7
上　海	128.3	125.0	119.8	115.4	112.9	110.0	108.4	103.2	99.9	99.7	99.7	100.2
南　京	137.3	133.5	128.9	123.2	118.2	113.6	109.6	105.0	101.4	98.9	98.5	98.6
杭　州	127.6	125.6	123.0	119.5	116.3	114.6	111.9	108.2	102.2	99.1	99.4	99.4
宁　波	111.2	110.8	110.0	109.8	109.7	110.0	109.5	108.5	106.3	105.0	104.7	105.1
合　肥	144.2	140.7	134.7	127.3	120.9	115.4	111.0	105.8	101.0	99.4	99.7	99.8
福　州	125.7	124.0	121.3	117.6	115.6	114.1	112.0	107.1	101.5	98.9	98.2	98.3
厦　门	138.8	136.9	132.3	125.7	119.5	114.7	109.8	105.7	102.6	101.9	102.3	102.2
南　昌	114.5	113.8	113.6	112.7	112.1	111.0	109.5	108.7	106.6	105.7	106.0	106.4
济　南	119.0	118.3	118.1	117.3	116.7	115.9	115.1	111.2	105.1	101.5	100.3	100.9
青　岛	113.2	113.3	113.1	112.1	111.6	111.5	111.1	109.3	104.5	103.5	103.8	104.2
郑　州	127.7	126.9	125.4	124.0	122.1	120.2	117.7	111.1	103.2	99.5	99.0	99.3
武　汉	124.2	122.8	121.2	119.2	116.8	114.9	112.7	109.0	104.8	101.7	100.1	100.6
长　沙	118.4	118.9	119.6	118.6	118.9	118.5	118.3	116.9	112.0	107.6	106.0	106.1
广　州	124.2	123.3	122.9	121.7	119.5	117.9	116.9	113.3	109.4	107.7	106.6	105.5
深　圳	118.4	113.6	109.2	106.7	105.5	102.7	100.5	98.0	96.2	96.7	96.8	97.0
南　宁	111.2	111.2	111.7	111.5	111.9	112.3	113.0	112.5	110.4	109.1	109.6	109.2
海　口	106.5	107.2	109.6	108.8	107.4	108.5	108.4	106.7	105.9	105.1	104.2	105.9
重　庆	107.7	108.4	108.9	110.0	110.3	112.1	112.9	112.9	112.0	111.5	110.8	110.0
成　都	105.5	105.0	104.1	103.4	102.9	102.1	101.0	99.7	97.2	98.7	98.7	99.4
贵　阳	105.4	105.5	106.4	107.3	107.8	108.5	108.8	109.2	109.2	109.0	109.6	110.4
昆　明	104.3	104.6	105.6	106.4	106.5	107.3	107.7	108.1	107.8	107.1	107.8	110.2
西　安	108.3	109.6	110.4	111.7	113.0	114.3	115.1	114.7	114.9	113.7	112.3	112.2
兰　州	103.3	103.6	103.7	103.8	104.0	104.5	104.6	103.7	103.3	103.7	104.5	105.5
西　宁	102.5	103.0	103.0	102.8	103.0	103.3	103.6	103.4	103.8	103.3	104.6	105.8
银　川	102.4	102.2	102.2	101.7	101.5	102.1	102.4	102.7	102.8	102.9	103.7	104.0
乌鲁木齐	99.0	99.7	99.9	100.2	100.3	100.9	101.3	102.2	103.1	104.0	106.0	106.6

备注：本表所列北京市“新建商品住宅价格指数”与北京市有关部门发布的“新建普通住房价格”在统计口径、统计标准等方面均有不同。

类　别	1月	2月	3月	4月	5月	6月	7月	8月	9月	10月	11月	12月
唐　山	103.3	103.4	104.4	106.9	107.0	108.2	108.0	107.9	107.1	106.4	105.9	106.1
秦皇岛	107.5	107.5	108.1	108.9	109.9	109.5	110.2	110.1	109.1	107.2	106.4	106.3
包　头	100.2	100.6	100.7	101.0	101.5	102.0	102.8	103.4	103.4	103.9	104.4	105.7
丹　东	99.8	100.8	100.9	100.7	100.3	100.5	101.4	101.9	102.4	102.2	102.7	104.2
锦　州	97.7	97.5	98.2	98.9	99.4	100.2	101.0	101.2	101.6	101.5	101.6	101.7
吉　林	102.7	102.7	103.4	103.4	104.4	104.6	105.6	106.1	106.4	106.6	107.0	106.9
牡丹江	99.2	99.7	100.5	101.1	102.3	102.8	104.0	104.1	103.6	104.7	105.6	106.5
无　锡	134.6	134.0	131.8	128.4	126.5	122.9	119.7	113.7	104.9	99.7	98.7	98.9
扬　州	110.3	111.2	112.3	113.7	114.8	115.5	114.9	114.5	113.3	112.0	109.6	109.1
徐　州	110.1	110.6	110.5	110.8	111.8	113.6	113.3	113.2	112.1	110.8	109.8	109.3
温　州	104.5	104.6	104.6	105.7	106.9	107.8	108.6	108.0	106.4	106.2	106.5	106.7
金　华	106.8	107.1	108.1	109.5	110.6	111.6	113.0	112.6	110.9	110.4	109.3	109.7
蚌　埠	109.8	110.9	110.2	111.7	114.7	116.7	117.0	115.2	113.2	111.1	109.8	108.8
安　庆	107.7	108.7	109.2	109.9	109.7	109.4	108.1	107.1	107.1	106.8	105.4	105.2
泉　州	110.0	110.3	110.1	108.6	108.6	109.6	108.7	107.2	104.7	104.0	101.5	101.4
九　江	112.4	113.0	113.8	113.8	114.7	114.9	114.6	113.6	111.8	109.9	109.1	108.4
赣　州	114.0	114.4	113.6	112.7	112.3	112.6	112.0	110.9	108.2	104.6	103.6	102.8
烟　台	105.5	105.9	106.0	106.3	107.0	107.6	108.1	108.1	108.0	107.9	108.1	108.2
济　宁	102.0	102.1	102.8	103.8	105.5	106.8	108.1	108.6	109.1	109.0	108.9	109.0
洛　阳	105.3	105.6	106.9	107.2	108.3	110.7	111.2	111.6	111.2	111.2	109.9	109.3
平顶山	103.5	103.6	104.0	105.2	105.7	106.4	107.0	107.0	106.4	106.3	106.5	106.5
宜　昌	106.0	106.5	107.3	109.2	110.7	111.7	111.4	110.8	110.0	108.9	108.8	108.6
襄　阳	103.2	103.3	103.6	104.4	104.7	106.9	107.3	107.2	107.2	107.0	106.8	106.4
岳　阳	106.2	106.6	107.1	107.3	108.5	109.6	110.2	110.7	109.8	109.2	109.3	109.7
常　德	103.4	103.4	104.8	105.1	106.8	108.4	109.4	110.1	108.6	108.7	108.3	109.1
惠　州	124.7	124.0	123.9	120.7	117.9	115.5	113.7	112.3	108.1	105.9	104.8	104.5
湛　江	109.3	109.9	109.9	110.6	112.6	111.7	111.7	112.2	110.8	109.6	110.0	109.4
韶　关	108.7	108.7	109.5	110.5	111.2	111.6	114.4	114.7	112.6	111.5	109.4	108.9
桂　林	103.8	104.4	105.1	105.9	106.8	107.5	108.9	109.6	108.2	107.6	109.2	109.6
北　海	104.6	104.7	105.0	106.7	110.1	112.6	114.1	114.9	114.2	114.5	114.0	113.2
三　亚	106.3	107.6	110.3	109.0	108.4	107.7	108.3	107.7	106.2	105.5	105.6	105.0
泸　州	103.1	103.9	104.1	103.9	103.7	104.3	104.3	103.7	102.6	103.6	103.8	105.5
南　充	102.1	103.0	103.6	104.0	104.3	105.3	106.1	106.1	107.1	108.4	109.0	109.5
遵　义	102.1	102.2	102.3	102.9	102.8	103.6	104.8	104.8	105.8	106.3	106.5	107.4
大　理	102.6	103.1	103.6	104.0	103.7	103.7	103.6	104.1	104.5	104.4	104.5	105.7

数据来源：国家统计局。

注：环比以上年同月价格为100。

表 5－128　　2017 年七十大中城市二手住宅价格同比指数

类　别	1 月	2 月	3 月	4 月	5 月	6 月	7 月	8 月	9 月	10 月	11 月	12 月
北　京	134.6	132.2	127.0	122.5	118.8	115.8	113.1	107.8	101.4	99.8	99.1	98.4
天　津	123.9	122.8	121.9	119.9	117.1	115.0	111.9	106.9	102.4	100.9	100.0	99.7
石家庄	117.9	118.1	116.5	114.0	111.7	109.2	106.5	102.9	99.0	99.6	100.2	100.8
太　原	104.7	105.4	105.4	106.5	107.3	107.4	107.1	106.9	107.0	106.7	106.9	107.9
呼和浩特	99.1	99.1	99.1	99.2	99.3	99.8	100.2	100.4	100.6	101.2	102.1	102.8
沈　阳	100.7	101.3	101.9	102.5	103.4	104.4	105.4	106.0	106.6	106.8	107.2	107.4
大　连	101.5	102.0	102.2	102.4	103.2	103.3	103.9	104.3	104.4	104.8	105.2	105.7
长　春	100.8	101.7	102.3	102.8	103.1	103.7	104.2	104.2	104.4	104.4	104.9	105.7
哈尔滨	100.5	100.7	100.4	100.7	101.5	103.0	103.6	104.8	105.2	106.0	106.6	107.4
上　海	128.7	122.5	116.1	114.2	112.6	110.0	107.4	103.4	99.9	99.9	99.9	100.3
南　京	132.0	130.1	126.0	121.5	118.1	116.5	112.9	108.9	104.9	102.8	100.5	98.7
杭　州	121.6	121.0	119.8	118.5	117.9	117.4	115.8	113.5	109.1	106.9	107.1	107.2
宁　波	107.2	107.4	107.6	107.9	108.2	109.2	109.2	109.0	107.4	106.8	106.7	106.7
合　肥	146.8	136.5	124.9	116.7	111.7	107.6	104.7	102.8	99.9	98.0	98.6	99.2
福　州	116.6	116.7	117.5	116.5	116.5	116.9	115.9	112.8	108.6	106.9	106.7	105.9
厦　门	131.8	131.8	131.7	125.5	117.7	112.5	109.5	106.5	104.1	103.7	103.9	103.3
南　昌	113.0	113.1	111.8	111.5	110.6	109.8	108.7	107.7	105.2	104.4	104.3	103.8
济　南	115.2	115.7	116.3	117.0	117.2	117.3	116.5	113.3	107.5	104.5	103.1	102.4
青　岛	110.2	110.9	112.6	113.8	114.7	115.6	116.1	115.3	110.2	109.4	109.1	108.9
郑　州	127.5	127.2	126.1	125.4	124.0	122.6	121.0	115.3	107.2	103.4	102.3	101.0
武　汉	121.9	122.1	122.0	122.1	121.5	120.8	119.6	117.7	114.0	111.7	109.6	108.9
长　沙	113.1	114.3	116.0	119.9	120.7	120.8	120.5	120.2	116.5	114.3	112.8	111.4
广　州	126.2	128.1	127.8	125.9	124.1	123.2	121.5	118.3	114.7	112.5	111.7	109.8
深　圳	112.8	108.4	103.9	105.1	105.4	104.3	103.1	100.9	99.0	100.1	101.0	101.5
南　宁	105.8	106.2	106.8	107.0	107.6	109.4	110.9	110.8	110.1	109.2	109.3	108.8
海　口	104.0	104.5	104.6	104.5	104.4	104.7	104.3	103.6	102.7	101.8	100.9	100.7
重　庆	104.4	105.0	105.6	106.2	106.8	108.1	108.9	109.5	109.5	109.6	109.4	109.0
成　都	105.6	105.6	106.2	106.5	106.3	106.0	106.1	105.9	104.6	104.6	104.6	104.6
贵　阳	102.3	102.4	102.5	103.3	103.8	104.1	104.2	104.2	104.4	104.2	104.7	105.4
昆　明	101.5	101.3	101.9	102.2	102.3	103.1	103.4	104.0	104.4	104.4	105.2	106.8
西　安	98.8	99.4	100.8	102.3	104.1	105.7	106.6	107.2	107.5	107.5	108.4	108.8
兰　州	101.2	100.7	101.1	101.3	101.8	102.1	102.5	102.5	102.4	102.5	102.8	103.7
西　宁	98.8	99.3	99.9	100.0	100.3	100.6	100.9	100.9	101.2	101.2	102.1	102.9
银　川	100.1	99.9	99.7	99.7	99.8	100.0	100.0	100.1	100.1	100.0	100.7	101.0
乌鲁木齐	97.3	98.5	99.1	99.6	100.5	101.4	103.0	104.0	105.0	106.3	108.6	109.6

类　别	1月	2月	3月	4月	5月	6月	7月	8月	9月	10月	11月	12月
唐　山	102.2	102.8	103.2	104.4	104.4	105.1	105.4	105.2	105.3	105.3	104.9	104.5
秦皇岛	104.3	105.5	107.0	108.1	107.4	107.0	107.4	108.2	109.0	107.8	106.4	106.1
包　头	98.8	99.1	100.4	101.2	101.9	102.3	102.6	103.3	104.2	103.7	104.1	104.0
丹　东	99.1	99.5	100.0	100.2	100.6	100.9	101.1	101.3	101.4	101.8	102.2	102.8
锦　州	97.3	97.5	98.1	98.4	98.5	99.0	99.3	99.6	99.6	99.8	99.9	99.9
吉　林	101.8	102.1	102.5	102.7	103.0	103.2	103.2	103.5	103.6	103.6	103.8	103.9
牡丹江	100.4	100.3	100.3	100.7	101.1	101.8	102.7	102.9	103.0	103.5	103.5	103.8
无　锡	119.2	120.1	121.2	122.3	123.6	124.6	124.1	120.8	111.4	108.4	108.7	108.9
杨　州	106.1	106.9	108.2	109.5	110.3	110.9	110.9	110.9	109.8	108.6	106.7	106.2
徐　州	105.2	105.7	105.5	105.8	106.8	108.0	108.2	107.5	106.8	106.1	105.5	105.5
温　州	102.8	102.8	102.7	103.4	104.8	106.3	106.8	107.1	106.7	106.6	106.8	106.4
金　华	104.8	104.9	105.2	106.4	106.9	107.5	107.8	107.8	107.4	107.6	107.3	107.7
蚌　埠	106.1	106.4	106.9	107.7	109.3	111.2	111.2	110.7	109.7	109.4	108.6	107.6
安　庆	107.4	107.8	108.8	110.1	110.9	111.2	111.4	111.2	110.0	109.3	107.9	106.8
泉　州	106.6	107.8	109.2	110.2	111.3	112.1	111.8	111.3	110.0	109.2	107.3	106.5
九　江	108.7	109.0	109.0	108.5	109.2	108.8	108.8	107.6	107.1	106.1	106.3	104.8
赣　州	110.2	110.8	111.4	110.6	110.5	110.8	110.6	110.0	106.6	104.0	103.2	102.8
烟　台	102.8	103.3	103.6	104.3	105.1	105.8	106.5	106.5	106.4	106.6	106.6	106.9
济　宁	101.5	101.6	102.3	103.0	103.9	105.0	105.8	106.2	106.5	106.7	107.1	107.8
洛　阳	103.1	103.2	103.4	103.8	104.3	105.1	105.1	104.9	104.8	104.7	104.4	104.4
平顶山	100.5	100.4	100.4	101.3	102.0	102.6	103.5	104.1	104.1	104.3	104.8	105.0
宜　昌	103.5	103.8	104.0	105.2	106.5	107.6	107.5	107.0	106.6	105.8	106.0	106.1
襄　阳	100.8	101.5	102.1	102.8	103.3	104.1	104.4	104.1	104.3	104.3	104.7	105.0
岳　阳	103.0	103.0	103.3	103.6	104.1	104.7	105.0	105.0	104.9	104.6	105.0	105.0
常　德	102.3	102.6	103.1	103.2	103.8	104.4	104.6	104.7	104.1	104.0	104.0	104.1
惠　州	114.9	114.8	115.6	115.8	114.9	114.7	113.7	113.0	109.1	108.2	106.6	106.4
湛　江	103.4	103.9	104.6	105.8	107.1	107.8	108.3	109.1	109.1	109.2	109.1	108.2
韶　关	102.2	102.0	103.3	104.2	104.7	105.9	107.0	107.0	106.3	106.1	106.2	105.9
桂　林	98.3	98.2	98.4	99.0	99.6	100.2	100.7	101.7	101.8	102.3	103.0	103.0
北　海	101.8	102.2	102.4	104.0	105.9	107.8	108.7	109.0	109.1	109.1	108.9	108.4
三　亚	103.0	103.7	104.6	104.6	104.4	103.6	103.6	103.7	103.3	103.0	103.2	102.7
泸　州	102.5	103.1	103.2	102.8	102.9	103.3	103.3	103.4	103.4	103.6	104.2	104.7
南　充	102.7	103.0	103.5	103.5	103.9	104.6	104.8	105.0	105.3	105.7	106.2	106.6
遵　义	102.8	103.0	103.4	103.6	103.9	104.0	104.1	104.7	105.4	105.3	105.6	106.1
大　理	100.0	99.5	99.3	99.4	99.2	99.8	99.6	100.3	100.8	101.2	101.4	102.8

数据来源：国家统计局。
注：环比以上年同月价格为100。

（三）中国城市住房（一手房）价格288指数

表5－129　　2017年中国城市住房（一手房）价格288指数

城　市	1月	2月	3月	4月	5月	6月	7月	8月	9月	10月	11月	12月
全　国	1304.0	1313.5	1321.3	1332.7	1343.0	1353.3	1362.5	1371.8	1378.9	1383.6	1388.5	1391.5
北　京	1724.1	1742.6	1803.6	1853.1	1878.3	1898.7	1882.2	1880.3	1902.4	1904.7	1863.5	1868.4
上　海	1965.6	1995.9	2033.7	2061.3	2086.5	2088.8	2104.3	2120.5	2121.3	2138.6	2158.6	2176.6
重　庆	1293.0	1355.5	1401.4	1427.3	1511.1	1555.2	1588.2	1604.0	1614.9	1622.3	1649.6	1643.9
天　津	1801.4	1800.9	1764.9	1783.1	1806.5	1772.7	1787.4	1799.1	1805.8	1820.1	1811.9	1806.2
石家庄	1147.4	1178.4	1201.4	1241.9	1252.7	1301.2	1308.5	1339.1	1372.8	1373.9	1376.4	1379.8
张家口	1689.2	1748.2	1729.6	1721.4	1695.6	1687.1	1699.8	1726.4	1768.9	1757.8	1746.8	1746.8
承　德	1122.7	1134.7	1145.5	1145.5	1145.5	1159.2	1177.3	1187.5	1182.2	1182.2	1178.1	1178.1
唐　山	957.8	967.4	965.5	994.5	1004.7	1035.5	1038.6	1018.6	1019.9	1020.7	1023.3	1024.4
秦皇岛	1042.4	1041.8	1041.2	1040.6	1040.0	1039.4	1049.4	1053.3	1055.7	1063.6	1065.6	1063.4
廊　坊	1288.0	1288.0	1316.1	1373.2	1430.6	1483.7	1483.7	1495.5	1484.3	1492.2	1477.0	1476.0
保　定	1167.1	1179.9	1208.2	1227.9	1242.6	1271.8	1285.0	1297.7	1305.2	1301.9	1299.9	1267.4
沧　州	1738.6	1741.2	1708.3	1723.7	1723.7	1747.1	1750.6	1746.9	1759.1	1759.1	1742.5	1742.5
衡　水	1535.5	1549.8	1493.4	1473.0	1470.8	1484.0	1484.5	1471.3	1466.7	1466.7	1447.9	1447.9
邢　台	1097.0	1118.9	1129.0	1129.0	1134.6	1148.8	1165.5	1175.0	1173.5	1173.5	1173.5	1173.5
邯　郸	1074.8	1076.9	1074.7	1082.1	1087.4	1104.5	1119.1	1125.0	1119.0	1123.9	1121.1	1126.8
泰　州	1038.1	1038.8	1038.2	1099.0	1133.0	1160.2	1192.3	1236.9	1262.6	1262.9	1283.1	1292.8
扬　州	979.0	979.0	979.0	1006.3	1034.4	1063.3	1074.5	1100.1	1100.1	1100.1	1100.5	1108.3
镇　江	956.3	960.6	982.6	1015.1	1037.0	1041.4	1091.4	1069.8	1090.2	1118.7	1114.8	1124.8
南　通	916.3	935.5	924.8	957.9	956.2	1009.3	1048.7	1094.0	1148.3	1124.0	1135.1	1118.4
常　州	1129.2	1146.3	1180.0	1201.7	1243.9	1266.0	1312.6	1334.9	1357.1	1373.9	1370.7	1383.4
无　锡	1375.1	1379.6	1395.8	1391.5	1413.3	1433.5	1450.3	1454.3	1454.6	1448.0	1461.3	1457.1
苏　州	1747.7	1743.7	1736.6	1735.9	1725.9	1738.2	1723.2	1723.7	1713.0	1702.4	1713.9	1721.7
南　京	1958.7	1947.2	1924.0	1925.5	1947.5	1943.4	1949.3	1968.6	1970.6	1971.2	1944.3	1914.0
连云港	1168.7	1168.7	1168.7	1161.8	1154.9	1148.1	1144.7	1156.4	1156.4	1156.4	1156.4	1156.4
徐　州	1066.5	1079.2	1086.4	1097.3	1123.3	1168.6	1195.4	1243.4	1277.8	1282.7	1291.1	1300.6
宿　迁	967.8	966.6	969.5	971.4	980.9	994.6	1014.5	1019.3	1034.6	1043.6	1073.2	1076.8
淮　安	1123.1	1148.9	1154.3	1138.1	1130.9	1154.2	1167.9	1201.8	1209.7	1212.2	1206.3	1203.7
盐　城	1048.1	1018.4	1016.1	1047.2	1046.4	1025.1	1016.3	1040.3	1014.0	990.0	986.3	956.3
合　肥	1988.9	1976.1	1963.1	1981.0	1970.5	2001.1	2006.6	2003.2	2004.4	1996.9	1967.8	1980.7
淮　北	738.5	743.3	758.1	749.2	771.8	763.4	783.6	778.0	776.1	779.7	781.5	789.6
亳　州	733.0	735.7	736.0	756.2	754.5	757.7	759.4	760.4	759.1	751.4	750.3	750.6
宿　州	560.0	566.3	565.1	586.1	594.2	592.8	600.0	608.7	622.9	636.5	648.4	654.6
蚌　埠	1168.5	1179.5	1177.3	1199.2	1234.0	1277.1	1306.7	1312.4	1316.5	1333.4	1356.7	1371.5
阜　阳	1166.1	1162.7	1182.0	1185.3	1181.5	1182.9	1195.0	1215.1	1250.7	1280.8	1311.0	1336.8

续表

城 市	1月	2月	3月	4月	5月	6月	7月	8月	9月	10月	11月	12月
淮 南	693.7	701.5	705.8	701.7	696.6	725.0	725.1	709.5	698.9	701.8	707.2	714.6
滁 州	897.9	907.0	908.2	910.5	916.4	937.5	942.9	961.4	962.1	957.8	971.2	973.1
六 安	710.2	718.3	724.5	725.6	751.0	762.3	768.8	781.7	797.6	810.1	827.4	832.7
马鞍山	814.7	797.0	798.7	808.5	846.4	880.5	881.6	889.0	892.6	910.1	921.7	934.7
芜 湖	1231.7	1228.5	1228.1	1224.9	1214.2	1216.7	1226.5	1213.7	1218.6	1219.9	1210.6	1181.0
宣 城	1144.2	1134.6	1113.2	1101.8	1104.1	1107.5	1118.8	1126.3	1130.2	1140.0	1149.0	1149.5
铜 陵	756.4	760.5	774.7	797.1	773.9	789.0	803.6	819.0	829.8	845.7	859.5	873.6
池 州	644.0	634.2	630.7	646.8	661.1	672.4	682.3	688.8	690.5	691.1	694.3	702.0
安 庆	1029.9	1044.3	1054.2	1060.5	1061.7	1065.5	1067.4	1070.0	1076.7	1075.9	1080.0	1080.5
黄 山	840.7	844.9	849.1	846.9	852.4	858.8	876.8	882.8	877.6	877.9	889.9	891.1
南 昌	1393.9	1355.9	1372.5	1377.6	1388.1	1409.9	1409.5	1432.9	1426.4	1423.3	1432.1	1472.5
九 江	1008.2	1021.9	1021.4	1038.6	1057.3	1062.7	1080.9	1104.3	1129.0	1127.6	1133.9	1136.6
景德镇	971.2	977.3	958.7	956.5	958.9	968.8	973.6	976.0	981.8	985.3	991.0	995.2
上 饶	1114.1	1122.5	1125.9	1125.9	1132.2	1149.9	1159.1	1167.5	1173.6	1177.6	1182.3	1184.0
鹰 潭	1067.4	1078.5	1098.1	1095.0	1100.5	1097.0	1110.5	1118.6	1119.6	1121.6	1116.0	1119.9
抚 州	1074.9	1082.4	1089.4	1082.5	1084.8	1089.0	1103.7	1100.9	1091.1	1088.6	1082.1	1088.4
新 余	967.7	976.4	979.3	979.3	976.9	969.1	981.7	990.6	999.3	1003.5	1010.3	1011.5
宜 春	1168.1	1179.8	1155.0	1137.7	1108.1	1113.6	1116.2	1126.1	1153.1	1154.9	1160.1	1157.4
萍 乡	1055.8	1071.1	1060.4	1060.4	1071.0	1065.0	1043.7	1037.7	1044.9	1050.2	1052.8	1047.4
吉 安	1185.6	1184.4	1177.3	1163.2	1126.0	1133.0	1137.1	1141.3	1138.0	1139.7	1148.1	1141.6
赣 州	1100.0	1105.8	1109.8	1095.4	1070.2	1096.4	1100.3	1106.1	1114.4	1117.4	1123.2	1091.8
郑 州	1508.1	1515.0	1482.4	1511.2	1550.3	1511.7	1495.3	1496.4	1515.8	1510.8	1512.3	1510.7
安 阳	997.8	993.8	995.8	1004.6	1004.6	1009.6	1030.8	1041.5	1057.1	1060.7	1071.1	1064.9
鹤 壁	1475.8	1517.9	1507.6	1554.5	1526.8	1442.7	1456.0	1436.9	1480.0	1535.5	1506.7	1545.6
濮 阳	1398.5	1425.2	1418.3	1402.8	1379.0	1326.1	1334.4	1355.2	1390.1	1406.4	1425.8	1438.1
新 乡	954.9	937.7	933.0	938.4	949.7	973.4	976.5	983.6	975.1	975.9	996.8	1000.3
焦 作	1441.0	1449.9	1440.1	1443.6	1427.0	1367.2	1390.4	1386.2	1418.7	1438.9	1453.9	1482.8
三门峡	1588.6	1582.5	1574.4	1558.0	1481.7	1447.8	1439.7	1419.6	1460.9	1484.7	1476.6	1512.5
开 封	1173.7	1195.6	1188.0	1198.1	1198.1	1183.0	1200.5	1218.1	1231.6	1239.3	1256.5	1279.3
洛 阳	1128.6	1138.6	1114.5	1134.0	1170.3	1181.8	1217.9	1246.7	1268.4	1299.9	1336.3	1340.2
商 丘	1111.2	1113.8	1098.4	1113.3	1127.1	1124.3	1153.2	1169.3	1193.1	1208.2	1231.4	1252.4
许 昌	1173.8	1178.8	1162.2	1183.2	1195.0	1176.0	1213.4	1250.5	1247.9	1252.2	1264.5	1281.4
平顶山	1143.1	1136.9	1157.4	1150.7	1138.6	1098.3	1132.7	1165.2	1180.1	1193.2	1203.5	1221.7
周 口	1445.0	1462.8	1488.8	1477.3	1458.1	1403.1	1413.9	1398.1	1418.4	1438.9	1430.9	1417.2
漯 河	1133.7	1145.7	1129.3	1144.2	1141.3	1103.2	1145.5	1195.2	1202.3	1220.4	1236.4	1268.1
南 阳	971.1	973.5	959.9	957.6	946.1	929.1	920.7	922.4	916.2	923.1	944.3	944.7

续表

城市	1月	2月	3月	4月	5月	6月	7月	8月	9月	10月	11月	12月
驻马店	1084.3	1107.7	1103.3	1122.1	1120.1	1087.1	1118.0	1158.1	1176.2	1187.1	1203.0	1223.3
信　阳	1384.7	1388.2	1350.2	1368.2	1338.8	1338.3	1354.4	1381.6	1391.7	1403.8	1384.1	1402.7
沈　阳	1109.8	1110.7	1129.3	1140.2	1169.5	1191.6	1231.5	1243.7	1259.7	1259.8	1281.1	1290.1
铁　岭	1267.6	1308.3	1335.1	1287.6	1241.8	1197.6	1156.5	1104.3	1072.4	1028.1	986.7	962.2
阜　新	1175.6	1199.3	1234.7	1238.7	1261.1	1284.9	1289.4	1308.5	1317.1	1367.5	1356.6	1354.1
抚　顺	945.4	946.3	943.5	934.4	938.2	938.2	934.6	932.6	918.2	918.9	914.3	900.8
朝　阳	1167.1	1226.0	1266.3	1321.5	1328.5	1314.8	1316.8	1309.6	1311.5	1303.8	1343.0	1362.5
本　溪	1006.5	1003.5	989.5	976.6	945.3	934.0	932.1	927.4	908.8	906.5	904.4	905.7
辽　阳	604.9	623.8	648.5	686.6	721.5	748.2	778.2	808.5	818.2	818.9	849.5	869.1
鞍　山	888.3	889.2	881.2	882.3	870.8	869.1	873.0	865.1	850.9	850.5	849.2	847.7
盘　锦	658.7	654.8	676.0	710.1	740.6	771.0	802.1	831.0	837.4	860.9	890.9	923.8
锦　州	811.9	771.5	725.5	687.7	650.1	623.8	621.4	620.4	617.9	592.1	594.9	601.2
葫芦岛	952.6	967.7	958.2	984.9	1014.6	1038.1	1049.5	1086.7	1096.6	1141.0	1159.5	1213.4
营　口	420.0	420.4	398.5	401.4	400.0	401.5	400.3	401.8	401.1	395.0	399.6	402.9
丹　东	918.9	897.8	900.5	895.5	898.5	912.3	906.8	908.3	888.9	890.3	884.1	884.1
大　连	1001.6	998.3	1009.7	1005.5	1017.1	1025.3	1022.3	1032.2	1020.8	1039.9	1046.1	1046.5
杭　州	1433.4	1460.6	1437.7	1446.3	1453.3	1466.1	1469.2	1488.2	1500.3	1498.3	1493.6	1467.7
湖　州	1101.9	1090.7	1114.1	1105.4	1113.9	1151.1	1137.1	1154.7	1179.4	1234.5	1235.1	1282.4
嘉　兴	1152.9	1109.9	1115.5	1160.3	1210.4	1228.2	1210.9	1182.7	1163.7	1173.2	1223.4	1179.1
绍　兴	1018.1	1037.9	1026.4	1050.9	1080.9	1125.2	1146.1	1178.4	1171.8	1172.7	1196.7	1208.7
舟　山	1126.9	1084.8	1127.0	1172.0	1218.7	1248.7	1211.3	1241.1	1281.5	1235.2	1287.7	1251.2
宁　波	1293.5	1296.6	1308.8	1335.4	1384.5	1395.3	1403.3	1416.0	1433.9	1433.3	1437.2	1458.7
金　华	1098.6	1100.7	1126.7	1133.2	1126.9	1134.4	1138.7	1141.2	1135.3	1137.0	1141.0	1142.4
衢　州	1063.0	1056.3	1079.7	1141.3	1082.4	1116.4	1144.5	1119.1	1114.5	1159.9	1192.3	1224.5
台　州	1017.1	990.0	987.0	975.5	965.2	999.7	1029.8	1062.2	1088.2	1094.4	1089.6	1081.3
丽　水	1053.3	1005.3	997.1	1025.5	1054.8	1029.4	1046.3	1012.5	1001.6	967.2	956.2	951.7
温　州	854.9	825.6	830.1	837.0	829.9	824.1	858.7	867.3	884.5	900.8	921.0	951.2
福　州	1797.8	1826.4	1840.3	1862.9	1885.3	1904.6	1909.7	1918.1	1937.4	1940.3	1950.7	1968.3
宁　德	1036.9	997.5	1002.5	1002.5	1007.5	1010.5	1016.6	1011.6	1018.6	1026.2	1031.9	1034.1
南　平	959.4	928.4	945.0	985.6	987.2	970.2	1008.3	1020.7	1031.1	1041.6	1053.8	1065.6
三　明	893.8	900.1	910.9	916.1	895.0	899.0	894.5	898.0	900.1	900.8	907.9	906.6
莆　田	834.2	793.7	832.8	799.0	817.5	846.9	841.9	836.5	843.8	850.1	867.7	872.4
龙　岩	1079.8	1095.1	1111.0	1124.8	1137.6	1149.1	1164.5	1177.1	1190.3	1203.8	1218.4	1231.1
泉　州	1188.4	1197.9	1181.2	1218.3	1216.7	1239.8	1267.1	1275.4	1284.7	1267.8	1249.4	1243.2
漳　州	1774.2	1792.3	1838.8	1853.8	1912.6	1977.6	2004.0	2021.7	2056.9	2074.8	2089.2	2098.8
厦　门	2238.9	2271.1	2248.0	2267.8	2272.3	2260.6	2282.3	2295.5	2343.7	2302.7	2267.9	2265.9

续表

城　市	1月	2月	3月	4月	5月	6月	7月	8月	9月	10月	11月	12月
西　安	1051.4	1066.3	1093.7	1123.8	1185.4	1183.9	1235.0	1280.2	1317.7	1341.4	1350.3	1322.9
榆　林	997.0	997.0	994.0	994.0	994.0	988.0	990.6	994.5	996.2	996.2	997.4	997.4
延　安	981.9	982.2	983.7	983.7	983.7	991.6	988.0	992.4	993.6	993.6	997.6	997.6
铜　川	1058.5	1058.6	1056.5	1056.5	1056.5	1048.6	1027.2	1018.5	1019.3	1019.3	1023.7	1023.7
渭　南	1026.4	1026.5	1021.4	1021.4	1030.6	1034.5	1037.6	1031.5	1033.0	1033.0	1046.2	1046.2
宝　鸡	1020.6	1020.7	1019.2	1019.2	1019.2	1016.9	1022.6	1026.4	1011.0	1011.0	1011.0	1011.0
咸　阳	1027.0	1027.1	1026.9	1008.4	1008.4	1011.9	1013.9	992.6	991.8	991.8	995.5	995.5
商　洛	1011.9	1011.9	1011.9	1011.9	1011.9	1013.9	1019.0	1024.4	1026.2	1026.2	1031.1	1031.1
汉　中	1053.0	1053.1	1053.1	1053.1	1055.7	1061.8	1070.8	1081.0	1069.6	1069.6	1077.7	1077.7
安　康	1028.8	1028.9	1025.6	1025.6	1025.6	1033.8	1041.6	1050.0	1050.0	1050.0	1060.7	1060.7
广　州	1630.8	1673.7	1690.8	1719.5	1745.6	1757.9	1762.2	1759.0	1712.6	1693.2	1701.7	1727.8
韶　关	1137.4	1145.0	1110.8	1130.3	1171.0	1198.1	1201.6	1174.0	1170.3	1197.0	1210.0	1256.7
梅　州	1306.3	1324.5	1300.5	1353.4	1416.1	1472.5	1479.3	1457.1	1492.6	1502.5	1505.1	1492.0
河　源	1067.4	1097.6	1037.2	1079.7	1128.7	1170.8	1199.3	1235.7	1232.8	1232.8	1232.8	1232.8
清　远	1208.1	1206.2	1262.2	1257.0	1325.6	1347.9	1348.3	1348.4	1350.5	1346.9	1352.3	1352.8
潮　州	1053.0	1032.4	1066.2	1094.3	1121.1	1129.7	1113.4	1165.8	1165.8	1165.8	1165.8	1170.3
揭　阳	1518.9	1466.0	1505.8	1534.2	1537.5	1575.9	1581.3	1554.0	1614.0	1688.4	1647.8	1596.7
汕　头	894.0	892.9	894.1	914.2	954.3	961.6	967.2	958.0	942.8	943.2	920.0	920.0
肇　庆	1044.2	1066.9	1060.8	1079.7	1107.5	1149.2	1204.7	1236.3	1228.0	1226.5	1234.7	1224.4
惠　州	1212.4	1225.5	1284.0	1287.3	1281.9	1295.1	1315.4	1334.9	1334.0	1333.1	1336.8	1343.9
佛　山	1682.6	1708.1	1743.1	1766.6	1790.4	1814.6	1839.1	1803.4	1774.8	1777.8	1729.9	1735.1
东　莞	1777.4	1796.6	1784.1	1810.9	1811.9	1795.9	1790.5	1806.4	1758.7	1771.8	1785.0	1800.7
云　浮	1307.4	1285.1	1316.5	1340.5	1355.0	1336.7	1375.6	1296.1	1341.6	1366.9	1392.0	1377.5
汕　尾	975.9	994.5	990.0	1020.2	1030.3	1046.4	1058.0	1006.5	1006.5	1028.1	1069.1	1069.1
江　门	1186.8	1199.1	1162.7	1221.3	1224.0	1242.2	1261.0	1301.1	1349.8	1363.9	1367.6	1368.4
中　山	1244.3	1214.0	1224.6	1258.1	1278.6	1349.4	1401.9	1411.0	1394.5	1391.3	1382.1	1351.1
深　圳	1800.3	1831.9	1854.5	1835.4	1853.6	1851.4	1854.1	1852.1	1857.5	1857.0	1805.8	1806.6
珠　海	1115.9	1158.8	1180.0	1248.4	1285.6	1321.9	1306.1	1316.8	1314.3	1336.5	1358.7	1356.2
阳　江	1125.0	1120.6	1106.6	1150.7	1144.8	1174.8	1204.1	1240.8	1245.7	1249.8	1252.4	1251.9
茂　名	1381.7	1373.0	1374.6	1420.2	1410.9	1475.4	1460.3	1385.3	1337.9	1375.6	1377.6	1378.5
湛　江	1127.9	1143.5	1164.1	1173.6	1192.1	1209.6	1259.3	1281.6	1302.3	1297.7	1308.8	1312.0
昆　明	1041.9	1053.9	1026.3	1018.0	1045.6	1072.6	1093.0	1098.5	1088.3	1103.7	1115.5	1153.1
昭　通	1629.0	1668.9	1692.8	1619.2	1574.7	1515.6	1520.1	1517.8	1493.5	1491.3	1469.7	1451.3
丽　江	1060.0	1070.6	1079.2	1088.4	1090.7	1096.8	1103.4	1110.2	1118.0	1123.9	1129.3	1137.7
曲　靖	1311.0	1261.2	1288.3	1337.3	1379.6	1378.2	1390.6	1402.4	1389.8	1389.1	1394.7	1393.3
保　山	1462.8	1518.4	1529.0	1571.8	1571.8	1560.0	1485.1	1443.5	1425.5	1369.9	1365.8	1326.2

续表

城　市	1月	2月	3月	4月	5月	6月	7月	8月	9月	10月	11月	12月
玉　溪	1408.4	1476.0	1489.3	1532.5	1499.6	1430.6	1359.8	1403.3	1394.9	1445.1	1480.5	1422.8
临　沧	1405.1	1356.6	1406.8	1474.3	1474.3	1478.7	1440.3	1390.6	1378.1	1383.6	1437.6	1424.7
普　洱	1914.5	1822.6	1769.7	1700.9	1633.7	1585.0	1529.5	1505.0	1420.7	1461.9	1448.0	1454.5
呼和浩特	928.9	947.0	960.6	962.6	944.5	954.1	980.3	991.8	995.4	996.4	1021.4	1043.6
呼伦贝尔	936.9	932.2	935.0	913.5	915.4	918.0	920.8	914.8	910.0	906.7	912.0	916.3
通　辽	1055.2	1013.0	1030.7	991.1	985.0	973.2	990.3	1015.1	999.3	1000.1	1002.5	1003.7
赤　峰	930.9	930.0	924.1	908.8	912.1	912.1	907.5	898.8	891.8	889.6	888.3	873.9
巴彦淖尔	954.3	953.3	950.4	955.6	930.8	909.0	913.5	915.6	897.3	896.9	895.6	890.4
乌兰察布	1083.1	1065.0	1090.8	1073.2	1064.1	1056.9	1021.7	1038.4	1040.5	1041.3	1045.6	1050.9
包　头	1094.5	1092.3	1089.0	1052.4	1045.4	1027.4	1033.3	1006.5	975.3	972.9	971.4	973.7
鄂尔多斯	986.1	971.3	967.4	945.1	933.8	910.4	917.2	912.4	901.5	901.3	896.3	898.2
乌　海	964.6	955.9	947.3	947.3	942.4	945.9	927.0	926.5	915.4	910.6	901.9	903.8
长　沙	1404.4	1424.1	1440.5	1466.7	1495.8	1480.6	1471.0	1469.1	1493.3	1479.3	1486.0	1456.7
岳　阳	1346.5	1306.7	1292.9	1330.4	1339.7	1346.9	1323.5	1308.0	1331.5	1279.0	1293.4	1294.7
张家界	1063.2	1072.1	1074.8	1074.8	1073.2	1077.0	1083.2	1089.5	1092.1	1092.1	1093.6	1093.6
常　德	1204.7	1166.9	1159.2	1190.6	1215.4	1224.1	1224.1	1226.9	1226.2	1226.2	1222.0	1222.0
益　阳	1212.0	1204.7	1205.3	1205.3	1181.2	1184.7	1187.5	1195.8	1193.6	1193.6	1187.3	1187.3
湘　潭	1319.0	1320.3	1325.3	1325.3	1322.6	1333.2	1309.9	1318.7	1308.8	1308.8	1308.8	1308.8
株　洲	1272.8	1311.8	1309.2	1309.7	1338.5	1364.4	1401.3	1411.2	1406.6	1415.1	1412.3	1412.3
娄　底	978.0	979.0	969.2	969.2	972.1	968.4	966.5	972.6	969.7	969.7	969.7	969.7
怀　化	1132.0	1104.8	1104.8	1104.8	1097.8	1102.0	1109.4	1106.8	1104.9	1104.9	1099.5	1099.5
邵　阳	1117.3	1126.2	1127.5	1127.5	1117.9	1118.5	1114.0	1115.2	1116.3	1116.3	1119.0	1119.0
衡　阳	1062.2	1059.0	1059.0	1051.4	1051.4	1064.0	1068.0	1056.7	1058.3	1058.3	1061.9	1061.9
永　州	1038.2	1043.1	1035.3	1035.3	1035.3	1037.4	1040.0	1041.6	1043.1	1043.1	1046.3	1046.3
郴　州	1404.7	1407.5	1401.9	1401.9	1352.8	1347.6	1334.3	1313.2	1309.5	1309.5	1309.5	1309.5
乌鲁木齐	1004.3	1010.0	1016.6	1037.2	1043.9	1057.7	1061.9	1081.4	1106.9	1139.4	1143.7	1153.4
克拉玛依	1305.8	1312.7	1323.6	1294.5	1301.1	1311.8	1318.5	1304.3	1305.9	1317.1	1298.1	1302.3
太　原	1140.3	1123.1	1117.7	1118.4	1125.6	1138.8	1146.3	1172.0	1211.5	1224.0	1254.5	1268.0
大　同	1104.5	1104.5	1104.5	1098.6	1092.8	1087.0	1090.2	1078.3	1078.3	1079.8	1079.8	1079.8
朔　州	1032.8	1008.0	999.0	991.0	966.2	961.4	953.2	954.9	952.4	965.4	962.6	965.6
忻　州	930.9	926.2	923.4	925.9	930.5	921.2	926.4	929.5	923.9	921.3	913.6	916.2
阳　泉	976.4	968.6	963.8	944.5	911.4	919.6	925.3	931.4	928.0	926.8	929.2	928.0
晋　中	983.6	993.0	995.8	989.3	985.8	982.1	985.6	989.6	987.6	988.9	991.4	997.1
吕　梁	963.1	972.7	963.9	957.6	958.6	952.0	937.7	946.9	941.6	942.2	938.8	940.8
长　治	1025.4	1014.1	1011.1	1005.0	1001.5	1001.5	999.2	1005.9	1000.3	1000.8	991.2	1005.1
临　汾	916.1	908.8	915.9	910.8	918.5	923.8	918.3	926.4	924.1	925.8	927.1	932.5

续表

城　市	1月	2月	3月	4月	5月	6月	7月	8月	9月	10月	11月	12月
晋　城	977.7	997.4	1000.9	997.3	1002.9	1004.1	1011.1	1014.9	1023.9	1025.4	1029.3	1020.3
运　城	1132.3	1132.3	1132.3	1121.5	1110.8	1100.2	1104.4	1107.7	1107.7	1111.5	1111.5	1111.5
哈尔滨	996.2	1005.8	1009.3	1000.5	991.5	993.2	1002.1	1009.8	1012.7	1017.2	1020.9	1025.1
黑　河	1024.8	1021.3	1018.2	1003.9	988.8	968.3	964.8	959.8	946.4	944.7	946.0	948.9
伊　春	1097.9	1061.0	1049.3	1017.8	1000.5	1003.5	980.4	984.5	982.1	979.9	985.6	985.6
齐齐哈尔	1117.6	1089.7	1084.3	1069.1	1043.4	1051.6	1043.7	1029.6	1040.9	1053.5	1055.9	1057.4
鹤　岗	1023.4	1015.9	1006.8	1003.6	980.5	961.9	956.1	950.1	948.3	948.8	949.9	952.2
佳木斯	1029.5	1035.3	1026.0	1004.5	998.7	992.9	980.0	985.4	983.4	982.8	973.5	971.8
双鸭山	953.9	944.1	933.7	933.7	928.8	928.8	920.4	916.2	910.8	909.8	904.4	905.5
绥　化	1046.9	1067.8	1071.0	1071.0	1076.4	1085.5	1066.0	1061.7	1059.5	1057.0	1060.7	1062.9
大　庆	914.4	919.0	914.4	922.4	922.4	919.0	910.3	912.6	908.2	909.8	905.3	905.3
七台河	928.4	920.0	909.0	911.7	888.9	892.1	899.2	898.3	884.3	878.8	881.0	879.4
鸡　西	983.0	995.4	986.9	980.1	956.6	951.8	945.1	941.4	930.1	928.9	925.6	927.6
牡丹江	1053.0	1085.3	1042.3	1040.2	1057.7	1042.1	1019.0	1040.3	994.1	972.0	988.9	957.8
淄　博	1055.3	1017.7	1019.7	1032.6	1061.6	1060.1	1060.1	1065.5	1080.4	1089.8	1103.4	1100.4
潍　坊	1002.3	1014.3	1001.1	1013.1	1017.2	1046.2	1054.4	1064.3	1068.7	1069.6	1078.4	1085.2
聊　城	1129.0	1140.5	1137.6	1129.8	1132.6	1132.7	1122.5	1131.4	1138.2	1144.2	1145.9	1147.8
泰　安	1093.8	1077.4	1085.5	1088.8	1095.7	1101.8	1112.4	1112.2	1120.4	1124.0	1131.8	1133.4
莱　芜	1021.8	1018.7	1020.7	1017.8	1019.3	1022.2	1034.5	1039.1	1057.8	1063.4	1064.9	1055.6
青　岛	1290.7	1311.0	1350.0	1399.2	1433.0	1507.2	1554.2	1585.6	1617.0	1640.4	1677.9	1692.6
日　照	1136.0	1112.9	1128.8	1161.4	1124.8	1138.0	1136.1	1112.0	1152.8	1196.4	1199.7	1196.9
济　宁	1205.7	1218.8	1199.3	1197.5	1204.2	1199.6	1199.6	1209.7	1208.2	1210.0	1211.7	1200.2
菏　泽	1146.4	1141.8	1143.5	1128.6	1132.7	1142.3	1145.7	1141.6	1139.5	1142.3	1147.4	1157.2
临　沂	1225.5	1214.5	1197.5	1179.5	1185.4	1187.6	1194.7	1190.3	1192.7	1194.8	1196.6	1196.6
枣　庄	1284.0	1289.8	1257.6	1249.4	1218.2	1220.6	1224.5	1227.0	1236.8	1247.5	1253.7	1250.4
济　南	1569.1	1585.2	1592.0	1609.6	1612.4	1610.9	1609.7	1627.1	1633.9	1639.2	1608.5	1577.8
德　州	1163.4	1156.4	1160.8	1163.1	1167.1	1173.2	1182.6	1185.2	1192.1	1196.6	1190.6	1193.5
滨　州	1135.2	1143.1	1136.7	1137.0	1140.0	1147.4	1162.3	1151.1	1167.2	1180.4	1178.7	1185.4
东　营	952.6	946.9	941.2	944.8	915.5	900.1	892.0	894.7	875.9	875.7	871.3	874.1
烟　台	1162.6	1173.4	1176.9	1146.0	1159.3	1158.3	1171.7	1193.6	1241.8	1228.7	1232.0	1239.2
威　海	1007.7	982.5	970.7	976.5	979.6	1013.6	1022.7	1027.3	1032.3	1033.1	1048.1	1048.1
武　汉	1885.1	1909.9	1897.8	1908.0	1963.3	2008.5	2045.5	2065.0	2112.5	2135.6	2144.0	2164.4
十　堰	1198.6	1237.7	1259.0	1236.5	1230.9	1268.6	1267.1	1274.8	1320.1	1321.2	1331.1	1365.2
襄　阳	1311.8	1247.6	1248.5	1235.8	1224.7	1255.8	1262.7	1192.2	1228.7	1274.9	1305.8	1259.5
随　州	1333.2	1362.9	1415.2	1331.8	1332.5	1356.8	1349.3	1383.2	1411.0	1409.9	1410.6	1439.0
荆　门	1256.2	1192.8	1235.7	1171.4	1165.0	1212.6	1173.3	1182.2	1227.4	1214.5	1233.3	1286.5

续表

城市	1月	2月	3月	4月	5月	6月	7月	8月	9月	10月	11月	12月
孝感	1120.8	1150.4	1169.2	1110.4	1175.0	1205.3	1153.8	1216.5	1260.1	1252.4	1302.2	1318.0
宜昌	1209.0	1164.2	1173.2	1191.8	1196.2	1197.3	1175.6	1189.7	1208.1	1217.5	1227.7	1236.3
黄冈	1205.6	1233.6	1258.4	1226.7	1224.7	1262.1	1257.7	1260.8	1276.6	1289.7	1316.1	1341.8
鄂州	1512.6	1533.2	1515.3	1548.3	1550.8	1539.2	1516.6	1540.3	1541.2	1549.0	1590.5	1602.6
荆州	930.5	933.1	930.9	943.8	941.5	975.0	968.4	991.5	1034.3	1067.9	1106.1	1129.9
黄石	1096.6	1093.8	1103.6	1107.1	1095.5	1102.9	1108.4	1144.3	1178.0	1115.0	1117.5	1129.2
咸宁	1146.7	1140.7	1139.1	1119.0	1170.5	1194.5	1125.8	1121.3	1147.1	1199.9	1169.2	1225.5
长春	1165.5	1174.3	1185.7	1198.6	1199.6	1208.4	1235.1	1262.1	1261.8	1262.8	1280.8	1291.2
白城	1214.3	1217.8	1215.6	1241.2	1255.0	1280.2	1294.5	1301.6	1307.8	1343.8	1330.5	1356.8
松原	1098.1	1077.2	1064.9	1066.4	1099.9	1123.4	1127.9	1155.3	1167.9	1214.7	1243.9	1265.4
吉林	1031.4	1018.4	1033.2	1007.4	1010.4	1022.6	1029.8	1038.5	1053.6	1055.2	1059.6	1063.9
四平	1305.2	1305.7	1311.3	1291.8	1317.8	1361.7	1348.4	1348.0	1344.3	1362.4	1342.9	1370.3
辽源	957.2	948.3	949.2	959.6	978.6	960.0	969.3	978.9	1011.3	1033.4	1065.1	1064.1
白山	1233.7	1236.0	1223.4	1236.7	1247.7	1271.3	1294.4	1298.4	1311.0	1338.1	1331.5	1335.4
通化	1122.4	1125.0	1116.6	1114.9	1117.9	1118.7	1130.0	1142.3	1143.1	1165.2	1203.8	1217.4
西宁	1081.2	1082.1	1074.5	1085.3	1081.5	1085.7	1087.6	1099.5	1106.2	1109.9	1117.4	1139.0
拉萨	1244.2	1251.5	1256.0	1247.1	1253.2	1242.5	1247.3	1250.2	1253.8	1259.1	1261.0	1262.6
海口	1227.3	1270.4	1338.2	1370.1	1396.4	1415.1	1462.3	1473.5	1499.7	1520.2	1532.0	1552.3
三亚	1040.6	1040.6	1064.5	1089.0	1089.0	1089.0	1038.5	1039.5	1025.3	1031.2	1063.1	1076.9
银川	996.5	1006.8	1000.8	1010.3	1013.3	1007.6	1007.8	1017.7	1051.3	1060.4	1068.8	1071.8
石嘴山	1007.3	984.1	969.3	954.8	953.4	953.4	942.0	940.0	930.4	947.3	948.6	964.7
吴忠	1148.3	1144.9	1124.5	1104.4	1097.6	1104.7	1094.8	1074.9	1094.4	1095.3	1134.4	1136.8
中卫	954.6	950.8	931.8	931.8	902.0	902.0	904.7	907.0	921.5	924.9	915.5	910.6
固原	933.9	935.8	930.2	910.7	906.1	909.5	904.0	902.0	909.2	913.0	916.2	902.5
兰州	1010.2	1031.9	1045.1	1061.0	1054.2	1050.8	1064.7	1070.5	1078.8	1083.6	1097.1	1102.7
嘉峪关	955.7	948.1	941.0	949.5	950.9	945.0	949.7	950.0	957.8	960.5	955.6	950.6
酒泉	915.1	924.6	908.0	905.9	912.1	898.1	900.8	903.9	898.0	899.9	901.2	905.2
张掖	970.1	962.3	956.5	943.1	948.8	942.6	939.6	946.0	940.9	941.7	931.6	909.2
金昌	961.1	955.3	959.5	958.1	955.2	953.6	941.2	937.9	942.1	943.3	944.6	947.2
武威	948.1	943.4	934.9	916.2	913.9	917.8	901.7	900.5	896.3	897.6	883.5	886.0
白银	929.7	918.2	913.6	907.8	902.7	861.4	869.0	875.5	875.5	878.5	877.2	878.8
庆阳	1005.1	1002.1	995.1	970.2	966.7	960.0	955.2	947.6	946.4	947.2	955.0	956.4
平凉	945.0	951.9	955.2	955.2	958.1	959.9	950.3	948.1	943.8	943.1	945.5	947.8
定西	960.6	952.9	948.1	926.3	928.2	916.6	927.6	922.2	925.0	925.7	932.2	934.4
天水	920.7	929.0	917.6	908.4	910.9	903.0	891.3	885.3	908.5	912.3	915.4	913.3
陇南	906.7	874.1	875.8	870.3	872.0	882.9	876.7	869.3	863.2	861.9	863.1	864.3

续表

城 市	1月	2月	3月	4月	5月	6月	7月	8月	9月	10月	11月	12月
贵 阳	1086.4	1090.8	1125.3	1135.5	1163.9	1163.7	1172.7	1203.2	1210.3	1212.4	1225.9	1220.6
遵 义	939.1	940.4	946.0	939.9	915.8	913.1	903.1	903.7	901.2	893.4	906.4	908.5
六盘水	1010.2	1008.2	999.1	996.0	989.6	993.4	985.7	984.0	989.1	990.9	994.4	995.9
安 顺	1005.3	1030.4	1010.4	981.0	979.8	969.3	988.7	984.3	965.4	1003.3	1042.6	1083.5
毕 节	929.5	924.9	916.0	910.0	915.2	910.9	913.6	904.2	906.6	904.3	902.2	903.6
铜 仁	945.8	946.7	939.1	932.5	937.7	945.7	940.0	937.1	928.8	926.6	928.3	925.4
成 都	1199.8	1195.1	1199.0	1220.6	1288.2	1321.6	1333.1	1337.0	1345.1	1353.9	1375.8	1389.2
广 元	997.2	1007.7	1004.7	1009.9	1012.4	1015.9	1023.0	1026.3	1019.6	1039.0	1045.5	1021.5
巴 中	1033.5	1041.4	1048.4	1049.7	1051.3	1052.5	1061.8	1071.5	1082.4	1095.1	1105.7	1116.2
绵 阳	1053.3	1053.3	1053.3	1053.3	1053.3	1053.3	1053.3	1053.3	1053.3	1053.3	1053.3	1053.3
德 阳	969.8	967.9	966.7	954.1	957.4	966.6	961.5	958.4	955.7	958.4	961.3	966.6
达 州	948.8	945.0	948.3	960.2	965.3	974.0	985.7	982.5	980.1	984.6	982.6	997.9
南 充	1217.1	1229.5	1230.1	1232.3	1234.9	1236.0	1238.6	1241.0	1243.6	1256.5	1269.9	1283.2
遂 宁	957.0	968.2	976.5	978.7	977.9	977.6	988.6	1000.0	1011.8	1025.8	1038.0	1049.9
广 安	1261.2	1263.3	1268.0	1275.2	1278.6	1284.6	1289.6	1294.9	1300.1	1307.3	1314.1	1320.5
资 阳	1127.8	1079.1	1087.8	1091.4	1095.9	1103.7	1113.1	1124.1	1135.5	1139.0	1142.8	1147.0
眉 山	940.2	934.6	926.2	929.0	925.7	928.0	916.9	917.8	915.9	922.0	929.0	931.2
雅 安	1111.8	1112.2	1142.9	1134.0	1137.3	1140.5	1161.9	1183.6	1205.0	1219.1	1231.5	1243.8
内 江	944.1	913.9	900.2	892.1	887.5	885.7	876.8	877.2	876.1	882.7	895.1	898.2
乐 山	1031.2	1038.4	1025.9	1019.9	1016.6	1004.4	1010.4	1011.3	1007.1	1012.4	1016.4	1006.4
自 贡	968.7	973.5	961.8	941.6	944.4	937.8	935.9	928.4	925.7	929.1	922.3	924.6
泸 州	913.3	922.6	924.4	929.9	927.6	921.3	918.5	924.1	921.5	923.2	925.6	927.8
宜 宾	989.9	984.0	968.3	962.5	942.3	953.6	938.7	942.9	934.5	942.6	946.8	950.2
攀枝花	1000.9	978.9	996.6	1008.8	1012.3	1014.8	1024.0	1034.1	1044.1	1051.9	1058.9	1065.4
南 宁	1319.9	1340.3	1343.8	1376.2	1406.2	1421.6	1455.8	1483.8	1493.1	1498.5	1507.4	1517.4
桂 林	974.1	971.8	971.6	960.5	957.4	940.9	952.5	965.7	966.9	971.2	1018.4	1044.0
河 池	929.2	930.7	935.3	940.7	948.2	954.9	953.8	956.5	969.2	972.5	983.9	987.8
贺 州	974.8	996.4	1017.2	1017.2	1017.2	1014.1	1014.1	1012.2	1014.5	1017.0	1017.0	1030.2
柳 州	1041.8	1048.1	1039.7	1048.7	1042.1	1040.5	1030.1	1037.8	1040.7	1042.6	1051.4	1055.8
百 色	1103.9	1129.4	1095.6	1093.2	1097.4	1111.9	1118.2	1129.3	1137.3	1145.8	1145.8	1145.8
来 宾	972.4	978.4	989.7	989.7	989.7	983.8	983.8	983.8	983.8	987.9	1004.0	1004.0
梧 州	944.6	916.0	900.7	925.7	925.7	920.1	914.2	915.8	917.4	918.4	913.8	938.5
贵 港	895.0	916.7	944.2	968.2	975.6	978.7	994.2	977.9	987.9	976.0	959.0	967.5
玉 林	879.6	893.6	902.4	902.0	903.6	913.3	922.0	942.7	944.4	955.8	964.3	968.9
崇 左	1081.9	1081.9	1081.9	1081.9	1081.9	1085.7	1085.7	1085.7	1091.3	1092.4	1090.2	1097.8
钦 州	806.9	811.6	811.6	795.0	805.6	804.1	798.4	805.0	797.4	801.6	798.7	805.3
防城港	730.7	739.2	723.3	736.5	737.8	746.2	758.1	769.0	762.8	763.4	767.7	769.1
北 海	1109.0	1118.8	1110.2	1114.1	1124.3	1136.0	1137.7	1158.2	1150.4	1148.7	1154.2	1175.5

数据来源：中国房地产测评中心。

（四）中国城市住房（二手房）价格60指数

表5－130　2017年中国城市住房（二手房）价格60指数

城　市	1月	2月	3月	4月	5月	6月	7月	8月	9月	10月	11月	12月
上　海	1653.1	1651.9	1659.4	1687.2	1715.7	1719.6	1739.1	1757.8	1772.5	1771.9	1763.0	1759.7
北　京	1859.5	1871.8	1889.3	1909.9	1906.1	1917.4	1890.8	1886.0	1882.3	1878.7	1865.9	1851.8
广　州	1497.6	1504.6	1520.5	1555.5	1600.6	1645.3	1673.1	1673.0	1668.9	1663.2	1668.2	1669.2
深　圳	1613.4	1610.7	1595.8	1593.1	1625.8	1625.4	1635.5	1639.2	1678.0	1684.2	1688.4	1692.4
济　南	1301.9	1307.5	1314.3	1346.1	1378.6	1395.5	1395.3	1418.9	1450.5	1462.6	1474.2	1485.1
郑　州	1380.4	1381.1	1387.7	1404.9	1421.7	1421.5	1421.4	1421.2	1443.3	1445.1	1444.8	1446.5
重　庆	1169.1	1178.9	1188.4	1213.9	1248.7	1276.5	1305.0	1328.2	1348.2	1346.4	1355.4	1355.7
大　连	988.3	991.6	992.1	993.9	1002.4	1005.1	1004.8	998.9	998.8	993.8	1002.3	1012.7
杭　州	1201.0	1210.6	1216.6	1232.6	1250.8	1268.7	1292.6	1329.4	1359.3	1349.8	1351.6	1356.2
成　都	1241.9	1249.8	1258.7	1284.1	1314.6	1335.2	1346.7	1347.0	1359.2	1394.4	1452.4	1506.6
昆　明	1027.5	1027.2	1027.0	1026.1	1023.6	1032.0	1037.3	1048.0	1056.1	1063.3	1073.5	1082.1
武　汉	1483.8	1504.5	1523.5	1539.6	1564.8	1597.5	1643.1	1685.7	1740.7	1754.2	1767.0	1778.3
天　津	1468.7	1485.0	1498.5	1533.8	1562.2	1554.8	1582.0	1596.6	1617.6	1608.4	1577.3	1541.9
南　京	1559.0	1563.8	1570.8	1574.9	1600.5	1600.3	1631.8	1659.4	1683.0	1688.3	1699.7	1694.7
长　春	1129.1	1128.9	1127.7	1131.2	1132.9	1137.9	1168.7	1199.2	1202.1	1204.2	1217.3	1228.3
长　沙	1093.6	1102.7	1111.4	1139.6	1171.8	1193.8	1193.0	1199.8	1225.0	1232.9	1244.8	1251.7
常　州	1100.8	1104.0	1107.6	1118.7	1142.5	1173.0	1207.9	1235.9	1263.2	1265.1	1279.0	1285.3
东　莞	1424.6	1423.7	1418.6	1422.2	1458.0	1475.9	1483.2	1512.3	1525.9	1534.6	1560.2	1577.2
佛　山	1191.0	1195.0	1197.1	1227.6	1268.6	1302.9	1344.7	1359.7	1364.7	1370.8	1372.2	1366.3
福　州	1399.9	1407.3	1415.6	1449.6	1495.5	1534.8	1562.5	1585.4	1621.4	1639.0	1652.7	1647.6
赣　州	1049.0	1047.4	1047.1	1062.5	1062.4	1088.8	1090.8	1087.0	1093.7	1099.1	1108.6	1115.2
贵　阳	1061.4	1061.9	1062.5	1074.9	1092.9	1092.8	1105.2	1135.4	1150.4	1164.8	1178.2	1196.1
哈尔滨	996.5	992.6	991.5	996.7	1003.0	1002.0	997.5	997.2	1000.1	1003.8	1014.4	1024.9
海　口	984.4	981.5	981.3	1012.5	1040.0	1067.7	1108.0	1140.0	1168.0	1199.5	1252.2	1257.2
合　肥	1640.7	1633.0	1629.4	1651.2	1650.8	1682.5	1702.5	1726.8	1748.5	1762.3	1759.0	1758.0
呼和浩特	1011.4	1011.7	1013.5	1005.1	1006.9	1006.7	1009.4	1009.3	1009.1	1008.9	1028.6	1049.6
柳　州	1059.3	1058.2	1057.3	1056.2	1054.7	1054.3	1054.2	1053.4	1031.9	1025.0	1034.2	1040.9
洛　阳	1058.0	1059.4	1063.7	1072.0	1086.4	1102.6	1122.0	1139.6	1163.7	1156.1	1179.0	1190.0
南　昌	1225.5	1234.8	1242.8	1247.7	1261.2	1282.8	1288.1	1312.2	1318.4	1324.7	1330.4	1336.4
南　宁	1140.9	1143.6	1146.7	1159.8	1187.3	1203.9	1241.9	1276.2	1297.9	1303.6	1324.4	1335.3
宁　波	1081.5	1086.9	1094.3	1105.8	1130.2	1148.1	1166.2	1184.7	1212.1	1211.1	1225.8	1237.0
青　岛	1210.0	1222.8	1241.4	1284.5	1318.5	1338.0	1379.4	1423.9	1457.9	1463.4	1471.4	1483.4
沈　阳	999.4	999.3	1000.5	1004.7	1017.4	1029.6	1049.9	1047.4	1071.3	1073.5	1090.8	1094.0
石家庄	1578.0	1587.1	1602.7	1608.7	1608.6	1618.6	1613.6	1602.8	1586.5	1580.8	1560.0	1537.1
苏　州	1594.1	1591.3	1597.0	1599.7	1607.2	1617.4	1614.4	1614.2	1614.0	1621.4	1619.9	1622.8

续表

城市	1月	2月	3月	4月	5月	6月	7月	8月	9月	10月	11月	12月
太原	1100.8	1099.7	1099.5	1104.5	1104.4	1116.1	1124.2	1154.7	1185.0	1194.7	1214.4	1229.5
泰州	1114.7	1118.8	1126.3	1119.3	1131.2	1144.4	1158.1	1196.3	1210.8	1223.6	1233.7	1233.6
唐山	1021.0	1025.1	1026.0	1019.5	1018.3	1015.3	1015.2	1015.1	1021.0	1017.1	1009.3	1005.0
无锡	1191.0	1189.1	1188.9	1188.3	1207.1	1231.8	1257.4	1266.3	1283.2	1288.2	1286.8	1294.4
芜湖	987.0	985.3	975.2	975.1	980.0	1000.5	1015.7	1023.6	1049.9	1054.5	1068.6	1083.0
西安	1027.4	1030.2	1035.7	1062.9	1091.2	1110.4	1147.2	1160.0	1195.3	1204.0	1246.2	1263.2
厦门	1688.1	1696.0	1704.0	1741.4	1790.5	1822.1	1863.2	1900.3	1956.4	1963.5	1958.4	1946.6
徐州	1082.5	1086.0	1087.6	1092.4	1103.3	1134.4	1164.4	1200.9	1231.8	1223.9	1220.5	1209.8
扬州	1146.5	1146.4	1150.0	1142.8	1142.8	1150.0	1152.1	1152.0	1147.3	1138.4	1154.2	1162.0
珠海	1425.8	1425.7	1427.8	1427.0	1425.8	1422.0	1408.7	1403.3	1401.9	1414.3	1439.0	1444.4
咸阳	986.3	985.8	985.7	992.7	1000.2	998.3	998.2	1004.3	1000.4	998.3	1016.9	1038.7
包头	862.8	860.8	859.7	865.4	872.2	879.3	882.2	892.8	894.6	895.8	898.5	901.9
衡阳	879.5	879.0	878.9	884.9	899.1	910.5	919.2	928.8	932.9	942.3	950.1	959.6
乌鲁木齐	1396.1	1402.1	1405.8	1412.4	1410.9	1417.1	1417.4	1417.6	1420.8	1426.0	1443.8	1451.6
大同	898.7	895.4	888.1	889.4	892.2	908.5	908.4	909.4	909.3	909.2	919.4	923.7
齐齐哈尔	919.2	918.9	913.2	916.5	921.5	921.3	931.3	931.2	931.1	932.8	934.5	934.6
宜昌	1143.9	1147.9	1152.4	1154.2	1167.2	1187.8	1186.6	1198.5	1222.4	1222.8	1231.3	1244.1
西宁	1029.7	1021.4	1021.8	1014.2	1014.1	1014.0	1016.4	1041.1	1045.2	1035.9	1036.3	1048.9
拉萨	1168.1	1168.2	1168.8	1188.6	1197.7	1199.1	1201.6	1219.4	1225.7	1221.4	1242.2	1245.7
三亚	1058.1	1056.5	1055.8	1082.0	1097.1	1104.6	1096.7	1082.7	1082.2	1091.8	1109.2	1121.4
银川	1025.7	1025.2	1028.0	1023.7	1023.1	1022.1	1021.7	1021.0	1010.0	992.9	992.8	991.6
兰州	1160.9	1166.8	1168.7	1166.3	1165.7	1158.0	1159.7	1160.6	1159.6	1158.2	1165.1	1164.8
天水	908.9	908.7	908.6	904.6	904.5	904.4	904.3	904.2	894.4	898.6	903.1	902.9
绵阳	1003.7	1011.3	1011.8	1008.5	1008.4	1012.9	1022.4	1040.1	1038.2	1024.7	1033.7	1041.2
北海	970.5	969.8	965.4	965.3	978.3	1008.6	1022.3	1035.0	1035.5	1032.0	1041.1	1028.5

数据来源：中国房地产测评中心。

Ⅵ.企 业 篇

导　读

本篇第一部分是由中国房地产业协会和中国房地产测评中心联合发布的2017—2018年中国房地产开发行业三个重要的测评榜单及榜单分析。第二部分是沃顿商学院最新的中国房地产十大案例。第三部分是第七届“广厦奖”获奖名单。第四部分收录中国部分优秀房地产开发企业的情况，以及展示2017年的经营情况和重要财务数据信息。

一、2017—2018 年度中国房地产开发企业测评榜及分析

（一）2018 年中国房地产开发企业 500 强测评

发布机构：中国房地产业协会　上海易居房地产研究院中国房地产测评中心

发布时间：2018 年 3 月 21 日

发布地点：北京

1. 测评榜单（见表 6－1）

表 6－1　　2018 中国房地产开发企业 500 强榜单

2018 年排名	企业名称	2018 年排名	企业名称
1	恒大集团	28	融侨集团股份有限公司
2	碧桂园控股有限公司	29	龙光地产控股有限公司
3	万科企业股份有限公司	30	路劲地产集团有限公司
4	保利房地产（集团）股份有限公司	31	远洋地产控股有限公司
5	融创中国控股有限公司	32	祥生地产集团有限公司
6	绿地控股集团有限公司	33	佳兆业集团控股有限公司
7	中国海外发展有限公司	34	时代中国
8	龙湖地产有限公司	35	上海中建东孚投资发展有限公司
9	华夏幸福基业股份有限公司	36	金辉集团股份有限公司
10	广州富力地产股份有限公司	37	禹洲集团
11	华润置地有限公司	38	浙江佳源房地产集团有限公司
12	金地（集团）股份有限公司	38	宝龙地产控股有限公司
13	新城控股集团股份有限公司	39	建发房地产集团有限公司
14	绿城房地产集团有限公司	40	福晟集团
15	旭辉集团股份有限公司	41	建业住宅集团（中国）有限公司
16	招商局蛇口工业区控股股份有限公司	42	合景泰富地产控股有限公司
17	世茂房地产控股有限公司	43	奥园集团有限公司
18	雅居乐地产控股有限公司	44	厦门中骏集团有限公司
19	中南置地	44	卓越置业集团有限公司
20	正荣地产控股股份有限公司	45	美的置业集团有限公司
21	金科地产集团股份有限公司	46	广东海伦堡地产集团有限公司
22	融信（福建）投资集团有限公司	47	新力地产有限公司
23	泰禾集团股份有限公司	48	红星地产
24	荣盛房地产发展股份有限公司	49	正商地产
25	上海中梁地产集团有限公司	49	俊发集团有限公司
26	四川蓝光发展股份有限公司	50	隆基泰和置业有限公司
27	阳光城集团股份有限公司	51	首创置业股份有限公司
27	中国铁建房地产集团有限公司	52	联发集团有限公司

续表

2018 年排　名	企业名称	2018 年排　名	企业名称
53	中国电建地产集团有限公司	87	荣和集团
54	北京首都开发控股（集团）有限公司	88	国贸地产集团有限公司
55	中国金茂控股集团有限公司	89	深圳市益田集团股份有限公司
56	复地（集团）股份有限公司	90	保集控股集团
57	北大资源集团	91	上海三盛宏业投资（集团）有限责任公司
58	东原集团	91	安徽省恒泰房地产开发有限责任公司
59	朗诗集团股份有限公司	92	青岛海尔地产集团有限公司
60	广州市敏捷投资有限公司	93	重庆新鸥鹏地产（集团）有限公司
61	仁恒置地有限公司	94	广东珠江投资股份有限公司
62	中庚地产实业集团有限公司	95	重庆爱普地产（集团）有限公司
63	重庆协信远创实业有限公司	96	国瑞置业有限公司
63	景瑞地产（集团）有限公司	97	天山房地产开发集团有限公司
64	三盛集团	98	龙记地产集团
65	华鸿嘉信地产集团	98	名门地产（河南）有限公司
66	鑫苑中国	99	中迪禾邦集团有限公司
67	北京鸿坤伟业房地产开发有限公司	100	郑州绿都地产集团股份有限公司
68	文一地产有限公司	101	杭州滨江房产集团股份有限公司
69	国购投资有限公司	102	越秀地产股份有限公司
70	上海升龙投资集团有限公司	103	中冶置业集团有限公司
71	大华（集团）有限公司	104	北京金隅股份有限公司
72	重庆华宇集团有限公司	105	金融街控股股份有限公司
73	中粮地产（集团）股份有限公司	106	领地集团有限公司
73	珠海华发实业股份有限公司	107	和昌集团
74	花样年集团（中国）有限公司	108	鸿荣源房地产开发有限公司
75	北京北辰实业股份有限公司	109	中锐地产集团
76	石榴置业集团股份有限公司	110	桂林彰泰实业集团有限公司
77	弘阳地产	111	力高地产集团有限公司
78	中昂地产（集团）有限公司	112	光明房地产集团股份有限公司
79	实地集团	113	中天城投集团股份有限公司
80	当代节能置业股份有限公司	114	明发集团有限公司
81	广州市方圆房地产发展有限公司	115	信达地产股份有限公司
82	福州高佳房地产开发有限公司	116	北京城建投资发展股份有限公司
83	利嘉实业（福建）集团有限公司	117	上海实业城市开发集团有限公司
84	康桥集团	118	广东方直集团有限公司
85	四川新希望房地产开发有限公司	119	杭州澳海控股有限公司
86	星河控股集团	120	新湖中宝股份有限公司
87	星河湾集团有限公司	121	天津市房地产发展（集团）股份有限公司

续表

2018 年排名	企业名称	2018 年排名	企业名称
122	深圳市中洲投资控股股份有限公司	159	苏州新区高新技术产业股份有限公司
123	四川邦泰集团	160	杭州宋都房地产集团有限公司
124	阳光 100 集团有限公司	161	深圳市新南山控股（集团）股份有限公司
125	鲁商置业股份有限公司	162	大家房产有限公司
126	大唐房地产集团有限公司	163	安徽华地置业有限公司
127	中国葛洲坝集团房地产开发有限公司	164	武汉联投置业有限公司
128	亿达中国有限公司	165	天津泰达股份有限公司
129	深圳控股有限公司	166	云南子元（集团）股份有限公司
130	鸿通集团	167	颐和地产集团
131	新华联不动产股份有限公司	168	安徽伟星置业有限公司
132	合生创展集团有限公司	169	天津住宅建设发展集团有限公司
133	天津广宇发展股份有限公司	170	天地源股份有限公司
134	北京科技园建设（集团）股份有限公司	171	浙江广厦股份有限公司
135	睿古控股集团有限公司	172	海信房地产股份有限公司
136	华远地产股份有限公司	173	众安房产有限公司
137	广西嘉和置业集团有限公司	174	福星惠誉房地产有限公司
138	福建正祥投资集团有限公司	175	翠屏国际控股有限公司
139	广汇置业服务有限公司	176	天誉置业（控股）有限公司
140	上海中星（集团）有限公司	177	上海张江高科技园区开发股份有限公司
141	德信控股集团有限公司	178	广州市番禺祈福新邨房地产有限公司
142	上海城投置地（集团）有限公司	179	上海大名城企业股份有限公司
143	庭瑞集团有限公司	180	雨润地产集团
144	华南城控股有限公司	181	东莞市光大房地产开发有限公司
145	雅戈尔集团股份有限公司	182	海亮地产控股集团有限公司
146	贵州宏立城集团	183	郑州市永威置业有限公司
147	上海爱家集团	184	广东珠光集团有限公司
148	四川蓝润实业集团有限公司	185	北京天恒置业集团有限公司
149	云南城投置业股份有限公司	186	荣安地产股份有限公司
150	吉林大众置业有限公司	187	恒盛地产控股有限公司
151	上海建工房产有限公司	188	海盟（中国）投资控股集团股份有限公司
152	五矿地产有限公司	189	南京金融城建设发展股份有限公司
153	上海城建置业发展有限公司	190	浙江中天房地产集团有限公司
154	滕州市房地产综合开发有限公司	191	青岛天泰集团股份有限公司
155	福建永鸿投资发展集团	192	宁波银亿房地产开发有限公司
156	海航地产控股（集团）有限公司	193	安徽新华房地产集团
157	安徽置地投资有限公司	194	山东银丰投资集团有限公司
158	深圳华强新城市发展有限公司	195	长春新星宇房地产开发有限责任公司

续表

2018 年排名	企业名称	2018 年排名	企业名称
196	上海证大房地产有限公司	233	力旺集团有限公司
197	浙江省赞成集团有限公司	234	银城地产股份有限公司
198	东亚新华投资有限公司	235	安徽中环投资集团有限公司
199	中山市大信控股有限公司	236	北京和裕房地产开发有限公司
200	青岛鑫江置业集团有限公司	237	南益地产集团有限公司
201	杭州新天地集团	238	人居置业有限公司
202	上海上坤置业有限公司	239	安徽高速地产集团有限公司
203	冠城大通股份有限公司	240	深圳市振业（集团）股份有限公司
204	深圳市天健房地产开发实业有限公司	241	河南亚星置业集团
205	南京栖霞建设股份有限公司	242	江苏九洲投资集团有限公司
206	甘肃天庆房地产集团有限公司	243	广宇集团股份有限公司
207	苏宁置业集团有限公司	244	广州珠江实业集团有限公司
208	宁波奥克斯置业有限公司	245	山东东方佳园房地产开发集团有限公司
209	中华企业股份有限公司	246	浙江郡原地产股份有限公司
210	武汉地产开发投资集团有限公司	247	上海宝华企业集团有限公司
211	东渡国际集团有限公司	248	格力地产股份有限公司
212	河南正弘置业有限公司	249	上置集团有限公司
213	广东广物房地产（集团）有限公司	250	中弘控股股份有限公司
214	苏州伟业集团有限公司	251	天阳置业有限公司
215	中新苏州工业园区置地有限公司	252	江苏常发地产集团有限公司
216	四川宏义地产控股集团有限公司	253	青岛天一仁和房地产集团有限公司
217	北京万通地产股份有限公司	254	云南实力集团有限公司
218	淮矿地产有限责任公司	255	深圳市信义房地产开发有限公司
219	长春国信投资集团有限公司	256	上海外高桥保税区开发股份有限公司
220	中国新城市商业发展有限公司	257	宇业集团有限公司
221	深圳华盛智地集团有限公司	258	美麟置业集团有限公司
222	苏宁环球股份有限公司	259	厦门住宅建设集团有限公司
223	河南亚新投资集团	260	上海万业企业股份有限公司
224	长春市万龙房地产开发有限责任公司	261	中体产业集团股份有限公司
225	宁波房地产股份有限公司	262	福建三木集团股份有限公司
226	中房地产股份有限公司	263	广西金源置业集团有限公司
227	象屿地产集团有限公司	264	山东鲁信置业有限公司
228	绿都控股集团有限公司	265	吉林亚泰房地产开发有限公司
229	青特置业有限公司	266	杭州开元房地产集团有限公司
230	保亿集团股份有限公司	267	江苏吴中地产集团有限公司
231	长沙房产（集团）有限公司	268	西安天浩置业有限公司
232	上海陆家嘴金融贸易区开发股份有限公司	269	中房置业股份有限公司

续表

2018 年排名	企业名称	2018 年排名	企业名称
270	北京华业资本控股股份有限公司	307	上海新黄浦置业股份有限公司
271	昆明银海房地产开发有限公司	308	武汉新港建设投资开发集团有限公司
272	广西盛天集团	309	武汉南国置业股份有限公司
273	深圳市合正房地产集团有限公司	310	沈阳鑫丰房地产开发有限公司
274	美好置业集团股份有限公司	311	广源房地产开发集团有限公司
275	西安紫薇地产开发有限公司	312	中邦置业集团有限公司
276	金成房地产集团有限公司	313	纽宾凯集团有限公司
277	中润资源投资股份有限公司	314	京投发展股份有限公司
278	郑州朗悦集团有限公司	315	大汉城镇建设有限公司
279	顺发恒业股份公司	316	浙江得力房地产开发有限公司
280	中惠熙元房地产集团有限公司	317	武汉美联地产有限公司
281	厦门经济特区房地产开发集团有限公司	318	安徽中丞房地产开发集团有限公司
282	苏州工业园区建屋发展集团有限公司	319	合肥城建发展股份有限公司
283	上海新长宁（集团）有限公司	320	河南碧源控股集团有限公司
284	北京天润置地集团有限公司	321	世纪金源集团有限公司
285	新东润地产有限公司	322	安联集团有限公司
286	广东海骏达置业投资集团有限公司	323	康大时代房地产开发有限公司
287	金都房产集团有限公司	324	金轮天地控股有限公司
288	骋望集团	325	卧龙地产集团股份有限公司
289	莱蒙国际集团有限公司	326	辽宁金沙房地产集团有限公司
290	中垠地产有限公司	327	沈阳市城建房地产开发有限公司
291	成都阳光大地置业集团有限公司	328	东莞宏远工业区股份有限公司
292	国锐地产有限公司	329	青岛城投房地产开发有限公司
293	广州尚东置业有限公司	330	广西瀚德集团有限公司
294	天津海泰科技发展股份有限公司	331	五洲国际控股有限公司
295	温州时代集团大地房地产开发有限公司	332	深圳市物业发展（集团）股份有限公司
296	江苏新能源置业集团有限公司	333	广东元邦房地产开发有限公司
297	天津天保基建股份有限公司	334	祥源控股集团
298	广东世荣兆业股份有限公司	335	中国宝安集团股份有限公司
299	中国・经纬置地有限公司	336	上海金桥出口加工区开发股份有限公司
300	侨鑫集团有限公司	337	厦门新景地集团有限公司
301	沈阳格林豪森房地产开发有限公司	338	武汉光谷联合股份有限公司
302	中茵股份有限公司	339	河南裕华置业有限公司
303	东建集团	340	天津松江股份有限公司
304	卓达房地产集团有限公司	341	河南振兴房地产（集团）有限公司
305	江苏嘉宏投资集团	342	宁波联合建设开发有限公司
306	三湘印象股份有限公司	343	天津津滨发展股份有限公司

续表

2018年排名	企业名称	2018年排名	企业名称
344	美都控股股份有限公司	379	德圣地产集团有限公司
345	安徽省金大地房屋开发有限公司	380	南京高科股份有限公司
346	厦门海投房地产有限公司	381	柏庄控股集团有限公司
347	奥山置业有限公司	382	上海同济科技实业股份有限公司
348	天元盛世控股集团有限公司	383	武汉高科房地产开发有限公司
349	福建中联房地产开发集团有限公司	384	河南豫发置业有限公司
350	江苏德惠建设集团有限公司	385	江苏高成房地产开发有限公司
351	武汉三江航天房地产开发有限公司	386	莱茵达置业股份有限公司
352	新疆城建（集团）股份有限公司	387	北京建工集团有限责任公司
353	百步亭集团有限公司	388	沈阳浑南置业企业集团
354	福建省上一集团有限公司	389	山东天业恒基股份有限公司
355	广西汇东投资置业有限公司	390	浙江杨帆地产集团有限公司
356	武汉中央商务区城建开发有限公司	391	永泰房地产（集团）有限公司
357	京能置业股份有限公司	392	辽宁威利企业集团
358	厦门源昌房地产开发有限公司	393	华联控股股份有限公司
359	福州天福集团有限公司	394	西藏城市发展投资股份有限公司
360	深圳经济特区房地产（集团）股份有限公司	395	中国武夷实业股份有限公司
361	杭州市房地产开发集团有限公司	396	SOHO 中国有限公司
362	武汉当代地产集团有限公司	397	北京国华置业有限公司
363	江苏奕淳集团有限公司	398	江苏凤凰置业投资股份有限公司
364	金鹰国际房产集团有限公司	399	云南中原实业集团有限公司
365	湖南鑫远集团有限公司	400	浙江科尔房地产有限公司
366	江苏美好置地有限公司	401	浙江金昌房地产集团有限公司
367	浙江钱江房地产集团有限公司	402	祥泰实业有限公司
368	沈阳宏发房屋开发有限公司	403	湖南兴旺建设集团
369	坤和建设集团有限公司	404	美达房产集团
370	青岛伟东置业集团	405	南京建设发展集团有限公司
371	上海鹏欣房地产（集团）有限公司	406	万泽实业股份有限公司
372	武汉三镇实业控股股份有限公司	407	中商控股集团有限公司
373	长春经开（集团）股份有限公司	408	浙江国都房产集团有限公司
374	深圳香江控股股份有限公司	409	浙江置业房产集团有限公司
375	北京绵石投资集团股份有限公司	410	安徽三巽集团
376	安徽安粮控股股份有限公司	411	上亿企业集团有限公司
377	沈阳富禹房屋开发有限公司	412	江苏亚东建设发展集团有限公司
378	三庆实业集团有限公司	413	辽宁渥尔夫房地产开发有限公司

续表

2018 年排名	企业名称	2018 年排名	企业名称
414	中核房地产开发有限公司	451	上海金臣房地产开发有限公司
415	北京市大龙伟业房地产开发股份有限公司	452	河南置地房地产集团
416	北京空港科技园区股份有限公司	453	厦门滕王阁房地产开发有限公司
417	长春豪邦房地产开发集团有限公司	454	安徽南翔集团
418	众美集团	455	福州名成实业有限公司
419	杭州和达房地产开发有限公司	456	博泰投资集团有限公司
420	杭州兴耀房地产开发集团有限公司	457	湖北新长江置业有限公司
421	北京中关村科技发展（控股）股份有限公司	458	郑州浩创房地产开发有限公司
422	广东利海集团有限公司	459	河南物华实业集团有限公司
423	绿景控股股份有限公司	460	鸿翔房地产有限公司
424	青岛啤酒地产投资有限公司	461	杭州地上房地产集团有限公司
425	河南宏光实业集团	462	江苏益兴集团有限公司
426	北京润丰房地产开发有限公司	463	南京利源集团
427	河南盛润置业集团有限公司	464	湖州房总地产开发集团有限公司
428	无锡市民生房地产开发有限公司	465	江苏华利地产集团有限公司
429	阳光新业地产股份有限公司	466	南通银洲房地产开发有限公司
430	武汉东湖高新集团股份有限公司	467	天明城乡建设开发集团有限公司
431	上海爱建股份有限公司	468	月星集团有限公司
432	深圳市合泰地产集团有限公司	469	宏地置业集团有限公司
433	云南神州天宇地产集团	470	无锡红豆置业有限公司
434	君华集团有限公司	471	镇江市城市建设投资集团有限公司
435	杭州中兴房地产开发有限公司	472	江苏星源房地产开发有限公司
436	昆吾九鼎投资控股股份有限公司	473	浙江飞耀建设集团
437	永恒控股集团有限公司	474	宁波国骅集团有限公司
438	合肥滨湖投资控股集团有限公司	475	洪客隆地产集团
439	浙江东日股份有限公司	476	浙江金龙房地产投资集团有限公司
440	深圳市博林房地产开发有限公司	477	港龙控股集团有限公司
441	奥宸地产（集团）有限公司	478	钰龙集团股份有限公司
442	福州深深房地产开发有限公司	479	新光控股集团有限公司
443	昌建地产	480	恒通建设集团有限公司
444	武汉银湖科技发展有限公司	481	宁波城建投资控股有限公司
445	新中宇集团有限公司	482	安徽腾辉投资集团有限公司
446	河南楷林置业有限公司	483	湖北人信房地产开发有限公司
447	江西恒茂房地产开发有限公司	484	安徽利港投资集团
448	河南新田置业有限公司	485	江苏省盐阜建设集团有限公司
449	泉州东海开发有限公司	486	湖南立中集团
450	远太集团（福建）有限公司	487	江苏中洋置业有限公司

续表

2018 年排名	企业名称	2018 年排名	企业名称
488	河南中益置业有限公司	495	福建百宏集团有限公司
489	郑州汇泉置业有限公司	496	江苏中大地产集团有限公司
490	华邦集团有限公司	497	刚泰集团
491	恒亿集团	498	上海恒实投资集团有限公司
492	厦门中澳城房地产开发有限公司	499	君地置业集团有限公司
493	苏州圆融发展集团有限公司	500	上海中福地产置业有限公司
494	温州置信房地产开发有限公司		

2. 测评分析

（1）年度特征分析

恒大继续位列榜首　十强稳定百强分化

中国房地产测评中心根据经过客观、公正、专业和科学的测评研究，形成了 2018 中国房地产开发企业 500 强榜单。前三强仍由恒大、碧桂园、万科占据。其中，恒大集团继续位列榜首，全年销售金额 5009.6 亿元。碧桂园、万科分列榜单第二、三位。保利、融创、绿地、中海、龙湖、华夏幸福和富力分列第四至第十位。其中，融创借助其收并购优势、充足的可售货源、良好的项目品质位列榜单第五名，较上年上升了 3 个位次（见表 6－2）。

表 6－2　　2017—2018 年入榜企业名次变化表

企业名称	2018 排名	排名变化	2017 排名
恒　大	1	–	1
碧桂园	2	↑（1）	3
万　科	3	↓（1）	2
保　利	4	↑（1）	5
融　创	5	↑（3）	8
绿　地	6	↓（2）	4
中　海	7	↓（1）	6
龙　湖	8	↑（2）	10
华夏幸福	9	—	9
富　力	10	—	10

从入榜频次来看，1—20、21—50 和 51—100 三个梯队入榜频次均值分别为 9.40、6.67 和 4.18。10 强变化相对较小，20 强中万科、碧桂园、保利、绿地、中国海外、龙湖、富力、华润、金地、世茂等 10 家企业连续 10 年排名进入前 20，品牌实力保持强劲。

近十年 500 强测评活动中，百强变动相对较大。其中，有 25 家企业连续 10 次进入百强；入百强次数达 9 次的企业数量为 4 家；入百强次数为 8 次的企业数量为 8 家；入百强次数为 7、6、5、4、3、2 次的企业数量分别为 10、11、11、5、8、15 家；另外有 12 家企业首进百强（见图 6－1）。

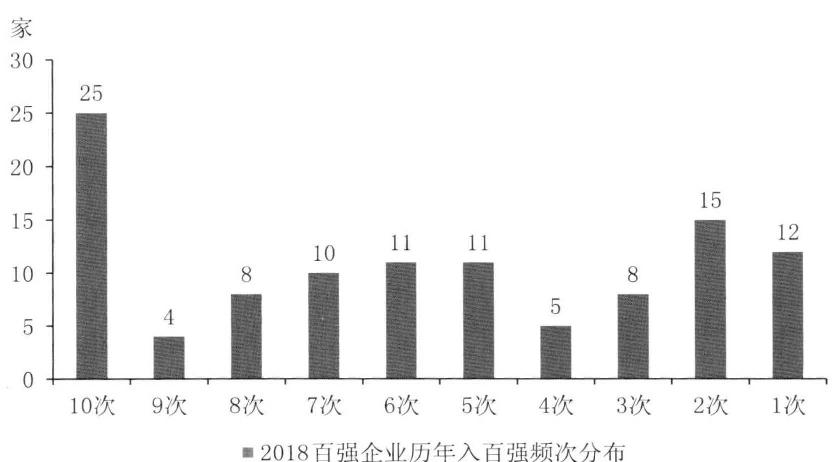

图 6－1　2018 中国房地产开发企业 100 强历年进入百强榜单频次分布

数据来源：CRIC、中国房地产测评中心。

华东华南持续占优　华北占比有所提升

以 500 强房地产开发企业的总部所在地作为划分标准来看，华东、华南、中部、华北、西部和东北六大地区分别占 500 强的 43.31%、16.73%、16.73%、13.39%、6.30% 和 3.54% 的席位。其中，华东和华南两区域经济表现优异，区域企业数量占比超过 60%，华北地区企业占比有所提升，区域内发展势头良好（见图 6－2）。

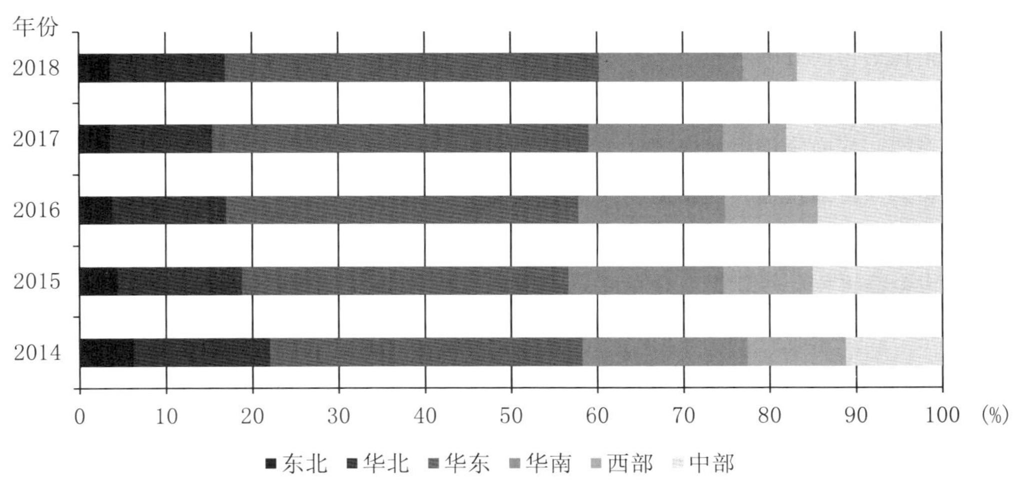

图 6－2　2014—2018 中国房地产开发企业 500 强区域分布图

数据来源：CRIC、中国房地产测评中心。

（2）企业规模分析

企业资产稳步积累　龙头企业资源集聚

2017 年，500 强房地产开发企业总资产均值为 478.09 亿元，同比增长 28.52%，增速较上年上升 3.92 个百分点；净资产均值为 107.76 亿元，同比增长 17.03%，增速较上年减少了 13.50 个百分点。整体来看，500 强房地产开发企业总资产规模继续保持了稳步积累的态势，净资产规模增速在负债增加的压力下有所放缓（见图 6－3）。

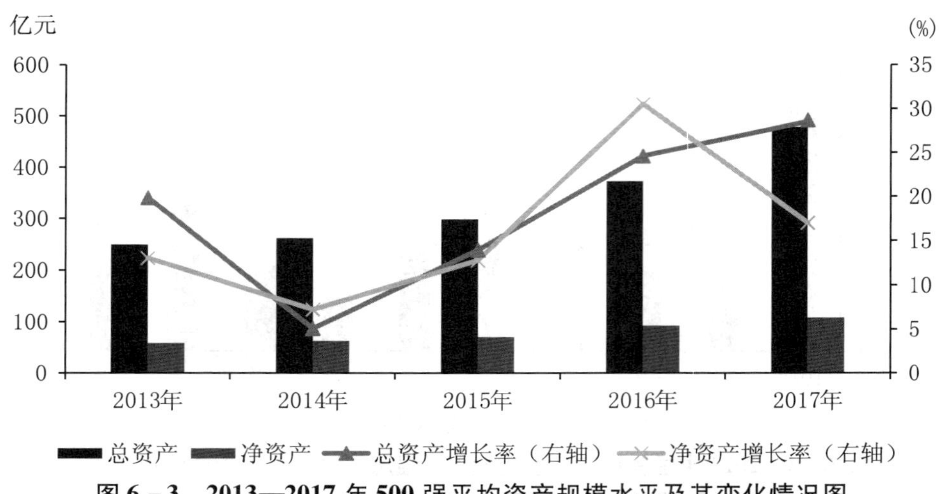

图 6－3　2013—2017 年 500 强平均资产规模水平及其变化情况图

数据来源：CRIC、中国房地产测评中心。

500 强房地产开发企业资产规模增速上升，得益于年内依然强劲的市场销售，房地产开发企业总资产规模普遍实现正向增长。受 2016 年下半年融资环境趋紧的影响，房企债务压力有所增加，企业净资产规模增速在 2016 年达到峰值后有所回落。

随着行业集中度的持续提升，规模房企的优势正逐步凸显，不同梯队的企业规模差距进一步拉大。以万科、恒大、碧桂园等为代表的房企规模继续领跑，积极储备货值，同时不断加速并购整合，实现资产规模稳步积累。部分中型房企在销售向好的背景下积极布局，资产规模亦有大幅增长，新城、阳光城截至 2017 年三季度总资产规模同比上期分别增长 44.25% 和 63.07%。而诸多小型房地产企业在目前调控趋严的背景下销售承压，资产规模增长趋缓，或面临重组或洗牌。

千亿房企阵容扩大　百强销售再创新高

2017 年，在去库存政策持续推进的作用下，三、四线热点城市成交放量，带动了销售整体的上升，全国商品房销售面积、销售金额再创历年新高。全年商品房销售面积为 16.94 亿平方米，比上年增长 7.7%；商品房销售额为 13.37 万亿元，同比增长 13.7%。受益于行业销售持续向好，500 强房地产开发企业销售亦有所增长，500 强房企全年商品房销售面积总额达 6.4 亿平方米，同比增长 22.3%，销售金额创下 8.5 万亿元的新高，同比增长 34.7%，500 强房企市场份额按面积和按金额分别为 37.56% 和 63.24%，分别较上年提升 4.51 和 9.89 个百分点（见表 6－3）。

表 6－3　　2017 年全国商品房销售情况与 500 强销售情况对比表

类　别	全国商品房销售	500 强销售
销售面积（万平方米）	169408	63623
增长率（%）	7.7	22.3
销售金额（亿元）	133701	84549
增长率（%）	13.7	34.7

数据来源：国家统计局、CRIC、中国房地产测评中心。

2017 年，房地产市场表现向好，行业集中程度进一步提高，百强房企销售业绩持续领先，年内千亿房企数量创下新高，达到 17 家。碧桂园、万科、恒大三家龙头房企全年业绩更是超过 5000 亿元，实现业绩大幅突破。其中，碧桂园销售额为 5508 亿元，同比增长 78.3%。万科、恒大则实现合约销售额 5292.8 亿元和 5009.6 亿元，分别增长了 45.3% 和 34.2%。年内，世茂、龙湖、旭辉、新城、招商蛇口通过良好的业务布局与营销策略，实现了销售千亿元的突破，销售增长率均在 40% 以上（见图 6－4）。

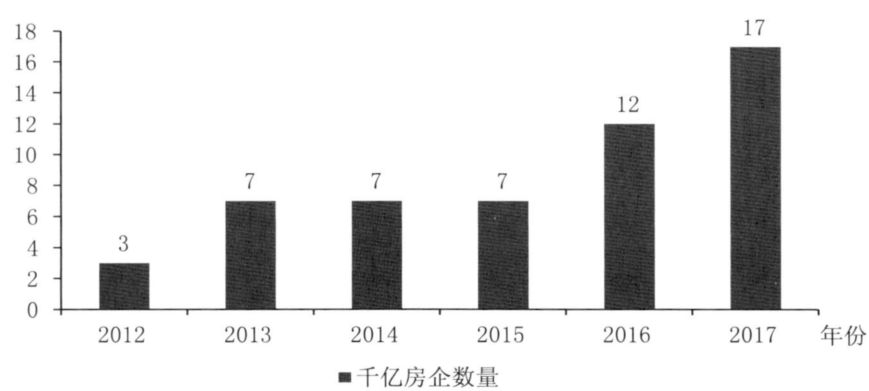

图 6－4　2012—2017 年千亿房企数量统计

数据来源：企业公告、CRIC、中国房地产测评中心。

受益于上半年良好的销售势头，以雅居乐、中海、龙湖、碧桂园、华润、世茂、富力、远洋、融创等为代表的实力房企均在年中调整了全年销售目标，并于年底超额完成销售目标。融创中国将 2017 年的销售目标由年初定下的 2100 亿元上调为 3000 亿元，最终全年实现合约销售额 3652.6 亿元，销售增长率达到 142.5%；旭辉集团将 2017 年全年合同销售目标由 650 亿元调高至 800 亿元，最终累计合同销售额达到 1040 亿元，销售增长率为 96.2%；世茂房地产将年度销售目标上调至 880 亿元，最终全年销售额 1007.7 亿元，销售增长率为 47.9%（见图 6－5）。

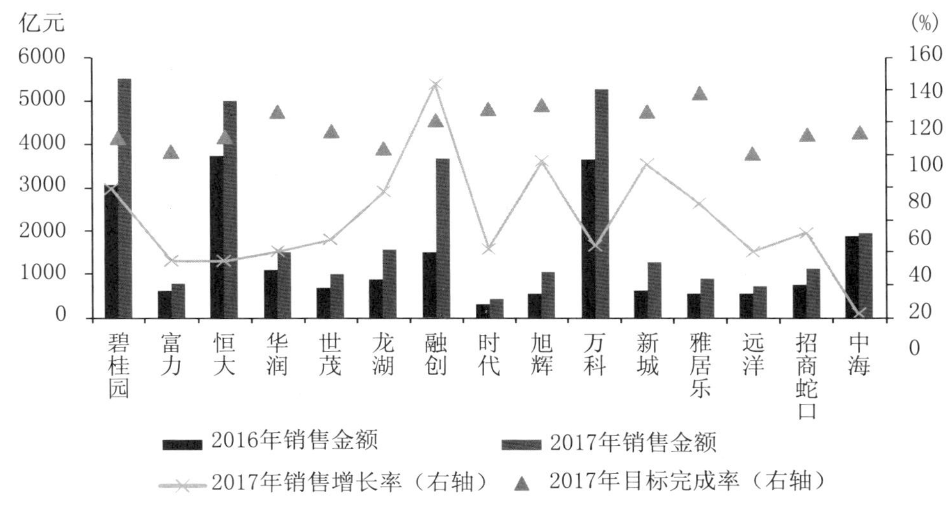

图 6－5　2016—2017 年典型企业销售及目标完成率对比图

数据来源：企业公告、CRIC、中国房地产测评中心。

龙头资源优势凸显　集中程度不断攀升

2017 年，龙头房企发挥规模优势持续发力，房地产行业集中度继续提升。前四大房地产开发企业销售金额占比（CR4）从 2012 年的 6. 61% 上升至 2017 年的 14. 56%，四企业集中度再次大幅提升。与此同时，2017 年，以销售金额计算的 10 强、20 强、50 强、100 强房地产企业市场份额分别为 24. 05%、32. 21%、45. 29% 和 55. 24%，分别较上年增长 5. 34、7. 38、12. 20 和 15. 49 个百分点，各梯队市场份额近年均基本呈现上升趋势，且呈现销售持续向龙头企业集中的态势（见图 6 -6）。

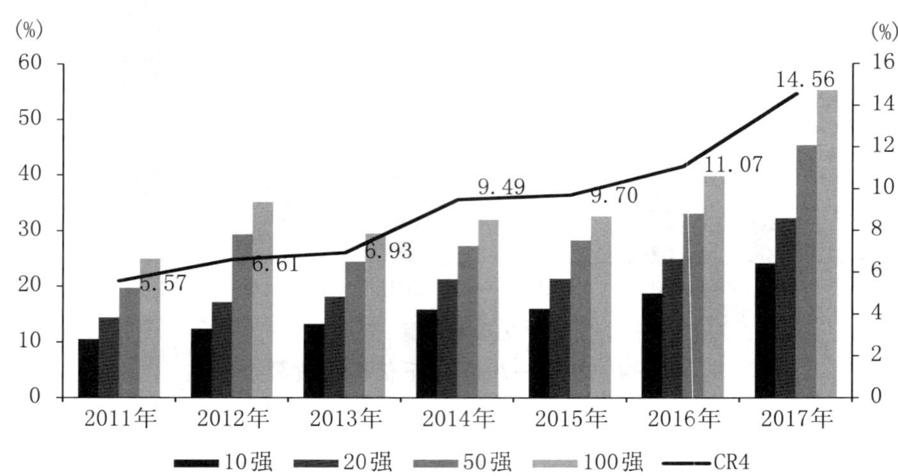

图 6 -6　2011—2017 年房地产企业销售金额市场占有率情况图

数据来源：CRIC、中国房地产测评中心。

从本次 500 强测评结果来看，2017 年 10 强房地产开发企业销售总金额约占 500 强销售总金额的 37%，销售面积总计约占 500 强总销售面积的 40%。前 50 强、100 强、200 强销售金额分别约占 500 强总销售金额的 70%、84% 和 94%。总体来看，房地产行业集中程度加速攀升，百强企业年内加速销售，市场占有率进一步提高，百强之后的中小型企业销售增速或有放缓（见图 6 -7）。

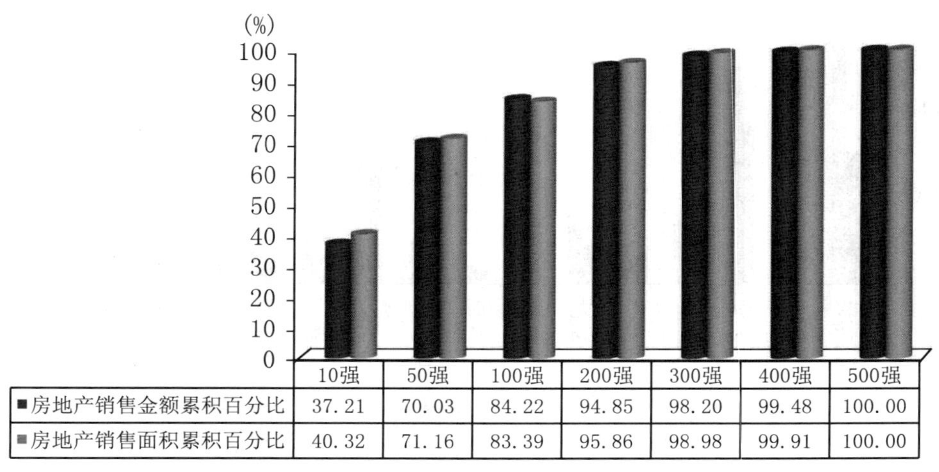

	10强	50强	100强	200强	300强	400强	500强
■房地产销售金额累积百分比	37.21	70.03	84.22	94.85	98.20	99.48	100.00
■房地产销售面积累积百分比	40.32	71.16	83.39	95.86	98.98	99.91	100.00

图 6 -7　2017 年 500 强房地产销售收入累积百分比图

数据来源：CRIC、中国房地产测评中心。

从百强企业销售金额的分段分布来看，2018 年 1—10 强、11—20 强、21—50 强和 51—100 强房企销售金额的中位数分别为 3079 亿元、1084 亿元、447 亿元和 194 亿元，各组别中位数较上年均有大幅提升，提升比率分别为 54.92%、62.77%、49.85% 和 33.41%，其中，1—10 强和 11—20 强企业规模加速扩张，销售发展大幅领先（见图 6－8）。

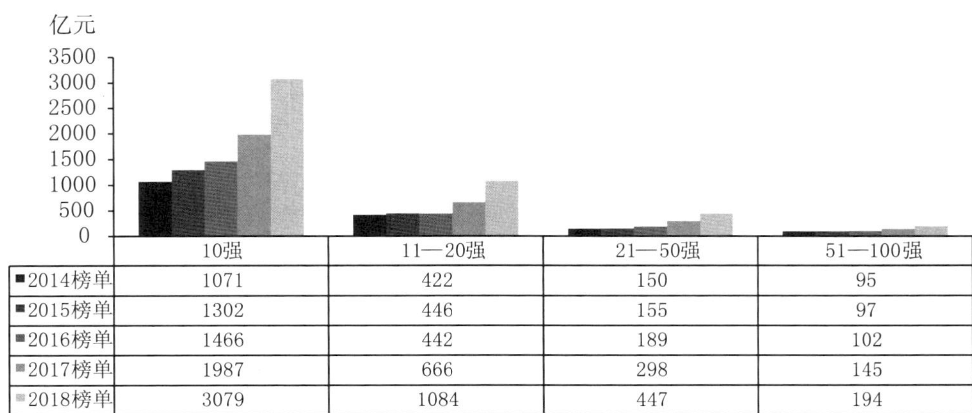

	10强	11—20强	21—50强	51—100强
2014榜单	1071	422	150	95
2015榜单	1302	446	155	97
2016榜单	1466	442	189	102
2017榜单	1987	666	298	145
2018榜单	3079	1084	447	194

图 6－8　2014—2018 年榜单 100 强销售金额中位数对比图

数据来源：CRIC、中国房地产测评中心。

（3）风险管理分析

长期负债略有回升　债务风险总体可控

自 2016 年四季度以来各地调控政策频出、限购限贷升级，金融市场进入持续收紧状态中，房地产信贷供给逐步收缩。2017 年，两会明确房地产调控目标和方向，继续加强房地产市场分类调控，房企融资渠道持续收窄。严峻的融资环境进一步考验房企的融资能力，同时也在一定程度上加大了企业债务风险波动。

长期偿债能力方面，500 强房地产开发企业 2017 年资产负债率均值为 63.93%，较上年小幅上升 1.39 个百分点；净负债率均值为 70.45%，较 2016 年的 69.05% 上升 1.41 个百分点。整体来看，房地产开发企业杠杆率有所攀升。短期偿债能力方面，2017 年，500 强房地产开发企业短期偿债能力继续提升，流动比率均值为 2.29，较 2016 年上升 12.10%；速动比率均值由 2016 年的 1.56 提升至 1.81，上升 25.14%。2017 年，房企持有现金较为充裕，短债压力略微降低（见图 6－9）。

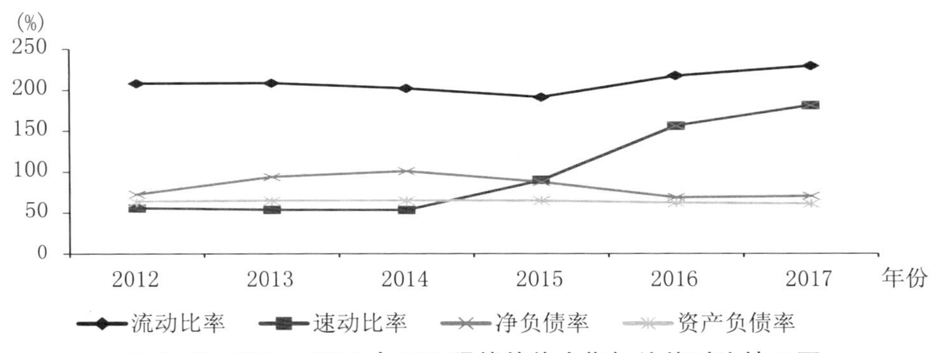

图 6－9　2012—2017 年 500 强偿债能力指标均值对比情况图

数据来源：CRIC、中国房地产测评中心。

与此同时，行业内整体负债有所攀升的背景下，企业负债水平不尽相同。特别对部分中小企业而言，受融资渠道收紧、销售回款缓慢的影响，企业前期高成本拿地风险有所积累，债务情况堪忧，还需警惕资金链风险。

到位资金增速放缓　预收账款继续提升

2017 年，得益于市场销售的持续增长，全年房地产开发企业到位资金保持增长。从房地产开发投资资金来源来看，2017 年，房地产开发企业到位资金 156053 亿元，同比增长 8.2%，增速较 2016 年有所放缓。其中，国内贷款 25242 亿元，增长 17.3%；利用外资 168 亿元，增长 19.8%；自筹资金 50872 亿元，增长 3.5%；其他资金 79770 亿元，增长 8.6%。在其他资金中，定金及预收款 48694 亿元，增长 16.1%；个人按揭贷款 23906 亿元，下降 2.0%。受销售增速回落影响，房地产开发资金同比增速回落，个人按揭贷款同比增幅大幅下降，主要由于房地产调控政策影响，部分城市购房首付比例提高（见表 6－4）。

表 6－4　　2016—2017 年房地产开发企业资金来源及同比变化表

类　别	2016 年	2017 年	同　比（%）
资金来源总额（亿元）	144214	156053	8.2
国内贷款（亿元）	21512	25242	17.3
利用外资（亿元）	140	168	19.8
企业自筹资金（亿元）	49133	50872	3.5
其他资金（%）	73428	79770	8.6
其中：定金及预收款（%）	41952	48694	16.1
个人按揭贷款（%）	24403	23906	－2.0

数据来源：国家统计局。

2016 年，受宽松货币政策影响，房企利用外资同比下降 52.6%，而在 2017 年，企业利用外资则呈现增长 19.8% 的态势，主要源于 2017 年房地产市场融资渠道收紧，使得房企将目光转向海外市场，通过发行海外债的方式获取大量资金。其中，包括绿城中国、华夏幸福、世茂房地产、金科集团、碧桂园等均发行了海外债，值得注意的是，随着中资房企海外发债的增加，海外发债的门槛与利率也有所提升（见图 6－10）。

此外，在严格的限购限贷政策作用下，2017 年个人按揭贷款同比下降 2.0%，热点城市个贷仍保持持续收紧趋势。与此同时，年内房地产开发企业定金及预收款继续保持稳定增长，这在 500 强企业预收款项中亦得以体现。2017 年，500 强预收款项均值达 133.08 亿元，同比增长 28.74%，整体表现优于行业水平。预收账款的稳健增长为未来的业绩释放提供了一定的保障（见图 6－11）。

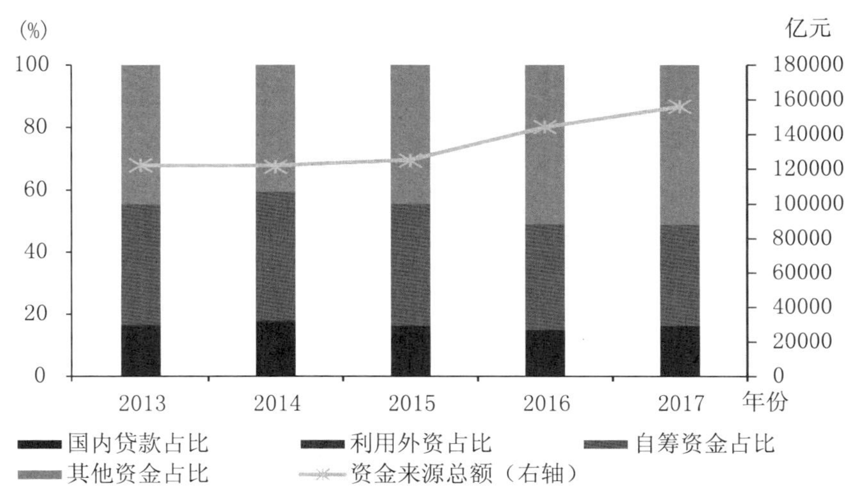

图 6－10　2013—2017 年全国房地产企业资金到位情况图

数据来源：国家统计局。

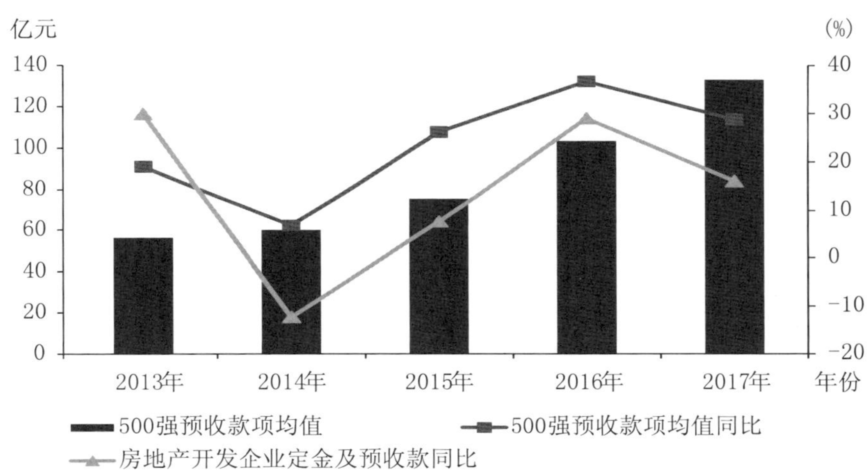

图 6－11　2013—2017 年 500 强预收款项均值变动情况图

数据来源：国家统计局、CRIC、中国房地产测评中心。

融资渠道整体收紧　融资成本略有上升

2017 年，房地产企业融资环境显著收紧，各项政策包括：严禁违规发放或挪用信贷资金进入房地产领域、严禁银行理财资金违规进入房地产领域、竞买土地需使用自有资金、控制房企公司债发行审核等，对房企短期内融资也造成一定压力。年内，房企融资规模整体较 2016 年有所下滑。与此同时，领先房企并未减缓资本市场上市的步伐，以福晟集团、正荣地产为代表近期均登陆港交所，进一步拓展了企业的融资渠道建设。

从融资渠道来看，受国家收紧房地产行业融资政策影响，银行对房地产融资方面更加谨慎，房企公司债发行规模严重“缩水”，公司债发行利率亦呈现上升趋势。基于此，部分房企转而通过海外发债进行融资，探索其他融资渠道。中国恒大通过 3 轮战略投资获得 1300 亿元的股权融资资金，此外还发行了多笔海外债，一方面筹集进一步规模发展所需资金；另一方面提前赎回成本较高的旧债。

在融资成本上，房企境外债、公司债及中票融资成本在 2017 年均呈现上升趋势。在此背景下，龙头房企凭借资质优势与规模优势，仍可通过多种渠道获取低成本融资，如银行贷款、公司债、中期票据等，融资的差异化将进一步助力资源向龙头集聚。如万科地产、龙湖地产、中国金茂、绿地集团 2017 年平均融资成本在 4.5% 左右，部分中小型房企融资成本则多在 6% 以上（见表 6－5）。

表 6－5　　2017 年房企典型融资情况列表

企业名称	发行日期	募资途径	募资规模	成　本
时代地产	2017. 01	中　票	3. 75 亿美元	6. 25%
龙　湖	2017. 03	公司债	10 亿元	4. 75%
阳光城	2017. 04	公司债	3 亿美元	6. 85%
中骏置业	2017. 04	中　票	3 亿美元	5. 875%
金隅股份	2017. 05	公司债	10 亿人民币	5. 20%、5. 38%
金地集团	2017. 07	公司债	40 亿人民币	4. 85%、5. 05%
招商蛇口	2017. 08	中　票	30 亿人民币	4. 7%
新　城	2017. 08	公司债	2 亿美元	5. 0%
万　科	2017. 08	公司债	30 亿人民币	4. 5%
泰禾集团	2017. 10	公司债	30 亿人民币	7. 5%
阳光城	2017. 10	中　票	12 亿人民币	7%
滨江集团	2017. 10	公司债	6 亿人民币	5. 8%
远洋地产	2017. 11	公司债	10 亿人民币	5. 29%
金隅股份	2017. 11	中　票	25 亿人民币	5. 85%
招商蛇口	2017. 12	公司债	24 亿人民币	5. 20%、5. 40%

资料整理：CRIC、中国房地产测评中心。

随着传统融资渠道的逐步受限和金融市场的不断发展，房企还在国内积极拓展创新的融资方式。房地产私募基金、ABS、REITs、永续债等等创新融资方式不断涌现，房企的融资方式也越来越多元化，资产证券化、专项债券或票据等成为房企创新融资的重要手段。2017 年 10 月，保利地产发行国内首单央企租赁住房 REITs 获批，龙湖拟发行 50 亿元住房租赁专项公司债券，协信集团成功注册 21 亿元商业地产抵押贷款支持票据（CMBN），深圳益田假日广场资产支持专项计划成功发行，规模达 53. 01 亿元。

（4）盈利能力分析

净利润额持续增长　成本支出有所扩大

2017 年，500 强房地产开发企业净利润均值达 7. 57 亿元，同比增长 18. 06%，净利润仍保持高速增长，但增速较 2016 年略有回落。典型企业年内在优秀成本管控的基础上，还通过合作项目优势互补分散项目风险，实现净利润的大幅增长（见图 6－12）。

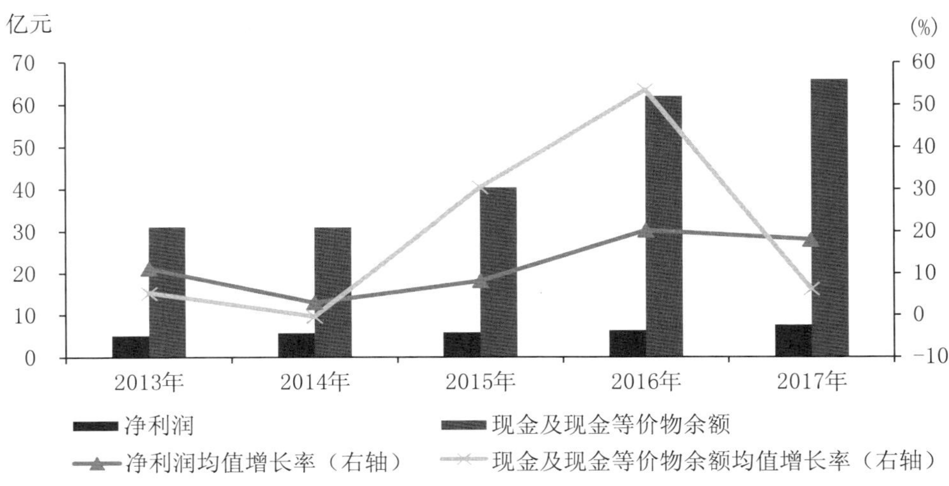

图 6－12　2013—2017 年 500 强绝对盈利能力指标均值变动情况图

数据来源：CRIC、中国房地产测评中心。

与此同时，500 强房企三项费用均值达 7.80 亿元，三费占营收的比重为 11.08%。500 强房企中超过六成企业销售费用、管理费用和财务费用增长率高于营业收入增长率，三费占营业收入比率较上年有所上升，反映了年内调控政策下房企经营压力的增加（见图 6－13）。

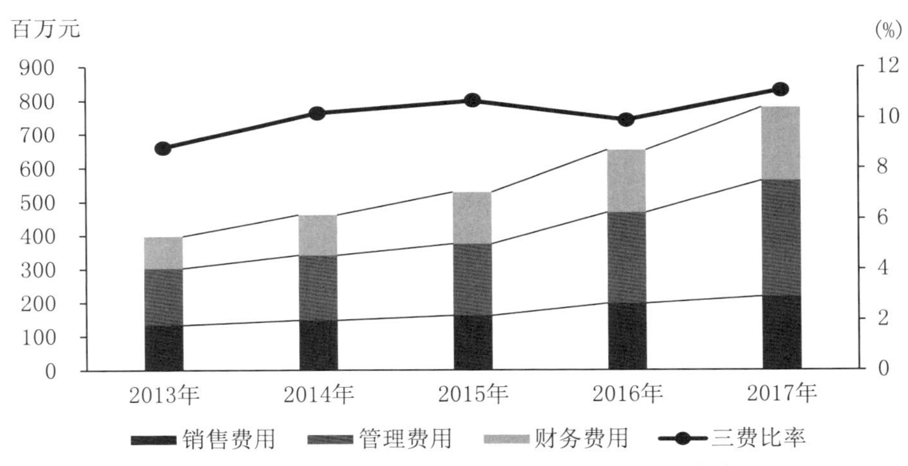

图 6－13　2013—2017 年 500 强三费比率均值变动情况图

数据来源：CRIC、中国房地产测评中心。

土地成本居高不下　盈利表现依然良好

2017 年，500 强房企总资产收益率均值为 2.76%，较 2016 年上升了 0.39 个百分点；净资产收益率均值为 5.35%，较 2016 年上升了 0.64 个百分点；成本费用利润率均值为 17.04%，较 2016 年上升了 4.01 个百分点。由于 2017 年内结算收入主要为 2015 年以后所售项目，房价处于上涨趋势，因此，房企盈利能力仍表现良好（见图 6－14）。

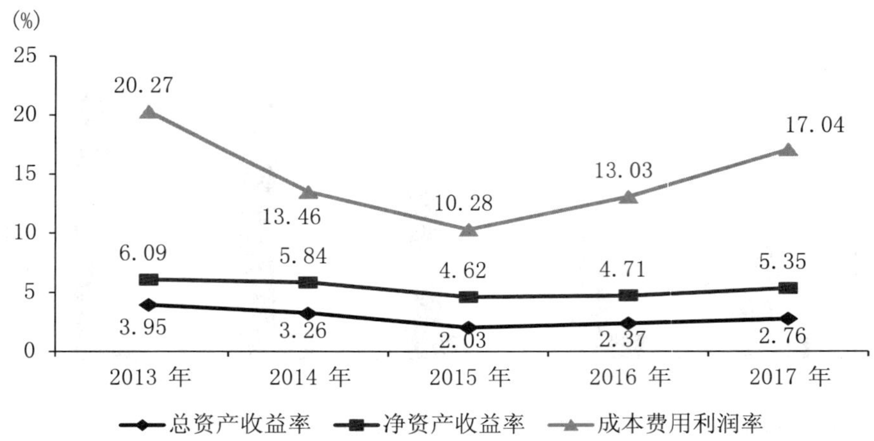

图 6－14　2013—2017 年 500 强相对盈利能力指标变动情况图

数据来源：CRIC、中国房地产测评中心。

从行业角度来看，一方面，近年房地产市场中土地价格持续上涨，逐步压缩着房地产企业的毛利率。另一方面，按照目前国家“房住不炒”的定位来看，多数城市房价短期内仍受限制，盈利空间较为有限。与此同时，房企追赶销售业绩的过程中，经营成本相对较高，盈利水平因此亦受到影响（见图 6－15）。

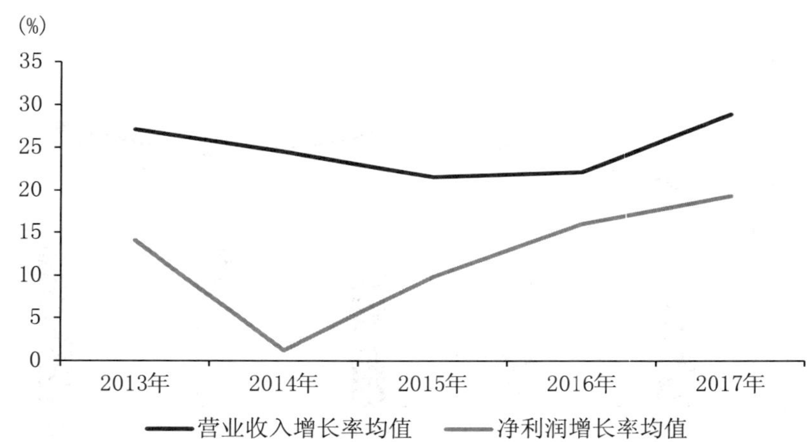

图 6－15　2013—2017 年 500 强营业收入及净利润均值增长率对比情况图

数据来源：CRIC、中国房地产测评中心。

而对于龙头房企而言，一方面企业拿地成本管控能力较强，并能通过不断并购对冲获取土地成本的上升；另一方面企业融资渠道丰富，品牌认可度高，因此具备更为稳定的盈利表现。同时，部分房企还积极拓展多元化业务，进一步拓展企业盈利能力。

多元业务积极推进　盈利水平有所分化

在住宅开发盈利能力受政策和市场影响不断压缩的趋势下，房企对多元化业务拓展和优化城市布局的探索日益活跃。万科、招商蛇口、碧桂园、星河控股等近年来积极进行城市运营商的转型，凸显市场竞争优势。华夏幸福围绕产业园区在国内外市场布局。新鸥鹏以其核心教育资源打造中国教育城运营商。另有华侨城、时代地产、新希望、俊发等诸多地产进行了特色小镇项目布局。以绿城、滨江、朗诗、建业等为代表典型房企均涉及大规模的代建业务，建业也加速推进轻资产战略发展。

另外，在一线热点城市政策压制、拿地难度日益增加和房企自身规模扩张的需求之下，各大房企的新增土地投资更多地瞄准了热点城市经济圈需求外溢市场。在去库存政策的背景下，三、四线城市房地产成交量迎来大幅增长。据 CRIC 统计，包括温州、烟台、东莞、廊坊、佛山、、常州、中山等城市 2017 年成交量均超过 500 万平方米。在三、四线城市年内大幅成交背后却存隐忧，一方面，基于一、二线城市严格的限购限贷政策推动，在三、四线城市非本地客比例上升；另一方面，部分三、四线城市代理费用较高，部分项目渠道佣金或达到 8% ~10%，进一步压缩了企业利润，布局于三四城市的盈利模式仍待检验。

在全面提升盈利的同时，各梯队房企表现亦有所分化，大型房企通过规模化优势持续提升市场占有率，并加大合作项目开发、资产重估处置等助力企业发展，盈利能力保持在行业高位并呈逐年上升趋势。中海地产、万科、碧桂园等毛利率、净利率均有良好表现。中海地产一直追求较高的利润水平，严格控制土地和建筑等成本，并通过三费费用控制实现盈利保证，2017 年上半年中海地产的毛利率 30.5%、净利率 25.8%，均较 2016 年上半年有所增长。步伐相对稳健的中型房企侧重于利用城市深度精耕细作，挖掘自身优势区域的价值，进一步提升市场份额，提高盈利能力。阳光城、金地集团、新城控股、旭辉集团在原有重点战略城市布局的基础上持续深入，发挥既有优势提升盈利。金地集团、阳光城 2017 上半年华南区域毛利率分别实现 41.14% 和 33.30%，盈利较为领先。对资金有限的小型房企来说，高企的地价成本和运营压力持续压缩企业的利润，尝试业务转型突破成为房企的方向（见图 6－16）。

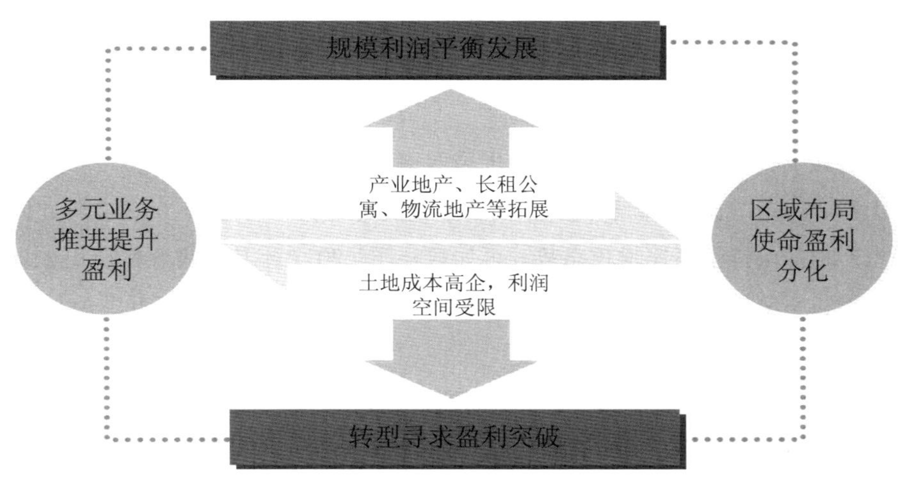

图 6－16　房地产企业盈利提升及分化发展

资料整理：CRIC、中国房地产测评中心。

（5）成长潜力分析

行业整体增长乏力　优秀房企加速上行

从整个行业来看，2017 年房地产持续承压，整体高速增长乏力。一方面，政府本轮调控的决心大，从供给和需求两侧入手双管齐下大力整改房地产市场。另一方面，随着城镇化红利的逐步消退，与之紧密相关的房地产行业在市场规律的作用下也渐渐迈入“白银时代”。2017 年，500 强房地产开发企业销售面积增长率为 22.3%，较上年下降 8.38 个百分点；销售金额增长率为 34.7%，较上年增加 3.06 个百分点；营业利润增长率为 25.03%，较上年上升 9.32 个百分点；净资产增长率为 17.03%，较上年下降 13.5 个百分点，主要原因是行业整体债务规模持续扩张。

2017 年，500 强房地产开发企业成长指标中销售面积增长率大幅回落至 22.3%，销售金额增长率则保持高速增长态势，主要受益于高企的房价。营业利润增长率虽然连续三年回升，但均未超过 2010 年水平，长期看仍处于下降通道之内。由于年内房企债务规模继续扩张，行业整体的净资产增长率大幅回落。以上指标表明尽管销售规模的绝对值依然在不断突破历史最高点，但从销售增速和盈利增速上看，房地产行业依旧处于下行周期。考虑到政府调控政策的稳定性，叠加城镇化红利减弱这一因素，在 2016 年全国房地产销售创出历史新高的基础上，市场销售增速回落应是大概率事件（见图 6－17）。

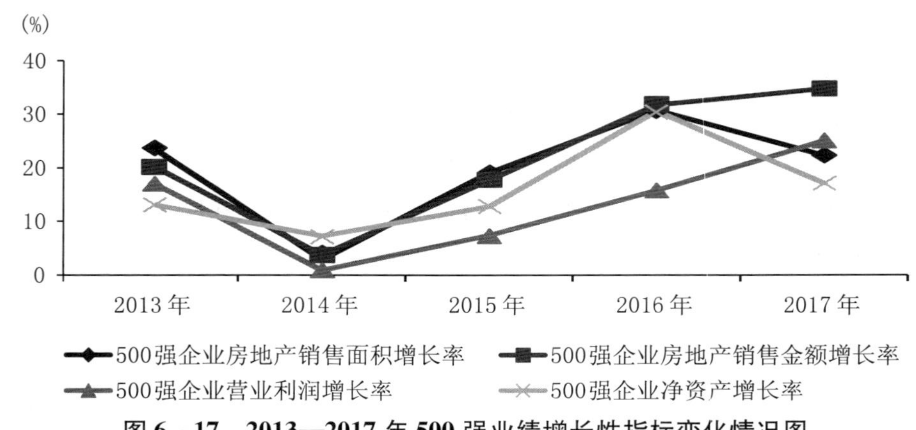

图 6－17　2013—2017 年 500 强业绩增长性指标变化情况图

数据来源：CRIC、中国房地产测评中心。

在行业成长指标进入下行通道的背景下，一些优秀的房地产开发商迅速调整城市布局，积极把握市场机遇，最终实现逆市上行、快速增长。如万科近三年销售金额复合增长率高达 35.05%，与此同时，其他成长指标如营业利润和净资产也都保持了高速增长态势。再如碧桂园，2017 年其销售金额历史性地达到 5508 亿元，近三年销售金额复合增长率更是高达 62.32%，成为近几年发展最为迅猛的房地产开发企业之一。

房企分化态势加剧　各显其能谋求发展

为了更加细致地了解各个企业的发展状况，本次测评将 500 强开发企业按成长类型分为四类：销售金额大且增速较快的企业归类为快速成长型；销售金额大但增速较为缓慢甚至出现销售下滑的企业归类为平稳发展型；销售金额小而增速较快的企业归类为追赶成长性；销售金额小且增速较低或者增速为负的企业归类为落后发展型（见图 6－18）。根据统计数据，本次测评中 500 强开发企业快速成长型企业占比为 20.78%；平稳发展型企业占比为 5.10%；追赶成长型企业占比为 16.08%；落后发展型企业占比为 58.04%（见图 6－19）。

其中，快速成长型企业数量进一步增加，而落后发展型企业总数继续呈扩张态势，2017 年占比较上年大幅提升 11 个百分点。不同类别企业占比的变化表明尽管年内行业整体销售再创历史新高，但中小型房企依然举步维艰，其成长空间及市场份额进一步被挤压，500 强企业中销售份额小且呈现负增长的企业不在少数。与此同时，快速成长型企业持续扩容。由此可见，企业成长类型向两端聚集的趋势愈加明显，两极分化加剧，在可以预见的将来，将会有一部分竞争力薄弱的中小型房企被迫退出市场，而实力雄厚的大型房企将受益于行业整合，业绩有望得到进一步提升。随着行业野蛮成长时代的结束，房地产市场进入了强者恒强的王者时代。龙头房企销售回款在规模、增量和稳定性上占据绝对优势。另一方面，因城施策调控拉长了行业周期，人口流动和产业集聚下区域分化将是长期趋势，龙头房企深耕城市多、布局完善，具备更强的销售持续性和稳健性。从拿地难易程度看，重点城市颁布的土地新规提高了拿地门槛，土地储备向龙头企业快速集中，这为龙头房企构筑了更高的安全边界，也为其未来的可持续发展奠定了坚实的基础。从净利润率看，龙头企业凭借高效的管理模式和良好的费用控制能力，净利润率优势显著。此外，龙头企业的融资渠道更丰富、资金成本更低，在融资收紧背景下优势突出。在上述多方因素的共同作用下，房企分化态势加剧，呈现了两极化发展趋势。

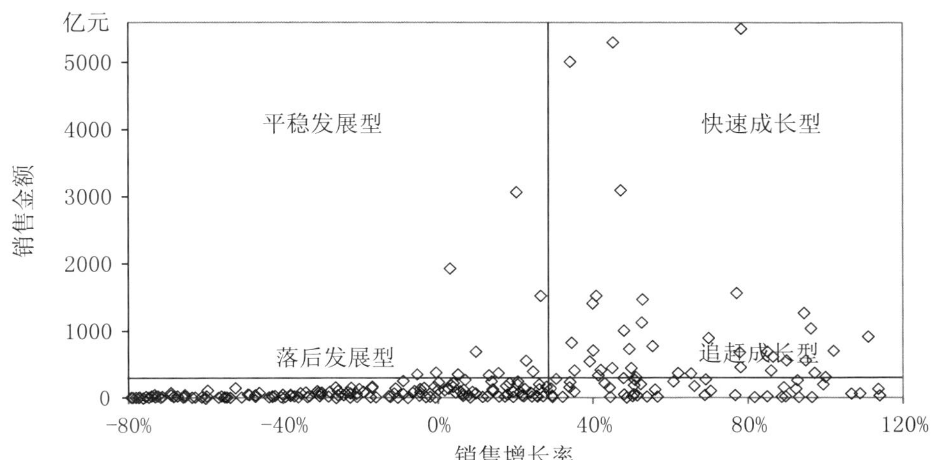

图 6-18　2017 房地产开发企业 500 强成长分类图

数据来源：CRIC、中国房地产测评中心。

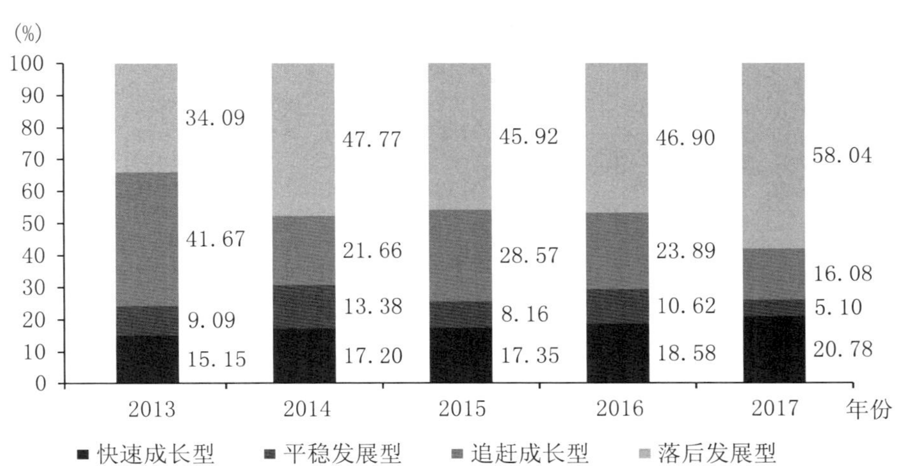

图 6-19　2013—2017 房地产开发企业 500 强不同成长分类占比图

数据来源：CRIC、中国房地产测评中心。

随着房地产多元供给体系逐步完善、长效机制加速建立、资金面持续收紧，百亿房企在大规模抢收后纷纷开始思考应对行业变局的良策。为了谋求长远发展，众多百亿房企以横向和纵向多元化拓展为主，有些积极拓展长期持有型业务，如长租公寓、特色小镇、文旅地产等，有些则聚焦于地产服务型上下游产业链的打通，如互联网家装、社区服务等。

在横向多元化拓展方面，根据克而瑞的数据，截至 2017 年 12 月份，TOP30 房企中有近 1/3 房企通过不同方式参与到长租公寓领域。其中万科、龙湖和旭辉作为领跑者，走在行业前列，并将长租公寓作为集团重点发展业务，项目布局城市较多。2016 年 7 月，国家住建部、发改委和财政部联合发布通知，提出在 2020 年前，培育 1000 个特色小镇。随后，浙江省、河北省等地方政府相继出台资金支持政策。政策层面的高度重视和大力支持吸引了大批房企的关注，包括碧桂园、万科、绿城等一批领先房企正在打造中国的小镇计划，探索用小镇模式寻找新的利润增长点。比如万科，2017 年 9 月 2 号，北京万科与门头沟军庄镇签订战略合作协议共同开发特色小镇；9 月 18 日，万科宣布联合苏州高新区管委会、华大基因和苏州高新，投资建设生命健康小镇。

在纵向多元化拓展方面，各大房企纷纷挖潜互联网家装、社区服务等生活服务型附加业务，打通上下游产业链，形成产业集聚效益。如万科、碧桂园、绿地等企业均建立了自身的家装品牌，通过产业链的纵向延伸，提供增值服务，最大可能挖掘客户需求。同时，随着房企定位由供应商向服务商的转变，有些企业围绕社区服务，进行了产品的升级改造。如美的地产的 5M 智慧社区，充分运用互联网智慧，建立真正满足未来需求的互联网 + 社区（见图 6 - 20）。

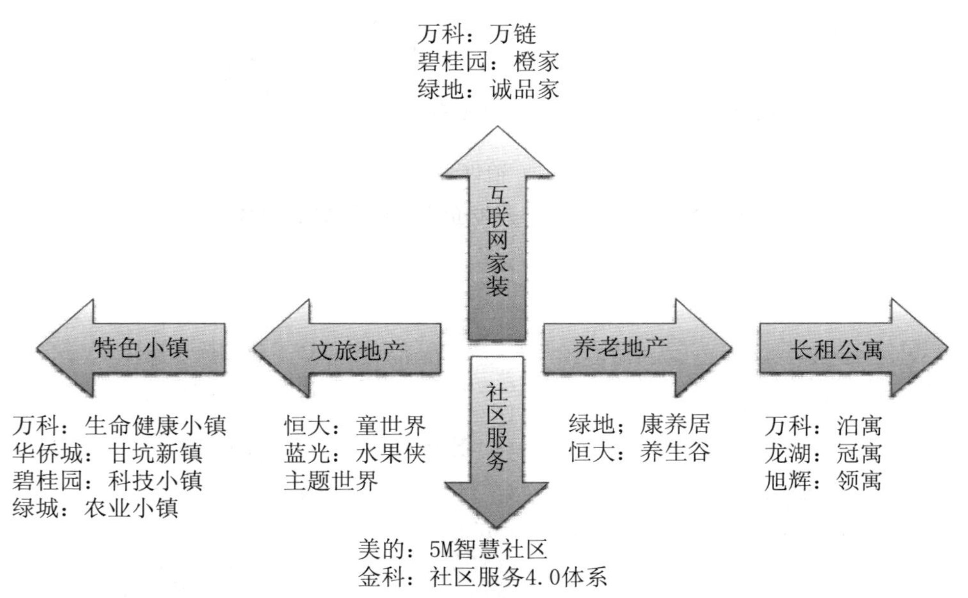

图 6 - 20　典型房企横纵向发展模式

资料整理：CRIC、中国房地产测评中心。

龙头企业积极补仓　联合并购渐成趋势

2017 年，在销售带动下，大型房企拿地热情高涨，积极补仓。数据显示，50 家百亿代表房企 2017 年招拍挂拿地金额高达 22420. 3 亿元，同比增长 74. 4%；拿地面积 37546. 7 万平方米，同比增长 81. 4%。拿地城市重心从一、二线城市向三、四线城市下沉。50 家百亿代表房企 2017 年三、四线城市拿地面积同比增长 145%，楼面价同比增长 53. 9%。与之形成鲜明对比的是，50 家百亿代表房企一线、二线城市拿地面积同比仅分别增长 63. 0%、46. 7%，占比则依次下降 0. 7 个百分点、11. 3 个百分点。

土地储备是房企的生命线，在市场竞争环境日益激烈、调控政策愈加严厉的背景下，能否以合理的价格获取优质土地成为所有房企开发商共同关注的问题。在高地价、招拍挂竞争激烈的背景下，2017 年并购拿地迅速成为房企拿地的主力方式，比如屡屡出手的融创以及阳光城。2017 年 7 月份融创以 438. 44 亿元价格收购万达

13 个文旅项目 91% 的股权，凭借这一收购，融创新增 5897 万平米土地储备。融创近两年来还收购了天朗、中渝置地、融科智地等房企的项目或股权，进行规模化扩张。2017 年，阳光城也借力并购加速扩张，2017 年 6 月 1 日，阳光城公告称将以 16.81 亿元（含债务）收购成都半山艾马仕项目。除了成都半山艾马仕之外，在不到一个月的时间里阳光城还收购了汉口中心最大城市综合体中华城项目及广州江湾新城项目，分别耗资 29.63 亿元和 17.9 亿元。

2017 年，日益高企的地价同样促使联合体拿地成为最新潮流。联合拿地不仅可以减轻资金压力，还将竞争对手变为合作伙伴，如此可避免哄抬土地价格的现象，有效分散市场风险，提升利润率，三则实现了产品研发、销售、融资的优势互补。就联合拿地来说，目前大约有三类模式，分别为一线城市大房企“强强联手”、本地房企合作外地企业、房企联合金融机构拿地（见表 6 - 60）。

表 6 - 6　　**2017 年重点企业联合拿地项目**

单位：亿元，万平方米

成交时间	地块名称	拿地企业	出让金额	总建面积
2017 年 1 月	北京门头沟地块	京投、远洋、龙湖、保利、首开	63.3	23.87
2017 年 4 月	重庆陈家坪尹朝社地块	旭辉、东原	39.2	47.36
2017 年 5 月	杭州西湖区三墩北单元 B - R21 - 08 地块	金辉、建发	37.65	20.48
2017 年 6 月	重庆南岸区茶园组团 J 分区地块	碧桂园、东原	9.65	21
2017 年 6 月	重庆巴南区李家沱组团 G 分区地块	旭辉、碧桂园	21.1	41.98
2017 年 9 月	杭州上城区紫阳南星单元 SC0501 - 01 地块	滨江、保利	59.93	13.48
2017 年 10 月	北京经济技术开发区河西区 X94R1 二类居住用地地块	保利、首开、金地	62.9	16.57
2017 年 11 月	北京市石景山区五里坨建设组团二 1601 - 053 地块	万科、旭辉、卓越	78	35
2017 年 11 月	北京市海淀区西北旺镇亮甲店村 HD00 - 0404 - 6005、6006 地块	北铁置业、北京建工	54	19
2017 年 11 月	北京朝阳区东坝乡驹子房村 1109 - 663 地块	天恒、旭辉、首开、房地	50	19
2017 年 12 月	杭州良渚新城古墩路北杜文路西商住地块	保利、融信	33.51	20.94

资料来源：CRIC、中国房地产测评中心。

（6）运营绩效分析

运营指标全面回落　策略调整谋取平衡

2017 年，500 强房地产开发企业整体存货周转率为 0.17，较 2016 年大幅下降 50.85%；整体流动资产周转率为 0.21，同比下降 10.34%；总资产周转率为 0.13，同比下降 52.53%。三大运营指标全面回落，尤其是存货周转率和总资产周转率均创下六年内新低。这表明房地产行业高速周转的模式已经很难继续复制，精工细作才是优质开发商未来需要努力的方向（见图 6 - 21）。

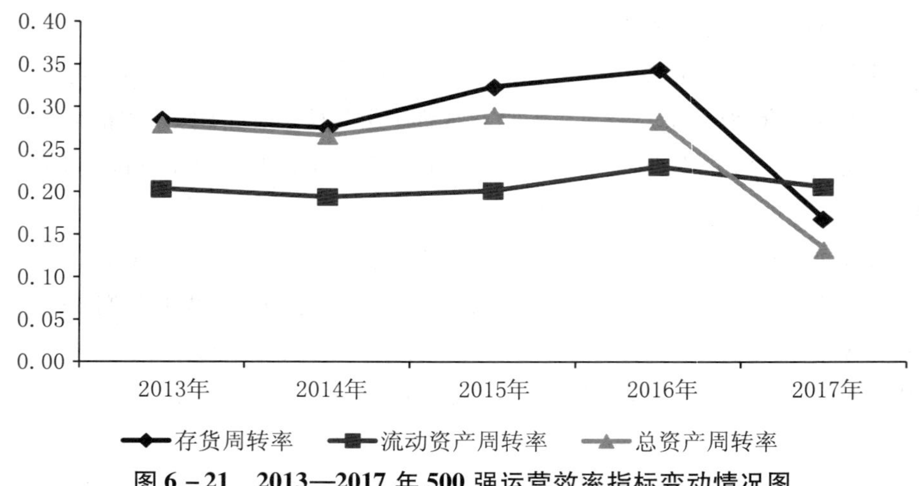

图 6－21　2013—2017 年 500 强运营效率指标变动情况图

数据来源：CRIC、中国房地产测评中心。

值得说明的是，由于经营策略不同、管理能力不同，就运营绩效指标来看，各家房企的差异性很大。比如近年来表现强势的碧桂园就是采取高周转策略的典型房企。从 2010 年开始碧桂园进行了大规模的改革，并对项目规划、产品设计、建筑工程、后期装修等一整套流程进行了标准化的改造，不断缩短开发周期，加快周转速度，为近几年腾飞奠定了坚实的基础。也有一些房企资金力量雄厚，更加侧重于打造产品品质，无论是拿地还是开发新项目都相对谨慎，周转率就会低于行业整体水平。

在融资渠道全面收紧的背景下，高速周转模式也难以完全对冲房企的偿债压力。因此很多房企开始调整策略，积极探索其他运营模式以应对资金压力，谋求长远发展。万科和绿地最先提出将其房地产开发模式向轻资产模式转变。在这个过程中，两家房企采取了不尽相同的战略。万科主要采取“小股操盘”“＋互联网”、拓展房地产金融业务等战略。绿地近年来大力推进“大金融”战略，借力大数据、云平台、移动互联等工具，为传统产业链打造了新的涵盖理财投资、社区金融在内的互联网平台。具体战略有“房地产基金＋互联网金融”，三大基金包括房地产投资基金、特殊机会资产投资基金和 PPP 建设基金，同时发力房地产相关互联网金融业务。

多方因素推涨货值　库存管理压力增大

2017 年，500 强房企整体存货货值和存货增长率均继续攀升。500 强房企平均存货货值为 274.45 亿元，较上年大幅提升 25.21%，存货增长率水平已经连续三年实现增长。事实上，房地产项目开发周期较长，库存增加有其合理性，一般房企会储备满足未来 3 年发展需求的土地量，这是房地产行业的本身属性。但近年来，房企拿地成本越来越高，存货的货值快速增加，加上市场波动、布局不合理，调控政策和企业本身的扩张欲望等因素，房企存货一直处于攀升状态。同时，年内多数城市限价调控，房企不愿让利减缓了新盘销售速度。此外，“京沪”对商业立项项目的限制性政策导致商住市场进入冰冻期，部分房企此类存货较多，成为大量滞销品。由此可见，地价高企、限价政策以及限商政策共同推高了年末房企存货货值。

从存货周转率上看，2017 年 500 强房企周转率水平大幅下降至 0.17，创六年内新低，可见房企整体运营能力和存货管理水平在变弱。一方面年内不少房企的高端项目因限价政策难以高价拿到预售许可证，低价则牺牲利润。僵持之下，项目销售周期拉长，减缓了周转速度。另一方面，部分房企之前贸然拿地，开发项目过于激进，导致适销不对路，现金回流较慢，资金链承压。更重要的是，在增量市场销售规模增速减缓趋势下，调控从严带来的市场降温效应也将持续，预计接下来行业将进入调整期，房企存货转化为现金的难度将进一步加大，这就对房企的存货管理能力提出了更高要求（见图 6－22）。

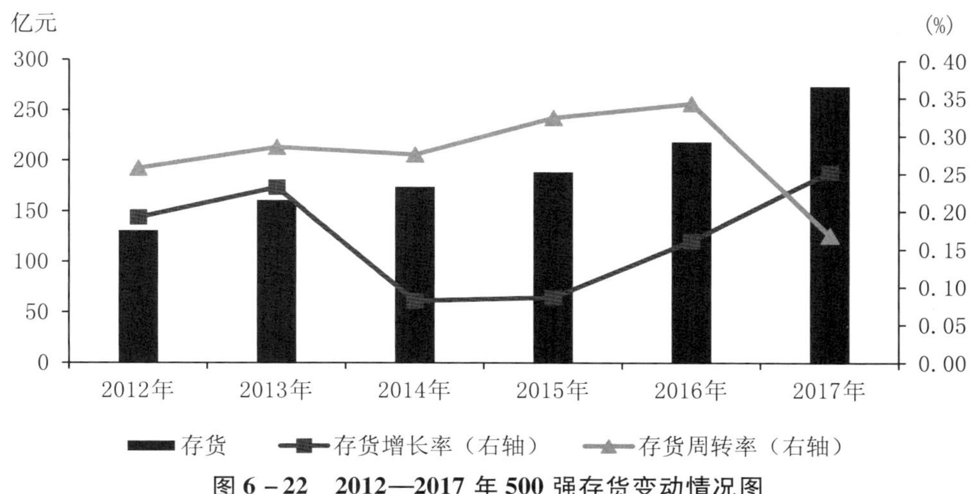

图 6－22　2012—2017 年 500 强存货变动情况图

数据来源：CRIC、中国房地产测评中心。

高速周转难以为继　消费升级产品为王

房地产市场的发展与我国城市化的进程密不可分，在城镇化红利逐渐消失后，叠加调控政策短期内不会松绑的预期，各大房企如果仅仅依靠高杠杆高周转模式追求规模盲目扩张的话，将会举步维艰。在消费升级的背景下，能否根据住户需求进行差异化设计以及打造优质品牌才是克敌制胜的关键。

随着房地产调控的不断深入，楼市客户资源竞争的激烈程度也大大超过以往。也许正因为这种危机感，众多的开发商将"产品主义"一词提到了前所未有的高度。专注于豪宅市场的星河湾、绿城、棕榈泉等，都属于"产品主义"的代表，依赖特色的高端产品来撬动着楼市。比如 2017 年，星河湾继续对产品进行优化升级，李云迪的首个"生活家空间"亦落地星河湾半岛。海伦堡地产则通过"健康＋生态规划""健康＋精装住宅""健康＋智慧社区"三大板块最大程度地提供健康的空间与生活配套服务。实地"智慧人居"探索实现科技与生活的真正融合。

除豪宅市场外，在居民消费升级的大背景下，普通住宅市场也迎来了一场产品革命。以融信为例，融信 2013 年打入杭州市场，第一代产品的代表有融信·蓝孔雀、学院府、杭州公馆等三个项目，随后融信不断根据城市的特点和当地居民的需求升级自身的产品线，通过高效迅速的产品迭代让自己本土化。

（7）创新能力和社会责任分析

多元创新助力销售　营销理念丰富升级

在竞争日益激烈的房地产市场中要想生存，除了打造过硬的产品质量，不断创新营销手段以获取市场的关注也是不可或缺的。地产营销互联网化已成为近些年的新趋势，线上营销发展迅猛，线上线下结合越来越多。金茂从 2014 年开始举办"双十一"活动，2017 年为第四届。此次活动，金茂很好地借助了深入人们生活的互联网平台和大数据技术，颠覆传统买房、卖房场景，使得苏州等全国 17 个城市的售楼处同时实现线上线下场景连接。购房者还可以通过 VR、航拍等技术看房，打破了传统买房、看房体验。

此外，借势、跨界等在地产营销领域也得到了广泛而深入的应用，近两年拥有着强大粉丝影响力的 IP 成为了地产营销圈的一个新风口。2017 年，西安房企天地源趁电视剧《白鹿原》热播之际，利用了这个大 IP 自身的吸睛能力和话题热度，邀请陕西人艺版话剧《白鹿原》到苏州演出，引起极大的反响。此外，世茂铜雀台和鑫控吴越锦源分别合作歌剧《林徽因》和国宝级舞剧《朱鹮》，均取得很好的反响。

从营销理念上看，各大房企也逐渐意识到营销传播不再只是企业自身的事，更多的是受众的事，如何激发受众引爆口碑成为新营销的核心。为此，各大房企各出奇招。2017 年年初，旭辉管理层通过亲自下厨为媒体朋友熬鸡汤的方式，拉近了旭辉与大众之间的距离，实现了很好的群体覆盖，达到了传播的目的。2017 年 6 月，雅居乐在太湖畔举办了一场千人骑行体验赛，为苏州的骑行爱好者提供了一次与世界级自行车盛事近距离接触的宝贵经历。这些奇思妙想的营销策略背后都意味着各大房企已逐步适应从卖方市场到买方市场的转变，从营销的各个环节真正做到以人为本。

产品服务不断优化　高新科技全面应用

在房地产行业集中度提升成为趋势的“大象起舞”时代，为了争取更多的主动权和话语权，各大房企纷纷升级产品线。表现可圈可点有融创，在华东，这家公司试图要在豪宅市场中做到细节上的极致和品质上的精雕细琢。桃源系和壹号院系，是公司推出的王牌产品。苏州桃花源项目由传统建筑匠人“香山帮”花费 8 年时间“全手工”打造，其间还邀请 80 岁的老国匠主理项目营造。至于壹号院系产品的室内空间设计，涉及的施工图纸更是多达 1000 多页，由此可见融创打造精品项目的决心。还有不少在冲击千亿军团的企业，也调整升级着自身的产品线。比如融信，年内，公司旗下的公馆系推出了全新融信公馆 ARC。该产品线建筑设计灵感源自扎哈·哈迪德大师作品，采用豪华游轮度假风曲线设计一体成型。事实上，以产品线为标准进行开发，已经成为如今大部分房企遵循的开发模式。如华宇御璟湖山系列产品、方圆第六代合院产品东江月岛均致力于打造彰显品质的人居住宅。

除了持续升级产品线，各大房企也更加注重借助科技的力量来解决建造过程中遇到的各种问题。技术创新方面，2017 年，碧桂园全部淘汰传统木模板体系，大力推广 SSGF 工业化建造体系。除有效解决房子空鼓、开裂、漏水等行业痛点外，碧桂园 SSGF 项目的施工现场还可向客户全天开放，采用智能化管理，循环播放安全教育视频，设置自动洗车槽、降尘系统、广播系统等打造安全整洁的作业环境。此外，管理者还可在手机上安装 APP，随时远程监控工地情况，项目进度。另一个注重运用高科技的典型房企是葛洲坝，葛洲坝推出的“5G 科技”体系集当代建筑、绿色科技、智慧互联和全生命周期等领域重大成果于一身。葛洲坝地产誓要引领绿色科技住宅的新方向，推动我国绿色建筑住宅迈向新的台阶。

税收贡献稳步提升　切实履行社会责任

2017 年，受益于全年整体销售业绩大涨，房地产开发企业纳税贡献亦快速增长。500 强房企所得税均值为 2.92 亿元，同比增长 15.13%；营业税金及附加的均值约为 4.17 亿元，同比下滑 14.13%（见图 6－23）。

500 强房企在在销售业绩创下新高的同时，履行社会责任的路径也在不断创新。在解决群众住房问题、带动相关产业发展、拉动地方经济增长、促进社会就业之外，以碧桂园为代表的品牌房企，眼下正积极投身公益扶贫脱贫工作，参与推进乡村振兴，精准扶贫助力全面奔小康。2016 年 10 月，碧桂园宣布捐资投入约 5 亿元，对清远英德整县进行帮扶，争取“一年脱贫，三年振兴”。

更为重要的是，碧桂园推出的绿色环保建造方式可极大节约资源，同时提升工地作业工人及周边居民的生活品质。

万科也非常重视对环境的保护。自 2017 年开始，万科建筑研究中心开始推进自身环境治理技术的市场化，经过广泛的合作洽谈，目前已经和国内知名水务环保上市企业首创股份形成合作意向，拟共同组建专业环保公司，以解决城市运营过程中的环境问题为目标，开展城市水环境治理和保护、污染土壤修复、海绵城市建设等综合环境服务。

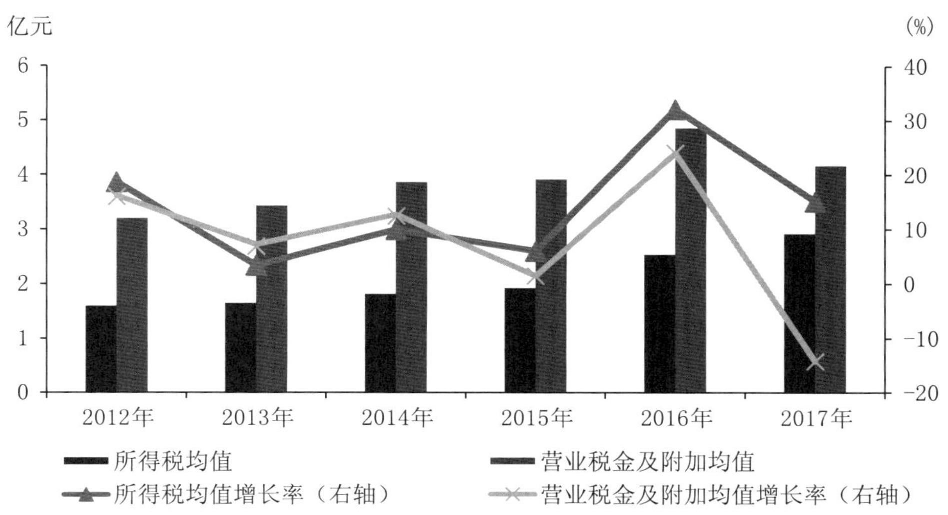

图 6-23　2012—2017 年 500 强营业税及所得税均值及增幅变化图

数据来源：CRIC、中国房地产测评中心。

（二）2017 年中国房地产上市公司综合实力百强测评

发布机构：中国房地产业协会　上海易居房地产研究院中国房地产测评中心

发布时间：2017 年 5 月 25 日

发布地点：香港

1. 测评榜单（见表 6-7）

表 6-7　　2017 中国房地产上市公司综合实力榜

排　名	企业简称	企业代码	排　名	企业简称	企业代码
1	万　科	000002. SZ	14	世茂房地产	00813. HK
2	中国海外发展	00688. HK	15	雅居乐集团	03383. HK
3	中国恒大	03333. HK	16	新城控股	601155. SH
4	碧桂园	02007. HK	17	中南建设	000961. SZ
5	保利地产	600048. SH	18	金科股份	000656. SZ
6	绿地控股	600606. SH	19	阳光城	000671. SZ
7	华夏幸福	600340. SH	20	旭辉控股集团	00884. HK
8	富力地产	02777. HK	21	中国金茂	00817. HK
9	华润置地	01109. HK	22	远洋集团	03377. HK
10	融创中国	01918. HK	23	绿城中国	03900. HK
11	龙湖地产	00960. HK	24	首开股份	600376. SH
12	招商蛇口	001979. SZ	25	路劲基建	01098. HK
13	金地集团	600383. SH	26	建业地产	00832. HK

续表

排　名	企业简称	企业代码	排　名	企业简称	企业代码
27	蓝光发展	600466. SH	64	光明地产	600708. SH
28	金隅股份	601992. SH	65	绿地香港	00337. HK
29	龙光地产	03380. HK	66	迪马股份	600565. SH
30	上实城开	0563. HK	67	北辰实业	601588. SH
31	泰禾集团	000732. SZ	68	朗诗绿色地产	00106. HK
32	荣盛发展	002146. SZ	69	亿达中国	03639. HK
33	建发股份	600153. SH	70	苏宁环球	000718. SZ
34	金融街	000402. SZ	71	国瑞置业	02329. HK
35	首创置业	02868. HK	72	中华企业	600675. SH
36	禹洲地产	01628. HK	73	天　安	00028. HK
37	华侨城	000069. SZ	74	信达地产	600657. SH
38	合景泰富	01813. HK	75	花样年控股	01777. HK
39	时代地产	01233. HK	76	银亿股份	000981. SZ
40	中骏置业	01966. HK	77	海航基础	600515. SH
41	泛海控股	000046. SZ	78	大名城	600094. SH
42	越秀地产	00123. HK	79	卓尔集团	02098. HK
43	新湖中宝	600208. SH	80	五矿地产	00230. HK
44	深圳控股	00604. HK	81	新华联	000620. SZ
45	中国奥园	03883. HK	82	张江高科	600895. SH
46	景瑞控股	01862. HK	83	阳光 100 中国	02608. HK
47	瑞安房地产	00272. HK	84	中洲控股	000042. SZ
48	合生创展集团	00754. HK	85	华远地产	600743. SH
49	城投控股	600649. SH	86	南京高科	600064. SH
50	仁恒置地	Z25. SG	87	云南城投	600239. SH
51	宝龙地产	01238. HK	88	华业资本	600240. SH
52	中粮地产	000031. SZ	89	绿景中国地产	00095. HK
53	保利置业集团	00119. HK	90	福星股份	000926. SZ
54	中天金融	000540. SZ	91	中弘股份	000979. SZ
55	华发股份	600325. SH	92	浦东金桥	600639. SH
56	陆家嘴	600663. SH	93	京投发展	600683. SH
57	滨江集团	002244. SZ	94	鲁商置业	600223. SH
58	北京城建	600266. SH	95	格力地产	600185. SH
59	雅戈尔	600177. SH	96	顺发恒业	000631. SZ
60	大悦城地产	00207. HK	97	美好置业	000667. SZ
61	华南城	01668. HK	98	香江控股	600162. SH
62	嘉华国际	00173. HK	99	冠城大通	600067. SH
63	SOHO 中国	00410. HK	100	力高地产	01622. HK

2. 测评分析

（1）入榜企业分析：万科十年蝉联榜首，中海恒大位居前三

中国房地产测评中心对上市房企进行了客观、公正、专业和科学的测评研究，形成了2017 中国房地产上市公司测评研究报告。从核心测评指标来看，2016 年上市房企总资产均值为717.47 亿元，同比上升22.40%；房地产业务收入均值为147.20 亿元，同比增长25.04%；资产负债率均值同比下降0.46 个百分点至67.16%；净负债率均值同比下降11.53 个百分点至84.56%；净利润均值为18.75 亿元，同比增长17.58%（见表6－8）。

表6－8　　2012—2016 年上市房企部分核心测评指标均值比较

指　标	2012 年均值	2013 年均值	2014 年均值	2015 年均值	2016 年均值
房地产业务收入（亿元）	62.80	92.08	95.75	117.73	147.20
总资产（亿元）	291.87	362.89	447.88	586.18	717.47
净负债率（%）	64.36	79.67	88.86	96.09	84.56
资产负债率（%）	64.72	65.81	65.75	67.62	67.16
净利润（亿元）	11.82	13.76	15.02	15.94	18.75

数据来源：企业年报、CRIC、中国房地产测评中心。

榜单显示，万科十年来蝉联榜首，中国海外发展和中国恒大位居三强。碧桂园、保利地产和绿地控股分别居于第四到第六位，华夏幸福、富力地产、华润置地和融创中国分列第七至十位。

2016 年，万科实现销售金额3647.7 亿元，同比增长39.5%，销售回款位居行业首位。2014 年以来围绕“城市配套服务商“定位而拓展的商业、物流地产、滑雪度假、长租公寓、教育养老等新业务布局也初现雏形。

中国海外发展秉承“稳中求进、品牌经营”的经营理念，持续提升竞争优势，并坚持中高端住宅市场精品定位，深入挖掘客户需求，2016 年实现销售金额2106 亿港元，对应销售面积1260 万平方米。

中国恒大2016 年实现销售金额3733.7 亿元，成为年度销售冠军，同比增长85.4%。企业还努力打造多元化发展的产业布局，形成了房地产、金融、旅游、健康四大产业，逐步由“房地产”向“房地产＋服务型”转型，房地产业务也开始由“规模型”向“规模＋效益型”转变。

2016 年，在国家推进供给侧结构性改革的背景下，作为产业链下游的供应商企业整体实现稳步增长。年内，领先的供应商企业通过持续强化品牌、产品研发与应用技术创新等优势，在资本市场动作频频。2016 年以来，包括欧派家居、尚品宅配、帝王洁具、欧宝家居、恒康家居、顾家家居、富森美等一批家居建材企业成为上市路上的领跑者。受益于基建投资增速较快、城镇化、存量房翻新等因素，建材家具板块获得资本市场青睐，资金净流入处于板块领先。具备综合景气度高、业绩稳步增长、竞争格局向好、商业模式清晰等的优质个股逐步获得资本市场认可。涂料民族品牌领先企业三棵树于2016 年6 月3 日在上交所挂牌上市，年内实现营业收入19.48 亿元，同比上年增加28.28%；实现净利润1.34 亿元，同比上年增加15.71%，进一步巩固了市场占有率。作为国内建筑防水行业首家上市公司，东方雨虹致力于成为全球化的建筑防水系统综合服务商，努力打造产品全产业链的生态系统。年内东方雨虹与德国DAW SE 签订合作协议，正式进军建筑装饰涂料市场，进一步增强市场竞争力。定制家居领先品牌欧派家居2016 年分别实现71.34 亿元的营业收入与9.50 亿元的净利润，并于2017 年3 月登陆上交所，打开资本市场新格局。年内，随着企业资本化运作，加上新三板市场政策条件在全国范围内扩容，新三板上市企业获得发展空间，企业发展势头强劲。建筑防水领先品牌科顺防水先后

与恒大地产、万达地产、华夏幸福、碧桂园等房企达成战略合作，进一步加强建设生产基地与完善产能布局，年内营业收入和净利润分别增长 22.83% 和 60.37%。

表 6－9　　2013—2017 年部分入榜企业名次变化

企业代码	企业简称	2013 排名	2014 排名	2015 排名	2016 排名	2017 排名
000002. SZ	万科 A	1	1	1	1	1
00688. HK	中国海外发展	4	3	5	2	2
03333. HK	中国恒大	3	4	4	4	3
02007. HK	碧桂园	13	7	7	9	4
600048. SH	保利地产	2	2	2	6	5
600606. SH	绿地控股	–	–	–	3	6
600340. SH	华夏幸福	18	14	11	10	7
02777. HK	富力地产	8	8	8	8	8
01109. HK	华润置地	5	10	6	7	9
01918. HK	融创中国	10	9	13	15	10

数据来源：CRIC、中国房地产测评中心。

（2）资本市场表现：地产板块弱于大盘，房企估值平稳下调

2016 年，A 股市场呈现调整格局，地产板块与大盘走势基本一致，但总体表现欠佳。以 2016 年 12 月 30 日收盘价计算，沪深 300 指数全年累计下跌 10.42%，房地产行业指数（申万）下跌 17.05%，跑输大盘超过 6 个百分点；横向来看，地产板块全年收益在 28 个行业里排名第 24 位。港股方面，恒生内地 100 指数全年累计下跌 1.29%，恒生地产指数则下跌 3.06%。总体来看，上市房企表现弱于大盘（见图 6－24）。

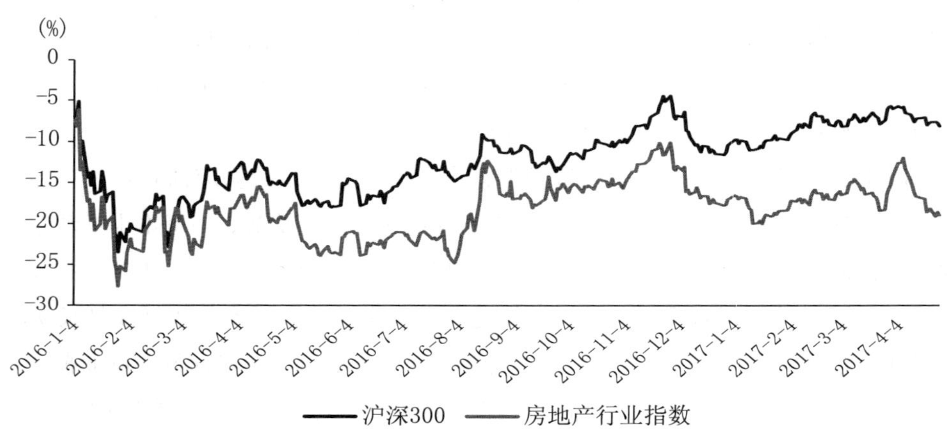

图 6－24　2016 年以来沪深 300 指数与房地产行业指数走势

数据来源：CRIC、中国房地产测评中心。

具体来看，2016 年 3 月和 8 月为两个明显的相对收益阶段，其中 3 月初主要是受益于政策面利好，包括降准和税费优惠等去库存政策，而 8 月主要的催化因素为保险资金、产业资本的增持和举牌。进入 2017 年，随着雄安新区、粤港澳大湾区等概念持续升温，地产板块 4 月上旬又走出一拨向上行情，华夏幸福、京汉股份、

荣盛发展以及招商蛇口和华发股份等企业股价纷纷大涨。

从每股收益来看，2016 年，上证、深证 A 股企业每股收益均值分别为 0. 43 元和 0. 39 元，沪深上市房企每股收益均值为 0. 37 元，收益水平仍低于沪深 A 股，但同比上年有所增长。在港上市房企 2016 年每股收益均值为 0. 47 元，处于五年来最低水平，但依然高于沪深上市房企（见图 6 – 25）。

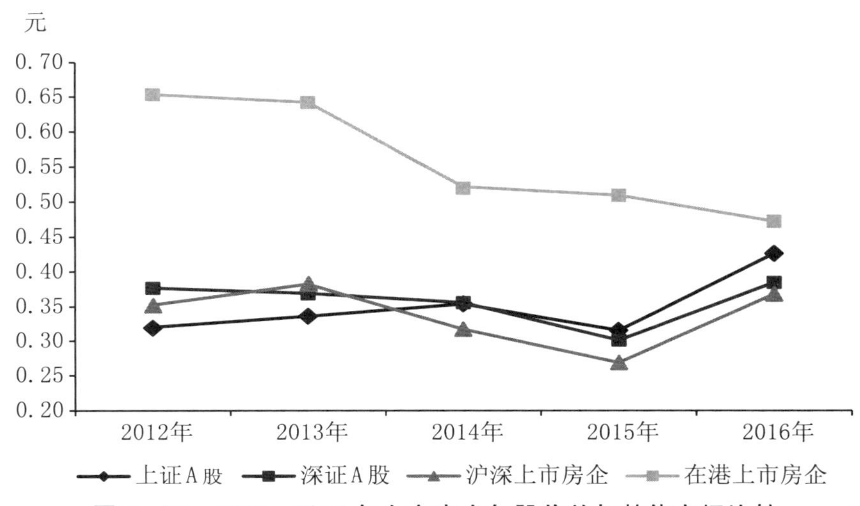

图 6 – 25　2012—2016 年上市房企每股收益与整体市场比较

数据来源：企业年报、CRIC、中国房地产测评中心。

自 2014 年以来，沪深上市房企和在港上市房企估值差距持续收缩，但 2016 年沪深上市房企估值仍远高于在港上市房企。此外，两地房企估值水平同比上年各自均有下滑。具体来看，沪深上市房企市盈率与市净率均值分别为 16. 59 倍和 2. 00 倍，在港上市房企市盈率与市净率均值分别为 7. 52 倍和 0. 99 倍（见图 6 – 26、图 6 – 27、图 6 – 28）。

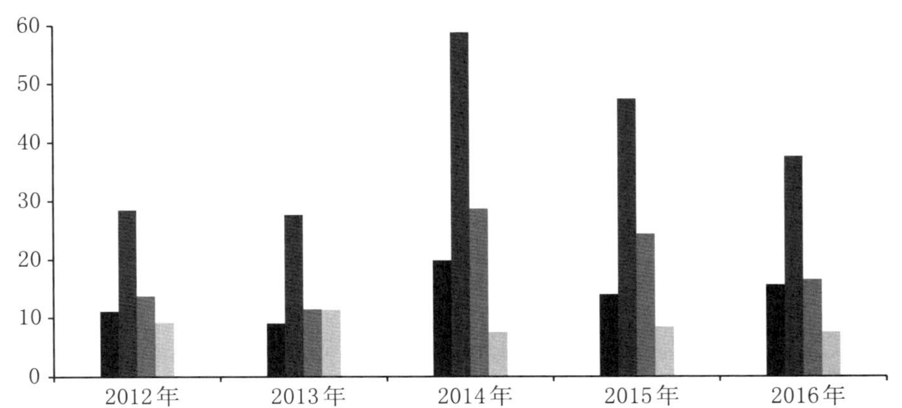

图 6 – 26　2012—2016 年上市房企市盈率比较

数据来源：企业年报、CRIC、中国房地产测评中心。

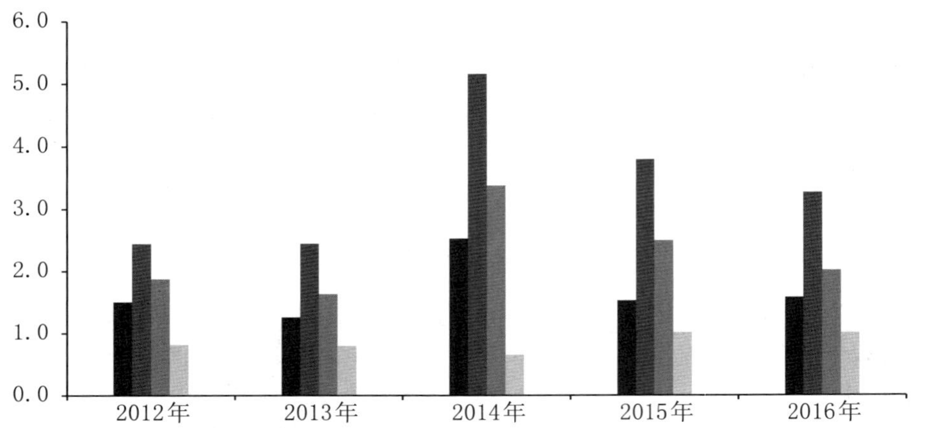

图 6-27　2012—2016 年上市房企市净率比较

数据来源：企业年报、CRIC、中国房地产测评中心。

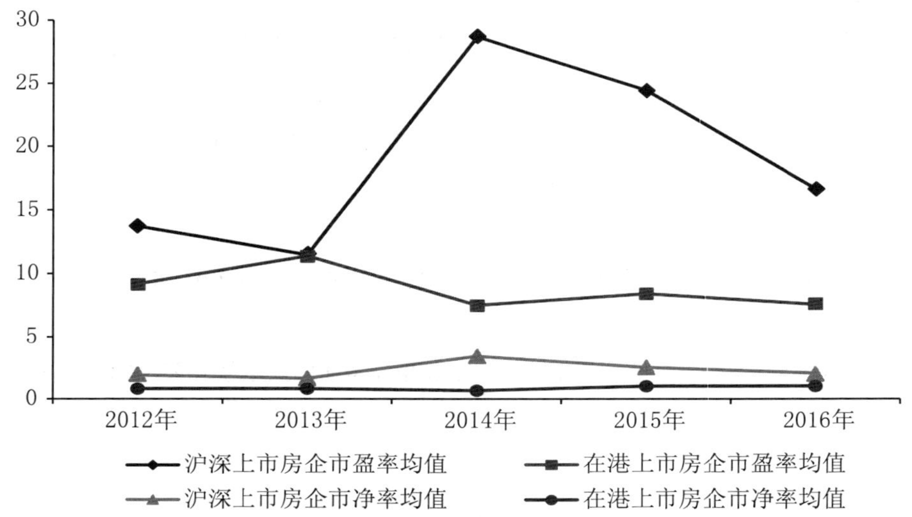

图 6-28　2012—2016 年沪深上市房企与在港上市房企市盈率、市净率比较

数据来源：企业年报、CRIC、中国房地产测评中心。

市值表现方面，2016 年年底，上市房企中市值过千亿的有 6 家，其中，万科和中国海外发展市值均超过了 2000 亿元。此外，招商蛇口、保利地产、华润置地和绿地控股市值也都超过千亿元。股价表现方面，万泽股份、中南建设和海德股份等企业转型动力强，股价涨幅居前（见图 6-29）。

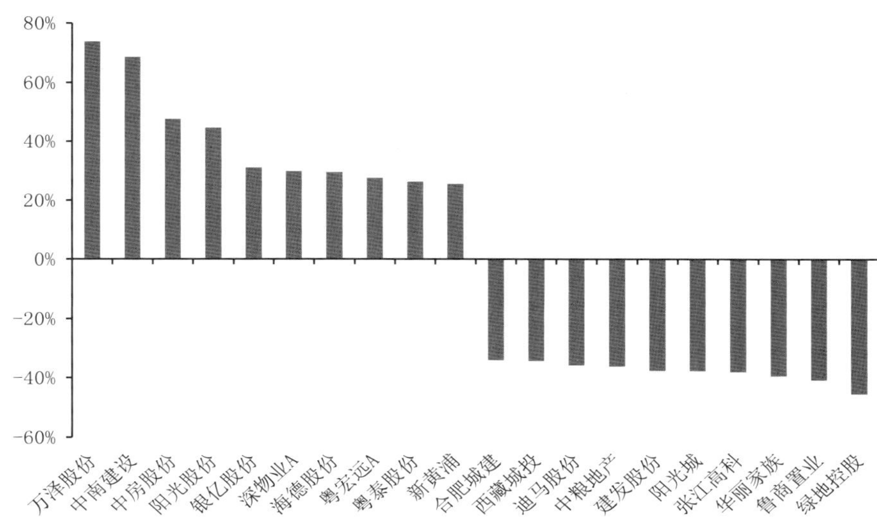

图 6－29　2016 年 A 股房地产行业涨跌幅靠前个股

数据来源：企业年报、CRIC、中国房地产测评中心。

（3）运营规模分析：资产规模增速放缓，两成企业超过千亿元

2016 年，上市房企总资产均值为 717.47 亿元，同比上升 22.40%；净资产均值为 174.77 亿元，同比上升 10.82%；房地产业务收入均值为 147.20 亿元，同比上升 25.04%。各项规模指标中，总资产均值增速和净资产均值增速较上年分别下降 8.48 和 12.61 个百分点，房地产业务收入均值增速较上年小幅提升约 2.09 个百分点（见图 6－30）。

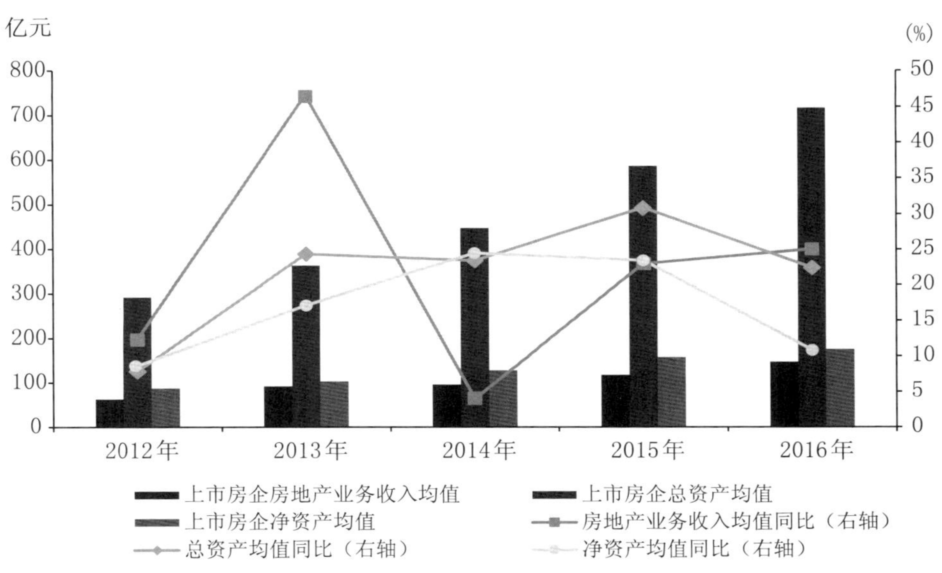

图 6－30　2012—2016 年上市房企规模指标均值比较

数据来源：企业年报、CRIC、中国房地产测评中心。

总资产方面，2016 年，在港上市房企在资产规模和房地产业务收入的绝对量上仍大幅领先于沪深上市房企，在扩张速度上，在港上市房企由于基数较大增速略显平缓。具体来看，2016 年年底，沪深上市房企总资产

均值为 550.23 亿元，同比增长 30.21%，增速较上年下降 15.88 个百分点；在港上市房企总资产均值为 954.06 亿元，同比增长 8.39%，增速较上年下降 7.01 个百分点（见图 6－31）。房地产业务收入方面，2016 年，沪深上市房企收入均值为 118.60 亿元，同比增长 40.00%，增速较上年上升 1.66 个百分点；在港上市房企收入均值 187.67 亿元，同比增长 6.00%，增速较上年下滑 1.78 个百分点（见图 6－32）。

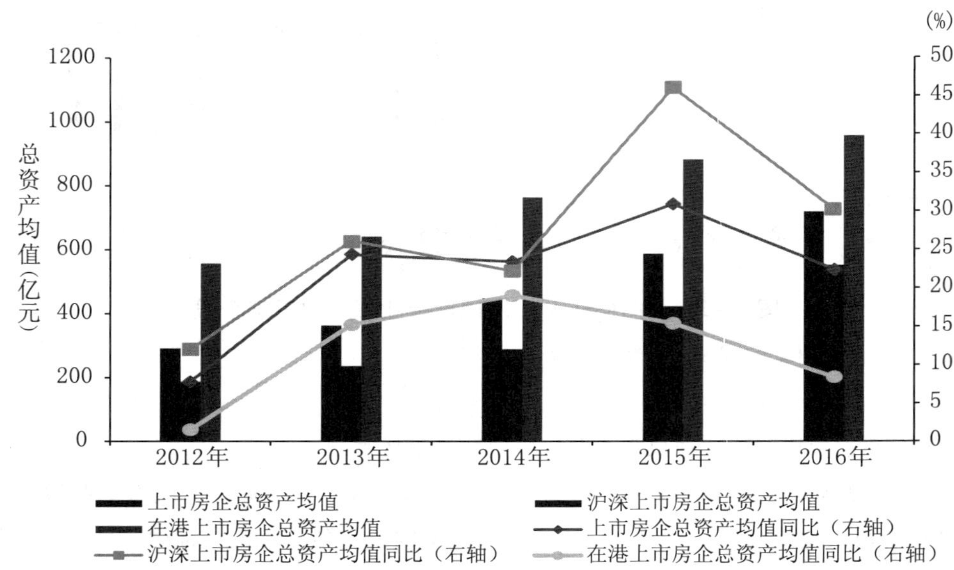

图 6－31　2012—2016 年上市房企总资产均值比较

数据来源：企业年报、CRIC、中国房地产测评中心。

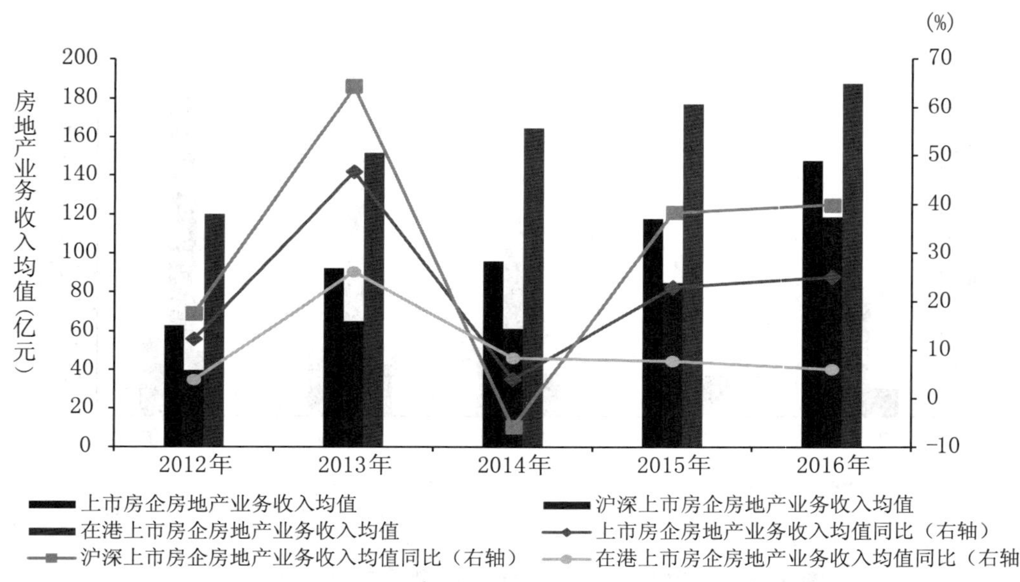

图 6－32　2012—2016 年上市房企房地产业务收入均值比较

数据来源：企业年报、CRIC、中国房地产测评中心。

本次测评根据企业总资产、净资产、房地产业务收入、营业利润规模等指标，将上市房企划分为四种类型：

- ◆ 规模优势型：该类企业运营规模明显超过行业平均水平，具有较强的规模优势。
- ◆ 规模稳健型：该类企业规模大致处于行业平均水平之上，且规模增长速度较平稳，具有一定的规模优势。
- ◆ 规模维持型：该类企业规模低于行业平均水平，且增长速度相对较为有限，规模持续增长能力相对有限。
- ◆ 规模萎缩型：该类企业规模远低于行业平均水平，且规模增长速度波动较大，缺乏成长后劲。

2016 年，房地产上市公司中规模优势型的企业占约 31%，规模稳健型的企业占约 17%，两类企业合计占比约 48%；规模维持型和规模萎缩型两个阵营的企业分别占约 19% 和 33%，合计占比约 52%（见图 6－33）。总体来看，更多的企业进入规模稳健型和规模维持型区间。

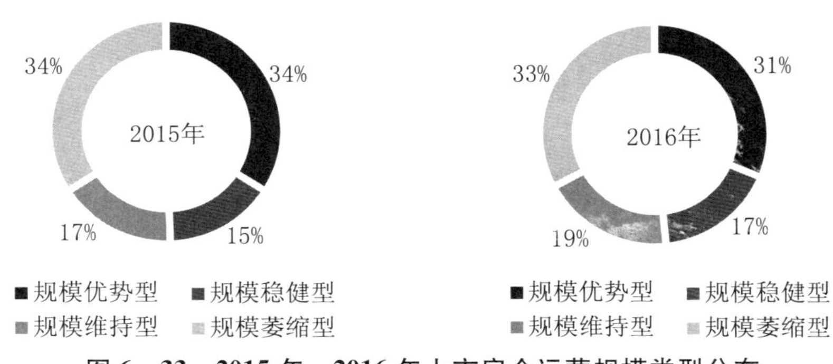

图 6－33　2015 年、2016 年上市房企运营规模类型分布

数据来源：CRIC、中国房地产测评中心。

四类企业中，规模优势型企业和规模稳健型企业各项规模指标均处于上市房企平均水平之上，其中，规模优势型企业总资产均值超过 1400 亿元，其四项规模指标都高达行业均值的两倍多，规模稳健型企业总资产均值也达到了千亿元之上。而其余两类企业各项指标都在行业平均水平之下（见图 6－34）。

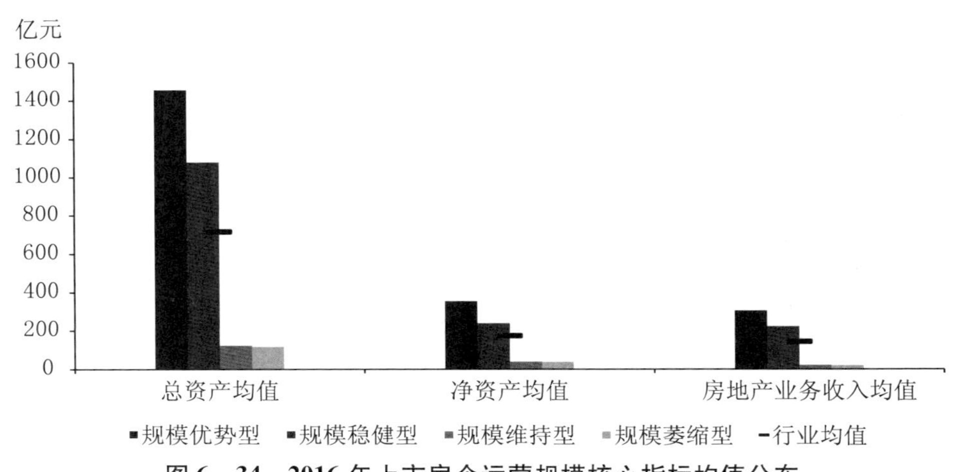

图 6－34　2016 年上市房企运营规模核心指标均值分布

数据来源：企业年报、CRIC、中国房地产测评中心。

从上市房企总资产规模来看，总资产超过千亿元的企业有 39 家，约占上市房企总量的 20%，其中，超过万亿元的企业有 1 家，为中国恒大，总资产达 13508.68 亿元。从总资产累计值占比来看，约占行业数量 9% 的排行榜前 18 名企业总资产累计值占比超过 50%，约占行业数量 30% 的排行榜前 59 名企业总资产累计值占比超过 80%（见图 6－35）。

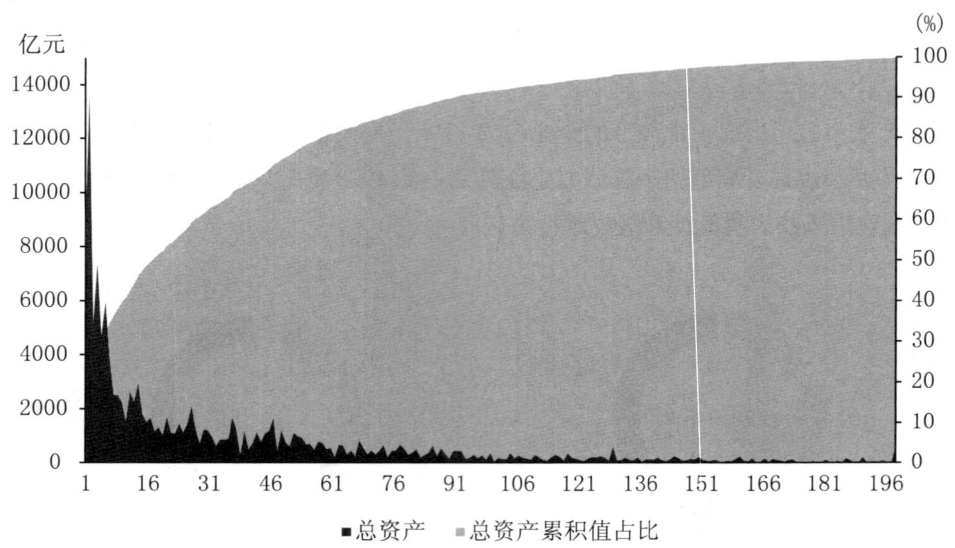

图 6－35　2016 年上市房企总资产规模分布情况

数据来源：企业年报、CRIC、中国房地产测评中心。

销售金额方面，万科、恒大等上市房企继续保持领先优势，稳居规模优势型企业行列。典型企业均实现了销售金额的正增长，其中，恒大、万科和碧桂园三家企业销售金额突破了 3000 亿元，而增长速度上，融创中国和碧桂园增速居前，同比增长率超过 120%（见图 6－36）。

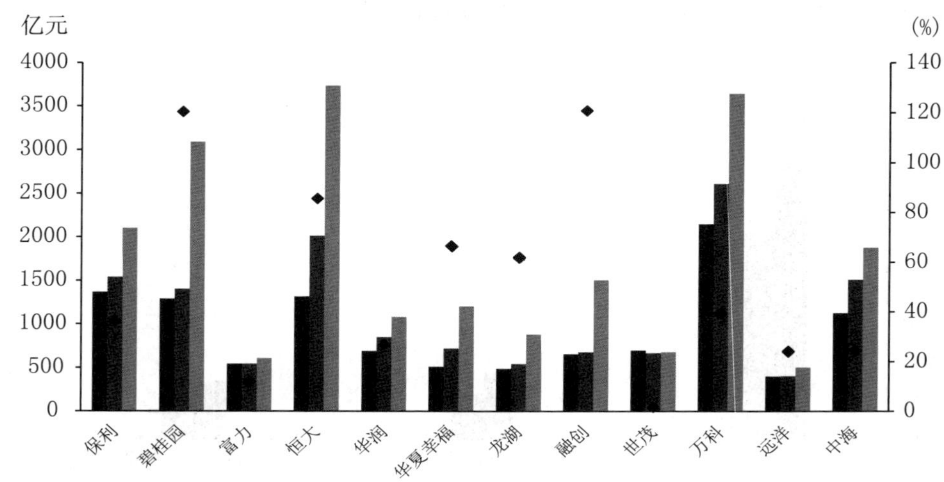

图 6－36　2014—2016 年部分规模优势型企业销售情况

数据来源：企业年报、CRIC、中国房地产测评中心。

（4）抗风险能力分析：杠杆去化走势初显，长短比率均有改善

2016 年，在行业销售回暖、销售回款大增和股权融资增多的背景下，上市房企整体呈现出去杠杆走势，长短期负债指标均有所改善。从长期负债比率来看，2016 年年底，上市房企资产负债率均值为 67.16%，较 2015 年年底下降 0.46 个百分点；净负债率均值为 84.56%，较 2015 年年底下降 11.53 个百分点。从短期负债比率来看，上市房企流动比率均值为 210.83%，较 2015 年年底上升 25.40 个百分点；经营活动现金流继续改善，现金流动负债比率均值为 7.63%，较 2015 年年底上升 5.13 个百分点（见图 6－37）。

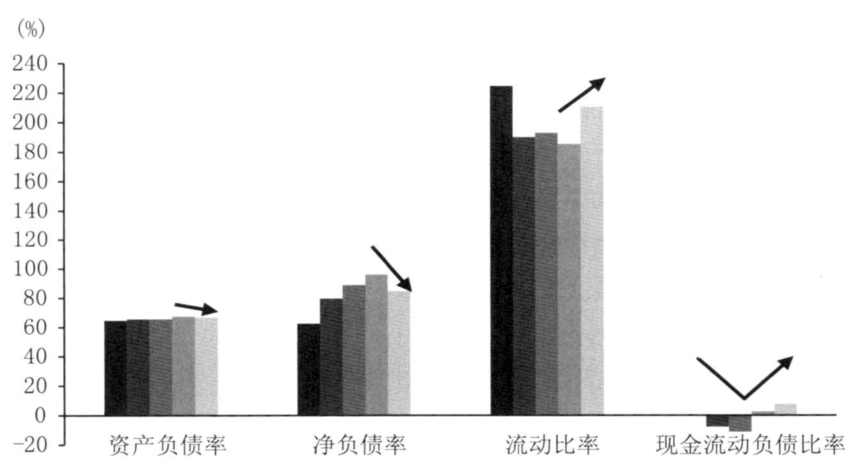

图 6－37　2012—2016 年上市房企债务指标均值比较

数据来源：企业年报、CRIC、中国房地产测评中心。

本次测评根据行业特征，将上市房企划分为四个抗风险层级：

- ◆ 强抗风险层级：此类企业拥有较强的适应市场波动的能力，能够规避较强风险，并保持业务的相对稳定性。
- ◆ 中抗风险层级：此类企业具备一定适应市场波动的能力，能够规避一定的风险。
- ◆ 低抗风险层级：此类企业适应市场波动能力一般，风险规避能力一般。
- ◆ 弱抗风险层级：此类企业适应市场波动能力较弱，难以规避市场风险。

2016 年，流动比率、净负债率和资产负债率均值等指标的比较分析显示，强抗风险层级和中抗风险层级的企业分别约占上市房企总量的 20% 和 31%，合计占 51%；低抗风险层级和弱抗风险层级企业分别占比约 38% 和 11%，合计占 49%（见图 6－38）。

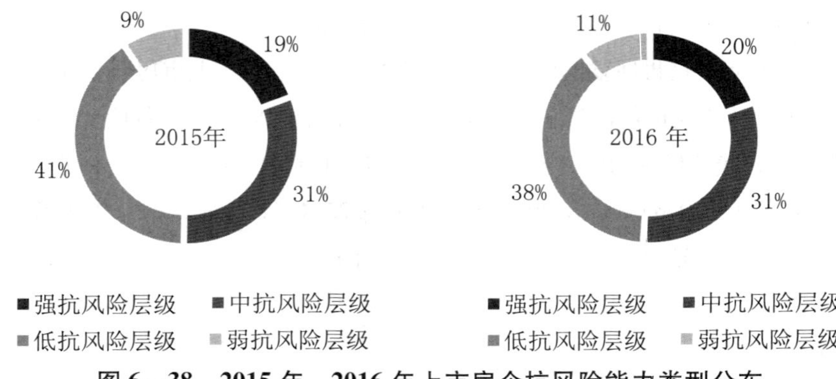

图 6－38　2015 年、2016 年上市房企抗风险能力类型分布

数据来源：CRIC、中国房地产测评中心。

从资产负债率来看，强抗风险层级和中抗风险层级企业的资产负债率均值分别为 38. 99% 和 63. 74%；低抗风险层级和弱抗风险层级企业的资产负债率均值分别为 78. 07% 和 87. 75%。从净负债率看，强抗风险层级和中抗风险层级企业的净负债率均值分别为－3. 69% 和 34. 48%；低抗风险层级和弱抗风险层级企业的净负债率均值分别为 97. 98% 和 280. 18%（见图 6－39）。

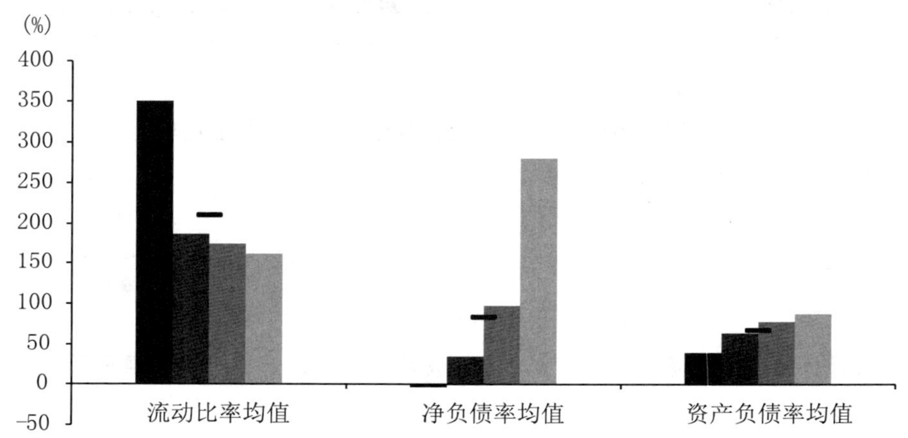

图 6－39　2016 年各类型上市房企抗风险能力指标均值比较

数据来源：企业年报、CRIC、中国房地产测评中心。

从企业资产负债率的分布来看，2016 年，约 42% 的企业资产负债率低于 67. 16% 的行业均值，金茂、龙湖、雅居乐、世茂房地产和金地等企业位于这一区间；约 32% 的企业资产负债率处于行业均值和 80% 之间，绿城、时代地产、保利和金融街等企业位于这一区间；另外 26% 的企业资产负债率高于 80%，这一区间的典型企业有融创、碧桂园、恒大、华夏幸福和泰禾等扩张型企业（见图 6－40）。

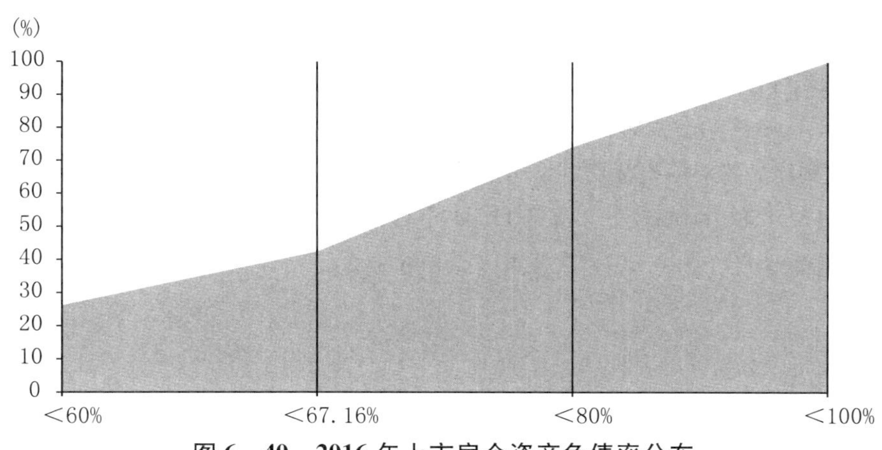

图 6-40　2016 年上市房企资产负债率分布

数据来源：企业年报、CRIC、中国房地产测评中心。

12 家典型企业的资产负债率稳中有升，均值为 75.60%，较 2015 年上升 2.73 个百分点，有 8 家企业同比上升；其中，中海、世茂、龙湖等 7 家企业处于 60%～80% 的区间，中海资产负债率仅 60.19%，融创、碧桂园、恒大等 5 家企业高于 80%。扣除预收账款后，典型企业的资产负债率均值为 58.19%，较 2015 年上升 5.69 个百分点，有 9 家企业同比上升；其中保利、华夏幸福、华润和万科等 4 家企业低于 50%。典型企业净负债率均值为 30.92%，较上年上升 3.55 个百分点，有 7 家企业同比上升；其中，中海净负债率仅为 7.33%，华润、万科低于 30%，融创、恒大和富力则高于 100%（见图 6-41）。典型企业负债率相对行业水平较高，这与行业整合中领先企业加快扩张速度相符。

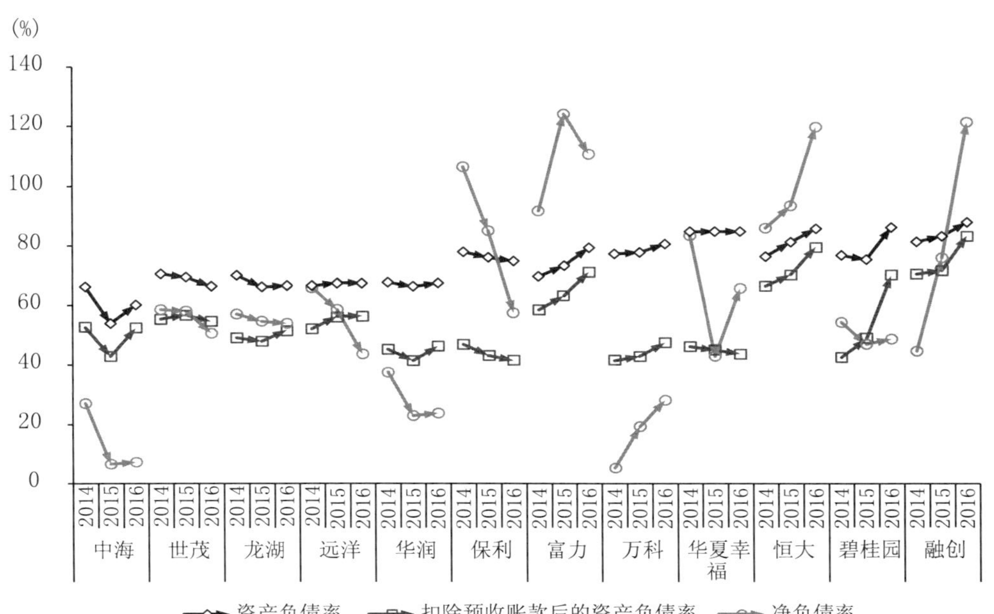

图 6-41　2014—2016 年部分上市房企长期偿债能力指标比较

数据来源：企业年报、CRIC、中国房地产测评中心。

（5）盈利能力分析：业绩改善盈利普增，净利润率低位回升

2016 年，上市房企整体净资产收益率均值为 6.79%，较 2015 年提升 0.77 个百分点；总资产利润率均值为 3.98%，较 2015 年提升 1.04 个百分点，盈利效率指标结束了自 2012 年开始的连续 4 年下降趋势，实现低位回升。此外，上市房企盈利能力绝对值指标仍延续了上升势头，且增速有所回升。其中，上市房企净利润均值为 18.75 亿元，同比增长 17.58%，增幅较上年提升 11.44 个百分点；现金及现金等价物余额均值为 110.17 亿元，同比增长 43.77%，增幅较上年上升 0.90 个百分点（见图 6－42）。

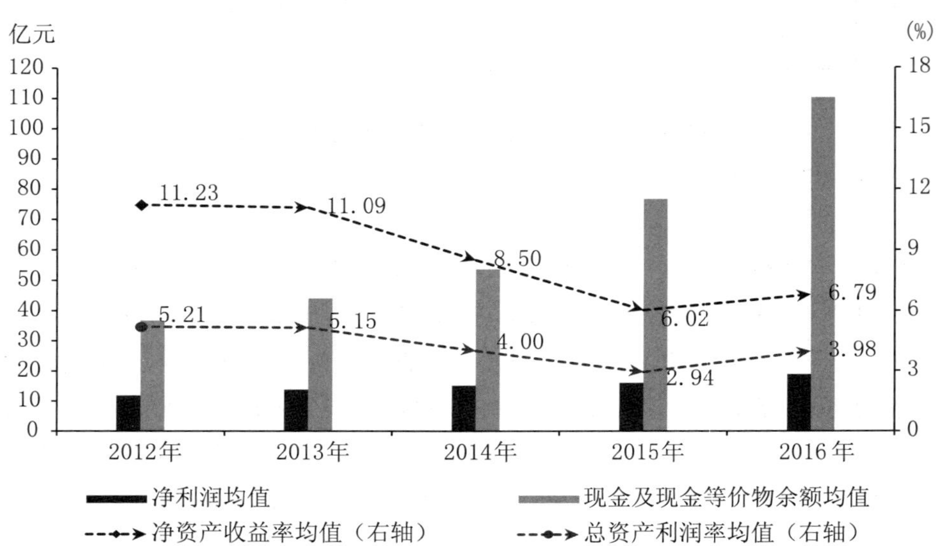

图 6－42　2012—2016 年上市房企盈利水平和效率指标均值比较

数据来源：企业年报、CRIC、中国房地产测评中心。

本次测评根据房地产行业特点及盈利特征，将上市房企划分为四种类型：

- 盈利增长型企业：利润率水平超过行业平均水平，且近几年保持持续增长或低于行业波动幅度水平，盈利前景可观。
- 盈利维持型企业：利润率水平处于行业平均水平周围，且近几年波动幅度较小，能够在短期内维持现有盈利水平。
- 盈利乏力型企业：利润率水平低于行业平均水平，近几年波动幅度较大，短期内可能无法维持一定的盈利水平，中长期盈利状况存在较大的不确定性。
- 盈利下滑型企业：利润率水平远低于行业平均水平，缺乏盈利增长点，近几年净利润持续下滑甚至亏损，中期盈利状况难以为继。

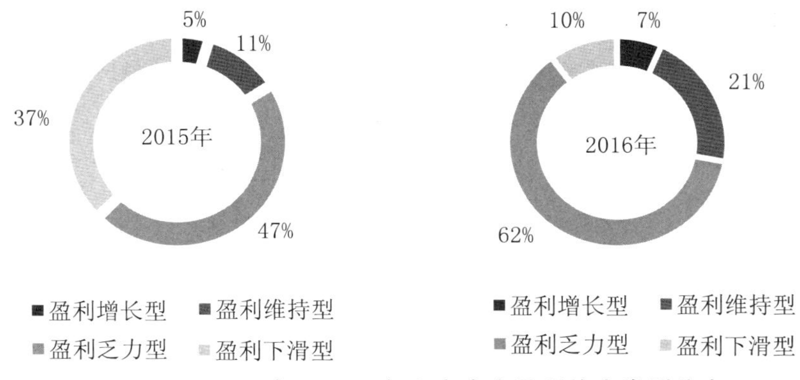

图6－43　2015年、2016年上市房企盈利能力类型分布

数据来源：CRIC、中国房地产测评中心。

从上市房企盈利能力分布来看，除盈利下滑型企业数量明显下降以外，其他类型企业数量均有明显上升。盈利增长型和盈利维持型企业数量分别占约7%和21%，二者合计占28%，较上年提升12个百分点；盈利乏力型企业数量占比约为62%，而盈利下滑型企业数量占比为10%，较上年大幅下降27个百分点（见图6－43）。

从各类型企业盈利能力指标具体表现来看，盈利增长型企业净利润均值达145.84亿元，但净资产收益率均值由上年的17.33%小幅下滑至17.13%。另外，盈利下滑型企业数量虽然有明显下降，但净利润均值亏损情况更为严重，净利润均值由2015年的－2.54亿元进一步下降至－4.57亿元，同时净资产率和总资产利润率均值均为负数（见图6－44）。

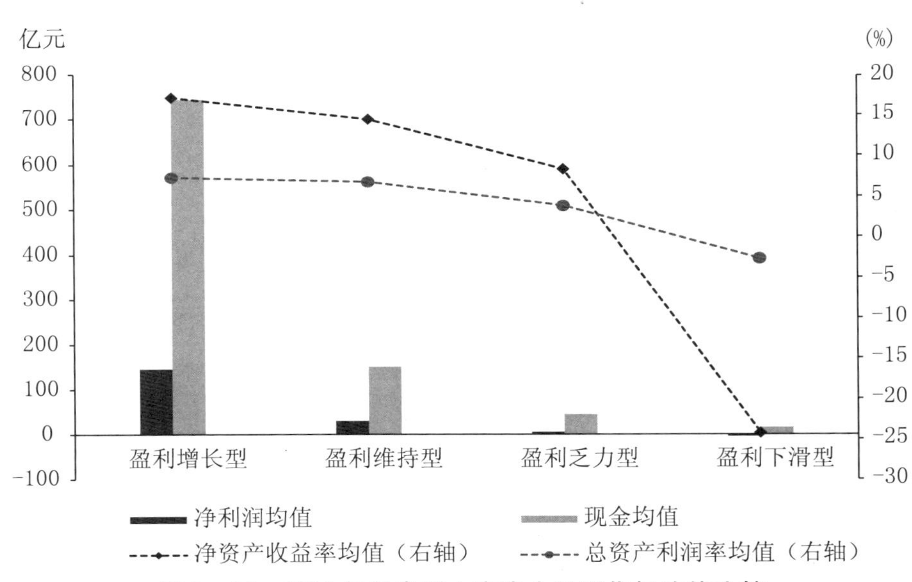

图6－44　2016年各类型上市房企盈利指标均值比较

数据来源：企业年报、CRIC、中国房地产测评中心。

12家典型企业方面，尽管销售创下历史新高，但有5家毛利率下降，更有7家净利率有所下降。其中，中海、富力、世茂等3家企业更出现毛利率和净利率双双下降的情况。这可能与年内地价大幅上涨等因素有关，而万科、碧桂园和远洋等3家企业毛利率和净利率双双增长。此外，典型企业费用控制压力分化明显。12家典型企业中有 6 家三费比重同比上升，融创、世茂、富力等 6 家企业三费比重则有所下降。这与过去几年内，各典型企业融资成本的差异及销售增幅与结转增幅的差异有关。但整体而言，典型房企的三费控制能力大幅领先于上市房企平均值，这又进一步反映在了典型房企相对的高净利率上。其中，万科、华润、中海三费比率均未超过 6%，但净利率均接近 20%（见图 6－45，图 6－46）。

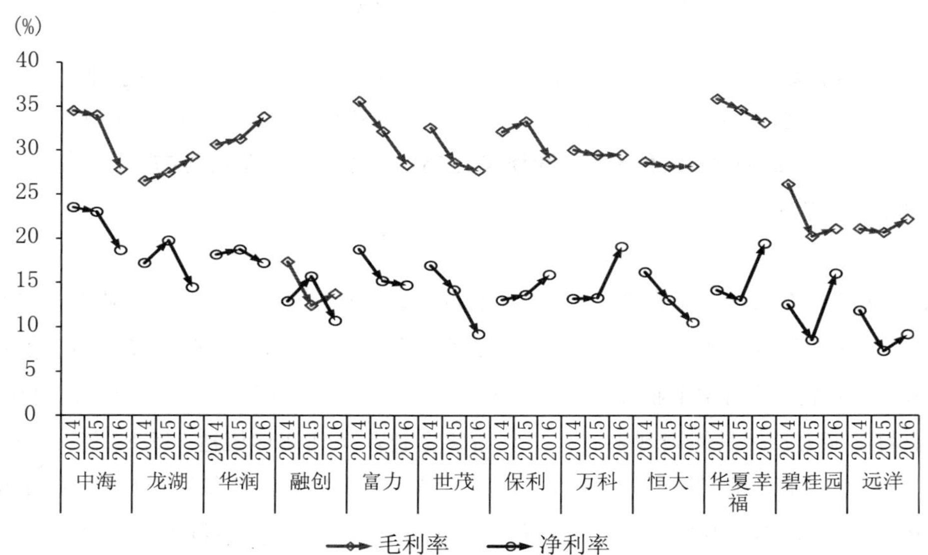

图 6－45　2014—2016 年部分上市房企利润率指标比较

数据来源：企业年报、CRIC、中国房地产测评中心。

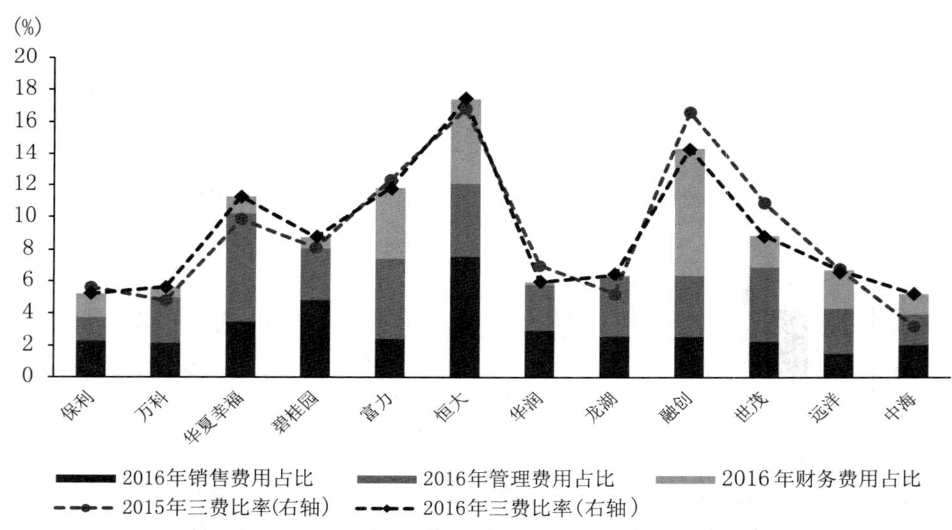

图 6－46　2015—2016 年部分上市房企三项费用水平比较

数据来源：企业年报、CRIC、中国房地产测评中心。

（6）发展潜力分析：收入资产增速提升，多元拿地趋势不减

2016 年，房地产上市公司收入和资产规模双双增长，且各项指标增长率较上年也有所回升。其中，上市房企营业收入增长率均值为 38.72%，同比增长 17.84 个百分点，净资产增长率均值为 21.69%，同比增长 3.24

个百分点，净利润增长率均值为 26.39%，同比增长 25.61 个百分点。

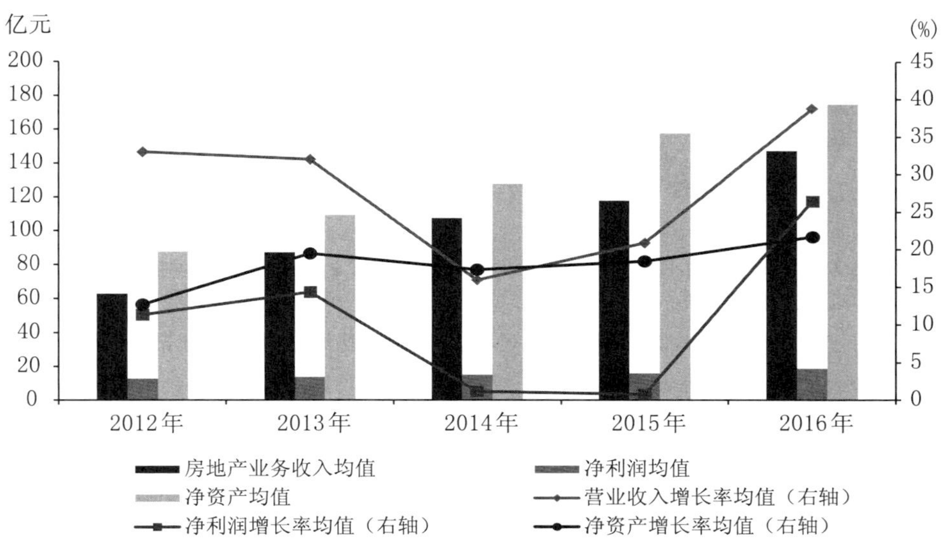

图 6-47　2012—2016 年上市房企发展潜力指标均值及变化情况

数据来源：企业年报、CRIC、中国房地产测评中心。

本次测评根据主营业务收入增长率、主营业务利润增长率、净资产增长率等业绩成长能力指标，将上市房企的发展潜力划分为四个层级：

- 高成长性：具备较快的收入和利润增长速度，净资产持续高速增长，为企业未来持续发展奠定了坚实的基础。
- 中成长性：具备中等业绩成长能力，增速略高于行业平均成长水平，能够为企业未来发展提供一定的基础。
- 低成长性：具有一定业绩成长能力，增速略低于行业平均水平，企业未来发展受到一定限制。
- 弱成长性：业绩成长能力远低于行业平均水平，增速与行业平均水平差距显著，企业未来发展受阻。

从成长性指标来看，2016 年，高成长性和中成长性企业占比分别为 15% 和 44%，较上年分别增加 3% 和 16%，低成长性和弱成长性企业占比则分别为 31% 和 10%，上市房企整体成长性情况优于上年，更多企业进入高成长性和中成长性区间内（见图 6-48）。

具体来看，高成长性企业全年营业收入增长率均值为 148.62%，净利润增速均值为 105.24%，净资产增长率均值为 51.16%；而弱成长性企业三项指标对应的数值则均为负数，企业经营压力较大（见图 6-49）。从成长性各类型企业均值的差距来看，高成长性和中成长性企业各成长性指标均值差距较上年有所缩小，但高成长性和中成长性企业与成长性相对较弱的低成长性和弱成长性企业成长性指标均值差距继续扩大。

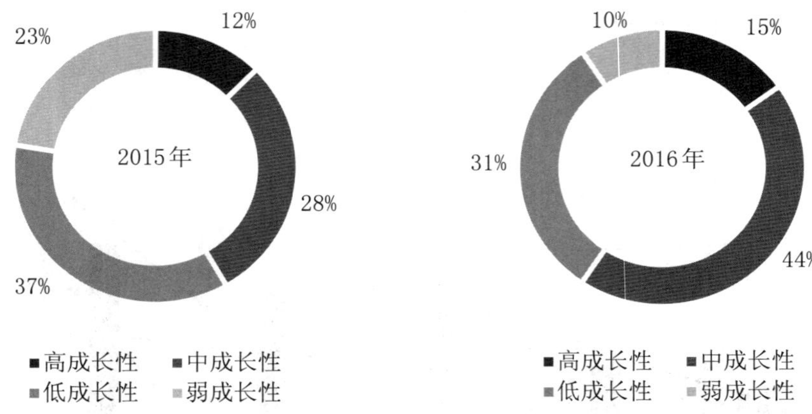

图6-48　2015年、2016年上市房企成长能力类型分布

数据来源：CRIC、中国房地产测评中心。

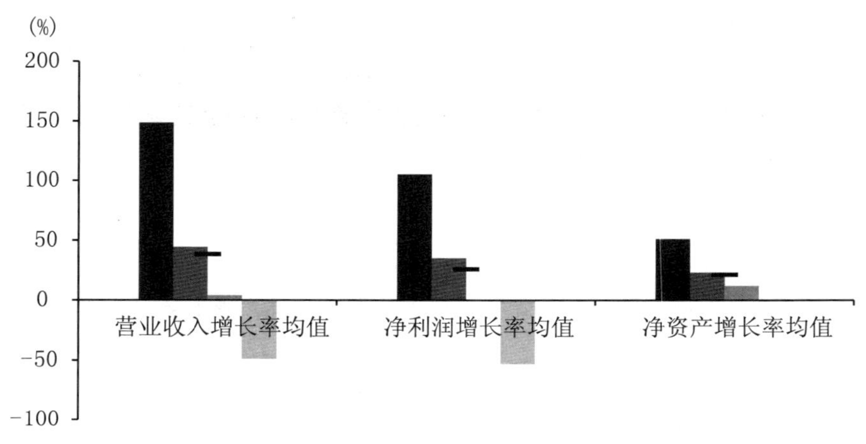

图6-49　2016年上市房企成长性指标均值比较

数据来源：企业年报、CRIC、中国房地产测评中心。

从企业盈利增长率的分布来看，2016年上市企业在营业收入增长率和净利润增长率的分布向大于40%移动。具体在营业收入增长率方面，90%的企业营业收入出现正增长，较2015年高出14个百分点。营业收入增幅在0~40%的企业比重累计为52%，与上年持平；也即表明营收增幅大于40%的企业比重累计为38%，较2015年高14个百分点（见图6-50）。净利润增长率方面，75%的企业净利润实现正增长，较2015年高出13个百分点；净利润增幅在0~40%的企业比重累计为43%，同样与上年持平；净利润增幅大于40%的企业比重累计为32%，较2015年高13个百分点。总体来看，2016年业绩大幅增长企业数量均多于上年，而业绩大幅下滑的企业数量明显减少（见图6-51）。

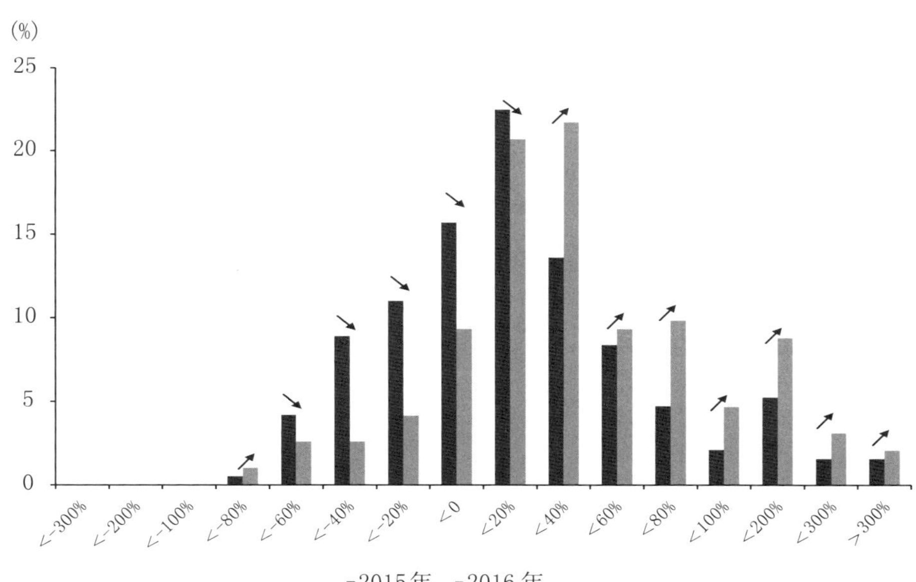

图 6 -50　2015—2016 年上市房企营业收入增速分布

数据来源：企业年报、CRIC、中国房地产测评中心。

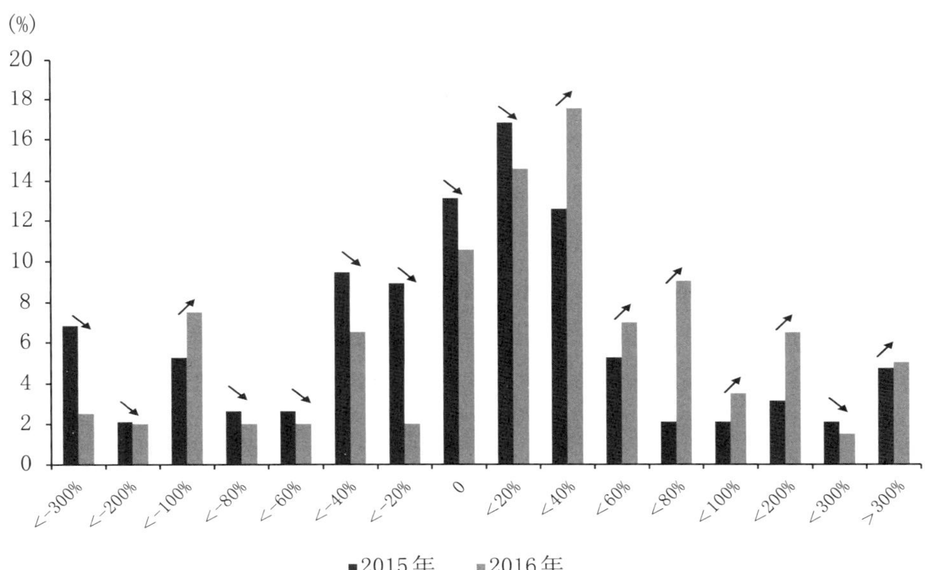

图 6 -51　2015—2016 年上市房企净利润增速分布

数据来源：企业年报、CRIC、中国房地产测评中心。

从 12 家典型企业的增长速度来看，除世茂和融创出现净利润小幅下滑外，其他企业均实现了收入和利润的增长。仅华夏幸福和碧桂园营业收入和净利润增幅均在 20% 以上。此外，上市房企收入和利润增长率矩阵分布与上年相对分散的态势形成对比，更多企业落入收入和利润增长率均在 0 ~ 40% 之间的区间内（见图 6 -52）。

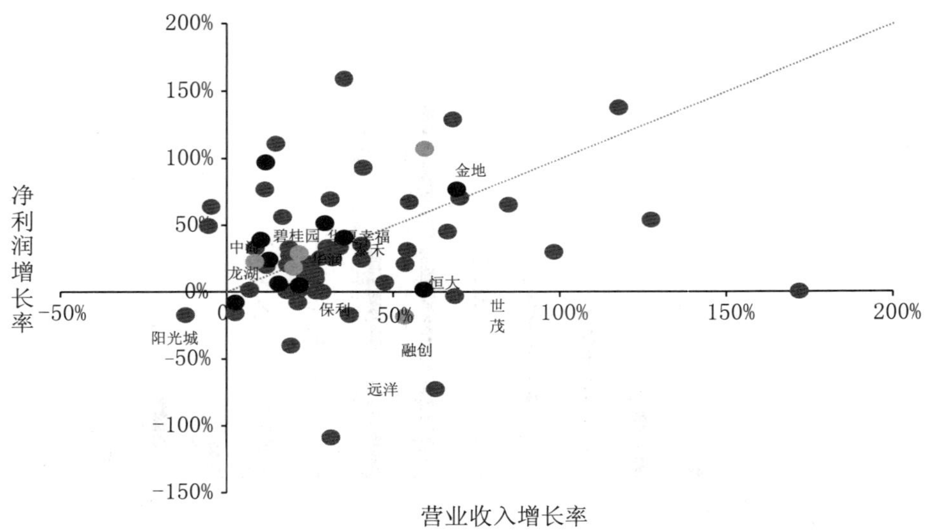

图 6－52　2016 年部分上市房企成长性指标比较

数据来源：企业年报、CRIC、中国房地产测评中心。

2016 年，上市房企多方新增土地储备，其中，恒大、碧桂园、绿地和万科土地储备量均过亿平方米。恒大 2016 年共新增土地储备面积 1.02 亿平方米，总土地储备面积达到 2.29 亿平方米，其中，一、二线城市新增项目数量占比为 59.6%。此外，在土地储备上，一方面面临单价、总价“地王”产生贯穿全年，拿地成本不断攀升的现状；另一方面，为了控制不断上涨的地价，“地价熔断制度”“地王限时付清地款”“复垦券”“限房价、竞地价”“土地竞买资金监管”等招式亮相各地方土地竞买环节。因而上市房企在拿地方面除继续通过合作拿地规避风险外，大中型上市房企普遍加大了并购新增土地资源。如中海通过完成中信资产收购，在超过 20 个城市增加 3155 万平方米的土地资源。融创从 44 亿元收购莱蒙国际 7 个项目公司股权、140 亿元收购联想旗下融科智地 42 个物业项目权益，到 36.6 亿元接盘嘉凯城青岛项目等，在与各地企业建立良好合作关系的同时，获得了大量较为低廉的土地，将土地储备总量提升至 7291 万平方米。而全年阳光城通过并购共获取了 13 个项目，而并购价款仅为 124.96 亿元，却带来了总建面约 835.90 万平方米的土地（见图 6－53，表 6－10）。

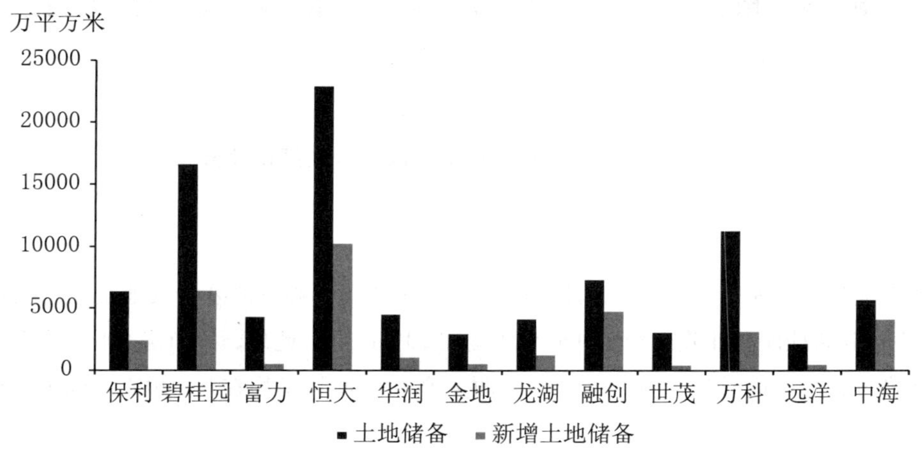

图 6－53　2016 年部分上市房企土地储备情况

数据来源：企业年报、CRIC、中国房地产测评中心。

表 6－10　**2016 年部分房企中收购情况**

单位：万平方米、亿元

企业简称	收购总建面	收购总价
中国海外发展	3155.00	310.00
融创中国	1256.60	318.05
阳光城	835.90	124.85
保利地产	559.00	116.60
远洋集团	406.10	61.09
旭辉集团	401.93	89.40
龙湖地产	277.75	157.71
新城控股	229.96	84.34
碧桂园	207.43	38.31
金地集团	169.78	63.71
万　科	124.68	46.04

数据来源：CRIC、中国房地产测评中心。

（7）经营效率分析：销售提升助力周转，存货聚集效应显现

2016 年，销售的回暖带动了房地产上市企业三大周转指标：总资产周转率、流动资产周转率、存货周转率的小幅回升。2016 年年底，上市房企总资产周转率均值小幅上升 0.02 ~ 0.23；流动资产周转率均值小幅上升 0.02 ~ 0.30，而存货周转率均值为 0.37（见图 6－54）。

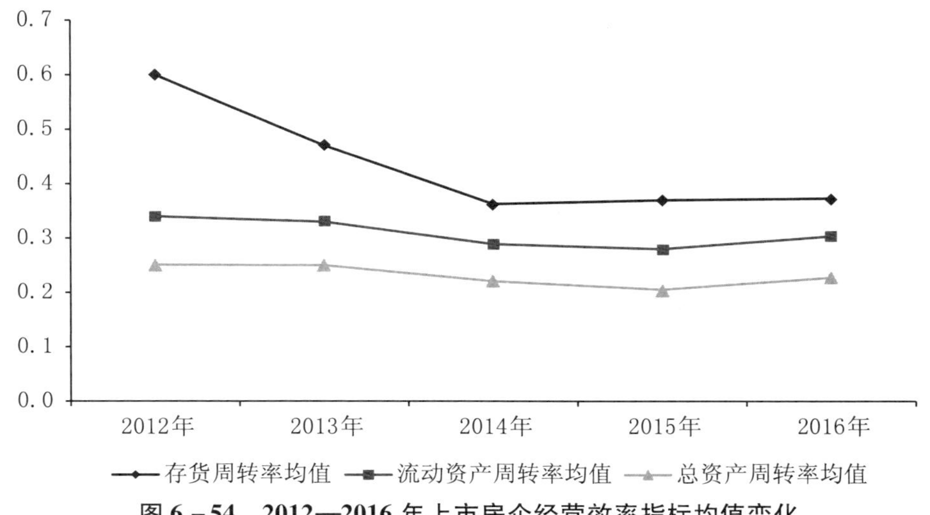

图 6－54　2012—2016 年上市房企经营效率指标均值变化

数据来源：企业年报、CRIC、中国房地产测评中心。

本次测评使用总资产周转率、流动资产周转率和存货周转率等指标来衡量房地产上市公司的经营效率，将上市房企划分为四种类型：

- 经营高效型：资产经营效率超过行业平均水平，企业内部资源得到高效的利用，具有很强的经营效率优势。
- 经营平稳型：资产经营效率大致处于行业平均水平，企业能有效利用内部资源，具有较强的经营效率。
- 经营维持型：资产经营效率低于行业平均水平，企业利用内部资源的能力一般，具备一定的经营效率。
- 经营迟滞型：资产经营效率远低于行业平均水平，企业利用内部资源的能力相当有限，经营效率相对较低。

从经营效率类型分布看，2016 年约 16% 的上市房企为经营高效型企业，约 34% 的上市房企为经营平稳型企业，两者合计占比约为 50%，较上年增加 25 个百分点。与此同时，经营维持型和经营迟滞型企业占比则分别为 26% 和 22%（见图 6 – 55）。

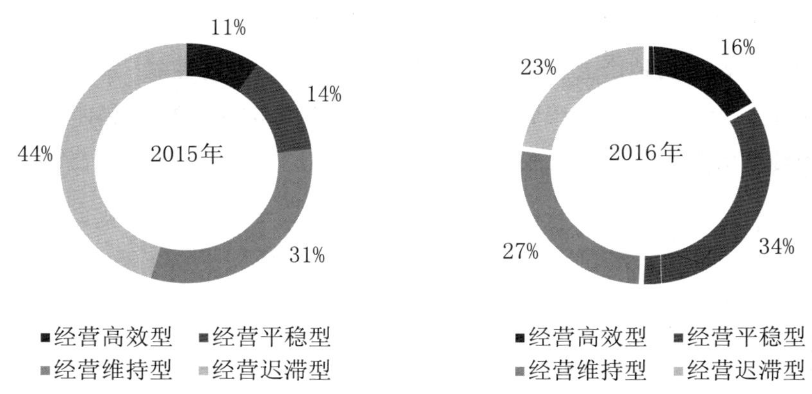

图 6 – 55 2015 年、2016 年上市房企经营效率类型分布

数据来源：CRIC、中国房地产测评中心。

从各类型上市房企表现来看，经营高效型企业存货周转率、流动资产周转率和总资产周转率均领先于行业平均水平，三项指标均值分别为 0.68、0.54 和 0.39；经营平稳型企业三项周转率均值分别为 0.45、0.36 和 0.27；经营迟滞型企业各项经营效率指标则远低于总体均值水平（见图 6 – 56）。

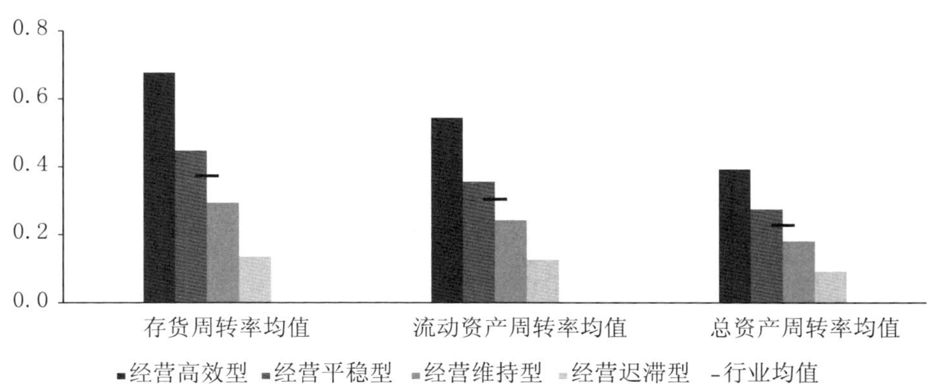

图 6－56　2016 年各类型上市房企经营效率指标均值比较

数据来源：企业年报、CRIC、中国房地产测评中心。

截至 2016 年年底，上市房企存货总计 6.91 万亿元，其中，存货超过 1000 亿元的有 14 家，分别为恒大、绿地、万科、保利、碧桂园、中海、华润、华夏幸福、融创、世茂、首开、招商、富力和龙湖，而这些企业全部进入本次测评榜单的前 20 位。500 亿～1000 亿元的有 22 家；300 亿～500 亿元的有 20 家；100 亿～300 亿元的有 46 家。也即在上市房企补充存货的过程中，房企存货出现向大型房企集中的趋势。上市房企前 14 位企业的存货货值占全部上市房企存货的 50% 以上，前 40 位企业的存货占比则达 70%（见图 6－57）。进一步表明当资源越来越有限，获取难度和成本不断提升的情况下，大型房企的品牌优势和资源优势不断凸显。

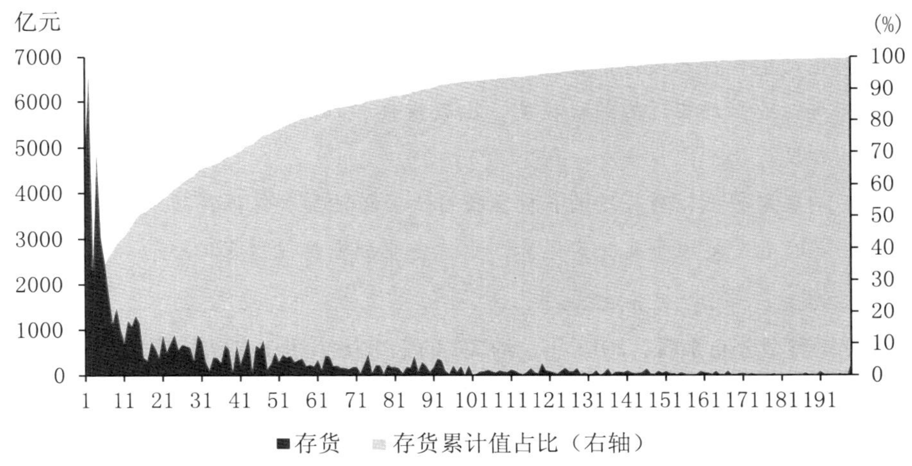

图 6－57　2016 年上市房企存货分布情况

数据来源：企业年报、CRIC、中国房地产测评中心。

此外，从企业周转与盈利的选择来看，大型房企更多趋向于周转与盈利的双平衡，如万科、中海、华润、龙湖、华夏幸福、富力等净利率和总资产周转率均高于行业平均水平。热点城市土地价格的持续攀升迫使企业在周转与利润间平衡的选择中更为审慎，拥有稀缺土地资源的企业开始思考是否有必要为快速变现而不是耐心等待更好的入市机会以探求更好的利润回报。因此存货集中于一、二线城市的企业及持有较高水平持有物业的企业则倾向保障盈利水平的高盈利低周转模式，如中国金茂。低盈利高周转的策略仍集中在追赶型的中型企业，如光明、蓝光等（见图 6－58）。

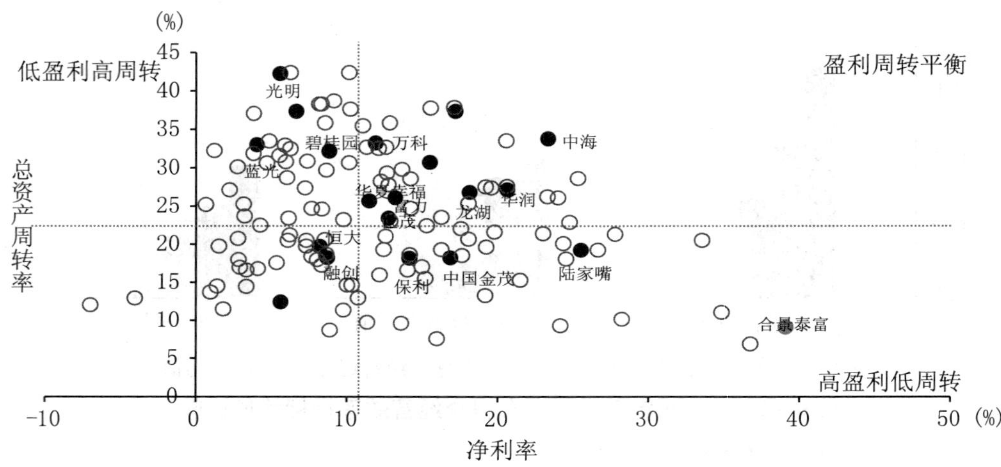

图 6－58　2016 部分上市房企经营战略组合

数据来源：企业年报、CRIC、中国房地产测评中心。

（8）社会责任分析：积极履行社会责任，全面提升品牌价值

2016 年，在国内房地产市场整体宽松的环境下，大部分房地产企业实现销售规模和利润的大幅增长。上市房企在追求业绩增长的同时，主动承担社会责任，实现企业与社会共同发展。从纳税指标来看，2016 年房地产上市公司纳税额持续增长，均值为 10.09 亿元，同比增长 8.15%。

本次测评以企业纳税额、参与保障房建设情况及企业捐款等为主要指标，将上市房企划分为四个层级：

- 高认知度型：主动纳税，积极投身社会公益事业，参建保障房的领军企业，获得多方社会认同。
- 中认知度型：与行业平均相近的纳税额度，比较重视参加公益活动和保障房项目的建设，积极拓展企业的社会认知度。
- 低认知度型：纳税额较低，有一定的积极性投身于公益活动和保障房建设。
- 弱认知度型：与行业平均水平有一定距离，亟待企业加强重视程度。

从上市房企社会责任类型分布来看，2016 年，约 7% 的上市房企属于高认知度型，中认知度型房企占比约为 28%，两类合计占比 35%，而其余两类企业占比合计约为 65%（见图 6－59）。

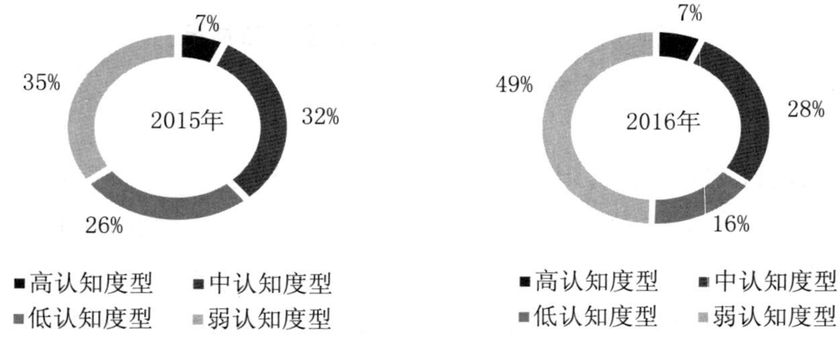

图 6－59　2015 年、2016 年上市房企社会责任类型分布

数据来源：CRIC、中国房地产测评中心。

2016 年，大部分上市房企业绩亮眼，纳税额较 2015 年有所提高。从各类型企业来看，高认知度型企业纳税均值仍远远高于其他类型及行业平均水平，为 80.69 亿元，同比 2015 年增加 4.4%。其中，恒大、中海和华润持续两年纳税额均超过 100 亿元。中认知度型纳税额均值为 13.72 亿元，同比 2015 年增加 2.7%。而低认知度型纳税和弱认知度型企业纳税均值分别为 3.58 亿元和 0.71 亿元，纳税额较上年有所提升，但仍处于较低水平（见图 6－60）。

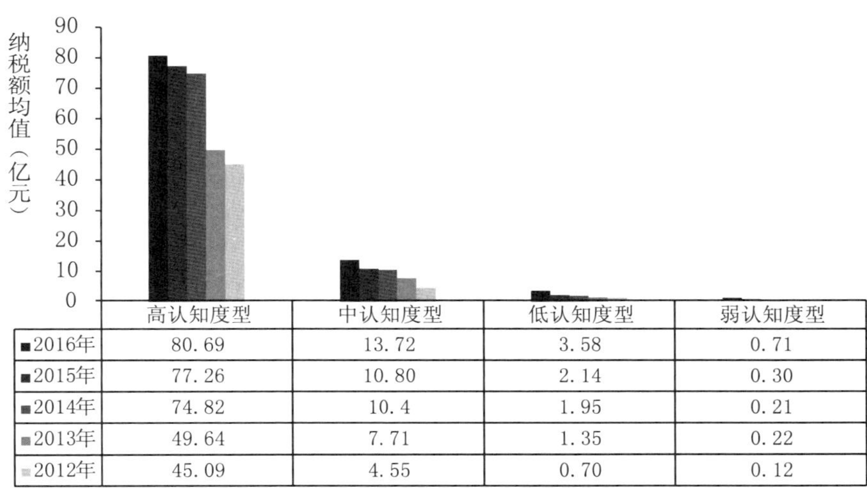

	高认知度型	中认知度型	低认知度型	弱认知度型
2016年	80.69	13.72	3.58	0.71
2015年	77.26	10.80	2.14	0.30
2014年	74.82	10.4	1.95	0.21
2013年	49.64	7.71	1.35	0.22
2012年	45.09	4.55	0.70	0.12

图 6－60　2012—2016 年上市房企纳税额均值比较

数据来源：企业年报、CRIC、中国房地产测评中心。

履行社会责任是上市房企作为企业公民的义务，也是上市企业获取核心竞争力、创造良好经营绩效、实现可持续发展的重要战略。目前，大部分上市房企已构建较为系统、成熟的社会责任体系，面向股东、消费者、员工、社会大众等主体，积极履行经济绩效、环境保护、社会道德等责任，实现企业与社会共同发展。

上市房企积极履行经济责任，通过优秀的产品打造和服务创新满足市场需求。万科秉承“三好”住宅理念，以质量、健康和性能为核心“好房子”，关注客户的全流程触点“好服务”，探索邻里关系新模式“好社区”，不断更新行业和消费者对优质居住体验的定义和标准。秉持“科学筑家”的理念，金地集团 29 年来为超过 35 万户家庭筑建“人文风格、人性功能、人情社区”的居住空间，致力于为客户提供与其自我价值及生活形态高度契合的产品与服务。此外，部分上市房企还积极践行“民生地产”“责任地产”理念，参与保障性安居工程建设，参与发展公共租赁住房及各类棚户区改造，肩负和履行社会责任（见图 6－61）。

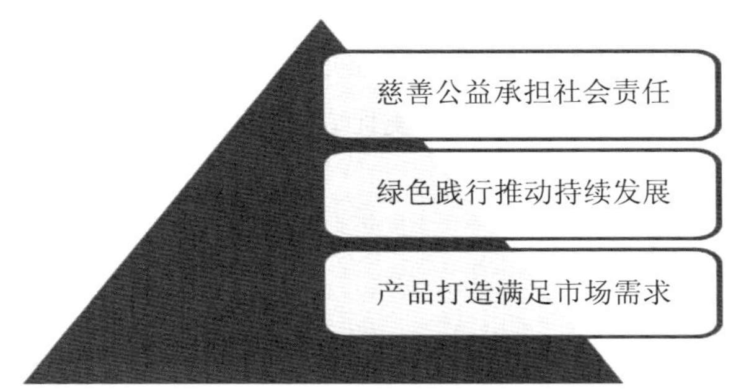

图 6－61　上市房企践行社会责任

资料来源：CRIC、中国房地产测评中心。

在环境保护和可持续发展方面，上市房企积极推广绿色理念，推进绿色建筑发展，致力于保护环境和减少污染，推动企业低碳可持续发展。作为领先的上市房企，恒大、万科等均积极践行环保理念，在推动绿色建筑发展方面不遗余力。恒大先后与清华、哈佛大学合作，搭建绿色建筑研究平台，集团还与住建部及清华大学合作，编制了《恒大绿色住宅设计标准》，为全国绿色建筑项目推广及实践提供了理论指导。2016 年度，恒大共有 20 个项目通过国家绿色建筑项目认证，总建筑面积达 356.46 万平方米，较 2015 年同比增长 42.9% 和 69.4%。万科积极探索新版国家标准《绿色建筑评价标准》的推进应用，建造更高标准的绿色建筑。2016 年，万科绿色建筑认证面积 2834 万平米，其中：绿色一、二星 2651.2 万平米；绿色三星 182.8 万平米。在绿色供应链方面，万科与阿拉善 SEE 生态协会、中城联盟等一起启动了绿色供应链计划，确定了首批重点产品品类（钢材、水泥、铝合金型材、地板、人造板及其制品），制订和完善了各品类的绿色采购行动方案，并在房地产行业内推广。中海地产创造性将产业化运用于高端住宅，开国内超高层装配式住宅先河。目前，中海地产已在香港、深圳等多地拥有产业化示范工程，并计划在全国范围内进行推广。

此外，上市房企还通过扶贫救助和慈善捐赠事业活动竭诚回馈社会，承担社会责任。2016 年，万科积极响应政府号召，从教育、产业、就业等多个维度参与精准扶贫，充分发挥自身专业优势，扩大辐射和带动作用。同时通过万科公益基金会持续履行社会责任，持续开展包括学校援建、家庭救助、教育扶助等活动。恒大集团从 2015 年 12 月开始结对帮扶贵州省毕节市大方县，计划三年无偿投入 30 亿元，到 2018 年底实现 18 万贫困人口全部稳定脱贫。绿地打造“绿地心计划”公益品牌，积极践行社会责任，通过“水滴行动”“聚力行动”“温暖行动”“希望行动”搭建起了符合时代要求与自身特点的较为完整的企业社会责任管理体系。多年来，金地集团持续通过“小桔灯”公益助学行动，帮助贫困地区和家庭的孩童实现梦想。“小桔灯”行动包括学校定向捐建、学生结对资助、关爱留守儿童等多种形式。

（9）创新能力分析：消费升级营销创新，业务延伸多元发展

2016 年，在流动性宽松、政策去库存、经济防风险等多重因素影响下，上市房企整体发展态势向好。特别是一、二线重点城市住宅市场成交火热，销售量价齐涨。在消费升级的背景下，领先上市房企紧抓消费升级风口、不断追寻客户需求价值，积极把握新消费需求带来的全新增长点，通过产品创新及精准营销策略有效占领市场。

年内，在三、四线城市持续推进去库存的背景下，以碧桂园、恒大为代表的上市房企积极布局，针对客户群体进行拓展营销。碧桂园“五一”期间发起全国 11 盘同步开盘活动，“五一”3 天认购金额超过 160 亿元。恒大在 2016 年曾多次采取区域联动策略，如“返乡置业购房特惠 8.8 折”“无理由退房 8.5 折”“全国楼盘 8 折”等，助力恒大销售业绩节节攀升。2017 年年初，企业延续营销态势，掀起全国性“返乡置业”，助力单月销售金额同比增长约 75%。在环境问题日益成为人们关注热点的背景下，上市房企亦通过低碳主题营销促进项目推广。主攻绿色地产的朗诗紧跟雾霾热点，结合项目推介于芜湖推出相关预防广告，增加客户黏度。雅居乐则选择三亚启动帆船拉力赛，环绕海岛，以优美的环境促成潜在客户置业海南，进一步助推企业旗下多个项目销售（见图 6－62）。

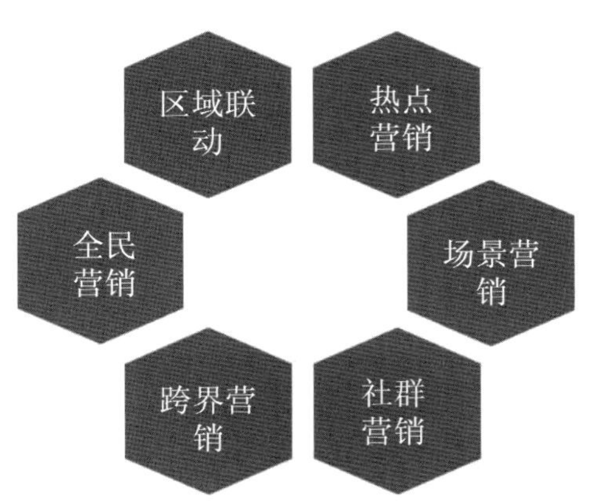

图 6－62　2016 年上市房企营销创新

资料来源：CRIC、中国房地产测评中心。

随着移动互联网和大数据的迅速发展，使得上市房企的精准营销和快速营销成为趋势。互联网时代的网红直播、移动广告、微信等新兴传播渠道层出不穷，增加了营销渠道多样性。同时基于大数据智能分析技术的精准营销可以升级现有营销渠道方式，化“线性单向”营销思维为“立体营销”思维，有助于拓展客源及促进项目去化。

移动互联时代的全民营销在 2016 年成为上市房企重要营销方式，如万科地产、旭辉集团和中国恒大集团，其营销平台分别为“万客通”“微销宝”“恒房通”。其中，2017 年 3 月升级的“恒房通”佣金机制，在客户签约成功可享受房款 1% 提成，推荐客户可享购房 9.8 折优惠，有利推动了项目快速去化。另外，2016 年，VR 概念的火热逐渐渗入到多数城市和地区，已成为了诸多上市房企一、二线城市楼盘销售的标配，包括绿地、万科、万达、龙湖、远洋、阳光城、当代置业等上市房企都在年内陆续推出了 VR 看房的体验服务。VR 技术在房地产营销中的应用突破了传统看房模式的局限性，帮助企业实现异地销售。

与此同时，上市房企在跨界营销、社群营销等也不断创新。如当代置业投资的《摩码者》，以轻奢科幻基因网剧体现了当代置业绿色科技的基因和创新的基因，凸显了企业文化和价值观。保利联合摩拜，建智慧出行社区，为保利未来打造“互联网＋”理念智能社区生态圈的战略实施树立标杆。路劲地产旗下路劲太阳城组建兴趣社群，线上建立若干兴趣爱好小组群、线下组织各种缤纷多彩的活动，构建了崭新的、互动的、自我生长的社区新常态。

在经济新常态下，传统的“拿地－盖房－卖房”地产开发模式逐渐进入“瓶颈”，但房地产行业仍存在诸多新的增长点，上市房企纷纷通过多业务延伸，拓展新的盈利空间。在创新业务发展布局方面，社区物业、产业地产、特色小镇等都成为企业探索的方向。

经过多年发展，上市房企大多拥有成熟的产品系列和标准化开发流程。近年来，随着消费群体年轻化和土地资源愈加稀缺，基于客户导向的上市房企开始瞄准租赁市场与共享空间。2016 年 6 月，国务院办公厅发布《关于加快培育和发展住房租赁市场的若干意见》进一步提出了培育和发展住房租赁市场。此外，目前在部分热点城市土地出让要求须有 15% 以上住宅的自持，将进一步增加自持物业供给。以万科、龙湖、阳光城、绿城、保利等为代表的上市房企纷纷以不同形式进行布局。万科在 2016 年 5 月正式推出长租公寓业务的统一品牌“泊寓”，并计划至 2017 年拥有 15 万间公寓。目前已在广州、厦门、合肥、上海和重庆等城市落地了 10 余个长租公寓项目。2016 年，龙湖进行两大新业务拓展，包括以满足年轻客群品质租住及生活服务的“冠寓”

和定位于商业综合体内联合办公的“一展空间”，目前已陆续在北京、上海、成都、重庆等地落地。旭辉则以“旭辉领寓国际社区”作为主品牌进入长租公寓领域，为年轻人提供有品质感、安全、健康、舒适的居住环境（见图6－63）。

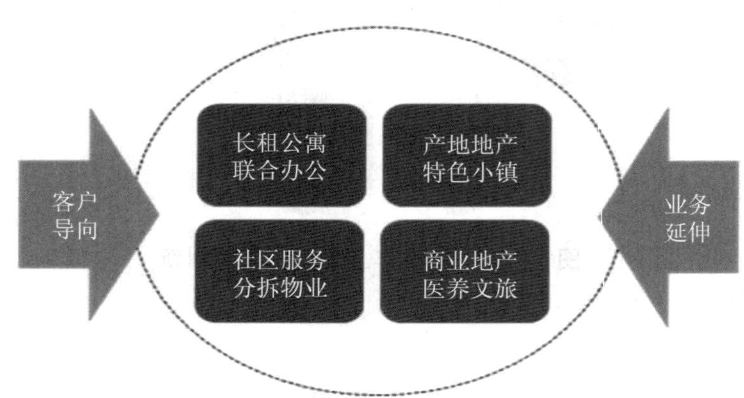

图6－63　上市房企创新业务探索

资料来源：CRIC、中国房地产测评中心。

在客户服务方面，房地产开发领域利润率持续下滑，上市房企加快对社区O2O业务的探索，培养出新的盈利模式。2016年，上市房企纷纷推进物业分拆上市。一方面，物业管理是房企后续经营管理重要领域，房企分拆物业上市瞄准的是庞大的业主群体，为未来社区服务做铺垫。另一方面，分拆上市可以进一步拓宽融资渠道，有效盘活公司资产，为公司的长期发展创造有利条件。年内，包括中海、远洋、绿城物业均已在新三板挂牌或实现IPO上市。除此之外，保利地产、万科、碧桂园、雅居乐、当代置业也提出了物业分拆上市计划。

除了基于客户导向的存量探索和社区物业服务创新，上市房企还积极加强与政府间的合作创新，PPP模式、特色小镇逐渐成为上市房企布局重点。碧桂园在2016年8月提出将在5年内投资1000亿元，建设数个智慧生态科技小镇，重点选取一、二线城市的周边土地和项目。绿地控股将“特色小镇”模式纳入发展战略，将全力推进特色小镇大盘战略，以“有大城市溢出效应、有产业导入支撑”为核心，在一、二线重点城市远郊及周边储备10～15个特色小镇大盘项目。时代地产宣布启动“时代未来小镇战略”，将从珠三角起步，投资30个“未来小镇”项目，总投资金额约9000亿元。富力地产拟在广东清远投资建设科技特色小镇；华侨城与三亚天涯区签约，落地造特色小镇及文化村；佳兆业欲发力旅游度假项目与特色小镇等等。

除此之外，基于地产业务产业链上下游延伸的相关业务也是上市房企创新的重点，如商业地产、产业地产、物流地产等。从上市房企的转型路径来看，医疗、养老、健康和休闲体育等是上市房企的重点涉足领域。万科已参与商业和城市更新，还涉足医养健康、教育和智能家装，以及金融和文化旅游等领域。恒大集团、泰禾集团、远洋均开发医药业务领域，富力、绿城、荣盛发展亦介入泛健康产业。而基于以上业务的延伸仍处于创新发展初期，形成成熟的商业模式还需要强大的流量支撑与试错成本，未来发展态势仍需加以重点关注。

（三）2017年中国房地产开发企业品牌价值测评

发布机构：中国房地产业协会　上海易居房地产研究院中国房地产测评中心

发布时间：2017年9月13日

发布地点：上海

1. 测评榜单

表 6－11　　2017 中国房地产开发企业品牌价值 50 强

排　名	企业名称	品牌价值（亿元）
1	中国海外发展有限公司（中海地产）	529.21
2	恒大集团	431.23
3	万科企业股份有限公司	404.41
4	碧桂园控股有限公司	270.37
5	保利房地产（集团）股份有限公司	268.08
6	绿地控股集团有限公司	258.36
7	华夏幸福基业股份有限公司	240.28
8	广州富力地产股份有限公司	226.91
9	龙湖地产有限公司	216.43
10	融创中国控股有限公司	201.26
11	华润置地有限公司	196.05
12	招商局蛇口工业区控股股份有限公司	188.13
13	金地（集团）股份有限公司	183.87
14	世茂房地产控股有限公司	180.98
15	金融街控股股份有限公司	169.12
16	新城控股集团股份有限公司	167.25
17	旭辉控股（集团）有限公司	165.42
18	融侨集团股份有限公司	162.10
19	阳光城集团股份有限公司	156.23
20	中南置地	153.26
21	远洋地产控股有限公司	153.02
22	正荣地产控股股份有限公司	140.74
23	四川蓝光发展股份有限公司	139.53
24	金科地产集团股份有限公司	137.57
25	泰禾集团股份有限公司	130.46
26	路劲地产集团有限公司	126.34
27	融信集团	124.27
28	建业住宅集团（中国）有限公司	111.46
29	龙光地产控股有限公司	109.06
30	上海中建东孚投资发展有限公司	100.74
31	亿达中国控股有限公司	95.74
32	禹洲地产股份有限公司	91.61
33	卓越置业集团有限公司	87.25
34	金辉集团	85.08

续表

排　名	企业名称	品牌价值（亿元）
35	复地（集团）股份有限公司	85.06
36	合景泰富地产	83.93
37	浙江佳源房地产集团有限公司	76.36
38	中国奥园地产集团股份有限公司	74.38
39	天朗控股集团	72.00
40	美的地产集团	67.53
41	中骏置业控股有限公司	65.52
42	上海红星美凯龙房地产集团有限公司	63.08
43	联发集团有限公司	62.35
44	宝能地产股份有限公司	61.62
45	祥生地产集团	59.73
46	重庆华宇集团有限公司	59.37
47	隆基泰和置业有限公司	58.35
48	正商地产	57.89
49	北京住总集团有限责任公司	55.61
50	大华（集团）有限公司	54.36

2. 测评分析

（1）入榜企业分析

中海继续位列榜首　20 强排名分布有所变化

中国房地产测评中心经过客观、公正、专业和科学的测评研究，形成了 2017 中国房地产企业品牌价值榜单。其中，榜单前三甲依然由中海、恒大、万科占据。中海连续 7 年位居榜首，品牌价值为 529.21 亿元。恒大、万科分别以 431.23 亿元和 404.41 亿元位居第二、三位。

从近两年中国房地产品牌价值 20 强榜单来看，2016—2017 年连续两次入选 20 强的企业共有 17 家，换榜率为 15%。其中，新晋的 20 强企业为新城、旭辉与中南置地。品牌企业凭借强劲的销售表现和运营能力持续占据领先优势。中海地产持续秉行稳中求进的品牌经营策略，年内凭借稳固的运营，全国性均衡布局，领导性的品牌的资金实力继续保持行业内领先优势。2016 全年实现销售额 2106 亿港元，同比增长 16.6%。截至 2016 年年底，集团在内地 33 个城市及香港和澳门共拥有土地储备约 5677 万平方米，发展态势持续向好。

恒大地产在复杂的市场形势下，凭借敏锐的市场洞察力，前瞻性的思维及战略布局充分发展，全年累计实现销售额 3733.7 亿元，较上年增长 85.4%。于 2016 年年底拥有总土地储备 2.29 亿平方米。同时，集团着力打造多元化产业布局，形成房地产、金融、旅游、健康共同发展的产业集团，发展优势遥遥领先。

万科面对内外部环境挑战，年内表现依然亮眼。2016 年集团实现销售金额 3647.7 亿元，同比增长 39.5%，销售回款位居行业首位。集团围绕“城市配套服务商”定位而拓展的商业、物流地产、滑雪度假、长租公寓、教育、养老等新业务布局也稳步推进，品牌实力依然强劲。

表 6 - 12　　2017 品牌 20 强企业名次变化

企业简称	2017 排名	2016 排名	2015 排名
中　海	1	1	1
恒　大	2	2	2
万　科	3	3	3
碧桂园	4	11	13
保　利	5	4	4
绿　地	6	5	6
华夏幸福	7	7	10
富　力	8	8	8
龙　湖	9	9	7
融　创	10	10	11
华　润	11	13	14
招　商	12	14	15
金　地	13	17	17
世　茂	14	12	9
金融街	15	16	16
新　城	16	-	-
旭　辉	17	21	35
融　侨	18	18	19
阳光城	19	19	20
中南置地	20	25	26

数据来源：CRIC、中国房地产测评中心。

提升服务多元发展　品牌物业规模大幅提升

随着客户对于物业管理企业品牌认知和服务质量要求的提升，物业管理企业特别是品牌物业管理企业集团化、专业化程度不断提高。大多数品牌物业管理企业经过多年物业服务管理运营，建立了标准化物业服务管理体系，形成了有效执行、覆盖各类物业全生命周期需求的高服务标准，助力企业不断赢得市场口碑，树立良好品牌形象。通过大力提升服务品质，推动物业管理标准化、规范化、精细化进程，品牌物业管理企业品牌优势明显，有效地提升了业务黏性和业绩的稳定性，客户满意度和项目续约率以及物业服务费收缴率均保持在较高水平。

与此同时，为应对物业管理行业日益激烈的竞争形势以及成本不断上涨的压力，品牌物业管理企业积极通过丰富服务业态，多元化服务内容以及前后向产业延伸的策略提升企业盈利能力。目前，物业公司管理业态除住宅外还包括商业物业、产业园区、学校、医院、机场、物流园区等多种毛利水平较高的业态。在服务内容上，品牌物业管理企业在清洁、绿化、秩序维护、设施设备维修等四项基本服务基础上，纵向延伸至房地产开发前期的规划、设计、设施设备选用顾问，中期的招商策划、营销代理，后期的尾盘销售、商业物业经营、房地产经纪业务等整个链条，横向涵盖消费者居家养老、家政服务、房屋租售、电子商务等各类个性化需求。如长城物业以物业管理为主业，向产业链上下游渗透的经营战略，形成“1 + N”本业中心型多角化发展模式，并致力于成为物业全生命周期综合性服务机构。公司业务范围包括房地产、物业管理以及物业咨询、楼宇科技、电梯工程、停车场建设管理等，并逐步开展社区商务，引领全新的社区生活方式。金地物业在智慧社区建设、楼宇智能化工程、社区养老、房屋配套升级、不动产运营、社区教育、社区金融、公寓运营等多种专业业务上齐头并进、百花齐放，业务与业主的居住、资产保值升值、儿童教育、养老、理财等需求密切相关，布局社区全服务链生态初见成效。

此外，随着国内外资本市场的改革和发展，特别我国不断完善金融市场体系，健全多层次资本市场，提高直接融资比重，优秀物业管理企业越来越得到了资本市场的认可和支持。目前，已有彩生活等5家物业管理企业在香港上市，有50家物业管理企业在全国中小企业股份转让系统挂牌。资本市场在为优秀的物业管理企业提供更广泛的资金来源的同时也促进企业提升服务规范水平和服务质量，提高管理效率和盈利能力，促进行业优胜劣汰，优化行业资源配置。

2016年，品牌物业管理企业管理面积和城市覆盖数量均快速上涨。彩生活集团合约总建筑面积达3.95亿平方米，服务社区达2339个，在管面积较上年增长22.63%，仍为全国管理面积规模最大的物业管理企业。而万科物业截至2016年年底，已布局中国65个最具发展潜力的大中城市，服务项目共计超过1800个，合同面积超过3.56亿平方米。万科物业合同管理面积增长近七成。中奥到家业务覆盖中国39个城市，总合约管理面积达6000万平方米，总合约管理面积增速行业领先。

居住属性品牌凸显　精装健康智能化成趋势

在我国供给侧改革、经济发展转型升级的大背景下，房地产行业以及上下游产业进入结构性调整和经营方式优化的变革期，伴随房地产市场的集中度提高，其核心竞争力将表现在供应链的整合能力，需求订制的产品创新能力，客群体系的综合服务能力等方面。趋势可以概括为——居住属性强化凸显供应链品牌优势精装大势健康智能成创新主题。

原材料价格的波动，建材相关行业标准的提升以及环保工作的开展，一系列重拳治理工作，均有效地助力建筑产业链“优胜劣汰”。领先的品牌供应商通过持续的品牌塑造、产品研发与服务创新等优势，进一步扩大品牌影响力。中小品牌则面临销售量日渐缩减，生存压力与日俱增的局面。

应对新型消费群体的购买需求转变，房地产企业携手供应商转换营销策略，以恒大为代表的百强房企在2017年纷纷打响“品质供应链”的合作思路，聚集大批上下游品牌供应商为好产品服务。以保利、中粮为代表的智慧地产项目的构建，以金茂、远洋为代表的科技绿色健康产品的营造，给供应商提出了更高要求，供应链企业从产品创新、综合服务能力、诚信交易等方面提升品牌实力从而实现企业长远发展。

在行业同质化严重的时代，鲜明的产品特点将会使品牌更具吸引力。老板电器作为高端厨电的代表，创新性地提出了解决方案——每家每户的油烟机都作为终端，连接对应的电控止回阀以及楼顶的净化排风设备形成CCS中央油烟净化系统。还先后与万科、恒大等房地产巨头合作，实现加速厨房油烟排放、厨房油烟污染净化、优化大气空气质量的目标。

智慧享联作为智能社区解决方案，统筹搭建了六大智慧平台——“智慧车场、智慧门禁、智慧安防、智慧照明、智慧网络、智慧家居”，与基础物业服务及全产业链服务新业务一起，组成了“智享生态圈”。目前已服务全国百余个大中城市，服务面积2亿平方米，服务项目1100余个。

在品牌发展过程中，领先的供应商企业坚守以诚信为基石的发展理念，获得了品牌竞争力的持续提升。作为防水行业内龙头企业之一，宏源防水与恒大、中海、龙光、绿地、海亮等，以及轨道交通单位和高速铁路达成战略合作。涂料行业上市企业代表三棵树发布“健康+”产品标准，通过提高产品性能与健康标准，建立竞争门槛，强化“健康漆”领导品牌地位。

与此同时，伴随房地产项目全国化布局，供应商亦积极通过多地建厂，一站式综合服务优化企业的采购成本，提供系统解决方案。海尔集团旗下 uhome、公寓事业部、以及空调、家电、家居等多部门，积极整合全领域资源，应对北京、江苏、浙江、上海等，诸多城市相继出台的住房装修精装修成品房交付政策作出积极努力。

一个不可忽略的趋势是在与房企战略合作过程中，服务增值所占的比重将越来越大，以蓝盾防水为例，其以“降低渗透率，延长建筑生命周期”为目标，积极向防水系统服务商延伸，进行商业模式转型。打破现有的“一次性生产，一次性消费”的模式，转为“持续性生产，持续性消费”，由过去单纯材料生产向技术、品牌、产品、服务等一体化经营模式转变。

（2）品牌成长分析

品牌价值稳步积累　企业品牌呈现快速成长

随着中国房地产行业逐步发展成熟，房地产企业品牌价值实现稳步积累。从 2013—2017 年房地产品牌价值测评结果来看，大多数企业品牌价值均呈现稳步增长的态势。数据显示，品牌 50 强和 20 强企业的品牌价值均值保持持续增长。其中，品牌 50 强房企的品牌价值均值由 2013 年的 94. 29 亿元上升至 2017 年 149. 18 亿元，平均年增长率为 12. 2%。品牌 20 强房企品牌价值均值从 2013 年的 156. 24 亿元上升至 2017 年的 238. 45 亿元，平均年增长率为 11. 1%（见图 6 - 64，图 6 - 65）。

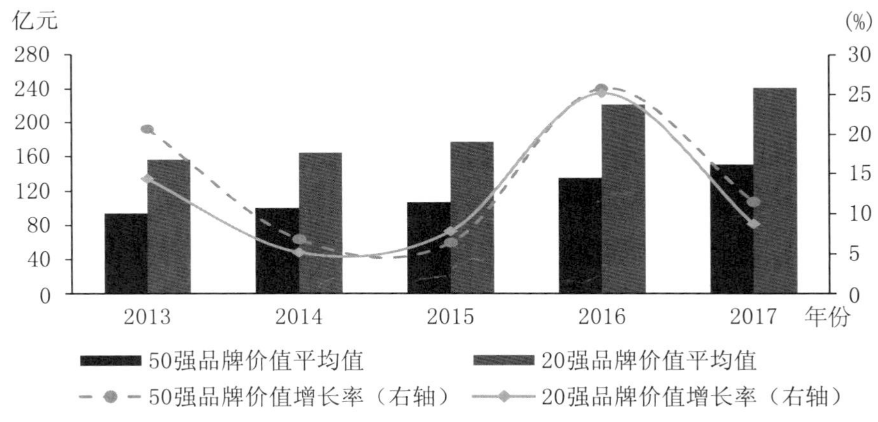

图 6 - 64　企业品牌价值平均值及增长情况（2013—2017 年）

数据来源：CRIC、中国房地产测评中心。

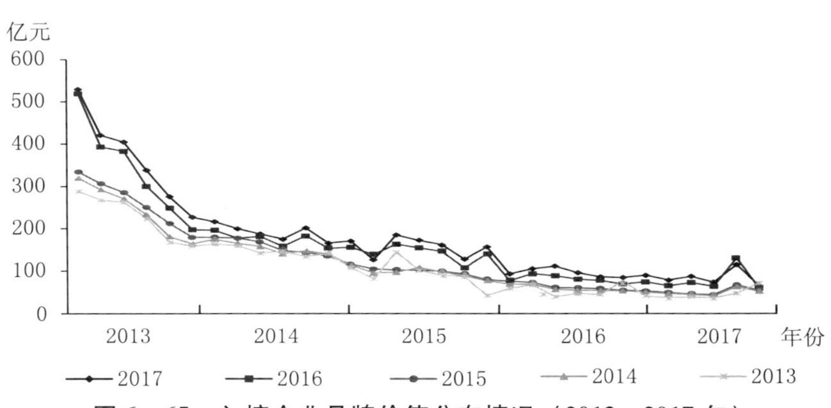

图 6 - 65　入榜企业品牌价值分布情况（2013—2017 年）

数据来源：CRIC、中国房地产测评中心。

从房企品牌价值历年表现来看，在房地产市场不断发展成熟的背景下，房企在品牌积累方面亦不断强化。其中，品牌价值50强房企和20强房企在2016年增幅最高，增长率分别为26%和25%。在其余年度，房企品牌价值增长率均值普遍保持在10%左右（见图6－66）。

从2013—2017年入榜房地产企业的品牌价值测评结果来看，多数企业品牌价值实现稳步增长。从品牌房企五年的跟踪曲线来看，有90%以上企业的品牌价值年内实现正向增长，其中，有70%以上的企业品牌价值增长率在10%以上。随着房地产市场竞争日益激烈，品牌房企积极适应市场调整策略，品牌呈现快速成长的态势，品牌价值得以进一步强化积累（见图6－66）。

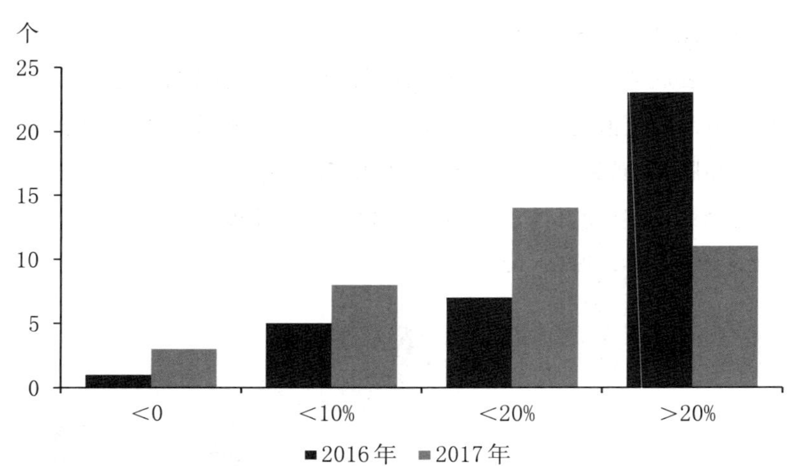

图6－66　入榜企业品牌价值增长率分布情况（2016—2017年）

数据来源：CRIC、中国房地产测评中心。

市场环境整体宽松　企业超额收益有所提高

2016年，中国经济保持平稳增长，房地产市场整体呈现量价齐升。全年实现商品房销售面积157349万平方米，比上年增长22.5%；商品房销售额117627亿元，同比增长34.8%。受热点城市调控政策的影响，城市间分化态势依然明显。与此同时，随着行业竞争日益激烈，企业间发展亦进一步分化，领先的品牌房企通过加速兼并争夺资源，积极开拓多元业务发展，而部分中小型房企则逐步缩减房产业务或加速转型。

在房地产整体向好的背景下，随着国房景气指数的提高，品牌企业继续保持领先优势，在销售、运营、盈利方面均有良好表现，品牌超额收益亦实现稳步增长。数据显示，2016年，品牌10强企业的超额收益均值达到64.88亿元，继续保持稳定增长态势。11～20强企业的超额收益均值达到27.19亿元；21～50强企业的超额收益均值为7.30亿元；1～50强企业的超额收益均值为22.79亿元。整体来看，10强企业2016年超额收益增长率为2.8%，20强企业的超额收益增长率为7.6%，50强企业的超额收益增长率为1.7%（见图6－67，图6－68）。

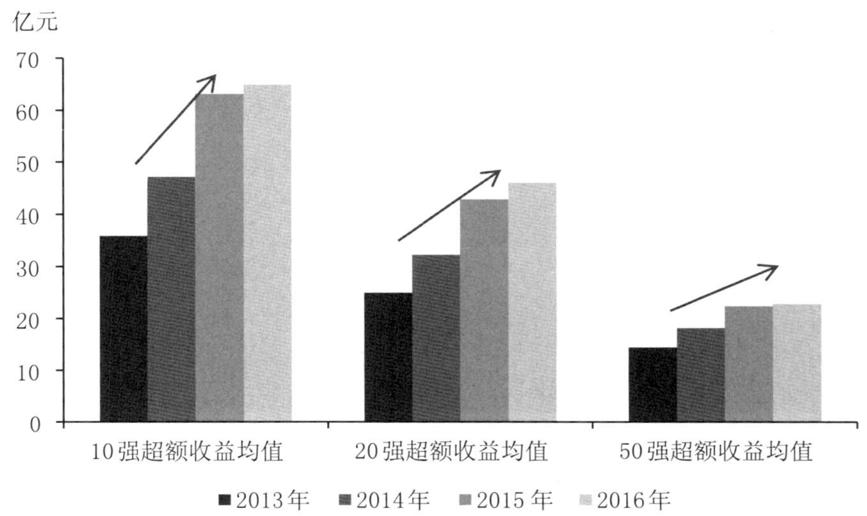

图 6－67　品牌企业超额收益均值情况（2013—2016 年）

数据来源：CRIC、中国房地产测评中心。

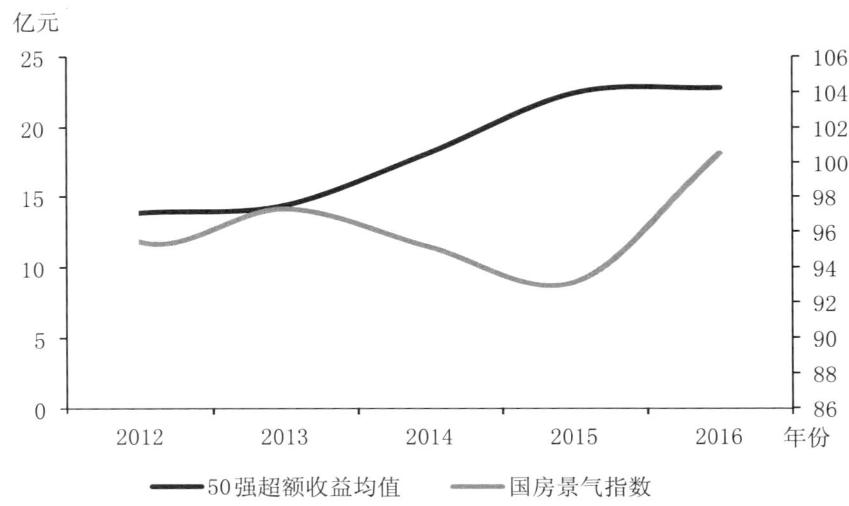

图 6－68　企业超额收益与国房景气指数变化情况（2012—2016 年）

数据来源：CRIC、中国房地产测评中心。

品牌优势不断扩大　企业梯队门槛持续上升

从各梯队品牌价值区间分布来看，50 强房企中，品牌价值在 200 亿元以上的企业数量为 10 家，较 2016 年增加了 3 家。梯队内企业品牌价值均值为 304. 65 亿元。品牌价值均值在 100 亿元和 200 亿元之间的第二梯队有 20 家，较 2016 年增加了 2 家，品牌价值均值为 149. 78 亿元。品牌价值均值低于 100 亿元的有 20 家，品牌价值均值为 70. 84 亿元。整体来看，企业随着品牌年龄的不断积累，品牌价值得以进一步强化。优秀品牌房企继续稳步领先，同时越来越多房企通过良好的产品品质及服务创新实现了品牌价值的大幅提升（见图 6－69，图6－70）。

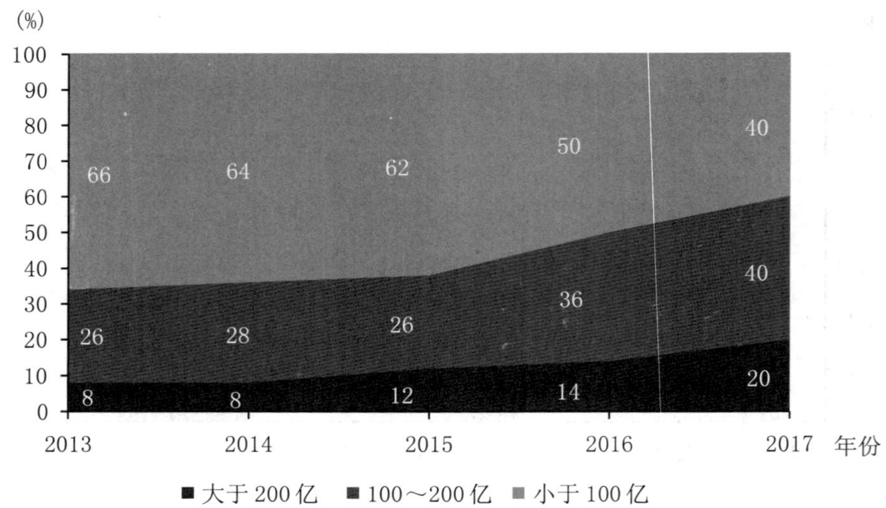

图 6－69　50 强企业品牌价值区间企业数量占比变化（2013—2017 年）

数据来源：CRIC、中国房地产测评中心。

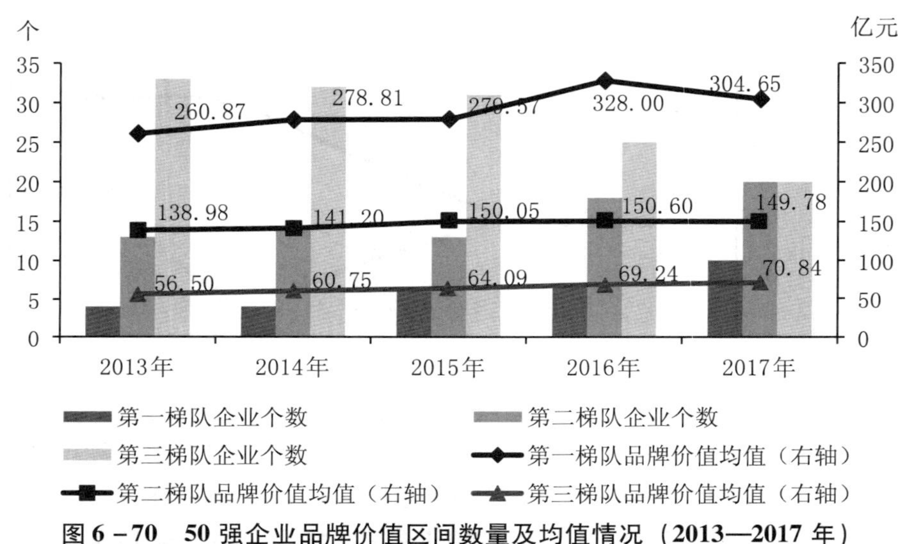

图 6－70　50 强企业品牌价值区间数量及均值情况（2013—2017 年）

数据来源：CRIC、中国房地产测评中心。

从各企业近几年品牌成长表现来看，以中海、恒大、万科、保利、绿地等为代表的品牌房企通过持续的品牌策略打造良好的品牌形象，品牌塑造亦愈发成熟稳健。一方面，得益于近两年行业整体宽松的市场环境为企业奠定的发展基础；另一方面，品牌房企有效把握了市场机遇，加大力度深耕区域发展，充分发挥品牌和规模优势，为企业迎来新一轮跨越式发展，市场领先优势再度彰显。

（3）品牌特征分析

品牌认知度相对高　美誉度忠诚度有待提升

企业的产品和服务只有通过消费者的购买和使用才能够转化成为经济效益，因此，品牌通过产品和服务建立在客户心中的印象和情感，对消费者购买决策的影响程度即品牌力成为品牌建设成果的集中表现。房地产与一般商品不同，尤其是总价相对较高，买房者的购房决策往往能影响一生，而房地产又具有很强的后验性，如隔音性、物业服务等品质需要入住一段时间后才能清楚了解，这就使得品牌作为后验性因素的担保、保证可以在一定程度上打消消费者的疑虑，在影响和加快其购买决策以及降低需求价格弹性、提高对产品瑕疵的容忍度方面发挥着重要作用。

依据客户对品牌信任程度，品牌力可以分为知名度、美誉度和忠诚度三个层次。品牌认知度方面，房地产因其关系国计民生，特别是由于产品价值量大在居民所有资产中居于核心地位而成为社会关注的对象和焦点，在房价快速上涨时期，房价飞涨、捂盘、哄抬价格、质量门、限购限贷等等词汇更是屡屡掀起全民大讨论，无论是无房还是有房、买房还是卖房，人们都或多或少的主动或被动的参与到讨论中。极高的关注度一方面使得行业企业品牌的传播面相对广泛，企业相对容易的获得了较高的品牌知名度；另一方面也使得行业企业的负面消息具有更高的传播度和敏感性，不少品牌企业由于产品质量瑕疵甚至员工负面言行而被公众所认知。这表明房地产企业在品牌建设中显然面临着更多的阻力。品牌房企在传统媒体和微博、微信等新媒体渠道不断加大品牌投入，在慈善、环保和体育等领域也有活跃表现，为企业的品牌认知度获取正面加分，力图打造负责任的、值得信任的品牌形象以促进潜在客户的转化和拉动成交（见图6－71）。

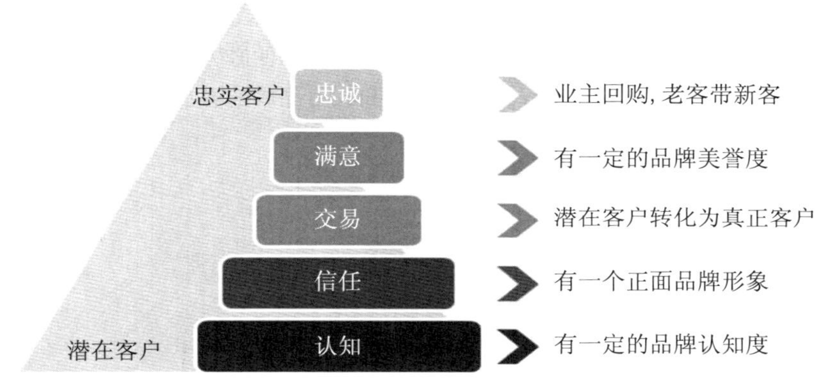

图6－71　客户转化的品牌三度模型

资料整理：中国房地产测评中心。

品牌美誉度是建立在品牌知名度基础上的品牌力外延。品牌知名度高并不代表美誉度高，尽管社会公众包括媒体人士、行业专家都是评定的主体，但购房者才是最主要的品牌评定者，他们不仅在购买前，还会通过对产品和服务的后续使用过程对房地产品牌进行体验和评价，因此只有通过与信任品牌的客户达成交易，才能将品牌知名度实实在在的提升至美誉度层次。品牌美誉度的获取一方面与企业的产品和服务质量有关；另一方面也与企业品牌定位、项目品牌定位密不可分，清晰的定位可以使产品获得与其相匹配的期望、减小心理落差、维护品牌美誉度。

品牌忠诚度是品牌塑造的最高境界，房地产由于价格高大部分人终生只能购买一次，再加上异质性导致销售中较少出现重复购买现象，这也使得房地产领域的品牌忠诚度作用相对其他行业弱化。但随着置换需求和投资需求的旺盛，在房地产品牌实现美誉度提升的基础上，部分客户会在“满意”的同时，愿意“再次购买”及“向他人推荐”，表现出对品牌的忠诚。我国房地产行业已经具备了一批强势品牌，其品牌忠诚度在促进潜在客户转化方面起着重要作用，例如万科的品牌忠诚度超过60%，在行业总体重复购买率相对较低的背景下，如此高的品牌忠诚度更显价值。

总体来看，尽管我国房地产企业对品牌重视程度不断提升，但目前大多数品牌还处于品牌认知度 > 品牌美誉度 > 品牌忠诚度的状态，房地产行业品牌呈现出认知度相对较高，而美誉度和忠诚度相对有限的特点，美誉度和忠诚度还有待提高。由于房企利用媒体的广泛传播只能提高品牌的认知度，想要真正提升品牌美誉度和忠诚度并转化为现实购买力，还需要通过良好的服务来优化消费者的产品使用体验，除了物业服务以外，客户会员俱乐部例如万科的“万客会”、招商的“招商会”、新城的“幸福会”等通过丰富的品牌活动将服务、利益、沟通、情感等因素进行有效整合，促进企业与业主、业主与业主、业主与社会之间的沟通，强化和传递品牌的内在价值，在维系老客户和培育新客户，持续提升品牌美誉度与品牌忠诚度方面也发挥着重要作用。

产品服务协同双驱　品牌组合助推业务发展

伴随房地产企业跨区域多项目运作，品牌组合成为企业品牌管理的重要问题。作为品牌的本质和基础，品牌的灵魂和生命，产品质量在房地产行业发展的早期成为品牌的主要聚焦点，因而很多企业的品牌组合几乎仅以产品即项目品牌为主。在企业品牌和项目品牌的运作上，企业多是通过项目的运作获取良好的市场口碑，而项目的不断积累又逐步夯实了企业品牌大厦的基础。随着企业产品线的延伸，企业品牌作为母品牌的核心价值和良好的品牌形象得以延续扩展和丰富升级，此时虽然外延产品的产品定位和产品形态不同，但企业品牌一直是购房者进行选择的重要考虑因素，对项目的销售起着促进作用。企业品牌落地离不开项目品牌的热销，项目品牌的发展受益于企业品牌良好口碑，如此形成了企业品牌与项目品牌的良性互动模式。万科、金地、保利和恒大等企业都经历了这样的品牌组合发展历程，企业品牌和项目品牌的叠加协同增加了消费者对企业品牌的了解，为企业赢得了品牌先机（见图 6－72）。

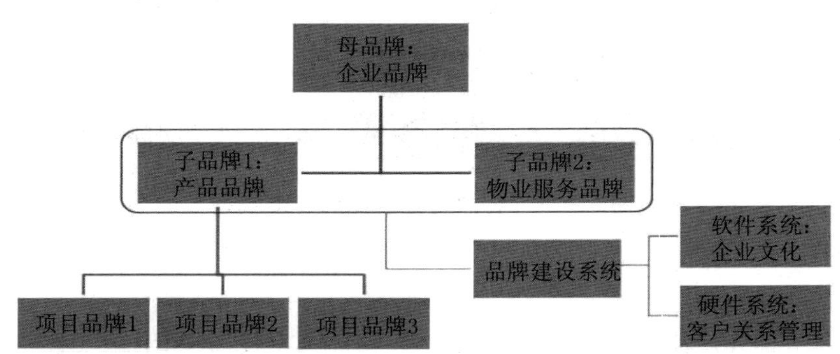

图 6－72　典型房地产企业品牌系统示意图

资料整理：中国房地产测评中心。

房地产产品的独特个性和消费方式，决定支持其品牌的核心要素除了建筑产品本身还有企业与消费者之间基于物业、服务等建立起来的关系。随着行业粗放竞争时代进入尾声，客户需求随着房地产行业成熟度的提升而不断升级，购房者不再仅仅局限于单一的产品需求，对高品质服务的需求更加旺盛。越来越多的房地产企业致力于客户服务能力的提升，建立起客户导向的、贯穿售前、售中和售后环节的全程服务体系，通过对客户的人性关怀与客户建立终身的伙伴关系。其中，物业服务业务由于与客户接触时间长、接触面广，关系到客户的长期产品体验，在强化品牌关系、增加客户黏性，带动品牌价值和品牌忠诚度的提升方面最为关键。很多企业的物业服务逐步从附属地位升级为企业品牌组合中的一个子品牌，例如万科物业、龙湖物业服务标准高，服务质量好，长期关注社区和谐，关注人的身心健康，以综合性的、人性化的服务为客户提供了良好的产品体验和生活品质，已经成为有口皆碑的物业品牌，也是客户回购的重要考虑因素。

品牌资产不断沉淀　品牌管理还需重点关注

优秀的品牌一般都经历了长久的发展历史，企业品牌价值也随之持续积累。我国房地产业起步较晚，与其他行业企业相比，房地产企业整体品牌年龄较短。品牌年龄反映品牌进入市场的时间，一般来说，品牌建立的越早，拥有的忠诚消费者就越多，品牌效应也会更强，品牌年龄越短，则越需时间的考验。从行业内部来看，我国房地产企业品牌价值与品牌年龄间显现出弱的正相关性。50 强企业平均品牌年龄为 22.8 年，20 强企业平均品牌年龄为 23.9 年。品牌年龄在 10～20 年之间的企业占 50 强企业的 24%，20 年以上的占 76%。品牌年龄最久的为 38 年，最短的仅 10 年。具体来看，老牌房企例如中海、万科、保利等企业凭借规模优势和品牌长期的沉淀和积累，企业品牌价值领先，品牌影响力较强（见图 6－73，图 6－74）。

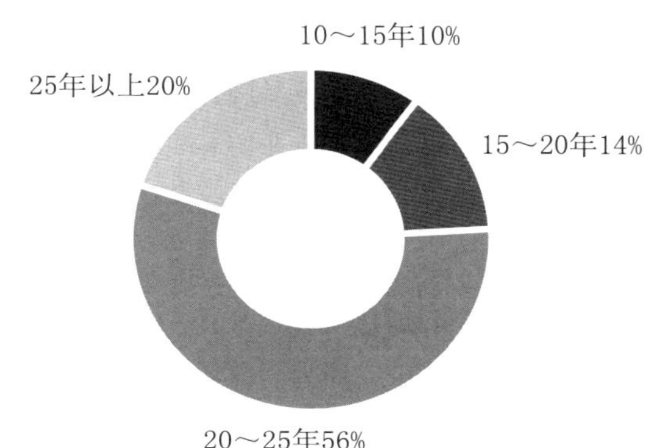

图 6－73　2016 年 50 强企业品牌年龄分布情况

数据来源：CRIC、中国房地产测评中心。

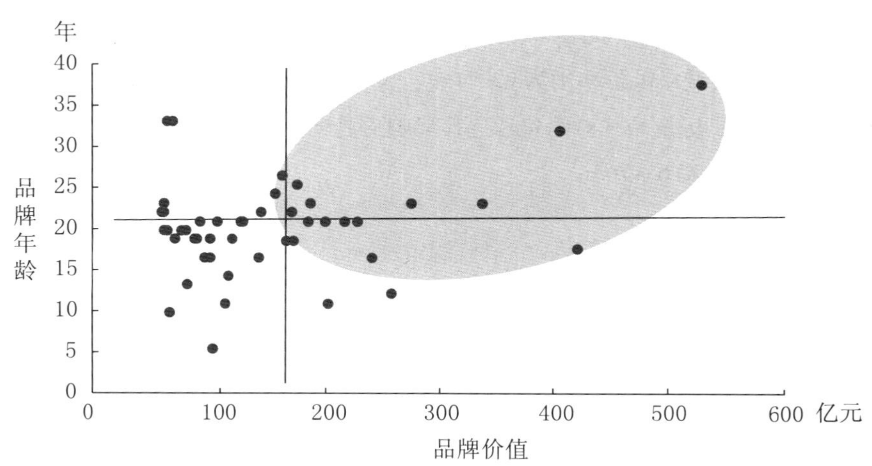

图 6－74　2016 年典型房企品牌年龄与品牌价值关系

数据来源：CRIC、中国房地产测评中心。

品牌积累可以有效提升企业的竞争力，还可以提高项目的溢价能力，越来越多的房地产企业虽然品牌意识有所加强，但有很多企业尤其是中小企业的品牌意识依然落后，认为“做品牌是大企业的事”“做房地产品牌就是做明星楼盘”“依靠广告砸销量”……品牌意识的淡漠使很多房地产企业缺乏行之有效的品牌管理，无法发挥品牌运营在整个企业运营中的良好驱动作用，这也是很多企业"痴长年龄"而品牌价值却不见增长的原因。品牌管理承担着对品牌活动进行计划、组织、协调和控制的职能，其本质在于以品牌为核心，调动企业各个部门的力量，实施对客户认知和购买行为的全过程管理。具体来看，品牌管理体系涉及品牌管理的组织形式、品牌创造的计划与预算、品牌定位调研与测试、品牌设计、品牌整合营销传播以及品牌评估等多个方面。

目前，很多企业尚未建立完善的品牌管理体系，主要不足体现在以下几个方面：在品牌管理的组织架构上，或者是缺乏专门的常设机构如品牌委员会、品牌经理进行统筹管理，或者是各子公司、分公司及项目营销中缺少品牌对接人，造成品牌管理虚置，品牌无法统领和贯穿企业经营；在品牌定位上不接地气，忽视消费者朴素的需求，例如有的企业想让消费者知道自己如何专业，但消费者的关注点却在建筑质量、物业管理和社区环境上，有的企业主打绿色社区概念却由于宣传不到位使得消费者理解成小区绿化率高，品牌定位很难打动消费者使其产生共鸣；在品牌传播上，有的企业重产品宣传、重轰动效应而轻品牌建设，尤其是独立命名的项目利用"奇招怪式"博足了眼球，虽然名噪一时"一举成名"却与品牌的"美誉度"无关，难以积累升华为企业长远的品牌效应。以上种种提示企业还需强化品牌意识，重视品牌管理，超越单纯的产品管理和市场管理，将品牌管理融入到产品设计、质量管理、成本控制、项目宣传、物业服务等各个环节，使价值链上的各环节之间、各环节与品牌之间实现有机地、科学地结合，使产品经营和品牌无形资产的经营融为一体，实现品牌的升华和落地。

（4）品牌效应分析

品牌溢价效应凸显　企业销售业绩大幅提升

品牌价值的建立除了给予产品本身的价值外，还为消费者提供认知情感的附加值。卓越的品牌产生溢价能力，关键在于使消费者感知品牌的形象并认同品牌的文化。在房地产产品中，强有力的品牌识别和由此塑造的品牌产品在消费者中建立清晰、个性化、具有感染力的品牌联想，从而获得产品快速去化，实现企业可持续发展。

本次测评选取中海、万科、保利、富力等品牌房企在代表性重点城市的销售均价与城市平均销售价格进行对比，计算得到各城市销售溢价率。数据显示，品牌房企近三年在重点城市销售溢价率多分布于15%～25%区间，其中，2016年的平均数据为23%（见图6－75）。从品牌房企分区域溢价率表现来看，代表性一线城市2016年溢价率为24.29%；二线城市溢价率则为22.71%。整体来看，在2016年市场整体向好的环境下，二线城市房地产市场热度有增无减，房企品牌对消费者选择影响力趋弱，项目定价优势有逐渐收缩的趋势；一、二线城市品牌溢价率渐趋平衡（见图6－76）。

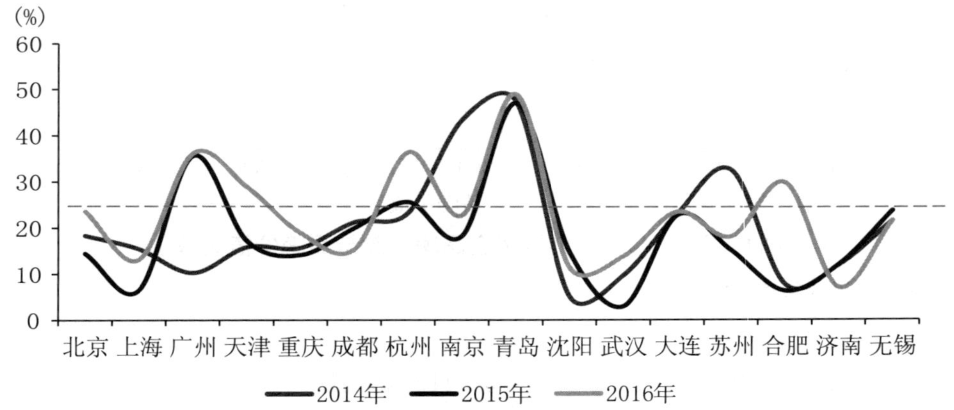

图6－75　典型品牌房企重点城市商品住宅销售溢价情况（2014—2016年）

数据来源：CRIC、中国房地产测评中心。

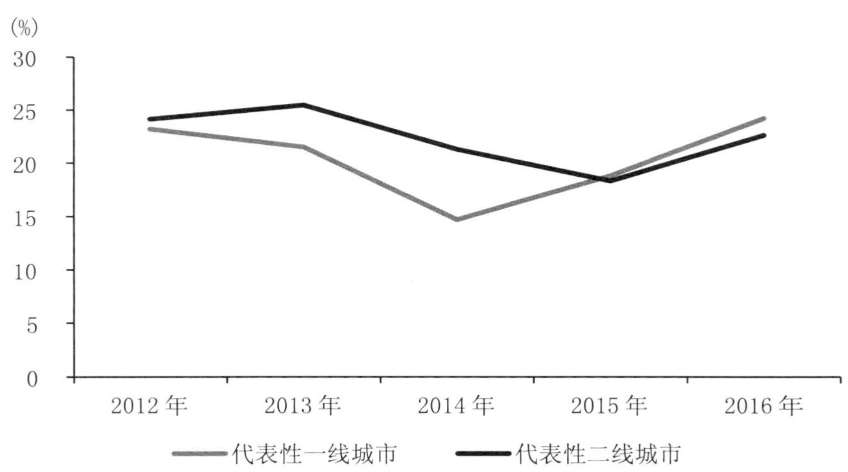

图 6-76　典型品牌房企代表性一线及二线城市商品住宅销售溢价情况（2012—2016 年）

数据来源：CRIC、中国房地产测评中心。

在消费终端，品牌房企通过销售溢价率形成竞争优势，促进企业业绩提升。2016 年，品牌房企在探索消费者需求的基础上，通过优质的产品服务与良好的营销策略进一步扩大品牌知名度与影响力，从而实现销售促进。从品牌价值与销售的相关性分析，两者继续呈现了一定程度的相关关系，品牌效应与销售促进实现正向反馈。

从典型企业销售业绩增长情况来看，2016 年房地产市场整体表现亮眼，典型品牌房企销售多实现正向增长（见图 6-77）。以中海、恒大、保利、万科、龙湖等为代表的企业凭借持续提升的品牌影响力继续保持市场领先地位。其中，恒大、万科、碧桂园销售大幅增长，年内销售额突破 3000 亿元。龙湖、融创、绿城、华夏幸福、新城的销售金额增长率亦达到 50% 以上，企业保持快速增长的发展态势（见图 6-78）。

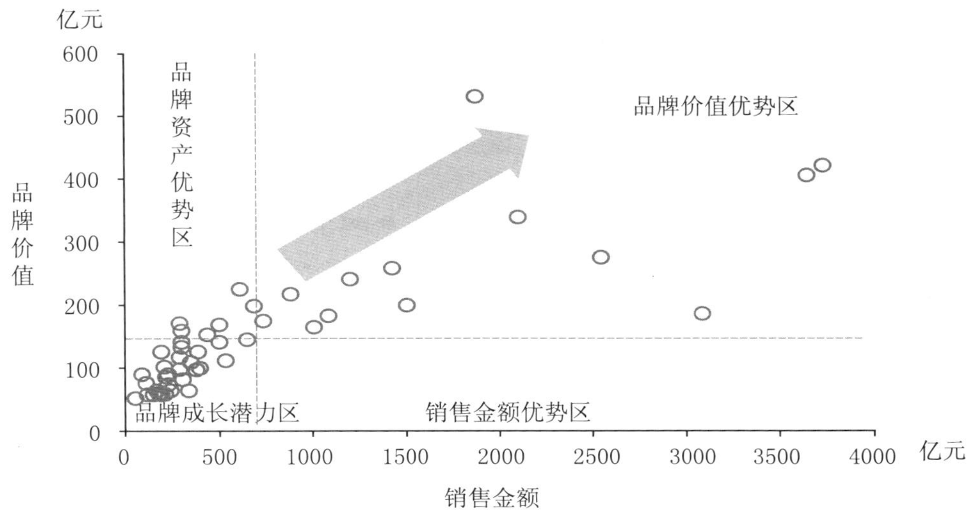

图 6-77　典型房企品牌价值与销售金额相关性分析（2016 年）

数据来源：CRIC、中国房地产测评中心。

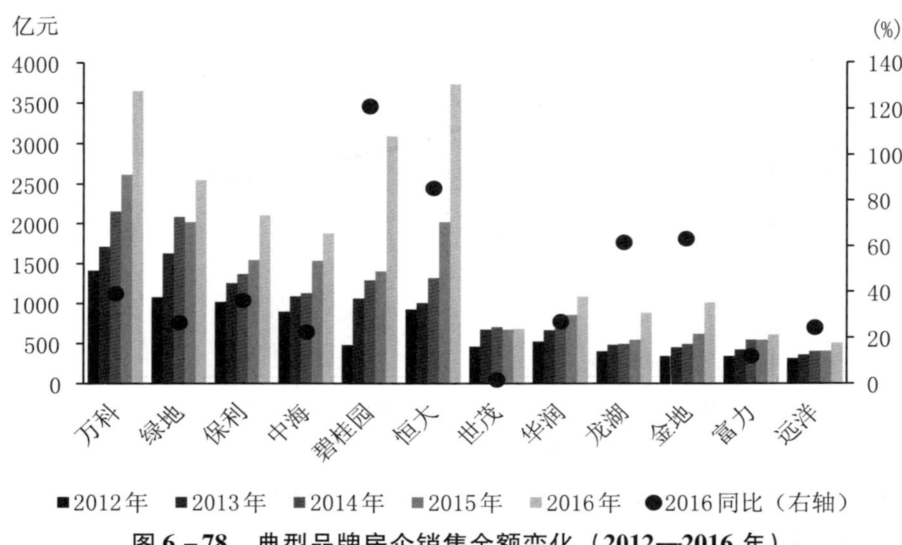

图 6－78　典型品牌房企销售金额变化（2012—2016 年）

数据来源：CRIC、中国房地产测评中心。

对于品牌房企而言，随着房地产市场的不断成熟，企业优胜劣汰趋势日渐清晰。大型品牌房企在强大的品牌号召力下发展更为迅速，市场占有率得以稳步提升。2016 年 8 家典型品牌房企市场占有率达到 15.95%，较上年提高了 1.47 个百分点（见图 6－79）。

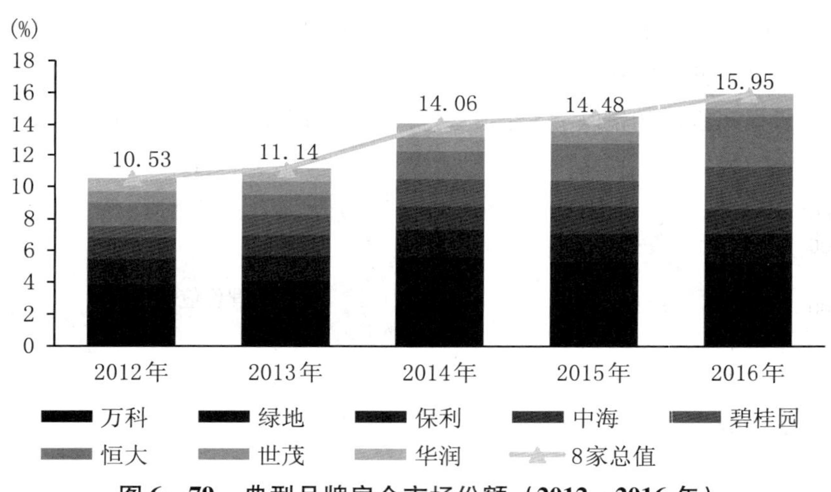

图 6－79　典型品牌房企市场份额（2012—2016 年）

数据来源：CRIC、中国房地产测评中心。

品牌成本优势突出　信用占优彰显企业价值

品牌作为企业无形资产，体现了企业综合实力和专业能力，品牌之于企业除在销售端有所促进外，在获取资源能力方面亦有所体现。房地产业作为资金密集型产业，其发展周期与资金松紧密切相关。2016 年，房地产融资环境前松后紧，前三季度，市场延续 2015 年宽松政策，各地相继推行限购松绑政策刺激楼市并取得成效。进入四季度，各地调控政策频出、限购限贷升级，市场政策进入持续收紧状态中。在此背景下，针对房地产信贷供给逐步收缩。2017 年，两会明确房地产调控目标和方向，继续加强房地产市场分类调控，房企融资渠道持续收窄。

在政策收紧的情况下，监管环境不断趋严，银行对房地产融资方面将会更加谨慎；而目前房企公司债发行受限，加上债市波动，对房企短期内融资也造成一定压力。严峻的融资环境进一步考验房企的融资能力。以万科、恒大、中海、华润等为代表的房企凭借较高的品牌信用和声誉，更易获得金融机构的支持，以此获得更多的信贷资源与较低的融资利率，在资金配置方面能力占优（见表 6－13）。

表 6－13　　2016—2017 年上半年部分品牌房企发债情况列表

企业名称	发行日期	募资途径	募资规模（亿元）	融资成本（%）
碧桂园	2016. 03	公司债	40	4. 75
华夏幸福	2016. 03	公司债	20	4. 04
保利地产	2016. 03	公司债	50	2. 95、3. 19
富　力	2016. 05	公司债	46	5. 20
富　力	2016. 06	公司债	104	5. 15
华　润	2016. 06	中　票	50	3. 20、3. 60
世茂股份	2016. 07	公司债	15	3. 38
龙　湖	2016. 07	公司债	37	3. 06、3. 68
融　创	2016. 08	公司债	40	3. 44、4. 0
中　海	2016. 08	公司债	60	3. 10
万　科	2016. 10	中　票	2. 2（亿美元）	2. 95
旭　辉	2016. 12	中　票	2. 85（亿美元）	5. 50
龙　湖	2017. 03	公司债	10	4. 75
阳光城	2017. 04	公司债	3（亿美元）	6. 85
中骏置业	2017. 04	中　票	39 亿美元）	5. 88

数据来源：CRIC、中国房地产测评中心。

除此之外，品牌房企在探索其他融资渠道，如资管公司的委托贷款、项目的资产证券化、永续债等亦拥有更多的主动权。华夏幸福在 2017 年 2 月三浦威特园区和固安九通基业资产两个项目，共发行 100 亿元资产证券，此前华夏幸福在市场上已发行了 21 亿的购房尾款 ABS 以及 23 亿的物业费 ABS，均获得市场认可。此外，部分品牌房企还通过海外发债融资为企业开发运营提供了强力的资金保障。2017 年以来，包括碧桂园、龙湖、远洋地产、宝龙地产、世茂、绿地等已在海外市场发债或披露了融资计划。2017 年 7 月龙湖发行 5 年期 4. 5 亿美元优先票据，年利率 3. 875%，远低于同期境内银行贷款基准利率。

在融资渠道趋紧的背景下，品牌房企在资金管理运用方面更为灵活，以自身的发展需求进行资金布局寻求长远可持续发展。恒大自 2017 年由“规模型”向“规模＋效益型”转变，年内通过赎回永续债、引入战略投资、发行低息长期美元债等措施不断优化资本结构。2017 年 6 月，恒大成功发行 38 亿美元债券，加上要约交换债券 28. 24 亿美元，合计发债 66. 24 亿美元，利率最低 6. 25%，期限最长 8 年。在销售量价齐升、提前赎回永续债、成功引战投、债务结构优化等多重利好下，恒大利润空间将进一步打开。

品牌企业通过多渠道的融资渠道获取优质资金来源，充分满足企业发展需求，债务水平亦保持在稳定范围。万科、中海、世茂、龙湖等品牌房企均维持了较低的资产负债率，保持了稳定的发展态势（见图 6 – 80）。

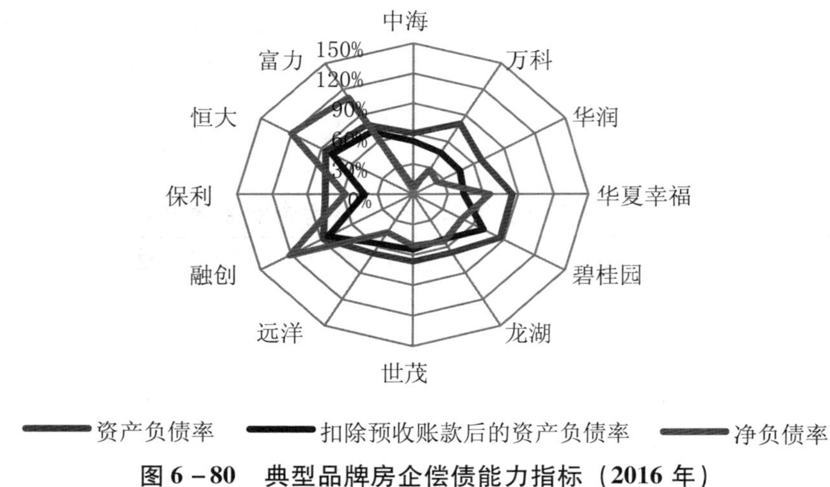

图 6 – 80　典型品牌房企偿债能力指标（2016 年）

数据来源：CRIC、中国房地产测评中心。

在优化融资环境的同时，品牌房企加强成本管控，进一步保障了企业利润。其中，中海、保利、万科、华润三费比率均不超过 6%，在行业内表现尤为突出（见图 6 – 81）。

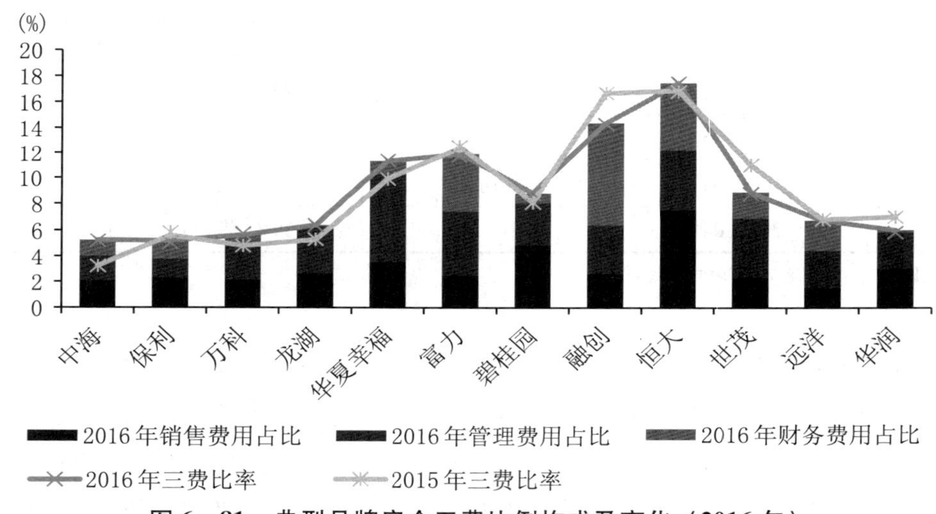

图 6 – 81　典型品牌房企三费比例构成及变化（2016 年）

数据来源：CRIC、中国房地产测评中心。

另外，企业品牌除在融资管理颇具优势外，在土地、项目等资源获取方面优势亦有所体现。目前，在土地资源越来越稀缺的背景下，土地出让中对房企品牌实力考量越来越多。2017 年 4 月上海在土地出让中新增“评分制”，在发布的综合评分表中分别包括房企的经济实力、技术资质、项目经验三个方面。其中，“近三年中国房地产开发企业百强平均排名”亦被纳入技术资质子项。而近期北京陆续推出“限地价 + 竞自持”以及上海推出纯租赁住宅用地的机制，则从另一角度考量了企业的综合能力与实力。此外，在政府探索拓展土地利用的可能性，尝试通过产业新城、特色小镇等模式增加土地利用可持续效益时，项目的开发对企业规划运筹、营运能力、盈利能力等都有一定要求，政府亦越来越关注企业的品牌优势与专业能力。此类土地出让新方式将进一步鼓励房企重视品牌建设，加强品牌管理。总之，在房地产市场不断成熟的今天，房企品牌实力将为企业带来更多的发展空间。

品牌盈利水平领先　重点布局寻求市场突破

2016 年，房地产行业维持高位运行，全年商品房销售面积达到 15.73 亿平方米，金额 11.76 万亿元，房地产去库存取得积极进展。品牌房企整体表现出强劲的领先优势，在实现销售业绩大幅增长的同时，盈利水平亦保持了行业领先。从品牌价值增长与净利率相关性分析来看，品牌价值与盈利水平实现正向反馈（见图 6 - 82）。

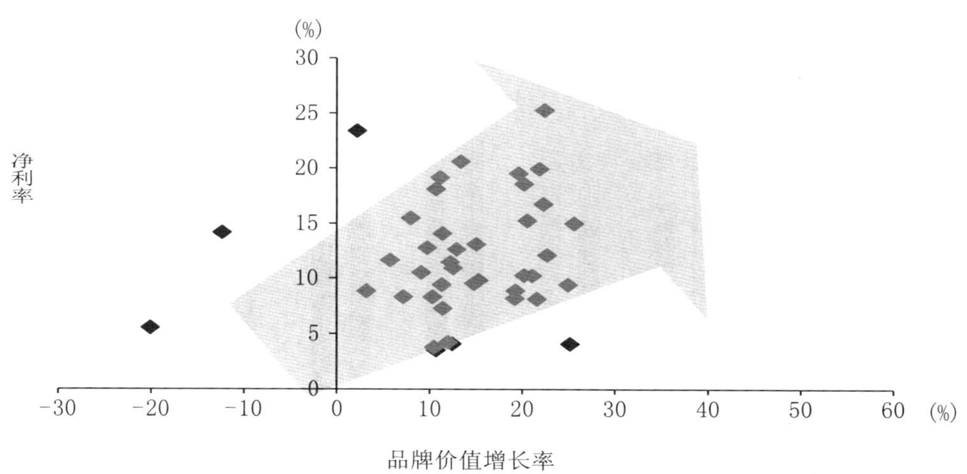

图 6 - 82　典型房企品牌价值增长率与净利率相关性分析（2016 年）

数据来源：CRIC、中国房地产测评中心。

以万科、中海、华夏幸福为代表的品牌房企通过不断强化的品牌形象，前瞻性的把握市场需求，以客户为导向进行产品优化和区域深耕，实现企业的盈利能力稳步积累。2016 年，典型房企的净资产收益率均值为 15.67%，远高于行业 4.71% 的平均水平（见图 6 - 83）。

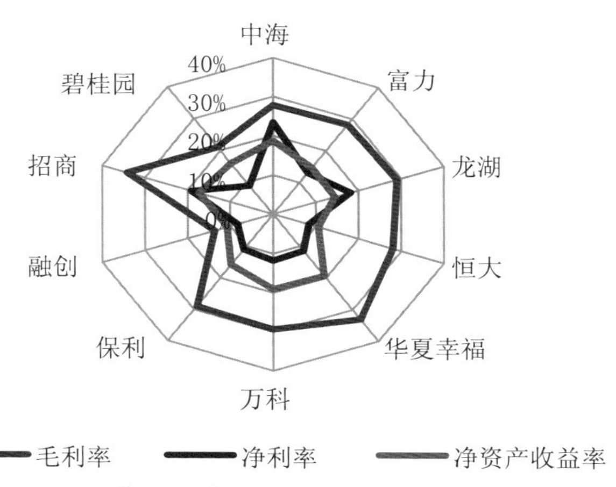

图 6 - 83　典型品牌房企盈利能力指标（2016 年）

数据来源：CRIC、中国房地产测评中心。

2016 年，品牌房企在销售地区多元化程度有所提升，销售遍布更多城市。地域多元化的销售网络使得房企更能有效的应对市场周期性波动，减轻个别市场波动的风险及更有效使用资源。富力 2016 年销售区域呈现多元化，对一线城市依赖逐步减弱，其中，北京、上海、广州和天津四大城市销售贡献为 42%，较 2015 年有所减少。非一线城市销售贡献日益增加，使得富力灵活应对不同城市政策波动带来的影响。金地在城市深耕战略的指引下，通过城市精耕细作实现业绩稳步提升，2016 年销售业绩突破千亿元。金地在上海、武汉、西安、沈阳、大连、宁波、东莞等城市市场排名均位列前十，单项目表现亦较为突出，合计有 24 个项目销售金额超过 10 亿元。世茂在城市精耕细作，2016 年在各城市平均销售额约 14 亿元，项目平均销售额约 8.6 亿元，其在南京、北京销售金额分别为 74 亿元和 53 亿元，在厦门、杭州、武汉及天津等城市销售额亦超过 30 亿元，市场表现较为出色（见图 6－84）。

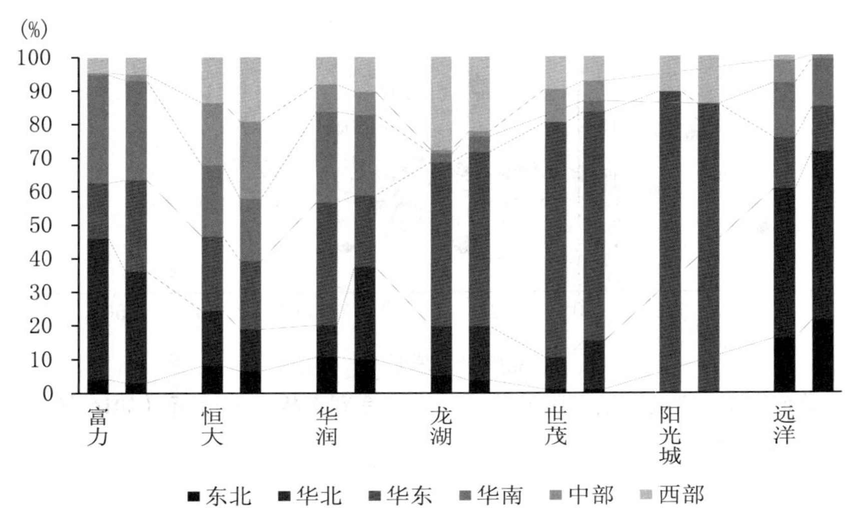

图 6－84　典型品牌房企销售金额区域分布情况（2015—2016 年）

数据来源：CRIC、中国房地产测评中心。

在拿地成本不断攀升的背景下，品牌房企积极探索公司、项目层面的收并购机遇，并通过联合拿地等方式积极补充土地优质土地储备。龙湖坚持聚焦高潜力城市圈，2016 年内新增 43 幅土地，集中于北京、上海、杭州、广州、重庆、厦门、济南等城市，更添天津、武汉两大高铁路网重地，并于 2017 年 2 月正式进入合肥，至此，集团覆盖城市增至 27 个，土地储备合计 4147 万平方米，全国化布局进一步拓展。世茂在深耕城市群及重点二线城市布局，2016 年共补充近 500 万平方米土地储备，基本全部位于京津冀、长三角、珠三角三大城市群和二线重点城市，并首次进入长沙，新增土地储备在布局及成本方面得到进一步强化，为抵御市场周期波动保留了充足的空间（见图 6－85）。

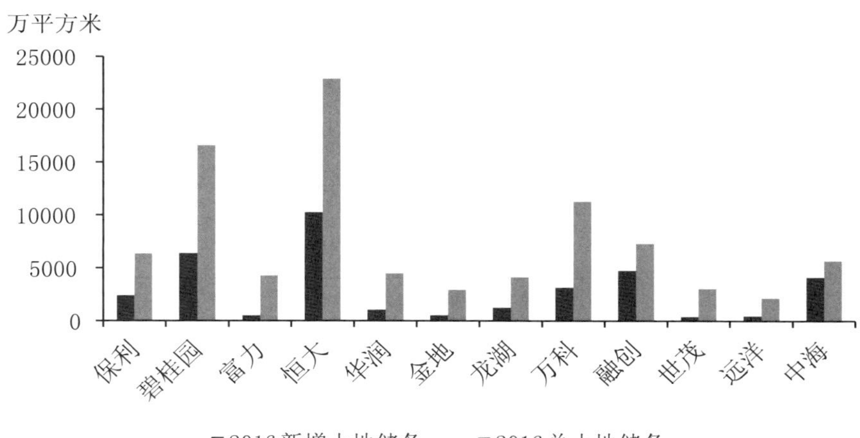

图 6－85　典型品牌房企土地储备情况（2016 年）

数据来源：CRIC、中国房地产测评中心。

（5）品牌策略分析

低价投入增加储备　兼并收购扩大规模优势

面对土地成本的不断攀升，大型品牌房企积极开展兼并收购，一方面是因为各城市特别是一线城市土地供应有限；另一方面调控下新推出的地块附带了多重限制，如要求企业必须以自有资金拿地等，因此企业通过并购拿地的积极性更高。以低价投入撬动优质土储，在做大企业规模、巩固已有布局的同时，借势快速全国化布局，同时还可以避开公开市场的激烈竞争，降低企业扩张成本，提升抗风险能力，且项目能够迅速推出，快速为企业带来业绩增长。如阳光城在收购市场上动作频频，2016 年全年通过并购共获取了 13 个项目，并购价款为 124.96 亿元，却带来了总建面约 835.90 万方的土地。2016 年 5 月阳光城以 34.7 亿元收购长沙中泛置业 100% 股权，获取项目计容建面 270 万方，平均楼板价仅 1285 元/平方米，且项目很快推出市场，销售业绩节节攀升，全年成交 1527 套，位列 2016 雨花区商品住宅成交套数第三，成交金额达 10.78 亿元。

目前，品牌房企兼并收购可以分成两类：一类是项目收购，此类事件不胜枚举。其中融创中国、泰禾集团、阳光城、蓝光发展等企业 2017 年上半年收购动作频频。如泰禾集团于 2017 年上半年获取的 12 宗土地中有 9 宗都是收购完成的。融创中国 2017 年 5 月份以 103 亿元的价格收购了天津星耀五洲项目 80% 的股权，该项目计容建面约 300 万平米，其中未售计容面积达 235 万平方米，折合均价仅为 5447 元/平方米。另一类是平台收购，此类收购相对较少。如融信于 2017 年 7 月以 28.97 亿元受让海亮地产旗下两家子公司安徽海亮和宁波海亮各 55% 的股权，通过此次股权收购，融信扩大了自己的规模，初步完成全国核心城市的战略布局，全国性的动态布局有利于其全国调配开发和推送节奏来对抗风险，这在规模为王的时代有着极强的战略意义（见表 6－14）。

表 6－14　　2017 年上半年部分品牌房企并购事件

首次披露日	交易买方	交易标的	交易额（人民币万元）	最新进度
2017－01－04	滨江集团	湘府公司 10% 股权	79800.00	进行中
2017－01－06	泰禾集团	山西俊嘉 95% 股权	106240.00	董事会预案
2017－01－25	金地集团	云南杰鑫宁 100% 股权	138522.28	董事会预案
2017－01－26	泰禾集团	蓝天碧水 67% 股权	24000.00	签署转让协议

续表

首次披露日	交易买方	交易标的	交易额（人民币万元）	最新进度
2017-02-17	阳光城	中大南昌13%股权	9546.95	完　成
2017-03-09	泰禾集团	达盛置业70%股权	42728.00	董事会预案
2017-03-09	泰禾集团	富阳乐多51%股权； 杭州多乐25.5%股权；部分债权	110268.70	董事会预案
2017-03-15	阳光城	上海信业100%股权	398363.34	董事会预案
2017-03-15	阳光城	力合智德51%股权	29012.00	进行中
2017-03-30	泰禾集团	庐阳置业40%股权	800.00	完　成
2017-03-31	蓝光发展	和胜置业100%股权	124568.63	达成转让意向
2017-04-25	金科股份	无锡恒远100%股权	230000.00	完　成
2017-05-04	阳光城	广信江湾新城100%股权	178977.03	董事会预案
2017-05-09	招商蛇口	南通长轮房屋100%股权	—	达成转让意向
2017-05-16	蓝光发展	森林绿野100%股权	16107.48	董事会预案
2017-05-20	泰禾集团	长泰广电100%股权	11638.37	签署转让协议
2017-06-02	阳光城	长晖投资100%股权； 都思公司100%股权；其他债权等	168100.00	董事会预案
2017-06-06	蓝光发展	成都海润30%股权、 8.12亿债权；嘉兴宇晟100%股权；	340500.00	签署转让协议
2017-06-14	阳光城	北京慧诚房地产100%股权； 北京慧诚房地产债务	644958.00	签署转让协议
2017-06-24	泰禾集团	中盟文化80%股权	55425.80	董事会预案
2017-06-24	泰禾集团	润天置业100%股权	190000.00	签署转让协议
2017-06-27	蓝光发展	扬州雨润100%股权；在建项目	256000.00	达成转让意向

资料整理：CRIC、中国房地产测评中心。

此外，品牌房企在收购范围上也越来越广泛。目前许多企业都已明确提出了未来将会继续加码收购力度，如保利地产、阳光城、泰禾集团等。保利地产将会积极参与行业整合，还将积极寻找产业链上下游的投资并购机会，包括健康养老、物业管理、工程建设、智能家装、核心地段优质商用物业等等。

合作拿地分散风险　品牌联合整合产业链条

房地产行业的竞合除了表现在兼并收购日益增加以外，还体现在越来越普遍的品牌联合上。兼并收购多为强势品牌对不知名企业的并购，而品牌联合更多的发生在强势品牌与强势品牌之间。目前，房地产开发企业之间的品牌联合以合作拿地为主，并延续至后续的开发营销过程。越来越多的企业以联合体的形式拿地，降低了单个企业的拿地难度和成本，而合作开发也能集合双方在不同领域的长处，例如开发一宗住宅和商业综合用地，擅长住宅开发的企业与擅长商业建造和招商的企业合作能够发挥品牌叠加效应，提高产品的创新度和可信度，加速项目周转，为品牌联合的双方带来更高的收益率，达成双赢局面（见表6-15）。

表 6－15　　2017 年部分品牌企业联合拿地情况

成交时间	地块名称	拿地企业
2017 年 1 月	京土整储挂（门）〔2016〕033 号地块	京投、远洋、龙湖、保利、首开
2017 年 2 月	合肥高新区 TF4－1、TF4－2－1 号地块	旭辉、北辰
2017 年 3 月	朝阳金盏乡楼梓庄村 1113－603 地块	华润、招商、正奇
2017 年 4 月	大兴区旧宫镇两宗宅地	首开、中海、保利、龙湖
2017 年 5 月	顺义区高丽营镇 02－08－01、02－08－02 地块	首开、富力
2017 年 6 月	郑政出〔2017〕19 号网地块	富力、建业、易居
2017 年 7 月	大兴区瀛海镇地块宗地	远洋、首创、世茂
2017 年 8 月	东城区永外大街 0503－602 北、606 东、606 西地块 R2 二类居住用地、B4 综合性商业金融服务业用地	华润、招商、碧桂园

资料整理：CRIC、中国房地产测评中心。

除了与开发企业进行品牌联合，开发企业还积极与产业链上下游的品牌企业进行联合，或者与其他行业品牌及企业进行联合。在品牌联合方式上，前者多采用成分联合品牌战略，后者多采用合作品牌战略。

成分联合品牌战略即把外部优秀的品牌元素融入到房地产产品上，从而传递出该物业优越的性能。很多开发企业从建筑设计、景观设计、施工管理、建材供应、电器五金等各环节入手，与产业链上下游的优秀品牌达成了合作伙伴关系。例如复地与从事建筑设计的美国 JWDA、澳大利亚柏涛、英国 TFP，与提供景观设计的澳大利亚 HASSELL、香港贝尔高林、美国易道国际，与建筑施工企业上海建工，与电气解决方案服务商施耐德以及建材供应商三菱、科勒、摩恩等知名企业均有长期的合作。与这些品牌的合作使得复地的产品品质更加出众，品牌形象在消费者心目中打下了深深的烙印，最终提升了品牌价值。恒大每年对其合作伙伴进行筛选，与老板电器、日立电梯等建立了战略合作伙伴关系。在合作中，房地产开发企业和供应商、服务商企业共享品牌叠加效应，并且上下游企业在合作中互相促进提升产品质量，有利于实现双方品牌联动。

很多企业采用合作品牌战略，合作双方在各自的行业中都有较强势的品牌地位，品牌联合可以充分利用协同效应和杠杆效应，使得品牌传播事半功倍。宝龙地产与沃尔玛、大润发、永辉超市、百盛、苏宁电器、国美电器、保利国际影城、红星·美凯龙等数十家知名品牌达成战略合作关系，宝龙地产在商业地产开发运营方面有着成功经验，而合作品牌也都有着所属行业的专业优势和大批的忠诚客户，这样的合作助力宝龙向商业地产标杆靠拢。

品牌输出加速扩张　轻资产化推动战略转型

当前，企业竞争日趋激烈，地价高企也使行业风险加剧。为缓解资金压力、分散运营风险、促进规模扩张、提升竞争力，更多的房企选择“轻资产”模式来推动企业战略转型，品牌输出成为提升品牌占有率的捷径。

在住宅项目的建设与运营方面，企业以代建为主，以小股份撬动大运营。在目前土地一级市场竞争激烈的背景下，代建的轻资产模式可以一定程度上规避高昂的土地成本，绿城、滨江、朗诗和建业等典型房企得益于自身在品牌资产、经验能力和差异化产品的竞争优势，均涉及了大规模的代建业务。2016 年绿城管理代建净利润为 2.36 亿元，净利润率约 30%，远高于绿城房地产业务的净利润率水平。建业也在加速推进轻资产战略发展，截至 2016 年年底已参与 36 个轻资产项目，计划建筑面积共 706 万平方米，将于未来数年持续为企业带来稳定的收入，且该项收入跟随项目将显著增加，为企业带来更大的利润空间（见表6－16）。

表6－16　　2016年典型品牌房企代建业务情况

品　牌	模　式	发展概况	核心优势
绿　城	品牌输出、管理输出、资源输出；导入绿城品牌、派驻绿城团队、执行绿城产品标准	2016年以品牌输出的代建项目（非投资项目）累计取得合同销售面积约143万平方米，合同销售金额约181亿元	已形成“代建4.0”完整的标准体系，轻资产运营模式日趋成熟，业务增长不断加快
朗　诗	小股操盘、合作开发、委托开发；收取开发管理费、技术服务费、整合服务费以及目标实现后的超额收益分成	2016年，向朗诗集团及独立第三方提供委托开发管理服务项目的签约销售额分别约为39.84亿元和93.66亿元。与独立第三方订立的委托开发管理合同数量显著上升，确认收入同比大幅上升124.8%	“产品差异化、资产轻型化、市场国际化”战略；“绿色科技住宅”产品
建　业	以代建入股项目，或另外收取代建项目的管理费、品牌使用费和超额利润分享费或绩效提成来获取利润	2016年项目管理服务收入0.39亿元。2017年计划轻资产项目的利润贡献能达到2亿元以上，品牌费收入回款能突破4亿元	深耕河南，享有较好的口碑和品牌影响力；出台规范性管理标准、完善的产品服务质量监控机制

资料整理：CRIC、中国房地产测评中心。

在商业运营领域，房企也纷纷开始了品牌输出实现轻资产扩张。通常品牌房企只负责选址、设计、建造、招商和管理，提供自身品牌和商业信息化管理系统供对方使用，而投资资金则全部由投资方承担，最终产生的租金收益品牌输出方与投资方按一定比例分成。这些品牌企业在前期都经历了长期的口碑积累，打造出了独具特色的品牌形象，品牌效应显著，这也是许多处于发展初期的或地方性小开发商无法企及的和亟待提升的。而随着这些品牌房企轻资产战略的落地，其竞争优势也有望进一步扩大。例如宝龙地产已实现品牌输出和管理输出的突破，获取了浙江义乌、重庆涪陵两个项目，两项目均使用“宝龙广场”品牌，宝龙每年收取品牌管理费和租金分成。在保持“宝龙广场”品牌精髓的基础上，两个项目都将充分考虑当地文化与消费群体特性实现融合、碰撞，“宝龙广场”的品牌知名度和影响力在当地也获得进一步提升。酒店也是品牌输出的重点板块，世茂与喜达屋资本于2017年7月合资成立世茂喜达酒店集团，计划在5年内通过投资直营和输出品牌管理两种模式开设100家酒店，其中占比25%左右的自持酒店聚焦于一、二线城市，75%左右输出品牌管理的酒店主要分布在二、三线城市。目前，轻资产逐渐成为商业地产发展的趋势，这对运营方的经营管理水平要求更高，如何把握轻重资产的度，优化轻重资产结构，将是品牌输出企业重点关注的问题。

（6）品牌趋势分析

行业竞争日趋激烈　强势品牌引领行业发展

随着房地产行业销售面积与金额在2016年突破历史高位，行业内竞争也愈发激烈。房地产企业分化呈现加剧态势，行业整合加速，品牌实力逐步凸显。未来市场集中度上升、行业兼并整合的马太效应愈加明显。

强势品牌房企凭借严格保障的住房品质以及在消费者中良好口碑实现公司销售业绩稳步积累，销售回款速度及数量也占据优势。品牌房企持续关注市场发展态势和客户需求变化，不断升级产品系列，强化品牌影响力，提升企业的品牌实力。万科在巩固核心业务优势的基础上，积极拓展和城市配套服务相关的消费地产、产业地产等衍生业务。在住宅产品除涵盖了城市花园系列、四季花城系列、金色家园系列外，在2016年推出高端产品系“万科·臻”以满足市场需求。同时集团在商业地产、物流、长租公寓、滑雪等业务亦稳步推进。恒大近年来不断根据市场变化丰富产品类型，优化项目布局，升级产品配套标准提升品牌形象，恒大华府系列、绿洲系列、金碧天下系列已成为广受认可的品牌。2017 年，保利地产着眼于纵向空间线，发布了“九大梦想品质空间”“八大设备品质系统”“七大文化品质社区”，组合成“POLYPLUS”保利地产品牌升级的具体内容。得益于适销产品的不断推出，房企实现品牌的充分积累，呈现稳步发展的态势。

从近年来品牌房企销售表现来看，2016 年房企品牌 20 强销售金额为 27400 亿元，同比增长 42%，远高于全国商品房销售同比增速，占据领先优势（见图 6－86）。从市场集中度来看，2016 年品牌 TOP10 销售额市场份额占比为 18.02%，同比上升了 2.09 个百分点，品牌 TOP20、TOP50 市场份额分别为 23.29% 和 29.49%；分别较上年提高 1.13 个百分点和 1.27 个百分点，品牌房企之间规模竞争加剧，未来强者恒强态势将愈加显著（见图 6－87）。

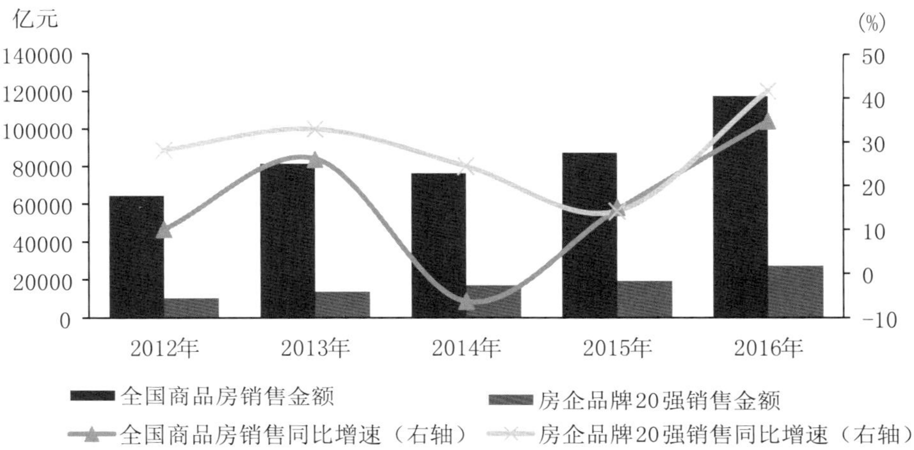

图 6－86　品牌 TOP10、TOP20、TOP50 企业集中度情况（2014—2016 年）

数据来源：国家统计局、CRIC、中国房地产测评中心。

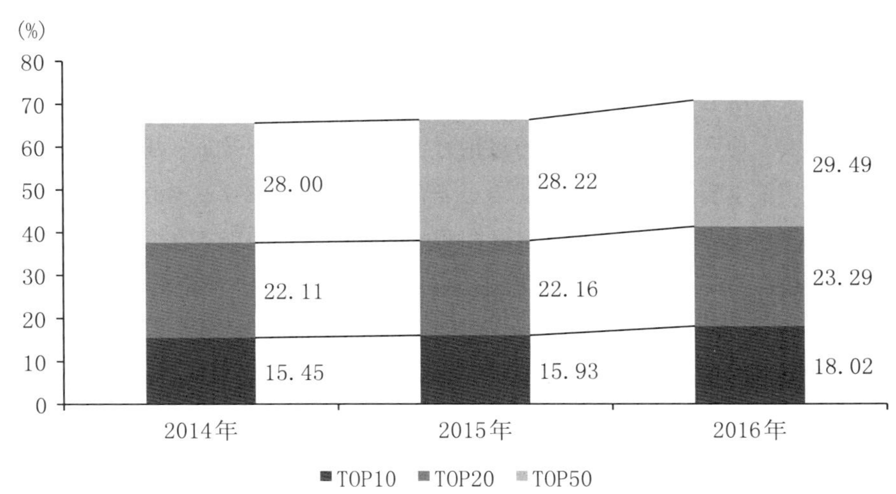

图 6－87　全国商品房销售与品牌房企 20 强销售情况对比（2012—2016 年）

数据来源：国家统计局、CRIC、中国房地产测评中心。

随着房地产市场发展不断成熟，行业资源竞争的特征不断凸显。在目前土地日益稀缺、融资环境日益趋紧的环境下，对房企融资及成本管理能力提出了更高的挑战。具备规模化优势和资金雄厚的公司才有能力在有限资源下获取多渠道融资及土地，享受稀缺资源带来的高回报（见图 6－88）。而中小房企受定增及发债受阻影响较大，资金不充裕，发展受限，存在被大型房企收购的可能性。另外，强势品牌房企通过并购获取资源，形成多元化布局，在盈利能力方面亦表现突出。

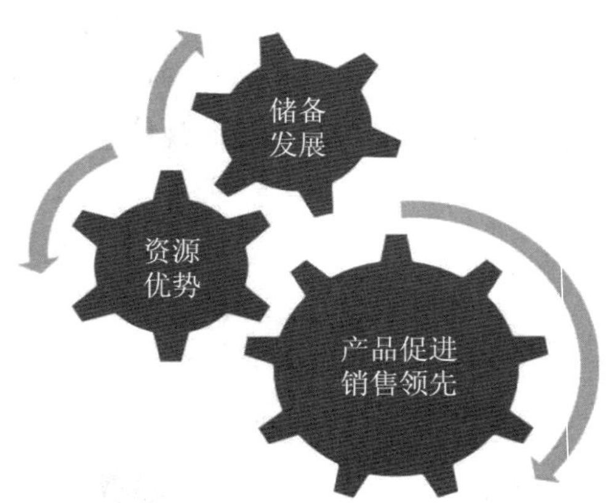

图 6－88　品牌房企引领行业发展

资料来源：CRIC、中国房地产测评中心。

在市场集中度加速提升的同时，品牌房企近年来不断强化精细化管理，提升经营效率，在多个维度实现了均好发展，如中海、万科、华润、龙湖等的净利率和总资产周转率指标均领先于行业平均水平，实现了盈利与周转的双平衡。在项目存货及储备方面，房地产存货资源亦越来越集中于品牌房企。2016 年，万科、绿地、恒大存货规模均超过 4000 亿元，保利地产、中海地产、首开股份、招商蛇口等品牌房企的存货也超过千亿元，为未来的可持续销售提供了充足货源。土地储备方面，恒大、万科、保利、融创等亦占据绝对优势，企业的项目分布较为均衡，未来发展中亦能抵御市场波动。未来，伴随着结构性改革持续深化，房地产行业整合进一步加强，强势品牌房企将持续保持领先优势。

加强金融创新发展　资本融合升级品牌形象

在房地产市场发展初期，地产开发企业主要通过银行及金融机构进行融资，满足企业开发需求。这一间接融资方式对融资主体的信用要求较高，具备品牌优势企业在融资额度与融资成本方面均占据领先优势，特别以中海、保利、绿地、招商等为代表的国有企业凭借长期积累的品牌形象的服务在融资方面颇具优势，而中小型房企则面临较高的融资门槛。另外，单一的融资方式也在一定程度增加了企业的负债水平，企业资金链承压明显。

随着房地产市场的不断发展，房地产企业开始呈现金融化趋势，包括绿地、华润置地、万科、恒大等都先后进入金融领域。房企在金融领域布局，一方面是提高投融资渠道，为企业融资管理实现便利；另一方面通过战略业务的布局创造新的盈利增长点。

在此背景下，房地产与金融结合有了很多变化，多家房企在金融领域进行合作探索，包括参股或设立金融机构、拥抱互联网金融等均成为房企尝试的热点。品牌房企不断加快内部资源整合，通过银行、保险、券商、金融公司、金融交易平台等渠道铺设金融业务，推动房地产业与金融业的深度融合。恒大在 2015 年布局金融业务，截至目前，恒大集团已将银行、保险、互联网金融、消费金融、小额贷款公司等五类金融牌照收入囊中，旗下业务包括银行、保险、互联网金融、融资租赁、金交所、保理等金融、类金融业务。远洋地产逐步实现“实业运营”和“资本运营”符合驱动的战略目标。在地产基金方面，开启与住宅开发、不动产开发投资等业务在投融资方面协同。越秀金融集团采用多种方式拓展金融业务，相继成立证券公司、小贷公司、融资租赁公司、担保公司等金融机构。目前越秀金控集团基本形成了以银行、证券为核心的金融控股格局，全力打造的金融全牌照布局基本完成。在互联网金融创新的大环境下，品牌企业纷纷推出互联网金融创新产品，包括万科、保利、绿地、金茂等也已将互联网金融作为转型或业务延伸的新方向（见图 6－89）。

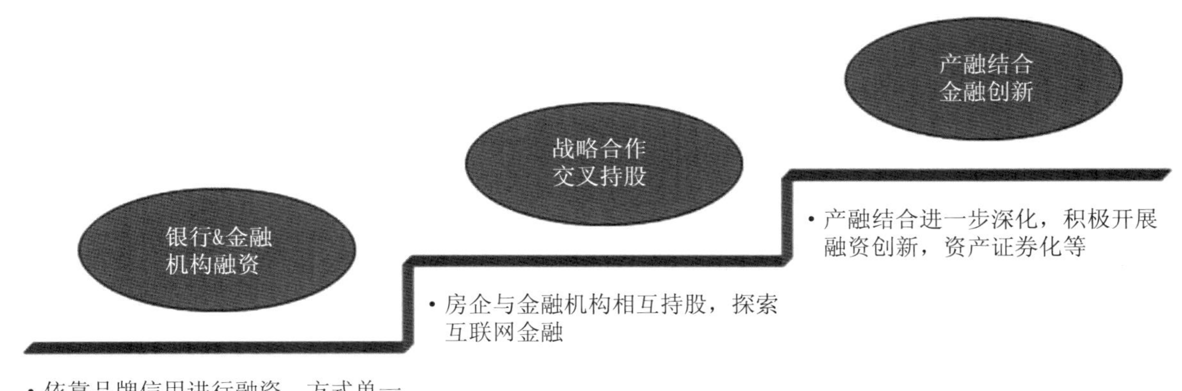

图 6－89　品牌房企地产与金融结合模式

资料来源：CRIC、中国房地产测评中心。

另外，房地产企业年内积极开展融资创新，产融结合进一步深化，融资方式更加多元化，资产证券化等创新方式有所提速。世茂一直在金融创新方面表现十分突出，近两年相继推出全国首单物业费 ABS 和首单购房尾款 ABS 项目及全国最大规模酒店资产证券化项目，并成功发行了公司债和熊猫私募债。2017 年 4 月，世茂首次试水公募 ABN，融资额达 65 亿元人民币，作为银行间市场商业地产公募产品的首创，此次上海世茂国际广场 ABN 不仅丰富了国内金融市场资产证券化业务，还拓宽了企业融资渠道，在盘活存量资产的同时，展现了企业优质的资产结构。此外，碧桂园于 2016 年先后发行两笔购房尾款资产支持证券，总计达 36.34 亿元人民币。而包括融侨、龙光、建业等房企均在资产证券化方面进行尝试。

品牌延伸多元发展　全方位提升品牌影响力

随着传统住宅开发进入低利润增长期，近年来，品牌房地产企业多元化布局呈现上升趋势。企业纷纷通过多业务布局以寻求新的盈利空间，提升品牌影响力，如社区物业、特色小镇、长租公寓等都成为企业布局的重点。

新常态下，在政策的积极引导下，房企积极寻求与地方政府的合作，加强在产业地产及特色小镇上的战略布局。产业地产凭借其在推动产业结构转型升级和新型城镇化发展方面的重要作用，或成为房企转型布局的新蓝海。目前，包括华夏幸福、招商、金地等均在业务上有所布局。华夏幸福自 2002 年进入固安工业园区开发以来，已在产业地产开发运营深耕多年，在 2016 年迈入千亿阵营后，亦提出了三到五年完成百城布局的规模目标。特色小镇亦引起多家房企抢滩布局。绿地将特色小镇纳入发展战略，2017 年将在一、二线重点城市远郊及周边，储备 10～15 个特色小镇大盘项目。除此之外，还有碧桂园 5 年谋划 100 个科技小镇、华侨城 5000 亿建 100 座文创小镇、华夏幸福重点打造产业小镇、时代地产千亿布局“未来小镇”战略等。

以长租公寓为代表存量房市场成为房企战略选择。一方面北京、上海等热点城市住宅地块纷纷加大了一定比例的自持要求；另一方面热点城市流动人口对长租公寓的需求也十分可观，长租公寓呈现较大的发展潜力。目前，市场上已涌现出以万科泊寓、世联红璞、龙湖冠寓等为代表的开发商系公寓，以 YOU + 、魔方等为代表的互联网型公寓品牌，以窝趣、城家为代表的酒店系公寓及以自如、相寓为代表的中介系公寓。万科作为最早进入市场的房企之一，于 2016 年 5 月正式推出了长租公寓业务。2017 年进一步加快了在北上广深布局长租公寓的步伐。万科计划通过收购、趸租、建设等方式，使得长租公寓品牌“泊寓”的数量达到 10 万间。龙湖 2016 年内将长租公寓上升到集团战略层面，通过冠寓品牌发布三条产品线。另外，中骏置业通过美国睿星资本加速在长租公寓领域的拓展速度，未来三年推出 5 万间长租公寓。佳兆业、招商、旭辉、远洋、阳光城等多家房企也开始介入长租公寓市场。

与此同时，企业在商业地产、物流地产、教育产业、医养行业、文旅产业等着力，探索多元创新业务发展。万科在 2016 年收购印力商业后，商业规模成功跻身国内前三。于 2017 年又收购全球物流巨头普洛斯，通过此项收购，在借力物流地产行业的稳定回报率提高公司价值的同时，也在业务上实现充分协同发展，与普洛斯高校的仓储设施网络、卓越的运营管理模式和先进的商业模式形成相互促进。另外，在教育拓展方面，正荣开启“全阶段教育”、世茂打造“360°全系统教育社区”、金地推出的云教育计划、以及阳光幼教品牌等，多家房企纷纷通过“地产 + 教育”协同效应促进企业长远发展。而包括恒大、保利、远洋、泰禾、富力等房企亦在医养行业布局，积极谋求企业持续发展。通过多元业务的拓展进一步强化了企业的品牌影响力，未来发展态势可期。

另外，不少品牌房企近年来越来越关注海外业务，利用品牌优势拓展国际市场。近年来，包括万科、绿地、碧桂园、富力等品牌房企已经在海外开设房产项目或确立投资计划。从区域选择来看，一类集中于美国、英国、澳大利亚等发达国家核心城市，以开发住宅和高层公寓以及收购持有型物业长期盈利为主；另一类是在发展中国家开发大盘及新城项目。在多元化的发展布局下，企业品牌影响力实现稳步提升（见图 6 - 90）。

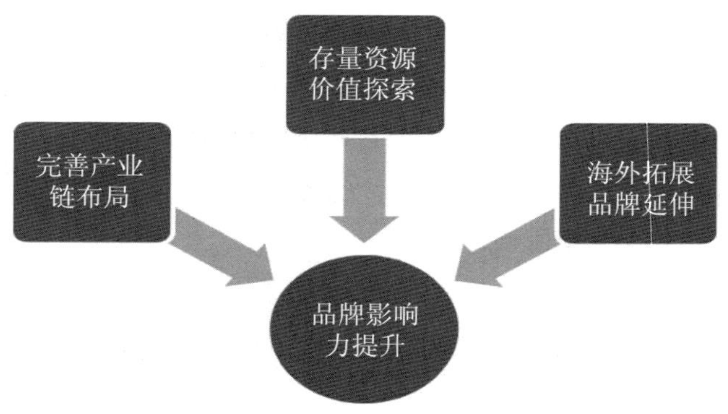

图 6 - 90　品牌房企多业务拓展提升品牌影响力

资料来源：CRIC、中国房地产测评中心。

二、《沃顿商学院：中国房地产顶尖案例》（2017—2018）

发布机构：沃顿知识在线　易居沃顿中国研修中心

发布地点：美国　费城

表6－17　　　　2017—2018年中国房地产十大案例简况

案例标题	案例概要
恒大集团：1300亿股权融资刷新资本市场新纪录	以1300亿股权融资刷新资本市场新纪录，成为了资本市场TOP房企回归A股的风向标。
万达集团：万达向富力、融创转让资产包，行业间最大规模并购	作为业内最大规模的并购之举，万达向富力、融创转让资产包，为房企从过去的拿地竞争到如今的股权兼并，带来了可借鉴与引领的作用。
碧桂园集团：跟投合伙人管理机制创新	当房地产发展到一定阶段，需要通过机制的创新激发起创始人、高管的创业活力，作为2017销售业绩跃升至全行业首位的碧桂园，提出的跟投合伙人管理机制创新，对未来行业模式发展具有很强的可操行与说服力。
绿城物业：智慧服务标准化模式赋能输出	智慧服务标准化模式的赋能输出，正成为当下大型物业管理公司突围转型的典型案例。
中梁地产：三、四线城市快速发展的运营战略	通过根植于三、四线城市中，其快速发展的运营战略，其背后采用的是合伙人制＋标准化的拓展战略及标准化的营销动作，在成长型房企中极具代表性。
旭辉领寓：租赁物业权益类REITs资产证券化创新实践	在“房子是用来住的，而不是用来炒的”、这一国家大战略背景下，作为房地产金融领域的案例，实现了租赁物业权益类，REITs（房地产信托投资基金）资产证券化的创新与实践。
中粮大悦城：消费大数据在商业运营中的运用	以马云为首的电商冲击之下，，当大多数的线下综合体在走下坡路，当传统型百货包括centremall等都在寻求转型与变革，定位于“千城千面”大悦城，通过消费大数据在商业运营中的运用，一路逆势飘红。
万科冰雪综合体：中国滑雪度假小镇开发运营创新	作为中国滑雪度假小镇的开发运营创新，万科在布局它的冰雪产业，以万科松花湖滑雪度假区为开篇，以冰雪为主题的特色小镇产业链布局全国，以北京2022年北京—张家口冬奥会为契机，聚国家战略，旨在做大做强中国的滑雪产业，万科要做行业的领导者和整合者。
招商蛇口太子湾邮轮母港：港城联动的区域开发新模式	这是招商蛇口的一个大战略——港城联动的区域开发新模式。在中国的沿江、沿海进行城市布局，以拿到的港口为核心资源，再推出以邮轮为主题的港口，结合以产业为主的新区，形成独有开发模式。
泰禾院子系：房地产产品创新中的中式建筑文化结合	作为房地产产品创新中的中式建筑与文化结合的样板项目，它是一个举公司全力，把中国院落文化与传统建筑文化有机结合，把文化层面和建筑元素做到极致的产品。

三、第七届（2015—2016 年度）中国房地产“广厦奖”获奖项目名单

发布机构：中国房地产业协会、住房和城乡建设部住宅产业化促进中心

发布地点：中国北京

表 6－18　　2015—2016 年度中国房地产“广厦奖”获奖项目

序号	地区	编号	项目名称	开发单位
1	北京	GSJ0534－01－26（28/5－1）	首开璞瑅	北京首都开发控股（集团）有限公司
2	北京	GSJ0535－01－26（28/5－2）	首开铂郡	北京首都开发控股（集团）有限公司
3	北京	GSJ0536－01－26（28/5－3）	温泉凯盛家园	北京首都开发控股（集团）有限公司
4	北京	GSJ0537－01－26（28/5－4）	首开熙悦睿府	北京首都开发控股（集团）有限公司
5	北京	GSJ0564－01－26（28/5－5）	北京通州万达广场东区大商业项目	北京通州万达广场商业管理有限公司
6	天津	GSJ0543－02－14（21/2－1）	天保房地产空港商业区意境兰庭住宅项目	天津天保房地产开发有限公司
7	天津	GSJ0544－02－14（21/2－2）	澜岸雅苑住宅小区	天津市天房海滨建设发展有限公司
8	河北	GSJ0530－03－08（08/2－1）	天山海世界	天山房地产开发集团有限公司
9	河北	GSJ0531－03－08（08/2－2）	天山熙湖	天山房地产开发集团有限公司
10	山西	GSJ0597－04－08（09/2－1）	丽泽花苑住宅小区	山西九昌房地产开发有限公司
11	内蒙古	GSJ0566－05－12（12/2－1）	泽信加州华府	内蒙古希望阳光实业股份有限公司
12	内蒙古	GSJ0567－05－12（12/2－2）	凯泽时代	扎赉特旗万泰新天地房地产开发有限公司
13	辽宁	GSJ0577－06－32（37/1－1）	星海湾壹号二期·悦府	华润（大连）有限公司
14	黑龙江	GSJ0512－08－26（29/7－1）	盛和世纪	哈尔滨高登置业有限公司
15	黑龙江	GSJ0513－08－26（29/7－2）	大正莅江（一期）	黑龙江省大正房地产开发有限公司
16	黑龙江	GSJ0514－08－26（29/7－3）	北岸明珠 1－2 期	黑龙江省桐楠格房地产开发集团有限责任公司
17	黑龙江	GSJ0515－08－26（29/7－4）	悦城（一、二期）	哈尔滨海升龙房地产开发集团有限责任公司
18	黑龙江	GSJ0585－08－26（29/7－5）	宝宇·天邑澜湾	黑龙江宝宇房地产开发有限责任公司
19	黑龙江	GSJ0586－08－26（29/7－6）	群力新区玫瑰湾住宅小区二期三期工程	哈尔滨综合开发建设有限公司
20	黑龙江	GSJ0587－08－26（29/7－7）	英伦蓝爵	佳木斯三江伟业房地产开发集团有限责任公司
21	上海	GSJ0568－09－30（36/7－1）	绿地清猗园 0407	上海绿地源翔置业有限公司
22	上海	GSJ0569－09－30（36/7－2）	绿地新江湾名邸	上海恒申置业有限公司
23	上海	GSJ0570－09－30（36/7－3）	新江湾·中凯城市之光名苑	上海同轩置业有限公司
24	上海	GSJ0571－09－30（36/7－4）	上海市浦东新区民乐大型居住社区汇雅苑	上海中建申拓投资发展有限公司
25	上海	GSJ0572－09－30（36/7－5）	中建锦绣天地	上海中建孚泰置业有限公司

续表

序 号	地 区	编 号	项目名称	开发单位
26	上 海	GSJ0573 – 09 – 30（36/7 – 6）	上海市浦东新区民乐大型居住社区惠康苑西苑	上海中建申拓投资发展有限公司
27	上 海	GSJ0574 – 09 – 30（36/7 – 7）	卢湾 917	上海金鸿置业有限公司
28	江 苏	GSJ0516 – 10 – 31（38/4 – 1）	海门龙馨家园一、二期	江苏运杰置业有限公司
29	江 苏	GSJ0593 – 10 – 31（38/4 – 1）	富园广场 2 – 5#、7#、9#、13#楼工程	宿迁市富园房地产开发有限公司
30	江 苏	GSJ0594 – 10 – 31（38/4 – 3）	A04 地块“中南城”购物中心	南通中南新世界中心开发有限公司
31	江 苏	GSJ0604 – 10 – 31（38/4 – 4）	吴江中南世纪城北区	苏州中南世纪城房地产开发有限公司
32	浙 江	GSJ0588 – 11 – 38（44/5 – 1）	杭州蘭园（蘭若、蘭叙组团）	杭州绿城锦玉置业有限公司
33	浙 江	GSJ0589 – 11 – 38（44/5 – 2）	万科紫台	杭州万普置业有限公司
34	浙 江	GSJ0590 – 11 – 38（44/5 – 3）	诸暨绿城广场 · 玉园	诸暨市越都置业有限公司
35	浙 江	GSJ0591 – 11 – 38（44/5 – 4）	蒋村西溪人家公共租赁房项目	杭州市租赁房投资有限公司
36	浙 江	GSJ0592 – 11 – 38（44/5 – 5）	景致公寓公共租赁房	杭州景致房地产开发有限公司
37	安 徽	GSJ0599 – 12 – 10（11/3 – 1）	绿地中心 A 座	绿地集团合肥紫峰置业有限公司
38	安 徽	GSJ0600 – 12 – 10（11/3 – 2）	安庆汇峰广场	安徽文峰置业有限公司
39	安 徽	GSJ0601 – 12 – 10（11/3 – 3）	万璟观邸 4# – 26#楼	宿州市利民万基房地产开发有限公司
40	福 建	GSJ0581 – 13 – 13（16/4 – 1）	禹洲云顶国际	厦门禹洲鸿图地产开发有限公司
41	福 建	GSJ0582 – 13 – 13（16/4 – 2）	禹洲香溪里	厦门禹洲鸿图地产开发有限公司
42	福 建	GSJ0583 – 13 – 13（16/4 – 3）	禹洲广场	厦门禹洲鸿图地产开发有限公司
43	福 建	GSJ0584 – 13 – 13（16/4 – 4）	福清万达广场 A 区	福清万达广场有限公司
44	江 西	GSJ0538 – 14 – 15（18/6 – 1）	中航公元城	赣州中航置业有限公司
45	江 西	GSJ0539 – 14 – 15（18/6 – 2）	众森国际花园	江西众森实业集团有限公司
46	江 西	GSJ0540 – 14 – 15（18/6 – 3）	观澜盛世	江西华安投资有限公司
47	江 西	GSJ0541 – 14 – 15（18/6 – 4）	博泰生命树（蓝岸香舍）	江西中城建设发展有限公司
48	江 西	GSJ0542 – 14 – 15（18/6 – 5）	远洲 · 九悦廷	江西远洲临亚房地产开发有限公司
49	江 西	GSJ0575 – 14 – 15（18/6 – 6）	绿地新都会 · 紫峰大厦	南昌绿地申新置业有限公司
50	山 东	GSJ0517 – 15 – 55（55/15 – 1）	中房 · 雅苑（缇香郡）	滕州市中房房地产开发有限公司
51	山 东	GSJ0518 – 15 – 55（55/15 – 2）	虞河生活城	潍坊市众成置业有限公司
52	山 东	GSJ0519 – 15 – 55（55/15 – 3）	东海 · 巴黎城	山东东海房地产开发有限公司
53	山 东	GSJ0520 – 15 – 55（55/15 – 4）	青岛市海尔时代广场	青岛海尔地产集团有限公司
54	山 东	GSJ0521 – 15 – 55（55/15 – 5）	远航 · 未来城	枣庄市鑫城房地产开发有限公司
55	山 东	GSJ0522 – 15 – 55（55/15 – 6）	齐悦花园一期住宅项目	山东创业房地产开发有限公司
56	山 东	GSJ0523 – 15 – 55（55/15 – 7）	中央生活城	潍坊市众成置业有限公司
57	山 东	GSJ0524 – 15 – 55（55/15 – 8）	安丘市青云 · 国际城项目（一期）	潍坊新大置业有限公司

续表

序号	地区	编号	项目名称	开发单位
58	山东	GSJ0525－15－55（55/15－9）	格林星城住宅小区	山东众成地产集团有限公司
59	山东	GSJ0526－15－55（55/15－10）	青岛市华润中心悦府	华润置地（山东）有限公司
60	山东	GSJ0527－15－55（55/15－11）	奥体中心东侧14#地块龙奥金座	山东大伟工程开发设计有限公司
61	山东	GSJ0528－15－55（55/15－12）	青岛华润中心万象城	华润置地（山东）有限公司
62	山东	GSJ0529－15－55（55/15－13）	安丘市金融中心项目（一期）	潍坊新大置业有限公司
63	山东	GSJ0565－15－55（55/15－14）	豪森华府商业楼	临沂豪尔森置业发展有限公司
64	山东	GSJ0602－15－55（55/15－15）	淄博·凤凰城	山东方正房地产开发有限公司
65	河南	GSJ0545－16－12（13/3－1）	郑州金融国际中心	河南楷林置业有限公司
66	河南	GSJ0546－16－12（13/3－2）	正商建正东方中心	河南建正房地产有限公司
67	河南	GSJ0547－16－12（13/3－3）	洛阳恒大绿洲首期项目	恒大地产集团洛阳有限公司
68	湖北	GSJ0553－17－31（36/5－1）	武汉市民之家	武汉地产开发投资集团有限公司
69	湖北	GSJ0554－17－31（36/5－2）	泛海城市广场一期	武汉泛海城市广场开发投资有限公司
70	湖北	GSJ0555－17－31（36/5－3）	天门楚天尚城一期	天门市汉江房地产开发有限公司
71	湖北	GSJ0556－17－31（36/5－4）	现代·森林国际城	湖北现代贝祥置业有限公司
72	湖北	GSJ0557－17－31（36/5－5）	民发盛特公园	民发实业集团有限公司
73	湖南	GSJ0595－18－15（18/3－1）	弘德西街·好莱城	弘德房地产开发有限公司
74	湖南	GSJ0596－18－15（18/3－2）	万国城 MOMA（长沙）项目三期 17#、20#栋	当代节能置业股份有限公司
75	湖南	GSJ0605－18－15（18/3－3）	万科魅力之城二期	长沙市万科房地产开发有限公司
76	广东	GSJ0603－19－16（22/1－1）	珠海华发新城六期	珠海华发实业股份有限公司
77	广西	GSJ0552－20－11（14/1－1）	南宁华润中心幸福里一期项目	华润置地（南宁）有限公司
78	海南	GSJ0558－21－19（21/4－1）	力合国际中心酒店	三亚力合投资发展有限公司
79	海南	GSJ0559－21－19（21/4－2）	佳华小区	儋州市保障性住房建设管理服务中心
80	海南	GSJ0561－21－19（21/4－4）	海航豪庭一期 A14 地块	海航地产集团有限公司
81	重庆	GSJ0532－22－20（24/2－1）	力帆中心－LFC	重庆力帆置业有限公司
82	重庆	GSJ0533－22－20（24/2－2）	龙湖 U 城天街一期商业	重庆龙湖凯安地产发展有限公司
83	贵州	GSJ0576－24－05（06/1－1）	航天·阳光小区	贵州航天房地产开发有限公司
84	陕西	GSJ0550－27－08（08/2－1）	紫薇公园时光	西安紫薇地产开发有限公司
85	陕西	GSJ0551－27－08（08/2－2）	兴隆社区安置项目	西安紫薇地产开发有限公司
86	青海	GSJ0549－29－03（04/2－2）	紫恒帝景花苑住宅小区二期建设项目（十栋高层）	青海紫恒房地产开发有限公司
87	宁夏	GSJ0578－30－20（20/3－1）	清水湾·幸福枫景Ⅲ－1～5#、8#、10#11#、12#住宅楼	宁夏住宅建设发展（集团）有限公司
88	宁夏	GSJ0579－30－20（20/3－2）	逸都花园一区	银川博冠房地产开发有限公司
89	宁夏	GSJ0580－30－20（20/3－3）	建发·兴洲花园项目（A、B 区）	银川建发集团股份有限公司
90	新疆	GSJ0562－31－16（16/2－1）	华源·圣地欣城	新疆华源实业（集团）有限公司
91	新疆	GSJ0563－31－16（16/2－2）	华源·阜华景源	新疆华源实业（集团）有限公司

四、中国部分优秀房地产企业介绍

（一）恒大地产集团有限公司

1. 2017 年商品房销售业绩及同比增幅

表 6 －19

类 别	2017 年	同比（%）
销售金额（亿元）	5009. 6	34. 17
销售面积（万平方米）	5029. 9	12. 55
销售均价（元/平方米）	9960. 0	19. 21

数据来源：企业官网，CRIC.

2. 2016—2017 年企业财务指标

表 6 －20

单位:%

财务指标	2017 年	2016 年
净负债率	183. 69	431. 54
三费费用率	12. 02	17. 44
总资产周转率	0. 20	0. 20
长短期债务比	1. 06	1. 64
现金短债比	0. 81	1. 50
净利润增长率	110. 30	1. 60
销售毛利率	36. 09	28. 10
销售净利率	11. 91	8. 33

数据来源：企业年报。
注 1：对 2016 年的数据有修正。
注 2：总资产周转率单位为“次”；长短期债务比和现金短债比无单位。下同。

3. 2017 年重点新增土地储备

表 6 －21

城 市	宗地名称	属 性	成交时间	建筑面积（万平方米）	成交总价（亿元）	楼板价（元/平方米）
无 锡	XDG－2016－28 号地块	商 住	2017－03	39. 82	29. 50	7408
贵 阳	G（17）017 地块	商 住	2017－03	40. 76	3. 14	771
镇 江	R1702 地块	商 住	2017－05	27. 44	23. 30	8491
泉 州	溪美街道崎峰社区地块	商 住	2017－06	21. 29	7. 04	3307
渭 南	渭高土告字〔2017〕4 号地块	住 宅	2017－10	59. 41	2. 01	337

数据来源：CRIC.

4. 2017 年重点新开盘项目

表 6－22

项目名称	城　市	项目名称	城　市
恒大城	南　宁	恒大御景湾	柳　州
恒大海上威尼斯	启　东	恒大城市广场	深　圳
恒大天璟	深　圳	御龙天峰	重　庆

数据来源：CRIC.

（二）碧桂园控股有限公司

1. 2017 年商品房销售业绩及同比增幅

表 6－23

类　别	2017 年	同比（%）
销售金额（亿元）	5508.0	78.34
销售面积（万平方米）	6066.0	61.89
销售均价（元/平方米）	9080.0	10.16

数据来源：企业官网，CRIC.

2. 2016—2017 年企业财务指标

表 6－24

单位:%

财务指标	2017 年	2016 年
净负债率	56.91	48.65
三费费用率	6.62	8.79
总资产周转率	0.28	0.32
长短期债务比	2.15	2.52
现金短债比	2.17	2.49
净利润增长率	110.43	40.69
销售毛利率	25.91	21.06
销售净利率	12.67	8.93

数据来源：企业年报。

3. 2017 年重点新增土地储备

表 6－25

城　市	宗地名称	属　性	成交时间	建筑面积（万平方米）	成交总价（亿元）	楼板价（元/平方米）
阜　阳	碧桂园·黄金时代	住　宅	2017－01	42.01	18.94	4509
镇　江	碧桂园·中央公园	住　宅	2017－02	83.49	20.59	2466
中　山	南朗碧桂园	住　宅	2017－04	37.10	22.26	5999
贵　阳	恒丰碧桂园贵阳中心	住　宅	2017－12	55.67	48.95	8792
杭　州	碧桂园印江南	住　宅	2017－12	14.02	23.25	16580

数据来源：CRIC.

4. 2017 年重点新开盘项目

表 6－26

项目名称	城　市	项目名称	城　市
西宁碧桂园	西　宁	容桂碧桂园	佛　山
运河碧桂园	东　莞	芜湖碧桂园	芜　湖
燕山公馆	常　州	碧桂园天玺湾	中　山

数据来源：CRIC.

（三）万科企业股份有限公司

1. 2017 年商品房销售业绩及同比增幅

表 6－27

类　别	2017 年	同比（%）
销售金额（亿元）	5298.8	45.26
销售面积（万平方米）	3595.2	30.01
销售均价（元/平方米）	14739.0	11.74

数据来源：企业官网，CRIC.

2. 2016—2017 年企业财务指标

表 6－28

单位：%

财务指标	2017 年	2016 年
净负债率	8.84	25.87
三费费用率	7.08	5.64
总资产周转率	0.24	0.33
长短期债务比	2.06	1.97

续表

财务指标	2017 年	2016 年
现金短债比	2. 80	2. 01
净利润增长率	31. 25	9. 25
销售毛利率	34. 10	29. 41
销售净利率	15. 32	11. 79

数据来源：企业年报。

3. 2017 年重点新增土地储备

表 6 – 29

城　市	宗地名称	属　性	成交时间	建筑面积（万平方米）	成交总价（亿元）	楼板价（元/平方米）
天　津	杨伍庄北项目	住　宅	2017 – 03	19. 20	78. 47	21094
北　京	青龙湖项目	—	2017 – 05	23. 00	58. 50	23400
东　莞	皇马郦宫与御景湾八号项目	住　宅	2017 – 08	34. 10	75. 18	14569
北　京	高丽营镇于庄 03 – 21、03 – 31	住　宅	2017 – 08	15. 50	70. 50	44904
北　京	五里坨二组团 053 等地块	住　宅	2017 – 12	20. 30	78. 00	22478

数据来源：CRIC.

4. 2017 年重点新开盘项目

表 6 – 30

项目名称	城　市	项目名称	城　市
虎门万科城	东　莞	万科悦湾	重　庆
万科海云台	烟　台	万科尚城	广　州
万科公园里	太　原	万科蓝湾花园	中　山

（四）融创中国控股有限公司

1. 2017 年商品房销售业绩及同比增幅

表 6 – 31

类　别	2017 年	同比（%）
销售金额（亿元）	3620. 1	140. 33
销售面积（万平方米）	2203. 3	198. 23
销售均价（元/平方米）	16430. 0	– 19. 41

数据来源：企业官网，CRIC.

2. 2016—2017 年企业财务指标

表 6－32

单位:%

财务指标	2017 年	2016 年
净负债率	202.10	121.52
三费费用率	20.50	14.30
总资产周转率	0.14	0.17
长短期债务比	1.79	2.46
现金短债比	1.23	2.14
净利润增长率	296.97	－18.57
销售毛利率	20.69	13.72
销售净利率	17.71	8.31

数据来源：企业年报。

3. 2017 年重点新增土地储备

表 6－33

城　市	宗地名称	属　性	成交时间	建筑面积（万平方米）	成交总价（亿元）	楼板价（元/平方米）
武　汉	武汉融科天域项目	商　住	2017－3－1	16.50	33.00	20006
合　肥	合肥融科城项目	商　住	2017－3－1	151.57	22.90	1511
天　津	天津星耀五洲项目	商　住	2017－5－12	300.00	128.18	4273
重　庆	江北嘴国际金融中心项目	商　住	2017－5－31	71.39	35.00	4903
石家庄	石国土资〔2017〕103 号	住　宅	2017－8－7	55.53	17.57	3164

数据来源：CRIC.

4. 2017 年重点新开盘项目

表 6－34

项目名称	城　市	项目名称	城　市
君澜花园	东　莞	融创城	天津
融创湖滨世家	佛　山	融创溪涧堂	杭州
融创望江府	佛　山	融创城	合肥

数据来源：CRIC.

（五）中国海外发展有限公司

1. 2017 年商品房销售业绩及同比增幅

表 6-35

类　别	2017 年	同比（%）
销售金额（亿港元）	2320.69	10.17
销售面积（万平方米）	1446.32	10.88
销售均价（港元/平方米）	16045.00	-0.64

数据来源：企业官网，CRIC.

2. 2016—2017 年企业财务指标

表 6-36

单位:%

财务指标	2017 年	2016 年
净负债率	27.12	7.33
三费费用率	4.33	5.25
总资产周转率	0.27	0.28
长短期债务比	4.86	3.31
现金短债比	3.42	3.90
净利润增长率	9.77	8.41
销售毛利率	32.94	27.82
销售净利率	25.38	23.40

数据来源：企业年报。

3. 2017 年重点新增土地储备

表 6-37

城　市	宗地名称	属　性	成交时间	建筑面积（万平方米）	成交总价（亿元）	楼板价（元/平方米）
成　都	双流区华府地块	住宅、商服	2017-03	43.75	33.12	7570
上　海	松江区地块	住　宅	2017-03	24.08	50.90	21135
北　京	丰台区地块	住宅、商业	2017-05	26.12	41.50	15887
成　都	天府新区地块	商业、住宅	2017-11	179.96	47.90	2662
北　京	朝阳区地块	住　宅	2017-12	12.57	45.75	36410

数据来源：CRIC.

4. 2017 年重点新开盘项目

表 6－38

项目名称	城　市	项目名称	城　市
中海万锦公馆	佛　山	中海名钻	珠　海
中海天钻	深　圳	中海御湖	青　岛
中海湖畔岚庭	珠　海	中海和平之门	沈　阳

数据来源：CRIC.

（六）保利房地产（集团）股份有限公司

1. 2017 年商品房销售业绩及同比增幅

表 6－39

类　别	2017 年	同比（%）
销售金额（亿元）	3092. 27	47. 19
销售面积（万平方米）	2242. 37	40. 27
销售均价（元/平方米）	13790. 00	4. 94

数据来源：企业官网，CRIC.

2. 2016—2017 年企业财务指标

表 6－40

单位：%

财务指标	2017 年	2016 年
净负债率	86. 45	55. 24
三费费用率	6. 22	5. 20
总资产周转率	0. 25	0. 36
长短期债务比	5. 94	7. 48
现金短债比	2. 30	3. 55
净利润增长率	15. 25	1. 46
销售毛利率	31. 05	29. 00
销售净利率	13. 45	11. 03

数据来源：企业年报。

3. 2017 年重点新增土地储备

表 6－41

城　市	宗地名称	属　性	成交时间	建筑面积（万平方米）	成交总价（亿元）	楼板价（元/平方米）
徐　州	新城区迎宾大道北侧地块（宗地编号：2017－15 号）	住　宅	2017－06	14. 33	11. 77	8214. 00

续表

城 市	宗地名称	属 性	成交时间	建筑面积（万平方米）	成交总价（亿元）	楼板价（元/平方米）
揭 阳	榕城区规划纵六支路东侧地块（宗地编号：KG2017009）	住 宅	2017－10	9.49	2.12	2234.00
普 宁	高明村规划寒妈东路北侧地块（宗地编号：01680027、01680028）	住 宅	2017－10	38.86	4.95	1274.00
惠 州	惠公易土网（告）字〔2017〕1号惠州市惠城区小金口汤泉片区 B05－11－02－01－01GP2017－32	住 宅	2017－11	7.85	4.00	5091.00
北 京	大兴区瀛海镇黄亦路南侧地块宗地编号：YZ00－0803－0602	住 宅	2017－11	8.20	16.80	20495.00

数据来源：CRIC.

4. 2017 年重点新开盘项目

表 6－42

项目名称	城 市	项目名称	城 市
保利·中央公园	常 德	保利中韵花园	佛 山
保利滨湖天地	慈 溪	保利立方	广 州
保利格外松湖	东 莞	保利白沙林语	沈 阳

数据来源：CRIC.

（七）绿地控股集团有限公司

1. 2017 年商品房销售业绩及同比增幅

表 6－43　　2017 年商品房销售业绩及同比增幅

类 别	2017 年	同比（%）
销售金额（亿元）	3064.7	20.18
销售面积（万平方米）	2438.4	24.33
销售均价（元/平方米）	12568.0	－3.34

数据来源：企业官网，CRIC。

2. 2016—2017 年企业财务指标

表 6－44

单位：%

财务指标	2017 年	2016 年
净负债率	206.02	286.99

续表

财务指标	2017 年	2016 年
三费费用率	5.15	5.52
总资产周转率	0.37	0.37
长短期债务比	1.87	1.98
现金短债比	0.81	0.66
净利润增长率	44.42	27.25
销售毛利率	14.42	15.20
销售净利率	4.67	3.80

数据来源：企业年报。

3. 2017 年重点新增土地储备

表 6－45

城　市	宗地名称	属　性	成交时间	建筑面积（万平方米）	成交总价（亿元）	楼板价（元/平方米）
杭　州	杭州乔司商贸城 7 号地块	住　宅	2017－01	13.90	16.71	12020
西　安	沣东超高层项目地块	商　住	2017－06	202.00	26.04	1289
南　通	经济技术开发区地块	住　宅	2017－06	40.50	21.67	5351
南　京	江北核心区超高层地块 G41	商　住	2017－08	92.50	90.00	9731
昆　明	大渔关坡山 11 宗地块项目	商　住	2017－12	94.00	20.85	2218

数据来源：CRIC。

4. 2017 年重点新开盘项目

表 6－46

项目名称	城　市	项目名称	城　市
绿地璀璨天城	佛　山	绿地云香郡	西　宁
广州绿地城	广　州	绿地·海珀云翡	北　京
海南绿地城	海　口	绿地新都会	济　南

数据来源：CRIC.

（八）重庆龙湖地产发展有限公司

1. 2017 年商品房销售业绩及同比增幅

表 6－47

类　别	2017 年	同比（%）
销售金额（亿元）	1560.80	77.08
销售面积（万平方米）	1016.70	68.89
销售均价（元/平方米）	15352.00	4.85

数据来源：企业官网，CRIC.

2. 2016—2017 年企业财务指标

表 6 －48

单位:%

财务指标	2017 年	2016 年
净负债率	47.70	53.94
三费费用率	7.09	6.39
总资产周转率	24.53	26.80
长短期债务比	12.85	9.85
现金短债比	4.75	3.25
净利润增长率	65.87	6.10
销售毛利率	33.90	29.08
销售净利率	22.86	18.13

数据来源：企业年报。

3. 2017 年重点新增土地储备

表 6 －49

城　市	宗地名称	属　性	成交时间	建筑面积（万平方米）	成交总价（亿元）	楼板价（元/平方米）
宁　波	九峰山地块	住　宅	2017 －05	13.68	11.34	11320
长　沙	天心区项目	住　宅	2017 －06	11.76	1.90	3806
杭　州	奥体博览城项目	住　宅	2017 －06	10.12	1.31	6043
上　海	顾村刘行社区 －2 单元 E －8/10、F －2 地块	商　住	2017 －07	2.83	4.75	16811
北　京	房山胜茂项目	商　业	2017 －08	10.12	20.21	19970

数据来源：CRIC.

4. 2017 年重点新开盘项目

表 6 －50

项目名称	城　市	项目名称	城　市
龙湖春江名城	佛　山	龙湖葡醍海湾	烟　台
龙湖首开 · 天宸原著	广　州	龙湖紫云台	宜　兴
首开龙湖春江彼岸	厦　门	龙湖滟澜山	大　连

数据来源：CRIC.

（九）华夏幸福基业股份有限公司

1. 2017 年商品房销售业绩及同比增幅

表 6－51

类 别	2017 年	同比（%）
销售金额（亿元）	1522.12	26.50
销售面积（万平方米）	951.18	－0.15
销售均价（元/平方米）	16002.00	26.68

数据来源：企业官网，CRIC.

2. 2016—2017 年企业财务指标

表 6－52

单位：%

财务指标	2017 年	2016 年
净负债率	48.16	62.19
三费费用率	17.49	11.26
总资产周转率	0.19	0.26
长短期债务比	2.89	2.95
现金短债比	2.59	2.60
净利润增长率	42.78	23.68
销售毛利率	47.93	33.03
销售净利率	14.77	11.46

数据来源：企业年报。

3. 2017 年重点新增土地储备

表 6－53

城 市	宗地名称	属 性	成交时间	建筑面积（万平方米）	成交总价（亿元）	楼板价（元/平方米）
沈 阳	苏家屯区 SJT2017－08 临湖街道新兴屯村、大淑堡村地块	商 住	2017－11	21.28	3.19	1500
南 京	高淳区 NO.2017G27、NO.2017G28 地块	住 宅	2017－11	12.17	6.87	5642
滁 州	汉河新区长江大道西侧、新城大道南侧、黄高路东侧 LASZ2017－40 地块	住 宅	2017－11	8.96	5.80	6471
滁 州	LASZ2017－47 地块	住 宅	2017－12	9.34	5.00	5353
邯 郸	邯丛出告字〔2017〕02－2	住 宅	2017－12	14.82	0.35	2339

数据来源：CRIC.

4. 2017 年重点新开盘项目

表 6 – 54

项目名称	城　市	项目名称	城　市
南浔孔雀城	湖　州	新西塘孔雀城	嘉　善
孔雀城半岛跃府	嘉　善	新江北孔雀城	滁　州
沈阳孔雀城	沈　阳	秦淮源筑	南　京

数据来源：CRIC.

（十）金地（集团）有限公司

1. 2017 年商品房销售业绩及同比增幅

表 6 – 55

类　别	2017 年	同比（%）
销售金额（亿元）	1408. 10	39. 93
销售面积（万平方米）	766. 70	16. 53
销售均价（元/平方米）	18365. 72	20. 12

数据来源：企业官网，CRIC.

2. 2016—2017 年企业财务指标

表 6 – 56

单位:%

财务指标	2017 年	2016 年
净负债率	43. 84	40. 26
三费费用率	10. 03	4. 76
总资产周转率	0. 21	0. 38
长短期债务比	2. 94	3. 52
现金短债比	2. 04	2. 66
净利润增长率	10. 51	77. 07
销售毛利率	34. 25	20. 24
销售净利率	25. 16	15. 50

数据来源：企业年报。
注：对 2016 年的数据有修正。

3. 2017 年重点新增土地储备

表 6 – 57

城　市	宗地名称	属　性	成交时间	建筑面积（万平方米）	成交总价（亿元）	楼板价（元/平方米）
广　州	番禺区官堂村地块一、地块二	商　住	2017 – 01	8. 32	18. 70	22475. 00

续表

城　市	宗地名称	属　性	成交时间	建筑面积（万平方米）	成交总价（亿元）	楼板价（元/平方米）
北　京	北京市房山区良乡镇 01 －13 －02、01 －13 －03、01 －15 －01 地块	综　合	2017 －02	10. 15	18. 10	17830. 00
苏　州	运东大道南侧万湖路东侧地块	住　宅	2017 －04	13. 64	11. 52	8450. 00
天　津	津西青（挂）2017 －05 号	住　宅	2017 －06	20. 42	25. 60	12536. 00
杭　州	萧政储出（2017）20 号	商　住	2017 －09	27. 78	63. 77	22949. 00

数据来源：CRIC.

4. 2017 年重点新开盘项目

表 6 －58

项目名称	城　市	项目名称	城　市
金地艺境	沈　阳	金地自在城	大　连
金地平山印	天　津	天悦风华	天　津
金地·三千府	长　沙	金地湖城大境·天第	西　安

数据来源：CRIC.

（十一）阳光城集团股份有限公司

1. 2017 年商品房销售业绩及同比增幅

表 6 －59

类　别	2017 年	同比（%）
销售金额（亿元）	915. 30	87. 87
销售面积（万平方米）	659. 40	86. 75
销售均价（元/平方米）	13881. 00	0. 60

数据来源：企业官网，CRIC.

2. 2016—2017 年企业财务指标

表 6 －60

单位：%

财务指标	2017 年	2016 年
净负债率	251. 88	256. 82
三费费用率	6. 83	6. 14
总资产周转率	0. 20	0. 21
长短期债务比	1. 34	2. 66
现金短债比	0. 75	1. 02

续表

财务指标	2017 年	2016 年
净利润增长率	55.68	-17.39
销售毛利率	25.08	23.31
销售净利率	6.72	7.30

数据来源：企业年报。

3. 2017 年重点新增土地储备

表 6-61

城　市	宗地名称	属　性	成交时间	建筑面积（万平方米）	成交总价（亿元）	楼板价（元/平方米）
上　海	沪房地（静）字（2005）第 001691 号	商　住	2017-03	9.89	39.84	40279.00
启　东	〔2017〕9 号编号 1608 地块	商　住	2017-04	8.65	6.32	7311.00
莆　田	PS 拍-2017-03 号地块	住　宅	2017-04	9.98	9.58	9599.00
嘉　兴	海盐 17-92	住　宅	2017-10	10.91	6.99	6405.00
温　州	三溪片区货站单元 A-04、A-05 地块	商　住	2017-12	21.53	14.83	6889.00

数据来源：CRIC.

4. 2017 年重点新开盘项目

表 6-62

项目名称	城　市	项目名称	城　市
阳光城 MODO	东　莞	阳光城丽景湾	广　州
力合阳光城云谷	佛　山	阳光城大都会	福　州
绿岛湖壹号	佛　山	阳光城甜橙	长　沙

数据来源：CRIC.

（十二）广州富力地产股份有限公司

1. 2017 年商品房销售业绩及同比增幅

表 6-63

类　别	2017 年	同比（%）
销售金额（亿元）	818.60	35.00
销售面积（万平方米）	632.40	34.70
销售均价（元/平方米）	12943.90	-0.20

数据来源：企业官网，CRIC.

2. 2016—2017 年企业财务指标

表 6－64

单位:%

财务指标	2017 年	2016 年
净负债率	170.00	160.00
三费费用率	8.37	6.80
总资产周转率	0.23	0.26
长短期债务比	4.01	2.59
现金短债比	1.13	1.36
净利润增长率	16.90	5.97
销售毛利率	35.40	28.30
销售净利率	14.00	13.10

数据来源：企业年报。
注：对2016年的数据有修正

3. 2017 年重点新增土地储备

表 6－65

城　市	宗地名称	属　性	成交时间	建筑面积（万平方米）	成交总价（亿元）	楼板价（元/平方米）
唐　山	凤凰新城友谊西辅路西侧、荣华道南侧、龙华道北侧	住　宅	2017－04	7.70	9.09	11811
唐　山	建设路西侧、西山道南侧	住　宅	2017－04	6.66	2.42	3640
南　昌	红谷滩新区中央商务区春晖路以东、规划路以北（中央商务区 D－1－3 地块）	住　宅	2017－05	13.81	11.77	8522
郑　州	郑政出〔2017〕19 号（网）高新区东风路北、冉屯东路东地块	住　宅	2017－06	17.84	3.67	2056
杭　州	余政储出〔2017〕44 号	商　住	2017－12	48.38	68.50	14158

数据来源：CRIC.

4. 2017 年重点新开盘项目

表 6－66

项目名称	城　市	项目名称	城　市
富力津门湖五期	天　津	富力院士廷	宁　波
富力悦禧花园	广　州	富力伯爵山	广　州
富力城	无　锡	富力天海湾	广　州

数据来源：CRIC.

（十三）大连万达集团股份有限公司

1. 2017 年商品房销售业绩及同比增幅

表 6－67

类　别	2017 年	同比（%）
销售金额（亿元）	891. 20	－19. 00
销售面积（万平方米）	864. 00	－29. 24
销售均价（元/平方米）	10314. 81	14. 47

数据来源：企业官网，CRIC.

2. 2017 年重点新增土地储备

表 6－68

城　市	宗地名称	属　性	成交时间	建筑面积（万平方米）	成交总价（亿元）	楼板价（元/平方米）
昆　明	西山区 KCXS2017/10/A1 地块	商　办	2017－06	26. 75	16. 99	6353
济　南	2017 年第 4 号公告历城区 2017/G040	商　办	2017－06	26. 68	4. 33	1621
济　南	2017 年第 4 号公告历城区 2017/G044	纯住宅	2017－06	24. 51	6. 68	2727
济　南	2017 年第 4 号公告历城区 2017/G045	纯住宅	2017－06	22. 49	6. 21	2763
重　庆	编号 17148 宗地	商　住	2017－12	25. 17	4. 76	1891

数据来源：CRIC.

3. 2017 年重点新开盘项目

表 6－69

项目名称	城　市
海口万达广场	海　口
九江万达广场	九　江
万达文化旅游城	南　昌

数据来源：CRIC.

（十四）华润置地有限公司

1. 2017 年商品房销售业绩及同比增幅

表 6－70

类　别	2017 年	同比（%）
销售金额（亿元）	1521. 2	40. 80
销售面积（万平方米）	954. 3	22. 98
销售均价（元/平方米）	15940. 0	14. 49

数据来源：企业官网，CRIC.

2. 2016—2017 年企业财务指标

表 6 – 71

单位:%

财务指标	2017 年	2016 年
净负债率	35.93	23.77
三费费用率	8.13	5.97
总资产周转率	0.24	0.27
长短期债务比	3.11	5.65
现金短债比	2.10	3.89
净利润增长率	12.93	15.02
销售毛利率	40.25	33.74
销售净利率	21.43	20.58

数据来源：企业年报。

3. 2017 年重点新增土地储备

表 6 – 72

城　市	宗地名称	属　性	成交时间	建筑面积（万平方米）	成交总价（亿元）	楼板价（元/平方米）
南　京	建邺区鱼嘴地块项目	商　住	2017 – 3	88.77	73.40	8268
济　南	历下区 CBD 项目	商　住	2017 – 3	97.43	45.30	4650
南　京	栖霞区燕子矶经五路东侧地块	商　住	2017 – 8	55.17	72.00	13051
上　海	安亭汽车核心区地块	商　住	2017 – 12	19.51	48.86	25040
天　津	北辰区高峰路天重商住 008 地	商　住	2017 – 12	19.60	36.10	18416

数据来源：CRIC.

4. 2017 年重点新开盘项目

表 6 – 73

项目名称	城　市	项目名称	城　市
华润国际社区	南　京	华润天合	广　州
华润国际社区	常　州	华润翡翠城	武　汉
华润橡树湾	天　津	华润二十四城	沈　阳

数据来源：CRIC.

（十五）新城控股集团股份有限公司

1. 2017 年商品房销售业绩及同比增幅

表 6－74

类　别	2017 年	同比（%）
销售金额（亿元）	1264. 72	94. 39
销售面积（万平方米）	928. 28	61. 44
销售均价（元/平方米）	13624. 00	20. 41

数据来源：企业官网，CRIC.

2. 2016—2017 年企业财务指标

表 6－75

单位:%

财务指标	2017 年	2016 年
净负债率	63. 26	52. 26
三费费用率	10. 38	8. 70
总资产周转率	0. 86	0. 84
长短期债务比	1. 96	2. 00
现金短债比	1. 70	1. 83
净利润增长率	98. 37	70. 02
销售毛利率	35. 56	27. 87
销售净利率	15. 45	11. 28

数据来源：企业年报。
注：对 2016 年的数据有修正。

3. 2017 年重点新增土地储备

表 6－76

城　市	宗地名称	属　性	成交时间	建筑面积（万平方米）	成交总价（亿元）	楼板价（元/平方米）
长　沙	岳麓区 J－15、F－21、22、23 号地块	综　合	2017－04	66. 08	11. 05	1672
苏　州	盛泽镇南麻社区地块	商　住	2017－05	81. 20	15. 91	1960
青　岛	胶州经济开发区海达伟业地块	综　合	2017－05	55. 91	15. 10	2701
宁　波	慈溪城南地块	综　合	2017－06	55. 57	6. 27	1128
德　州	齐河县欧乐堡项目	商　住	2017－10	55. 08	8. 48	1217

数据来源：CRIC.

4. 2017 年重点新开盘项目

表 6－77

项目名称	城　市	项目名称	城　市
新城香溢紫郡	南　通	新城香溢澜庭	济　南
新城·吾悦广场	衢　州	新城公馆	常　州
新城源山	镇　江	时光印象	合　肥

数据来源：CRIC.

（十六）绿城中国控股有限公司

1. 2017 年商品房销售业绩及同比增幅

表 6－78

类　别	2017 年	同比（%）
销售金额（亿元）	1463.00	28.45
销售面积（万平方米）	827.00	32.11
销售均价（元/平方米）	17690.00	－2.77

数据来源：企业官网，CRIC.

2. 2016—2017 年企业财务指标

表 6－79

单位：%

财务指标	2017 年	2016 年
净负债率	35.85	58.14
三费费用率	14.19	18.10
总资产周转率	0.21	0.18
长短期债务比	3.14	3.77
现金短债比	2.83	2.49
净利润增长率	20.18	76.46
销售毛利率	19.25	20.78
销售净利率	6.37	7.67

数据来源：企业年报。

3. 2017 年重点新增土地储备

表 6－80

城　市	宗地名称	属　性	成交时间	建筑面积（万平方米）	成交总价（亿元）	楼板价（元/平方米）
杭　州	杭州富阳银湖 20 号地块	住　宅	2017－10	10.41	8.02	7705

续表

城 市	宗地名称	属 性	成交时间	建筑面积（万平方米）	成交总价（亿元）	楼板价（元/平方米）
杭 州	杭州富阳银湖21号地块	住 宅	2017－10	19.54	12.95	6627
杭 州	杭州闲林街道里项片区A－14地块	商 住	2017－11	14.14	15.05	10646
上 海	上海松江区永丰地块	住 宅	2017－11	3.84	6.02	15658
杭 州	杭州萧山朝阳地块	住 宅	2017－12	29.72	39.39	13255

数据来源：CRIC.

4. 2017年重点新开盘项目

表6－81

项目名称	城 市	项目名称	城 市
宁波杨柳郡	宁 波	绿城乌镇雅园	桐 乡
绿城春江明月	南 宁	绿城中交西山燕庐	北 京
绿城临海玫瑰园	台 州	翡翠城	杭 州

数据来源：CRIC.

（十七）旭辉集团股份有限公司

1. 2017年商品房销售业绩及同比增幅

表6－82

类 别	2017年	同比（%）
销售金额（亿元）	1040.00	96.23
销售面积（万平方米）	629.17	115.54
销售均价（元/平方米）	16530.00	－8.96

数据来源：企业官网，CRIC.
有息负债，营业总收入。

2. 2016—2017年企业财务指标

表6－83

单位：%

财务指标	2017年	2016年
净负债率	50.90	50.40
三费费用率	5.90	6.31
总资产周转率	0.26	0.29
长短期债务比	2.62	4.32
现金短债比	2.52	4.64
净利润增长率	94.30	28.07

续表

财务指标	2017 年	2016 年
销售毛利率	27.09	25.40
销售净利率	19.32	14.24

数据来源：企业年报。
注：对2016 年的数据有修正。

3. 2017 年重点新增土地储备

表 6－84

城　市	宗地名称	属　性	成交时间	建筑面积（万平方米）	成交总价（亿元）	楼板价（元/平方米）
重　庆	九龙坡区尹朝社项目	住　宅	2017－06	47.36	39.20	8277
重　庆	巴南区马桑溪 67 号项目	住　宅	2017－06	41.98	21.10	5027
武　汉	洪山区青菱村 K1－2－4 项目	商　住	2017－09	78.48	51.01	6500
武　汉	洪山区青菱村 K3 项目	住　宅	2017－09	65.88	46.12	7000
天　津	东丽区海上国际城项目	住　宅	2017－12	56.10	30.46	5429

数据来源：CRIC.

4. 2017 年重点新开盘项目

表 6－85

项目名称	城　市	项目名称	城　市
旭辉雍禾府	沈　阳	公元天下	合　肥
滨江旭辉东方悦府	杭　州	铂宸府	宁　波
都会 1907	合　肥	旭辉玫瑰苑	上　海

数据来源：CRIC.

（十八）招商局蛇口工业区控股股份有限公司

1. 2017 年商品房销售业绩及同比增幅

表 6－86

类　别	2017 年	同比（%）
销售金额（亿元）	1127.79	52.54
销售面积（万平方米）	570.01	20.98
销售均价（元/平方米）	19785.00	26.08

数据来源：企业官网，CRIC.

2. 2016—2017 年企业财务指标

表 6 –87

单位:%

财务指标	2017 年	2016 年
净负债率	58.41	19.00
三费费用率	4.75	5.76
总资产周转率	0.26	0.27
长短期债务比	2.27	3.50
现金短债比	1.49	3.40
净利润增长率	23.53	51.01
销售毛利率	37.66	34.54
销售净利率	19.89	19.11

数据来源：企业年报。
注：对 2016 年的数据有修正。

3. 2017 年重点新增土地储备

表 6 –88

城　市	宗地名称	属　性	成交时间	建筑面积（万平方米）	成交总价（亿元）	楼板价（元/平方米）
合　肥	滨湖 BH2016 –19 号地块	商　住	2017 –01	22.72	30.23	13304
南　京	秦淮区 NO. 2016G98	商　住	2017 –02	21.73	98.10	45151
杭　州	艮北新城商业核心区东地块	商　住	2017 –03	23.31	60.10	25787
广　州	增城区永宁街 A17013 号地块	住　宅	2017 –03	31.20	43.50	13944
北　京	东城区永外大街 0503 –602	商　住	2017 –08	7.36	38.40	52195
上　海	宝山工业区 109 –05 地块项目	住　宅	2017 –09	15.00	30.55	20364

数据来源：CRIC.

4. 2017 年重点新开盘项目

表 6 –89

项目名称	城　市	项目名称	城　市
招商禧园	南　宁	招商公园 1872	合　肥
中国玺	北　京	招商雍和府	杭　州
华润昆仑域	北　京	招商兰溪谷	南　京

数据来源：CRIC.

（十九）世茂房地产控股有限公司

1. 2017 年商品房销售业绩及同比增幅

表 6－90

类　别	2017 年	同比（%）
销售金额（亿元）	1007.70	47.93
销售面积（万平方米）	606.20	23.25
销售均价（元/平方米）	16623.00	20.02

数据来源：企业官网，CRIC.

2. 2016—2017 年企业财务指标

表 6－91

单位:%

财务指标	2017 年	2016 年
净负债率	56.33	50.68
三费费用率	7.36	8.89
总资产周转率	24.73	23.43
长短期债务比	3.81	2.77
现金短债比	1.81	1.25
净利润增长率	40.75	－7.95
销售毛利率	30.43	27.58
销售净利率	15.01	12.67

数据来源：企业年报。

3. 2017 年重点新增土地储备

表 6－92

城　市	宗地名称	属　性	成交时间	建筑面积（万平方米）	成交总价（亿元）	楼板价（元/平方米）
上　海	宝山区罗泾地块	住　宅	2017－01	10.06	23.61	23477
厦　门	翔安区 XP13 地块	住宅及商业配套	2017－02	3.43	9.95	29009
福　州	桂湖垄头苑地块二	住　宅	2017－04	8.89	5.57	6267
北　京	涞水地块一	住　宅	2017－08	10.44	0.81	776
北　京	涞水地块二	住　宅	2017－08	0.36	0.03	826

数据来源：CRIC.

4. 2017 年重点新开盘项目

表 6 – 93

项目名称	城　市	项目名称	城　市
广州亚运城	广　州	世茂·天樾	绍　兴
世茂璀璨新城	晋　江	世茂滨江	芜　湖
世茂海上世界	泉　州	世茂寰海城	大　连

数据来源：CRIC.

（二十）雅居乐地产控股有限公司

1. 2017 年商品房销售业绩及同比增幅

表 6 – 94

类　别	2017 年	同比（%）
销售金额（亿元）	897.10	70.00
销售面积（万平方米）	735.70	39.00
销售均价（元/平方米）	12194.00	22.40

数据来源：企业官网，CRIC.

2. 2016—2017 年企业财务指标

表 6 – 95

单位：%

财务指标	2017 年	2016 年
净负债率	49.11	71.40
三费费用率	10.03	10.08
总资产周转率	37.49	34.98
长短期债务比	243.00	127.00
现金短债比	174.00	90.00
净利润增长率	32.49	122.30
销售毛利率	26.49	40.10
销售净利率	6.53	13.10

数据来源：企业年报。

3. 2017 年重点新增土地储备

表 6 – 96

城　市	宗地名称	属　性	成交时间	建筑面积（万平方米）	成交总价（亿元）	楼板价（元/平方米）
中　山	中山三角镇地块	住　宅	2017 – 3	164.76	63.51	3855

续表

城　市	宗地名称	属　性	成交时间	建筑面积（万平方米）	成交总价（亿元）	楼板价（元/平方米）
中　山	中山深中地块	住　宅	2017－3	90.36	34.83	3855
海　口	海南海口金沙湾地块	住　宅	2017－3	117.41	45.26	3855
重　庆	重庆市巴南区	商　住	2017－7	36.70	11.40	3106
中　山	中山市东风镇穗成村地块	综　合	2017－9	149.00	37.00	2483

数据来源：CRIC.

4. 2017 年重点新开盘项目

表 6－97

项目名称	城　市	项目名称	城　市
雅居乐星河湾	常　州	雅居乐剑桥郡	中　山
雅居乐长乐渡	南　京	雅居乐·国际花园	杭　州
雅居乐花园	南　通	雅居乐花园	惠　州

数据来源：CRIC.

（二十一）正荣集团有限公司

1. 2017 年商品房销售业绩及同比增幅

表 6－98

类　别	2017 年	同比（%）
销售金额（亿元）	701.53	78.50
销售面积（万平方米）	379.54	102.3
销售均价（元/平方米）	18484.00	－11.75

数据来源：企业官网，CRIC.

2. 2016—2017 年企业财务指标

表 6－99

单位:%

财务指标	2017 年	2016 年
净负债率	166.84	205.96
三费费用率	9.29	9.73
总资产周转率	0.21	0.20
长短期债务比	0.91	2.59
现金短债比	0.94	1.79
净利润增长率	22.38	196.75

续表

财务指标	2017 年	2016 年
销售毛利率	21.09	21.70
销售净利率	7.61	8.51

数据来源：企业年报。

3. 2017 年重点新增土地储备

表 6－100

城　市	宗地名称	属　性	成交时间	建筑面积（万平方米）	成交总价（亿元）	楼板价（元/平方米）
苏　州	苏州太湖新城苏地 2016－WG－77 号 B 地块	住　宅	2017－02	7.78	23.98	10661
西　安	西安正荣府一期 A 地块	住　宅	2017－05	10.80	1.75	1620
平　潭	平潭正荣府二期（福州平潭顺意路 2017G007）	商　住	2017－06	19.57	10.66	5447
嘉　兴	嘉兴·宗地 2017 嘉秀洲－044	商　住	2017－09	18.39	8.78	4776
福　州	马尾正荣·悦江湾	住　宅	2017－11	14.44	3.93	2721

数据来源：CRIC.

4. 2017 年重点新开盘项目

表 6－101

项目名称	城　市	项目名称	城　市
正荣润峯	南　京	正荣御首府	上　海
正荣悦玲珑	苏　州	正荣国领	上　海
正荣府	福　州	梅溪正荣府	长　沙

数据来源：CRIC.

（二十二）北京首都开发股份有限公司

1. 2017 年商品房销售业绩及同比增幅

表 6－102

类　别	2017 年	同比（%）
销售金额（亿元）	691.90	9.56
销售面积（万平方米）	295.04	－0.64
销售均价（元/平方米）	23451.00	11.25

数据来源：企业官网，CRIC.

2. 2016—2017 年企业财务指标

表 6－103

单位:%

财务指标	2017 年	2016 年
净负债率	175. 37	132. 29
三费费用率	9. 64	10. 08
总资产周转率	0. 17	0. 19
长短期债务比	4. 08	2. 11
现金短债比	1. 03	1. 42
净利润增长率	40. 10	0. 97
销售毛利率	32. 72	33. 90
销售净利率	9. 90	8. 63

数据来源：企业年报。

3. 2017 年重点新增土地储备

表 6－104

城　市	宗地名称	属　性	成交时间	建筑面积（万平方米）	成交总价（亿元）	楼板价（元/平方米）
苏　州	苏地 2016－WG－82 号高新区科技城武夷山路北、漓江路东	商　住	2017－02	38. 87	68. 68	17666. 00
北　京	北京市大兴区旧宫镇 DX07－0201－0006、0007 地块	综　合	2017－04	14. 60	57. 40	39305. 00
厦　门	土地市场 2017 第 043 号同安区 2017TP05	商　住	2017－09	7. 30	21. 90	30000. 00
北　京	北京经济技术开发区河西区 X94R1 地块	综　合	2017－09	16. 57	62. 90	37956. 00
北　京	北京市昌平区北七家镇东三旗村 011 地块	综　合	2017－09	6. 79	23. 80	35020. 00

数据来源：CRIC.

4. 2017 年重点新开盘项目

表 6－105

项目名称	城　市	项目名称	城　市
首开国风尚樾	北　京	首开龙湖春江彼岸	厦　门
首城珑玺	北　京	首开太湖一号	苏　州
首开金茂府	杭　州	保利香槟国际	福　州

数据来源：CRIC.

（二十三）荣盛房地产发展股份有限公司

1. 2017 年商品房销售业绩及同比增幅

表 6－106

类　别	2017 年	同比（%）
销售金额（亿元）	679.30	32.61
销售面积（万平方米）	635.57	5.62
销售均价（元/平方米）	10688.00	20.35

数据来源：企业官网，CRIC.

2. 2016—2017 年企业财务指标

表 6－107

单位:%

财务指标	2017 年	2016 年
净负债率	123.75	125.21
三费费用率	7.22	5.91
总资产周转率	0.22	4.08
长短期债务比	1.75	2.12
现金短债比	1.08	1.18
净利润增长率	39.04	71.05
销售毛利率	29.50	31.05
销售净利率	15.70	14.28

数据来源：企业年报。
注：对 2016 年的数据有修正。

3. 2017 年重点新增土地储备

表 6－108

城　市	宗地名称	属　性	成交时间	建筑面积（万平方米）	成交总价（亿元）	楼板价（元/平方米）
沧　州	沧州高新区青海大道西侧、西安路北侧 GTP－2016－04	住　宅	2017－03	14.70	11.00	7482
天　津	津静（拍）2017－06 号	住　宅	2017－04	17.40	17.92	10296
重　庆	大渡口区大渡口组团 I 分区 I02－2、I02－6、I04－1、I05、I06 号宗地	商　办	2017－05	20.69	11.55	5581
南　京	2017 年宁网挂第 06 号六合区 NO. 2017G47	住　宅	2017－10	10.05	8.30	8258
徐　州	三环西路西侧、淮海西路西延北 2017－21 号	商　办	2017－11	10.91	1.96	1795

数据来源：CRIC.

4. 2017 年重点新开盘项目

表 6－109

项目名称	城　市	项目名称	城　市
荣盛城一期	沈　阳	荣盛御景澜湾	惠　州
荣盛华府	芜　湖	荣盛·岭秀首府	宜　兴
荣盛滨江华府	重　庆	荣盛首府	南　京

数据来源：CRIC.

（二十四）重庆金科实业（集团）有限公司

1. 2017 年商品房销售业绩及同比增幅

表 6－110

类　别	2017 年	同比（%）
销售金额（亿元）	630.00	97.49
销售面积（万平方米）	843.00	68.94
销售均价（元/平方米）	7473.00	16.90

数据来源：企业官网，CRIC.

2. 2016—2017 年企业财务指标

表 6－111

单位:%

财务指标	2017 年	2016 年
净负债率	218.22	117.80
三费费用率	10.91	7.86
总资产周转率	0.26	0.31
长短期债务比	2.77	5.51
现金短债比	1.04	2.60
净利润增长率	27.68	45.13
销售毛利率	21.32	20.74
销售净利率	6.58	5.55

数据来源：企业年报。

3. 2017 年重点新增土地储备

表 6－112

城　市	宗地名称	属　性	成交时间	建筑面积（万平方米）	成交总价（亿元）	楼板价（元/平方米）
佛　山	顺德项目	商　住	2017－10	14.45	15.89	11000.00

续表

城　市	宗地名称	属　性	成交时间	建筑面积（万平方米）	成交总价（亿元）	楼板价（元/平方米）
遂　宁	河东新区 E－10 地块	住　宅	2017－10	15.05	4.70	3125.00
南　充	清泉坝 A－2－1 地块	住　宅	2017－11	5.12	1.59	3100.00
成　都	双流区地块项目	住　宅	2017－12	6.00	4.56	7600.00
沈　阳	高铁街西地块	住　宅	2017－12	13.35	4.39	3287.00

数据来源：CRIC.

4. 2017 年重点新开盘项目

表 6－113

项目名称	城　市	项目名称	城　市
金科廊桥印象	张家港	金科城	重　庆
金科天元道	重　庆	金科城	南　通
金科天籁城	西　安	金科观天下	南　宁

数据来源：CRIC.

（二十五）融信（福建）投资集团有限公司

1. 2017 年商品房销售业绩及同比增幅

表 6－114

类　别	2017 年	同比（%）
销售金额（亿元）	520.35	130.88
销售面积（万平方米）	238.69	70.02
销售均价（元/平方米）	21046.00	19.91

数据来源：企业官网，CRIC.

2. 2016—2017 年企业财务指标

表 6－115

单位:%

财务指标	2017 年	2016 年
净负债率	159.09	100.94
三费费用率	4.85	7.26
总资产周转率	0.23	0.17
长短期债务比	2.18	4.10
现金短债比	0.94	2.08
净利润增长率	55.40	21.12

续表

财务指标	2017 年	2016 年
销售毛利率	16.56	20.24
销售净利率	8.72	14.97

数据来源：企业年报。

3. 2017 年重点新增土地储备

表 6－116

城　市	宗地名称	属　性	成交时间	建筑面积（万平方米）	成交总价（亿元）	楼板价（元/平方米）
杭　州	萧山市北项目	住　宅	2017－03	11.83	36.46	30816
南　京	南京 NO.2017G02	住宅、商业	2017－03	14.87	19.10	12842
广　州	荔城街庆丰村 83001220A16159 宅地	住　宅	2017－05	7.84	11.76	14999
福　州	马宗地 2017－06 号地块	住宅、商业	2017－09	15.90	11.67	7340
杭　州	余政储出（2017）43 号	住宅、商业	2017－12	20.94	33.51	16004

数据来源：CRIC.

4. 2017 年重点新开盘项目

表 6－117

项目名称	城　市	项目名称	城　市
融信双杭城	福　州	融信白宫	福　州
融信杭州公馆	杭　州	融信铂悦湾	厦　门
融信・萧山公馆	杭　州	昆山玉兰公馆	昆　山

数据来源：CRIC.

（二十六）保利置业集团有限公司

1. 2017 年商品房销售业绩及同比增幅

表 6－118

类　别	2017 年	同比（%）
销售金额（亿元）	402.00	15.19
销售面积（万平方米）	264.00	－5.34
销售均价（元/平方米）	15227.00	21.69

数据来源：企业官网，CRIC.

2. 2016—2017 年企业财务指标

表 6－119

单位：%

财务指标	2017 年	2016 年
净负债率	82.99	108.43
三费费用率	10.65	9.82
总资产周转率	25.28	24.30
长短期债务比	1.37	2.55
现金短债比	1.08	1.37
净利润增长率	1060.47	－107.98
销售毛利率	20.63	16.34
销售净利率	8.10	0.72

数据来源：企业年报。

3. 2017 年重点新增土地储备

表 6－120

城　市	宗地名称	属　性	成交时间	建筑面积（万平方米）	成交总价（亿元）	楼板价（元/平方米）
德　清	2016 拍字第 3 号 2010－088 地块	住　宅	2017－01	3.24	1.46	4514
济　南	2017 年第 3 号公告长清区 2017－G035	住　宅	2017－05	7.16	3.43	4795
苏　州	苏地 2017－WG－13 号	住　宅	2017－06	11.39	13.82	12134
济　南	2017 年第 6 号公告历城区 2017－G056	住　宅	2017－08	26.17	26.00	9937
佛　山	2017－0808 禅城区 TD2017（SZ）XG0001）	住　宅	2017－09	12.80	12.91	12171

数据来源：CRIC.

4. 2017 年重点新开盘项目

表 6－121

项目名称	城　市	项目名称	城　市
保利山水城	惠　州	保利中心华府	济　南
保利阳光城	惠　州	保利天琴宇	上　海
保利独墅西岸	苏　州	保利星海屿	上　海

数据来源：CRIC.

（二十七）上海中梁地产集团有限公司

1. 2017 年商品房销售业绩及同比增幅

表 6－122

类 别	2017 年	同比（%）
销售金额（亿元）	757.9	124.97
销售面积（万平方米）	623.0	198.80
销售均价（元/平方米）	12162.00	－24.71

数据来源：企业官网，CRIC.

2. 2017 年重点新增土地储备

表 6－123

城 市	宗地名称	属 性	成交时间	建筑面积（万平方米）	成交总价（亿元）	楼板价（元/平方米）
宣 城	2016－26 号地块	住 宅	2017－01	26.23	4.21	1605
温 州	苍南县县城中心区 41－3 地块	住 宅	2017－04	6.76	7.70	11395
宁 波	象山丹阳路与巨鹰路交叉地块	住 宅	2017－04	11.31	7.40	6541
常 州	金坛区华阳路西、金桂路南侧地块	住 宅	2017－05	22.18	11.47	5172
千岛湖	淳安县千岛湖核心区一线临湖地块	住 宅	2017－06	20.00	7.00	3500

数据来源：CRIC.

3. 2017 年重点新开盘项目

表 6－124

项目名称	城 市	项目名称	城 市
香缇锦园	海 宁	中梁首府	九 江
中梁·吴越首府	嘉 兴	百悦城	丽 水
中梁首府	金 华	中梁融信壹号院	衢 州

数据来源：CRIC.

（二十八）四川蓝光和骏实业股份有限公司

1. 2017 年商品房销售业绩及同比增幅

表 6－125

类 别	2017 年	同比（%）
销售金额（亿元）	581.52	92.97
销售面积（万平方米）	609.27	116.36
销售均价（元/平方米）	9545.00	－10.81

数据来源：企业官网，CRIC.

2. 2016—2017 年企业财务指标

表 6 –126

单位:%

财务指标	2017 年	2016 年
净负债率	91. 53	122. 18
三费费用率	10. 71	9. 49
总资产周转率	0. 29	0. 33
长短期债务比	2. 83	2. 18
现金短债比	1. 62	1. 11
净利润增长率	40. 55	–6. 74
销售毛利率	25. 04	24. 97
销售净利率	5. 09	4. 17

数据来源：企业年报。

3. 2017 年重点新增土地储备

表 6 –127

城　市	宗地名称	属　性	成交时间	建筑面积（万平方米）	成交总价（亿元）	楼板价（元/平方米）
合　肥	新站区 XZQTD212 地块	住　宅	2017 –02	12. 64	10. 12	8010
成　都	成都市双流县九江镇通江社区	住　宅	2017 –06	99. 58	34. 05	3419
昆　明	呈贡区 KCC2017 –8 号地块	商　住	2017 –11	50. 30	15. 18	3017
南　充	清泉坝 A –1 –2、A –1 –3 号地块	商　住	2017 –11	15. 09	5. 41	3582
杭　州	余杭临平新城西区块 L –42 地块	住　宅	2017 –11	13. 08	4. 92	3761

数据来源：CRIC.

4. 2017 年重点新开盘项目

表 6 –128

项目名称	城　市	项目名称	城　市
蓝光林肯公园	重　庆	蓝光长岛国际	成　都
蓝光帕提欧	重　庆	蓝光公园华府	成　都
蓝光雍锦里	无　锡	蓝光星华海悦城	北　京

数据来源：CRIC.

（二十九）中铁房地产集团有限公司

1. 2017 年商品房销售业绩及同比增幅

表 6－129

类　别	2017 年	同比（%）
销售金额（亿元）	684. 12	43. 48
销售面积（万平方米）	517. 31	23. 13
销售均价（元/平方米）	13224. 00	4. 54

数据来源：企业官网，CRIC.

2. 2017 年重点新增土地储备

表 6－130

城　市	宗地名称	属　性	成交时间	建筑面积（万平方米）	成交总价（亿元）	楼板价（元/平方米）
西　安	灞桥区纺南路 BQ1－21－7 地块	住　宅	2017－02	33. 21	9. 10	2740
天　津	万柳村大街地块	住　宅	2017－11	11. 36	32. 40	28521
南　京	雨花台区赛虹桥街道南西营村地块	住　宅	2017－12	23. 30	9. 67	24088
宁　波	江北区湾头地区地块	商　住	2017－12	14. 5	13. 70	9430
南　宁	顺德区北滘镇三乐路南侧、纵一路东侧地块	住　宅	2017－12	22. 95	18. 80	8190

数据来源：CRIC.

3. 2017 年重点新开盘项目

表 6－131

项目名称	城　市	项目名称	城　市
中铁春风十里	大　连	中铁青秀城	南　京
中国铁建国际城三期	天　津	中国铁建国际公馆	佛　山
中国铁建万国城	重　庆		

数据来源：CRIC.

（三十）融侨集团股份有限公司

1. 2017 年商品房销售业绩及同比增幅

表 6－132

类　别	2017 年	同比（%）
销售金额（亿元）	562. 10	55. 06
销售面积（万平方米）	366. 10	25. 25
销售均价（元/平方米）	15353. 00	23. 79

数据来源：企业官网，CRIC.

2. 2017 年重点新增土地储备

表 6－133

城　市	宗地名称	属　性	成交时间	建筑面积（万平方米）	成交总价（亿元）	楼板价（元/平方米）
郑　州	郑政出〔2016〕162 号（网）二七区南桂路南、地泰路西地块	住　宅	2017－01	12.75	5.11	4008
郑　州	郑政出〔2016〕167 号（网）二七区鼎盛大道北、地泰路西地块	商　办	2017－01	8.68	1.70	1961
郑　州	郑政出〔2016〕164 号（网）二七区鼎盛大道南、地泰路东地块	住　宅	2017－01	5.64	2.23	3958
郑　州	经济开发区郑政经开出（2017）023 号地块	综　合	2017－09	9.93	9.84	9914
天　津	津西青（挂）2017－06 号天津西青区张家窝镇枫雅道沿线	综　合	2017－09	13.25	21.21	16008

数据来源：CRIC.

3. 2017 年重点新开盘项目

表 6－134

项目名称	城　市	项目名称	城　市
融侨华府	淮　安	融侨悦城	福　州
江南水都	福　州	融侨观邸	南　京
融侨方圆	福　州	融侨·悦府	无　锡

数据来源：CRIC.

（三十一）广东龙光（集团）有限公司

1. 2017 年商品房销售业绩及同比增幅

表 6－135

类　别	2017 年	同比（%）
销售金额（亿元）	434.21	51.21
销售面积（万平方米）	242.60	5.57
销售均价（元/平方米）	17898.00	43.23

数据来源：企业官网，CRIC.

2. 2016—2017 年企业财务指标

表 6－136

单位：%

财务指标	2017 年	2016 年
净负债率	67.86	71.41
三费费用率	8.48	8.00
总资产周转率	0.28	0.29
长短期债务比	1.62	5.48
现金短债比	1.44	2.89
净利润增长率	34.78	93.46
销售毛利率	34.37	31.94
销售净利率	25.31	25.32

数据来源：企业年报。

3. 2017 年重点新增土地储备

表 6－137

城市	宗地名称	属性	成交时间	建筑面积（万平方米）	成交总价（亿元）	楼板价（元/平方米）
汕头	东海岸新城新津片区 E 组团 WG2016－16	住宅	2017－1－3	24.46	19.14	7824
柳州	柳东新区商务中心区地块	商住	2017－2－17	41.24	11.03	2674
南宁	临龙华路 GC2017－034 地块	综合	2017－8－9	46.87	13.94	2975
佛山	南海区 TD2017（NH）WG0007	商住	2017－8－22	17.73	11.97	6748
佛山	顺德区 TD2017（SD）XG0028	商住	2017－12－29	20.54	14.80	7205

数据来源：CRIC.

4. 2017 年重点新开盘项目

表 6－138

项目名称	城市	项目名称	城市
龙光水悦熙园	佛山	龙光玖龙府	珠海
御海天禧	汕头	龙光玖珑湖	南宁
龙光玖钻	深圳	龙光·水悦龙湾	佛山

数据来源：CRIC.

（三十二）九龙仓集团有限公司

1. 2017 年商品房销售业绩及同比增幅

表 6 – 139

类　别	2017 年	同比（%）
销售金额（亿元）	253. 38	– 19. 36
销售面积（万平方米）	105. 58	– 12. 21
销售均价（元/平方米）	24000. 00	7. 00

数据来源：企业官网，CRIC.

2. 2016—2017 年企业财务指标

表 6 – 140

单位:%

财务指标	2017 年	2016 年
净负债率	– 6. 33	7. 33
三费费用率	7. 68	9. 38
总资产周转率	12. 98	10. 50
长短期债务比	2. 59	3. 01
现金短债比	4. 51	2. 43
净利润增长率	4. 33	28. 91
销售毛利率	49. 82	46. 07
销售净利率	52. 23	46. 46

数据来源：企业年报。

3. 2017 年重点新增土地储备

表 6 – 141

城　市	宗地名称	属　性	成交时间	建筑面积（万平方米）	成交总价（亿元）	楼板价（元/平方米）
苏　州	苏地 2017 – WG – 24 号吴中区	住　宅	2017 – 08	3. 03	8. 17	26901
苏　州	苏地 2017 – WG – 25 号相城区	商　住	2017 – 08	10. 76	17. 14	15932
苏　州	苏地 2017 – WG – 27 号相城区阳澄湖镇	商　住	2017 – 09	20. 67	22. 89	11070

数据来源：CRIC.

4. 2017 年重点新开盘项目

表 6 – 142

项目名称	城　市	项目名称	城　市
中国玺	北　京	九龙仓 · 碧堤半岛	苏　州
绿城九龙仓桂语江南	杭　州	泊璟廷	宁　波
紫御江山	重　庆	招商曦岸	佛　山

数据来源：CRIC.

（三十三）远洋地产控股有限公司

1. 2017 年商品房销售业绩及同比增幅

表 6－143

类　别	2017 年	同比（%）
销售金额（亿元）	706. 00	40. 00
销售面积（万平方米）	261. 80	13. 00
销售均价（元/平方米）	19014. 00	9. 00

数据来源：企业官网，CRIC.

2. 2016—2017 年企业财务指标

表 6－144

单位:%

财务指标	2017 年	2016 年
净负债率	62. 00	44. 00
三费费用率	7. 00	7. 00
总资产周转率	0. 27	0. 23
长短期债务比	5. 10	6. 07
现金短债比	2. 48	3. 61
净利润增长率	40. 78	97. 51
销售毛利率	25. 00	22. 00
销售净利率	14. 00	13. 00

数据来源：企业年报。
注：对 2016 年的数据有修正

3. 2017 年重点新增土地储备

表 6－145

城　市	宗地名称	属　性	成交时间	建筑面积（万平方米）	成交总价（亿元）	楼板价（元/平方米）
合　肥	合国土资公告〔2016〕41 号滨湖区 BH2016－14 地块	住　宅	2017－01	24. 50	18. 05	7366
太　仓	WG2017－1－2 港区光华路南、和平路西 c－01	住　宅	2017－03	8. 50	3. 29	3877
北　京	京土整储挂（兴）〔2017〕047 号北京市大兴区瀛海镇 YZ00－0803－0512	住　宅	2017－07	13. 36	47. 90	35849
北　京	北京经济技术开发区路东区 G2 街区 G2R1、G2F1、G2F2、G2F3、G2A1 地块	住　宅	2017－08	18. 20	71. 65	39372
重　庆	渝国土房管告字〔2017〕33 号南岸区茶园组团 J 分区 J1－2－1/03 号宗地	住　宅	2017－09	13. 51	6. 70	4958

数据来源：CRIC.

4. 2017 年重点新开盘项目

表 6－146

项目名称	城　市	项目名称	城　市
远洋大河宸章	沈　阳	远洋荣城	大　连
远洋天著春秋	北　京	远洋红熙郡	天　津
远洋九公子	重　庆	远洋城	重　庆

数据来源：CRIC.

（三十四）时代地产控股有限公司

1. 2017 年商品房销售业绩及同比增幅

表 6－147

类　别	2017 年	同比（%）
销售金额（亿元）	416.30	41.94
销售面积（万平方米）	282.20	14.11
销售均价（元/平方米）	14752.00	24.38

数据来源：企业官网，CRIC.

2. 2016—2017 年企业财务指标

表 6－148

单位：%

财务指标	2017 年	2016 年
净负债率	57.60	54.70
三费费用率	7.60	8.85
总资产周转率	0.27	0.28
长短期债务比	4.52	9.63
现金短债比	2.85	6.07
净利润增长率	68.53	27.81
销售毛利率	27.91	26.23
销售净利率	14.46	12.23

数据来源：企业年报。

3. 2017 年重点新增土地储备

表 6－149

城　市	宗地名称	属　性	成交时间	建筑面积（万平方米）	成交总价（亿元）	楼板价（元/平方米）
佛　山	南海区 TD2016（NH）WG0028	商　住	2017－1－16	35.37	31.38	8872

续表

城　市	宗地名称	属　性	成交时间	建筑面积（万平方米）	成交总价（亿元）	楼板价（元/平方米）
佛　山	三水区 TD2017（SS）WG0001	商　住	2017－2－23	26.98	17.80	6598
广　州	海珠区 AH051028	住　宅	2017－3－29	8.08	20.37	25197
杭　州	杭政储出〔2017〕52 号	住　宅	2017－9－4	6.21	19.77	31851
广　州	南沙区 NJY－10 地块	住　宅	2017－10－30	24.59	18.93	7699

数据来源：CRIC.

4. 2017 年重点新开盘项目

表 6－150

项目名称	城　市	项目名称	城　市
时代倾城	东　莞	时代水岸	佛　山
时代水岸花园	东　莞	时代柏林	广　州
时代名著	佛　山	翡丽花园	中　山

数据来源：CRIC.

（三十五）福建金辉集团有限公司

1. 2017 年商品房销售业绩及同比增幅

表 6－151

类　别	2017 年	同比（%）
销售金额（亿元）	445.10	44.89
销售面积（万平方米）	370.10	24.65
销售均价（元/平方米）	12026.00	16.23

数据来源：企业官网，CRIC.

2. 2017 年重点新增土地储备

表 6－152

城　市	宗地名称	属　性	成交时间	建筑面积（万平方米）	成交总价（亿元）	楼板价（元/平方米）
沈　阳	沈土拍〔2016〕41 号浑南 HN－16003GN－MZ－02－08 地块	商　住	2017－01	19.10	6.72	3520
西　安	西土出告字〔2017〕91 号城西区 YT1－7－354 地块	商　住	2017－07	16.47	0.98	594
杭　州	余政储出〔2017〕14 号	商　住	2017－09	14.19	24.45	17226
杭　州	余政储出〔2017〕18 号	住　宅	2017－09	13.13	19.30	14700
武　汉	武告字（2017 年）14 号黄陂区横店街环后湖北路以北、临空东街以东 3 地块	住　宅	2017－12	18.20	9.46	5198

数据来源：CRIC.

3. 2017 年重点新开盘项目

表 6 – 153

项目名称	城 市	项目名称	城 市
金辉·公园里	西 安	金辉优步湖畔	天 津
金辉世界城	西 安	金辉优步学府	沈 阳
天鹅湾	淮 安	金辉优步水岸	苏 州

数据来源：CRIC.

（三十六）厦门禹洲集团股份有限公司

1. 2017 年商品房销售业绩及同比增幅

表 6 – 154

类 别	2017 年	同比（%）
销售金额（亿元）	403.06	73.69
销售面积（万平方米）	238.09	30.19
销售均价（元/平方米）	16929.00	33.41

数据来源：企业官网，CRIC.

2. 2016—2017 年企业财务指标

表 6 – 155

单位:%

财务指标	2017 年	2016 年
净负债率	57.73	71.70
三费费用率	7.83	8.33
总资产周转率	0.29	0.22
长短期债务比	0.65	4.36
现金短债比	1.05	3.62
净利润增长率	49.73	25.19
销售毛利率	35.40	36.27
销售净利率	14.41	15.28

数据来源：企业年报。

3. 2017 年重点新增土地储备

表 6 – 156

城 市	宗地名称	属 性	成交时间	建筑面积（万平方米）	成交总价（亿元）	楼板价（元/平方米）
天 津	津南（挂）2016 – 07 号	住 宅	2017 – 03	5.45	7.58	13902

续表

城 市	宗地名称	属 性	成交时间	建筑面积（万平方米）	成交总价（亿元）	楼板价（元/平方米）
天 津	津南（挂）2016－08 号	住 宅	2017－04	9.52	13.25	13916
厦 门	同安 2017TP03 号	商 住	2017－05	4.28	13.49	31519
杭 州	萧山区蜀山单元 F－01 地块	住 宅	2017－05	14.98	30.04	20058
惠 州	五经山水大观项目	商 住	2017－07	19.12	7.02	3670

数据来源：CRIC.

4. 2017 年重点新开盘项目

表 6－157

项目名称	城 市	项目名称	城 市
禹洲天玺	合 肥	龙湖春江郦城	厦 门
弘阳禹洲时光印象	南 京	禹洲雍贤府	上 海
禹洲御湖郡	天 津	禹洲金辉里	福 州

数据来源：CRIC.

（三十七）宝龙地产控股有限公司

1. 2017 年商品房销售业绩及同比增幅

表 6－158

类 别	2017 年	同比（%）
销售金额（亿元）	208.82	18.40
销售面积（万平方米）	156.20	6.40
销售均价（元/平方米）	13369.00	11.28

数据来源：企业官网，CRIC.

2. 2016—2017 年企业财务指标

表 6－159

单位：%

财务指标	2017 年	2016 年
净负债率	86.64	76.63
三费费用率	12.62	13.41
总资产周转率	0.18	0.20
长短期债务比	2.64	2.98
现金短债比	1.02	1.35
净利润增长率	40.69	17.73

续表

财务指标	2017 年	2016 年
销售毛利率	33.51	33.42
销售净利率	24.80	17.24

数据来源：企业年报。

3. 2017 年重点新增土地储备

表 6－160

城　市	宗地名称	属　性	成交时间	建筑面积（万平方米）	成交总价（亿元）	楼板价（元/平方米）
宁　波	天水家园以北地段庄桥河东侧 2 号地块	住　宅	2017－01	10.32	10.45	10122
宁　波	天水家园以北地段庄桥河东侧 3 号地块	住　宅	2017－01	15.56	18.46	11863
杭　州	临安白湖畈项目	商　住	2017－06	24.84	12.70	5115
杭　州	临政储出〔2017〕19 号地块	商　住	2017－06	24.84	12.70	5115
舟　山	舟山新城 LKC－4－11 地块项目	商　业	2017－11	22.36	22.25	9950

数据来源：CRIC.

4. 2017 年重点新开盘项目

表 6－161

项目名称	城　市	项目名称	城　市
宝龙城市广场	晋　江	宝龙世家	宁　波
三江观邸	宁　波	宝龙世家	上　海
大江东宝龙广场	杭　州	宝龙大沽河艺术村	青　岛

数据来源：CRIC.

（三十八）建业地产股份有限公司

1. 2017 年商品房销售业绩及同比增幅

表 6－162

类　别	2017 年	同比（%）
销售金额（亿元）	304.15	50.97
销售面积（万平方米）	458.42	65.83
销售均价（元/平方米）	6635.00	－8.96

数据来源：企业官网，CRIC.

2. 2016—2017 年企业财务指标

表 6 - 163

单位:%

财务指标	2017 年	2016 年
净负债率	25.67	45.37
三费费用率	15.80	17.78
总资产周转率	0.26	0.23
长短期债务比	2.52	8.18
现金短债比	3.03	7.15
净利润增长率	122.53	-49.74
销售毛利率	23.64	24.15
销售净利率	6.48	4.26

数据来源：企业年报。

3. 2017 年重点新增土地储备

表 6 - 164

城　市	宗地名称	属　性	成交时间	建筑面积（万平方米）	成交总价（亿元）	楼板价（元/平方米）
郑　州	巩义南官庄项目	商　住	2017 - 01	22.94	2.19	955
郑　州	电影小镇项目	商　住	2017 - 08	105.78	15.56	1471
郑　州	登封项目	商　住	2017 - 09	28.50	3.40	1193
三门峡	三门峡苍龙地块项目	商　住	2017 - 09	50.17	3.70	737
濮　阳	濮阳高铁项目	商　住	2017 - 09	34.86	2.80	803

数据来源：CRIC.

4. 2017 年重点新开盘项目

表 6 - 165

项目名称	城　市	项目名称	城　市
建业运河上院	郑　州		
泰宏建业国际城	郑　州		
五龙新城	郑　州		

数据来源：CRIC.

（三十九）合景泰富地产控股有限公司

1. 2017 年商品房销售业绩及同比增幅

表 6－166

类 别	2017 年	同比（%）
销售金额（亿元）	380. 35	33. 15
销售面积（万平方米）	226. 14	—
销售均价（元/平方米）	16819. 00	—

数据来源：企业官网，CRIC.

2. 2016—2017 年企业财务指标

表 6－167

单位:%

财务指标	2017 年	2016 年
净负债率	67. 90	66. 84
三费费用率	14. 72	16. 38
总资产周转率	0. 09	0. 09
长短期债务比	14. 95	8. 04
现金短债比	10. 82	5. 66
净利润增长率	4. 14	1. 42
销售毛利率	34. 83	34. 63
销售净利率	31. 23	39. 05

数据来源：企业年报。

3. 2017 年重点新增土地储备

表 6－168

城 市	宗地名称	属 性	成交时间	建筑面积（万平方米）	成交总价（亿元）	楼板价（元/平方米）
苏 州	WJ－J—2017－003	住 宅	2017－2－16	7. 89	7. 14	9047
合 肥	庐江县 2017－14#地块	住 宅	2017－4－28	16. 53	7. 56	4575
台 州	〔2017〕1 号柏叶中路北侧	住 宅	2017－6－8	10. 12	6. 09	6017
重 庆	渝北区两路组团 F 分区	综 合	2017－9－28	39. 13	17. 60	4498
太 仓	WG2017－18－4	住 宅	2017－10－18	10. 03	7. 48	7452

数据来源：CRIC.

4. 2017 年重点新开盘项目

表 6－169

项目名称	城　市	项目名称	城　市
云　上	成　都	拾　鲤	苏　州
璞丽东方	杭　州	保利合景珑湾	徐　州
云溪四季	广　州	香悦四季	南　宁

数据来源：CRIC.

（四十）中国奥园地产集团股份有限公司

1. 2017 年商品房销售业绩及同比增幅

表 6－170

类　别	2017 年	同比（%）
销售金额（亿元）	455.90	78.09
销售面积（万平方米）	448.75	50.59
销售均价（元/平方米）	10159.00	18.26

数据来源：企业官网，CRIC.

2. 2016—2017 年企业财务指标

表 6－171

单位:%

财务指标	2017 年	2016 年
净负债率	50.98	50.74
三费费用率	10.43	10.48
总资产周转率	0.20	0.21
长短期债务比	0.97	3.08
现金短债比	1.30	2.43
净利润增长率	93.91	10.92
销售毛利率	26.74	27.71
销售净利率	10.21	8.51

数据来源：企业年报。

3. 2017 年重点新增土地储备

表 6－172

城　市	宗地名称	属　性	成交时间	建筑面积（万平方米）	成交总价（亿元）	楼板价（元/平方米）
荆　州	荆州沙北新区商住项目	商　住	2017－04	35.40	13.10	3701

续表

城　市	宗地名称	属　性	成交时间	建筑面积（万平方米）	成交总价（亿元）	楼板价（元/平方米）
嘉　兴	2017 嘉秀洲 -015 号地块	商　住	2017 -05	7.10	4.41	6211
石　狮	2012S -07 号地块	住　宅	2017 -06	15.39	3.05	1982
惠　州	鸿泰昌实业有限公司项目地块	住　宅	2017 -07	35.62	7.84	2201

数据来源：CRIC.

4. 2017 年重点新开盘项目

表 6 -173

项目名称	城　市	项目名称	城　市
奥园越时代	重　庆	奥园永和府	南　宁
奥园盘龙壹号	重　庆	奥园城市天地	重　庆
奥园翡翠东湾	深　圳	奥园翡翠东湾	深　圳

数据来源：CRIC.

（四十一）卓越置业集团有限公司

1. 2017 年商品房销售业绩及同比增幅

表 6 -174

类　别	2017 年	同比（%）
销售金额（亿元）	367.10	12.92
销售面积（万平方米）	137.10	-8.11
销售均价（元/平方米）	26776.00	22.88

数据来源：企业官网，CRIC.

2. 2017 年重点新增土地储备

表 6 -175

城　市	宗地名称	属　性	成交时间	建筑面积（万平方米）	成交总价（亿元）	楼板价（元/平方米）
南　京	溧水区 NO.2017G08	商　住	2017 -06	16.91	11.89	7032
南　通	通州区 R2017 -025 地块	住　宅	2017 -10	19.78	6.40	3233
南　京	青龙地铁小镇 G79 地块	住　在	2017 -12	8.06	13.40	16622
南　通	崇川区 CR17034 地块	商　住	2017 -12	16.41	12.98	7910

数据来源：CRIC.

3. 2017 年重点新开盘项目

表 6－176

项目名称	城　市	项目名称	城　市
卓越弥敦道	深　圳	卓越皇后道	青　岛
卓越星源	深　圳	卓越蔚蓝群岛	青　岛
卓越浅水湾	长　沙	卓越蔚蓝山	东　莞

数据来源：CRIC.

（四十二）中骏置业控股有限公司

1. 2017 年商品房销售业绩及同比增幅

表 6－177

类　别	2017 年	同比（%）
销售金额（亿元）	332.47	41.33
销售面积（万平方米）	191.00	15.07
销售均价（元/平方米）	17407.00	22.83

数据来源：企业官网，CRIC.

2. 2016—2017 年企业财务指标

表 6－178

单位:%

财务指标	2017 年	2016 年
净负债率	71.75	80.15
三费费用率	11.71	9.58
总资产周转率	0.28	0.27
长短期债务比	1.70	4.33
现金短债比	1.21	2.51
净利润增长率	41.31	55.59
销售毛利率	34.06	25.04
销售净利率	21.41	19.55

数据来源：企业年报。

3. 2017 年重点新增土地储备

表 6－179

城　市	宗地名称	属　性	成交时间	建筑面积（万平方米）	成交总价（亿元）	楼板价（元/平方米）
杭　州	柏景湾	商　住	2017－06	11.69	9.10	7785

续表

城市	宗地名称	属性	成交时间	建筑面积（万平方米）	成交总价（亿元）	楼板价（元/平方米）
上海	上海项目	商业	2017-07	2.06	3.29	16000
济南	尚都	商业	2017-08	5.88	1.28	2178
杭州	杭州项目	商业	2017-08	1.98	0.84	4251
漳州	四季风华	商住	2017-11	3.77	1.16	3066

数据来源：CRIC.

4. 2017 年重点新开盘项目

表 6-180

项目名称	城市	项目名称	城市
中骏西山天璟	北京	中骏柏景湾	上海
中骏柏景湾	天津	中骏蓝湾香郡	南昌
中骏雍景府	天津	中骏尚城	南昌

数据来源：CRIC.

（四十三）江西新力置地投资有限公司

1. 2017 年商品房销售业绩及同比增幅

表 6-181

类别	2017 年	同比（%）
销售金额（亿元）	428.10	165.41
销售面积（万平方米）	317.80	92.96
销售均价（元/平方米）	13471.00	37.55

数据来源：企业官网，CRIC.

2. 2017 年重点新增土地储备

表 6-182

城市	宗地名称	属性	成交时间	建筑面积（万平方米）	成交总价（亿元）	楼板价（元/平方米）
南昌	红谷滩新区九龙湖片区 JLH604-A02-01 地块	住宅	2017-02	14.99	12.16	8110
赣州	经开区华裕路东侧，紫荆路北侧 DBA2017008 地块	住宅	2017-04	26.95	8.94	3316
赣州	经开区华裕路东侧，紫荆路南侧 DBA2017018 地块	住宅	2017-05	15.11	5.12	3390
南昌	红谷滩新区九龙湖起步区 DAEJ2017030 地块	住宅	2017-12	24.71	19.22	7780

数据来源：CRIC.

3. 2017 年重点新开盘项目

表 6 – 183

项目名称	城　市	项目名称	城　市
新力龍湾	南　昌	新力公园壹号	南　昌
新力合园	南　昌	新力帝泊湾	武　汉
新力铂园	南　昌	新力城	惠　州

数据来源：CRIC.

（四十四）首创置业股份有限公司

1. 2017 年商品房销售业绩及同比增幅

表 6 – 184

类　别	2017 年	同比（%）
销售金额（亿元）	558.50	40.03
销售面积（万平方米）	240.00	–18.77
销售均价（元/平方米）	23274.00	15.80

数据来源：企业官网，CRIC.

2. 2016—2017 年企业财务指标

表 6 – 185

单位:%

财务指标	2017 年	2016 年
净负债率	122.48	132.26
三费费用率	6.30	5.61
总资产周转率	0.21	0.18
长短期债务比	1.35	2.22
现金短债比	0.82	1.06
净利润增长率	–2.35	–3.63
销售毛利率	26.75	17.10
销售净利率	13.14	14.10

数据来源：企业年报。

3. 2017 年重点新增土地储备

表 6 – 186

城　市	宗地名称	属　性	成交时间	建筑面积（万平方米）	成交总价（亿元）	楼板价（元/平方米）
北　京	北京平谷金海湖畅春园项目	住　宅	2017 – 01	31.60	17.28	11286

续表

城　市	宗地名称	属　性	成交时间	建筑面积（万平方米）	成交总价（亿元）	楼板价（元/平方米）
天　津	天津北运河一期项目	商　住	2017－03	41.59	20.75	4760
深　圳	深圳龙华项目	住　宅	2017－06	6.75	18.45	42321
昆　明	昆明奥特莱斯项目	商　办	2017－06	13.30	1.60	1580
天　津	天津红桥项目	综　合	2017－07	10.60	24.45	30563

数据来源：CRIC.

4. 2017 年重点新开盘项目

表 6－187

项目名称	城　市	项目名称	城　市
首创悦山郡	天　津	首创奥特莱斯	南　昌
首创禧瑞墅	北　京	首创·天阅西山	北　京
阳光首院	烟　台	首创大都滙	天　津

数据来源：CRIC.

（四十五）云南俊发房地产有限责任公司

1. 2017 年商品房销售业绩及同比增幅

表 6－188

类　别	2017 年	同比（%）
销售金额（亿元）	381.30	100.6
销售面积（万平方米）	374.40	42.5
销售均价（元/平方米）	10184.00	40.8

数据来源：企业官网，CRIC.

2. 2017 年重点新增土地储备

表 6－189

城　市	宗地名称	属　性	成交时间	建筑面积（万平方米）	成交总价（亿元）	楼板价（元/平方米）
昆　明	玉龙湾（64 亩）项目	住　宅	2017－02	5.58	0.66	1183
昆　明	观云海项目	综　合	2017－05	209.72	67.79	3232
贵　阳	三江口武装部项目	住　宅	2017－09	311.45	78.18	2510
成　都	新繁世玺项目	住　宅	2017－11	27.77	3.80	1368
上　海	徐泾老集镇项目	综　合	2017－11	38.29	53.25	13907

数据来源：CRIC.

3. 2017 年重点新开盘项目

表 6 - 190

项目名称	城　市	项目名称	城　市
俊发城	昆　明	金尚俊园二期	昆　明
滇池俊府	昆　明	河畔俊园	昆　明
海东俊园	昆　明	俊发城	贵　阳

数据来源：CRIC.

（四十六）中国金茂控股集团有限公司

1. 2017 年商品房销售业绩及同比增幅

表 6 - 191

类　别	2017 年	同比（%）
销售金额（亿元）	693.00	42.84
销售面积（万平方米）	239.57	62.65
销售均价（元/平方米）	28926.00	-12.18

数据来源：企业官网，CRIC.

2. 2016—2017 年企业财务指标

表 6 - 192

单位:%

财务指标	2017 年	2016 年
净负债率	73.28	49.42
三费费用率	15.49	11.34
总资产周转率	0.16	0.18
长短期债务比	1.56	2.70
现金短债比	0.81	1.57
净利润增长率	12.61	11.52
销售毛利率	32.31	37.37
销售净利率	16.57	16.75

数据来源：企业年报。
注：对 2016 年的数据有修正。

3. 2017 年重点新增土地储备

表 6 - 193

城　市	宗地名称	属　性	成交时间	建筑面积（万平方米）	成交总价（亿元）	楼板价（元/平方米）
南　京	建邺区河西南部鱼嘴地区的 G97 地块	商　住	2017 - 02	117.62	73.40	8535

续表

城　市	宗地名称	属　性	成交时间	建筑面积（万平方米）	成交总价（亿元）	楼板价（元/平方米）
苏　州	苏地 2016 – WG – 81 号地块	住　宅	2017 – 02	26. 83	34. 22	16832
苏　州	苏地 2016 – WG – 82 号地块	商　住	2017 – 02	50. 18	68. 70	17670
成　都	武侯四号宗地	住　宅	2017 – 04	38. 26	46. 62	12185
佛　山	2017 – 0602（禅城区 TD2017（CC）XG0006）	商　住	2017 – 07	31. 75	31. 13	9804

数据来源：CRIC.

4. 2017 年重点新开盘项目

表 6 – 194

项目名称	城　市	项目名称	城　市
金茂珑悦	重　庆	东城金茂悦	南　京
亦庄金茂悦	北　京	金茂悦	重　庆
滨江金茂府	杭　州	姚江金茂府	宁　波

数据来源：CRIC.

（四十七）复地（集团）股份有限公司

1. 2017 年商品房销售业绩及同比增幅

表 6 – 195

类　别	2017 年	同比（%）
销售金额（亿元）	379. 10	– 0. 55
销售面积（万平方米）	291. 30	4. 37
销售均价（元/平方米）	13014. 00	– 4. 71

数据来源：企业官网，CRIC.

2. 2017 年重点新增土地储备

表 6 – 196

城　市	宗地名称	属　性	成交时间	建筑面积（万平方米）	成交总价（亿元）	楼板价（元/平方米）
武　汉	（2016）21 东至宝庆街，南至沿河大道，西至上河街，北至汉水街地块	商　住	2017 – 1 – 24	44. 86	50. 00	11145
武　汉	（2016）21 东至上河街，南至沿河大道，西至多福家电市场，北至汉正街地块	商　住	2017 – 1 – 24	49. 64	80. 10	16138

数据来源：CRIC.

3. 2017 年重点新开盘项目

表 6－197

项目名称	城　市	项目名称	城　市
复地御上海	慈　溪	复地花屿城	重　庆
复地中心	北　京	复地上城	重　庆
大华·锦绣华城	南　京	山与城	重　庆

数据来源：CRIC.

（四十八）南京朗诗置业股份有限公司

1. 2017 年商品房销售业绩及同比增幅

表 6－198

类　别	2017 年	同比（%）
销售金额（亿元）	320.53	13.07
销售面积（万平方米）	162.94	－1.04
销售均价（元/平方米）	19672.00	14.25

数据来源：企业官网，CRIC.

2. 2016—2017 年企业财务指标

表 6－199

单位:%

财务指标	2017 年	2016 年
净负债率	48.83	101.76
三费费用率	12.54	11.83
总资产周转率	0.32	0.30
长短期债务比	1.50	3.80
现金短债比	1.67	2.35
净利润增长率	18.79	26.50
销售毛利率	24.52	15.66
销售净利率	11.60	12.52

数据来源：企业年报。

3. 2017 年重点新增土地储备

表 6－200

城　市	宗地名称	属　性	成交时间	建筑面积（万平方米）	成交总价（亿元）	楼板价（元/平方米）
宁　波	江北庄桥谢家村滨江 1#－1	商　业	2017－1－3	7.38	2.70	3659

续表

城　市	宗地名称	属　性	成交时间	建筑面积（万平方米）	成交总价（亿元）	楼板价（元/平方米）
成　都	PX2 - 8 - 34	商　住	2017 - 2 - 10	6.01	1.86	3094
上　海	杨浦区黄兴路 18 号办公楼	商　业	2017 - 2 - 27	1.14	3.12	27303

4. 2017 年重点新开盘项目

表 6 - 201

项目名称	城　市	项目名称	城　市
青春街区	南　京	朗诗熙华府	成　都
朗诗熙华府	杭　州	太湖绿郡	苏　州
乐　府	杭　州	普陀长风	上　海

数据来源：CRIC.

（四十九）当代置业（中国）有限公司

1. 2017 年商品房销售业绩及同比增幅

表 6 - 202

类　别	2017 年	同比（%）
销售金额（亿元）	221.86	33.87
销售面积（万平方米）	179.02	24.67
销售均价（元/平方米）	12393.00	7.38

数据来源：企业提供。

2. 2016—2017 年企业财务指标

表 6 - 203

单位：%

财务指标	2017 年	2016 年
净负债率	83.00	69.00
三费费用率	10.47	9.62
总资产周转率	23.00	37.67
长短期债务比	0.86	0.71
现金短债比	1.82	2.75
净利润增长率	30.00	18.33
销售毛利率	20.82	19.08
销售净利率	11.00	8.40

数据来源：企业年报。

3. 2017 年重点新增土地储备

表 6 - 204

城　市	宗地名称	属　性	成交时间	建筑面积（万平方米）	成交总价（亿元）	楼板价（元/平方米）
张家口	张家口满庭春项目	住　宅	2017 - 03	36.00	4.75	1937.00
太　原	太原沿湖城	住　宅	2017 - 04	24.34	5.41	3305.00
武　汉	武汉阳逻当代满庭春	住　宅	2017 - 03	30.81	2.95	1114.00
泉　州	当代晋江万国城	住　宅	2017 - 05	51.44	18.00	3475.00
广　州	广州东莞庄项目	住　宅	2017 - 09	28.46	41.63	14636.00

数据来源：企业提供。

4. 2017 年重点新开盘项目

表 6 - 205

项目名称	城　市	项目名称	城　市
当代通州万国府 MOMA	北　京	当代苏州蘇洲府 MOMA	苏　州
当代苏州万国墅 MOMA	苏　州	当代太原沿湖城 MOMA	太　原
当代汉口万国府	武　汉	当代汉阳万国城	武　汉

数据来源：企业提供。

（五十）中铁置业集团有限公司

1. 2017 年商品房销售业绩及同比增幅

表 6 - 206

类　别	2017 年	同比（%）
销售金额（亿元）	360.42	23.47
销售面积（万平方米）	339.00	11.88
销售均价（元/平方米）	10631.00	10.36

数据来源：企业提供。

2. 2017 年重点新增土地储备

表 6 - 207

城　市	宗地名称	属　性	成交时间	建筑面积（万平方米）	成交总价（亿元）	楼板价（元/平方米）
南　通	2017 年 40 号公告开发区 R17026 地块	住　宅	2017 - 11	9.32	4.00	4300
遵　义	遵市南区遵市南区〔2017〕03 号	商　办	2017 - 12	0.15	0.02	1474

数据来源：CRIC.

3. 2017 年重点新开盘项目

表 6 – 208

项目名称	城　市	项目名称	城　市
中铁城	长　春	中铁香湖	沈　阳
中铁青岛世界博览城	青　岛	中铁北城时代	上　海
中铁逸都	杭　州	中铁世纪金桥	武　汉

数据来源：CRIC.

（五十一）中粮地产（集团）股份有限公司

1. 2017 年商品房销售业绩及同比增幅

表 6 – 209

类　别	2017 年	同比（%）
销售金额（亿元）	261.59	31.04
销售面积（万平方米）	85.38	–8.35
销售均价（元/平方米）	30638.00	42.98

数据来源：企业官网，CRIC.

2. 2016—2017 年企业财务指标

表 6 – 210

单位:%

财务指标	2017 年	2016 年
净负债率	138.52	93.53
三费费用率	13.85	8.89
总资产周转率	20.50	30.47
长短期债务比	1.14	2.28
现金短债比	0.83	1.85
净利润增长率	30.10	43.56
销售毛利率	36.33	34.26
销售净利率	12.35	7.40

数据来源：企业年报。

3. 2017 年重点新增土地储备

表 6 – 211

城　市	宗地名称	属　性	成交时间	建筑面积（万平方米）	成交总价（亿元）	楼板价（元/平方米）
杭　州	余政储出〔2016〕49 号地块	商　住	2017 – 01	6.80	11.41	16778

续表

城　市	宗地名称	属　性	成交时间	建筑面积（万平方米）	成交总价（亿元）	楼板价（元/平方米）
北　京	京土整储挂（朝）〔2017〕029 号	住　宅	2017－05	8.93	45.75	51251
北　京	（京土整储挂（丰）〔2017〕036 号	综　合	2017－05	16.40	41.50	25310
成　都	武侯区 WH11（251/21）：2017－036 地块	商　住	2017－09	20.96	26.40	12600
沈　阳	大东区 A02－01 号望花城中村－6 地块	商　住	2017－12	11.04	6.19	5600

数据来源：CRIC.

4. 2017 年重点新开盘项目

表 6－212

项目名称	城　市	项目名称	城　市
中粮祥云	深　圳	中粮鸿云	南　京
中粮云景国际	深　圳	中粮本源	苏　州
中粮京西祥云	北　京	中粮天悦壹号	上　海

数据来源：CRIC.

（五十二）杭州滨江房产集团股份有限公司

1. 2017 年商品房销售业绩及同比增幅

表 6－213

类　别	2017 年	同比（%）
销售金额（亿元）	615.00	67.67
销售面积（万平方米）	195.10	41.79
销售均价（元/平方米）	31522.00	18.25

数据来源：企业官网，CRIC.

2. 2016—2017 年企业财务指标

表 6－214

单位：%

财务指标	2017 年	2016 年
净负债率	－3.87	－11.22
三费费用率	4.38	2.94
总资产周转率	25.09	42.39
长短期债务比	5.40	5.42
现金短债比	6.85	7.98
净利润增长率	17.20	31.06

续表

财务指标	2017 年	2016 年
销售毛利率	30.40	25.05
销售净利率	16.77	10.13

数据来源：企业年报。
注：现金大于有息负债，净负债率表现为负值。

3. 2017 年重点新增土地储备

表 6 –215

城　市	宗地名称	属　性	成交时间	建筑面积（万平方米）	成交总价（亿元）	楼板价（元/平方米）
杭　州	萧政储出 2017 –7 地块	住　宅	2017 –06	7.90	14.22	18000
杭　州	萧政储出 2017 –12 地块	住　宅	2017 –08	8.59	21.46	24991
杭　州	萧政储出 2017 –13 地块	住　宅	2017 –08	6.48	10.80	16656
杭　州	萧政储出 2017 –17 地块	住　宅	2017 –09	5.99	14.97	24991
杭　州	杭政储出 2017 –59 地块	住　宅	2017 –09	13.48	59.93	44460

数据来源：CRIC.

4. 2017 年重点新开盘项目

表 6 –216

项目名称	城　市	项目名称	城　市
滨江东方海岸	淳　安	滨江西溪之星	杭　州
滨江 · 西溪明珠	杭　州	滨江华家池	杭　州
滨江铂金海岸	杭　州	滨江西溪之星	杭　州

数据来源：CRIC.

（五十三）越秀地产股份有限公司

1. 2017 年商品房销售业绩及同比增幅

表 6 –217

类　别	2017 年	同比（%）
销售金额（亿元）	408.70	35.10
销售面积（万平方米）	222.00	–4.72
销售均价（元/平方米）	18410.00	41.79

数据来源：企业官网，CRIC.

2. 2016—2017 年企业财务指标

表 6 –218

单位:%

财务指标	2017 年	2016 年
净负债率	72. 76	53. 14
三费费用率	12. 17	11. 50
总资产周转率	0. 18	0. 18
长短期债务比	4. 64	4. 94
现金短债比	2. 46	3. 25
净利润增长率	35. 02	49. 57
销售毛利率	25. 67	20. 79
销售净利率	9. 80	8. 27

数据来源:企业年报。
注:对 2016 年的数据有修正。

3. 2017 年重点新增土地储备

表 6 –219

城　市	宗地名称	属　性	成交时间	建筑面积（万平方米）	成交总价（亿元）	楼板价（元/平方米）
广　州	广州南沙灵山岛尖地块	住　宅	2017 –07	17. 58	8. 26	4700
武　汉	蔡甸地块二	住　宅	2017 –10	17. 19	2. 63	1530
佛　山	南海区 TD2017（NH）XG0006	商　住	2017 –10	54. 81	62. 68	11436

数据来源:CRIC.

4. 2017 年重点新开盘项目

表 6 –220

项目名称	城　市	项目名称	城　市
越秀星汇品峰	中　山	越秀星汇城	杭　州
越秀国际金融汇	武　汉	越秀亲爱里	杭　州
南海星汇云锦	佛　山	越秀滨海新城	广　州

数据来源:CRIC.

（五十四）金融街控股公司

1. 2017 年商品房销售业绩及同比增幅

表 6－221

类 别	2017 年	同比（%）
销售金额（亿元）	235.70	－14.66
销售面积（万平方米）	105.32	－25.86
销售均价（元/平方米）	22379.00	15.13

数据来源：企业官网，CRIC.

2. 2016—2017 年企业财务指标

表 6－222

单位：%

财务指标	2017 年	2016 年
净负债率	151.00	120.00
三费费用率	8.91	11.91
总资产周转率	0.21	0.18
长短期债务比	8.59	2.03
现金短债比	1.78	3.55
净利润增长率	45.70	24.00
销售毛利率	29.40	30.00
销售净利率	16.10	14.20

数据来源：企业年报。

3. 2017 年重点新增土地储备

表 6－223

城 市	宗地名称	属 性	成交时间	建筑面积（万平方米）	成交总价（亿元）	楼板价（元/平方米）
北 京	京土整储〔2017〕048 号	综 合	2017－06	5.70	22.90	40159
重 庆	渝国土房管告字〔2017〕29 号	商 业	2017－07	19.50	22.40	11500
重 庆	渝国土房管告字〔2017〕26 号	商 办	2017－07	2.62	1.70	6510
天 津	津武 2016－066 号	商 住	2017－08	28.90	34.90	12086
苏 州	苏地 2017－WG－38 号	商 住	2017－10	47.08	36.90	7839

数据来源：CRIC.

4. 2017 年重点新开盘项目

表 6－224

项目名称	城　市	项目名称	城　市
金融街金悦府	重　庆	金融街融御	广　州
金融街听湖小镇	天　津	金融街海世界	惠　州
未来公元	北　京		

数据来源：CRIC.

（五十五）北京城建投资发展股份有限公司

1. 2017 年商品房销售业绩及同比增幅

表 6－225

类　别	2017 年	同比（%）
销售金额（亿元）	148.10	－5.00
销售面积（万平方米）	131.30	－5.00
销售均价（元/平方米）	11279.00	0.00

数据来源：企业官网，CRIC.

2. 2016—2017 年企业财务指标

表 6－226

单位：%

财务指标	2017 年	2016 年
净负债率	3.00	66.00
三费费用率	7.00	7.00
总资产周转率	17.00	16.00
长短期债务比	85.00	128.00
现金短债比	33.00	36.00
净利润增长率	1.00	1.00
销售毛利率	31.00	26.00
销售净利率	12.00	10.00

数据来源：企业年报。

3. 2017 年重点新增土地储备

表 6－227

城　市	宗地名称	属　性	成交时间	建筑面积（万平方米）	成交总价（亿元）	楼板价（元/平方米）
北　京	北京市平谷区山东庄镇西沥津村 PG08－0401－0004 地块	综　合	2017－03	12.90	6.73	5215

续表

城　市	宗地名称	属　性	成交时间	建筑面积（万平方米）	成交总价（亿元）	楼板价（元/平方米）
三　亚	凤凰镇 SY2017 - 02 号地块	住　宅	2017 - 05	7.35	2.15	2929
天　津	津武（挂）2016 - 037 号	住　宅	2017 - 07	3.79	3.64	9605
青　岛	株洲路西侧，规划路北侧	住　宅	2017 - 12	3.23	0.63	1956

数据来源：CRIC。

4. 2017 年重点新开盘项目

表 6 - 228

项目名称	城　市	项目名称	城　市
龙樾湾	重　庆	北京城建·北京合院	北　京
城建万科城	北　京	北京城建龙樾湾	成　都
北京城建熙城	重　庆	北京城建·国誉府	北　京

数据来源：CRIC.

Ⅶ.发展篇

导　读

本篇包含全国住房保障、房地产评估、建筑科技、特色小镇、物业管理、房地产金融、境外投资等细分市场的2017年发展现状、存在问题及未来展望等内容，反映出这些分类地产或行业分支在房地产整体产业中的地位日益上升。

一、住房保障

住房保障工作取得的历史性成就，使近8000万名住房困难群众喜圆安居梦，1900多万名困难群众住上公租房，6000多万名棚户区居民“出棚进楼”。2017年，是2015—2017年棚改三年计划收官之年，是2018—2020年棚改三年攻坚计划谋篇之年，也是扎实推进公租房分配和管理工作的攻坚之年，住房保障领域各项工作任务十分艰巨但都取得了积极成效。

（一）全面完成2017年棚户区改造目标任务

按照国务院确定的2015—2017年改造包括城市危房、城中村在内的各类棚户区住房1800万套的既定计划，2017年棚改计划开工600万套。

1月16日，经国务院批准，住房城乡建设部会同发展改革委、财政部等7部门召开全国棚改工作电视电话会议，对抓好棚改项目实施、抓紧与国开行和农发行对接棚改贷款、切实控制好棚改成本、因地制宜实施棚改货币化安置工作，确保实现“早安排、早开工、早见效”目标等作出全面部署。

各有关部门、各地区采取积极措施，真抓实干、攻坚克难，尽全力推进棚改。发展改革委、财政部及时下达2243亿元中央补助资金；在人民银行的大力支持下，开发银行、农业发展银行规范实施以政府购买服务方式发放棚改贷款；国土资源部对棚改用地做到了应保尽保。

安徽省委、省政府将棚改工作列入省民生工程，纳入对市县党委政府的目标考核，省政府与各市政府签订目标责任书，明确目标任务和完成时限。陕西省住房城乡建设厅建立项目库，对项目推进各环节实行责任到人，并“留痕”管理，确保工程进度。山西、河南、吉林等省份对市县棚改进展情况按月通报，并抄报省及抄送各市四大班子。湖南省住房城乡建设厅每季度组织全覆盖式督查，督促全省14个市州全面加快棚改进度，对发现问题及时要求市县进行整改。贵州省提前一年启动全省棚改项目库建设工作，建立了全省棚改项目储备库，由省政府督查室牵头，组成联合督查组，开展专项督查工作。

各地在推进棚改中，对于计划开工的安置房项目，尽可能安排在方便群众生产、生活的地段，积极优化安置房规划布局和户型设计；对于棚改续建项目，各省（区、市）都把加快建设进度纳入对市县的目标责任考核，督促市县采取有力措施，建设好市政基础设施，完善好公共服务设施。

在各方面的共同努力下，到10月底，24个省（区、市）和新疆生产建设兵团已完成年度目标任务；到11月底，全国棚改已开工609万套，顺利完成确定的目标任务

（二）积极防范化解棚改中潜在的金融风险

在棚户区改造中，开发性、政策性金融支持规模较大，防范化解潜在金融风险的任务较重。2017年各有关部门对在棚改中防控金融风险，高度重视，积极作为，取得明显成效。截至2017年年底，开发银行、农业发展银行均未出现不良棚改贷款。

全国棚改工作电视电话会议强调，把棚改与去库存、去杠杆结合起来，统筹加快推进。4月、5月，住房城乡建设部会同国家开发银行召开南、北片区开行棚改贷款对接工作推进会议要求，树立精打细算理念，依法依规控制棚改成本，做好市域范围内棚改资金平衡工作。11月1日，住房城乡建设部会同开发银行、农业发展银行印发《关于进一步加强棚户区改造项目和资金管理的通知》，明确了在棚改中防控金融风险的具体措施。

各地区采取积极措施，落实防范化解棚改中潜在金融风险的部署要求。安徽省督促各市、县在棚改中坚持“两篇文章”一起做，在做好征收拆迁和居民安置工作的同时，依法依规控制征迁、建设成本，做好资金平衡。芜湖市通过预设安置房面积进行土地招拍挂，通过积极引导社会资金，在商业开发项目配建、代建棚改安置住

房等方式，做到项目自平衡；铜陵市、淮南市通过对不同区位、不同土地价值的项目，统一规划、捆绑改造，实现项目间以丰补欠、综合平衡；合肥市、安庆市根据年度还款需要，科学制订年度土地出让计划，确保按照合同约定，及时偿还贷款，实现年度资金平衡。

贵州省安顺市印发《购买棚改服务统贷统还资金管理办法》，按照“谁使用，谁偿还”的原则，明确各县区为还款责任主体，将年度还款计划纳入同级财政预算，确保“借得到、用得出、管得了、还得上”。

（三）因地制宜审慎实施棚改货币化安置

2017 年《政府工作报告》强调，“因地制宜、多种方式提高货币化安置比例”。2017 年，适应房地产市场分化加剧的实际，按照房地产市场调控的总体部署，棚改货币化安置工作思路作了重大调整：商品住房库存不足、房价上涨压力较大的市县，及时调整棚改安置政策，更多采取新建棚改安置房的方式，防止棚改助推房价上涨；商品住房库存量大、消化周期然较长的三、四线城市和县城，则继续努力提高棚改货币化安置比例。

全国棚户区改造工作电视电话会议强调，商品住房库存量大、市场房源充足的三、四线城市和县城要基本实现货币化安置；商品住房库存量小、市场房源不足的市县，棚改货币化安置工作可以根据当地实际情况安排。4 月、5 月，住房城乡建设部会同国家开发银行召开南、北片区开行棚改贷款对接工作推进会议则要求，商品住宅消化周期在 15 个月以下的市县，要叫停鼓励政策，控制棚改货币化安置比例，更多采取新建安置房的方式；商品住宅消化周期只有几个月的市县，要完善绿色审批通道，加快棚改安置住房用地审批。11 月 1 日，住房城乡建设部会同开发银行、农业发展银行印发的《关于进一步加强棚户区改造项目和资金管理的通知》要求商品住房库存不足、房价上涨压力较大的市县，要及时调整棚改安置政策，更多采取新建棚改安置房的方式。

黑龙江省、吉林省、内蒙古自治区、四川省认真落实棚改货币化安置新的政策要求，部署商品住房库存量较大市、县，建立货币化安置房源库，组织棚改居民采取团购方式购买安置住房，努力提高棚改货币化安置比例。黑龙江“四煤城”、吉林农安、内蒙古自治区巴彦淖尔市、四川省眉山市等城市，棚改货币化安置成为商品住房去库存的重要渠道。

（四）部署启动 2018—2020 年三年棚改攻坚计划

2017 年 5 月 24 日，国务院常务会议决定实施 2018—2020 年三年棚改攻坚计划，再改造各类棚户区住房 1500 万套，兑现改造约 1 亿人居住的城镇棚户区和城中村的承诺。

为指导各地做好新一轮棚改工作，住房城乡建设部会同发展改革委、财政部等部门，在广泛调查研究的基础上，于 2017 年 8 月联合印发《关于申报 2018 年棚户区改造计划任务的通知》（建办保函〔2017〕551 号），要求各地既尽力而为、又量力而行，合理确定 2018 年棚改计划任务：努力实现市域范围内棚改资金总体平衡，不能不计成本，形成大量债务；保护历史老街和古建筑，处理好城市改造开发与历史文化遗产保护的关系；重点改造国有工矿、林区、垦区棚户区和城市危房等，改造成本过高的项目不得列入棚改计划；提前做好项目落实、资金筹措等前期工作，努力做到配套基础设施建设与棚改安置住房同步规划、同步报批、同步建设、同步交付使用。

按照要求，各省（区、市）自下而上、逐级明确了 2018 年棚改计划数，全国合计 580 万套。

（五）加强公租房分配工作

2010 年以来，各地区、各有关部门认真贯彻落实党中央、国务院决策部署，加快发展公租房，有效改善了 1000 多万户城镇中等偏下收入住房困难家庭、新就业无房职工和在城镇稳定就业的外来务工人员的居住条件，城镇低保、低收入家庭基本实现了应保尽保。但同时，随着公租房建成量的增加，加快已开工公租房的竣工交付和分配，成为提升群众对公租房保障获得感的关键环节。2017 年，中央财政安排 100 亿元补助资金，专项用于支持政府投资公租房及其配套设施建设，以加快公租房交付使用，并于年底前完成配套设施建设，并达到交付使用条件。各地确定一定数量的公租房，面向环卫、公交等行业住房困难职工配租，进一步降低准入门槛，加强对新市民的公租房保障。

北京、成都、厦门、青岛、西安等城市，在新分配的公租房房源中确定一定比例，定向向一线工作的环卫工人、公交司机分配，受到社会各界的普遍好评。一些原来对新市民特别是外来务工人员申请公租房设定的门槛过高、限制较多的城市，也陆续降低了准入门槛、放宽了准入条件。北京市将当年新分配公租房的 30% 供应给新市民，四川省将当年新分配公租房的 30% 供应给农民工。杭州市已分配公租房 4 万多套，超过 60% 租赁给新市民，南京市已分配公租房 7 万多套，超过 30% 租赁给新市民。

各地区还采取了其他一些措施，加快公租房分配。江苏将公租房分配入住工作纳入省委省政府“民生幸福工程”，重点考核；吉林将公租房分配纳入省政府对市县政府绩效考核，要求市县制订分配方案、明确分配时限；贵州把公租房分配列入省政府督查范围；陕西、浙江、安徽、甘肃按月向地市人民政府通报进展，陕西省每月还在《陕西日报》上通报公租房分配工作考核排名。广西、山东完善了公租房项目台账，建立了重点项目推进库和配套基础设施建设项目库，逐项目督导进度。湖南、陕西、云南、福建、浙江等省份除了用好中央补助资金，还通过融资租赁、发行中期票据和企业债券等方式，多渠道筹集配套资金，加快公租房及配套基础设施建设取得较好效果。

（六）着力完善公租房后续管理体制机制

习近平总书记提出，要综合运用政策措施，吸引企业和其他机构参与公共租赁住房建设和运营。在完善公租房后续管理体制机制方面，不少地方也进行了有益探索，通过社区创建、信息化管理、优化服务、倡导居民自治等管理与服务模式，提高公租房服务与管理水平，努力把公租房小区打造成配套齐全、功能完善、环境优美、管理有序的城市新社区、幸福新家园。

杭州市针对保障房小区特殊困难群体比较集中的特点，建立了以住保房管部门、社区、物业公司协同管理为核心，集合相关政府公共服务部门，并引入社会团体、公益组织等社会力量参与管理的新机制。广州市在公租房的后续管理工作中，实施扣分管理、创新社区服务，多措并举，促进管理水平不断提高。济南市将“人房共管”作为工作思路，通过建立租赁管理、社区管理、治安管理、物业服务、爱心服务、自我服务“六位一体”的保障房小区综合管理模式，将政府基本公共服务、社会公益服务、商业便民利民服务和居民互助服务向保障房社区延伸，让保障居民深刻感受到来自政府和社会的帮助和关怀，使其生活的体面、有尊严。成都市从解决诉求、化解矛盾、提高品质入手，树立“以人为本、人房结合、规范管理、创新服务”理念，健全基层社区、社会组织、公共服务“三进”工作机制，强化资源的整合，管理服务的延伸，制度机制的创新，逐步形成了均衡化、人性化、自治化、科技化的后期管理新模式。厦门前几年就出台了地方规章，把公租房准入审核、退出管理等纳入法制化轨道，积极推行“互联网 + 政务服务”，拓宽公租房申请渠道，简化申请和分配流程，让困难群众更方便、更快捷、更有效率地享受到公租房保障。

（七）加快构建实物保障与货币补贴相结合的公租房制度

习近平总书记提出，对暂时买不起房的居民特别是非户籍人口，要支持他们先租房子住，对其中难以承受市场化房租、符合条件的困难家庭，政府给予货币化的租金补助，把公租房扩大到非户籍人口，实现公租房货币化。2017 年，各地区、各有关部门加快推进公租房货币化，构建公租房实物保障与货币补贴并举的制度。特别是商品住房库存较多、市场房源充裕的热点城市，核心城区缺少建设用地，公租房实物供给量小，不少都在积极发展通过货币补贴方式实施公租房保障。

不少城市建立健全公租房租赁补贴政策，引导保障对象到市场租房，政府给予补贴，取得了一定成效。南京市对符合条件的城市中低收入住房困难家庭、新就业高校毕业生和外来务工人员通过发放租赁补贴的方式支持其在市场上租赁住房，实现了公租房货币化保障类型的全覆盖；对低保、低收入和中等偏下收入住房困难家庭分别按市场平均租金的90%、80%和50%进行补贴；城市中低收入住房困难家庭和外来务工人员的货币补贴资金，由市、区两级财政分别承担60%和40%，高校毕业生货币补贴资金也由市、区共同承担。烟台市积极鼓励保障家庭根据自身工作、生活等需求，自行在市场租赁具备使用功能的适当住房，在出具房屋所有权证、房屋租赁合同及租赁发票等必要手续后，实行先租后补、租补分离。大连市对不同收入水平的困难群体和有房户、无房户按区域实行差别补贴政策，同时，实行房屋租赁部门对租赁行为进行备案、街道对租赁家庭进行登记备案和住房保障中心对补贴前置手续进行备案的三级备案管理机制，严密租补程序。

此外，住房城乡建设部、国土资源部联合发文，强调“超大、特大城市和其他住房供求矛盾突出的热点城市，要增加公租房供应，扩大公租房保障范围”。北京、上海、沈阳等公租房供需矛盾突出的城市，结合发展住房租赁市场、在集体土地上建设租赁住房等工作，加大了实物公租房供给力度。

2017 年年底，全国有约 1650 万名低收入、1370 万名中等偏下收入住房困难群众享受公租房保障。其中，370 多万名新就业无房职工、750 多万名稳定就业外来务工人员（其中，500 多万名农民工）享受公租房保障；公租房保障对象采取自主到市场上租房、政府发放租赁补贴的，全国共 242 万户、600 多万人。

（八）探索发展共有产权住房

共有产权住房是由政府主导，给予一定政策支持，面向符合规定条件的群体供应，实行承购人与政府按份共有所有权的住房。从各国的经验看，在房价较高城市发展共有产权住房，可以降低居民购房门槛，减轻政府住房保障压力，有利于促进解决城镇居民住房问题，可以作为解决新市民和中低收入家庭住房问题的一个重要渠道。

近年来，北京、上海、江苏淮安、湖北黄石、山东烟台等城市，立足促进全体人民住有所居，积极探索发展共有产权住房。比如，上海市截至 2016 年年底已供应共有产权保障住房 8.9 万套，并明确了下一步发展目标，着力改善城镇中低收入住房困难家庭居住条件，可以上市交易。北京市明确了 2017—2022 年供应 25 万套共有产权住房的目标，着力满足城镇户籍无房家庭及符合条件新市民的基本住房需求，实行封闭管理。

9 月 14 日，住房城乡建设部发文支持北京市、上海市深化共有产权住房试点，以制度创新为核心，结合本地实际，在共有产权住房建设模式、产权划分、使用管理、产权转让等方面进行大胆探索。9 月 20 日和 22 日，北京市先后发布《共有产权住房管理暂行办法》和《共有产权住房规划设计宜居建设导则（试行）》，引发舆论对共有产权住房的广泛关注和讨论。

总体看，社会各界对探索发展共有产权住房评价积极。媒体普遍认为，发展共有产权住房确实体现了“房子是用来住的，不少用来炒的”的定位，是加快推进住房保障和供应体系建设、完善购租并举的住房制度的重要内容，对满足群众基本住房需求有促进作用。专家也认为，共有产权住房降低了购房门槛，让积蓄不多的“夹心层”看到了买房希望；共有产权是一种机制，最大程度削弱了为炒房而投机性购房冲动，又从产权意义上保护了购房人群的资产升值权。

（王国田　亚太建设科技信息研究院）

二、房地产评估

（一）行业发展现状

1998 年住房分配货币化改革以来，房地产作为商品在投资领域和消费领域发挥着越来越重要的作用。作为市场上的商品，价格机制是房地产能够在流通环节实现交易的重要保证。因此，房地产的价格评估，对于市场机制的实现至关重要。实际的经济活动中，房地产抵押、征收、税收、司法拍卖、损害赔偿、转让等活动都需要有专业的，具有公信力的，能够承担相应的法律责任的估价机构或者专业人员来进行评估。由于房地产交易涉及政府、金融、保险等多种行业，因此评估结果不仅关系到相关单位、公共的利益和人民财产安全，还关系到金融安全和社会的稳定。

目前，我国房地产评估业务按照内容来划分，主要包括房地产抵押/转让评估、司法鉴定、征收评估、咨询顾问、土地使用权转让评估等。截至 2017 年年底，全国共有房地产估价机构约 5500 家，其中：一级机构约 550 家、二级机构约 1700 家、三级（含暂定）机构约 3000 家。注册执业人数约为 5.4 万人。

抽样调研结果显示：2017 年估价机构营业收入为 2000 万～5000 万元（含）占比为 8%；1500 万～2000 万元（含）占比为 21%；1000 万～1500 万元（含）占比为 33%；500 万～1000 万元（含）占比为 21%。其中房地产估价业务收入占比为 60% 以上的机构占比高达 76%。

在业务内容方面，营业收入占比前三项的业务分别为房地产转让/抵押评估、征收/拆迁补偿评估和司法仲裁/鉴证评估。95.8%、87.5% 和 41.7% 的被调研单位机构分别选择了这三项业务为主要业务。

我国房地产评估机构当前核心竞争力主要体现在企业品牌建设、数据和信息化创新、评估技术提升、客户资源开拓、人才引进和培训、管理水平上台阶等六大方面。计划从事未来创新尝试的内容中，拓展业务、产品研发、内部管理都是重点。

（二）行业重大事件

1. 财政部监督管理办法和评估准则出台

2017 年 4 月 21 日财政部制订并公布首个相关评估行业监督管理办法——《资产评估行业财政监督管理办法》，6 月 1 日起施行。8 月 23 日财政部制订了《资产评估基本准则》，10 月 1 日起施行。随后，中国资产评估协会发布了相关资产评估执业准则和职业道德准则修订稿，修订后的执业准则和职业道德准则 10 月 1 日起施行。在《资产评估法》施行一周年之际，评估行业中资产评估专业门类率先完成了监督管理办法和评估准则等系列配套规则制订和修订工作。

2. 银监会发布商业银行押品管理指引

2017 年 4 月 26 日，银监会发布了《商业银行押品管理指引》，引导商业银行加强押品相关制度建设，明确岗位责任，完善信息系统，规范押品管理业务流程；同时指引对押品分类、估值、集中度管理、压力测试、抵质押率设定等提出明确要求。该指引将对估价机构特别是房地产估价机构的押品估值服务产生深远影响。对房地产估价机构提供服务提出了更高的要求。

3. 行业召开“估价无处不在”年会

2017 年 11 月 2—3 日中国房地产估价师与经纪人学会主办以“估价无处不在”为主题的年会，创下了近年参会人数记录。会议要求估价机构改变固守成规的旧观念，不断发掘新市场，开拓新业务。目前面临的大数据智能时代挑战、经济活力不足导致传统业务市场萎缩的挑战和《资产评估法》实施带来的责任和风险加大的严峻挑战叠加情况下，估价行业面临巨大生存威胁和挑战，发展日趋乏力，创新服务，开拓新业务在评估行业成为共识，全国各地机构在转型期渴望获得行业未来发展新的认知、新机遇。

4. 个人住房税基评估能力正在具备

财政部长肖捷12月20日在人民日报撰文，提及未来开征的房产税时指出，按照“立法先行、充分授权、分步推进”的原则，推进房地产税立法和实施。对工商业房地产和个人住房按照评估值征收房地产税，适当降低建设、交易环节税费负担，逐步建立完善的现代房地产税制度。评估行业经过最近几年在行业信息化、房地产批量评估领域的建设，已经具备了承担个人住房税基评估的技术能力，具备承担数据建设及维护的能力。

5. 市场监督管理能力进一步加强

国土资源部发布开展土地估价机构备案工作的通知、证监会对从事上市公司业务的评估机构监管处罚力度加大、法院网络司法拍卖工作全国推行、多家评估机构和评估专业人员被刑事处罚、深圳证券交易所要求物业资产证券化需由一级资质房地产估价机构出具评估报告等大事件均对房地产评估行业产生了一定影响。

（三）行业面临的外部竞争

1. 跨界机构强势介入

近年来，跨界机构强势介入评估行业，对评估行业的传统业务形成挑战。这些跨界机构，或是在自身规模上具备优势，或是在数据积累上具有基础，对评估行业传统围绕“价格”的服务造成较大冲击。表现在：①利用数据积累和服务系统，大量挤占房地产转让/抵押业务和课税业务的市场空间；②利用资本优势，采用低价竞争策略，大量抢占传统评估机构的业务。

于此同时，互联网金融服务的创新发展，咨询机构、房地产互联网站的咨询结果等已均可作为房贷依据，房地产估价机构已不再是新型信贷（互联网金融）业务的必须。资产评估的立法、估价资质的作用的淡化使估价机构在传统业务领域发展的方式受到严重的挑战。

2. 智能革命加剧竞争

智能革命已经影响到估价核心过程（识别、对比配比、算法应用、形成结果和阅读阐释）的智能化程度，并在住宅、办公、商业和工业的“价格”智能化判断方面发挥着重要作用。有多少具备大数据估价思维的估价机构和估价师从人工智能革命中存活下来正成为现实问题。

3. 数据战争硝烟弥漫

目前，房地产信息数据库的建设尚在起步阶段，从建设主体来看，政府、房地产相关协会、房地产开发商、房地产评估机构、数据公司、互联网企业等，都在建设房地产数据库；从内容来看，基础数据、价格数据的建设已经具备一定规模，而空间的GIS数据、结合房地产主体和人的数据也使机构间的差异在加大。一方面是数据重复建设；另一方面是机构都在信息化的发展道路上探索新的发展模式。房地产评估机构如何做好自身数据建设的同时，如何在激烈的竞争中找准方向，获得生存和发展的机会，是值得思考的问题。

（四）行业面临的内部问题

1. 估价机构“小、散、弱”的格局长期存在

大部分估价机构的经营情况存在以下三个特征：①规模较小：体现在营业收入不高（集中在1000万~1500万元）、员工人数少（集中在31~50人）；②经营较散：体现在各家机构专注于经营地方性业务、分布分散，业务类型既有传统的估价业务，又有综合咨询业务，业务内容较为分散；③能力弱：表现在专业能力和市场影响力较弱，无法房地产经营的价值链条上发声，只能被动的提供服务。

2. 战略方向探索仍在进行

近年来，土地出让、银行抵押和房屋征收等传统业务逐步萎缩、行业内低价同质竞争激烈。为了在激烈的竞争中取得一席之地，一部分机构对估价业务进行深化，即将估价业务和城市更新结合，走上综合咨询的道路；一部分机构通过企业品牌合作来提升核心竞争力，或是加入一定的平台、或是进行品牌复制、也有些机构进行品牌整合。业务方面，大部分机构仍旧踯躅于数据要不要建、系统要不要改、平台要不要加入。

3. 资源整合从未停止

估价行业内部的资源整合力度在加剧，但是各家估价机构总体的资源整合能力偏弱，表现在：①跨区域调动资源的能力弱：大部分估价机构从事的都是地区性的业务，不具备跨地区甚至是提供全国性服务的能力；②开拓新客户、新业务的能力弱：由于品牌竞争力弱，在深挖客户需求方面缺乏方向性指导；研发能力弱，很难形成有竞争力的创新产品；适应能力弱，无法为高效为老客户提供以互联网、大数据为基础的相关服务。

（五）行业发展方向

1. 从“单一服务”向“多元服务”发展

尽管很多估价机构进行了业务创新的探索，但是依然是围绕这“估价”来提供服务，服务内容较为单一。对比美国评估行业的存量资产价值，房地产评估业尚有巨量的空间可以挖掘。物业及资产服务、房地产广告和经纪租赁以及租赁经营等服务，在我国只具备了初步规模，但是市场存量还需要深入挖掘。

2. 从“价格判断”向“风险分析”转变

传统的围绕“价格”判断为服务重点的业务模式，受到了人工智能革命的挑战。在具备一定数据基础和算法条件的前提下，“价格”判断已经不再是房地产评估服务的未来方向，而充分利用大数据和先进计算机技术，对房地产市场未来面临的风险因素进行识别、判断和分析，才是行业要深挖潜力的重点内容。

3. 从“经验驱动”走向“数据驱动”

传统的估价思维是机械化思维，是在一定的小样本基础上，以大胆假设、小心论证为原则，通过对小样本的测试得到一个相对确定的价格。而大数据的估价思维，是在大量多样的、具备多维度相关性、具有一定完备性基础上的数据，以深度学习为基本技术，通过计算机技术实现“穷举”，得出各种概率条件下的价格。市场需求要求估价机构不仅具备数据意识，还具备数据积累，数据分析、应用工具能力和平台思维能力。估价机构必须坚持以发现价值和实现价值为目标，在数据系统使用和价值发现的方式上谋求创新式发展。

4. 从“单一品牌”走向“品牌整合”

尽管行业的业务前景潜量巨大，但是在如何获得未来的市场机会方面，评估机构根据自身的条件，进行了扩张模式上的探索，有走抱团式的合作道路的，有采用“互联网+”模式的，这两种模式各有优缺，但是都不能在根本帮助评估机构累积核心竞争力，实现创新突破。从具体实践来看，品牌整合模式才是实现机构资源共享、优势互补的最佳路径。未来，只有实现价值重构、系统锻造、价值共享和资源整合的平台，估价机构才能在激烈的内外部竞争中胜出。

（许军　上海中估联信息技术有限公司）

三、建筑科技

党的十九大强调：“建设生态文明是中华民族永续发展的千年大计”，“绿色发展”既是新发展理念的要求，同时也为中国建设事业指明了方向。党的十八大以来，习近平总书记多次就“绿色”“城市设计”等发表重要讲话，他强调：“要像保护眼睛一样保护生态环境，像对待生命一样对待生态环境”，提出“绿水青山就是金山银山”，针对城市设计，他指出：“要依托现有山水脉络等独特风光，让城市融入大自然，让居民望得见山、看得见水、记得住乡愁；要融入现代元素，更要保护和弘扬传统优秀文化，延续城市历史文脉。”习近平总书记的系列重要讲话，从政治高度、学术角度对建设事业作出了明确指导。为此，国务院相继出台了《关于深入推进新型城镇化建设的若干意见》（国发〔2016〕8号）、《关于进一步加强城市规划建设管理工作的若干意见》（2016年2月6日）、《关于大力发展装配式建筑的指导意见》（国办发〔2016〕71号）、《关于促进建筑业持续健康发展的意见》（国办发〔2017〕19号）等指导文件，有力地推动了建筑产业的绿色发展。

（一）绿色建筑的发展

绿色建筑是指在建筑全寿命周期内，最大限度地节约资源（节能、节地、节水、节材）、保护环境、减少污染，为人们提供健康、适用和高效的使用空间，与自然和谐共生的建筑。中国绿色建筑的发展是自上而下的主动转型，以2006年住建部出台的《绿色建筑评价标准》为启动标志，自2013年来连年密集出台国家和部委文件，强力推动绿色建筑发展，10余年来不断取得成效，绿色建筑评价标识项目年均增长100%以上。

但同时，绿色建筑的发展也出现了一些问题：一是绿色建筑的发展速度与城镇化速度不匹配，距离目标要求还有不小的差距，绿色建筑总体占比还很小，大批建筑还不是绿色建筑；二是中国建筑的平均寿命只有30~40年，这是绿色建筑发展最迫切需要解决的问题，延长建筑使用寿命是最大的节能、节材、环保；三是绿色运行标识项目远少于设计标识项目，据江亿院士调研结果显示，我国相当一批节能示范建筑，实际运行能耗高于同功能一般建筑，也就是根据所采取的技术措施评价出来的绿色建筑，实际运行起来却并不节能。对于上述问题，尽管学术上还有一些不同观点，但我国多数绿色建筑仅仅是“纸上绿”，却是不争的事实。

2015年年底，以新时期建筑方针的诞生和《民用绿色建筑建设标准》的编制启动为标志，中国绿色建筑已然进入转型升级的发展阶段。

“经济、适用、绿色、美观”的新时期建筑方针中，“绿色”是新增加的要素，是五大发展理念之一，是时代的要求、时代的反应，应给予时代的解读。首先，“绿色”是一种理念、行为。建筑必须与人、自然和谐平衡，这是建筑可持续发展应当遵循的基本伦理，应当承担的对人类、对自然、对社会、对文化的责任。建筑创作时必须秉承这种理念，否则绿色技术堆砌再多也不是真正的绿色。最终，建筑的真绿必然是在建筑的使用过程中体现出来，全社会必须转变观念，树立正确的价值观，形成绿色思维，培养绿色行为。其次，绿色是一门技术，“因地制宜”是其灵魂。运用先进科技对建筑的复杂需求进行理性分析，在最大限度尊重自然、保护自然、融入自然的前提下，充分利用自然条件降低建筑基础能耗，提高设备节能效率，实现建筑性能的绿色，提升建筑质量、提高效率，有机统筹“科技”和“经济”的平衡。

2015年12月，为贯彻新发展理念，落实中央城市工作会议要求，加强对绿色建筑投资决策和管理的宏观引导，住建部开展《民用绿色建筑建设标准》的编制工作。编制工作由建筑师牵头主导，旨在以“建设标准”为抓手，从投资决策和增量成本源头进行管控，从建筑的策划和设计阶段就导入绿色理念，真正制造“目标和效果导向”。只有开发商和建筑师充分发挥引领作用，才能做到尽量利用自然节能，实现建筑性能的绿色。

可见，中国绿色建筑正致力于“推动创造建筑的先天绿色基因、推动绿色建筑符合经济和市场规律、推动建筑设计的绿色转型，由过程和措施导向转变为目标和效果导向、由注重提高能效转变为注重减少用能需求，更注重建筑全生命周期绿色、更注重生态概念与内涵”的转型升级发展。

中国建设科技集团始终致力于绿色可持续发展，在潜心绿色建筑技术研发的同时，充分挖掘中国传统建筑的绿色智慧，提出了“大道至简、返璞归真、天人合一、道法自然”的绿色建筑观，提出了“全社会应树立正确的价值观、绿色建筑的可持续发展应以建筑师为主导”的观点，形成了“多一点伦理、少一点怪异；多一点天然、少一点人工；多一点理性、少一点浮夸；多一点节俭、少一点奢华；多一点责任、少一点名利”的绿色设计策略，提炼出“策略大于指标，先天优于后天，内在优于外在，系统优于片断”的建筑师主导的绿色建筑设计思路。在正确理念的引导下，结合环境自然条件，对“室外环境营造及控制技术、建筑材料资源利用技术、被动式超低能耗技术、环境与热工相互平衡的结构围护技术、可再生能源利用技术、资源能源循环利用技术、化石能源高效利用技术”等绿色技术，因地制宜地进行适宜的应用，形成了大量的经验和体会，成果显著。

（二）装配式建筑的发展

装配式建筑是用预制部品部件在工地装配而成的建筑，以标准化设计、工厂化生产、装配化施工、一体化装修、信息化管理、智能化应用为主要特征，节能、节水、节材、节时、节省人工，并可以大幅减少建筑垃圾和扬尘，实现环保。装配式建筑作为建筑业绿色发展的重要载体，2016 年以来，国家强力推动，各地方政府积极跟进，各大型企业、开发商、社会组织等积极实践，开创了发展的新局面。

通过我们的探索与实践，目前装配式建筑还存在以下几个方面的问题，应给予关注：

1. 装配式建筑的概念认识仍不统一，尚未形成“全产业链集成装配”的共识

通过梳理各地装配式建筑政策，并对照国家要求、国家技术标准，可以发现：多数地方未强制要求装修与建筑设计一体化，有些地方甚至没把部品部件装配纳入装配式建筑体系，仍以建筑主体结构装配率为考查点。各地对装配化程度的定义比较混乱，有的地方分预制率、装配率，有的地方统称预制装配率，且计算方法也各不相同，与国标相去甚远。有的地方未关注装配式建筑的 BIM 技术应用。

从全产业链、全生命周期来看，装配式建筑主体结构以外的装配很重要，它们的可变化、可更替是实现百年住宅（建筑）的关键，也是装配式建筑的历史价值所在。

中国建设科技集团曾经做过一个研究：对一个一般公共建筑，按土建工程、装修工程、设备工程、使用过程分类，进行全生命周期的单位面积累计成本的追踪、统计与测算，研究结果显示，从全生命周期来看，建筑主体结构所占比重并不大，建筑使用到 50 年时，约只占 20%。因此，从全产业链全生命周期的角度正确理解装配式建筑，绝不应只局限于将装配式的主体结构视为装配式建筑，更不能只认可装配式混凝土结构为装配式建筑。

2. 装配式建筑仍存在建筑结构安全问题

预制混凝土装配式建筑存在“现场构件连接节点对不上，砼浇注不密实，质量难以保证，结构耐久性失效；以及由于缺少专业化的施工队伍，钢筋连接现场手工操作，难度很大，甚至出现现场偷断钢筋”等问题。专家的争议也多在于安全问题。如果不能解决安全性的问题，一旦发生重大事故，可能毁掉整个事业。

3. 装配式建筑仍一体化集成设计缺失的问题

由于整体设计缺失，集成效果差。预制混凝土结构缺少设备管线、内装部品与主体结构的整合，在预制构件上剔凿情况普遍；钢结构住宅则普遍存在露梁露柱、隔声围护等一系列功能和结构体系协调的问题。

4. 装配式建筑尚未实现标准化，尚未实现与制造业密切联动，存在成本高、市场认同度低等问题

目前装配式建筑有标准但没实现标准化，缺乏全国统一工业化大规模通用建筑体系，生产模式中的标准化、模数化、信息化程度低，预制构件及功能部品没有实现行业标准化，基本是定制，因而造成装配式建筑成本平均高出传统建筑 10% ~15%，且未充分反应出建筑成品的高品质，用户缺少良好体验和获得感，市场反应不积极甚至不接受，缺乏内生动力，未形成市场化、可持续的发展模式。装配式建筑只有建立在高水平制造业基础上，以极大丰富和高质量的标准化、系列化、通用化、工业化部品部件为支撑，才能获得个性化的高品质建筑产品，获得市场认可。

5. 装配式建筑在一些地方存在管理不够理性的问题

一些地方政府急于实现装配式建筑发展目标，即使技术达不到仍然硬干，使得装配式建筑出现更多质量安全问题。盲目跟风制订不理性的装配式建筑指标，为了装配而装配，片面追求预制率、装配率。总承包模式尚未推广，产业链各方难于协调，不能充分发挥装配式建筑体系的特点与优势。一些地方监管不到位，部分开发商以低品质套取装配式建筑政策红利，使得装配式建筑失去信任。

6. 装配式建筑的 BIM 技术应用未受到足够关注

BIM 平台在装配式建筑应用中，已经实现了策划、设计、采购、部品部件生产、施工建造等不同阶段的数据传输与共享，实现了信息化设计、数控化生产、集成式施工，充分体现了应用 BIM 技术的设计平台的集成价值。BIM 必然是装配式建筑未来发展归一的载体。

（三）建筑业绿色发展任重道远

2017 年 4 月，住建部出台的《建筑业发展“十三五”规划》，明确了建筑业发展的“市场规模目标、产业结构调整目标、技术进步目标、建筑节能及绿色建筑发展目标、建筑市场监管目标、质量安全监管目标”等六大主要目标，提出：到 2020 年，绿色建筑占新建建筑比重达 50%；装配式建筑占新建建筑比重达 15%。就目前的发展现状来看，要用两年多的时间实现这一目标，不得不说任务十分艰巨，需要解决的绝不仅仅是技术进步的问题。

（修龙　中国建设科技集团）

四、物业管理

（一）发展环境

2017 年我国城镇常住人口达到 81347 万人，城镇人口占总人口比重（城镇化率）超过 58.52%。“十三五”规划纲要提出的目标是 2020 年内地常住人口城镇化率达到 60%。未来，城市化进程仍是中国社会变迁的主旋律，是经济发展的主要推动力量。城市化不仅仅意味着农转非，更意味着以人口集群和都市消费为核心的生活方式将渗透到中国的每一个角落。据推算，2017 年全国物业管理面积已经超过 200 亿平方米，随着一、二线城市物业管理市场逐渐饱和、房地产政策的调控严厉、国家城乡统筹发展的战略影响，这两年三、四线城市的房地产和物业管理行业迎来发展的春天，部分规模型物业服务企业基于市场发展规模和一、二线城市竞争压力的考量，也开始把市场拓展的目光投向了三、四线城市。

我国服务业增加值已经达到 427032 亿元，占全国 GDP 比重为 51.6%；服务业增加值比上年增长 8.0%，服务业增长对国民经济增长的贡献率为 58.8%，远远高于其他行业，服务业发展进入全面跃升的重要机遇期。物业管理行业作为服务业中朝阳产业，行业正在以每年 20% 以上的增长速度成长，按照 2015 年物业管理行业营业收入 5000 亿元的保守测算，2017 年年底行业营业收入超过 7200 亿元。同时，中国消费者人均收入水平达到 9000 美元左右，人民对美好生活的向往，居民品质消费的持续升级，坐拥社区流量入口和支付场景的物业管理行业，更是被赋予了新的想象空间，吸引了包括腾讯、阿里巴巴在内的巨头进场，将带来服务新领域和新商业模式的爆发性增长。

随着国家体制改革的不断深入，政府的减政放权，《国务院关于第三批取消中央指定地方实施行政许可事项的决定》和《国务院关于取消一批行政许可事项的决定》公布，物业管理资质正式取消，加之 2016 年取消的从业人员资格证书，中国物业管理正式进入“无证时代”，自由开放给更多中小物业服务企业公平竞争的环境。物业管理行业的监管也将从前置准入审批变为事后监督，加快完善物业服务标准和规范，充分发挥物业服务行业组织自律作用，建立物业服务企业“黑名单”制度，推动对失信者实行联合惩戒，成为行业的主要监管方式。行业将正式步入征信时代，市场的活力将被进一步释放。

在强劲市场需求和良好发展环境的支撑下，万亿元的行业市场规模指日可待，物业管理发展迎来了最好的时代。

（二）发展压力

1. 内部增长动力消失的压力

随着经济形势和国家宏观政策的调控，房地产进入“白银时代”的迹象越来越明显。2017 年开始的全国房地产市场调控，70 个大中城市的房价同比涨幅连续回落，市场持续降温，房地产高周转、挣快钱的模式难以为继，由增量转为存量市场的格局已经毋庸置疑。那么，作为房地产下属、控股或关联的物业服务企业，面临着承接母公司新开发项目的减少，内生式增长动力逐步降低或消失，自给自足的发展模式面临市场考验的压力。

2. 经营成本持续上涨的压力

随着中国劳动力规模的逐年下降，中国的人口红利正在消失，廉价劳动力的时代终结，根据中国物协发布的《全国物业管理行业劳动力市场价格监测报告》，物业一线操作人员到手工资为 2784.4 元/月，每年增幅为 4.71%，管理成本不断上涨的压力明显。同时，由于前期物业管理制度中物业费定价模式的主动性缺失，以及后期物业费调整受政策和业主消费意识、业主委员会成熟度的影响，物业费上涨成为了一道难以逾越的门槛，企业的利润空间正在一点一点被蚕食。

3. 品质消费带来供给侧的压力

随着中国经济的高速发展，品质消费时代的到来，业主维权意识和消费观念的日益成熟，对服务的要求也越来越高。而物业服务企业基于成本控制和利润诉求的考量，市场呈现出中低端服务过剩、高端服务严重不足的局面。在优质不可优价的怪圈中，物业管理行业也正在经受业主期望不断攀升，企业服务品质不断下降的尴尬局面。

4. 行业人才结构洗牌的压力

随着互联网和新技术的广泛应用，一线品牌物业服务企业正在利用互联网思维、人工智能、物联网、大数据对内部管理体系、服务界面、社区资源进行转型升级。物业管理正在从“笤帚 + 纸笔”的传统劳动密集型行业向新思维、新理念、新技术方向转变，需要大量的互联网、金融、资本、智能科技，甚至物流链等跨界人才进入到行业，对行业的人才结构进行洗牌，重构新生代物业人的思维方式和知识体系。人才已经成为制约行业、企业发展的最大瓶颈。

（三）发展趋势

“房子是用来住的”这句话，明确指明了房地产业的发展方向，各大房地产企业纷纷靠拢“城市运营商”“城市配套服务商”等概念，谋求多元化发展。物业管理也被“委以重任”，成为面向终端消费者、塑造地产商品牌、提升房子附加值、培育新经济增长点的关键。

1. 创新，推动企业转型升级

技术创新提升服务品质。今天，我们正在享受互联网带来的第三次技术革命带来的红利，移动互联网、物联网、人工智能、大数据等新技术在物业管理行业的大量运用，正在用新科技赋能管理效率、用互联网重构商业模式，全面推进物业管理介入智慧商圈、智慧社区、智慧城市的建设工作。通过智能硬件替代人工，包括机器人、人脸识别技术、生物识别技术等，提升物业服务企业多元化、智能化、信息化、科技化发展水平，节约运营成本，提高客户服务品质。龙湖物业最新上线的品质管理系统，将超高清监控设备用作日常园区品质的监控与管理，坐在龙湖总部的园林专家，可通过手机端或电脑端，实时调动全国所有项目监控点位，通过摄像头清晰看到距离监控点位20米远的树木，树叶脉络走向如何，叶子上是否生虫，根据观测专家可以直接给出专业性的建议。

组织创新激发市场活力。企业要想升级，首先需要拆解企业的构成，打破原有的运作体制，再在人、财、物、责、权、利等方面进行重新分配，在重组过程中产生新的商业模式。传统物业管理业务结构单一，劳动人员密集，通常采用金字塔形进行组织逐级管控。随着物业增值服务、资产管理、社区商业等业务领域的创新和拓展，以及互联网技术的普及应用，组织创新成为保障业务发展的重要环节。

万科物业将原有的项目经理制变革为合伙人制，推出“睿服务”体系，最大限度地提升整合人力资源的能力，通过合伙人管理物业管理项目的创新形式，实现多元业务开展和市场化道路扩张。截至2017年年底，万科物业的合同管理面积已超过4.6亿平方米，是变革前管理面积的4倍。这种根据项目来组织团队的扁平化管理，任务清楚，目的明确，减少层级的管理方式能保持很强的灵活性和战斗力，员工也会有更强的责任感，比传统的搭建团队的方式更有效。传统雇佣关系以占有时间和技能为导向，会导致角色固化、层级固化和信息僵化，把员工当作合作伙伴，员工帮助企业达成目标，企业帮助员工塑造职业生涯，双方互助互利，基于信任和契约精神的合作是未来的趋势。

2. 数据，掌握未来核心资产

这是一个数字化崛起的时代，在虚拟世界和现实世界交汇融合的新时代，数据是企业的核心资产，掌握和挖据核心数据价值，并基于数据实现对资源的优化调度和问题的快速响应，支撑业务规模化扩张和创新机会探索，将会是物业服务企业在科技革命浪潮中的重要使命。

深度挖掘客户数据。物业管理的数据类型涵盖业主信息、员工信息、设备信息、社区信息、日常运营信息等各方面，近年来企业越来越重视信息管理系统的开发，利用互联网优势，在提供优质服务的同时，实现快速响应、服务跟踪、反馈采集，对传统物业管理手段进行革新，进而提升物业服务效率。通过各类传感器、数字天线、无线路由等智能化设备，沉淀积累人流、物流、商流等相关数据，整合客户、运营、财务、智能设备等各类模块，实现数据的采集。利用大数据分析，提前把握市场动向，深度挖掘客户需求，对业务需求进行智能管理，统一接受、派发、处理，智能化管控任务，精细化服务业主和客户，满足每一位客户的独特需求。龙湖物业年均产生235万条客服中心话务量、413万条报事工单、150万条App工单处理、118万次智能门岗放行、664万笔业主在线缴费，以及4500余条数据管理标准等一串串数据，对数据的处理能力直接决定了企业的管理水平和效率。

数据让建筑物更智能。200亿平方米既有建筑运营维护的能耗管理，是城市管理必须面对的一个重要课题。物业服务企业也将在这个领域发挥更加关键的作用，通过实时数据和移动应用提升建筑互联互通的能力，集中获取单个或多个楼宇的运营数据与能效报告，建立标准化的智能服务管理模式，让随时掌握建筑物设备系统运营的真实状态，让业主和物业管理公司对于设备系统的报警和维护、运营成本、能耗指数、员工效率以及客户反馈等信息一目了然，控制成本，提升效率，开启智慧建筑的科学管理模式，实现建筑运营维护的可持续发展。对于物业管理者而言，未来的关注点还远不再停留于设备各个子系统的监控，而是如何应对日益增加的物业管理复杂性以及楼宇人员流动性，通过建筑效能和人员行为数据分析，实现对整个建筑物设备系统进行科学有效的管理，降低运营与维护成本，确保物业资产的保值与增值。中航物业的智慧物业集成服务平台上的数据运营中心，所有能耗数据一览无余，小区用电就进行了空调用电、照明用电、冷链用点、生鲜熟食、动力用电和其他用电六类，再开展相应节能工作，就会更加有针对性，效果更加明显。

招蜂引蝶的线下流量入口。12月22日，腾讯公布布了智慧社区开放平台“腾讯海纳”，意图通过云计算、大数据、人工智能等技术改造传统物业。同月30日，阿里巴巴旗下支付宝上线便民生活服务站，推出六个大类服务项目，包括家电维修、电工服务、管道维修、房屋筑漏、锁具维修、搬家服务。相信不少人对前几年微信和支付宝的“打车补贴大战”记忆犹新。如果说打车仅仅代表单个线下流量入口，那么坐拥社区流量入口和支付场景物业，就是无数个优质线下流量入口的集合，投诉、缴费、收快递、门禁进出、停车场进出、水电煤问题报修等复杂场景不仅数量上庞大无比，而且使用频率、支付量级上也远超打车场景，产生巨量有价值的数据资源，以此为延伸的商业生态潜力巨大。

3. 共享，搭建有价值的生态平台

搭建共享服务平台。共享经济的思维打开了物业管理行业很大的想象空间。现在轻资产、众筹、合伙人制等带有共享色彩的打法越做越红火，越来越受欢迎。物业管理服务着5亿的业主群体，社区O2O这个存量市场是做共享经济的天然市场，具有最典型的高频、低额消费特征。目前，受物业收费价格、员工流失率、人工费用持续上涨等多种因素影响，物业服务方面痛点还比较多；社区居民在物业服务需求、社区服务消费需求方面同样有不少痛点。用共享的方式去解决痛点、盘活存量，为业主提供增值服务，是较好的出路和方法。

万科的“睿服务”、绿城的“幸福绿城”、彩生活的“彩之云”、长城的“一应云”、龙湖的“千丁”、嘉宝的“生活家”等，都是共享方面做得比较有特色的例子。2017年绿城的“幸福绿城”覆盖500个园区20余万个家庭。彩生活与兰州城关、江苏中住等超过30家物业服务企业达成平台输出合作，平台服务面积逾9.1亿平方米。长城物业输出一应云3.0，以联盟模式进行扩张，平台覆盖面积达9.3亿平方米。通过搭建一个完全开放的系统，任何一家物业服务公司的任何一个项目都可以加载到这个系统上去（当然应该是有共同的服务价值理念），形成合作伙伴关系，类似于Uber平台上经认证合格的出租公司和司机。物业服务企业无须出让股权或者关健合同，在保持经营和品牌的相对独立性的前提下，系统平台上的各种资源可以实现共享。

构筑合作共赢的新型社区经济生态圈。一个又一个社区O2O创业企业的倒闭，人们也在重新思考社区经济的真正内涵和可行性。在新零售理念的影响下，运用大数据、人工智能等先进技术手段，对商品的生产、流通与销售过程进行升级改造。充分发挥物业服务企业天生具备线上引流优势，重塑生态圈，对线上服务、线下体验以及现代物流进行深度融合，进一步优化上述企业基础物业服务+增值服务的平台建设，通过运用互联网思维变革企业管理体制，倡导去中心化和去中介化的平台化管理体制，控制运营成本，提高服务质量，取得业主满意；通过有效整合相关产业资源、引导用户深度参与交互、鼓励员工参与平台建设等方式，把与物业管理相关的“物”聚合在平台，把业主、员工和资源所有者等利益相关者凝聚在一起，构筑期新型的社区经济生态圈。

在这个生态圈内，物业服务企业将实现与竞争对手、与合作伙伴、与服务者，和谐共享，合作共赢，由过去的此消彼长，到未来的相得益彰。现在不是一个零和竞争的时代，而是一个竞合的时代，在产业集中度提升、现代服务业转型的过程中，需要解决很多问题，包括物业服务线上与线下的结合、产业与资本的对接、互联网企业、平台公司还有社区的垂直服务的企业，跨界的融合以及智能化、资本化、大数据、云技术等迭代更新。物业服务企业要在创新的生态型商业模式下生存发展，就要对商业模式的创新，抱有一种开放和敬畏的心态。

4. 资本，驱动行业快速发展

借力资本市场重估行业价值。随着资本效率和资产管理水平的不断提升，以及资本对社区经济的持续关注，资本将在物业管理市场扮演更加举足轻重的角色。物业服务企业通过登陆资本市场，做大整体市值，开辟多元融资渠道，提高融资能力，为进行产业链横向和纵向延伸提供资金保障，进而促进企业融合发展、做大做强。资本不但给行业带来资金，还有新技术、新思维、资源整合，以及跨界型的人才。

2014 年以来，彩生活、中海物业、中奥到家、绿城服务、祈福生活服务、浦江中国、雅生活集团等七家企业陆续成功在香港上市，其中 2018 年 3 月，绿城物业市值已达到 178 多亿，市盈率达到 62 倍，刚刚上市的雅生活平均市盈率达 57 倍，总市值超 160 亿港元。

而作为多层次资本市场的重要组成部分，新三板已成为另一股重要的资本推动力，由于审核时间短、无盈利指标要求、资产要求低，挂牌难度相对较小，可谋求转板等因素影响，2017 年共有保利物业、嘉宝物业等 23 家优秀物业服务企业登录新三板。目前的 60 家新三板物业服务企业平均管理面积约 990 万平方米，平均营业收入超 1.3 亿元。从募集资金用途来看，企业获取大规模的资金主要用于社区服务平台搭建、增值服务开展、并购活动、信息化建设以及规模扩张等途径，为战略转型和创新提供良好的资金条件。

资本运作助推企业战略发展。2016 年年底，万科物业引入博裕资本与 58 集团两家战略投资者，以增资完成后的万科物业总股本为基准，博裕资本以其管理的基金认购 25% 股权，58 集团以其下属公司认购 5% 股权。两家战略投资者将助力万科物业的主要发展方向，更好为业主提供更加丰富的社区服务，打造一条连接传统住宅服务、商写服务、基于楼宇的增值业务服务、基于生活配套的增值业务服务的“万物生长”生态链条。2017 年 6 月，雅居乐集团宣布收购绿地物业 100% 股权，交易对价为 10 亿元，确保在 2018—2022 年雅居乐每年自绿地开发的物业中获得 700 万平方米物业服务面积，还有 300 万平方米的物业服务面积的优先获得权。2017 年 11 月，彩生活和母公司花样年控股发布公告，称彩生活将通过四份协议、总对价 20.13 亿元人民币收购万象美，后者的核心资产为优良的万达物业，涉及 132 个项目，集中分布在重要二、三线城市的核心区域，涉及面积 6406 万平方米。当然在“天价收购”背后，也面临着文化融合、管理重组、利润回报等方面的压力，因此，平台加盟、数据共享、股权合作、小股操盘等“软渗透”方式，也成了规模型物业服务企业市场拓展的主要方向。

融资方式更加多元化。近年来，物业费资产证券化热度持续提升，以物业费作为基础资产，通过证券化的方式盘活物业费收入，为物业服务企业开辟了一条新的融资渠道。自 2015 年 8 月“博时资本—世茂天成物业资产支持专项计划”成功发行后，多家物业服务企业纷纷试水此类融资模式，截至 2017 年年底，共有超过 31 单物业费资产证券化产品问世，累计发行金额逾 315 亿元，其中上海科瑞物业管理发展有限公司携手中民未来发行中民—科瑞物业专项计划（产品期限为 3 +3 年，发行总规模达 20.20 亿人民币）。物业费资产证券化这一创新型金融工具对于盘活物业服务企业的存量资产、提高资金配置效率具有重大意义，其融资方式在融资规模、融资期限、用途方面都具有非常明显的优势，通过物业收入收益权的“放大”，物业服务企业实现了较低成本融资，不仅有效保障了物业服务企业的现金流，也可助力企业后续能提供更好的服务，实现长期稳健发展。

5. 责任，担当社区治理的主力军

提升社区物业服务和管理能力。如果把城市看成一个有机体，社区就是这个有机体中的“小细胞”。习近平总书记曾在不同场合强调指出，社会管理的重心必须落到城乡社区，社区服务和管理能力强了，社会治理的基础就实了。6 月中共中央国务院下发的《关于加强和完善城乡社区治理的意见》中指出“加强社区党组织、社区居民委员会对业主委员会和物业服务企业的指导和监督，建立健全社区党组织、社区居民委员会、业主委员会和物业服务企业议事协调机制。”物业管理与市民居家生活息息相关，恰恰可以填补政府对公共环境和公共设施以外的社区生态环境、社区安全和人文环境的空白，完善和发展城市管理功能，为平安社区和城市建设将会发挥更加积极重要的作用。

不断强化房屋安全管理责任意识。6 月杭州一场大火夺去了四个年轻而幼小的生命，人们在谴责人性道德的同时也在反思物业管理的本质与使命，重新思考“守正与创新”和“工匠精神”的真正涵义，回归到业主资产保值增值捍卫者的本能。物业服务企业必须吸取教训，引以为鉴，高度重视社区安全防范工作，在安全投入、作业管理、设备设施、人员机构、培训教育、隐患排查和治理、职业健康、应急救援等方面总结梳理出一整套安全管理工作规范要点，开展安全管理的标准化工作。随着我国房屋使用年限的增长，因电线老化、电器陈旧和业主使用不当等引发的火灾呈不断上升的趋势，在政府的指导下，积极探索建立社区微型消防站或志愿消防队，加强高层建筑消防安全工作。对于公共区域安全隐患，如某些设备本身具有危险性，向业主作出真实的说明和明确的警示，说明正确使用及防止危险发生的方法，进行广泛的安全宣传。通过物业的前期介入，督促开发建设单位提高物业共有部分的建设质量，严格执行物业承接查验的原则和程序。加强房屋安全排查，严管物业区域内的装饰装修工程，对违反规定的施工单位，严重危害房屋安全的情况，物业管理单位应对其进行劝阻、制止，并按程序及时、如实上报，督促房屋产权人及时消除安全隐患。

（刘寅坤　中国物业管理协会）

五、特色小镇

（一）中央及地方推动特色小镇建设政策

1. 中央政策

2017 年中央层面关于特色小镇的政策落地性更强，体现了较强的把控能力。主要的政策着力点在于试点通知、金融支持和规范指导上（见表 7－1）。

表 7－1　2017 年中央各部门相关政策汇总

日　期	部　门	文件名
2017 年 1 月	发改委、国家开发银行	《关于开发性金融支持特色小镇（城）镇建设促进脱贫攻坚的意见》
2017 年 1 月	发改委	《财政部关于开展特色小镇培育工作的通知》
2017 年 2 月	住建部	《关于推进开发性金融支持小城镇建设的通知》
2017 年 2 月	国务院	《关于创新农村基础设施投融资体制机制的指导意见》
2017 年 2 月	国务院	《关于加强乡镇政府服务能力建设的意见》
2017 年 4 月	建设部	《中国建设银行关于推进商业金融支持小城镇建设的通知》
2017 年 5 月	体育总局	《关于推动运动休闲特色小镇建设工作的通知》
2017 年 5 月	财政部	《财政部关于开展田园综合体建设试点工作的通知》
2017 年 5 月	国务院	《关于县域创新驱动发展的若干意见》
2017 年 6 月	农业部	《关于组织开展农业特色互联网小镇建设试点工作的通知》
2017 年 7 月	住建部	《关于保持和彰显特色小镇特色若干问题的通知》
2017 年 7 月	林业局	《关于开展森林特色小镇建设试点工作的通知》
2017 年 8 月	体育总局	《关于公布第一批运动休闲特色小镇试点项目名单的通知》

续表

日　期	部　门	文件名
2017 年 8 月	发改委	《关于印发国家农村产业融合发展示范园创建工作方案的通知》
2017 年 8 月	住建部	《利用集体建设用地建设租赁住房试点方案》
2017 年 9 月	国务院	《关于促进农村创业创新园区（基地）建设的指导意见》
2017 年 9 月	国务院	《关于创新体制机制推进农业绿色发展的意见》
2017 年 10 月	发改委　农业部　国家林业局	联合印发《特色农产品优势区建设规划纲要》
2017 年 12 月	国务院	《关于建立健全村务监督委员会的指导意见》
2017 年 12 月	发改委　国土资源部 环境保护部　住建部	《关于规范推进特色小镇和特色小城镇建设的若干意见》

2. 地方政策

地方政策在中央政策的基础上，有跟进、有突破。各地的政策在遵循中央政策精神的基础上，强化了地方政策着力点，政策集中点在财政扶持、机制完善、规划落地和市政跟进等多个维度（见表 7－2）。

表 7－2　　2017 年各地推动建设特色小镇相关政策汇总

日　期	部　门	文件名
2017 年 1 月	辽宁省人民政府	《关于成立辽宁省特色乡镇建设工作领导小组的通知》
2017 年 2 月	湖北省人民政府	《关于做好 2017 年特色小（城）镇申报工作的通知》
2017 年 3 月	云南省人民政府	《关于加快特色小镇发展的意见》
2017 年 4 月	吉林省人民政府	《关于开展吉林省特色小镇培育的通知》
2017 年 4 月	重庆市人民政府	《关于推进特色小（城）镇环境综合整治的实施意见》
2017 年 6 月	海南省人民政府	《关于印发海南省特色产业小镇建设三年行动计划的通知》
2017 年 6 月	安徽省人民政府	《关于加快推进特色小镇建设的意见》
2017 年 7 月	广西壮族自治区人民政府	《关于培育广西特色小镇的实施意见》
2017 年 8 月	广州市人民政府	《广州市北部山区特色小镇基础设施和公共服务设施配置标准建设指引》
2017 年 8 月	江西省人民政府	《关于公布江西省第一批特色小镇创建名单的通知》
2017 年 9 月	福州建设联席	《福州市特色小镇创建工作细则（暂行）》的通知

（二）特色小镇建设现状

1. 全国总量

到 2017 年年底，住建部已公布两批次共 403 个特色小镇，各省公布省级特色小镇名单 979 个、体育总局公布 96 个、房企主导建设约 150 个；市、县、区级别特色小镇也在积极创建。各主体累计创建特色小镇计划总量超过两千个。除了官方小镇，房企、产业园区运营商、互联网公司等积极以各种形式投身特色小镇项目建设，将“特色小镇”推向深入（见表 7－3）。

住建部2016年10月14日公布第一批特色产业小镇名单，共127个；2017年7月27日公布第二批名单，共276个。

表7－3　　特色产业小镇全国分布情况

省　市	数　量	省　市	数　量	省　市	数　量	省　市	数　量
北京市	7	上海市	9	新疆生产建设兵团	4	海南省	7
天津市	5	江苏省	22	江西省	12	重庆市	13
河北省	12	浙江省	23	山东省	22	四川省	20
山西省	12	安徽省	15	河南省	15	贵州省	15
内蒙古自治区	12	福建省	14	湖北省	16	甘肃省	8
辽宁省	13	云南省	13	湖南省	16	青海省	6
吉林省	9	西藏自治区	7	广东省	20	宁夏回族自治区	7
黑龙江省	11	陕西省	14	广西壮族自治区	14	新疆维吾尔自治区	10

数据来源：住房和城乡建设部。

2. 区域布局

各类各地特色小镇统计入库共1628个，各省平均51个，前三为浙江、山东、云南，最多为浙江140个，后三为内蒙古、黑龙江、青海，最少青海7个；地域上东部占比39%、中部32%、西部29%。

特色小镇数量在100个以上的浙江、山东、云南、海南为民营经济发达或文化、旅游资源丰富省份；特色小镇多集中在二线下城市，作为直辖市，北京、上海特色小镇数量均在20个以下（见图7－1）。

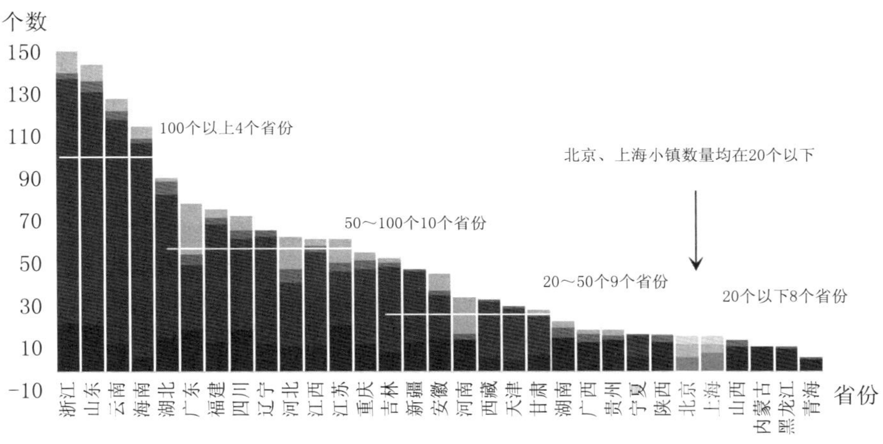

图7－1　各省特色小镇分布情况

3. 用地规模

在特色小镇建设上，各地多在合理界定人口、资源、环境承载力的基础上，严格划定小镇边界。据统计，已落地的项目类特色小镇的面积集中在2～4平方千米。这与特色小镇的产业面积需求以及大多数企业的开发能力、运营能力也是匹配的。

4. 投资规模

特色小镇平均投资约为90亿元，平均投资强度27亿元/平方千米，七成以上项目总投资在30亿元以上。首期投资额看，大多处于10亿~20亿元级别，特色小镇的建设资金一般来源于政府资金、社会资金或者金融机构资金；其中政府资金和社会资金联动的PPP模式，是现行条件下特色小镇的核心融资模式，即以具体的特色小镇项目为合作载体，让实力企业参与项目建设，实现政府建设特色小镇目的，同时为参与社会资本带来一定投资回报。政府与合作主体建立起“利益共享、风险共担、全程合作”的共同体关系，减轻政府财政负担的同时，降低社会主体的投资风险（见图7-2）。

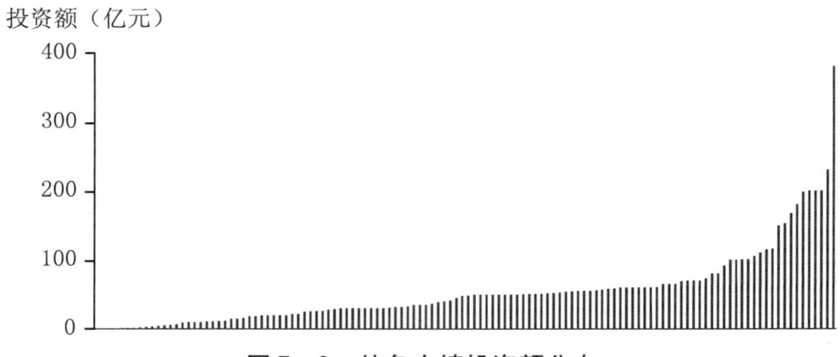

图7-2 特色小镇投资额分布

5. 产业主题

项目类特色小镇中文化旅游主题占47%，体育运动主题占14%，特色产业主题占11%，高端制造业主题占9%，信息技术主题占6%，时尚创意主题占4%，新型农业、健康养生、商贸物流、金融创新等主题合计约占9%。当前特色小镇存在产业同质化严重的倾向。

6. 产业分布

云南集中了1/5的文旅小镇，山东集中了1/3的健康养生小镇，广东集中了最多的体育运动小镇，浙江集中了大部分的信息技术、时尚创意、金融创新、高端制造等类型小镇，产业比较均匀（见图7-3）。

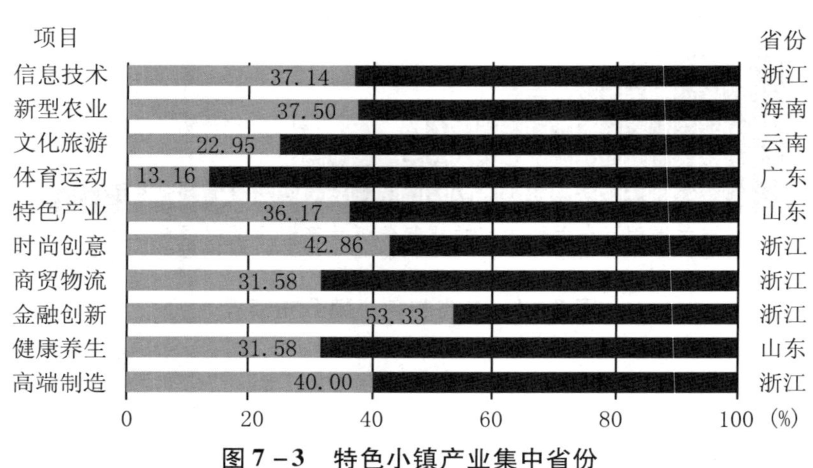

图7-3 特色小镇产业集中省份

7. 整体进度

特色小镇多在近一两年立项，从全国来看，三成小镇尚未开工，接近五成在建，综合来看，八成小镇尚未投入运营；进一步统计，已开工特色小镇项目，超过六成开工年份为2017年，这与密集政策的“催生”不无关系。

8. 各省特点

据统计，已开工特色小镇项目集中在浙江、福建两省，其次为河北、江苏、海南，全国范围内不同省份小镇进度差异较大。鉴于特色小镇从建设到运营的复杂性，特色小镇进入创建名单后才开始真正面临严峻的挑战（见图7－4）。

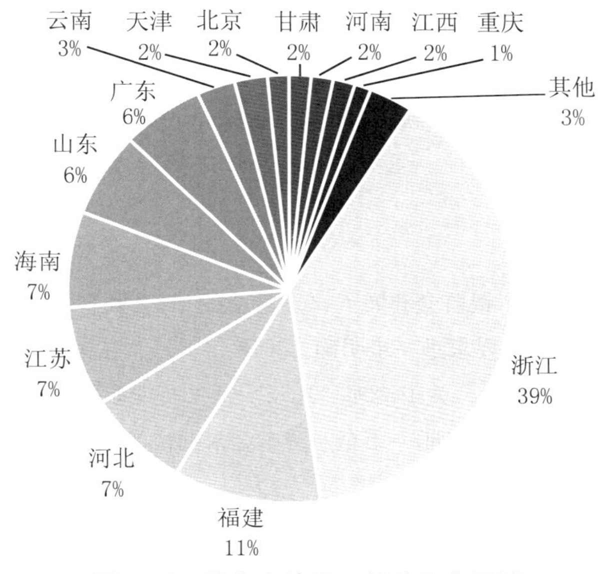

图7－4　特色小镇开工部分集中区域

（汤晓晨　克而瑞咨询中心）

六、房地产金融

（一）年度金融政策

1. 中央关于金融工作的指示精神

党中央、国务院高度重视金融工作，2017年多次召开以金融为主题的重量级会议。在4月25日的政治局第四十次集体学习会议上，习近平总书记强调“金融活经济活，金融稳经济稳；做好金融工作，维护金融安全”，指出“维护金融安全，要坚持底线思维，坚持问题导向”，“着力深化金融改革，加强金融监管，科学防范风险，强化安全能力建设，不断提高金融业竞争能力、抗风险能力、可持续发展能力，坚决守住不发生系统性金融风险底线”。

7月14日至15日召开的全国金融工作会议更是一次关于金融工作的全覆盖、高级别会议，延续了4月25日政治局集体学习会议的基本精神，明确了金融工作的指导思想、基本原则和主要任务，其主旨概括起来就是“四、三、一”：“四”即“回归本源、优化结构、强化监管、市场导向”四项原则，“三”是“服务实体经济、防控金融风险、深化金融改革”三大任务，“一”是“要把主动防范化解系统性金融风险放在更加重要的位置”。

10 月 18 日至 24 日，党的十九大胜利召开。十九大报告指出：“要深化金融体制改革，增强金融服务实体经济能力，提高直接融资比重，促进多层次资本市场健康发展。健全货币政策和宏观审慎政策双支柱调控框架，深化利率和汇率市场化改革。”健全金融监管体系，守住不发生系统性金融风险底线，为在新的历史时期做好金融工作指明了方向。

2. 人民银行政策

人民银行的政策思路主要体现在：一是实施稳健中性的货币政策。人民银行提高公开市场操作的前瞻性、灵活性和精细化程度，有机搭配公开市场操作工具组合，合理摆布操作力度和开停节奏，“削峰填谷”熨平流动性波动，把握好去杠杆与维护流动性基本稳定的平衡。二是宏观审慎监管考核趋严。人民银行完善宏观审慎评估（MPA），将表外理财纳入广义信贷指标范围。另外，将一年以内同业存单纳入 MPA 同业负债占比指标进行考核。预计银行同业、理财扩张面临诸多约束，部分业务面临整顿和收缩，表外资产增长受限。三是资管业务统一规制。人民银行提出，将统一资产管理业务的标准规制，强化实质性和穿透式监管，减少监管套利，规范市场秩序；厘清资产管理业务的本质属性，逐步引导其回归“受人之托、代客理财、投资者风险自担”的本质。

3. 银监会政策

2017 年以来，监管政策全面从严，银监会开展了“三违反”“三套利”“四不当”和“治乱象”等七份专项治理的监管文件，银行业经营合规的要求进一步明确。2018 年 1 月，在银监会《关于进一步深化整治银行业市场乱象的通知》（〔2018〕4 号文）中，关于治理“违反房地产行业政策”的乱象的工作要点主要包括：为房企支付土地费用提供表内外融资；向“四证”不全、资本金未到位的项目提供融资。

4. 证监会政策

早在 2016 年下半年，证监会已经开始了严格监管的行动，截至 2017 年 12 月底，证监会出台了一系列关于证券、基金、期货经营机构的合规政策。另一方面，证监会依法、全面、从严打击证券期货各类违法违规活动，净化市场环境，维护市场秩序，防范金融风险，有力保障资本市场健康稳定发展。

5. 保监会政策

2017 年，保监会出台了“1 +4”系列文件，“1”是指《中国保监会关于进一步加强保险监管维护保险业稳定健康发展的通知》，是当前监管工作的总体思路；“4”是指四个落实文件，分别为《关于进一步加强保险业风险防控工作的通知》《关于强化保险监管打击违法违规行为整治市场乱象的通知》《关于保险业支持实体经济发展的指导意见》《关于弥补监管短板构建严密有效保险监管体系的通知》。

（二）宏观融资总量及价格

1. 货币供应总量增速回落

2017 年年底，广义货币（M2）余额 167.7 万亿元，同比增长 8.1%，增速比上年同期低 3.2 个百分点。从 2017 年 4 月开始，M2 同比增速首次跌至个位数，这是 1986 年 12 月（现有 M2 数据公布的起始月份）以来的首次。随着市场深化和金融创新，影响货币供给的因素更加复杂，M2 的可测性、可控性以及与经济的相关性亦在下降，比过去低一些的 M2 增速可能成为新的常态（见图 7 –5）。

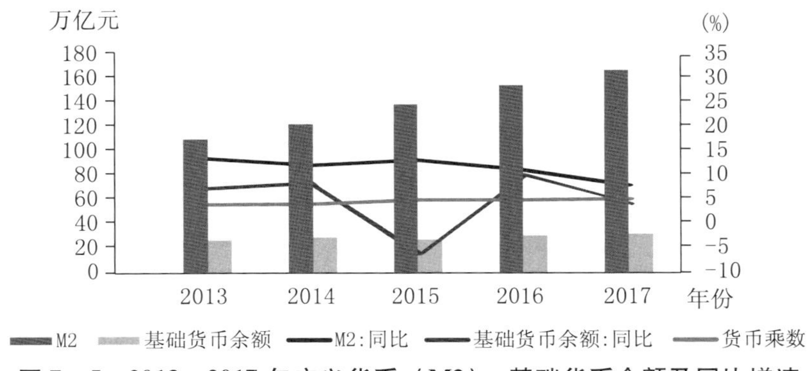

图7－5　2013—2017年广义货币（M2）、基础货币余额及同比增速

资料来源：中国人民银行。

基础货币的数据总体上表明了央行货币政策稳健中性的政策思路。12月底，基础货币（存款准备金＋流通中现金）为32.2万亿，较年初增加1.3万亿。货币乘数为5.21。金融机构超额准备金率（超储率）为2.1%。货币乘数和超储率的数据表明金融机构的资金运用能力已较高，在现有货币政策基调下，金融机构资产扩张的能力很难大幅提升（见图7－6）。

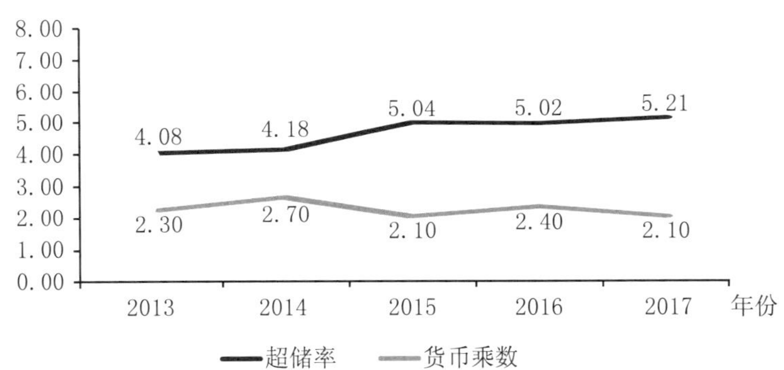

图7－6　2013—2017年货币乘数和金融机构超储率

资料来源：中国人民银行。

2. 社会融资规模继续增长

2017年，社会融资规模增量为19.4万亿，同比增长12%。其中，人民币贷款新增13.8万亿，同比增长11%；委托贷款新增7770亿元，同比增长5.9%；信托贷款新增2.26万亿元，同比增长35.9%；企业债券净融资为4495亿元；非金融企业境内股票融资8734亿元，同比增长15.1%。1－12月社会融资规模增量中，人民币贷款、委托贷款、信托贷款、企业债券、非金融企业境内股票融资的占比分别为71.2%、4%、11.6%、2.3%、4.5%。从增量看，人民币贷款、信托贷款增长较快，委托贷款、企业债券、境内股票融资出现大幅下降（见图7－7）。

从存量看，12月底，人民币贷款余额占同期社会融资规模存量的68.2%，同比高0.8个百分点；委托贷款余额占比8%，同比低0.5个百分点；信托贷款余额占比4.9%，同比高0.9个百分点；企业债券余额占比10.5%，同比低1个百分点；非金融企业境内股票余额占比3.8%，同比高0.1个百分点。从存量看，信托贷款、企业债券占比上升，委托贷款占比下降。

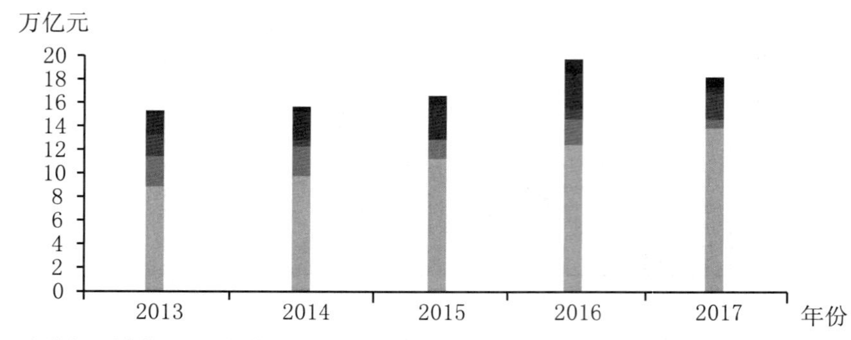

图 7-7　2013—2017 年社会融资规模各类融资的增量

资料来源：WIND.

备注：上图的融资类型仅包括6种，不包括外币融资和票据融资。

3. 资金价格抬升

在金融部门去杠杆、防风险的大环境下，金融市场流动性处于紧平衡。从 2016 年 11 月开始，各类融资利率开始趋势性上升。2017 年以来，金融市场利率中枢继续上移。从银行融资看，12 月 31 日，3 月期 SHIBOR（上海银行间同业拆放利率）达到 4.61%，比 2016 年年底（3.13%）提高了 148bp。SHIBOR 代表银行融资成本，资金成本提高，相应抬升了银行表内、表外资产价格。

从非金融机构融资看，国债可代表当前无风险利率水平，企业债代表企业直融成本，这两个指标利率都是衡量金融市场各类融资利率的标尺。2017 年初以来，国债、企业债收益率整体处于上升通道。12 月 31 日，1 年期国债、1 年期 AAA 企业债、1 年期 AA-企业债到期收益率分别为 3.79%、5.22%、6.42%，较上年年底分别上升 114bp、213bp、145bp。未来流动性紧平衡常态化，资金价格易上难下（见图 7-8）。

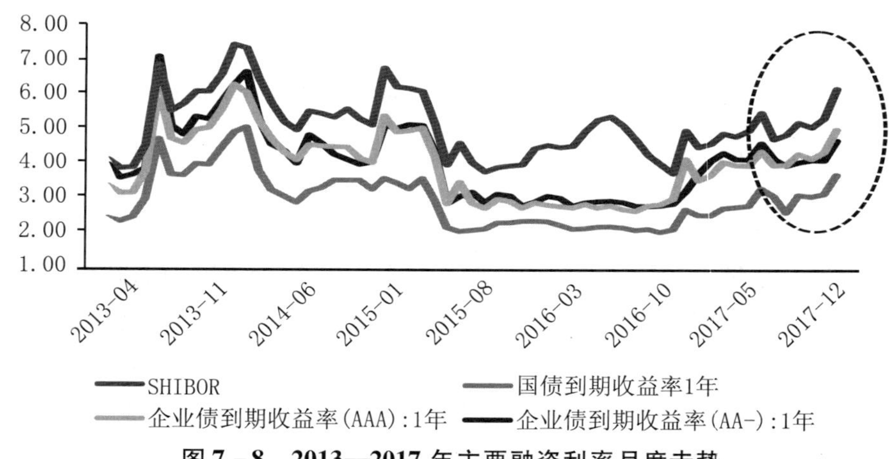

图 7-8　2013—2017 年主要融资利率月度走势

资料来源：WIND.

（三）房地产信贷

1. 房地产贷款总量

截至 2017 年年底，房地产贷款余额 32.2 万亿元，同比增长 20.9%，增速比各项人民币贷款（12.7%）高 8.2

个百分点；全年增加5.6万亿元，同比少增1087亿元，增量占同期各项人民币贷款增量的41%（见图7-9）。

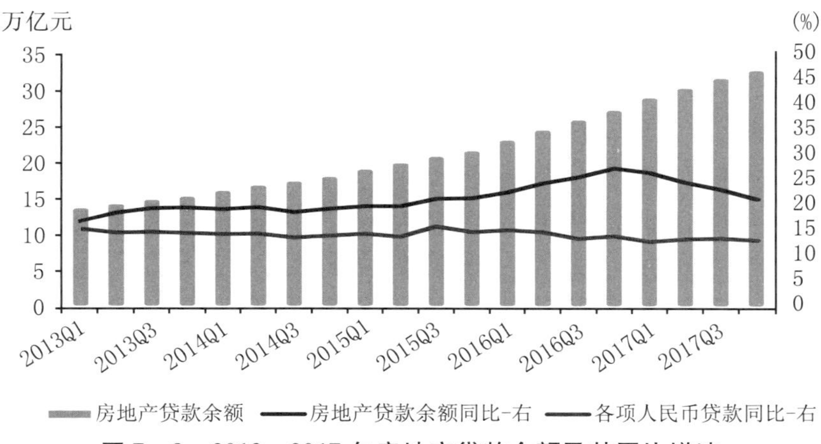

图7-9 2013—2017年房地产贷款余额及其同比增速

数据来源：中国人民银行。

2. 与其他行业比较

从各行业来看，房地产贷款（房地产开发贷款、按揭贷款之和）增速较高。截至2017年年底，房地产贷款同比增速20.9%，高于服务业贷款同比增速（18.2%）以及工业贷款增速（5.1%）。

3. 房地产贷款细分项比较

从房地产贷款细分项看，2017年年底，房产开发贷款余额7万亿元，同比增长21.7%，其中，保障性住房开发贷款余额3.3万亿元（在房产开发贷中占比47%），同比增长32.6%；与房地产企业开发建设直接相关的商品房开发贷（房产开发贷款减去保障房开发贷款）为3.7万亿元，同比增长6.2%。地产开发贷款余额1.3万亿元，同比降低8%。

个人购房贷款余额21.9万亿元，同比增长22.2%，比人民币各项贷款增速高9.5个百分点。从占比看，各项占比从大到小排列为个人购房贷款（68%）>房产开发贷款（22%）>地产开发贷款（4%）（见图7-10）。

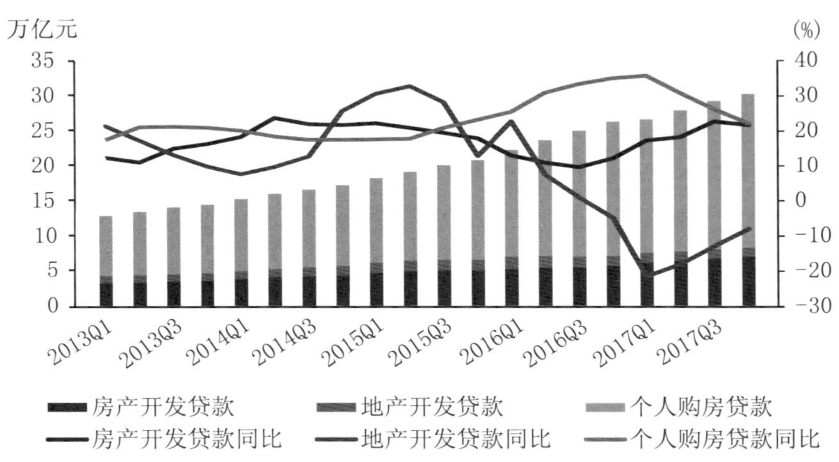

图7-10 2013—2017年房地产贷款细分项及同比增速

数据来源：中国人民银行。

（四）房地产股票融资

2017 年证监会发文限制上市公司再融资的规模和频率，股票定增难度提高。关于定增的最新政策要求：上市公司申请非公开发行股票的，拟发行的股份数量不得超过本次发行前总股本的 20%。上市公司申请增发、配股、非公开发行股票的，本次发行董事会决议日距离前次募集资金到位日原则上不得少于 18 个月。前次募集资金包括首发、增发、配股、非公开发行股票。但对于发行可转债、优先股和创业板小额快速融资的，不受此期限限制。另外，上市公司申请再融资时，除金融类企业外，原则上最近一期末不得存在持有金额较大、期限较长的交易性金融资产和可供出售的金融资产、借予他人款项、委托理财等财务性投资的情形。这一新政出台的效果几乎是"立竿见影"，上市房企的股票定增大幅缩减。2017 年房地产行业（按照 Wind 行业划分）A 股融资规模达 188.2 亿元，较上年同期（1172 亿元）下降 84%（见表 7－4）。

表 7－4　　2017 年初以来房地产企业 A 股增发情况

发行证券代码	公司名称	增发上市日	募资总额（亿元）
600162.SH	深圳香江控股	2017－02－15	23.50
600848.SH	上海临港控股	2017－02－08	31.62
000058.SZ	深圳赛格股份	2017－03－06	44.82
000981.SZ	银亿股份	2017－11－09	79.8
600133.SH	东湖高新	2017－12－06	8.42

备注：根据 Wind 行业分类的房地产行业。

（五）房地产信托

1. 与房地产信托相关的政策

4 月 7 日，银监会发布 53 号文，要求对信托公司与四类机构的不当交易行为进行自查，在行业投向方面要求"严格风险审查和资金投向合规性审查"，严控资金违规开展房地产业务。2017 年 5 月，银监会下发《2017 年信托公司现场检查要点》，其中涉及房地产信托业务主要包括以下两方面：①是否通过股债结合、合伙制企业投资、应收账款收益权等模式变相规避监管向房企融资，或协助其他机构违规开展房地产信托业务。②"股＋债"项目中是否存在不真实的股权或债权、房企以股东借款充当劣后受益人、以归还股东借款名义变相发放流动资金贷款的情况。

2017 年 12 月，银监会下发《规范银信类业务通知》（55 号文）要求商业银行和信托公司开展银信类业务，应贯彻落实国家宏观调控政策，遵守相关法律法规，不得将信托资金违规投向房地产、地方政府融资平台、股票市场、产能过剩等限制或禁止领域。接着，银监会信托部主任邓志毅出席北京银监局辖内信托公司座谈会，他表示 2018 年整顿信托业是银监会的工作重点，2018 年信托业的外部环境，关键是"压"，就是压通道。银监会对于不顾全大局、一意孤行的机构保留有足够手段采取措施。

2. 资金投向余额情况

最新数据显示，2017 年 4 季度末，投向房地产领域的资金信托余额为 2.3 万亿元，同比增长 54.5%。从资金信托的投向来看，工商企业依然稳居信托投向的榜首，金融机构紧随其后，然后依次是基础产业、证券投资、房地产。2017 年 4 季度末，五大投向占比情况如下：工商企业占比 27.8%，金融机构占比 18.8%，基础产业占比 14.5%，证券投资占比 14.2%，房地产行业占比 10.4%。可以看到，信托业对基础产业和房地产的支持力度基本稳定，为经济的平稳增长做出积极贡献（见图 7－11）。

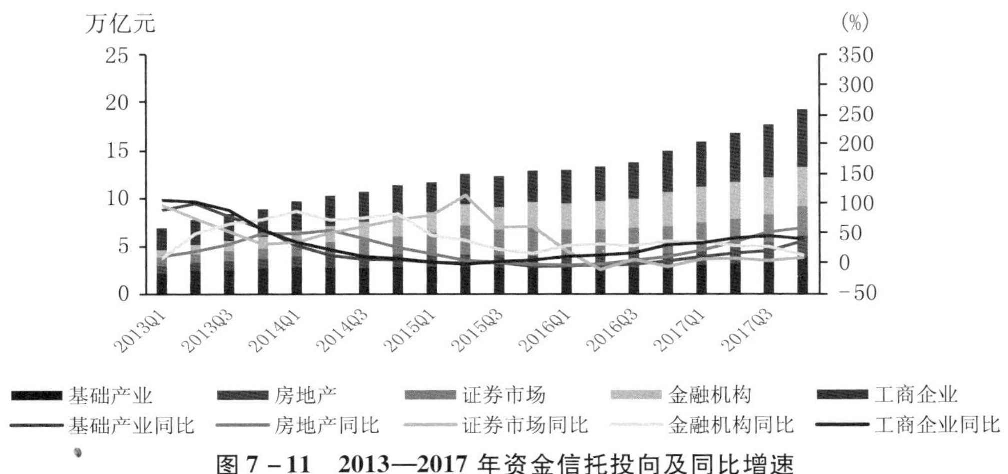

图 7－11　2013—2017 年资金信托投向及同比增速

数据来源：中国信托业协会。

（六）房地产私募基金

2017 年 8 月，《私募投资基金管理暂行条例（征求意见稿）》（以下简称《暂行条例》）公开征求意见。整体而言，《暂行条例》明确了私募投资基金的基金管理人、基金托管人的准入门槛和职责，并制定了各方参与者在进行资金募集、投资运作、行业自律等活动时应当遵守的合规标准，引导私募行业向更加规范的方向发展出台。

1. 募集情况

从募集情况来看，房地产私募股权基金募集数量下降，但募集金额显著上升。2017 年募集基金数量仅有 21 只，募集金额为 312.10 亿元。（2016 全年募集 32 只，142.71 亿元）。

2017 年中国私募股权投资基金类型分布如下：成长基金 1755 支，占总支数 69.3%；募集资金 9335.40 亿元，占募集资金总额 65.7%。创业投资基金 481 支，占总支数 19.0%；募集资金 864.29 亿元，占募集资金总额 6.1%。并购基金 175 支，占总支数 6.9%；募集资金 1743.35 亿元，占募集资金总额 12.3%。基础设施基金 87 支，占总支数 3.4%；募集资金 1788.66 亿元，占募集资金总额 12.6%。房地产基金 21 支，占总支数 0.8%；募集资金 312.10 亿元，占募集资金总额 2.2%。夹层基金 11 支，占总支数 0.4%；募集资金 167.06 亿元，占募集资金总额 1.2%。不良债权基金 2 支，占总支数 0.1%；天使投资基金 1 支。

2. 投资情况

从投资情况来看，私募股权基金在房地产行业的投资活跃度有所下降。2017 年，私募股权基金在房地产领域的投资案例共有 66 起，同比大幅下降 212%；投资金额为 526.49 亿元人民币，同比下降 6.7%；投资金额名列行业第六，较上年下降 3 个位次。

（七）房地产债券融资

自新一轮房地产调控政策出台以来，监管部门对于房企发债的政策做出了调整。以上交所为例，债券发行的要求主要体现在两个方面：一是严格合规要求。对于违反“国办发〔2013〕17 号”规定的重大违法违规要求、在重点调控的热点城市存在竞拍地王或哄抬地价行为、存在违规使用募集资金的房企，禁止发行公司债券。二是信用资质较高。发行人资质良好、主体评级 AA 及以上并能够严格执行国家房地产行业政策和市场调控政策的房企可以继续发债，其中包括：①主体评级在 AA 以上的境内外上市的房地产企业；②主体评级在 AA 以上的以房地产为主业的中央企业和地方国企。即使在允许部分房企发行公司债券的政策条件下，今年债券发行成本较高，发行难度较大（投资人认购不足）。

2017 年，根据证监会行业分类，房地产行业债券发行 3759 亿元，较上年同期下降 65%。在克而瑞销售榜单中，销售金额前 30 的房地产企业发行债券 1458 亿元，发行金额不到去年同期的 30%。发行主体主要有万达商业、绿城集团、华夏幸福、泰禾集团、万科集团、光明房地产等龙头房企（见表 7－5）。

表 7－5　　2017 年销售前 30 房企发行债券情况（不包括 ABN 和 ABS）

发行人	发行日期	发行面额（亿元）	利率（%）	期限（年）	债券类型
荣盛发展	2017－11－17	5.0	7.50	5	定向工具
荣盛发展	2017－11－17	5.0	7.50	5	定向工具
蛇口招商	2017－11－16	13.6	5.40	5	一般公司债
蛇口招商	2017－11－16	10.4	5.20	3	一般公司债
蛇口招商	2017－11－16	13.6	5.40	5	一般公司债
蛇口招商	2017－11－16	10.4	5.20	3	一般公司债
保利地产	2017－11－2	25.0	5.40	5	一般中期票据
保利地产	2017－11－2	25.0	5.40	5	一般中期票据
阳光城	2017－10－30	12.0	7.00	5	一般中期票据
阳光城	2017－10－30	12.0	7.00	5	一般中期票据
保利地产	2017－10－19	25.0	5.40	5	一般中期票据
保利地产	2017－10－19	25.0	5.40	5	一般中期票据
世茂地产	2017－10－16	5.0	5.19	3	一般公司债
世茂地产	2017－10－16	5.0	5.19	3	一般公司债
泰　禾	2017－9－29	30.0	7.50	3	私募债
泰　禾	2017－9－29	30.0	7.50	3	私募债
阳光城	2017－9－28	10.0	7.50	3	一般中期票据
阳光城	2017－9－28	10.0	7.50	3	一般中期票据
世茂地产	2017－9－19	10.0	5.15	3	一般公司债
世茂地产	2017－9－19	10.0	5.15	3	一般公司债
泰　禾	2017－9－1	20.0	7.50	3	一般中期票据
泰　禾	2017－9－1	20.0	7.50	3	一般中期票据
光明房地产	2017－8－23	15.0	5.15	5	一般中期票据
招商蛇口	2017－8－17	30.0	4.70	3	一般中期票据
泰禾集团	2017－8－15	30.0	7.50	3	私募债
绿城集团	2017－8－4	14.0	5.30	5	一般中期票据

续表

发行人	发行日期	发行面额（亿元）	利率（%）	期限（年）	债券类型
荣盛发展	2017－8－3	14.0	6.50	3	一般中期票据
华润置地	2017－7－21	38.0	4.55	3	一般中期票据
华润置地	2017－7－21	12.0	4.70	5	一般中期票据
鼎力实业	2017－7－19	17.0	6.10	7	一般企业债
万科集团	2017－7－13	30.0	4.50	5	一般公司债
雅居乐集团	2017－7－12	30.0	6.98	3	私募债
新城控股集团	2017－7－12	15.0	6.00	5	一般中期票据
金地集团	2017－7－11	30.0	4.85	5	一般公司债
金地集团	2017－7－11	10.0	5.05	7	一般公司债
上海世茂	2017－7－10	25.0	4.95	3	一般公司债
金地集团	2017－7－3	15.0	5.07	5	一般中期票据
泰禾集团	2017－6－30	15.0	7.50	3	一般中期票据
佳源创盛控股	2017－6－29	15.0	8.50	3	私募债
华夏幸福	2017－6－27	15.0	4.96	0.74	超短期融资债券
高新控股集团	2017－6－23	20.0	5.70	6	私募债
建发集团	2017－6－22	20.0	5.53	3	私募债
华夏幸福	2017－6－21	15.0	4.99	0.74	超短期融资债券
阳光城集团	2017－6－16	12.0	7.00	5	一般中期票据
首开地产	2017－6－15	40.0	4.89	3	一般中期票据
绿城集团	2017－6－9	25.0	5.47	3	一般中期票据
万达商业	2017－6－1	20.0	5.30	3	一般中期票据
华夏幸福	2017－5－19	19.0	5.80	5	一般中期票据
郑州地产集团	2017－5－18	12.0	5.80	5	定向工具
新城控股集团	2017－5－16	20.0	6.30	5	定向工具
联发集团	2017－5－4	12.0	5.50	3	一般中期票据
电建地产集团	2017－5－3	15.0	6.00	3	一般中期票据
复地集团	2017－4－27	30.0	6.55	3	私募债
深国投	2017－4－27	16.5	7.50	3	私募债
绿城集团	2017－4－20	20.0	5.19	3	一般中期票据
万达商业	2017－4－17	60.0	5.20	3	一般中期票据
新城控股集团	2017－4－13	15.0	5.25	5	一般中期票据
鑫苑置业	2017－4－7	11.3	8.20	3	私募债
阳光城集团	2017－3－22	20.0	6.20	5	一般中期票据
首钢地产	2017－3－17	11.8	5.49	10	一般企业债
新城控股集团	2017－3－14	15.0	5.40	5	一般中期票据

续表

发行人	发行日期	发行面额（亿元）	利率（%）	期限（年）	债券类型
首开地产	2017-3-10	30.0	5.10	3	一般中期票据
华融置业	2017-3-10	19.0	5.48	5	一般公司债
招商蛇口	2017-3-9	20.0	4.64	3	一般中期票据
万达商业	2017-3-8	50.0	4.80	3	一般中期票据
绿城集团	2017-3-2	30.0	5.50	5	一般中期票据
滨江集团	2017-2-24	21.0	4.99	3	一般中期票据
重庆龙湖企业拓展	2017-2-16	16.0	4.40	5	一般企业债
重庆龙湖企业拓展	2017-2-16	14.4	4.67	7	一般企业债
上海世茂	2017-1-4	13.0	4.50	3	一般中期票据

数据来源：wind.

（八）房地产资产证券化（包含 REITs）

目前不动产证券化的实际融资人主要为不动产企业、城投公司、地方国资企业和持有物业的其他企业。我国境内不动产资产证券化产品，从底层资产上主要划分为：一是不动产，即我们经常提到的类 REITs（或者称为权益型类 REITS）；二是债权，债权又分为既有债权和未来债权，其中主要包括物业费资产证券化、购房尾款资产证券化、类 CMBS、抵押型类 REITs。从交易所市场划分，可以分为：一是证监会模式，即在证监会核准的专项资产管理计划（ABS）；二是交易商协会模式，即针对非金融企业、在交易商协会注册的资产支持票据（ABN）（见表 7-6）。

表 7-6 **ABS 与 ABN 的比较**

类　别	资产支持专项计划（ABS）	资产支持票据（ABN）
主管机构	证监会	交易商协会
监管依据	《证券公司资产证券化业务管理规定》《资产支持计划业务管理暂行办法》	《中华人民共和国信托法》
发行方式	备案制	注册制
交易市场	交易所	银行间市场
托管机构	中国证券登记结算公司	上海清算所
基础资产	负面清单管理	已建设项目未来收益权/既有债权
募集资金用途	投资建设项目、偿还银行贷款、补充营运资金等	投资建设项目、偿还银行贷款、补充营运资金等
还款来源	由基础资产所产生的现金流	由基础资产所产生的现金流
增信措施	内部或外部信用增信	外部增信、第三方担保
信用评级	由资信评级机构进行信用评级	公开发行：聘请两家评级机构；非公开发行：不要求

我国不动产资产证券化的产品结构模式主要包括：类 REITs、CMBS/CMBN（商业不动产抵押贷款支持证券）、物业费 ABS 和购房尾款 ABS 等类型。此外，房地产企业还发行了保障房类 ABS 及保理类（供应链类）ABS。自 2014 年不动产证券化产品问世以来，截至 2017 年 12 月底，已发行证券化产品 2748 亿元。其中，类 REITs 产品及 CMBS 产品成为我国不动产企业证券化融资的主要渠道，这两种产品发行总规模达 1276 亿元，占不动产证券化融资 46%。物业费及购房尾款产品基于底层基础资产的现金流以及主体信用，总发行规模达 908 亿元，占不动产证券化融资产品规模的 33%。此外，保障房证券化融资作为政策鼓励的方向，发行规模 85 亿元，但单笔规模较小；保理 ABS 目前的发行规模集中于万科、碧桂园等龙头房企（见表 7 -7）。

表 7 -7　　2014—2017 年不动产企业发行 ABS 分类统计

单位：亿元,%

类　别	发行规模	占　比	发行笔数	占　比
类 REITs	638	23	28	17
CMBS/CMBN	638	23	17	10
物业费 ABS	574	21	46	28
购房尾款 ABS	334	12	22	13
保障房 ABS	85	3	8	5
保理 ABS	479	17	46	28
合　计	2748	100	167	100

数据来源：wind.

（九）房地产海外融资

自 2017 年初以来，国内房地产企业海外发债显著增加，与 2014 年海外债发行激增及当前到期压力较大不无关系。在美元债融资成本上行的背景下，房地产企业仍选择海外融资，主要还是受到了国内融资收紧的驱动。Wind 数据显示，2017 年，内地房企共在海外发债 77 只，同比增长 208%；实际募资 391 亿美元，同比上升 311%。发行数量和规模都达到近年来新高，且较过去两年发行总和都多。房企发债增长的同时，发行利率也明显上行。2017 年地产企业海外发债中，明发集团发债的票面利率最高，达到 11%，其次利率超过 8% 的共有 9 只，利率区间在 5% ~8% 的则有 51 只，占比最大，成为内地房企海外发债的利率主要区间（见表 7 -8）。

表 7 -8　　2017 年部分国内房地产企业境外市场债券发行情况

发行人	起息日期	发行规模（亿元）	票面利率（%）	上市地区	交易币种
旭辉控股	2017 -12 -19	3.0	5.38	中国香港	USD
龙光地产	2017 -12 -3	2.0	5.38	无	USD
时代中国控股	2017 -11 -30	3.0	6.60	中国香港	USD
鑫苑中国	2017 -11 -22	2.0	8.88	新加坡	USD
华南城	2017 -11 -20	3.0	7.25	新加坡	USD
三盛控股	2017 -11 -17	1.4	浮动利率	无	USD

续表

发行人	起息日期	发行规模（亿元）	票面利率（%）	上市地区	交易币种
力高地产	2017-11-15	2.5	7.00	新加坡	USD
佳源国际控股	2017-11-15	3.0	8.25	中国香港	USD
远东发展	2017-11-13	1.5	4.50	中国香港	USD
合景泰富	2017-11-10	4.0	5.88	中国香港	USD
龙光地产	2017-11-2	2.6	5.13	无	USD
华侨城（亚洲）	2017-10-10	8.0	4.30	中国香港	USD
禹洲地产	2017-9-29	3.0	5.38	中国香港	USD
天房集团	2017-9-29	1.0	4.50	中国香港	USD
阳光城	2017-9-27	4.0	8.50	新加坡	USD
合景泰富	2017-9-21	2.5	5.20	中国香港	USD
和润集团	2017-9-18	0.5	8.00	无	USD
中国奥园	2017-9-13	2.5	5.38	新加坡	USD
佳兆业集团	2017-6-30	2.3	7.88	新加坡	USD
佳兆业集团	2017-6-30	3.4	7.25	新加坡	USD
佳兆业集团	2017-6-30	9.4	8.50	新加坡	USD
中国恒大集团	2017-6-28	6.0	6.25	新加坡	USD
中国恒大集团	2017-6-28	13.5	7.50	新加坡	USD
中国恒大集团	2017-6-28	46.8	8.75	新加坡	USD
绿地全球投资	2017-6-20	5	4.00	中国香港	USD
花样年控股	2017-6-13	3.5	5.50	新加坡	USD
龙光地产	2017-5-31	3.5	7.00	新加坡	USD
龙光地产	2017-5-23	4.5	5.25	新加坡	USD
明发集团	2017-5-18	2.2	11.00	新加坡	USD
绿地全球投资	2017-5-16	3.2	3.85	中国香港	USD
瑞安建业	2017-5-8	2.0	6.25	中国香港	USD
时代地产	2017-4-26	2.3	5.75	中国香港	USD
亿达中国控股	2017-4-19	3.0	6.95	中国香港	USD
景瑞控股	2017-4-12	4.0	7.75	中国香港	USD
阳光城集团	2017-4-5	3.0	6.85	中国香港	USD
中国恒大集团	2017-3-29	10.0	9.50	新加坡	USD
中国恒大集团	2017-3-23	5.0	7.00	新加坡	USD
中国恒大集团	2017-3-23	10.0	8.25	新加坡	USD
国瑞置业	2017-3-21	3.0	7.00	中国香港	USD
合景泰富地产	2017-3-15	5.0	6.00	中国香港	USD
中骏置业控股	2017-3-10	5.0	5.88	中国香港	USD

续表

发行人	起息日期	发行规模（亿元）	票面利率（%）	上市地区	交易币种
华南城控股	2017－3－9	3.0	5.75	新加坡	USD
建思环球	2017－3－8	3.0	4.38	中国香港	USD
方兴光耀	2017－3－3	5.0	3.60	中国香港	USD
新湖控股	2017－3－1	7.0	6.00	中国香港	USD
鑫苑置业	2017－2－28	3.0	7.75	新加坡	USD
新城发展控股	2017－2－16	3.5	5.00	新加坡	USD
禹洲地产	2017－1－25	3.5	6.00	中国香港	USD
中环广场	2017－1－25	4.0	3.88	中国香港	USD
时代地产控股	2017－1－23	3.8	6.25	中国香港	USD
旭辉控股	2017－1－23	2.9	5.50	中国香港	USD
方兴光耀	2017－1－17	5.0	5.75	中国香港	USD
合景泰富地产	2017－1－11	2.5	6.00	中国香港	USD
奥园地产集团	2017－1－11	2.5	6.35	新加坡	USD
龙光地产控股	2017－1－3	2.0	5.75	中国香港	USD

（傅强　黄泽华　中国民生银行地产金融事业部）

七、境外投资

（一）中国对外投资和外商对中国投资

1. 中国对外直接投资

根据国家商务部、国家统计局和国家外汇管理局的统计数据，2017 年全年，中国境内投资者对全球 174 个国家和地区的 6236 家境外企业新增非金融性直接投资累计总额近 1200.8 亿美元（折合 7812.8 亿元人民币），同比下降 29.4%，在投资总额上基本与 2015 年持平（见图 7－12）。

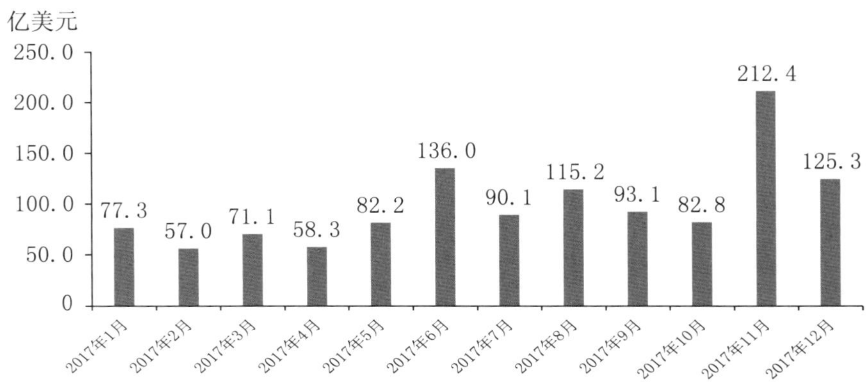

图 7－12　中国非金融类对外直接投资月度统计数据

数据来源：商务部、国家统计局、国家外汇管理局。

2017 年，中国在全球范围内的境外直接投资出现自 2006 年以来的首次下滑，其主要原因是 2016 年中国对外直接投资出现了“井喷式”增长、中国自身加强了对境外投资的管控、政府强化对非理性投资的监管、解决国际收支平衡问题，同时缓解由于快速增长的境外投资而引发的中国金融系统潜在风险。中国在北美的单笔平均交易规模从 2016 年的 6. 26 亿美元下滑至 2017 年的 2. 82 亿美元；中国在欧洲的单笔平均交易规模也从 2016 年的 3. 46 亿美元下降至 1. 62 亿美元（先正达交易除外）下降幅度均超过 50%，反映出市场交易出现了明显的减缓趋势。

除了中国本身加大了对外投资限制以外，许多被投资国也逐步加强的境外对内投资监管审查也压制了中国境外直接投资活动。2017 年，中国投资者在北美与欧洲取消或撤回了 19 项已宣布的交易，总价值超过 120 亿美元。据估算，其中超过 2/3 由于海外监管干预引起，其余则是受中国资本管控以及商业决策的影响。更加耗时以及更趋严格的监管审查主要影响的是金融服务、房地产、半导体及其他高科技领域的交易。

根据 UNCTAD① 统计数据，2017 年度，美国仍为最大外商投资的流入国和目的地，吸引了合计约 3110 亿美元投资额，中国仍然位居全球第二（见图 7－13）。

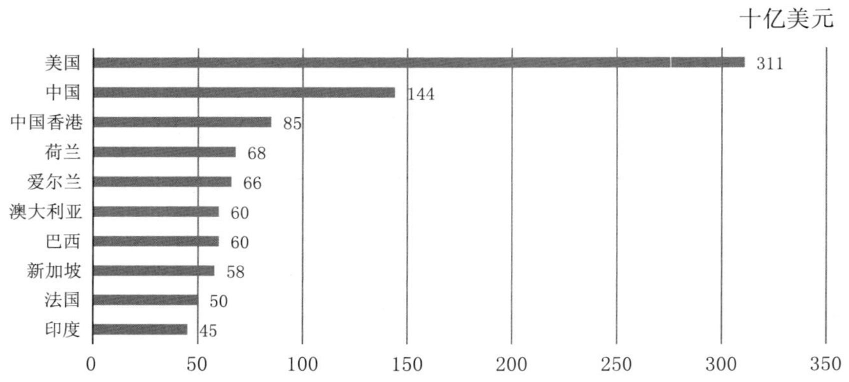

图 7－13　2017 年度全球外商直接投资流量前十大国家（地区）

数据来源：UNDTAD－Investment Trends Moitor.

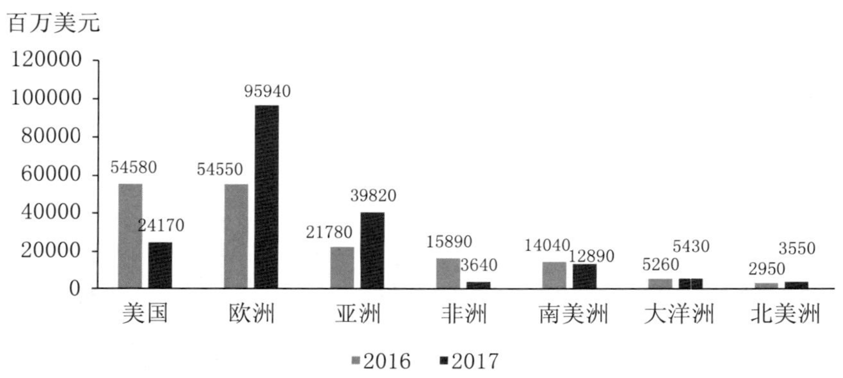

图 7－14　中国对外直接投资分布，2016 年与 2017 年对比

数据来源：China Global Investment Tracker（中统计的数据仅包含投资规模在 1 亿美元以上的投资案例统计，且不包含对香港的投资）.

① 数据来源于 Heritage 和 AEI 提供的“China Global Investment Tracker”数据库。此处将数据库中分类到 Tourism 中的酒店收购计入房地产投资。

2017 年全年，我国对进行非金融类直接投资的国家和地区由 2016 年的 164 个增加到 174 个，同比增长 6.1%，而投资的境外企业和项目由 2016 年的 7961 家下降至 6236 家，同比下降 22%。相较于 2016 年，虽然 2017 年中国对外直接投资增速放缓，但境外并购交易总额仍超过 1000 亿美元，投资目的地国家分布仍然是以美国为代表的发达国家和“一带一路”的沿线国家（见图 7－14）。

2017 年，我国企业共对“一带一路”沿线的 59 个国家非金融类直接投资达 143.6 亿美元，占当年中国对外非金融类直接投资总额的 12%，同比增幅为 3.5%。主要投向新加坡、马来西亚、老挝、印度尼西亚、巴基斯坦、越南、俄罗斯、阿联酋和柬埔寨等国家。对“一带一路”沿线国家实施并购 62 起，投资额 88 亿美元，同比增长 32.5%。

中国投资主要集中在与政策鼓励方向相契合的投资领域和国家，包括与“一带一路”倡议相关的投资领域，人工智能、半导体等信息产业，以及生命科学等高科技行业。据 CGIT 的统计数据，2017 年交易金额大于 1 亿美元的投资交易中，运输领域交易额为 645 亿美元，占比 23.8%，主要分布在美国、德国、瑞典、印度尼西亚等；流向能源领域的投资额为 624 亿美元，占比 23.1%，主要分布在俄罗斯、巴西等；流向农业领域的投资额为 463 亿美元，占比 17.1%，主要分布在瑞士、巴西、法国等；其次房地产行业位列第五，投资交易总额近 205 亿美元，占当年中国对外直接投资总量的 7.6%，占比进一步减少（见图 7－15）。

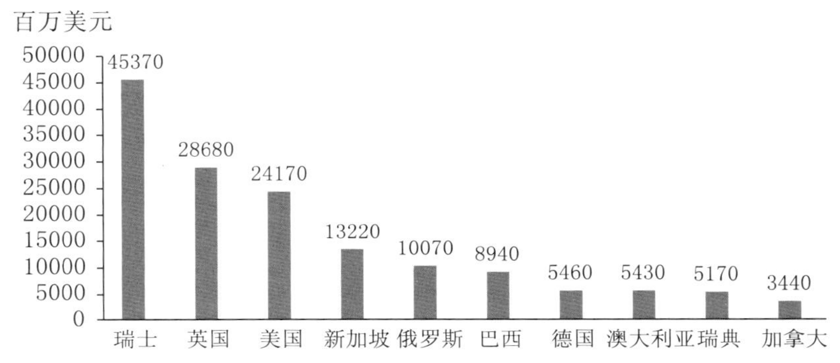

图 7－15　2017 年中国对外直接投资前十大国家和地区

数据来源：同图 7－14。

2. 外商对中国直接投资

根据商务部统计，2017 年，全国新设立外商投资企业 35652 家，同比增长 27.78%；实际使用外资金额 1310.4 亿美元（约合 8775.6 亿元人民币），同比增长 4%，该数据未包括银行、证券、保险等金融投资领域项下数据。全年利用外资规模再次创历史新高。

2017 年全年，“一带一路”沿线国家对华投资新设立企业 3857 家，同比增长 32.8%，实际投入外资金额 55.6 亿美元，同比下降 20.4%。东盟对华投资新设立企业 1287 家，同比增长 11%；实际投入外资金额 52.1 亿美元，同比下降 22.6%。欧盟 28 国对华投资新设立企业 1873 家，同比增长 7.6%；实际投入外资金额 87.9 亿美元，同比下降 9.1%。

高技术产业延续前两年的上升态势，实际吸收外资同比增长 61.7%，占外商直接投资总量达 28.6%，与 2016 年同期相比提高了 9.5%。其中，高技术制造业实际使用外资 665.9 亿元，同比增长 11.3%；高技术服务业实际使用外资 1846.5 亿元，同比增长 93.2%。

中部地区实际使用外资 561.3 亿元，同比增长 22.5%；西部地区新设立外商投资企业同比增长 43.2%。11

个自贸试验区新设外商投资企业6841家，实际使用外资1039亿元人民币，同比增长18.1%。

根据商务部和海关总署数据，年度对境内直接投资前十位国家/地区依次为：中国香港（989.2亿美元）、新加坡（48.3亿美元）、中国台湾（47.3亿美元）、韩国（36.9亿美元）、日本（32.7亿美元）、美国（31.3亿美元）、荷兰（21.7亿美元）、德国（15.4亿美元）、英国（15亿美元）、丹麦（8.2亿美元）。

3. 中国对外直接投资和外商对中国直接投资的比较

在严控非理性对外投资的政策基调下，2017年对外直接投资规模再次重回低于外资对中国直接投资的规模，出现自2015年正向剪刀差后的首次反向剪刀差。我国对外投资合作继续实现着健康稳步的规范发展，在“一带一路”沿线国家投资合作、行业结构优化、境外经贸合作区等方面取得明显进展（见图7－16）。

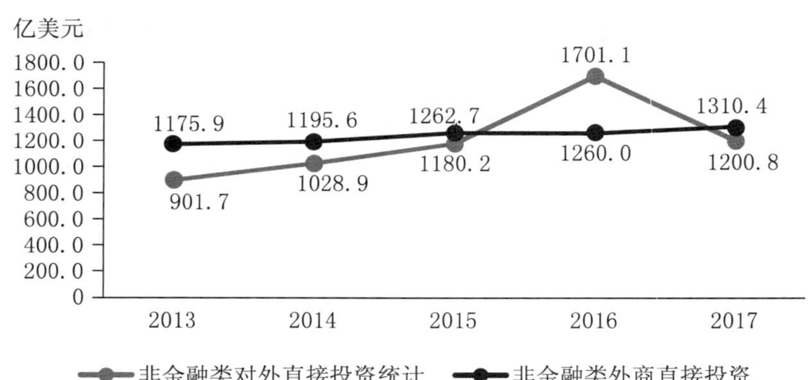

图7－16　中国对外直接投资和外商对中国直接投资的比较

数据来源：中国商务部数据中心。

（二）中国境外房地产投资

1. 对外投资政策

2017年，“合理有效监管”无疑已经成为了中国企业境外投资的核心“关键词”，国务院，各大部委等出台的红头文件，窗口指导意见比比皆是。其主旨就是严格控制中国企业跨境投资中的非法及非理性行为，让境外投资变得更有序、更安全、更合规。

2017年8月4日，国务院办公厅转发国家发改委、商务部、人民银行、外交部《关于进一步引导和规范境外投资方向的指导意见》。其中，境外投资项目被明确划分成了鼓励开展、限制开展和禁止开展三大类别。房地产、酒店、影城、娱乐业、体育俱乐部等境外投资将被限制，而有利于“一带一路”建设和周边基础设施互联互通的基础设施境外投资将被重点推进。

2017年12月26日由国家发改委发布的《企业境外投资管理办法》（“11号令”）又进一步简化了事前管理环节，更多的覆盖事中、事后监管，其宗旨是让中国企业和资本更好地“走出去”。

2. 数量和规模

2017年第三季度，中国境外房地产投资同比下降51%至25亿美元，这是自2013年第四季度以来季度投资总额最低的总量记录。截至前三季度，中国境外房地产投资累计达到182亿美元，这一数字仅为去年全年成交金额的一半。

然而，伴随着众多交易体量较大的投资项目的尘埃落定，第四季度中国境外房地产投资金额达到了翻倍增长，主要由于国家层面对于“一带一路”沿线国家投资力度的加持。物流和土地开发仍然是国内投资者在境外房地产投资中的主要投资类别。2017 年全年，中国境外房地产投资交易总额再创历史新高达 422 亿美元，较 2016 年全年增长 28%，增幅显著。其中，中国香港和英国、美国是中国境内投资者的三大主要投资目的地（见图 7－17）。

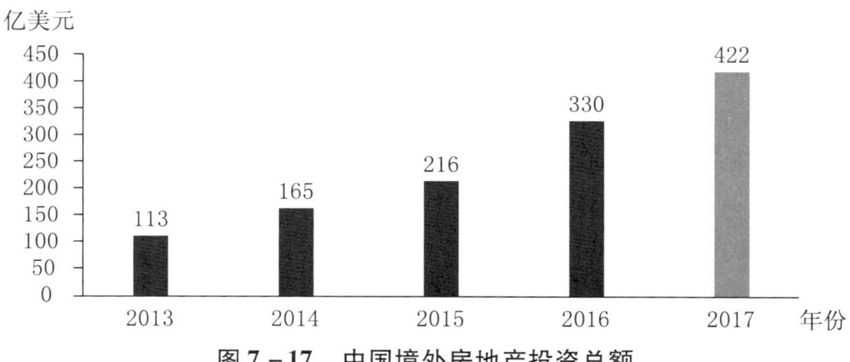

图 7－17　中国境外房地产投资总额

数据来源：RCA，戴德梁行研究部。

从 China Global Investment Tracker 汇总的案例来看，中国境外房地产投资规模在 1 亿美元以上的案例数目由 2013 年的 34 个逐渐增至 2015 年的 45 个和 2016 年的 55 个。[①] 2017 年，由于对于境外房地产投资的真实审慎政策的监管落实，投资案例数首次出现下降至 34 个（见图 7－18）。

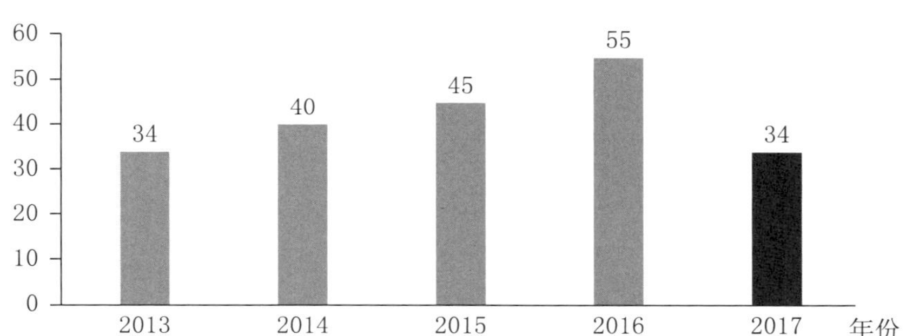

图 7－18　中国境外房地产投资规模在 1 亿美元以上的投资案例数

数据来源：同图 7－14。

3. 投资类别

2017 年，中国境外房地产投资在细分种类的选择上与上年相较产生了明显区别，工业物流地产类别借助中国投资有限公司购买大型 Logicor 物流平台这一交易以总投资 158 亿美元的交易金额占据了同类别交易总额的 37.4%。以往一直处于首选位置并以现金流稳定著称的写字楼资产虽受到监管政策的管控，但仍占总额的 34.3%。其下降幅度并不大的原因是三宗大型交易，分别为伦敦地标建筑 Leadenhall 大楼被中渝置地于 3 月收购，5 月份海航集团以 22 亿美元收购纽约 245Park Avenue 写字楼，以及年底中国港澳台侨和平发展亚洲地产以 51.5 亿美元收购香港中环中心。

① 数据来源于 Heritage 和 AEI 提供的“China Global Investment Tracker”数据库。此处将数据库中分类到 Tourism 中的酒店收购计入房地产投资。

除去工业物流和写字楼所占据的70%总交易份额，其余的投资分类中仍旧以土地开发所占比例最大。国内投资者在2017年内依然保持着对境外土地开发投资较为旺盛的需求，这一类别的投资额达93亿美元，占总额近22%，较上年同比增长60%。而零售、酒店以及公寓类投资却表现极为有限，特别是酒店类型的投资交易相对惨淡，投资额同比下降90%（见图7-19）。

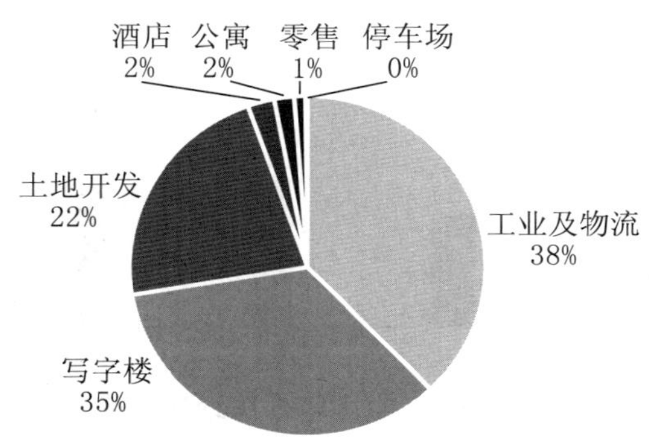

图7-19　2017年中国境外地产投资类别占比

4. 地域分布

据戴德梁行的报告，中国香港和英国是中国资本在2017年境外投资的首选前两大目的地，合计投资总额达52%，占市场过半份额。而美国作为2016年境外投资的首选之地在2017年却跌至第三，投资总额也从2016年的183亿美元锐减至45亿美元，同比下降幅度为75%，导致前三位的排序产生较大变化。去年同样被资本追捧的热门投资国，如澳大利亚、韩国与加拿大等也分别大幅度同比下跌了60%、91%和84%。荷兰、意大利、西班牙和波兰等过往不太活跃的欧洲国家却于今年进入了榜单，其中尤为明显的是荷兰，总投资额同比大幅上涨了近40%（见图7-20）。

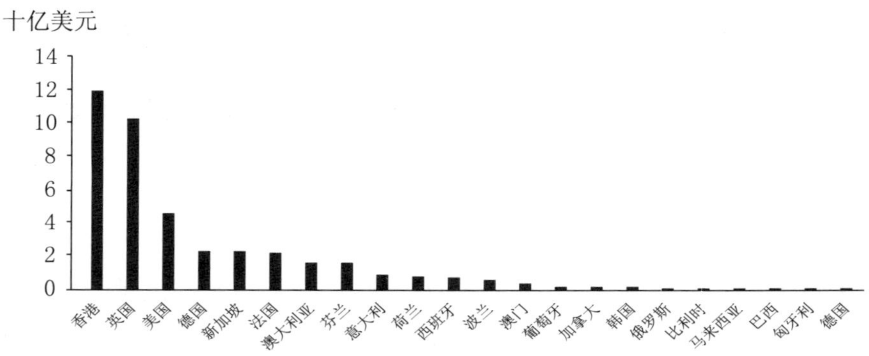

图7-20　2017年中国境外房地产投资（按国家/地区）

数据来源：RCA，戴德梁行研究部。

在China Global Investment Tracke① 汇总的2017年度中国境外房地产投资金额在1亿美元以上的34起案例

① 说明：China Global Investment Tracker中不包含对中国香港的投资。

中，投资亚洲的有 11 起（新加坡 3 起、印度 2 起、印尼 2 起，马来西亚、越南、尼泊尔、乌兹别克斯坦各 1 起），投资美国的有 7 起，投资英国的有 5 起，投资欧盟的有 4 起（意大利、瑞典各 1 起，瑞士 2 起），投资加拿大 3 起，投资非洲 2 起，投资澳大利亚和巴西的各有 1 起。

5. 重点目的地

中国香港

中国香港作为长期广受中国境外投资者青睐的地区于 2017 年以总计 36 宗交易 118 亿美元的交易金额荣登中国境外地产投资地区的首位。由于政府对于境外投资政策上的支持以及当地土地相对持续性的供应，作为主要参与者的国内开发商，国企以及部分私企，其对于中国香港地区房地产投资额较上年同比大幅上涨 75%。在物业类型的选择上，投资者多偏好于写字楼与土地开发项目，使得中国香港地区该房地产投资类型各占据了半壁江山，分别为 50% 和 48%。

英国

根据第一太平戴维斯（Savills）统计显示，2017 年 26 个国家的国际投资者对伦敦市中心商业地产的投资总额约高达 196.5 亿英镑，其中中国（包括香港）的投资占总量的 36.5%，远远超过位居第二的英国本国投资（19.52%），位居其后的依次为德国（13.34%）、美国（10.18%）、瑞士（3.1%）以及中东（2.1%）。

2017 年中国对英国房地产投资交易以 102 亿美元的总额跃升至第二位，相较于 2016 年同比上涨了 574%，涨幅巨大。其中最为值得关注的便是万达在收购了九榆树广场后，在短短 2 个月时间又以 6.21 亿美元的价格出售给中渝置地和富力地产。

英国获得了大量来自中国投资者的资金注入，究其原因为英国脱欧之后所处于的贬值周期，使得英国的房地产资产价值在汇率账面计算上出现了较大幅度的折价，与其原本的内在价值造成的偏颇，从而引得境外投资人重点关注。

美国

2017 年中国房地产投资在美国的投资额为 45 亿美元，三年来美国首次意外地让出了长期占据的第一位置。但美国仍然是大部分中国房地产投资者最亲睐的投资目的地，同时也是大部分专业投资机构平衡境外房地产投资组合中的首选之地。具体到美国的城市区域，以往最受中国投资者欢迎的前三大城市：纽约、旧金山和洛杉矶仍然保持着相当高的热度不减。西雅图、芝加哥以及波士顿毋庸置疑地紧随其后，而休斯顿却第一次跻身全美前七，当地投资较上年同期大涨了 130%，引起广泛关注。

澳大利亚

澳大利亚部分核心城市内的散售型住宅出现了供应过剩、境外投资人购买房地产类型限制、融资困难、优质可售物业稀缺、当地竞争激烈等现象，均对中国投资者在现在阶段对澳大利亚投资上造成了诸多挑战。众多原因均导致了澳大利亚在排名上从去年的第 4 骤跌至第 7，2017 年中国对澳大利亚境外地产投资总额仅为 16.3 亿美元，同比下降 60%。中国对澳大利亚地产投资多土地开发占 34%，写字楼的投资为 53%。

加拿大

2017 年中国投资者在加拿大的房地产投资总额仅 2.35 亿美元，同比下降了 84%，加拿大因此也跌出了前十之外。投资者对于写字楼类型的投资交易相对惨淡，市场的整体重心转向了零售市场，最终占投资总额的 83%。

（潘之恒　任思缓　兆瑞资本　亨瑞集团）

Ⅷ.大 事 记

2017年中国房地产大事记

1. 房地产中介行业加速整合

1月，国创高新公司通过发行股份及支付现金的方式购买Q房网100%股权，交易对价38亿元。2月，上市公司昆百大A公告：以61.82亿元收购北京我爱我家房地产经纪有限公司94%的股权，同时以3.78亿元协议受让我爱我家6%的昆百大A股权。8月，21世纪中国不动产与北京链家房地产经纪有限公司联合宣布双方已签署战略投资协议，交易完成后链家将参股21世纪中国不动产，持有完全稀释后10%的股权。

2. 分类实施房地产住房信贷调控

1月中国人民银行工作会议、2月中共中央政治局会议以及12月中央经济工作会议强调了我国货币政策的总基调是保持货币政策稳健中性，综合运用多种货币政策工具，管住货币供给总闸门，保持货币信贷和社会融资规模合理增长，基本稳定。4月银监会发布《中国银监会关于银行业风险防控工作的指导意见》要求差别化分类实施房地产信贷调控、强化房地产风险管控、加强房地产押品管理，促进房地产市场平稳健康发展。7月中国人民银行发布《中国金融稳定报告（2017）》提出加强宏观审慎管理，防控金融风险。

3. 34个县市建设用地使用权二级市场试点

1月22日，国土资源部公布《关于完善建设用地使用权转让、出租、抵押二级市场的试点方案》，在交易量较大且不动产登记工作基础较好的34个市县，建立符合城乡统一建设用地市场要求，产权明晰、市场定价、信息集聚、交易安全的土地二级市场。其中6个已开展集体经营性建设用地入市试点的县（区）同时开展国有和集体土地二级市场试点。

4. 房地产资产证券化发展加快

多家企业发行房地产信托投资基金（REITs）、商业房地产抵押贷款支持证券（CMBS）及房地产开发项目供应链资产支持证券（ABS）等资产证券化产品，发行金额总计超400亿元，同比增长超200%。引起市场高度关注的是新派公寓权益型房托资产支持专项计划（2.7亿）、保利自持租赁住房作为基础资产的REITs（50亿元）和招商创融长租公寓第一期资产支持专项计划（60亿元）等。

5. 内地房企大举投资香港

在2017年香港政府共拍出9幅宅地中，内地房企拿下其中6幅。海航集团在五个月内以272亿港元拿下香港4宗地块。

6. 农村集体土地"三权分置"改革加速

2月5日，中央一号文件印发，其中落实农村土地集体所有权、农户承包权和土地经营权的"三权分置"

有了新进展，主要体现在承包地、宅基地和集体建设用地确权登记颁证；建立农业农村发展用地保障机制，盘活农村存量建设用地；政府统筹协调推进农村土地征收和集体经营性建设用地入市。

7. 长效机制建设成为中央推动房地产稳定发展的核心策略

3 月 5 日，政府工作报告中明确提出“加快建立和完善促进房地产市场稳定健康发展的长效机制”。4 月、7 月和 12 月的中央政治局会议皆提出要加快形成促进房地产市场稳定发展的长效机制。12 月 18 日至 20 日，中央经济工作会议明确了 2018 年房地产重点“加快建立多主体供应、多渠道保障、租购并举的住房制度”，并提出要完善促进房地产市场平稳健康发展的长效机制，保持房地产市场调控政策连续性和稳定性，分清中央和地方事权，实行差别化调控。

8. 北京、上海严控“商改住”

从 3 月份起，北京、上海、广州、深圳、南京、成都、东莞、温州等城市，先后整顿商改住房屋市场，明确商业、办公类项目应当严格按规划用途开发、建设、销售、使用，未经批准，不得擅自改变为居住等用途。

9. 2017 中国房地产 500 强发布

3 月 22 日，由中国房地产业协会和中国房地产测评中心举办的 2017 中国房地产开发企业 500 强测评成果发布会。在 2016 年度，中国房地产开发企业 500 强龙头首次易主，恒大集团凭借全年销售金额 3731 亿元表现将连续八年位居榜首的万科挤至次席。碧桂园销售金额突破三千亿元首次跻身三强位置。绿地、保利、中海、万达、融创、华夏幸福、龙湖和富力分列四到十位。

10. 中央设立雄安新区

4 月 1 日，中共中央、国务院决定在河北省设立雄安新区，重点打造北京非首都功能疏解集中承载地，建设成绿色生态宜居新城区、创新驱动发展引领区、协调发展示范区、开放发展先行区，贯彻落实新发展理念的创新发展示范区。雄安新区地处北京、天津、保定腹地，规划范围涉及河北省雄县、容城、安新 3 县及周边部分区域。起步区面积约 100 平方公里，中期发展区面积约 200 平方公里，远期控制区面积约 2000 平方公里。自此国家级新区扩容至 19 个。

11. 各地加大土地供应，提高保障房建设土地比重

4 月，北京市提出要在未来五年供应住宅用地 6000 公顷，（其中集体建设用地 1000 公顷），保障建设住房 150 万套（其中产权类住房 100 万套，租赁住房 50 万套）。7 月，重庆市规划今后五年主城区计划供应住宅用地 9.5 万亩；上海宣布在“十三五”期间，住房用地供应 5500 公顷（其中租赁住房用地 1700 公顷），租赁住房供应约 70 万套；深圳 2017 年度计划供应建设用地 1350 公顷（其中新增建设用地 400 公顷，存量建设用地 950 公顷）。8 月，广州市提出未来五年供应住宅用地 3200 万平方米；杭州提出未来三年，新增租赁住房总量占新增商品住房总量的 30%。

12. 上海市新开盘商品住房实行摇号购房

5 月 4 日，上海市新开盘商品住房采取由公证机构主持的摇号方式公开销售，严格落实购房实名制，不得以任何名义收取价外价。

13. 2017 中国上市房企百强在港揭晓

5 月 25 日，中国房地产业协会和中国房地产测评中心在香港举办的“2017 中国房地产上市公司测评成果发布会暨上市房企高峰论坛”。万科连续第十年蝉联榜首，中国海外发展和中国恒大位居三强。碧桂园、保利地产、绿地控股、华夏幸福、富力地产、华润置地和融创中国分列榜单第四至十位。

14. 万科董事会换届，股权纷争落定

6 月 9 日，深圳市地铁集团有限公司替代恒大成为万科第一大股东，宝能系退为第二大股东。6 月 30 日，万科董事会换届顺利完成，郁亮为万科新董事长，王石卸任。新一届董事会中，深圳市地铁集团和万科管理层各占据三位，管理层重新步入经营管理公司正轨。

15. 地方“四限”调控政策密集出台

在因城施策的导向下，各地政府积极深化房地产政策调控，多城市楼市政策调整密集出台。调控城市持续增加，政策区域联动性、创新性增强。年内累计超过100个城市发布房地产调控政策，政策发布轮次超过250次。仅北京一个城市发布的各类型房地产调控政策就超过30次。此外，限售政策成为继限价、限购、限贷政策后的全国范围推广的房地产调控政策。至12月末全国已经有超过50个城市实行限售措施，要求新交易住房在取得产权证后需持有一定年限方可转让，期限在2—10年之间。

16. 王蒙徽接替陈政高任住建部部长

6月27日，全国人大常委会决议免去陈政高的住房和城乡建设部部长职务，同时任命王蒙徽为住房和城乡建设部部长。

17. 12个城市开展住房租赁试点

7月，住建部等九部门联合发出《关于在人口净流入的大中城市加快发展住房租赁市场的通知》，要求采取多种措施加快推进租赁住房建设，培育和发展住房租赁市场，选取广州、深圳、南京、杭州、厦门、武汉、成都、沈阳、合肥、郑州、佛山、肇庆等12个城市作为首批开展住房租赁试点。8月，国土资源部、住房和城乡建设部对外发布《利用集体建设用地建设租赁住房试点方案》，确定北京、上海、沈阳、南京、杭州、合肥、厦门、郑州、武汉、广州、佛山、肇庆、成都等13个城市开展利用集体建设用地建设租赁住房试点。

18. 上海推纯自持租赁用地

7月，上海推出100%自持的租赁住房用地，所建物业仅用于出租，不得出售。全年全国有160余宗自恃用地在北京、广州、深圳、成都、杭州等12城市推出并实现出让。

19. 万科领衔财团并购普洛斯

7月14日，万科联合厚朴投资、高瓴资本、中银投、SMG联合组成的财团以790亿收购新加坡物流地产巨头普洛斯，其中万科集团出资169亿，占股21.4%。

20. 富力、融创接盘万达酒店文旅资产

7月19日，万达商业、融创集团、富力地产三方签订的战略合作协议，万达商业将北京万达嘉华等77个酒店以199.06亿元的价格转让给富力地产，将西双版纳万达文旅项目、南昌万达文旅项目等13个文旅项目91%股权以438.44亿元的价格转让给融创房地产集团。

21. 多地提出住房“租购同权”

多个城市出台鼓励租赁行为、规范租赁市场的举措，支持发展租赁市场。广州、南京、郑州、济南、无锡、扬州、成都等城市明确赋予符合条件的承租人及子女，享有与本地购房居民同样的义务教育、医疗等基本公共服务，建立承租人权力清单，逐步实现租购同权。

22. 房企竞相参与城市更新

越来越多的房企积极布局城市更新（旧城改造），其中碧桂园参与昆明春城项目；万科持续开发经营杭州良渚文化村；恒大在深圳纳入近6000亿元货值城市更新储备；阳光城通过系列并购获得多个城市更新项目；龙光地产在珠海、惠州及潮州等地拥有6个城市更新项目；旭辉投资太原新城改造项目；九龙仓进入北京丰台区西局村旧村改造项目三期地块。

23. 京东、阿里两大电商巨头进军房地产租赁市场交易服务

8月9日，杭州住保房管局与阿里巴巴集团、蚂蚁金服集团合作搭建智慧住房租赁监管服务平台举。10月

10 日，支付宝正式推出租房业务，并选择在北京、上海、深圳、杭州、南京、成都、西安、郑州这 8 个城市上线。10 月 24 日，京东宣布进军房地产市场，主要覆盖住宅、商业地产、特色地产三大市场。

24. 规范房地产等境外投资行为

8 月 18 日，国务院办公厅转发《关于进一步引导和规范境外投资方向的指导意见》，调整对境外投资的宏观指导，引导和规范境外投资方向，推动境外投资持续合理有序健康发展，提出鼓励、限制、禁止三类境外投资活动。在限制开展的境外投资中包括了房地产、酒店、影城、娱乐业、体育俱乐部等类别。

25. 北京提出共有产权住房目标任务

9 月 20 日，北京市明确未来五年供应 25 万套共有产权住房的目标，着力满足城镇户籍无房家庭及符合条件新市民的基本住房需求。

26. 北京、上海相继发布《城市总体规划》

9 月 29 日，《北京城市总体规划（2016 年—2035 年）》发布，明确提出北京的一切工作必须坚持全国政治中心、文化中心、国际交往中心、科技创新中心的城市战略定位，履行为中央党政军领导机关工作服务，为国家国际交往服务，为科技和教育发展服务，为改善人民群众生活服务的基本职责。着眼打造以首都为核心的世界级城市群，完善城市体系，在北京市范围内形成“一核一主一副、两轴多点一区”的城市空间结构。

12 月 15 日，《上海市城市总体规划（2017—2035 年）》（简称“上海 2035”）获得国务院批复原则同意。上海的城市性质确定为：上海是我国的直辖市之一，长江三角洲世界级城市群的核心城市，国际经济、金融、贸易、航运、科技创新中心和文化大都市，国家历史文化名城，并将建设成为卓越的全球城市、具有世界影响力的社会主义现代化国际大都市。

27. “十九大”报告定调“房住不炒”

10 月 18 日，中国共产党第十九次全国代表大会报告明确了房地产市场的发展战略是“加强社会保障体系建设。坚持房子是用来住的、不是用来炒的定位，加快建立多主体供给、多渠道保障、租购并举的住房制度，让全体人民住有所居。”

28. 限价政策引发多地一、二手房价倒挂

由于北京、上海和南京等地实行限价，新建商品住房申报价格受到严格管控，导致部分区域，新建商品住房市场价格明显低于存量商品住房的现象出现。购房者连夜到登记处排队。全额付款购房者挤掉贷款分期购房者。

29. 多家银行与政府合力构建住房租赁平台

在国家大力推行住房租赁的大背景下，鼓励企业参与到住房租赁市场建设中，中国建设银行（上海、深圳、武汉、广州、郑州、佛山、肇庆）、中国银行（厦门）、交通银行（广州）、国开行（肇庆）、中国银联（沈阳、武汉）、徽商银行（合肥）等金融机构与各地政府住房管理部门合作建设租赁服务平台，提供租赁服务。

30. 战略投资助力恒大转型

恒大启动战略转型，通过多轮增资，累计引入包含中信、中融、正威集团、华信、苏宁、山东高速、深业集团、深圳广田等多家央企、地方国企和金融机构投资者，让出了 36.54% 股权。获得总计 1300 亿元的资金。

31. 保利系地产业务完成整合

12 月 1 日，保利地产采用现金方式，收购公司实际控制人保利集团持有的保利控股 50% 股权，并按照 50% 的持股比例承接保利控股应付保利集团的股东借款本金和应付未付利息。

32. 各地降低“人才”购房门槛

包括武汉、长沙、成都、西安、济南、南京、郑州、青岛、厦门、昆山等一大批城市，从5月至11月内纷纷推出人才政策，给予人才购房、租房等优惠，开启人才抢夺战。这些政策主要是大学生落户“零门槛”；专科以上学历购房者首套房不限购；本科学历缴纳社保满半年可享本地购房待遇；本科以上不受限购约束买首套房；本科即可就业落户、买房；引进人才入户年龄放宽5岁等。

33. 房企涉足长租公寓

万科、龙湖、旭辉、碧桂园、阳光城、绿城、保利、绿地、华润置地、招商蛇口、金地等一大批房企纷纷以不同形式涉足长租公寓。其中，碧桂园与30多家合作单位实现长租公寓开发经营战略签约。中海在建长租公寓项目已分布北京、上海、深圳、成都等九个城市。

34. 24家房企入股易居（中国）企业集团

易居（中国）企业集团在上年18家大型房企和金融机构投资入股后，年底又有碧桂园、中骏地产、祥生地产、新力地产、俊发地产、中南置地等6家房企入股。

35. 推进棚改建设，提高货币化安置比例

各地加速推进棚改，进一步提高棚改货币化安置比例。截至年末，全国各类棚户区改造开工609万套，顺利完成年度目标任务，完成投资1.84万亿元。

36. 加快培育特色小镇

在特色小镇发展进程中，住建部发起创建的特色小镇有403个，省级单位发起创建的特色小镇有979个，体育总局发起创建的特色小镇有96个，房企发起创建的特色小镇则约为500个。公开发布小镇战略计划的房企有绿地、华夏幸福、碧桂园、华侨城、蓝城等二十多家，共签约项目超百个。特色小镇成为房企新增土地储备的新空间。

37. 北京土地出让规模破记录

北京土地市场通过招拍挂成交的经营性土地共90幅，同比增长221%；成交土地可建面积高达1166万平方米，同比增长129%。全年成交金额为2758亿，同比增长226%。

38. 全年土地成交价款增幅超过购置面积增幅

全年土地购置面积25508万平方米，同比增幅15.8%，土地成交价款13643亿元，同比增幅49.4%。全国累计土地成交均价从年初的3346元/平方米，上升到年末的5349元/平方米。

39. 国有土地出让收入和支出大幅增加

2017年国有土地使用权出让收入52059亿元，同比增长40.7%；国有土地使用权出让收入相关支出51780亿元，同比增长37.1%。

40. 房地产销售面积和金额再创新高

全年商品房销售面积169408万平方米，比上年增长7.7%。其中，住宅销售面积增长5.3%，办公楼销售面积增长24.3%，商业营业用房销售面积增长18.7%。商品房销售额133701亿元，增长13.7%。其中，住宅销售额增长11.3%，办公楼销售额增长17.5%，商业营业用房销售额增长25.3%。

41. 商品房待售面积持续减少

截至2017年底，全国商品房待售面积58925万平方米，较上年末减少1.06亿平方米，同比－15.3%。其中，住宅待售面积30163万平方米，同比－25.1%；办公楼待售面积3664万平方米，同比0.9%；商业营业用房待售面积15204万平方米，同比－4.0%。

42. 销售金额千亿房企数量达 17 家

2017 年销售金额超过千亿元的有碧桂园、万科、恒大、融创、保利、绿地、中海、龙湖、华夏幸福、华润、绿城、金地、新城、招商、旭辉、世茂、泰禾等 17 家房企。其中，碧桂园、万科、恒大全年累计完成销售金额分别是 5500.1 亿元、5239 亿元和 5131 亿元。

43. 企业市场集中度继续提升

以销售金额论，销售前十位的企业市场集中度达到 24%，前三十位房企市场集中度达到 40%，前五十位房企市场集中度达到 46%，前一百位房企市场集中度达到 56%。但是进入前一百位和前二百位房企，销售金额和销售面积的门槛均较上年降低，大型房企内部格局开始分化。

44. 重庆房地产主要指标均居全国各城市之首

全年商品房销售面积前十位城市是：重庆、成都、武汉、郑州、西安、长沙、杭州、苏州、青岛和昆明，年度销售面积在 6800 万平方米 ~ 1800 万平方米，北京市商品房销售面积同比上年以 -47.6% 跌幅居首；商品房销售金额前十位城市是：重庆、杭州、武汉、上海、成都、深圳、广州、苏州、北京和郑州，年度销售金额在 4600 亿 ~ 2600 亿元之间，上海市商品房销售金额同比上年以 -39.9% 跌幅居首。重点城市间分化加剧。

45. 三、四线城市楼市发展异军突起

中国楼市出现了板块轮动现象，全年三、四线城市在投资、销售面积和金额、房价等方面的增幅，力压一、二线城市。

46. 首套房贷利率上浮

全国大部分银行收紧房贷，上调房贷利率。至年底全国首套房贷款平均利率为 5.38%，相当于基准利率 1.098 倍；同比上年上升 20.89%。

47. 房地产贷款增速放缓

年底，人民币房地产贷款余额 32.2 万亿元，同比增长 20.9%。其中，个人住房贷款余额 21.9 万亿元，同比增长 22.2%。房产开发贷款余额 7 万亿元，同比增长 21.7%；地产开发贷款余额 1.3 万亿元，同比下降 8%。

企业形象展示名录

宝龙地产控股有限公司
国购投资有限公司
美麟置业集团有限公司
海盟（中国）投资控股集团股份有限公司
国贸地产集团有限公司
仁恒置地有限公司
福州高佳房地产开发有限公司
中锐地产集团
正商地产
建发房地产集团有限公司
华鸿嘉信地产集团
上海三盛宏业投资（集团）有限责任公司
庭瑞集团有限公司
旭辉集团股份有限公司
东原集团
联发集团有限公司
朗诗集团股份有限公司
上海实业城市开发集团有限公司
上海升龙投资集团有限公司
杭州澳海控股有限公司
融侨集团股份有限公司
融信（福建）投资集团有限公司
名门地产（河南）有限公司
上海中建东孚投资发展有限公司
安徽省恒泰房地产开发有限责任公司
弘阳地产集团有限公司
新城控股集团股份有限公司

深圳市益田集团股份有限公司
金科地产集团股份有限公司
佳兆业集团控股有限公司
星河湾集团有限公司
星河控股集团
重庆协信远创实业有限公司
中迪禾邦集团有限公司
碧桂园控股有限公司
广东珠江投资股份有限公司
广州富力地产股份有限公司
广州市方圆房地产发展有限公司
合景泰富地产控股有限公司
花样年集团（中国）有限公司
龙光地产控股有限公司
美的置业集团有限公司
实地集团
四川蓝光发展股份有限公司
四川新希望房地产开发有限公司
重庆爱普地产（集团）有限公司
重庆华宇集团有限公司
重庆新鸥鹏地产（集团）有限公司
卓越置业集团有限公司
广东海伦堡地产集团有限公司
中国铁建房地产集团有限公司
中国电建地产集团有限公司
鑫苑集团
石榴置业集团股份有限公司

福晟集团
正荣地产控股股份有限公司
上海中梁地产集团有限公司
保集控股集团
泰禾集团股份有限公司
浙江佳源房地产集团有限公司
三盛集团
祥生地产集团有限公司
利嘉实业（福建）集团有限公司
福建永鸿投资发展集团
中南置地
新力地产有限公司
建业住宅集团（中国）有限公司
大华（集团）有限公司
康桥集团
文一地产有限公司
中庚地产实业集团有限公司
睿古控股集团有限公司
恒大集团
奥园集团有限公司
荣和集团
北京北辰实业股份有限公司
华夏幸福基业股份有限公司
广汇置业服务有限公司
北京鸿坤伟业房地产开发有限公司
天山房地产开发集团有限公司
吉林大众置业有限公司
隆基泰和
中昂地产（集团）有限公司
当代置业
融创中国控股有限公司
国瑞置业有限公司
龙湖地产有限公司
荣盛房地产发展股份有限公司
龙记地产集团
北大资源集团
上海全筑建筑装饰集团股份有限公司
深圳蓝盾控股有限公司
杭州老板电器股份有限公司
潍坊市宏源防水材料有限公司
广东巴德士化工有限公司
中国联塑集团控股有限公司

国购集团
GOOCOO GROUP

三盛宏业
SAN SHENG HONG YE
建设美好生活
融萃世界的东方
SAN SHENG HONG YE
园林巨匠
A MASTER OF ORIENTAL
20年12城35园 园艺为心，建领生活
三盛让世界羡慕的美好
广告

【千亿之后再出发】

胸怀梦想，砥砺前行

城市美好生活综合服务商

融侨集团成立于 1989 年，目前已经发展成为一家以房地产开发为核心的外商投资企业，涉及港口开发、商业、酒店、物业管理、教育、温泉开发、医疗等产业。

中国驰名商标

中国房地产
TOP30 强

中国房企经营绩效
第 2 名

中国房企品牌价值
18 强

中国民营企业 500 强
第 138 位

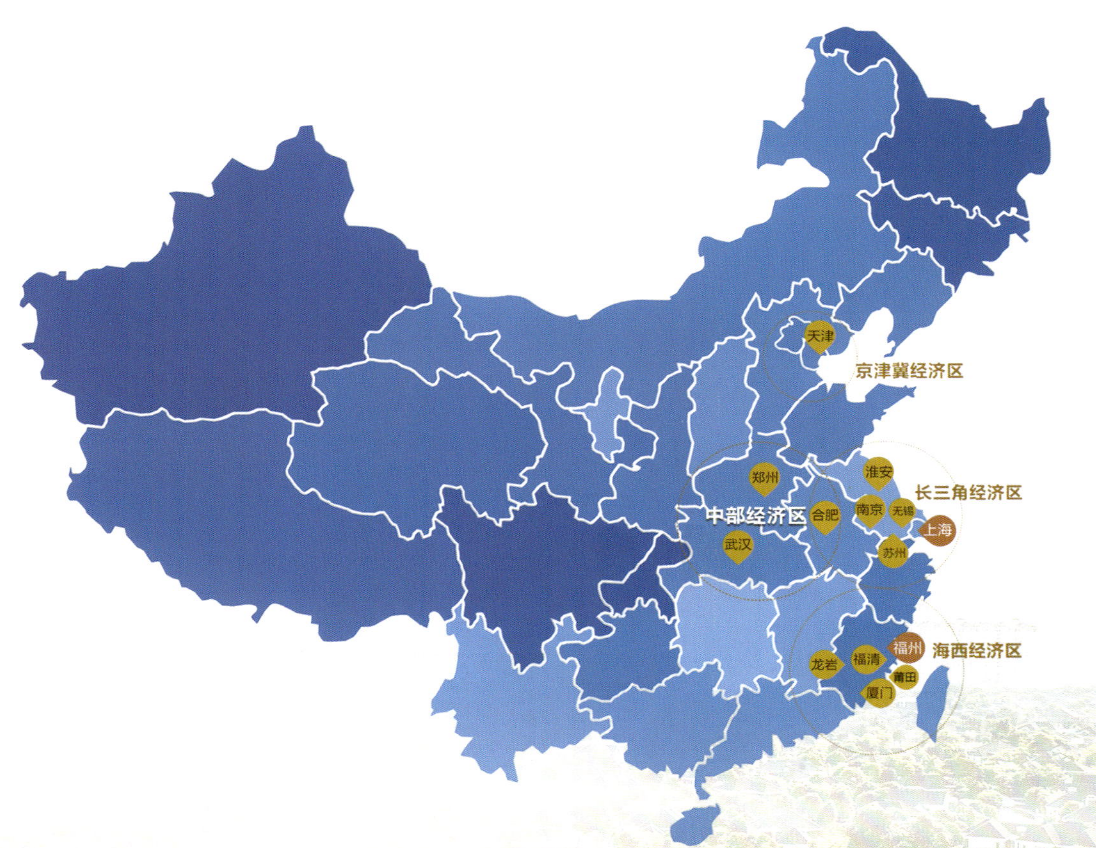

拓展幸福空间

传承中国建筑“精工血统”，胸怀央企责任担当，提供建筑臻品和优质服务，

营造幸福人居体验，为客户、为员工、为社会创造价值，不断拓展幸福空间的高度与广度。

上海中建东孚投资发展有限公司（以下简称“中建东孚”）成立于 2008 年 5 月，是全球最大的投资建设集团中国建筑股份有限公司（简称“中国建筑”）骨干企业，中国建筑第八工程局有限公司（简称“中建八局”）旗下从事城市综合开发服务业务的专业平台公司，拥有房地产开发一级资质。

中建东孚围绕国家总体发展战略，以城市综合开发服务商为战略定位，充分发挥「投资、开发、建设、运营」四商一体的行业领先优势，整合全产业链资源，着力打造“地产开发、资产运营、新型城镇化”三大产品线，培育以“客户体验、智慧社区、产业配套服务”为核心的支撑性保障综合服务能力，形成“3+1”的业务体系，以符合自身发展特点的商业模式，实现快速可持续发展。

以“拓展幸福空间”为企业使命，在全国市场稳健布局；响应国家新型城镇化战略和“一带一路”倡议，构建国内国外两大市场，全面筑就城市综合开发服务商的发展格局。

中建东孚勇担央企责任，围绕教育事业、体育事业、社会公共事业等开展“筑福行动”公益活动，连续五年发布《社会责任报告》。

上海中建东孚投资发展有限公司

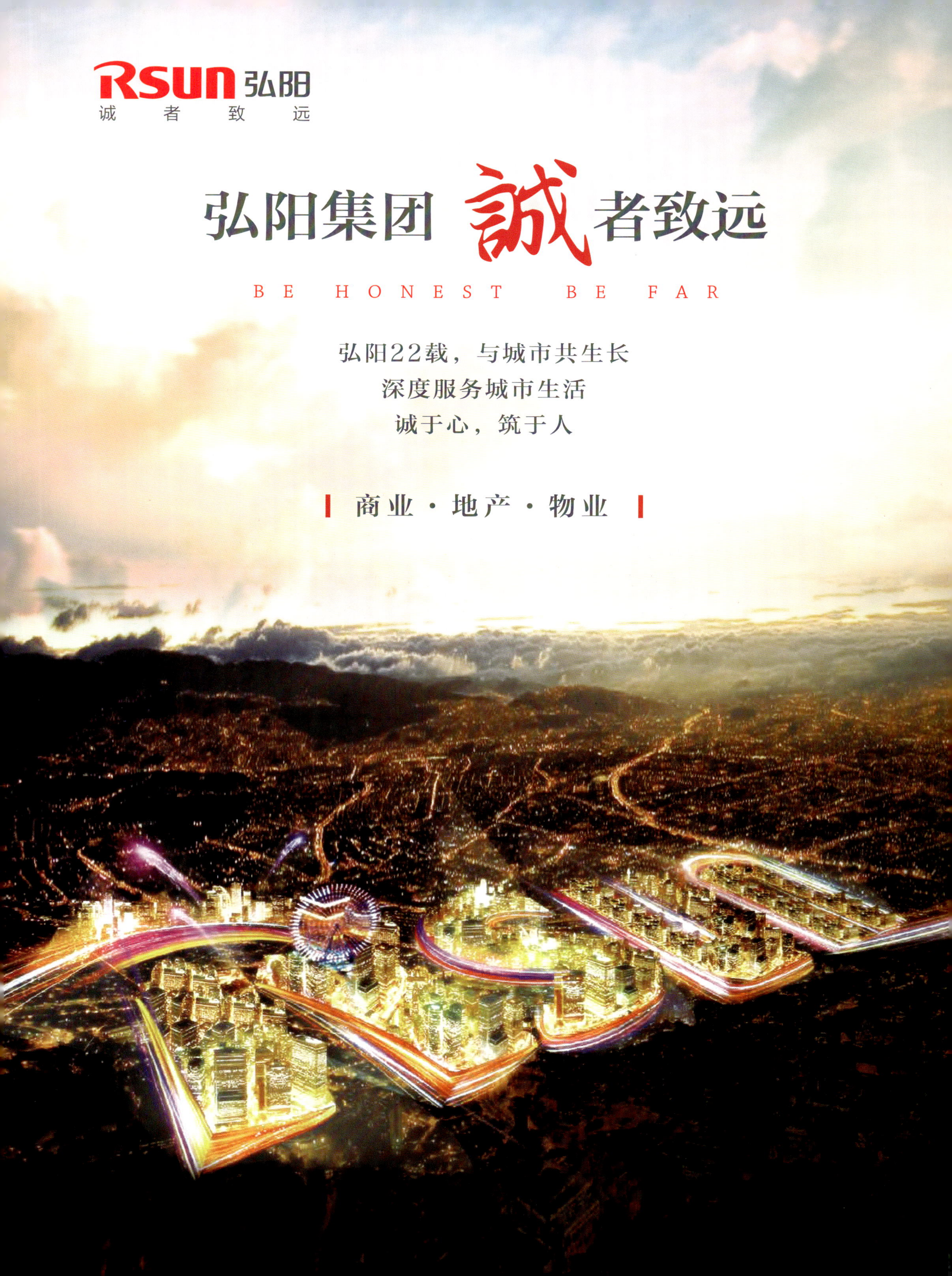
RSUN 弘阳
诚 者 致 远
弘阳集团 誠者致远
BE HONEST BE FAR
弘阳22载，与城市共生长
深度服务城市生活
诚于心，筑于人
商业 · 地产 · 物业

集团简介 GROUP PROFILE

中梁地产集团（以下简称“中梁”）成立于1993年，是一家以房地产开发为主业，多元化、综合性集团公司，具有中国房地产开发企业一级资质，总部位于上海市。凭借卓越的产品品质、优质的客户服务，中梁多年稳居中国房地产百强企业。

战略引领，中梁围绕“聚焦长三角，辐射京津冀和珠三角，延伸至一带一路经济带”的战略布局，在上海、浙江、江苏、安徽、江西、福建、山东、河南、湖南、湖北、广西、云南、四川、重庆、宁夏、陕西、山西等省市相继成功投资开发了200多个项目，开发面积达2800多万平方米，为14万家庭42万业主营造了高品质生活。

展望未来，中梁以住宅为核心、金融为中枢、商业为重点、投资为孵化器，以更加开放合作的姿态，迎接市场的机遇与挑战，打造高素质经营人才，创造卓越的不动产投资集团，共创价值，让四季心情绽放。

保集控股集团
BOILL HOLDING GROUP

造就品质生活
CREATE QUALITY LIFE

保集控股集团成立于1996年，总部设于上海，创始人裘东方。保集是一个集房地产、大健康、文化旅游、智能科技、国际贸易、金融投资和职业教育为一体的多元化、全球化产业投资集团，在中国香港、日本、澳洲、法国、美国设有分（子）公司。目前，集团正按照以开发建设为核心、康养文旅和智能科技产业运营的“一体两翼”发展战略，通过产城融合、产融结合的模式，矢志成为最值得信赖的城市服务运营商。

Boill Holding Group was established in 1996 by QIU Dongfang and headquartered in Shanghai. Boill is a diversified global industrial investment group that integrates real estate, health, cultural tourism, intelligent technology, international trade, financial investment and vocational education and it has subsidiaries in Hong Kong, Japan, Australia, France and America. The Group is now implementing the development strategy of “one body with two wings”, namely "development and construction" as the core, and healthy cultural tourism and intelligent technology as the wings, through the mode of City-Industry Integration and Finance-Industry Integration, determined to be the most trustworthy city service provider.

Tahoe泰禾

文化筑居中國

2018中国房地产开发企业综合实力30强

泰禾是一家在地产、金融、文化、健康，教育等领域多元产业发展的大型企业集团。公司创建于1996年，2010年成功上市。目前，集团总资产已突破1600亿。

20多年来，泰禾在房地产开发运营方面坚持“文化筑居中国”的品牌理念，秉持“扎根福建本土，深耕一线城市”的布局战略，已在北京、上海、深圳、福州、厦门、武汉、郑州等28个城市拥有80多个项目，品牌影响力持续提升，享誉全国。

近年来，泰禾也积极探索房地产产业链延伸行业的投资机会，布局金融、健康医疗、文化院线、教育等新业务领域，加速企业转型升级，实现多元协同发展。

站在新的历史起点，一个以地产为主业、横跨多个领域的多元化大型企业集团正昂首挺胸、阔步前行。

佳源集团荣获“2018中国房地产开发企业综合实力38强”，发展潜力两强

2018 年 3 月 21 日，“2018 年中国房地产 500 强测评成果发布会暨 500 强峰会”在北京国贸大酒店隆重召开，发布了 2018 中国房地产百强企业研究最新成果。在公布的中国房地产百强企业榜单中，佳源集团连续 6 年获得“中国房地产百强企业综合实力 50 强”，同时连续 7 年荣获“中国房地产开发企业发展潜力 10 强”。在两项排名中，佳源集团位列综合实力第 38 位，发展潜力第 2 位。

佳源集团历经 23 年的发展，目前已经成长为一家集房地产开发、电器零售、建筑施工、医疗养老、商业管理、物业服务、智能家居、文化旅游、矿产开发、化工等产业为一体的控股集团型企业，拥有各类控股与参股企业 200 余家，其中上市公司 4 家，业务范围遍及国内 10 多个省（自治区、直辖市）的 100 余座城市以及澳大利亚、新加坡、越南、柬埔寨，以及中国香港、澳门等国家和地区，并取得了持续增长的经营业绩，在国内房地产市场中稳步向前。

迈向深蓝，推进海外可持续发展

2017 年佳源集团成功收购悉尼新南威尔士州退休社区、澳洲桃树酒店项目。本次收购将有助增加澳洲土地储备，推进佳源集团在澳洲的可持续发展。累积到 2017 年底，佳源集团新取得土地 4830 亩。

2017 年 12 月 7 日，越南总理阮春福会见了佳源集团董事长沈玉兴，双方就投资越南房地产市场、参与越南国企改革等领域进行了洽谈。同时，在新加坡、印尼，以及中国香港、澳门等国家和地区，佳源集团将遵循“一带一路”倡议，在经贸、金融、基础设施建设等领域寻求合作机会。

调整布局，加快多元化发展步伐

2017 年是佳源集团调整布局，转型发展之年，开始强调布局资本市场，并探索多元化经营发展新路子。正是基于此，佳源集团抓住各种机会进入了快速发展的轨道，成长为一个具有全国性知名度的品牌房地产开发企业，从一个民营企业逐渐蜕变为一个公众企业。

2017 年 1 月，佳源集团成功进入中国农业银行浙江省分行核心客户名单，开启了与农行合作的新进程；2017 年 6 月，佳源集团旗下五星电器与浙江赛佳控股有限公司战略入股签约，进一步推进在投融资服务、政企银服务、产学研孵化、电子商务等方面的多元化发展战略；2017 年 8 月，佳源集团与中国东方资产管理股份有限公司签订了战略合作协议；2017 年 9 月，佳源集团与东亚银行签订战略合作协议，在境内外多元化金融服务形成长期战略合作伙伴关系；2017 年 11 月，佳源集团被大公国际资信评估有限公司评为主体长期信用等级“AA+”，这也是全国仅有的两家民营房企之一。通过广泛的、一系列的合作，佳源在行业整合频频的 2017 年实现了快速壮大。

再添新作，文旅板块大力布局

文化旅游产业是传统旅游的转型升级。旅游产业产值的逐渐扩大，带动了文旅产业的飞速发展。同时，国家也出台了多项发展规划。佳源集团响应国家发展战略，2017 年 5 月成立文旅集团，大力布局文旅产业，并在重庆打造“中国摩”项目，也希望能建立起佳源文旅的行业壁垒，使文旅产业成为佳源在住宅开发主业之外探索的全新利润增长点。

未来，佳源集团将始终坚持品质是硬道理的核心价值观，讲求效益，不断适应市场新变化，全面提升驾驭能力，保持清醒头脑，不骄不躁，抓住经营机制这一根本，深化变革，调动所有人的聪明才智，真正实现佳源集团快速均衡发展。

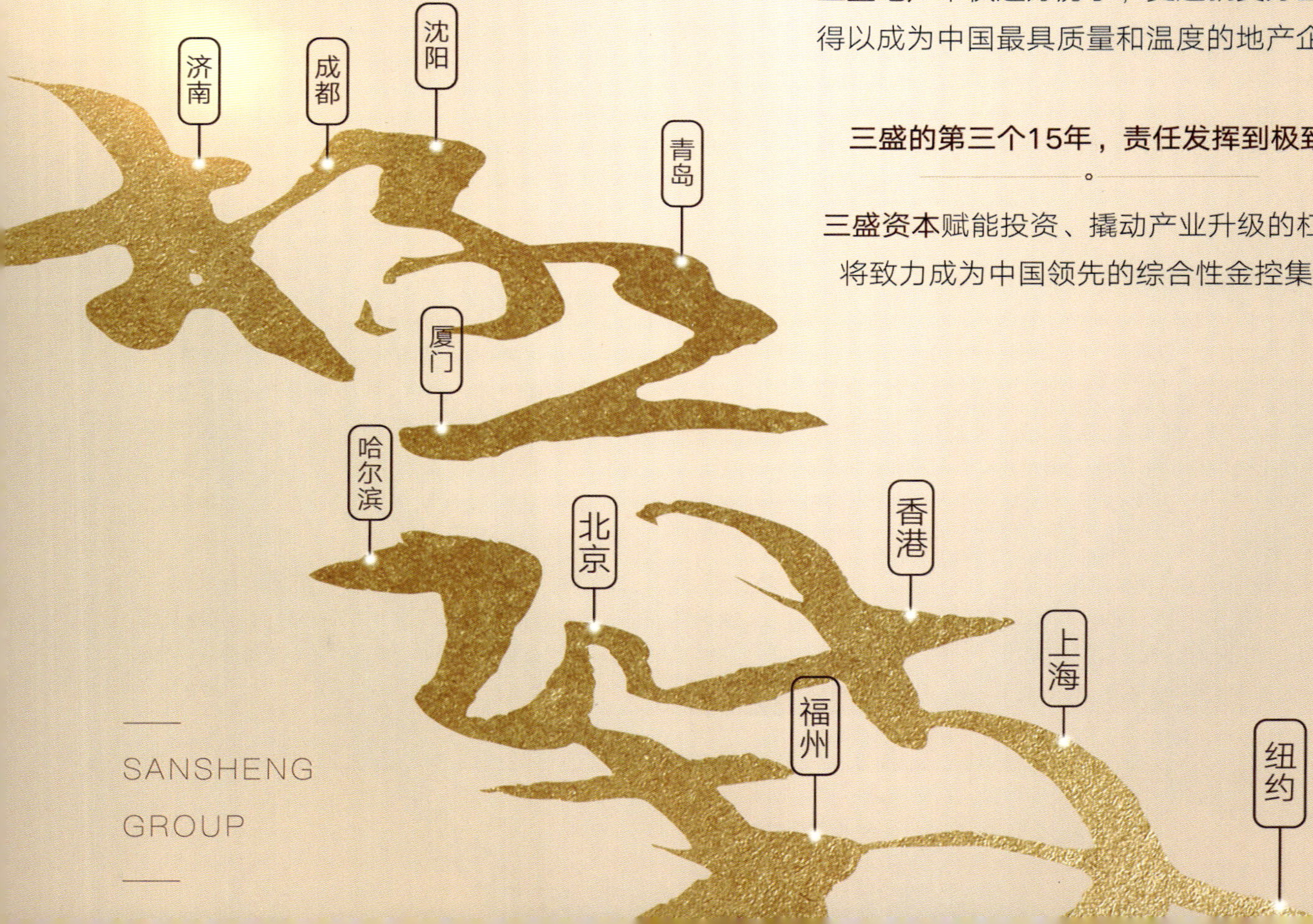

新力
创见幸福无限
8th
新火燎原 力合四海
国家一级房地产发开资质　中国地产50强企业　84盘全国布局城市
品质新锐 服务先锋 创见幸福无限
上海 南昌 长沙 苏州 无锡 武汉 赣州 昆山
广州 惠州 中山 深圳 珠海 成都 杭州
新力物业
新力教育
有家实业
新力商业
新力文化

让生活更精彩

文启心智 仁德合一

[企业介绍]

文一地产成立于2004年，系文一投资控股集团旗下全资子集团，经过十余年的稳健发展，现已成功打造了瑞泰、托斯卡纳、名门、锦门、豪门、湾六大系列近60多个精品楼盘。作为唯一入围中国房地产百强榜单的安徽房地产企业，文一地产足迹已遍及安徽、湖北、江西等区域，逐步形成了以安徽为中心，覆盖华中华东，有序辐射全国的战略布局。

拓展市场布局全国的同时，文一地产于2016年启动品质升级工程，计划三年内投入近亿元资金，对旗下老小区进行升级改造，提高新小区交付标准，以匠心精神履行初心，切实增强文一业主居住品质感和幸福感。

文一地产，让生活更精彩！

武汉
南昌
寿县
定远
合肥
全椒
铜陵
六安

政务区 1部作品
庐阳区 4部作品
高新区 1部作品
经开区 1部作品
瑶海区 12部作品
滨湖区 4部作品
新站区 2部作品
肥西县 4部作品
肥东县 11部作品
长丰县 2部作品

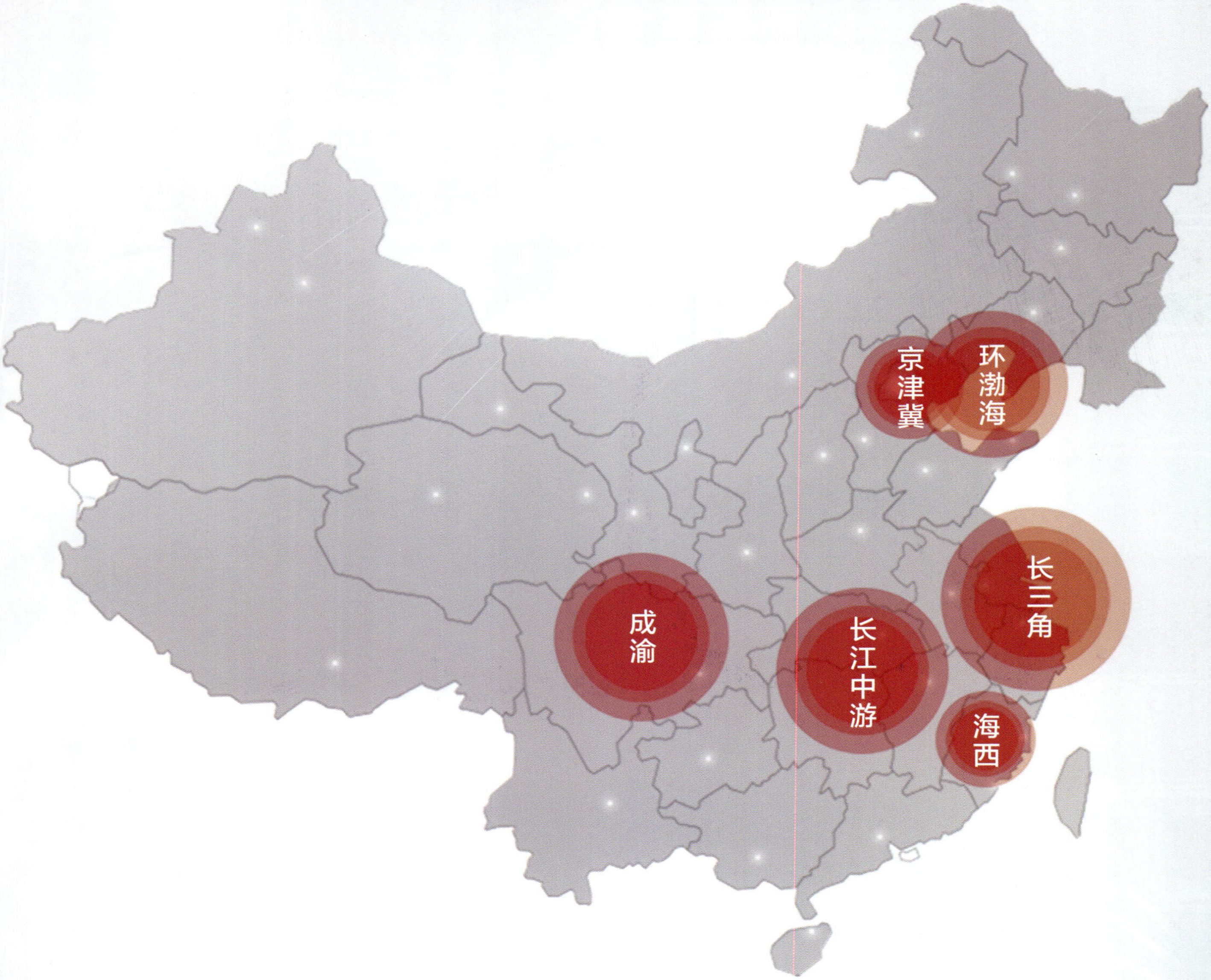

恒大集团

世　界　500　强

恒大集团是以民生地产为基础，金融、健康为两翼，文化旅游为龙头的世界500强企业集团，已形成“房地产+服务业”产业格局。总资产1.5万亿，年销售规模超5000亿，年纳税超420亿，员工12万多人，解决就业220多万人，为公益事业捐款100多次超105亿。恒大集团将坚持“民生为本、产业报国”理念，为满足老百姓日益增长的美好生活需要贡献力量。

星河湾®
Star River
中国 · 汕尾
SHAN WEI
STAR RIVER
汕尾星河湾
一座让世界瞩目的藏品
VIP LINE
0660 3500 888
项目地址：中国 · 汕尾
本资料仅供参考，开发商保有最终解释权

星河控股集团
GALAXY HOLDING GROUP
创想无界 心筑未来

中迪禾邦集团
ZODIGRAND GROUP
Dream
Together
发现成长的力量

我们要做有良心有社会责任感的阳光企业

碧桂园控股有限公司（股票代码：2007.hk）

地址：中国香港中环都爹利街11号律敦治中心帝纳大厦1702室

地址：中国广东省佛山市顺德区北滘镇碧桂园大道1号（碧桂园中心）邮编：528300

网址：www.countrygarden.cn　　2018年1月

To shape a prosperous future through our conscience and social responsibility.

Country Garden Holdings Limited (stock code: 2007.hk)

Address: Room 1702, Dina House, Ruttonjee Center, No. 11, Duddell Street, Central District, Hong Kong China

Address: No. 1, Country Garden Avenue, Beijiao Town, Shunde District, Foshan City, Guangdong Province 528300, China (Country Garden Center)

Website: www.countrygarden.cn　January 2018

合景泰富地产

以心筑家·创建未来

KWG PROPERTY

合景泰富地产控股有限公司成立于1995年，并于2007年在香港联交所成功上市（上市编号：1813）。23年来，合景泰富地产始终坚持“根植广州，辐射全国”的发展战略，目前已进驻广州、上海、北京、成都等33城，遍及华南、华东、西南、华北、华中5大区域，全面覆盖长三角城市群、粤港澳大湾区等全国重要城市经济圈，累计开发100余个优质项目，涵盖住宅、公寓、写字楼、酒店、购物中心、智慧产业园、旅游小镇、长租公寓等多元业态。未来，合景泰富地产将一如既往，以坚定而稳健的脚步，倡导更高品质的生活，满足人们心中的居住梦想，为城市发展创造更多可能。

华北
北京 Beijing
天津 Tianjin
华中
Xi'an 西安
济南 Jinan
徐州 Xuzhou
Nanjing 南京
Nantong 南通
常熟 Changshu
Hefei 合肥
Wuxi 无锡
太仓 Taicang
Suzhou 苏州
上海 Shanghai
西南
Chengdu 成都
Chongqing 重庆
Wuhan 武汉
Hangzhou 杭州
嘉兴 Jiaxing
绍兴 Shaoxing
台州 Taizhou
丽水 Lishui
温州 Wenzhou
华东
Liuzhou 柳州
Zhaoqing 肇庆
广州 Guangzhou
惠州 Huizhou
深圳 Shenzhen
南宁 Nanning
Foshan 佛山
Jiangmen 江门
香港 HongKong
中山 Zhongshan
华南
海南 Hainan

全国客服尊线:400-020-1813　　国家一级物业资质

花样年集团（中国）有限公司，中国房地产百强企业。

地产开发业务主要专注于中国经济发展最活跃的珠江三角区、长江三角洲、京津都市圈、成渝经济区四大区域及中国中部地区。花样年在做好地产开发业务的同时，还将整合旗下彩生活、社区金融等业务平台资源，轻重并举，构建花样年业务拓展新模式，不断提升花样年未来“赢”能力。未来花样年地产致力于成为中国一流的社区智造商，花样年地产人将以满怀激情的创造，理性思维的洞察，不断提升产品和服务体系，通过打造科技与美的产品，为客户构建有温度的智慧社区。

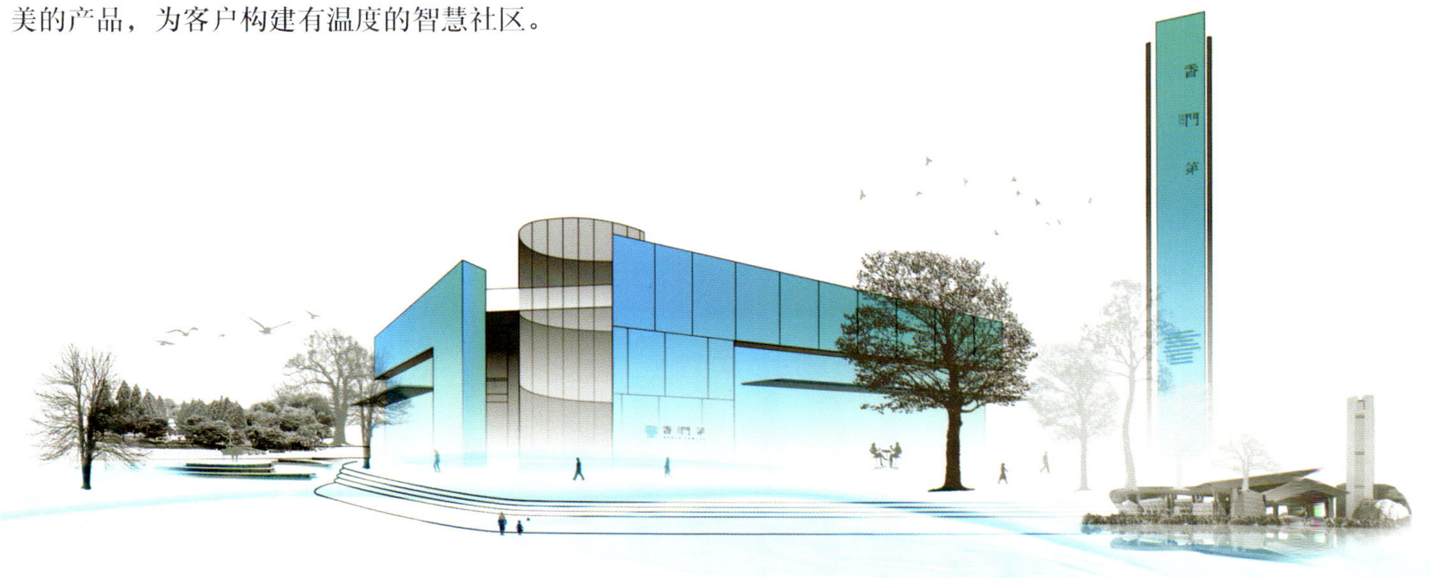

蓝光BRC

成都 长岛国际社区

合肥 雍锦半岛

CCTV 1 综合 CNTV

3D打印新突破

3D生物打印血管在动物体内实验成功

12月9日 星期五 3D生物打印血管将申报临床

新时代 新城市 新文旅

神奇水果侠 向快乐出发

蓝光文旅水果侠主题世界产品发布会

2017.12.04 中国 北京

人居蓝光
生命蓝光

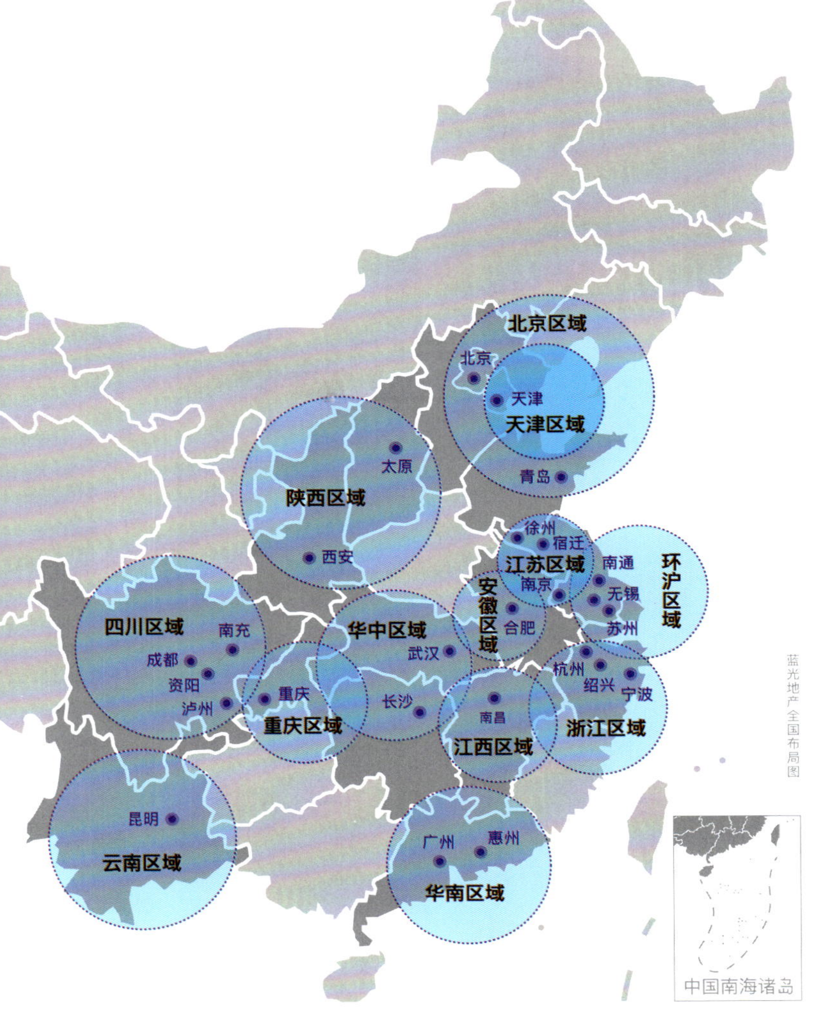

人居蓝光

地产金融+文化旅游+现代服务业

生命蓝光

3D生物打印+生物医药

NEWHOPE
HOUSE FOR LOHAS

新希望地产
定义高品质市场

好房子·漫生活，
带给您前所未有的Comfortable Space体验。
各种出色的现代人居设计，
激活每一刻生命灵感。
新希望地产，
好房子铸造者，漫生活运营商，
带来360° 无拘束生活。
拥抱所有梦想，
您想要的就在身边，幸福特别容易，
只因新希望，每一刻都更美好！

新希望地产于1998年在成都成立，是新希望集团四大产业板块之一，继承母公司公道正派、奉献社会、专业负责的优秀基因，提出“好房子铸造者，漫生活运营商”的品牌理念，赋予城市更高品质的生活之美。

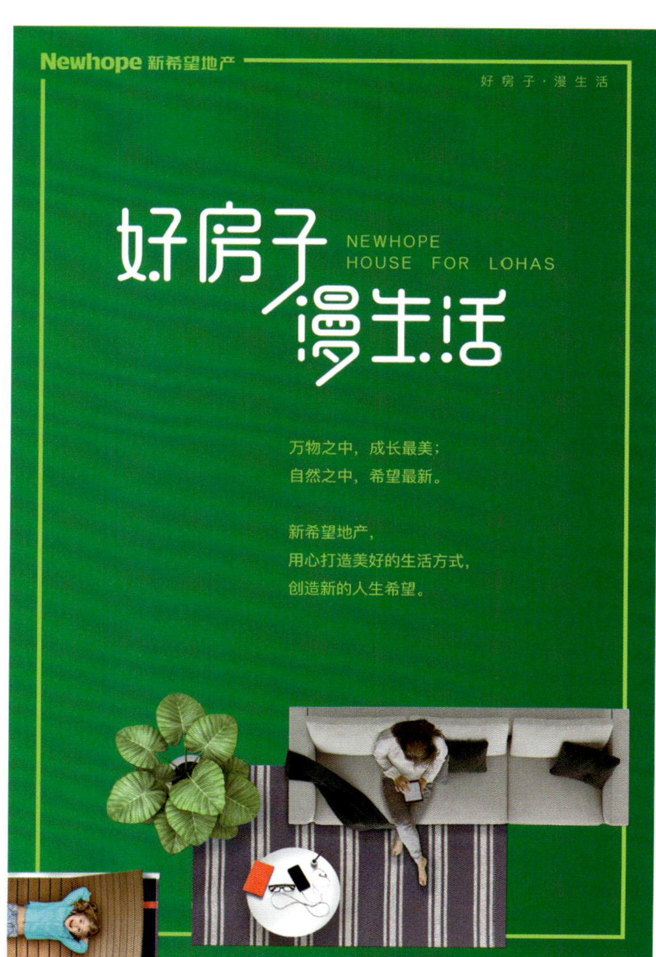

优秀，源于企业基因

1982年刘永好先生创立新希望集团，历经36年的发展历程，已成为年收入近千亿元的中国最大民营企业之一，并连续15年位列中国企业500强前列，成功打造食品和现代农业、乳业和快速消费品、房地产和文旅、金融和投资等业务板块，布局全球产业，让中国造成为世界的骄傲。

新希望地产依托集团强大的实力背景，成为百强房企中发展速度最快的企业之一。二十年来，新希望地产立足西南，深耕环沪城市群、环渤海城市群、粤港澳湾区及海外市场，开发和运营了数十个精品项目。

温州 新希望·白麓湾 项目体验中心

卓越，来自初心坚守

作为行业领先的开发商、投资及运营商，新希望地产倡导铸造非凡的时代产品，唤醒每位消费者的生命质量。至今，累积开发超1000万平方米、累积投资过千亿。

新希望地产从第一个项目锦官新城开始，即成为当时成都高品质住宅典范。时至今日，高端项目已遍布全球，从悉尼标志性高层公寓——新希望·北岸壹号，到温州新希望·白麓城；从国内高品质典范——新希望·黑珍珠一号，再到新亮相成都的超高层世界住宅——新希望·D-10天府，以细节推诚筑真，从品质浇筑理想。

新希望北辰·董天府 项目体验中心

匠心，启幕更好未来

新希望地产基于多年发展，坚守严苛的选址标准、完美的产品雕琢、极致的客户体验，形成了新希望“好房子”的标准。同时结合集团食品、冷链、医疗等产业链，打造幸福保障系统、健康支持系统、智慧社区系统、五星管家系统，形成一套完善的物业配套及后端社区服务链，以更安全、更便捷、更舒适的社区“漫生活”带来幸福生活。

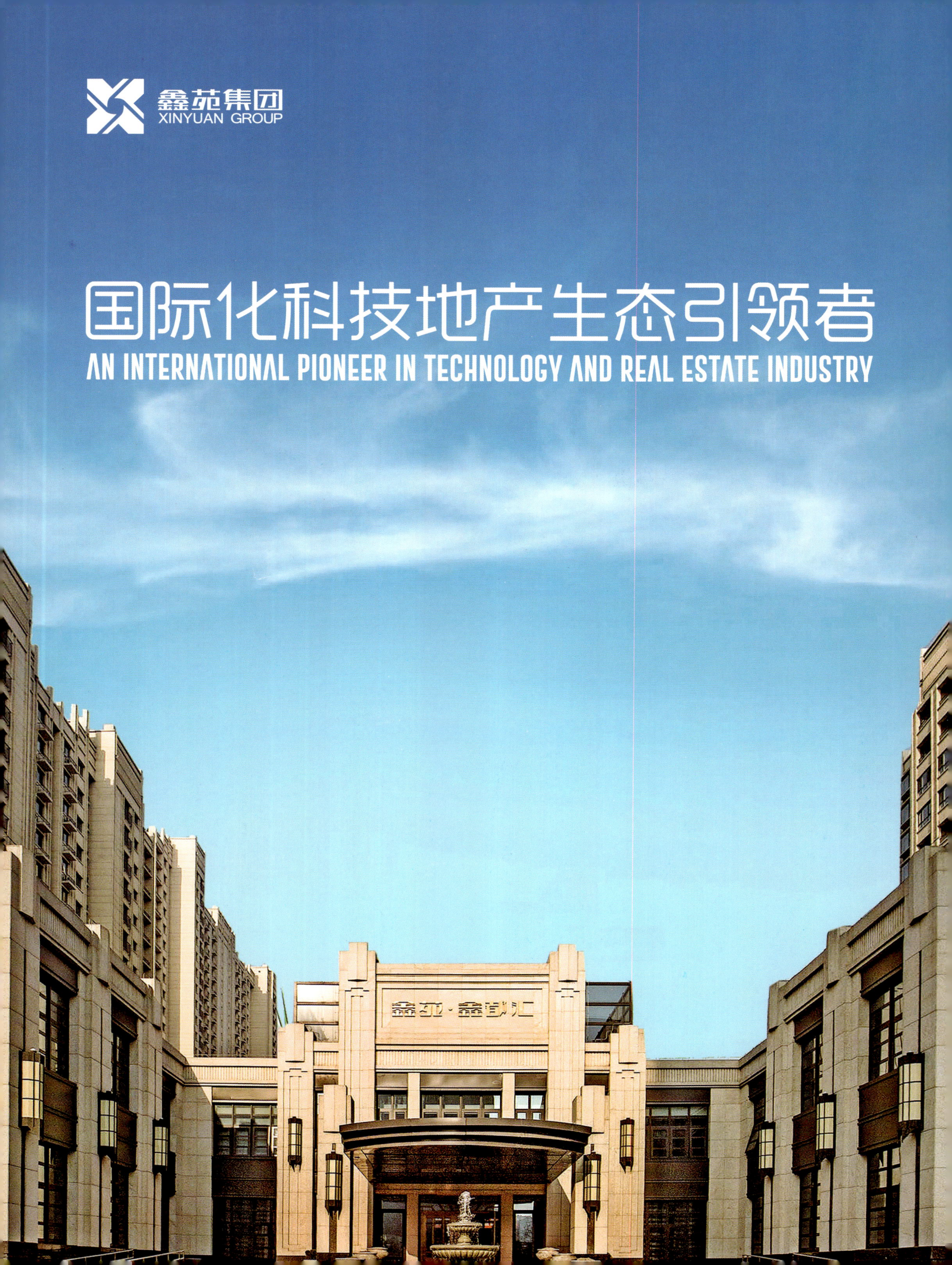
鑫苑集团
XINYUAN GROUP
国际化科技地产生态引领者
AN INTERNATIONAL PIONEER IN TECHNOLOGY AND REAL ESTATE INDUSTRY

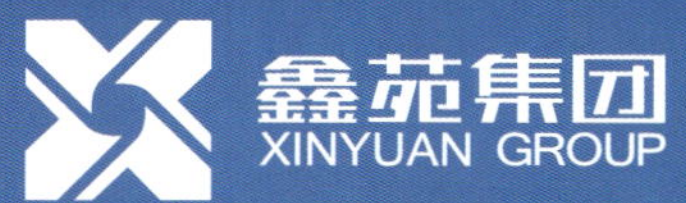

Anar 石榴集团
焕新一座城
Refresh
the city

天山集团
Tianshan Group

品质如天 诚信如山

天山集团创建于河北，发展于全国，是一家集通用航空、文旅开发、城市运营、绿色实业、金融服务等多领域为一体的综合性企业集团。集团旗下设有万创集团、海世界集团、资本集团、实业集团、房地产开发集团等。

2010年，天山发展（控股）有限公司于香港联交所主板上市，成为河北省首家房地产行业在香港独立上市的公司。至今，天山产业遍布京津冀、香港、上海、重庆、山东、陕西、宁夏、新加坡等十多个省市及国际地区，经营规模和综合实力稳居行业前列。

秉承“品质如天、诚信如山”的经营理念，赢得了广大客户、合作伙伴、业内同行的尊重和赞誉，创出优质工程及优质样板工程120余项，并连续十年单位竣工工程优良率达到100%，获得多种奖项和荣誉，连续多年跻身省、市百强企业并名列前茅。

天山集团一直以来自觉承担社会责任，致力于公益事业。同时，积极进行产业升级，为国家建设贡献力量。

全国布局 再创标杆

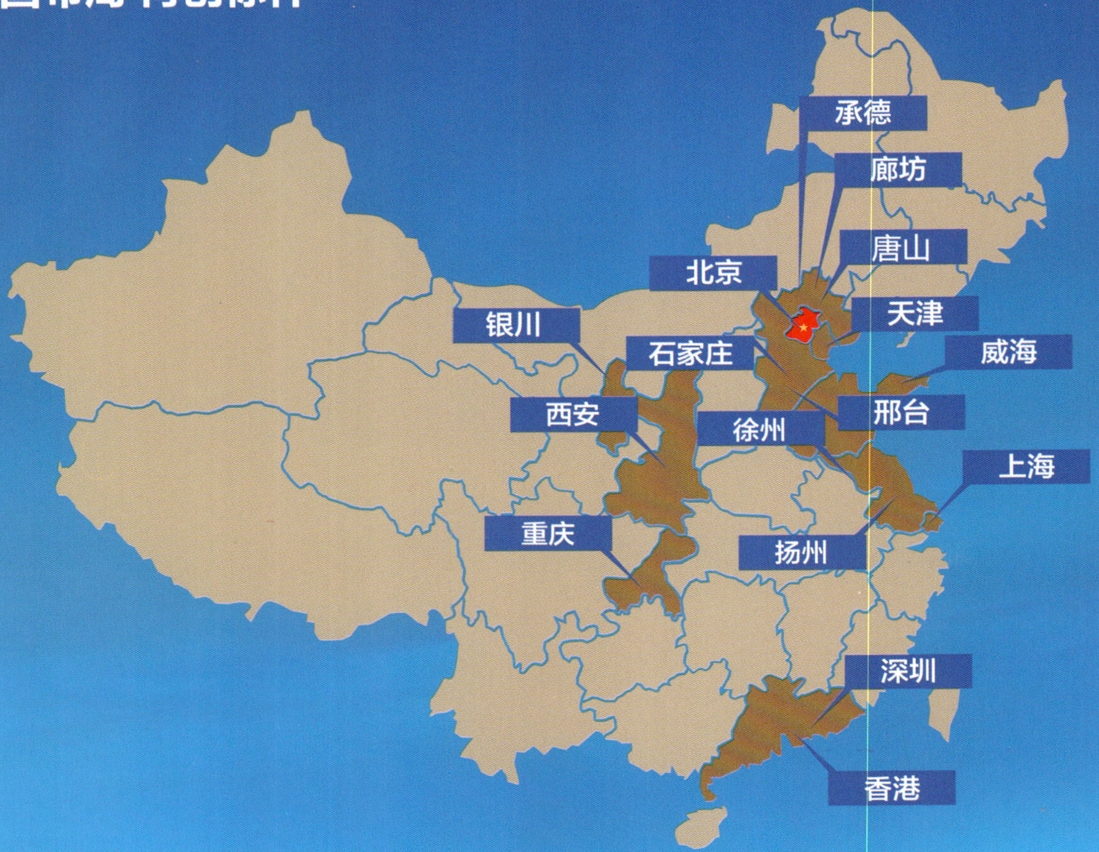

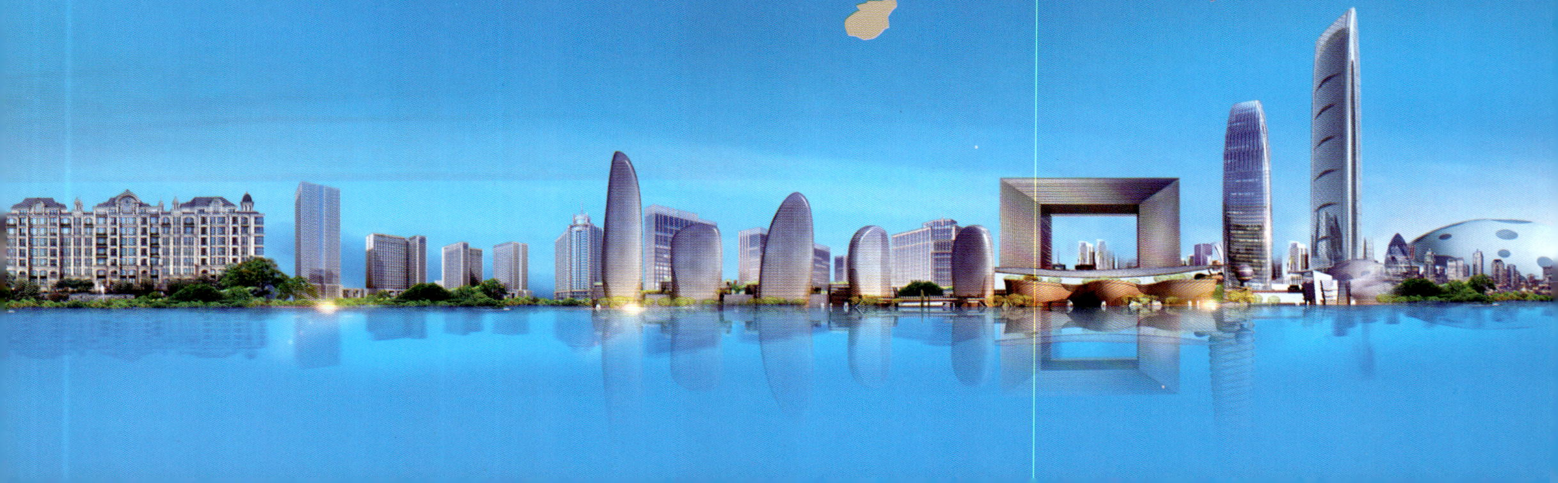

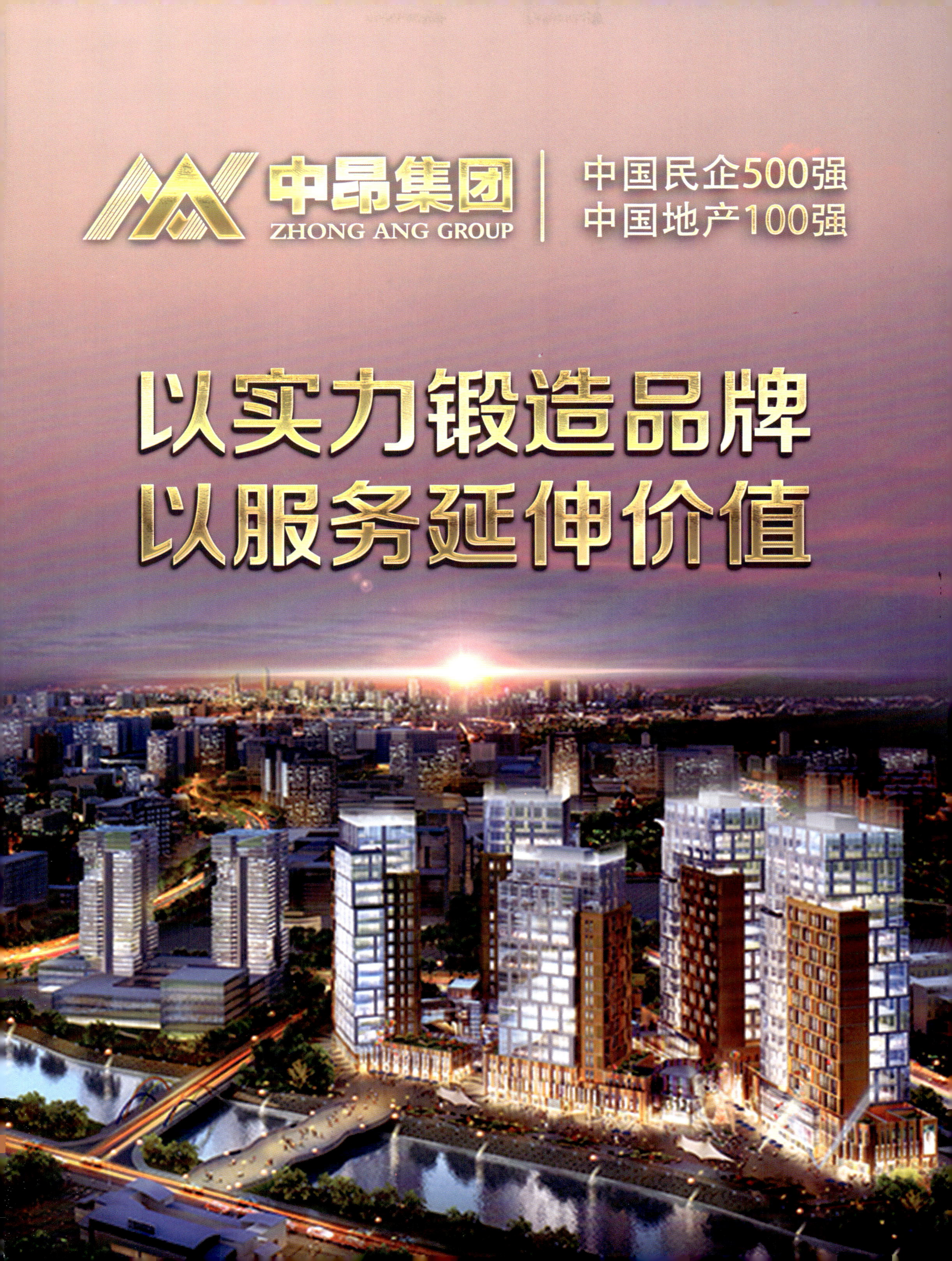
中昂集团
ZHONG ANG GROUP
中国民企500强
中国地产100强
以实力锻造品牌
以服务延伸价值

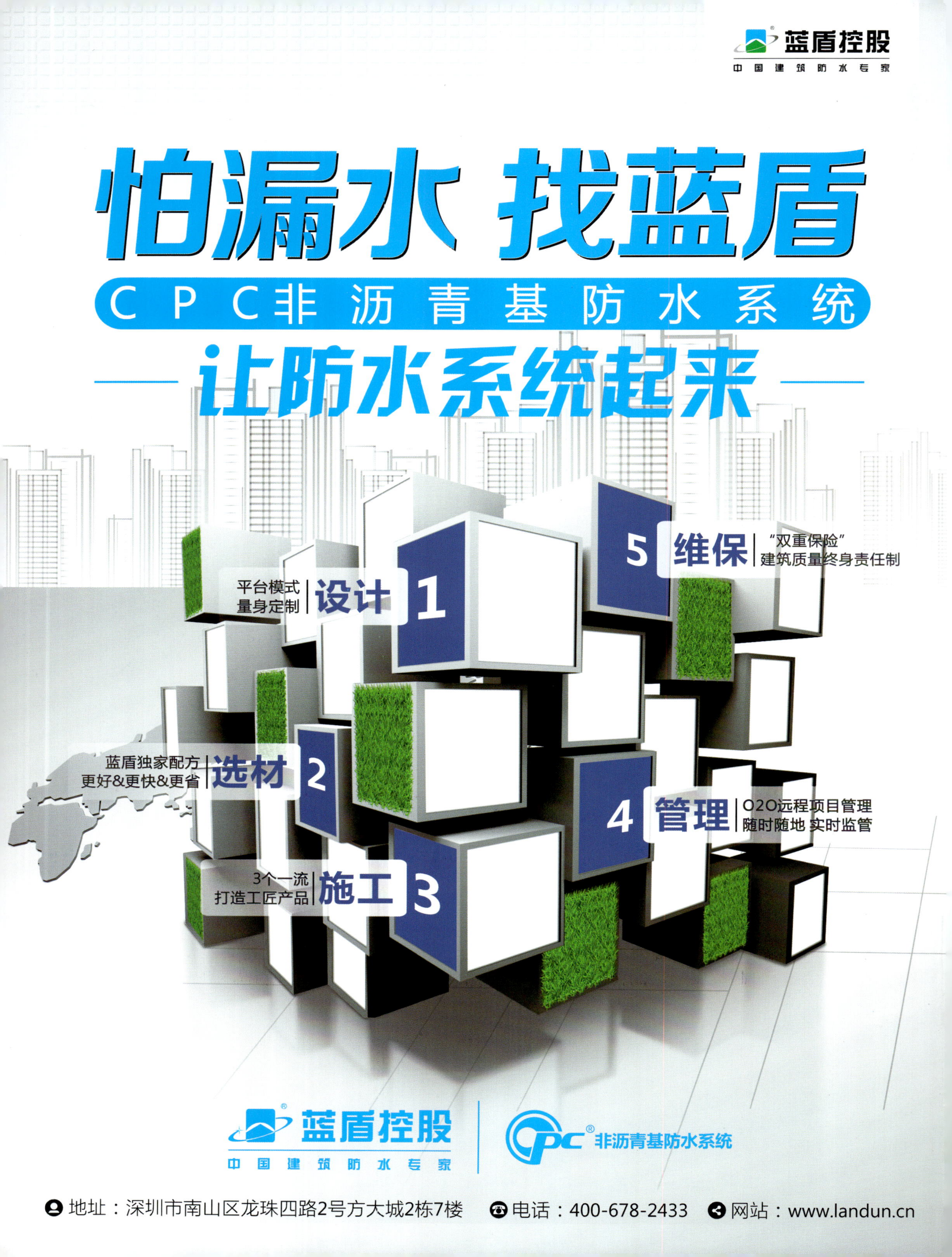
蓝盾控股
中国建筑防水专家
怕漏水 找蓝盾
CPC非沥青基防水系统
让防水系统起来
平台模式
量身定制
设计 1
蓝盾独家配方
更好&更快&更省
选材 2
3个一流
打造工匠产品
施工 3
4 管理
O2O远程项目管理
随时随地 实时监管
5 维保
“双重保险”
建筑质量终身责任制
蓝盾控股
中国建筑防水专家
CPC 非沥青基防水系统
地址：深圳市南山区龙珠四路2号方大城2栋7楼
电话：400-678-2433
网站：www.landun.cn